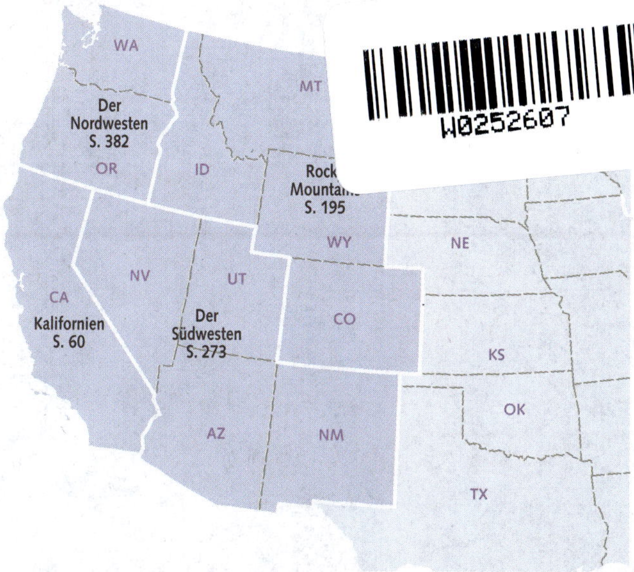

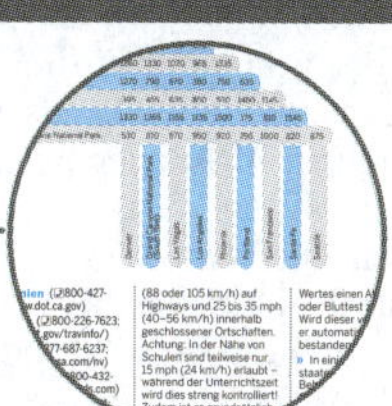

Amy C. Balfour
Michael Benanav, Andrew Bender, Sara Benson,
Alison Bing, Nate Cavalieri, Sarah Chandler, Lisa Dunford,
Bridget Gleeson, Beth Kohn, Bradley Mayhew, Carolyn B. McCarthy,
Brendan Sainsbury, Andrea Schulte-Peevers, John A Vlahides

Willkommen im Westen der USA

Tolle Natur

Der Westen der USA verblüfft immer wieder mit seiner zauberhaften Landschaft, die zudem ein riesiger Abenteuerspielplatz ist. Top-Attraktion ist die Westküste, die sich vom sonnigen Ufer San Diegos über die Klippen Zentralkaliforniens bis hin zu den felsigen, stimmungsvollen Stränden von Oregon und Washington erstreckt. Rote Felsen, steile Schluchten, mit Kakteen übersäte Wüsten und – natürlich! – der 446 km lange Grand Canyon locken im Südwesten. In den Rockies kann man herrlich skifahren, eisklettern und mountainbiken. Und was ist der schönste Flecken Natur, den der Westen zu bieten hat? Der majestätische Yellowstone National Park im Nordwesten von Wyoming dürfte hier ein Wörtchen mitzureden haben.

Wein, grünes Chili & lokale Spezialitäten

Die atemberaubend schöne Landschaft ist nicht das Ende der Fahnenstange. Wer will, kann sich auch der Kultur widmen – mit anderen Worten: schlemmen ohne Ende. Wie wär's mit Fisch-Tacos in San Diego, Hotdogs nach Sonora-Art in Tucson, Steak und Kartoffeln in den Rockies, grüne Chili-Saucen in New Mexico und Wildlachs im Nordwesten? Die regionalen Spezialitäten sind so verschieden wie die Landschaft. Eines hat sich aber überall durchgesetzt: Küchenchefs wie Konsumenten legen Wert

RALPH HOPKINS / LONELY PLANET IMAGES ©

Landschaften und Legenden locken Abenteurer in den Westen der USA, wo zu einem schönen Tag auch gutes Essen, Weinproben in den Weingütern und eine Brise Wild-West-Romantik gehören.

(links) Colorado River, Grand Canyon National Park (S. 315), Arizona.
(unten) Venice Boardwalk, (S. 77), Venice, Los Angeles.

DAVID PEEVERS / LONELY PLANET IMAGES ©

auf frische Bioprodukte aus der Region. Und das Umweltbewusstsein hat inzwischen auch die hiesigen Winzer erfasst, die immer stärker auf Biowein setzen. Zudem zeichnet sich der Weinbau heutzutage durch eine größere Vielfalt aus. Dabei teilen sich das Napa und das Sonoma Valley den Ruhm mit Washington, Oregon, Zentralkalifornien und Arizona.

Urbane Oasen

Gibt es den perfekten Tag? Wenn man in L.A. etwas Sonne tankt, die städtische Coolness genießt und dann von der Dachterrasse des Standard Hotel in Downtown auf die blinkenden Lichter der Stadt blickt, während man an einem Martini nippt, kommt man diesem sehr nahe. Die Metropolen im Westen warten mit tollen Museen, Malls und Restaurants auf. Was sie so besonders macht? In Kalifornien sind es die Hollywood-Glitzerlichter von L.A., die ungezwungene Freundlichkeit von San Diego und die lebenskünstlerische Coolness von San Francisco. In Seattle treffen heiße Trends auf Bodenständigkeit, in Denver begegnen sich kosmopolitischer Chic und Western-Charme, herausgeputzte Innenhöfe und Wellness-Oasen verleihen Phoenix ein merkwürdig fesselndes Flair. Und last, not least Las Vegas, die in Neonfarben glitzernde Spielwelt, wo man heiraten, die Flitterwochen in Paris verbringen und sein Haus verwetten kann – und all das an nur einem Wochenende.

USA Westen

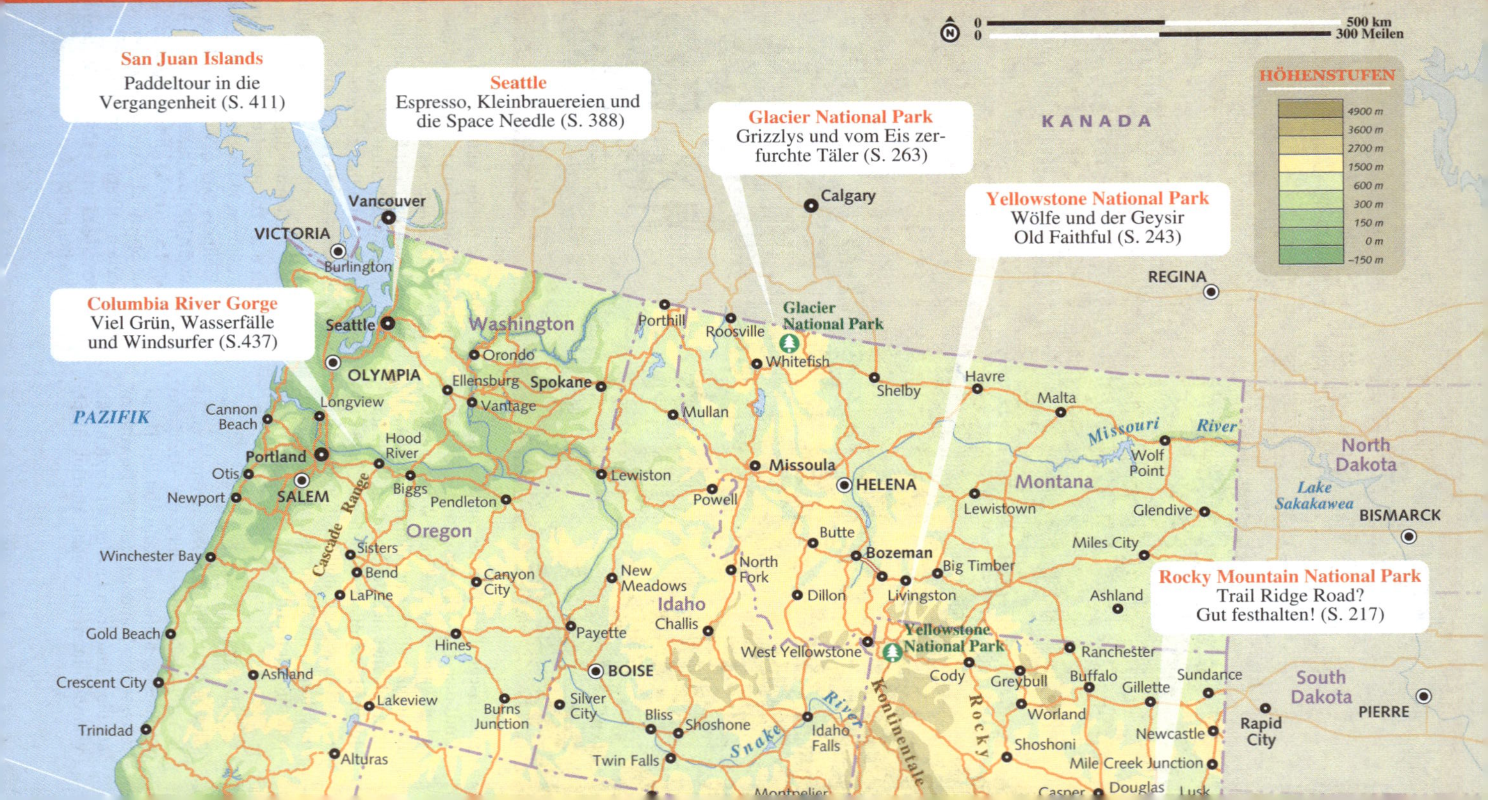

San Juan Islands
Paddeltour in die Vergangenheit (S. 411)
Seattle
Espresso, Kleinbrauereien und die Space Needle (S. 388)
Glacier National Park
Grizzlys und vom Eis zerfurchte Täler (S. 263)
Yellowstone National Park
Wölfe und der Geysir Old Faithful (S. 243)
Columbia River Gorge
Viel Grün, Wasserfälle und Windsurfer (S.437)
Rocky Mountain National Park
Trail Ridge Road? Gut festhalten! (S. 217)
0 500 km
0 300 Meilen
HÖHENSTUFEN
4900 m
3600 m
2700 m
1500 m
600 m
300 m
150 m
0 m
–150 m
KANADA
PAZIFIK
Washington
Oregon
Idaho
Montana
North Dakota
South Dakota
VICTORIA
Vancouver
Burlington
Seattle
OLYMPIA
Calgary
REGINA
BISMARCK
PIERRE
Rapid City
Lake Sakakawea
Missouri River
Snake River
Cascade Range
Rocky
Kontinentale
Porthill
Roosville
Glacier National Park
Whitefish
Shelby
Havre
Malta
Wolf Point
Glendive
Miles City
Lewistown
Orondo
Ellensburg
Spokane
Vantage
Mullan
Missoula
HELENA
Longview
Cannon Beach
Hood River
Portland
Otis
SALEM
Newport
Biggs
Lewiston
Pendleton
Powell
Butte
Bozeman
Big Timber
Livingston
Dillon
North Fork
New Meadows
Winchester Bay
Sisters
Bend
LaPine
Canyon City
Challis
Payette
Hines
BOISE
West Yellowstone
Yellowstone National Park
Cody
Greybull
Ranchester
Buffalo
Gillette
Sundance
Ashland
Gold Beach
Crescent City
Trinidad
Lakeview
Alturas
Burns Junction
Silver City
Bliss
Shoshone
Twin Falls
Idaho Falls
Worland
Shoshoni
Newcastle
Mile Creek Junction
Douglas
Lusk
Casper

San Francisco
Alcatraz, tolles Essen und die Golden Gate Bridge (S. 133)
Los Angeles
Erst zum Strand, dann nach Hollywood (S. 65)
Disneyland
Mickey Mouse sagt „Hereinspaziert!“ (S. 92)
Las Vegas
Mega-Resorts und Glücksspiel locken die Massen (S. 279)
Zion National Park
Angels Landing – nichts für Nervenschwache (S. 351)
Jerome, AZ
Die „verruchteste“ Stadt macht einen auf Kunst (S. 313)
Grand Canyon National Park
Geologisches Wunder auf 446 km Länge (S. 315)
Santa Fe
Kunst, wohin das Auge reicht (S. 361)
Monument Valley
Schroffe Monolithe und goldene Felsnadeln (S. 323)
PAZIFIK
MEXIKO
Nevada
Kalifornien
Utah
Arizona
Colorado
New Mexico
Wyoming
Nebraska
Kansas
Texas
Great Salt Lake
Colorado River
Wasserscheide
Mountains
Rocky Mountain National Park
Zion National Park
Grand Canyon National Park
SACRAMENTO
CARSON CITY
SALT LAKE CITY
CHEYENNE
DENVER
PHOENIX
SANTA FE
Bodega Bay
Williams
Nevada City
Reno
San Francisco
Oakland
San Jose
Monterey
Big Sur
San Luis Obispo
Yosemite Village
Mammoth Lakes
Fresno
Tulare
Luning
Coaldale
Tonopah
Lone Pine
Beatty
Death Valley Junction
Mojave
Barstow
Baker
Los Angeles
Long Beach
Laguna Beach
Anaheim
Palm Springs
San Diego
Tijuana
Mexicali
San Luis
Eureka
Ely
Baker
Wells
West Wendover
Ash Springs
Mesquite
Las Vegas
Boulder City
Needles
Kingman
Lake Havasu City
Martinez Lake
Wellton
Gila Bend
Lukeville
Nogales
Tucson
Casa Grande
Tombstone
Wickenburg
Jerome
Seligman
Grand Canyon Village
Flagstaff
Holbrook
Show Low
Springerville
Kayenta
Second Mesa
Page
Kanab
Modena
Cedar City
Beaver
Scipio
Salina
Escalante
Price
Duchesne
Vernal
Dutch John
Evanston
Diamondville
Green River
Moab
Monticello
Grand Junction
Ouray
Silverton
Durango
Parosa Springs
Shiprock
Gallup
Glenwood
Duncan
Lordsburg
Deming
Hatch
Ciudad Juárez
El Paso
San Antonio
Albuquerque
Montezuma
Taos
Raton
Clayton
Santa Rosa
Vaughn
Hondo
Roswell
Hobbs
Carlsbad
Texico
Amarillo
Craig
Silverthorne
Boulder
Laramie
Medicine Bow
Julesburg
Wray
Limon
Burlington
Colorado Springs
Poncha Springs
Colorado City
La Junta
Lamar

25 TOP ERLEBNISSE

Yellowstone National Park

1 Was macht Yellowstone (S. 243) zum Nationalpark aller Nationalparks? Natürlich die geologischen Wunder – von Geysiren und Thermalquellen bis zu Fumarolen und Schlammtöpfen. Zudem liegt hier der Mt. Washburn, der einen atemberaubenden Ausblick bietet. Dazu ein gewaltiger Wasserfall, ein historischer Gasthof und jede Menge Bisons, Wapitis, Elche und Bären – und das Naturparadies ist perfekt. Nicht zu vergessen die Wölfe, die 1995 wiederangesiedelt wurden; inzwischen sind es etwa 100. Und schließlich noch der Old Faithful – ein fontänensprühender Geysir.

San Francisco

2 Das in Nebel getauchte und vom Klappern der alten Cable Cars erfüllte San Francisco (S. 133) lädt mit großartigen Indie-Läden, erstklassigen Restaurants und unkonventionellen Bars zu ausgedehnten Streifzügen durch seine Viertel ein. Highlights sind beispielsweise der Blick in die Zellen von Alcatraz, ein Bummel über die Golden Gate Bridge und ein Abendessen im Ferry Building. Man sollte natürlich mindestens einmal mit der Cable Car fahren. Und man hat hier einfach einen tollen Blick aufs Wasser! Cable Car an der Hyde St mit Alcatraz (S. 148) im Hintergrund.

Wild-West-Städte

3 Jerome (S. 313) war einst als „The Wickedest Town in America“ (die krasseste Stadt Amerikas) bekannt, und Tombstone (S. 331) als „The Town Too Tough to Die“ (die Stadt, die zu zäh zum Untergehen ist) – es sind die faszinierendsten alten Goldgräberstädte im Wilden Westen. „The Richest Place on Earth“ (der reichste Ort auf Erden) meint Silver City in New Mexico (S. 376). Sie alle haben die raue Vergangenheit der Goldsucherära, die Lage an einer Panoramastraße und abgedrehte Einwohner gemein, die in B&Bs, Saloons und Museen den Wilden Westen lebendig halten. Jerome (S. 313), Arizona.

RICHARD CUMMINS / LONELY PLANET IMAGES ©

BOB KRIST / CORBIS ©

Las Vegas

4 Man könnte meinen, der Westen sei erhaben und erbaulich – wenn man Las Vegas (S. 279) nicht kennt, das wie ein provokantes Showgirl lasziv die Hüften schwingt. Las Vegas bietet eine umwerfende Show: mit tanzenden Springbrunnen, einem Vulkan und einem Eiffelturm. In den Spielhöllen zeigt sich der Charme von der gefährlichsten Seite, denn die Hallen mit ihren bunten Farben haben nur ein Ziel: den Leuten das Geld aus der Tasche zu ziehen. Wer kann, hält sich lieber an die guten Restaurants, an den Cirque du Soleil und an das von Haien bevölkerte Riff.

Grand Canyon National Park

5 Was einen hier zuerst fasziniert, ist die schiere Unermesslichkeit des Canyons (S. 315). Der zwei Milliarden Jahre alte Riss durch die Landschaft deckt zweifellos die Geheimnisse der Geologie auf. Aber es sind die künstlerischen Einfälle von Mutter Natur, die einen innehalten und in Ehrfurcht verweilen lassen: die in Sonnenlicht getauchten Grate und blutroten Felskuppen, die üppigen Oasen und das lange Band des Flusses. Schon Theodore Roosevelt wusste: Dieses Wunder der Natur „hat auf Erden nicht seinesgleichen“. Oder – wie wir wohl sagen würden – „Wow!“

RICHARD I'ANSON / LONELY PLANET IMAGES ©

California Wine Country

6 Die hügligen Weinberge im Napa Valley, im Sonoma Valley und im Russian River Valley locken Traveller über San Francisco hinaus nach Norden. Wie wär's mit einem erstklassigen Cabernet im schicken Napa (S. 164), einem Picknick im entspannten Sonoma (S. 167) oder einem Outdoor-Abenteuer mit edlen Pinot Noir am Russian River (S. 169)? Aber das ist ja längst nicht alles: Kalifornien hat mehr als 100 anerkannte Weinregionen. Eine davon ist das östlich von Santa Barbara (S. 121) gelegene pittoreske Weinbaugebiet, das 2004 durch den Film „Sideways" berühmt geworden ist – wobei der Wein eine besondere Rolle spielte. Rutherford, Napa Valley (S. 164).

CHRISTINA LEASE / LONELY PLANET IMAGES ©

Los Angeles

7 Der ständige Zustrom von Träumern, Erfolgshungrigen und Gaunern verleiht der schillernden Küstenstadt (S. 65) eine energiegeladene Atmosphäre. Man kann im Filmstudio die Tricks des Filmemachens kennenlernen, in der akustisch perfekten Walt Disney Concert Hall Symphonien lauschen und durch die Gärten und Galerien des Getty Museum schlendern. Für Sterngucker gibt's das Griffith Observatory. Wer auf irdische Sternchen steht, findet sie im Grove. Dann eine Stunde am Strand und schon hat man den für L.A. typischen Schimmer auf der Haut. Hollywood Walk of Fame (S. 73).

Portland

8 Über PDX (Portland; S. 420) gerät man schnell ins Schwärmen, und das ist auch leicht nachvollziehbar, denn es gibt kaum jemanden, der die freundliche Stadt nicht liebt. Sie ist Heimat für Studenten, Künstler, Radfahrer, Hipster, junge Familien, gealterte Hippies, Ökofreaks und alles, was dazwischen liegt. Es gibt tolles Essen, fantastische Musik und viel Kultur. Außerdem ist die Stadt so umweltfreundlich wie nur möglich. Einfach herkommen und sich selbst ein Bild machen – doch Vorsicht: Man könnte versucht sein, es den anderen nachzumachen und herzuziehen.

EMILY RIDDELL / LONELY PLANET IMAGES ©

Yosemite National Park

9 Der Naturschützer John Muir nannte Yosemite seinen „Lustgarten" und „großartigen Tempel" (S. 182). Man schlendert über Wiesen voller Wildblumen, in Tälern, die durch Gletscher, Lawinen und Erdbeben geschaffen wurden – die Natur hat hier scheinbar alles eine Nummer größer gemacht: donnernde Wasserfälle, deren Wasser über nackte Klippen in die Tiefe stürzt, erstaunliche Granitkuppeln oder die uralten Riesenmammutbaum-Haine mit den größten Bäumen der Welt. Atemberaubende Ausblicke bieten sich bei Vollmond vom Glacier Point aus oder auf der schwindelerregenden Tioga Rd.

RICHARD CUMMINS / LONELY PLANET IMAGES ©

Route 66

10 Kommt man in Seligman, Arizona (s. Kasten S. 324) zum Snow-Cap-Drive-In, weiß man schon, dass jetzt irgendein Lausbubenstreich folgt, z. B. cin Spritzer falscher Senf und einfach lächerliches Wechselgeld. Das ist zwar etwas aufgesetzt, aber man ist irgendwie enttäuscht, wenn der Besitzer einen nicht auf die Schippe nimmt. Kitschige, bodenständige Details machen die Mutter aller Straßen unvergesslich– sie führt durch Kalifornien, Arizona und New Mexico. Bettelnde Esel, das Wigwam Motel, die Neonschilder von Tucumcari und falscher Senf schlagen McBurger allemal. Wigwam Motel (S. 324), Holbrook, Arizona

Küstenstraßen

11 Umwerfende Highways führen entlang der Westküste und durch Kalifornien, Oregon und Washington. In Kalifornien geht's auf dem Hwy 1 (auch Pacific Coast Hwy genannt), dem Hwy 101 und der I-5 zu Meeresklippen, Strandorten und Großstädten: San Diego, L.A. und San Francisco. Der Hwy 101 führt nach Oregon, vorbei an Kaps, Gezeitenbecken und dem Ecola State Park– der in der Vampir-Saga „Twilight" für La Push, Washington, die Heimat der Werwölfe, steht. Überquert man den Columbia River, kommt man nach Washington und zum Olympic National Park. Hwy 1, Kalifornien.

ANN CECIL / LONELY PLANET IMAGES ©

Seattle

12 Das erfindungsreiche Seattle (S. 388) am Pazifik hat die unheimliche Angewohnheit, lokal ausgebrütete Ideen in global bekannte Marken zu verwandeln. Mit seiner weltberühmten Musikszene, seiner lebhaften Kaffeekultur und der Vorliebe für internetgesteuerte Innovationen hat es sich seinen Platz im Olymp der großen US-Metropolen erobert. Während Seattles Trendsetter schon das nächste große Ding austüfteln, wachen die Traditionalisten über den Geist der Stadt mit den verschiedenen Stadtvierteln, der eigenständigen Esskultur und dem besten Markt des Landes, dem Pike Place. Space Needle (S. 393).

Geschichte & Kultur der amerikanischen Ureinwohner

13 Im Südwesten gibt es eine Menge faszinierender Stätten der amerikanischen Indianer. Wer etwas über die ersten Bewohner des Kontinents lernen will, sollte in Colorado (S. 238) und New Mexico (S. 369) die Hügel hinaufkraxeln, um sich die Häuser der Anasazi (Ancestral Puebloans) anzuschauen, und die Petroglyphen in Sedona (S. 312) studieren. Die Kultur der heute noch existenten Indianervölker erlebt man in Arizona bei den Navajo und den Hopi. Hier sieht man, dass diese Stämme auch herrliche moderne Kunst hervorbringen. Viele Formen haben zwar eine religiöse Bedeutung, aber die Korbwaren, Teppiche und Schmuckstücke von heute bringen oftmals frischen Wind in uralte Traditionen – und manchmal entdeckt man auf Töpferwaren sogar ein Harry-Potter-Motiv!

RICHARD CUMMINS / LONELY PLANET IMAGES ©

BRANDON D. COLE / CORBIS ©

San Juan Islands

14 Wer mit der Fähre zu den San Juan Islands (S. 411) fährt, macht eine Reise in die Vergangenheit. Der Archipel liegt nördlich vom Puget Sound zwischen Washington und Vancouver Island. Von den mehr als 450 „Inseln" (die meisten sind nichts weiter als aus dem Wasser ragende Felsen) sind nur etwa 60 bewohnt und nur vier werden regelmäßig von Fähren bedient. Hier hat die Natur das Sagen und jede Insel hat ihren eigenen geografischen und kulturellen Charakter. Was man hier so machen kann? Rad oder Kajak fahren, Orkas beobachten – und sich zurücklehnen und einfach mal entspannen.

Mt. Rainier

15 An klaren Tagen sieht man den Mt. Rainier (S. 417) hoch über Seattle thronen – eine atemberaubende Kulisse für die grüne Stadt mit dem Beinamen „Emerald City" (Smaragdstadt). Der 4392 m hohe Berg ist ein schlafender Vulkan und bildet das Zentrum des Mt. Rainier National Park, der einen seltenen gemäßigten Regenwald im Landesinneren, Wanderwege über alpine Wildblumenwiesen und den 150 km langen Wonderland Trail bietet. Wer abenteuerlustig ist, kann versuchen, den Berg zu besteigen – und dabei einige der größten Gletscher außerhalb Alaskas überqueren.

RICHARD CUMMINS / LONELY PLANET IMAGES ©

M. SOBREIRA / ALAMY ©

Disneyland, California Adventure & Orange County

16 In Disneyland (S. 92) tummeln sich Zeichentrickfiguren auf der Main Street USA, fliegen Raketen im Space Mountain durchs Dunkel und explodieren Feuerwerke über dem Dornröschenschloss. Daneben liegt das California Adventure mit dem nachgebauten Hollywood-Studiogelände, einer Küstenpromenade und einer Terrasse, auf der man kalifornische Weine trinken kann. Die Küste von Orange County (S. 96) lockt mit luxuriösen Einkaufszentren, Naturschutzgebieten voller Vögel und prächtigen Stränden. Laguna Beach (S. 97).

Boulder (Colorado)

17 Boulders (S. 213) Markenzeichen sind die Flatirons, eine Felsformation oberhalb der Stadt. Die hübsche Lage und der progressive Geist locken Unternehmer, aber auch Hippies und harte Kerle an. Der Boulder Creek Bike Path ist ein Paradies für Radfahrer. Er verbindet etliche Stadtparks und County Parks, die mithilfe der „Open Space Tax" erworben wurden. Auf der Pearl St Mall (s. rechts) ist viel los, besonders abends, wenn die Studenten der University of Colorado und der Naropa University sich hier treffen. Eigentlich ist nicht Denver, sondern Boulder das touristische Zentrum der Region.

CAROLINE COMMINS / ALAMY ©

TYLER ROEMER / LONELY PLANET IMAGES ©

Columbia River Gorge

18 Die Columbia River Gorge (S. 437) ist ein geologisches Wunder, das entstand, als sich die Kaskadenkette erhob und der Columbia River sich in den Fels einschnitt. Die Schlucht ist auch Grenze zweier Bundesstaaten: Nordwärts liegt Washington, südlich Oregon. Es gibt unzählige Wasserfälle und Wandermöglichkeiten sowie ertragreichen Obstbau. Wer auf Windsurfen oder Kiteboarden steht, ist im sportlichen Städtchen Hood River richtig. Ob Apfelliebhaber oder Adrenalinjunkie – diese Schlucht bietet für jeden etwas.

Monument Valley & Canyon de Chelly

19 In dem Navajo-Reservat kommt Schönheit in vielerlei Formen daher. Ihre berühmteste Ausprägung ist das Monument Valley (S. 323). Wie von einer anderen Welt wirken die zerklüfteten Felskuppen und die Felstürme in der Wüste. Schönheit liegt auch über dem Canyon de Chelly (S. 323), einem Tal, in dem neben uralten Felssiedlungen Farmer arbeiten. Schönheit findet sich ebenso im Zwischenmenschlichen – vom Dozenten, der über die Stämme der Navajo spricht bis zur freundlich lächelnden Kellnerin. Monument Valley Navajo Tribal Park (S. 323).

FEARGUS COONEY / LONELY PLANET IMAGES ©

DIE BRADY / LONELY PLANET IMAGES ©

GREG GAWLOWSKI / LONELY PLANET IMAGES ©

Santa Fe & Taos

20 Santa Fe (S. 361) feiert zwar den 400. Geburtstag, doch es gibt sich wie ein Teenager. Freitags strömen Kunstliebhaber zur Canyon Rd und schwatzen mit Künstlern, trinken Wein und durchstöbern die über 100 Galerien. Kunst und Geschichte vereinen sich in den Museen der Stadt. Und man kann hier prima essen und shoppen. Der türkisblaue Himmel macht alles nahezu perfekt. Auch in den Galerien von Taos (S. 370) treffen sich Künstler, doch diese Stadt ist etwas abgefahrener. Skihasen, Ökofreaks und ein paar Promis sorgen hier für Stimmung. Uhrenturm, New Mexico Museum of Art (S. 363), Santa Fe.

Rocky Mountain National Park

21 Angesichts der vielen Wohnmobile, die auf der Trail Ridge Rd entlangkriechen, wirkt der Rocky Mountain National Park (S. 217) überlaufen. Aber wenn man dann den Wanderweg vor sich hat, entfaltet sich die majestätische, ungezähmte Pracht des Parks – ein unvergessliches Erlebnis. Von langen Ausflügen auf dem Continental Divide National Scenic Trail bis hin zu familienfreundlichen Kurztrips rund um den Bear Lake findet sich für jeden etwas. Fast fühlt man sich, als habe man die ganze Gegend für sich allein. Maroon Bells (S. 228), Rocky Mountain National Park.

Die Wüsten

22 Der an eine menschliche Gestalt erinnernde Saguaro-Kaktus ist eines der ewigen Symbole des Westens. Heimisch in der Sonora-Wüste, ist er erprobt im Überlebenskampf in der unerbittlichen, aber wundersam schönen Landschaft. Über den gesamten Südwesten erstrecken sich vier Wüsten: die Sonora-Wüste, die Mojave-Wüste, die Chihuahua-Wüste und die Great-Basin-Wüste. Jede hat ihr eigenes Klima und eine große Vielfalt gut angepasster Tiere und Pflanzen. Ein Spaziergang durch die Wüsten ist eine einzigartige Erfahrung. Saguaro National Park (S. 326)

WHIT RICHARDSON / AURORA PHOTOS / CORBIS ©

Zion National Park & Bryce Canyon National Park

23 Hinter den roten Felsen im Zion National Park (S. 351) findet man schöne Wasserfälle, schmale Slot Canyons und hängende Gärten. Das Wunderland liegt im Schatten von Angels Landing. Zu der Felsformation führt eine beliebte Tageswanderung. Ein Abschnitt des Wegs heißt „Walter's Wiggles". Gute Fotomotive gibt's im Bryce Canyon National Park (S. 350) weiter nördlich: Goldrote Felsspitzen schimmern wie Bäume in einem magischen Steinwald – ein hypnotischer Anblick wie aus J.R.R. Tolkiens Welt. Zion National Park (S. 351).

SHANNON NACE / LONELY PLANET IMAGES ©

Glacier National Park

24 Ja, es ist wirklich wahr. Die Gletscher im Glacier National Park (S. 263) schmelzen langsam dahin. 1850 gab es in der Gegend 150 Gletscher, heute sind es weniger als 30. Aber dennoch lohnt der weitläufige Nationalpark in Montana einen längeren Besuch. Wer gern Auto fährt, kann sich an der 50 Meilen (80 km) langen Going-to-the-Sun-Road versuchen. Tierbeobachter können sich auf die Suche nach Wapitis, Wölfen und Grizzlybären (aber nicht zu nah rangehen!) machen. Und auf 1126 km an Wanderwegen kann man die Flora erkunden (z. B. Moose, Pilze und Wildblumen).

Kleinbrauereien

25 Kleinbrauereien sind eine Besonderheit des Westens, und man findet von Moab bis Missoula in jedem kleinen Kaff mindestens eine. Auch wenn sie jeweils sehr ortsspezifisch sind, haben die beliebten Kneipen einiges gemeinsam: ausgelassene Biertrinker, geschmacksintensive Biere mit lokal inspirierten Namen und höhlenartige Räume mit dem Geruch von Schweiß und Abenteuer. Und wenn es um eingängige Werbeslogans geht, hat sich vor allem der Wasatch Brew Pub (S. 341) in Park City, Utah, einen Namen gemacht. Er wirbt für sein Polygamy Porter mit dem Spruch „Why Have Just One?“ (Warum nur eins?). Hopworks Urban Brewery (S. 430), Portland, Oregon.

Gut zu wissen

Währung
» US-Dollar (US$)

Sprache
» Englisch

Reisezeit

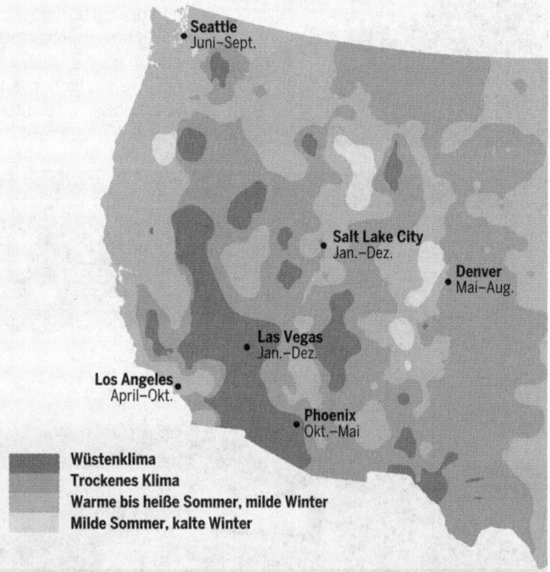

Hauptsaison (Juni–Aug., Sept.–April)

» Sonnige Tage und hohe Zimmerpreise

» Im Mai und Juni ziehen an der Südküste oft Wolken auf

» In Skigebieten dauert die Hauptsaison von Januar bis März, in den Wüsten von September bis April

Zwischensaison (April & Mai, Sept. & Okt.)

» Weniger Besucher und niedrigere Preise, vor allem an der Küste und in den Bergen

» gute Reisezeit für Nationalparks

» Frühlingsblumen (April) und feurige Herbstfarben (Okt.)

Nebensaison (Nov.–März)

» günstige Zimmerpreise an der Küste

» kurze Wintertage mit Schneefall im Norden und starken Regenfällen

Tagesbudget

Günstig – unter
100 US$

» Bett im Schlafsaal und Campingplatz: 18–40 US$

» Museen an Tagen mit freiem Eintritt besuchen

» Farmers Markets, *taquerias*, Straßenverkäufer

Mittleres Budget
100–200 US$

» Kleine Motels im Familienbetrieb, günstige Ketten: 60–100 US$

» Mietauto: ab 30 US$ pro Tag (ohne Benzin und Versicherung)

» Besuch von Museen, Themenparks und Nationalparks

Teuer – mehr als
200 US$

» B & Bs, Boutiquehotels, Resorts, Lodges

» Drei-Gänge-Menüs in Top-Restaurants: 75 US$ zzgl. Wein

» Outdoor-Equipment, geführte Touren, Besuchen von Top-Shows

Geld
» Geldautomaten sind weit verbreitet. Kreditkarten werden normalerweise zum Reservieren und Buchen von Hotelzimmern und Mietwagen benötigt.

Visa
» Besucher aus Deutschland, Österreich und der Schweiz benötigen für Aufenthalte unter 90 Tagen kein Visum, die vorherige ESTA-Onlineregistrierung ist obligatorisch.

Handys
» In den USA funktionieren nur Triband- oder Quadband-Handys. In entlegenen Gebieten und in den Bergen kann die Netzabdeckung lückenhaft sein.

Autofahren
» Außerhalb städtischer Gebiete ist ein Auto sehr nützlich. Amtrak-Züge und Greyhound-Busse bedienen nicht alle Nationalparks und Ortschaften. Die Rush Hour meiden!

Infos im Internet

» **American Southwest** (www.americansouthwest.net) Infos zu Landschaft und Parks.

» **Lonely Planet** (www.lonelyplanet.com/usa) Reisezielinfos, Hotels und Traveller-Forum

» **National Park Service** (www.nps.gov) Infos zu Nationalparks und National Monuments.

» **Recreation.gov** (www.recreation.gov) Reservierungen von Campingplätzen auf BLM-Land (s. S. 511).

» **Roadside America** (www.roadsideamerica.com) Die schrullige und schräge Seite der USA.

Wechselkurse

Eurozone	1 €	1,32 US$
	1 US$	0,76 €
Schweiz	1 SFr	1,10 US$
	1 US$	0,91 SFr

Aktuelle Wechselkurse gibt's unter www.xe.com.

Wichtige Telefonnummern

Um herkömmliche Anschlüsse zu erreichen, wählt man die Ortsvorwahl gefolgt von der siebenstelligen Nummer.

Vorwahl für internationale Gespräche	☎011
Landesvorwahl USA	☎1
Notruf	☎911
Hotline für Opfer von sexuellen Übergriffen	☎800-656-4673
Telefonauskunft	☎411
Landesweiter Straßenbericht	☎511

Ankunft am ...

» **Denver International Airport** (DEN; S. 209)
Taxis ca. 45 US$; RTD-SkyRide-Busse fahren zw. 3.30 & 1.10 Uhr zur Downtown Denver (10 US$, 55 Min.) und Boulder (12 US$, 90 Min.)

» **Los Angeles International Airport** (LAX; S. 91)
Taxis 30–55 US$ (30–60 Min.); Tür-zu-Tür-Shuttles 16–25 US$, 24 Std. Kostenloser Shuttle C zum LAX Transit Center; FlyAway-Busse (7 US$) zur Downtown L.A.

Zeitzonen im Westen der USA

In den elf Bundesstaaten, die in diesem Reiseführer behandelt werden, gilt entweder die Mountain Standard Time (Denver, Santa Fe, Phoenix) oder die Pacific Standard Time (Seattle, San Francisco, Las Vegas).

Sommerzeit: Am zweiten Sonntag im März wird die Uhr eine Stunde vorgestellt, am ersten Sonntag im November eine Stunde zurück.

Achtung: In Arizona gibt es keine Sommerzeit, der Bundesstaat „hinkt" dann also dem restlichen Südwesten um eine Stunde hinterher. Im Navajo-Reservat, das in den Bundesstaaten Arizona, New Mexico und Utah liegt, werden die Uhren jedoch zur Sommerzeit umgestellt. Und um die Verwirrung komplett zu machen: Das Hopi-Reservat, das in Arizona vom Navajo-Reservat umgeben wird, folgt wiederum dem Rest von Arizona.

Wie wär's mit ...

Geologie

Rote Felswüsten, versteinerte Wälder, eruptierende Geysire und ein fetter Riss in der Erde. Im Westen gibt es viele Stellen, an denen man sich vorkommt, als sei man in ein Laborexperiment der Götter geraten – eines, das noch nicht gänzlich abgeschlossen scheint.

Grand Canyon Ein 446 km langer Fluss durchschneidet 2 Mrd. Jahre alte Felsen, deren Schichten sich zu einer Höhe von rund 1600 m auftürmen (S. 315).

Yellowstone Gewaltige Geysire, in Regenbogenfarben schillernde heiße Quellen, ein schlummernder Supervulkan – der Nationalpark bietet eine wahrlich spektakuläre Show (S. 243).

Chiricahua National Monument Ein wildes Wunderland aus Felsen, die Regen und Wind zu Nadeln, Brücken und anderen faszinierenden Formationen geschliffen haben (S. 331).

Sand Dunes Die Gips- und Kalkdünen des White Sands National Monument sind von hypnotischer Schönheit (S. 377).

Carlsbad Caverns Die Wanderung durch einen unterirdischen Gang endet in einem riesigen Raum – einer regelrechten Tropfstein-Kathedrale, die in einem gewaltigen Höhlensystem verborgen liegt (S. 381).

Wilder Westen

Die Zähmung des Westens ist Amerikas ureigenste Erzählung. Seit jeher begeistert und fasziniert sie Schriftsteller, Musiker, Filmemacher und Traveller. In der gesamten Region finden sich wunderbare Orte, an denen Wirklichkeit und Mythos miteinander verglichen werden können.

Lincoln Hier tummelte sich – und schoss – Billy the Kid während des Lincoln-County-Rinderkriegs (S. 379).

Tombstone Berühmt wegen der Schießerei am O. K. Corral – in dem staubigen Städtchen finden sich zudem der Boothill Cemetery und das Bird Cage Theater (S. 331).

Whiskey Row Souverän hat in Prescott ein Block aus viktorianischer Zeit Feuersbrünsten, Filmemachern und Touristen widerstanden (S. 314).

Virginia City Die Comstock-Lode-Silberader und Mark Twains halbautobiografisches Werk *Durch Dick und Dünn* (1872) verhalfen der Bergbaustadt zur Berühmtheit (S. 297).

Steam Train Bei einer Fahrt mit dem Dampfzug, der seit 125 Jahren zwischen Durango und Silverton hin und her tuckert, fühlt man sich in den alten Westen zurückversetzt (S. 231).

Drehorte

Von den rot glühenden Monolithen bis zu den funkelnden Lichtern von Las Vegas – der Westen ist ein Ort der Zuflucht, der Gefahren und unfassbaren Schönheit. In einem Wort: ein Leckerbissen für Regisseure, die ihre Helden in dramatischer Umgebung inszenieren wollen.

Los Angeles Hier stand Hollywoods Wiege. Die Filmgeschichte verfolgt einen auf Schritt und Tritt, vom Mulholland Drive bis nach Malibu (S. 65).

Monument Valley Im Schatten der berühmten Monolithen wandelt man in den Fußstapfen von John Wayne (S. 323).

Las Vegas Eine Handvoll Bad Boys und ihre waghalsigen Aktionen brachten die Stadt der Sünde mit Filmen wie *Ocean's Eleven* und *Hangover* wieder zurück auf die Leinwand (S. 279).

Moab & Around Die Regisseure von *Thelma & Louise* und *127 Hours* drehten hier ihre dramatischsten Szenen (S. 344).

Albuquerque Steuerliche Anreize locken Produktionsfirmen an. Albuquerque ist Kulisse für die TV-Serie *Breaking Bad*. Weitere Filme der letzten Jahre: *Crazy Heart*, *Thor* und *True Grit* von den Cohen-Brüdern (S. 355).

Wie wär's mit … ausgefallenen Felsformationen
In den Bisti Badlands in New Mexico kann man umgeben von bunten Hoodoos und schwebenden Felsen wandern (S. 373).

Geniales Essen

Jede Region des Westens wartet mit ihren ganz eigenen kulinarischen Erlebnissen auf: die Rockies mit saftigen Steaks, Albuquerque mit Green Chile Stew, in L.A. und San Francisco verführen weltberühmte Restaurants und im Nordwesten kommt vielerorts das Essen frisch von der Farm auf den Tisch.

San Francisco Echte Taquerías und Trattorias, erstklassige vietnamesische Restaurants, prächtige Farmers Markets und gefeierte Köche – Gourmets haben die Qual der Wahl (S. 133).

Chez Panisse Mit Gerichten aus regionalen und saisonalen Zutaten aus der Bay Area revolutionierte die Küchenmeisterin Alice Waters in den Siebzigern die kalifornische Küche (S. 163).

Food Trucks In L.A. nahm die Gourmet-Revolution auf vier Rädern ihren Anfang (S. 475). Inzwischen gibt sie's auch in **San Francisco** (S. 154) und **Portland** (S. 427).

Grüne Chilis sind New Mexicos ganzer Stolz. Großzügig werden sie auf Enchiladas geschmiert, in Cheeseburgern verbaut und in Eintöpfe geworfen. Wer's scharf mag, sollte das Green Chile Stew im **Frontier** (S. 359) versuchen. Auch das **Horseman's Haven** (S. 366) ist einen Besuch wert.

Aufstrebende Wein-Regionen

In den vergangenen Jahren hat der Weinanbau in den USA große Fortschritte gemacht. Inzwischen sind die USA der viertgrößte Produzent der Welt. Der Besuch von Weinkellereien beschränkt sich nicht auf die Verkostung erstklassiger Tropfen. Vielmehr gibt es auch hinreißende Landschaften, Wochenmärkte und Bistros zu entdecken.

Verde Valley Wine Country Heimat einer aufstrebenden Weinstraße in Arizona, die sich an den Kellereien und Weinbergen von Cottonwood, Jerome und Cornville entlangschlängelt (s. Kasten, S. 314).

Willamette Valley Aus der fruchtbaren Region im Umland von Portland stammen einige der leckersten Pinot Noirs der Welt (S. 434).

Walla Walla Angesagte Weinanbaugegend in Washington, mit gleichnamiger Stadt als sehr hübschem Mittelpunkt (S. 419).

Santa Barbara Wine Country Seit den 1980er Jahren wird hier im großen Stil Wein angebaut. Das Klima ist sowohl in Küstennähe als auch weiter im Landesinneren für Pinot-Weine ideal (S. 121).

Wandern

Für Wanderer ist der Westen ein Paradies. Hier findet jeder das Passende: Berge und Wüsten, Flussufer und Meeresküsten – und rote Felsen.

Grand Canyon Rim to Rim Wer die klassische, gut 27 km lange Route zwischen den südlichen und den nördlichen Rändern des Grand Canyons meistert, darf zu Recht stolz sein (S. 315).

Red Rock Country Wanderungen zu den energetischen Wirbeln in Sedona (S. 312), den Hoodoos im Bryce Canyon (S. 350) und den schlanken Felsbögen in den Nationalparks Arches (S. 346) und Canyonlands (S. 346).

Rocky Mountain National Park Longs Peak kriegt zwar den meisten Glanz ab, aber es gibt einige weitere Rundwanderwege, für die man am besten zwei, drei Übernachtungen einplant – Wildtiersichtungen inklusive (S. 217).

Wonderland Trail Auf den rund 150 km um den Gipfel des Mt. Rainier wandert man inmitten spektakulärer Natur (S. 417).

Palm Springs & Wüsten Abgelegene Palmoasen wollen erobert, Salzebenen durchquert und die Canyons der Ureinwohner Amerikas auf einer geführten Tour entdeckt werden (S. 110).

Ein „Außerirdischer" auf dem Roswell UFO Festival, Roswell (S. 380)

Nachtleben

Wie's auf dem roten Teppich bei einer Filmpremiere zugeht, ist bekannt. Zeit also, sich selbst in Schale zu werfen und einen der ultraschicken Nightclubs zu besuchen. Andererseits, immerhin sind wir im „Westen", man kann's auch rustikal anständig in einem der Saloons krachen lassen.

Los Angeles Ob Hip-Hop, World Beat, Techno oder Trance, in Hollywoods glamouröser Clubszene legen die DJs alles auf was Klang und Namen hat, während in „WeHo" das Herz der Lesben- und Schwulenszene von LA schlägt (S. 87)

San Francisco In North Beach treffen sich Beatniks, im Mission die Hipster und im Castro die LGBT-Community (S. 157)

Tucson Eine Kneipentour startet in der 4th Ave, bevor es zu einer Live-Show im historischen Hotel Congress (S. 328)

Las Vegas Die hochkarätigen Nightclubs entlang des Strips entsprechen selbst den abgehobensten Vorstellungen (S. 288)

Pacific Northwest Portland, Seattle und Vancouver behaupten, mit den angesagtesten Indie-Newcomern aufwarten zu können – mitsamt dazu passenden Venues, von gemütlich bis groß, von schrullig bis laut.

Nationalparks

Nachdem er im Yellowstone zelten war, sagte Theodore Roosevelt, man läge „in einer gewaltigen Kathedrale, weit größer und schöner als alle von Menschenhand erschaffenen." Diese Worte passen auf alle großen Parks des Westens, alle gemeinsam verbunden in Erhabenheit.

Yellowstone National Park Eine Wucht: Seen, Wasserfälle, Berge, Geysire, Quellen und Tiere in Hülle und Fülle (S. 243),

Grand Canyon National Park 2 Mrd. Jahre geologischer Erdgeschichte sind sicher beeindruckend, aber diese Aussicht ... und die haut einen um (S. 315)!

Glacier National Park Man kommt der Gletscher wegen und bleibt wegen der Going-to-the-Sun Rd, der prächtigen alten Lodges und der Wildtiere (S. 263)

Yosemite National Park Flankiert vom El Capitan und dem Half Dome gleicht das Yosemite Valley tatsächlich einer Kathedrale, aber auch das üppige Hinterland von Tuolomne lässt Traveller jauchzen (S. 182)

Süd-Utah Es ist einfach zu viel der roten Pracht, um ein paar Favoriten hervorzuheben: Arches, Canyonlands, Bryce, Zion und Capitol Reef. Zwei Wochen Zeit? Alle anschauen!

Kurioses

Im Westen gibt es eine Menge leeren Raum. Und dieser fördert in manchen Menschen Seltsames zutage: Dinosaurierskulpturen, zweiköpfige Eichhörnchen ... angesagt ist, was seltsam ist. Oder wie heißt's gleich auf einem Autoaufkleber in Jerome? „Wie sind alle hier, weil wir nicht alle da sind."

Route 66 Entlang dieser zweispurigen Ode an Amerikana finden sich viele verrückte Attraktionen, vor allem im westlichen Arizona (s. Kasten S. 324)

Burning Man Festival Eine temporär errichtete Wüstenstadt, die einmal im Jahr für eine Woche 50 000 Selbstdarsteller und Sandbläser anzieht (s. Kasten S. 295)

Roswell Stürzte hier 1947 wirklich ein UFO ab? Museen und ein Festival versuchen zu ergründen, ob die Wahrheit tatsächlich da draußen liegt (S. 380)

Seattle's Public Sculptures In Fremont stößt man auf einen Auto fressenden Troll, einen Hund mit menschlichem Antlitz und ein paar Leute, die auf den Zug warten wie Wladimir und Estragon auf Godot... (S. 394)

Venice Boardwalk Menschenzoo mit Kettensägen-Jongleuren und Schlangenbeschwören in knappen Badehosen (S. 77)

Wie wär's mit ...
ein wenig Gänsehaut
Das Jerome Grand Hotel in Jerome, Arizona, bietet seinen Gästen eine Geistertour durch das Hotel an, das einst ein Krankenhaus für Bergleute war (S. 314).

Museen

Moderne Kunst, die Kulturen der Ureinwohner Amerikas, Georgia O'Keeffe, bizarrer Krimskramsb Roswell und UFOs, Kernenergie, Bergbau und Jurassic Technology. Für jeden Geschmack und jedes Interessengebiet scheint es im Westen ein Museum zu geben.

Getty Center & Villa Ein Kunstmuseum, so schön wie der Meerblick in West L.A. (S. 76) und Malibu (S. 77)

Los Angeles County Museum of Art Mehr als 150 000 Kunstwerke aus allen Epochen und über alle Grenzen hinweg (S. 74)

California Academy of Sciences S. F.s Naturkundemuseum präsentiert sich durch und durch grün – mit ökozertifizierter Bauweise, vierstöckigem Regenwald und lebendigem Dach (S. 144)

Balboa Park In San Diegos beliebtestem Park kann man den ganzen Tag „Museum-Hopping" betreiben und dabei in erstklassige Kunst-, Geschichts- und wissenschaftliche Ausstellungen eintauchen (S. 98)

Heard Museum Widmet sich der Geschichte und den Kulturen der südwestlichen Stämme (S. 300)

Historisches

Überall im Westen hinterließen Dinosaurier ihre Spuren und Ureinwohner ihre Felsbehausungen, Gesetzlose und Sheriffs Mythen die Hunderte von Büchern füllen. Vieles davon hat die Jahrhunderte kaum verändert überdauert – Geschichte zum Anfassen.

Dinosaur National Monument Die Gelegenheit, ein 150 Mio. Jahre altes Fossil in einer der größten nordamerikanischen Fundstätten von Dinosaurierfossilien berühren zu können, ist zu cool, um sie sich entgehen zu lassen (S. 343).

Mesa Verde Wanderwege und Touren führen zu den mehr als 700 Jahre alten Felsbehausungen der Anasazi (ancestral puebloans) (S. 238).

Manzanar National Historic Site Internierungslager für Amerikaner japanischer Abstammung bzw. japanische Staatsbürger in den USA während des Zweiten Weltkriegs, das die Erinnerung an ein schmerzliches Kapitel der US-Geschichte wachhält (S. 191).

Little Bighorn Battlefield National Monument Schlachtfelder amerikanischer Ureinwohner und Ort von General George Custers berühmten „Last Stand" gegen die Lakota-Sioux (S. 259).

Spas & Resorts

Ob einfach-rustikal am Rio Grande, extravagant-verspielt in Las Vegas, oder vornehm-luxuriös im Herzen von Scottsdale – was Resorts und Verwöhnerlebnisse angeht, bietet der Westen der USA nahezu unbegrenzte Möglichkeiten. Heutzutage gibt's sogar Spas für die lieben Kleinen – Kinder wie Haustiere.

Truth or Consequences Über Thermalquellen neben dem Rio Grande errichtet, blubbert hier mit beruhigender und heilsamer Erdwärme erhitztes Wasser in Wannen und Pools (S. 375)

10 000 Waves Die von Wald umgeben Pools dieses kleinen, japanischen Spas liegen auf einem Hügel (S. 364).

Phoenix & Scottsdale Flitterwöchner, Familien, Golfer – innerhalb weniger Kilometer der Camelback Rd finden sich Resorts für jeden Geschmack (S. 303).

Las Vegas Encore, Bellagio, Wynn und weitere Tophotels bieten Annehmlichkeiten eines Resorts (S. 284).

Sheraton Wild Horse Pass Resort & Spa Das in der Gila Indian Reservation gelegene Resort pflegt sein indianisches Erbe mit Stil (S. 305).

Monat für Monat

Top-Events

1 **Sundance Film Festival,** Januar

2 **Cactus League,** März & Anfang April

3 **Aspen Music Festival,** Juli

4 **Great American Beer Festival,** September

5 **Halloween Carnivals,** Oktober

Januar

In den Skiresorts überall in der Region wimmelt es von Gästen. Palm Springs und die mit Saguaro-Kakteen überzogenen Wüsten im Süden locken Leute an, die es lieber in wärmere Gefilde zieht.

Tournament of Roses

Am Neujahrstag findet der berühmte Umzug mit blumengeschmückten Wagen, Blaskapellen und tänzelnden Pferden statt. Das Spektakel lockt kurz vor dem College-Footballspiel im Rose Bowl mehr als 100 000 Zuschauer ins kalifornische Pasadena (S. 81).

Sundance Film Festival

Ende Januar rollt die Stadt Park City in Utah den roten Teppich für Indie-Filmemacher, Schauspieler und Kinogänger aus. Eine Woche lang laufen bei dem Filmfestival die allerneusten Streifen (S. 340).

Februar

Die Skisaison erreicht ihren Höhepunkt. Aber auch wer nicht die Abhänge hinabdüsen will, findet viel Zerstreuung: Die Wüstenwildblumen blühen, die Wale ziehen vor der kalifornischen Küste vorbei, und die Ferienranches im südlichen Arizona satteln die Pferde.

Karneval in Colorado

In Vail trifft der Mardi Gras auf die Berge, und es gibt einen Umzug, viel Heiterkeit und die Krönung von König und Königin. Breckenridge feiert den Karneval mit einem Maskenball und einem Umzug am Faschingsdienstag.

Oregon Shakespeare Festival

In Ashland feiern Zehntausende von Theaterfans bei dem neun Monate (ja wirklich!) andauernden Theaterfest den Barden. Höhepunkte sind natürlich die erstklassigen Stücke und elisabethanischen Dramen (S. 442).

Art Feast

Bei diesem Wochenendfest Ende Februar in Santa Fe, New Mexiko, wird der Winter mit Modenschauen und Weinverkostungen erwärmt – Essen, Trinken, Spaß und Galerien-Hopping inklusive.

März

Wenn der Frühling erwacht, drehen sich die Gedanken junger Männer nur noch um Bier, Jetskis und Partys! Der März ist die Spring-Break-Saison, und die Studenten strömen in Scharen zu Arizonas Seen. Die Familien gehen Skifahren oder besuchen die Parks in den wärmeren Gegenden.

Spring Whale-Watching Week

An der Pazifikküste ziehen Grauwale vorbei. Rund um Depoe Bay in Oregon gibt es an speziellen Aussichtspunkten teilweise organisierte Treffen zum Beobachten der Wale, bei denen Fachleute die Einzelheiten erklären. Die Wanderung der Wale Richtung Norden kann man im Juni beobachten.

Spring Training

Im März und Anfang April zieht es die Fans von Major-League-Baseball ins südliche Arizona, wo die vorsaisonale Cactus League

(s. Kasten S. 303) stattfindet und ein paar der besten Profiteams in Phoenix und Tucson auflaufen.

Frozen Dead Guy Days

In Nederland, Colorado, wird das mithilfe von Trockeneis konservierte Stadtmaskottchen „Grandpa Bredo" mit einem Schneeschuh-Wettlauf, einem Wettbewerb darum, wer am meisten wie eine Leiche aussieht, und Unmengen an Bier gefeiert.

April

Die Zugvögel fliegen die Naturschutzgebiete im südlichen Arizona an, und in den Wüsten Kaliforniens blühen die Wildblumen. In den Bergen ist gerade Zwischensaison, sodass die Zimmerpreise etwas niedriger sind (außer am Osterwochenende).

Coachella Music & Arts Festival

Indie-Rockbands, Kult-DJs, Superstar-Rapper und Popdiven finden sich Mitte April außerhalb von Palm Springs zu diesem dreitägigen Musikfestival zusammen.

Gathering of Nations

Mehr als 3000 Tänzer und Sänger von US-amerikanischen und kanadischen Indianerstämmen treten Ende April in Albuquerque, New Mexiko (S. 357), bei diesem riesigen Powwow gegeneinander an. Es gibt hier auch einen indianischen Markt, an dem sich mehr als 800 Künstler und Kunsthandwerker beteiligen.

Mai

Die meisten Nationalparks sind bereit für den Sommeransturm, aber weil die Kinder noch zur Schule gehen, tauchen die Massen erst am Memorial-Day-Wochenende, also dem letzten Maiwochenende, auf.

Cinco de Mayo

Der Sieg der mexikanischen Streitkräfte über die französische Armee in der Schlacht von Puebla am 5. Mai 1862 wird mit Margaritas, Musik und Heiterkeit gefeiert. Ganz besonders stilvoll geht's in Denver, Los Angeles und San Diego zu.

Boulder Creek Festival

In Boulder beginnt der Sommer mit Essen, Trinken, Musik und herrlichem Sonnenschein. Zum Abschluss des Festivals findet der Bolder Boulder, ein Wettlauf über 10 km, begleitet von jubelnden Massen statt. (S. 213).

Juni

Für den Großteil des Westens beginnt jetzt die Hauptsaison. Die zerklüfteten Bergpässe sind freigegeben, die Flüsse schwellen aufgrund der Schneeschmelze an, und in den Bergen blühen die Wildblumen. Manchmal macht sich über den Stränden im südlichen Kalifornien der sogenannte June Gloom (ein grauer Nebel) breit.

Pride Month

Den ganzen Juni über finden in Kalifornien die Schwulen- und Lesbenfeiern mit Kostümumzügen, Coming-out-Partys, Livemusik u. a. statt. Die größten, ausgelassensten Feiern gibt es in San Francisco und Los Angeles.

Bluegrass in the Mountains

Mitte Juni mischt man sich am besten unter die Festival-Teilnehmer im wunderschönen, von Bergen umringten Telluride in Colorado und genießt erstklassigen Bluegrass (S. 236).

Juli

Urlauber bevölkern die Strände, Themenparks, Gebirgsresorts, State Parks und Nationalparks. Die glühend heißen Wüstenparks meidet man am besten.

Independence Day

Überall im Westen wird der Unabhängigkeitstag am 4. Juli mit Rodeos, Musikfesten, Umzügen und Feuerwerken gefeiert.

Aspen Music Festival

Hervorragende klassische Musiker bieten spektakuläre Darbietungen, während Studenten-Orchester unter der Leitung gefragter Dirigenten spielen und kleinere Ensembles die Straßenecken beleben (S. 227).

Oregon Brewers Festival

Während des vergnüglichen Bierfests in Portland, auf dem es auch sehr viel Gutes zu essen gibt, hauen Bierfreunde bei mehr als 50 000 Biersorten aus Kleinbrauereien am Ufer des Willamette River auf die Pauke (S. 426).

San Diego Comic-Con International

Die „Nerd Prom" ist das landesweit größte jährliche Treffen (nicht nur) der Comicszene, bei der Liebhaber von Comics, Science Fiction, Animation und Pop-Kultur Ende Juli in San Diego alles finden, was ihr Herz erfreut. Mit über 100 000 Besuchern …

August

Überall im Südwesten kann man auf den Kunstmärkten, Märkten und zeremoniellen Treffen mehr über die Kultur der amerikanischen Indianer erfahren. In Colorado und Arizona sind Rodeos sehr beliebt.

Santa Fe Indian Market

Das berühmteste Festival von Santa Fe wird in der dritten Augustwoche auf der historischen Plaza der Stadt durchgeführt. Mehr als 1100 Künstler aus 100 Völkern und Pueblos stellen hier ihre Werke zur Schau (S. 365).

Perseiden

Mitte August erreichen die jährlichen Meteoritenschauer ihren Höhepunkt – die beste Zeit, um mit bloßem Auge oder auch mit einer Digitalkamera Sternschnuppen einzufangen. Den großartigsten Blick auf das Spektakel hat man in den Wüsten im Süden.

September

Die letzte Jubelstimmung des Sommers kommt am Labor-Day-Wochenende auf. Besonders schön ist es jetzt im pazifischen Nordwesten, wo die Nächte kühl, die Tage aber noch sonnig sind. In den Rockies machen sich die Herbstfarben breit.

Burning Man

Das Open-Air-Festival in der Wüste ist nicht nur eine große Kunstausstellung, sondern gleichzeitig auch ein Ort intensiver Selbstdarstellung und eine Tauschbörse. Den krönenden Abschluss bildet das Verbrennen der Figur des Burning Man. Während des Festivals in der Woche vor dem Labor Day entsteht in der Wüste Nevadas eine temporäre Stadt aus Zelten (s. Kasten S. 295).

Great American Beer Festival

Bei diesem dreitägigen Fest in Denver dreht sich alles ums Bier. Ganze 400 US-amerikanische Brauereien beteiligen sich an der Aktion. Das Fest ist so beliebt, dass es immer schon weit im Voraus ausverkauft ist (S. 203).

Bumbershoot

Seattles größte Kunst- und Kulturveranstaltung präsentiert Hunderte von Musikern, Künstlern, Theaterensembles und Autoren auf zwei Dutzend Bühnen (S. 397).

Oktober

Schillernde Espen in all ihrer Herbstpracht locken Jahr für Jahr Traveller nach Colorado und ins nördliche New Mexico. Dämonen, Geister und Partyverrückte freuen sich auf Halloween am 31. Oktober.

International Balloon Fiesta

Anfang Oktober lohnt sich in Albuquerque, New Mexiko, der Blick in den Himmel, denn hier gibt's dann die weltweit größte Ansammlung von Heißluftballons (S. 358).

Halloween

Hunderttausende kostümierte Feierlustige strömen nach L.A. ins Schwulen- und Lesbenviertel West Hollywood, wo den ganzen Tag Party, Tanz, Liveunterhaltung und Kinderaktivitäten angesagt sind.

November

Im ganzen Westen sinken die Temperaturen. In den meisten Küstengebieten, Wüsten und Parks ist jetzt deutlich weniger los – mit Ausnahme von Thanksgiving. Die Skisaison beginnt.

Día de los Muertos

Die mexikanischen Gemeinden ehren am 2. November ihre Verstorbenen mit Kostümumzügen, Zuckerschädeln, Friedhof-Picknicks, Kerzenprozessionen und prächtig geschmückten Altären.

Wine Country Thanksgiving

Die 150 Weingüter im Willamette Valley öffnen drei

Tage lang ihre Tore für die Öffentlichkeit.

Yellowstone Ski Festival

Die Woche der Thanksgiving-Feiern in West Yellowstone ist eine tolle Zeit für erfahrene Skiläufer und Neulinge. Zu den Highlights gehören Ski-Kliniken und Vorführungen von Ausrüstung. Auch der nordische Skisport beginnt in dieser Zeit.

Dezember

Dies ist die Zeit der Krippenspiele, festlicher Beleuchtung und allem anderen, was irgendwie mit Weihnachten zusammenhängt. Die Feierlichkeiten dauern bis Silvester an. In den Skiresorts muss man mit einem großen Ansturm und natürlich auch höheren Preisen rechnen.

Weihnachtsbeleuchtung

In den Gemeinden werden Boote, Parks und Einkaufszentren mit zahllosen blinkenden Lichterketten geschmückt. In Kalifornien kann man in Newport Beach und San Diego bunte Bootsparaden beobachten, und in L.A. ist der Griffith Park mit beleuchteten Symbolen geschmückt. Wunderschön beleuchtet sind auch die Desert Botanical Gardens in Phoenix sowie das Tlaquepaque Arts & Crafts Village in Sedona.

Snow Daze

Vail eröffnet die Wintersportsaison in den Bergen mit einem einwöchigen Fest, bei dem alle möglichen Wettbewerbe und Aktivitäten sowie eine Vielzahl von Liveauftritten bekannter Persönlichkeiten im Mittelpunkt stehen.

Reise-routen

Ob man nun sechs oder 60 Tage Zeit hat – diese Routen bieten einen Anhaltspunkt für eine fantastische Reise. Lust auf weitere Anregungen? Auf www.lonelyplanet.de/forum kann man sich mit anderen Travellern austauschen.

Zwei Wochen
Das Beste im Südwesten

Hier stehen die größten Wahrzeichen des Südwestens im Zentrum. Man erlebt die berühmteste Stadt der Region, den größten Canyon und eine atemberaubende Landschaft aus roten Felsen. Die Tour beginnt in **Las Vegas**, wo man ein paar Tage verbringt und den Strip erkundet. Genug Dekadenz geschnuppert? Dann auf nach Osten, ins Land des **Grand Canyon**. Lust auf ein einmaliges Erlebnis? Wer auf dem Rücken eines Maultiers am South Rim in die Schlucht hinabsteigt und die Nacht auf dem Grund des Canyons in der Phantom Ranch verbringt, wird sich sicher sein Leben lang daran erinnern.

Vom Grand Canyon geht's nordostwärts zum **Monument Valley**. Die Landschaft unterwegs wirkt wie aus einem Hollywood-Western. Ein paar der schönsten Ecken des Landes findet man in den Nationalparks im Südwesten Utahs. Man kann durch die wundersam geformten Slot Canyons im **Canyonlands National Park** wandern, im **Arches National Park** den Sonnenuntergang bewundern oder außerhalb von **Moab** eine Mountainbike-Tour auf dem Slickrock Trail unternehmen. Auf dem spektakulären **Highway 12** geht's nach Westen, wo man auf die I-15 trifft, die einen zurück nach Las Vegas bringt.

Drei Wochen

Die Westküste hinunter

Dieser Trip ist das Richtige für Strand- und Naturfreunde. Mit frisch geröstetem Kaffee beginnt der Tag im kaffeesüchtigen **Seattle**. Dann geht's nach Süden zum **Mt. Rainier National Park**. Dort lässt es sich prima wandern und in einem der entspannten Gasthäuser unterhalb des schneebedeckten Gipfels übernachten. Weiter geht's ins topmoderne **Portland**, das bekannt ist für seine großen Parks und seine umweltbewussten Einwohner. Die Natur in all ihrer Schönheit erlebt man auf der Fahrt gen Osten zur **Columbia River Gorge**. Von dort geht's nach Süden zum **Mt. Hood**, der im Winter ideal zum Skifahren und im Sommer zum Wandern ist. Noch mehr Abenteuer erwarten einen bei den **Sisters**, einem Berg-Trio mit einer Höhe von rund 3050 m, und dem kristallblauen **Crater Lake**. Im sonnigen **Ashland** kann man sich einen Shakespeare ansehen und dann über die Berge zur nebligen Küste fahren. Der Hwy 199 bringt einen nach Kalifornien, wo man in den **Redwood National & State Parks** durch majestätische, uralte Wälder wandert.

Weiter geht's die Küste entlang nach Süden durch das flippige **Arcata** und **Eureka**. Nachdem man sich an der **Lost Coast** buchstäblich verloren (und wiedergefunden) hat, geht's auf dem Hwy 1 durch das idyllische **Mendocino**, dessen malerische Landzungen und zerklüftete Küste zum Wandern einladen. Nun wird's Zeit für ein paar Weinproben vor pittoresker Kulisse, denn landeinwärts liegen das **Napa** und das **Sonoma Valley**. Weiter im Süden gelangt man zum romantisch hügeligen, schon immer freigeistigen **San Francisco**. Es geht zurück auf den Hwy 1 durch das vom Surfen besessene **Santa Cruz**, das stattliche, in einer Bucht gelegene **Monterey** und das von Beatniks geprägte **Big Sur**, wo man wieder lockerer werden kann. In null Komma nix erreicht man das surreal anmutende **Hearst Castle** und das entspannte, vom College-Leben geprägte **San Luis Obispo**.

Weiter ins mediterran angehauchte **Santa Barbara**, und in Ventura dann auf die Fähre zu den tierreichen **Channel Islands**. Die von **Los Angeles** ausgehende Anziehungskraft ist sehr stark. Am besten lässt man sich treiben und streift durch die von Palmen gesäumten Viertel von L.A. – von Santa Monica nach Los Feliz und von Beverly Hills nach Long Beach. Danach zieht man weiter gen Süden. In **Laguna Beach** schlendert man die Uferklippen entlang, und dann geht's nach **San Diego**, wo man die historische Mission, den Zoo und natürlich die herrlichen Strände besucht.

Drei Wochen

Rocky Mountain High

Badesachen, Mountainbike und Wanderstiefel zusammenpacken, denn es geht hinauf zur Kontinentalen Wasserscheide. Die ersten zwei Tage genießt man die einspurige Straße und die Kleinbrauereien in **Durango**, einem Gebirgsstädtchen, wie es im Buche steht. Von hier fährt man auf dem Million Dollar Hwy (Hwy 550) nach Norden durch die San Juan Mountain Range, besucht **Silverton** und nimmt ein Bad in den Thermalquellen in **Ouray**. Ein Abstecher nach **Telluride** lohnt sich, wenn gerade ein Fest stattfindet – und im Sommer gibt's fast an jedem Wochenende eins. Von Montrose fährt man auf dem Hwy 50 gen Osten. Unterwegs kann man im **Black Canyon of the Gunnison National Park** stoppen und einen Blick in die tiefe Schlucht werfen. Dann geht's weiter nach Norden zum Hwy 24. Die erste Woche endet stilvoll mit einer Übernachtung im noblen **Vail**.

Kajakfahren, Klettern und Leute beobachten stehen in **Boulder** auf dem Programm. Dann geht's zum Wandern und Reiten in den **Rocky Mountain National Park**. Auf jeden Fall sollte man auch die Fahrt über die Trail Ridge Rd wagen, die einen atemberaubenden Blick in die Berge bietet. Weiter geht's auf der I-25 nach Norden. In Wyoming nimmt man die I-80 nach Westen zum Hwy 287. Ihm folgt man bis **Lander** und klettert ein bisschen auf den Felsen rum. Es geht weiter Richtung Norden nach **Jackson Hole**, ein weiteres Städtchen, in dem man viel Spaß haben kann. Vielleicht schaut man sich ein Rodeo an oder übernachtet hier, bevor man am nächsten Tag eine Raftingtour auf dem Snake River unternimmt. Von hier ist es eine einfache Fahrt nach Norden zum **Grand Teton National Park**. An dem idyllischen See kann man einen entspannten Tag verleben und in den Bergen gut wandern. Als Nächstes ist der gewaltige **Yellowstone National Park** dran, dessen Highlights Geysire, Bisons und tolle Wanderungen sind.

Die letzte Woche beginnt mit einer Fahrt auf dem Beartooth Hwy bis nach Montana. Dort wechselt man auf die I-90 Richtung Westen nach **Bozeman** und **Missoula**. Beide Orte sind ideal, um sich vor dem Finale noch einzudecken. Natur satt gibt's im **Bob Marshall Wilderness Complex**. Auch der **Glacier National Park** verdient einen Besuch, denn noch sind die rund 50 Gletscher vorhanden, aber wer weiß, wie lange das noch so bleibt. Bei einer Wanderung kann man sich nach Tieren in freier Natur umschauen. Zum Abschluss unternimmt man noch eine Fahrt auf der tollen Going-to-the-Sun-Rd.

» (oben) Avenue of the Giants (S. 174), Humboldt Redwoods State Park, Kalifornien.
» (links) Motelschild, Route 66 (S. 324), Arizona.

Ein Monat

Große Rundtour durch den Westen

Diese Rundreise bietete das Beste vom Westen: Vom sonnigen **San Diego** folgt man zunächst dem Hwy 1 nach Norden durch die Surfer-Dörfer des **Orange County** mit einem Abstecher nach **Disneyland** bis nach **L.A.** Auf dem Hwy 1 geht es weiter die Küste hinauf. Erster Halt ist im glänzenden **Santa Barbara**, wo man shoppen und ein paar Weinproben machen kann. Nachdem man das **Hearst Castle** bestaunt hat, geht's weiter nordwärts durch das bewaldete **Big Sur**. In der Künstlerhochburg **San Francisco** kann man essen, shoppen und sich umschauen, bevor man wieder zurück auf den Hwy 1 fährt.

Nachdem man die riesigen Bäume in den **Redwood National & State Parks** bewundert hat, fährt man weiter nach Oregon und nimmt sich noch etwas Zeit für ein wenig Outdoor-Spaß in **Bend**. Die grüne Landschaft auf dem Weg nach Westen an der **Columbia River Gorge** entlang ist einfach prächtig. Danach sind ein paar Tage **Portland** angesagt, wo man das Bier und die tolle Aussicht genießt. In **Seattle** geht's erst mal die Space Needle hinauf. Dann führt die Fahrt weiter gen Osten ins weit offene Montana mit den Naturwundern im **Glacier National Park**. Von dort geht's nach Süden zum **Yellowstone National Park**, wo der Geysir Old Faithful in regelmäßigen Abständen Wasser spuckt. Unter majestätischen Bergen rauscht man weiter in den **Grand Teton National Park**, danach schwenkt man nach Südosten und fährt durch die weiten Prärien von Wyoming.

In Colorado holt man im Outdoor-Zentrum **Boulder** erst einmal tief Luft und lässt sich dann vom Charme des Großstadtlebens in **Denver** verführen. Auf dem Programm stehen dann die Bergwerksorte in den San Juan Mountains und die Felsbehausungen im **Mesa Verde National Park**. Gleich südlich davon, in New Mexico, sind die Künstlerzentren **Taos** und **Santa Fe** perfekt für einzigartige Geschenke. In **Albuquerque** gibt's zur Stärkung einen Chili-Eintopf, und dann geht's über die Route 66 Richtung Westen nach Arizona, mit Zwischenstopp am **Meteor Crater** und einem Abstecher zum nordwärts gelegenen **Grand Canyon National Park**. Die Fahrt geht weiter nach Westen in die Spielhölle von **Las Vegas**. Dann führt der Weg nach Zentralkalifornien in die Nationalparks **Death Valley**, **Kings Canyon** und **Sequoia**. Zum Abschluss lässt man sich noch vom Anblick des mächtigen Half Dome im **Yosemite National Park** beeindrucken. Die Rundfahrt endet mit einem guten Essen und einem Glas kalifornischen Wein in San Francisco.

Route 66 & Panoramastraßen

Alles dabei für die Straßentour?

Vorbereitung ist das A und O bei einer Straßentour, ganz besonders im Westen der USA, wo die Straßen einsam und die Wetterverhältnisse launisch sind. Ein paar Dinge, die man auf jeden Fall dabei haben sollte:

» Im Fahrzeug sollten ein Ersatzreifen und ein Werkzeugkasten (mit Wagenheber, Starthilfekabel, Eiskratzer usw.) sowie ein Verbandskasten vorhanden sein. Falls man einen Mietwagen fährt, sollte man den Kauf entsprechender Dinge in Erwägung ziehen.

» Unbedingt gute Straßenkarten mitführen, insbesondere wenn man abseits der Highways unterwegs ist: In abgelegenen Gebieten ist auf GPS kein absoluter Verlass.

» Zusätzliches Wasser mitnehmen – das braucht man, falls das Auto in der Wüste eine Panne hat.

» Regelmäßig nachtanken: Die Tankstellen können weit voneinander entfernt liegen.

» Stets Führerschein und Versicherungsnachweis dabei haben.

Gut essen am Straßenrand

The Turquoise Room Rte 66, Winslow, Arizona
Cafe Diablo Hwy 12, Torrey, Utah
The Asylum Hwy 89A, Jerome, Arizona
Frontier Rte 66, Albuquerque, New Mexico
Santa Barbara Shellfish Co PCH, Santa Barbara, Kalifornien

Silber, Gold und andere in den Bergen schlummernde Mineralien lockten die Erzsucher im 19. Jh. in den Westen. Heute hingegen ziehen die Schätze, die oberhalb des Asphalts zu bewundern sind, die Massen an. Von Nebenstraßen in der Wüste über Küstenhighways bis hin zu abenteuerlichen Fahrten längs der Gebirgshänge – der Westen hat jede Menge malerischer Straßentouren auf Lager.

Route 66

Kitsch satt auf der Route 66 wäre das passende Motto für den rauen Abschnitt der Mother Road, der durch Kalifornien, Arizona und New Mexico führt: Ein Motel in Gestalt eines Wigwams. Ein Meteoritenkrater. Bettelnde Esel. Und ein von Solarenergie gespeistes Riesenrad mit Blick auf den Pazifischen Ozean. All das liegt ein bisschen abseits, aber die Leute vor Ort freuen sich, wenn man vorbeikommt.

Auf zur Route 66!

Die verlockende Kombination aus Geschichte, Landschaft und der weiten Straßen macht den besonderen Reiz einer Route-66-Tour aus. In New Mexico heißen einen die Neonlichter von Tucumcari auf lebensfrohe Art im Westen willkommen. Da wird auch gleich die Abenteuerlust geweckt – absolut angemessen, wenn man anschließend in das Blue Hole in Santa Rosa abtaucht. Auftanken kann man mit einem Grünen-Chili-Eintopf im Frontier in Albuquerque und

Panoramastraßen

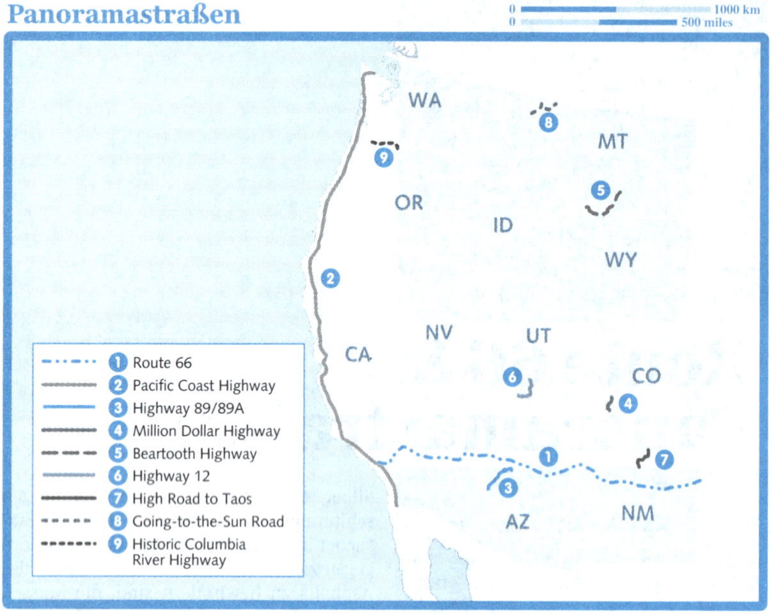

anschließend im 1937 eröffneten El Rancho Motel in Gallup übernachten, wie es schon John Wayne tat.

Arizona begrüßt die Gäste, die auf der Straße unterwegs sind, angemessen kitschig in Holbrook mit seinem sehr altmodischen Tipi-Motel. Der nächste Halt ist die *Take-it-Easy*-Stadt Winslow, „where there's a girl, my Lord, in a flatbed Ford", wie die Eagles 1971 sangen. Also rasch ein Foto der berühmten Ecke schießen, ehe es zu einem spektakulären Abendessen im Turquoise Room im La Posada Hotel geht. Der Meteor Crater östlich von Flagstaff ist ein mächtig großes Loch im Boden und ein guter Ort, um einen Gang herunterzuschalten und zu Atem zu kommen. Von hier aus führt die Route 66 parallel zu den Bahngleisen ins dynamische Flagstaff, vorbei am wundervollen Museum Club, einem hüttenartigen Rasthaus, wo alle ihren Spaß haben oder drauf und dran sind, sich zu amüsieren. Als nächstes folgt Williams, ein Eisenbahnstädtchen, dessen Straßen von Motels mit Innenhöfen gesäumt sind und das jede Menge Kleinstadtcharme besitzt.

Seligman ist ein schrulliges kleines Dorf, das Reisende mit Retro-Motels, einem *Roadkill* Cafe – was übersetzt soviel bedeutet wie „totgefahrenes Tier" und zum Motto „you kill it, we grill it" passt – und einem Spritzer unechtem Senf im Snow-Cap Drive In begrüßt. Alte Burma-Shave-Werbeschilder locken einen mit lustigen Botschaften zu den Grand Canyon Caverns, wo man 21 Stockwerke unter der Erde eine Höhlenwanderung unternehmen und auch übernachten kann. Die nun folgenden Highlights auf der Strecke sind ein bunt gemischter Kramladen in Hackberry, das Route 66 Museum in Kingman und die auf Leckereien versessenen Esel unter der sengenden Sonne von Oatman.

Die gleißende Sonne begleitet einen auch in Kalifornien, wo die Mother Road in die Mojave-Wüste eintaucht, vorbei an Geisterstädten, auf die einsame Bahnschilder hinweisen. In Victorville gibt's in Emma Jeans Holland Burger Café den scharf gewürzten „Brian Burger". Im modischen Pasadena steigt die Stimmung, ehe die Straße endgültig den Pazifik erreicht. Am Santa Monica Pier dreht man eine Runde auf dem mit Solarstrom betriebenen Riesenrad und gönnt sich zum Abschluss der Fahrt den weiten Blick in den Sonnenuntergang.

Reisezeit

Eine Tour auf der Route 66 bietet sich besonders zwischen den Monaten Mai und

DIE GESCHICHTE DER ROUTE 66

Die 1926 geschaffene Route 66 erstreckte sich von Chicago bis Los Angeles und verband auf ihrem Verlauf durch acht Bundesstaaten unzählige Kleinstädte und Landstraßen. Berühmt-berüchtigt wurde die Straße während der Weltwirtschaftskrise, als auf ihr die Farmer aus dem Dust Bowl über die Great Plains Richtung Westen zogen. Der Spitzname „Mother Road" fand sich erstmals in John Steinbecks Roman *Die Früchte des Zorns*, der diese Ära behandelte. Nach dem Zweiten Weltkrieg ging es zunächst weniger krisenhaft und lustiger zu, als sich, beflügelt von dem neuen Wohlstand, viele Amerikaner hinters Steuer setzten, um ihr Land zu erkunden. Aber gerade als alles in Gang gekommen war, begann die Bundesregierung mit dem Aufbau des Interstate-Netzes, welches schließlich das Aus für die Mother Road brachte. Als letzte Stadt an der Route 66 erhielt schließlich 1984 selbst Williams in Arizona eine Interstate-Umgehung.

September an, wenn es warm ist und mehrere verschiedene Outdooraktivitäten zur Wahl stehen.

Die Route

Die Fahrt beginnt in Tucumcari, New Mexico, dann geht es Richtung Westen durch Arizona und Kalifornien, bis nach Barstow in Kalifornien ungefähr parallel zur I-40. Nach Barstow führt die Route 66 südwärts durch San Bernardino auf der I-15 und knickt dann westwärts nach Pasadena ab, von wo aus man der I-110 zum Santa Monica Blvd westwärts in die Küstenstadt Santa Monica folgt.

Dauer & Strecke

Dauer: Wer es eilig hat, kann die Strecke in zwei oder drei Tagen abfahren. Mehr Spaß macht es, wenn man sechs Tage einplant
Strecke: Rund 1250 Meilen (2010 km), je nachdem, auf welchen Abschnitten man fährt

Pacific Coast Highway

Liebende, Bummler und Bohemiens: Los geht's! Die Highways, die Kanada mit Mexiko längs der Westküste verbinden, sind ideal für Touren; darunter ist auch der unglaublich malerische Pacific Coast Highway (PCH).

Auf zum Pacific Coast Highway!

Auf der epischen Strecke an der Westküste, die durch Kalifornien, Oregon und Washington führt, besucht man kosmopolitische Städte, Surferparadiese und charmante Küstenenklaven, die entdeckt werden wollen. Für viele Traveller ist die großartige Landschaft das eigentliche Highlight: wilde, abgelegene Strände, Blicke von den Klippen hinunter auf brechende Wellen, sanfte Hügel und üppige Wälder voller Redwood- und Eukalyptusbäume. Aber die Strecke sieht nicht nur wunderbar aus; sie hat Persönlichkeit – und neben dem Highway gibt's jede Menge Abenteuer für Surfer, Kajakfahrer, Gerätetaucher und Wanderer.

Die besonderen Leckerbissen? Da sind zunächst einmal die Städte. Die Küstenhighways verbinden einige der hinreißendsten Metropolen an der Westküste miteinander, angefangen vom surferverrückten San Diego in Südkalifornien über das hedonistische Los Angeles bis hin zum unkonventionellen San Francisco. Noch weiter im Norden lohnt sich ein Abstecher ins kunstsinnige und politisch progressive Seattle im Bundesstaat Washington.

Wer die städtischen Gebiete meiden will, hält sich einfach an die Orte dazwischen. In Südkalifornien passiert der PCH die fast schon zu perfekten Strände des Orange County („OC") und von Santa Barbara (die „Amerikanische Riviera"). Weiter im Norden führt der Hwy 1 durchs verrückte Santa Cruz (eine Universitätsstadt und ein Surferparadies zugleich) und dann an der Küste von Big Sur und nördlich von Mendocino durch Redwoodwälder. Weiter im Norden folgen am Hwy 1 Sanddünen, Erholungsorte am Meer und Fischerdörfer im Küstenstaat Oregon und schließlich in Washington die unberührte Natur der Olympic Peninsula mit urtümlichen gemäßigten Regenwäldern und die idyllisch bukolischen, mit Küstenfähren erreichbaren San Juan Islands.

Die Route

Die Highways besitzen eine Gesamtlänge von fast 1500 Meilen (2400 km) von Grenze zu Grenze – nämlich von Tijuana in Mexiko bis hinauf zur kanadischen Provinz British Columbia. In Kalifornien wechselt die Küstenstrecke zwischen der I-5, dem Hwy 101 und dem Hwy 1 (im Zweifel einfach immer an der Küste bleiben), in Oregon und Washington verläuft sie dagegen durchgängig auf dem Hwy 101.

Reisezeit

Die Strecke kann man zu jeder Jahreszeit gut fahren, im Norden muss man im Winter aber natürlich mit Regen und Schnee rechnen. Die Hauptsaison ist in der Regel von Juni bis Ende August, das ist allerdings nicht unbedingt die beste Zeit für eine Reise, weil im Frühsommer viele Abschnitte der Küste im Nebel (dem „June Gloom", wie die Einheimischen dazu sagen) liegen können. Idealere Bedingungen können die Zwischensaisons bieten: Die Zeiträume vor dem Memorial Day (April und Mai) sowie nach dem Labor Day (also Sept. und Okt.) zeichnen sich durch Sonnenschein und kühle Nächte aus. Hinzu kommt, dass dann der Massenandrang um einiges geringer ist als zur Hauptsaison.

Dauer & Strecke

Dauer: Es ist kein längerer Aufenthalt vorgesehen? Trotzdem braucht man etwa drei Tage, weil einen dichter Verkehr und zweispurige Straßen zum langsameren Fahren zwingen; um alles zu sehen und zu genießen, sollte man aber schon 10 bis 14 Tage einplanen

Strecke: Rund 1500 Meilen (2400 km)

Highway 89/89A: Von Wickenburg zum Oak Creek Canyon

Der Hwy 89 und seine Nebenstrecke, der Hwy 89A sind bei Travellern beliebt, die Arizona auf der Straße erkunden wollen, denn sie führen durch einige der malerischsten und interessantesten Regionen in diesem Bundesstaat. Die hier beschriebene Strecke führt über die Weaver und Mingus Mountains hinunter nach Sedona und zum Oak Creek Canyon.

Auf zum Highway 89/89A!

Dieser Highway ist unsere Lieblingsstrecke in Arizona. Sie ist vielleicht nicht die schönste oder wildeste, aber der Wilde Westen ist hier überall spürbar – so, als habe man eine Drehtür der Geschichte durchschritten. Aber bei einer Fahrt durch diese Gegend bleibt man nicht im 19. Jh. stecken, im Gegenteil. Kunstmeilen an den Wochenenden, eine sich immer weiter ausbreitende Weinstraße sowie modische, unabhängige Läden und Restaurants setzen zeitgenössische Akzente. Wer sich für Cowboygeschichte interessiert, sollte Wickenburg und seinen Ferienranches etwas Zeit widmen. Der Hwy 89 verlässt die Stadt über den Hwy 93 und führt dann bald hinauf in die Weaver Mountains, wobei die Straße auf einer Länge von 4 Meilen (6,5 km) um 760 m ansteigt. Dann bewegt sie sich eben im Bereich des auf dem Bergkamm gelegenen Yarnell, „wo die Wüstenbrise auf die Bergluft trifft", und führt dann sanft an grasbewachsenen Bergkuppen und grasenden Kühen vorbei hinab ins Peeples Valley. Zu den weiteren Highlights gehören die historische Whiskey Row in Prescott, der hochragende Thumb Butte und die ungewöhnlichen Felsen der Granite Dells.

Auf dem Weg über den Hwy 89A nach Jerome heißt es gut aufpassen. Die Serpentinenstraße duldet keine Unaufmerksamkeit; sie klammert sich eng an die Hänge des Mingus Mountain. Wer sich traut, kann im Osten einen atemberaubenden Blick in das Verde Valley riskieren. Die Serpentinen erreichen spektakuläre Ausmaße in Jerome, einer ehemaligen Bergbaustadt, die in die Seiten des Cleopatra Hill hineingebaut wurde. Hier findet man Kunstgalerien, Probierstuben, schrullige Gasthäuser und eine ungewöhnlich große Zahl von Gespenstern. Danach führt der Hwy 89A hinunter nach Clarkdale, zum Tuzigoot National Monument und zur Altstadt von Cottonwood. Auf dem Weg nach Sedona bieten sich ein Abstecher zu den Weingütern an der Page Springs Rd oder der Rundkurs in die Stadt vorbei am Cathedral Rock und der Red Rock Loop Rd an. Sedona ist dazu geschaffen, neue Kraft zu tanken – ein hübscher Ort, um Zwiesprache mit „Energiewirbeln" zu halten, fein zu speisen und sich nach Kunst oder Navajo-Decken umzuschauen. Der Trip endet mit einem Abstecher in den Oak Creek Canyon, wo der namensgebende

Fluss kühl im üppigen Grün funkelt und von hohen roten Felswänden überragt wird.

Reisezeit

Diese Tour ist im Frühjahr, Sommer und Herbst am Besten möglich; den winterlichen Schneefällen geht man lieber aus dem Weg – allerdings kann man in den Bergen auch im April noch einige Schneeflocken sehen. Im Hochsommer ist der Aufenthalt im tief gelegenen, glühend heißen Wickenburg kein Vergnügen.

Die Route

Von Wickenburg aus dem Hwy 93 zum Hwy 89 folgen und dann weiter nordwärts nach Prescott fahren. Nördlich der Stadt auf den Hwy 89A fahren und diesem bis Sedona folgen.

Dauer & Strecke

Dauer: Die Strecke lässt sich an einem halben Tag bewältigen, aber um sie richtig zu genießen, sollten zwei bis drei Tage eingeplant werden
Strecke: 134 Meilen (216 km)

Million Dollar Highway

Die Strecke zwischen Ouray und Silverton im südlichen Colorado ist eine der schönsten Gebirgsstraßen in den USA. Dieser Teil des 236 Meilen (380 km) langen San Juan Skyway und Abschnitt der US 550 ist als Million Dollar Hwy bekannt, weil das Straßenbett mit Golderz ausgefüllt sein soll.

Auf zum Million Dollar Highway!

25 Meilen (40 km) schlängelt sich die Fahrbahn wie streichzarte Butter über drei Gebirgspässe und bietet einen Blick auf viktorianische Wohnhäuser, schneebedeckte Berggipfel, die Eingänge von Minenschächten und eine von Felsen umsäumte Schlucht. Aber der Reiz liegt nicht nur in der wunderbaren Aussicht, auch ein Teil der Fahrt verspricht Nervenkitzel pur. Haarnadelkurven, gelegentliche Felsrutsche und die schmale, sich an Berghänge schmiegende Strecke sorgen dafür, dass die Fahrt stellenweise nicht an einen Sonntagnachmittagsausflug, sondern an ein Nascar-Abenteuer erinnert. Das charmante Ouray liegt auf fast 2375 m Höhe und ist von hochragenden Berggipfeln umgeben. Der Ort liegt vor der Uncompahgre Gorge, einem steilen, felsigen Canyon, der für seine Möglichkeiten zum Eisklettern bekannt ist. Es lohnt sich, von dem Ort aus eine Wanderung zu machen oder ein Bad in den Thermalquellen der Stadt zu nehmen. Hinter Ouray schmiegt sich der 1884 nach dreijähriger Bauzeit fertiggestellte Million Dollar Hwy an den Rand der Schlucht und windet sich an alten, in die Gebirgshänge geschlagenen Bergwerken, vorbei. Aufpassen muss man auf die masochistischen Radler, die in ihren Elastananzügen auf der schmalen Straße über die Gebirgspässe preschen. In Silverton sollte man aussteigen und die mit Espen bewachsenen Berge genießen. Und wenn möglich sollte man zuschauen, wie der Dampfzug der Durango & Silverton Narrow Gauge Railroad in die Stadt hinein tuckert.

Reisezeit

Der Sommer ist die beste Reisezeit. Im Winter sind die höchsten Pässe manchmal gesperrt, und, wenn nicht, braucht man Schneeketten. Auch im Sommer kann durchaus Schnee liegen blieben, aber die Straße ist durchgängig geräumt.

Die Route

Von Ouray dem Hwy 550 südwärts nach Silverton folgen.

Abstecher

Die Strecke zwischen Ouray und Telluride misst 50 Meilen (80 km) – wenn man sich an die befestigte Straße hält. Abenteuerlustige können, sofern sie einen geeigneten fahrbaren Untersatz haben, die 16 Meilen (25,7 km) lange Straße über den Imogene Pass nehmen. Auf dieser Bergwerksstraße überquert man Wildbäche, fährt durch Bergwiesen und über die höchsten Pässe im Bundesstaat. Unterwegs passiert man auch eine alte Mine. Für diese „Abkürzung" braucht man allerdings drei Stunden. Na, immer noch Lust darauf?

Dauer & Strecke

Dauer: Die Strecke lässt sich in wenigen Stunden bewältigen, aber um sich alles Sehenswerte anzuschauen, sollte man schon einen ganzen Tag einplanen
Strecke: 25 Meilen (40 km)

Beartooth Highway

Der himmelhohe Beartooth Hwy ist, will man manchen Leuten glauben, die beste Zufahrt zum Yellowstone National Park. Motorradfahrer schwärmen von ihm als der schönsten Strecke für Motorradtouren im Westen. Und wieder andere nennen ihn den malerischsten Highway in den USA. Man kann wahrscheinlich sogar behaupten, dass alle drei Behauptungen zutreffen.

Auf zum Beartooth Highway!

Manchmal möchte man einfach einen Ort finden, der so anregend und schön ist, dass man anhalten, aussteigen, sich auf die Brust schlagen oder die Haare schütteln und einfach „Yeah" brüllen muss. Im Westen der USA ist der Beartooth Hwy dafür der richtige Ort.

Von Red Lodge in Montana führt die abenteuerliche Strecke in das Gletschertal des Rock Creek Canyon über eine Reihe von Haarnadelkurven hinauf und gewinnt dabei in wenigen Kilometern erstaunliche 1500 m an Höhe. Am Rock Creek Vista Point Overlook sollte man Halt machen, um die wunderbare Aussicht zu genießen – der kurze Spazierweg zum Aussichtspunkt ist auch für Rollstuhlfahrer geeignet. Die Straße setzt sich auf dem Hochplateau an der „Mae West Curve" vorbei bis nach Wyoming fort. In Twin Lakes hat man einen Ausblick auf das kesselförmige Tal; hier gibt es außerdem bis ins Frühjahr einen Skilift zu einer extremen Skipiste für Wagemutige. Nach einer Reihe von Serpentinen kommen im Nordwesten das Hellroaring Plateau und der schroffe Bears Tooth (3539 m) in Sicht. Die Strecke, die durch alpine Tundra führt, erreicht ihren mit 3345 m höchsten Punkt am Beartooth Pass West Summit. Hier findet man manchmal auch im Juni oder sogar Juli noch über 4 m hohe Schneewehen.

Vorbei an weiteren Seen führt die Straße hinter dem Beartooth Butte, einem großen Klumpen des Sedimentgesteins, das früher die Beartooths bedeckte, wieder ins Tiefland hinunter. Hier gibt's mehrere ausgezeichnete Stellen zum Fischen am Clarks Fork, ehe die Straße wieder nach Montana zurückkehrt und über den 2486 m hohen Colter Pass Cooke City erreicht. Der nordöstliche Eingang zum Yellowstone Park ist 4 Meilen (6,4 km) von Cooke City entfernt.

Reisezeit

Wer neben der Autofahrt auch noch etwas wandern möchte, sollte im August kommen. Zu dieser Zeit ist das Wetter normalerweise für Outdooraktivitäten besonders gut.

Die Route

Von Red Lodge dem Hwy 212 westwärts – durch Wyoming hindurch– nach Cooke City in Montana folgen.

Dauer & Strecke

Dauer: Auf dem kurvenreichen Beartooth Highway ist ein Durchrauschen nicht möglich, man braucht schon einen ganzen Vor- oder Nachmittag
Strecke: 68 Meilen (109 km)

Highway 12

Utahs wahrscheinlich vielfältigste und schönste Straße, der Hwy 12, führt durch abgelegene, zerklüftete Canyon-Landschaften und verbindet mehrere Nationalparks und State Parks in dem Gebiet des Bundesstaats, wo sich die roten Felsen konzentrieren. An der Strecke gibt's auch ein paar fantastische Restaurants.

Auf zum Highway 12!

Mit seiner hinreißenden Mischung aus roten Schluchten, weiten Wüsten, dichten Wäldern und hohen Berggipfeln ist der Hwy 12 im abgelegenen südlichen Utah wie geschaffen für entdeckungslustige Abenteurer. Die Tour beginnt am Bryce Canyon National Park, wo die auffälligen, golden und rot schimmernden Felsnadeln einen Vorgeschmack auf die Farbenwunder vermitteln, die diese Strecke zu bieten hat. Zu den Highlights unterwegs zählen der Kodachrome Basin State Park, das Grand Staircase-Escalante National Monument und die Calf Creek Recreation Area. Auffällig ist, wie schnell und dramatisch sich die Landschaft hier ändert: Auf ein bewaldetes Plateau folgt geschwind eine Schlucht mit roten Felsen, auf eine Wüste aus versteinertem Schlick ein Gebirgswald. Viele halten die Serpentinen und versteinerten Sanddünen zwischen Torrey und Boulder für den schönsten Abschnitt der Strecke. Auch die rasiermesserdünne Hogback Ridge zwischen Escalante und Boulder ist ausgesprochen eindrucksvoll.

Man sollte sich die Zeit nehmen, an den Aussichtspunkten und Rastplätzen zu halten, insbesondere bei Meilenstein 70, wo das Aquarius Plateau über gigantischen Hochebenen, hohen Bergkuppeln, tiefen Schluchten und welligen Schlickfelsen thront, die eine gewaltige Farbenpracht entfalten. Zusätzlich zur schönen Aussicht locken in Boulder ein Essen mit Fleisch aus der Region im Hell's Backbone Grill, gefolgt von selbstgebackenen Keksen und Kuchen im Burr Trail Grill & Outpost und in Torrey weiter nördlich ein schmackhaftes Gericht der Südwest-Küche im Café Diablo.

Reisezeit

Das beste Wetter und die besten Streckenbedingungen – vor allem bei der Fahrt über den 3353 m hohen Boulder Mountain – bietet der Hwy 12 zwischen Mai und Oktober.

Die Route

Vom US Hwy 89 in Utah den Hwy 12 ostwärts zum Bryce Canyon National Park nehmen. Die Straße wendet sich am Kodachrome Basin State Park nach Norden und führt weiter nach Torrey.

Dauer & Strecke

Dauer: Die Strecke lässt sich problemlos in einigen wenigen Stunden abfahren. Wenn man die Gegend ein wenig kennen lernen will, sollte man aber zwei oder drei Tage einplanen
Strecke: 124 Meilen (200 km)

High Road to Taos

Diese malerische Nebenstraße im nördlichen New Mexico verbindet Santa Fe mit Taos und führt durch eine Reihe von Dörfern mit Lehmziegelbauten und vorbei an von Bergen flankierten Aussichtspunkten in der Umgebung der Truchas Peaks.

Auf zur High Road to Taos!

Santa Fe und Taos sind bekannte Künstlergemeinden, hübsche Städtchen voller Galerien, Ateliers und Museen. Zwei so interessante Orte sollten durch eine schöne Nebenstraße verbunden sein, was sie dank der gebirgigen High Road to Taos auch tatsächlich sind. In Nambe kann man zu Wasserfällen wandern oder einfach an dem gleichnamigen See meditieren. Von hier führt die Straße nordwärts ins malerische Chimayo, wo die überflüssig gewordenen Krücken im Santuario de Chimayo, dem „amerikanischen Lourdes“, an der Wand hängen. Man sollte sich Zeit für einen Spaziergang durch die Gemeinde nehmen, um die feinen Webereien und die Holzschnitzereien in den familieneigenen Galerien zu bewundern. In der Nähe von Truchas, einem Dorf mit Galerien und 100 Jahre alten Lehmziegelbauten, befindet sich der High Road Marketplace. Diese Genossenschaft verkauft an der SR 676 diverse Arbeiten von Künstlern aus der Region. Ein weiterer interessanter Halt am Hwy 76 ist die Church of San José de Gracia, die mit ihren Gemälden und Schnitzereien als eine der am besten erhaltenen Kirchen aus dem 18. Jh. in den USA gilt. Als nächstes folgt Picuris Pueblo, das einst eine der mächtigsten indianischen Siedlungen in der Region war. Die Straße endet in Penasco, dem Tor zur Pecos Wilderness und Sitz des engagiert-experimentellen Penasco Theatre. Von hier aus geht es anschließend über die Hwys 75 und 518 weiter nach Taos.

Reisezeit

Die Hochsaison ist der Sommer, aber die Fahrt ist auch im Frühling dank der Blütenpracht sehr schön. Im Herbst präsentiert sich die Landschaft als eine Show aus buntem Laub. Da die Strecke durch die Berge führt, ist der Winter für eine Fahrt nicht gerade ideal.

Die Route

Von Santa Fe aus die 84/285 westwärts nach Pojoaque nehmen und dann rechts auf den Hwy 503 Richtung Nambe abbiegen. Vom Hwy 503 auf den Hwy 76 und dann auf den Hwy 75 wechseln und schließlich über den Hwy 518 nach Taos fahren.

Dauer & Strecke

Dauer: Ohne anzuhalten sollte diese Fahrt einen halben Tag dauern, aber wenn man sich etwas umschauen und einen Einkaufsbummel machen will, sollte man schon einen ganzen Tag einplanen
Strecke: 85 Meilen (137 km)

Going-to-the-Sun-Road

Die 53 Meilen (85 km) lange Going-to-the-Sun Road ist ein heißer Anwärter auf den Titel der spektakulärsten Straße Amerikas. Sie ist die einzige befestigte Straße, die durch den Glacier National Park in Montana führt.

Auf zur Going-to-the-Sun-Road!

Gletscher! Grizzlybären! Eine Straße, die sich als Wunder moderner Ingenieurbaukunst an den Berg schmiegt! Ja, die Going-to-the-Sun-Road provoziert Superlative und Ausrufungszeichen und das ganz zu Recht. Die 1933 fertiggestellte Straße durchquert eine raue, aber wunderschöne Berglandschaft und führt in vielen Kurven über die hochgelegene kontinentale Wasserscheide, die üblicherweise schneebedeckt ist. Vom Westeingang des Parks aus schmiegt sich die Straße an den schimmernden Lake McDonald. Vor einem liegt nun der hochragende Garden Wall, der 2700 m hohe Grat der Kontinentalscheide, die die Ostseite des Parks von der Westseite trennt. Die Straße überquert die Kontinentalscheide über den Logan Pass (2097 m). Von hier aus folgt der 18,5 Meilen (29,8 km) lange Highline Trail dem Felsrückgrat des Parks und bietet eine großartige Aussicht auf Gletschertäler, schroffe Gipfel, Wildblumen und Tiere in freier Wildbahn. Und letztere sind absolut sehenswert: Schneeziegen, Dickhornschafe und Elche. Vielleicht erblickt man sogar einen Grizzlybär oder einen der scheuen Vielfraße. Etwas Platz sollte man aber noch auf seiner Speicherkarte lassen, denn hinter dem Logan Pass kommt die Straße am Jackson Glacier Overlook vorbei, wo man die schmelzenden Monolithe des Parks bestaunen kann. Nach Ansicht von Experten dürften angesichts der globalen Erwärmung die letzten Gletscher des Parks bis zum Jahr 2020 verschwunden sein. Höchste Zeit also, sie zu besichtigen!

Reisezeit

Die schneereiche Straße wird erst spät frei gegeben und früh wieder gesperrt; die ganze Strecke ist in der Regel zwischen Mitte Juni und Mitte September befahrbar. 2011 wurde die Strecke allerdings aufgrund ungewöhnlich starker Schneefälle erst am 13. Juli geöffnet.

DIE GOING-TO-THE-SUN-ROAD: WAHRZEICHEN UND LEGENDE

Die Going-to-the-Sun Road wurde nach dem Going-to-the-Sun Mountain benannt. Nach einer Legende – oder einer Geschichte, die in den 1880er-Jahren zusammenfabuliert wurde – soll ein Gott den Stammesmitgliedern der Blackfeet einst das Jagen beigebracht haben. Nach der Lehrstunde hinterließ er ein Abbild von sich auf dem Berg, um den Stamm zu inspirieren, und stieg dann wieder zur Sonne hinauf. Heute ist die Straße ein National Historic Landmark und zugleich ein National Civil Engineering Landmark – die einzige Straße im Land, die beide Titel auf sich vereint.

Die Route

Vom Westeingang des Parks der Going-to-the-Sun-Road Richtung Osten nach St. Mary folgen.

Dauer & Strecke

Dauer: Die hängt ganz von den Straßenbedingungen ab, aber mindestens einen halben Tag muss man schon einplanen
Strecke: 53 Meilen (85,3 km)

Historic Columbia River Highway

Üppiges Grün und die Geschichte der Erschließung des Westens sind die Highlights auf der US 30, einer sorgsam geplanten Nebenstraße die östlich von Portland, Oregon, an der Columbia River Gorge entlangführt.

Auf zum Historic Columbia River Highway!

Am Historic Columbia River Hwy reiht sich ein Wasserfall an den anderen. Die ursprüngliche, 1922 fertiggestellte Straße verband Portland mit The Dalles. Als erste befestigte Straße im pazifischen Nordwesten wurde sie sorgsam geplant, wobei das Vergnügen der Fahrt und nicht die schnelle Fortbewegung im Zentrum stand. Die Aussichtspunkte wurden sorgfältig ge-

NOCH MEHR PANORAMASTRASSEN

Lust auf weitere Straßentouren? Da lohnt sich der Blick in die entsprechenden Einzelkapitel dieses Bandes. Hier noch ein paar besonders empfehlenswerte Strecken:

Turquoise Trail, New Mexico Diese Nebenstraße von Tijeras in der Nähe von Albuquerque nach Santa Fe war mehrere Jahrtausende lang eine wichtige Handelsroute. Heute kommt man auf der Strecke an Kunstgalerien, Läden (mit Türkisschmuck) und einem Bergbaumuseum vorbei. Von der I-40 dem Hwy 14 nordwärts zur I-25 folgen. Siehe auch www.turquoisetrail.org.

Apache Trail, Arizona Das ist nicht gerade eine sonntägliche Spazierfahrt für die Großmutter – außer sie steht auf 45 Meilen (72,4 km) richtig wilde Straße. Von Apache Junction östlich von Phoenix führt der Hwy 88 an einer kinderfreundlichen Geisterstadt, an den Wildblumen im Lost Dutchman State Park und an drei Seen im Salt River vorbei. Und ganz in der Mitte liegt ein nervenaufreibender, unbefestigter Streckenabschnitt, wo die Straße auf weniger als drei Meilen (4,8 km) mehr als 300 Höhenmeter verliert. Also gut aufpassen!

Eastern Sierra Scenic Byway, Kalifornien Von Topaz Lake führt der Hwy 395 Richtung Süden an der Ostflanke der mächtigen Sierra Nevadas entlang und endet in Little Lake. In der Region gibt es über 4000 m hohe Gipfel, eisblaue Seen, Kiefernwälder, Wüstenbecken und Thermalquellen.

wählt und Steinwände und Bogenbrücken geschmackvoll in die prächtige Landschaft eingefügt. Bemerkenswert ist auch die Geschichte dieser Route: Lewis und Clark zogen hier entlang, als sie 1805 zum Pazifischen Ozean vordrangen. 50 Jahre später endete der Überlandtreck der Pioniere auf dem Oregon Trail mit einer letzten Kraftanstrengung, nämlich der Überwindung der tückischen Gewässer der Schlucht. Heute sind zwar Teile der ursprünglichen Straße geschlossen oder von der US-84 ersetzt worden, aber viele Abschnitte der US 30 können noch befahren und einige geschlossene Abschnitte zu Fuß oder mit dem Fahrrad erkundet werden. Eines der Highlights an der Strecke ist der Portland Women's Forum Park, von wo aus man einen der schönsten Blicke in die Schlucht hat. Im nahegelegenen, 1916 errichteten Vista House, das zu Ehren der Pioniere des Oregon Trail gebaut wurde, befindet sich heute ein Visitor Center. Das Haus thront auf dem Crown Point, einem guten Aussichtspunkt, der zugleich das westliche Ende der Schlucht markiert. Und was die tosenden Wasserfälle betrifft: Da sollte man sich auf keinen Fall die Multnomah Falls entgehen lassen, den mit 196 m höchsten Wasserfall Oregons.

Reisezeit

Die Wasserfälle führen zwischen Februar und Mai das meiste Wasser. Für Wanderungen bietet sich vor allem der Sommer an.

Die Route

Um den historischen Highway zu erreichen, muss man östlich von Portland die Ausfahrt 17 oder 35 von der I-84 nehmen und ostwärts weiterfahren. Der westliche Abschnitt der ursprünglichen Fernstraße endet bei Multnomah Falls. Dort wechselt man auf die I-84 und fährt Richtung Osten bis zur Ausfahrt 69 bei Mosier, wo man auf den Hwy 30 zurückkehrt.

Dauer & Strecke

Dauer: Ein Tag
Strecke: 100 Meilen (161 km).

Outdoor-Aktivitäten

Ultimative Erlebnisse in der Natur

Rafting Colorado River, Grand Canyon, AZ
Wandern Half Dome, Yosemite National Park, CA
Mountainbiken Kokopelli's Trail, UT
Klettern Joshua Tree National Park, CA
Bergwandern Angels Landing, Zion National Park, UT
Eintauchen Havasu Falls, AZ
Erkunden Racetrack Playa, Death Valley National Park, CA
Skiabfahrt Vail, CO
Gletscherwanderung Glacier National Park, MT
Kajakfahren San Juan Islands, WA

Wildtiere beobachten

Bären Glacier National Park, MO
Wapitis, Bisons und Wölfe Yellowstone National Park, WY
Vögel Patagonia-Sonoita Creek Preserve & Ramsey Preserve, AZ
Wale und Delfine Monterey Bay, CA
Dickhornschafe und Elche Rocky Mountain National Park, CO

Abenteuerer erwartet im Westen der USA ein Paradies. Ob Stubenhocker, Wochenendtarzan oder Ironman/-maiden, der Westen hat Oudoorspaß für alle zu bieten. Und als Sahnehäubchen gibt's meistens noch eine atemberaubende Landschaftskulisse oben drauf. Man kann sich in einem Reifenschlauch treiben lassen, nach Kolibris Ausschau halten, über versteinerte Dünen brausen, über Hänge mit Pulverschnee wedeln, auf mächtigen Wellen surfen oder im berühmtesten Canyon der Welt eine Wanderung unternehmen.

Campen

Camper haben im Westen die Qual der Wahl. In Colorado kann man sein Zelt an Bergseen und Bächen aufstellen, in Süd-Arizona unter Saguaro-Kakteen schlafen und in Kalifornien an prächtigen Sandstränden.

Standards

» **Einfache Campingplätze** haben in der Regel Feuerstellen, Picknicktische und Zugang zu Trinkwasser und Plumps-/Kompostiertoiletten. Man findet sie vor allem in National Forests (USFS) oder in vom Bureau of Land Management (BLM) verwalteten Gebieten.

» **Erschlossene Campingplätze** bieten mehr Komfort, sie haben u. a. WCs, Grills und gelegentlich auch Warmwasserduschen und Münz-Waschmaschinen. Man findet sie in der Regel in State Parks und Nationalparks.

» **Stromanschluss für Wohnmobile** und **Müllsammelstellen** Beides gibt es auf vielen privaten Campingplätzen, aber nur auf wenigen Campingplätzen auf öffentlichem Land.

» **Private Campingplätze** sind in den meisten Fällen für Wohnmobile gedacht. Sie haben Warmwasserduschen, Swimmingpools, WLAN-Zugang und Hütten für Familien. Zeltstellplätze sind hier eher Mangelware und wenig einladend.

» **Nur zu Fuß erreichbare Campingplätze** bieten mehr Ruhe und Privatsphäre. Einige solche Campingplätze auf öffentlichem Land sind für Langstreckenwanderer und Radfahrer reserviert.

Preise & Reservierungen

Viele öffentliche und private Campingplätze nehmen Reservierungen für einige oder alle ihrer Stellplätze an, auf manchen werden die Stellplätze aber nur nach dem Prinzip „Wer zuerst kommt, mahlt zuerst" vergeben. Die einfachsten Campingplätze sind kostenlos, bei gut zugänglichen Wohnmobilparks zahlt man für einen Platz mit Stromanschluss bis zu 50 US$ oder mehr; der Rest liegt preislich irgendwo dazwischen.

Die folgenden Adressen helfen bei der Suche nach Campingplätzen und geben Auskunft über ihre Ausstattung. Auch erfährt man hier online, ob etwas frei ist, und kann reservieren:

Recreation.gov (☎518-885-3639, 877-444-6777; www.recreation.gov) Reservierung von Stellplätzen und Hütten in Nationalparks, National Forests, auf BLM-Land usw.

ReserveAmerica (☎916-638-5883, 800-444-7275; www.reserveamerica.com) Reservierung von Stellplätzen in State Parks, Regional Parks und auf einigen privaten Campingplätzen in ganz Nordamerika. Die Telefonnummern für die einzelnen Bundesstaaten sind auf der Website zu finden.

Kampgrounds of America (KOA; http://koa.com) Nationale Kette verlässlicher, aber recht teurer privater Campingplätze mit kompletter Ausstattung, auch für Wohnmobile.

Wandern

An tollen Wanderwegen herrscht im Westen wahrlich kein Mangel. Fitness wird in der gesamten Region großgeschrieben und im Umfeld der meisten Metropolen gibt es zumindest einen großen Park mit Wanderwegen. Nationalparks und National Monuments sind ideale Orte für längere und kürzere Wanderungen. Falls man auf einer Wanderung aber in der Wildnis unter dem Sternenzelt übernachten will, ist es unbedingt geboten, sich dafür vorab eine Genehmigung zu beschaffen, ganz besonders an Orten wie dem Grand Canyon – die Plätze dafür sind begrenzt, vor allem im Sommer gibt es Engpässe. Infos zum Wildcampen auf öffentlichem Land außerhalb der Nationalparks stehen im Kasten S. 511.

Infos im Internet

» **Survive Outdoors** (www.surviveoutdoors.com) Tipps zu Sicherheit und Erster Hilfe, außerdem hilfreiche Fotos gefährlicher Tiere.

» **Wilderness Survival** Das Buch von Gregory Davenport ist wahrscheinlich der beste Ratgeber zum Überleben in fast jeder Notlage.

» **American Hiking Society** (www.americanhiking.org) Links zu örtlichen Wanderclubs und zu Ferienjobs beim Anlegen neuer Wege.

» **Backpacker** (www.backpacker.com) Erstklassiges landesweites Magazin für Backpacker, egal ob Anfänger oder alte Hasen.

» **Rails-to-Trails Conservancy** (www.railstotrails.org) Die Organisation baut stillgelegte Bahnstrecken zu Wander- und Radwegen um; kostenlose Streckenbeurteilungen unter www.traillink.com.

Gebühren & Genehmigungen

» State Parks erheben in der Regel eine Tagesgebühr von 5 bis 15 US$; diese entfällt häufig, wenn man zu Fuß oder mit dem Rad kommt.

» Die Eintrittsgebühr für Nationalparks beträgt durchschnittlich 10 bis 25 US$ pro Fahrzeug und gilt für sieben aufeinanderfolgende Tage; in einigen Nationalparks ist der Besuch kostenlos.

» Der „America the Beautiful"-Pass (s. S. 500) berechtigt ein Jahr lang zu unbegrenztem Zutritt zu Nationalparks, National Forests und anderen Erholungsgebieten unter föderaler Verwaltung.

» Für größere eintägige, vor allem aber für mehrtägige Wanderungen sind häufig Genehmigungen („Wilderness Permits") erforderlich, die in den Rangerstationen und Besucherzentren in den Parks ausgegeben werden. In Spitzenzeiten – in der Regel also zwischen Spätfrühjahr und Frühherbst – wird der Zugang zu den Routen mit Tagesquoten reguliert.

» Manche dieser Genehmigungen können vorab reserviert werden; sehr beliebte Wege (z. B. Half Dome, Mt. Whitney) sind dabei schon mehrere Monate im Voraus ausgebucht.

NATIONALPARKS IM WESTEN DER USA

PARK	SEHENSWERTES	AKTIVITÄTEN	BESTE REISEZEIT
Arches (S. 346)	mehr als 2500 Sandsteinbögen	Panoramafahrten, Tageswanderungen	Frühjahr–Herbst
Bryce Canyon (S. 350)	leuchtend bunte, erodierte Felsnadeln (Hoodoos)	Tages- & Backcountry-Wanderungen, Ausritte	Frühjahr–Herbst
Canyonlands (S. 346)	Südwest-Panorama der Canyons, Mesas & Buttes	malerische Aussichtspunkte, Backcountry-Wanderungen, Wildwasserfahrten	Frühjahr–Herbst
Carlsbad Caverns (S. 381)	weitläufiges unterirdisches Höhlensystem; Kolonie von Bulldoggfledermäusen	Höhlentouren, Backcountry-Wanderungen	Frühjahr–Herbst
Death Valley (S. 116)	heiße, dramatische Wüste & einmalige Ökologie	Panoramafahrten, Tageswanderungen	Frühjahr
Glacier (S. 263)	eindrucksvolle Gletscherlandschaft, Schneeziegen	Tages- & Backcountry-Wanderungen, Panoramafahrten	Sommer
Grand Canyon (S. 315)	spektakulärer, 446 km langer und 1600 m tiefer Canyon	Tages- & Backcountry-Wanderungen, Touren mit Mulis, Flussfahrten	Frühjahr–Herbst
Grand Teton (S. 249)	hochragende Granitgipfel; Elche, Bisons, Wölfe	Tages- & Backcountry-Wanderungen, Klettern, Angeln	Frühjahr–Herbst
Kings Canyon/Sequoia (S. 187)	Riesenmammutbaum-Haine, Granitcanyon	Tages- & Naturwanderungen, Skilanglauf	Sommer–Herbst
Mesa Verde (S. 238)	antike Felsbehausungen der Ansazi-Kultur, historische Stätten, Mesas & Canyons	kurze Wanderungen	Frühjahr–Herbst
Olympic (S. 405)	gemäßigte Regenwälder, Bergwiesen, Mt. Olympus	Tages- & Backcountry-Wanderungen	Frühjahr–Herbst
Petrified Forest (S. 324)	versteinerte Bäume, Petroglyphen, Painted-Desert-Landschaft	Tageswanderungen	Frühjahr–Herbst
Redwood (S. 175)	unberührter Küstenmammutbaumwald, die höchsten Bäume der Erde; Wapitis	Tages- & Backcountry-Wanderungen	Frühjahr–Herbst
Rocky Mountain (S. 217)	beeindruckende Gipfel, Gebirgstundra, die kontinentale Wasserscheide; Wapitis, Dickhornschafe, Elche, Biber	Tages- & Backcountry-Wanderungen, Skilanglauf	Sommer–Herbst
Saguaro (S. 326)	riesige Saguaro-Kakteen, Wüstenlandschaft	Tages- & Backcountry-Wanderungen	Frühjahr–Herbst
Yellowstone (S. 243)	Geysire & Thermalbecken, eindrucksvolle Canyons; viele Wildtiere	Tages- & Backcountry-Wanderungen, Radfahren, Skilanglauf	ganzjährig
Yosemite (S. 182)	Tal mit nackten Granitwänden, Wasserfälle, Bergwiesen	Tages- & Backcountry-Wanderungen, Klettern, Skifahren	ganzjährig
Zion (S. 351)	gewaltiger Canyon mit roten Felsen, Virgin River	Tages- & Backcountry-Wanderungen, Canyoning	Frühjahr–Herbst

TOP-TRAILS IM WESTEN DER USA

Wenn man zehn Leute nach ihrer Lieblings-Wanderroute fragt, wird man zehn verschiedene Antworten erhalten. Da das Land so groß ist und die Entfernungen riesig sind, ist das auch kein Wunder. Bei den folgenden Empfehlungen darf man trotzdem sicher sein, nicht daneben zu liegen. (Weitere Infos zu diesen Wegen finden sich in den jeweiligen Regionenkapiteln und auf den angegebenen Websites; Führer zu den Trails gibt's im jeweiligen Park.)

» **South Kaibab/North Kaibab Trail, Grand Canyon, AZ** (S. 317) Eine mehrtägige Wanderung durch den Canyon am Colorado River entlang und zurück hinauf zu seinem Rand.

» **Longs Peak Trail, Rocky Mountain National Park, CO** (S. 217) Sehr beliebter, 24 km langer Rundweg zum felsigen Gipfel des 4346 m hohen Longs Peak mit Ausblick auf schneebedeckte Berge.

» **Angels Landing, Zion National Park, UT** (S. 352) Nach einer waghalsigen Kletterei über einen schmalen Grat mit steilem Abgrund auf beiden Seiten werden Wanderer mit einem weiten Blick über den Zion Canyon belohnt. Der Rundweg hat eine Länge von 8 km.

» **Mt. Washburn Trail, Yellowstone National Park, WY** (S. 247) Vom Dunraven Pass führt der von Wildblumen gesäumte Weg 4,8 km hinauf zum Gipfel des 3122 m hohen Mt. Washburn, von dem man eine schöne Aussicht genießt. Tipp: unterwegs nach Dickhornschafen Ausschau halten!

» **Pacific Crest Trail** (PCT; www.pcta.org) Der Weg folgt über 4264 km von Kanada bis nach Mexiko, folgt dabei dem Kamm der Cascades und der Sierra Nevada und durchquert dabei nahezu alle Ökosysteme Nordamerikas.

» **Half Dome im Yosemite National Park, CA** (S. 184) Der Weg ist furchteinflößend und anstrengend, der Blick ins Yosemite Valley jedoch wunderschön ... und am Ende weiß man befriedigt, was man vollbracht hat.

» **Enchanted Valley, Olympic National Park, WA** (S. 406) Ein prächtiger Blick auf die Berge, umherschweifende Wildtiere und üppiger Regenwald erwarten einen auf der 20,9 km langen Wanderung in abgelegener Natur.

» **Great Northern Traverse, Glacier National Park, MO** (S. 263) Der 93 km lange Weg führt durch das Zentrum des Grizzlylands und überquert dabei die kontinentale Wasserscheide.

» **Big Loop, Chiricahua National Monument, AZ** Die 15,3 km lange Wanderung im Südosten von Arizona führt auf verschiedenen Wegen an einer „Armee" wundersamer Felspfeiler vorbei, die einst Apachenkrieger als Versteck nutzten.

» **Tahoe Rim Trail, Lake Tahoe, CA** (S. 192) Der 265 km lange Allzweckweg umkreist hoch oben den See und bietet einen tollen Ausblick in die Sierra.

» In einigen National Forests Südkaliforniens kann nur parken, wer einen National Forest Adventure Pass (5/30 US$ pro Tag/Jahr) besitzt. Wer rund um Sedona, AZ, wandern will, braucht einen Red Rock Pass (www.redrockcountry.org; 5/15 US$ pro Tag/Woche). Die Pässe gibt's bei USFS-Rangerstationen, an Kiosken (einiger Startpunkte) und in ausgewählten Geschäften vor Ort.

Radfahren

Radfahren wird in den USA von Tag zu Tag beliebter. Die Städte legen zusätzliche Radwege an und werden immer fahrradfreundlicher. Und auch auf dem Land entstehen immer mehr Wege. Radbegeisterte gibt's überall und zahlreiche Veranstalter bieten geführte Touren jeder Länge und jedes Schwierigkeitsgrads an.

In vielen Bundesstaaten finden mehrtägige Fahrradveranstaltungen statt, wie „Ride the Rockies" in Colorado. Gegen eine geringe Gebühr kann man sich dem Pulk auf der malerischen, gut ausgestatteten Route anschließen; das Gepäck wird zu dem zur Übernachtung vorgesehenen Campingplatz gebracht. Eine weitere her-

MOUNTAINBIKER AUFGEPASST!

Mountainbiker finden ihr Dorado in Boulder, CO, Moab, UT, Bend, OR, Ketchum, ID, oder Marin, CA, wo Gary Fisher und Co. den Sport pushten, indem sie auf selbst zusammengebastelten Rädern die felsigen Flanken des Mt. Tamalpais hinunterpreschten. Zu den weiteren tollen Strecken gehören:

» **Kokopelli's Trail, UT** Eine der besten Moutainbikestrecken im Südwesten. Sie erstreckt sich über 225 km auf gebirgigem Terrain zwischen Loma in Colorado und Moab in Utah. Zu den weiteren Optionen in der Nähe zählen die von Hütte zu Hütte führende Tour zwischen Telluride in Colorado und Moab in Utah sowie die ebenfalls wunderschöne, kürzere, aber sehr herausfordernde Route von Aspen nach Crested Butte.

» **Sun Top Loop, WA** Die 35,4 km lange Route mit anstrengenden Steigungen bietet einen wunderbaren Blick auf den Mt. Rainier und die umliegenden Gipfel an den Westhängen der Cascades in Washington.

» **Downieville Downhill, Downieville, CA** Dieser Weg in der Nähe der gleichnamigen Ortschaft in den Ausläufern der Sierra im Tahoe National Forest ist nichts für Biker mit schwachen Nerven: Die Abfahrt läuft an den Klippen über dem Fluss entlang, verläuft durch alte Kiefernwälder und bewältigt in weniger als 23 km einen Höhenunterschied von 1280 m!

» **McKenzie River Trail, Willamette National Forest, OR** (www.mckenzierivertrail.com) Der 35,4 km lange, einspurige Trail windet sich durch dichte Wälder und vulkanische Formationen. Der Ort McKenzie liegt ungefähr 80 km östlich von Eugene (S. 435).

» **Porcupine Rim, Moab, UT** Der 48 km lange ehrwürdige Rundweg rund um Moab (S. 344) führt im Schatten der Berge durch die Wüste und hält tolle Ausblicke und haarige Abfahrten bereit.

ausragende Fahrt führt zum Mt. Lemmon in Arizona – ein kräftezehrender, 45 km langer Anstieg aus dem Talgrund der Sonora-Wüste zum 2791 m hohen Gipfel. Inzwischen kann man auch am Südrand des Grand Canyon im Grand Canyon National Park Fahrräder mieten. Auf der Hermit Rd im Park kann man nach Hermit's Rest radeln oder auf dem Greenway Trail fahren, der stetig weiter verlängert wird.

Die fahrradfreundlichsten Städte

» **San Francisco, CA** Bei einer Radtour über die Golden Gate Bridge landet man auf den wunderschönen, erstaunlich hügeligen Marin Headlands.

» **Boulder, CO** Das Mekka für Outdoor-Begeisterte bietet viele tolle Radwege, darunter auch den 25,7 km langen Boulder Creek Trail.

» **Portland, OR** Eine Schatztruhe voller toller Radtouren (auf der Straße und querfeldein).

» **Los Angeles, CA** Das Radfahren in den Straßen ist nicht so toll, aber der sonnige South Bay Trail ist ein malerischer, ebener Radweg, der die ganze Strecke zwischen Santa Monica und Redondo Beach im Süden an der Küste entlang verläuft.

Surfen

Die besten Wellen Nordamerikas brechen sich an der Küste Kaliforniens. Es gibt viele Optionen – vom schrägen und entspannten Santa Cruz bis zu San Franciscos Ocean Beach (nicht unbedingt was für Anfänger) oder dem bohemehaften Bolinas, 48 km weiter nördlich. Im Süden warten in San Diego, La Jolla, Malibu und Santa Barbara starke Wellen und Santa-Ana-Winde; außerdem gibt es dort wärmeres Wasser, weniger weiße Haie und eine flotte, für Südkalifornien typische Strandszene. Die besten Bedingungen findet man zwischen September und November vor. An der Küste von Oregon und Washington gibt's kilometerweite einsame Strände und überall kleine Surfergemeinden.

Die schönsten Surf-Spots in Kalifornien

Huntington Beach (alias Surf City, USA) ist so etwas wie die Surferhauptstadt: ununterbrochener Sonnenschein und perfekte Brecher, besonders im Winter bei wenig Wind.

» **Black's Beach** (S. 104) Der 3,2 km lange Sandstrand in La Jolla, San Diego, liegt am Fuß von 91 m hohen Klippen, und ist für eine der mächtigsten Beachbreaks in Südkalifornien bekannt; Ursache dafür ist ein Unterwassercanyon unmittelbar vor der Küste.

» **Huntington Beach** (S. 96) Das Zentrum der Surferwelt ist ideal, um einen Einblick in die Szene zu gewinnen und ein paar Unterrichtsstunden zu nehmen.

» **Oceanside Beach, Oceanside** Im Sommer bietet der familienfreundliche Strand, der zu den schönsten Südkaliforniens zählt, mit die beständigsten Wellen weltweit.

» **Rincon, Santa Barbara** Einer der besten Surfspots des Planeten: Praktisch jeder Champion in dieser Sportart hat sich in Rincon bereits blicken lassen.

» **Steamer Lane & Pleasure Point, Santa Cruz** An den beiden netten Spots gibt es elf Breaks der Weltklasse, darunter die Pointbreak über felsigem Untergrund.

» **Swami's, Encinitas** Der beliebte Surfstrand unter dem Seacliff Roadside Park bietet vielseitige Breaks, sodass man immer mit fantastischen Wellen rechnen kann.

Leihausrüstung & Surfunterricht

Surfbretter werden praktisch an jedem Strand verliehen, wo Surfen möglich ist. Für einen halben Tag zahlt man rund 20 US$, für einen Neoprenanzug kommen noch 10 US$ oben drauf.

Zweistündigen Gruppenunterricht für Anfänger gibt's ab rund 75 US$ pro Person, für zweistündigen Einzelunterricht muss man über 100 US$ berappen. Und wer noch tiefer in die Tasche greifen will, für den bieten viele Surfschulen teurere Wochenend-Surfkurse und einwöchige „Surfari"-Camps an.

Stehpaddeln (SUPen) ist leichter zu erlernen und gewinnt immens an Popularität. Bretter, Paddel und gibt's zu ähnlichen Preisen überall an der Küste von San Diego bis nördlich der San Francisco Bay.

Infos im Internet

» **Surfline** (www.surfline.com) Umfassender Atlas, Live-Webcams und Surfberichte über das Gebiet von San Diego bis Santa Barbara.

» **Surfer** (www.surfermag.com) Web-Magazin aus Orange County mit Reiseberichten, Bewertung von Ausrüstung, News-Blogs und Videos.

» **Surfrider** (www.surfrider.org) Umweltbewusste Surfer können sich dieser gemeinnützigen Organisation anschließen, die sich dem Schutz der Küsten verschrieben hat.

Raften

An malerischen und spektakulären Wildwasserfahrten herrscht im Westen der USA kein Mangel. In Kalifornien locken der Tuolumne River und der American River mit mittelschweren bis sehr schweren Stromschnellen, in Idaho bietet der Middle Fork des Salmon River alles, was das Rafter-Herz begehrt: eine reiche Fauna, prickelnde Stromschnellen, eine interessante Geschichte einsamer Siedler, Wasserfälle und Thermalquellen. Der North Fork des Owyhee River, der sich aus dem Hochplateau im Südwesten von Oregon bis in die Prärien Idahos schlängelt, ist zu Recht populär und entzückt mit hohen Hoodoos. In Utah kann man nördlich von Moab bei einer leichten Fahrt auf dem Colorado River nach Wildtieren Ausschau halten oder sich im Canyonlands National Park an das Abenteuer einer Wildwasserfahrt durch Kategorie-V-Stromschnellen inmitten roter Felsen heranwagen.

Wer einen Platz für eine Fahrt auf dem Colorado River durch den Grand Canyon ergattern will – und das ist der Trip schlechthin! –, muss mindestens ein Jahr im Voraus

KALIFORNIENS SURFSTRÄNDE FÜR GREENHORNS

Die besten Strände, um surfen zu lernen, haben leichte, regelmäßige Beachbreaks an langen, flachen Buchten. Besonders geeignet sind u. a.:

» **San Diego** Mission Beach, Pacific Beach, Oceanside

» **Orange County** Seal Beach, Newport Beach, Dana Point

» **Los Angeles** Santa Monica, Manhattan Beach

» **Central Coast** Santa Cruz, Santa Barbara, Cayucos

reservieren. Übrigens: Auch wer sich nicht auf nervenaufreibende Stromschnellen einlassen will, kann Spaß haben: Viele Flüsse haben Abschnitte, auf denen man sich gemächlich auf einem Floß oder in einem Schlauch *(tube)* treiben lassen und dabei ein kaltes Bier in der Hand halten kann.

Kajak- & Kanufahren

Zur Erkundung ruhiger Gewässer (ohne Stromschnellen und Wellenbrecher) sind Kajaks oder Kanus ideal. Für große Seen oder das offene Meer bietet sich ein seetüchtiges Kajak an. Beachtet werden muss, dass Kajaks zum Transport von sperrigem Gepäck nicht immer geeignet sind.

Will man eine malerische Tour mit einem seetüchtigen Kajak unternehmen, kann man praktisch überall an der kalifornischen Küste sein Boot in die Wellen schieben. Beliebte Stellen sind u.a. La Jolla und die State Parks an der Küste unmittelbar nördlich von Santa Barbara. Im Nordwesten garantieren die Gewässer rund um die San Juan Islands und die Olympic Peninsula sowie der Puget Sound Kajakspaß von Weltklasse. Mondschein-Paddeltouren sind in der Richardson Bay bei Sausolito in Kalifornien möglich. Durchschnittlich 40 bis 70 US$ kostet es pro Tag, ein seetüchtiges Kajak zu leihen. Anbieter mit guter Reputation werden einen über den Gezeitenverlauf und die Windbedingungen auf der vorgesehenen Route informieren.

Im Nordwesten, wo das Wasser von eisbedeckten Vulkanen herabströmt, sind ferner Wildwasser-Kajakfahrten sehr beliebt. Auf dem Upper Sgakit River kann man dabei nach Weißkopfseeadlern spähen, während es auf dem Klickitat River durch wilde, abgelegene Schluchten geht. In der Nähe von Portland sind der Clackamas und der North Santiam River lohnende Ziele. Was Wildwasserfahrten in städtischer Umgebung angeht, sind die Wildwasserparks in Colorado nicht zu schlagen. Relativ neue Wildwasserparks gibt's beispielsweise in Boulder, Denver und Fort Collins.

Infos im Internet

» **American Canoe Association** (www.americancanoe.org) Der Kanu- und Kajakverband gibt das Magazin *Paddler* (www.paddlermagazine.com) heraus, hat eine Datenbank zu Paddelrouten und veranstaltet Kurse.

» **American Whitewater** (www.americanwhitewater.org) Die Interessengruppe setzt sich für nachhaltigen Freizeitspaß und deshalb für den Schutz der unregulierten Ströme in Amerika ein.

» **Canoe & Kayak** (www.canoekayak.com) Fachzeitschrift für Paddelsportler.

» **Kayak Online** (www.kayakonline.com) Tipps zum Kauf von Ausrüstung und hilfreiche Links zu Kajakveranstaltern, Schulen und Verbänden.

WALE BEOBACHTEN

Grau- und Buckelwale legen bei ihren Wanderungen die längsten Strecken aller Säugetiere zurück: mehr als 8000 km von der Arktis bis nach Mexiko und wieder zurück. Die meisten Tiere passieren dabei die Küste der Nordweststaaten zwischen November und Februar (südwärts) und noch einmal zwischen März und Juni (nordwärts). Vor der Küste Kaliforniens kann man Grauwale zwischen Dezember und April erspähen, während Buckel- und Pottwale im Sommer und Herbst vorüberziehen. Fernglas nicht vergessen! Zu den besten Stellen zählen:

» **Depoe Bay & Newport, OR** Gute Infrastruktur für Walbeobachter; Tourboote.

» **Long Beach & Westport, WA** Beobachtungen vom Strand aus.

» **Puget Sound & San Juan Islands, WA** Ortsansässige Schwertwal-Population.

» **Klamath River Overlook, CA** Von Klippen aus Wale beobachten.

» **Point Reyes Lighthouse, CA** Im Dezember und Januar ziehen Grauwale vorbei.

» **Monterey, CA** Walbeobachtung ganzjährig möglich.

» **Channel Islands National Park, CA** Wale während einer Tour oder durch das Teleskop im Turm des Besucherzentrums beobachten.

» **Point Loma, CA** Die beste Stelle, um in San Diego zwischen Januar und März den Zug der Grauwale zu beobachten.

EBENFALLS ERWÄHNENSWERT

AKTIVITÄT	ORT	BESCHREIBUNG	INOF IM INTERNET
Reiten	Freizeit-Ranches im südlichen Arizona	Wildwest-Landschaft; die meisten Ranchs sind im Sommer wegen der Hitze geschlossen	www.azdra.com
	Südrand des Grand Canyon, AZ	Entspannte Ausritte durch den Kaibab National Forest; Ausritte und Campen am Lagerfeuer	www.apachestables.com
	Santa Fe, NM	Ausritte mit Themenschwerpunkt; herrliche Sonnenuntergänge	www.bishopslodge.com
	Telluride, CO	Ganzjährig Ausritte in die Hügel	www.ridewithroudy.com
	Durango, CO	Tagesritte und mehrtägige Ausritte mit Campen in der Weminiuche Wilderness	www.vallecitolakeoutfitter.com
	Yosemite	Tages- & Backcountry-Wanderungen, Panoramafahrten	Sommer
	National Park, WY	Ausritte im Yosemite Valley, den Tuolumne Meadows und in der Nähe von Wawona	www.yosemiteparks.com
	Florence, OR	Romantische Ausritte am Strand	www.oregonhorsebackriding.com
Tauchen	Blue Hole nahe Santa Rosa, NM	24,69 m tiefer artesischer Brunnen; das blaue Wasser mündet in eine 39,93 m lange Höhle	www.santarosanm.org
	La Jolla Underwater Park, CA	Gut geeignet für Anfänger; Schnorchler tummeln sich in der nahen La Jolla Cove	www.sandiego.gov/lifeguards/beaches; www.oexcalifornia.com
	Channel Islands National Park, CA	Kelpwälder, Meereshöhlen vor den Küsteninseln	www.nps.gov/chis; www.islandpackers.com/watersport.html
	Point Lobos State Reserve, CA	Fantastische Tauchmöglichkeiten vor der Küste; flache Riffe, Höhlen, Seelöwen, Seehunde, Otter	www.montereyscubadiving.com
	Puget Sound, WA	Klares Wasser, vielfältiges Meeresleben (Riesenkraken!)	www.underwatersports.com; www.pugetsounddivecharters.com
Ballonfahren	Sedona, AZ	Im Heißluftballon über Red-Rock-Country schweben; Champagnerpicknick	www.northernlightballoon.com
	Napa Wine Country, CA	Farbensatte Ballonfahrt über Weinbergen	www.balloonrides.com; www.napavalleyballoons.com

Skifahren & Wintersport

In allen Bundesstaaten im Westen gibt es Skiresorts, selbst in Arizona. Colorado hat einige der besten Skigebiete der in diesem Buch behandelten Region, aber auch Kalifornien und Utah punkten mit alpinem Wintersport von Weltklasse. Die Skisaison dauert in der Regel von Mitte Dezember bis April, in manchen Resorts aber auch länger. Im Sommer verwandeln sich viele Resorts dank ihrer Sessellifte in Tummelplätze von Mountainbikern und Wanderern. Pauschalangebote (mit Anreise per Flugzeug, Hotelunterkunft und Lifttickets) sind über die Resorts, über Reisebüros und Online-Webportale leicht zu buchen und können durchaus eine gute Alternative sein, wenn man in erster Linie Ski fahren möchte.

Wo auch immer man auf die Bretter steigt, billig ist der Spaß nicht. Am günstigsten wedelt man die Pisten hinunter, wenn man werktags kommt, Mehrtagestickets kauft und sich für weniger bekannte Resort-„Ableger" (z. B. Alpine Meadows in der Nähe von Lake Tahoe) oder Berge entscheidet, an deren Hänge sich Menschen aus der jeweiligen Region tummeln, z. B. die Santa Fe Ski Area (S. 364) oder Wolf Grade in Colorado.

Die besten Skiresorts

» **Schnee, Höhenlage und Ambiente** Vail, CO (S. 225), Squaw Valley, CA (S. 193), und das mondäne Aspen, CO (S. 227).

» **Entspannte Szene und steile Abfahrten** Alta, UT (S. 339), Telluride, CO (S. 236), Jackson, WY (S. 252), und Taos, NM (S. 371).

Snowboarden

Auf den Pulverschneehängen überall in den USA ist das Snowboarden so populär wie der Abfahrtslauf – und zwar dank dem „Schneesurf"-Pionier Jake Burton Carpenter, der Mitte der 1970er-Jahre in seiner Vermonter Garage eine Werkstatt einrichtete und mit dem Bau von Snowboards begann. Snowboarder tummeln sich auch fast überall im Westen des Landes, so in Sun Valley, Tahoe und Taos. In den Sommermonaten bietet sich ein Trip zum Mt. Hood (S. 438) in Oregon an – mehrere Resorts in der Gegend veranstalten dann Snowboard-Camps.

Skilanglauf & Schneeschuhwandern

In den meisten Resorts mit Abfahrten gibt es auch Langlaufloipen. Im Winter finden sich in beliebten Arealen von Nationalparks, National Forests und städtischen Parks häufig Langlauf- und Schneeschuhwege und Eisbahnen.

Ein erstklassiges Netz an Routen für Langläufer und Schneeschuhwanderer findet sich in der Royal Gorge in Kalifornien (Nordamerikas größtes nordisches Skigebiet; S. 193) und im herrlichen, von Massenandrang verschonten Methow Valley (S. 415) in Washington. Wer abseits gespurter Wege auf Ski- oder Schneeschuhwanderungen gehen will, kommt überall in der Sierra Nevada mit ihren vielen Skihütten voll auf seine Kosten. In den San Juan Mountains in Colorado (www.sanjuanhuts.com) verteilen sich auf die insgesamt 100 km langen Wege fünf Skihütten; ferner verwaltet die 10th Mountain Division Association mehr als zwei Dutzend Hütten in den Rocky Mountains (www.huts.org). Hübsche Gegenden für winterliche Erkundungstouren sind auch die Südkante des Grand Canyon und der umliegende Kaibab National Forest.

Infos im Internet

Ski Snowboard America von Charles Leocha gibt einen aktuellen Überblick über die größten Skiresorts in Nordamerika. Nützliche Websites sind:

» **Cross-Country Ski Areas Association** (www.xcski.org) Umfassende Infos und Hinweise zur Ausrüstung für Skifahrer und Schneeschuhwanderer in ganz Nordamerika.

» **Cross Country Skier** (www.crosscountryskier.com) Magazin mit Artikeln zum nordischen Skisport, Loipeninfos und Sport- und Eventkalender.

» **Powder** (www.powdermag.com) Online-Angebot des Skisportmagazins *Powder*.

» **Ski Resorts Guide** (www.skiresortsguide.com) Ausführlicher Resort-Führer mit Wegekarten zum Herunterladen, Infos zu Unterkünften u. v. m.

» **SkiNet** (www.skinet.com) Onlineportal der Zeitschriften *Ski*, *Skiing* und *Snow*.

» **SnoCountry Mountain Reports** (www.snocountry.com) Schnee- und Wetterbericht für Nordamerika, außerdem Veranstaltungskalender, News und Links zu Resorts.

Klettern & Canyoning

In Kalifornien können Kletterfans im Yosemite National Park ihren Mut an erstklassigen Felswänden, Granitkuppeln und Findlingen beweisen; die Saison dauert dort von April bis Oktober. Kletterer strömen auch in den Joshua Tree National Park, eine extraterrestrisch wirkende Landschaft in der sonnenversengten Wüste Südkaliforniens. Inmitten der schroffen Monolithe und der ältesten Bäume des Landes finden sich mehr als 8000 Routen über Steilwände, scharfe Kanten und unzählige Spalten. Für Anfänger bieten Veranstalter in beiden Parks geführte Klettertouren und Kletterunterricht an.

Im Zion National Park in Utah lernt man bei mehrtägigen Canyoning-Kursen die hohe Kunst des Absteigens: das Abseilen an nackten Sandsteinklippen hinunter in prächtige, baumbestandene Red-Rock-Canyons. Für manche der anspruchsvolleren Stellen braucht man einen Neoprenanzug: Da geht es an den Flanken tosender Wasserfälle hinunter in eiskalte Wasserbecken.

Zum Eisklettern empfiehlt sich der Ouray Ice Park in Südwest-Colorado, abseits des Million Dollar Hwy. In dem schmalen Slot Canyon finden sich mit dickem Eis gepanzerte, 60 m hohe Wände und Wasserfälle.

Weitere tolle Kletterstellen:

» **Grand Teton National Park, Wyoming** (S. 249) Gut geeignet für Kletterer aller Leistungsklassen: Für Anfänger gibt's Einführungskurse, während erfahrenere Kletterer sich zweitägigen Expeditionen zum Gipfel des Grand Teton anschließen können – von dem 4197 m hohen Gipfel bietet sich eine majestätische Aussicht.

» **City of Rocks National Reserve, Idaho** Mehr als 500 Kletterrouten führen auf windgepeitschte Granitfelsen und 60 Stockwerke hohe Felsspitzen.

» **Bishop, Kalifornien** Das verschlafene Städtchen in der Eastern Sierra (S. 190) ist der Ausgangspunkt für ausgezeichnete Kletterpartien in der nahe gelegenen Owens River Gorge und in den Buttermilk Hills.

» **Red Rock Canyon, Nevada** (S. 292) 16 km westlich von Las Vegas liegt eines der weltweit schönsten Sandstein-Kletterparadiese.

» **Rocky Mountain National Park, Colorado** (S. 217) Alpiner Kletterspaß unweit von Boulder.

» **Flatirons, Colorado** Gute mehrstufige Kletterstellen, ebenfalls in der Nähe von Boulder.

Infos im Internet

» **American Canyoneering Association** (www.canyoneering.net) Canyon-Datenbank im Internet, außerdem Links zu Kletterkursen, Klettervereinen vor Ort und mehr.

» **Climbing** (www.climbing.com) Seit 1970 topaktuelle News und Infos zum Klettern.

» **SuperTopo** (www.supertopo.com) Kletterführer, kostenlose topografische Karten und Routenbeschreibungen.

Mit Kindern reisen

Top-Attraktionen für Kinder

Grand Canyon & südliches Arizona

Wandern am Grand Canyon, Planschen im Oak Creek, Kakteengucken bei Tucson, Badeparks, Touristenranches und Geisterstädte.

Los Angeles & südliches Kalifornien

Promi-Handabdrücke in Hollywood, Studiotouren in Burbank, Santa Monicas Strände und viele Themenparks in Orange County bzw. San Diego.

Südliches Utah & Wasatch Mountains

Wandern, radeln und Rafting in Utahs Nationalparks, ebenso coole Skifahr- und Reifenrodel-Optionen in den Bergen.

Sierra Nevada

Staunen über Wasserfälle, Granitkuppeln und Riesenmammutbäume im Yosemite National Park; Mammoth Lakes als ganzjährig toller Ausgangspunkt für Familienabenteuer.

Colorado

Komplett kinderfreundlich: Museen in Denver, Outdoor-Fun in den Rockies, zahllose Skiorte und Rafting bei Buena Vista oder Salida.

Der sehr familienfreundliche Westen der USA bietet fantastische Attraktionen für alle Altersstufen: Vergnügungsparks, Aquarien, Zoos, Wissenschaftsmuseen, Campingplätze, Wanderwege in Naturschutzgebieten, Bodysurfing in der Strandbrandung und entspannte Radtouren durch malerische Wälder. Die meisten National und State Parks haben für Familien bzw. Kinder zumindest ein paar Ausstellungen, Pfade und Programme (z. B. Junior-Ranger-Aktivitäten).

Der Westen mit Kindern

Die Regionenkapitel dieses Buches listen kinder- und familienfreundliche Aktivitäten auf. Die Großstadtkapitel enthalten dazu spezielle Abschnitte. Das Kindersymbol (👪) kennzeichnet entsprechende Sehenswürdigkeiten, Aktivitäten, Unterkünfte, Restaurants und Unterhaltungsoptionen.

Betreuung

Resorts haben häufig Babysitter, die auf Abruf bereitstehen – andernfalls einfach bei der Rezeption oder dem Portier um Vermittlung bitten! Babysitter sollten offiziell zugelassen sein und zu einer Firma gehören. Ebenfalls wichtig sind der Stundensatz pro Kind, die eventuelle Mindestgebühr und Zusatzkosten für Anfahrt oder Essen. Die meisten Touristeninformationen führen Verzeichnisse mit Betreuungs- und Freizeitoptionen, Ärzten usw.

Ermäßigungen

Kinderrabatte betragen bis zu 50% des Erwachsenenpreises; sie werden oft bei geführten Touren, Eintrittsgeldern und Verkehrsmitteln angeboten. Das Maximalalter liegt für gewöhnlich zwischen zwölf und 16 Jahren. Bei einige Sehenswürdigkeiten werden auch Familienrabatte gewährt. Für Kids unter zwei Jahren ist der Eintritt oft frei.

Essen

Die Restaurantbranche setzt auf Familienservice, Kinder sind fast überall willkommen. Der Nachwuchs bekommt oft spezielle Kindermenüs (kleinere Portionen zu niedrigeren Preisen). In manchen Lokalen isst er bis zu einer gewissen Altersgrenze sogar gratis. Restaurants stellen in der Regel Hochstühle und Sitzerhöhungen zur Verfügung. Mancherorts gibt's auch Malstifte, Puzzles und Liveacts von „Zeichentrickfiguren".

Restaurants ohne Kindermenüs haben nicht unbedingt etwas gegen kleine Gäste; bei teureren Lokalen kann dies jedoch durchaus der Fall sein. Aber: Wer insbesondere attraktivere Lokale früh genug aufsucht (direkt nach dem Öffnen), isst meist relativ stressfrei und wahrscheinlich in Gesellschaft anderer Familien. Man kann nachfragen, ob (und zu welchem Preis) die Küche kleinere Portionen zubereiten oder normale Gerichte auf zwei Teller aufteilen kann. Chinesische, mexikanische und italienische Lokale eignen sich für wählerische Esser am besten.

Kinderbedarf, Auto- & Flugreisen

Viele öffentliche WCs haben Wickeltische (z.T. auch bei den Herren); Flughäfen verfügen über „neutrale" Familieneinrichtungen.

Amerikas medizinische Einrichtungen haben einen hohen Standard. Artikel wie Baby- bzw. Säuglingsnahrung (inkl. Bio-Varianten) und Wegwerfwindeln sind landesweit überall in Supermärkten erhältlich.

Autovermieter müssen Kindersitze bereithalten (zzgl. ca. 10 US$/Tag). Diese sind in allen Staaten Pflicht und müssen beim Buchen des Fahrzeugs reserviert werden.

Inlandsfluglinien nehmen Kinder unter zwei Jahren gratis mit. Ältere Kids brauchen einen eigenen Platz; Rabatte sind unwahrscheinlich. Selten haben große Resorts (z.B. Disneyland) Werbeangebote mit kostenlosen Kinderflügen. Ähnliche Gelegenheitsaktionen der Bahngesellschaften lassen Kinder bis 15 Jahre auf verschiedenen Strecken umsonst mitfahren.

Unterkunft

Motels und Hotels haben meist Doppelzimmer, die ideal für Familien sind. Manchmal kann man sich gegen einen Aufpreis auch Beistell- oder Gitterbetten bringen lassen. Das sind oft multifunktionale, transportable Klappvarianten (Pack'n'Plays), die aber nicht alle Kinder mögen. Einige Hotels lassen Kinder bis zwölf oder gar 18 Jahre gratis übernachten. Viele B&Bs akzeptieren keine Kids – daher unbedingt gleich beim Buchen erkundigen! Die meisten Resorts sind kinderfreundlich und offerieren entsprechende Beschäftigungsprogramme. Aber auch hier gilt: Besser beim Buchen nachfragen!

Reiseplanung

Beim Planen eines Familienurlaubs in den USA sind Wetter und Menschenmassen die wichtigsten Faktoren. Während der landesweiten Hauptsaison (Juni–Aug.) sind die Schulen geschlossen und es ist am wärmsten. Dann ist mit hohen Preisen und riesigen Besucherscharen zu rechnen – und damit mit quälend langen Schlangen vor Vergnügungs- oder Badeparks, frühzeitig ausgebuchten Resorts und viel Verkehr. Populäre Ziele bedingen daher rechtzeitige Reservierung. Dasselbe gilt von Januar bis März für Wintersportgebiete (z.B. Rockies, Lake Tahoe).

Ausrüstung

Jede Menge Sonnenschutzmittel für Outdoor-Aktivitäten müssen mit! Wanderer brauchen eine Tragehilfe mit Brustgurt (für Kinder unter 1 Jahr) bzw. eine Kinderkraxe (bis ca. 4 Jahre) mit Sonnenschutz. Beides kann man bei Ausrüstern kaufen oder ausleihen (s. Regionenkapitel). Ältere Kinder benötigen stabile Schuhe plus Wassersandalen zum Spielen in Bächen. Ebenfalls sinnvoll: Handtücher (fürs Planschen unterwegs), Regenkleidung, eine Fleecejacke oder ein dicker Pulli (Wüstennächte können auch im Sommer kalt sein), Insektenschutzmittel und Sonnenhüte (vor allem beim Camping). Um Schlafangst an fremden Orten und ungeeignete Hotelbetten zu vermeiden, empfehlen sich Klappkinderbetten für Säuglinge und Schlafsäcke für ältere Kids.

Highlights für Kinder

Aquarien & Zoos

» **Arizona-Sonora Desert Museum** Kojoten, Kakteen und Shows sind Highlights dieses Tucsoner Naturkundemuseums mit Innen- und Außenbereichen – genau das Richtige für kleine Naturforscher.

» **Monterey Bay Aquarium** Neben dem größten Meeresschutzgebiet an Kaliforniens Zentralküste trifft man auf die Bewohner der Tiefe.

» **San Diego Zoo & Safari Park** In Kaliforniens bestem und größtem Zoo kann man „um die Welt reisen" und Safaris unternehmen.

» **Aquarium of the Pacific** Das Hightech-Aquarium in Long Beach deckt ein Artenspektrum von der milden Baja California bis hin zum kühlen Nordpazifik ab; ein Haibecken gibt's auch.

Outdoor-Abenteuer

» **Yellowstone National Park** Hier kann man mächtige Geysire bewundern, Tiere beobachten und herrlich wandern.

» **Grand Canyon National Park** Das riesige Naturwunder ist auch für Kids ein fantastischer Anblick. Wissbegierige Kinder können den Rangern Löcher in den Bauch fragen, aktive wandern oder Rad fahren.

» **Olympic National Park** In einem der wenigen gemäßigten Regenwälder des Planeten lässt sich die ungezähmte Wildnis erkunden.

» **Oak Creek Canyon** Im Slide Rock State Park (Arizona) macht es Spaß, über rote Felsen hinwegzuflitzen.

Für Regentage

» **Museen in L.A.** Die Sterne im Griffith Observatory (L.A.) ansehen, Dino-Knochen im Natural History Museum of L.A. County und im Page Museum (La Brea Tar Pits) betrachten; dann im coolen California Science Center selbst Hand anlegen.

» **Museen in S.F.** Die San Francisco Bay Area ist das reinste Klassenzimmer für Kinder – vor allem dank dem interaktiven Exploratorium, dem multimedialen Zeum und der umweltfreundlichen California Academy of Sciences.

» **Pacific Science Center** Das Wissenschaftszentrum in Seattle begeistert mit IMAX-Kino, Planetarium, Lasershows und tollen Exponaten zum Anfassen.

» **Museum of Natural History & Science** Pflicht ist die Hall of Jurassic Supergiants in Albuquerque.

» **Arizona Museum of Natural History** Am Nachbau einer Bergbaustadt vorbeiwandern, authentische Hohokam-Museumsdörfer erkunden und sich am Fuß des Dinosaur Mountain verstecken.

Ungewöhnliche Attraktionen

» **Route 66 durch Arizona** Es gibt viele ungewöhnliche Ablenkungen: bettelnde Esel, kitschige Höhlen, eine nette Eisdiele, einen Meteoritenkrater und ein Wigwam-Motel.

» **Roswell** Die Wahrheit liegt dort draußen: Die alienverliebte Stadt in New Mexico hat ein UFO-Museum und jede Menge verrückter Shops.

» **Rattlesnake Museum** In Albuquerque können ältere Kinder und zukünftige Kriechtierforscher hier die weltgrößte Sammlung von Klapperschlangenarten bestaunen.

» **Old Faithful, Yellowstone National Park** Die Vorfreude auf den Ausbruch ist fast das Schönste.

» **Venice Boardwalk** Ältere Kids begeistert die fröhliche Freakshow an L.A.s berühmter Promenade, wo sich talentierte Akrobaten, schrille Rollschuhläufer und Muskelprotze vor den Menschenmassen aufspielen.

Themenparks

» **Disneyland** Mickey Mouses bezaubernd gestaltetes Disneyland im Herzen des Orange County (Kalifornien) verblüfft vor allem mit seiner Detailverliebtheit.

» **SeaWorld** Orca-Shows, Spaßtrips und viel weiterer Fun – in San Diegos Meeres-Themenpark ist für Abwechslung gesorgt.

» **Universal Studios** Action-Rides zu Hollywoodfilmen, Special-Effects-Shows und eine Minibahntour hinter den Kulissen eines aktiv genutzten Studiogeländes in L.A.

» **Rawhide Western Town & Steakhouse** Den echten Wilden Westen erlebt man beim Goldwaschen, Eselreiten und Duellieren in Phoenix.

Bücher & Infos im Internet

Für allgemeine Infos und Tipps empfiehlt sich *Travel with Children* von Lonely Planet. Outdoorfans lesen am besten *Wildnis erleben: Praktische Anleitungen für Outdoor-Aktivitäten mit Kindern und Jugendlichen* (Fiona Danks: 2009) oder *Wandern mit Kind: Zu Fuß, per Rad, mit Kanu* (Kerstin Micklitza; 2012).

Family Travel Files (www.thefamilytravelfiles.com) Eine Menge Vorschläge für Reiserouten, Ortsporträts und Reiseinfos.

Parents Connect (www.parentsconnect.com/family-travel) Virtuelle Enzyklopädie zu allem, das erstmals reisende Familien wissen müssen.

Go City Kids (www.gocitykids.com) Super Beschreibungen von kindgerechten Aktivitäten und Unterhaltungsoptionen in über 50 amerikanischen Großstädten.

Kids.gov (www.kids.gov) Gigantisches, vielfältiges Infoportal der US-Regierung; mit herunterladbaren Liedern bzw. Aktivitäten und sogar einem Link zur CIA-Website.

Der Westen im Überblick

Welche Assoziationen weckt der Begriff „Der Westen"? Eidechsen in heißer Sonne, vom Wind vorangetriebene Steppenläufer oder vielleicht Saguaro-Kakteen? Das trifft natürlich alles zu – auf Arizonas Süden. Doch der Westen bietet noch viel mehr: Üppige Wälder im Pazifischen Nordwesten, Kaliforniens sonnenverwöhnte Strände, grüne Trampelpfade in den Rockies oder Utahs purpurrote Buttes und Hoodoos – Landschaften für alle Stimmungen und Abenteuergelüste.

Kulturinteressierte können Stätten der US-Ureinwohner in Arizona und New Mexico erkunden. L.A., San Francisco oder Seattle stehen für Luxusshopping, Spitzenrestaurants und Großstadttrubel. Auf Geschichtsfans warten Utahs Mormonendörfer, Kaliforniens spanische Missionen und Wildweststädte an fast jeder Ecke. Bereit, einen draufzumachen? Zwei Worte: Las Vegas.

Kalifornien

Strände ✓✓✓
Outdoor-Abenteuer ✓✓✓
Essen & Wein ✓✓✓

Superstrände
Kalifornien protzt mit Stränden – im Norden schroff und unberührt, im Süden wunderschön und voller Menschen. Entlang der ganzen Küstenlinie (über 1770 km) kann man überall prima surfen, Seekajak fahren oder einfach nur strandwandern.

Outdoor-Paradies
Schussfahrten auf verschneiten Hängen, Wildwasserrafting, Paddeln um Küsteninseln, Wasserfallwanderungen, Felsbrocken in der Wüste erklettern… Hier besteht kein Mangel an Auswahl, sondern an Zeit, um alles zu erleben.

Spitzenküche
Fruchtbare Felder, talentierte Köche und unersättlicher Hunger nach Neuem machen Kalifornien zum Top-Gastroziel. Also los: örtliche Lebensmittelmärkte durchforsten, Pinot oder Chardonnay auf tollen Weingütern verkosten und Essen mit frischen Zutaten vom Bauernhof genießen!

S. 60

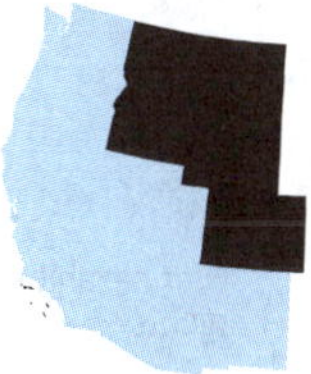

Rocky Mountains

Outdoor-Abenteuer ✓✓✓
Kultur des Westens ✓✓
Landschaften ✓✓✓

Spaß in der Natur
Mit Top-Möglichkeiten zum Wandern, Ski- und Bootfahren sind die Rockies ein tolles Ziel für Adrenalinjunkies aller Art. Hierfür sorgen Hunderte von Wettrennen oder Gruppentrips sowie eine unglaubliche Infrastruktur mit Parks, Wegen und Hütten.

Moderne Cowboys
Die freiheitsliebenden Bewohner des einstigen Landes der Stetsons und Präriekleider tragen heute häufiger Lycra, fahren per MTB durch die Gegend und schlürfen örtliche Biere oder Lattes in sonnigen Freiluftcafés. Hart gekämpft und langsam gelebt wird hier immer noch.

Alpines Wunderland
Die schneebedeckten, roten Rockies mit ihren schroffen Gipfeln und klaren Flüssen sind äußerst majestätisch. Sie empfangen Besucher mit viel sauberer Bergluft und ein paar der berühmtesten Parks des Planeten.

S. 195

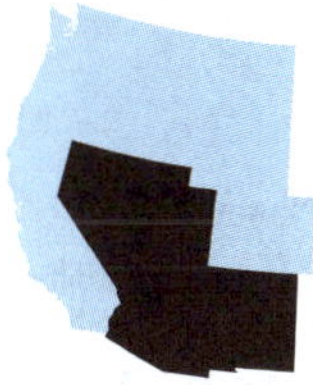

Südwesten

Naturschönheiten ✓✓✓
Indigene Kulturen ✓✓✓
Essen ✓✓

Land der roten Felsen
Der Südwesten ist berühmt für den grandiosen Grand Canyon, die dramatischen roten Tafelberge des Monument Valley und die riesigen Carlsbad Caverns – nur ein paar von vielen herrlichen Nationalparks und regionalen Naturwundern.

Pueblos & Reservate
Für einen hervorragenden Einstieg in die Kultur der ersten Amerikaner besucht man die Hopi und Navajo Nations oder eines der 19 Pueblos New Mexicos.

Hervorragende Kost
Tipps: chililastige Hühnchen-Enchiladas (New Mexico), üppige Sonora-Hotdogs (Tucson) oder herzhafte Steaks (fast überall). Vegas stresst den Hosenbund – aber nicht den Geldbeutel – überall mit Buffets. Alternativ gibt's königliche Chefkochkost in einem Gourmettempel.

S. 273

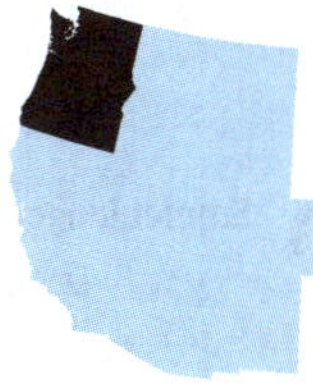

Nordwesten

Radfahren ✓✓✓
Essen & Wein ✓✓
Nationalparks ✓✓✓

In die Pedale treten
Radler freuen sich über befestigte, sanft hügelige Strecken auf den San Juan Islands, den Hwy 101 an Oregons klippenreicher Küste oder Portlands Straßen. Diese Stadt begrüßt Biker mit vielen Fahrradwegen, Thementouren in Kostümen und Fahrradshows.

Einheimische Zutaten & Spitzenweine
Nordwestliche Städte wie Portland und Seattle gelten als „vielversprechend": Küchenchefs kombinieren hier Fisch aus lokalen Gewässern mit Gemüse aus den paradiesischen Tälern am Columbia River. Washingtons Wein wird nur vom kalifornischen übertroffen.

Klassische Spielwiesen
Unter den vier Nationalparks des Nordwestens sind drei Teddy-Roosevelt-Klassiker: Olympic, Mt. Rainier und Crater Lake haben historische Lodges aus dieser Zeit. North Cascades kommt als jüngere, noch wildere Attraktion hinzu.

S. 382

Empfehlungen von Lonely Planet:

LP TIPP Das empfiehlt unser Autor

Nachhaltig und umweltverträglich

GRATIS Hier bezahlt man nichts

Alle in diesem Reiseführer vorgestellten Reiseziele listet das Register auf.

Reiseziele

Kalifornien

Inhalt »

Gut essen

- » Benu (S. 152)
- » Chez Panisse (S. 163)
- » Zazu (S. 169)
- » Bazaar (S. 85)
- » Passionfish (S. 129)

Schön übernachten

- » Beverly Hills Hotel (S. 83)
- » Hotel Del Coronado (S. 106)
- » Ahwahnee Hotel (S. 186)
- » Beltane Ranch (S. 168)
- » Mar Vista Cottages (S. 172)

Auf nach Kalifornien!

Boheme und Hightech, dazu die unbändige Freude am genussvollen Leben – Kalifornien übertrifft die Erwartungen, die Hollywood weckt, noch um Längen. Ob man sich bei einer guten Flasche Zinfandel entspannen, einen 4000 m hohen Gipfel besteigen oder im Pazifik surfen möchte – alles ist möglich!

Vor allem aber ist Kalifornien Kult. Hier setzte Mitte des 19. Jhs. der Goldrausch ein. Hier sang der Naturforscher John Muir sein Loblied auf die Sierra Nevada. Und hier definierten Jack Kerouac und die Künstler der Beat-Generation, was Unterwegssein wirklich bedeutet.

Der multikulturelle Schmelztiegel Kalifornien köchelt seit den Tagen, als Spanien und Mexiko dieses reiche, verheißungsvolle Land für sich entdeckten, vor sich hin. Und auch heute noch versuchen die in Wellen herbeiströmenden Einwanderer, an den palmengesäumten pazifischen Stränden ihren amerikanischen Traum zu leben. Es lohnt sich, einmal selbst vorbeizuschauen!

Reisezeit

Los Angeles

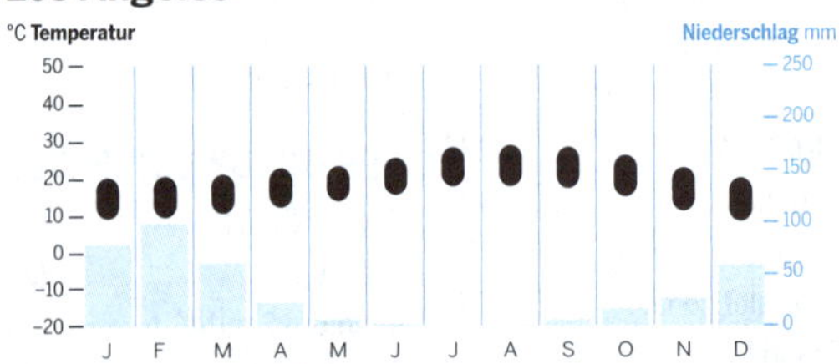

Juni–Aug. Es ist überwiegend sonnig; viele Familien kommen, um hier die Sommerferien zu verbringen.

April–Mai & Sept.–Okt. Es ist kühler, aber meist sonnig. Gute Zeit für Schnäppchen!

Nov.–März In den Skiorten und den trockenen Wüstenregionen Südkaliforniens ist Hauptsaison.

Unterwegs vor Ort

Die größten internationalen Flughäfen sind Los Angeles (LAX) und San Francisco (SFO). Die Flughäfen von Sacramento, Oakland, San Jose, Burbank, Orange County und San Diego wickeln in erster Linie Inlandsflüge ab.

Vier Hauptstrecken der Amtrak verbinden Kalifornien mit dem Rest der USA: *California Zephyr* (Chicago–San Francisco Bay Area), *Coast Starlight* (Seattle–L.A.), *Southwest Chief* (Chicago–L.A.) sowie *Sunset Limited* (New Orleans–L.A.). Zu den Strecken innerhalb Kaliforniens zählen *Pacific Surfliner* (San Diego–L.A.–Santa Barbara–San Luis Obispo), *Capitol Corridor* (San Jose–Oakland–Berkeley–Sacramento) und *San Joaquin* (Bakersfield–Oakland oder nach Sacramento; ab Merced fahren Yosemite-Valley-Busse).

Die Greyhound-Busse erreichen zwar viele Ecken im Bundesstaat, doch wer Kalifornien gründlich erkunden will, vor allem auch die Gebiete abseits der Küste, braucht ein Auto.

NATIONAL & STATE PARKS

Yosemite und Sequoia waren 1890 Kaliforniens erste Nationalparks. Inzwischen sind sechs weitere hinzugekommen: Kings Canyon, Death Valley, Joshua Tree, Channel Islands, Redwood und Lassen Volcanic. Der **National Park Service** (NPS; www.nps.gov) verwaltet außerdem ca. 20 weitere historische Stätten, Denkmäler und Naturschutzgebiete im Bundesstaat.

Kaliforniens 278 **State Parks** (☎916-653-6995; www.parks.ca.gov) sind ungeheuer vielfältig – hier gibt's alles von Meeresparks bis zu Mammutbaumwäldern. Fast ein Drittel der Küste steht unter Schutz; das Wander-, Rad- und Reitwegenetz umfasst 480 km.

Infos zum Campen auf bundeseigenem Land stehen auf S. 509. Die Gebühren für den Parkeintritt liegen zwischen 4 und 15 US$; Stellplätze kosten zwischen 10 und 65 US$ pro Nacht. Stellplatzreservierungen für State Parks sind über **ReserveAmerica** (☎800-444-7275; www.reserveamerica.com) möglich.

Achtung! Unbedingt abchecken, ob Parks wegen der aktuellen Haushaltskürzungen geschlossen sind oder verkürzte Öffnungszeiten haben – vor dem Besuch anrufen oder einen Blick auf die Website werfen!

Top Five: Strände

» Coronado (S. 98): Sonne tanken an San Diegos „Silver Strand“

» Huntington Beach (S. 96): Lagerfeuer, Beachvolleyball und mächtige Wellen in „Surf City USA“

» Zuma (S. 80): blaues, klares Wasser, coole Brandung und gelbbrauner Sand gleich nördlich von Malibu

» Santa Cruz (S. 129): Surferparadies mit Volksfestatmosphäre rund um die Uhr an der Strandpromenade

» Point Reyes (S. 162): wild, windig, abgelegen und prima, um Tiere zu beobachten

NICHT VERSÄUMEN!

Einen Baum zu umarmen, gehört in Kalifornien zum Pflichtprogramm. Am besten hält man sich an einen Küstenmammutbaum – die können 2000 Jahre alt und 114 m hoch werden.

Kurzinfos

» Bevölkerung: Los Angeles (3792620 Ew.), San Francisco (805235 Ew.)

» Entfernungen: Los Angeles–San Francisco 380 Meilen (611 km)

» Zeitzone: Pacific Standard Time (MEZ –9)

Schon gewusst?

In Kalifornien wurde allerlei erfunden: das Internet und das iPad, Poweryoga und Reality-TV, das Space Shuttle und Micky Maus, der Cobb Salad, der Glückskeks uvm.

Infos im Internet

» California Travel & Tourism Commission (www.visitcalifornia.com)

» California Highway Information (www.dot.ca.gov/hq/roadinfo)

» Department of Forestry and Fire Protection (www.fire.ca.gov)

» USGS Earthquake Hazards (http://quake.usgs.gov/recenteqs/latest.htm)

Highlights

1. Im **Yosemite National Park** (S. 182) Wasserfälle besuchen und Granitgipfel erklimmen

2. In **Los Angeles** (S. 65) die multikulturellen Viertel und Hollywoods glamouröses Nachtleben genießen

3. An der felsigen Küste von **Big Sur** (S. 125) auf dem Hwy 1 an Steilküsten entlangfahren

4. Im Ferry Building Marketplace in **San Francisco** (S. 154) frisch geerntete Lebensmittel der Saison kosten

5. An den sonnigen Küsten vor **San Diego** (S. 105) und im **Orange County** (S. 96) auf Top-Wellen surfen

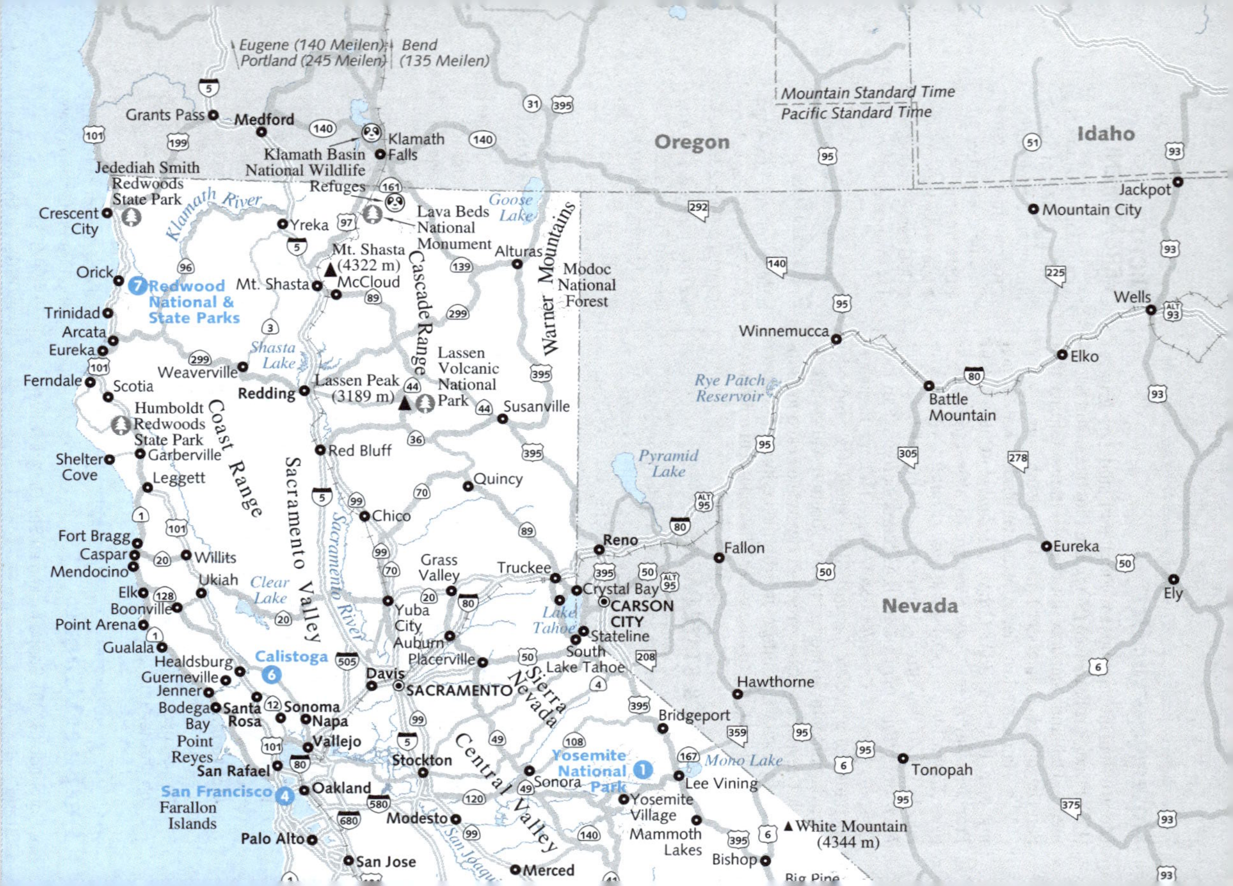

6 Sich in **Calistoga** (S. 166) in einem Schlammbad in der Nähe der Weinberge des Napa Valley suhlen

7 In den **Redwood National & State Parks** (S. 175) die höchsten Bäume der Erde bestaunen

8 Im **Death Valley National Park** (S. 116) über Sanddünen wandern und Geisterstädte aus der Wildwestzeit erkunden

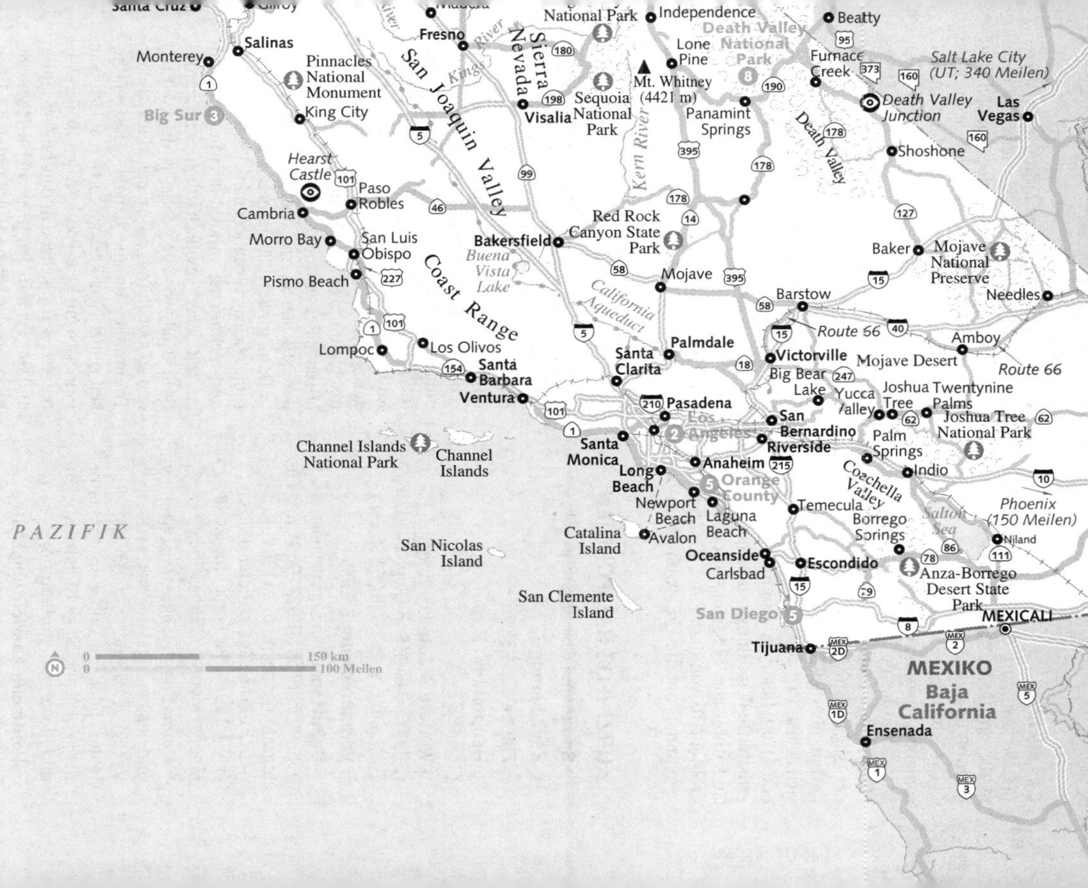

Geschichte

Bei der Ankunft der ersten europäischen Siedler im 16. Jh. hatte Kalifornien um die 300000 Ureinwohner.

Die spanischen Konquistadoren unterschieden zwischen „Baja" (Unteres) und „Alta California" (Oberes Kalifornien). Nachdem sie Letzteres vergeblich nach einer sagenhaften „Goldstadt" durchsucht hatten, überließen sie das Gebiet praktisch sich selbst. Erst während der Missionsperiode (1769–1833) unternahm Spanien dort ernsthafte Besiedlungsversuche: Insgesamt 21 katholische Missionsstationen wurden größtenteils von dem Pater Junípero Serra gegründet, um die Ureinwohner zu bekehren. Parallel entstanden Militärforts (*presidios*), um Briten und Russen fernzuhalten.

1821 erlangte Mexiko seine Unabhängigkeit von Spanien und herrschte kurz über Kalifornien, nur um es im Mexikanisch-Amerikanischen Krieg (1846–1848) an die noch jungen USA zu verlieren. Etwas über eine Woche vor Unterzeichnung des Abtretungsvertrags von Guadalupe Hidalgo wurde das erste Gold gefunden. Dies bescherte Kalifornien 1850 einen rapiden Bevölkerungsanstieg von 14000 auf 92000 nicht einheimische Bewohner, während es im selben Jahr zum 31. Bundesstaat der USA wurde. Die transkontinentale Eisenbahn wurde 1869 mithilfe Tausender chinesischer Fremdarbeiter fertiggestellt. Sie erschloss neue Märkte und verstärkte die Einwanderung in den Golden State.

Das Erdbeben von San Francisco (1906) war quasi nur ein Schluckauf, während Kalifornien weiterhin an Ausdehnung, Vielfalt und Bedeutung zulegte. Mexikanische Immigranten kamen zu Zeiten der Mexikanischen Revolution (1910–1920) ins Land und milderten später den Arbeitskräftemangel im Zweiten Weltkrieg. Letzterer machte Kalifornien zu einem wichtigen Standort der Militärindustrie, während viele japanischstämmige Amerikaner wegen antiasiatischer Ressentiments illegal in Lagern in der östlichen Sierra interniert wurden.

Dank großer Fläche, gebündeltem Reichtum, vielen verschiedenen Einwanderern und technischer Innovation war Kalifornien seit jeher gesellschaftlich avantgardistisch: Hollywood hypnotisiert die Welt seit den 1930er-Jahren mit seiner kineastischen Traumwelt. Auf die banale Selbstgefälligkeit seiner Nachkriegsvororte reagierte San Francisco mit Beat-Poesie in den 1950er-Jahren, freier Hippieliebe in den 1960er-Jahren und Gay Pride in den 1970ern. Die Hightech-Visionäre des Silicon Valley traten die Internetrevolution los, die das ganze Land aufs Neue elektrisierte und in den 1990er-Jahren zu einem überzogenen Aktienboom führte.

Als die Börsenblase schließlich platzte und den Bundesstaat ins Wirtschaftschaos stürzte, gaben die Kalifornier ihrem demokratischen Gouverneur Gray Davis die Schuld. Mittels einer kontroversen Abberufungswahl *(recall)* bestimmten sie Arnold Schwarzenegger dazu, die Dinge wieder zurechtzubiegen. Trotz anfänglicher Schwierigkeiten sorgte der ehemalige Schauspieler und spätere „Governator" für allgemeine

KURZINFOS KALIFORNIEN

» **Spitzname** Golden State

» **Bevölkerung** 37 Mio.

» **Fläche** 403932 km²

» **Hauptstadt** Sacramento (466488 Ew.)

» **Weitere Städte** Los Angeles (3792620 Ew.), San Diego (1307402 Ew.), San Francisco (805235 Ew.)

» **Verkaufssteuer** 8,25%

» **Geburtsort** des Schriftstellers John Steinbeck (1902–1968), des Fotografen Ansel Adams (1902–1984), des US-Präsidenten Richard Nixon (1913–1994), der Popkultur-Ikone Marilyn Monroe (1926–1962)

» **Heimat** des höchsten(Mt. Whitney) und des niedrigsten Punkts (Death Valley) der US-Kernstaaten, der ältesten, höchsten und größten Bäume der Welt (Langlebige Kiefern, Küsten- und Riesenmammutbäume)

» **Politische Ausrichtung** Mehrheitlich Demokraten (multiethnisch), Minderheit Republikaner (vorwiegend Weiße), jeder fünfte kalifornische Wähler wählt unabhängig

» **Berühmt für** Disneyland, Erdbeben, Hollywood, Hippies, Baumumarmer, Silicon Valley, Surfen

» **Kitschigstes Souvenir** „Mystery Spot"-Autoaufkleber

» **Entfernungen** Los Angeles–San Francisco 380 Meilen (611 km), San Francisco–Yosemite Valley 190 Meilen (306 km)

KALIFORNIEN IN...

...einer Woche

Kalifornien im Schnelldurchgang: Los geht's in **Los Angeles**, gefolgt von einem Abstecher nach **Disneyland**. Anschließend fährt man die atemberaubende Central Coast hinauf, wobei sich Stopps in **Santa Barbara** und **Big Sur** empfehlen, ehe wieder eine gehörige Prise Großstadtkultur in **San Francisco** ansteht. Von dort führt der Weg landeinwärts zum **Yosemite National Park** und schließlich wieder zurück nach L. A.

...zwei Wochen

Grundsätzlich ist die Reiseroute die gleiche wie bei einer Woche, nur dass man sich mehr Zeit lassen kann. Als zusätzliche Abstecher locken das **Wine Country** in Nordkalifornien, der hoch in der Sierra Nevada liegende **Lake Tahoe**, die Strände des **Orange County** und das entspannte **San Diego** oder auch das **Death Valley** und der **Joshua Tree National Park** nahe dem wieder in Mode gekommenen Wüsten-Resort **Palm Springs** außerhalb von L. A.

...einem Monat

Über die bereits angegebenen Ziele hinaus sind nun noch weitere Ausflüge möglich. Von San Francisco geht es die Küste entlang nach Norden zur **Point Reyes National Seashore** in Marin County. Man bummelt durch die viktorianischen Straßenzüge von **Mendocino** und **Eureka**, verliert sich an der **Lost Coast** und wandert durch die mit Farnen bewachsenen **Redwood National & State Parks**. Im Binnenland schießt man ein postkartenwürdiges Foto des **Mt. Shasta**, unternimmt einen Abstecher in den **Lassen Volcanic National Park** und wühlt in der Erde von Kaliforniens historischem **Gold Country**. Schließlich folgt man dem Kamm der **Eastern Sierra** und fährt dann auf gewundenen Straßen hinunter in die **Wüsten**.

Überraschung, indem er neben Umweltfragen auch die umstrittene Stammzellenforschung ganz oben auf seine Agenda setzte.

Finanzierungslücken lösten eine neue Kapitalkrise aus, die Sacramentos Gesetzgeber und der neu gewählte Gouverneur Jerry Brown noch nicht unter Kontrolle haben. Aktuell besteht dringend Bedarf an öffentlichen Bildungsreformen. Für anhaltende Belastung sorgen auch überfüllte Gefängnisse, chronisch unterfinanzierte State Parks und das Problem mit den illegal eingewanderten Mexikanern, die den dramatischen Mangel an Billigarbeitskräften vor allem in der Landwirtschaft beheben.

Einheimische Kultur

Kalifornien ist die achtgrößte Volkswirtschaft der Erde und ein Staat voller Extreme, wo in den Ballungsgebieten bittere Armut und sagenhafter Reichtum nebeneinander existieren. Nach wie vor strömen viele Einwanderer ins Land, deren Viertel oft Miniaturversionen ihrer Herkunftsländer ähneln. Toleranz anderen gegenüber ist zwar die Norm, aber auch Intoleranz ist verbreitet, etwa auf den Freeways während der Rush Hour oder gegenüber Rauchern.

Unkonventionalität und die Ablehnung des Althergebrachten sind Markenzeichen des Trendsetter-Staates. Die imagebewussten Einwohner geben sich betont jugendlich und sportlich und legen großen Wert auf Eigenverantwortung. Besonders in Southern California definieren sich die Leute stark über ihre Autos – da ist es schon ein großer Unterschied, ob man in einem Luxus-SUV oder einem Nissan Leaf unterwegs ist.

Kalifornien ist das gesellschaftliche Zukunftslabor der USA. Sobald ein neues technisches Gerät erdacht wird, produziert Silicon Valley es im Handumdrehen. Falls irgendein Promi, dessen Prominenz nur darin besteht, prominent zu sein, sich zur Mode äußert oder im Gefängnis landet, sorgt das überall für Aufsehen. Die Popkultur keines anderen Staates hat einen so großen Einfluss darauf, wie gearbeitet, gespielt, gegessen, geliebt und konsumiert, ja sogar darauf, wie Abfall verwertet wird.

LOS ANGELES

Durchschnittlich amerikanisch ist Los Angeles gewiss nicht, dafür aber repräsen-

Großraum Los Angeles

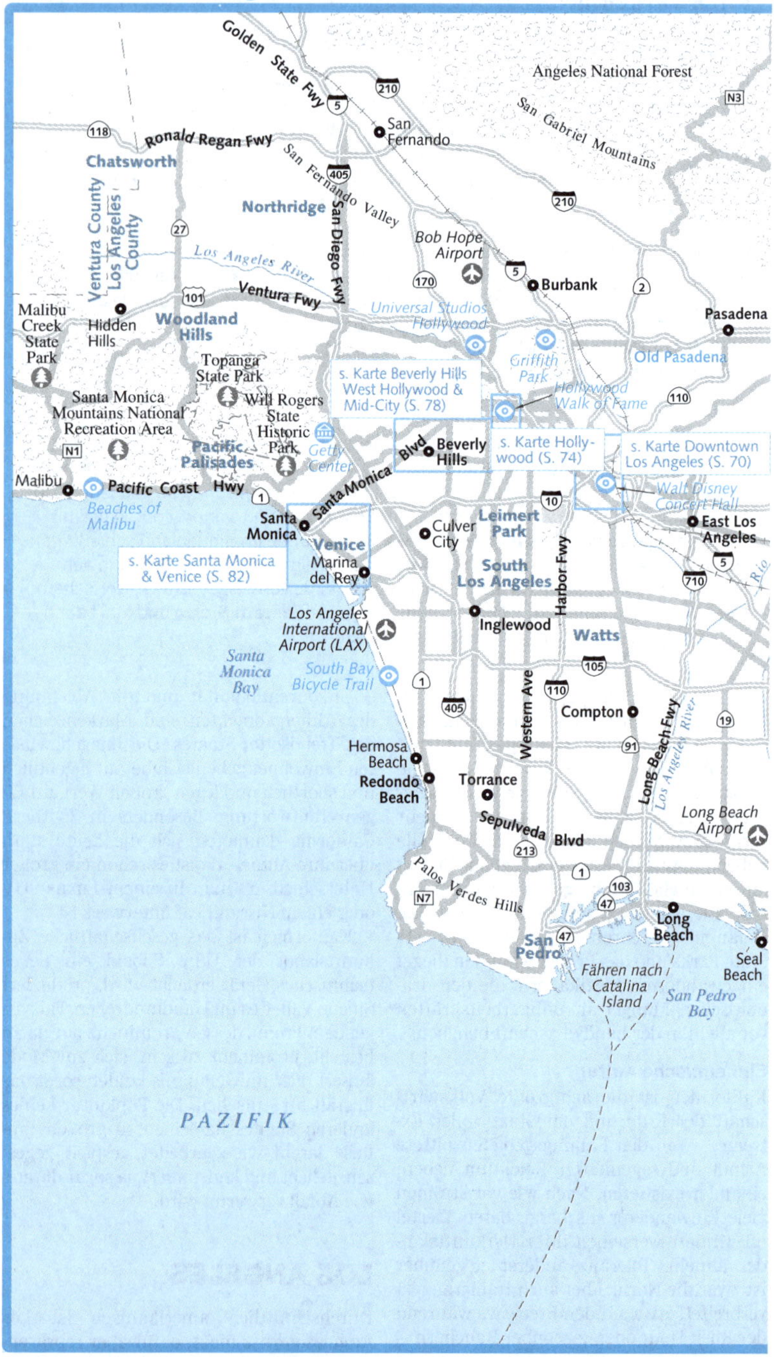

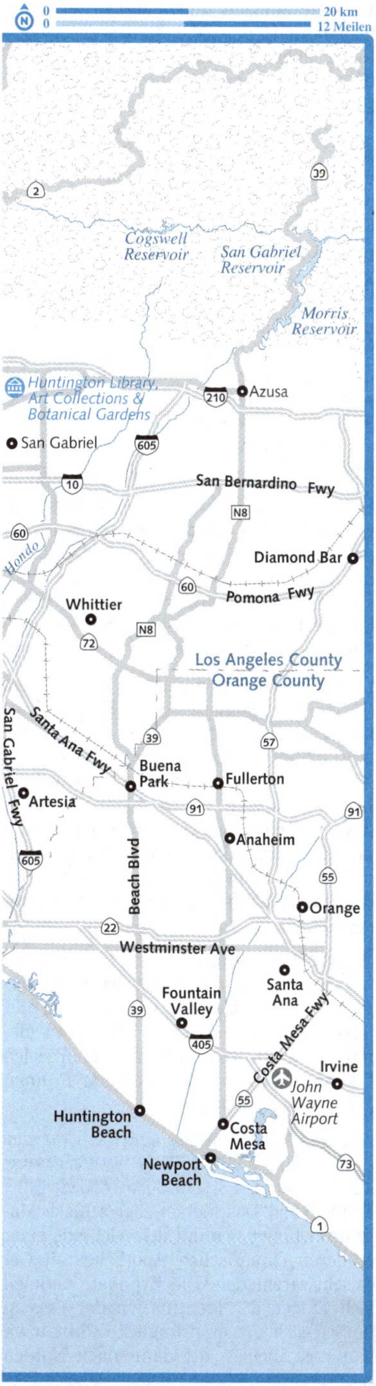

tieren die Stadt und ihr Kreis – der größte County Amerikas – die Nation in all ihren Extremen. Die Einwohner gehören zu den reichen und zu den ärmsten Amerikanern, zu den vornehmsten und zu den ungehobelsten, zu den schönsten und zu den schlichtesten, zu den gelehrtesten und zu den hohlköpfigsten. Viele haben tiefe Wurzeln in der Gegend, andere sind gerade erst frisch ins Land gekommen. Selbst die Landschaft ist wie ein Bild der USA im Kleinen: Man findet sagenhafte Strände, schneebedeckte Gipfel, Wolkenkratzer, wuchernde Vorstädte, aber auch unberührte Wildnis.

Eines aber verbindet die Angelenos: Sie sind entweder auf der Suche oder Nachfahren von Menschen, die auf der Suche waren. Immer geht es um einen Traum – die einen streben nach Ruhm auf der Kinoleinwand, die anderen wollen so viel verdienen, dass sie ihrer Familie Geld nach Hause schicken können. Erfolg und Scheitern können hier spektakuläre Ausmaße annehmen. Insofern ist Los Angeles eben doch typisch amerikanisch.

Wer glaubt, er habe Los Angeles schon durchschaut, und die Stadt auf Promi-Kultur, Smog, Staus, Botox-Babes und Möchtegerne reduzieren will, sollte noch einmal genauer hinschauen. Die Stadt ist unbestritten die Welthauptstadt des Entertainment, aber ihr wahrer Charakter offenbart sich nicht auf der Kinoleinwand oder in den Reality-Shows, sondern Stück für Stück im normalen Alltag. Je tiefer man eintaucht, desto interessanter wird es.

Momentan ist genau der richtige Zeitpunkt für einen Trip nach Los Angeles: Hollywood und die Downtown erleben eine Renaissance, und Kunst, Musik, Mode und Gastronomie blühen.

Geschichte

Das Jäger-und-Sammler-Leben der einheimischen Tongva (Gabrieleño) und Chumash endete mit der Ankunft der spanischen Missionare und Pioniere im späten 18. Jh. 1781 wurde als erste zivile Siedlung der Spanier El Pueblo de la Reina de Los Angeles gegründet, blieb aber noch jahrzehntelang ein abgelegenes Bauerndorf. 1850 erhielt Los Angeles das Stadtrecht, und bis 1930 war die Stadt durch das Abflauen des nordkalifornischen Goldrauschs, den Bau der transkontinentalen Eisenbahn, den Zitrusfruchtanbau, die Entdeckung von Öl, die Schaffung des Hafens, die Entstehung der Filmindustrie und die Eröffnung des California Aqueduct mächtig gewachsen. Das Wachstum setzt sich weiter fort: Lebten 1950 gerade einmal 1,5 Mio. Menschen in der Stadt, sind es heute fast 4 Mio.

Los Angeles' Wachstum brachte natürlich auch Probleme mit sich, u.a. Zersiedelung und Luftverschmutzung. Dank energisch durchgesetzter Umweltschutzgesetze fällt aber die Smogbelastung jährlich, seit Aufzeichnungen geführt werden. Trotzdem hat die Stadt große Probleme, zu denen die hohe Verkehrsbelastung, das unzureichend finanzierte öffentliche Bildungswesen, Schwankungen auf dem Immobilienmarkt und drohende Naturkatastrophen in Gestalt von Erdbeben und Waldbränden zählen. Angesichts einer starken und vielfältigen Wirtschaft sowie einer sinkenden Kriminalität behauptet Los Angeles sich jedoch bestens.

Sehenswertes

Obwohl hier 88 Städte auf etwas mehr als 10 360 km² liegen, sind die für Besucher relevanten Gebiete des riesigen L.A. County recht klar definiert: Etwa 20 km landeinwärts kombiniert Downtown L.A. intellektuelle Kultur und Geschichte mit dem Elan eines globalen Dorfes. Das wieder angesagte Hollywood liegt im Nordwesten während urbaner Designerchic und die schwul-lesbische Szene in West Hollywood regieren. Südlich davon lockt die Museum Row viele Besucher nach Mid-City. Weiter westlich liegen das noble Beverly Hills, Westwood und das Getty Center auf den Hügeln von Brentwood. In puncto Strandorte ist Santa Monica am touristenfreundlichsten. Alternativen sind das schicke (aber unaufdringliche) Malibu, Venice mit seinem Boho-Vibe und das pulsierende Long Beach. Nordöstlich von Downtown erstreckt sich das prächtige Pasadena.

Obwohl man L.A. am besten mit dem Auto erkundet, sind die genannten Stadtteile meist recht bequem mit öffentlichen Verkehrsmitteln erreichbar, wenn man es nicht eilig hat.

DOWNTOWN

Jahrzehntelang war Downtown, das historische Herz der Stadt und ihr Geschäfts- und Verwaltungszentrum, nachts und an den Wochenenden leer und verlassen. Heute aber strömen die Massen zu den Veranstaltungs- und Unterhaltungslocations, und Yuppies und Künstler ziehen zu Tausenden in neue Lofts ein. Ihnen folgen die Bars, Restaurants und Galerien. Ein zweites Manhattan ist das Ganze zwar noch nicht, aber abenteuerlustige Großstädter dürfen sich schon auf eine tolle Zeit in der Downtown freuen.

Die Downtown lässt sich leicht zu Fuß, per U-Bahn oder mit dem DASH-Minibus erkunden. Die günstigsten Parkplätze (ca. 6 US$/Tag) gibt's rund um Little Tokyo und Chinatown.

EL PUEBLO DE LOS ANGELES & UMGEBUNG

Kompakt, bunt und autofrei – dieses historische Viertel versetzt einen in L.A.s spanisch-mexikanische Anfangstage zurück. Sein Rückgrat bildet die fröhlich-kitschige **Olvera St**, an der man Tacos mampfen und sich mit hausgemachten Süßigkeiten, folkloristischem Schmuck und Schnickschnack eindecken kann.

GRATIS **Avila Adobe** HISTORISCHES GEBÄUDE
(Karte S. 70; ☎213-628-1274; Olvera St; ⌚9–16 Uhr) Das Ranch-Haus von 1818 soll das älteste noch bestehende Gebäude der Stadt sein. Es ist mit Möbeln aus der Entstehungszeit ausstaffiert, und ein Video berichtet über seine Geschichte und die Highlights in dem Viertel.

La Plaza de Cultura y Artes MUSEUM
(Karte S. 70; www.lapca.org; 501 Main St; Erw./Kind 9/5 US$; ⌚Mi–So 12–19 Uhr; P) Das neue, 2010 eröffnete Museum zeichnet das Leben der mexikanischstämmigen Einwohner von Los Angeles nach. Die Exponate behandeln die Geschichte der Stadt in den Jahren von den Zoot Suit Riots bis zum Aufkommen des Chicano Movement. In der Calle Principal ist die Main St der 1920er-Jahre nachgestellt.

GRATIS **Union Station** WAHRZEICHEN
(Karte S. 70; 800 N Alameda St; P) Das majestätische Bauwerk von 1939 ist der letzte große Bahnhof der USA. Sein glamouröses Art-déco-Interieur war in vielen Filmen zu sehen, u.a. in *Blade Runner, Bugsy* und *Rain Man*.

Chinese American Museum MUSEUM
(Karte S. 70; ☎213-485-8567; www.camla.org; 425 N Los Angeles St; Erw./Kind 3/2 US$; ⌚Di–So 10–15 Uhr) Das kleine, aber schicke Museum befindet sich auf dem Gelände einer früheren chinesischen Apotheke mit Gemischtwarenladen. Die Exponate widmen sich Fragen der Identität. In der Gegend befand sich die ursprüngliche Chinatown von Los Angeles, die dann nach Norden

LOS ANGELES IN …

Aufgrund der großen Entfernungen und des dichten Verkehrs in Los Angeles sollte man sich für den einzelnen Tag nicht zu viel vornehmen.

… einem Tag

Nach dem Frühstück im **Waffle** kann man auf dem **Hollywood Walk of Fame** entlang des neu belebten Hollywood Blvd die Sterne der Stars suchen. Echte Promis sieht man eventuell in den hippen Boutiquen am paparazziverseuchten **Robertson Blvd** oder beim Mittagessen im **Ivy**. Nach einer Fahrt zum erhabenen **Getty Center** geht's westwärts zum **Venice Boardwalk**, wo man sich den Rummel am Ufer anschaut. Zum Schluss genießt man in **Santa Monica** den Sonnenuntergang über dem Meer.

… zwei Tagen

Am zweiten Tag erkundet man die sich rapide entwickelnde Downtown. In **El Pueblo de Los Angeles** lernt man die Ursprünge der Stadt kennen. Danach wird man beim Anblick der dramatischen **Walt Disney Concert Hall** und der **Cathedral of our Lady of the Angels** direkt in die Zukunft katapultiert. Den Dim-Sum-Brunch in **Chinatown** arbeitet man am besten bei einem Bummel durch die nahe gelegenen Kunstgalerien ab. Im neuen Unterhaltungszentrum LA Live lockt das **Grammy Museum**. Wenn man Glück hat, kann man sich gleich nebenan im **Staples Center** ein Spiel der Lakers anschauen und dabei auch den einen oder anderen Promi entdecken. Der Abend endet mit Cocktails in der Dachterrassenbar des **Standard Downtown LA**.

verlegt wurde, um der Union Station Platz zu machen. Diese „neue" Chinatown befindet sich ungefähr 800 m weiter nördlich. Um Broadway und Hill St drängen sich Dim-Sum-Restaurants, Kräuterapotheken, Kuriositätenläden und in der Chung King Rd abgefahrene Kunstgalerien aneinander.

CIVIC CENTER & KULTURKORRIDOR GRAND AVENUE

Den Mittelpunkt der North Grand Ave bildet das Music Center of Los Angeles County, das aus dem berühmten Dorothy Chandler Pavilion, dem Mark Taper Forum und dem Ahmanson Theater besteht.

GRATIS Walt Disney Concert Hall — KULTURZENTRUM

(Karte S. 70; www.laphil.com; 111 S Grand Ave) Das 2003 errichtete Gebäude des Architekten Frank Gehry ist zu einem Wahrzeichen geworden: eine der Schwerkraft spottende Skulptur aus gebogenen, schwingenden Wänden aus Edelstahl. Der Saal ist die Spielstätte des Los Angeles Philharmonic Orchestra, dessen Musikdirektor derzeit der junge venezolanische Stardirigent Gustavo Dudamel ist. Wenn's in den Spielplan passt, werden kostenlose Führungen angeboten. Laufgänge umgeben das Dach und die Fassade des Konzertsaals. Parken kostet 9 US$.

MOCA Grand Avenue — MUSEUM

(Karte S. 70; www.moca.org; 250 S Grand Ave; Erw./Kind 10 US$/frei, Do 17–20 Uhr Eintritt frei; ⌚Mo–Fr 11–17, Do bis 20, Sa & So bis 18 Uhr) Das Gebäude des Museum of Contemporary Art stammt von Arata Isozaki und wird von vielen als das Meisterwerk des Architekten angesehen. Das Museum zeigt aufsehenerregende Sonderausstellungen, und auch die ständige Sammlung hat Werke der Schwergewichte der Kunstszene von den 1940er-Jahren bis zur Gegenwart zu bieten. Besucher können an der Walt Disney Concert Hall parken (9 US$). Mit dem Geffen Contemporary at MOCA (Karte S. 70) in Little Tokyo und dem Pacific Design Center in West Hollywood besitzt das Museum noch zwei weitere Ableger.

GRATIS Cathedral of Our Lady of the Angels — KIRCHE

(Karte S. 70; www.olacathedral.org; 555 W Temple St; ⌚Mo–Fr 6.30–18, Sa ab 9, So 7–18 Uhr) In der 2002 errichteten, mit vielen Kunstwerken geschmückten Bischofskirche des katholischen Erzbistums von L.A. verband der Architekt José Rafael Moneo gotische Proportionen mit einer kühnen, hochmodernen Formensprache. Das weiche Licht, das durch milchige Alabasterfenster dringt, lässt den Raum heiter und feierlich wirken. Die beliebten Führungen (Mo–Fr 13 Uhr) und Konzerte (Mi 12.45 Uhr) sind kostenlos. Wer nicht die Messe besuchen will, muss den Parkplatz teuer bezahlen (Mo–Fr bis 16 Uhr 4 US$/15 Min., max. 18 US$; Sa 5 US$).

Downtown Los Angeles

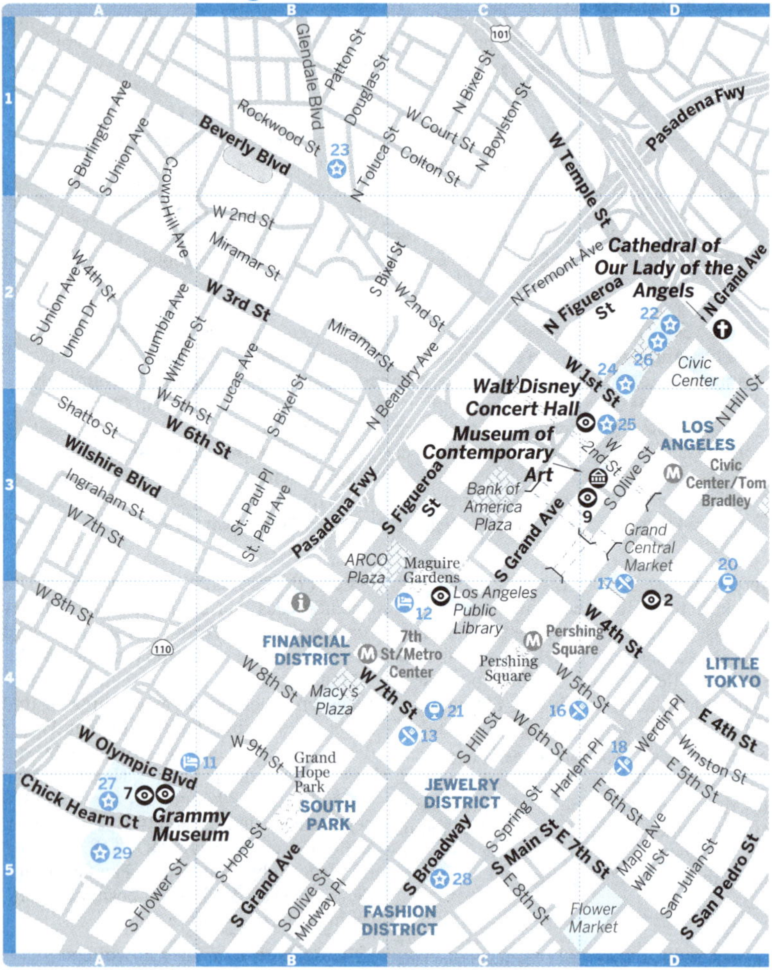

GRATIS **City Hall** WAHRZEICHEN

(Karte S. 70; www.lacity.org; 200 N Spring St; ⌚Mo–Fr 8–17 Uhr) Bis 1966 war die 1928 erbaute City Hall das höchste Gebäude der Stadt. Seine zikkuratförmige Spitze war als Kulisse schon in den Fernsehserien *Superman* und *Polizeibericht* sowie in *Krieg der Welten* (1953) als Kulisse zu sehen. Von der Aussichtsterrasse hat man einen tollen Blick auf die Downtown und die Berge. Wer an einer Führung teilnehmen möchte, muss sich sieben Tage im Voraus anmelden.

LITTLE TOKYO

In Little Tokyo drängen sich aneinander: Einkaufszentren, buddhistische Tempel, Kunst im öffentlichen Raum, traditionelle Parks, authentische Sushibars und *izakaya* (Kneipen), einige der angesagtesten neuen Restaurants von Los Angelessowie das Geffen Contemporary (152 N Central Ave), eine Zweigstelle des MOCA.

Japanese American National Museum MUSEUM

(Karte S. 70; www.janm.org; 369 E 1st St; Erw./Kind 9/5 US$; ⌚Di, Mi & Fr–So 11–17, Do bis 20 Uhr) Das Museum gibt einen umfassenden Einblick in das Leben der japanischen Einwanderer – auch das schmerzliche Kapitel der US-amerikanischen Internierungslager

während des Zweiten Weltkriegs wird nicht ausgespart.

SOUTH PARK

South Park, die Südwestecke der Downtown, ist ein wachsendes Stadtviertel. Hier befinden sich die Staples Center Arena, das L.A. Convention Center und das Gastro- und Eventzentrum **LA Live** (Karte S. 70) mit Restaurants, Livemusikstätten, einem 54-stöckigen Hotel und dem Nokia Theatre, in dem die MTV Music Awards und die Finals von *American Idol* stattfinden.

Parken kann man auf privaten Parkplätzen (8–20 US$). Das Viertel liegt nahe der Blue Line-Straßenbahnlinie.

Grammy Museum MUSEUM

(Karte S. 70; www.grammymuseum.org; 800 W Olympic Blvd; Erw./Kind 12,95/10,95 US$; ⌚Mo–Fr 11.30–19.30, Sa & So ab 10 Uhr) Das 2008 eröffnete Museum bietet interessante interaktive Exponate zur Geschichte der amerikanischen Musik samt Hörbeispielen.

EXPOSITION PARK & UMGEBUNG

Gleich südlich der Downtown gibt es kinderfreundliche Museen, historische Sportstätten und Grünflächen, sodass sich hier leicht ein ganzer Tag zubringen lässt. Zu den besonderen Sehenswürdigkeiten zählen der **Rose Garden** (Eintritt frei; ⌚Mitte März–Dez. 9 Uhr–Sonnenuntergang) und das 1923 errichtete **Los Angeles Memorial Coliseum**, der Austragungsort der Olympischen Sommerspiele von 1932 und 1984.

Natural History Museum MUSEUM

(www.nhm.org; 900 Exposition Blvd; Erw./Kind 12/5 US$; ⌚9.30–17 Uhr) Von Dinos bis Diamanten, von Bären bis Käfern, von Fauchschaben bis zum extrem seltenen Riesenmaulhai – ein Besuch in diesem traditionellen Museum führt einen rund um den Globus und Millionen Jahre zurück in die Vergangenheit. Kinder buddeln im Discovery Center begeistert nach Fossilien und freunden sich im Insektarium mit Krabbeltierchen an.

GRATIS **California Science Center** MUSEUM

(www.californiasciencecenter.org; 700 State Dr; ⌚10–17 Uhr) Der Erdbebensimulator, der Kükenbrutkasten und Tess, die riesige Techno-Puppe, lassen in diesem großartigen interaktiven Museum einfach jeden wieder zum Kind werden. Derzeit findet hier gerade das Spaceshuttle *Endeavour* seinen Platz. Das **IMAX** (☎213-744-7400; Erw./Kind 8,25/5 US$) nebenan ist ideal, um einen ereignisreichen Tag ausklingen zu lassen.

GRATIS **California African American Museum** MUSEUM

(www.caamuseum.org; 600 State Dr; ⌚Di–Sa 10–17, So ab 11 Uhr) Mit seiner schönen Ausstellung zur Kunst, Kultur und Geschichte der Afroamerikaner richtet sich dieses Museum eher an Erwachsene.

Watts Towers DENKMAL

(www.wattstowers.org; 1727 E 107th St; Führung Erw./Kind 7 US$/frei; ⌚Art Center Mi–Sa 10–16, So ab 12 Uhr, Führungen Okt.–Juni Do & Fr 11–15, Sa ab 10.30, So ab 12.30 Uhr, Juli–Sept. Do–Sa ab 10.30, So ab 12.30 Uhr alle 30 Min.; P) Das

Downtown Los Angeles

Highlights
Cathedral of Our Lady of the Angels ... D2
El Pueblo de Los Angeles ... E2
Grammy Museum ... A5
Museum of Contemporary Art ... D3
Walt Disney Concert Hall ... D3

Sehenswertes
1 Avila Adobe ... E2
2 Bradbury Building ... D4
3 Chinese American Museum ... E3
4 City Hall ... E3
5 Geffen Contemporary at MOCA ... E4
6 Japanese American National Museum ... E4
7 LA Live ... A5
8 La Plaza de Cultura y Artes ... E2
9 MOCA Grand Avenue ... D3
10 Union Station ... F3

Schlafen
11 Figueroa Hotel ... A4
12 Standard Downtown LA ... C4

Essen
13 Bottega Louie ... C4
14 Daikokuya ... E4
15 Empress Pavilion ... E1
16 Gorbals ... C4
17 Grand Central Market ... D4
18 Nickel Diner ... D4
19 Philippe the Original ... E2

Ausgehen
20 Edison ... D4
Rooftop Lounge@Standard Downtown LA ... (siehe 12)
21 Seven Grand ... C4

Unterhaltung
22 Ahmanson Theatre ... D2
23 Bob Baker Marionette Theater ... B1
24 Los Angeles Opera ... D2
25 Los Angeles Philharmonic ... D3
26 Mark Taper Forum ... D2
27 Nokia Theatre ... A5
28 Orpheum Theater ... C5
29 Staples Center ... A5

Shoppen
30 Tokyo ... E4

Gebiet südlich des Exposition Park ist als South Los Angeles bekannt und hat heftig mit Armut und Kriminalität zu kämpfen. Trotzdem einen Ausflug wert sind die weltberühmten Watts Towers, eine riesige, fantastische abstrakte Skulptur, die der Künstler Simon Rodía aus Fundstücken wie grünen 7-Up-Flaschen, Muscheln und Tonscherben geschaffen hat. Eine Besichtigung ist allerdings nur im Rahmen einer Führung möglich.

HOLLYWOOD

So wie alternde Filmstars hat sich auch das Zentrum Hollywoods liften lassen. Trotz der Schönheitsoperation ist der Glanz sei-

DIE HIGHLIGHTS DER HISTORISCHEN DOWNTOWN

Das Zentrum des historischen Viertels von Downtown ist der **Pershing Square**. Der älteste öffentliche Park von Los Angeles (1866) wurde seither vielfach umgestaltet. Heute ist er von Hochhäusern umgeben. Öffentliche Kunst und Sommerkonzerte machen ihn zu einem beliebten Ziel.

In der Nähe finden sich einige original erhaltene Gebäude aus der Zeit um 1900. Am lateinamerikanisch angehauchten Broadway steht das 1893 errichtete **Bradbury Building** (Karte S. 70; 304 S Broadway; ⌚Mo–Fr 9–18, Sa & So bis 17 Uhr), dessen prächtiges, mit Galerien versehenes Atrium eine wichtige Kulisse in *Blade Runner* war.

Im frühen 20. Jh. war der Broadway eine glamouröse Einkaufs- und Kinomeile, wo Megastars wie Charlie Chaplin ihren Limousinen entstiegen, um in den prächtigen Filmpalästen Premieren beizuwohnen. Einige von Letzteren, etwa das **Orpheum Theater** (Karte S. 70; 842 Broadway), wurden restauriert und sind heute wieder Schauplätze von Filmvorführungen und Partys. Hinein kommt man am besten im Rahmen der Touren von **Los Angeles Conservancy** (☎213-623-2489; www.laconservancy.org; Tour 10 US$).

nes goldenen Zeitalters (1920er–1940er-Jahre) zwar noch nicht zurückgekehrt, aber immerhin ist die Gegend heute weit weniger schäbig als am Ende des vorigen Jahrhunderts.

Die Metro Red Line hält unter dem Hollywood & Highland, einem mehrstöckigen Einkaufszentrum mit schönem Ausblick auf das 4 km entfernte **Hollywood Sign**, das 1923 als Reklame für eine neue Wohnsiedlung namens Hollywoodland angebracht (Parkplatz 2 US$/4 Std.) wurde.

Grauman's Chinese Theatre KINO

(Karte S. 74; 6925 Hollywood Blvd) Selbst den abgebrühtesten Besuchern dürfte im Hof des Kinos, in dem sich Generationen von Leinwandlegenden in Zement verewigt haben, ein Schauer über den Rücken laufen. Neben den Abdrücken von Füßen, Händen und Dreadlocks (Whoopi Goldberg) sieht man sogar die Abdrücke der Zauberstäbe der jungen Stars aus *Harry Potter*. Als Superman, Marilyn Monroe usw. zurechtgemachte Darsteller posieren (gegen Trinkgeld) für Erinnerungsfotos. Außerdem werden hier Gratistickets für Fernsehshows angeboten.

Das Kino liegt am **Hollywood Walk of Fame**, der mehr als 2000 Berühmtheiten mit Sternen im Bürgersteig ehrt. Weitere historische Filmpaläste in der Gegend sind das schicke **El Capitan Theater** (Karte S. 74; 6838 Hollywood Blvd) und das **Egyptian Theater** (Karte S. 74; ✆323-466-3456; www.americancinematheque.com; 6712 Hollywood Blvd) von 1922, der Sitz der American Cinematheque, die dort künstlerisch anspruchsvolle Retrospektiven und Diskussionsrunden mit Regisseuren, Autoren und Schauspielern präsentiert.

Hollywood & Highland Center THEATER

(Karte S. 74; www.kodaktheatre.com; Erw./Kind 15/10 US$; ⌚10.30–16 Uhr) Promis stolzieren während der Oscar-Verleihungen über den roten Teppich des ehemaligen Kodak Theatre. Säulen mit den Titeln siegreicher Filme umgeben den Eingang. Im Rahmen der 30-minütigen Führungen besichtigt man den Zuschauerraum, die VIP-Lounge und bekommt eine echte Oscar-Trophäe zu sehen. In dem Theater präsentiert der Cirque du Soleil **Iris** (www.cirquedusoleil.com; Karten 43–253 US$), eine neue Show, deren Handlung sich rund um das Thema Film dreht.

Hollywood Museum MUSEUM

(Karte S. 74; www.thehollywoodmuseum.com; 1660 N Highland Ave; Erw./Kind 15/5 US$; ⌚Mi–So 10–17 Uhr) Das schon leicht muffige Museum, ein Schrein für die Filmstars, zeigt auf mehr als 3200 m² Kitsch, Kostüme, Schnickschnack und Kulissen von Charlie Chaplin bis Glee.

GRIFFITH PARK, SILVER LAKE & LOS FELIZ

GRATIS **Griffith Park** PARK

(Karte S. 66; www.laparks.org/dos/parks/griffithpk; ⌚6–22 Uhr, Wanderwege bis Sonnenuntergang; P) Amerikas größter Stadtpark ist fünfmal so groß wie der New Yorker Central Park. Man findet hier ein Freiluftkino, einen Zoo, ein Observatorium, ein Museum, alte Züge, Golf-, Tennis- und Sportanlagen, Reitwege, 85 km Wanderwege, Batmans Höhlen und das Hollywood Sign. Geländekarten gibt's in der **Ranger Station** (4730 Crystal Springs Dr).

Griffith Observatory OBSERVATORIUM, PLANETARIUM

(www.griffithobservatory.org; 2800 Observatory Rd; Observatorium Eintritt frei, Planetarium Erw./Kind 7/3 US$; ⌚Di–Fr 12–22, Sa & So ab 10 Uhr, Di manchmal geschl.; P) Über Los Feliz erheben sich die drei charakteristischen Kuppeln dieses 1935 errichteten Observatoriums, das auch über ein ultramodernes Planetarium und das Leonard Nimoy Event Horizon Theater verfügt, in dem Filme laufen. In klaren Nächten hat man oft Gelegenheit, durch die Teleskope Himmelskörper zu beobachten.

Los Angeles Zoo ZOO

(www.lazoo.org; 5333 Zoo Dr; Erw./Kind 14/9 US$; ⌚10–17 Uhr; P) Im Zoo können Traveller mit 1100 Flossen, Federn oder Pelz tragenden Tieren Bekanntschaft schließen. Besondere Attraktionen sind das Campo Gorilla Reserve und die Sea Cliffs, ein originalgetreuer Nachbau der kalifornischen Küste, der von Seehunden bewohnt wird.

Museum of the American West MUSEUM

(www.autrynationalcenter.org; 4700 Western Heritage Way; Erw./Kind 10/4 US$, am 2. Di im Monat Eintritt frei; ⌚Di–Fr 10–16, Sa & So bis 17 Uhr; P) Auch wer sich gar nicht für Cowboys interessiert, wird von den Exponaten, die zeigen, was die Ausbreitung der Neuamerikaner nach Westen an Großartigem, Schlimmem und Scheußlichem mit sich brachte, gefesselt sein. Zu den Highlights zählen eine originale Postkutsche, die große Colt-Sammlung und der mit Nymphen verzierte Saloon.

Hollywood

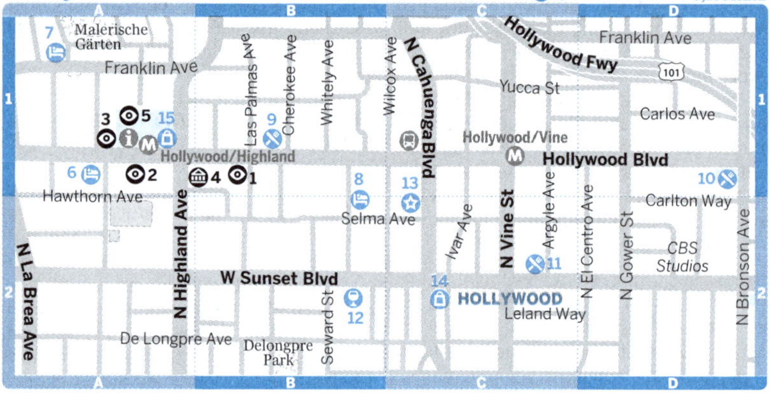

Hollywood

Sehenswertes

1 Egyptian Theatre B1
2 El Capitan Theatre A1
3 Grauman's Chinese Theatre A1
4 Hollywood Museum B1
5 Kodak Theatre A1

Schlafen

6 Hollywood Roosevelt Hotel A1
7 Magic Castle Hotel A1
8 USA Hostels Hollywood B2

Essen

9 Musso & Frank Grill B1
10 Palms Thai D1
11 Waffle C2

Ausgehen

12 Cat & Fiddle B2

Unterhaltung

13 Hotel Café C2

Shoppen

14 Amoeba Music C2
15 Hollywood & Highland A1

WEST HOLLYWOOD

Über dem Santa Monica Blvd wehen stolz die Regenbogenfahnen. Promis beglücken die Klatschreporter mit ihren Eskapaden in den Clubs am sagenhaften Sunset Strip. Willkommen in West Hollywood (WeHo) – Charakter pur auf rund 5 km².

Die Boutiquen am Robertson Blvd und an der Melrose Ave versorgen die Hollywoodgrößen mit gewagtem Schick, der Santa Monica Blvd ist das Zentrum der Schwulenszene, und der Sunset Blvd quillt über vor lauter Clubs, Schickimicki-Hotels und schönen Aussichtspunkten. Darüber hinaus ist WeHo eine Brutstätte für avantgardistisches Wohndesign, vor allem im Bereich der **Avenues of Art and Design** rund um den Beverly Blvd und die Melrose Ave.

Pacific Design Center MUSEUM
(PDC; Karte S. 78; www.pacificdesigncenter.com; 8687 Melrose Ave; Mo–Fr 9–17 Uhr) Rund 130 Galerien füllen die monolithischen blauen und grünen „Wale" des von Cesar Pelli entworfenen Pacific Design Center (ein weiterer, roter „Wal" war zur Zeit unserer Recherche gerade im Bau). U.a. befindet sich hier auch eine Zweigstelle des **MOCA** (www.moca.org; Eintritt frei). Besucher können sich in den Galerien umschauen, auch wenn die meisten nur an Händler verkaufen. Ein Parkplatz kostet 6 US$ pro Stunde.

Schindler House GEBÄUDE
(Karte S. 78; www.makcenter.org; 835 N Kings Rd; Erw./Kind 7/6 US$, Fr 16–18 Uhr Eintritt frei; Mi–So 11–18 Uhr) Ein Pilgerziel für Architekturbegeisterte ist das Wohnhaus des wegweisenden modernistischen Architekten Rudolph Schindler (1887–1953). Im Haus finden Wechselausstellungen und Vorträge statt.

MID-CITY

Einige der besten Museen der Stadt säumen die Museum Row, einen kurzen Abschnitt des Wilshire Blvd östlich der Fairfax Ave.

Los Angeles County Museum of Art MUSEUM
(LACMA; Karte S. 78; www.lacma.org; 5905 Wilshire Blvd; Erw./Kind unter 17 Jahre 15 US$/

frei; ⌚Mo, Di & Do 12–20, Fr bis 21, Sa & So 11–20 Uhr) Das LACMA ist eines der wichtigsten Kunstmuseen des Landes und das größte im Westen der USA. Zu der Sammlung in dem von Renzo Piano entworfenen **Broad Contemporary Art Museum** (B-CAM) gehören bahnbrechende Arbeiten von Jeff Koons, Roy Lichtenstein und Andy Warhol sowie zwei gigantische Plastiken Richard Serras aus verrostetem Stahl.

In den übrigen Pavillons des Museums sind unzählige Gemälde, Skulpturen und kunstgewerbliche Arbeiten ausgestellt. Man findet Gemälde von Rembrandt, Cézanne und Magritte; alte Töpferwaren aus China, der Türkei und dem Iran; Fotografien von Ansel Adams und Henri Cartier-Bresson und ein Schmuckkästchen von einem japanischen Pavillon. Hinzu kommen häufig noch schlagzeilenträchtige Sonderausstellungen. Fürs Parken bezahlt man 10 US$.

Petersen Automotive Museum MUSEUM
(Karte S. 78; www.petersen.org; 6060 Wilshire Blvd; Erw./Kind 10/3 US$; ⌚Di–So 10–18 Uhr) Das vierstöckige Museum – eine Ode an das Automobil – zeigt jede Menge schicker Oldtimer und eine lustige Straßenlandschaft, die verdeutlicht, wie sehr das Auto zum Anwachsen der Stadt beigetragen hat. Ein Parkplatz kostet 8 US$.

La Brea Tar Pits ARCHÄOLOGISCHE STÄTTE
(Karte S. 78) Zwischen 40 000 und 10 000 v. Chr. versanken Säbelzahntiger, Mammute und andere heute ausgestorbene Tiere der Eiszeit in der teerartigen, blubbernden Erdölmasse der La Brea Tar Pits. Ihre fossilen Überreste werden dort immer noch gefunden und im **Page Museum** (Karte S. 78; www.tarpits.org; 5801 Wilshire Blvd; Erw./Kind 11/5 US$, 1. Di im Monat Eintritt frei; ⌚9.30–17 Uhr) ausgestellt. Durch Glasfenster kann man Paläontologen bei ihrer Grabungstätigkeit zuschauen. Ein Parkplatz kostet 7 US$.

BEVERLY HILLS

Beim Begriff Beverly Hills fallen einem unwillkürlich Maseratis, sorgfältig gepflegte Villen und superreiche Millionäre ein. Und tatsächlich ist das modische und elegante Viertel eine Anlaufstelle für Gutbetuchte und Berühmte. Es gibt sogar eine spezielle Busrundfahrt, bei der die Teilnehmer einen Blick auf die Häuser von diversen Stars werfen können.

Obwohl teuer und protzig, gehört der **Rodeo Drive** doch zum absoluten Pflichtprogramm. Entlang dieser drei berühmten Blocks des guten Stils durchforsten weibliche Mode-Klone die todschicken Boutiquen nach Fummeln von internationalen Designern von Armani bis Zegna. Wer angesichts der Preise hyperventiliert, findet am Beverly Dr einen Block weiter östlich günstigere Boutiquen.

In den städtischen Parkhäusern und auf den Parkplätzen im Zentrum von Beverly Hills kann man zwei Stunden lang kostenlos parken.

Paley Center for Media RUNDFUNK- UND FERNSEHMUSEUM
(Karte S. 78; www.paleycenter.org; 465 N Beverly Dr; empfohlene Spende Erw./Kind 10/5 US$;

EIN BESUCH IN DEN STUDIOS

Für Hollywood-Besucher besteht die Hälfte des Vergnügens in der Hoffnung, den einen oder anderen Star zu Gesicht zu bekommen. Als Zuschauer beim Dreh einer Sitcom oder Spielshow, die in der Regel zwischen August und März aufgezeichnet werden, hat man bessere Chancen dazu. Kostenlose Tickets gibt's bei **Audiences Unlimited** (☎818-260-0041; www.tvtickets.com).

Einen echten Blick hinter die Kulissen werfen können Teilnehmer bei den Kleingruppentouren im offenen Shuttle, die **Paramount Pictures** (☎323-956-1777; www.paramount.com; 5555 Melrose Ave, Hollywood; Führung 40 US$, Mindestalter 12 Jahre; ⌚Mo–Fr 10–14 Uhr) und die **Warner Bros Studios** (☎818-972-8687; www.wbstudiotour.com; 3400 Riverside Dr, Burbank, San Fernando Valley; Führung 45 US$, Mindestalter 8 Jahre; ⌚Mo–Fr 8.30–16 Uhr; P) anbieten, und ebenso auch bei den geführten Rundgängen durch die **Sony Pictures Studios** (☎310-244-8687; 10202 W Washington Blvd, Culver City; Führung 33 US$, Mindestalter 12 Jahre; ⌚Mo–Fr 9.30, 10.30, 12.30, 13.30 & 14.30 Uhr; P). Bei all diesen Touren besucht man die Studiohallen und die Außenkulissen, außerdem auch Bereiche wie Garderobe oder Maske. Reservierung und die Vorlage eines Lichtbildausweises sind erforderlich.

ABSTECHER

UNIVERSAL STUDIOS HOLLYWOOD

Die **Universal Studios** (Karte S. 66; www.universalstudioshollywood.com; 100 Universal City Plaza; Eintritt über/unter 122 cm Körpergröße 77/69 US$) wurden 1915 der Öffentlichkeit zugänglich gemacht, als Studiochef Carl Laemmle Besucher einlud, für 0,25 US$ pro Nase beim Dreh von Stummfilmen zuzuschauen – ein Lunchpaket gab's noch dazu. Fast 100 Jahre später zählt Universal immer noch zu den weltgrößten Filmstudios.

Im heutigen Themenpark liegen die Chancen, einen Dreh mitzuerleben, fast bei null, aber Generationen von Besuchern haben sich hier prächtig amüsiert. Zu Anfang empfiehlt sich die kommentierte Studiotour (45 Min.) an Bord einer riesigen Bahn. Auf der Fahrt kommt man an tatsächlich genutzten Studiohallen und Freiluftsets (z. B. für *Desperate Housewives*) vorbei. Zudem muss man einen Haiangriff wie in *Der weiße Hai* und ein Erdbeben der Stärke 8,3 überstehen. Das Ganze ist etwas kitschig, aber lustig.

In Sachen Rides locken der **Simpsons Ride**, eine computeranimierte Fahrt unter Leitung von Krusty dem Clown und die Sturzfahrt hinunter zu den Dinos des **Jurassic Park**. Auf **Special-Effects-Bühnen** sieht man etwas von der Kunst des Filmemachens. **Waterworld** war als Film zwar ein Flop, aber die Liveshow ist ein Actionhit mit Elementen wie riesigen Feuerbällen und einem notlandenden Wasserflugzeug.

Die Studios sind mit dem Auto (parken 12 US$) oder der Metro Red Line erreichbar.

⌚Mi–So 12–17 Uhr) Fernseh- und Radiofans können ihre Passion in diesem hinreißenden Museum ausleben, das Rundfunk- und Fernsehsendungen von 1918 bis ins Internetzeitalter archiviert. Man sucht sich aus, was einen interessiert, und schaut sich die Sendung auf einem eigenen Monitor an. Darüber hinaus gibt's Vorträge und Filmvorführungen.

WESTWOOD & UMGEBUNG

University of California, Los Angeles UNIVERSITÄT

Westwood wird von dem weitläufigen Campus der angesehenen University of California, Los Angeles (UCLA), dominiert. Das ausgezeichnete universitätseigene **Hammer Museum** (www.hammer.ucla.edu; 10899 Wilshire Blvd; Erw./Kind 10 US$/frei, Do Eintritt frei; ⌚Di, Mi, Fr &Sa 11–19, Do bis 21, So bis 17 Uhr) zeigt avantgardistische zeitgenössische Kunst. Ein Parkplatz am Hammer Museum kostet 3 US$.

GRATIS **Annenberg Space for Photography** MUSEUM

(www.annenbergspaceforphotography.org; 2000 Ave of the Stars, No 10; ⌚Mi–So 11–18 Uhr) Das schöne, an eine Kameralinse erinnernde Museum befindet sich gleich östlich von Westwood in der Hochhaussiedlung Century City (Parkplatz Mi–Fr 3,50 US$, Sa, So & tgl. nach 16.30 Uhr 1 US$).

GRATIS **Getty Center** MUSEUM

(Karte S. 66; www.getty.edu; 1200 Getty Center Dr; ⌚So & Di–Do 10–17.30, Fr & Sa bis 21 Uhr) Dreifaches Vergnügen bieten die traumhafte Kunstsammlung, das sagenhafte Gebäude von Richard Meier und der sich ständig verändernde Park von Robert Irwin. An klaren Tagen kommt noch der tolle Blick auf die Stadt und den Ozean hinzu. Am besten besucht man das Museum am späten Nachmittag, wenn der Andrang geringer ist. Ein Parkplatz kostet 15 US$.

Museum of Tolerance MUSEUM

(www.museumoftolerance.com; 9786 W Pico Blvd; Erw./Kind 15/11 US$; ⌚Mo–Do 10–17, Fr bis 15.30, So 11–17 Uhr; Ⓟ) Hier wird interaktive Technologie genutzt, um das Bewusstsein für Rassismus und Intoleranz zu schärfen. Ein Schwerpunkt liegt auf dem Holocaust, zu dem Artefakte aus der Nazizeit und Briefe von Anne Frank ausgestellt sind. Eine Geschichtswand feiert die Vielfalt, stellt Intoleranz bloß und würdigt den Kampf um Rechte in den USA. Im Voraus buchen!

GRATIS **Westwood Village Memorial Park** FRIEDHOF

(1218 Glendon Ave; ⌚8–17 Uhr) Versteckt inmitten der Hochhäuser von Westwood finden sich auf dem winzigen Friedhof die Grabstätten von Berühmtheiten wie Marilyn Monroe, Burt Lancaster und Rodney Dangerfield.

MALIBU

Malibu erstreckt sich auf 43 spektakulären Kilometern entlang dem Pacific Coast Hwy und ist seit Langem ein Synonym für Surfen, Stars und einen hedonistischen Lebensstil. Tatsächlich aber wirkt der Stadtteil weit weniger schick, als die Hochglanzmagazine einen glauben machen wollen. Trotzdem geben sich hier seit den 1930er-Jahren Promis die Klinke in die Hand. Leonardo diCaprio, Bratt Pitt und Angelina Jolie, Barbra Streisand und andere Berühmtheiten wohnen hier und können des Öfteren beim Einkaufen im dorfartigen **Malibu Country Mart** (3835 Cross Creek Rd; P) oder dem schlichteren **Malibu Colony Plaza** (23841 W Malibu Rd; P) gesichtet werden.

Daneben punktet Malibu mit zwei Naturattraktionen: der Santa Monica Mountains National Recreation Area und seinen Stränden, u.a. dem treffend benannten **Surfrider**.

GRATIS **Getty Villa** MUSEUM
(www.getty.edu; 17985 Pacific Coast Hwy; Mi–Mo 10–17 Uhr; P) Malibus Kulturhighlight ist dieser Nachbau einer römischen Villa, die eine fantastische Kulisse für die ausgestellten griechischen, römischen und etruskischen Altertümer bildet. Eine Besichtigung ist nur mit Tickets mit genauer Terminvorgabe möglich (spontane Besuche sind leider nicht drin). Ein Parkplatz kostet 15 US$.

SANTA MONICA

Im schönen Strandort Santa Monica mischen sich urbane Coolness und relaxtes Flair. Touris, Teenager und Straßenkünstler sorgen auf der autofreien, von Läden gesäumten **Third Street Promenade** für Trubel. In den öffentlichen Parkhäusern in der 2nd und der 4th St kann man zwei Stunden kostenlos parken (nach 18 Uhr 3 US$).

Mehr Lokalkolorit bieten die bei Promis beliebte **Montana Avenue** und die bodenständigere **Main Street**, das Zentrum des Viertels, das als Geburtsstätte des Skateboardens einst „Dogtown" genannt wurde.

Santa Monica Pier VERGNÜGUNGSPARK
(Karte S. 82) Kinder lieben den altehrwürdigen Pier, zu dessen Attraktionen ein altmodisches Karussell, ein mit Solarstrom betriebenes Riesenrad und ein kleines Aquarium mit Streichelbecken zählen.

Bergamot Station Arts Center MUSEUM
(2525 Michigan Ave; Di–Sa 10–18 Uhr; P) Kunstfreunde zieht es landeinwärts zu diesem avantgardistischen Kunstzentrum, einer ehemaligen Straßenbahnstation, in der heute 35 Galerien und das progressive **Santa Monica Museum of Art** (www.smmoa.org; 2525 Michigan Ave; empfohlene Spende 5 US$; Di–Sa 11–18 Uhr) untergebracht sind.

VENICE

Freakshow, Menschenzoo oder irrer Karneval – der **Venice Boardwalk** (Ocean Front Walk) ist eine weitere Pflichtstation bei jedem richtigen Trip nach Los Angeles. In diesem Hexenkessel der Gegenkultur kann man sich Zöpfe flechten lassen, sich eine Qi-Gong-Rückenmassage gönnen und billige Sonnenbrillen oder gewebte Armbänder kaufen. Begegnungen mit Bodybuildern, Spinnern, einem Schlangenbeschwörer in knapper Badehose oder einem singenden Sikh auf Rollschuhen sind so gut wie garantiert, vor allem an heißen Sommernachmittagen. Nach Einbruch der Dunkelheit wird die Stimmung aber etwas ungemütlich.

Ein Stück landeinwärts versprechen die **Venice Canals** etwas Erholung vom Trubel. Die Kanäle sind ein Rest aus den frühen Tagen der Siedlung, als Gondoliere hier noch Besucher durch das künstliche Kanalsystem steuerten. Heute putzen hier Enten ihr Gefieder, während sich Anwohner in Ruderbooten an der ruhigen Atmosphäre ihres blumengeschmückten Viertels erfreuen.

Der angesagteste Streifen an der Westside ist der schrille, aber elegante **Abbot Kinney Boulevard**, eine palmengesäumte Meile voller Restaurants, Yogastudios, Kunstgalerien und Läden, die Möbel aus der Mitte des vorigen Jahrhunderts und selbst gefertigte Mode verkaufen.

Rund um den Abbot Kinney Blvd gibt's Straßenparkplätze, das Parken am Strand kostet 6 bis 15 US$.

LONG BEACH

Der Hafen von Los Angeles und Long Beach dominieren die südliche Flanke des L.A. County. Hier befindet sich der nach Singapur und Hongkong drittgrößte Containerhafen der Welt. Im belebten Zentrum von Long Beach und an der aufgemöbelten Uferpromenade ist davon allerdings wenig zu spüren. Die vielen Restaurants und Clubs in der Pine Ave ziehen geschniegelte Kongressteilnehmer und Studenten, die vor Testosteron nur so strotzen, gleichermaßen an.

Die Blue Line verbindet Long Beach mit Downtwon Los Angeles (55 Min.); mit den kostenlosen Minibussen von **Passport** (www.lbtransit.org) kann man bequem die wichtigsten Sehenswürdigkeiten abklappern (sonstige Fahrten im Ort 1,25 US$).

Beverly Hills, West Hollywood & Mid-City

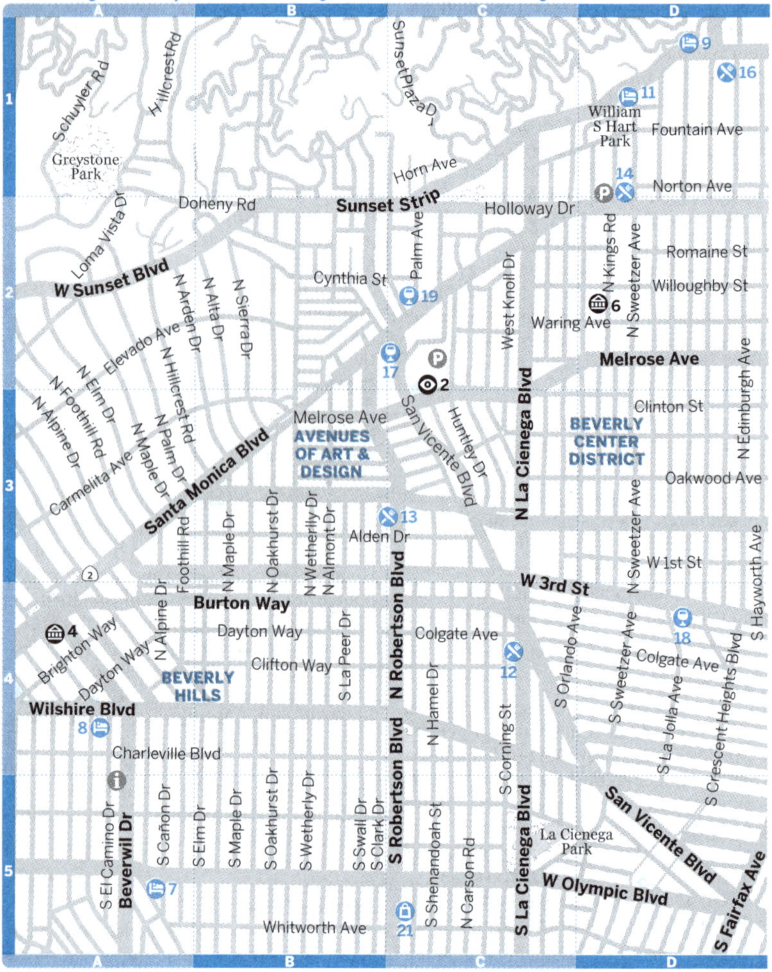

Queen Mary OCEANLINER
(www.queenmary.com; 1126 Queens Hwy; Erw./Kind ab 25/13 US$; ⏲10–18 Uhr) Long Beachs „Flaggschiff" ist dieser hier dauerhaft vertäute britische Kreuzfahrtriese, auf dem es spuken soll. Noch größer und schicker als die *Titanic,* transportierte der Oceanliner bei seinen 1001 Atlantiküberquerungen zwischen 1936 und 1964 Blaublütige, Würdenträger, Einwanderer und Soldaten. Ein Parkplatz kostet 12 US$.

Aquarium of the Pacific AQUARIUM
(www.aquariumofpacific.org; 100 Aquarium Way; Erw./Kind 25/13 US$; ⏲9–18 Uhr) Kinder amüsieren sich wahrscheinlich besser bei einem Hightech-Streifzug durch die Unterwasserwelt mit pfeilschnellen Haien (die gestreichelt werden können – spannend!), tanzenden Quallen und spielenden Seelöwen. Für den Besuch der *Queen Mary* und des Aquariums gibt's auch Kombitickets (Erw./Kind 3–11 Jahre 36/20 US$). Parkplätze kosten zwischen 8 und 15 US$.

Museum of Latin American Art MUSEUM
(www.molaa.org; 628 Alamitos Ave; Erw./Kind 9 US$/frei, So Eintritt frei; ⏲Mi–So 11–17 Uhr; P) Das Museum ist eines der interessantesten Kaliforniens, denn es ist das einzige im

Westen der USA, das sich ganz auf die zeitgenössische Kunst Lateinamerikas spezialisiert hat. Spiritualität und Landschaften sind Schwerpunkte der Dauerausstellung, hinzu kommen erstklassige Sonderausstellungen.

PASADENA

Reich und vornehm erstreckt sich Pasadena (147 000 Ew.) unterhalb der hohen San Gabriel Mountains. Das urbane Los Angeles wirkt hier meilenweit entfernt. Pasadena ist berühmt für seine Kunstmuseen, schöne Arts-and-Crafts-Bauten und die Rose Parade am Neujahrstag.

Am unterhaltsamsten ist die **Old Town Pasadena** (Karte S. 66), die sich am Colorado Blvd entlang und zwischen der Pasadena Ave und dem Arroyo Pkwy erstreckt. Die Züge der Metro Gold Line verbinden Pasadena mit Downtown Los Angeles.

Norton Simon Museum MUSEUM
(www.nortonsimon.org; 411 W Colorado Blvd; Erw./Kind 10 US$/frei; ⌚Mi–Do & Sa–Mo 12–18, Fr bis 21 Uhr; P) Im westlichen Teil Pasadenas kann man sich Rodins *Denker* anschauen, was nur die Ouvertüre zur Besichtigung der umfassenden Sammlung europäischer Kunst in diesem Museum bildet. Auf keinen Fall auslassen sollte man die wunderbaren indischen und südostasiatischen Skulpturen im Untergeschoss.

Gamble House GEBÄUDE
(www.gamblehouse.org; 4 Westmoreland Pl; Erw./Kind 10 US$/frei; ⌚Eintritt nur im Rahmen einer Führung Do–So 12–15 Uhr; P) Mit dem Gamble House von 1908 schufen Charles und Henry Greene ein Meisterwerk der kalifornischen Arts-and-Crafts-Architektur. Im Film *Zurück in die Zukunft* verkörperte es das Haus von Doc Brown. Das Haus ist nur im Rahmen einer einstündigen Führung zu besichtigen.

Huntington Library MUSEUM, GÄRTEN
(Karte S. 66; www.huntington.org; 1151 Oxford Rd; Erw./Kind Di–Fr 15/6 US$, Sa, So & Feiertage 20/6 US$, 1. Do im Monat Eintritt frei; ⌚Juni–Aug. Di–So 10.30–16.30 Uhr, Sept.–Mai Sa & So 10.30–16.30, Di–Fr 12–16.30 Uhr; P) Der Name dieser Einrichtung ist quasi eine Untertreibung, denn dies ist zwar eine Bibliothek, in der kostbare Bücher aufbewahrt werden, darunter eine Gutenbergbibel, aber darüber hinaus gibt es hier eine großartige Sammlung britischer und französischer Kunst und wunderschöne Gärten: Im Rose Garden blühen mehr als 1200 Rosenarten (hier gibt's auch einen schönen Tearoom – vorab reservieren: Erw./Kind 28/15 US$), der Desert Garden lässt einen an Dr. Seuss denken, und im idyllischen chinesischen Garten führt eine Steinbrücke über einen kleinen See.

Aktivitäten

Radfahren & Inlineskaten

Radfahren oder skaten auf dem asphaltierten **South Bay Bicycle Trail** (Karte S. 66), der auf der 35 km langen Strecke zwischen Pacific Palisades und Torrance meist parallel zum Strand verläuft, stärkt die Kondition

Beverly Hills, West Hollywood & Mid-City

Sehenswertes

La Brea Tar Pits .... (siehe 3)
1 Los Angeles County Museum of Art E5
2 Pacific Design Center C2
3 Page Museum E5
4 Paley Center for Media A4
5 Petersen Automotive Museum E5
6 Schindler House D2

Schlafen

7 Avalon Hotel A5
8 Beverly Wilshire A4
9 Chateau Marmont D1
10 Farmer's Daughter Hotel E3
11 Standard Hollywood D1

Essen

12 Bazaar C4
13 Ivy C3
14 Marix Tex Mex D1
15 Original Farmers Market E4
16 Veggie Grill D1

Ausgehen

17 Abbey C2
18 El Carmen D4
19 Eleven C2

Shoppen

20 Grove E4
21 It's a Wrap C5
22 Melrose Trading Post E2

in reizvoller Umgebung. In den Strandorten gibt's jede Menge Läden, die Räder und Inliner vermieten. Aber Achtung: An Wochenenden ist der Trail überlaufen!

Schwimmen & Surfen

Prima Badestrände sind der **Zuma Beach** in Malibu, der **Santa Monica State Beach** (Karte S. 82) und der **Hermosa Beach** (Karte S. 66). Der **Surfrider Beach** in Malibu ist ein legendärer Surfspot.

Der „nie endende Sommer" ist leider nur ein Mythos. Die meiste Zeit im Jahr sollte man sich nur mit Neoprenanzug in den Pazifik wagen. Ab Juni ist die Wassertemperatur erträglich und erreicht mit rund 21 °C im August und September ihren Höchstwert. Die Wasserqualität ist unterschiedlich; Infos findet man auf der „Beach Report Card" unter www.healthebay.org.

Wandern

Wer mitten zwischen den gestählten Körpern im **Runyon Canyon Park** oberhalb von Hollywood wandern geht, sollte unbedingt seinen Promi-Radar aktivieren. Auch im **Griffith Park** (Karte S. 66) gibt's diverse Wanderwege. Wer längere Ausflüge unternehmen will, macht sich auf in die Santa Monica Mountains, wo der **Will Rogers State Historic Park**, der **Topanga State Park** und der **Malibu Creek State Park** (Karte S. 66) ausgezeichnete Ausgangspunkte zum Wandern in schöner Natur sind (Parkplatz 10–12 US$).

Los Angeles mit Kindern

Kleine Kinder bei Laune zu halten, ist in Los Angeles kinderleicht. Der weitläufige Los Angeles Zoo im familienfreundlichen Griffith Park ist da eine sichere Bank. Dinofans sind vom Page Museum bei den La Brea Tar Pits und dem Natural History Museum begeistert, während angehende Naturforscher vom California Science Center gleich nebenan magisch angezogen werden. Mit Meereslebewesen lockt das Aquarium of the Pacific, und Teenager könnten bei den Geistertouren auf der *Queen Mary* ihren Spaß haben.

Von L.A.s Vergnügungsparks ist der Santa Monica Pier für Kinder aller Altersstufen am besten geeignet. Eher weniger Aktivitäten für jüngere Kinder haben die Universal Studios in Hollywood zu bieten. Weiter Optionen sind außerdem Disneyland und Knott's Berry Farm.

LP TIPP Noah's Ark im Skirball Cultural Center SPIELPLATZ

(☎Tickets 877-722-4849; www.skirball.org; 2701 N Sepulveda Blvd; Erw./Kind unter 12 Jahren 10/5 US$, Do Eintritt frei; ⏲Di–Fr 12–17, Sa & So ab 10 Uhr; P) Der Indoor-Spielplatz mit den fantasievollen Tieren, die aus Autofußmatten, Sofafedern, Metallsieben und anderen Recyclingmaterialien gemacht sind, ist perfekt für die seltenen Tage, an denen das Wetter nicht mitspielt.

Kidspace MUSEUM

(www.kidspacemuseum.org; 480 N Arroyo Blvd, Pasadena; Eintritt 8 US$, ⏲Mo–Fr 9.30–17, Sa & So ab 10 Uhr; P) Exponate, die man in die Hand nehmen kann, Lernwelten unter freiem Himmel und Gärten halten kleine Kinder beschäftigt. Am besten kommt man nach 13 Uhr, wenn die Schulklassen weg sind.

Bob Baker Marionette Theater THEATER
(www.bobbakermarionettes.com; 1345 W 1st St; Eintritt 15 US$, Reservierung erforderl.; ⌚Di–Fr 10.30, Sa & So 14.30 Uhr; P) Die reizenden singenden und tanzenden Marionetten haben bereits Generationen kleiner Angelenos entzückt.

Geführte Touren

Esotouric GESCHICHTE, LITERATUR
(☎323-223-2767; www.esotouric.com; Bustour 58 US$) Angesagte, abgedrehte, interessante und unterhaltsame Stadtspaziergänge und Bustouren mit Themen wie „Orte berühmter Verbrechen" („Fall der schwarzen Dahlie"), „Gefeierte Autoren" (von Chandler bis Bukowski) oder „Historische Stadtviertel".

Los Angeles Conservancy ARCHITEKTUR
(☎213-623-2489; www.laconservancy.org; Tour 10 US$) Thematisch ausgerichtete Stadtspaziergänge, meist in Downtown L.A. mit dem Schwerpunkt auf Architektur. Vorschläge für Touren auf eigene Faust finden sich auf der Website.

Melting Pot Tours KULINARISCHER SPAZIERGANG
(☎800-979-3370; www.meltingpottours.com; Tour ab 58 US$; ⌚Mi–So) Bei diesen Touren kann man sich über den Original Farmers Market und durch die Gassen der Old Town von Pasadena schlemmen.

Six Taste KULINARISCHER SPAZIERGANG
(☎888-313-0936; www.sixtaste.com; Tour 55–65 US$) Spaziergänge zu den Restaurants in verschiedenen Vierteln der Stadt, u.a. in Downtown, Little Tokyo, Chinatown, Thai Town und Santa Monica.

Out & About SCHWULE & LESBEN
(www.outandabout-tours.com; Tour 60 US$; ⌚Sa & So) Begeisterte Führer zeigen einem die Meilensteine der schwul-lesbischen Geschichte von Los Angeles; da gibt's mehr zu entdecken, als man glaubt.

Red Line Tours STADTSPAZIERGANG, BUSTOUR
(☎323-402-1074; www.redlinetours.com; Tour ab 25 US$) Informative Stadtspaziergänge durch Hollywood und die Downtown; gegen den Verkehrslärm bekommt man Kopfhörer.

Starline Tours BUSTOUR
(☎323-463-333; www.starlinetours.com; Tour ab 39 US$) Kommentierte Bustouren, mit denen die Teilnehmer durch die Stadt, zu den Häusern von Prominenten und zu den Themenparks kommen.

Feste & Events

Neben den folgenden jährlich stattfindenden Events gibt's monatliche Straßenfeste wie den **Downtown LA Art Walk** (www.downtownartwalk.com; ⌚2. Do im Monat), während dem die Galerien und Läden geöffnet haben und Imbisswagen aufgestellt werden, oder die **First Fridays** (⌚1. Fr im Monat) auf dem Abbot Kinney Blvd in Venice.

Tournament of Roses UMZUG
(☎626-449-4100; www.tournamentofroses.com) Neujahrsumzug mit blumengeschmückten Wagen auf Pasadenas Colorado Blvd, gefolgt von einem Footballspiel in der Rose Bowl.

Toyota Grand Prix of Long Beach AUTORENNEN
(☎888-827-7333; www.longbeachgp.com) An dem einwöchigen Motorsportspektakel Mitte April nehmen Weltklassefahrer teil.

Fiesta Broadway STRASSENFEST
(☎310-914-0015; www.fiesta broadway.la) Bei dem mexikanisch aufgemachten Straßenfest am historischen Broadway in der Downtown treten am letzten Aprilsonntag Latinostars auf.

Sunset Junction STRASSENFEST
(☎323-661-7771; www.sunsetjunction.org) Ende August steigt in Silver Lakes Straßen eine Wochenendparty mit jeder Menge zu futtern, zu trinken und trendigen Bands.

West Hollywood Halloween Carnival STRASSENFEST
(☎323-848-6400; www.visitwesthollywood.com) Am 31. Oktober sind auf dem Santa Monica Blvd exzentrische, oft nicht jugendfreie Kostüme zu sehen.

Schlafen

Wer das Strandleben genießen will, sollte in Santa Monica, Venice oder Long Beach absteigen. Coole Partylöwen werden sich in Hollywood oder West Hollywood am wohlsten fühlen, Kulturfans hingegen in Downtown. Auf die Zimmerpreise werden noch 12 bis 14 % Übernachtungssteuer aufgeschlagen. Unbedingt stets nach Rabatten fragen!

DOWNTOWN

LP TIPP **Standard Downtown LA** HOTEL $$
(Karte S. 70; ☎213-892-8080; www.standardhotel.com; 550 S Flower St; Zi. ab 165 US$; ❄@📶🏊) Das designverliebte Hotel mit 207 Zimmern in einem früheren Bürogebäude

Santa Monica & Venice

Santa Monica & Venice

Sehenswertes

1 Santa Monica Pier A2

Schlafen

2 Embassy Hotel Apartments B1
3 HI Los Angeles-Santa Monica A2
4 Viceroy A2

Essen

5 3 Square Café & Bakery A5
6 Library Alehouse A4
7 Santa Monica Place B2

Ausgehen

8 Intelligentsia B5
9 Roosterfish A5

zielt vor allem auf junge, hippe und balzfreudige Gäste ab. In der Dachterrassenbar steppt der Bär. Wer mit Kindern unterwegs ist oder eine ruhige Nacht verbringen will, ist hier also fehl am Platz. Die modernen, minimalistischen Zimmer sind mit hochbeinigen Bettgestellen und durchsichtigen Duschkabinen ausgestattet. Parkplätze kosten 33 US$.

Figueroa Hotel HISTORISCHES HOTEL $$

(Karte S. 70; ☎213-627-8971; www.figueroahotel.com; 939 S Figueroa St; Zi. 148–184 US$, Suite 225–265 US$;) In dieser weitläufigen Oase aus den 1920er-Jahren gegenüber dem LA Live werden Gäste in einer üppig gefliesten Lobby im spanischen Stil begrüßt, an die sich ein funkelnder Pool und eine muntere Freiluftbar anschließen. Die komfortablen Zimmer in diversen Stilen (z. B. marokkanisch, mexikanisch, Zen) unterscheiden sich in Größe und Ausstattung. Parkplätze kosten 12 US$.

HOLLYWOOD

Hollywood Roosevelt Hotel HOTEL $$$

(Karte S. 74; ☎323-466-7000; www.hollywoodroosevelt.com; 7000 Hollywood Blvd; Zi. ab 269 US$;) Seit der ersten Oscar-Verleihung im Jahr 1929 sind schon viele Topschauspieler in dem altehrwürdigen Hotel abgestiegen. Es kombiniert eine prächtige spanische Lobby mit schicken modern-asiatischen Zimmern, einer munteren Poolszene und tollen Restaurants. Fürs Parken zahlt man 33 US$.

Magic Castle Hotel APARTMENT $$$

(Karte S. 74; ☎323-851-0800; www.magiccastlehotel.com; 7025 Franklin Ave; Zi. 154–304 US$;) Das renovierte frühere Apartmentgebäude rund um einen Hof hat dünne Wände, aber moderne Möbel, gute Kunstwerke, flauschige Bademäntel und schicke Bäder. Die meisten Wohneinheiten bieten ein separates Wohnzimmer. Zum Frühstück auf dem eigenen Balkon oder am Pool gibt's frische Backwaren und Gourmetkaffee. Gäste sollten um Zugang zum gleichnamigen Privatclub für Zauberer bitten. Parkplätze kosten 10 US$.

USA Hostels Hollywood HOSTEL $

(Karte S. 74; ☎323-462-3777; www.usahostels.com; 1624 Schrader Blvd; B/Zi. inkl. Frühstück

& Steuern 30–40/70–85 US$; ❄@📶) Dieses Hostel im Herzen von Hollywoods Partymeile ist nichts für Introvertierte, denn es verströmt eine Menge Energie. Bei den angebotenen Grill- und Comedyabenden, Touren sowie beim kostenlosen Pfannkuchenfrühstück in der Gästeküche schließt man schnell neue Bekanntschaften.

WEST HOLLYWOOD & MID-CITY

Standard Hollywood HOTEL $$$
(Karte S. 78; ☎323-650-9090; www.standardhotel.com; 8300 W Sunset Blvd; Zi. 165–250 US$, Suite ab 350 US$; ❄@📶🏊) Das strahlend weiße Anwesen am Sunset Strip mit seinem von Kunstrasen umgebenen Pool, von dem aus man einen weiten Blick über Los Angeles hat, macht viel her. Gleiches gilt für die großen, schnuckeligen Zimmer mit silberfarbenen Sitzsäcken, orange gefliesten Bädern und poppigen Warhol-Vorhängen. Parkplätze kosten 29 US$.

Farmer's Daughter Hotel MOTEL $$$
(Karte S. 78; ☎323-937-3930; www.farmersdaughterhotel.com; 115 S Fairfax Ave; Zi. 219–269 US$; ❄@ 📶🏊👪) Gegenüber dem Original Farmers Market, dem Grove und den CBS Studios begeistert dieses beliebte Motel seit Jahren mit seinem schicken Großstadtcowboy-Look. Abenteuerlustige Turteltauben fragen nach dem „No Tell Room"… Parken kostet 18 US$.

Chateau Marmont HISTORISCHES HOTEL $$$
(Karte S. 78; ☎323-656-1010; www.chateaumarmont.com; 8221 W Sunset Blvd; Zi. 415 US$, Suite 500–875 US$; ❄📶🏊) Die französisch angehauchte Eleganz mag altmodisch wirken, aber die legendäre Diskretion des Hauses wussten schon Superstars von Greta Garbo bis Bono zu schätzen. Am romantischsten sind die Gartenhäuschen. Parken darf man für 28 US$.

BEVERLY HILLS

LP TIPP **Beverly Hills Hotel** LUXUSHOTEL $$$
(☎310-276-2251; www.beverlyhillshotel.com; 9641 Sunset Blvd; Zi. ab 530 US$; ❄@📶🏊) Mit seiner klassischen Poolterrasse auf grünem Gelände strotzt der legendäre Pink Palace von 1912 nur so von Opulenz. Für Gutbetuchte und Gutgekleidete ist die clubartige Polo Lounge immer noch ein beliebter Treff zum Mittagessen. Die Goldverzierungen und Marmorfliesen lassen die Zimmer altmodisch-elegant wirken. Für 33 US$ darf man sein Auto abstellen.

> **SCHON GEWUSST?**
>
> Mit 10,2 Mio. Menschen wäre Los Angeles County hinsichtlich der Einwohnerzahl der achtgrößte Bundesstaat der USA – wenn es denn einer wäre.

Avalon Hotel HOTEL $$$
(Karte S. 78; ☎310-277-5221; www.avalonbeverlyhills.com; 9400 W Olympic Blvd; Zi. 228–370 US$; ❄@📶🏊) In diesem bei Modebewussten beliebten Hotel erhält der Modernismus der 1950er-Jahre einen zeitgenössischen Dreh. Seinerzeit, als das Gebäude noch ein Apartmenthaus war, hatte Marilyn Monroe hier ihre Bleibe. Heute lassen es die Schönen, Reichen und Metrosexuellen in der schicken Restaurantbar über dem schicken, stundenglasförmigen Pool mächtig krachen. Die Zimmer zur anderen Seite sind ruhiger. Parkplätze kosten 30 US$.

Beverly Wilshire HOTEL $$$
(Karte S. 78; ☎310-275-5200; www.fourseasons.com/beverlywilshire; 9500 Wilshire Blvd; Zi. 495–545 US$, Suite 695–1795 US$; ❄@📶🏊👪) Das Hotel ist seit 1928 eine feste Größe am Rodeo Dr, aber die Ausstattung ist topaktuell, sowohl in dem alten, im Stil der italienischen Renaissance gehaltenen Flügel als auch in dem neueren Anbau. Dies ist das Hotel, aus dem Julia Roberts in *Pretty Woman* zuerst herausstolperte und dann herausstolzierte. Parken kostet 33 US$.

SANTA MONICA & VENICE

Viceroy HOTEL $$$
(Karte S. 82; ☎310-260-7500; www.viceroysantamonica.com; 1819 Ocean Ave, Santa Monica; Zi. ab 370 US$; ❄@📶🏊) Am besten ignoriert man einfach die hässliche Hochhausfassade und schwelgt im kitschigen „Hollywood Regency"-Dekor der *Top-Design*-Jurorin Kelly Wearstler, das im Farbspektrum delfingrau bis mambagrün gehalten ist. Ansonsten gibt's hier Cabanas am Pool, italienische Designerbettwäsche und ein schickes Bar-Restaurant. Parkplätze kosten 33 US$.

Hotel Erwin HOTEL $$
(☎310-452-1111; www.jdvhotels.com; 1679 Pacific Ave, Venice; Zi. ab 169 US$; ❄@📶) Das Haus ist ein würdiges Wahrzeichen für Venice. Die Zimmer sind zwar nicht besonders groß und in den meisten hört man leise das Rauschen des Verkehrs, aber man wohnt nur ein paar Schritte vom Strand in Zimmern, welche mit von Graffitis oder Cartoons ins-

pirierter Kunst dekoriert sind. Zudem gibt's eine Bar, wo die Bezahlung der Ehrlichkeit der Gäste überlassen bleibt und in der man Sonnenbrillen und Softdrinks wie in den 1970er-Jahren kriegt. Von der Bar auf der Dachterrasse hat man einen zauberhaften Blick auf die Küste. Parken kostet 28 US$.

Embassy Hotel Apartments BOUTIQUEHOTEL **$$$**
(Karte S. 82; ☎310-394-1279; www.embassyhotelapts.com; 1001 3rd St, Santa Monica; Zi. 169–390 US$; P @) Das ruhige Refugium im spanischen Kolonialstil versprüht seit 1927 jede Menge Charme. Der klapprige Fahrstuhl bringt einen hinauf zu den angenehm altmodischen Zimmern, die alle Internetzugang bieten. Viele haben auch eine Küche und sind damit für Selbstversorger bestens geeignet. Keine Klimaanlage.

HI Los Angeles-Santa Monica HOSTEL **$**
(Karte S. 82; ☎310-393-9913; www.lahostels.org; 1436 2nd St, Santa Monica; Zi. 26–30 US$; ❄@📶) Die meisten viel schickeren Hotels liegen nicht so schön wie dieses Hostel: nahe dem Strand und der Promenade. Die 200 Betten in nach Geschlechtern getrennten Schlafsälen und die winzigen Doppelzimmer mit Gemeinschaftsbad sind sauber und sicher, und es gibt viele tolle Gemeinschaftsbereiche zum Abhängen und Surfen – Partyvolk ist allerdings besser in Hollywood aufgehoben.

LONG BEACH

Queen Mary Hotel SCHIFF **$$$**
(☎562-435-3511; www.queenmary.com; 1126 Queens Hwy, Long Beach; Zi. 110–395 US$; ❄@📶) An Bord des prächtigen Oceanliners kommt Kreuzfahrtfeeling auf, ohne dass man das Dock verlässt. Die Luxuskabinen strotzen vor originalen Art-déco-Details – die billigsten Quartiere im Innenraum sollte man aber nicht nehmen. Der Zimmerpreis beinhaltet eine Schiffsführung. Fürs Parken zahlt man zwischen 12 und 15 US$.

Hotel Varden BOUTIQUEHOTEL **$$**
(☎562-432-8950; www.thevardenhotel.com; 335 Pacific Ave; Zi. ab 109 US$; ❄@📶) Bei der modernistischen Renovierung der 35 winzigen Zimmer in diesem Hotel von 1929 hatten die Innenarchitekten bestimmt einen Riesenspaß: Hier gibt's winzige Schreibtische, winzige Waschbecken, jede Menge rechte Winkel, kuschelige Betten und das alles in Weiß, Weiß und noch mehr Weiß. Im Preis inbegriffen sind ein einfaches kontinentales Frühstück und eine Weinstunde. Einen Block entfernt liegen die Restaurants und Nachtlokale der Pine Ave. Parkplätze kosten 10 US$.

Essen

Die Gastroszene von Los Angeles gehört zu den lebendigsten und facettenreichsten weltweit. Hier gibt's alles – von Starköchen, die frische Produkte vom Farmers Market zubereiten, bis hin zu authentischer internationaler Küche.

DOWNTOWN

Die Restaurantszene der Downtown ist geradezu explodiert. Gute Ecken, um sich umzuschauen, sind u.a. die 7th St östlich der Grand Ave, Little Tokyo (wo es heute weit mehr als nur japanische Küche gibt), das LA Live (Karte S. 70) und die Imbissstände im **Grand Central Market** (Karte S. 70; 317 S Broadway; ⌚9–18 Uhr).

Bottega Louie ITALIENISCH **$$**
(Karte S. 70; ☎213-802-1470; www.bottegalouie.com; 700 S Grand Ave; Hauptgerichte 11–18 US$; ⌚Mo–Fr 10.30–23, Sa & So ab 9 Uhr) Die große Marmorbar zieht kunstbegeisterte Loftbewohner und Büroangestellte gleichermaßen an. Die weiß gekleidete Küchencrew grillt in der offenen Küche im ganz in Weiß gehaltenen, riesigen Speisesaal hausgemachte Würstchen und schiebt Pizzas mit dünnem Boden in den Holzofen. Hier ist immer viel los.

Gorbals JÜDISCH **$$**
(Karte S. 70; ☎213-488-3408; www.thegorbals.com; 501 S Spring St; kleine Gerichte 8–17 US$; ⌚Mo–Mi 18–24, Do–Sa bis 2 Uhr) *Top-Chef*-Preisträger Ilan Hall bereitet traditionelle jüdische Speisen zu: mit Speck umwickelte Matzeknödel, Kartoffelpuffer mit geräuchertem Apfelmus, *gribenes* (knusprig gebratene Hühnchenhaut) mit Salat und Tomate. Das Lokal versteckt sich hinten in der Lobby des Alexandria Hotel.

Nickel Diner DINER **$$**
(Karte S. 70; ☎213-623-8301; 524 S Main St; Hauptgerichte 8–14 US$; ⌚Di–So 8–15.30, Di–Sa 18–23 Uhr) Im bohemehaften historischen Viertel von Downtown wirkt dieser Diner mit den roten Vinylsitzen als sei er direkt den 1920er-Jahren entsprungen. Das Essen allerdings ist topaktuell: Artischocken, gefüllt mit Quinoa-Salat, Burger mit Poblano. Zum Nachtisch probieren: Doughnut mit Schinken in Ahornsirup!

Philippe the Original DINER $
(Karte S. 70; ☎213-628-3781; www.philippes.com; 1001 N Alameda St; Sandwiches 6–7,50 US$; ⏲6–22 Uhr; P) LAPD-Männer, gestresste Anwälte und Urlauber aus dem Mittleren Westen strömen in das legendäre „Heim des französischen Dip-Sandwiches" am Rand von Chinatown, das schon seit 1908 besteht. Man bekommt sein Fleisch auf einem knusprigen, in Bratensaft getauchten Brötchen und pflanzt sich an einen der Tische auf dem mit Sägemehl bestreuten Boden. Der Kaffee kostet gerade einmal 0,10 US$ (kein Druckfehler!). Nur Barzahlung.

HOLLYWOOD

Osteria Mozza & Pizzeria Mozza ITALIENISCH $$$
(☎323-297-0100; www.mozza-la.com; 6602 Melrose Ave, Mid-City; Hauptgerichte Osteria 17–29 US$, Pizzeria 10–18 US$; ⏲mittags & abends) Für einen Platz in L.A.s angesagtestem italienischen Restaurant, das die berühmten Chefköche Mario Batali und Nancy Silverton führen, muss man Wochen im Voraus reservieren. In dem Gebäude gibt es gleich zwei Lokale: In der Osteria gibt es eine ausführliche Speisekarte, in der **Pizzeria** (☎323-297-0101, 641 N Highland Ave) werden die Pizzas vor den Augen der Gäst zubereitet.

Musso & Frank Grill BAR & GRILL $$$
(Karte S. 74; ☎323-467-7788; 6667 Hollywood Blvd; Hauptgerichte 12–35 US$; ⏲Di–Sa 11–23 Uhr) Das älteste Lokal am Boulevard strotzt nur so vor Hollywood-Geschichte. Die Kellner balancieren Platten mit Steaks, Koteletts, gebratener Leber und anderen Gerichten aus der Zeit herum, als noch niemand wusste, was Cholesterin ist. Der Service ist gut – genau wie die Martinis.

Waffle MODERN-AMERIKANISCH $$
(Karte S. 74; ☎323-465-6901; 6255 W Sunset Blvd; Hauptgerichte 9–12 US$; ⏲So–Do 6.30–2.30, Fr & Sa bis 4.30 Uhr) Nach einer langen Partynacht ist Junkfood nicht zu verachten. Außerdem ist die Diner-Kost des 21. Jhs. dank Bio-Zutaten aus der Region schon fast wieder gesund. Serviert werden beispielsweise Jalapeño-Maisteigwaffeln mit Grillhühnchen, Karottenwaffeln, Käsemakkaroni, Sandwiches und üppige Salate.

WEST HOLLYWOOD, MID-CITY & BEVERLY HILLS

LP TIPP **Bazaar** MODERN-SPANISCH $$
(Karte S. 78; ☎310-246-5555; 465 S La Cienega Blvd; Gerichte 8–18 US$; ⏲18–23 Uhr, Sa & So Brunch 11–15 Uhr) Das Bazaar im SLS Hotel bezaubert mit dem Topdesign von Philippe Starck und den Molekularküchen-Tapas von José Andrés. Beim Caprese-Salat werden Kirschtomaten mit Mozarellakugeln kombiniert, die im Mund explodieren. Ebenfalls superb sind die superzarte Gänseleberpastete und das Philly-Käsesteak auf luftigem Brot. Aber Achtung: Auch kleine Portionen ergeben zusammen ordentlich Kalorien!

Ivy KALIFORNISCH $$$
(Karte S. 78; ☎310-274-8303; 113 N Robertson Blvd; Hauptgerichte 20–38 US$; ⏲Mo–Fr 11.30–23, Sa ab 11, So ab 10 Uhr) Mitten im Herzen des Modetrubels an der Robertson ist die rustikale Hütte mit Lattenzaunveranda *das* Power-Mittagslokal vor Ort. Gäste haben beste Aussichten, Promidamen zu sichten, die an Karottensticks knabbern, oder Studiomanager, die beim Hummeromelett über Sequels diskutieren.

Marix Tex Mex MEXIKANISCH $$
(Karte S. 78; ☎323-656-8800; 1108 N Flores St; Hauptgerichte 9–19 US$; ⏲11.30–23 Uhr) Viele Abende in Boystown haben schon mit einem Flirt auf den Marix-Terrassen bei starken Margaritas, Fischtacos, Fajitas oder Chipotle-Hühnchensandwiches begonnen. Am Taco-Dienstag gilt *all you can eat.*

Veggie Grill VEGETARISCH $
(Karte S. 78; ☎323-822-7575; www.veggiegrill.com; 8000 Sunset Blvd; Hauptgerichte 7–9,50 US$; ⏲11–23 Uhr; ✎) Wem Santa Fe Crispy Chickin' oder Carne-asada-Sandwich nicht gerade vegetarisch vorkommt, der täuscht sich in diesem Fall, denn die muntere Lokalkette setzt auf fermentierte pflanzliche Proteine (hauptsächlich Tempeh). Als Beilagen empfehlen sich Süßkartoffel-Fritten oder dampfender Kohl mit Miso-Dressing.

Original Farmers Market MARKT $
(Karte S. 78; Ecke 3rd St & Fairfax Ave) Das Dutzend guter, preisgünstiger Restaurants des Farmers Market serviert sein Essen größtenteils unter freiem Himmel. Besonders zu empfehlen sind der klassische Diner Du-par's, die Cajun-Küche des Gumbo Pot, der mexikanische Grill ¡Loteria! sowie das Singapore's Banana Leaf.

SANTA MONICA & VENICE

3 Square Café & Bakery KALIFORNISCH $$
(Karte S. 82; ☎310-399-6504; 1121 Abbot Kinney Blvd; Hauptgerichte 8–20 US$; ⏲Café Mo–Do

ESSEN IN L.A.: DAS WICHTIGSTE ÜBER ETHNO-ESSEN

Die tollen Spitzenlokale L. A.s sind das eine, doch die kulinarische Vielfalt hat die Stadt einigen ihrer Ethno-Restaurants zu verdanken. Da in L. A. rund 140 verschiedene Nationalitäten leben, können wir nur einen groben Überblick über Viertel geben, die für authentische Küche bekannt sind und in denen man interessante Erfahrungen machen kann.

Little Tokyo

Daikokuya JAPANISCH

(Karte S. 70; ☎213-626-1680; 327 East 1st St; ⏰Mo–Sa 11–14.30 & 17–24 Uhr) In Downtown L. A. sollte man sich eine dampfende Schüssel Ramen-Suppe im Daikokuya nicht entgehen lassen. Wenn man in der Gegend ist, kann man auch gleich noch im **Tokyo** (Karte S. 66; 114 Japanese Village Plaza) nach Japan-Pop stöbern.

Chinatown

Empress Pavilion CHINESISCH

(Karte S. 70; ☎213-617-9898; 2. Stock, 988 N Hill St; Dim Sum 2–6 US$/Teller, Hauptgerichte meist 10–25 US$; ⏰10–14.30 & 17.30–21, Sa & So bis 22 Uhr) Ebenfalls in Downtown. In diesem Restaurant ist Dim Sum angesagt. In der Gegend kann man sich zeitgenössische Kunst in den Galerien an der Chung King Rd anschauen.

Boyle Heights

La Serenata de Garibaldi MEXIKANISCH

(☎323-265-2887; 1842 E 1st St; Hauptgerichte 10–25 US$; ⏰Mo–Fr 11.30–22.30, Sa & So ab 9 Uhr) In diesem mexikanischen Viertel im Osten von L. A. steht Gourmettortillasuppe ganz oben auf dem Speiseplan. Beim Essen kann man den Mariachis auf der Mariachi Plaza lauschen.

Koreatown

Chosun Galbee KOREANISCH

(☎323-734-3330; 3300 Olympic Blvd; Hauptgerichte 12–24 US$; ⏰11–23 Uhr) Westlich von Downtown L. A. Am wichtigsten sind hier am Tisch zubereitete Grillspeisen mit vielen *banchan* (Beilagen). Im Viertel kann man sich in dem riesigen Einkaufszentrum Koreatown Galleria (Olympic Blvd & Western Ave) nach Haushaltswaren und noch mehr Kulinarischem umschauen.

Thai Town

Palms Thai THAI

(Karte S. 74; ☎323-462-5073; 5900 Hollywood Blvd; Hauptgerichte 6–19 US$; ⏰So–Do 11–24, Fr & Sa bis 2 Uhr) In East Hollywood. Das Hauptgericht ist Curry, zur Unterhaltung gibt's einen Elvis-Darsteller. Wenn man schon mal da ist, kann man sich im Einkaufszentrum Thailand Plaza (5321 Hollywood Blvd) eine Blumengirlande besorgen.

8–22, Fr bis 23, Sa 9–23, So 9–22 Uhr, Bäckerei 7–19 Uhr) Das winzige, modernistische Café serviert Hans Röckenwagners deutsch angehauchte Brezelburger, Gourmetsandwiches und Apfelpfannkuchen. In der Bäckerei türmen sich rustikale Brote und luftige Croissants.

Library Alehouse KNEIPE **$$**

(Karte S. 82; ☎310-399-7892; www.libraryalehouse.com; 2911 Main St; Hauptgerichte 12–20 US$; ⏰11.30–24 Uhr) In die holzgetäfelte Kneipe mit gemütlichem Hinterhof strömen die Einheimischen – meist über 30-Jährige – wegen des Essens genauso wie wegen der 29 Biersorten vom Fass. Man bekommt Angusrind-Burger, Fischtacos und herzhafte Salate.

Santa Monica Place EINKAUFSZENTRUM **$$**

(Karte S. 82; www.santamonicaplace.com; 3. Stock, Ecke 3rd St & Broadway; 👪) Wir würden normalerweise eigentlich nicht in einem Einkaufszentrum essen, aber die Restaurantterrasse mit Plätzen drinnen und draußen setzt Maßstäbe: Da gibt's die latino-asiatische Fusionküche im Zengo (z. B. Pekingenten-Tacos), das Sushi im Ozumo oder die Holzofenpizza im Antica. Die meisten Restaurants haben Sitzbereiche mit Blick auf die Dächer der Umgebung – einige bieten sogar Ausblick auf den Ozean. Die Stände auf dem Markt verkaufen alles von *salumi* bis zu Soufflés.

LONG BEACH

Number Nine VIETNAMESISCH $
(☎562-434-2009; www.numberninenoodles.com; 2118 E 4th St; Hauptgerichte 7–9 US$; ⏲12–24 Uhr) An der Retro Row gibt's hier in minimalistischer Umgebung vietnamesische Nudelgerichte und Fünf-Gewürze-Huhn mit Frühlingsrolle in üppigen Portionen. Das verwendete Fleisch stammt aus nachhaltiger Produktion.

George's Greek Café GRIECHISCH $$
(☎562-437-1184; www.georgesgreekcafe.com; 135 Pine Ave; Hauptgerichte 8–19 US$; ⏲So–Do 11–22, Fr & Sa bis 23 Uhr) Das Restaurant liegt – geographisch und im übertragenen Sinn – im Herzen der Pine-Ave-Restaurantmeile. Auf der großen Terrasse am Eingang begrüßt George seine Gäste manchmal persönlich. Die Einheimischen rufen *„Opa!"*, wenn das *saganaki* (flambierter Käse) und die Lammkoteletts aufgetragen werden.

Ausgehen

LP TIPP **Edison** BAR
(Karte S. 70; www.edisondowntown.com; 108 W 2nd St, abseits der Harlem Alley, Downtown; ⏲Mi–Sa) In dieser Kellerkneipe mit Industrieschick trifft *Metropolis* auf *Blade Runner*. Man trinkt seinen Mojito zwischen Turbinen und anderen Maschinen aus der Zeit, als der Keller noch ein Kesselraum war. Heute stehen hier hübsche schokobraune Ledersofas. Es gibt drei große Bars. Achtung: Dresscode!

Seven Grand BAR
(Karte S. 70; ☎213-614-0737; 515 W 7th St, Downtown) Hier sieht's aus, als ob Hipster die Jagdhütte ihrer Eltern – mit Karo-Teppichen und Hirschgeweihen an den Wänden – besetzt hätten. Whiskey spielt hier die Hauptrolle: Es gibt mehr als 100 Sorten aus Schottland, Irland und sogar aus Japan.

Cat & Fiddle KNEIPE
(Karte S. 74; www.thecatandfiddle.com; 6530 W Sunset Blvd; ⏲11.30–2 Uhr; Ⓟ) Von Morrissey bis Frodo – man weiß nie, wer hier auf ein Boddingtons oder am Sonntagabend zum Jazz hereinschaut. Doch zum Glück geht's in diesem britischen Pub mit Biergarten mehr darum, Freunde zu treffen und zu palavern, als um Starallüren oder Vertragsabschlüsse.

Dresden RETRO-BAR
(1760 N Vermont Ave, Los Feliz) Das Dresden antwortet auf Bogey & Bacall mit dem schrägen Schlagerduo Marty & Elayne, die sogar im Film *Swingers* ihre Version von „Stayin' Alive" zum Besten gaben.

El Carmen BAR
(Karte S. 166; 8138 W 3rd St; ⏲Mo–Fr 17–2, Sa & So ab 19 Uhr; Ⓟ) Stierköpfe und Masken vom *lucha libre* (mexikanisches Wrestling) schaffen eine Stimmung à la Tijuana-Nord. Da lässt sich das vor allem der Unterhaltungsindustrie entstammende Publikum nicht lange bitten. In der Kneipe gibt's mehr als 100 Sorten Tequila und Mezcal.

Intelligentsia CAFÉ
(Karte S. 82; www.intelligentsiacoffee.com; 1331 Abbot Kinney Blvd, Venice; ⏲Mo–Mi 6–20, Do & Fr bis 23, Sa 7–23, So 7–20 Uhr; 📶) In dem hippen, minimalistischen Kaffeetempel versorgen einen kundige Baristas mit Koffein und Milchschaum, und auch die Scones und Muffins sind zum Reinsetzen. Eine weitere Filiale findet sich am 3920 W Sunset Blvd in Silver Lake (So–Mi 6–20, Do–Sa bis 23 Uhr).

Unterhaltung

LA Weekly (www.laweekly.com) und die *Los Angeles Times* (www.latimes.com/theguide) enthalten umfangreiche Veranstaltungskalender. Tickets gibt's online, an den Abendkassen oder bei **Ticketmaster** (☎213-480-3232; www.ticketmaster.com). In den Visitor Centers in Hollywood und Downtown L.A. bekommt man Tickets für ausgewählte Bühnenshows zum halben Preis. Wer verbilligte Tickets für Bühne, Konzerte und Events braucht, wendet sich an **Goldstar** (www.goldstar.com), Theaterfans versuchen es bei **LAStage Alliance** (www.theatrela.org) oder **Plays 411** (www.plays411.com).

Livemusik & Nachtclubs

Zu den legendären Musiklocations am Sunset Strip zählen Whisky A-Go-Go und das House of Blues.

LP TIPP **Spaceland** LIVEMUSIK
(www.clubspaceland.com; 1717 Silver Lake Blvd, Silver Lake) Die noch immer beste Indie- und Alternative-Bühne der Stadt war u.a. schon Schauplatz für frühe Gigs von Beck. Wenn ein *special guest* angekündigt ist,

SCHWULEN- & LESBENSZENE IN LOS ANGELES

L. A. hat eine der größten schwul-lesbischen Gemeinden der USA. Die Zeitschrift *Advocate*, PFLAG (Parents and Friends of Lesbians and Gays) und auch die erste Schwulenkirche und -synagoge des Landes wurden hier gegründet. In allen Bereichen der Gesellschaft, im Entertainment, in der Politik, in der Geschäftswelt, aber auch als Schauspieler, Kellner oder Models sind Schwule und Lesben integriert.

„Boystown", der Santa Monica Blvd in West Hollywood (WeHo), ist das Zentrum der Schwulenszene. Dort gibt's Dutzende Bars, Cafés, Restaurants, Fitnessstudios und Nachtclubs, die vor allem von Schwulen besucht werden und donnerstags bis sonntags besonders brummen. Anderswo ist die schwul-lesbische Szene entspannter. Silver Lake, die erste Schwulenenklave von L. A., zieht heute neben Leder- und Jeansträgern Trendsetter aus aller Welt an. Auch in Long Beach gibt es eine große schwul-lesbische Gemeinde. Beim **Gay Pride** (www.lapride.org) feiern Mitte Juni Hunderttausende und schauen beim Umzug auf dem Santa Monica Blvd zu. Im übrigen Jahr herrscht u. a. an den folgenden Locations Partystimmung. Ausgehtipps findet man in kostenlosen Szenemagazinen sowie unter www.losangeles.gaycities.com.

WeHo

Abbey BAR

(Karte S. 78; www.abbeyfoodandbar.com; 692 N Robertson Blvd; Hauptgerichte 9–24 US$; ⏲9–2 Uhr) Das wichtigste Bar-Restaurant für Schwule in L. A. Man kann hier u. a. im begrünten Hof oder in der schicken Lounge abhängen oder feiern. Gäste laben sich an Martinis, Mojitos und gehobenem Kneipenessen.

Eleven BAR

(Karte S. 78; www.eleven.la; 8811 Santa Monica Blvd; Hauptgerichte 13–29 US$; ⏲Di–So 18–22, Sa & So 11–15 Uhr) Der glamouröse Treff in einem historischen Gebäude serviert neue amerikanische Küche und bietet Themenabende von „Musical Mondays" bis zu dynamischen Dance-Partys. Die Events der Club-Abende stehen auf der Website.

Silver Lake

Akbar BAR

(www.akbarsilverlake.com; 4356 W Sunset Blvd) Die beste Jukebox der Stadt, Kasbah-Atmosphäre und ein Publikum, das fast stündlich wechselt: Schwule, Heteros und Hipster (die aber nicht so hip sind, dass es nervt). Der hintere Raum wird als Dancefloor, Comedy-Bühne, für Kunsthandwerkskurse oder für „Bears in Space" genutzt.

MJ's CLUB

(www.mjsbar.com; 2810 Hyperion Ave) Beliebter Treff mit Tanzabenden, aktiver Partnersuche und dem „Pornodarsteller der Woche". Junges, aber buntes Publikum.

Strandorte

Roosterfish BAR

(Karte S. 82; www.roosterfishbar.com; 1302 Abbot Kinney Blvd, Venice) Trotz über 30 Jahren Dienstzeit wirkt die letzte verbliebene Schwulenbar der Westside immer noch aktuell und cool. Es gibt einen Pooltisch und eine Terrasse. Viel los ist am Freitagabend.

Silver Fox BAR

(www.silverfoxlongbeach.com; 411 Redondo Ave, Long Beach) Dieser Tummelplatz des schwulen Long Beach wird von allen Altersgruppen besucht, besonders an Karaoke-Abenden. Die Läden der Retro Row sind wenige Autominuten entfernt.

können sich dahinter alle möglichen Stars verbergen, die zu einer kleinen spontanen Session vorbeischauen.

Hotel Café LIVEMUSIK

(Karte S. 74; www.hotelcafe.com; 1623-1/2 N Cahuenga Blvd; Tickets 10–15 US$) Im angesagten Laden für Livemusik treten zwar ab und an Größen wie Suzanne Vega auf, vor allem aber ist er eine Plattform für engagierte Nachwuchs-Liedermacher. Man sollte früh kommen und den Eingang an der Gasse benutzen.

McCabe's Guitar Shop LIVEMUSIK
(☎310-828-4403; www.mccabes.com; 3101 Pico Blvd, Santa Monica) In diesem Musikermekka werden Gitarren und andere Instrumente verkauft. Künstler wie Jackson Browne, Liz Phair oder Michelle Shocked spielen live im winzigen Hinterzimmer.

Klassische Musik & Oper

Los Angeles Philharmonic ORCHESTER
(Karte S. 70; ☎323-850-2000; www.laphil.org; 111 S Grand Ave, Downtown) In der Walt Disney Concert Hall präsentieren L.A.s Weltklasse-Philharmoniker Klassiker und topaktuelle Stücke unter Leitung des venezolanischen Dirigenten-Phänomens Gustavo Dudamel.

Hollywood Bowl AMPHITHEATER
(☎323-850-2000;www.hollywoodbowl.com;2301 N Highland Ave, Hollywood; ⊙Ende Juni–Sept.) Das historische natürliche Amphitheater ist die Sommerheimat des L.A. Phil und zudem ein toller Ort, um Rock-, Jazz-, Blues- oder Popgrößen zuzuhören. Da heißt es früh kommen und ein Picknick vor der Show genießen (Alkohol erlaubt).

Los Angeles Opera OPER
(Karte S. 70; ☎213-972-8001; www.laopera.com; Dorothy Chandler Pavilion; 135 N Grand Ave, Downtown) Das renommierte Opernensemble um Plácido Domingo setzt auf massentaugliche Klassiker.

Theater

Centre Theatre Group THEATER
(☎213-628-2772; www.centretheatregroup.org) Das Programm aus neuen Stücken, Klassikern und Musicals (z.B. tourende Broadway-Produktionen) wird an gleich drei Orten präsentiert: Im Ahmanson Theatre (Karte S. 70) und im Mark Taper Forum (Karte S. 70) in Downtown L.A. sowie im Kirk Douglas Theatre. Wer „Hot Tix" (20 US$) will, muss anrufen.

Actors' Gang THEATER
(www.theactorsgang.com; 9070 Venice Blvd, Culver City) Die von Tim Robbins mitbegründete sozialkritische Truppe hat für kühn-innovative Inszenierungen klassischer und neuer, aus Ensemble-Workshops hervorgegangener Stücke schon viele Preise gewonnen.

Will Geer Theatricum Botanicum AMPHITHEATER
(www.theatricum.com; 1419 N Topanga Canyon Blvd, Malibu) Zauberhaftes Sommertheater im Wald.

Sport

Dodger Stadium BASEBALL
(www.dodgers.com; 1000 Elysian Park Dr, Downtown) Das Major-League-Baseballteam von L.A. spielt von April bis Oktober in diesem legendären Stadion.

Staples Center SPORT
(Karte S. 70; www.staplescenter.com; 1111 S Figueroa St, Downtown) In der mit allen Hightech-Schikanen ausgerüsteten und an eine fliegende Untertasse erinnernden Halle spielen die drei Basketballteams – die Lakers, die Clippers und die Sparks – sowie das Eishockeyteam Kings. Außerdem treten hier auch Popstars wie Britney Spears oder Katy Perry auf.

Shoppen

Der **Rodeo Drive** (zw. Wilshire & Santa Monica Blvd) in Beverly Hills ist die vielleicht berühmteste Einkaufsstraße der Welt, aber L.A. hat Shoppingsüchtigen noch viel mehr zu bieten. Modefreaks mit Paparazzi im Schlepptau strömen zum **Robertson Boulevard** (zw. Beverly Blvd & 3rd St) und zur **Montana Avenue** (zw. Lincoln Blvd & 20th St) in Santa Monica. Die **Melrose Avenue** (zw. San Vicente Blvd & La Brea Ave) in Hollywood und West Hollywood ist bei männlichen Trendsettern immer noch beliebt.

Groovige Platten gibt's in Hollywood bei **Amoeba Music** (Karte S. 74; ☎323-245-6400; 6400 W Sunset Blvd). Weiter östlich in Silver Lake findet man coolen Kitsch, Sammlerstücke und Produkte einheimischer Jungdesigner, vor allem im Bereich der **Sunset Junction** (Sunset Blvd, zw. Santa Monica & Griffith Park Blvd). Weitere Zonen ohne Ladenketten sind die Main St in Santa Monica, der Abbot Kinney Blvd in Venice und der Larchmont Blvd in Hollywood.

In Long Beach gibt's in der **Retro Row** (E 4th St, zw. Junipero & Cherry Ave) jede Menge Läden, die Vintage-Klamotten und Möbel der 1950er-Jahre zu Preisen zwischen annehmbar und deftig verkaufen.

Kauflustige mit einer Vorliebe für Couture und kleinem Geldbeutel sind in den Marktvierteln von Downtown richtig. Der 90 Blocks umfassende **Fashion District** (Karte S. 70; www.fashiondistrict.org) bietet eine spannende Auswahl von Probe-, Ausverkaufsstücken und Originalentwürfen zu radikal reduzierten Preisen. Die Atmosphäre erinnert eher an einen Straßenmarkt als an den Rodeo Dr, und überall wird gefeilscht. Gold und Diamanten sind

KLEIDER MACHEN LEUTE

Einmal wie ein Filmstar aussehen – in Originalklamotten? Von Trägerhemd bis zum Smoking verkauft **It's a Wrap** (Karte S. 78; ☎310-246-9727; www.itsawrap.com; 1164 S Robertson Blvd, Mid-City; ⌚Mo–Fr 11–20, Sa & So bis 18 Uhr) tonnenweise Schauspieler- und Statistenkostüme aus Fernseh- und Filmproduktionen. Codierte Etiketten ermöglichen es, herauszufinden, wer die Sachen einst getragen hat.

die Hauptthemen im **Jewelry District** (Karte S. 70) an der Hill St, und der seit 1913 bestehende **Flower Market** (Karte S. 70; Wall St, zw. 7th & 8th St; Eintritt Mo–Fr/Sa 2/1 US$; ⌚Mo, Mi & Fr 8–12, Di, Do & Sa ab 6 Uhr) ist der größte Blumenmarkt des Landes.

Zu den Buchläden zählen **Book Soup** (☎310-659-3110; www.booksoup.com; 8818 W Sunset Blvd, West Hollywood), wo häufig Prominente gesichtet werden, und **Distant Lands** (www.distantlands.com; ☎626-449-3220; 56 S Raymond Ave, Pasadena), eine Schatztruhe voller Reiseliteratur und Gadgets.

Schnäppchenjäger lassen sich die beiden führenden Flohmärkte von L.A. nicht entgehen:

Rose Bowl Flea Market FLOHMARKT
(www.rgcshows.com; 1001 Rose Bowl Dr, Pasadena; Eintritt 8–20 US$; ⌚2. So im Monat 5–16.30 Uhr) Die Mutter aller Flohmärkte mit mehr als 2500 Ständen. Einmal im Monat.

Melrose Trading Post FLOHMARKT
(Karte S. 78; www.melrosetradingpost.com; Fairfax High School, 7850 Melrose Ave, West Hollywood; Eintritt 2 US$; ⌚So 9–17 Uhr) Trendsetter schauen sich auf dem guten, wöchentlich stattfindenden Flohmarkt nach Retro-Schätzen um.

Praktische Informationen

Geld

Travelex (☎310-659-6093; US Bank, 8901 Santa Monica Blvd, West Hollywood; ⌚Mo–Do 9–17, Fr bis 18, Sa bis 13 Uhr)

Infos im Internet

Daily Candy LA (www.dailycandy.com) Appetithappen aus dem stylishen L.A.

Discover Los Angeles (http://discoverlosangeles.com) Offizielle Website der Touristeninformation.

Gridskipper LA (www.gridskipper.com/travel/los-angeles) Urbaner Reiseführer für Unkonventionelle.

LA Observed (www.laobserved.com) Nachrichtenblog, der Infos aus anderen Medien zusammenfasst, ihnen oft aber auch eine Nasenlänge voraus ist.

LA.com (www.la.com) Führer mit Insidertipps zu Einkaufsmöglichkeiten, Restaurants, Nachtlokalen und Events.

Internetzugang

Cafés wie die lokale Kette **Coffee Bean & Tea Leaf** (www.cbtl.com) bieten häufig WLAN-Zugang für Gäste an. In den Bibliotheken hat man ebenfalls kostenlosen Internetzugang.

Los Angeles Public Library (☎213-228-7000; www.lapl.org; 630 W 5th St, Downtown; WLAN)

Santa Monica Public Library (☎310-458-8600; www.smpl.org; 601 Santa Monica Blvd; WLAN)

Medien

KCRW 89.9 FM (www.kcrw.org) Der Sender des National Public Radio (NPR) mit Sitz in Santa Monica sendet avantgardistische Musik und gut ausgewählte Berichte zum öffentlichen Geschehen.

KPCC 89.3 FM (www.kpcc.org) Dieser NPR-Sender aus Pasadena bringt NPR- und BBC-Beiträge sowie anspruchsvolle örtliche Talkshows.

LA Weekly (www.laweekly.com) Kostenloses Alternativ-Magazin mit Nachrichten und Verzeichnissen.

Los Angeles Magazine (www.losangelesmagazine.com) Monatlich erscheinendes Lifestyle-Magazin mit nützlichem Restaurantführer.

Los Angeles Times (www.latimes.com) Die führende Tageszeitung des Westens steckt trotz Dutzender Pulitzer-Preise in der Krise, ist aber immer noch nützlich.

Notfall & Medizinische Versorgung

Cedars-Sinai Medical Center (☎310-423-3277; 8700 Beverly Blvd, West Hollywood; ⌚Notaufnahme 24 Std.)

Rite-Aid-Apotheken (☎800-748-3243) Die nächstgelegene Filiale einfach telefonisch ermitteln; einige sind sogar rund um die Uhr geöffnet.

Post

Die nächstgelegene Filiale lässt sich telefonisch unter ☎800-275-8777 oder im Internet unter www.usps.com finden.

Telefon

Für L.A. County gelten zehn verschiedene Ortsvorwahlen. Bei allen Telefonaten müssen vor der Anschlussnummer die „1" und die jeweilige Ortsvorwahl gewählt werden.

Touristeninformation

Beverly Hills (☎310-248-1015; www.lovebeverlyhills.org; 239 S Beverly Dr; ⊙Mo–Fr 8.30–17 Uhr)

Downtown L. A. (☎213-689-8822; http://discoverlosangeles.com; 685 S Figueroa St; ⊙Mo–Fr 8.30–17 Uhr)

Hollywood (☎323-467-6412; http://discoverlosangeles.com; Hollywood & Highland Complex, 6801 Hollywood Blvd; ⊙Mo–Sa 10–22, So bis 19 Uhr)

Long Beach (☎562-628-8850; www.visitlongbeach.com; 3. Stock, One World Trade Center; ⊙Juni–Sept. So–Do 11–19, Fr & Sa 11.30–19.30 Uhr, Okt.–Mai Fr–So 10–16 Uhr)

Santa Monica (☎310-393-7593; www.santamonica.com) Visitor Center (1920 Main St; ⊙9–18 Uhr); Informationskiosk (☎1400 Ocean Ave; ⊙Juni–Aug. 9–17 Uhr, Sept.–Mai 10–16 Uhr)

An- & Weiterreise

Auto

Die üblichen internationalen Autovermieter sind mit Filialen überall in Los Angeles vertreten (Näheres zu zentralen Reservierungshotlines und Websites steht auf S. 517).

Bus

Der **Greyhound-Hauptbusbahnhof** (☎213-629-8401; 1716 E 7th St) liegt in einer zwielichtigen Ecke von Downtown. Man sollte besser nicht nach Einbruch der Dunkelheit hier aufschlagen! Einige Busse fahren direkt zum Busbahnhof von **Hollywood** (☎323-466-6381; 1715 N Cahuenga Blvd).

Flugzeug

Das Hauptzugangstor nach L. A. ist der **Los Angeles International Airport** (LAX; ☎310-646-5252; www.lawa.org/lax), der zu den fünf Flughäfen der Welt mit dem größten Verkehrsaufkommen zählt. Der kostenlose Shuttlebus A verbindet die neun Terminals jeweils auf der unteren Ebene (Ankunft). Auch die Shuttles von Hotels und Autovermietern halten dort.

Der **Long Beach Airport** (LGB) und der **Bob Hope Airport** (BUR) in Burbank wickeln hauptsächlich Inlandsflüge ab.

Zug

Die Amtrak-Züge nutzen die historische **Union Station** (☎800-872-7245; www.amtrak.com; 800 N Alameda St) in Downtown. Der *Pacific Surfliner* fährt täglich nach San Diego (36 US$, 2¾ Std.), Santa Barbara (29 US$, 2½ Std.) und San Luis Obispo (40 US$, 4¾ Std.).

Unterwegs vor Ort

Auto & Motorrad

Wer nicht viel Zeit hat oder ganz knapp bei Kasse ist, wird in L. A. per Auto unterwegs sein. Auto fahren muss in der Stadt nicht mühsam sein (GPS ist hilfreich), allerdings muss man in der Rushhour (ca. 7.30–9 & 16–18.30 Uhr) mit einer der grässlichsten Verkehrssituationen im Land rechnen.

Motels und günstigere Hotels haben in der Regel kostenlose Parkplätze, während teurere Adressen für das Abstellen des Autos eine Gebühr verlangen (8–36 US$). Bessere Restaurants, Hotels und Veranstaltungsorte haben oft einen Parkservice (2,50–10 US$).

Die Abschnitte zu den einzelnen Stadtvierteln unter „Sehenswertes" weisen auf jeweilige Parkmöglichkeiten vor Ort hin.

Vom/Zum Flughafen

Die Tür-zu-Tür-Shuttlebusse von **Prime Time** (☎800-473-3743; www.primetimeshuttle.com) und **Super Shuttle** (☎310-782-6600; www.supershuttle.com) fahren ab der unteren Ebene aller Terminals (nach Santa Monica/Hollywood/Downtown ca. 20/25/16 US$). Der **Disneyland Express** (☎714-978-8855; www.grayline.com) fährt mindestens stündlich zwischen dem LAX und den Hotels auf dem Disneyland-Gelände (einfache Strecke/hin & zurück 22/32 US$).

Fahrzeugabfertiger am Straßenrand besorgen einem ein Taxi. Für die Fahrt nach Downtown L. A. gilt ein Pauschalpreis von 46,50 US$. Ansonsten gelten die üblichen Fahrpreise (2,85 US$ Grundgebühr zzgl. 2,70 US$/Meile), sodass sich für Fahrten nach Santa Monica ein Fahrpreis von ca. 30 US$, nach Hollywood von ca. 42 US$ und nach Disneyland von ca. 90 US$ ergibt. Bei Taxifahrten ab dem LAX wird außerdem ein Zuschlag von 4 US$ fällig. **LAX Flyaway Buses** (☎866-435-9529; www.lawa.org) verbindet die LAX-Terminals direkt (ca. 5–24 Uhr; alle 30 Min.) mit Westwood (5 US$, 30 Min.) und der Union Station (7 US$, 45 Min.) in Downtown L. A.

Andere öffentliche Verkehrsmittel sind langsamer und unkomfortabler, aber billiger. Von der unteren Ebene aller Terminals starten kostenlose Shuttlebusse zu Parkplatz C direkt neben dem LAX Transit Center, der Drehscheibe für Busse in alle Gebiete von L. A. Alternativ fährt Shuttlebus G zur Aviation Station, wo die Metro-Green-Line-Stadtbahn hält, mit der man Anschluss an die Blue Line nach Downtown L. A. oder Long Beach (40 Min.) hat.

Öffentliche Verkehrsmittel

Die Einzelfahrscheine kosten 1,50 US$ (wer umsteigen muss, kauft beim Einstieg einen Umsteigefahrschein). Die Umsteigetickets gelten nicht für den Wechsel von Zug zu Bus oder umgekehrt, aber mit der „TAP Card" (pro Tag/Woche/Monat

ES GIBT SIE: FUSSGÄNGER IN L.A.

No one walks in L. A. („In L. A. geht keiner zu Fuß") sang die Band Missing Persons in den 1980er-Jahren. So war das damals. Genervt von Staus, Smog und hohen Benzinpreisen entwickeln die Menschen der Stadt, die einst der Inbegriff der Autokultur war, nun eine Fußgängerkultur. Die Angelenos ziehen in dichter besiedelte Stadtviertel; sie gehen zu Fuß, fahren Rad und nutzen öffentliche Verkehrsmittel.

Die U-Bahnstrecke Metro Red Line verbindet die Union Station in Downtown L. A. über Koreatown, Hollywood und Universal Studios mit dem San Fernando Valley. Wenn man in der Nähe einer der kunstvoll gestalteten Bahnhöfe absteigt, braucht man kein Auto. Die Tagestickets sind mit 6 US$ absolut günstig, und außerdem ist man angesichts der legendären Verkehrsstaus in L. A. auf unterirdischer Route oft auch noch schneller am Ziel.

Die „U-Bahn ans Meer" ist noch ein Fernziel – um nach Mid-City, Beverly Hills, Westwood und Santa Monica zu kommen, ist man derzeit noch auf Busse angewiesen. Die besten Anschlüsse bietet die Schnellbuslinie Rapid 720 (Station Wilshire/Vermont der Red Line bzw. Wilshire/Western der Purple Line); der Bus hält an einigen Haltestellen am Wilshire Blvd. Weitere Infos finden sich unter www.metro.net.

6/20/75 US$) kann man unbegrenzt fahren. Zugtickets und TAP Cards gibt's an den Automaten in allen Bahnhöfen, weitere Verkaufsstellen sind unter metro.net zu finden.

Lokale **DASH-Minibusse** (☎eigene Ortsvorwahl + 808-2273; www.ladottransit.com; Fahrpreis 0,35 US$) fahren in Downtown und in Hollywood. Von Santa Monica aus bedient **Big Blue Bus** (☎310-451-5444; www.bigbluebus.com, Fahrpreis 1 US$) den Großteil des westlichen Stadtgebiets und den Flughafen. Der Expressbus 10 (Freeway Express) dieses Unternehmens verbindet Santa Monica mit Downtown L. A. (2 US$, 1 Std.).

Bei der Reiseplanung hilft **Metro** (☎800-266-6883; www.metro.net); das Unternehmen betreibt neben rund 200 Buslinien auch die sechs U-Bahn- bzw. Straßenbahnlinien:

Blue Line von Downtown (7th St/Metro Center) nach Long Beach.

Expo Line von Downtown (7th St/Metro Center) über Exposition Park nach Culver City (die geplante Eröffnung im Januar 2012 konnte nicht stattfinden – die Arbeiten dauern noch an).

Gold Line von der Union Station nach Pasadena und East L. A.

Green Line von Norwalk nach Redondo Beach.

Purple Line von Downtown nach Koreatown.

Red Line von der Union Station über Downtown, Hollywood und Universal Studios nach North Hollywood.

Taxi

Taxis warten nur vor den Flughäfen, Bahnhöfen, Busbahnhöfen und größeren Hotels direkt auf Passagiere, ansonsten bestellt man sie am besten telefonisch. Die Taxis fahren mit Taxameter, der Fahrpreis beträgt 2,85 US$ Grundgebühr plus 2,70 US$ pro Meile. Die Taxifahrer, die am Flughafen warten, akzeptieren Kreditkarten, wenn auch zuweilen widerwillig.

Checker (☎800-300-5007)

Independent (☎800-521-8294)

Yellow Cab (☎800-200-1085)

KALIFORNISCHE SÜDKÜSTE

Disneyland & Anaheim

Die Mutter aller Themenparks der Westküste und der angeblich „glücklichste Ort auf Erden" – Disneyland – bildet eine zugleich blitzsaubere, bezaubernde und irrwitzige Parallelwelt. Da der Park kleiner und etwas bescheidener ist als Disneyworld in Florida, ist manchen Besuchern gar nicht klar, dass Disneyland der ursprüngliche Themenpark von Walt Disney war. Dieser träumte seinen berühmten Traum von einem „magischen Park", in dem Kinder und ihre Eltern gemeinsam Spaß haben sollten. Trotz seiner Visionen von Wasserfällen, Schlössern und gigantischen Teetassen war Disney aber auch ein praktisch denkender Geschäftsmann. Und so beschloss er, seinen fantastischen Park dort zu errichten, wo er vom Großraum Los Angeles aus leicht zu erreichen war.

Der Park wurde 1955 mit großem Tamtam eröffnet, und Anaheim wuchs um ihn herum; heute umfasst das Disneyland Resort den ursprünglichen Park und den neueren California Adventure Park. Obwohl die Stadt Anaheim keine besonders ausgeprägte eigene, von Disney unabhängige Identität besitzt, sorgen – vor allem nach ernsthaften Revitalisierungsprojekten in den 1990er-Jahren – ein paar Attraktionen und ein großes Konferenzzentrum dafür, dass auch Besucher kommen, die nicht vor dem Sleeping Beauty Castle posieren.

Sehenswertes & Aktivitäten

Es ist möglich, beide **Parks** (☎714-781-4565, 714-781-4400; www.disneyland.com; 1313 Harbor Blvd, Anaheim; Tageskarte Erw./Kind 3–9 Jahre 80/74 US$, beide Parks 105/99 US$) an einem Tag zu besuchen. Doch wer alle Rides („Fahrgeschäfte") erleben will, braucht mindestens zwei (beim Besuch beider Parks mindestens drei) Tage, da die Wartezeiten bei Top-Attraktionen eine Stunde und mehr betragen können. Um die Wartezeit, vor allem im Sommer, zu reduzieren, sollte man werktags kommen, noch vor der Öffnung, und auf das Fastpass-System zurückgreifen, durch das man für ausgewählte Attraktionen einen festen Termin erhält. Im Angebot sind diverse Mehrtagestickets. Sonderangebote und die saisonalen Öffnungszeiten gibt's auf der Website. Parkplätze kosten 15 US$.

Disneyland — VERGNÜGUNGSPARK

Das makellose, saubere Disneyland entspricht immer noch Walts ursprünglichen Plänen: Die **Main Street USA**, eine hübsche Straße mit altmodischen Eisdielen und Läden, bildet den Zugang zum Park. Während Kids meist schnurstracks zu den Rides wollen, werden Erwachsene an den alten Fotos und historischen Exponaten der **Disneyland Story** gleich innerhalb des Hauptparkeingangs ihren Spaß haben: Great Moments with Mr. Lincoln.

Am anderen Ende der Straße steht das Sleeping Beauty Castle, *das* Fotomotiv schlechthin und ein zentrales Wahrzeichen, dessen hohe, blaue Turmspitzen von vielen Arealen des Parks aus zu sehen sind. Die einzelnen Teile Disneylands liegen rund um den Bau herum. **Fantasyland** ist das beste Ziel, um Prinzessinnen und anderen kostümierten Figuren zu begegnen; hier befinden sich auch ein paar berühmte Rides wie die rotierenden Teetassen der Mad Tea Party, Peter Pan's Flight und It's a Small World. Mehr Tempo versprechen die Achterbahn Space Mountain in **Tomorrowland** und das beliebte Indiana Jones Adventure in **Adventureland**. In der Nähe wartet auch der **New Orleans Square** mit mehreren lohnenden Attraktionen auf: dem Haunted Mansion (für ältere Kinder nicht zu gruselig) und dem zauberhaften Ride Pirates of the Caribbean, wo über das Wasser geschossen wird, Mädchen versteigert werden und der mechanische Jack Sparrow gruselig lebensecht wirkt. Eine weitere beliebte Achterbahn ist die Big Thunder Mountain Railroad im Wildwestteil des **Frontierland**. Mit kleinen Kindern im Schlepptau wird man auch einige Zeit im auf sie ausgerichteten **Critter Country** und in **Mickey's Toontown** verbringen.

Disney's California Adventure — VERGNÜGUNGSPARK

Der größere und weniger überlaufene Park des Disneyland Resort feiert die Natur und die Kultur des Golden State, hat aber nicht so viele Attraktionen und bleibt auch in Sachen Fantasie hinter Disneyland zurück. Die besten Rides sind die virtuellen Drachenflüge bei Soarin' Over California und der berühmte Twilight Zone Tower of Terror, in dem man in einem Fahrstuhl 56 m in die Tiefe saust.

Downtown Disney — PLAZA

Die Freiluft-Fußgänger-Mall des Disney Resort liegt zwischen beiden Parks; hier hat man die Möglichkeit, in den Läden, Restaurants und Veranstaltungsstätten noch mehr Geld auszugeben.

Schlafen

In der umliegenden Stadt Anaheim sind jede Menge Hotelketten vertreten.

Disney's Grand Californian Hotel & Spa — LUXUSHOTEL $$$

(☎714-635-2300; http://disneyland.disney.go.com/grand-californian-hotel; 1600 S Disneyland Dr; DZ 384–445 US$; P ❄ 📶 ≋ 👪) An der Promenade von Downtown Disney liegt der Eingang zu diesem Hotel im Arts-and-Crafts-Stil, in dem man sich verwöhnen lassen kann. Es gibt familienfreundliche Schnitzeljagden, Swimmingpools neben privaten Cabanas und einen eigenen Eingang zum California Adventure. Nichtgäste können den Glamour des Hotels erleben, indem sie zum Mittagessen oder auf ein Glas Wein im Napa Rose vorbeischauen, dem Wein- und Speiselokal vor Ort; reservieren kann man bei **Disney Dining** (☎714-781-3463).

Lemon Tree Hotel — HOTEL $$

(☎866-311-5595; http://lemon-tree-hotel.com; 1600 E Lincoln Ave; Zi. 89–119 US$, Suite 159 US$;

Disneyland Resort

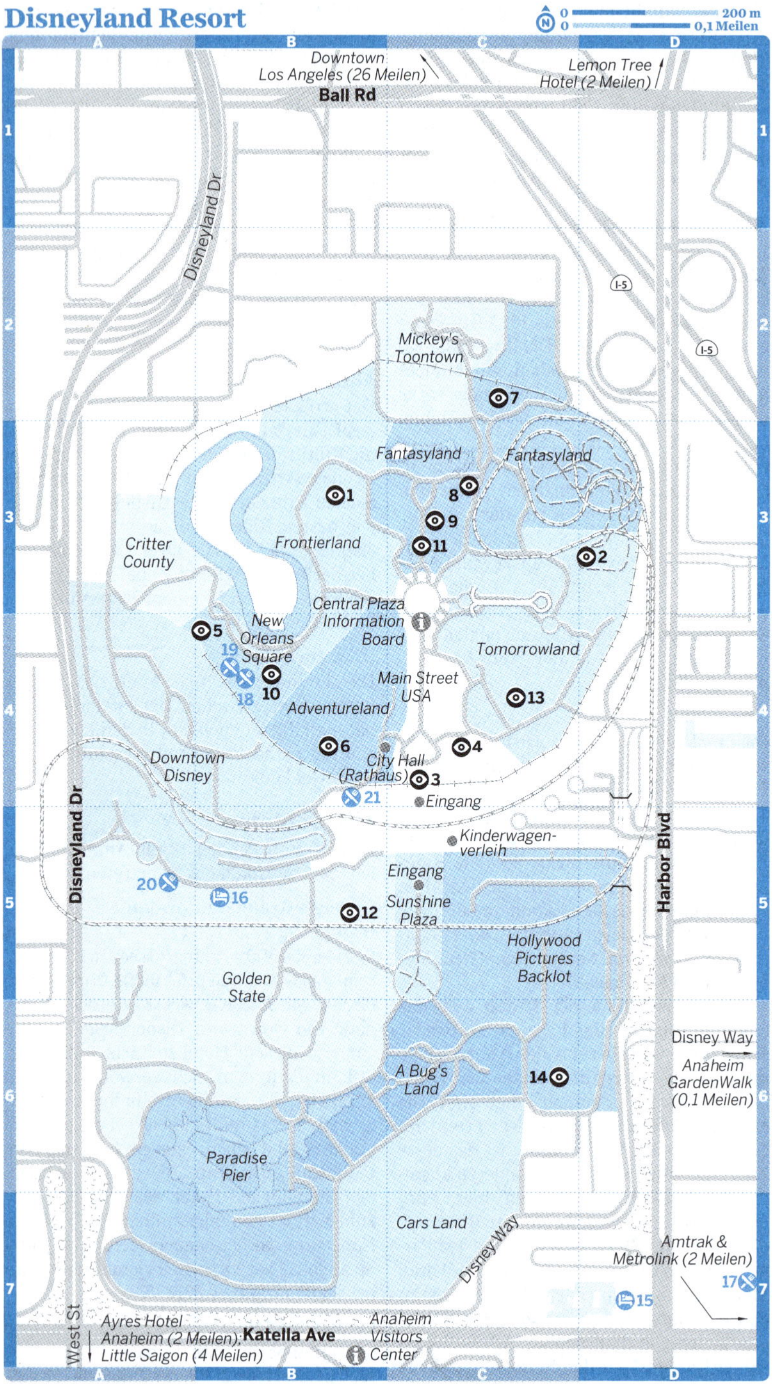

Disneyland Resort

Sehenswertes

1	Big Thunder Mountain Railroad	B3
2	Disneyland Monorail	D3
3	Disneyland Railroad Station	C4
4	Disneyland Story: Great Moments with Mr. Lincoln	C4
5	Haunted Mansion	B4
6	Indiana Jones Adventure	B4
7	It's a small world	C2
8	Mad Tea Party	C3
9	Peter Pan's Flight	C3
10	Pirates of the Caribbean	B4
11	Sleeping Beauty Castle	C3
12	Soarin' Over California	B5
13	Space Mountain	C4
14	Twilight Zone Tower of Terror	C6

Schlafen

15	Candy Cane Inn	D7
16	Disney's Grand Californian Hotel & Spa	B5

Essen

17	Anaheim GardenWalk	D7
18	Blue Bayou	B4
19	Café Orleans	B4
20	Catal Restaurant & Uva Bar	A5
	Napa Rose	(siehe 16)
21	Picknickplatz	B4

(P ❄ 📶 🏊) Disney-Besucher wie Traveller auf einem Roadtrip schätzen das tolle Preis-Leistungs-Verhältnis und die Grillgemeinschaftsbereiche dieses Gasthauses, das Australier betreiben. Zu den einfachen, aber ansprechenden Unterkünften gehören auch Studios mit Kochnischen sowie eine Suite für drei Personen mit zwei Zimmern und Küche, die für Familien ideal ist.

Ayres Hotel Anaheim HOTEL $$
(☎714-634-2106; www.ayreshotels.com/anaheim; 2550 E Katella Ave; Zi. 129–149 US$; P ❄ @ 📶 🏊) Etwas gehobener, aber immer noch günstig, ist dieses Hotel im französischen Landhausstil, zu dessen Extras kostenlose abendliche Empfänge, große Flachbildfernseher und Federbetten zählen.

Candy Cane Inn MOTEL $$
(☎714-774-5284; www.candycaneinn.net; 1747 S Harbor Blvd; Zi. 123–144 US$; P ❄ 📶 🏊 👪) Bei diesem blumengeschmückten, familienfreundlichen Motel sind im Preis die Benutzung des Fitnessstudios und ein kontinentales Frühstück am Pool inbegriffen.

Essen

Es gibt Dutzende Möglichkeiten, sich innerhalb der Themenparks zu verpflegen – es gehört einfach mit dazu, sich an den Ständen mit sauren Gurken, Truthahnkeulen oder mit zuckerbestäubten Churros vollzustopfen. Wenn man sich einmal hinsetzen muss, sind u.a. das wie eine Cafeteria aufgemachte **Café Orleans** am New Orleans Square, wo man Jambalaya und Mint-Juleps (alkoholfrei – wie alles im Park) bekommt, und das überraschend romantische Restaurant **Blue Bayou** im Pirates-of-the-Caribbean-Komplex ideal. Zu jeder Tageszeit fühlt man sich bei Letzterem, als äße man draußen unter den Sternen, während die Boote des Rides friedlich vorbeidümpeln. Bei **Disney Dining** (☎714-781-3463) kann man für diese und die anderen Lokale im Disneyland Resort reservieren und sich informieren, auch über die Angebote in Sachen Character Dining (Essen mit Disney-Figuren). Besucher mit kleinerem Budget und Familien mit Kindern wissen den Picknickplatz vor dem Parkhaupteingang zu schätzen; in der Nähe gibt's Schließfächer, in denen man seine Picknickutensilien einschließen kann, wenn man morgens zum Park kommt.

Downtown Disney bietet durchschnittliche, aber familienfreundliche Restaurantketten; gleiches gilt für den **Anaheim GardenWalk**, eine Freiluftmall an der Katella Ave in der Nähe der Parks.

Catal Restaurant & Uva Bar MEDITERRAN $$$
(☎714-774-4442; www.patinagroup.com/catal; 1580 S Disneyland Dr; Frühstück 9–14 US$, Abendessen 23–38 US$; ⌚8–22 Uhr; 👪) Wer etwas raffiniertere Küche sucht, ohne den Disney-Parkplatz verlassen zu müssen, ist mit der mediterran inspirierten Küche und der Cocktailkarte des Catal noch am besten beraten. Einen Platz auf dem Balkon muss man im Voraus reservieren

Little Saigon VIETNAMESISCH $$
Ein paar Stunden Abstand von Micky Maus gefällig? Dann bietet sich die einige Kilometer lange Fahrt Richtung Südwesten in das ethnische Viertel Little Saigon (nahe der Kreuzung der I-405 mit dem Hwy 22) an. Im Geschäftsviertel rund um die Kreuzung Bolsa und Brookhurst Ave gibt es einfache,

ABSTECHER

KNOTT'S BERRY FARM

Disney allein war nicht genug? Noch mehr Rides und Zuckerwatte bietet der kleinere, weniger kommerzielle Wildwest-Vergnügungspark **Knott's Berry Farm** (☎714-220-5200; www.knotts.com; 8039 Beach Blvd, Buena Park; Erw./Kind 3–11 Jahre 57/25 US$; ⌚ab 10 Uhr). Hier kühlen jugendliche Tempofanatiker ihr Mütchen bei einer Reihe ziemlich heftiger Rides. Für Unbehagen im Magen sorgen beispielsweise der hölzerne GhostRider und der Xcelerator im Stil der 1950er-Jahre. Kleine Kinder erfreut deutlich zahmere Unterhaltung im Camp Snoopy. Wenn der Magen es wieder aushält, steht zum Abschluss ein klassisches Fried-Chicken-Dinner bei Mrs. Knott an (Hauptgerichte 12–18 US$). Zeit und Geld spart, wer seine Tickets online ausdruckt. Parkplätze kosten 14 US$ (für Restaurantgäste kostenlos).Das Knotts's schließt zwischen 13 und 17 Uhr, wann jeweils genau, steht auf der Website.

authentische vietnamesische Gerichte. Oft gibt es keine englischsprachige Speisekarte – dann deutet man einfach auf das Foto des Gerichts, das man gerne möchte.

ℹ Praktische Informationen

Infos im Internet

Mouse Wait (www.mousewait.com) Die kostenlose iPhone-App gibt minütlich Updates zu den Wartezeiten bei den Rides und Infos zu sonstigen Events in den Parks.

Touring Plans (www.gaslamp.org) Seit 1985 der inoffizielle Disneyland-Führer: Online-Quelle für Ratschläge ohne Schnickschnack. Hat die Besucherzahlen und eine „Warteschlangen-App" für die meisten Smartphones.

Kinderwagenverleih

Vor dem Haupteingang von Disneyland kann man Kinderwagen für 15 US$ pro Tag (2 Kinderwagen 25 US$) mieten. Sie dürfen in beide Themenparks mitgenommen werden.

Touristeninformation

Anaheim/Orange County Visitor & Convention Bureau (☎714-765-8888; www.anaheimoc.org; 800 W Katella Ave) Hat Karten und Planungsmaterial zur Region und verkauft Tickets.

Central Plaza Information Board (☎714-781-4565; Main St USA, Disneyland Park) Eines von mehreren Informationszentren in den Themenparks.

ℹ Anreise & Unterwegs vor Ort

Das Disneyland Resort liegt gleich abseits der I-5 (Santa Ana Fwy), rund 30 Meilen (48 km) südöstlich von Downtown L. A. Sobald man sich dem Disneygelände nähert, verraten riesige, leicht lesbare, über der Straße angebrachte Schilder, welche Abfahrt man zu den Themenparks, den Hotels oder zu den Straßen von Anaheim zu nehmen hat.

Die Züge halten am Depot neben dem Angel Stadium, eine kurze Shuttle- oder Taxifahrt östlich von Disneyland. Pendlerzüge von **Amtrak** (☎714-385-1448; www.amtrak.com; 2150 E Katella Ave) und **Metrolink** (☎800-371-5465; www.metrolinktrains.com) verbinden Anaheim mit der Union Station in L. A. (14 US$, 50 Min.) sowie mit San Diego (27 US$, 2 Std.).

In den Parks verbindet eine kostenlose Tram das Hauptparkgelände des Disneyland Resort mit Downtown Disney, von wo aus der Haupteingang der Themenparks in einem kurzen Fußmarsch zu erreichen ist. Die Trams verkehren eine Stunde vor der Öffnung von Disneyland bis eine Stunde nach der Schließung des Parks.

Strände des Orange County

Viele, die *O.C., California* oder *Real Housewives* gesehen haben, glauben zu wissen, was sie in der riesigen Vorstadtansammlung zwischen L.A. und San Diego erwartet: Wohlstand, Ansprüche und Ängste. (Und Fans der Serie *Arrested Development* denken bei der Region an gefrorene Bananen, Segways und sich abstrampelnde Schauspieler – ob das realistischer ist?) In der Tat leben viele Menschen im Orange County auf großem Fuß: Shoppen ist ein beliebter Zeitvertreib, Resorts und Restaurants sind auf die wohlhabenden Einwohner ausgerichtet. Daneben aber finden sich eine blühende Künstlergemeinde und prächtige Strände auf 68 km Länge.

Hummer ausfahrende Kerle und Botox-Schönheiten mischen sich unter Surfer und Künstler und geben den Strandorten im Orange County ihr ganz spezielles Flair. **Seal Beach**, gleich hinter der Grenze zwischen dem L.A. County und O.C., ist ein erfrischend unkommerzielles Städtchen mit einem bequem zu Fuß erkundbaren Zentrum, während das mondäne **Huntington Beach** (alias Surf City, USA) quasi den kalifornischen Surferlebensstil verkörpert. Fischtacos und Happy-Hour-Sonderangebote gibt es an der Main St zuhauf.

Als nächstes folgt die schickste der Strandgemeinden von O.C.: **Newport Beach**, das Nirvana der Luxusshopper, bekannt aus *O.C., California*. Familien fühlen sich auf der Balboa Peninsula mit ihren Stränden, dem alten Holzpier und dem idyllischen Vergnügungszentrum am wohlsten. Nahe dem Riesenrad am Hafen bringt die **Balboa Island Ferry** (www.balboaislandferry.com; 410 S Bayfront; Auto & Fahrer/Erw./Kind 2/1/0,50 US$; ⏲6.30–24 Uhr) Passagiere über die Bay zur schicken Balboa Island, wo man Eiswaffeln schleckt, hinter historischen Strandhütten spazieren geht und die Boutiquen an der Marine Ave inspiziert.

Laguna Beach ist der charmanteste und kultivierteste Strandort im Orange County. Hier schaffen abgeschiedene Strände, glatte Wellen und mit Eukalyptusbäumen bedeckte Hügel eine echte Riviera-Atmosphäre. Kunstgalerien sprenkeln den Pacific Coast Hwy, und Lagunas sommerliche Kunstfestivals sind Institutionen. Um mitten im Zentrum des Orts die Naturschönheit der Region kennenzulernen, holt man sich morgens Milchkaffee und Croissants im **C'est La Vie** (www.cestlavierestaurant.com; 373 S Coast Hwy) und genießt sein Frühstück dann auf einer Parkpank mit Blick auf den Ozean – wer mit Kindern unterwegs ist, findet hier einen unglaublich malerischen Spielplatz vor.

LP TIPP Die **Mission San Juan Capistrano** (☎949-234-1300; www.missionsjc.com; Ecke Ortega Hwy & Camino Capistrano; Eintritt mit Audio-Führung Erw./Kind 9/5 US$; ⏲8.30–17 Uhr), rund 10 Meilen (16 km) südlich von Laguna im Binnenland, ist eine der schönsten Missionen Kaliforniens und die einzige Mission in O.C. Sie lockt mit üppigen Gärten und der bezaubernden Serra Chapel.

> **WAS ZUM ...?**
>
> Hat sich das Bild nicht gerade bewegt? Willkommen bei **Pageant of the Masters** (☎949-497-6582; www.pageanttickets.com; Eintritt 15–100 US$; ⏲Juli & Aug. 20.30 Uhr). Auf der Freiluftbühne werden berühmte Gemälde von kostümierten Schauspielern ganz genau nachgestellt. Als Beiwerk zu Laguna Beachs **Festival of the Arts** (www.lagunafestivalofarts.org) fand dieses Schauspiel erstmals 1933 statt und ist seither ein echter Publikumsmagnet. Wir beobachten am liebsten, wenn sich alles wieder auflöst.

San Diego

Gleichermaßen schamlos und zärtlich bezeichnen die Einwohner San Diegos ihre Heimat als „tollste Stadt der Welt“. Selbstgefällig? Vielleicht, aber einfach zu verstehen: Das Küstenklima mit Temperaturen, die das ganze Jahr um 22 °C schwanken, sorgt für perfektes Wetter, und Strände oder Wälder sind selten mehr als zehn Autominuten entfernt. Obwohl die achtgrößte US-Stadt mit 1,3 Mio. Menschen etwa die eineinhalbfache Einwohnerzahl von San Francisco hat, gibt's wohl kaum eine entspanntere Metropole.

Diese dümpelte bis zum Zweiten Weltkrieg noch relativ verschlafen vor sich hin. Der japanische Angriff auf Pearl Harbor veranlasste die US-Marine jedoch, ihre Pazifikflotte von Hawaii in San Diegos natürlichen Hafen zu verlegen. Militär-, Tourismus-, Bildungs- und Forschungssektor (vor allem Medizin und Ozeanografie) sind hier gewachsen – begleitet von grenzübergreifenden Handelsfirmen und Hightech-Unternehmen in landeinwärts gelegenen Tälern. All dies macht San Diego trotz der Nähe zu Mexiko irgendwie amerikanischer als seine kalifornischen Compadres.

Sehenswertes

San Diegos kompakte Innenstadt umschließt das historische Gaslamp Quarter, eine brummende Ansammlung von Restaurants, Bars und Boutiquen. Das Convention Center liegt in direkter südlicher Nachbarschaft. In südwestlicher Richtung führt eine beeindruckende Brücke nach Coronado. Little Italy und der museenreiche Balboa Park (mit dem San Diego Zoo) liegen im Norden. Der Park erstreckt sich bis Hillcrest, dem Zentrum der schwul-lesbischen Gemeinde der Stadt. Weiter westlich liegen das touristische Old Town und der Wasserspielplatz um Mission Bay.

Entlang der Küste in nördlicher Richtung versprühen Ocean Beach, Mission Beach und Pacific Beach den relaxten SoCal-Vibe, das wunderhübsche La Jolla liegt dagegen etwas privilegierter. Der Freeway

I-5 führt von Nord nach Süd durch die Region, der I-8 von Ost nach West. Und der Freeway CA163 verbindet die Innenstadt mit dem nördlichen Balboa Park.

DOWNTOWN

Alonzo Hortons geschickte Grundstücksspekulationen führten 1867 zur Entstehung der New Town, der heutigen Downtown von San Diego. Die 5th Ave ist die Hauptstraße der Downtown. Sie war einst unter dem Namen Stingaree eine berüchtigte Meile aus Saloons, Spielhöllen und Bordellen. Heute ist sie wunderschön restauriert und das pulsierende Zentrum des **Gaslamp Quarter**(KarteS. 102),einerSpielwiesevoller Restaurants, Bars, Clubs, Läden und Galerien. Das kommerzielle Zentrum der Downtown ist die **Westfield Horton Plaza** (Karte S. 102;Broadway&4thSt;P),einebunte,labyrinthische Einkaufsmeile.

In der nördlichen Downtown ist **Little Italy** (Karte S. 102; www.littleitalysd.com) zu einem der angesagtesten Viertel zum Wohnen, Ausgehen und Shoppen geworden. Die Hauptgeschäftsstraße ist die India St.

William Heath Davis House — HISTORISCHES GEBÄUDE

(Karte S. 102; 619-233-4692; www.gaslampquarter.org; 410 Island Ave; Erw./Kind 5/4 US$; Di–Sa 10–18, So 9–15 Uhr) Ein historisches Gesamtbild vermitteln die Exponate in diesem Museum. Das Haus mit dem sich einseitig tief herunterziehenden Dach war einst das Heim von William Heath Davis, dem Mann, dem die Anfänge des modernen San Diego zugeschrieben werden. Besucher können Touren auf eigene Faust machen; die Stiftung veranstaltet außerdem geführte Stadtspaziergänge durch das Viertel (Erw./Kind 10/8 US$; Führung Sa 11 Uhr).

Petco Park — STADION

(Karte S. 102; 619-795-5011; www.padres.com; 100 Park Blvd; Führung Erw./Kind 11/7 US$; Führung Mai–Aug. Di–So 10.30, 12.30 & 14.30 Uhr, April–Sept. 10.30 & 12.30 Uhr, abhängig vom Spielplan) Südöstlich des Gaslamp Quarter liegt eines der neueren Wahrzeichen der Downtown, der Sitz des Baseballteams San Diego Padres. Bei den 80-minütigen Führungen wirft man einen Blick hinter die Kulissen; Highlights sind der Aufwärmbereich des Pitchers und der Pressebereich.

Museum of Contemporary Art — MUSEUM

(Karte S. 102; 858-454-3541; www.mcasd.org; 1001 & 1100 Kettner Blvd; Erw./Kind 10 US$/frei; Do–Di 11–17, 3. Do im Monat bis 19 Uhr, 17–19 Uhr, Eintritt frei) Der Schwerpunkt dieses Museums liegt auf Minimalismus, Pop Art, Konzeptkunst und grenzüberschreitender Kunst. Das 1100 Kettner Bldg befindet sich im historischen Santa Fe Depot. Das Museum hat noch eine Zweigstelle in La Jolla. Das Ticket gilt für alle drei Stätten.

USS Midway Museum — MUSEUM

(Karte S. 102; 619-544-9600; www.midway.org; Navy Pier; Erw./Kind 18/10 US$; 10–17 Uhr) Hier kann man im Rahmen einer Audiotour auf eigene Faust den dienstältesten Flugzeugträger der US-Marine (1945-1991) besichtigen. Zu sehen gibt's die Mannschaftsquartiere, die Kombüse, das Lazarett und natürlich das Flugdeck mit restaurierten Maschinen, darunter einer F-14 Tomcat. Parkplätze kosten 5 bis 7 US$.

Maritime Museum — MUSEUM

(Karte S. 102; 619-234-9153; www.sdmaritime.com; 1492 N Harbor Dr; Erw./Kind 14/8 US$; 9–20 Uhr, Ende Mai–Anfang Sept. bis 21 Uhr) Die *Star of India* von 1863 ist eines von sieben historischen Segelschiffen, die man hier besichtigen kann. Sehenswert ist auch das sowjetische U-Boot B-39 der sowjetischen Kriegsmarine. In der Nähe gibt's Parkplätze mit Parkuhr und Tagesparkplätze für 10 US$.

CORONADO

Coronado Island (Karte S. 99) ist eigentlich nur eine Halbinsel und mit dem Festland über eine hoch aufragende, bumerangförmige Brücke verbunden. Die Hauptattraktion ist das Hotel del Coronado, das für seine viktorianische Architektur und sein illustres Gästebuch bekannt ist, in das sich u.a. Thomas Edison, Brad Pitt und Marilyn Monroe eingetragen haben (in *Manche mögen's heiß* war seine Fassade als die eines Hotels in Miami zu sehen).

Coronado — INSEL

(Karte S. 102; 619-234-4111; www.sdhe.com; Fähre einfache Strecke 4,25 US$; 9–22 Uhr) Stündlich pendeln Fähren zwischen dem Broadway Pier am Embarcadero und dem Coronado Ferry Landing an der 1st St. Dort vermietet **Bikes & Beyond** (619-435-7180; 25 US$/1–2 Std.; 9–20 Uhr) Räder – ideal, um die Seitenstraßen des Zentrums von La Jolla, das Hotel und die Strände zu erkunden.

BALBOA PARK & UMGEBUNG

Balboa Park ist eine städtische Oase mit mehr als einem Dutzend Museen, prächti-

Großraum San Diego

gen Parks, wunderschönen Bauten, Veranstaltungsstätten und dem berühmten Zoo. Die Plazas an der von Osten nach Westen verlaufenden Promenade El Pardo säumen Gebäude im Beaux-Arts- und im spanischen Kolonialstil aus dem frühen 20. Jh. – Überbleibsel von Weltausstellungen. Balboa Park (Parkplätze kostenlos) ist von der Downtown aus mit dem Bus 7 leicht zu erreichen. Eine kostenlose Tram fährt die Besucher auf dem Gelände herum.

Nördlich vom Balboa Park liegt Hillcrest, das Zentrum der Schwulengemeinde von San Diego, in dessen brummenden Restaurants, Boutiquen, Buchläden, Bars und Cafés aber alle willkommen sind. Seinen Bummel sollte man am **Hillcrest Gateway** (Karte S. 99) beginnen, einem Neonbogen nahe der 5th St und der University Ave. North Park ist ein aufstrebendes Viertel mit jungem, urbanem Flair und einer wachsenden Restaurant- und Nightlife-Szene rund um die 30th St und die University Ave.

LP TIPP **San Diego Zoo** ZOO

(Karte S. 99; ☎619-231-1515; www.sandiegozoo.org; 2920 Zoo Dr; Erw./Kind inkl. geführter Bustour & Gondelbahnfahrt 40/30 US$; ⌚ab 9 Uhr) So ziemlich alles, was gleitet, kriecht, stampft, schwimmt, springt oder fliegt, ist in diesem weltberühmten Zoo im Norden des Balboa Park zu finden. Auf den wunderschön gestalteten Anlagen leben mehr als 3000 Tiere, die zu mehr als 800 Arten gehören. Besonders sehenswert sind der riesige Panda Canyon und die rund 3 ha große Elephant Odyssey. Am besten kommt man morgens, wenn die Tiere am aktivsten sind. Wer Wildtiere in freierer Wildbahn erleben möchte, sollte mit einem Kombiticket auch den angeschlossenen **San Diego Safari Park** (☎760-747-8702; 15500 San Pasqual Valley Rd, Escondido; Kombiticket Erw./Kind 76/56 US$) besuchen.

California Building & Museum of Man MUSEUM

(Karte S. 102; ☎619-239-2001; www.museumofman.org; Plaza de California; Erw./Kind/13–17 Jahre 12,50/5/8 US$; ⌚10–16.30 Uhr) Das prächtige California Building beherbergt das Museum of Man, welches erstklassige Töpferwaren, Schmuck, Körbe und andere Artefakte zeigt. Hinter dem Museum liegen die **Old Globe Theaters**, ein historischer Theaterkomplex mit drei Bühnen, auf denen jedes Jahr ein Shakespeare-Festival stattfindet.

Natural History Museum MUSEUM

(Karte S. 102; ☎619-232-3821; www.sdnhm.org; 1788 El Prado; Erw./Kind 17/11 US$; ⌚10–17 Uhr) Das Naturkundemuseum lockt mit Dinosaurierskeletten, einer eindrucksvollen Klapperschlangensammlung, einer Ausstellung zum Thema Erdbeben und mit Naturfilmen in einem Kino mit Großleinwand.

San Diego Automotive Museum MUSEUM

(Karte S. 102; ☎619-231-2886; www.sdautomuseum.org; 2080 Pan-American Plaza; Erw./Kind 8/4 US$; ⌚10–17 Uhr) Die Gebäude rund um die Pan-American Plaza im südlichen Abschnitt des Parks stammen aus der Zeit der Pacific-California Exposition (1935). Im Museum dreht sich alles um polierten Chrom und coole Heckflossen.

San Diego Air & Space Museum MUSEUM

(Karte S. 102; ☎619-234-8291; www.sandiegoairandspace.org; Erw./Kind 16,50/6 US$; ⌚Juni–Aug. 10–17.30 Uhr, Sept.–Mai bis 16.30 Uhr) Zu den Highlights zählen ein originales Spionageflugzeug (Blackbird SR-71) und ein Nachbau von Charles Lindberghs *Spirit of St Louis* sowie die Flugsimulatoren (gegen Aufpreis).

San Diego Museum of Art MUSEUM

(Karte S. 102; ☎619-232-7931; www.sdmart.org; 1450 El Prado, Plaza de Panama; Erw./Kind 12/4,50 US$; ⌚Di–Sa 10–17, So ab 12 Uhr, Juni–Sept. Do bis 21 Uhr) Das Museum ist berühmt für seine Sammlung von Werken alter europäischer Meister sowie seine guten Kollektionen von amerikanischer und asiatischer Kunst.

Mingei International Museum MUSEUM

(Karte S. 102; ☎619-239-0003; www.mingei.org; 1439 El Prado, Plaza de Panama; Erw./Kind 7/4 US$; ⌚Di–So 10–16 Uhr) Das Museum zeigt Volkskunst aus aller Welt und hat einen hübschen Museumsshop.

GRATIS **Timken Museum of Art** MUSEUM

(Karte S. 102; ☎619-239-5548; www.timkenmuseum.org; 1500 El Prado; ⌚Di–Sa 10–16.30, So ab 13.30 Uhr) Das kleine, aber feine Museum zeigt Meisterwerke berühmter europäischer und amerikanischer Meister, z.B. Werke von Rembrandt, Cézanne und John Singleton Copley.

Museum of Photographic Arts MUSEUM

(Karte S. 102; ☎619-238-7559; www.mopa.org; 1649 El Prado; Erw./Kind 8 US$/frei; ⌚Di–So 10–17 Uhr) Hier gibt es künstlerisch anspruchsvolle Fotografie und eine sich noch fortsetzende Filmreihe zu sehen.

San Diego Model Railroad Museum MUSEUM
(Karte S. 102; ☎619-696-0199; www.sdmrm.org; 1649 El Prado; Erw./Kind 7/6 US$; ⏰Di–Fr 11–16, Sa & So bis 17 Uhr) Das Eisenbahnmuseum ist eines der größten seiner Art und besitzt wunderschön gestaltete „Zuglandschaften".

Reuben H. Fleet Science Center MUSEUM
(Karte S. 102; ☎619-238-1233; www.rhfleet.org; 1875 El Prado; Erw./Kind 10/8,75 US$, inkl. Imax-Kino 14,50/11,75 US$; ⏰ab 10 Uhr) Ein auf Familien ausgerichtetes Museum an der Plaza de Balboa mit Exponaten zum Anfassen und einem Imax-Kino.

OLD TOWN & MISSION VALLEY

1769 gründete eine Truppe von Missionaren unter Führung des Franziskanerpaters Junípero Serra die erste der 21 kalifornischen Missionen auf San Diegos Presidio Hill; drum herum entstand ein kleines Dorf *(pueblo)*. Die Stätte erwies sich aber schnell als ungünstig, und so wurde die Mission 1774 rund 11 km flussaufwärts verlegt, näher an konstante Wasservorkommen und fruchtbare Böden heran.

Mission Basilica San Diego de Alcalá KIRCHE
(☎619-281-8449; www.missionsandiego.com; 10818 San Diego Mission Rd; Erw./Kind 3/1 US$; ⏰9–16.45 Uhr) Abgeschieden in einer Ecke des heutigen Mission Valley residiert die „Mutter der Missionen". Seit ihrem Umzug im Jahr 1774 ist sie hier. Bei Sonnenuntergang hat man einen prächtigen Blick auf das Tal und den dahinter liegenden Ozean.

Junípero Serra Museum MUSEUM
(Karte S. 99; ☎619-232-6203; www.sandiegohistory.org; 2727 Presidio Dr; Erw./Kind 6/2 US$; ⏰Sa & So 10–17 Uhr) An der Stelle der ursprünglichen Mission in Old Town steht dieses hübsche Museum, das sich dem Leben in den stürmischen Anfangstagen der Stadt verschrieben hat.

Old Town State Historic Park HISTORISCHE STÄTTE
(Karte S. 99; ☎619-220-5422; www.parks.ca.gov; San Diego Ave, an der Twiggs St; ⏰Visitor Center 10–17 Uhr; Ⓟ) In dem Park stehen fünf originale Adobe-Gebäude und mehrere Nachbauten des ersten *pueblo*, u.a. ein Schulhaus und ein Zeitungsgebäude. In den meisten Bauten sind heute Museen, Läden oder Restaurants untergebracht. Das Visitor Center veranstaltet kostenlose Führungen (tgl. 11 & 14 Uhr).

POINT LOMA

Die Halbinsel legt sich um die sichelförmige San Diego Bay.

Cabrillo National Monument DENKMAL
(Karte S. 99; ☎619-557-5450; www.nps.gov/cabr; pro Auto/Pers. 5/3 US$; ⏰9–17 Uhr; Ⓟ) Von dem Denkmal aus, das dem Anführer der ersten spanischen Entdeckungsreise an die Westküste gewidmet ist, hat man einen atemberaubenden Panoramablick. Der nahe gelegene **Old Point Loma Lighthouse** von 1854 hat bis 1891 Schiffen den Weg gewiesen und ist heute ein Museum.

MISSION BAY & STRÄNDE

Nach dem Zweiten Weltkrieg wurde die sumpfige Mündung des San Diego River in eine 18 km² große Spielwiese aus Parks, Stränden und Buchten verwandelt. Die amöbenförmige Mission Bay liegt nur ein kleines Stück entfernt im Hinterland. Bei Surfern sind der Ocean Beach und der Mission Beach beliebt. Alle Strände eignen sich bestens zum Schwimmen, Drachensteigenlassen und Radfahren (da es kilometerlange asphaltierte Radwege gibt).

An San Diegos drei Hauptstränden blüht der Hedonismus: Armeen gebräunter, straffer Körper tummeln sich im Sand oder im Wasser. Südlich der Mission Bay, am **Ocean Beach** (OB; Karte S. 99), treffen sich die Hippies. Es gibt einen Angelpier, Beachvolleyballfelder, Barbecue in der Abenddämmerung und gute Surfbedingungen. An der Newport Ave finden sich jede Menge lässige Bars, Restaurants und Läden, die Strandbekleidung, Surfausrüstung und Antiquitäten verkaufen.

Westlich der Mission Bay sind der **Mission Beach** (MB) und sein nördlicher Nachbar, der **Pacific Beach** (PB), durch den autofreien **Ocean Front Walk** miteinander verbunden, der das ganze Jahr über von Skatern, Joggern und Radfahrern wimmelt. Der kleine **Belmont Park**, ein Vergnügungspark am MB, lockt mit einer historischen Holzachterbahn und einem großen Hallenbad.

SeaWorld AQUARIUM
(Karte S. 99; ☎619-226-3901; www.seaworld.com/seaworld/ca; 500 SeaWorld Dr; Erw./Kind 3–9 Jahre 70/62 US$; ⏰Juli–Mitte Aug. 9–22, Fr bis 23 Uhr, übriges Jahr verkürzte Öffnungszeiten) In der Hauptsehenswürdigkeit der Mission Bay kann man gut einen ganzen Tag verbringen. Am beliebtesten sind die Tiershows, z.B. Blue Horizons, eine Show mit

Downtown San Diego & Balboa Park

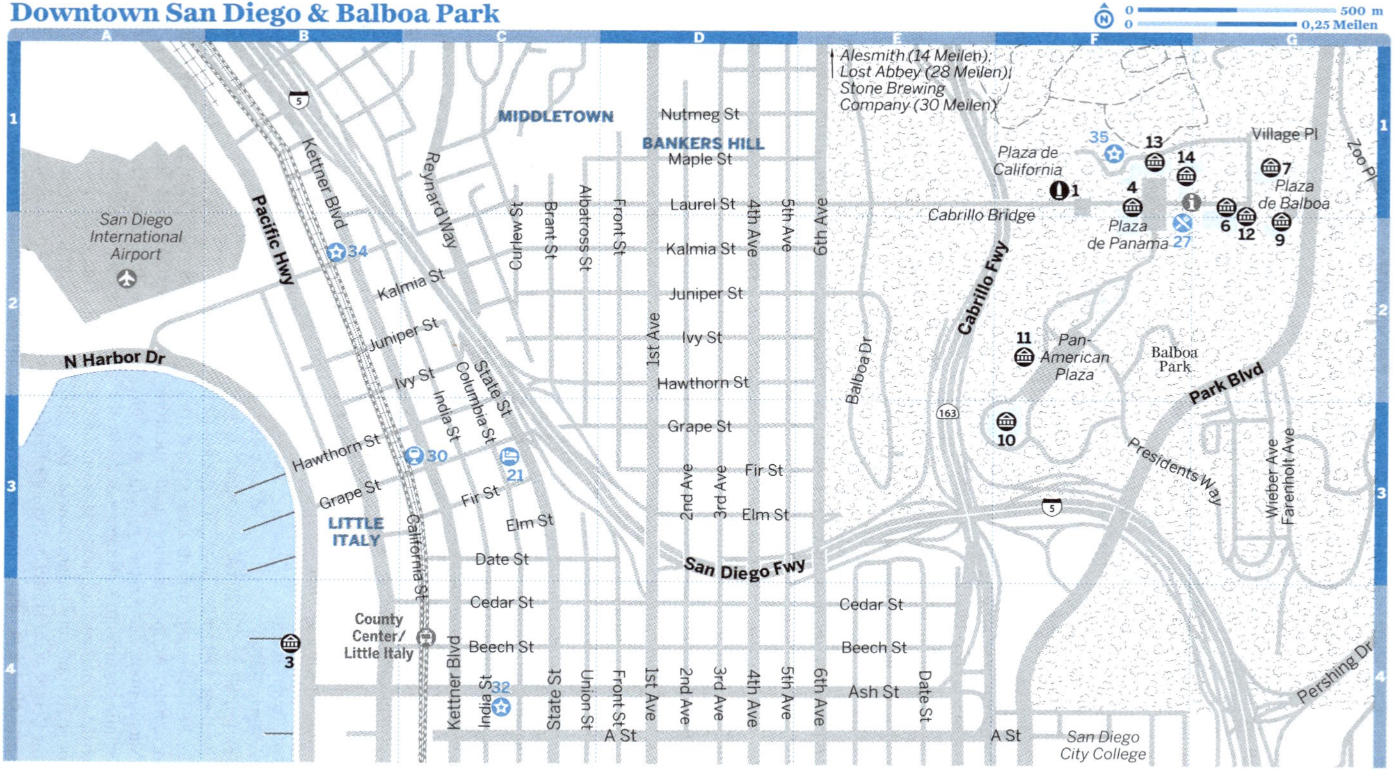

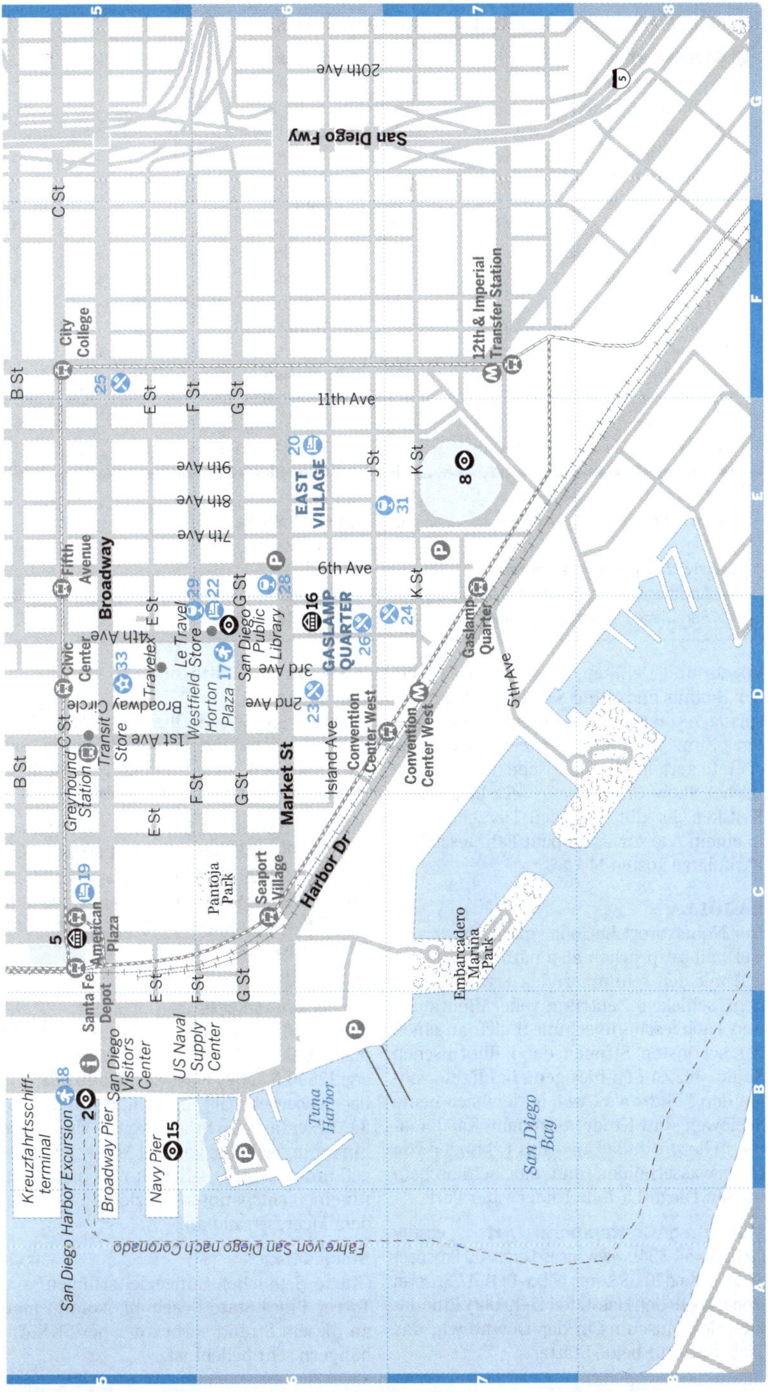
San Diego Fwy
20th Ave
C St
B St
City College
25
E St
F St
G St
11th Ave
12th & Imperial Transfer Station
20
9th Ave
8th Ave
7th Ave
EAST VILLAGE
J St
K St
31
8
6th Ave
Fifth Avenue
Broadway
28
29
22
San Diego Public Library
16
GASLAMP QUARTER
24
Gaslamp Quarter
4th Ave
Civic Center
33
Travelex
Le Travel Store
Westfield Horton Plaza
17
3rd Ave
26
5th Ave
Broadway Circle
2nd Ave
23
Convention Center West
1st Ave
Transit Store
Greyhound Station
Island Ave
Market St
Harbor Dr
19
American Plaza
Pantoja Park
Seaport Village
5
Santa Fe Depot
Embarcadero Marina Park
San Diego Visitors Center
US Naval Supply Center
18
2
15
Kreuzfahrtsschiffterminal
San Diego Harbor Excursion
Broadway Pier
Navy Pier
Tuna Harbor
San Diego Bay
Fähre von San Diego nach Coronado
A
B
C
D
E
F
G
6
7
8

Downtown San Diego & Balboa Park

Sehenswertes

1 California Building ... F1
2 Coronado-Fähre ... B5
3 Maritime Museum ... B4
4 Mingei International Museum ... F1
5 Museum of Contemporary Art ... C5
Museum of Man ... (siehe 1)
6 Museum of Photographic Arts ... G1
7 Natural History Museum ... G1
Old Globe Theaters ... (siehe 35)
8 Petco Park ... E7
9 Reuben H. Fleet Science Center ... G2
10 San Diego Air & Space Museum ... F3
11 San Diego Automotive Museum ... F2
12 San Diego Model Railroad Museum ... G1
13 San Diego Museum of Art ... F1
14 Timken Museum of Art ... F1
15 USS Midway Museum ... B5
16 William Heath Davis House ... D6

Aktivitäten, Kurse & Touren

17 Another Side of San Diego ... D6
18 San Diego Harbor Excursion ... B5

Schlafen

19 500 West Hotel ... C5
20 Hotel Indigo ... E6
21 Little Italy Inn ... C3
22 USA Hostels San Diego ... D6

Essen

23 Café 222 ... D6
24 Gaslamp Strip Club ... D7
25 Hodad's ... F5
26 Oceanaire Seafood Room ... D6
27 Prado ... F2

Ausgehen

28 Prohibition ... E6
29 Tipsy Crow ... D5
30 Waterfront Bar & Grill ... C3
31 Wine Steals East Village ... E7

Unterhaltung

32 Anthology ... C4
33 Arts Tix ... D5
34 Casbah ... B2
35 Old Globe Theaters ... F1

Vögeln und Delfinen, oder One Ocean, bei der Shamu und seine Schwertwal-Kumpel springen, tauchen und durchs Wasser gleiten. Zum Zeitpunkt unserer Recherche erntete gerade die aquatische (und akrobatische) Show *Cirque de la Mer* begeisterte Kritiken. Es gibt hier auch Tiergehege wie in einem Zoo sowie ein paar Fahrgeschäfte. Parkplätze kosten 14 US$.

LA JOLLA

Der Nobelvorort La Jolla (spanisch für „Juwel"; ausgesprochen also natürlich „la-*hoi-ja*") mit den schimmernden Stränden und dem schicken Zentrum voller Boutiquen und Fachgeschäfte schmiegt sich an einen der schönsten Streifen der kalifornischen Südküste. Zu den hiesigen Highlights zählen der **Children's Pool**, in dem sich heute Seelöwen statt Kinder tummeln, Kajak fahren in der **La Jolla Cove**, das Erkunden von Unterwasserhöhlen und das Schnorcheln im San Diego-La Jolla Underwater Park.

Museum of Contemporary Art MUSEUM
(☎858-454-3541; www.mcasd.org; 700 Prospect St; Erw./Kind 10 US$/frei; ⏲Do–Di 11–17, 3. Do im Monat bis 19 Uhr, Eintritt frei 17–19 Uhr) Eine Filiale des Museums in der Downtown; das Ticket gilt für beide Stätten.

University of California, San Diego UNIVERSITÄT
(Karte S. 99) Außerhalb von La Jollas Zentrum liegt die University of California, San Diego (UCSD), zu der einige renommierte Forschungseinrichtungen gehören.

Birch Aquarium at Scripps AQUARIUM
(Karte S. 99; ☎858-534-3474; http://aquarium.ucsd.edu; 2300 Exhibition Way; Erw./Kind 12/8,50 US$; ⏲9–17 Uhr; P) Das Aquarium hat eine spektakuläre Lage am Meer. Kinder werden das Gezeitenbecken der Einrichtung mögen.

Torrey Pines State Natural Reserve NATURSCHUTZGEBIET
(Karte S. 99; ☎858-755-2063; www.torreypine.org; 12600 N Torrey Pines Rd; Auto 10 US$; ⏲8 Uhr–Sonnenuntergang) Das rund 810 ha große Reservat ein Stück weiter die Küste hinauf in der Nähe von Del Mar schützt die gefährdeten Torrey-Kiefern und bietet sich für einen entspannten Spaziergang entlang dem Meeresstrand an.

Black's Beach STRAND
(Karte S. 99) Bei Hängegleiterflügen vom Torrey Pines State Beach aus kommt man an diesem Strand vorbei, der bei FKK-Anhängern sehr beliebt ist.

Aktivitäten

San Diego bietet hervorragende Möglichkeiten zum Surfen und Windsurfen (Surfinfos unter ☎619-221-8824). Leider nerven in einigen Gebieten aber die einheimischen Platzhirsche.

Pacific Beach Surf School SURFEN
(☎858-373-1138; www.pacificbeachsurfschool.com; 4150 Mission Blvd, Suite 161, Pacific Beach; Privat-/Halbprivatunterricht 80/65 US$ pro Pers.) In der Surfschule lernt man spektakuläre Brettmanöver. Wer will, kann auch einfach Brett und Neoprenanzug (25 US$/halber Tag) in San Diegos ältestem Surfshop mieten.

San Diego-La Jolla Underwater Park SCHNORCHELN, TAUCHEN
Beim Schnorcheln und Tauchen sind hier leuchtend orangefarbene Garibaldifische zu bestaunen, die durch riesige Seetangwälder flitzen.

OEX Dive & Kayak TAUCHEN, KAJAKFAHREN
(☎858-454-6195; www.oexcalifornia.com; 2243/2132 Avenida de la Playa, La Jolla) In diesem Laden in La Jolla kann man Ausrüstung mieten und Unterricht buchen, z. B. im Speerfischen und Stehpaddeln.

Geführte Touren

Another Side of San Diego WANDERN, BOOTSFAHRTEN
(Karte S. 102; ☎619-239-2111; www.anothersideofsandiegotours.com; 300 G St) Der sehr gut bewertete Tourveranstalter bietet Segway-Touren im Balboa Park, Ausritte am Strand und kulinarische Touren durch das Gaslamp Quarter an.

Hike, Bike, Kayak San Diego RADFAHREN, KAJAKFAHREN
(☎858-551-9510; www.hikebikekayak.com; 2246 Avenida de la Playa, La Jolla) Der Name sagt's.

Old Town Trolley Tours TROLLEYTOUR
(☎619-298-8687; www.trolleytours.com; Erw./Kind 34/17 US$) Die Rundtour zu den Hauptattraktionen (beliebiges Zu- und Aussteigen) beginnt in der Old Town.

San Diego Harbor Excursion BOOTSFAHRT
(Karte S. 102; ☎619-234-4111; www.sdhe.com; 1050 N Harbor Dr; Erw./Kind ab 22/11 US$) Verschiedene Bucht- und Hafenrundfahrten.

Schlafen

Die angegebenen Standardpreise steigen in der Downtown während großer Tagungen sowie in der sommerlichen Spitzenzeit heftig an, während die Zimmer zu anderen Zeiten deutlich günstiger sind.

DOWNTOWN

USA Hostels San Diego HOSTEL $
(Karte S. 102; ☎619-232-3100; www.usahostels.com; 726 5th Ave; B/DZ inkl. Frühstück ab 28/72 US$;) In einem ehemaligen Hotel aus viktorianischer Zeit im Gaslamp Quarter bietet das freundliche Hostel fröhliche Zimmer, eine voll ausgestattete Küche und eine einladende Film-Lounge. Im Preis inbegriffen sind das Pfannkuchenfrühstück und die Nutzung der Waschküche; das Abendessen in familiärer Atmosphäre kostet 5 US$.

Little Italy Inn B&B $$
(Karte S. 102; ☎619-230-1600; www.littleitalyhotel.com; 505 W Grape St; Zi. mit Gemeinschaftsbad/eigenem Bad 89/109 US$, Apt. ab 149 US$;) Wer vom Little-Italy-Charme nicht genug kriegen kann, ist in diesem hübschen B&B genau richtig. Der Gasthof im viktorianischen Stil bietet 23 Zimmer mit komfortablen Betten und kuscheligen Bademänteln, ein zwangloses europäisches Frühstück und abends an den Wochenenden Geselligkeit beim Wein.

500 West Hotel HOSTEL $
(Karte S. 102; ☎619-231-4092; www.500westhotelsd.com; 500 W Broadway; EZ/DZ mit Gemeinschaftsbad ab 50/62 US$;) Die Zimmer in dieser renovierten YMCA-Herberge aus den 1920er-Jahren sind winzig, und die Bäder befinden sich am Ende des Korridors. Trendbewussten Reisenden mit kleinem Budget gefallen jedoch das bunte Dekor, die Flachbildfernseher, die Gemeinschaftsküche und das Fitnessstudio.

Hotel Indigo BOUTIQUEHOTEL $$
(Karte S. 102; ☎619-727-4000; www.hotelsandiegodowntown.com; 509 9th Ave; Zi. ab 146 US$;) Das erste Hotel mit LEED-Zertifikat (Leadership in Energy and Environmental Design) in San Diego ist klug und umweltfreundlich gestaltet. Die Innenarchitektur ist modern, aber farbenfroh; die Gästezimmer haben wandhohe Fenster, Bäder mit Whirlpool und große Flachbildfernseher. Parkplätze kosten 35 US$.

STRÄNDE

Inn at Sunset Cliffs HOTEL $$
(☎619-222-7901; www.innatsunsetcliffs.com; 1370 Sunset Cliffs Blvd, Point Loma; Zi. ab 175 US$;

) In diesem edlen, charmanten Hotel mit blumengeschmücktem Innenhof hört man, wie die Brandung gegen die Felsküste donnert. Die kürzlich renovierten Zimmer sind lichtdurchflutet, wenn auch etwas klein; neu eingeführte Maßnahmen zur Reduktion des Wasser- und Plastikverbrauchs machen das Hotel umweltfreundlicher.

LP TIPP Hotel del Coronado LUXUSHOTEL **$$$**
(619-435-6611; www.hoteldel.com; 1500 Orange Ave, Coronado; Zi. ab 325 US$;) San Diegos Hotelikone mit mehr als 100-jähriger Geschichte prunkt mit Tennisplätzen, einem Spa, Läden, schicken Restaurants, gepflegten Anlagen und einem weißen Sandstrand. Unbedingt ein Zimmer im Altbau reservieren! Parkplätze kosten 25 US$.

Ocean Beach Hotel HOTEL **$$**
(619-223-7191; www.obhotel.com; 5080 Newport Ave, Ocean Beach; DZ ab 129 US$;) Das kürzlich umgestaltete Hotel ist vom Strand nur durch die Straße getrennt. Die blitzblanken Gästezimmer sind recht klein, und der französische Landhausstil wirkt ein bisschen altmodisch, aber alle Zimmer bieten einen Kühlschrank und kostenloses WLAN.

La Valencia LUXUSHOTEL **$$$**
(858-454-0771; www.lavalencia.com; 1132 Prospect St, La Jolla; Zi. ab 285 US$;) Die 1926 von William Templeton Johnson im mediterranen Stil errichtete „Pink Lady" ist ein Wahrzeichen. Die 116 Zimmer sind recht kompakt, punkten aber mit Alt-Hollywood-Romantik. Die kürzlich vorgenommenen ökologischen Verbesserungen erhöhen den Charme noch zusätzlich. Parken darf man für 32 US$.

Essen

Mit mehr als 6000 Restaurants ist San Diegos dynamische Gastronomie auf jeden Geschmack eingerichtet. Generell finden sich feine Steakhäuser und Meeresfrüchtetempel vor allem in Downtown, zwanglose Seafood-Lokale an den Stränden, ethnische Restaurants in und rund um Hillcrest – und Tacos sowie Margaritas kriegt man praktisch überall.

DOWNTOWN & EMBARCADERO

Café 222 FRÜHSTÜCK **$**
(Karte S. 102; 619-236-9902; www.cafe222.com; 222 Island Ave; Hauptgerichte 7–11 US$; 7–13.45 Uhr) Die beliebteste Adresse zum Frühstücken in Downtown. Serviert werden Kürbiswaffeln, Pfannkuchen mit Orange-Pekannuss oder Müsli sowie farmfrische Eggs Benedict. Die Armen Ritter mit Erdnussbutter und Bananen wurden bei Food Network vorgestellt.

C Level SEAFOOD **$$$**
(619-298-6802; www.islandprime.com; 880 Harbor Island Dr; Hauptgerichte 14–30 US$; ab 11 Uhr) In dem luftigen, eleganten Restaurant auf Harbor Island westlich von Downtown hat man einen prächtigen Blick in die Bucht; zu den gut zubereiteten Meeresfrüchtegerichten zählen beispielsweise der beliebte sautierte Gelbflossen-Thun, Käsemakkaroni mit Hummer und Trüffeln oder Sesam-Lachs auf japanische Art. Bei der „Social Hour" (Mo–Fr 15.30–17.30 Uhr) gibt's Häppchen und Getränke für 5 US$.

Gaslamp Strip Club STEAK **$$**
(Karte S. 102; 619-231-3140; www.gaslampsteak.com; 340 5th Ave; Hauptgerichte 14–24 US$; So–Do 17–22, Fr &Sa bis 24 Uhr) In diesem Retro-Vegas-Lokal suchen sich Gäste selbst eine gute Flasche im Weinkeller aus und werfen Geflügel, Fisch oder das ausgesuchte Steak eigenhändig auf den offenen Holzkohlengrill.

Oceanaire Seafood Room SEAFOOD **$$$**
(Karte S. 102; 619-858-2277; www.theoceanaire.com; 400 J St; Hauptgerichte 24–40 US$; So–Do 17–22, Fr & Sa bis 23 Uhr) Hier wähnt man sich auf einem Art-déco-Ozeanriesen mit entsprechend kultiviertem Service. Die Austernbar verkauft ihre Schalentiere zur Happy Hour (Mo–Fr 17–18 Uhr) für 1 US$ pro Stück. Zu den kreativen Gerichten zählen Maryland-Blaukrabben-Küchlein und Alaska-Heilbutt mit Meerrettichkruste.

BALBOA PARK & OLD TOWN

LP TIPP Prado MEDITERRAN **$$$**
(Karte S. 102; 619-557-9441; www.pradobalboa.com; 1549 El Prado, Balboa Park; Hauptgerichte mittags 10–15 US$, abends 21–34 US$; Mo–Fr 11.30–15, Di–So ab 17, Sa & So 11–15 Uhr;) Das klassische Mittagslokal im Museumsviertel des Balboa Park serviert frische mediterrane Gerichte wie gedämpfte Muscheln, Shrimps-Paellas oder gegrillte Champignon-Sandwiches. Die luftigen Plätze draußen sind genauso einladend wie die im mexikanisch gefliesten Innenraum; die Sonderangebote für Speis und Trank

während der Happy Hour (Di–Fr 16–18 Uhr) sind echte Schnäppchen.

Old Town Mexican Café MEXIKANISCH **$$**
(☎619-297-4330; www.oldtownmexcafe.com; 2489 San Diego Ave, Old Town; Hauptgerichte 4–15 US$; ⊙7–2 Uhr; 🚸) Beim Warten auf einen Tisch kann man dem Küchenpersonal durch ein Fenster beim Zubereiten frischer Tortillas zuschauen. Neben den leckeren *chilaquiles* – weiche Tortillachips mit Mole zu Frühstück – gibt's *pozole* (herzhaften Schweinefleisch-Eintopf), Avocado-Tacos und Margaritas.

HILLCREST & NORTH PARK

Bread & Cie BÄCKEREI **$**
(www.breadandciecatering.com; 350 University Ave, Hillcrest; Hauptgerichte 6–10 US$; ⊙Mo–Fr 7–19, Sa bis 18, So 9–18 Uhr) Dank seiner fantastischen Sandwiches und der leckeren Backwaren (z. B. Mandelcroissants und gewaltige *pains au chocolat*) ist die geschäftige Bäckerei eine Institution in Hillcrest.

Alchemy INTERNATIONAL **$$$**
(☎619-255-0616; www.alchemysandiego.com; 1503 30th St, North Park; Hauptgerichte 13–25 US$; ⊙So–Do 16–24, Fr & Sa bis 1, Sa & So 10–14 Uhr) Zwischen viel Kunst und hellem Holz wird hier Internationales aus einheimischen Zutaten auf kleinen Tellern gereicht, z. B. Wurstwaren, Parmesan-Pommes mit Knoblauch-Aioli oder Huhn Jidori mit Pak Choi und Shiitake-Klößen.

Linkery KNEIPE **$$$**
(☎619-255-8778; www.thelinkery.com; 3794 30th St, North Park; Hauptgerichte 10–25 US$; ⊙Mo–Do 17–23, Fr 12–24, Sa 11–24, So 11–22 Uhr) Das täglich wechselnde Menü besteht hauptsächlich aus hausgemachten Würstchen und hausgepökeltem Bio-Fleisch. Es gibt sie auf Brötchen, auf Vesperplatten zusammen mit Käse oder im *choucroute* (französischer Sauerkraut-Eintopf).

Saigon on Fifth VIETNAMESISCH **$$**
(☎619-220-8828; 3900 5th Ave, Hillcrest; Hauptgerichte 11–16 US$; ⊙11 Uhr–open end; Ⓟ) Vom erfolgreichen Engagement des vietnamesischen Restaurants zeugen z. B. die Frühlingsrollen, der Fisch nach Hué-Art (mit Knoblauch, Ingwer und Zitronengras) sowie die lecker-pikanten Nudelgerichte. Elegant, aber nicht arrogant.

STRÄNDE

LP TIPP **Café 1134** CAFÉ **$**
(1134 Orange Ave, Coronado; Hauptgerichte 8–10 US$; ⊙9–19 Uhr) Der coole Coffeeshop an der Hauptgeschäftsstraße von Coronado bietet mehr als den Morgenkaffee: Hier gibt's z. B. köstliche Rühreier auf griechische Art, gegrillte Panini, Salate mit Spinat, beste Tees sowie Wein und Bier. Sonntags, montags und dienstags sind die Preise niedriger.

George's at the Cove MODERN-AMERIKANISCH **$$$**
(☎858-454-4244; www.georgesatthecove.com; 1250 Prospect St, La Jolla; Hauptgerichte 11–48 US$; ⊙11–23 Uhr) Trey Foshees europäisch-kalifornische Küche ist so spektakulär wie die Lage des Restaurants am Ozean. Das George's hat schon auf so ziemlich jeder Liste von Spitzenrestaurants in Kalifornien gestanden. Hier gibt's drei Lokalitäten mit unterschiedlichen Preiskategorien: **George's Bar** (Hauptgerichte mittags 9–16 US$), **Ocean Terrace** (Hauptgerichte mittags 11–18 US$) und **George's California Modern** (Hauptgerichte abends 28–48 US$). In der Bar können Gäste spontan vorbeikommen, in den beiden anderen Restaurants reserviert man besser.

Hodad's BURGER **$**
(www.hodadies.com; 5010 Newport Ave, Ocean Beach; Burger 4–9 US$; ⊙5–22 Uhr) OBs legendärer Burgerladen bietet köstliche Shakes, bergeweise Zwiebelringe und in Papier eingewickelte saftige Hamburger an. Die Wände zieren Nummernschilder, und der bärtige, tätowierte Kellner macht es sich beim Aufnehmen der Bestellung schon mal neben den Gästen auf der Bank bequem. Eine zweite Filiale wurde kürzlich in **Downtown** (Karte S. 102; 945 Broadway Ave) eröffnet.

World Famous SEAFOOD **$$$**
(☎858-272-3100; www.worldfamous.signonsandiego.com; 711 Pacific Beach Dr, Pacific Beach; Hauptgerichte morgens & mittags 9–16 US$, abends 15–25 US$; ⊙7–23 Uhr) Hier genießen die Gäste die Brandung und „die Küche der kalifornischen Küste". Auf der sich ständig ändernden Karte stehen kreative Meeresfrüchtegerichte wie Bananen-Rum-Makrele oder Jakobsmuscheln im Spinat-Speck-Mantel, außerdem Steaks, Salate sowie mittags Sandwiches und Burger.

Ausgehen

LP TIPP **Wine Steals** WEINSTUBE
(☎619-295-1188; www.winestealssd.com; 1243 University Ave, Hillcrest) Entspannte Weinverkostungen (entweder in Probiergläschen oder aus den Flaschen in den Ge-

KLEINBRAUEREIEN IN SAN DIEGO

Die Einwohner San Diegos nehmen Bier sehr ernst – selbst in der raubeinigsten Kneipe sprechen Einheimische gern kenntnisreich von Hopfen- und Fässerqualität. Verschiedene Brauhäuser vor Ort haben sich auf India Pale Ale (IPA) und Biere belgischer Brautradition spezialisiert. Folgende sind bei Bierliebhabern besonders geschätzt:

Stone Brewing Company BRAUEREI
(außerhalb der Karte S. 102; ☎760-471-4999; www.stonebrew.com; 1999 Citracado Pkwy, Escondido; ⊙11–21 Uhr). Nach einer kostenlosen Führung folgt die kommentierte Verkostung von „Oaked Arrogant Bastard Ale" und „Stone Barley Wine".

Lost Abbey BRAUEREI
(außerhalb der Karte S. 102; ☎800-918-6816; www.lostabbey.com; 155 Mata Way, Suite 104, San Marcos; ⊙Mi–Do 13–18, Fr 15–21, Sa & So 12–18 Uhr) Im Probierstübchen gibt's mehr als 20 Biere (1 US$/Probe) vom Fass – das „Lost and Found Abbey Ale" ist zu empfehlen.

Alesmith BRAUEREI
(außerhalb der Karte S. 102; ☎858-549-9888; www.alesmith.com; 9368 Cabot Dr; ⊙Do–Fr 14–19, Sa 12–18, So 12–16 Uhr) Die besten Biere hier sind „Wee Heavy" und das starke „Old Numbskull" (1 US$/Probe).

stellen hinten), Livemusik, Gourmetpizzas und Käseplatten locken abends die Gäste in diese schummrig beleuchtete Weinstube. Zwei neuere Filialen in San Diego sind **Wine Steals East Village** (Karte S. 102; 793/5 J St, Downtown) und **Lounge-Point Loma** (2970 Truxtun Rd, Point Loma).

Tipsy Crow BAR, LOUNGE
(Karte S. 102; www.thetipsycrow.com; 770 5th Ave, Downtown) Die stimmungsvolle Bar in einem historischen Gebäude im Gaslamp-Viertel ist in drei Ebenen gegliedert: Die lange Mahagonibar steht im Hauptgeschoss, das an eine Lounge erinnernde „Nest" (wo sich früher ein Bordell befunden haben soll) liegt darüber, und unten ist der mit Ziegelmauern versehene „Underground" mit Dancefloor und Livemusik.

Nunu's Cocktail Lounge COCKTAILBAR
(www.nunuscocktails.com; 3537 5th Ave, Hillcrest) Dieser düstere, etwas gammelige Trendsettertreff mit runden Sitznischen, großer Bar und liebenswert-kitschigem Dekor wurde eröffnet, als J. F. K. Präsident war, und hat sich seither kaum verändert.

Bourbon Street SCHWULENTREFF
(www.bourbonstreetsd.com; 4612 Park Blvd, North Park) Das Labyrinth aus Bars, Höfen und Tanzflächen macht diesen Schwulentreff (Heteros sind willkommen) zu einem geselligen Ort. Es gibt Billardtische, Gast-DJs und eine Happy Hour (spottbillige Martinis!).

Waterfront Bar & Grill BAR
(Karte S. 102; www.waterfrontbarandgrill.com; 2044 Kettner Blvd, Little Italy) In dieser freundlichen Kneipe, die 1933 kurz nach dem Ende der Prohibition eröffnet wurde, stehen vor allem Bier und Burger auf dem Programm.

☆ Unterhaltung

Der *San Diego Reader* (www.sandiegoreader.com) und die Donnerstagsausgabe der *San Diego Union-Tribune* (www.signonsandiego.com) enthalten aktuelle Veranstaltungstipps. In einem Kiosk am Broadway vor der Horton Plaza verkauft **Arts Tix** (Karte S. 102; ☎858-381-5595; www.sdartstix.com; 3rd Ave & Broadway, Downtown; ⊙Di–Do 9.30–17, Fr & Sa bis 18 Uhr) verbilligte Tickets für alle möglichen Veranstaltungen und Karten zum halben Preis für Vorstellungen am selben Abend oder am nächsten Mittag.

Anthology LIVEMUSIK
(Karte S. 102; ☎619-595-0300; www.anthologysd.com; 1337 India St, Downtown; Grundpreis frei–60 US$) Nahe Little Italy präsentiert das Anthology live Jazz, Blues und Indie. Aufstrebende und schon berühmte Musiker treten in mondänem Nachtclubflair auf.

Casbah LIVEMUSIK
(Karte S. 102; ☎619-232-4355; www.casbahmusic.com; 2501 Kettner Blvd, Little Italy; Grundpreis frei–20 US$) Im funkigen Casbah haben schon Liz Phair, Alanis Morissette und die Smashing Pumpkins auf ihrem Weg in die Charts gerockt; man sieht hier lokale Künstler und bekannte wie Bon Iver.

Prohibition JAZZ
(Karte S. 102; www.prohibitionsd.com; 548 5th Ave, Downtown; Grundpreis frei) Musik und Cock-

tails (mit Gin oder Rye-Whiskey) spielen in dieser eleganten Jazzbar im Stil der 1930er-Jahre eine wichtige Rolle. Auch die Hausregeln werden streng beachtet: Man muss online reservieren, es gibt einen Dresscode, und in der Bar sind Handys tabu.

ℹ Information

Geld

Travelex (⌚Mo–Fr 10.30–19, Sa 10–18, So 11–16 Uhr) Flughafen (☎619-295-2501; ⌚8–17 Uhr); Downtown (☎619-235-0901; Horton Plaza); La Jolla (☎858-457-2412; University Towne Centre Mall, 4417 La Jolla Village Dr) Tauscht ausländische Devisen.

Infos im Internet

Accessible San Diego (www.asd.travel) Ausgezeichnete Infos zum barrierefreien Reisen im Großraum San Diego.

Gaslamp.org (www.gaslamp.org) Alles Wissenswerte zum munteren Gaslamp Quarter, (auch über versteckte Parkplätze).

San Diego Convention & Visitors Bureau (www.sandiego.org) Erleichtert die Suche nach und Buchung von Hotels, Sehenswürdigkeiten, Restaurants, Autos usw.

San Diego.com (www.sandiego.com) Umfassendes werbefinanziertes Portal für alles rund um San Diego, von Unterhaltung bis zu Geschäftlichem.

Internetzugang

Einen Überblick über örtliche WLAN-Hotspots gibt's unter www.jiwire.com.

San Diego Public Library www.sandiego.gov/public-library; 820 E St, Downtown; 📶) Weitere Filialen sind telefonisch oder über die Website zu ermitteln.

Medien

Gay & Lesbian Times (www.gaylesbiantimes.com) Kostenloses Wochenblatt.

KPBS 89.5 FM (www.kpbs.org) Eine Station von National Public Radio (NPR).

San Diego Magazine (www.sandiegomagazine.com) Monatliches Hochglanzmagazin.

San Diego Reader (www.sdreader.com) Kostenloser, kleiner Veranstaltungskalender.

San Diego Union-Tribune (www.signonsandiego.com) Die größte Tageszeitung der Stadt.

Medizinische Versorgung

Rite-Aid Pharmacies (☎800-748-3243) Die nächstgelegene Filiale der Apothekenkette kann man telefonisch erfragen.

Scripps Mercy Hospital (☎619-294-8111; 4077 5th Ave, Hillcrest) Hat eine rund um die Uhr geöffnete Notaufnahme.

Post

Wo die nächste Postfiliale ist, lässt sich telefonisch unter ☎800-275-8777 erfragen oder im Netz unter www.usps.com ermitteln.

Touristeninformation

Balboa Park Visitors Center (☎619-239-0512; www.balboapark.org; 1549 El Prado; ⌚9.30–16.30 Uhr) Das Visitor Center im House of Hospitality verkauft Lagepläne des Parks und den **Passport to Balboa Park** (Erw./Kind 45/24 US$, inkl. Zooeintritt 77/42 US$), der zum einmaligen Besuch von 14 im Park angesiedelten Museen innerhalb von sieben Tagen berechtigt. Nachfragen, in welchen Museen dienstags gerade der Eintritt frei ist!

San Diego Visitor Information Centers (☎619-236-1212; www.sandiego.org) Downtown (Ecke W Broadway & Harbor Dr; ⌚Juni–Sept. 9–17 Uhr, Okt.–Mai bis 16 Uhr); La Jolla (7966 Herschel Ave; ⌚11–17 Uhr) Die Filiale in der Downtown ist auf ausländische Besucher ausgerichtet.

ℹ An- & Weiterreise

Alle großen Autovermieter haben Schalter am Flughafen oder unterhalten landesweite gebührenfreie Hotlines (s. S. 517). **Eagle Rider** (☎619-546-5066; www.eaglerider.com; 4236 Taylor St, Old Town; ⌚9–17 Uhr) vermietet Motorräder und Motorroller.

Busse von **Greyhound** (☎619-515-1100; 120 W Broadway, Downtown) fahren stündlich direkt nach Los Angeles (einfache Strecke/hin & zurück 19/31 US$, 2–3 Std.).

Der **San Diego International Airport** (Lindbergh Field; ☎619-400-2404; www.san.org) befindet sich ungefähr 3 Meilen (4,8 km) westlich von Downtown. Der Balboa Park in der Einflugschneise eignet sich hervorragend, um landende Maschinen zu beobachten.

Der *Pacific Surfliner der* **Amtrak** (☎800-872-7245; www.amtrak.com) fährt vom **Santa Fe Depot** (1055 Kettner Blvd, Downtown) mehrmals täglich nach Los Angeles (36 US$, 3 Std.) und Santa Barbara (41 US$, 5½ Std.).

ℹ Unterwegs vor Ort

Der Bus 992 („The Flyer", 2,25 US$) fährt alle 10 bis 15 Minuten vom Flughafen nach Downtown und hält unterwegs mehrfach am Broadway. Flughafenshuttle-Anbieter wie **Super Shuttle** (☎800-974-8885; www.supershuttle.com) nehmen für die Fahrt nach Downtown 8 bis 10 US$. Ein Taxi vom Flughafen nach Downtown kostet zwischen 10 und 15 US$.

Das **Metropolitan Transit System** (MTS; www.sdmts.com) betreibt Stadtbusse und den San Diego Trolley, der südwärts zur mexikanischen Grenze rollt. Im **Transit Store**

(☎619-234-1060; Broadway & 1st Ave; ⏲Mo–Fr 9–17 Uhr) gibt's Streckenpläne, Fahrkarten und den „Day Tripper Pass" (1/2/3/4 Tage 5/9/12/15 US$). Eintageskarten bekommt man auch direkt beim Busfahrer. Bei Taxifahrten beträgt der Preis für die ersten 160 m 2,20 US$, danach kostet jede Meile 2,30 US$.

Rund um San Diego

SAN DIEGO ZOO SAFARI PARK

Ein Gefühl von Wildnis vermittelt dieser rund 728 ha große **Zoo** (☎760-747-8702; www.sandiegozoo.org; 15500 San Pasqual Valley Rd, Escondido; Eintritt inkl. Tramtour Erw./Kind 40/30 US$, Kombiticket inkl. San Diego Zoo 76/56 US$; ⏲ab 9 Uhr), in dem sich Giraffen, Löwen und Nashörner mehr oder weniger frei in einem Tal tummeln. Bei der Tramtour „Journey to Africa" kommt Safaristimmung auf; man durchquert dabei eine Miniversion des zweitgrößten Kontinents der Erde in weniger als einer halben Stunde.

Der Park liegt in Escondido, rund 35 Meilen (56 km) nördlich der Downtown von San Diego. Um hin zu kommen, den I-15 Fwy an der Ausfahrt zum Via Rancho Pkwy verlassen und der Ausschilderung folgen! Parkplätze kosten 10 US$.

LEGOLAND

Die Rides, Shows und Attraktionen dieses zauberhaften **Fantasy-Parks** (☎760-918-5346; www.california.legoland.com; 1 Legoland Dr, Carlsbad; Erw./Kind 69/59 US$; ⏲ab 10 Uhr) zielen vor allem auf kleinere Kinder ab. Der Nachwuchs kann hier z.B. Dinoknochen ausbuddeln, „Hubschrauber" fliegen und seinen „Führerschein" machen. Legoland liegt rund 32 Meilen (51 km) nördlich der Downtown von San Diego; den I-5 Fwy nordwärts bis zur Ausfahrt zur Cannon Rd E nehmen! Parkplätze kosten 12 US$.

PALM SPRINGS & WÜSTEN

Das einsame Wüstengebiet zwischen dem mondänen Palm Springs und dem fazinierenden Death Valley nimmt 25% der Fläche Kaliforniens ein. Diese Region der Gegensätze ist zugleich weit und traulich, trocken und erquicklich. Obwohl auf den ersten Blick vielleicht nur grauenhaft öde, offenbart die Wüste bald ihre perfekte Schönheit: Verwitterte Vulkangipfel, sinnliche Sanddünen, violett melierte Berge, Kaktusgärten, unzählige Sterne am Nachthimmel, umherflitzende Eidechsen unter Felskolossen und winzige Wildblumen, die im Frühling aus dem steinharten Boden sprießen. Die Ruhe, Spiritualität und Eleganz der kalifornischen Wüsten üben auf Künstlertypen, Filmstars, Kletterer und Allrad-Abenteurer gleichermaßen einen unwiderstehlichen Reiz aus.

Palm Springs

Palm Springs ist Rat-Pack-Revier! Zumindest war es das mal. In den 1950er- und 1960er-Jahren war das rund 100 Meilen (160 km) östlich von L.A. gelegene Palm Springs (44500 Ew.) die swingende Sommerfrische von Sinatra, Elvis und anderen großen Stars. Danach allerdings eroberten Rentner in Golfklamotten den Ort. Erst in den 1990er-Jahren begeisterte sich eine neue Generation für den altmodisch schicken Charme der nierenförmigen Pools, der Bungalows von Stararchitekten, der klassischen Boutiquehotels und Pianobars mit perfekt gemixten Martinis. So vereint Palm Springs heute hippe Typen, Senioren und eine große schwul-lesbische Gemeinde.

Sehenswertes & Aktivitäten

Palm Springs ist die wichtigste Stadt im Coachella Valley. Der Hwy 111 verbindet eine Reihe von Wüstenorten, vom eher unspektakulären Cathedral City bis hin zum glamourösen Palm Desert. Durch Palm Springs' kompakte Downtown verläuft der Hwy 111 als Einbahnstraße südwärts (Palm Canyon Dr), während der Indian Canyon Dr parallel zu ihm nach Norden führt.

LP TIPP **Palm Springs Aerial Tramway** SEILBAHN

(☎760-325-1449; www.pstramway.com; 1 Tram Way; Erw./Kind 23,25/16,25 US$; ⏲Mo–Fr 10–20, Sa & So ab 8 Uhr, letzte Talfahrt 21.45 Uhr) Die 4 km lange Gondelbahn mit tollem Ausblick trägt Passagiere aus der sonnenverbrannten Wüste hinauf in ein alpines Wunderland voller duftender Kiefern auf dem Gipfel des Mt. San Jacinto. Oben kann es kalt werden – eine Jacke mitnehmen! Die Wanderwege durch den **Mt. San Jacinto State Park** umfassen auch einen 9 km langen Pfad zum Gipfel, für dessen Bewältigung aber keine besondere Ausrüstung erforderlich ist. Im Winter vermietet das **Adventure Center** (⏲Do–Mo 10–16 Uhr, letzte Ausleihe 14.30 Uhr) Schneeschuhe und Langlaufski.

Indian Canyons CANYON
(☎760-323-6018; www.indian-canyons.com; abseits des S Palm Canyon Dr; Erw./Kind 9/5 US$, 90-minütige geführte Wanderung 3/2 US$; ⌚Okt.–Juni 8–17 Uhr, Juli–Sept. nur Fr–So) Das angestammte Territorium der indigenen Cahuilla verspricht herrliche Wanderungen im Schatten von Fächerpalmen und hoch aufragenden Felswänden. Besonders schön sind die Schluchten im Frühling, wenn die Wildblumen blühen.

Tahquitz Canyon CANYON
(☎760-416-7044; www.tahquitzcanyon.com; 500 W Mesquite Ave; Erw./Kind 12,50/6 US$; ⌚Okt.–Juni 7.30–17 Uhr, Juli–Sept. nur Fr–So, letzter Einlass 15.30 Uhr) Der Canyon ist berühmt für uralte Felszeichnungen und seinen saisonalen Wasserfall; 1937 diente er Frank Capra als Kulisse für den Film *In den Fesseln von Shangri-La*. Man kann den Canyon auf eigene Faust erkunden oder aber sich einer von Rangern geführten Wanderung anschließen.

Palm Springs Art Museum MUSEUM
(☎760-322-4800; www.psmuseum.org; 101 Museum Dr; Erw./Kind 12,50 US$/frei, Do 16–20 Uhr freier Eintritt; ⌚Di–Mi & Fr–So 10–17, Do 12–20 Uhr) Das Museum gibt einen guten Überblick über die Entwicklung der amerikanischen Malerei, Bildhauerei, Fotografie und Glaskunst in den letzten 100 Jahren.

Living Desert Zoo & Gardens ZOO
(☎760-346-5694; www.livingdesert.org; 47900 Portola Ave, abseits des Hwy 111, Palm Desert; Erw./Kind 14,25/7,75 US$; ⌚Okt.–Mai 9–17 Uhr, Juni–Sept. 8–13.30 Uhr) In diesem entzückenden Park kann man exotische Tiere streicheln, auf Kamelen reiten oder eine Runde auf dem „Karussell der bedrohten Arten" drehen. Der lustige und lehrreiche Park ist die halbstündige Fahrt hinunter ins Tal wert.

Knott's Soak City VERGNÜGUNGSPARK
(☎760-327-0499; www.knotts.com/public/park/soakcity; 1500 S Gene Autry Trail, Palm Springs; Erw./Kind 32/22 US$; ⌚Mitte März–Sept.) Ein riesiger Wellenpool, hohe Wasser- und Reifenrutschen sorgen für prima Abkühlung an heißen Tagen. Parkplätze kosten 10 US$.

Schlafen

Zwischen Montag und Freitag sind die Preise günstiger. Im Folgenden sind die Preise der winterlichen Hauptsaison angeführt; im Sommer sind beträchtliche Rabatte drin. Motelketten finden sich am Hwy 111 südlich der Downtown.

LP TIPP **El Morocco Inn & Spa** BOUTIQUEHOTEL $$$
(☎760-288-2527; www.elmoroccoinn.com; 66814 4th St, Desert Hot Springs; Zi. inkl. Frühstück 169–249 US$; ❄📶🏊) Die Kasbah lässt grüßen! In diesem exotischen Refugium mit zehn Zimmern rund um eine Poolterrasse kommen Gäste in den Genuss von Extras wie einem Spa, einer DVD-Sammlung und hausgemachter Limonade. Das Hotel, in dem Kinder unerwünscht sind, befindet sich in Desert Hot Springs, eine rund 20-minütige Autofahrt nördlich von Palm Springs.

Ace Hotel & Swim Club HOTEL $$
(☎760-325-9900; www.acehotel.com/palmsprings; 701 E Palm Canyon Dr; Zi. 119–190 US$, Suite 200–440 US$; P@📶🏊) Keck, aber nicht arrogant: Mit diesem Hipster-Hotel geht Palm Springs Richtung Hollywood. Die Zimmer (viele mit Patio) muten wie prächtige Zelthütten an und bieten alles Nötige für gehobenes Wohnen (große Flachbildfernseher, MP3-Anschlüsse). Vor Ort gibt es eine gutes Restaurant mit Bar.

Orbit In HOTEL $$$
(☎760-323-3585; www.orbitin.com; 562 W Arenas Rd; Zi. inkl. Frühstück 149–259 US$; ❄📶🏊) Auf diesem Anwesen im typischen Stil der 1950er-Jahre rund um einen ruhigen Salzsee fühlt man sich in die Vergangenheit zurückversetzt. Die Zimmer sind mit Designermöbeln (Eames, Noguchi usw.) ausgestattet; als kostenlose Extras gibt's eine Cocktailstunde, einen Fahrradverleih und tagsüber Limos und Snacks.

Palm Springs Travelodge MOTEL $$
(☎760-327-1211; www.palmcanyonhotel.com; 333 E Palm Canyon Dr; Zi. inkl. Frühstück 60–140 US$; ❄📶🏊) Das Travelodge wurde mit einer schicken Lobby, modernen Möbeln und einem coolen Pool (mit Grill- und Feuerstellen sowie beschirmten Liegen) aufgemotzt.

Caliente Tropics MOTEL $$
(☎760-327-1391; www.calientetropics.com; 411 E Palm Canyon Dr; DZ 66–111 US$; 📶🏊👪) Im Pool der gepflegten, polynesisch angehauchten Motorlodge mit Tiki-Fackeln hat schon Elvis geplanscht. Super Budgetoption mit großen Zimmern und bequemen Betten.

Essen

Viele Restaurants haben im Juli und August geschlossen.

LP TIPP **Trio** MODERN-AMERIKANISCH $$$
(☎760-864-8746; www.triopalmsprings.com; 707 N Palm Canyon Dr; Hauptgerichte 13–28 US$; ⌚16–22 Uhr) Das Erfolgsgeheimnis des modernistischen Restaurants aus den 1960er-Jahren: aufpolierte typisch amerikanische Gerichte (toller Yankee-Schmorbraten!), schöne Kunstwerke und Panoramafenster. Das „Early Bird"-Abendessen mit drei Gängen für 19 US$ (16–18 Uhr) ist ein echtes Schnäppchen.

Cheeky's MODERN-AMERIKANISCH $$
(☎760-327-7595; www.cheekysps.com; 622 N Palm Canyon Dr; Hauptgerichte 6–13 US$; ⌚Mi–Mo 8–14 Uhr) Von den manchmal langen Warteschlangen und dem mittelmäßigen Service sollte man sich nicht abschrecken lassen, denn die Gerichte sind einfallsreich, und die Zutaten kommen von der Farm direkt auf den Tisch. Die Speisekarte wird wöchentlich geändert, aber immer wieder stehen rahmige Rühreier, Frittata mit Rucola-Pesto sowie Speckstreifen darauf.

Wang's in the Desert ASIATISCH $$
(☎760-325-9264; www.wangsinthedesert.com; 424 S Indian Canyon Dr; Hauptgerichte 12–20 US$; ⌚So–Do 17–21.30, Fr & Sa bis 22.30 Uhr) Das stimmungsvoll beleuchtete, bei Schwulen beliebte Lokal mit Koi-Becken bietet kreativ zubereitete typisch chinesische Gerichte und hat täglich eine beliebte Happy Hour.

Sherman's FEINKOST $$
(☎760-325-1199; www.shermansdeli.com; 401 E Tahquitz Canyon Way; Sandwiches 9–12 US$; ⌚7–21 Uhr; 👪) Das jüdische Deli aus den 1950er-Jahren hat eine Terrasse an der Straße und lockt mit 40 Sandwichvarianten (toll ist das scharfe Pastrami-Sandwich), leckeren Grillhähnchen und exquisiten Pies jede Menge Kunden aller Altersstufen an.

Copley's on Palm Canyon AMERIKANISCH $$$
(☎760-327-9555; www.copleyspalmsprings.com; 621 N Palm Canyon Dr; Hauptgerichte 27–38 US$; ⌚Jan.–April 18 Uhr–open end, Mai, Juni & Sept.–Dez., Mo geschl.) Erstklassiges amerikanisches Essen auf dem früheren Anwesen von Cary Grant.

Tyler's Burgers BURGER $
(149 S Indian Canyon Dr; Burger 4,50–9 US$; ⌚Mo–Sa 11–16 Uhr) Die besten Burger vor Ort. Damit ist alles gesagt. Warteschlangen sind die Regel.

Native Foods VEGAN $
(☎760-416-0070; www.nativefoods.com; Smoke Tree Village, 1775 E Palm Canyon Dr; Hauptgerichte 8–11 US$; ⌚Mo–Sa 11.30–21.30 Uhr; 📶✍👪) Biokost ohne Fleisch. In Sachen Geschmack ist alles top!

Ausgehen & Unterhaltung

Die Arenas Rd östlich des Indian Canyon Dr bildet das Zentrum des schwul-lesbischen Nachtlebens.

Birba BAR
(622 N Palm Canyon Dr; ⌚Mi–Fr 18–23, Sa & So ab 9.30 Uhr) Cocktails und Pizza kriegt man in diesem sagenhaften Lokal mit Plätzen drinnen und draußen. Wandhohe Glasschiebetüren trennen die lange Marmorbar von dem mit Hecken umfriedeten Hof, in den Feuerstellen eingelassen sind.

Shanghai Red's BAR
(235 S Indian Canyon Dr; ⌚17 Uhr–open end) Hinter einem zwanglosen Fischrestaurant liegt der gut besuchte Hof dieser Bar, die Menschen jedes Alters besuchen. Am Freitag- und Samstagabend gibt's Live-Blues.

Melvyn's BAR
(200 W Ramon Rd) In dem einstigen Sinatra-Schlupfwinkel im Ingleside Inn hängen Bentley-Fans bei starken Martinis und ruhigem Jazz ab. Schuhe wienern nicht vergessen!

Shoppen

Kunstgalerien und unabhängige Boutiquen finden sich „uptown" am North Palm Canyon Dr. Retro-Fans können sich in den Secondhandläden und Kommissionsboutiquen am Hwy 111 umschauen. Die hiesige Version des Rodeo Dr ist El Paseo in Palm Desert, 14 Meilen (23 km) das Tal hinunter. Schnäppchenjäger strömen in die riesigen Desert Hills Premium Outlets, 20 Fahrtminuten westlich an der I-10.

Praktische Informationen

Desert Regional Medical Center (☎800-491-4990; 1150 N Indian Canyon Dr; ⌚24 Std.) Mit Notaufnahme.

Palm Springs Official Visitors Center (☎760-778-8418; www.visitpalmsprings.com; 2901 N Palm Canyon Dr; ⌚9–17 Uhr) Die Touristeninformation ist in einer 1965 von Albert Frey entworfenen Tankstelle an der Abzweigung Richtung Seilbahn nördlich vom Zentrum untergebracht.

Post (333 E Amado Rd; ⌚Mo–Fr 8–17, Sa 9–15 Uhr)

Public Library (300 S Sunrise Way; ⌚Di–Mi 9–20, Do–Sa bis 18 Uhr; @📶)

Anreise & Unterwegs vor Ort

Der **Palm Springs International Airport** (PSP; www.palmspringsairport.com; 3400 E Tahquitz Canyon Way) zehn Autominuten außerhalb des Stadtzentrums wird von inländischen und kanadischen Fluglinien benutzt. Größere Autovermieter haben hier Filialen.

Dreimal wöchentlich halten Amtrak-Züge von/nach Los Angeles (37 US$, 2¾ Std.) an der personallosen, etwas gruseligen North Palm Springs Station, die sich 5 Meilen (8 km) nördlich vom Zentrum befindet. Mehrmals täglich halten hier auch Greyhound-Busse auf dem Weg von/nach Los Angeles (32,50 US$, 3 Std.). **SunLine** (www.sunline.org; Einzelfahrschein/Tageskarte 1/3 US$) betreibt die langsamen Regionalbusse im Tal.

Joshua Tree National Park

Wie Erfindungen aus einem Buch von Dr. Seuss heißen die seltsamen Josua-Palmlilien (eigentlich baumhohe Yuccapalmen) die Besucher in dem 321000 ha großen Park an der Grenze zwischen der Sonora- und der Mojave-Wüste willkommen. Der Park liegt zwischen der I-10 im Süden und dem Hwy 62 (Twentynine Palms Hwy) im Norden; die meisten Attraktionen, darunter auch alle Josua-Palmlilien befinden sich in der Nordhälfte.

Der Nationalpark ist beliebt, weil man hier Kletterpartien und Tageswanderungen unternehmen kann. Inbesondere im Frühling, wenn die Josua-Palmlilien eine einzige riesige, cremefarbene Blüte treiben, kommen viele hierher. Diverse Künstler haben sich schon von der mystischen Atmosphäre der kahlen Felslandschaft inspirieren lassen; das berühmteste Beispiel ist die Band U2.

Außer Toiletten gibt es im Park keinerlei Einrichtungen, doch kann man sich in den drei durch den Twentynine Palm Hwy (Hwy 62) verbundenen Wüstengemeinden an der Nordgrenze des Parks mit Benzin und Lebensmitteln versorgen. Yucca Valley ist die Gemeinde mit den meisten Einrichtungen, während das künstlerische Joshua Tree die besten Restaurants hat. Prosaischer ist Twentynine Palms, der Sitz der größten US-Marinebasis im Land.

Sehenswertes & Aktivitäten

Das sagenhafte **Wonderland of Rocks**, ein Mekka für Kletterer, dominiert den Norden des Parks. Der Blick von **Keys View** reicht über die San-Andreas-Verwerfung hinweg bis nach Mexiko und ist bei Sonnenuntergang am schönsten. Fans von Wildwest-Geschichten besuchen die **Keys Ranch** (☎Reservierungen 760-367-5555; 90-minütige Wandertour Erw./Kind 5/2,50 US$; ⏲ganzjährig 10 & 13 Uhr, Okt.–Mai zusätzl. Di, Do–Sa 19 Uhr). Wanderer können Oasen mit endemischen Petticoat-Palmen wie die **49 Palms Oasis** (hin & zurück 4,8 km) oder die **Lost Palms Oasis** (hin & zurück 11,5 km) erkunden. Zu den kinderfreundlichen Naturwanderungen zählen **Barker Dam** (Rundweg 1,8 km), auf der man an Petroglyphen der Ureinwohner vorbeikommt, **Skull Rock** (Rundweg 2,7 km) und **Cholla Cactus Garden** (Rundweg 0,4 km). Die holperige, 18 Meilen (29 km) lange **Geology Tour Road** ist eine malerische Strecke für Geländewagentouren und steht auch Mountainbikern offen.

WAS ZUM ...?

Westlich von Palm Springs schaut jeder verblüfft zweimal hin, wenn er **The World's Biggest Dinosaurs** (☎951-922-0076; www.cabazondinosaurs.com; 50770 Seminole Dr, abseits der I-10, Ausfahrt Main St, Cabazon; Erw./Kind 7/6 US$; ⏲10–18 Uhr) erblickt. Claude K. Bell, ein Bildhauer von der Knott's Berry Farm, verbrachte mehr als zehn Jahre mit der Anfertigung dieser Betonriesen. Heute gehören sie christlichen Kreationisten, die glauben, Gott habe die originalen Dinos an einem Tag zusammen mit allen anderen Tieren geschaffen. Im Souvenirladen findet man daher neben dem in Naturkundemuseen üblichen Dino-Kram auch allerlei Traktate über die angeblichen Schwindeleien und Irrtümer der Evolution und des Darwinismus.

Schlafen

Im Nationalpark gibt's nur Campingplätze, darüber hinaus aber viele Unterkünfte am Hwy 62 sowie das köstlich verrückte Pioneertown Motel.

Desert Lily B&B **$$**
(☎760-366-4676; www.thedesertlily.com, Joshua Tree Highlands; EZ/DZ inkl. Frühstück 140/155 US$; ⏲Juli & Aug. geschl.; @🛜) Die charmante Carrie leitet dieses Adobe-Refugium mit drei Zimmern und gibt auch gerne Insidertipps über die Gegend. Man bekommt eine üppiges Frühstück.

WAS ZUM ...?

Gleich nördlich von Yucca Valley wurde 1946 **Pioneertown** (www.pioneertown.com; Eintritt frei) als Wildwest-Filmkulisse für Hollywood errichtet. Seither hat sich hier wenig verändert. Auf der Mane St finden nachgestellte Schießereien statt (April–Okt. Sa & So 14.30 Uhr). **Pappy & Harriet's Pioneertown Palace** (760-365-5956; www.pappyandharriets.com; 53688 Pioneertown Rd; Burger 5–12 US$, Hauptgerichte 16–30 US$; Do–So 11–2, Mo 17–24 Uhr) wartet mit Gegrilltem, billigem Bier und Livemusik in Spelunken-Atmosphäre auf. Übernachten kann man im **Pioneertown Motel** (760-365-7001; www.pioneertown-motel.com; 5040 Curtis Rd; Zi. 50–100 US$;) Die Zimmer, in denen früher Filmstars abstiegen, sind vollgestopft mit Western-Andenken.

Spin & Margie's Desert Hide-a-Way HÜTTE $$

(760-366-9124; www.deserthideaway.com; 64491 Twentynine Palms Hwy; Suite 125–175 US$;) Der als Hacienda aufgemachte Gasthof hat fünf Suiten in bunten Farben und auffälliger Deko in Form von Wellblech, alten Nummernschildern und Cartoons.

29 Palms Inn HOTEL $$$

(760-367-3505; www.29spalmsinn.com; 73950 Inn Ave, Twentynine Palms; Zi. & Cottage inkl. Frühstück 95–258 US$;) Die historischen Hütten aus Lehmziegeln und Holz verteilen sich um eine Palmenoase und atmen förmlich Geschichte.

High Desert Motel MOTEL $

(760-366-1978; www.highdesertmotel.com; 61310 Twentynine Palms Hwy, Joshua Tree; Zi. 50–70 US$;) Das Motel nahe dem Parkeingang bietet schlichte Zimmer mit Minikühlschrank und Mikrowelle.

Camping CAMPING $

(Stellplatz 10–15 US$) Von den acht Campingplätzen im Park haben nur Cottonwood und Black Rock Trinkwasser, Toiletten mit Wasserspülung und Abfallbehälter. Bei Indian Cove und Black Rock werden **Reservierungen** (877-444-6777; www.recreation.gov) entgegengenommen, bei den anderen gilt das Prinzip „wer zuerst kommt, mahlt zuerst". Duschen sind nirgendwo vorhanden. Freies Zelten ist erlaubt, solange kein Lagerfeuer entfacht und ein Mindestabstand von 1 Meile (1,6 km) zu den Startpunkten von Wegen und zu Straßen sowie von 100 Fuß (30 m) zu Wasserquellen eingehalten wird. Zuvor muss man sich an einem der 13 Sammelpunkte im Park selbst registrieren (kostenlos). **Joshua Tree Outfitters** (760-366-1848; 61707 Twentynine Palms Hwy, Joshua Tree) vermietet hochwertige Campingausrüstung.

Essen & Ausgehen

Ricochet Gourmet INTERNATIONAL $$

(www.ricochetjoshuatree.com; 61705 Twentynine Palm Hwy, Joshua Tree; Hauptgerichte 8–15 US$; Mo–Sa 7–17, So ab 8 Uhr;) Das sehr geschätzte Café und Deli bietet u.a. Frittata zum Frühstück, Curryhühnchen-Salat und aromatische Suppen. Alles ist hausgemacht aus saisonalen Bioprodukten.

Restaurant at 29 Palms Inn AMERIKANISCH $$

(760-367-3505, www.29spalmsinn.com; 73950 Inn Ave, Twentynine Palms; Hauptgerichte mittags 7,50–10 US$, abends 9–21 US$;) In dem angesehenen Restaurant mit eigenem Bio-Garten werden mittags Burger und Salate und abends Grill- und leckere Pastagerichte serviert.

Joshua Tree Saloon AMERIKANISCH $$

(http://thejoshuatreesaloon.com; 61835 Twentynine Palms Hwy, Joshua Tree; Hauptgerichte 9–17 US$; 8 Uhr–open end;) Mächtige Burger und Steaks gibt's in diesem rauen Saloon (außerdem abends nicht jugendfreie Unterhaltung).

Sam's PIZZA, INDISCH $

(760-366-9511; 61380 Twentynine Palms Hwy, Joshua Tree; Hauptgerichte 8–11 US$; Mo–Sa 11–21, So 15–20 Uhr;) Hier gibt's zwar auch Pizzas, aber kundige Einheimische kommen vor allem wegen der aromatischen indischen Currys, von denen viele vegetarisch sind. Es gibt auch Essen zum Mitnehmen.

Praktische Informationen

Joshua Tree Outfitters (760-366-1848; 61707 Twentynine Palms Hwy, Joshua Tree) bietet Internetzugang (2 US$/15 Min.).

Der Parkeintritt (15 US$/Auto) gilt für sieben Tage. Man erhält kostenlos eine Karte und einen gedruckten Guide. Infos bekommt man in den **Visitor Centers** (760-367-5500; www.nps.gov/jotr) Cottonwood (nördlich der I-10, Cottonwood Springs; 9–15 Uhr), Joshua Tree (Park Blvd, abseits des Hwy 62; 8–17 Uhr) und

Oasis (Utah Trail & National Park Dr, Twentynine Palms; ⌚8–17 Uhr).

Anza-Borrego Desert State Park

Der von einem Urmeer und der Tektonik geformte Anza-Borrego Desert State Park ist der größte US-amerikanische State Park außerhalb Alaskas. Um das einzige Geschäftszentrum der Gegend, das winzige Borrego Springs (2535 Ew.) liegt ein 243 000 ha großes Gelände aus Bergen, Canyons und Ödland. Man findet hier eine ungeheure Vielfalt von Tieren und Pflanzen sowie interessante Relikte von indigenen Völkern, spanischen Entdeckern und Pionieren aus der Zeit des Goldrauschs. Hauptsaison ist die Zeit, wenn die Wildblumen blühen (in der Regel von März bis Mai; aktuelle Infos unter ☎760-767-4684); danach sind Erkundungstouren aufgrund der höllischen Hitze gefährlich.

Sehenswertes

Zu den Highlights im Park zählen der **Fonts Point** mit Blick in die Wüste, Vogelbeobachtungen am **Clark Dry Lake**, der **Elephant Tree Discovery Trail**, die Wind Caves am Split Mountain sowie das **Blair Valley** mit Felsbildern und *morteros* (Mahlsteinen) amerikanischer Ureinwohner. Weiter südlich gibt es Thermalquellen im **Agua Caliente County Park**.

Schlafen & Essen

Abgesehen von dem erschlossenen Campingplatz **Borrego Palm Canyon** (☎Reservierung 800-444-7275; www.reserveamerica.com; Stellplatz f. Zelt/Wohnmobil 25/35 US$) gibt es ein paar einfache Campingplätze mit Plumpsklos, aber ohne Wasser. Freies Campen auf offenem Gelände ist abseits der Straßen erlaubt, sofern ein Mindestabstand von 100 Fuß (30 m) zu Gewässern eingehalten wird. Lagerfeuer und das Sammeln von Pflanzen sind ausdrücklich verboten.

45 Fahrtminuten südwestlich von Borrego Springs lockt die Goldgräbersiedlung **Julian** (www.julianca.com) mit B&Bs im Country-Stil. Sie ist übrigens berühmt für Apfelkuchen.

LP TIPP **Borrego Valley Inn** BOUTIQUEHOTEL **$$$**
(☎760-767-0311; www.borregovalleyinn.com; 405 Palm Canyon Dr, Borrego Springs; Zi. inkl. Frühstück 185–275 US$; ❄📶🏊) Das trauliche Spa-Resort hat 15 Adobe-Zimmer im südwestamerikanischen Dekor, zwei Pools (einer davon auch FKK) und ein Heißwasserbecken.

Palms at Indian Head BOUTIQUEHOTEL **$$$**
(☎760-767-7788; www.thepalmsatindianhead.com; 2200 Hoberg Rd, Borrego Springs; Zi. 169–249 US$; ❄🏊) Die einstige Herberge von Cary Grant, Marilyn Monroe und anderen Berühmtheiten aus alter Zeit ist als schickes Refugium im modernistischen Stil der 1950er-Jahre wiederauferstanden. Bei Martinis und Cordon Bleu kann man in der Bar mit Grill dieser Zeit nachsinnen und den wunderbaren Ausblick in die Wüste genießen.

Carlee's Place AMERIKANISCH **$$**
(660 Palm Canyon Dr, Borrego Springs; Hauptgerichte mittags 7–14 US$, abends 12–23 US$; ⌚11–21 Uhr) Hier gibt's einfaches amerikanisches Essen, Karaoke-Abende und einen Pool.

WAS ZUM ...?

Östlich des Anza-Borrego Desert State Park und südlich des Joshua Tree National Parks erwartet Traveller ein höchst überraschender Anblick: der **Salton Sea** (www.saltonsea.ca.gov), Kaliforniens größter Binnensee, der mitten in der größten Wüste des Bundesstaats liegt. Er entstand 1905, als der Colorado River über seine Ufer trat. Einst eine Touristenattraktion, verwandelte er sich seit den 1980er-Jahren in einen ökologischen Alptraum mit jährlichem Fischsterben, ausgelöst durch zufließendes, chemisch belastetes Wasser aus der Landwirtschaft. Eine einfache Lösung für dieses Problem ist nicht in Sicht.

Ein noch seltsamerer Anblick ist nahe dem Ostufer des Sees der **Salvation Mountain** (www.salvationmountain.us), ein 30 m hoher, bunt bemalter und mit Fundstücken und religiösen Botschaften verzierter Hügel. Die Vision Leonard Knights ist zu einem der großen Werke der amerikanischen Folk Art geworden und wurde sogar vom US-Senat als schutzwürdige Sehenswürdigkeit anerkannt. Das Projekt befindet sich in Niland, rund 3 Meilen (4,8 km) abseits des Hwy 111, zu erreichen über die Main St.

Praktische Informationen

In Borrego Springs gibt's Läden, Geldautomaten, Tankstellen, ein Postamt, einen Supermarkt und eine öffentliche Bibliothek mit kostenlosem Internetzugang und WLAN. Das **Visitor Center** (760-767-4205; www.parks.ca.gov; 200 Palm Canyon Dr; Nov.–April 9–17 Uhr, Mai–Okt. nur Sa & So) des Parks mit umfangreichem Service befindet sich 2 Meilen (3,2 km) weiter westlich. Zusätzliche Infos finden sich unter www.california-desert.org. Die Durchfahrt durch den Park ist kostenlos. Wer campen, wandern oder picknicken will, muss eine Tagesgebühr von 8 US$ pro Auto entrichten. Die rund 800 unbefestigten Pistenkilometer in der Wildnis sind nur mit Geländewagen befahrbar. Bei Wander- oder Mountainbiketouren auf den Pisten im Park die Mittagshitze meiden und ausreichend Trinkwasser mitnehmen!

Mojave National Preserve

Wer auf der Suche nach der „Mitte vom Nirgendwo" ist, liegt mit der Wildnis des **Mojave National Preserve** (760-252-6100; www.nps.gov/moja; Eintritt frei) sicher nicht falsch. In dieser rund 6500 km² großen Einöde finden sich Sanddünen, Josua-Palmlilien und Schlackekegel vulkanischen Ursprungs; außerdem ist dies der Lebensraum von Wüstenschildkröten, Präriehasen und Kojoten. Tankstellen gibt es in diesem Gebiet nicht.

Südöstlich von Baker und dem I-15 Fwy führt die Kelbaker Rd durch eine gespenstische Landschaft aus Schlackekegeln, ehe sie das **Kelso Depot** erreicht, einen hübschen Bahnhof aus den 1920er-Jahren im spanischen Missionsstil. Drinnen befinden sich heute das **Visitor Center** (760-252-6108; 9–17 Uhr) des Parks mit ausgezeichneten naturkundlichen und kulturgeschichtlichen Exponaten sowie ein altmodischer **Mittagsimbiss** (Gerichte 3,50–8,50 US$). Weitere 11 Meilen (17,7 km) Richtung Südwesten liegen die „singenden" **Kelso Dunes**, die mit 1800 m dritthöchsten Sanddünen des Landes. Bei günstigen Bedingungen erzeugt der wandernde Sand ein tiefes Dröhnen. Dieses lässt sich manchmal auch spontan auslösen, indem man die Dünenflanken hinabrennt.

Am Kelso Depot zweigt die Kelso–Cima Rd nach Nordosten ab. Nach 19 Meilen (30,6 km) führt die Cima Rd zurück zur I-15 und rund um den **Cima Dome**, einen 460 m hohen Granitfelsen mit krustigen Lava-Vorsprüngen. An seinen Hängen wächst der weltweit größte **Josua-Palmlilien-Wald**. Rund 6 Meilen (9,7 km) nordwestlich von Cima beginnt der Weg zum Teutonia Peak (hin & zurück 4,8 km) – von hier aus kann man die ganze Gegend betrachten.

Östlich der Kelso–Cima Rd ist die Mojave Rd ein Schleichweg zu den beiden mit Trinkwasser ausgestatteten **Campingplätzen** (Stellplatz 12 US$; keine Reservierung) Mid Hills (keine Wohnmobile) und Hole-in-the-Wall. Sie liegen an der holperigen, 10 Meilen (16 km) langen **Wild Horse Canyon Rd**, die sich für Panoramafahrten anbietet. Im **Visitor Center** (760-252-6104; Okt.–April Mi–So 9–16 Uhr, Mai–Sept. nur Fr–So) des Hole-in-the-Wall kann man Wissenswertes über den durch einen schmalen Canyon führenden **Rings Loop Trail** in Erfahrung bringen. Die Straßen in dieser Gegend sind meist nicht befestigt, aber in gutem Zustand.

Südwestlich des Hole-in-the-Wall enthüllen die prächtigen **Mitchell Caverns** (760-928-2586) eine Welt aus merkwürdigen Kalksteinformationen. Zum Zeitpunkt der Recherche waren die Führungen allerdings auf unbestimmte Zeit ausgesetzt.

Schlafen & Essen

Campen auf freiem Gelände und am Straßenrand ist im Park an all denjenigen Stellen erlaubt, die bereits für diesen Zweck genutzt wurden. Wo sich diese Stellen befinden, erfährt man auf der Website oder im Visitor Center. Baker ist die nächstgelegene Ortschaft mit einfachen Motels.

Wer etwas mehr Ambiente möchte, könnte es mit dem **Hotel Nipton** (760-856-2335; www.nipton.com; 107355 Nipton Rd, Nipton; DZ inkl. Frühstück 79 US$; Rezeption 8–18 Uhr;) probieren. Es ist in einer 100 Jahre alten Adobe-Villa bei einem abgelegenen Bahnvorposten nördlich vom Reservat untergebracht. Eingecheckt wird in dem gut ausgestatteten Laden neben der **Café-bar** (Gerichte 7–10 US$; 11–18 Uhr, Abendessen nach Vereinbarung). Es gibt hier auch einen **Campingplatz** (Stellplatz 25 US$) und **Zelthütten** (65 US$).

Death Valley National Park

Schon der Name allein beschwört Höllenbilder einer gnadenlosen, kahlen und lebensfeindlichen Einöde alttestamentarischen Ausmaßes herauf. Bei näherer Betrachtung entpuppt sich das Death Valley jedoch als eine Landschaft voller vom Wasser geformten Canyons, singender Sanddünen, Oasen mit Schatten spendenden Palmen, erodierten Bergen und einer vielfältigen Tier- und Pflanzenwelt. Der Park ist eine Region der Superlative: Hier gibt es landesweit die höchsten Temperaturen (57 °C), hier liegt aber auch der tiefste Punkt (Badwater, 86 m unterhalb des Meeresspiegels) – und außerdem ist dies der größte US-amerikanische Nationalpark außerhalb Alaskas (über 12 949 m²). Die meisten Touris kommen zur Wildblumenblüte im Frühling. Furnace Creek ist das Geschäftszentrum im Park.

Sehenswertes & Aktivitäten

Bei Sonnenauf- oder -untergang fällt der Blick vom **Zabriskie Point** hinunter auf die spektakulären Wellen, Falten und Schluchten einer goldfarbenen Einöde. Rund 20 Meilen (32 km) weiter südlich kann man von **Dante's View** zugleich den höchsten (Mt. Whitney, 4421 m) und den niedrigsten Punkt (Badwater) der kontinentalen USA außerhalb Alaskas sehen. Unterwegs bietet sich ein malerischer Abstecher über die äußerst holperige, einspurige Rundroute durch den **Twenty Mule Team Canyon** an.

Die zeitlose, von rissigen Salzwüsten geprägte Landschaft von **Badwater** liegt 17 Meilen (27,4 km) südlich von Furnace Creek. Unterwegs lassen sich im Rahmen von kurzen, gut machbaren Wanderungen der schmale **Golden Canyon** und die **Natural Bridge** erkunden. Die spitzen Miniberge des **Devils Golf Course** bestehen aus Salzkristallen. Der 9 Meilen (14,5 km) lange Abstecher **Artists Drive** ist besonders schön am späten Nachmittag, wenn die erodierten Hügel in einem Farbenmeer erstrahlen.

Nördlich von Furnace Creek kann man in der Nähe von Stovepipe Wells an den glatten Marmorwänden des **Mosaic Canyon** klettern oder die an die Sahara erinnernden **Mesquite-Flat-Sanddünen** hinunterrollen – bei Vollmond ein fast magisches Erlebnis!

36 Meilen (57,9 km) nördlich liegt das skurrile **Scotty's Castle** (☎760-786-2392; Erw./Kind 11/6 US$; ⏲Führung Nov.–April 9–17 Uhr, Mai–Okt. bis 16 Uhr), in dem kostümierte Führer die seltsame Geschichte des Gauners Death Valley Scotty nacherzählen.

Im Sommer sollten nur befestigte Straßen benutzt werden, da Fahrzeuge auf unbefestigten Pisten schnell überhitzen. Außerdem ist es besser, Überanstrengungen zu vermeiden und höher gelegenes Terrain zu besuchen. Westlich von Stovepipe Wells beginnt beispielsweise die malerische **Emigrant Canyon Road**, die 21 Meilen (33,8 km) später an den historischen, an Bienenkörbe erinnernden **Charcoal Kilns** endet. Ganz in der Nähe beginnt der 13,5 km lange Rundweg auf den **Wildrose Peak** (2755 m). Am Westrand des Parks wartet das ganz abgelegene **Panamint Springs** mit einem Blick auf Vulkane, Josua-Palmlilienwälder und den malerischen Darwin Falls auf.

Zu den Aktivitäten, die auf der Furnace Creek Ranch angeboten werden, gehören Ausritte und Golf.

Schlafen & Essen

Die Unterkünfte im Park sind kostspielig und im Frühling oft ausgebucht. Dann sind oft sogar die Campingplätze ohne Reservierung schon am Vormittag belegt, vor allem an Wochenenden. Die nächste Ortschaft, die über günstigere Unterkünfte verfügt, ist Beatty in Nevada (44 Meilen, d. h. 70,8 km, von Furnace Creek); die Auswahl in Las Vegas (120 Meilen, also 193 km, südöstlich) und Ridgecrest (122 Meilen, d. h. 196 km, westlich) ist allerdings größer.

Stovepipe Wells Village MOTEL **$$**
(☎760-786-2387; www.escapetodeathvalley.com; Hwy 190; Stellplatz f. Wohnmobil 31 US$, Zi. 80–155 US$; ❄📶🏊) Die frisch aufgemöbelten Zimmer sind mit Kaffeemaschinen, hochwertiger Bettwäsche und bunten Bettdecken im Stil der amerikanischen Ureinwohner ausgestattet. Der kleine Pool sorgt für Abkühlung, und das Restaurant im Westernstil (Hauptgerichte 5–25 US$) bringt drei anständige Mahlzeiten pro Tag auf die Tische.

Furnace Creek Ranch RESORT **$$**
(☎760-786-2345; www.furnacecreekresort.com; Hütte 130–162 US$, Zi. 162–213 US$; ❄📶🏊👪) Das auf Familien ausgelegte, weitläufige Resort wurde gründlich überholt und präsentiert sich jetzt mit Zimmern in Wüstenfarben, modernisierten Badezimmern und Veranden mit bequemen Gartenmöbeln. Auf dem Gelände gibt es einen Spielplatz, einen von einer Quelle gespeisten Swimmingpool, Tennisplätze und das Forty-Niner Café (Hauptgerichte 12–25 US$), in dem ordentliche typisch amerikanische Gerichte serviert werden. Im Wrangler nebenan gibt's abends saftige Steaks (Hauptgerichte 22–39 US$) und ansonsten durchschnittliche Frühstücks- und Mittagsbuffets (11,25/14,95 US$).

Furnace Creek Inn HOTEL $$$
(☎760-786-2345; www.furnacecreekresort.com; Zi. 330–460 US$; ⏲Anfang Okt.–Anfang Mai; ❄📶🏊) In diesem eleganten Hotel im Missionsstil kann man die Wüstenfarben bewundern, während man sich am quellengespeisten Pool, von dem aus man einen weiten Blick ins Tal hat, entspannt. Das Restaurant (mit Dresscode) serviert gehobene amerikanische Kost (Hauptgerichte mittags 13–17 US$, abends 24–38 US$) und einen opulenten Sonntagsbrunch.

Camping CAMPING $
(Stellplatz kostenlos–18 US$) Von den neun Campingplätzen im Park nimmt nur Furnace Creek von Mitte April bis Mitte Oktober **Reservierungen** (☎877-444-6777; www.recreation.gov) an. Im Sommer heißt es auch dort, „wer zuerst kommt, mahlt zuerst", und außerdem sind von den anderen Plätzen dann nur noch Mesquite Spring nahe Scotty's Castle und die Plätze an der Emigrant Canyon Rd westlich von Stovepipe Wells geöffnet. Einige Plätze sind nur für Fahrzeuge mit hohem Radstand erreichbar. Andere Campingplätze im Tal – z.B. die an der Straße gelegenen Stovepipe Wells und Sunset sowie der schattigere Texas Springs – sind vor allem auf Wohnmobile ausgerichtet und nur von Oktober bis April geöffnet.

Campen auf freiem Gelände (kein Lagerfeuer) ist 2 Meilen (3,2 km) abseits befestigter Straßen und abseits erschlossener und genutzter Gebiete erlaubt, wobei ein Mindestabstand von 100 Yards (91,5 m) zu allen Wasserstellen eingehalten werden muss; kostenlose Genehmigungen gibt's im Visitor Center.

Auf der Furnace Creek Ranch und im Stovepipe Wells Village finden sich öffentliche Duschen (5 US$ inkl. Zugang zum Swimmingpool).

ℹ Praktische Informationen

Genehmigungen (20 US$/Auto) sind sieben Tage lang gültig und an SB-Zahlstationen überall im Park erhältlich. Das **Visitor Center** (☎760-786-3200; www.nps.gov/deva; ⏲8–17 Uhr) in Furnace Creek verteilt gegen Vorlage der Quittung kostenlos eine Karte plus Zeitung. Hier gibt's auch einen Gemischtwarenladen, eine Tankstelle, ein Postamt, einen Geldautomaten, Internetzugang, Unterkünfte und Restaurants. Stovepipe Wells, eine 30-minütige Autofahrt nordwestlich, hat einen Gemischtwarenladen, eine Tankstelle, einen Geldautomaten, ein Motel und ein Café zu bieten. In Panamint Springs am Westrand des Parks kriegt man Benzin und Snacks. Die Netzabdeckung im Park ist schlecht bis gar nicht vorhanden.

CENTRAL COAST

Kein Kalifornientrip wäre komplett ohne die surreale Schönheit der Central Coast, die sich entlang einer der legendärsten US-Straßen erschließt: Der Hwy 1 passiert das vornehme Santa Barbara, das altmodische Pismo Beach, das studentische San Luis Obispo, das fantastische Hearst Castle, den faszinierenden Big Sur, die bodenständige Monterey Bay und den Hippietreff Santa Cruz. Achtung: Wie ihre Weine will diese idyllische Küstengegend ganz langsam genossen werden!

Santa Barbara

Im Küstenort Santa Barbara ist das Leben süß. Dieses von perlweißen Stränden umgebene Shangri-La duftet nach Zitrusfrüchten und Jasmin, und an seinen weiß getünchten Gebäuden mit spanischen roten Ziegeldächern blühen Bougainvilleen. Die hässlichen Ölfördertürme draußen im Meer einfach ignorieren! Lebensader der Stadt ist die State St mit vielen Bars, Cafés, Theatern und Boutiquen.

👁 Sehenswertes

Mission Santa Barbara KIRCHE
(www.sbmission.org; 2201 Laguna St; Erw./Kind 5/1 US$; ⏲9–16.30 Uhr) Die 1786 gegründete,

---

WAS ZUM ...?

4 Meilen (6,4 km) westlich von Beatty, Nevada, findet sich die Abzweigung zur Geisterstadt **Rhyolite** (www.rhyolitesite.com; Hwy 374; Eintritt frei; ⏲Sonnenaufgang–Sonnenuntergang), die den turbulenten Aufstieg und Niedergang so vieler Städte im Westen aus der Goldrauschzeit widerspiegelt. Sehenswert sind z.B. das „Flaschenhaus" von 1906 und Reste der dreistöckigen Bank. Das bizarre **Goldwell Open Air Museum** (www.goldwellmuseum.org; Eintritt frei; ⏲24 Std.) nebenan ist eine schräge Kunstinstallation, die 1984 von dem belgischen Künstler Albert Szukalski begonnen wurde.

auf einem Hügel thronende „Königin der Missionen" war die einzige in Kalifornien, die der Säkularisierung unter mexikanischer Herrschaft entkam. Im Inneren der Kirchengewölbe finden sich Kunstwerke der Chumash; hinter der Kirche liegt ein stimmungsvoller Friedhof.

Santa Barbara Museum of Art MUSEUM
(www.sbma.net; 1130 State St; Erw./Kind 9/6 US$; ⌚Di–So 11–17 Uhr) Die Galerien in Downtown zeigen eine eindrucksvolle, gut ausgewählte Sammlung zeitgenössischer kalifornischer Kunst, Werke moderner Meister wie Matisse und Chagall, Fotografien des 20. Jhs. und asiatische Kunst. Außerdem gibt es spannende Sonderausstellungen. Sonntags entrichten Besucher als Eintrittspreis, so viel sie möchten.

GRATIS **County Courthouse** HISTORISCHES GEBÄUDE
(www.santabarbaracourthouse.org; 1100 Anacapa St; ⌚Mo–Fr 8–17, Sa & So 10–16.30 Uhr) Das im spanisch-maurischen Stil erbaute Gebäude ist ein unpassend schöner Ort für Gerichtsprozesse. Man bestaunt die bemalten Decken und feinen Wandmalereien und erklimmt dann den schwindelerregenden Uhrenturm, von dem aus man einen Panoramablick hat. Kostenlose Führungen.

Santa Barbara Historical Museum MUSEUM
(www.santabarbaramuseum.com; 136 E De La Guerra St; Spende erbeten; ⌚Di–Sa 10–17, So ab 12 Uhr) In dem an einem romantischen Hof mit Kreuzgängen gelegenen Museum findet sich ein faszinierender Mix von lokalen Artefakten, darunter auch Flechtkörbe der Chumash. Man erfährt verblüffende historische Details, z. B. über die Mitwirkung der Stadt am Sturz der letzten chinesischen Kaiserdynastie.

Santa Barbara Botanic Garden GARTEN
(www.sbbg.org; 1212 Mission Canyon Rd; Erw./Kind 2–12 Jahre/13–17 Jahre 8/4/6 US$; ⌚9–18 Uhr, Nov.–Feb. bis 17 Uhr) Oberhalb der Mission widmet sich dieser Garten der kalifornischen Pflanzenwelt. Sanft auf und ab führende Wege schlängeln sich zwischen den Kakteen und Wildblumen hindurch, vorbei am historischen Damm der Mission und am Aquädukt. In der Nähe gibt's ein Naturkundemuseum für kleine Kinder.

Santa Barbara Maritime Museum MUSEUM
(www.sbmm.org; 113 Harbor Way; Erw./Kind 7/4 US$, 3. Do im Monat Eintritt frei; ⌚Do–Di 10–17 Uhr, Juni–Aug. bis 18 Uhr) Dieses Museum am Hafen ehrt die Seefahrergeschichte der Stadt mit historischen Artefakten, Exponaten zum Anfassen, Virtual-Reality-Elementen und einem kleinen Dokumentarkino.

Aktivitäten

Bei einem Spaziergang am Ufer stößt man auf den Pier **Stearns Wharf** von 1872, der von allen Holzpiers im amerikanischen Westen am längsten nonstop in Betrieb ist. Heuten säumen ihn Restaurants und Touristenläden. Außerhalb der Stadt am Hwy 101 locken die palmengesäumten **State Beaches** (www.parks.ca.gov; 10 US$/Auto; ⌚8 Uhr–Sonnenuntergang) von Carpinteria, rund 12 Meilen (19,3 km) östlich, sowie von El Capitan und Refugio, die mehr als 20 Meilen (32 km) westlich liegen.

Wheel Fun RADFAHREN
(www.wheelfunrentals.com; 22 State St & 23 E Cabrillo Blvd; ⌚8–20 Uhr) Vermietet Fahrräder (ab 8 US$/Std.), mit denen Traveller den asphaltierten Freizeitweg abfahren können, der kilometerweit an den städtischen Stränden entlangführt.

Paddle Sports KAJAKFAHREN, SURFEN
(☎805-899-4925; www.kayaksb.com; 117b Harbor Way; Kajak/Stehpaddelbrett ab 25/40 US$, 2-stündiger Stehpaddelkurs ab 80 US$) Der freundliche Ausrüster vermietet Kajaks und Stehpaddel-Boards.

Santa Barbara Adventure Co KAJAKFAHREN, SURFEN
(☎805-884-9283; www.sbadventureco.com; Tour/Unterricht ab 50/99 US$) Geführte Kajaktouren sowie Surf- und Stehpaddelunterricht.

Santa Barbara Sailing Center KAJAKFAHREN, SEGELN
(☎805-962-2826; www.sbsail.com; 133 Harbor Way; Kajak 10–15 US$/Std., Fahrt/Tour ab 25/60 US$) Vermietet Kajaks, gibt Segelunterricht und veranstaltet Cocktailfahrten in den Sonnenuntergang sowie geführte Paddeltouren.

Condor Express WALBEOBACHTUNG
(☎805-882-0088; www.condorcruises.com; 301 W Cabrillo Blvd; Erw./Kind ab 48/25 US$) Veranstaltet das ganze Jahr über kommentierte Walbeobachtungstouren.

Schlafen

Der Preisschock ist programmiert – selbst einfache Zimmer kosten im Sommer über

200 US$. Sonderangebote sind unter Umständen in den Motels am oberen Abschnitt der State St, nördlich der Downtown, erhältlich. Stellplätze auf den Campingplätzen der staatlichen Strände abseits des Hwy 101 können **reserviert** werden (☎800-444-7275; www.reserveamerica.com; Stellplatz 35–50 US$).

Inn of the Spanish Garden BOUTIQUEHOTEL **$$$**
(☎805-564-4700; http://spanishgardeninn.com; 915 Garden St; DZ inkl. Frühstück 259–519 US$;) Das elegante Hotel in Downtown im spanischen Kolonialstil bietet zwei Dutzend romantische Luxuszimmer und -suiten mit Blick auf einen schönen Hof mit einem Springbrunnen. Erstklassiger Portiersservice!

LP TIPP **El Capitan Canyon** HÜTTEN, CAMPING **$$**
(☎805-685-3887; www.elcapitancanyon.com; 11560 Calle Real, abseits des Hwy 101; Safarizelt 155 US$, Hütte 225–350 US$;) Diese autofreie Zone nahe dem El Capitan State Beach, zu erreichen in einer halbstündigen Autofahrt über den Hwy 101, steht für Luxuscamping. Die Safarizelte sind rustikal, die an einem Bach stehenden Zedernholzhütten bieten hingegen herrliche Matratzen, Einbauküchen und Feuerstellen vor dem Haus.

Presidio Motel MOTEL **$$$**
(☎805-963-1355; http://thepresidiomotel.com; 1620 State St; Zi. inkl. Frühstück 119–220 US$;) Dieses erschwingliche Juwel ist quasi der H&M der Motelbranche. Seinen Ruf als stilvoll verdankt es dem künstlerischen Flair, den traumhaften Betten und dem kostenlosen Fahrradverleih. Allerdings kann es hier auch laut werden! Das nahe gelegene Motel Agave Inn ist preisgünstiger.

Brisas del Mar HOTEL **$$$**
(☎805-966-2219; www.sbhotels.com; 223 Castillo St; Zi. inkl. Frühstück 145–290 US$;) Großes Lob verdienen die kostenlosen Extras (DVDs, Wein, Käse, Milch und Kekse) und der vordere Bereich im mediterranen Stil, doch der Motelflügel ist hässlich. Die Schwestermotels abseits vom Strand sind in der Regel preisgünstiger.

Essen

Olio Pizzeria ITALIENISCH **$$$**
(☎805-899-2699; www.oliopizzeria.com; 11 W Victoria St; Gerichte 3–24 US$; ⏲Mo–Sa 11.30–14, So–Do 17–22, Fr & Sa bis 23 Uhr) Die gemütliche Pizzeria und Enoteca mit hohen Decken und munterer Bar bietet eine verführerische Auswahl von knusprigen Pizzas, importiertem Käse und Wurstwaren sowie traditionellen Antipasti und *dolci* (Desserts).

LP TIPP **Santa Barbara Shellfish Company** SEAFOOD **$$**
(www.sbfishhouse.com; 230 Stearns Wharf; Gerichte 5–19 US$; ⏲11–21 Uhr) Der Schalentier-Dealer am Pierende – eher eine Imbisstheke –, besteht seit 25 Jahren an dieser Stelle und punktet mit einer tollen Hummercremesuppe und Blick aufs Meer. Das Motto lautet hier: „Vom Meer über die Pfanne direkt auf den Teller."

Silvergreens CAFÉ **$**
(www.silvergreens.com; 791 Chapala St; Gerichte 4–10 US$; ⏲Mo–Fr 7.30–22, So ab 11 Uhr;) Warum sollte Fastfood nicht frisch und schmackhaft sein? Getreu dem Vorsatz „smart essen, gut leben" liefert dieses sonnenverwöhnte Café ernährungsphysiologisch gute Salate, Suppen, Sandwiches, Burger, Frühstücks-Burritos u.v.m.

D'Angelo Pastry & Bread CAFÉ **$**
(25 W Gutierrez St; Gerichte 2–8 US$; ⏲7–14 Uhr) Die leckere Retro-Bäckerei mit silbern schimmernden Bistrotischen vor der Tür ist ideal für ein schnelles Frühstück oder einen Brunch. Empfehlenswert sind die Buttercroissants und die beliebten „Eggs Rose" der Iron-Chef-Teilnehmerin Cat Cora.

Lilly's Taquería MEXIKANISCH **$**
(310 Chapala St; ab 1,50 US$/Stück; ⏲Mo & Mi–Do 11–21, Fr & Sa bis 22, So bis 21.30 Uhr) Hier bildet sich fast immer eine Schlange – also schnell die Bestellung aufgeben! Die Einheimischen sind mächtig versessen auf die Tacos mit *adobada* (mariniertem Schweinefleisch).

Ausgehen & Unterhaltung

Das Zentrum des Nachtlebens ist die untere State St. Einen Veranstaltungskalender findet man im kostenlosen alternativen Wochenblatt *Santa Barbara Independent* (www.independent.com). Entlang dem **Urban Wine Trail** (www.urbanwinetrailsb.com) liegen ein Dutzend Weinprobierstuben (und eine Kleinbrauerei).

Soho LIVEMUSIK
(☎805-962-7776; www.sohosb.com; 1221 State St; Grundpreis 12–25 US$) In dem schlichten Backsteinsaal im Obergeschoss hinter

einer McDonald's-Filiale treten abends Livebands auf und spielen Indie, Funk, Folk, Jazz oder Blues.

Brewhouse BRAUEREI
(www.brewhousesb.com; 229 W Montecito St; So–Do 11–23, Fr & Sa bis 24 Uhr;) Das raubeinige Brauhaus unten bei den Bahngleisen braut eigene Biere in kleinen Chargen. Von Mittwoch bis Samstag gibt's abends Livemusik.

French Press CAFÉ
(1101 State St; Mo–Fr 6–19, Sa ab 7, So 8–17 Uhr;) Dank silbern glänzender italienischer Espressomaschinen und Kaffee aus Santa Cruz können die fachkundigen Baristas hier gut arbeiten.

Praktische Informationen

Santa Barbara Car Free (www.santabarbaracarfree.org) Hilfreiche Tipps zum umweltbewussten Reisen und über lohnende Rabatte.

Visitor Center (805-965-3021; www.santabarbaraca.com; 1 Garden St; Mo–Sa 9–17, So ab 10 Uhr) Die Touristeninformation nahe dem Ufer bietet Karten und Broschüren zu Touren auf eigene Faust.

Anreise & Unterwegs vor Ort

Amtrak (209 State St) Züge fahren südwärts nach Los Angeles (25 US$, 3 Std.) und Richtung Norden nach San Luis Obispo (29 US$, 2¾ Std.).

Greyhound (34 W Carrillo St) Täglich fahren einige Busse nach Los Angeles (18 US$, 3 Std.), San Luis Obispo (26 US$, 2¼ Std.) und San Francisco (53 US$, 9 Std.).

Metropolitan Transit District (805-963-3366; www.sbmtd.gov) betreibt städtische Busse (Fahrpreis 1,75 US$) sowie elektrische Shuttles (0,25 US$) von der State St zum Stearns Wharf und am Strand längs dem Cabrillo Blvd.

Von Santa Barbara nach San Luis Obispo

Über den Hwy 101 kann man in nur zwei Stunden nach San Luis Obispo brausen – man kann aber auch einen ganzen Tag damit zubringen, Abstecher zu Weingütern, versteckten Stränden und einer historischen Mission zu machen.

Nördlich von Santa Barbara führt der Hwy 154 als malerische Nebenstrecke durchs Hinterland zu den guten Tropfen ins **Santa Ynez Valley** und ins **Santa Maria Valley** (www.sbcountywines.com). Hier wurde auch der Film *Sideways* (2004) gedreht – Augen offen halten! Wer ein umweltbewusst geführtes Weingut besichtigen will, wählt **Sustainable Vine** (805-698-3911; www.sustainablevine.com; ganztägige Tour 125 US$). Erkundungen auf eigene Faust kann man im **Los Olivos Café & Wine Merchant** (805-688-7265; www.losolivosca

WER NOCH EIN PAAR TAGE ZEIT HAT

Der abgelegene, raue **Channel Islands National Park** (www.nps.gov/chis) trägt wegen seiner einmaligen Tier- und Pflanzenwelt den Spitznamen „Kaliforniens Galápagos". Die Inseln bieten u. a. jede Menge tolle Möglichkeiten zum Schnorcheln, Tauchen und Kajakfahren im Meer. Besonders schön ist hier der Frühling, wenn die Wildblumen blühen, während auf den oft knochentrockenen Sommer und Herbst ein manchmal stürmischer Winter folgt.

Das nur eine einstündige Bootsfahrt vom Festland entfernte Anacapa ist mit seinen leichten Wanderstrecken und unvergesslicher Aussicht für Tagesausflügler am besten geeignet. Santa Cruz ist die größte Insel und bietet sich für Ausflüge mit Übernachtung an. Hier kann man campen, wandern und Kajak fahren. Für andere Inseln weiter draußen muss man mehrere Tage einplanen: San Miguel ist oft nebelverhangen; das winzige Santa Barbara ein Tummelplatz von Meeresvögeln und Robben – genauso wie Santa Rosa, wo es überdies archäologische Stätten der Chumash gibt.

Die Boote legen in Ventura Harbor abseits des Hwy 101 ab. Das dortige **Visitor Center** (805-658-5730; 1901 Spinnaker Dr; 8.30–17 Uhr) des Parks bietet Infos und Karten. Größter Anbieter von Bootstouren ist **Island Packers** (805-642-1393; www.islandpackers.com; 1691 Spinnaker Dr; Erw./Kind ab 33/24 US$); im Voraus buchen! Stellplätze auf den primitiven **Campingplätzen** (Reservierungen 877-444-6777; www.recreation.gov; Stellplatz f. Zelt 15 US$) der Inseln müssen vorab gebucht und Verpflegung und Wasser mitgebracht werden.

fe.com; 2879 Grand Ave, Los Olivos; Hauptgerichte 11–25 US$; ⌚11.30–20.30 Uhr) beginnen, einem kalifornisch-mediterran geprägten Bistro mit Verkostungsraum, und anschließend dem **Foxen Canyon Wine Trail** (www.foxencanyonwinetrail.com) nach Norden zu den angesagten Weingütern folgen.

Weiter südlich begeistert das von dänischen Einwanderern gegründete Dorf **Solvang** (www.solvangusa.com) Kitschliebhaber mit schmucken Windmühlen und Bäckereien wie aus dem Märchenbuch. Der **El Rancho Marketplace** (www.elranchomarket.com; 2886 Mission Dr/Hwy 246, Solvang; ⌚6–22 Uhr) verkauft Vorräte für Mittagspicknicks und Gegrilltes zum Mitnehmen. Näher beim Hwy 101 steht der **Hitching Post II** (☎805-688-0676; www.hitchingpost2.com; 406 E Hwy 246, Buellton; Hauptgerichte 22–48 US$; ⌚Mo–Fr 17–21.30, Sa & So 16–21.30 Uhr), ein Steakhaus alter Schule, das auch seinen eigenen (übrigens echt guten) Pinot Noir keltert. Reservieren!

Vom Hwy 101 führt der Hwy 246 auf ca. 15 Meilen (24 km) westwärts zum **La Purísima Mission State Historic Park** (www.lapurisimamission.org; 2295 Purisima Rd, Lompoc; 6 US$/Auto; ⌚9–17 Uhr). Die exquisit restaurierte Mission gehört zu den stimmungsvollsten kalifornischen Missionen aus der spanischen Kolonialzeit: Hier finden sich blühende Gärten, Tierpferche und Adobe-Gebäude. Südlich von Lompoc windet sich abseits des Hwy 1 die Jalama Rd auf 14 Meilen (22,5 km) zum total abgelegenen **Jalama Beach County Park** (☎805-736-3504; www.sbparks.org; 10 US$/Auto). Der extrem beliebte **Campingplatz** (Stellplatz f. Zelt/Wohnmobil 25/40 US$, Hütte 80–200 US$) nimmt nur für seine neu gebauten Hütten Reservierungen an: Wer keine hat, schaut eine halbe Meile (800 m) südlich des Hwy 1, ob das „Campingplatz belegt" angebracht ist.

Wer auf dem Hwy 1 weiter nach Norden fährt, gelangt in das raue **Guadalupe**, welches das Tor zu den größten Küstendünen Nordamerikas ist. Im Sand vergraben liegt hier die **Lost City of DeMille** (www.lostcitydemille.com), die Kulisse für den Monumentalschinken *Die zehn Gebote* von 1923. Auch Szenen von *Fluch der Karibik – Am Ende der Welt* (2007) wurden hier gedreht. Den besten Zugang zu den Dünen hat man westlich vom Ort über den Hwy 166. Im Ortszentrum gibt's saftige Steaks in der **Far Western Tavern** (☎805-343-2211; www.farwesterntavern.com; 899 Guadalupe St; Hauptgerichte abends 22–35 US$; ⌚Di–Do 11–20.30, Fr & Sa bis 21, So 9–20 Uhr) mit dem echten Wildwest-Flair.

Pismo Beach an der Einmündung des Hwy 1 in den Hwy 101 hat einen schönen, langen Sandstrand und einen **Monarchfalterhain** (www.monarchbutterfly.org), in dessen Eukalyptusbäumen die wandernden Schmetterlinge von Ende Oktober bis Februar rasten. Der Hain liegt südlich vom **Pismo State Beach Campground** (☎Reservierungen 800-444-7275; www.reserveamerica.com; Hwy 1; Stellplatz 35 US$; 📶); er besitzt Strandzugang und Warmwasserduschen. Pismo Beach besitzt zwar Dutzende von Motels am Strand und abseits des Hwy 101, aber besonders an Wochenenden sind schnell alle Zimmer ausgebucht. Die **Pismo Lighthouse Suites** (☎805-773-2411; www.pismolighthousesuites.com; 2411 Price St; Suite inkl. Frühstück 149–329 US$; ❄@📶🏊👪) bieten alles, was Urlauberfamilien brauchen, von Einbauküchen bis hin zu einem riesigen Gartenschachbrett im Freien.

Am Pier von Pismo steht das heruntergekommene, kleine **Splash Café** (www.splashcafe.com; 197 Pomeroy Ave; Gerichte 4–10 US$; ⌚8–21 Uhr; 👪), dessen berühmte Muschelsuppe in Schalen aus selbst gebackenem Sauerteigbrot serviert wird. Die Schlangen reichen oft bis vor die Tür! Ganz in der Nähe versorgt einen die Bäckerei **Old West Cinnamon Rolls** (www.oldwestcinnamon.com; 861 Dolliver St; Snacks 3–5 US$; ⌚6.30–17.30 Uhr) mit süßen Leckereien. Im **Cracked Crab** (www.crackedcrab.com; 751 Price St; Hauptgerichte 9–50 US$; ⌚So–Do 11–21, Fr & Sa bis 22 Uhr) ein Stück bergauf muss man sich schnell ein Plastiklätzchen umlegen, ehe die frischen Meeresfrüchte eimerweise auf den Tisch kommen.

Die nahe gelegene Ortschaft Avila Beach besitzt eine Uferpromenade. Im **Avila Grocery & Deli** (354 Front St; Hauptgerichte 5–11 US$; ⌚7–19 Uhr) sind die Chipotle-Steaksandwiches empfehlenswert. Näher am Hwy 101 kann man kann man am Stand der **Avila Valley Barn** (http://avilavalleybarn.com; 560 Avila Beach Dr; ⌚9–18 Uhr, Winter eingeschränkte Öffnungszeiten) Beeren pflücken und Ziegen füttern und anschließend in den **Sycamore Mineral Springs** (☎805-595-7302; www.sycamoresprings.com; 1215 Avila Beach Dr; 1 Std. 12,50–17,50 US$/Pers.; ⌚8–24 Uhr, letzte Reservierung 22.45 Uhr) von einer Holzwanne aus, die mit heißem Wasser gefüllt ist, in die Sterne gucken.

San Luis Obispo

Auf halbem Wege zwischen Los Angles und San Francisco liegt das entspannte San Luis Obispo. Die Studenten der California Polytechnic State University sorgen gut gelaunt für Betrieb in den Straßen, Kneipen und Cafés. Munter geht es vor allem während des wöchentlichen **Farmers Market** (Do 18–21 Uhr) zu, wenn sich die Higuera St im Zentrum in eine Partyzone mit Livemusik und Grillen auf dem Bürgersteig verwandelt.

Wie viele kalifornische Städte wuchs auch San Luis Obispo (SLO) rund um eine katholische **Mission** (805-543-6850; www.missionsanluisobispo.org; 751 Palm St; Spende 2 US$; 9–16 Uhr) der Spanier; gegründet wurde sie 1772 von dem Franziskanerpater Junípero Serra. Nahe SLO florieren heute die **Weingüter des Edna Valley** (www.slowine.com), die für Chardonnay und Pinot bekannt sind.

Schlafen

Nördlich des Zentrums von SLO reihen sich Motels an der Monterey St aneinander; billigere Motelketten finden sich am Hwy 101.

Peach Tree Inn MOTEL $$
(805-543-3170; www.peachtreeinn.com; 2001 Monterey St; Zi. inkl. Frühstück 79–200 US$;) Die schlichten Zimmer im Folk-Stil wirken relaxt, vor allem die am Bachufer und die, bei denen man vom Schaukelstuhl aus auf den Rosengarten blickt. Zum Frühstück gibt's selbst gebackenes Brot.

HI Hostel Obispo HOSTEL $
(805-544-4678; www.hostelobispo.com; 1617 Santa Rosa St; B 24–27 US$, Zi. ab 45 US$; Check-in 8–10 & 16.30–22 Uhr;) Das gemütliche, mit Solarstrom betriebene Ökohostel befindet sich in einem umgebauten viktorianischen Gebäude einen Block vom Bahnhof entfernt. An Einrichtungen gibt's u.a. eine Küche und einen Fahrradverleih (ab 10 US$/Tag). Keine Kreditkarten; eigene Handtücher mitbringen!

WAS ZUM ...?

Vom Hwy 101 fällt der Blick auf das durchgeknallt-kitschige **Madonna Inn** (805-543-3000; www.madonnainn.com; 100 Madonna Rd; Zi. 179–299 US$;). Japanische Touristen, Urlauber aus dem Mittleren Westen und Trash liebende Hipster stehen auf diese grelle Hotelpraline mit 110 Themenzimmern wie „Yosemite Rock", „Caveman" oder das knallrosa „Floral Fantasy" (Fotos gibt's online). Das Pissoir der Herrentoilette ist ein bizarrer Wasserfall. Bestes Argument für einen Besuch? Die altmodischen Kekse aus der Bilderbuchbäckerei!

Essen & Ausgehen

In der Innenstadt finden sich eine Menge Cafés, Restaurants, Weinstuben und Bierschenken sowie das erste mit Solarenergie betriebene Kino der USA, das **Palm Theatre** (805-541-5161; www.thepalmtheatre.com; 817 Palm St), das künstlerisch anspruchsvolle Filme unabhängiger Produzenten zeigt.

Luna Red FUSION $$$
(805-540-5243; www.lunaredslo.com; 1009 Monterey St; kleine Gerichte 4–15 US$, Hauptgerichte abends 18–26 US$; Mo–Do 11–21, Fr bis 22, Sa 16–22, So 17–21 Uhr) Die Köche lassen sich zu ihren Versionen kalifornischer, mediterraner und asiatischer Vorspeisen inspirieren, indem sie genau schauen, was es gerade an regionalen Produkten vom Land und aus dem Meer gibt. Auf Frische und Geschmack wird viel Wert gelegt. In dem überraschend eleganten Ambiente kann man außerdem wunderbar kreative Cocktails schlürfen.

Big Sky Café KALIFORNISCH $$$
(www.bigskycafe.com; 1121 Broad St; Hauptgerichte 6–22 US$; Mo–Mi 7–21, Do–Fr bis 22, Sa 8–22, So 8–21 Uhr;) „Analoges Essen für die digitale Welt", das ist das Motto in diesem kessen, nachhaltig betriebenen Café. Es erntet Spitzenbeurteilungen für seine marktfrischen Frühstücksgerichte (tgl. bis 13 Uhr), aber die abendlichen Hauptgerichte sind eher langweilig.

Firestone Grill GRILL $$
(www.firestonegrill.com; 1001 Higuera St; Hauptgerichte 5–12 US$; So–Mi 11–22, Do–Sa bis 23 Uhr;) Hier kann man sich an authentischen Santa-Maria-Steaksandwiches auf getoastetem Knoblauchbrot und an saftigen Schweinerippchen laben.

Praktische Informationen

Car-free SLO (http://slocarfree.org) Hilfreiche Website mit Tipps zum umweltbewussten Reisen und zu lohnenden Sonderangeboten.

Visitor Center (805-781-2777; www.visitslo.com; 1039 Chorro St; So–Mi 10–17, Do–Sa bis 19 Uhr) Im Zentrum abseits der Higuera St.

Anreise & Unterwegs vor Ort

Amtrak (1011 Railroad Ave) Der *Coast Starlight* (Seattle–L. A.; tgl.) und der *Pacific Surfliner* (2-mal tgl.) halten auf dem Weg von/nach Santa Barbara (29 US$, 2¾ Std.) bzw. Los Angeles (34 US$, 5½ Std.) an dem Haltepunkt rund 1 km östlich des Stadtzentrums.

Greyhound (1023 Railroad Ave) Täglich fahren einige Busse nach Santa Barbara (26 US$, 2¼ Std.), Los Angeles (38 US$, 5¼ Std.) und San Francisco (48 US$, 6½ Std.).

SLO Regional Transit Authority (805-541-2228; www.slorta.org; Ticket 1,50–3 US$, Tageskarte 5 US$) Die im ganzen County verkehrenden Busse fahren am Wochenende nur eingeschränkt. Knotenpunkt ist das **Transit Center** (Ecke Palm & Osos St) im Zentrum.

Von Morro Bay zum Hearst Castle

Rund 12 Meilen (19 km) nordwestlich von San Luis Obispo kommt **Morro Bay** am Hwy 1 in Sicht. Besondere Features hier sind eine kommerzielle Fischereiflotte und der Morro Rock. Der aus dem Meer emporragende Vulkangipfel gibt einen ersten Vorgeschmack auf die sich anschließende dramatische Küstenlandschaft – unschön sind nur die Kraftwerksschlote im Hintergrund. Am Embarcadero kann man die Karten für Bootstouren kaufen und Kajaks mieten. Hier ist zudem **Giovanni's Fish Market & Galley** (www.giovannisfishmarket.com; 1001 Front St; Hauptgerichte 7–13 US$; 9–18 Uhr;) zu finden, ein klassisch-kalifornischer Seafood-Schuppen, in dem tolle Knoblauchfritten und Fish & Chips serviert werden. Mitteklassemotels ballen sich weiter oben rund um die Harbor St und die Main St. Das **Shine Café** (www.sunshinehealthfoods-shinecafe.com; 415 Morro Bay Blvd; Hauptgerichte 5–14 US$; Mo–Fr 11–17, Sa ab 9, So 10–16 Uhr;) bietet vegetarische Gerichte zum Mitnehmen, beispielsweise Tempeh-Tacos und gebratenen Tofu.

In der Nähe verführen fantastische State Parks zu Küstenwanderungen und zum **Campen** (Reservierungen 800-444-7275; www.reserveamerica.com). Südlich des Embarcadero liegt der **Morro Bay State Park** (www.parks.ca.gov; Stellplatz f. Zelt/Wohnmobil 35/50 US$) mit einem Naturkundemuseum und einer Reiherkolonie. Weiter südlich in Los Osos, westlich des Hwy 1, warten im wilderen **Montaña de Oro State Park** (www.parks.ca.gov; Stellplatz 20–25 US$) Klippen, Gezeitenbecken, Sanddünen, Mountainbikestrecken, Gipfelwanderungen und primitive Campingplätze. Der spanische Name „Goldberg" rührt vom heimischen Mohn her, der im Frühling die Hänge bedeckt.

Weiter nördlich passiert der Hwy 1 nun zwei Surfer-Hotspots: Im kalifornisch-mexikanisch geprägten **Taco Temple** (2680 Main St, Morro Bay; Hauptgerichte 7–13 US$; So 11–20.30, Mo & Mi–Sa bis 21 Uhr) wird nur Barzahlung akzeptiert; **Ruddell's Smokehouse** (www.smokerkjim.com; 101 D St, Cayucos; Stück 5–12 US$; 11–18 Uhr) serviert Räucherfischtacos am Strand der kleinen Ortschaft Cayucos. Betagte Motels säumen die Ocean Ave in Cayucos, darunter das nette, von einer Familie geführte **Seaside Motel** (805-995-3809; www.seasidemotel.com; 42 S Ocean Ave, Cayucos; DZ 80–160 US$;), das Zimmer mit Kochnischen hat. In dem historischen Haus eines Kapitäns bietet das **Cass House Inn** (805-995-3669; www.casshouseinn.com; 222 N Ocean Ave, Cayucos; DZ inkl. Frühstück 165–325 US$;) schicke Zimmer. Einige davon sind mit Badewannen und alten Kaminen ausgestattet, die den kalten Küstennebel auf Abstand halten. Im Erdgeschoss bietet ein kreatives **Restaurant** (Menü 65 US$; Do–Mo 17–21 Uhr) saisonale französisch-kalifornische Gerichte.

Weniger als 4 Meilen (6,4 km) nördlich des Hwy 46, der nach Osten zu den Weingütern des **Paso Robles Wine Country** (www.pasowine.com) führt, gibt's im idyllischen **Cambria** Unterkünfte am unglaublich schönen Moonstone Beach. Das charmante, haustierfreundliche **Blue Dolphin Inn** (805-805-927-3300; www.cambriainns.com; 6470 Moonstone Beach Dr; DZ inkl. Frühstück 159–329 US$;) hat frische, moderne Zimmer mit romantischen Kaminen. Weiter landeinwärts bietet das **HI Cambria Bridge Street Inn** (805-927-7653; www.bridgestreetinncambria.com; 4314 Bridge St; B 22–25 US$, Zi. 45–80 US$, alle mit Gemeinschaftsbad; Check-in 17–21 Uhr;) Hostelbetten in großmütterlichem Ambiente. Im Käse- und Weinladen **Indigo Moon** (www.indigomooncafe.com; 1980 Main St; Hauptgerichte mittags 6–13 US$; Mo–Sa 10–16, So bis 15, Mi–So 17–21 Uhr) werden mittags an den luftigen Bistrotischen Salate mit frischen Zutaten vom Markt und Gourmetsandwiches serviert. Das **Linn's Easy as Pie Café** (www.linnsfruitbin.com; 4251 Bridge St; Hauptgerichte 6–9 US$; 10–19 Uhr;) hat einen sonnigen Patio und einen Take-away-Schalter. Der Laden ist berühmt für Olallieberry-Pie (Olalliebeeren sind eine Kreuzung aus Loganbeeren und Youngbeeren; beide Arten sind ihrerseits durch Kreuzungen entstanden) und Konfitüren.

10 Meilen (16 km) nördlich von Cambria steht auf einem Hügel das **Hearst Castle** (☎805-927-2020; www.hearstcastle.org; Führung Erw./Kind ab 25/12 US$; ⏱ab 9 Uhr), Kaliforniens berühmtestes Denkmal für Reichtum und Ehrgeiz. Der Zeitungstycoon William Randolph Hearst bewirtete auf seinem fantastischen Anwesen voller europäischer Antiquitäten, schimmernder Teiche und blühender Gärten bereits Hollywood-Stars und gekrönte Häupter. Man sollte versuchen, Führungen vorab zu reservieren, ganz besonders gilt das für die Living-History-Programme in den Weihnachtsferien. Auf der anderen Seite des Hwy 1 verkauft der historische **Sebastian's Store** (442 San Simeon Rd; Hauptgerichte 7–12 US$; ⏱Di–So 11–17 Uhr) kalte Getränke, Hearst-Ranch-Rindfleischburger, gigantische Deli-Sandwiches und Salate für Strandpicknicks. 5 Meilen (8 km) weiter südlich liegt abseits des Hwy 1 der **San Simeon State Park** (☎Reservierungen 800-444-7275; www.reserveamerica.com; Stellplatz 20–35 US$), in dem Stellplätze am Ufer eines Baches angeboten werden.

Weiter im Norden, am Strand von Point Piedras Blancas, lebt eine riesige **See-Elefantenkolonie**. Die Tiere pflanzen sich dort fort, dösen, schlafen, vergnügen und bekriegen sich. Unbedingt ausreichend Abstand zu diesen Wildtieren wahren, die sich auf dem Sand schneller bewegen können als jeder Mensch! Der wichtigste Beobachtungspunkt (mit Erklärungstafeln) befindet sich 4,5 Meilen (7,2 km) nördlich vom Hearst Castle. Die Tiere leben hier zwar das ganze Jahr über, aber der Valentinstag ist der Höhepunkt der besonders spannenden Brunft- und Wurfzeit (Jan.–März). Die nahe **Piedras Blancas Lightstation** (☎805-927-7361; www.piedrasblancas.org; Führung Erw./Kind 10/5 US$) von 1875 bietet einen besonders malerischen Anblick.

Big Sur

Schon viele haben die raue Schönheit und Energie der 100 Meilen (160 km) langen, zerklüfteten Küste beschrieben, die sich in Form eines Schuhlöffels südlich der Monterey Peninsula erstreckt. Big Sur – eine Region ohne Ampeln, Banken und Einkaufsmeilen – ist eher ein Gemütszustand als eine wirkliche geografische Fläche auf der Landkarte. Wenn die Sonne untergegangen ist, sorgen nur der Mond und die Sterne für Licht – vorausgesetzt, der Sommernebel verdunkelt sie nicht. Zimmer, Verpflegung und Benzin sind hier rar und entsprechend teuer. Da die Nachfrage nach Quartieren das ganze Jahr über hoch ist, empfiehlt es sich, im Voraus zu buchen. Die Gratis-Zeitung *Big Sur Guide* (www.bigsurcalifornia.org) mit vielen Infos ist überall erhältlich. Die Parkgebühr von 10 US$ gilt für alle regionalen State Parks, die man am selben Tag besucht.

Ungefähr 25 Meilen (40 km) vom Hearst Castle entfernt liegt das winzige Nest Gorda mit dem **Treebones Resort** (☎877-424-4787; www.treebonesresort.com; 71895 Hwy 1; DZ mit Gemeinschaftsbad inkl. Frühstück 169–199 US$; 📶🏊), dessen naturnahe Jurten an der Steilküste teilweise Terrassen mit Meerblick, allerdings wenig Privatsphäre bieten. Einfache **USFS-Campingplätze** (☎877-444-6777; www.campone.com, www.recreation.gov; Stellplatz 22 US$) gibt es gleich abseits vom Hwy 1 bei Plaskett Creek und Kirk Creek.

10 Meilen (16 km) nördlich von Lucia bietet das esoterische **Esalen Institute** (☎831-667-3047; www.esalen.org; 55000 Hwy 1) New-Age-Workshops und Thermalwasserpools mit Meerblick. Wer reserviert, darf zwischen 1 und 3 Uhr nackt in den Pools baden (20 US$, nur Kreditkarten) – ein surreales Erlebnis!

3 Meilen (4,8 km) weiter nördlich erstreckt sich der **Julia Pfeiffer Burns State Park** mit Kaliforniens einzigem Küstenwasserfall. Die 24,4 m hohen McWay Falls sind im Rahmen eines leichten Spaziergangs (rund 400 m) erreichbar. 2 Meilen (3,2 km) weiter nördlich beginnt ein unbefestigter Steilpfad an einer Haarnadelkurve des Hwy 1. Er führt hinunter zur atemberaubend wilden **Partington Cove**, wo salzige Gischt die Haut benetzt. Die Stelle ist zwar unbeschreiblich malerisch, aber zum Schwimmen absolut ungeeignet.

Nach weiteren 7 Meilen (11,3 km) gen Norden kommt zwischen Küstenmammutbäumen und Glyzinien das idyllische **Deetjen's Inn** (☎831-667-2377; www.deetjens.com; 48865 Hwy 1; Hauptgerichte morgens 10–12 US$, abends 24–36 US$; ⏱8–11.30 & 18–21 Uhr) in Sicht, dessen Restaurant ländliche Hausmannskost serviert. Gleich nördlich davon fungiert die unkonventionelle **Henry**

Miller Memorial Library (☎831-667-2574; www.henrymiller.org; Hwy 1; ⌚Mi–Mo 11–18 Uhr; @📶) als künstlerisches Zentrum der Big-Sur-Boheme. Dazu gehören ein proppevoller Buchladen, Musik live und von DJs, Open-Mike-Abende und Filmvorführungen im Freien. Gegenüber spielt das Essen bei *dem* Wahnsinnsmeerblick vom hoch auf der Klippe thronenden **Nepenthe** (☎831-667-2345; 48510 Hwy 1; Hauptgerichte 14–39 US$; ⌚11.30–22 Uhr) nur eine Nebenrolle, obwohl der Ambrosia-Burger dieser „Insel ohne Sorgen" (so die Übersetzung von „Nepenthe") auch recht berühmt ist.

Weiter nördlich informieren die USFS-Ranger in der **Big Sur Station** (☎831-667-2315; ⌚Nov.–März Mi–So 8–16 Uhr, April–Okt. tgl.) über die örtlichen Wander- und Campingoptionen. Zudem verteilen sie Parkscheine (5 US$) und Lagerfeuergenehmigungen (kostenlos) für die Ventana Wilderness, in der Wanderer gern zu den Sykes Hot Springs trekken (16 km). Gegenüber zweigt die nur undeutlich markierte, schmale und kurvenreiche Sycamore Canyon Rd ab, die nach 2 Meilen (3,2 km) zum halbmondförmigen **Pfeiffer Beach** (5 US$/Auto; ⌚9–20 Uhr) hinunterführt, vor dem ein hoher Felsbogen aus dem Meer ragt. Schwimmen ist wegen der starken Strömungen zu gefährlich, aber man kann sich prima in dem violetten (!) Sand niederlassen.

Als nächstes folgt der **Pfeiffer Big Sur State Park** mit sonnigen Wanderwegen durch Redwoodwälder, zu denen auch der 2,2 km lange Rundweg zu den Pfeiffer Falls gehört, die nur saisonal Wasser führen. Parkbesucher können Stellplätze auf Campingplätzen **reservieren** (☎800-444-7275; www.reserveamerica.com; Stellplatz 35–50 US$) oder in der weitläufigen, altmodischen **Big Sur Lodge** (☎831-667-3100; www.bigsurlodge.com; 47225 Hwy 1; DZ 199–319 US$; 🏊) absteigen. Hier gibt es rustikale Reihenbungalows (teilweise mit Küche und Kaminen), einen gut bestückten Gemischtwarenladen und ein einfaches **Restaurant** (Hauptgerichte 9–27 US$; ⌚7.30–21 Uhr; 👪).

Mit Läden, Tankstellen, privaten Campingplätzen, Motels, Restaurants und einem Postamt bilden die nächsten 2 Meilen (3,2 km) das kommerzielle Zentrum des Big Sur. Das **Glen Oaks Motel** (☎831-667-2105; www.glenoaksbigsur.com; Hwy 1; DZ 175–350 US$; 📶), eine schicke, umgestaltete 1950er-Jahre-Motorlodge aus Redwood und Lehmziegeln, vermietet gemütliche Zimmer und Holzhütten mit Gaskaminen. Mächtige Burritos und Gourmetsandwiches bekommt man im **General Store** (http://bigsurdeli.com; 47520 Hwy 1; Gerichte 1,50–7 US$; ⌚7–20 Uhr) des Big Sur River Inn. Das nahe gelegene **Maiden Publick House** (☎831-667-2355) punktet mit ellenlanger Bierkarte und Jamsessions. Bei der Weiterfahrt gen Norden übersehen viele Traveller den **Andrew Molera State Park**, der mit grasbewachsenen Auen, Wasserfällen, Klippen und rauen Stränden mit vielen Wegen und guten Möglichkeiten zur Beobachtung von Wildtieren aufwarten kann. Im **Discovery Center** (☎831-620-0702; www.ventanaws.org; Eintritt frei; ⌚Ende Mai–Mitte Sept. Fr–So 9–16 Uhr) des Parks erfährt man alles über den bedrohten Kalifornischen Kondor und die Beringungsstation vor Ort. Vom Parkplatz führt ein 800 m langer Weg zum **Campingplatz** (Zeltplatz 25 US$; keine Reservierung).

6 Meilen (9,7 km) vor der berühmten Bixby Bridge lohnt sich eine Führung durch die 1889 erbauten **Point Sur Lightstation** (☎831-625-4419; www.pointsur.org; Erw./Kind ab 10/5 US$). Man trifft den Führer an dem verschlossenen Tor, das sich rund 400 m nördlich der Point Sur Naval Facility befindet. Man sollte unbedingt frühzeitig da sein, weil die Teilnehmerzahl begrenzt ist und keine Reservierungen möglich sind.

Carmel

Der frühere Künstlertreff am Meer, das idyllische Carmel-by-the-Sea, hat heute das Flair eines gepflegten Countryclubs. Von jedem Café an der Ocean Ave, der ruhigen Hauptstraße des Ortes, kann man beobachten, wie Hut tragende Damen mit Einkaufstüten schicker Labels zum Lunch strömen, während adrette Herren in offenen Cabrios unterwegs sind.

👁 Sehenswertes & Aktivitäten

Auch wenn die Sonne mal nicht scheint, ist der Carmel Beach ein prächtiger, halbmondförmiger weißer Sandstrand, wo die lieben Vierbeiner ohne Leine laufen dürfen.

Point Lobos State Reserve PARK
(www.pointlobos.org; 10 US$/Auto; ⌚8 Uhr–30 Min. nach Sonnenuntergang) Die brüllenden, bellenden, badenden und drollig anzuschauenden Seelöwen sind die Stars in diesem Park 4 Meilen (6,4 km) südlich von Carmel, wo die spektakulär felsige Küste ausgezeich-

nete Möglichkeiten zur Erkundung von Gezeitenbecken eröffnet. Die gesamte Rundwanderung umfasst 9,7 km, aber auch bei kürzeren Wanderungen kommt man an Bird Island, Piney Woods und der Whalers Cabin vorbei. An Wochenenden früh kommen, denn die Zahl der Parkplätze ist begrenzt!

San Carlos Borroméo de Carmelo Mission KIRCHE
(www.carmelmission.org; 3080 Rio Rd; Erw./Kind 6,50/2 US$; ⌚Mo–Sa 9.30–17, So ab 10.30 Uhr) Eine Oase der Ruhe und Feierlichkeit: Diese prächtige Mission liegt, umgeben von Blumengärten, ungefähr 1 Meile (1,6 km) südlich vom Zentrum Carmels. In der aus Stein errichteten Basilika finden sich originale Kunstwerke; in einer separate Kapelle steht das Grabmal Junípero Serras, des Gründers der kalifornischen Missionen.

Tor House HISTORISCHES GEBÄUDE
(☎831-624-1813; www.torhouse.org; 26304 Ocean View Ave; Führung Erw./Kind 10/5 US$; ⌚Fr & Sa 10–15 Uhr) Das Haus wurde von Robinson Jeffers eigenhändig erbaut. Auch wer von diesem Dichter des vorigen Jahrhunderts nie etwas gehört hat, bekommt bei der Führung einen faszinierenden Einblick in die Künstlerszene des alten Carmel (Reservierung erforderlich). Ein Bullauge im keltisch angehauchten Hawk Tower soll von dem abgewrackten Schiff stammen, das Napoleon aus Elba fortbrachte.

Essen & Ausgehen

La Bicyclette FRANZÖSISCH, ITALIENISCH $$$
(www.labicycletterestaurant.com; Dolores St, Höhe 7th Ave; Hauptgerichte mittags 7–16 US$, 3-Gänge-Menü abends 28 US$; ⌚11.30–16 & 17–22 Uhr) Die rustikalen europäischen Gerichte mit saisonalen Zutaten aus der Region locken flirtende Pärchen in das Bistro, in dessen offener Küche Pizzas aus dem Holzofen zubereitet werden. Es gibt ausgezeichnete offene Weine aus der Region.

Mundaka TAPAS $$
(www.mundakacarmel.com; San Carlos St, zw. Ocean & 7th Ave; kleine Gerichte 4–19 US$; ⌚So–Mi 17.30–22, Do–Sa bis 23 Uhr) Der Hof dieses Lokals ist ein prima Versteck vor all den Frischverheirateten oder „Fast-Toten“. Man futtert Tapas, trinkt hausgemachten Sangria und lauscht der Musik von DJs oder Flamencogitarristen.

Carmel Belle KALIFORNISCH $$
(www.carmelbelle.com; Doud Craft Studios, Ecke Ocean Ave & San Carlos St; Brunch Hauptgerichte 5–12 US$; ⌚8–17 Uhr) Frische Zutaten, häufig auch Bioprodukte, kommen von den Farmen im Carmel Valley direkt auf die Tische dieses Wurst-, Käse- und Weinladens, der sich in einem kleinen Einkaufszentrum versteckt.

Bruno's Market & Deli LEBENSMITTELGESCHÄFT $
(www.brunosmarket.com; Ecke 6th & Junípero Ave; Sandwiches 5–8 US$; ⌚7–20 Uhr) Hier kann man sich ein saftiges Steaksandwich gönnen und bekommt alle Zutaten für ein Strandpicknick.

Monterey

In Monterey dreht sich alles ums Meer. Heute lockt die Arbeiterstadt Besucher mit einem großartigen Aquarium an, das der Unterwasserwelt der Bucht angemessen huldigt. Die Monterey Bay ist seit 1992 ein staatliches Meeresschutzgebiet und schreit geradezu danach, im Rahmen eines Kajak-, Boots-, Tauch- oder Schnorcheltrips erkundet zu werden. Der historische Zentrumsbezirk bewahrt Kaliforniens Wurzeln mit restaurierten Gebäuden aus spanisch-mexikanischen Tagen. Zeitraubende Touristenfallen sind dagegen Fisherman's Wharf und Cannery Row. Letztere verewigte John Steinbeck einst in Romanform – zu einer Zeit, als das Viertel noch hektisches und stinkendes Zentrum der Sardinenkonservenindustrie war, die Monterrey bis in die 1950er-Jahre ernährte.

Sehenswertes

Monterey Bay Aquarium AQUARIUM
(☎831-648-4800, Tickets 866-963-9645; www.montereybayaquarium.org; 886 Cannery Row; Erw./Kind 30/20 US$; ⌚Sept.–Mai 10–17 Uhr, Juni–Aug. Mo–Fr 9.30–18, Sa & So bis 20 Uhr) Das umweltfreundlich geführte Aquarium ist wirklich der Hit; für einen Besuch hier sollte man mindestens einen halben Tag einplanen. Man kann Haien und Sardinen beim Versteckspiel in den Seetangwäldern zuschauen, possierliche Otter beobachten, über fragile Quallen meditieren oder auf Tuchfühlung mit Seegurken, Kalifornischen Adlerrochen und anderen Tieren gehen, die in Gezeitenbecken leben. Für Beobachtungen am besten geeignet sind die Fütterungszeiten, vor allem bei den Pinguinen. Um dem größten Andrang zu entgehen, kauft man das Ticket besser vorab und kommt, wenn das Aquarium öffnet.

Monterey State Historic Park PARK
(☎831-998-9458; www.parks.ca.gov; Führung 3–10 US$) In Old Monterey finden sich ein paar liebevoll restaurierte Backstein- und Lehmziegelbauten aus dem 19. Jh., darunter die Pension, in der der Romancier Robert Louis Stevenson wohnte, und das Cooper-Molera Adobe, das einst ein Kapitän zur See baute. Der Eintritt in die Parkanlagen ist frei, die Öffnungs- und Führungszeiten der einzelnen Gebäude variieren. Infos darüber und einen Lageplan für Spaziergänge erhält man im **Pacific House Museum** (☎831-649-7118; 20 Custom House Plaza; ⏲10–16.30 Uhr), das Kaliforniens multinationale Geschichte mithilfe von interessanten Ausstellungsstücken beleuchtet.

Monterey History & Maritime Museum MUSEUM
(☎831-372-2608; http://montereyhistory.org; 5 Custom House Plaza; Eintritt 5 US$; ⏲Mi–Sa 11–17, So 13–16 Uhr) Nahe dem Ufer informiert diese große, moderne Ausstellungshalle über Montereys maritime Vergangenheit, u.a. über den achterbahnartigen Aufstieg und Niedergang der Ölsardinenindustrie, durch welche die Cannery Row entstand. Zu den Highlights zählen eine Sammlung von Buddelschiffen und die alten Fresnel-Linsen der Point Sur Lightstation.

Point Pinos Lighthouse LEUCHTTURM
(www.ci.pg.ca.us/lighthouse; Erw./Kind 2/1 US$; ⏲Do–Mo 13–16 Uhr) Der älteste ununterbrochen betriebene Leuchtturm an der Westküste warnt Schiffe schon seit 1855 vor dem gefährlichen Punkt an der Halbinsel. Drinnen finden sich Exponate zur Geschichte des Leuchtturms und Fundstücke aus Schiffen, die hier trotzdem aufliefen.

GRATIS **Monarch Grove Sanctuary** PARK
(www.ci.pg.ca.us/monarchs; Ridge Rd, Pacific Grove; ⏲Sonnenaufgang–Sonnenuntergang) Zwischen Oktober und Februar sammeln sich wandernde Monarchfalter im Eukalyptusdickicht abseits der Lighthouse Ave.

Aktivitäten

Trotz des selbst im Sommer recht kalten Wassers sind die Schnorchel- und Tauchbedingungen ausgezeichnet. Das ganze Jahr über ist Fisherman's Wharf der Ausgangspunkt von Walbeobachtungstouren. Eine weitere ganzjährig beliebte Aktivität ist das Wandern und Radfahren auf dem 29 km langen, asphaltierten **Monterey Peninsula Recreation Trail**, der hinter der Cannery Row an der Küste entlangführt und bei Lovers Point in Pacific Grove endet. Der hochgejubelte **17-Mile Drive** (www.pebblebeach.com; 9,50 US$/Auto; Fahrrad frei) ist eine Mautstraße, die Monterey und Pacific Grove mit Carmel-by-the-Sea verbindet.

Monterey Bay Kayaks KAJAKFAHREN
(☎800-649-5357; www.montereybaykayaks.com; 693 Del Monte Ave; Kajak 30–50 US$/Tag, Tour Erw./Kind ab 50/40 US$) Vermietet Kajaks und Stehpaddelausrüstung, bietet Unterricht und veranstaltet geführte Touren in der Monterey Bay und Elkhorn Slough, darunter auch Vollmondpaddeltouren.

Sanctuary Cruises WALBEOBACHTUNG
(☎831-917-1042; www.sanctuarycruises.com; Erw./Kind unter 3 Jahren/Kind 3–12 Jahre 48/10/38 US$) Von Moss Landing, 20 Meilen (32 km) nördlich von Monterey, bricht das mit Biodiesel betriebene Boot zu empfehlenswerten Wal- und Delfinbeobachtungstouren auf (Reservierung erforderlich).

Monterey Bay Dive Charters TAUCHEN
(☎831-383-9276; www.mbdcscuba.com; Tauchausrüstung 79 US$, Tauchgang vom Ufer/Boot ab 49/199 US$) Vermietet vollständige Tauchausrüstungen inklusive Neoprenanzug und veranstaltet Tauchgänge in Kleingruppen. Für Anfänger gibt's ein dreistündiges Schnupperangebot (159 US$, kein PADI-Zertifikat erforderl.).

Adventures by the Sea KAJAKFAHREN, RADFAHREN
(☎831-372-1807; www.adventuresbythesea.com; 299 Cannery Row & 210 Alvarado St; Kajak 30 US$/Tag, Fahrrad 7/25 US$ pro Std./Tag) Bietet darüber hinaus bei Lovers Point Kajaktouren in den Sonnenuntergang sowie Stehpaddelunterricht inklusive Ausrüstung.

Bay Bikes RADFAHREN
(☎831-655-2453; www.baybikes.com; 585 Cannery Row; ab 8/32 US$ pro Std./Tag) Vermietet nahe dem Aquarium Straßenräder, Tandems, Trekkingräder und Mountainbikes.

Schlafen

Wer auf Extras verzichten kann, spart in den Ketten- und unabhängigen Motels an der Munras Ave südlich vom Zentrum sowie an der N Fremont St östlich vom Hwy 1 Bares.

InterContinental-Clement HOTEL $$$
(☎831-375-4500; www.intercontinental.com; 750 Cannery Row; Zi. 200–455 US$; ❄@🛜🏊👪) Wie die exklusive Version eines Schindelhauses am Meer residiert dieses elegante

Resort oberhalb der Cannery Row. Wer richtig luxuriös wohnen möchte, bucht eine Suite mit Meerblick, Balkon und Kamin und frühstückt im C Restaurant an der Bucht. Parkplätze kosten 18 US$.

LP TIPP **Asilomar Conference Grounds** LODGE $$
(☎831-372-8016; www.visitasilomar.com; 800 Asilomar Ave, Pacific Grove; Zi. inkl. Frühstück 115–175 US$;) Die Gebäude der State-Park-Lodge stammen von Julia Morgan, der Architektin des Hearst Castle. Die historischen Zimmer sind klein und haben dünne Wände, wirken aber dennoch charmant. Im Freizeitraum der Lodge mit Kamin gibt's Tischtennis- und Billardtische. Vor Ort ist auch ein Fahrradverleih.

Monterey Hotel HOTEL $$$
(☎831-375-3184; www.montereyhotel.com; 406 Alvarado St; Zi. 70–310 US$;) Direkt im Zentrum vermittelt das heimelige Haus von 1904 kleine, nicht ganz lärmgeschützte, aber frisch renovierte Zimmer mit Reproduktionen viktorianischer Möbel. Kein Fahrstuhl. Parkplätze kosten 17 US$.

HI Monterey Hostel HOSTEL $
(☎831-649-0375; www.montereyhostel.org; 778 Hawthorne St; B 25–28 US$, Zi. 59–75 US$; Check-in 16–22 Uhr; @) Das einfache, saubere Hostel vier Blocks von der Cannery Row entfernt ist die beste Option für Backpacker mit begrenzten Mitteln (Reservierung dringend empfohlen!). Es gibt nur Gemeinschaftsbäder. Von der Transit Plaza im Zentrum den MST-Bus 1 nehmen!

Veterans Memorial Park CAMPING $
(☎831-646-3865; www.monterey.org; Stellplatz 27 US$) Auf dem öffentlichen Campingplatz auf einem bewaldeten Hügel stehen Gästen 40 gepflegte, grasbewachsene Stellplätze samt Warmwasserduschen, Trinkwasser und Feuerstellen zur Verfügung (keine Reservierung; max. 3 Tage).

Essen & Ausgehen

Viele weitere Restaurants, Bars, Livemusiktreffs und Kinos gibt es an der Cannery Row und an der Alvarado St im Zentrum.

LP TIPP **Passionfish** SEAFOOD $$$
(☎831-655-3311; www.passionfish.net; 701 Lighthouse Ave, Pacific Grove; Hauptgerichte 17–26 US$; 17–22 Uhr) Hier ist es nun endlich: das perfekte Meeresfrüchterestaurant! Es gibt frischen Fisch aus ökologischem Fang, gut zubereitete, schmackhafte Gerichte und sehr erschwingliche Weine. Der Eigentümer kocht hier selbst. Reservieren!

First Awakenings DINER $$
(www.firstawakenings.net; American Tin Cannery, 125 Oceanview Blvd, Pacific Grove; Hauptgerichte 5–12 US$; Mo–Fr 7–14, Sa & So bis 14.30 Uhr;) Das in einer Outlet-Mall nahe dem Aquarium versteckte Café ist dank seiner kreativen Frühstücks- und Mittagsgerichte (süß oder herzhaft) und der riesigen Becher Kaffee immer einen Besuch wert.

Montrio Bistro KALIFORNISCH $$$
(☎831-648-8880; www.montrio.com; 414 Calle Principal; Hauptgerichte 14–29 US$; So–Do 17–22, Fr & Sa bis 23 Uhr;) Die Tische des super Restaurants in einer Feuerwache von 1910 sind mit Butterbrotpapier und Malstiften für Kinder eingedeckt. Die modern-amerikanischen Speisen aus saisonalen Zutaten und die lokalen Weine sind top.

East Village Coffee Lounge CAFÉ $
(www.eastvillagecoffeelounge.com; 498 Washington St; Snacks & Getränke 3–6 US$; Mo–Fr 6 Uhr–open end, Sa & So ab 7 Uhr) Schickes Kaffeehaus mit Schanklizenz, Livemusik, DJ- und Open-Mike-Abenden.

Crêpes of Brittany SNACKS $
(www.vivalecrepemonterey.com; 6 Old Fisherman's Wharf; Snacks 4–9 US$; So–Do 8.30–19, So bis 20 Uhr; im Winter kürzer) Herzhafte und süße Crêpes, zubereitet von einem Franzosen – da bilden sich Schlangen!

Praktische Informationen

Visitor Center (☎831-657-6400; www.seemonterey.com; 401 Camino El Estero; Mo–Sa 9–18, So bis 17 Uhr, Nov.–März Mo–Sa bis 17, So bis 16 Uhr) Nach der kostenlosen *Monterey County Film & Literary Map* fragen!

Unterwegs vor Ort

Monterey-Salinas Transit (☎888-678-2871; www.mst.org; Ticket 1–3 US$, Tageskarte 8 US$) Die Regionalbusse treffen sich an der Transit Plaza (Ecke Pearl und Alvarado St) im Zentrum. Von dort fahren sie u. a. nach Pacific Grove, Carmel, Big Sur und Salinas. Im Sommer verkehrt ein kostenloser Trolley im Bereich der Innenstadt und der Cannery Row (tgl. 10–19 Uhr od. länger).

Santa Cruz

In Santa Cruz trifft südkalifornische Strand- auf nordkalifornische Gegenkultur. Dank den Studenten der University of California (UCSC) wird die altgediente Revoluzzerhochburg jugendlicher, hipper und linksgerichteter. Manche fürchten, dass der Verrücktheitsgrad in Santa Cruz abnehmen könnte, aber wenn man sich die Freakshow (und der Begriff ist freundlich gemeint) auf der Pacific Ave, der zentralen Lebensader der Stadt, anschaut, kann man da beruhigt sein. Der Strand und der Boardwalk liegen weiter südlich.

Sehenswertes & Aktivitäten

In Santa Cruz konzentriert sich sämtliche Action auf den Strand.

Beach Boardwalk VERGNÜGUNGSPARK

(831-423-5590; www.beachboardwalk.com; 400 Beach St; Rides 3–5 US$, Tageskarte 30 US$; Mai–Sept. tgl., Nebensaison wechselnde Öffnungszeiten) In Gehentfernung vom städtischen Kai liegt dieser echt amerikanische Vergnügungspark, der älteste an einem Strand der Westküste. Zu den Attraktionen zählen die Achterbahn „Giant Dipper" von 1924 und das Looff-Karussell von 1911. Am Freitagabend gibt's im Sommer kostenlose Konzerte.

Surfing Museum MUSEUM

(www.santacruzsurfingmuseum.org; 701 W Cliff Dr; Spende erbeten; Sept.–Juni Do–Mo 12–16 Uhr, Juli–Aug. Mi–Mo 10–17 Uhr) Rund 1 Meile (1,6 km) weiter südlich steht an der Küste ein alter Leuchtturm voller Surf-Memorabilien, zu denen auch alte Surfbretter aus Redwood zählen. Vom Museum aus sieht man zwei beliebte Breaks: die **Steamers Lane** für erfahrene Surfer und den für Anfänger geeigneten **Cowell's**.

Natural Bridges State Beach STRAND

(www.parks.ca.gov; 10 US$/Auto; 8 Uhr–Sonnenuntergang) Weiter westlich endet die Panoramafahrt mit dem Auto oder Fahrrad rund 3 Meilen (4,8 km) vom Kai in diesem Naturschutzgebiet mit Gezeitenbecken und Laubbäumen, in denen von Oktober bis Ende Februar Monarchfalter überwintern.

Seymour Marine Discovery Center MUSEUM

(www2.ucsc.edu/seymourcenter; Ende der Delaware Ave; Erw./Kind 6/4 US$; Di–Sa 10–17, So ab 12 Uhr, Juli & Aug. zusätzl. Mo 10–17 Uhr) Das universitätseigene Long Marine Lab hat eine coole interaktive Naturkundeausstellung für Kinder. Drinnen gibt's Streichelbecken, draußen ist das weltweit größte Blauwalskelett zu sehen.

Santa Cruz State Parks WANDERN

(www.santacruzstateparks.org; 10 US$/Auto; Sonnenaufgang–Sonnenuntergang) Wanderwege an Bächen, die durch alte Mammutbaumwälder führen, erwarten Besucher im Henry Cowell Redwoods State Park und im Big Basin Redwoods State Park abseits des Hwy 9 nördlich der Stadt in den Santa Cruz Mountains sowie im Forest of Nisene Marks State Park südlich der Stadt bei Aptos abseits vom Hwy 1. Mountainbikefahrer fahren zur Wilder Ranch im Westen abseits des Hwy 1.

Roaring Camp Railroads ZUGFAHRT

(831-335-4484; www.roaringcamp.com; Erw./Kind ab 24/17 US$) Ein Spaß für die ganze Familie ist eine Fahrt mit den Schmalspurdampfzügen hinauf in die Mammutbaumwälder oder mit den Normalspurbahnen ab der Uferpromenade. Die saisonalen Betriebszeiten erfährt man telefonisch oder auf der Website.

Venture Quest KAJAKFAHREN

(831-427-2267; www.kayaksantacruz.com; Municipal Wharf; Kajakvermietung/-tour/-unterricht ab 30/55/85 US$; Mo–Fr 10–19 Uhr, Juni–Sept. ab 9 Uhr, Nebensaison unterschiedliche Öffnungszeiten) Man erkundet die schroffe Küstenlinie im Rahmen geführter Kajaktouren mit verschiedenen Zielen wie den Meereshöhlen und der Walbeobachtung. Auch Touren nach Elkhorn Slough und Paddeltrips bei Mondschein sind im Angebot.

Santa Cruz Surf School SURFEN

(831-426-7072; www.santacruzsurfschool.com; 322 Pacific Ave; 2-stündiger Kurs 80–90 US$) Nahe dem Kai bietet dieser Veranstalter Surfunterricht und stellt die Ausrüstung.

O'Neill Surf Shop SURFEN

(831-475-4151; www.oneill.com; 1115 41st Ave; Neoprenanzug/Surfbrett 10/20 US$; Mo–Fr 9–20, Sa & So ab 8 Uhr) Der international renommierte Surfbretthersteller hat seinen Sitz weiter östlich in Capitola, ist aber auch mit einer Filiale in der Downtown vertreten (110 Cooper St).

Schlafen

Gute Adressen, um ein Motelzimmer zu ergattern, sind die Ocean St nahe dem Zentrum und die Mission St am Campus der UCSC. Stellplätze auf State-Park-Campingplätzen an den nahen Stränden sowie in den Santa Cruz Mountains können **reserviert** (800-444-7275; www.reserveamerica.com; Stellplatz 35–65 US$) werden.

Dream Inn HOTEL $$$

(☎831-426-4330; www.dreaminnsantacruz.com; 175 W Cliff Dr; Zi. 200–380 US$;) Von seinem Standort an einem Hügel blickt dieses retro-schicke, günstige Boutiquehotel – das stilvollste in Santa Cruz – hinunter auf den Kai. Die Zimmer bieten alle modernen Annehmlichkeiten, und der Strand ist nur ein paar Schritte entfernt. Im Restaurant Aquarius lässt sich bei Meerblick die Happy Hour genießen.

Adobe on Green B&B B&B $$

(☎831-469-9866; www.adobeongreen.com; 103 Green St; Zi. inkl. Frühstück 149–199 US$;) Hier herrschen Ruhe und Frieden: Die Eigentümer beweisen überall Umsicht – bei den exquisiten Einrichtungen in den geräumigen, stilvollen und mit Solarstrom versorgten Zimmern genauso wie beim Frühstück mit Zutaten aus dem hauseigenen Biogarten. Und trotzdem sind sie quasi unsichtbar.

Pacific Blue Inn B&B $$$

(☎831-600-8880;http://pacificblueinn.com; 636 Pacific Ave; Zi. inkl. Frühstück 170–240 US$;) Das um einen Hof herum angelegte B&B in der Innenstadt präsentiert sich mit wassersparenden Installationen und den Baumaterialien aus erneuerbaren und recycelten Rohstoffen als wahrhaft umweltbewusst. Die mit klaren Linien eingerichteten Zimmer bieten Federbetten, Kamine, Flachbildfernseher und DVD-Player. Kostenloser Fahrradverleih.

Pelican Point Inn APARTMENT $$

(☎831-475-3381; www.pelicanpointinn-santacruz.com; 21345 E Cliff Dr; Suite 99–199 US$;) Die geräumigen, an Apartments erinnernden Unterkünfte nahe dem kinderfreundlichen Twin Lakes Beach sind für Familien ideal. Sie sind mit allem ausgestattet, was man für einen entspannten Strandurlaub braucht, auch mit Einbauküchen und schnellen Internetverbindungen. Wer möchte, kann sie auch wochenweise mieten.

HI Santa Cruz Hostel HOSTEL $

(☎831-423-8304; www.hi-santacruz.org; 321 Main St; B 25–28 US$, Zi. 55–105 US$; Check-in 17–22 Uhr;) Das reizende Hostel bei den Carmelita Cottages ist der Liebling aller Budget-Traveller. Inmitten von Blumengärten steht es nur zwei Blocks vom Strand entfernt. Einziges Manko ist der Zapfenstreich um 23 Uhr. Reservierung empfehlenswert. Nur Gemeinschaftsbäder.

Essen

Im Stadtzentrum, vor allem an der Pacific Ave, finden sich viele recht mittelmäßige Cafés. Günstige Take-aways und Lokale mit Ethnofood finden sich in der Mission St nahe dem Campus der UCSC sowie im benachbarten Capitola.

Soif BISTRO $$$

(☎831-423-2020; www.soifwine.com; 105 Walnut Ave; kleine Gerichte 5–17 US$, Hauptgerichte 19–28 US$; So–Do 17–22, Fr & Sa bis 23 Uhr) Bonvivants kommen in Scharen in diesen Weinladen im Zentrum, der eine berauschende Auswahl von 50 internationalen Tischweinen und eine raffinierte europäisch-kalifornische Speisekarte zu bieten hat.

Engfer Pizza Works PIZZERIA $$$

(www.engferpizzaworks.com; 537 Seabright Ave; Pizza 8–23 US$; Di–So 16–21.30 Uhr;) Ein Abstecher zu der alten Fabrik lohnt sich, denn hier bekommt man mit Liebe zubereitete Holzofenpizzas! Die Spezialität des Hauses (ohne Namen) sieht aus wie ein riesiger Salat auf geröstetem Brot. Während man auf sein Essen wartet, kann man Tischtennis spielen und ein Bier aus einer Kleinbrauerei genießen.

Tacos Moreno MEXIKANISCH $

(www.tacosmoreno.com; 1053 Water St; Gerichte 2–6 US$; 11–20 Uhr) Niemand stören die langen Schlangen mittags. Hier gibt's alles Mögliche von Tacos mit Schweinefleisch, Hühnchen oder Rindfleisch bis hin zu Quesadillas und gefüllten Burritos.

Penny Ice Creamery DESSERT $

(www.thepennyicecreamery.com; 913 Cedar St; Stück 2–4 US$; So–Mi 12–21, Do–Sa bis 23 Uhr) Die Eisdiele hat wegen ihrer interessanten Kreationen Kultstatus. Verrückte Zutaten aus heimischer Produktion wie Avocado, gerösteter Roggen oder Kirschessig kommen hier zum Einsatz.

Ausgehen & Unterhaltung

An der Pacific Ave im Zentrum gibt's viele Bars, Livemusiktreffs und Kaffeehäuser. Eine Übersicht über die Orte und Events findet sich im kostenlosen *Santa Cruz Weekly* (www.santacruzweekly.com).

Caffe Pergolesi CAFÉ

(www.theperg.com; 418 Cedar St; 7–23 Uhr;) Auf einer begrünten Terrasse an der Straße können Traveller bei starkem Kaffee, Biosäften oder einem Bier über Kunst oder Verschwörungstheorien diskutieren.

Santa Cruz Mountain Brewing BRAUEREI
(www.santacruzmountainbrewing.com; 402 Ingalls St; ⌚12–22 Uhr) Starke Biobiere erhält man hier. Die Brauerei liegt westlich vom Zentrum und abseits der Mission St zwischen lauter Weinstuben.

Surf City Billiards & Café BAR
(www.surfcitybilliards.com; 931 Pacific Ave; ⌚Mo–Do 16–23, Fr & Sa bis 1, So 10–23 Uhr) Billardtische, Dartboards, Großbildfernseher und verdammt gutes Kneipenessen.

Moe's Alley MUSIK
(☎831-479-1854; www.moesalley.com; 1535 Commercial Way) In dem winzigen Treff stehen Jazz, Blues, Folk, Rock, Reggae und Weltmusik auf dem Programm.

Kuumbwa Jazz Center MUSIK
(☎831-427-2227; www.kuumbwajazz.org; 320 Cedar St) Hier sind große Namen des Jazz vertreten.

ℹ Praktische Informationen

KPIG (107.5 FM) Der Sender sorgt für den klassischen Santa-Cruz-Soundtrack (Bob Marley, Janis Joplin, Willie Nelson etc.).

Visitor Center (☎831-425-1234; www.santacruzca.org; 303 Water St; ⌚Mo–Fr 9–17, Sa & So 10–16 Uhr; @) Kostenloser öffentlicher Internetzugang.

ℹ An- & Weiterreise

Greyhound (920 Pacific Ave) Ein paar Busse fahren täglich nach San Francisco (16 US$, 3 Std.), Santa Barbara (50 US$, 6 Std.) und Los Angeles (57 US$, 9 Std.).

Santa Cruz Metro (☎831-425-8600; www.scmtd.com; Einzelfahrt/Tageskarte 1,50/4,50 US$) Die Linien der Stadt- und Regionalbusse laufen am Metro Center (920 Pacific Ave) im Zentrum zusammen.

Von Santa Cruz nach San Francisco

Dieser kurvige, 70 Meilen (113 km) lange Abschnitt des Hwy 1 ist malerischer als jeder Freeway. Er passiert kaum berührte Strände, Küstendörfer und Verkaufsstände von Biobauern, die in der rauen Landschaft wie verstreute Diamanten wirken.

Der **Año Nuevo State Park** (☎Tourreservierung 800-444-4445; www.parks.ca.gov; 10 US$/Auto, Tour 7 US$/Pers.; ⌚April–Aug. 8.30–15.30 Uhr, Sept.–Nov. bis 15 Uhr, Touren Mitte Dez.–März) rund 20 Meilen (32 km) nordwestlich von Santa Cruz ist die Heimat der weltgrößten Kolonie Nördlicher See-Elefanten. Wer hier während der geräuschvollen Brunft- und Wurfzeit im Winter an den geführten Wanderungen (2½ Std., 4,8 km) teilnehmen möchte, muss rechtzeitig vorab telefonisch buchen. Weiter nördlich wacht das ökozertifizierte **HI Pigeon Point Lighthouse Hostel** (☎650-879-0633; www.norcalhostels.org/pigeon; B 24–29 US$, Zi. 72–156 US$; ⌚Check-in 15.30–22.30 Uhr; @📶👪) ruhig über die windumtoste Küste. Die Unterkunft in den historischen Wohnhäusern der Leuchtturmwärter ist beliebt (besonders wegen des Warmwasserbeckens auf den Klippen) – lieber vorab reservieren!

5 Meilen (8 km) weiter nördlich lockt das **Pescadero State Beach & Marsh Natural Preserve** (www.parks.ca.gov; 8 US$/Auto; ⌚8 Uhr–Sonnenuntergang) Strandgutsammler und Vogelbeobachter an. Ein Stück landeinwärts liegt das Dorf Pescadero mit der berühmten **Duarte's Tavern** (☎650-879-0464; www.duartestavern.com; 202 Stage Rd; Hauptgerichte 8–35 US$; ⌚7–21 Uhr), deren Artischockencremesuppe und hausgemachte Pies allseits geschätzt werden. Vorräte für ein Strandpicknick bekommt man im Bäckerei-Deli der **Arcangeli Grocery Co** (287 Stage Rd; ⌚10–18 Uhr) oder im familiengeführten **Harley Farms Cheese Shop** (250 North St; ⌚11–17 Uhr), dessen Personal am Wochenende auch Führungen über die Ziegenfarm anbietet.

Weniger als 20 Meilen (32 km) weiter nördlich ist die belebte Half Moon Bay vom hübschen **Half Moon Bay State Beach** (www.parks.ca.gov; 10 US$/Auto, Stellplatz 35–50 US$) geprägt, wo Travellern malerische Stellplätze zur Verfügung stehen. Aufs Wasser kommt man mit **Half Moon Bay Kayak** (☎650-773-6101; www.hmbkayak.com; 2 Johnson Dr, Pillar Point Harbor; Leihkajak ab 20 US$, Kajaktour 65–150 US$). Luxus am Meer findet man in den geräumigen, romantischen Zimmern des haustierfreundlichen **Inn at Mavericks** (☎650-728-1572; www.innatmavericks.com; 364 Princeton Ave; Zi. 199–239 US$; 📶) vor. Von dem Gasthof aus blickt man hinunter auf den Pillar Point Harbor, wo es ein ordentliches Brauhaus mit einem Patio zum Genießen des Sonnenuntergangs gibt. Weiter südlich säumen im idyllischen Zentrum der Half Moon Bay (landseitig gleich hinter dem Hwy 1) Cafés, Restaurants und bunte Läden die Main St. Der Seafood-Imbiss mit den leckersten Sachen ist der **Flying Fish**

Grill (www.flyingfishgrill.net; 211 San Mateo Rd; Gerichte 5–15 US$; ⏲11–20 Uhr).

6 Meilen (9,6 km) nördlich vom Zentrum weisen Schilder den Weg zur **Moss Beach Distillery** (www.mossbeachdistillery.com; 140 Beach Way; Snacks 4–30 US$; ⏲Mo–Do 12–20.30, Fr & Sa bis 21, So 11–20.30 Uhr), einem historischen Schwarzbrennertreff mit hundefreundlicher Terrasse, von der aus man bei einem Drink den Sonnenuntergang genießen kann. Gleich nördlich davon finden sich im **Fitzgerald Marine Reserve** (http://fitzgeraldreserve.org; California St, abseits des Hwy 1) Gezeitenbecken mit einer bunten Meeresfauna. 1 Meile (1,6 km) weiter nördlich steht das luftige, umweltfreundliche **HI Point Montara Lighthouse Hostel** (☎650-728-7177; www.norcalhostels.org; Hwy 1 & 16th St; B 26–31 US$, Zi. 70–105 US$; ⏲Check-in 15.30–22.30 Uhr; @🛜) mit seinem kleinen Privatstrand (Reservierung erforderlich). Von dort sind es nur mehr 20 Meilen (32 km) über den Devil's Slide bis nach San Francisco.

SAN FRANCISCO & BAY AREA

San Francisco

Wer sich schon immer gefragt hat, was passiert, wenn Grenzen überschritten werden, findet hier die Antwort: Bewusstseinsverändernde Drogen, neumodische Technologien, die Schwulenbewegung, grüne Unternehmen, Redefreiheit und kulinarische Experimente sind in San Francisco schon seit Langem eine Selbstverständlichkeit. Nach 160 Jahren voller Booms und Pleiten ist es hier zu einem beliebten Zeitvertreib geworden, sich auszuziehen, ob nun beim Bay-to-Breakers-Lauf (Kleidung optional), bei der Pride Parade oder an warmen Sonntagen am Baker Beach. Schüchternheit ist hier fehl am Platz, und bei so vielen Exzentrikern aller Arten interessiert sich niemand für die (bisher) ungebräunten Körperstellen. In San Francisco fallen die Hemmungen!

Geschichte

Austern und Eichelbrot waren noch 1848 die Hauptnahrung in der von den Mexikanern beherrschten Ohlone-Siedlung San Francisco – doch nur ein Jahr und einige Goldfunde später gab es hier eimerweise Champagner und gebratene Nudeln. Durch das Gold, das in den nahen Ausläufern der Sierra Nevada gefunden wurde, verwandelte sich das Dorf mit seinen 800 Seelen in eine Hafenstadt mit 100 000 Bewohnern – Goldsuchern, Künstlern, Prostituierten und anständigen Leuten, die sich auf anständige Art ihren Lebensunterhalt verdienen wollten, wobei man oft nicht so recht sagen konnte, wer nun genau zu welcher Gruppe gehörte. Der freundliche Barkeeper mixte einem irgendetwas in den Drink und schon fand man sich shanghait an Bord eines Schiffes auf dem Weg nach Argentinien wieder.

1848 ging Kalifornien in den Besitz der USA über und wurde 1850 zum US-Bundesstaat. San Francisco stand angesichts von 200 Saloons und unzähligen Bordellen und Spielhöllen vor dem Problem, eine öffentliche Ordnung durchsetzen zu müssen. Panik breitete sich aus, als Australien 1854 den Markt mit Gold überschwemmte, und der Zorn richtete sich irrationalerweise gegen die chinesische Gemeinde der Stadt, die von 1877 bis 1945 durch rassistische Gesetze gezwungen wurde, ausschließlich in Chinatown zu leben und zu arbeiten. Um ihre Schulden abzuzahlen, verdingten sich viele beim Bau der Eisenbahnlinie für die Gangster-Könige der Stadt, die sich ihren Weg durch den Goldenen Westen sprengten, gruben und rodeten und prächtige Villen auf dem Nob Hill oberhalb von Chinatown errichteten.

Die hochfliegenden Träume und mehr als 20 Theater der Stadt brachen zusammen, als 1906 das Erdbeben und die anschließenden Brände 3000 Menschenleben forderten, Hunderttausende obdachlos machten und den Großteil der Stadt in Trümmer legten – darunter auch fast alle Villen auf dem Nob Hill. Theatertruppen und Operndiven traten dann kostenlos inmitten der qualmenden Ruinen der Downtown auf und begründeten so die Tradition der kostenlosen Vorstellungen in Parks.

Ehrgeizige öffentliche Bauprojekte gab es auch in den 1930er-Jahren noch, als Diego Rivera, Frida Kahlo und andere Muralisten in rund 400 Wandgemälden im Mission District öffentlich gefördert keinen Hehl aus ihrer linken politischen Einstellung machten.

Der Zweite Weltkrieg brachte gewaltige Veränderungen für die Einwohnerschaft der Stadt mit sich. Frauen und Afroame-

San Francisco & Bay Area

0 20 km
0 12 Meilen

San Francisco & Bay Area

Sehenswertes

1 Baker Beach ... B3
2 California Palace of the Legion of Honor ... B4
3 Candlestick Park ... C4
4 Cliff House ... B4
5 di Rosa Art + Nature Preserve ... C1
6 Fort Point ... C3
7 Golden Gate Park ... B4
8 Jack London Historic State Park ... B1
9 Lands End ... B4
10 Muir Woods National Monument ... B3
11 Ocean Beach ... B4
12 Pantoll Station ... B3
13 Point Reyes Lighthouse ... A3
14 Rodeo Beach ... B3
15 University of California, Berkeley ... C3

Aktivitäten, Kurse & Touren

16 Aqua Surf Shop ... B4
Sutro Baths ... (siehe 4)

Schlafen

17 HI Marin Headlands Hostel ... B3
18 HI Point Reyes Hostel ... A3
19 Motel Inverness ... A2

rikaner arbeiteten nun in den Werften der Stadt und sorgten für einen neuen Wirtschaftsboom. Gleichzeitig ließ Präsident Franklin Delano Roosevelt per Anordnung 9066 die gesamte alteingesessene Gemeinde japanischer Amerikaner in Lager sperren. Nach 40 Jahre andauernden gerichtlichen Auseinandersetzungen fand sich die US-Regierung zu einer Entschuldigung bereit – ein einmaliger Vorgang. San Francisco wurde zu einem Experimentiergelände für Bürgerrechte und Redefreiheit. Der Beat-Poet Lawrence Ferlinghetti und der City Lights Bookstore errangen 1957 einen bahnbrechenden Sieg gegen die Zensur im Kampf um die Veröffentlichung von Allen Ginsbergs wunderbarem, aufrührerischem Gedichtband *Howl and Other Poems*.

Die CIA hoffte, mit der experimentellen Droge LSD das aus San Francisco stammende Testsubjekt Ken Kesey in die ultimative Kampfmaschine zu verwandeln, stattdessen aber servierte der Autor von *Einer flog über das Kuckucksnest* die Droge als Brause und trat die psychedelischen Sixties los. Der Summer of Love brachte freie Liebe, freies Essen und freie Musik nach Haight, und in den 1970er-Jahren gründeten wagemutige schwule Hippies die offene, stolze Schwulengemeinde in Castro. San Francisco erlebte dann in den 1980er-Jahren verheerende Verluste durch AIDS, tat aber schnell alles, um zu einem Vorbild in Sachen Behandlung von und Prävention dieser Krankheit zu werden.

Mitte der 1990er-Jahre sammelten sich Computerfreaks und Cyberpunks in San Francisco und schufen das Internet und die Dot-Com-Blase, die dann im Jahr 2000 platzte. Aber neue Ideen sind im risikofreudigen San Francisco immer angesagt. Während anderswo die Rezession voll zuschlägt, erleben Soziale Netzwerke, Apps und Biotechnologie in der Stadt einen Boom. Traveller sind momentan also genau zur rechten Zeit hier – der nächste wilde Ritt beginnt!

Sehenswertes

San Franciscos 43 Hügel und über 80 Kunstmuseen und -galerien halten Beine und Fantasie gleichermaßen auf Trab. Unterwegs raubt einem die Aussicht teilweise buchstäblich den Atem. Die 11,2x11,2 km große Stadt ist nach einem festen Raster angelegt, aber ihre Hauptstraße, die Market St, verläuft schräg dazu. Die Sehenswürdigkeiten von Downtown liegen in Gehentfernung von der Market St; bei einem Spaziergang hier sollte man aber auf der Hut sein, insbesondere in den Gebieten South of Market (SoMa) und Tenderloin (5th–9th St). Die geschichtsträchtigsten Wahrzeichen San Franciscos befinden sich im Mission District, die aufregenden neuen Ziele im Golden Gate Park.

SOMA

Cartoon Art Museum MUSEUM
(Karte S. 138; ☎415-227-8666; www.cartoonart.org; 655 Mission St; Erw./Kind 7/5 US$; ⌚Di–So 11–17 Uhr) Mit Ausstellungen originaler *Watchmen*-Cover, kontroverser politischer Karikaturen und Vorträgen örtlicher Bosse des Pixar-Studios beweist dieses Museum, dass Comics ernst zu nehmen sind. Selbst eingefleischte Fans dürften z.B. bei Vorträgen über die Versuche in den 1930er-Jahren, die überarbeiteten Zeichnerinnen der Trickfilmindustrie gewerkschaftlich zu

SAN FRANCISCO IN ...

... einem Tag

Seit dem Goldrausch beginnen alle großen San-Francisco-Abenteuer in **Chinatown**, wo sich immer noch das Glück finden lässt – jedenfalls in den Glückskeksen ... Anschließend kann man im **City Lights Bookstore** in Beat-Poesie schwelgen. An der **Transamerica Pyramid** vorbei begibt man sich zum **City View** zum Klößeessen. Nach dem **San Francisco Museum of Modern Art** und den **Galerien** der Downtown steht ein Besuch im **Asian Art Museum** an, dessen Kunstwerke einen auf eine Reise durch die Jahrhunderte und über den Ozean mitnehmen. Bei kleinen Gerichten und Weinen aus der Zapfanlage lässt sich im **Frances** ein Toast auf den Liebsten und die neuen Inspirationen aussprechen. Der Abend endet entweder mit einem alten Film im **Castro Theatre** oder mit Glamrock-Hymnen im **Café du Nord.**

... zwei Tagen

Der Tag beginnt mit den Wandbildern auf den Garagentoren an der **Balmy Alley**, dann stöbert man im Piratenkram des **826 Valencia** und schaut sich Fischiges im Fish Theater an. Nach einer Pause bei Burritos geht's nach Haight, wo man in Secondhand-Boutiquen Flashbacks erlebt und sich den Schauplatz des Summer of Love anschaut: den **Golden Gate Park**. Vom Dach des **MH de Young Museum** genießt man den Blick hinunter auf die Golden Gate Bridge, ehe man unter der Regenwaldkuppel in der **California Academy of Sciences** durch die Wildnis spaziert. Bei kalifornisch-marokkanischen Biogerichten im **Aziza** klingt der Abend aus.

organisieren, oder aus Ausstellungen über hiesige Underground-Comiclegenden wie R. Crumb, Spain Rodriguez und Trina Robbins manch Neues erfahren.

Contemporary Jewish Museum MUSEUM
(Karte S. 138; ☎415-655-7800; www.jmsf.org; 736 Mission St, Höhe 3rd St; Erw./Kind 10 US$/frei; ⌚Fr–Di 11–17.30, Do 13–20.30 Uhr) 2008 gab der Architekt Daniel Liebskind San Franciscos 1881 errichtetem Kraftwerk durch seinen Erweiterungsbau aus blauem Stahl eine neue Form: Es bildet das hebräische Wort *l'chaim* („Auf das Leben"). Im Inneren dieses Architekturmanifests werden spannende Ausstellungen gezeigt, z. B. über die aus der Bay Area stammende Schriftstellerin Gertrude Stein oder über Linda Ellias Projekt *Our Struggle: Artists Respond to Mein Kampf*, in dem 600 Künstler aus 17 Ländern aufgerufen waren, eine Seite aus Hitlers Buch zu verändern.

Museum of African Diaspora MUSEUM
(Karte S. 138; ☎415-358-7200; www.moadsf.org; 685 Mission; Erw./Kind 10/5 US$; ⌚Mi–Sa 11–18, So 12–17 Uhr) Kunstwerke aus vielen Ländern erzählen die ewige Geschichte der Diaspora, von den dreigesichtigen Ikonen des äthiopischen Malers Qes Adamu Tesfaw bis zu Decken des indischen Volks der Siddi. Letztere stammen von afrikanischen Sklaven des 16. Jhs. ab. Die interaktiven Ausstellungen mit Schwerpunkten auf verschiedenen Themen sind in Qualität und Anspruch unterschiedlich. Auf jeden Fall sollte man sich das bewegende Video mit den Erzählungen von Sklaven anschauen, die Maya Angelou vorträgt.

UNION SQUARE

Der gepflasterte Platz an sich ist nichts Besonderes, bietet aber einen erstklassigen Blick auf das ständige Treiben in Downtown: Mit Klunkern behängte Theatergängerinnen weichen bimmelnden Cable Cars aus, während trendige Teenager sich schon nachts für limitierte Turnschuhe anstellen und Geschäftsreisende nach Tenderloin fahren, um sich bei Tätigkeiten zu amüsieren, die für einen Spesenbeleg einfach zu skandalös wären. Der Trubel beginnt bei den Shoppern rund um die Cable-Car-Drehscheibe in der Powell St, verstärkt sich im Theater District an der Geary St und endet schließlich im Rotlichtviertel südlich der Geary St.

CIVIC CENTER

Asian Art Museum MUSEUM
(Karte S. 138; ☎415-581-3500; www.asianart.org; 200 Larkin St; Erw./Kind 12/7 US$; ⌚Di, Mi, Fr, So 10–17, Do bis 21 Uhr) Auf drei Stockwerken, auf denen sich asiatische Kunst aus 6000 Jahren findet, geht die Fantasie auf Reisen: Von

mittelalterlichen persischen Miniaturen bis zu aktueller japanischer Mode ist alles dabei. Mit 17000 Exponaten ist das Museum das größte seiner Art außerhalb Asiens. Es bietet darüber hinaus ausgezeichnete Veranstaltungen für alle Altersgruppen, von Schattenspielvorführungen über Yoga für Kinder bis hin zu monatlichen Matcha-Zeremonien für Gäste über 21 Jahren mit multikulturellen Cocktails und DJs.

City Hall HISTORISCHES GEBÄUDE
(Karte S. 138; ☎Führungen 415-554-6139; www.sfgsa.org; 400 Van Ness Ave; ⏲Mo–Fr 8–20 Uhr, Führung Mo–Fr 10, 12 & 14 Uhr) Das Beaux-Arts-Gebäude mit der prächtigen Rotunde aus Tennessee-Marmor und Sandstein aus Colorado erhob sich aus der Asche des Erdbebens von 1906 und stand fortan für den für die Stadt typischen Mix aus Idealismus, Korruption und Oppositionspolitik. Auf der großen Freitreppe fand 1960 das erste Sit-in in den USA statt, 1977 wurde mit Harvey Milk der erste bekennende Schwule zum Stadtrat gewählt und im Folgejahr von einem Kollegen ermordet, und 2004 wurden hier 4037 Ehen zwischen Homosexuellen eingetragen. Im Untergeschoss sind interessante Kunstausstellungen zu sehen. Die wöchentlichen Sitzungen des Stadtrats sind öffentlich (Di 14 Uhr).

FINANCIAL DISTRICT

In der guten alten Freibeuterzeit verschaffte einem in diesem Viertel ein locker sitzender Geldbeutel noch leichte Mädchen – heute sind schon locker sitzende Krawatten während der Happy Hour eine Seltenheit. Immerhin gibt es noch ein paar Kuriositäten: In den Wracks alter Walfangschiffe in der Nähe der raketenförmigen **Transamerica Pyramid** (Karte S. 138; www.thepyramidcenter.com; 600 Montgomery St) ist ein Mammutbaumwäldchen entstanden, und exzentrische Kunstsammler steigen von ihren Villen auf den Hügeln hinab zu den First-Thursday-Galerieeröffnungen in der **14 Geary, 49 Geary** und **77 Geary** (Karte S. 138; www.sfada.com; San Francisco Art Dealers Association; ⏲Di–Fr 10.30–17.30, Sa 11–17 Uhr).

Ferry Building WAHRZEICHEN
(Karte S. 138; ☎415-983-8000, www.ferrybuildingmarketplace.com; ⏲Mo–Fr 10–18, Sa ab 9, So 11–17 Uhr) In dem zum Gourmetwarenhaus gewordenen Verkehrsknotenpunkt blüht der Hedonismus: Feinschmecker verpassen beim Genuss von Austern und Champagner gern ihre Fähre. Starköche lassen sich häufig auf dem **Farmers Market** (⏲Di & Do 10–14, Sa ab 8 Uhr) blicken, der das ganze Jahr über rund um das Gebäude stattfindet.

CHINATOWN

Die chinesische Gemeinde der Stadt hat seit 1848 Aufständen, Erdbeben, Alkohol schmuggelnden Gangstern und den Versuchen von Politikern getrotzt, sie Richtung Küste umzusiedeln.

Chinese Historical Society of America Museum MUSEUM
(CHSA; Karte S. 138; ☎415-391-1188; www.chsa.org; 965 Clay St; Erw./Kind 5/2 US$, 1. Di im

NICHT VERSÄUMEN

SAN FRANCISCO MUSEUM OF MODERN ART

Seit 1935 zeichnet sich das **San Francisco Museum of Modern Art** (SFMOMA; Karte S. 138; ☎415-357-4000; www.sfmoma.org; 151 3rd St; Erw./Kind 18 US$/frei, 1. Di im Monat Eintritt frei; ⏲Fr–Di 11–18, Do bis 21 Uhr) durch kühne Entscheidungen aus: Damals setzten sich die Museumsmacher für seinerzeit schwer umstrittene zeitgenössische Maler wie Diego Rivera und Frida Kahlo und für die bahnbrechenden Leistungen örtlicher Fotografen wie Dorothea Lange, Eadweard Muybridge, Ansel Adams und Edward Weston ein. Rechtzeitig zum beginnenden Technik-Boom zog das Museum 1995 in den lichtdurchfluteten Backsteinkasten des Architekten Mario Botta um, wo Platz für unkonventionelle, mit neuen Medien arbeitende Künstler wie den aus San Francisco stammenden Matthew Barney geschaffen wurde, dessen verstörende Vaseline-Videos im SFMOMA Premiere feierten. Heute füllen Installationen das Atrium, im Dachgarten stehen Skulpturen, und eine 480 Mio. US$ teure Erweiterung ist im Bau. Letztere soll 1100 wichtige moderne Werke aufnehmen, eine Spende der Familie Fisher (die Gründer der hiesigen Bekleidungskette Gap), und außerdem Nischen für konzeptuelle Architektur, Wandinstallationen und Relational Art bieten. Donnerstags kostet der Eintritt nach 18 Uhr nur die Hälfte, dann strömen die Kunstfreunde in Scharen herbei.

Downtown San Francisco

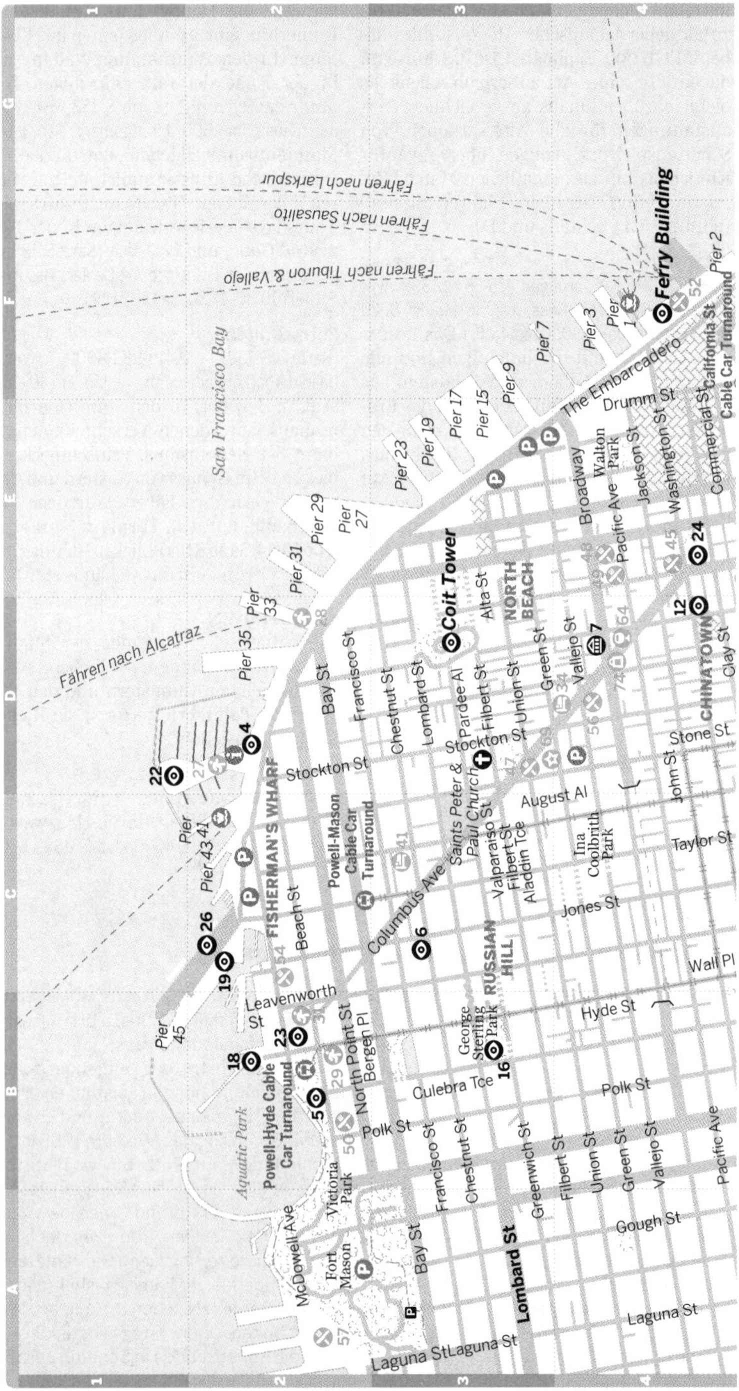

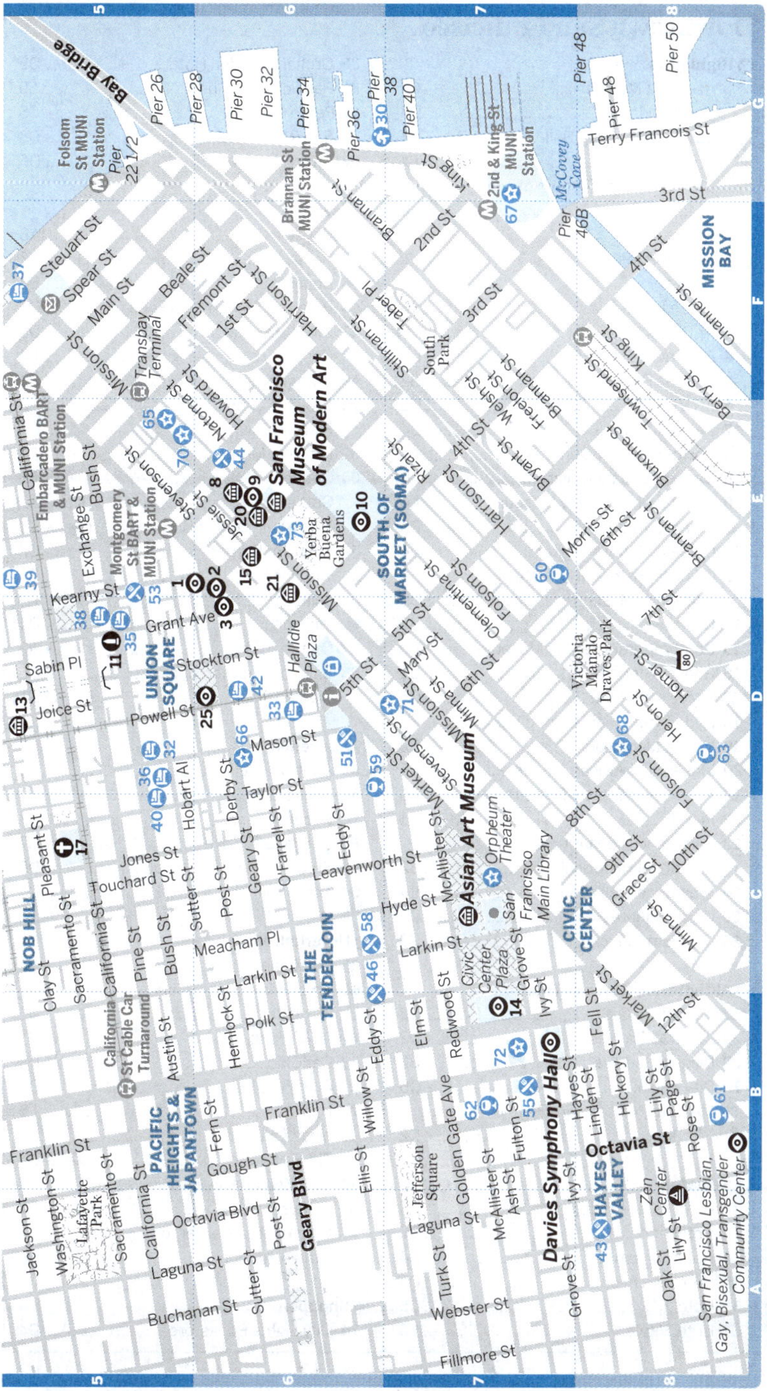
Bay Bridge
Pier 22 1/2
Pier 26
Pier 28
Pier 30
Pier 32
Pier 34
Pier 36
Pier 38
Pier 40
Pier 48
Pier 50
Pier 46B
Folsom St MUNI Station
Brannan St MUNI Station
2nd & King St MUNI Station
McCovey Cove
Terry Francois St
3rd St
4th St
MISSION BAY
Channel St
Berry St
King St
Townsend St
Bluxome St
Brannan St
Steuart St
Spear St
Main St
Beale St
Fremont St
1st St
Harrison St
Mission St
Transbay Terminal
Howard St
Natoma St
Stevenson St
Jessie St
Embarcadero BART & MUNI Station
California St
Bush St
Exchange St
Montgomery St BART & MUNI Station
San Francisco Museum of Modern Art
Yerba Buena Gardens
SOUTH OF MARKET (SOMA)
Rizal St
Stillman St
Taber Pl
South Park
2nd St
3rd St
4th St
Welsh St
Freelon St
Bryant St
Morris St
6th St
7th St
Folsom St
Clementina St
Kearny St
Grant Ave
Stockton St
Sabin Pl
Joice St
Powell St
UNION SQUARE
Hallidie Plaza
5th St
Mary St
Minna St
Victoria Manalo Draves Park
Homer St
Heron St
Mason St
Taylor St
Derby St
Hobart Al
Pleasant St
Jones St
Touchard St
Leavenworth St
Eddy St
O'Farrell St
Geary St
Post St
Sutter St
Market St
Stevenson St
Asian Art Museum
Orpheum Theater
San Francisco Main Library
McAllister St
Hyde St
Larkin St
8th St
9th St
10th St
Grace St
CIVIC CENTER
NOB HILL
Clay St
Sacramento St
California St
Pine St
Bush St
Meacham Pl
THE TENDERLOIN
Civic Center Plaza
Grove St
Ivy St
Fell St
Market St
12th St
California St Cable Car Turnaround
Austin St
Hemlock St
Polk St
Elm St
Redwood St
Davies Symphony Hall
Hayes St
Linden St
Hickory St
Lily St
Page St
Rose St
Franklin St
Willow St
Golden Gate Ave
Fulton St
Octavia St
Jackson St
Washington St
Lafayette Park
Sacramento St
PACIFIC HEIGHTS & JAPANTOWN
Fern St
Gough St
Octavia Blvd
Geary Blvd
Ellis St
Jefferson Square
Laguna St
McAllister St
Ash St
HAYES VALLEY
Zen Center
Laguna St
Post St
Buchanan St
Sutter St
Turk St
Webster St
Fillmore St
Grove St
Oak St
Lily St
San Francisco Lesbian, Gay, Bisexual, Transgender Community Center

Downtown San Francisco

Highlights

Asian Art Museum C7
Coit Tower D3
Davies Symphony Hall B7
Ferry Building F4
San Francisco Museum of Modern Art E6

Sehenswertes

1 14 Geary E6
2 49 Geary E6
3 77 Geary D6
4 Aquarium of the Bay D2
5 Aquatic Park Bathhouse B2
6 Art Institute C3
7 Beat Museum D4
8 Cartoon Art Museum E6
9 Catharine Clark Gallery E6
10 Children's Creativity Museum E6
11 Chinatown Gate D5
12 Chinese Culture Center D4
13 Chinese Historical Society of America Museum D5
14 City Hall B7
15 Contemporary Jewish Museum E6
16 George Sterling Park B3
17 Grace Cathedral C5
18 Hyde Street Pier Historic Ships B2
19 Musée Mécanique C2
20 Museum of African Diaspora E6
21 Museum of Craft & Folk Arts E6
22 Pier 39 .... D1
23 San Francisco Maritime National Historical Park B2
24 Transamerica Pyramid E4
25 Union Square D6
26 Uss Pampanito C2

Aktivitäten, Kurse & Touren

27 Adventure Cat D2
28 Alcatraz Cruises D2
29 Blazing Saddles B2
30 City Kayak G6
31 Meeting Point for Fire Engine Tours B2

Schlafen

32 Golden Gate Hotel D5
33 Hotel Abri D6
34 Hotel Bohème D4
35 Hotel des Arts D5
36 Hotel Rex D5
37 Hotel Vitale F5
38 Orchard Garden Hotel D5
39 Pacific Tradewinds E5
40 Petite Auberge C5
41 San Remo Hotel C3
42 Stratford Hotel D6

Essen

43 Bar Jules A8
44 Benu E6
45 Bocadillos E4
46 Brenda's French Soul Food B6
47 Cinecittà D3
48 Coi E4
49 Cotogna E4
50 Crown & Crumpet B2
51 Farmerbrown D6
52 Farmers Market F4
53 Gitane E5
Gott's Roadside .... (siehe 52)
Hog Island Oyster Company ..... (siehe 52)
54 In-N-Out Burger C2
55 Jardinière B7
Mijita .... (siehe 52)
56 Molinari D4
57 Off the Grid A2
58 Saigon Sandwich Shop C6
Slanted Door .... (siehe 52)

Ausgehen

59 Aunt Charlie's D6
60 Endup E7
61 Rebel Bar B8
62 Smuggler's Cove B7
63 Stud D8
64 Tosca Cafe D4

Unterhaltung

65 111 Minna E5
66 American Conservatory Theater D6
67 AT&T Park G7
68 Cat Club D8
69 Club Fugazi D3
70 Harlot E5
71 Mezzanine D7
TIX Bay Area .... (siehe 25)
72 War Memorial Opera House B7
73 Yerba Buena Center for the Arts E6

Shoppen

74 City Lights Bookstore D4

Monat Eintritt frei; ⌚Di–Fr 12–17, Sa 11–16 Uhr) Im größten chinesisch-amerikanischen Geschichtsinstitut der USA erfahren Besucher, wie die Chinesen während des Goldrauschs, während des Baus der transkontinentalen Eisenbahn oder zur Zeit der Beatniks in den USA lebten. Die Wechselausstellungen werden dem Hof gegenüber in dem anmutigen Gebäude aus roten Ziegeln mit dem grünen Fliesendach gezeigt, das Julia Morgan, die Chefarchitektin des Hearst Castle, 1932 als Chinatowns YWCA (Young Women's Christian Association) errichtete.

Chinese Culture Center GALERIE
(Karte S. 138; ☎415-986-1822; www.c-c-c.org; 3. OG, Hilton Hotel, 750 Kearny St; Spende erbeten; ⌚Di–Sa 10–16 Uhr) Im Kulturzentrum im 3. Stock des Hilton gewinnt man einen Einblick in die chinesische Kultur. Neben Ausstellungen traditioneller Kunst gibt es avantgardistische Installationen unter dem Titel Xian Rui (frisch & scharf), z. B. Stella Zhangs unbehaglich aussehende Zahnstocherkissen, sowie „Art at Night" mit chinesisch inspirierter Kunst, Küche und Jazz. Auf der Website des Zentrums stehen die Termine von Konzerten, Kunstworkshops und Chinesischkursen sowie Infos zum Ahnenforschungsdienst sowie zu den Kunstfestivals in Chinatown.

NORTH BEACH

Beat Museum MUSEUM
(Karte S. 138; ☎800-537-6822; www.thebeatmuseum.org; 540 Broadway; Eintritt 5 US$; ⌚Di–So 10–19 Uhr) In den 1950er-Jahren machten die Beat-Poeten Jack Kerouac, Allen Ginsberg und Lawrence Ferlinghetti North Beach zum Testgelände für Geistes- und Redefreiheit, wovon dieses Museum mithilfe literarischer Kuriositäten und alter Videos erzählt. Der Eintritt in den Buchladen und die Lesungen sind kostenlos.

RUSSIAN HILL & NOB HILL

Gartenliebhaber, Fitnessfreaks und Sonnenuntergangsfanatiker meistern westlich von North Beach den Aufstieg nach Russian und Nob Hill. Autofahrer testen ihre Fähigkeiten in der Kurve bei Block 1000 der Lombard St, aber viele verpassen dabei etwas: einen der besten Punkte, um sich den Sonnenuntergang anzusehen, im **George Sterling Park** (Karte S. 138) oberhalb der Golden Gate Bridge sowie Diego Riveras Wandbild im **Art Institute** (Karte S. 138; ☎415-771-7020; www.sfai.edu; 800 Chestnut St; ⌚9–19.30 Uhr).

Grace Cathedral KIRCHE
(Karte S. 138; ☎415-749-6300; www.gracecathedral.com; 1100 California St; Spende von Erw./Kind 3/2 US$ erbeten; ⌚Mo–Fr 7–18, Sa ab 8, So 8–19 Uhr, Gottesdienst mit Chor So 8.30 & 11 Uhr) Eine Abkürzung zum Himmel: Mit der Cable Car geht's bergauf zur progressiven Episkopalkirche von San Francisco, in deren AIDS Interfaith Memorial Chapel ein bronzenes Altarbild von Keith Haring steht. Die Buntglasfenster „Human Endeavor" zeigen Albert Einstein in einem Wirbel von Nuklearpartikeln. Die in den Boden eingelassenen Labyrinthe sind toll, um beim Meditieren einen Fixpunkt fürs Auge zu finden.

FISHERMAN'S WHARF

GRATIS **Aquatic Park Bathhouse** HISTORISCHES GEBÄUDE
(Karte S. 138; ☎415-447-5000; www.nps.gov/safr; 499 Jefferson St, Höhe Hyde St; ⌚10–16 Uhr) Das unübersehbare Wahrzeichen für Seeleute, die dringend ein Bad brauchen: Das kürzlich renovierte, 1939 erbaute schiffsförmige Gebäude – stromlinienförmig modern – ist mit Kunstwerken geschmückt, die von der Works Progress Administration (WPA) in Auftrag gegeben wurden: Da sieht man verspielte Robben- und Froschskulpturen von Beniamino Bufano, Hilaire Hilers Wandbilder, die surreale Unterwasser-Traumlandschaften darstellen, und kürzlich wieder freigelegte Holzreliefs von Richard Ayer. Der berühmte afroamerikanische Künstler Sargent Johnson schuf das verblüffende Markisen-Vordach aus grünem Schiefer und die spannenden Wassermosaiken der Veranda, die er auf der Ostseite bewusst unvollendet ließ, um damit gegen Pläne zu protestieren, ein privates Restaurant in diese öffentliche Einrichtung zu integrieren. Johnson setzte sich durch: Im Ostflügel ist heute das Büro eines Schifffahrtsmuseums untergebracht.

Musée Mécanique MUSEUM
(Karte S. 138; ☎415-346-2000; www.museemecaniquesf.com; Pier 45; ⌚Mo–Fr 10–19, Sa & So bis 20 Uhr) Wo sonst kann man einen Mann für einen Vierteldollar guillotinieren? Gruselige Automatenspiele aus dem 19. Jh., z. B. „French Execution", konkurrieren hier mit der diabolischen „Ms. Pac-Man" ums Kleingeld der Besucher.

Pier 39 WAHRZEICHEN
(Karte S. 138; www.pier39.com) Abgesehen von den Seelöwen, die nach dem Genuss von frischem Fisch zufrieden rülpsen, drücken

sich am Pier 39 hauptsächlich Landratten herum, die vergeblich versuchen, die sämige Muschelsuppe, die in Schalen aus Sauerteig verkauft wird, ganz aufzuessen (quasi unmöglich!).

USS Pampanito MUSEUM
(Karte S. 138; ☎415-775-1943; www.maritime.org; Pier 45; Erw./Kind 10/4 US$; ⏰9–17 Uhr) Hier steht ein restauriertes U-Boot aus dem Zweiten Weltkrieg, das sechs Kampfeinsätze überstanden hat, zur Erkundung bereit. Im Rahmen der fesselnden Audio-Führung (2 US$) berichten Seeleute von Schleichfahrten und plötzlichen Angriffen. Da fühlt man sich erleichtert, wenn man wieder an Land ist… (Leute, die in engen Räumen Angst bekommen, werden hier nicht glücklich).

Hyde Street Pier Historic Ships HISTORISCHE STÄTTE
(Karte S. 138; ☎415-447-5000; www.nps.gov/safr; 499 Jefferson St, Höhe Hyde St; Erw./Kind 5 US$/frei; ⏰9–17 Uhr) An diesem Pier, der zum Maritime National Historical Park gehört, laden vertäute Schiffe aus dem 19. Jh. zur Besichtigung ein, darunter der Dreimaster **Balclutha** von 1886 und das Dampfschiff **Eureka** von 1890. Im Sommer werden auch Segeltouren an Bord des eleganten, 1891 gebauten Schoners **Alma** (Erw./Kind 40/20 US$; ⏰Juni–Nov.) angeboten.

THE MARINA & PRESIDIO

LP TIPP **Exploratorium** MUSEUM
(☎415-561-0360; www.exploratorium.edu; 3601 Lyon St; Erw./Kind 15/10 US$, Tactile Dome 10 US$; ⏰Di–So 10–17 Uhr) In diesem interaktiven Museum tummeln sich die jungen Einsteins von morgen und erfahren Wissenswertes, z. B. über die naturwissenschaftlichen Geheimnisse des Skateboardfahrens, oder tasten sich durch den Tactile Dome (für Kinder ab 7 Jahren). Cocktails verrückter Wissenschaftler, Live-Performances und wissenschaftliche Experimente locken die über 21-Jährigen ins **After Dark** (⏰Do 18–22 Uhr). Mit Ausstellungen, die den Machern einen McArthur Genius Grant einbrachten, wächst das Exploratorium über seine malerische Stätte, den Palace of Fine Arts, hinaus und wird 2013 an die Piers umziehen. Unterdessen marschieren Entenküken am Exploratorium vorbei durch Bernard Maybecks pseudo-römische **Rotunde** von 1915. Deren Friese zeigen Szenen vom Angriff der Materialisten auf die Kunst, während Idealisten der Kunst zu Hilfe eilen.

Crissy Field UFER, STRAND
(☎415-561-7690; www.crissyfield.org) Vom Asphalt befreit, dient Presidios Armeeflugplatz heute als *der* Ort für Küstenvögel, Drachenflieger und Windsurfer, die den beeindruckenden Blick auf die Golden Gate Bridge genießen.

Baker Beach STRAND
(Karte S. 134; ⏰Sonnenaufgang–Sonnenuntergang) An diesem früheren Armeebrückenkopf kann man zwar (außer bei auflaufender Flut) nicht schwimmen, trotzdem legen sich hier viele wegen des unschlagbaren Blicks gerne in die Sonne, vor allem am Nordende des Strandes, wo FKK erlaubt ist. Der Nachmittagsnebel macht dem Spaß dann oft ein Ende.

Fort Mason HISTORISCHE STÄTTE
(☎415-345-7500; www.fortmason.org) Über die Lustbarkeiten in diesem ehemaligen Militärstützpunkt wären Armeeoffiziere wohl entsetzt – hier gibt's z. B. Comedy-Workshops, Kunstkurse für Kinder und **Off the Grid** (http://offthegridsf.com), eine Art Markt, bei dem Gourmetimbisse wie Pionierplanwagen im Kreis stehen.

Fort Point HISTORISCHE STÄTTE
(Karte S. 134; ☎415-561-4395; www.nps.gov/fopo) Trotz der eindrucksvollen Geschütze hat dieses Fort aus dem Bürgerkrieg nie

ABSTECHER

COIT TOWER

Das Ausrufezeichen in der Skyline von San Francisco, der **Coit Tower** (Karte S. 138; ☎415-362-0808; Fahrstuhlfahrt 5 US$; ⏰10–18 Uhr), gewährt einen Wahnsinnsausblick – toll vor allem, wenn man zuvor die schwindelerregend steile Treppe von der Filbert St hinaufgelaufen ist. Von der Aussichtsplattform des Turms hat man einen Panoramablick auf die Stadt. Die Wandmalereien aus den 1930er-Jahren in der Lobby preisen die Arbeiter San Franciscos – einst wurden diese Bilder als kommunistisch verteufelt, heute sind sie eine geschätzte Sehenswürdigkeit. Wer auch die Malereien sehen will, die sich im Treppenhaus des Coit Tower verstecken, sollte an einer kostenlosen Führung unter fachkundiger Leitung teilnehmen (Sa 11 Uhr).

eine Schlacht gesehen – bis Alfred Hitchcock hier Szenen von *Vertigo* drehte. Man hat hier einen faszinierenden Blick auf die Unterseite der Golden Gate Bridge.

THE MISSION

Mission Dolores KIRCHE

(Karte S. 146; ☎415-621-8203; www.missiondolores.org; Ecke Dolores & 16th St; Erw./Kind 5/3 US$; ⌚9–16 Uhr) Ihrem ältesten Gebäude verdankt die Stadt ihren Namen: der weiß getünchten, aus Lehmziegeln erbauten Misión San Francisco de Asis. Die Mission wurde 1776 gegründet und 1782 von zwangsverpflichteten Ohlone und Miwok neu gebaut – die Decke zeigt die Muster von Flechtkörben der indigenen Amerikaner. Auf dem Friedhof neben der Adobe-Mission steht eine nachgebaute Ohlone-Hütte zum Gedenken an die 5000 Ohlone und Miwok, die 1814 und 1826 während Masernepidemien starben. Heute steht die Mission im Schatten der neben ihr stehenden prächtigen Basilika von 1913, deren Buntglasfenster an die 21 originalen kalifornischen Missionen zwischen Santa Cruz und San Diego erinnern.

Balmy Alley STRASSE

(Karte S. 146; abseits der 24th St, nahe der Folsom St) Künstleraktivisten im Mission District machten sich in den 1970er-Jahren daran, die politische Landschaft zu verändern; Garagentor um Garagentor wurde mit Wandbildern versehen. Heute kommt man an einem Block in der Balmy Alley an Wandmalereien aus drei Jahrzehnten vorbei, angefangen mit einem frühen Denkmal für den progressiven salvadorianischen Erzbischof Óscar Romero bis hin zu einer Hommage an das goldene Zeitalter des mexikanischen Kinos. Die gemeinnützige Organisation Precita Eyes restauriert die Malereien, gibt neue in Auftrag und veranstaltet Führungen (s. S. 148).

826 Valencia KULTURSTÄTTE

(Karte S. 146; ☎415-642-5905; www.826valencia.org; 826 Valencia St; ⌚12–18 Uhr) „Keine Piraten, keine geriatrischen Menschen!", warnt das Schild über dem Sandbottich, in dem Kinder nach versteckten Piratenschätzen wühlen. Der exzentrische Pirate Supply Store verkauft Augenklappen, Schmalz aus einem echten Schmalzfass und McSweeneys Literaturzeitschriften, um Schreibworkshops für Jugendliche und das Fish Theater zu finanzieren – in Letzterem probiert sich ein Kugelfisch im Method Acting.

Creativity Explored GALERIE

(Karte S. 146; ☎415-863-2108; www.creativityexplored.org; 3245 16th St; Spende erbeten; ⌚Mo–Fr 10–15, Do bis 19, Sa 13–18 Uhr) Hier lernt man verschiedene Themen – von Superhelden bis zur Architektur von entwicklungsgehemmten, von der Kritik gefeierten Künstlern – aus einer neuen Perspektive kennen. Die fröhlichen Eröffnungsfeiern mit den Künstlern, ihren Familien und Fans sind einen Abstecher wert.

Dolores Park PARK

(Karte S. 146) Im Mission District gehören Sonnenschein und Politik zusammen: Neben Fußball, Tennis und Möglichkeiten zum Sonnenbaden gibt's fast an jedem Wochenende Demonstrationen.

THE CASTRO

Die Regenbogenfahnen flattern hoch über der **Harvey Milk Plaza** (Karte S. 146) in San Franciscos historischem Schwulenviertel, in dem der erste bekennend schwule Amtsträger der Stadt lebte.

GLBT History Museum MUSEUM

(Karte S. 146; ☎415-621-1107; www.glbthistory.org/museum; 4127 18th St; Eintritt 5 US$, 1. Mi im Monat Eintritt frei; ⌚Di–Sa 11–19, So–Mo 12–17 Uhr) Amerikas erstes Museum zur Geschichte der Schwulen hält stolze Momente und historische Wendepunkte fest: Hier liegen Harvey Milks Wahlkampfbroschüren, Interviews mit dem avantgardistischen bisexuellen Autor Gore Vidal, Zündholzheftchen aus Badehäusern und Seiten aus einem Strafgesetzbuch der 1950er-Jahre, wo die Strafen für Homosexualität verzeichnet sind.

THE HAIGHT

Der neblige Hotspot des Summer of Love hängt immer noch an Batik, Idealen und gewissen Gewohnheiten – dieser Tatsache verdanken das Bound Together Anarchist Book Collective, die Haight Ashbury Free Clinic und die hohe Dichte von Marihuana-Abgabestellen (das Kraut gibt's aber nur auf Rezept) ihre Existenz. Viktorianische Häuser mit bunten Fassaden stehen rund um den **Alamo Square Park** (Hayes & Scott St) und rund um die Ecke Haight und Ashbury St, wo Jimi Hendrix, Janis Joplin und die Grateful Dead in der Hippie-Glanzzeit des Haight ihre Bleibe hatten.

JAPANTOWN & PACIFIC HEIGHTS

Auf jeder Sushitheke in Japantown hebt eine Porzellankatze (*maneki neko*) die Pfote und winkt. Man gibt sich hier die größte Mühe, Besucher zu entspannen – mit Shiatsu-Massagen in den Kabuki Hot Springs, mit Öko-Entertainment und genfreiem Popcorn im Sundance Kabuki Cinema, mit Weltklassejazz im Yoshi's oder mit verrücktem Rock im Fillmore.

GOLDEN GATE PARK & UMGEBUNG

1865 war San Francisco seiner Zeit weit voraus, als man beschloss, aus 412 ha Sanddünen die weltweit größte Grünzone zu schaffen, den Golden Gate Park (Karte S. 134). Das grüne Vorhaben war so ehrgeizig, dass es sogar Frederick Law Olmstead, den gefeierten Schöpfer des New Yorker Central Park, abschreckte. Überdies durchkreuzte es die Pläne von Grundstücksspekulanten, das Gebiet in ein Vergnügungsresort zu verwandeln. Der Parkarchitekt William Hammond Hall wies Hotel- und Kasinobetreiber zurück und bestand auf botanischen Gärten und einem japanischen Teegarten.

In Richtung Ocean Beach bekommt die Parklandschaft etwas Don-Quijote-Mäßiges, weil dort Bisons vor Windmühlen grasen. Am Nordende des Ocean Beach hat man vom kürzlich renovierten **Cliff House** (Karte S. 134; www.cliffhouse.com) mit seinem Restaurant Ausblick auf die prächtigen Ruinen der **Sutro Baths**, in denen sich viktorianische Damen und Dandys einst zu Tausenden trafen, um in geliehenen kratzigen Wollbadeanzügen ein erfrischendes Bad zu nehmen. Ein teilweise asphaltierter Wanderweg oberhalb der Sutro Baths rund um **Lands End** (Karte S. 134) führt an Stellen mit einer tollen Aussicht auf Marin County und die Golden Gate Bridge vorbei.

California Academy of Sciences — NATURSCHUTZGEBIET

(☎415-379-8000; www.calacademy.org; 55 Concourse Dr; Erw./Kind 29,95/24,95 US$, mit Muni-Ticket 3 US$ Rabatt, Do 18–22 Uhr 10 US$ (Mindestalter 21 Jahre); ⊙Mo–Sa 9.30–17, So ab 11 Uhr) Das grüne, mit LEED-Zertifikat ausgezeichnete Gebäude des Architekten Renzo Piano (2008) ist ein Wahrzeichen, das unter einem „lebendigen Dach" aus kalifornischen Wildblumen in einem vier Stockwerke hohen Regenwald und einem Aquarium auf zwei Ebenen 38 000 sonderbare und wundervolle Tiere beherbergt. Nachdem die Pinguine schlafen gegangen sind, setzt bei den Kindern vorbehaltenen „Academy Sleepovers" ein wildes Treiben ein, während man bei den „NightLife Thursdays" (Mindestalter 21 Jahre) bei Regenwald-Cocktails die seltsamen Balzrituale scheuer Nerds beobachten kann.

MH de Young Fine Arts Museum — MUSEUM

(☎415-750-3600; www.famsf.org/deyoung; 50 Hagiwara Tea Garden Dr; Erw./Kind 10 US$/frei, mit Muni-Ticket 2 US$ Rabatt, 1. Di im Monat Eintritt frei; ⊙Di–So 9.30–17.15, Fr bis 20.45 Uhr) Folgt man der künstlichen Verwerfungslinie im Bürgersteig – ein Werk des Bildhauers Andy Goldsworthy –, gelangt man zu dem eleganten Museumsgebäude von Herzog & de Meuron, dessen grün oxidierte Kupferverkleidung farblich mit dem Park verschmilzt. Doch die zurückhaltende Fassade täuscht: Die Ausstellungen erweitern mit Zeremonialmasken aus Ozeanien, Balenciaga-Roben, den aus Gewehrkugeln gebauten Kathedralen des Bildhauers Al Farrow und vielem mehr jeden künstlerischen Horizont.

California Palace of the Legion of Honor — MUSEUM

(Karte S. 134; ☎415-750-3600; http://legionofhonor.famsf.org; 100 34th Ave; Erw./Kind 10/6 US$, mit Muni-Ticket 2 US$ Rabatt, 1. Di im Monat Eintritt frei; ⊙Di–So 9.30–17.15 Uhr) Die unerschütterliche Entschlossenheit eines Aktmodells ist nicht zu unterschätzen: „Big Alma" de Bretteville Spreckels, die für Bildhauer Modell stand, spendete ihr geerbtes Vermögen für die Errichtung dieser monumentalen Hommage an die Kalifornier, die im Zweiten Weltkrieg in Frankreich fielen. Die ausgestellten Kunstwerke reichen von Monets Seerosen bis zu Klanglandschaften von John Cage, von Elfenbeinschnitzereien aus dem Irak bis zu Comics von R. Crumb (die zu den 90 000 Grafiken der Achenbach Collection des Museums gehören).

Ocean Beach — STRAND

(Karte S. 134; ☎415-561-4323; www.parksconservancy.org; ⊙Sonnenaufgang–Sonnenuntergang) Der umtoste Strand am Ende des Parks ist für Strandhäschen im Bikini zu kühl, aber ideal für Surfprofis im Neoprenanzug, die den Brandungsrückstrom meistern (nichts für Freizeitschwimmer!). Lagerfeuer dürfen nur in ausgewiesenen Feuergruben entfacht werden; Alkohol ist am Strand verboten.

Conservatory of Flowers — GARTEN

(☎415-666-7001; www.conservatoryofflowers.org; Conservatory Dr West; Erw./Kind 7/2 US$; ⊙Di–So 10–16 Uhr) Das kürzlich renovierte viktorianische Gewächshaus von 1878 beherbergt außerirdisch anmutende Orchideen, stille See-

SCHWULEN-, LESBEN-, BI- & TRANSSEXUELLENSZENE IN SAN FRANCISCO

Woher auch immer man kommt und wen man liebt – Homosexuelle fühlen sich hier alle sofort wohl. Die Kreuzung der 18th und der Castro St bildet das Zentrum der Schwulenbarszene, doch tanzfreudige Tunten und nuttige Jungs strömen nach South of Market (SoMa) in die pulsierenden Clubs. The Mission ist das bevorzugte Viertel von Transsexuellen aller Art. Der *Bay Area Reporter* (alias BAR; www.ebar.com) liefert Community-News und Verzeichnisse; die *San Francisco Bay Times* (www.sfbaytimes.com) enthält prima Infos für Transsexuelle, und das kostenlose *Gloss Magazine* (www.glossmagazine.net) gibt Infos zum Nachtleben.

Um herauszufinden, wo die Party steigt, kann man auf der Website von **Honey Soundsystem** (www.honeysoundsystem.com) nach Dance-Partys suchen, **Betty's List** (www.bettyslist.com) auf Partys, Spendengalas und Veranstaltungen für Lesben abchecken und bei **Juanita More** (www.juanitamore.com) nach Raves schauen, die ein Drag-Superstar veranstaltet. **Sisters of Perpetual Indulgence** (www.thesisters.org), „der Vorreiterorden lesbischer Nonnen", organisiert Partys, spontanes Straßentheater und zu Ostern den subversiven „Hunky Jesus Contest" im Dolores Park.

Andere Top-Stätten für Schwule, Lesben, Bi- und Transsexuelle:

Stud BAR

(Karte S. 138; ☎415-252-7883; www.studsf.com; 399 9th St; Eintritt 5–8 US$; ⏲17–3 Uhr) Die Bar ist seit 1966 ein Treffpunkt für Schwule, der nicht nur auf die Lederszene abzielt. Montags stehen Rockerlesben im Mittelpunkt, dienstags gibt's Travestieshows, mittwochs derbe Comedy und Karaoke, freitags Tanz mit Dragqueens und Kabarett immer dann, wenn Gastgeberin/DJ Anna Conda die Sache auf die Beine stellt.

Rebel Bar BAR

(Karte S. 138; ☎415-431-4202; 1760 Market St; ⏲Mo–Do 17–3, Fr bis 4, Sa & So 11–4 Uhr) Turbulente Südstaaten-Biker-Disco mit Spiegelwänden, Hell's-Angel-Cocktails (Bulleit Bourbon, Chartreuse, OJ) und freiliegenden Rohren. Die Gäste sind meist jenseits der 30, schwul und tätowiert; in guten Nächten geht es hier ganz schön zur Sache.

Aunt Charlie's BAR

(Karte S. 138; ☎415-441-2922; www.auntcharlieslounge.com; 133 Turk St; ⏲9–2 Uhr) In der Kneipe finden einige der besten klassischen Dragshow vor Ort (Fr & Sa 22 Uhr) statt. Am Donnerstagsabend zieht es männliche Kunststudenten zur Bäder-Disco im Tubesteak (5 US$).

Endup BAR

(Karte S. 138; ☎415-646-0999; www.theendup.com; 401 6th St; Eintritt 5–20 US$; ⏲Mo–Do 22–4, Fr 23–11, Sa 22–Mo 4 Uhr) Hier finden seit 1973 die sonntäglichen „Tea Dances" (Schwulen-Dance-Partys) statt, die aber eigentlich schon am Samstag beginnen – Kleidung zum Wechseln mitnehmen! Das Ganze endet am Morgen, wenn die Sonne über der Autobahnauffahrt aufgeht.

Lexington Club LESBENBAR

(Karte S. 146; ☎415-863-2052; 3464 19th St; ⏲15–2 Uhr) Die derbste Lesbenbar im Westen mit Billard, Flipperautomaten und jeder Menge harter Girls.

Café Flore CAFÉ

(Karte S. 146; ☎415-621-8579; http://cafeflore.com; 2298 Market St; Hauptgerichte 8–11 US$; ⏲7–2 Uhr; WLAN) Kaffee, WLAN und Fleischgerichte – die Burger sind gut.

rosen und fleischfressende Kriechpflanzen, deren Ausdünstungen nach Insektenfleisch riechen.

Japanese Tea Garden GARTEN

(http://japaneseteagardensf.com; Hagiwara Tea Garden Dr; Erw./Kind 7/5 US$; ⏲9–18 Uhr) Seit 1894 erblüht dieser 2 ha große Garten und Bonsai-Hain im Frühling mit der Kirschblüte und färbt sich im Herbst mit den Ahornblättern leuchtend rot. In dem meditativen Zen-Garten können gestresste Traveller die Zeit vergessen.

Haight & The Mission

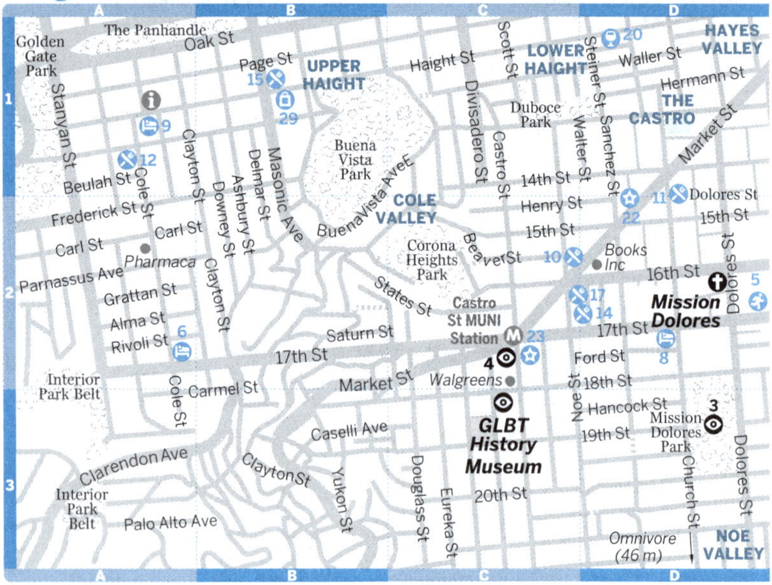

Haight & The Mission

Highlights

- 826 Valencia ... E3
- Balmy Alley ... E2
- GLBT History Museum ... C3
- Mission Dolores ... D2

Sehenswertes

1 Alamo Square Park ... E1
2 Creativity Explored ... E2
3 Dolores Park ... D3
4 Harvey Milk Plaza ... C2

Aktivitäten, Kurse & Touren

5 18 Reasons ... D2

Schlafen

6 Belvedere House ... A2
7 Inn San Francisco ... F3
8 Parker Guest House ... D2
9 Red Victorian ... A1

Essen

10 Cafe Flore ... C2
11 Chilango ... D1
12 Cole Valley Cafe ... A1
13 Commonwealth ... E2
14 Frances ... D2
15 Magnolia Brewpub ... B1
16 Pizzeria Delfina ... E2
Rosamunde Sausage Grill ... (siehe 20)
17 Starbelly ... C2

Ausgehen

18 Bar Agricole ... F1
19 Lexington Club ... E3
20 Toronado ... D1
21 Zeitgeist ... E1

Unterhaltung

22 Café du Nord ... D2
23 Castro Theatre ... C2
24 DNA Lounge ... F1
25 Marsh ... E3
26 Roxie Cinema ... E2
27 Slim's ... F1

Shoppen

28 Adobe Books ... E2
29 Bound Together Anarchist Book Collective ... B1

Stow Lake
SEE

(http://sfrecpark.org/StowLake.aspx; Tretboot/Kanu/Ruderboot/Tandem/Fahrrad pro Std. 24/20/19/15/8 US$; ⏲Vermietung 10–16 Uhr) Die Huntington Falls stürzen vom Strawberry Hill 120 m hinab in den See. In der Nähe stehen ein romantischer chinesischer Pavillon und ein Bootshaus von 1946, in dem Boote und Fahrräder vermietet werden.

SAN FRANCISCO BAY

Golden Gate Bridge
BRÜCKE

(www.goldengatebridge.org) Den ursprünglichen Vorstellungen der US-Marine sollte eine gedrungene Betonkonstruktion in Schwarz und Signalgelb die San Francisco Bay überspannen. Zum Glück bestanden die Architekten Gertrude und Irving Murrow und der Baustatiker Joseph B. Strauss auf einem hoch aufragenden Art-déco-Entwurf in leuchtendem Signalorange, als die Golden Gate Bridge 1937 errichtet wurde! Für die Überfahrt von Marin County nach San Francisco zahlen Autofahrer eine Maut von 6 US$; Fußgänger und Radfahrer benutzen den östlichen Gehweg kostenlos.

Aktivitäten

Kabuki Hot Springs
SPA

(☎415-922-6000; www.kabukisprings.com; 1750 Geary Blvd; Eintritt 22–25 US$; ⏲10–21.45 Uhr) Die durch die 43 Hügel der Stadt strapazierten Muskeln kann man hier in einem japanischen Bad entspannen – Männer und Frauen baden getrennt und an verschiedenen Tagen. Nur dienstags dürfen beide Geschlechter gleichzeitig ins Wasser; dann sind Badehose bzw. Badeanzug Pflicht.

Oceanic Society Expeditions
BOOTSTOUR

(☎415-474-3385; www.oceanic-society.org; 100–120 US$/Pers.; ⏲Büro Mo–Fr 8.30–17 Uhr, Touren Sa & So) Dass Wale gesichtet werden, ist bei den von Naturkundlern geführten Bootstouren auf dem Meer, die von Mitte Oktober bis Ende Dezember während der Wanderungen der Tiere stattfinden, so gut wie garantiert.

Golden Gate Park Bike & Skate
RADFAHREN, SKATEN

(☎415-668-1117; www.goldengateparkbikeandskate.com; 3038 Fulton St; Skates pro Std./Tag ab 5/20 US$, Fahrad 3/15 US$, Tandem 15/75 US$, Frisbees 6/25 US$; ⏲10–18Uhr) Um den Golden Gate Park richtig zu genießen, leiht man sich am besten ein Fahrrad – besonders zu empfehlen sonntags und im Sommer auch samstags, weil dann der JFK Dr für den Autoverkehr gesperrt ist – oder auch die Ausrüstung für Discgolf.

Blazing Saddles
RADFAHREN

(☎415-202-8888; www.blazingsaddles.com; 2715 Hyde St; Fahrrad ab 8/32 US$ pro Std./Tag; ⏲8–19.30 Uhr) Mit einem Rad aus der Filiale dieser Fahrradvermietung am Fisherman's Wharf kann man die Golden Gate Bridge überqueren und anschließend mit der Sausalito-Fähre nach San Francisco zurückfahren (wenn das Wetter mitspielt).

18 Reasons
KULINARISCHE TOUR

(KarteS. 146,;☎415-252-9816;www.18reasons.org; 593 Guerrero St; ⏲Mo–Sa 6.30–17, So 7–16.30 Uhr) Gourmet werden: Diese örtliche gemeinnützige Organisation veranstaltet Workshops zu den Themen Tafeln auf die feine Art und essbare Parfüms, außerdem Wein- und Käseverkostungen sowie weitere Events.

City Kayak
KAJAKFAHREN

(Karte S. 138; ☎415-357-1010; http://citykayak.com; South Beach Harbor; Kajakvermietung 35–65 US$/Std., 3-stündige Einweisung & Kajakverleih 59 US$, Tour 65–75 US$) Erfahrene Kajakfahrer wagen sich auf die kabbelige See unterhalb der Golden Gate Bridge oder unternehmen eine Gruppentour bei Mondschein, während Neulinge normalerweise

ABSTECHER

ALCATRAZ

150 Jahre lang hat der Name bei Unschuldigen für ein Frösteln und bei Übeltätern für Schweißausbrüche gesorgt: **Alcatraz** (☎Alcatraz Cruises 415-981-7625; www.alcatrazcruises.com, www.nps.gov/alcatraz; Erw./Kind Tag 26/16 US$, Nacht 33/19,50 US$; ⌚Callcenter 8–19 Uhr) war das erste Militärgefängnis der USA, ein Hochsicherheitsgefängnis für Schwerkriminelle wie Al Capone und ein heiß umkämpftes Territorium indigener Amerikaner. Keinem Gefangenen ist es jemals gelungen, aus Alcatraz zu fliehen. Da aber der Transport von Wachen und Versorgungsgütern mehr Geld verschlang, als für die Unterbringung der Insassen im Ritz erforderlich gewesen wäre, wurde das Gefängnis schließlich 1963 geschlossen. Indigene Aktivisten besetzten die Insel von 1969 bis 1971, um gegen die Inbeschlagnahme indigener Territorien durch die US-Regierung zu protestieren. Ein Museum am Kai und das Graffito „This is Indian Land" am Wasserturm erinnern an ihren Widerstand gegen das FBI.

Tagestouren beinhalten eine faszinierende Audio-Führung, bei der Gefangene und Wärter vom Leben auf dem Felsen („The Rock") erzählen. Die nächtlichen Führungen werden von einem Parkranger geleitet; diese muss man mindestens zwei Wochen im Voraus buchen. Die Fähren legen am Pier 33 ab (halbstündlich 9–15.55 Uhr sowie 18.10 & 18.45 Uhr).

in den ruhigen Gewässern nahe der Bay Bridge herumpaddeln.

Adventure Cat SEGELN
(Karte S. 138; ☎415-777-1630; www.adventurecat.com; Pier 39; Erw./Kind 35/15 US$, Fahrt in den Sonnenuntergang 50 US$) Zwischen März und Oktober gibt es täglich drei Katamaranfahrten, von November bis Februar nur an den Wochenenden.

GRATIS **Potrero del Sol/La Raza Skatepark** SKATEN
(www.sfgov.org; 25th & Utah Sts) Man skatet im Ring oder schaut fasziniert zu, wie die Profis durch die Luft sausen und gut in Schutzpolster verpackte Kindergartenkinder vorbeibrausen.

Aqua Surf Shop SURFEN
(Karte S. 134; ☎415-876-2782; www.aquasurfshop.com; 1742 Haight St; ⌚11–19 Uhr; Surfbrett/Neoprenanzug 25/15 US$ pro Tag) Der Laden vermietet Neoprenanzüge, gibt Auskünfte zu den Gezeiten und zum Surfunterricht – da sind selbst Neulinge hinterher schlauer.

Geführte Touren

Chinatown Alleyway Tours STADTSPAZIERGANG
(☎415-984-1478 www.chinatownalleywaytours.org; Erw./Kind 18/5 US$; ⌚Sa & So 11 Uhr) Jugendliche aus dem Viertel geben den Teilnehmern bei zweistündigen Führungen intensive und persönliche Einblicke in Chinatowns Vergangenheit (wenn das Wetter mitspielt). Fünf Tage im Voraus buchen! Samstags kann man auch spontan teilnehmen, zahlt dann aber das Doppelte. Nur Barzahlung.

Precita Eyes Mission Mural Tours STADTSPAZIERGANG
(☎415-285-2287; www.precitaeyes.org; Erw./Kind 12–15/5 US$; ⌚Sa & So 11, 12 & 13.30 Uhr) Einheimische Künstler führen zweistündige Spaziergänge oder Radtouren zu 60 bis 70 Wandgemälden in einem Umkreis von sechs bis zehn Blocks der mit Wandmalereien bedeckten Balmy Alley; die Erlöse wandern in die Erhaltung der Kunstwerke.

GRATIS **Public Library City Guides** STADTSPAZIERGANG
(www.sfcityguides.org) Ehrenamtliche Lokalhistoriker leiten nach Vierteln und Themen unterteilte Spaziergänge. Angeboten werden beispielsweise „Art Déco Marina", „Gold Rush Downtown", „Pacific Heights Victorians" oder „North Beach by Night". Die Website informiert über die einzelnen Themen und die Termine.

Feste & Events

Chinese New Year Parade KULTUR
(www.chineseparade.com) Im Februar kann man mit den anderen Zuschauern den 61 m langen Drachen jagen. Löwentänzer und Kung-Fu-Kids ziehen durch Chinatown.

SF International Film Festival FILM
(www.sffs.org) Beim ältesten Filmfestival der USA marschieren im April Stars auf und Regisseure feiern Premieren.

Bay to Breakers LAUF
(www.baytobreakers.com; Startgeld 44–48 US$) Am dritten Sonntag im Mai rennen kostümierte oder nackte Läufer vom Embarcadero zum Ocean Beach, während als Lachse verkleidete Jogger „stromaufwärts" ziehen.

Carnaval KULTUR
(www.carnavalsf.com) Echt brasilianisch oder nur mit Wachs und Kunstbräune gefaked? Egal, im Mission District werden am letzten Maiwochenende die Federn geschüttelt.

SF Pride Celebration KULTUR
Ein Tag reicht bei Weitem nicht aus, wenn die Szene feiert: Der Juni beginnt mit dem **International LGBT Film Festival** (www.frameline.org) und endet stilvoll am letzten Wochenende mit dem **Dyke March** (www.dykemarch.org) am „Pinks Saturday" und einer Million ausgelassener Besucher bei der **Pride Parade** (www.sfpride.org).

Folsom Street Fair STRASSENFEST
(www.folsomstreetfair.com) Am letzten Septemberwochenende in Leder schlüpfen und öffentliche Züchtigungen genießen – für einen guten Zweck.

Hardly Strictly Bluegrass MUSIK
(www.strictlybluegrass.com) Anfang Oktober feiert San Francisco seine Western-Wurzeln drei Tage lang mit kostenlosen Konzerten im Golden Gate Park und Auftritten von Stars wie Elvis Costello oder Gillian Welch.

LitQuake KULTUR
(www.litquake.org) Beim größten Literaturfest im Westen erzählen Autoren in der zweiten Oktoberwoche Geschichten und verraten beim legendären Lit Crawl gegen ein paar Drinks Betriebsgeheimnisse.

SF Jazz Festival MUSIK
(www.sfjazz.org) Ende Oktober stoßen Altmeister und neue Talente ins Horn – und die Zuschauer fast vom Hocker.

Schlafen

San Francisco ist die Geburtsstätte des Boutiquehotels, das stilvolle Zimmer zum stolzen Preis anbietet: Für ein Mittelklassezimmer zahlt man 100 bis 200 US$, und oben drauf kommen noch 15,5 % Hotelsteuer (außer bei Hostels) und Parkplatzgebühren von 35 bis 50 US$ pro Nacht. Auskunft zur Verfügbarkeit von Zimmern und Infos zu Sonderangeboten erhält man bei der **Reservierungshotline** (☎415-391-2000; www.onlyinsanfrancisco.com) des SF Visitor Information Center, bei **Bed & Breakfast SF** (☎415-899-0060; www.bbsf.com) und auf der Website von **Lonely Planet** (http://hotels.lonelyplanet.com).

UNION SQUARE & CIVIC CENTER

Hotel Rex BOUTIQUEHOTEL **$$$**
(Karte S. 138; ☎415-433-4434; www.jdvhotels.com; 562 Sutter St; Zi. 169–279 US$; P ❄ @ ≋)

SAN FRANCISCO MIT KINDERN

Zwar kommen auf San Franciscos Einwohner pro Kopf weniger Kinder als in jeder anderen US-amerikanischen Großstadt – und nach einer aktuellen SFSPCA-Studie gibt es hier rund 19 000 Hunde mehr als Einwohner unter 18 Jahren –, aber trotzdem bietet San Francisco jede Menge Attraktionen für Kinder, darunter den Golden Gate Park, das Exploratorium, die California Academy of Sciences, das Cartoon Art Museum und das Museé Mechanique. Die Babysitter von **American Child Care** (☎415-285-2300; www.americanchildcare.com; 580 California St, Suite 1600) berechnen 20 US$ pro Stunde plus Trinkgeld (min. 4 Std.).

Children's Creativity Museum MUSEUM
(☎415-820-3320; www.zeum.org; 221 4th St; Eintritt 10 US$; ⏰Di–So 11–17 Uhr) Technologie, die für Schulen zu cool ist: Roboter, Videospiele mit Live-Action, selbstgemachte Musikvideos und Workshops zur 3D-Animation mit Erfindern aus dem Silicon Valley.

Aquarium of the Bay AQUARIUM
(Karte S. 138; www.aquariumofthebay.com; Pier 39; Erw./Kind 17/8 US$; ⏰Sommer 9–20 Uhr, Winter 10–18 Uhr) Hier können Kids „unter Wasser" auf Transportbändern durch Glasröhren gleiten, während Haie darüber ihre Kreise ziehen.

Fire Engine Tours TOUR
(Karte S. 138; ☎415-333-7077; www.fireenginetours.com; Beach St an der Cannery; Erw./Kind 50/30 US$; ⏰Abfahrt 13 Uhr) Heiße Sache: Man kann die Golden Gate Bridge in einem alten, offenen Feuerwehrwagen überqueren (75 Min.).

START DRAGON GATE, CHINATOWN
ZIEL FERRY BUILDING
LÄNGE CA. 2,9 KM
DAUER 4½ STD.

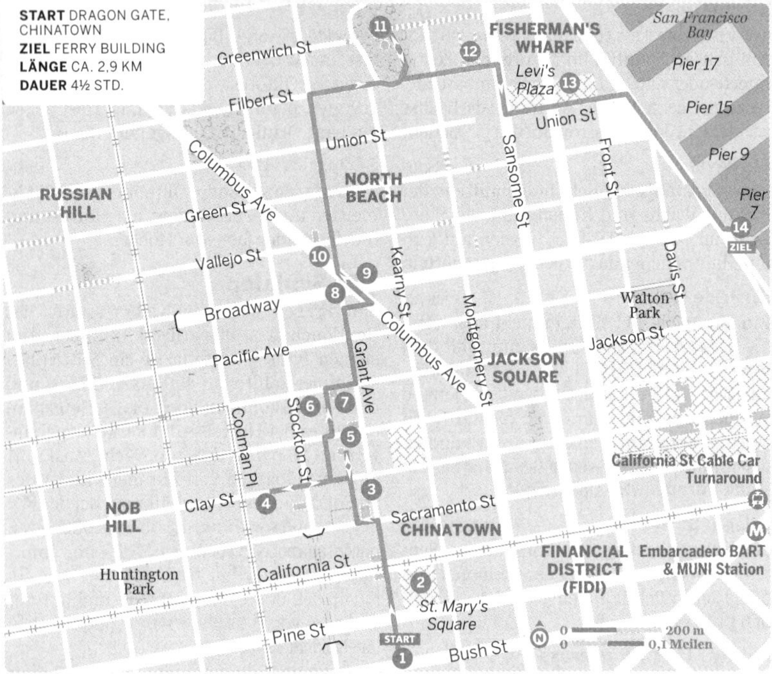

Stadtspaziergang
Chinatown

❯ Zu diesem Spaziergang gehören Verschwörungen, Schätze, umstrittene Kunst und ein Gourmetmahl mit Gandhi.

Vom 1 **Dragon Gate** in **Chinatown** geht's an den Drachenlaternen der Grant St vorbei zum 2 **Old St. Mary's Square**, dem Standort eines Bordells, das dem Feuer von 1906 zum Opfer fiel. Heute zeigen hier Skater ihre Tricks unter den wachsamen Augen von Sun Yat-Sen, dessen Statue 1929 von Beniamino Bufano entworfen wurde. Weiter bergauf kommen die flaggengeschmückten Balkone am 3 **Waverly Place** in Sicht. Von dort geht es hinauf zum 4 **Chinese Historical Society of America Museum**, das in dem von Julia Morgan errichteten majestätischen Chinatown YWCA residiert.

Über die Stockton St läuft man zurück zur 5 **Spofford Alley**, wo Mah-jongg-Steine klackern, Orchester proben und Kosmetikerinnen gegen den Fönlärm antratschen. Hier lieferten sich während der Prohibition Alkoholschmuggler Revierkämpfe, und in Nr. 36 plante Sun Yat-Sen den Sturz der letzten chinesischen Kaiserdynastie (1911). Die einstige Bordellmeile 6 **Ross Alley** wurde zur Kulisse für Filme wie *Karate Kid II – Entscheidung in Okinawa* und *Indiana Jones und der Tempel des Todes* aufgehübscht. In Nr. 56 gibt's frische Glückskekse in der 7 **Golden Gate Fortune Cookie Factory**.

Zurück auf der Grant bietet sich eine Abkürzung durch die 8 **Jack Kerouac Alley** an, wo der Autor oft *Unterwegs* war. Das Licht am Ende der Gasse gehört zum 9 **City Lights Bookstore**, dem Vorkämpfer für die Redefreiheit. Im 10 **Caffe Trieste** (601 Vallejo St), in dem Francis Ford Coppola das Drehbuch des *Paten* verfasst haben soll, kriegt man einen Espresso.

Dann geht's auf den 11 **Coit Tower**. Neben dem Ausblick sind auch die Wandmalereien aus den 1930ern in der Lobby toll – Kritiker nannten sie kommunistisch, mutig oder beides. Vorbei an Papageien und Hütten führen die 12 **Filbert Steps** runter zur 13 **Levi's Plaza**, die nach dem in San Francisco lebenden Jeans-Erfinder benannt ist. Nun geht es über den Embarcadero zum 14 **Ferry Building**. Beim Mittagessen mit Blick auf die Bucht schaut einem eine Bronzestatue von Gandhi über die Schulter.

Schick im Roman-noir-Style: Hier gibt's eine Literaturlounge à la 1920er-Jahre und kompakte Zimmer mit handbemalten Lampenschirmen, Kunst aus der Region und Verwöhnbetten mit Daunenkissen.

Orchard Garden Hotel BOUTIQUEHOTEL $$$
(Karte S. 138; 415-399-9807; www.theorchardgardenhotel.com; 466 Bush St; Zi. 179–249 US$;) San Franciscos erstes Öko-Hotel hat angenehm ruhige Zimmer mit luxuriösen Extras wie Betttüchern aus ägyptischer Baumwolle und einen Ökogarten auf dem Dach.

Hotel des Arts HOTEL $$
(Karte S. 138; 415-956-3232; www.sfhoteldesarts.com; 447 Bush St; Zi. mit Bad 139–199 US$, ohne Bad 99–149 US$;) Ein Budgethotel für Kunstfreaks: Underground-Künstler haben einige Zimmer gestaltet – da übernachtet man gewissermaßen in einer Kunstinstallation. Die Standardzimmer sind weniger interessant, aber sauber und ihren Preis wert. Ohrenstöpsel mitbringen!

Petite Auberge B&B $$$
(Karte S. 138; 415-928-6000; www.jdvhotels.com; 863 Bush St; Zi. 169–219 US$;) Eine Art Landgasthof aus der französischen Provinz mitten in der Großstadt. Einige der netten Zimmer haben Gaskamine. Die Plauderstunde mit Wein am Kamin sollte man nicht versäumen.

Hotel Abri BOUTIQUEHOTEL $$$
(Karte S. 138; 415-392-8800; www.hotel-abri.com; 127 Ellis St; Zi. 149–229 US$;) Das flotte, mit Schwarz und Hellbraun akzentuierte Boutiquehotel hat ultramoderne Extras: iPod-Anschlüsse, Federbetten, Flachbild-TVs und Duschkabinen mit Deckendüsen.

Golden Gate Hotel HOTEL $$
(Karte S. 138; 415-392-3702; www.goldengatehotel.com; 775 Bush St; Zi. ohne/mit Bad 105/165 US$;) Das gemütliche edwardianische Hotel mit freundlichen Inhabern, selbstgebackenen Keksen und einer verschmusten Katze steht auf dem Hügel über Tenderloin. Die meisten Zimmer besitzen ein eigenes Bad, manche auch Badewannen mit Klauenfüßen.

Stratford Hotel HOTEL $$
(Karte S. 138; 415-397-7080; hotelstratford.com; 242 Powell St; Zi. inkl. Frühstück 89–149 US$;) Das Hotel hat schlichte, recht kleine, aber saubere Zimmer, die über Duschen mit Deckendüsen verfügen. Man sollte ein Zimmer wählen, das nicht zur Powell St hinausgeht, weil durch diese die Cable Cars rumpeln.

FINANCIAL DISTRICT & NORTH BEACH

LP TIPP Hotel Bohème BOUTIQUEHOTEL $$
(Karte S. 138; 415-433-9111; www.hotelboheme.com; 444 Columbus Ave; Zi. 174–194 US$;) Eine Ode an die Beat-Ära von North Beach ist dieses Hotel mit seinen alten Fotos, Zimmern in Goldorange, Schwarz und Graugrün und von chinesischen Sonnenschirmen abgemilderten Deckenleuchten. Kein Fahrstuhl.

LP TIPP Hotel Vitale LUXUSHOTEL $$$
(Karte S. 138; 415-278-3700; www.hotelvitale.com; 8 Mission St; DZ 239–379 US$;) Die heißeste Luxusherberge von San Francisco wartet mit stilvollem Schick, den Warmwasserpools des hauseigenen Spas auf dem Dach, üppigen Betten mit edler Leinenwäsche und einer tollen Aussicht auf die Bay auf.

San Remo Hotel HOTEL $
(Karte S. 138; 415-776-8688; www.sanremohotel.com; 2237 Mason St; DZ 65–99 US$;) Das 1906 erbaute San Remo bietet mit seinem kunterbunten Jahrhundertwende-Mobiliar altmodischen Charme. Zu den Zimmern gehört ein Gemeinschaftsbad, die billigsten liegen zum Korridor hin.

Pacific Tradewinds HOSTEL $
(Karte S. 138; 415-433-7970; www.sanfranciscohostel.org; 680 Sacramento St; B 29,50 US$;) San Franciscos attraktivstes Hostel hat blau-weißes Seefahrtsdekor, eine voll ausgestattete Küche und blitzblanke Duschen aus Glasbausteinen. Das Hostel befindet sich im 3. Stock, einen Fahrstuhl gibt es nicht.

FISHERMAN'S WHARF & THE MARINA

Hotel Del Sol MOTEL $$
(415-921-5520; www.thehoteldelsol.com; 3100 Webster St; DZ 149–199 US$; P) In dem farbenfrohen, renovierten Motel aus den 1950er-Jahren stehen Gästen ein beheizter Pool, Brettspiele und Familiensuiten mit Ausziehbetten zur Verfügung.

Marina Motel MOTEL $
(415-928-1000; www.marinainn.com; 3110 Octavia Blvd; Zi. 79–109 US$;) Das mit Bougainvilleen geschmückte Motel aus den

1930er-Jahren bietet auch einige Zimmer mit Küche (zzgl. 10 US$) und kostenlose Parkplätze. Man sollte eines der ruhigen Zimmer nach hinten hinaus wählen.

HI San Francisco Fisherman's Wharf HOSTEL **$**
(☎415-771-7277; www.sfhostels.com; Fort Mason, Bldg 240; B 25–30 US$, Zi. 65–100 US$; P@) Die zu Schlafsälen umgebauten Baracken haben eine unvergleichliche Lage am Uferpark, Gemeinschaftsduschen, eine begrenzte Zahl kostenloser Parkplätze und keine Sperrstunde. Auch bei Tag bleibt es hier kühl, man braucht das ganze Jahr über warme Kleidung.

THE MISSION

Inn San Francisco B&B **$$$**
(Karte S. 146; ☎415-641-0188; www.innsf.com; 943 S Van Ness Ave; Zi. inkl. Frühstück 175–285 US$, mit Gemeinschaftsbad 120–145 US$, Cottage 335 US$; P@) Die makellos gepflegte und mit Antiquitäten vollgestopfte, 1872 erbaute viktorianische Villa im italienischen Stil prunkt mit einem Redwood-Badebecken im englischen Garten und vornehmen Gästezimmern mit Federbetten und frischen Schnittblumen. Die Zahl der Parkplätze ist begrenzt.

THE CASTRO

Parker Guest House B&B **$$$**
(Karte S. 146; ☎415-621-3222; www.parkerguesthouse.com; 520 Church St; Zi. inkl. Frühstück 149–229 US$; P@) San Franciscos bestes Schwulen-B&B hat gemütliche Zimmer in nebeneinander stehenden edwardianischen Villen, ein Dampfbad und einen Garten zu bieten.

Belvedere House B&B **$$**
(Karte S. 146; ☎415-731-6654; www.belvederehouse.com; 598 Belvedere St; Zi. inkl. Frühstück 125–190 US$; @) Das romantische Refugium in einer grünen Seitenstraße von Castro verfügt über sechs behagliche Zimmer mit alten Kronleuchtern und bunt zusammengewürfelter Kunst.

THE HAIGHT

Red Victorian B&B **$$**
(Karte S. 146; ☎415-864-1978; www.redvic.net; 1665 Haight St; Zi. inkl. Frühstück 149–229 US$, mit Gemeinschaftsbad 89–129 US$;) In den Themenzimmern des ausgeflippten Red Vic dreht sich alles um Frieden, Liebe und Naturverehrung. Vier der 18 Zimmer haben eigene Bäder. Gäste bekommen ein Öko-Frühstück. In der Lobby gibt's WLAN und Kissen zum Meditieren.

Essen

Hunger sollte man schon mitbringen, denn in San Francisco gibt's zehnmal mehr Restaurants pro Kopf als in jeder anderen Stadt der USA. Wer sich durch San Francisco schlemmt, sollte sich den Farmers Market im Ferry Building anschauen, bei Omnivore (S. 159) signierte Kochbücher abgreifen, im gemeinnützigen 18 Reasons am Umgang mit Messer und Gabel feilen (S. 147) und sich an den Gourmet-Trucks des Off the Grid (S. 154) bedienen. Die meisten Spitzenrestaurants der Stadt sind recht klein, also gleich reservieren!

SOMA, UNION SQUARE & CIVIC CENTER

LP TIPP **Benu** KALIFORNISCH-FUSION **$$$**
(Karte S. 138; ☎415-685-4860; www.benusf.com; 22 Hawthorne St; Hauptgerichte 25–40 US$; ⌚Di–Sa 17.30–22 Uhr) San Francisco pflegt schon seit mehr als 150 Jahren eine ausgeprägte Fusion-Küche, aber niemand zelebriert sie so wie Chefkoch Corey Lee, der typische örtliche Gerichte mit pazifischen Aromen versieht und sie mit der Finesse eines DJs aus SoMa serviert. Die samtige Sonoma-Gänseleber mit würzig-rauchiger Yuzu-Sake-Glasur lässt die Geschmacksknospen frohlocken und die Kalifornischen Taschenkrebse mit Creme vom schwarzen Trüffel machen die gefakete Haifischflossensuppe so „echt", dass man schwören könnte, es schwämme *Der weiße Hai* darin. Das Probemenü hat einen stolzen Preis (160 US$), und mit den passenden Getränken kommen noch einmal 110 US$ hinzu – aber wer will sich schon die Ideen des Star-Sommeliers Yoon Ha entgehen lassen, z. B. den raren Madeira von 1968 zur Suppe?

Jardinière KALIFORNISCH **$$$**
(Karte S. 138; ☎415-861-5555; www.jardiniere.com; 300 Grove St; Hauptgerichte 19–37 US$; ⌚Di–Sa 17–22.30, So–Mo bis 22 Uhr) *Iron-Chef-* und *Top-Chef-*Siegerin Traci Des Jardins ist vor Ort vor allem als Vorreiterin für die nachhaltige, freche kalifornische Cuisine bekannt. So verbindet sie Ravioli mit geschmortem Ochsenschwanz mit Sommertrüffeln oder füllt knusprigen Schweinebauch mit Salami und Feigen. Montags gibt's ein dekadentes Drei-Gänge-Menü mit passendem Wein für 45 US$.

Saigon Sandwich Shop SANDWICHES $
(Karte S. 138; ☎415-474-5698; 560 Larkin St; ⌚6.30–17.30 Uhr) Hier steht man wegen *banh mi* an: Die vietnamesischen Baguettes sind mit Grillfleisch, Gänseleberpastete, Fleischbällchen und/oder Tofu belegt und mit eingelegten Karotten, Jalapeños, Zwiebeln und Koriander gewürzt. Wer gleich zwei bestellt, spart sich ein erneutes Anstellen…

Brenda's French Soul Food KREOLISCH $$
(Karte S. 138; ☎415-345-8100; www.frenchsoulfood.com; 652 Polk St; Hauptgerichte 8–12 US$; ⌚So–Di 8–15, Mi–Sa bis 22 Uhr) Die Köchin und Besitzerin Brenda Buenviaje kombiniert bei ihren Speisen kreolische und französische Küche. Jeden Kater vertreibt das Hangtown-Fry (Omelett mit geräuchertem Schweinefleisch und in Maismehl panierten Austern), und auch die mit Shrimps gefüllten Po'boys und die gebratenen Hähnchen mit Markstammkohl und scharfer Würze sind die Wartezeit in der recht zwielichtigen Straße wert.

Bar Jules KALIFORNISCH $$$
(Karte S. 138; ☎415-621-5482; www.barjules.com; 609 Hayes St; Hauptgerichte 10–26 US$; ⌚Di 18–22, Mi–Sa 11.30–15 & 18–22, So 11–15 Uhr) Klein, aber lecker – so lautet das Credo in diesem winzigen Nachbarschaftsbistro, dessen täglich neue, kurze Speisekarte mit einer Menge örtlicher Genüsse aufwartet, z.B. Entenbrust mit Kirschen, Mandeln und Rucola. Man muss immer warten, aber das Essen ist lässig und lecker.

Farmerbrown MODERN-AMERIKANISCH $$$
(Karte S. 138; ☎415-409-3276; www.farmerbrownsf.com; 25 Mason St; Hauptgerichte 12–23 US$; ⌚Di–So 18–22.30, Wochenendbrunch 11–14 Uhr) Rebellisch: Hier bekommen Gäste in der entsprechenden Saison Wassermelonenmargaritas mit Cayennesalz am Glasrand, deftige Rippchen und Krautsalat mit Pfiff. Chefköchin und Betreiberin Jay Foster versorgt ihren Laden mit frischen Produkten örtlicher afroamerikanischer und Bio-Farmer und serviert sie in einem Shotgun-House (eine typische Hausbauform aus dem Süden der USA). Dazu gibt's Livemusik von Funk-Bands.

FINANCIAL DISTRICT, CHINATOWN & NORTH BEACH

LP TIPP **Coi** KALIFORNISCH $$$
(Karte S. 138; ☎415-393-9000; http://coirestaurant.com; 373 Broadway; Menü 145 US$/Pers.; ⌚Di–Fr 18–22, Fr & Sa ab 17.30 Uhr; ✎) Im gewagten Verkostungsmenü von Chefkoch Daniel Patterson finden sich Zutaten wie wild gewachsene Morcheln, Wildblumen und Meeresfrüchte aus dem Pazifik. Mit den schwarzen und grünen „Nudeln“ aus Muschelfleisch und pazifischem Seegras, den Sonoma-Enten-Zungen mit rosa Mittagsblumenblüten, frisch gefangenen Seeohren und erntefrischem Rucola genießt man ein echtes Stück kalifornische Küste. An diese einmaligen Gerichte mit passendem Wein (95 US$; eine Portion reicht für zwei) erinnert man sich noch lange.

Cotogna ITALIENISCH $$$
(Karte S. 138; ☎415-775-8508; www.cotognasf.com; 470 Pacific Av; Hauptgerichte 14–24 US$; ⌚Mo–Sa 12–15 & 19–22 Uhr; ✎) Dass Chefkoch und Besitzer Michael Tusk 2011 mit dem James Beard Award ausgezeichnet wurde, kann angesichts seiner rustikalen italienischen Pastagerichte und seiner köstlichen Pizzas nicht überraschen: Er bringt einfache und ortstypische Aromen in eine magische Balance. Man muss im Voraus reservieren. Das Menü zum Festpreis von 24 US$ gehört zu den günstigsten Angeboten seiner Art in San Francisco.

City View CHINESISCH $
(Karte S. 138; ☎415-398-2838; 662 Commercial St; kleine Gerichte 3–5 US$; ⌚Mo–Fr 11–14.30, Sa & So ab 10 Uhr) Nichts mit mürrischem Service auf beengtem Raum! Dim-Sum-Fans werden hier freundlich bedient und sitzen in einem großzügigen, sonnigen Lokal. Auf den Tisch kommen z.B. perfekte Klöße mit Garnelen und Lauch, zarter Spargel mit schwarzen Bohnen und knusprige Peking-ente.

Bocadillos MEDITERRAN $$
(Karte S. 138; ☎415-982-2622; www.bocasf.com; 710 Montgomery St; Gerichte 9–15 US$; ⌚Mo–Fr 7–22, Sa 17–22.30 Uhr) Genau richtig, wenn man ein leckeres baskisches Essen zu Mittag möchte, das weder arm macht, noch die Hosennähte sprengt. Zu Burgern mit Lammfleisch, Schnapper-Ceviche mit Nashi-Birnen oder katalanischen Würstchen gibt's die passenden Tischweine.

Molinari ITALIENISCHE SANDWICHES $
(Karte S. 138; ☎415-421-2337; 373 Columbus Ave; Sandwiches 5–8 US$; ⌚Mo–Fr 9–17.30, Sa ab 7.30 Uhr) Die italienischen Brötchen werden mit hauchdünnem Parmaschinken, Büffelmozzarella, Artischocken und der legendären selbst geräucherten Salami belegt.

Cinecittà PIZZERIA $$

(Karte S. 138; ☎415-291-8830; 663 Union St; Pizza 9–14 US$; ⏰So–Do 12–22, Fr & Sa bis 23 Uhr) In diesem Lokal mit 18 Plätzen duftet es nach römischer Pizza (mit dünnem Boden), z. B. der herzhaften Trastevere mit frischem Mozzarella, Rucola und Prosciutto. Dazu kann man etwas aus heimischer Produktion trinken, etwa ein Anchor Steam vom Fass oder einen Claudia-Springs-Zinfandel, sollte aber Platz für das hausgemachte Tiramisu zum Nachtisch lassen.

Gitane MEDITERRAN $$$

(Karte S. 138; ☎415-788-6686; www.gitanerestaurant.com; 6 Claude Lane; Hauptgerichte 15–25 US$; ⏰Di–Sa 17.30–24 Uhr, Bar bis 1 Uhr; 🍸) Außerhalb des Financial District liegt dieses gemütliche, wie ein Boudoir aufgemachte Bistro mit baskisch und marokkanisch inspirierten Gerichten wie gefüllten Kürbisblüten, zarten, in der Pfanne gebratenen Jakobsmuscheln, Lamm-Tartar mit Kräutern sowie kunstvollen Cocktails.

FISHERMAN'S WHARF

Crown & Crumpet DESSERTS, SANDWICHES $$

(Karte S. 138; ☎415-771-4252; www.crownandcrumpet.com; 207 Ghirardelli Sq; Gerichte 8–12 US$; ⏰Mo–Fr 10–21, Sa ab 9, So 9–18 Uhr; 👪) Designerstil und Fröhlichkeit führen die Teestunde ins 21. Jh.: Väter und Töchter lassen mit abgespreiztem kleinen Finger die Teetassen klingen, Goth-Teenies knabbern Gurkensandwiches, und Freundinnen tratschen bei Scones und Champagner. Wer an einem Wochenende herkommen will, sollte reservieren.

In-N-Out Burger BURGER $

(Karte S. 138; ☎800-786-1000; www.in-n-out.com; 333 Jefferson St; Gerichte unter 10 US$; ⏰So–Do 10.30–1, Fr & Sa bis 1.30 Uhr; 👪) Hier werden seit 60 Jahren Burger so serviert, wie man es in Kalifornien liebt: mit erstklassigem, direkt vorm Verarbeiten durchgedrehtem Rinderkamm, mit Pommes und mit Shakes, deren Zutaten identifizierbar sind. Serviert wird das Ganze von Angestellten, die ein Gehalt bekommen, von dem sie leben können. Unbedingt den Burger *wild style* nehmen (mit Senf und gebratenen Zwiebeln)!

THE MARINA

Off the Grid IMBISSWAGEN $

(Karte S. 138; http://offthegridsf.com; Parkplatz Fort Mason; Gerichte unter 10 US$; ⏰Fr 17–22 Uhr) Bei San Franciscos größtem Gourmet-Volksfest bilden rund 30 Imbisswagen eine Wagenburg (zu anderen Terminen und an anderen Orten sind es weniger als ein Dutzend; s. Website). Um Chairman Baos Muschelbrötchen mit Ente und Mango, Roli Rotis mit Kräutern gebratene Hähnchen und die Desserts des Crème-Brûlée-Manns zu probieren, muss man vor 18.30 Uhr kommen oder eine 20-minütige Wartezeit in Kauf nehmen. Man kann nur bar zahlen. Am besten nimmt man sein Essen mit und

FÜNF LECKERE GRÜNDE, DIE FÄHRE ZU VERPASSEN

Wer sich die Köstlichkeiten im Ferry Building (Karte S. 138) entgehen lässt, verpasst viel mehr als nur eine Fähre.

» Der Fang des Tages kommt bei der **Hog Island Oyster Company** (☎415-391-7117; www.hogislandoysters.com; 6 Austern 15–17 US$; ⏰Mo–Fr 11.30–20, Sa & So 11–18 Uhr, Happy Hour Mo & Do 17–19 Uhr) auf den Teller; zur Happy Hour kosten die Austern nur 1 US$ pro Stück.

» Alles für ein Gourmetpicknick hat der **Farmers Market** (☎415-291-3276; www.cuesa.org; ⏰Di & Do 10–14, Saab 8 Uhr) – besonders zu empfehlen sind die Käsesorten von Andante, die 4505 Fleisch- und Wurstspezialitäten, Donnas Tamales und Namus koreanische Tacos.

» Lecker sind die neuesten mexikanischen Straßensnacks von Köchin Traci des Jardins im **Mijita** (☎399-0814; www.mijitasf.com; Einzelgerichte unter 10 US$; ⏰Mo–Mi 10–19, Do–Sa bis 20, So bis 16 Uhr; 🍸👪).

» Burger mit Öko-Rindfleisch und Süßkartoffelpommes gibt's bei **Gott's Roadside** (☎415-318-3423; www.gotts.com; Burger 7–10 US$; ⏰10.30–22 Uhr).

» Kalifornisch-vietnamesische Glasnudeln mit Kalifornischen Taschenkrebsen locken im **Slanted Door** (☎415-861-8032; http://slanteddoor.com; Hauptgerichte 13–36 US$; ⏰11–22 Uhr), das Charles Phan mit seiner Familie betreibt.

schaut sich von den nahe gelegenen Docks den Sonnenuntergang über der Golden Gate Bridge an.

Greens VEGETARISCH $$
(☎415-771-6222; www.greensrestaurant.com; Fort Mason Center, Bldg A; Hauptgerichte 7–20 US$; ⊙Di–Sa 12–14.30, Mo–Sa 17.30–21, So 9–16 Uhr; ☑) Fleischfans werden gar nicht merken, dass in den Panini mit gebratenen Auberginen oder dem herzhaften Chili mit schwarzen Bohnen, Crème fraîche und eingelegten Jalapeños kein totes Tier enthalten ist. Vorab reservieren oder das Essen an Cafétischen aus Mammutbaumstümpfen oder auf Bänken am Kai genießen!

Warming Hut CAFÉ
(⊙9–17 Uhr) Wenn der Nebel über Crissy Field aufzieht, kann man sich in diese Hütte zurückziehen, deren Wände mit recyceltem Baumwollstoff gedämmt sind, und sich an Fair-Trade-Kaffee, Bio-Gebäck und Hotdogs laben. Die Einnahmen unterstützen die Erhaltung von Crissy Field.

THE MISSION

LP TIPP **La Taquería** MEXIKANISCH $
(☎415-285-7117; 2889 Mission St; Burritos 6–8 US$; ⊙Mo–Sa 11–21, So bis 20 Uhr) Hier bleibt man von Tofu, Safranreis, Spinattortillas und Mango-Salsa verschont. Stattdessen gibt's Mehltortillas ganz klassisch mit Grillfleisch, pikanten Bohnen und Tomatillo- oder Mesquite-Salsa gefüllt. Eine höchst empfehlenswerte Beilage sind die pikanten hausgemachten Mixed Pickles mit Schmand.

Commonwealth KALIFORNISCH $$
(Karte S. 146; ☎415-355-1500; www.commonwealthsf.com; 2224 Mission St; kleine Gerichte 5–16 US$; ⊙Di–Do & So 17.30–22, Fr & Sa bis 23 Uhr; ☑) In Kaliforniens kreativstem Restaurant kommt das Essen frisch von der Farm auf den Teller. Das Lokal ist nicht in einer idyllischen Scheune, sondern in einer umgebauten Kneipe aus Betonziegeln im Mission District untergebracht. Hier serviert Küchenchef Jason Fox knuspriges Hühnchen mit in Heu (!) gegarten Karotten und Seeigel auf einem Bett aus Farmeiern und Biospargel, das wie ein Gezeitenbecken aussieht und traumhaft schmeckt. Das Menü zum Festpreis von 65 US$ kann man um so mehr genießen, wenn man weiß, dass 10 US$ wohltätigen Zwecken zufließen.

Pizzeria Delfina PIZZERIA $$$
(Karte S. 146; ☎415-437-6800; www.delfinasf.com; 3611 18th St; Pizza 11–17 US$; ⊙Di–Do 11.30–22, Fr bis 23, Sa & So 12–23, Mo 17.30–22 Uhr; ☑) Beim Reinbeißen versteht man, warum Pizza in San Francisco in letzter Zeit so angesagt ist: Die Pizzas mit den dünnen Böden halten das Gewicht von Fenchelwürstchen oder frischem Mozzarella aus, ohne durchzuhängen oder zu brechen, und bei den Pizzas ohne Tomatensauce können die Köche ihrer Fantasie freien Lauf lassen und sie mit kalifornischen Gourmet-Zutaten wie Maitake-Pilzen, Stängelkohl und handgemachtem Käse belegen. Reservierungen sind nicht möglich; man schreibt seinen Namen auf die Tafel und wartet bei einem Glas Wein nebenan in der Bar des Delfina.

THE CASTRO

LP TIPP **Frances** KALIFORNISCH $$
(Karte S. 146; ☎415-621-3870; www.frances-sf.com; 3870 17th St; Hauptgerichte 14–27 US$; ⊙Di–So 17–22.30 Uhr) Chefköchin und Besitzerin Melissa Perello verdiente sich einen Michelin-Stern für gehobene Gastronomie und zog dann in die Downtown, um dieses schlichte Nachbarschaftsbistro zu gründen. Auf der täglich veränderten Karte finden sich intensive Aromen nach Saison und Luxuriöses wie samtweiche Gnocchi mit Schafsmilch-Ricotta, knusprigen Croutons und Broccolini oder gegrillte Calamares mit eingelegten Meyer-Zitronen (das sind Kreuzungen aus Zitronen und Orangen). Dazu gibt's offene Weine, direkt bezogen aus dem Wine Country.

Chilango MEXIKANISCH $$
(Karte S. 138; ☎415-552-5700; chilangorestaurantsf.com; 235 Church St; Gerichte 8–12 US$; ⊙11–22 Uhr) Besser als ein Taqueria-Imbiss: Die original mexikanischen Gerichte wie Filet-Mignon-Tacos, Schweine-*carnitas* und das sensationelle Hühnchen-*mole* gäben auch ein gehobenes Abendessens ab – zumal alle Zutaten aus Bioproduktion stammen.

Starbelly KALIFORNISCH $$
(Karte S. 146; ☎415-252-7500; www.starbellysf.com; 3583 16th St; Gerichte 6–19 US$; ⊙11.30–23, Fr & Sa bis 24 Uhr) Die Einrichtung aus recyceltem Holz passt zum Essen: Hier gibt's marktfrische Salate, leckere Pasteten, gebratene Muscheln mit hausgemachten Würstchen und saftige Burger mit Biofleisch. Wer zwischen blühenden Kräutern im beheizten Patio speisen will, sollte besser reservieren; alle anderen setzen sich einfach an den Gemeinschaftstisch.

THE HAIGHT

Rosamunde Sausage Grill WÜRSTCHEN $

(Karte S. 146; 415-437-6851; 545 Haight St; Würstchen 4–6 US$; 11.30–22 Uhr) Bei wem fürs Abendessen 10 US$ reichen müssen, der packt hier Bratwürste (klassisch oder z. B. mit Ente und Feigen) mit gedünsteter Paprika, gebratenen Zwiebeln, Senfkörnern und Mango-Chutney als kostenlosen Beilagen auf seinen Teller. Anschließend kann man das Ganze mit einer Bierspezialität im Toronado nebenan hinunterspülen.

Cole Valley Café SANDWICHES $

(Karte S. 146; 415-668-5282; www.colevalleycafe.com; 701 Cole St; Sandwiches 5–6 US$; Mo–Fr 6.30–20.30, Sa & So bis 20 Uhr;) Hier bekommt man starken Kaffee, kostenloses WLAN und warme Gourmet-Sandwiches, die ein Schnäppchen wären, egal wie viel sie kosteten. Auch das Thymian-Hähnchen mit Zitronen-Avocado-Creme ist lecker (6 US$).

Magnolia Brewpub KALIFORNISCH $$

(Karte S. 146; 415-864-7468; www.magnoliapub.com; 1398 Haight St; Hauptgerichte 11–20 US$; Mo–Do 12–24, Fr bis 1, Sa 10–1, So 10–24 Uhr) Kneipenkost aus Biozutaten und Hausbierproben halten die Gespräche an den Gemeinschaftstischen in Gang. Gleichzeitig stillen Prather-Ranch-Burger mit Fleisch von mit Gras gefütterten Rindern auch den heftigsten Heißhunger; sie werden in den separaten Sitznischen serviert. Der Summer of Love scheint wieder da zu sein – nur mit besserem Essen!

JAPANTOWN & PACIFIC HEIGHTS

Tataki SUSHI $$

(415-931-1182; www.tatakisushibar.com; 2815 California St; Gerichte 12–20 US$; Mo–Fr 11.30–14 & 17.30–22.30, Sa 17–23.30, So 17–21.30 Uhr) Dinner-Dates (und den Ozean) rettet man mit dem sensationellen, ökologisch vertretbar zubereiteten Sushi: Zarter Seesaibling mit Yuzu-Saft und Kapern ersetzt hier den Lachs zweifelhafter Herkunft. Ein hiesiger Favorit ist die „Golden State Roll" aus pikanten, von Hand geernteten Jakobsmuscheln, pazifischem Thun, Bio-Apfelstücken und essbarem Gold.

THE RICHMOND

Aziza NORDAFRIKANISCH $$$

(415-752-2222; www.azizasf.com; 5800 Geary Blvd; Hauptgerichte 16–29 US$; Mi–Mo 17.30–22.30 Uhr;) Mourad Lahlou verbindet marokkanische Küche und kalifornische Bioprodukte zu überirdischen Gerichten wie Confit von der Sonoma-Ente mit glasierten Zwiebeln in lockerem *bastiya*-Teig oder Lammkeule von örtlichen Farmen mit Gerste und Sauerkirschen.

Namu KOREANISCH $$

(415-386-8332; www.namusf.com; 439 Balboa St; kleine Gerichte 8–16 US$; So–Di 18–22.30, Mi–Sa bis 24, Sa & So 10.30–15 Uhr) Biozutaten, Erfindergeist à la Silicon Valley und die Verwurzelung im pazifischen Raum – das sind die Kennzeichen der Gerichte im koreanischen Namu. Hier gibt's hausgemachtes Gimchi, Klöße mit Shiitake-Pilzen und das beste *bibimbap* Nordkaliforniens (Biogemüse, Steak von mit Gras gefütterten Rindern aus der Region und ein Ei von einer Farm in Sonoma, serviert auf Reis in einem dampfenden Steintopf).

Ausgehen

LP TIPP **Smuggler's Cove** THEMENBAR

(Karte S. 138; http://smugglerscovesf.com; 650 Gough St; 17–2Uhr) Jo-ho-ho und 'ne Buddel voll Rum – oder besser gesagt: 200! In dieser Tiki-Bar fühlt man sich wie auf einem Piratenschiff an einer wilden Küste. Angesichts der Probiergläser und der 70 Cocktailrezepte kann man hier wirklich nicht behaupten, auf dem Trockendock zu liegen …

Zeitgeist BAR

(Karte S. 146; www.zeitgeistsf.com; 199 Valencia St; 9–2 Uhr) Wenn es wärmer wird, treffen sich Trendsetter und Biker im Biergarten dieser Bar, in der es 40 Biere vom Fass und am späten Abend Tamales gibt.

Bar Agricole BAR

(Karte S. 146; 415-355-9400; www.baragricole.com; 355 11th St; So–Mi 18–22, Do–Sa 18 Uhr–open end) Die fachmännisch zubereiteten Cocktails sind aller Ehren wert: Der Bellamy Scotch Sour mit Eiweiß ist gut, aber der Tequila Fix mit Zitronen- und Ananassaft sowie Hellfire Bitter ist der Hammer.

Toronado KNEIPE

(Karte S. 146; www.toronado.com; 547 Haight St) Bierfans, aufgepasst: Hier gibt's mehr als 50 Spezialbiere kleiner Brauereien und noch Hunderte weitere in Flaschen! Eine solide Grundlage schafft man, indem man nebenan im Rosamunde ein paar Würstchen isst.

Tosca Café COCKTAILBAR

(Karte S. 138; http://toscacafesf.com; 242 Columbus Ave; Di–So 17–2 Uhr) Mit roten

Vinyl-Sitzecken und einer Jukebox, die Opernarien und Sinatra spielt, verkörpert das Tosca das klassische North Beach.

★ Unterhaltung

TIX Bay Area (Karte S. 138; ☎415-433-7827; www.tixbayarea.org; ⏲Di–So) verkauft Last-Minute-Theaterkarten zum halben Preis. Weitere Optionen:

7x7 (www.7x7.com)

F Bay Guardian (www.sfbg.com)

F Weekly (www.sfweekly.com)

Squid List (http://squidlist.com/events)

Livemusik

Fillmore LIVEMUSIK
(www.thefillmore.com; 1805 Geary Blvd; Tickets ab 20 US$) Hendrix, Zeppelin, Janis Joplin – sie alle sind schon im Fillmore aufgetreten. Die nur 1250 Zuschauerplätze garantieren größtmögliche Nähe zur Bühne. Im Obergeschoss kann man psychedelische Poster bewundern. Veranstaltungen gibt's jeden Abend.

Yoshi's JAZZ
(www.yoshis.com; 1300 Fillmore St; Tickets 12–50 US$; ⏲Konzerte meist 20 Uhr) San Franciscos ultimativer Jazzclub lockt die weltweit größten Talente an. Gleich nebenan befindet sich ein ziemlich gutes Sushi-Lokal.

Slim's LIVEMUSIK
(Karte S. 146; ☎415-255-0333; www.slims-sf.com; 333 11th St; Tickets 11–28 US$; ⏲17–2 Uhr) Für tolle Stimmung sorgen Gogol Bordello, Ten-acious D und AC/DShe (die weibliche Hardrock-Tribute-Band) in diesem mittelgroßen Club, in dem schon Prince und Elvis Costello unangekündigte improvisierte Auftritte hingelegt haben.

Mezzanine LIVEMUSIK
(Karte S. 138; ☎415-625-8880; www.mezzaninesf.com; 444 Jessie St; Eintritt 10–40 US$) Die beste Sound-Anlage in San Francisco bringt bei aufstrebenden Hip-Hop-Größen wie Quest Love, Method Man, Nas oder Snoop Dogg und Alternative-Stars wie den Dandy Warhols und den Psychedelic Furs die Backsteinwände zum Wackeln.

Café du Nord LIVEMUSIK
(Karte S. 146; www.cafedunord.com; 2170 Market St) Die historische Flüsterkneipe im Keller der Swedish-American Hall bietet fast jeden Abend Glam-Rock, Afrobeats, Retro-Rockabilly oder Premierenpartys unabhängiger Musiklabels.

Nachtclubs

Cat Club CLUB
(Karte S. 138; www.catclubsf.com; 1190 Folsom St; Eintritt nach 22 Uhr 5 US$; ⏲Di–So 21–3 Uhr) Bei „1984" am Donnerstag trifft sich eine dynamische Bi-, Schwulen- und Heteroszene, die wirkt, als entstamme sie einem Film von John Hughes. An anderen Abenden gibt es ein unterschiedliches Programm von Power-Pop am Samstag bis zu Bondage-a-Go-Go.

DNA Lounge CLUB
(Karte S. 146; www.dnalounge.com; 375 11th St; Eintritt 3–25 US$; ⏲Fr & Sa 21.30–3 Uhr, andere Abende unterschiedliche Öffnungszeiten) In San Franciscos Megaclub treten Livebands und namhafte DJs auf. Am zweiten und vierten Samstag des Monats steigt mit „Bootie" die tolle Mashup-Originalparty; montags gibt's „Goth Death Guild" mit kostenlosem Tee.

El Rio CLUB
(☎415-282-3325; www.elriosf.com; 3158 Mission St; Eintritt 3–8 US$; ⏲Mo–Do 17–2, Fr ab 16, So ab 12 Uhr) Die Salsa-Sundays sind legendär; wer am Unterricht teilnehmen will, kommt um 15 Uhr. An den anderen Abenden gibt's Austern-Happy-Hours und bunt zusammengewürfelte Musik, während sich im Hof ein Publikum aller sexuellen Orientierungen vergnügt.

Harlot CLUB
(Karte S. 138; www.harlotsf.com; 46 Minna St; Eintritt 10–20 US$, Mi–Fr 17–21 Uhr Eintritt frei; ⏲Mi–Fr 17–2, Sa ab 21 Uhr) Nach 22 Uhr, wenn in dem bordellartig aufgemachten Club die Partys steigen (donnerstags House, mittwochs Indie-Rock und den Frauen vorbehaltenen Fem-Bar-Partys), ist der Name echt passend.

111 Minna CLUB
(Karte S. 138; www.111minnagallery.com; 111 Minna St) Die Kunstgalerie wird nach Büroschluss zur Lounge und nach 21 Uhr zu einem Club. Die Dance-Partys im Stil der 1980er- und 1990er-Jahre mischen dann den hinteren Raum ganz schön auf.

Klassische Musik & Oper

Das 1932 erbaute **War Memorial Opera House** (Karte S. 138; 301 Van Ness Ave) kann es in Sachen Pracht mit San Franciscos City Hall aufnehmen. Das Haus ist die Spielstätte der **San Francisco Opera** (www.sfopera.com), deren Spielzeit von Juni bis Dezember dauert, und des **San Francisco Ballet** (www.sfballet.org) mit Spielzeit von Januar bis Mai. Weitere Infos finden sich unter **SF Classical Voice** (www.sfcv.org).

LP TIPP Davies Symphony Hall KLASSISCHE MUSIK

(Karte S. 138; ☎415-864-6000; www.sfsymphony.org; 201 Van Ness Ave) Die Spielstätte der neunmal mit dem Grammy ausgezeichneten SF Symphony unter der Leitung ihres dynamischen Musikdirektors Michael Tilson Thomas. Spielzeit ist von September bis Juli.

Yerba Buena Center for the Arts KONZERTHALLE

(Karte S. 138; ☎415-978-2787; www.ybca.org; 701 Mission St) Neben Konzerten kommen hier Tanztheateraufführungen von innovativen Ensembles wie Liss Fain Dance, Alonzo Kings Lines Ballet und dem Smuin Ballet auf die Bühne.

Theater

San Francisco ist die Heimat des avantgardistischen, professionellen **American Conservatory Theater** (ACT; ☎415-749-2228; www.act-sf.org; 415 Geary St). **SHN** (☎415-512-7770; www.shnsf.com) bringt tourende Broadway-Shows auf die Bühne. Weiter Infos finden sich unter **Theatre Bay Area** (www.theatrebayarea.org).

Club Fugazi COMEDY, KABARETT

(Karte S. 138; ☎415-421-4222; www.beachblanketbabylon.com; 678 Green St; Tickets 25–78 US$) Hier tritt *Beach Blanket Babylon* auf – mit riesigen Hüten, frech, satirisch und urkomisch.

Magic Theater THEATER

(☎415-441-8822; www.magictheatre.org; Fort Mason, Bldg D) Wagemutige Originalproduktionen von Stücken erstrangiger Stückeschreiber wie Sam Shepard, Edna O'Brien und Terrence McNally, in denen Schauspieler wie Ed Harris oder Sean Penn auftreten.

Marsh THEATER

(Karte S. 146; ☎415-826-5750; www.themarsh.org; 1062 Valencia St; Tickets 15–35 US$) Hier muss man seinen Platz klug wählen, denn die Einakter, Monologe und Szenen aus unfertigen Werken beziehen das Publikum mit ein.

Kino

LP TIPP Castro Theatre KINO

(Karte S. 146; www.thecastrotheatre.com; 429 Castro St; Erw./Kind 10/7,50 US$) Der prächtigste Filmpalast der Stadt präsentiert alte, neue, ausländische und Dokumentarfilme.

Sundance Kabuki Cinema KINO

(www.sundancecinemas.com/kabuki.html; 1881 Post St; Eintritt 10–14 US$) Die reservierbaren Sitzplätze dieses Ökokinos bestehen aus Recyclingmaterial. Bei den Vorstellungen für Über-21-Jährige gibt's Cocktails mit hiesigem Hangar-Wodka.

Roxie Cinema KINO

(Karte S. 146; www.roxie.com; 3117 16th St; Erw./Kind 10/6,50 US$) In dem Kino laufen Dokumentationen, Uraufführungen unabhängiger Produktionen und selten gezeigte ausländische Filme.

Sport

San Francisco Giants BASEBALL

(Karte S. 138; http://sanfrancisco.giants.mlb.com; AT&T Park; Tickets 5–135 US$) Hier erfährt man, wie es bei der World Series zugeht – inklusive wilder Bärte, Frauenunterwäsche und allen Drums und Drans.

San Francisco 49ers FOOTBALL

(☎415-656-4900; www.sf49ers.com) NFL-Football, garniert mit Bier und Knoblauchpommes gibt's im Candlestick Park (Karte S. 134).

Shopping

San Francisco besitzt rustikal-schicke Läden, gut bestückte Gewürzgeschäfte und sagenhafte Boutiquen – je nachdem, was man sucht, muss man in verschiedene Ecken. Hier eine kurze Übersicht, wo was zu finden ist:

Hayes Valley Lokale und selbständige Designer, Einrichtungsdesign, Süßwaren, Schuhe.

Valencia St Buchläden, lokale Design-Kooperativen, Kunstgalerien, Antiquitäten und Trödel aller Art.

Haight St Hanfläden, Musik, Antiquitäten, Sportzubehör fürs Skaten, Skifahren und Surfen.

Upper Fillmore & Union St Modeläden, Accessoires für Mädels, Wein und Designobjekte.

Powell & Market St Warenhäuser, Megamarken, Discounter, Apple-Store.

Grant St Souvenirs in Chinatown, exzentrische Boutiquen in North Beach.

Ferry Building Örtliche Lebensmittel, Wein & Haushaltswaren.

Buchläden

City Lights Bookstore BÜCHER
(Karte S. 138; www.citylights.com; 261 Columbus Ave; ⌚10–24 Uhr) Als Verlag und Vorkämpfer der Redefreiheit ist dieser Buchladen eine Institution. Nachdem man sich im Erdgeschoss durch die Abteilungen „Muckraking“ und „Stolen Continents“ gewühlt hat, findet man oben in „Nirvana“ Dichtkunst.

Adobe Books BÜCHER
(http://adobebooksbackroomgallery.blogspot.com; 3166 16th St; ⌚11–24 Uhr) Versteckt unter Sofas, Katzen und Kunstinstallationen finden Leseratten hier gebrauchte, billige Bücher, die sie schon immer mal lesen wollten.

Omnivore BÜCHER
(☎415-282-4712; www.omnivorebooks.com; 3885a Cesar Chavez St; ⌚Mo–Sa 11–18, So 12–17 Uhr) Signierte Exemplare von Büchern der Kochlegende Alice Waters und seltene Kochbücher aus der Zeit des amerikanischen Bürgerkriegs bekommt man hier. Im Veranstaltungskalender schauen, welcher Starkoch gerade zu einem Stehempfang lädt!

Bound Together Anarchist Book Collective BÜCHER
(Karte S. 146; www.boundtogetherbooks.com; 1369 Haight St; ⌚11.30–19.30 Uhr) Der nur von Freiwilligen geführte Laden verkauft Verschwörungstheoriecomics, alternative Geschichtswerke, Handbücher über Biolandwirtschaft und anderes radikales Gedankengut.

Green Apple BÜCHER
(☎415-387-2272; www.greenapplebooks.com; 506 Clement St; ⌚So–Do 10–22.30, Fr & Sa bis 23.30 Uhr) Auf drei Stockwerken werden Neuerscheinungen, Mängelexemplare und gebrauchte Sachliteratur angeboten; Zeitschriften, Tonträger und gebrauchte Belletristik gibt's zwei Türen weiter.

ℹ Praktische Informationen

Geld

Bank of America (www.bankamerica.com; 1 Market Plaza; ⌚Mo–Fr 9–18 Uhr)

Infos im Internet

Craigslist (http://sfbay.craigslist.org) Infos zu Jobs, Dates, kostenlosen Events, buddhistischen Babysittern und allem anderen in San Francisco.

Twitter (www.twitter.com) Die Kommunikationsplattform liefert Infos zu neuen Läden, Imbisswagen, kostenlosen Veranstaltungen und Wochenendempfehlungen von Lonely Planet-Autoren.

Yelp (www.yelp.com) Hier streiten sich Einheimische über die besten Bars, Läden, Dienstleistungen und Restaurants der Stadt.

Internetzugang

Überall in San Francisco finden sich kostenlose WLAN-Hotspots – wo einer in der Nähe ist, erfährt man unter www.openwifispots.com. Kostenlosen Zugang hat man z. B. am Union Sq und in den meisten Cafés und Hotellobbys.

Apple Store (www.apple.com/retail/sanfrancisco; 1 Stockton St; ⌚Mo–Sa 9–21, So 10–20 Uhr; 📶) Gratisnutzung von WLAN und Internetterminals.

San Francisco Main Library (http://sfpl.org; 100 Larkin St; ⌚Mo & Sa 10–18, Di–Do 9–20, Fr & So 12–17 Uhr; 📶) 15 Minuten Gratiszugang zu Internetterminals; unzuverlässiger WLAN-Zugang.

Medien

KALW 91.7 FM (www.kalw.org) Örtlicher Ableger von National Public Radio (NPR).

KPFA 94.1 FM (www.kpfa.org) Nachrichten und Musik.

KPOO 89.5 FM (www.kpoo.com) Lokalsender für Jazz, R&B, Blues und Reggae.

KQED 88.5 FM (www.kqed.org) Ein Ableger von NPR und Public Broadcasting (PBS) mit Podcasts und Videostreams.

San Francisco Bay Guardian (www.sfbg.com) San Franciscos kostenloses alternatives Wochenblatt mit politischen Artikeln und Eventkalender (Theater, Musik, Kunst & Kino).

San Francisco Chronicle (www.sfgate.com) Größte Tageszeitung mit Nachrichten, Unterhaltungs- und Veranstaltungstipps.

Notfall & Medizinische Versorgung

American College of Traditional Chinese Medicine (☎415-282-9603; www.actcm.edu; 450 Connecticut St; ⌚Mo–Do 8.30–21, Fr & Sa 9–17.30 Uhr) Akupunktur und Kräutermedizin.

Haight Ashbury Free Clinic (☎415-746-1950; www.hafci.org; 558 Clayton St) Kostenlose Arztbesuche nach Vereinbarung, Hilfe bei Drogenmissbrauch und psychischen Problemen.

Pharmaca (☎415-661-1216; www.pharmaca.com; 925 Cole St; ⌚Mo–Fr 8–20, Sa & So ab 9 Uhr) Apotheke und Naturheilverfahren.

Polizei, Feuerwehr & Ambulanz (☎911)

San Francisco General Hospital (☎Notaufnahme 415-206-8111, Zentrale 415-206-8000; www.sfdph.org; 1001 Potrero Ave) 24 Std.

Trauma Recovery & Rape Treatment Center (☎415-437-3000; http://traumarecoverycenter.org) 24-Std.-Hotline.

Walgreens (☎415-861-3136; www.walgreens.com; 498 Castro ST; ⏲24 Std.) Apotheke mit Filialen in der ganzen Stadt (s. Website).

Post

Postamt Rincon Center (www.usps.com; 180 Steuart St; ⏲Mo–Fr 8–18, Sa 9–14 Uhr) Postdienstleistungen und historische Wandmalereien.

Touristeninformation

San Francisco's Visitor Information Center (☎415-391-2000; www.onlyinsanfrancisco.com; UG, Hallidie Plaza; ⏲Mo–Fr 9–17, Sa & So bis 15 Uhr)

ℹ An- & Weiterreise

Bus

Bis zur 2017 geplanten Fertigstellung des neuen Busbahnhofs bleibt der **Temporary Transbay Terminal** (Howard & Main Sts) in Betrieb. Von hier fahren Busse von **AC Transit** (www.actransit.rg) zur East Bay, Busse von **Golden Gate Transit** (http://goldengatetransit.org) nordwärts nach Marin und Sonoma County und die Busse von **SamTrans** (www.samtrans.com) südwärts nach Palo Alto und zur Pazifikküste. **Greyhound** (☎800-231-2222; www.greyhound.com) hat täglich Busse nach Los Angeles (56,50 US$, 8–12 Std.), Truckee (nahe Lake Tahoe; 33 US$, 5½ Std.) und zu weiteren Zielen.

Flugzeug

Der **San Francisco International Airport** (SFO; www.flysfo.com) liegt 14 Meilen (22,6 km) südlich der Downtown abseits des Hwy 101 und ist mit dem Bay Area Rapid Transit (BART) erreichbar.

Zug

Amtrak (☎800-872-7245; www.amtrakcalifornia.com) sorgt für klimafreundliches, entspanntes Reisen von und nach San Francisco. Bei der 35 Stunden dauernden, spektakulären Fahrt des *Coast Starlight* von Los Angeles nach Seattle wird ein Halt in Oakland eingelegt, und der *California Zephyr* braucht 51 Stunden für die Fahrt von Chicago durch die Rocky Mountains bis nach Oakland. Beide Züge haben Schlaf- und Speise- bzw. Loungewagen mit Panoramafenstern. Kostenlose Amtrak-Shuttlebusse kutschieren Traveller zum Ferry Building und zur CalTrain Station.

CalTrain (www.caltrain.com; Ecke 4th & King St) verbindet San Francisco mit den Zentren im Silicon Valley und mit San Jose.

ℹ Unterwegs vor Ort

Fahrplan- und Transitinfos zur gesamten Bay Area gibt's online unter www.511.org oder telefonisch unter ☎511.

Auto

In San Francisco sollte man aufs Autofahren verzichten: Parkplätze am Starßenrand sind hier seltener als die wahre Liebe, und die Parkuhren kennen keine Gnade. Abstellmöglichkeiten in der Downtown gibt's am Embarcadero Center, in der 5th und Mission St, am Union Sq und in der Sutter und der Stockton St. Die großen US-Autovermieter haben Büros am Flughafen und in der Downtown.

Vom/Zum San Francisco International Airport

BART (www.bart.gov; einfache Strecke 8,10 US$) Bietet eine schnelle, direkte Verbindung zur Downtown von San Francisco.

SamTrans (www.samtrans.com; einfache Strecke 5 US$) Der Expressbus KX fährt zum Temporary Transbay Terminal (rund 30 Min.).

SuperShuttle (☎800-258-3826; www.supershuttle.com; einfache Strecke 17 US$) Die Kleinbusse des Tür-zu-Tür-Service starten vor den Gepäckausgabebereichen und brauchen zu den meisten Zielen in San Francisco rund 45 Minuten.

Taxi Die Fahrt in die Downtown von San Francisco kostet zwischen 35 und 50 US$.

Vom/Zum Oakland International Airport

Mit dem BART kommt man vom Flughafen Oakland am günstigsten nach San Francisco. Der AirBART-Shuttle (3 US$) rollt alle 10 bis 20 Minuten zur Haltestelle Coliseum mit BART-Anschluss zur Downtown von San Francisco (3,80 US$, 25 Min.). Die Fahrt mit einem Taxi vom Flughafen kostet nach Oakland rund 25 US$, nach San Francisco rund 50 bis 60 US$.
SuperShuttle (☎800-258-3826; www.supershuttle.com) fährt mit Sammel-Kleinbussen zur Downtown von San Francisco (25–30 US$). Zu festen Zeiten (6–24 Uhr, alle 2 Std.) pendeln die Shuttles von **Airport Express** (☎800-327-2024; www.airportexpressinc.com) zwischen dem Oakland Airport und Sonoma County (32 US$) und Marin County (24 US$).

Öffentliche Verkehrsmittel

MUNI (Municipal Transit Agency; www.sfmuni.com) betreibt Busse, Straßenbahnen und die Cable-Car-Linien. Zwei davon beginnen an der Ecke Powell und Market St, eine dritte an der Ecke California und Markets St. Die detaillierte *MUNI Street & Transit Map* ist online kostenlos und am MUNI-Kiosk in der Powell St für 3 US$ erhältlich. Ein einfacher Fahrschein für Bus oder Straßenbahn kostet 2 US$, für die Cable Cars 6 US$. Mit dem **MUNI Passport** (1/3/7 Tage 14/21/27 US$) kann man im Gültigkeitszeitraum alle MUNI-Verkehrsmittel nutzen, auch die Cable Cars; die Zeitkarten gibt's in San Franciscos

Visitor Information Center und beim TIX-Bay-Area-Kiosk am Union Sq. Der sieben Tage gültige **City Pass** (Erw./Kind 69/39 US$) umfasst die Nutzung der MUNI-Verkehrsmittel und den Eintritt zu fünf Attraktionen.

Die Züge von BART verbinden San Francisco mit der East Bay. Sie fahren unterhalb der Market St und die Mission St entlang und südwärts in Richtung SFO und Millbrae, wo Anschluss zum CalTrain besteht.

Schiff/Fähre

Blue & Gold Ferries (www.blueandgoldfleet.com) betreibt von Pier 41 und dem Ferry Building aus die Alameda-Oakland-Fähre. Die **Golden Gate Ferry** (www.goldengate.org) fährt vom Ferry Building nach Sausalito und Larkspur in Marin County.

Taxi

Der Grundpreis beträgt 3,50 US$, die Meile kostet ungefähr 2,25 US$.

DeSoto Cab (☎415-970-1300)

Green Cab (☎415-626-4733; www.626green.com) Treibstoffsparende Hybridfahrzeuge; Fahrergenossenschaft.

Luxor (☎415-282-4141)

Yellow Cab (☎415-333-3333)

Marin County

Im bewaldeten, wohlhabenden und entspannten **Marin County** (www.visitmarin.org) gleich jenseits der Golden Gate Bridge thronen majestätische Mammutbäume auf den Küstenhügeln. Die südlichste Siedlung des County ist das reizende Touristenstädtchen **Sausalito** direkt an der Bucht – ein nettes Ziel für Radtouren über die Brücke (zurück geht's mit der Fähre). Das coole hydraulische **San Francisco Bay-Delta Model** (☎415-332-3871; www.spn.usace.army.mil/bmvc; 2100 Bridgeway Blvd; Eintritt frei; ⏲Di–Fr 9–16 Uhr, im Sommer zusätzl. Sa & So 10–17 Uhr) am Hafen stellt die ganze Bucht plus Delta auf ca. 6000 m² dar.

MARIN HEADLANDS

Von den vielen Wanderwegen in den schroffen, windumtosten Headlands hat man einen Wahnsinnsblick auf San Francisco und die Golden Gate Bridge. Zum **Visitor Center** (☎415-331-1540; www.nps.gov/goga/marin-headlands.htm; ⏲9.30–16.30 Uhr) nimmt man hinter der Golden Gate Bridge die Ausfahrt Alexander Ave, biegt unter dem Freeway links und dann rechts auf die Conzelman Rd ab und folgt der Ausschilderung. Zu den Highlights zählen das **Point Bonita Lighthouse** (⏲Sa–Mo 12.30–15.30 Uhr), die begehbaren Bunker aus dem Kalten Krieg und der **Rodeo Beach** (Karte S. 134). Das **Bay Area Discovery Museum** (☎415-339-3900; www.baykidsmuseum.org; 557 McReynolds Rd, Sausalito; Erw./Kind 10/8 US$; ⏲Di–Fr 9–16, Sa & So 10–17 Uhr) in Fort Baker ist ein prima Ziel für Kinder.

Auf einem bewaldeten Hügel nahe dem Besucherzentrum belegt das **HI Marin Headlands Hostel** (Karte S. 134; ☎415-331-2777; www.norcalhostels.org/marin; B 22–26 US$, Zi. 72–92 US$; @) zwei historische Gebäude von 1907. Die Privatzimmer im früheren Offiziershaus sind hübsch.

MT. TAMALPAIS STATE PARK

Der majestätische „Mt. Tam" ist super zum Wandern und Mountainbiken. Der **Mt. Tamalpais State Park** (☎415-388-2070; www.mttam.net; Parkplatz 8 US$) umfasst 2550 ha Parkland mit einem mehr als 320 km umfassenden Wanderwegenetz. Unbedingt besuchen sollte man den Aussichtspunkt am East Peak. Vom Hwy 1 führt der Panoramic Hwy durch den Park zum idyllischen Küstenstädtchen **Stinson Beach** mit seinem tollen, 4,8 km langen Sandstrand. An der **Pantoll Station** (Karte S. 134; 801 Panoramic Hwy; Stellplatz 25 US$; 📶), dem Sitz der Parkverwaltung, beginnen viele Wanderwege, und hier gibt es auch einen bewaldeten Campingplatz (keine Reservierung). Eine weitere Option ist das rustikale **West Point Inn** (☎415-646-0702; www.westpointinn.com; 1000 Panoramic Hwy, Mill Valley; Zi. 50/25 US$ pro Erw./Kind). Strom gibt's hier aber nicht. Proviant, Bettzeug und Handtücher muss man selbst mitbringen; Reservierung erforderlich. Nahe der Parkverwaltung steht das **Mountain Home Inn** (☎415-381-9000; www.mtnhomeinn.com; 810 Panoramic Hwy; Zi. inkl. Frühstück 195–345 US$, Abendessen 38 US$, Brunch 10–21 US$; ⏲Restaurant Mi–So 11.30–15 & 17.30–20, Fr & Sa bis 21 Uhr; 📶) auf einem bewaldeten Bergkamm. Die romantischen, holzverkleideten Zimmer bieten eine prächtige Aussicht; das Restaurant liefert einen guten Brunch und abends Menüs zum Festpreis.

MUIR WOODS NATIONAL MONUMENT

12 Meilen (19,3 km) nördlich der Golden Gate Bridge befindet sich das 223 ha große **Muir Woods National Monument** (Karte S. 134; ☎415-388-2595; www.nps.gov/muwo; Erw./

Kind unter 16 Jahre 5 US$/frei). Hier wandern Traveller durch einen uralten Bestand der höchsten Bäume der Welt. Der einfache, 1,6 km lange Main Trail Loop führt zunächst an den 1000 Jahre alten Mammutbäumen des Cathedral Grove vorbei und über den Bohemian Grove zurück. Wer den Menschenmassen entgehen will, kommt werktags, frühmorgens oder am späten Nachmittag. Anfahrt: Den Hwy 101 bis zur Ausfahrt zum Hwy 1 nehmen und dann der Ausschilderung folgen!

Zwischen Mai und September fährt an Wochenenden und Feiertagen der **Muir Woods Shuttle** (☎415-455-2000; www.goldengatetransit.org; Erw./Kind 3/1 US$) – Bus *66* – ungefähr alle halbe Stunde ab Marin City und Mill Valley (mit einigen wenigen Verbindungen zur Fähre in Sausalito).

POINT REYES NATIONAL SEASHORE

Die auf einer anderen tektonischen Platte gelegene, windumtoste Point Reyes National Seashore ragt als Halbinsel rund 16 km weit ins Meer. Über ihre 285 km² verteilen sich Strände, Lagunen und bewaldete Hügel.

LP TIPP **Point Reyes Lighthouse** (Karte S. 134; ⌚Do–Mo 10–16.30 Uhr) thront auf dem westlichsten Punkt der Halbinsel und ist ideal, um Wale zu beobachten. Bei der Wanderung auf dem Tomales Point Trail an der Nordspitze der Halbinsel, zu erreichen über die Pierce Point Rd, kann man Tule-Wapitis beobachten. Im **Bear Valley Visitors Center** (☎415-464-5100; www.nps.gov/pore) gleich hinter Olema gibt's Wanderkarten und coole Ausstellungen. Zwei der vier **Wandercampingplätze** (☎Reservierung 415-663-8054; Stellplatz 15 US$) des Point Reyes liegen in der Nähe des Strandes.

Infos über gemütliche Gästehäuser und Cottages hat die **West Marin Chamber of Commerce** (☎415-663-9232; www.pointreyes.org). Das an der Bucht gelegene **Tomales Bay Resort** (☎415-669-1389; www.tomalesbayresort.com; 12938 Sir Francis Drake Blvd, Inverness; Zi. 120–225 US$;) hat nette Motelzimmer zu bieten; von Sonntag bis Donnerstag sowie im Winter gibt's Rabatt.

Naturfans steigen in der einzigen Unterkunft im Park ab, dem **HI Point Reyes Hostel** (Karte S. 134; ☎415-663-8811; www.norcalhostels.org/reyes; B/Zi. 24/68 US$; @). Das Hostel befindet sich 8 Meilen (12,9 km) vom Visitor Center entfernt abseits der Limantour Rd. Bei Kajakfahrten in der malerischen Tomales Bay sichtet man Robben, Vögel und den einen oder anderen Wapiti. **Blue Waters Kayaking** (☎415-669-2600; www.bwkayak.com; geführte Tour 68–98 US$, Kajak 60–130 US$/4 Std.) ist in Inverness und Marshall vertreten.

LP TIPP **Drake's Bay Oyster Company** (☎415-669-1149; 12 Austern zum Mitnehmen/in halber Schale 15/24 US$; ⌚8.30–16.30 Uhr) im Park abseits des Sir Francis Drake Blvd ist ein super Ziel für Austernliebhaber. Das nahe Point Reyes Station ist ein hübsches kleines Nest mit ausgezeichneten Restaurants.

Berkeley

Seit den Demos gegen den Vietnamkrieg in den 1960er-Jahren hat sich in Berkeley kaum etwas verändert: Zwar mögen die Autoaufkleber heute „No Blood for Oil" statt „Make Love Not War" fordern, doch Birkenstocks und Pferdeschwänze sind weiterhin groß in Mode. Nackt auf dem Campus herumlaufen ist heute nicht mehr angesagt, doch „Berserkeley" ist immer noch das radikale Zentrum der Bay Area, bevölkert von zahllosen Studenten, respektlosen Skatern und alternden Hippies. Auf dem grünen Universitätsgelände und in den umliegenden Straßen ist die typische Atmosphäre am deutlichsten spürbar.

Sehenswertes & Aktivitäten

University of California, Berkeley UNIVERSITÄT

(Karte S. 134) Die „Cal" ist eine der Spitzenuniversitäten des Landes und wird von 35 000 sehr unterschiedlichen, aber politisch engagierten Studenten besucht. Das **Visitor Services Center** (☎510-642-5215; http://visitors.berkeley.edu; 101 Sproul Hall; Führung Mo–Sa 10 Uhr, So 13 Uhr) hält Infos bereit und veranstaltet kostenlose Campusführungen (Reservierung erforderlich). Uniwahrzeichen ist der 1914 errichtete Sather Tower (auch Campanile genannt), dessen Spitze mit dem Fahrstuhl erreichbar ist (2 US$). In der Bancroft Library ist das kleine Goldnugget ausgestellt, mit dem 1848 der kalifornische Goldrausch begann.

Die zum Südtor des Campus führende **Telegraph Avenue** wirkt mit ihren vielen Cafés, Billiglokalen, Platten- und Buchläden so jung und draufgängerisch wie die Haight St in San Francisco.

UC Berkeley Art Museum MUSEUM

(☎510-642-0808; www.bampfa.berkeley.edu; 2626 Bancroft Way; Erw./Kind 10/7 US$; ⌚Mi–

So 11–17 Uhr) Die elf Säle des Museums sind ein Highlight auf dem Campus; die Ausstellungen decken ein weites Spektrum vom chinesischen Altertum bis hin zu topaktueller Kunst ab. Gegenüber laufen im weltberühmten **Pacific Film Archive** (☎510-642-1124; 2575 Bancroft Way; Erw./Kind 9,50/6,50 US$) wenig bekannte Independent- und Avantgardefilme. Beide Institutionen sollen 2014 ein neues Zuhause in der Oxford St finden.

Tilden Regional Park PARK
(www.ebparks.org/parks/tilden) Der 841 ha große Park in den Berkeley Hills bietet Wanderwege, Picknickplätze, Badestellen am Lake Anza und Zerstreuung für Kinder, z. B. ein Karussell und einen Dampfzug.

Schlafen

Budget- und Mittelklassemotels ballen sich in der University Ave westlich vom Campus.

Hotel Durant BOUTIQUEHOTEL $$
(☎510-845-8981; www.hoteldurant.com; 2600 Durant Ave; Zi. ab 134 US$; @ 📶) Einen Block vom Campus entfernt, unterstreicht das Hotel von 1928 die Nähe zur Uni auf ironische Art: Die Lobby ist mit peinlichen Jahrbuchfotos verziert, an der Decke hängt ein Mobile aus Prüfungsbüchern, die Duschvorhänge in den recht kleinen Zimmern sind mit Wörterbuchartikeln bedruckt, als Nachttischlampen dienen Bongs.

YMCA HOSTEL $
(☎510-848-6800; www.baymca.org/dt/downtown-hotel.aspx; 2001 Allston Way; EZ/DZ mit Gemeinschaftsbad 49/81 US$; @ 📶) Das kürzlich umgestaltete, 100 Jahre alte YMCA in der Downtown ist immer noch die beste Budgetoption vor Ort. Im Preis für die spartanischen Privatzimmer ist die Nutzung von Pool, Fitnessraum und Kücheneinrichtungen inbegriffen.

Downtown Berkeley Inn MOTEL $$
(☎510-843-4043; www.downtownberkeleyinn.com; 2001 Bancroft Way; Zi. 89–109 US$; ❄ 📶) Das Budgetmotel im Boutiquestil bietet 27 Zimmer von ordentlicher Größe mit passend großen Flachbildfernsehern.

Essen & Ausgehen

LP TIPP **Chez Panisse** AMERIKANISCH $$$
(☎Restaurant 510-548-5525, Café 510-548-5049; 1517 Shattuck Ave; Hauptgerichte Restaurant 60–95 US$, Café 18–29 US$; ⏲Restaurant Mo–Sa abends) Hut ab für die Geburtsstätte der kalifornischen Küche: Der Gourmettempel von Alice Waters steht weiter an der Spitze der kulinarischen Szene in der Bay Area. Für die legendären Menüs zum Festpreis (keine Auswahl) muss man einen Monat im Voraus buchen; man kann auch für das günstigere Café im Obergeschoss reservieren, wo es Essen von der Karte gibt.

Café Intermezzo CAFETERIA $
(2442 Telegraph Ave; Sandwiches & Salate 6,50 US$; 🖉) Die riesigen Salate ziehen immer eine große Kundschaft an – und wir sprechen hier wirklich nicht von kleinen, feinen Salaten auf kleinen Tellerchen. Man sollte schon zu zweit kommen, sonst dürfte man an seiner Portion scheitern.

WER NOCH EIN PAAR TAGE ZEIT HAT

Das direkt gegenüber der Bucht gelegene rau-urbane Oakland hat Stolz, die Athletics (Baseballteam) und afroamerikanische Wurzeln, die an der weltbekannten Kunst und Küche zu erkennen sind. Die Stadt besitzt ein hübsches historisches Zentrum, einen Salzwassersee für Kinder und Jogger sowie ein paar muntere Clubs und Restaurants.

Oakland Museum of California MUSEUM
(☎510-238-2200; www.museumca.org; Ecke 10th & Oak St; Erw./Kind 12/6 US$; ⏲Mi–So 11–17, Fr bis 21 Uhr) Sehenswert: Das Museum zeigt bedeutende und faszinierende Wechselausstellungen sowie Dauerausstellungen zur kalifornischen Geschichte und Ökologie.

Heinhold's First & Last Chance Saloon BAR
(48 Webster St) Die schiefe Bar am Jack London Sq hat das Erdbeben überstanden und ist ein National Literary Landmark. Hier kann man täglich inspiriert einen heben. Und ja, das Bier schlittert über die Theke.

Yoshi's CLUB
(☎510-238-9200; www.yoshis.com; 510 Embarcadero West; Eintritt 12–40 US$) Der Laden ist einer der wichtigsten Jazzclubs des Landes und zugleich ein Sushi-Restaurant.

Cheese Board Pizza PIZZERIA $
(1512 Shattuck Ave; Pizzastück 2,50 US$; ⌚Di–Sa 11.30–15 & 16.30–20 Uhr; ✎) In dieser genossenschaftlichen Pizzeria gibt's jeden Tag nur eine sagenhaft knusprige, vegetarische Pizzakreation und außerdem häufig Livemusik.

Caffe Strada CAFÉ $
(2300 College Ave; ⌚6–24 Uhr; 📶) Auf der großen Terrasse holen sich Universitätsstudenten ihren Koffeinkick, lernen, diskutieren angeregt philosophische Fragen oder machen einander schöne Augen.

Triple Rock Brewery & Ale House BRAUEREI $
(1920 Shattuck Ave) Die Hausbiere und das Kneipenessen in dieser Kneipe, die zu den ältesten des Landes zählt, schmecken wirklich gut, und die alte Holzbar und die sonnige Dachterrasse sind sehr angenehm.

☆ Unterhaltung

Berkeley Repertory Theatre THEATER
(☎510-647-2949; www.berkeleyrep.org; 2025 Addison St) Seit 1968 zeigt die angesehene Truppe spannende Inszenierungen klassischer und moderner Stücke.

Freight & Salvage Coffeehouse LIVEMUSIK
(☎510-644-2020; www.thefreight.org; 2020 Addison St) Der legendäre Club blickt auf eine über 40-jährige Geschichte zurück. Gespielt wird hier traditioneller Folk und Weltmusik. Die tollen Konzerte sind für alle Altersgruppen zugänglich, Gäste unter 21 zahlen für ihr Ticket den halben Preis.

ℹ Anreise & Unterwegs vor Ort

AC Transit (☎510-817-1717, 511; www.actransit.org) betreibt Stadtbusse in Berkeley und Busse nach Oakland (2,10 US$) und San Francisco (4,20 US$). **BART-Züge** (www.bart.gov) fahren von San Francisco ins Zentrum von Berkeley (3,50 US$), das vier Blocks vom Haupttor des Campus entfernt ist.

NORDKALIFORNIEN

Im nördlichen Kalifornien (Northern California; NorCal) zeigt sich die wilde Seite des Golden State: Hier recken sich riesige Redwoods aus dem Küstennebel, zwischen den Weinbergen des Wine Country liegen Gruben mit vulkanischem Schlamm, und die majestätische Sierra Nevada umrahmt den Lahe Tahoe und den Yosemite National Park. Bio-Diner, Ökoresorts und die ältesten National Parks bzw. State Parks der USA lassen die nordkalifornischen Wälder im Hinterland überraschend fortschrittlich wirken. Unbedingt den Müll mitnehmen und auf Privatgrundstücke achten! Einheimische, die Ziegen hüten oder aus medizinischen Gründen Marihuana züchten, können auf Eindringlinge recht allergisch reagieren. Einerseits locken hier landschaftliche Highlights, andererseits auch wunderbarer Wein bzw. Käse, der obligatorische Whirlpool und Gespräche, die mit „Hey Dude" beginnen und erst Stunden später wieder enden.

Wine Country

Ein Flickenteppich aus Weingütern erstreckt sich vom sonnigen Napa im Binnenland bis ins kühle Sonoma an der Küste und bildet die wichtigste Weinbauregion der USA. In Napa findet man Probierstuben voller Kunst von berühmten Architekten – und entsprechende Preise –, im bodenständigen Sonoma schlürft man den Wein dagegen in Schuppen und lernt wahrscheinlich den Hund des Winzers kennen. Sonoma bezeichnet übrigens sowohl den Ort als auch das Tal und den Landkreis.

NAPA VALLEY

Rund 230 Weingüter drängen sich im 48 km langen Napa Valley entlang dreier Routen: An der wichtigsten, dem Hwy 29, stehen die berühmtesten Weingüter, hier wird es an den Wochenenden richtig voll. Der parallel verlaufende Silverado Trail bietet Boutiquewinzereien, bizarre Architektur und kultverdächtige Cabernets. Der Hwy 121 (oder Carneros Hwy) führt aus Richtung Westen auf Sonoma zu; die hiesigen berühmten Weingüter sind auf Schaumweine und Pinot Noir spezialisiert.

Auf dem Weg von Süden nach Norden gelangt man nach **Downtown Napa**. Der Ort ist der prosaische Knotenpunkt des Tals und geprägt von trendigen Restaurants, Probierstuben und in B&Bs umgewandelten Villen. Wählerische Picknickfans decken sich auf dem Oxbow Public Market ein, während Schnäppchenjäger im **Napa Valley Welcome Center** (☎707-260-0107; www.legendarynapavalley.com; 600 Main St; ⌚9–17 Uhr) nach Wellness-Sonderangeboten und Pässen für Weinproben fragen und sich Karten von den Weingütern holen.

In der winzigen Ortschaft **Yountville** – früher eine Postkutschenstation – befindet sich das berühmte Restaurant French Laudry. In Yountville gibt's pro Kopf mehr mit Michelin-Sternen ausgezeichnete Restaurants als anderswo in den USA.

Das charmante **St. Helena**, das oft als das Beverly Hills von Napa bezeichnet wird, hat unter dem Verkehr zu leiden. Man kann hier aber prima bummeln und shoppen, wenn man denn einen Parkplatz findet.

Im rustikalen **Calistoga**, der am wenigsten aufgemotzten Ortschaft des Napa Valley, gibt's Spas mit Thermalbädern und Schlammbadpools, die vulkanische Asche vom nahen Mt. St. Helena nutzen. Infos zu den Spas erhält man im **Calistoga Visitors Center** (☎707-942-6333; www.calistogavisitors.com; 1133 Washington St; ⌚9–17 Uhr).

Sehenswertes & Aktivitäten

Bei den meisten Weingütern im Napa Valley muss man reservieren. Am besten macht man einen Termin aus und organisiert seinen Tag um diesen herum. Mehr als drei Weingüter an einem Tag sollte man sich nicht vornehmen. Die hier genannten sind von Süden nach Norden geordnet.

di Rosa Art + Nature Preserve GALERIE
(Karte S. 134; ☎707-226-5991; www.dirosapreserve.org; 5200 Carneros Hwy 121; ⌚Galerie Mi–Fr 9.30–15 Uhr, Sa nach Vereinbarung) Entdeckt man bei der Fahrt auf dem Carneros Hwy an den Weinbergen grasende Schafe aus Alteisen, hat man das di Rosa Art + Nature Preserve gefunden, eine der besten Sammlungen nordkalifornischer Kunst. Für Führungen ist eine Reservierung sehr empfehlenswert.

Vintners' Collective VERKOSTUNG
(☎707-255-7150; www.vintnerscollective.com; 1245 Main St, Napa; Weinprobe 25 US$; ⌚11–18 Uhr) In einem ehemaligen Bordell aus dem 19. Jh. präsentiert das VC 20 Weine hochklassiger Boutiquewinzereien, die zu klein für eigene Probierstuben sind.

Twenty Rows WEINGUT
(☎707-287-1063; www.vinoce.com; 880 Vallejo St, Napa; Weinprobe 10 US$; ⌚Di–Sa 11–17 Uhr) Das einzige Weingut in Downtown Napa produziert Cabernet Sauvignon, der leicht auf der Zunge liegt und nur 20 US$ pro Flasche kostet.

Hess Collection WEINGUT, GALERIE
(☎707-255-1144; www.hesscollection.com; 4411 Redwood Rd, Napa; Weinprobe 10 US$; ⌚10–16 Uhr) Nordwestlich der Downtown. Hier gibt's nicht nur super Cabernets, sondern auch Kunst von Megastars wie Francis Bacon und Robert Motherwell. Reservieren!

NICHT VERSÄUMEN

HIGHLIGHTS DER REGION

» Von der Farm frisch auf den Teller kommen die Gerichte im **Zazu** (S. 169) und im **Ad Hoc** (S. 167).

» Beim Radfahren durch Sonomas sonnenverwöhntes Dry Creek Valley bietet sich ein Zinfandel-Päuschen im Höhlenkeller der **Bella Vineyards** (S. 170) oder eine Pinot-Pause im Geräteschuppen der **Porter Creek Vineyards** (S. 170) an.

» Im **Armstrong Redwoods State Reserve** (S. 169) kann man unter 1000 Jahre alten Mammutbäumen wandern.

» Von den Weinbergen, Pfauen und surrealen Skulpturen des **di Rosa Art + Nature Preserve** in Napa kann man sich prima inspirieren lassen.

» Schon mal einen Otter überholt? Nein? Dann ab ins Kanu und auf den ruhigen **Russian River** (S. 169)!

» In den **vulkanischen Schlammbädern** der Indian Springs von Calistoga (S. 166) relaxt es sich herrlich.

Darioush WEINGUT
(☎707-257-2345; www.darioush.com; 4240 Silverado Trail, Napa; Weinprobe 18–35 US$; ⌚10.30–17 Uhr) Steinerne Stiere starren an der Zufahrt zum Darioush von Säulen herunter auf Besucher. Das eindrucksvoll als persischer Tempel aufgemachte Weingut produziert mächtige Merlots.

Frog's Leap WEINGUT
(☎707-963-4704; www.frogsleap.com; 8815 Conn Creek Rd, Rutherford; Führung mit Weinprobe 20 US$; ⌚nach Vereinbarung) In diesem Weingut mit LEED-Zertifikat, das für seinen Sauvignon Blanc und Cabernet bekannt ist, schlängeln sich Spazierwege durch zauberhafte Gärten rund um eine 1884 errichtete Scheune. Reservierung empfohlen.

Culinary Institute of America at Greystone KOCHSCHULE
(☎707-967-2320; 2555 Main St, St. Helena; Hauptgerichte 25–29 US$, Kochvorführung 20 US$;

(⌚Restaurant 11.30–21 Uhr, Kochvorführung Sa & So 13.30 Uhr) In der Steinvilla von 1889 gibt es einen Küchenladen voller Geräte, ein feines Restaurant und am Wochenende Kochvorführungen und Weinproben unter Anleitung.

Cade WEINGUT
(☎707-965-2746; www.cadewinery.com; 360 Howell Mountain Rd, Angwin; Weinprobe 20 US$; ⌚nach Vereinbarung) Vom Mt. Veeder hat man einen tollen Blick auf Napas todschickes Weingut, das als erstes ein LEED-Goldzertifikat erhielt und einen an Bordeaux erinnernden Cabernet Sauvignon produziert. Reservierung erforderlich.

Pride Mountain WEINGUT
(☎707-963-4949; www.pridewines.com; 4026 Spring Mountain Rd, St. Helena; Weinprobe 10 US$; ⌚10.30–15.45 Uhr nach Vereinbarung) Das kultige Weingut liegt an der Grenze zwischen Sonoma und Napa und produziert erstklassigen Cabernet, Merlot und Viognier. Auf dem Gelände des entspannten Weinguts auf einem Hügel kann man toll picknicken. Man muss reservieren.

Casa Nuestra WEINGUT
(☎866-844-9463; www.casanuestra.com; 3451 Silverado Trail, St. Helena; Weinprobe 10 US$; ⌚10–16.30 Uhr nach Vereinbarung) Eine Friedensflagge und ein Elvis-Porträt begrüßen die Gäste in dem kleinen Familienweingut, das für seine ungewöhnlichen Weinsorten bekannt ist. Neben dem Picknickgelände tollen Ziegen herum.

Castello di Amorosa WEINGUT
(☎707-967-6272; www.castellodiamorosa.com; 4045 Hwy 29, Calistoga; Weinprobe 10–15 US$, Führung Erw./Kind 32/22 US$; ⌚nach Vereinbarung) Um diesen fast perfekten Nachbau einer italienischen Burg aus dem 12. Jh. mit Festungsgraben und Folterkammern zu besichtigen, muss man reservieren. Zu den hier angebauten respektablen italienischen Sorten zählt ein guter Merlot-Verschnitt, der zu Pizza prima schmeckt.

Lava Vine VERKOSTUNG
(☎707-942-9500; www.lavavine.com; 965 Silverado Trail, Calistoga; Weinprobe 10 US$; ⌚10–17 Uhr, Vereinbarung empfohlen) Die Partypeople im Lava Vine gehen mit dem richtig guten Wein locker um, und bieten zu den Weinproben passendes Essen. Draußen spielen Kinder und Hunde. Man sollte sich Zutaten für ein Picknick mitbringen. Reservierung empfohlen.

Indian Springs SPA
(☎707-942-4913; www.indianspringscalistoga.com; 1712 Lincoln Ave, Calistoga; ⌚9–20 Uhr) Vorab reservieren, wenn man ein Schlammbad mit Vulkanasche in Calistogas originalen Thermalquellenresort aus dem 19. Jh. nehmen will; im Preis für Anwendungen (85 US$) ist der Zugang zu dem von Thermalquellen gespeisten Pool enthalten.

Schlafen

Das beste Preis-Leistungs-Verhältnis in Napa haben werktags und in der Nebensaison die Unterkünfte in Calistoga sowie die Motels und B&Bs in Downtown Napa – weitere Optionen finden sich unter www.lonelyplanet.com sowie unter www.legendarynapavalley.com.

Eurospa Inn MOTEL $$
(☎707-942-6829; www.eurospa.com; 1202 Pine St, Calistoga; Zi. 139–189 US$; ❄📶🏊) Makelloses einstöckiges Motel.

El Bonita Motel MOTEL $$
(☎707-963-3216; www.elbonita.com; 195 Main St, St. Helena; Zi. 119–179 US$; ❄@📶🏊) Das Motel mitten im Tal hat topmoderne Zimmer, Badebecken und eine Sauna. Weit im Voraus buchen!

Chablis Inn MOTEL $$
(☎707-257-1944; www.chablisinn.com; 3360 Solano Ave, Napa; Zi. Mo–Fr 89–109 US$, Sa & So 159–179 US$; ❄@📶🏊) Motel mit gutem Preis-Leistungs-Verhältnis im Vorortgürtel von Napa.

Calistoga Inn GASTHAUS $$
(☎707-942-4101; www.calistogainn.com; 1250 Lincoln Ave, Calistoga; Zi. Mo–Fr/Sa & So 69/119 US$) Preisgünstiger Gasthof über einem Brauerei-Restaurant – Ohrenstöpsel nicht vergessen! Keine Fernseher, nur Gemeinschaftsbäder.

Mountain Home Ranch B&B, RESORT $$
(☎707-942-6616; www.mountainhomeranch.com; 3400 Mountain Home Ranch Rd, Calistoga; Zi. 109–119 US$, Hütte 69–144 US$; @📶👪) Die Mountain Home Ranch ist eine abgelegene, rustikale Ferienranch von 1913; auf 138 ha gibt's hier Wanderwege, Paddelmöglichkeiten und Farmtiere.

Bothe-Napa Valley State Park CAMPING $
(☎707-942-4575, Reservierung 800-444-7275; www.parks.ca.gov; Stellplatz 35 US$; 🏊) Stellplätze am Hang mit Wanderwegen unter moosbewachsenen Eichen.

Essen

Die Restaurants im Wine Country haben im Winter und Frühjahr verkürzte Öffnungszeiten. In der Nebensaison sollte man bis 20 Uhr zu Abend gegessen haben.

Oxbow Public Market MARKT $
(707-226-6529; www.oxbowpublicmarket.com; 610 & 644 1st St, Napa; Mo–Sa 9–19, So 10–17 Uhr) In diesem Food-Court bieten verschiedene Händler nachhaltig produzierte Spezialitäten an. Sehr zu empfehlen sind die Austern von Hog Island (15 US$/6 Stück), Pica Picas venezolanische Maisbrot-Sandwiches (8 US$) und das Eis von Three Twins (4 US$/Stück) mit Ökosiegel.

Gott's Roadside/Taylor's Automatic Refresher BURGER $$
(707-963-3486; www.gottsroadside.com; 933 Main St, St. Helena; Gerichte 8–15 US$; 10.30–21 Uhr;) Der Drive-in-Diner aus den 1950ern arbeitet umweltbewusst, wie es sich für ein Lokal im 21. Jh. gehört: Für die Burger wird Öko-Rindfleisch von der Niman Ranch oder magerer Gelbflossenthunfisch verwendet, als Beilage gibt's optional mit Chili gewürzte Süßkartoffelpommes.

JoLé KALIFORNISCH $$
(707-942-5938; www.jolerestaurant.com; 1457 Lincoln Ave, Calistoga; Hauptgerichte 15–20 US$; 17–21 Uhr) Kleine Gerichte, kleine Preise, großer Geschmack: In dem Restaurant, in dem der Besitzer selbst am Herd steht, kommen saisonale Lebensmittel auf den Tisch – dank gleichbleibend hoher Qualität und Frische bringt das ständig gute Bewertungen mit sich.

LP TIPP **Ad Hoc** AMERIKANISCH $$$
(707-944-2487; www.adhocrestaurant.com; 6476 Washington St, Yountville; Mi–Mo 17–21 Uhr, Brunch So 10.30–14 Uhr) In Thomas Kellers innovativstem Restaurant seit dem French Laundry gibt es keine Speisekarte, denn Chefkoch Dave Cruz erfindet täglich ein neues Vier-Gänge-Menü für 48 US$ mit frischer Ware vom Markt. Gäste haben keine Wahlmöglichkeit (außer bei gesundheitlich bedingten Diäten), aber das ist nicht schlimm, denn alle Gerichte sind ausgezeichnet, frisch und lecker.

Ubuntu VEGETARISCH $$$
(707-251-5656; www.ubuntunapa.com; 1140 Main St, Napa; Gerichte 14–18 US$; Sa & So 11.30–14.30, tgl. 17.30–20.30 Uhr;) Auf der saisonalen, vegetarischen Karte des mit einem Michelin-Stern ausgezeichneten Restaurants stehen wunderbare Kreationen mit Zutaten aus dem Küchengarten. Sehr Hungrige können vier bis fünf kleine Gerichte durchprobieren, und Bioweintrinker freuen sich über die mehr als 100 nachhaltig produzierten Sorten.

French Laundry KALIFORNISCH $$$
(707-944-2380; www.frenchlaundry.com; 6640 Washington St, Yountville; Menü Festpreis 270 US$; Sa & So 11.30–14.30, tgl. 17.30–21 Uhr) Das kulinarische Top-Erlebnis, in einem der besten Restaurants weltweit zu essen, ist genau das Richtige, wenn es etwas wirklich Bedeutendes zu feiern gibt. Man bucht genau zwei Monate im Voraus. Dazu um Punkt 10 Uhr anrufen (oder es um Mitternacht unter www.opentable.com versuchen)! Wer keinen Tisch ergattern konnte, kann sich nebenan in Kellers französischer Spitzen-Brasserie Bouchon oder mit Schokoladenkuchen aus der Bouchon Bakery trösten.

SONOMA VALLEY

Das Sonoma Valley mit seinen 70 Weingütern rund um den Hwy 12 ist lockerer und weniger kommerziell als das Napa Valley, und anders als in Napa hat hier auch meist keiner was gegen ein mitgebrachtes Picknick.

Sehenswertes & Aktivitäten

Sonoma Plaza PLATZ
(Napa, Spain & 1st St, Sonoma) Das Zentrum von Sonoma war einst die Hauptstadt einer Rebellennation. Die heutige Plaza – der größte Stadtplatz im Bundesstaat – wirkt mit ihren schicken Boutiquen, historischen Gebäuden und dem steinernen **Visitor Center** (707-996-1090; www.sonomavalley.com; 453 1st St E; 9–17 Uhr) vornehm-repräsentativ, doch herrscht an Sommerabenden und während des **Farmers Market** (April–Okt. Fr 9–12, Di 17.30–20 Uhr) hier durchaus munteres Treiben.

Gundlach-Bundschu WEINGUT
(707-938-5277; www.gunbun.com; 2000 Denmark St, Sonoma; Weinprobe 10 US$; 11–16.30 Uhr) Das Weingut westlich der Downtown wurde 1858 gegründet, sieht aus wie ein Märchenschloss und produziert einen legendären Tempranillo sowie einen unverwechselbaren Riesling und Gewürztraminer. Das GunBun betreibt auch die nahegelegene **Bartholomew Park Winery** (707-939-3026; www.bartpark.com; 1000 Vineyard Lane; Weinprobe 5–10 US$; 11–16.30 Uhr), ein

160 ha großes Gebiet mit Hängen, an denen seit 1857 Wein angebaut wird (heute mit Biozertifikat). Dieses Gut produziert einen fruchtigen Sauvignon Blanc und einen rauchigen Merlot.

Jack London Historic State Park HISTORISCHE STÄTTE

(Karte S. 134; ☎707-938-5216; www.jacklondonpark.com; 2400 London Ranch Rd, Glen Ellen; 8 US$; ⌚Do–Mo 10–17 Uhr) Weiter oben am Hwy 12 kann man im Jack London State Historic Park dem Ruf der Wildnis folgen. Der Schriftsteller Jack London kam 1910 hierher, um sich sein Traumhaus zu errichten – das dann 1913 am Vorabend der Fertigstellung niederbrannte. Seine Witwe baute schließlich dieses Haus, das heute ein Museum ist. Kilometerlange **Wanderwege** (einige auch für Mountainbikes zugelassen) winden sich über das 567 ha große Gelände; ein leichter, 3,2 km langer Rundweg schlängelt sich zu einem See, an dem man picknicken kann.

Kaz Winery WEINGUT

(☎707-833-2536; www.kazwinery.com; 233 Adobe Canyon Rd, Kenwood; Weinprobe 5–10 US$; ⌚Fr–Mo 11–17 Uhr) Nahe bei Kenwood geht's vom Hwy 12 hinunter zu diesem Weingut, in dessen Scheune ausgefallene, kultige Bioweine kredenzt werden.

GRATIS **Cornerstone** GÄRTEN

(☎707-933-9474, 707-933-3010; www.cornerstonegardens.com; 23570 Hwy 121; ⌚10–17 Uhr) Traditionelle Gärten darf man hier, südlich des Zentrums von Sonoma, nicht erwarten, denn in diesen Anlagen zeigen 25 anerkannte avantgardistische Landschaftsarchitekten ihr Können.

Schlafen

In Santa Rosa am nördlichen Ende des Sonoma Valley finden sich Kettenhotels in der Nähe des Railroad Sq.

LP TIPP **Beltane Ranch** RANCH $$$

(☎707-996-6501; www.beltaneranch.com; 11775 Hwy 12; Zi. inkl. Frühstück 150–240 US$; 📶) Von Weiden umgeben, steht das wunderschöne Ranchhaus aus den 1890er-Jahren auf einem 40 ha großen Gelände. Das Haus hat oben und unten eine Veranda mit Schaukelstühlen und weißen Korbmöbeln. In den fünf Zimmern gibt es weder Telefon noch Fernseher.

Sonoma Hotel HISTORISCHES HOTEL $$

(☎707-996-2996; www.sonomahotel.com; 110 W Spain St, Sonoma; Zi. inkl. Frühstück Mo–Fr/Sa & So Nov.–März 140/170 US$, April–Okt. 170/200 US$) Das charmante Wahrzeichen von 1880 steht an der munteren Sonoma Plaza. Die größeren Zimmer kosten 30 US$ mehr als die kleineren. An den Wochenenden muss man mindestens zwei Übernachtungen buchen. Kein Fahrstuhl und keine Parkplätze!

Hillside Inn MOTEL $

(☎707-546-9353; www.hillside-inn.com; 2901 4th St, Sonoma; EZ/DZ Nov.–März 70/82 US$, April–Okt. 74/86 US$; 📶🏊) Das etwas ältliche Motel gehört zu den gepflegtesten in Santa Rosa und liegt in der Nähe der Weingüter; Zimmer mit Küche kosten 4 US$ mehr.

Sugarloaf Ridge State Park CAMPING $

(☎707-833-5712, Reservierungen 800-444-7275; www.parks.ca.gov; Adobe Canyon Rd; Stellplatz 30 US$) Nordöstlich der Weingüter von Kenwood gibt es 50 Stellplätze (ohne Stromanschluss) auf zwei Hangwiesen. Von hier aus kann man prima wandern.

Eating

Fremont Diner AMERIKANISCH $

(☎707-938-7370; 2698 Fremont Dr/Hwy 121, Sonoma; Hauptgerichte 8–11 US$; ⌚Mo–Fr 8–15, Sa & So 7–16 Uhr; 👪) Am Tresen dieses Diners gibt's von den Südstaaten beeinflusste frische Farmkost. Wer nicht anstehen will, kommt besser frühzeitig.

Fig Café & Winebar KALIFORNISCH $$

(☎707-938-2130; www.thefigcafe.com; 13690 Arnold Dr, Glen Ellen; Hauptgerichte 15–20 US$; ⌚Sa & So 10–14.30, tgl. 17.30–21 Uhr) Sonomas Version von Hausmannskost: Biosalate und Cassoulet-Eintopf mit Bohnen aus hiesiger Ente. In dem gemütlichen Schankraum mit gewölbter Holzdecke wird für mitgebrachte Weine aus der Region kein Korkengeld fällig.

Café La Haye MODERN-AMERIKANISCH $$$

(☎707-935-5994; www.cafelahaye.com; 140 E Napa St, Sonoma; Hauptgerichte 19–26 US$; ⌚Di–Sa ab 17.30 Uhr) Das winzige Bistro mit offener Küche zaubert rustikale, modern-amerikanische Gerichte aus Zutaten, die aus einem Umkreis von 100 km stammen. Reservierung dringend empfohlen!

Red Grape PIZZERIA $$

(☎707-996-4103; www.theredgrape.com; 529 1st St W, Sonoma; Pizza 10–16 US$; ⌚11.30–22 Uhr; 👪) Zu den dünnen, mit Käse aus der Region belegten Pizzas gibt's Weine von kleinen Produzenten aus Sonoma.

Sonoma Market FEINKOST $
(☎707-996-3411; 500 W Napa St, Sonoma; ⊙6–21 Uhr) Der tolle Delikatessenladen liefert frisch getoastete Panini und Zutaten für ein Picknick.

RUSSIAN RIVER VALLEY

Über die Hwys 101 und 116 erreicht man von San Francisco in zwei Stunden das nördlich gelegene, bewaldete Russian River im westlichen Sonoma County (oder West County). Hier ragen Mammutbäume über kleinen Weingütern auf. Der Westen hat sich noch so manches von seiner wilden Vergangenheit bewahrt.

In **Sebastopol** kann man in den Antiquitätenläden südlich des Zentrums prima shoppen. Raffiniertes Kunsthandwerk gibt's bei **Renga Arts** (☎707-874-9407; rengaarts.com; 2371 Gravenstein Hwy S, Sebastopol; ⊙Do–Mo) und alten Trödel bei **Aubergine** (☎707-827-3460; auberginea fterdark.com; 755 Petaluma Ave, Sebastopol). Zu Mittag isst man im Biergarten der **Hopmonk Tavern** (☎707-829-9300; www.hopmonk.com; 230 Petaluma Ave, Sebastopol; Hauptgerichte 10–20 US$; ⊙11.30–21.30 Uhr) oder holt sich im **Pacific Market** (www.fiestamkt.com; 550 Gravenstein Hwy N) die Zutaten für ein Picknick.

In **Guerneville**, der wichtigsten Siedlung am Fluss, gibt es Galerien mit Hippie-Kunsthandwerk und schwulenfreundliche Kneipen. Das **Visitor Center** (☎707-869-9000; www.russianriver.com; 16209 1st St, Guerneville; ⊙10–17 Uhr) versorgt Traveller mit Karten der Weingüter und mit Infos zu Unterkünften. Das 326 ha große **Armstrong Redwoods State Reserve** (☎707-869-2015; www.parks.ca.gov; 17000 Armstrong Woods Rd; Eintritt 8 US$, Stellplatz 25 US$; ⊙8 Uhr–Sonnenuntergang) lockt mit alten Mammutbäumen; hier steht auch der 1400 Jahre alte und 93 m hohe Colonel Armstrong Tree. Mit **Burke's Canoe Trips** (☎707-887-1222; www.burkescanoetrips.com; 8600 River Rd, Forestville; Kanu 60 US$) kann man zwischen Fischreihern und Ottern hindurch flussabwärts paddeln. Weiter südlich kann man unter freiem Himmel in der auf einem Hügel gelegenen Probierbar der **Iron Horse Vineyards** (☎707-887-1507; www.ironhorsevineyards.com; 9786 Ross Station Rd, Sebastopol; Weinprobe 10–15 US$; ⊙10–16.30 Uhr) Schaumwein schlürfen – und zwar die Marke, die Gästen im Weißen Haus vorgesetzt wird. Längs der ländlichen Westside Rd, die dem Flusslauf nach Healdsburg folgen, sind weitere gute Weingüter zu entdecken.

Guernevilles bestes Restaurant ist das kalifornisch-smarte **Boon Eat + Drink** (☎707-869-0780; www.eatatboon.com; 16248 Main St, Guerneville; Hauptgerichte mittags 9–11 US$, abends 12–22 US$; ⊙11–15 & 17–21 Uhr). Ein Abendessen samt Film erwartet Besucher im **Rio Theater** (☎707-865-0913; www.riotheater.com; 20396 Bohemian Hwy, Monte Rio; Erw./Kind 8/6 US$; ⊙Mi–So): In dieser umgebauten Armeebaracke aus den 1940er-Jahren laufen oscarverdächtige Streifen; dazu mampft man leckere Hotdogs (7 US$). Ein Abstecher nach Südosten führt zum Rasthof-Restaurant **Zazu** (☎707-523-4814; 3535 Guerneville Rd, Santa Rosa; Hauptgerichte Brunch 11–15 US$, abends 18–26 US$; ⊙Mi–Mo 17.30–20.30, So 9–14 Uhr), wo echte ländlich-rustikale Kost serviert wird. Man züchtet hier eigene Schweine und Hühner für die köstlichen, italienisch inspirierten Farmgerichte.

Südlich von Guerneville gelangt man über den 10 Meilen (16 km) langen, passend benannten **Bohemian Highway** (www.bohemianconnection.com) ins winzige **Occidental**, in dem man prima herumschlendern kann. Über die Coleman Valley Rd ist eine malerische Spritztour zum Ozean möglich. Auf dem wöchentlich stattfindenden **Farmers Market** (☎707-793-2159; www.occidentalfarmersmarket.com, ⊙Juni–Okt. Fr 16 Uhr–Sonnenuntergang) kann man sich mit Biolebensmitteln eindecken und sich unter die Einheimischen mischen. Im **Howard Station Café** (☎707-874-2838; www.howardstationcafe.com; 3811 Bohemian Hwy, Occidental; Hauptgerichte 8–11 US$; ⊙7–14.30 Uhr) werden herzhafte Frühstücks- und Mittagsgerichte serviert.

VON HEALDSBURG NACH BOONVILLE

Das Russian River Valley, das Dry Creek Valley und das Alexander Valley sprenkeln mehr als 90 Weingüter in einem 50-km-Radius rund um **Healdsburg**, wo gehobene Restaurants, Probierstuben und stilvolle Gasthäuser die spanisch anmutende Plaza umgeben. Weinprobenpässe und Karten erhält man im **Healdsburg Visitors Center** (☎707-433-6935; www.healdsburg.org; 217 Healdsburg Ave, Healdsburg; ⊙Mo–Fr 9–17, Sa bis 15, So 10–14 Uhr).

Im Dry Creek Valley, vom Zentrum Healdsburgs aus gesehen jenseits des Hwy 101, warten wunderschöne Weingüter und Farmen darauf, entdeckt zu werden. Einfach im Zentrum ein Fahrrad mieten und los geht's zu einer Zinfandel-Verkostung auf den **Bella Vineyards** (☎707-473-9171; www.bellawinery.com; 9711 West Dry Creek Rd; Weinprobe 5–10 US$; ⏲11–16.30 Uhr) oder nach Südwesten zu den **Porter Creek Vineyards** (☎707-433-6321; www.portercreekvineyards.com; 8735 Westside Rd; Weinprobe kostenlos; ⏲10.30–16.30 Uhr) mit Biozertifikat, wo Pinot Noir an einer Bar serviert wird, die aus einer Bowlingbahn gezimmert wurde.

Von Healdsburg aus Richtung Norden bringt einen der Hwy 128 ins **Anderson Valley**. Dort locken Biorestaurants, preisgekrönte Biere, Weinberge und Obstplantagen. In **Boonville** bietet sich eine Rast bei Frisbeegolf und Bierverkostung in der mit Solarenergie versorgten **Anderson Valley Brewing Company** (☎707-895-2337; www.avbc.com; 17700 Hwy 253, Boonville; Bierprobe 5 US$; ⏲11–18 Uhr, Führungen 13.30 & 15 Uhr) an.

Schlafen & Essen

Best Western Dry Creek MOTEL $$$
(☎707-433-0300; www.drycreekinn.com; 198 Dry Creek Rd, Healdsburg; Zi. Mo–Fr 59–129 US$, Sa & So 199–259 US$; ❄@📶🏊) Schickes Motel.

L&M Motel MOTEL $$
(☎707-433-6528; www.landmmotel.com; 70 Healdsburg Ave, Healdsburg; Zi. 100–140 US$; ❄📶🏊👪) Altmodisches Motel.

Bovolo ITALIENISCH $$
(☎707-431-2962; www.bovolorestaurant.com; 106 Matheson St, Healdsburg; Hauptgerichte mittags 8–14 US$; ⏲Mo, Mi & Do 9–16, Di, Fr & Sa bis 20, So bis 18 Uhr) Das Bovolo bereitet Fastfood zu, als wäre es Slowfood. Man bekommt hier Salate, Panini und Pizza mit selbstgemachter Wurst.

Cyrus KALIFORNISCH $$$
(☎707-433-3311; www.cyrusrestaurant.com; 29 North St, Healdsburg; Menü Festpreis 102–130 US$; ⏲Sa 11.30–14, Do–Mo 18–22 Uhr) Kritiker loben das ultraschicke Cyrus über den grünen Klee, aber der Geheimtipp der Einheimischen ist die Bar. Dort bekommt man zu den Trüffelgerichten durchgeknallte Cocktailkreationen.

Boonville General Store CAFÉ $$
(☎707-895-9477; 14077 Hwy 128, Boonville; ⏲8–15 Uhr; 👪) Hier gibt's selbst gemachte Pizzas und Gebäck sowie Biosalate mit Zutaten aus regionalem Anbau.

Anreise & Unterwegs vor Ort

Das Wine Country beginnt 75 Minuten nördlich von San Francisco, zu erreichen über den Hwy 101 oder die I-80. Verkehrsinformationen gibt's unter ☎511.

Fahrrad

Leihräder kosten zwischen ca. 25 und 45 US$ pro Tag. Manchmal kann man sich von den Weingütern abholen lassen – einfach nachfragen!

Calistoga Bike Shop (☎707-942-9687; www.calistogabikeshop.com; 1318 Lincoln Ave, Calistoga) Fahrradvermietung.

Getaway Adventures (☎707-568-3040; www.getawayadventures.com) Veranstaltet leichte „Sip-n-Cycle"-Weingut-Radtouren rund um Calistoga (149 US$, 6 Std.).

Napa River Vélo (☎707-258-8729; www.napariveryelo.com; 680 Main St, Napa) Fahrradvermietung; an der Rückseite des Gebäudes.

Napa Valley Adventure Tours (☎707-259-1833; www.napavalleyadventuretours.com; Oxbow Public Market, 610 1st St, Napa) Verleiht Fahrräder und veranstaltet Radtouren mit Weinproben, Mittagessen und Gesprächen mit den Winzern.

Sonoma Valley Cyclery (☎707-935-3377; www.sonomacyclery.com; 20091 Broadway, Sonoma) Fahrradvermietung.

Spoke Folk Cyclery (☎707-433-7171; www.spokefolk.com; 201 Center St, Healdsburg) Fahrradvermietung.

Öffentliche Verkehrsmittel

Die Anreise mit öffentlichen Verkehrsmitteln dauert lange, ist aber möglich. Vom Ferry Building in San Francisco kann man die **Vallejo Ferry** (www.baylinkferry.com; Erw./Kind 13/6,50 US$) nehmen. Werktags verkehrt die Fähre zwischen 6.30 und 19 Uhr stündlich und an Wochenenden zwischen 11 und 19.30 Uhr alle zwei Stunden. In Vallejo hat man mit Bussen von **Napa Valley Vine** (www.napavalleyvine.net; Erw./Kind 2,90/2,15 US$) Anschluss nach Napa und Calistoga. Alternativ fährt man mit dem BART-Zug nach El Cerrito, steigt dort zu **Vallejo Transit** (www.vallejotransit.com; 5 US$) nach Vallejo um und hat dort Anschluss an die Busse nach Napa.

Um nach Sonoma zu kommen, nimmt man einen **Greyhound-Bus** (www.greyhound.com) von San Francisco nach Santa Rosa (22 US$). **Golden Gate Transit** (goldengatetransit.org) verbindet San Francisco mit Petaluma (8,80 US$) und Santa Rosa (9,70 US$), wo man mit **Sonoma County Transit** (www.sctransit.com) Anschluss hat.

Napa Valley Vine bedient das Napa Valley; Golden Gate Transit und Sonoma County Transit stellen Verbindungen rund um Sonoma bereit.

Zug

Napa Valley Wine Train (☎707-253-2111; www.winetrain.com; 89–189 US$/Pers.) Gemütliche, aber sehr touristische dreistündige Fahrten mit optionalem Halt an einem Weingut.

Nordküste

An der Nordküste Kaliforniens grenzen Täler voller Mammutbäume an den donnernden Pazifik. Neben Hippies und hopfenbetonten Bieren finden Traveller hier die höchsten Bäume und die bekanntermaßen gehaltvollsten Marihuanapflanzen der Welt vor.

Roadtrips sind in diesem Teil Kaliforniens am schönsten, wenn man einfach immer weiterfährt, denn die kurvenreiche Küstenstraße wird mit jedem Kilometer immer schöner und wilder. Auch wenn die charmante Metropole San Francisco nur ein paar Stunden hinter einem liegt, fühlt man sich an der unregelmäßigen Küste, an die der kalte, schäumende Pazifik schlägt, und in den beiden kleinen Ortschaften Lichtjahre von ihr entfernt.

VON BODEGA BAY NACH FORT BRAGG

Verglichen mit der berühmten Küste des Big Sur ist der kurvenreiche Abschnitt des Hwy 1 an der Nordküste anspruchsvoller, einsamer und echter: Er führt an Farmen, Fischerdörfern und versteckten Stränden vorbei. Von Haltebuchten aus kann man den diesigen Horizont über dem Pazifik nach wandernden Walen absuchen und sich die Küste anschauen, deren Felsformationen ständig von einer heftigen Brandung umspült werden. Ohne Pausen dauert die Fahrt von Bodega Bay nach Fort Bragg bei Tageslicht vier Stunden. Bei Nacht, wenn der Nebel aufzieht, braucht man stahlharte Nerven und wesentlich mehr Zeit.

Bodega Bay ist die erste Perle in der Kette der verschlafenen Fischerstädtchen und der Schauplatz von Hitchcocks Horror-Klassiker *Die Vögel* (1963). Die hiesigen Möwen sind zwar nicht wirklich blutrünstig, aber sein Picknick sollte man schon im Auge behalten. Am Wochenende strömen Besucher aus der Bay Area in Massen an die spektakulären **Sonoma Coast State Beaches**, die sich von hier bis in das 10 Meilen (16 km) entfernte Jenner hinziehen. An den Stränden gibt es Felsbögen, mit Wildblumen bewachsene Klippen und unzählige Buchten, wo Pärchen ihre Decken ausbreiten und zuschauen, wie der Nebel ins Land rollt. **Bodega Charters** (www.bodegacharters.com; 1410 Bay Flat Rd, Bodega Bay) und mehrere andere Bootsanbieter veranstalten Walbeobachtungstouren (35 US$/Pers., 3½–4 Std.). Zwischen Januar und Mai lassen sich besonders viele wandernde Wale blicken. Die **Bodega Bay Surf Shack** (www.bodegabaysurf.com; 1400 N Hwy 1, Bodega Bay; Surfbrett 15 US$, 4 Std. Einer-/Zweierkajak 45/65 US$) vermietet Surfbretter, Neoprenanzüge und Kajaks. Wer lieber an Land bleibt, kann bei einem Ausritt von den **Chanslor Riding Stables** (www.chanslorranch.com; 2660 N Hwy 1, Bodega Bay; 1-stündiger Ausritt ab 70 US$) aus den Blick auf die Küste und in die Hügel vom Rücken eines Pferdes genießen.

Jenner ist nicht viel mehr als eine Ansammlung von Läden und Restaurants auf den Küstenhügeln dort, wo der breite, träge Russian River in den Pazifik mündet. Die Hauptattraktion ist die Seehundkolonie vor Ort. Man kann die Tiere von Haltebuchten am Hwy 1 nördlich der Ortschaft beobachten. Ehrenamtliche Helfer schützen die Seehunde und versorgen Touristen während der Aufzuchtzeit (März–Aug.) am **Goat Rock State Beach** (Meile 19,15) mit Informationen.

Im **Fort Ross State Historic Park** (☎707-847-3286; www.fortrossstatepark.org; 19005 Hwy 1; 8 US$/Auto), 12 kurvenreiche Meilen (19,3 km) nördlich von Jenner, finden sich die vom Salz zerfressenen Gebäude eines 1812 eingerichteten Handelspostens und einer russisch-orthodoxen Kirche. Der ruhige Ort hat eine fesselnde Geschichte: Dies war einst der südlichste Punkt, an dem das russischen Zarenreich in Nordamerika noch Handel betreiben hat. Das kleine, nach Holz duftende Museum zeigt historische Exponate und bietet Zuflucht vor den Winden an den Klippen. Wegen Geldmangels ist der Park gelegentlich geschlossen, aber immerhin kann man an fast allen Wochenenden sicher sein, dass er geöffnet ist.

Im **Salt Point State Park** (☎800-444-7275; www.reserveamerica.com; Meile 39; pro Auto/Stellplatz 8/35 US$) gibt es Wanderwege, Gezeitenbecken und zwei Campingplätze, wo im Frühjahr rosafarbene Blumen im diesigen Waldesdunkel leuchten. Kühe der örtlichen Biomolkereien grasen auf den felsübersäten Wiesen hoch auf den Klippen.

8 Meilen (12,9 km) nördlich von Elk führt im **Van Damme State Park** (☎800-444-7275; www.reserveamerica.com; pro Auto/Stellplatz 8/35 US$) der beliebte **Fern Canyon Trail** durch einen niedrigen Wald und

eine Schlucht voller Farne und Holundergestrüpp. Der mit dem Auto erreichbare Campingplatz ist ganz nett, schöner und ruhiger ist jedoch der Platz, der in einer leichten, 3,2 km langen Wanderung zugänglich ist. Seine Stellplätze finden sich auf einem Hügel rund um eine grasbewachsene Lichtung und sind gut für Familien geeignet.

Das beliebteste Dorf an diesem Teil der Route ist **Mendocino**, ein verblichenes historisches Juwel auf einer prächtigen Landspitze. Für Amerikaner in den mittleren Jahren, die aus der Bay Area kommen, wirken die B&Bs in den neuenglisch anmutenden Giebelhäusern mit heruntergezogenem Dach auf der Rückseite und die urigen Läden fast paradiesisch. Ein Weg an der Landspitze führt an Brombeersträuchern und Wildblumen vorbei, während Zypressen auf schwindelerregenden Klippen Wache stehen – hier kann man prima ein Picknick machen. Überall zeigt sich die Natur von ihrer gewaltigen Seite: am Treibholz auf den Wiesen, an den Tunnelhöhlen und an der tobenden Gischt. Bester Ausgangspunkt für eine Erkundungstour ist das **Visitor Center** (www.gomendo.com; 735 Main St, Mendocino; ⌚11–16 Uhr) im Ford House.

Medocinos raubeinige Nachbarstadt **Fort Bragg** versucht, einige der gut betuchten Ausflügler ein Stück weiter nach Norden zu locken, muss sich dabei aber noch ziemlich mühen. Man findet hier billiges Benzin, große Motels und viel Fast Food vor, aber auch einen gewissen Charme. Die eleganten, runden Biere der **North Coast Brewing Co** (www.northcoastbrewing.com; 455 N Main St, Fort Bragg; Pint 4 US$, Bierprobe mit 10 Sorten 12 US$) sind ein guter Grund für einen Stopp. Fort Bragg wirft außerdem noch den **Skunk Train** (☎800-866-1690; www.skunktrain.com; Erw./Kind 3–11 Jahre 49/24 US$) von 1885 in die Waagschale, mit dessen Diesel- und Dampfloks man einen halbtägigen Ausflug durch die Wälder bis nach Ukiah machen kann.

Schlafen & Essen

In Mendocino scheint jedes zweite Gebäude ein B&B zu sein – man hat die Auswahl unter Dutzenden. Viele sind schick eingerichtet, sodass Stammgäste gerne wiederkommen.

LP TIPP **Mar Vista Cottages** HÜTTE $$
(☎707-884-3522; www.marvistamendocino.com; 35101 S Hwy 1, Anchor Bay; Hütte ab 155 US$; 📶) Die elegant renovierten Fischerhütten aus den 1930er-Jahren bilden eine einfache, aber stilvolle Ferienanlage am Meer und sind echte Vorreiter in Sachen Nachhaltigkeit. Das harmonische Erscheinungsbild der Häuser im sonnigen „Bananengürtel" der Nordküste ist das Ergebnis sorgsamer Beachtung von Details: Die Wäsche trocknet über dem Lavendel auf der Leine, Gäste ernten im Biogemüsegarten die Zutaten für ihr Abendessen, und auf dem Grundstück laufen die Hühner herum, die die Eier fürs Frühstück liefern. Meist beträgt der Mindestaufenthalt zwei Nächte.

Andiorn HÜTTEN $$
(☎800-955-6478; www.theandiorn.com; 6051 N Hwy 1, Mendocino; Zi. 99–149 US$; 📶) Die mit schickem Vintage-Dekor eingerichteten Hütten dieser Anlage aus den 1950er-Jahren sind inmitten der steifen Rosen-und-Spitzendeckchen-Ästhetik von Mendocino eine erfrischend spielerische Abwechslung. Jede Hütte hat zwei Zimmer, die thematisch zueinander passen: Im Zimmer „Lesen" finden sich beispielsweise alte Bücher, bequeme altmodische Sessel und hippe Brillen im Retro-Look, daneben im Zimmer „Schreiben" eine große Schiefertafel und eine Schreibmaschine. Für Traveller perfekt sind die Zimmer „Hier" und „Dort" mit alten Landkarten, Fluglinien-Krimskrams aus den 1960er-Jahren und allerlei alten Sammelobjekten von der Nordküste.

Gualala Point Regional Park CAMPING $
(www.sonoma-county.org/parks; 42401 S Highway 1, Gualala; Stellplatz 28 US$) Ein kurzer Weg verbindet den an einem Bach im Schatten von Mammutbäumen und duftendem Gewürzlorbeer liegenden Campingplatz mit dem windumtosten Strand. Dank der Stellplätze, zu denen auch ein paar abgelegene, nur zu Fuß zugängliche gehören, ist dieser Platz der beste mit dem Auto erreichbare an diesem Küstenabschnitt.

Brewery Gulch Inn B&B $$$
(☎800-578-4454; www.brewerygulchinn.com; 9401 N Hwy 1, Mendocino; Zi. 210–450 US$; 📶) Südlich von Mendocino überzeugt dieses B&B mit modernen Zimmern mit offenen Kaminen und Gastgebern, die zur Weinstunde kräftig ausschenken und für den kleinen Hunger Süßigkeiten bereitstellen. Das Frühstück wird in einem kleinen Speisesaal mit Blick aufs ferne Meer serviert.

LP TIPP **Piaci Pub & Pizzeria** PIZZERIA $$
(www.piacipizza.com; 120 W Redwood Ave, Fort Bragg; Pizza 8–12 US$; ⌚Mo–Fr 11–16,

So–Do 16–21, Fr & Sa bis 22 Uhr) Fort Braggs angesagteste Pizzeria ist der richtige Ort, um mit Einheimischen ins Gespräch zu kommen, während man sich mit Spezialbieren und fantastischen, in einem Ziegelofen mit Holzfeuer gebackenen Pizzas stärkt. Das „Gustoso" mit Ziegenkäse, Pesto und Birnen passt bestens zu den fein abgeschmeckten Fladen mit dem dünnen Boden. Der Laden ist winzig, laut und lustig. In Spitzenzeiten muss man darauf gefasst sein zu warten.

Spud Point Crab Company SEAFOOD **$**
(www.spudpointcrab.com; 1860 Bay Flat Rd, Bodega Bay; Gerichte 4–10 US$; Do–Di 9–17 Uhr;) In der Tradition der klassischen Krabbenlokale am Hafen serviert das Spud Point salzig-süße Krabbencocktails und authentischen Muscheleintopf an seinen Picknicktischen mit Blick auf den Jachthafen.

Café Beaujolais KALIFORNISCH-FUSION **$$$**
(707-937-5614; www.cafebeaujolais.com; 961 Ukiah St, Mendocino; Mittagsgerichte 9–16 US$, Hauptgerichte 24–36 US$; Mi–So 11.30–14.30, tgl. ab 17.30 Uhr) Das sehr geschätzte Restaurant mit ländlich-kalifornischer bzw. französischer Küche residiert in einem Haus von 1896. In dem monochromen, urban-schicken Speisesaal kann man prima bei Kerzenschein Händchen halten. Die raffinierte, fantasievolle Cuisine lockt sogar Gourmets aus San Francisco an, die einen Besuch hier zum eigentlichen Grund für ihren Ausflug machen. Die Köche setzen auf Zutaten aus der Region und kochen mit saisonfrischen Zutaten. Die Petaluma-Entenbrust mit knuspriger Haut ist immer ein echter Leckerbissen.

Bones Roadhouse GRILL **$$**
(www.bonesroadhouse.com; 39350 S Hwy 1, Gualala; Hauptgerichte 10–20 US$; So–Do 11.30–21, Fr & Sa bis 22 Uhr) Mit seinem herzhaft geräucherten Fleisch ist dieses Lokal die beste Anlaufstelle für ein Mittagessen in Gualala. An Wochenenden gibt eine kauzige Blues-Truppe vielleicht gerade „Mustang Sally" zum Besten.

Patterson's Pub KNEIPE **$$**
(www.pattersonspub.com; 10485 Lansing St, Mendocino; Hauptgerichte 10–15 US$) Zu später Stunde, wenn die schickeren Lokale geschlossen sind, ist man für die Existenz dieser Kneipe echt dankbar, denn hier bekommt man dann immer noch große Salate und erstklassiges Kneipenessen.

An- & Weiterreise

Der Hwy 1 ist zwar bei Radlern beliebt, doch ohne Auto kommt man kaum aus, wenn man auf dieser Straße unterwegs ist. Wer unbedingt per Bus reisen will, kann sich an die **Mendocino Transit Authority** (MTA; 800-696-4682; www.4mta.org) halten, deren Fahrzeuge einmal täglich von Fort Bragg südwärts über Willits und Ukiah nach Santa Rosa fahren (21 US$, 3 Std.); dort kann man den Bus 80 von **Golden Gate Transit** (415-923-2000; www.goldengate.org) nach San Francisco nehmen (8,80 US$). Weder Greyhound noch Amtrak bedienen die Ortschaften am Hwy 1.

VON UKIAH NACH SCOTIA

Die Küstenroute auf dem Hwy 1 ist ideal, um gemächlich zu reisen, aber ein großer Teil derjenigen, die auf dem Hwy 101 zwischen Ukia und Scotia unterwegs sind, fährt direkt zu abgelegeneren Regionen jenseits des *Redwood Curtain*. Es gibt aber durchaus ein paar empfehlenswerte Abstecher, z. B. zu ausgezeichneten Weingütern rund um Ukiah, zu Mammutbaumwäldern nördlich von Leggett und zu der verlassenen Wildnis der Lost Coast.

In **Ukiah** tankt man zwar eigentlich nur oder isst einen Happen, doch in der Nähe lockt das Vichy Springs Resort.

Nördlich des winzigen **Leggett** am Hwy 101 kann man in der **Standish-Hickey State Recreation Area** (707-925-6482, 69350 Hwy 101; 8 US$) ein Bad im Fluss nehmen und angeln sowie auf insgesamt 14,5 km Wegen durch ursprüngliche und nachgewachsene Mammutbaumwälder wandern (dabei nach dem 68 m hohen Miles-Standish-Tree Ausschau halten!). 14 Meilen (22,5 km) weiter nördlich befindet sich der 567 ha große **Richardson Grove State Park** (8/35 US$ pro Auto/Stellplatz) mit weiteren unberührten Mammutbaumwäldern und Campingmöglichkeiten.

Die **Lost Coast** ist ein echtes Wandererparadies und bietet die urtümlichsten Campingstellen an der rauen kalifornischen Küste. „Verloren" ging die Küste, als der Highway um die schroffen Berge der King Range herumgeführt wurde, welche wenige Kilometer vom Ozean entfernt 1200 m hoch aufragen. So blieb die Gegend mit ihrer atemberaubenden Landschaft weithin unerschlossen. Von Garberville führt eine schlechte Straße 23 Meilen (37 km) bis nach Shelter Cove. Dies ist der wichtigste Versorgungspunkt, wenn man an der Lost Coast unterwegs ist, und doch nicht mehr als ein kleiner Flecken am Meer mit einem Deli, einem Restaurant und Motels. Unbedingt die „Betreten verboten!"-Schilder beachten, wenn man querfeldein unterwegs ist: Man könnte auf Farmer treffen, die ihr illegal angebautes Marihuana entschlossen verteidigen.

Der 207 km² große **Humboldt Redwoods State Park** (www.humboldtredwoods.org; Stellplatz 20–35 US$) am Hwy 101 schützt einige der weltweit ältesten Mammutbäume. In dem Park stehen drei Viertel der 100 höchsten Bäume des Planeten. Baumumarmer aufgepasst: Die hiesigen können größenmäßig mit denen im viel weiter südlich gelegenen Redwood National Park durchaus mithalten, nach Ansicht von vielen übertreffen sie diese sogar noch. Wer keine Zeit für eine Wanderung hat, sollte auf jeden Fall eine Fahrt auf der tollen **Avenue of the Giants** im Park machen. Diese 32 Meilen (51,5 km) lange Straße verläuft parallel zum Hwy 101. Die spektakulären Stellplätze in der Nähe des informativen **Visitor Center** (☎707-946-2409; ⏲9–17 Uhr) reserviert man besser vorab.

Schlafen & Essen

Die Campingmöglichkeiten sind vielfältig und von sehr hoher Qualität. Noch die kleinste Ortschaft bietet mindestens ein Deli, eine Taqueria und ein einfaches Motel. An der Avenue of the Giants gibt es wirklich ausgezeichnete Campingplätze – die besten im Humboldt Redwoods State Park – und haufenweise muffige Motels aus der Mitte des vorigen Jahrhunderts, die mit Vorsicht zu genießen sind.

Vichy Springs Resort RESORT, SPA $$$
(☎707-462-9515; www.vichysprings.com; 2605 Vichy Springs Rd, Ukiah; Lodge EZ/DZ 135/195 US$, am Bach 195/245 US$, Hütte ab 280 US$;) In dem 283 ha großen Resort finden sich die einzigen Thermalquellen mit natürlicher Kohlensäure in Nordamerika (30/50 US$ für 2 Std./Tag). Anders als bei anderen Thermalquellen in der Nähe besteht hier glücklicherweise Badebekleidungspflicht.

Benbow Inn HISTORISCHES HOTEL $$
(☎800-355-3301; www.benbowinn.com; 445 Lake Benbow Dr, Garberville, Zi. 130–200 US$;) Zwar wirkt das englische Landhausdekor ein wenig komisch überzogen, doch trotzdem ist das Herrenhaus im Tudorstil ein denkwürdiges Refugium. Alle Gäste erhalten Gratis-Sherry in ihren Zimmern. Das Restaurant mit weißen Tischtüchern und die holzgetäfelte Bar sind an nebligen Abenden besonders einladend.

Ukiah Brewing Company BRAUEREI $$$
(www.ukiahbrewingco.com; 102 S State St, Ukiah; Hauptgerichte abends 15–25 US$; ⏲So–Do 11.30–21, Fr & Sa bis 21.30 Uhr,) Die Biere stellen das Essen in den Schatten, und auf der Tanzfläche geht es am Wochenende bei Livemusik ziemlich turbulent zu. Das Speiseangebot ist ziemlich ökomäßig; es gibt viele vegane Gerichte und Rohkost.

Anreise & Unterwegs vor Ort

Greyhound (☎800-231-2222; www.greyhound.com) verbindet San Francisco mit Ukiah (40 US$). Montags bis samstags fahren Busse des **Redwood Transit System** (www.hta.org,) zwischen Scotia und Trinidad (2,50 US$, 2½ Std.).

VON EUREKA NACH CRESCENT CITY

Wer die weitläufigen Einkaufszentren am Ortsrand von **Eureka** passiert hat, wird wohl nicht gleich vor Begeisterung „Heureka" rufen – immerhin aber hat der Ort eine Altstadt mit schönen viktorianischen Gebäuden, einladenden Läden und Restaurants. Man kann freilich auch auf dem Hwy 101 durchfahren, ohne das kleinste Fitzelchen vom Charme des Städtchens mitzubekommen. Für einen Schaufensterbummel bietet sich die 2nd St zwischen D und G St an.

Karten und Infos gibt's im **Eureka Visitor Center** (www.eurekachamber.com; 2112 Broadway, Eureka; ⏲Mo–Fr 8.30–17, Sa 10–16 Uhr). **Going Places** (328 2nd St, Eureka; ⏲Mo–Sa 10.30–17.30, So 11–17 Uhr) ist ein fabelhafter Reisebuchladen in der Altstadt mit jeder Menge Reiseführern und Reisezubehör.

Als interessanteste Sehenswürdigkeit der Stadt gehören die **Blue Ox Millworks** (www.blueoxmill.com; Erw./Kind 6–12 Jahre 7,50/3,50 US$; ⏲Mo–Sa 9–16 Uhr) zu den ganz wenigen Schreinereien der USA, die noch viktorianische Möbel und anderes in Handarbeit und mit Gerätschaften aus dem 19. Jh. anfertigen. Bei den faszinierenden Besichtigungstouren kann man den Handwerkern bei ihrer Arbeit zuschauen.

Ebenfalls eine gut Option sind Hafenrundfahrten an Bord der blau-weißen **Madaket** (☎707-445-1910; www.humboldtbaymaritimemuseum.com; Erw./Kind 5–12 Jahre 15/7,50 US$; ⏲Mai–Okt.) von 1910. Das Boot legt am Ende der F St ab. Das Besondere: Bei der Cocktailfahrt in den Sonnenuntergang (10 US$) bekommt man seinen Drink an der kleinsten lizenzierten Bar im Bundesstaat ausgeschenkt.

Das 9 Meilen (14,5 km) nördlich von Eureka gelegene **Arcata**, um dessen Platz herum Patschulisträucher stehen, ist eine Hochburg linker Politik. Die Trucks fahren hier mit Biodiesel, und der Recyclingmüll wird mit dem Tandem abgeholt. Am nordöstlichen Stadtrand befindet sich der hübsche Campus der **Humboldt State University** (www.humboldt.edu). An der Kreuzung der Hwys 299 und 101 versorgt das **California Welcome Center** (www.arcatachamber.com; 9–17 Uhr;) Reisende mit Infos zur Region.

16 Meilen (25,7 km) nördlich von Arcata sitzt das Fischereistädtchen **Trinidad** auf einer Klippe über einem schimmernden Hafen. Am Trinidad Head winken schöne Sandstrände und kurze Wanderwege. Der nahe gelegene Luffenholtz Beach ist eine beliebte (aber unbewachte) Surfstelle; Unterkünfte und bewaldete Campingplätze finden sich an der Patrick's Point Rd nördlich der Stadt. Im **Patrick's Point State Park** (www.reserveamerica.com; Tagesnutzung/Stellplatz 8/35 US$) gibt es fantastische Felszungen und Gezeitenbecken zu besichtigen. Campen kann man auch.

Der Hwy 101 führt am **Visitor Center** (www.nps.gov/redw; 9–17 Uhr) der **Redwood National & State Parks** vorbei. Der Redwood National Park bildet zusammen mit den drei State Parks Prairie Creek, Del Norte und Jedediah Smith eine ausgewiesene Unesco-Weltnaturerbestätte; sie umfasst fast die Hälfte aller noch existierenden Mammutbaumurwälder in Kalifornien. Der Besuch des Nationalparks ist kostenlos; in den State Parks gilt in manchen Gebieten eine Tagesnutzungsgebühr von 8 US$, und dort befinden sich auch die einzigen erschlossenen Campingplätze (35 US$). Vom Zelt aus auf die gewaltigen Stämme zu schauen, ist ein surreales Erlebnis. Im Visitor Center sind Infos zu den Parks und kostenlose Genehmigungen zum Zelten auf freiem Gelände erhältlich. Auf den ersten Blick ist der Flickenteppich aus Gelände unter US- und kalifornischer Verwaltung etwas unübersichtlich: Das Parkgelände erstreckt sich nordwärts bis zur Grenze von Oregon, und mehrere Ortschaften liegen mittendrin.

Von Süd nach Nord kommt zuerst der **Redwood National Park**, der vom Bundesstaat verwaltet wird. Zu ihm gehören der Lady Bird Johnson Grove und der Tall Trees Grove, in dem mehrere der höchsten Bäume des Planeten stehen. Die verstreuten Campingstellen im Hinterland am Redwood Creek sind genehmigungspflichtig, aber kostenlos und sehr idyllisch.

Mehrere Meilen nördlich des winzigen Klamath bietet der **Del Norte Coast Redwoods State Park** Mammutbaumhaine und 13 km unberührte Küste. Der Damnation Creek Trail ist zwar nur 6,4 km lang, aber dank des Höhenunterschieds von 330 m und der malerischen Mammutbäume auf den Klippen der beste Wanderweg im Park. Der nicht markierte Ausgangspunkt befindet sich am Parkplatz bei Meile 16 des Hwy 101.

Der **Jedediah Smith Redwoods State Park** ist der nördlichste der Parks und befindet sich 5 Meilen (8 km) nordöstlich von Crescent City. Er ist weniger besucht als die anderen, aber auch sehr schön. Die Mammutbäume stehen hier so dicht, dass es vergleichsweise wenige Wanderwege gibt. Wer nicht wandern möchte, hat beim 11 Meilen (17,6 km) langen Howland Hill Scenic Drive eine spektakuläre Sicht auf den Wald.

Über eine halbmondförmige Bucht erstreckt sich **Crescent City**, eine unspektakuläre Kleinstadt, die aber die einzige nennenswerte Küstensiedlung nördlich von Arcata ist. Eine Flutwelle zerstörte 1964 mehr als die Hälfte der Stadt, die danach mit hässlichen Zweckbauten wieder aufgebaut wurde. Der 1865 errichtete **Battery Point Lighthouse** (Eintritt 3 US$; April–Okt. Mi–So 10–16 Uhr) am Südende der A St ist nur bei Ebbe zugänglich.

Schlafen & Essen

Diverse Motels aus der Mitte des vorigen Jahrhunderts verteilen sich über alle Ortschaften am Hwy 101. In Eureka liegen die günstigsten Optionen südlich des Zentrums. Die besten und vielseitigsten Restaurants gibt's in Arcata.

Requa Inn B&B **$$**
(707-482-1425; www.requainn.com; 451 Requa Rd, Klamath; Zi. 85–155 US$;) Der einfache historische Gasthof von 1914 ist auf Wanderer eingestellt, die hier ein großes Frühstück und Zimmer im Landhausstil mit Blick auf den Fluss vorfinden.

Hotel Arcata HISTORISCHES HOTEL **$$**
(707-826-0217; www.hotelarcata.com; 708 9th St, Arcata; Zi. 96–156 US$;) Das stattliche Hotel von 1915 am Hauptplatz von Arcata

wirkt zwar etwas muffig, liegt aber mitten im Zentrum.

Carter House Inns B&B **$$$**
(☎707-444-8062; www.carterhouse.com; 301 L St, Eureka; Zi. inkl. Frühstück 185–213 US$; 📶) Der Komplex aus mehreren liebevoll gepflegten viktorianischen Gebäuden ist eine gemütliche Unterkunft nahe der Altstadt von Eureka. Das edelste Lokal in der Gegend ist das Restaurant 301, in dem französische Fusion-Küche auf die Tische kommt.

LP TIPP **Six Rivers Brewery** BRAUEREI **$$**
(www.sixriversbrewery.com; 1300 Central Ave, McKinleyville; Hauptgerichte 11–18 US$; ⊙Di–So 11.30–24, Mo ab 16 Uhr) Dieses „Brauhaus mit Aussicht", eines der ersten von einer Frau geführten in Kalifornien, überzeugt in jeder Hinsicht: mit tollen Bieren, guter Stimmung, gelegentlicher Livemusik und köstlichen Hähnchenflügeln. Das würzige Chili Pepper Ale ist wunderbar.

Anreise & Unterwegs vor Ort

Greyhound (www.greyhound.com) fährt von San Francisco nach Arcata (53 US$, 7 Std.). Täglich außer sonntags halten die Busse von **Redwood Transit** (www.hta.org) auf der Strecke zwischen Trinidad–Scotia auch in Arcata und Eureka (2,50 US$, 2½ Std.). Trampen ist hier zwar ziemlich ungewöhnlich und aus Sicherheitsgründen auch nicht ratsam, doch wegen der alle Altersgruppen umfassenden Hippie-Kultur inklusive der umherziehenden Marihuana-Pflanzer ist diese Region jedoch in ganz Kalifornien diejenige, in der man mit dem ausgestreckten Daumen noch am leichtesten Erfolg hat.

Sacramento

Sacramento ist Kaliforniens älteste europäische Siedlung, die nicht von Missionaren gegründet wurde, sondern infolge des ersten Goldfunds aus dem Boden gestampft wurde. Die topfebene Hauptstadt des Bundesstaats mit den Schatten spendenden Bäumen und den verstopften Highways in glühender Sommerhitze mag also zwar ungewöhnlich sein, ist aber auch nicht wirklich interessant.

1839 errichtete der exzentrische Schweizer Einwanderer John Sutter hier ein Fort. Nachdem 1848 Gold in der Nähe entdeckt worden war, explodierte Sacramentos Bevölkerungszahl. Doch erst nach weiteren sechs Jahren zähen politischen Ringens wurde es schließlich zu Kaliforniens Hauptstadt. Old Sacramento zieht bis heute die meisten Besucher an. Mit ihren hölzernen Bürgersteigen erweckt die authentische Wildwestsiedlung am Flussufer allerdings den Eindruck, eine typische Touristenfalle zu sein. Die regelmäßig angelegten Straßen zwischen Stadtrand und Zentrum bergen Restaurants und Kultureinrichtungen von vergleichsweise höherer Qualität – beispielsweise eine aufstrebende Kunstszene, die nach und nach Sacramentos Ruf, ein Kuhkaff zu sein, verringert. Während der Events von **Second Saturday** (www.2nd-sat.com) könnte Reisenden in den Galerien und Geschäften in der Stadt der eine oder andere betrunkene Besucher über den Weg laufen.

Sehenswertes

LP TIPP **California Museum** MUSEUM
(www.californiamuseum.org; 1020 O St; Erw./Kind 6–13 Jahre 8,50/7 US$; ⊙Mo–Sa 10–17, So ab 12 Uhr) In dem attraktiven, modernen Museum befindet sich die California Hall Of Fame – wohl der einzige Ort, an dem man gleichzeitig Cesar Chavez, Mark Zuckerburg und Amelia Earhart begegnen kann. Die neu eröffnete Ausstellung *California Indians: Making A Difference* gewährt einen Blick auf die Kultur und die Traditionen der Ureinwohner in der Geschichte und in der Gegenwart. Sie ist die beste ihrer Art im Land.

State Capitol HISTORISCHES GEBÄUDE
Das aus dem 19. Jh. stammende State Capitol an der 10th St ragt als brillantes, weißes Juwel aus der gepflegten Capitol Mall heraus. Im **Capitol Museum** (www.statecapitolmuseum.com; Eintritt frei; ⊙9–17 Uhr) werden Führungen durch historisch möblierte Sitzungssäle veranstaltet. Die beiden Kammern des kalifornischen Parlaments (Assembly und Senat) sind für die Öffentlichkeit zugänglich.

California State Railroad Museum MUSEUM
(www.californiastaterailroadmuseum.org; 125 I St; Erw./Kind 6–17 Jahre 9/4 US$; ⊙10–17 Uhr) Für Eisenbahnfans ein Muss: In diesem Museum kann man in Dutzende sorgsam restaurierte Dampf- und Dieselloks klettern. An den Sommerwochenenden ist ein Dampfzug (Erw./Kind 10/5 US$) unterwegs. Das Museum liegt am Fluss in Old Sacramento.

Old Town Sacramento HISTORISCHES VIERTEL
(www.oldsacramento.com) Das zu Fuß erkundbare Viertel mit dem Süßigkeitenduft in den Straßen und den Babyboomern auf

Harleys wirkt zwar ziemlich künstlich, besitzt aber die größte Konzentration historischer Gebäude in Kalifornien und dazu ein paar schöne Museen.

Sutter's Fort HISTORISCHES FORT
(Ecke 27th & L St; Erw./Kind 5/3 US$; ⌚10–17 Uhr) Im Sommer und an manchen Samstagen des übrigen Jahrs bevölkern historisch kostümierte Darsteller das originalgetreu im Stil der 1850er-Jahre restaurierte Fort.

Schlafen & Essen

Sacramentos Hotels sind auf Gäste ausgerichtet, die im Capitol zu tun haben, dementsprechend gibt es am Wochenende größere Preisnachlässe, insbesondere bei Last-Minute-Buchungen über Priceline. In Midtown finden sich viele Kettenhotels der Mittelklasse. Restaurants säumen die J St zwischen der 16th und 25th St.

LP TIPP **Citizen Hotel** BOUTIQUEHOTEL $$$
(☎916-492-4460; 926 J St; Zi. 159 US$, Suite ab 215 US$; 📶) Nachdem die Hotelkette Joie de Vivre das lange verwaiste Citizen übernommen und ihm einen eleganten, ultrahippen Touch verpasst hat, ist dies urplötzlich zu einer der coolsten Unterkünfte in diesem Teil des Bundesstaats geworden. Die Zimmer sind hübsch mit Luxusbettwäsche, kräftig gemusterten Stoffen und iPod-Stationen eingerichtet. Auch die kleinen Details können sich sehen lassen: Alte politische Karikaturen zieren die Wände, es gibt einen Radverleih und abends einen Weinempfang. Im Erdgeschoss gibt es ein gehobenes Restaurant mit täglich anderen, saisonalen, frischen Gerichten von der Farm (Hauptgerichte ab ca. 25 US$).

HI Sacramento Hostel HOSTEL $
(www.norcalhostels.org/sac; 925 H St; B/Zi. 28/55,75 US$; P@📶) Das soll ein Hostel sein? Wie reizend! Die öffentlichen Bereiche in der restaurierten viktorianischen Villa haben nahezu B&B-Qualität, die geräumigen Schlafsäle sind sauber, und das Personal weiß Bescheid über das örtliche Nachtleben.

LP TIPP **Andy Nguyen's** THAI $$
(www.andynguyenvegetarianrestaurant.com; 2007 Broadway; Gerichte 8–16 US$; ⌚So–Mo 11.30–21, Di–Do bis 21.30, Fr & Sa bis 22 Uhr; ✎) In diesem beschaulichen buddhistisch-thailändischen Diner gibt es die vielleicht besten vegetarischen Gerichte in ganz Kalifornien. Zu empfehlen sind die dampfenden Currys und die kunstvollen Pseudo-Fleischgerichte (im „Hähnchenschenkel" steckt sogar ein kleiner Holzknochen).

Mulvaney's B & L KALIFORNISCH $$$
(☎916-441-6022; www.mulvaneysbl.com; 1215 19th St; Hauptgerichte 20–40 US$; ⌚Di–Fr 11.30–14.30 & 17–22, Sa 17–22 Uhr) Das hochklassige Restaurant wechselt täglich das Angebot und bietet französisch angehauchte Cuisine.

Rubicon BRAUEREI $
(www.rubiconbrewing.com; 2004 Capitol Ave; Sandwichs 7–11 US$; ⌚Mo–Do 11–23.30, Fr & Sa bis 0.30, So bis 22 Uhr) Bietet preisgekrönte India Pale Ales und ordentliches Kneipenessen.

Anreise & Unterwegs vor Ort

Sacramento liegt 91 Meilen (146 km) östlich von San Francisco (verbunden über die I-80) und 386 Meilen (621 km) nördlich von Los Angeles (verbunden über die I-5). Der kleine **Sacramento International Airport** (www.sacairports.org) befindet sich 15 Meilen (24 km) nördlich der Innenstadt abseits der I-5 und bietet Zugang zum Lake Tahoe.

Mit **Amtrak** (www.capitolcorridor.org; Ecke 5th & I St) kommt man am leichtesten in die Bay Area, da häufig Züge auf der Capitol-Corridor-Strecke verkehren. Der Bahnhof befindet sich in der Nähe des Zentrums. Züge fahren täglich nach Oakland (26 US$, 2 Std.) und Los Angeles (57 US$, 14 Std.). Busse von **Greyhound** (www.greyhound.com; 7th & L St) gewähren Anschluss nach San Francisco (22 US$, 2 Std.) und Los Angeles (66 US$, 9 Std.) sowie zu allen dazwischenliegenden Orten. **Sacramento Regional Transit** (www.sacrt.com) betreibt die Busse und Straßenbahnen vor Ort (2,25 US$).

Gold Country

Kaum zu glauben, dass hier alles anfing: Die ruhigen Städtchen und die verschlafenen, von Eichen gesäumten Nebenstraßen des Gold Country verraten nichts von der wilden, chaotischen und oft gewalttätigen Gründung Kaliforniens. Kurz nachdem James Marshall 1848 im Sutters Creek das erste Gold gefunden hatte, setzte der Massenansturm von 300 000 Forty-Niners in die Ausläufer der Sierra ein. Als sich der Staub legte, entstanden mehrere der ersten städtischen Siedlungen im Westen, Einwandererrouten für Zuwanderer aus Amerika und Asien wurden geschaffen und der 31. Bundesstaat erblickte das Licht der Welt. Die Goldgier nahm auf die strengen

Moralvorstellungen der viktorianischen Zeit keine Rücksicht. Heute sind aber nur noch Spuren von den Umweltzerstörungen und den gesetzlosen Boomtowns zu entdecken. Für Geschichtsfans ist eine Reise in die Gegend so spannend wie eine Geisterbahnfahrt, denn verblassende Hinweistafeln erzählen von Blutdurst und Banditenwesen. Friedlicher gestimmte Traveller können sich hier auch sportlich betätigen – z.B. indem sie in Schwimmlöchern baden oder die einspurigen Mountainbikepisten ausprobieren.

Das Gold Country liegt am Hwy 49 und erfordert einen zweitägigen Abstecher durch winzige Ortschaften, die vom Verkauf von Antiquitäten, Eiscreme und Goldrausch-Kitsch leben. Abenteuerlustige unternehmen eine Wildwasserfahrt auf dem American River, dessen drei Arme Anfänger und Experten gleichermaßen reizen.

Wenn im Sommer die Temperaturen steigen, findet man Abkühlung in den eisigen Fluten des American River, des Tuolumne River, des Kings und des Stanislaus River. **All-Outdoors California Whitewater Rafting** (www.aorafting.com) ist der beliebteste Veranstalter. Das Unternehmen bietet ein- und zweitägige Raftingtouren durch die Wildnis. **Wolf Creek Wilderness** (www.wolfcreekwilderness.com; 595 E Main St, Grass Valley; Kajak ab 40 US$/Tag) vermietet Kajaks und gibt Paddelunterricht (40–150 US$).

Detaillierte Touristeninformationen über die Region erhält man bei der **Gold Country Visitors Association** (www.calgold.org).

NORTHERN MINES

Der Hwy 50 trennt Northern und Southern Mines voneinander. Erstere erstrecken sich südwärts zwischen Nevada City und Placerville. Kurviges Bindeglied ist der Hwy 49 mit vielen Haltebuchten, von denen man auf die umliegenden Hügel blickt. Bei glühender Hitze weisen Autoreihen am Straßenrand höchstwahrscheinlich auf Schwimmlöcher hin. Nicht lange fragen – einfach dahinter parken, entblättern und ins kühle Nass springen! Eine der besten Stellen zum Abkühlen liegt 3 Meilen (4,8 km) südlich von Auburn, wo sich Nord- und Südarm des American River vereinen.

Nevada City war einst als „Königin der Northern Mines" bekannt. Reizend restaurierte Gebäude, eine künstlerische Folkloreszene, Bio-Cafés und Boutiquen geben ihm bis heute einen gewissen Glanz. Die hervorragenden Infos der **Chamber of Commerce** (www.nevadacitychamber.com; 132 Main St, Nevada City; ⌚Mo–Fr 9–17, Sa 11–16, So 11–15 Uhr) helfen auch bei Spaziergängen auf eigene Faust weiter. Die **Tahoe National Forest Headquarters** (☎530-265-4531; ⌚Mo–Fr 8–16.30 Uhr, Sommer auch Sa) am Hwy 49 bzw. am Nordende der Coyote St liefern u.a. Details zu Wanderrouten und regionalen Mountainbike-Trails.

In Nevada Citys zweckmäßiger Schwesterstadt **Grass Valley**, ca. 5 Meilen (8 km) weiter südwestlich, lassen Künstler, Hippies und Rancher ihr Öl wechseln. 2 Meilen (3,2 km) östlich der Stadt bewahrt der schön gestaltete **Empire Mine State Historic Park** (☎530-273-8522; www.empiremine.org; Erw./Kind 6–16 Jahre 7/3 US$; ⌚10–17 Uhr) eine der ergiebigsten früheren Goldminen des Staates: Zwischen 1850 und 1956 wurden hier 164,4 t des Edelmetalls mit einem heutigen Marktwert von 5 Mrd. US$ gefördert.

In **Coloma** nahm der Goldrausch seinen Anfang. Der **Marshall Gold Discovery State Historic Park** (☎530-622-3470; 8 US$/Auto; ⌚8 Uhr–Sonnenuntergang) ist eine gruselig ruhige Hommage an den aufsehenerregenden Erstfund – inklusive kurzen Wanderwegen, restaurierten Gebäuden und einem Nachbau der Sutter's Mill. Sutter selbst ist als Statue vertreten. Auch in seinem Fall war der Goldrausch mit tragischer Ironie verbunden: Er starb als Mündel des Bundesstaats.

Schlafen & Essen

Cafés, Eisdielen und bessere Restaurants findet man in fast jeder nennenswerten Ortschaft am Hwy 49. In Nevada City gibt's eine ganze Menge Restaurant und Unterkünfte (darunter haufenweise B&Bs), daher bietet sich dieser Ort besonders an.

LP TIPP **Broad Street Inn** B&B $$
(☎530-265-2239; www.broadstreetinn.com; 517 E Broad St, Nevada City; Zi. 110–120 US$; ❄📶) Dieses Gasthaus mit seinen sechs Zimmern zeichnet sich durch seine Schlichtheit aus – hier bleibt man von seltsamen alten Puppen und vergilbenden Spitzendeckchen verschont. Die Zimmer sind modern, elegant und bunt eingerichtet, das Frühstück ist köstlich, und das Preis-Leistungs-Verhältnis erstklassig.

Outside Inn MOTEL $$
(☎530-265-2233; www.outsideinn.com; 575 E Broad St, Nevada City; Zi. 75–150 US$; ❄📶🏊👪) Das attraktivste der Motels gleich südlich

vom Ort hat saubere Themenzimmer und Gästegrills und wird von außerordentlich freundlichen Outdoor-Fans geführt.

Holbrooke Hotel HISTORISCHES HOTEL **$$**
(800-933-7077; www.holbrooke.com; 212 W Main St, Grass Valley; Zi. ab 105 US$;) Ins Gästebuch dieses Hotels von 1852 haben sich schon Ulysses Grant und Mark Twain eingetragen. In den eleganten viktorianischen Zimmern gibt es Badewannen mit Klauenfüßen. Vor Ort befindet sich außerdem ein empfehlenswertes Restaurant.

LP TIPP **Ikedas** BURGER **$**
(www.ikedas.com; 13500 Lincoln Way; 8–19, Sa & So bis 20Uhr) Wenn man durch diesen Teil des Bundesstaats einfach nur durchfährt, ist dieses Burger-Lokal an Ausfahrt 121 der I-80 die beste Wahl für eine Rast. Traveller auf dem Weg zum Lake Tahoe bekommen hier saftige Burger mit Fleisch von mit Gras gefütterten Rindern, hausgemachte Pies und Snacks. Der saisonal erhältliche frische Pfirsich-Shake ist einfach wunderbar.

SOUTHERN MINES

In den Siedlungen der Southern Mines zwischen Placerville und Sonora ist nur wenig los. Ihre staubigen Straßen riechen immer noch nach Wildem Westen – auch dank des heutigen kunterbunten Einwohnermixes aus Harleyfahrern, Marihuanazüchtern, Weinbergbesitzern und Goldsuchern (!). Einige der Orte sind reine Geisterstädte, z.B. **Plymouth** (Ole Pokerville) oder **Mokelumne Hill** (Moke Hill), die langsam und fotogen vor sich hin verwittern. Andere Orte wie **Jackson**, **Murphys** und **Sutter Creek** wirken dagegen herausgeputzt und typisch amerikanisch. Hier können sich Besucher prima abseits der ausgetretenen Pfade bewegen und z.B. familiengeführte Weingüter abklappern – vor allem rund um Plymouth im Amador County, wo der Zinfandel erfunden wurde. Hinzu kommen Höhlen, deren geologische Wunder für die darüber liegenden Touri-Geschenkläden entschädigen.

Columbia (www.columbiacalifornia.com) gehört zu den besten geschichtlichen Stätten des Gold Country. Inmitten seiner vier quadratischen Originalblocks aus den 1850er-Jahren sind heute historisch kostümierte Händler ansässig. Dazwischen suchen begeisterte Kinder selbst nach Gold. Der eigentliche Park schließt nie; die Geschäfte haben meist von 10 bis 17 Uhr geöffnet.

Schlafen & Essen

Die Campingplätze in den National Forests bieten das beste Preis-Leistungs-Verhältnis – sie sind nämlich kostenlos. In fast allen Ortschaften finden sich elegante B&Bs, in denen man in der Regel mehr als 100 US$ pro Übernachtung zahlt. Das geschäftige Sonora ist ziemlich trist, liegt aber gerade mal etwas mehr als eine Stunde vom Yosemite National Park entfernt und hat durchaus brauchbare Mittelklassehotels.

Gunn House Hotel HISTORISCHES HOTEL **$$**
(209-532-3421; www.gunnhousehotel.com; 286 S Washington St, Sonora; Zi. 79–115 US$;) In Sachen Niedlichkeit läuft dieses liebenswerte Hotel den darauf ausgerichteten Ketten im Gold Country den Rang ab. Die Zimmer zeigen historisches Dekor, und die Gäste können sich abends in Schaukelstühle auf breite Veranden setzen. Ausgestopfte Bären, ein hübscher Pool und das große Frühstück sorgen dafür, dass es hier auch Familien gefällt.

City Hotel & Fallon Hotel HISTORISCHE HOTELS **$$**
(800-532-1479; www.cityhotel.com; Zi. inkl. Frühstück ab 90–145 US$;) Die beiden Hotels unter gemeinsamer Leitung bieten 24 eindrucksvolle Zimmer und Gemeinschaftsbereiche, die mit museumswürdigen Möbeln ausstaffiert sind. Zum City Hotel gehört ein beliebtes **Restaurant** (Gerichte 14–30 US$), in dem auch ein Mark-Twain-Double verkehrt. Im Fallon befindet sich ein Repertoiretheater.

Volcano Union Inn HISTORISCHES HOTEL **$$**
(209-296-4458; www.volcanounion.com; 16104 Main St, Volcano; Zi. inkl. Frühstück 109–129 US$;) Das beliebtere der beiden historischen Hotels in Volcano hat vier liebevoll aufgemöbelte Zimmer mit knarrenden Böden, von denen zwei einen Balkon zur Straße besitzen. Die Speisekarte im Union Pub stammt von den Betreibern des Taste; gelegentlich spielt hier auch ein traditioneller Fiedler auf.

LP TIPP **Taste** KALIFORNISCH, FRANZÖSISCH **$$$**
(209-245-3463; www.restauranttaste.com; 9402 Main St, Plymouth; Hauptgerichte 31–50 US$; Do–Mo 17–22, Sa 11.30–14 Uhr) Statt Burger und Koteletts, wie sonst im Gold Country üblich, serviert das Taste kunstvolle, frische saisonale Gerichte mit einem dazu passenden kräftigen Zinfandel aus den umliegenden Hügeln des Amador County.

Lighthouse Deli & Ice Cream Shop FEINKOST $
(www.thelighthousedeli.com; 28 S Washington, Sonora; Sandwiches 7–9 US$; ⌚Mo–Fr 10–16, Sa 11–15 Uhr) Ein Hauch von New Orleans macht das bescheidene Deli zu einem unerwarteten Highlight. Das „Muffeletta" – ein getoastetes Stück vom Cajun-Paradies, gefüllt mit Schinken, Salami, Käse und Oliven-Tapenade – ist das beste Sandwich im Umkreis von 100 Meilen.

ℹ Anreise & Unterwegs vor Ort

Rund 26 Meilen (42 km) nordöstlich von Sacramento trifft der Hwy 49 in Auburn auf die I-80. Zu den lokalen Busunternehmen zählen **Gold Country Stage** (☎530-477-0103) mit Verbindungen zwischen Nevada City, Grass Valley und Auburn (1,50–3 US$) und **Placer County Transit** (☎530-885-2877). Das Gebiet der Southern Mines am Hwy 49 wird von öffentlichen Verkehrsmitteln nicht bedient.

Northern Mountains

Die entlegenen, einsamen und unglaublich schönen Northern Mountains gehören zu den am wenigsten besuchten Ecken Kaliforniens und bieten eine schier endlose Parade von Landschaftswundern, Bergseen, Flüssen und Wüsten. Die höchsten Gipfel – Lassen Peak, Mt. Shasta, das Lava Beds National Monument und die Trinity Alps – haben in geologischer Hinsicht praktisch nichts gemein, aber überall kann man hier unter den funkelnden Sternen in der Wildnis zelten. Die Orte in der Region sind durchweg nicht schön, aber geeignet, um sich für einen Ausflug in die Wildnis mit Proviant zu versorgen.

VON REDDING NACH YREKA

Nördlich von Redding schauen Autofahrer die meiste Zeit auf den **Mt. Shasta**, einen 4317 m hohen, schneebedeckten Riesen, der dramatisch aus dem Central Valley aufragt und die Vorfreude der Outdoorfans weckt, die an seinen Hängen das Abenteuer suchen. Eine extrem nützliche Zwischenstation gleich abseits der I-5 ist die **Shasta-Cascade Wonderland Association** (www.shastacascade.com; ⌚Mo–Fr 9–22, Sa & So bis 16 Uhr), die 10 Meilen (16 km) südlich von Redding in der Shasta Factory Outlets Mall zu finden ist.

Nicht auf die Touristenbroschüren hereinfallen: **Redding**, die größte Ortschaft in der Region, ist ziemlich verschlafen! Der einzige Grund für einen Zwischenstopp ist die **Sundial Bridge**, eine Fußgängerbrücke mit Glasboden von Stararchitekt Santiago Calatrava. Die Brücke führt über den Sacramento River zum **Turtle Bay Exploration Park** (www.turtlebay.org; 840 Auditorium Dr, Redding; Erw./Kind 4–12 Jahre 14/10 US$; ⌚Sommer 9–17 Uhr, Winter Mi–Sa 9–16, So ab 10 Uhr), einem kinderfreundlichen Wissenszentrum.

8 Meilen (12,9 km) westlich von Redding befindet sich am Hwy 299 (dem Trinity Scenic Byway) die **Whiskeytown National Recreation Area** mit dem Whiskeytown Lake, einem großen Stausee mit Wanderwegen, Campingplätzen und mehreren Sandstränden. Karten, Genehmigungen und Infos bekommt man im **Visitor Center** (☎530-246-1225; ⌚Sommer 9–18 Uhr, Winter 10–16.30 Uhr). Das 35 Meilen (56,3 km) weiter westlich gelegene **Weaverville** ist von Redding aus ein hübscher Abstecher und ein guter Ausgangspunkt für Touren in die Berge. Die **Weaverville Ranger Station** (☎530-623-2121; 210 N Main St, Weaverville; ⌚Mo–Fr 8–17, Sa bis 16.30 Uhr) stellt Wandergenehmigungen für die umliegenden **Trinity Alps** aus, die zu den am wenigsten erschlossenen Wildnisregionen Kaliforniens zählen.

Nördlich von Redding überquert die I-5 den tiefblauen **Shasta Lake**, den größten Stausee Kaliforniens, an dem sich Wanderwege und Wohnmobilparks befinden. Hoch in den Kalksteinmegalithen am Nordufer des Sees liegen die prähistorischen **Lake Shasta Caverns** (www.lakeshastacaverns.com; Erw./Kind 3–11 Jahre 22/13 US$; ⌚Führungen 9–16 Uhr). Bei den Höhlenführungen fährt man auch auf einem Ponton.

Dunsmuir ist eine winzige historische Eisenbahnsiedlung, die wirtschaftlich unter der gegenwärtigen Krise zu leiden hat, sich aber durch eine muntere Kultur- und Gastronomieszene auszeichnet. Anhalten sollte man schon allein, um seine Wasserflasche an den öffentlichen Brunnen aufzufüllen, denn der Ort behauptet stolz, hier gäbe es das beste Wasser auf Erden.

Die tolle **Mt. Shasta Town** zieht Sportkletterer, Aussteiger und Naturfreunde an, die alle den majestätischen Berg oberhalb des Orts mit verschieden stark ausgeprägtem mystischen und körperlichen Engagement verehren. Ein nützlicher Infotreff ist das **Mt. Shasta Visitor Center** (☎530-926-4865; www.mtshastachamber.com; 300 Pine St,

Mt. Shasta; ⏲Mo–Do 9–17.30, Fr & Sa bis 18, So bis 16 Uhr).

Der Everitt Memorial Hwy führt bis auf 2407 m den Berg hinauf; wer den Mt. Shasta besteigen will, verlässt einfach den Ort Richtung Osten über die Lake St und geht immer weiter. Für Aufstiege in über 3000 m Höhe braucht man einen Summit Pass (20 US$) der **Mt. Shasta Ranger Station** (☎530-926-4511; 204 W Alma St, Mt. Shasta; ⏲Mo–Sa 8–16.30 Uhr). Camper, aufgepasst: Selbst im Sommer sinken die Temperaturen auf dem Berg unter den Gefrierpunkt!

Schlafen & Essen

In diesem Teil des Bundesstaats ist Campen die beste Option. Außer im entlegensten Nordosten gibt es überall viele Motels aus den 1950er-Jahren. Die meisten Unterkünfte, die zu größeren Ketten gehören, gibt es in Redding, sie ballen sich aber in der Nähe der großen Durchfahrtsstraßen, sodass es dort recht laut sein kann.

Railroad Park Resort BOUTIQUEHOTEL $$
(☎800-974-7245; www.rrpark.com; DZ ab 115 US$;) Die attraktivste Übernachtungsmöglichkeit außer unter freiem Himmel bieten die holzgetäfelten Eisenbahnwagons, die abseits der I-5 gleich südlich von Dunsmuir stehen.

Sengthongs THAI $$
(www.sengthongs.com; 5855 Dunsmuir Ave; Hauptgerichte 15–22 US$; ⏲Do–Mo 17–21 Uhr) Ein ausgezeichnetes thailändisches Restaurant mit einem Nebenzimmer, in dem Livemusik gespielt wird.

Anreise & Unterwegs vor Ort

Amtrak (www.amtrak.com) bedient Redding und Dunsmuir, Busse von **Greyhound** (☎800-231-2222; www.greyhound.com) fahren Redding und Yreka an. Mit dem Auto beträgt die Entfernung von San Francisco nach Redding 215 Meilen (346 km, 4 Std.). Infos über den Straßenzustand bekommt man telefonisch beim **Siskiyou County** (☎530-842-4438).

NORTHEAST CORNER

Das **Lava Beds National Monument** ist die Stätte von einem der letzten großen Indianerkriege und der vulkanischen Zerstörungen vor über einer halben Million Jahre. Heute ist es ein stiller Zeuge für Jahrhunderte an Umbrüchen. Mit Lavaströmen, Kratern, Asche- und Lavakegeln sowie mehr als 500 Lavaröhren zeigt der Park das volle Vulkan-Programm. Wo einst der Modoc-Krieg tobte, sind die indigenen Amerikaner noch heute stark präsent, denn Felsbilder ihrer Vorfahren zieren einige Höhlenwände. Infos, Karten und Taschenlampen (zur Höhlenerkundung) bekommt man im **Visitor Center** (☎530-667-8113; www.nps.gov/labe; 1 Indian Well; ⏲Mai–Okt. 8–18 Uhr, Nov.–Sept. bis 17 Uhr). In der Nähe befindet sich der einzige **Campingplatz** (Stellplatz 10 US$) des Parks. Die einfachen Stellplätze (ohne Duschen) eignen sich für Zelte und kleine Wohnwagen.

Die **Klamath Basin National Wildlife Refuges** gleich nördlich bestehen aus sechs separaten Schutzzonen. Sie sind eine wichtige Zwischenstation für Zugvögel auf der Pazifikroute und ein bedeutendes Winterquartier für Weißkopfseeadler. Das **Visitor Center** (http://klamathbasinrefuges.fws.gov; 4009 Hill Rd; ⏲Mo–Fr 8–16.30, Sa & So 10–16 Uhr) liegt am Hwy 161 auf dem Weg zum Lava Beds Monument. Bei den kostenlosen, 16 km langen Auto-Audio-Touren hat man in den Schutzgebieten Lower Klamath und Tule Lake wunderbare Beobachtungsmöglichkeiten. Handel und Dienstleistungen finden sich in Klamath Falls, Oregon, gleich jenseits der Grenze.

Der **Modoc National Forest** bedeckt über 7770 km² des nordöstlichen Kaliforniens. Auf den Campingplätze kann man kostenlos zelten; Reservierungen werden nicht angenommen. Um ein Lagerfeuer entfachen zu dürfen, braucht man eine Genehmigung. Der **Medicine Lake**, 14 Meilen (22,5 km) südlich des Lava Beds Monument am Hwy 49, ist ein urweltlicher, schimmernd blauer Kratersee, umgeben von Kiefernwald, gewaltigen vulkanischen Formationen und coolen, einsamen Campingplätzen (Stellplatz kostenlos). 24 Meilen (38,6 km) östlich von Alturas liegt an der Grenze zwischen Kalifornien und Nevada die Hochlandwüste des **Surprise Valley**, das das Tor zu den wilden **Warner Mountains** darstellt, dem vielleicht am wenigsten vom Menschen veränderten Gebirgszug im Bundesstaat.

Hydrothermische Schwefelteiche und Kessel mit Namen wie „Devil's Kitchen" finden sich im eindrucksvollen **Lassen Volcanic National Park** (10 US$/Auto, Stellplatz 10–18 US$). Mit 3189 m ist der Lassen Peak der weltweit höchste Lavadom. Der Park hat zwei Zugänge mit Visitor Centers: Das kleinere befindet sich am Hwy 44 am Manzanita Lake; im kürzlich umgestalteten Center abseits des Hwy 89 ist auch die **Parkverwaltung** (☎530-595-4444; www.nps.gov/lavo; ⏲Juli–Sept. 8–16.30 Uhr, Okt.–Juni

Mo–Fr) zu finden. Der Hwy 89 führt durch den Park und ist für Autos von Juni bis Oktober geöffnet – im Winter dient er als Skilanglaufpiste.

SIERRA NEVADA

Die mächtige Sierra Nevada, die der Naturforscher John Muir als „Range of Light" (Gebirge des Lichts) bezeichnete, bildet das Rückgrat Kaliforniens. Die 644 km lange Phalanx aus zerklüfteten, von Gletschern und Erosion geformten Gipfeln lockt Outdoorfans an und fordert sie heraus. Mit ihren drei Nationalparks (Yosemite, Sequoia und Kings Canyon) ist die Sierra ein magisches, wildes Wunderland der Superlative: Hier finden sich der höchste Gipfel der kontinentalen USA (ohne Alaska), der Mt. Whitney, der mächtigste Wasserfall Nordamerikas sowie die höchsten Bäume der Welt.

Yosemite National Park

Dieser Nationalpark ist nicht umsonst so berühmt: Zwischen seinen schwindelerregend hohen Granitgipfeln donnern diesige Wasserfälle zu Tal, und Wildblumen tauchen die Wiesen in ein buntes Farbenmeer. Zudem wirken die majestätisch-mächtigen Silhouetten von El Capitan und Half Dome vor dem hellblauen Himmel fast schon furchteinflößend. Hier sind wir winzig kleinen Menschen rundum von einer unbarmherzigen Traumlandschaft umgeben. Doch leider macht das Kreischen und Dröhnen eines weiteren voll besetzten Touristenbusses urplötzlich alle Magie zunichte. So geht man den unvermeidlichen Menschenmassen möglichst gut aus dem Weg:

» Der Sommer ist keine gute Zeit, um herzukommen: Am schönsten wirkt der Park im Frühling – vor allem, wenn die Wasserfälle im Mai anschwellen. Der Herbst ist herrlich ruhig, und auch verschneite Wintertage können ihren Reiz haben.

» Auto stehen lassen: Auf fast allen Pfaden bringen schon wenige Kilometer lange Wanderungen die autoabhängigen Massen außer Sicht.

» Jetlag nutzen oder ignorieren: Entweder sehr früh aufstehen oder Mond und Sterne bei unvergesslichen Nachtwanderungen bewundern!

Sehenswertes

Zu der sieben Tage gültigen Eintrittskarte (20 US$/Auto, pro Fahrrad, Motorrad od. Fußgänger 10 US$) erhält man kostenlos eine Karte und einen nützlichen Parkführer. Die wichtigsten Zugänge sind Arch Rock (Hwy 140), South Entrance (Hwy 41), Big Oak Flat (Hwy 120 West) und Tioga Pass (Hwy 120 Ost). Der saisonal geöffnete Hwy 120 durchquert den Park als Tioga Rd und verbindet das Yosemite Valley mit dem Hwy 395 in der östlichen Sierra Nevada.

Im überlaufenen, unter dem Autoverkehr ächzenden Yosemite Village befinden sich das Hauptbesucherzentrum des Parks, ein Museum, ein Gemischtwarenladen und viele weitere Dienstleistungseinrichtungen. Curry Village ist ein weiterer betriebsamer Anlaufpunkt im Yosemite Valley. Hier gibt es u.a. Duschen, WLAN-Zugang und Läden, die Outdoor-Ausrüstung (auch zum Campen) verleihen und verkaufen. Die hoch gelegenen Tuolumne (ausgesprochen: *twol*-ah-mi) Meadows an der malerischen Tioga Rd locken Wanderer, Backpacker und Kletterer in die nördliche Parkregion. In Wawona, nahe beim Südeingang, gibt es ein historisches Pionierdorf, einen Golfplatz und riesige Sequoias.

NICHT VERSÄUMEN

STÄTTEN IN DER SIERRA NEVADA

Bodie State Historic Park (S. 190) Eine echte Geisterstadt aus der Zeit des Goldrauschs

Mono Lake (S. 190) Geheimnisvolle Mineralformationen wie aus einer anderen Welt

Ancient Bristlecone Pine Forest (S. 191) Die ältesten lebenden Bäume auf Erden

Manzanar National Historic Site (S. 191) Ein ungeschönter Einblick in die Internierungslager des Zweiten Weltkriegs

Mammoth Mountain (S. 190) Prima Ort für Wintersportler und Mountainbiker

YOSEMITE VALLEY

Dieses dramatische Tal wurde vom gewundenen Merced River gegraben. Wer vom Talboden aus nach oben blickt, dem ist nach Singen zumute – wegen der Schönheit des wogenden Wiesengrüns, der stattlichen Kiefern, der eiskalt tosenden Wasserfälle und der stillen, kühlen Wasserflächen, in denen sich gewaltige Granitmonolithen spiegeln.

Der gigantische **El Capitan** (2307 m) ist ein nicht zu übersehendes Paradies für Sportkletterer. Der **Half Dome** (2693 m) gilt dagegen als Yosemites spirituelles Herz. Beliebteste Fotolocation ist **Tunnel View** oben am Hwy 41. Für eine noch schönere Aussicht ohne Menschenmassen empfiehlt sich der schweißtreibende **Inspiration Point Trail** (hin & zurück 4,2 km), der nahe dem Tunnel bergauf führt. Ganz früh oder spät am Tag heißt es zum **Mirror Lake** hinaufsteigen (hin & zurück 3,2 km), um das sich ständig verändernde Spiegelbild des Half Dome auf dem stillen Wasser einzufangen. Der See ist übrigens nur im Frühling und Frühsommer gefüllt.

Während der Schneeschmelze im Frühjahr werden die berühmten Wasserfälle des Tals zu donnernden Katarakten. Im Spätsommer sind sie dagegen nicht viel mehr als zahme Rinnsale. Als Nordamerikas höchste Wasserfälle stürzen die **Yosemite Falls** (740 m) über drei Stufen in die Tiefe. Zu ihrer Basis führt ein rollstuhlgerechter Weg. Mehr Einsamkeit und ein ganz neuer Blickwinkel belohnen für den strapaziösen Aufstieg zum oberen Rand (hin & zurück 11 km). Nicht weniger eindrucksvoll sind der nahgelegene **Bridalveil Fall** und die anderen Wasserfälle des Tals. Nach dem anstrengenden Erklimmen der Stufen am **Vernal Fall** erreicht man keuchend dessen obere Fallkante. Dort schweift der Blick über Regenbögen im Gischtnebel hinunter ins Tal.

GLACIER POINT & WAWONA

Der dramatische **Glacier Point** (2200 m) überragt die Talsole um 975 m. Hier oben befindet man sich praktisch auf Augenhöhe mit dem Half Dome. Vom Yosemite Valley aus ist diese Stelle in einer Autofahrt (ca. 1 Std.) auf einer Straße entlang der Glacier Point Rd erreichbar, die vom Hwy 41 abzweigt und normalerweise von Ende Mai bis Mitte November befahrbar ist. Wer lieber wandert, absolviert den strapaziösen **Four-Mile Trail** (einfache Strecke 7,7 km) oder den weniger stark frequentierten **Panorama Trail** (einfache Strecke 13,7 km) mit vielen Wasserfällen. Rechtzeitige Platzreservierung im Shuttlebus verhindert, dass man zurücklaufen muss.

Wawona liegt 45 Fahrtminuten vom Yosemite Valley entfernt. Dort befindet sich das **Pioneer Yosemite History Center** mit einer überdachten Brücke, Pionierhütten und einem historischen Büro von Wells Fargo. Weiter südlich ermöglicht der **Mariposa Grove** tolle Wanderungen unter riesigen Sequoias wie dem 1800 Jahre alten Grizzly Giant.

TUOLUMNE MEADOWS

Nach 90 Minuten Autofahrt vom Yosemite Valley aus kommen die Tuolumne Meadows (2621 m), die größte subalpine Wiese der Sierra Nevada, in Sicht. Mit Wildblumenfeldern, azurblauem Wasser, vergleichsweise niedrigeren Temperaturen und schroffen Granitgipfeln bzw. -kuppeln bildet sie einen lebendigen Gegenpol zum Tal. Die Seen dieses vielfältigen Wander- und Kletterparadieses sind beliebte Reviere zum Baden oder Picknicken. Hierher führt die malerische Tioga Rd (Hwy 120), die einer Pferdewagenstrecke aus dem 19. Jh. und einem älteren indianischen Handelsweg folgt.

DER UNÜBERWINDLICHE TIOGA PASS

Der Hwy 120 ist die einzige Straße, die den Yosemite National Park mit der Eastern Sierra verbindet und führt über den Tioga Pass (3031 m). Auf den meisten Karten von Kalifornien wird diese Straße als „im Winter gesperrt" bezeichnet, was zwar richtig, aber auch irreführend ist: In der Regel bleibt die Tioga Rd vom ersten starken Schneefall im Oktober oder November bis in den Mai oder Juni geschlossen. Wer also im Frühjahr über den Tioga Pass fahren will, dürfte Pech haben. Der früheste Termin, an dem der Pass geräumt wird, ist der 15. April, aber erst einmal seit 1980 wurde die Straße schon im April freigegeben, und im Jahr 1998 war das sogar erst am 1. Juli der Fall! Aktuelle Infos zu Straßenzustand und Wetterlage gibt's telefonisch unter ☎209-372-0200 oder online unter www.nps.gov/yose/planyourvisit/conditions.htm.

Yosemite Valley

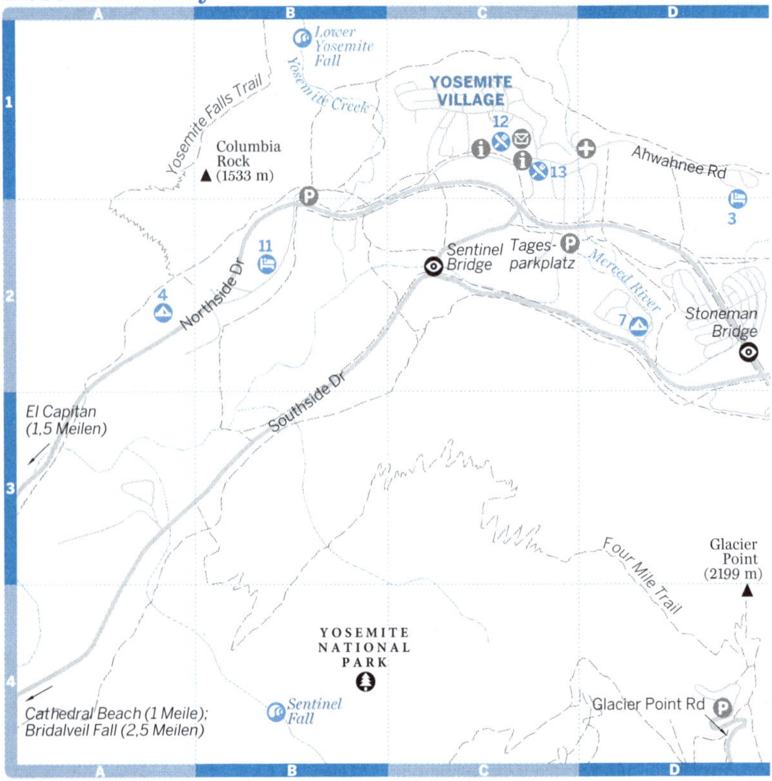

Westlich von Wiese und **Tenaya Lake** liegt der **Olmsted Point** mit weitem Panoramablick auf den Half Dome.

HETCH HETCHY

Hier befindet sich der wohl umstrittenste Staudamm in der US-amerikanischen Geschichte. Obwohl das Tal in seinem Ursprungszustand nicht mehr existiert, ist es schön und selten überlaufen. Es liegt 40 Fahrtminuten nordwestlich des Yosemite Valley. Auf einem 8 km langen Rundweg gelangt man jenseits des Dammes durch einen Tunnel zu den **Wapama Falls**. Dort steht man aufregend nah an einer Wasserwand, die in den glitzernden Stausee stürzt und einen im Frühjahr völlig durchnässt.

Aktivitäten

Klettern

Nackte Felsnadeln, glatte Kuppeln und himmelhohe Monolithe machen Yosemite zu einem Kletterparadies.

Yosemite Mountaineering School KLETTERN

(☎209-372-8344; www.yosemitemountaineering.com; Curry Village; ⏲April–Nov.) Bietet erstklassige Kletterkurse für Anfänger und Fortgeschrittene, Leihausrüstung und geführte Klettertouren. Während der Hauptsaison im Sommer ist der Anbieter auch auf den Tuolumne Meadows vertreten.

Wandern & Trekken

Angesichts von rund 1300 km unterschiedlichster Wanderwege hat man hier die Qual der Wahl. Die leichten Wege auf dem Talboden sind eventuell stark überlaufen, aber weiter oben entgeht man den Massen. Die ultimative Wanderung zum Gipfel des **Half Dome** (hin & zurück 27 km) ist sehr anstrengend und am besten in zwei Tagen zu bewältigen; will man die Strecke in einem Tag wagen, muss man sich jetzt vorab eine **Genehmigung** (www.nps.gov/yose/planyourvisit/hdpermits.htm) besorgen. Es lohnt sich

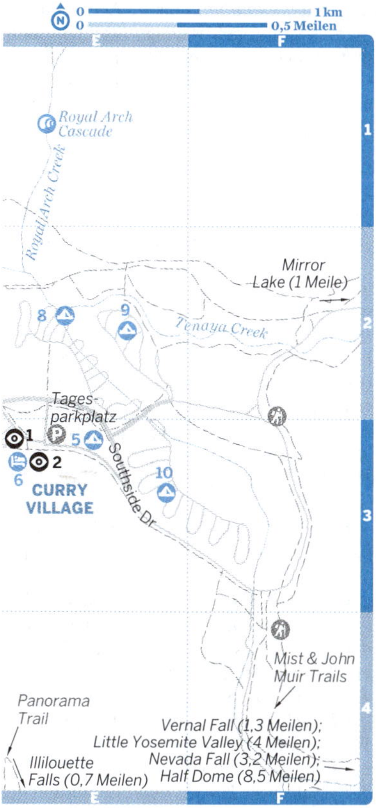

Yosemite Valley

Aktivitäten, Kurse & Touren
1 Curry Village Ice Rink E3
2 Yosemite Mountaineering School E3

Schlafen
3 Ahwahnee Hotel D2
4 Camp 4 Campground A2
5 Campground Reservation Office E3
6 Curry Village E3
7 Housekeeping Camp D2
8 Lower Pines Campground E2
9 North Pines Campground E2
10 Upper Pines Campground E3
11 Yosemite Lodge at the Falls B2

Essen
Ahwahnee Dining Room .... (siehe 3)
Degnan's Deli .... (siehe 12)
12 Degnan's Loft C1
Mountain Room .... (siehe 11)
13 Village Store C1

aber auch, über den **Mist Trail** nur bis zur Oberkante des **Vernal Fall** (hin & zurück 4,8 km) oder des **Nevada Fall** (hin & zurück 9,3 km) zu wandern. Eine längere Alternativroute zum Half Dome führt über einen vergleichsweise leichteren Abschnitt des endlosen **John Muir Trail**.

Übernachten in der Wildnis ist ganzjährig genehmigungspflichtig – ein Quotensystem begrenzt die Zahl der Wanderer, die an den verschiedenen Ausgangspunkten starten. **Reservierungen** (☎209-372-0740; www.nps.gov/yose/planyourvisit/wpres.htm; Genehmigung 5 US$, zzgl. 5 US$/Pers.) sind bis zu 24 Wochen im Voraus möglich. Ansonsten kann man sein Glück noch am Vortag oder am Morgen der geplanten Wanderung bei einem der Wilderness Centers versuchen.

Wintersport

Badger Pass SKIFAHREN
(☎209-372-8430; www.badgerpass.com; Liftpass Erw./Kind 42/23 US$; ⏲Mitte Dez.–Ende März 9–16 Uhr) Die sanften Hänge sind ideal für Ski- und Snowboard-Anfänger. Langläufer freuen sich über 40 präparierte Loipenkilometer und 140 km an markierten Skiwanderwegen, die auch tollen Schneeschuhspaß versprechen. Vor Ort kann man Ausrüstung leihen und Unterricht nehmen.

Curry Village Ice Rink SCHLITTSCHUHLAUFEN
(Erw./Kind 8/6 US$, Schlittschuhe 3 US$) Die Eisbahn befindet sich in Curry Village im Yosemite Valley.

Schlafen & Essen

Die **Delaware North Companies** (DNC; ☎801-559-4884; www.yosemitepark.com) halten die einzige Konzession für Kost und Logis im Yosemite National Park. Ergebnis davon sind u. a. Food Courts, Cafeteria-Buffets und Snackbars, die man getrost vergessen kann. Alle Unterkünfte, Campingplätze und Restaurants sind im kostenlosen Führer aufgelistet, der beim Betreten des Parks inklusive Karte ausgegeben wird. Unterkunftsreservierungen sind frühestens 366 Tage im Voraus möglich und von Mai bis September unbedingt erforderlich. Im Sommer errichten die DNC einfache Zelthütten im **Housekeeping Camp** (Hütte 93 US$; Yosemite Valley) am Fluss – ebenso rund um die geschäftige **Tuolumne Meadows Lodge** (Hütte 107 US$) und die ruhige **White Wolf Lodge** (Hütte 99–120 US$) abseits der Tioga Rd. Tuolumne Meadows liegt rund 90 Autominuten nordöstlich des Tals, während man zur White Wolf Lodge ca. eine Stunde fährt.

Curry Village HÜTTEN **$$**
(Yosemite Valley; Zelthütte 112–120 US$, Hütte ohne/mit Bad 127/168 US$, Cottage-Zi. 191 US$;) Die kunterbunt zusammengewürfelten Unterkünfte des Curry Village stehen unter hohen Nadelbäumen und verströmen ein nostalgisches Sommerlagerflair. Die Zelthütten ähneln mit ihren kratzigen Wolldecken Armeebaracken aus dem amerikanischen Bürgerkrieg, die Holzhütten sind kleiner, aber gemütlich.

Yosemite Lodge at the Falls MOTEL **$$$**
(Yosemite Valley; Zi. 191–218 US$; @) Von den Terrassen oder Balkonen der geräumigen, motelartigen Zimmer blickt man auf die Yosemite Falls, Wiesen oder den Parkplatz. Im abends geöffneten Restaurant Mountain Room (keine Reservierung; Hauptgerichte 17–35 US$) kann man sich an Steaks vom Weiderind, Bachforellen oder Biogemüse laben. Der Foodcourt bietet eine ordentliche Auswahl an Cafeteria-Gerichten. In der gemütlichen Lounge gibt es eine einladende offene Feuerstelle.

Wawona Hotel HISTORISCHES HOTEL **$$$**
(Wawona; Zi. ohne/mit Bad inkl. Frühstück 147/217 US$;) Das viktorianische Hotel mit breiten Veranden, gepflegten Rasenflächen und einem Golfplatz hat viel Flair. Die Hälfte der hellhörigen Zimmer teilen sich Gemeinschaftsbäder. Im romantischen Speisesaal mit historischen Details werden täglich drei Mahlzeiten serviert (Hauptgerichte abends 19–30 US$). Wawona liegt rund 45 Autominuten südlich des Tals.

Ahwahnee Hotel HISTORISCHES HOTEL **$$$**
(Yosemite Valley; Zi. ab 449 US$; @) Schon Charlie Chaplin, Eleanor Roosevelt und John F. Kennedy haben in diesem nationalen historischen Wahrzeichen von 1927 übernachtet. Unter hohen Balken aus Zuckerkiefer sitzt man gemütlich am prasselnden Kamin. Statt dem Speisesaal mit den überteuerten kalifornischen Gerichten (Hauptgerichte abends 26–46 US$) besucht man besser die Bar in der Lobby, die kleine Gerichte und kreative Cocktails zu bieten hat.

Degnan's Deli & Loft FEINKOST, PIZZERIA **$**
(Yosemite Village; Hauptgerichte 6–10 US$; Deli ganzjährig 7–17 Uhr, Restaurant Mo–Fr 17–21 Uhr, April–Okt. Sa & So bis 21 Uhr) Unten schnappt man sich ein nach Wunsch belegtes Gourmetsandwich und eine Tüte Chips, ehe man sich auf den Weg macht. Abends locken kaltes Bier und knusprige Pizza ins Obergeschoss.

Camping

Auf allen Campingplätzen gibt's bärensichere Schließfächer und eingefasste Feuerstellen, auf den meisten auch Trinkwasser.

Im Sommer sind die meisten Plätze laut und völlig überlaufen, ganz besonders **North Pines** (Stellplatz f. Zelt & Wohnmobil 20 US$; April–Sept.), **Lower Pines** (Stellplatz f. Zelt & Wohnmobil 20 US$; März–Okt.) und **Upper Pines** (Stellplatz f. Zelt & Wohnmobil 20 US$; ganzjährig) im Yosemite Valley sowie **Tuolumne Meadows** (Stellplatz f. Zelt & Wohnmobil 20 US$; Juli–Ende Sept.) abseits der Tioga Rd, 90 Fahrtminuten nordöstlich vom Tal.

Camp 4 (Gemeinschaftsstellplatz 5 US$/Pers.; ganzjährig), ein im Tal gelegener Treffpunkt der Kletterer, und **Bridalveil Creek** (Stellplatz f. Zelt & Wohnmobil 14 US$; Juli–Anfang Sept.) 45 Autominuten südlich des Tals abseits der Glacier Point Rd sind beides Plätze ohne Reservierungsmöglichkeit, die – besonders an Wochenenden – häufig schon um 12 Uhr voll belegt sind. Ebenfalls 45 Minuten südlich liegt auch der hübsche Campingplatz **Wawona** (Stellplatz f. Zelt & Wohnmobil 20 US$; ganzjährig) am Ufer des Flusses.

Wer eine ruhigere und urtümlichere Alternative sucht, kann sich an kleinere und primitivere Plätze wie **Tamarack Flat** (Stellplatz f. Zelt 10 US$; Juli–Sept.), **Yosemite Creek** (Stellplatz f. Zelt 10 US$; Juli–Mitte Sept.) oder **Porcupine Flat** (Stellplatz f. Zelt & Wohnmobil 10 US$; Juli–Sept.) abseits der Tioga Rd halten.

CAMPEN IM YOSEMITE NATIONAL PARK

Im Sommer braucht man für viele Campingplätze eine **Reservierung** (518-885-3639; www.recreation.gov). Die Vergabe beginnt fünf Monate im Voraus, und regelmäßig sind alle Stellplätze dann innerhalb von Minuten online gebucht. Die Vergabetermine stehen auf der Website www.nps.gov/yose/plan yourvisit/camping.htm.

AUSSERHALB DES YOSEMITE NATIONAL PARK

Zu den umliegenden Ortschaften, die teilweise auch Unterkünfte anbieten, zählen Fish Camp, Oakhurst, El Portal, Midpines, Mariposa, Groveland und Lee Vining.

Yosemite Bug Rustic Mountain Resort HÜTTEN, HOSTEL $
(☎209-966-6666; www.yosemitebug.com; 6979 Hwy 140, Midpines; B 25 US$, Zelthütte 45–75 US$, Zi. 75–155 US$, Hütte mit Gemeinschaftsbad 65–100 US$; @📶) Versteckt in einem Wald rund 40 km westlich des Yosemite Valley punktet dieser Berggasthof bei Globetrottern mit sauberen Zimmern, einem Yogastudio und einem tollen Spa. Gäste dürfen die Gemeinschaftsküche und die Waschküche benutzen. Das frisch zubereitete, vegetarierfreundliche Bio-Essen des Cafés (Hauptgerichte abends 8,50–18 US$) bekommt begeisterte Kritiken.

LP TIPP **Evergreen Lodge** RESORT $$$
(☎209-379-2606; www.evergreenlodge.com; 33160 Evergreen Rd, Groveland; Zelt 75–110 US$, Hütte 175–350 US$; @📶) Das klassische, 90 Jahre alte Resort nahe dem Eingang zum Hetch Hetchy Valley hat komplett ausgestattete Komfortzelte und luxuriöse Berghütten für Wildnisfans. Es gibt viele Outdoor-Aktivitäten, für die auch Ausrüstung vermietet wird. Vor Ort befinden sich ein Gemischtwarenladen, eine Schenke mit Billardtisch und ein Restaurant (Hauptgerichte abends 18–28 US$), das täglich drei herzhafte Mahlzeiten serviert.

Narrow Gauge Inn GASTHAUS $$$
(☎559-683-7720; www.narrowgaugeinn.com; 48571 Hwy 41, Fish Camp; Zi. inkl. Frühstück 145–220 US$; ⌚Restaurant April–Okt. Mi–So 17.30–21 Uhr; 📶) Der kleine Gasthof im Stil eines Schweizer Chalets hat 26 gemütliche Zimmer, die jeweils über einen Balkon oder eine Terrasse verfügen. Gleich nebenan fahren die Dampfzüge der Yosemite Mountain Sugar Pine Railway. Die „Buffalo Bar" ist authentisch; auf der europäisch-kalifornischen Karte stehen Wapiti, Wild und Ribeye-Steaks. Die Herberge befindet sich 4 Meilen (6,4 km) südlich des Parks.

Praktische Informationen

In den Läden von Yosemite Village, Curry Village und Wawona sind Geldautomaten vorhanden. Autofahrer sollten außerhalb des Parks auftanken – möglich ist Tanken aber auch zu heftigen Preisen ganzjährig in Wawona oder Crane Flat und im Sommer zudem in Tuolumne Meadows. Der Handyempfang ist im Park lückenhaft, Verizon und AT&T bieten eine gewisse Abdeckung. Internetkiosks gibt es neben dem Degnan's Deli sowie in der Yosemite Lodge, wo man auch gebührenpflichtigen WLAN-Zugang hat.

Curry Village Lounge (Curry Village, hinter dem Registrierungsbüro) Kostenloses WLAN.

Mariposa County Public Library Wawona (Chilnualna Falls Rd; ⌚Mo–Fr 13–18, Sa 10–15 Uhr); Yosemite Valley (Girls Club Bldg, 58 Cedar Ct, Yosemite Valley; ⌚Mo 8.30–11.30, Di 14–17, Mi 8.30–12.30, Do 16–19 Uhr) Hat kostenlos nutzbare Internetterminals.

Valley Wilderness Center (☎209-372-0745; Yosemite Village; ⌚7.30–17 Uhr, Winter kürzere Öffnungszeiten) Wandergenehmigungen und Vermietung bärensicherer Behälter. Saisonal in Wawona, Tuolumne Meadows und Big Oak Flat.

Yosemite Medical Clinic (☎209-372-4637; Ahwahnee Dr, Yosemite Valley; ⌚9–19 Uhr, Notaufnahme 24 Std.) Mit Zahnklinik.

Yosemite Valley Visitor Center (☎209-372-0299; www.nps.gov/yose; Yosemite Village; ⌚9–19.30 Uhr, Winter kürzere Öffnungszeiten) Die kleineren Filialen in Wawona, Tuolumne Meadows und Big Oak Flat sind saisonal geöffnet.

Anreise & Unterwegs vor Ort

Der nächstgelegene Haltepunkt von Greyhound und Amtrak befindet sich in Merced. Busse von **YARTS** (☎209-388-9589; www.yarts.com) fahren von Merced über den Hwy 140 zum Park und halten in den Ortschaften an der Strecke. Im Sommer fahren Busse von YARTS auch aus dem Tal über den Hwy 120 nach Mammoth Lakes. Die einfache Strecke inklusive Parkeintritt kostet ab Merced 13 US$ und ab Mammoth Lakes 15 US$.

Im Yosemite Valley sind kostenlose Shuttlebusse unterwegs, im Sommer auch im Bereich von Tuolumne Meadows und Wawona. DNC-Wandererbusse verbinden das Tal mit Tuolumne Meadows (einfache Strecke/hin & zurück 14,50/23 US$) und Glacier Point (einfache Strecke/hin & zurück 25/41 US$). Fahrräder (pro Std./Tag 10/28 US$) kann man in der Yosemite Lodge und im Curry Village, beide im Tal, mieten. Im Winter werden die Talstraßen geräumt und die Hwys zu den Parks offen gehalten (mit Ausnahme der Tioga Rd/Hwy 120), dennoch braucht man eventuell Schneeketten. Außerdem fahren dann kostenlose Shuttlebusse zweimal täglich vom Yosemite Valley zum Badger Pass.

Sequoia & Kings Canyon National Parks

In diesen benachbarten Nationalparks sind die rostroten Riesenmammutbäume höher (bis zu 30 Stockwerke!) und zahlreicher als sonst irgendwo in der Sierra Nevada. Die zähen und oft vom Feuer leicht verkohlten Bäume werden locker so breit wie zwei Freeway-Spuren. Gigantisch sind hier auch die Berge – beispielsweise der Mt. Whitney (4421 m), der höchste Berg der USA außerhalb Alaskas. Und schließlich ist da auch noch der gewaltige Kings Canyon, den Gletschereis und ein kraftvoller Fluss in den Granit geschnitten haben. Diese Highlights locken den Großteil der 1,6 Mio. Besucher jährlich hierher. Wer stattdessen Ruhe und Einsamkeit sucht und Tiere (z.B. Schwarzbären) von fern beobachten will, kann sich beim Wandern hier schnell in der Wildnis verlieren.

Sehenswertes

Sequoia wurde 1890 als Nationalpark ausgewiesen, Kings Canyon 1940. Obwohl sie verschiedene Parks sind, werden sie als eine Einheit verwaltet. Für beide gilt eine gemeinsame, sieben Tage gültige Eintrittsgebühr (20 US$/Auto, 10 US$/Motorrad, Fahrrad oder zu Fuß). Allgemeine und aktuelle Informationen gibt's telefonisch unter ☎559-565-3341 oder auf der Website des Parks (www.nps.gov/seki).

Aus Richtung Süden führt der Hwy 198 gleich hinter der Ortschaft Three Rivers bei Ash Mountain in den Sequoia National Park, von wo aus er als kurvenreicher Generals Hwy weiter bergauf geht. Aus westlicher Richtung führt der Hwy 180 zunächst zum Eingang Big Stump nahe dem Grant Grove, ehe er im Kings Canyon National Park verschwindet.

SEQUOIA NATIONAL PARK

Im ca. 7,8 km² großen **Giant Forest** ist man genau richtig, um Bäume zu umarmen: Hier stehen die gewaltigsten Baumriesen, darunter mit dem **General Sherman Tree** der größte Baum der Welt. Mit lahmen Armen und harzigen Fingern kann man sich anschließend auf einem der vielen Waldwege von den Menschenmassen entfernen – Karte nicht vergessen!

Giant Forest Museum MUSEUM

(☎559-565-4480; Generals Hwy; ⏲Mitte Mai–Ende Mai & Mitte Aug.–Mitte Okt. 9–17 Uhr, Ende Mai–Ende Juni bis 18 Uhr, Ende Juni–Mitte Aug. bis 19 Uhr, Mitte Okt.–Mitte Mai manchmal bis 16 Uhr) 4 Meilen (6,4 km) südlich von Lodgepole Village beginnt eine Reihe von Wanderwegen, darunter einer, der auch für Rollstuhlfahrer geeignet ist. Steile Stufen (ca. 400 m) führen auf den **Moro Rock**, der mit einem Panoramablick auf die Great Western Divide lockt.

Crystal Cave HÖHLE

(☎559-565-3759; www.sequoiahistory.org; Crystal Cave Rd; Führung Erw./Kind ab 13/7 US$; ⏲Mitte Mai–Ende Okt.) Die Höhle wurde 1918 entdeckt; ihre Marmorformationen sind schätzungsweise 10 000 Jahre alt. Tickets für die Standardführung (45 Min.) gibt's bei den Visitor Centers Lodgepole und Foothills, aber nicht an der Höhle. Eine Jacke mitbringen!

Mineral King HISTORISCHE STÄTTE

Einen Abstecher wert ist Mineral King, ein Goldgräber- und Holzfällercamp aus dem späten 19. Jh., das von zerklüfteten Gipfeln und Bergseen umgeben ist. Die 25 Meilen (40,2 km) lange malerische Zufahrt (einspurig) führt durch fast 700 halsbrecherische Kurven und ist in der Regel von Ende Mai bis Ende Oktober geöffnet.

KINGS CANYON NATIONAL PARK & SCENIC BYWAY

Nördlich von Grant Grove Village strotzt der **General Grant Grove** nur so vor majestätischen Giganten. Jenseits davon windet

> **DIE WÄLDER DER RIESEN**
>
> In Kalifornien kann man unter den ältesten (langlebige Grannen-Kiefern) und unter den höchsten Bäumen (Küstenmammutbäume) stehen, aber die voluminösesten Bäume der Erde gehören zu den Riesenmammutbäumen *(Sequoiadendron giganteum)*. Diese Bäume wachsen nur an den westlichen Hängen der Sierra Nevada und sind am häufigsten in den Nationalparks Sequoia, Kings Canyon und Yosemite zu finden. John Muir nannte sie die „Meisterstücke der Natur in den Wäldern", und jeder, der sich einmal den Nacken verrenkt hat, um ihre Größe zu ermessen, wird eine gewisse Ehrfurcht empfunden haben. Diese Bäume können eine Höhe von 90 m und einen Durchmesser von fast 18 m erreichen; ihre Rinde wird bis zu 60 cm dick. Eine Ausstellung zu der faszinierenden Ökologie der Baumriesen zeigt das Giant Forest Museum im Sequoia National Park.

sich der Hwy 180 auf 35 Meilen (56,3 km) hinunter in den **Kings Canyon**, vorbei an rauen Felswänden, über die im Frühjahr Wasserfälle stürzen. Die Straße trifft auf den Kings River, dessen Donnern von den über 1200 m hohen Granit-Steilwänden des Canyons widerhallt, der zu den tiefsten Schluchten Nordamerikas zählt.

Boyden Cavern HÖHLE
(☎559-965-8243; www.boydencavern.com; Hwy 180; 45-minütige Führung Erw./Kind 13/8 US$; ⊙Mai–Mitte Nov.) Die Höhle ist zwar kleiner und nicht so eindrucksvoll wie die Crystal Cave im Sequoia National Park, dafür braucht man aber kein vorab besorgtes Ticket, um ihre schönen, spielerisch wirkenden Felsformationen zu bestaunen.

Cedar Grove Village WAHRZEICHEN
Das Village ist der letzte Vorposten der Zivilisation vor der rauen, grandiosen Wildnis der Sierra Nevada. Eine beliebte Tageswanderung führt in 6,4 km (einfache Strecke) von Roads End hinauf zu den tosenden **Mist Falls**; von dort geht's 4 km weiter bergauf am Fluss entlang bis ins **Paradise Valley**. Bei Vogelbeobachtern beliebt ist der leicht zu bewältigende Naturpfad (Rundweg 2,4 km) rund um die **Zumwalt Meadow** gleich westlich von Roads End. Vorsicht: Hier gibt es Klapperschlangen, Schwarzbären und Maultierhirsche!

Aktivitäten

Über 1250 ausgeschilderte Kilometer Wanderwege beweisen es: Hierher kommt man zum Wandern. Cedar Grove und Mineral King sind die besten Zugänge zur freien Natur. Während die Wege normalerweise ab Mitte Mai geöffnet sind, kann in der Umgebung von Foothills ganzjährig gewandert werden. Wildnistrips mit Übernachtung sind genehmigungspflichtig (15 US$) und im Sommer limitiert (Details unter www.nps.gov/seki/planyourvisit/wilderness.htm).

Die **Sequoia Natural History Association** (☎559-565-3759; www.sequoiahistory.org) veranstaltet Exkursionen unter der Leitung von Naturforschern. Reitausflüge beginnen im **Grant Grove Village** (☎559-335-9292) und an der **Cedar Grove Pack Station** (☎559-565-3464). Sommerliche Erfrischungsbäder erlaubt der Hume Lake im National Forest abseits des Hwy 180. Zudem säumen Schwimmlöcher die Flussufer beider Parks. Im Winter sind Langlauf- oder Schneeschuhtouren unter den verschneiten Sequoias möglich. Leihausrüstung gibt's im Grant Grove Village und bei der Wuksachi Lodge. Die besten Wintersportmöglichkeiten bietet die altmodische Montecito Sequoia Lodge abseits des Generals Hwy zwischen den Parks.

Schlafen & Essen

Vor dem Südeingang des Sequoia National Park säumen diverse eigenständige und Kettenmotels den Hwy 198, der durch das wenig spektakuläre Three Rivers führt.

Campingplatzreservierungen (☎518-885-3639; www.recreation.gov) sind nur bei den Plätzen Lodgepole und Dorst im Sequoia National Park möglich. Bei den zwölf anderen Plätzen in den Parks gilt: Wer zuerst kommt, mahlt zuerst. Die meisten Plätze verfügen über Spültoiletten; Stellplätze kosten zwischen 10 und 20 US$. Die Campingplätze Lodgepole, Azalea, Potwisha und South Fork sind ganzjährig geöffnet. Bei Komplettbelegung können Camper in den umliegenden Sequoia National Forest ausweichen.

Die Märkte der Plätze Grant Grove, Lodgepole und Cedar Grove haben ein begrenztes Angebot von Lebensmitteln zu stolzen Preisen; auf den beiden letztgenannten Plätzen gibt es Snackbars, die Burger und einfache Gerichte für unter 10 US$ anbieten. Grant Grove besitzt ein einfaches Restaurant und eine gemütliche Pizzeria. Das Essen im teuren **Restaurant** (☎559-565-4070; Hauptgerichte abends 18–38 US$; ⊙7–10, 11–14.30 & 17–21.45 Uhr) der Wuksachi Lodge ist mal besser, mal weniger gut.

John Muir Lodge & Grant Grove Cabins LODGE, HÜTTEN $$
(☎559-335-5500; www.sequoia-kingscanyon.com; Hwy 180, Grant Grove Village; DZ 69–190 US$; WLAN) Die aus Holz erbaute Lodge hat geräumige, wenn auch langweilige Zimmer und eine gemütliche Lobby mit Steinkamin und Brettspielen. Das kunterbunte Hüttenspektrum reicht von dünnwandigen Zelthütten bis zu hübsch eingerichteten historischen Cottages mit eigenen Bädern.

Cedar Grove Lodge MOTEL $$
(☎559-335-5500; www.sequoia-kingscanyon.com; Hwy 180, Cedar Grove Village; Zi. 119–135 US$; ⊙Mitte Mai–Mitte Okt.; WLAN) Die 21 motelartigen Zimmer haben Gemeinschaftsveranden mit Blick auf den Kings River. Die Zimmer sind einfach und schon ein bisschen verwohnt, aber immer noch die beste Option im Canyon.

Montecito Sequoia Lodge RESORT $$
(☎559-565-3388; www.mslodge.com; 63410 Generals Hwy, zw. den Nationalparks Sequoia & Kings Canyon; DZ inkl. Mahlzeiten 119–169 US$;) Die einfachen Zimmer mit Vollpension wurden kürzlich renoviert. Den ganzen Sommer über sorgen hier familienfreundliche Camps für Krach und Spaß. Im Winter gibt's Langlaufkurse und 80 km präparierte Loipe.

Wuksachi Lodge HOTEL $$$
(☎559-565-4070; www.visitsequoia.com; abseits des Generals Hwy, 4 Meilen (6,4 km) nördl. von Lodgepole Village; Zi. 215–335 US$;) Die prachtvolle Lobby kann nicht darüber hinwegtäuschen, dass die Zimmer zwar groß, aber ansonsten langweilig und ziemlich motelmäßig sind.

Bearpaw High Sierra Camp HÜTTEN $$
(www.visitsequoia.com; Zelthütte inkl. Mahlzeiten 175 US$/Pers.; ⊙Mitte Juni–Mitte Sept.) Ein 17,6 km langer Anmarsch durch die Wildnis garantiert, dass der Urlaub ein einmaliges Naturerlebnis wird.

Praktische Informationen

Lodgepole Village (☎559-565-4436; ⊙Mitte April–Mitte Okt.) im Sequoia National Park und **Grant Grove Village** (☎559-565-4307; ⊙ganzjährig) im Kings Canyon National Park sind die wichtigsten Anlaufstellen. In beiden gibt es Visitor Centers, Postämter, Märkte, Geldautomaten und öffentliche Duschen (nur im Sommer).

Das **Foothills Visitor Center** (☎559-565-3135) in Ash Mountain ist ganzjährig geöffnet. Das **Cedar Grove Visitor Center** (☎559-565-3793) und die **Mineral King Ranger Station** (☎559-565-3768) sind nur im Sommer geöffnet. Die Öffnungszeiten der Visitor Centers und anderer Dienstleistungseinrichtungen sind in dem kostenlosen Mitteilungsblatt der Parks aufgeführt.

Benzin gibt's zu sehr hohen Preisen außerhalb der Parkgrenzen auf dem Gelände des National Forest in Hume Lake (ganzjährig) und in Stony Creek (nur im Sommer).

Anreise & Unterwegs vor Ort

Im Sommer fahren kostenlose Shuttlebusse zum Giant Forest und Lodgepole Village im Sequoia National Park, während der **Sequoia Shuttle** (☎877-287-4453; www.sequoiashuttle.com) den Park mit Three Rivers und Visalia (hin & zurück 15 US$) verbindet, wo Anschluss an die Züge der Amtrak besteht; eine Reservierung ist erforderlich. Gegenwärtig fahren keinerlei öffentliche Verkehrsmittel den Kings Canyon National Park an.

Eastern Sierra

In den leeren, majestätischen Weiten der Eastern Sierra grenzen gezackte Gipfel an die Great Basin Desert – ein dramatischer Gegensatz, der für eine spektakuläre Landschaft sorgt. Der Hwy 395 folgt dem gesamten Verlauf der Sierra Nevada; auf der Strecke führen Abzweigungen zu Kiefernwäldern, Wiesen voller Wildblumen, idyllischen Seen, kochend heißen Quellen und von Gletschern ausgehöhlten Schluchten. Wanderer, Backpacker, Mountainbiker, Angler und Skifahrer ziehen sich gern in diese Ecke zurück. Die wichtigsten Touristenzentren sind Mammoth Lakes und Bishop.

Im **Bodie State Historic Park** (☎760-647-6445; www.parks.ca.gov; Hwy 270; Erw./Kind 7/5 US$; ⊙Juni–Aug. 9–18 Uhr, Sept.–Mai bis 15 Uhr) wird eine Geisterstadt aus der Goldrauschära im Zustand des „eingefrorenen Verfalls" bewahrt. Wie aus der Zeit gekippt stehen die verwitterten Gebäude in der staubigen, windigen Ebene. Um hinzukommen, nimmt man ungefähr 7 Meilen (11,3 km) südlich von Bridgeport den Hwy 270 und folgt diesem 13 Meilen (20,9 km) nach Osten; die letzten 3 Meilen (4,8 km) sind unbefestigt. Im Winter ist die Zufahrtsstraße wegen Schneefällen oft gesperrt.

Weiter südlich liegt der **Mono Lake** (www.monolake.org) mit seinen außerirdisch wirkenden Tuffsteintürmen, die wie hingetupfte Sandburgen aus dem alkalischen Wasser ragen. Die besten Fotomotive findet man im **South Tufa Reserve** (Erw./Kind 3 US$/frei) am Südufer. Abseits vom Hwy 395 zeigt das **Mono Basin Scenic Area Visitor Center** (☎760-647-3044; ⊙Mitte April–Nov. 8–17 Uhr) ausgezeichnete Ausstellungen und informiert über die Termine von geführten Wanderungen und Vorträgen. Vom nahegelegenen Lee Vining führt der Hwy 120 westwärts über den Tioga Pass zum Yosemite National Park.

Auf dem weiteren Weg nach Süden ist ein Abstecher vom Hwy 395 zum malerischen, 16 Meilen (25,7 km) langen **June Lake Loop** möglich, wenn man nicht gleich direkt bis **Mammoth Lakes** fahren will. Das ganzjährig beliebte Resort liegt im Schatten des 2252 m hohen **Mammoth Mountain** (☎760-934-2571, Schnee-Hotline 24 Std. 888-766-9778; www.mammothmountain.com; Minaret Rd; Liftpass Erw./Kind 92/46 US$) mit seinen erstklassigen Skihängen, die sich im Sommer in einen Park für Mountainbiker verwandeln. Die Umgebung des Mammoth Lakes Basin und der Reds Meadow bevölkern Camper, Angler und Tagesausflügler. Ganz in der Nähe stehen die fast senkrechten, 18 m hohen Basaltsäulen des **Devils Postpile National Monument** (☎760-934-2289; www.nps.gov/depo; Shuttle Erw./Kind 7/4 US$), die vulkanischen Ursprungs sind. Fans von Thermalquellen können 9 Meilen (14,5 km) südlich der Ortschaft in einfachen Becken abseits der Benton Crossing Rd baden oder 3 Meilen (4,8 km) weiter südlich das dampfende Wasser der **Hot Creek Geological Site** (⏲Sonnenaufgang–Sonnenuntergang) bestaunen. Karten und Infos zu all diesen Orten erhält man in der **Mammoth Lakes Welcome Center & Ranger Station** (☎888-466-2666, 760-924-5500; www.visitmammoth.com; Hwy 203; ⏲8–17 Uhr).

Weiter südlich führt der Hwy 395 ins Owens Valley hinab und erreicht schon bald **Bishop**, eine kleine Stadt mit Wildwestflair. Zu den kleineren Attraktionen vor Ort gehören Kunstgalerien und ein interessantes Eisenbahnmuseum. Von Bishop aus kommt man zu den besten Angelgründen und Kletterrevieren in der Eastern Sierra, und hier ist auch der Hauptausgangspunkt für Treks mit Packpferden.

Um einige der ältesten Lebewesen der Erde zu besuchen, sollte man einen halben Tag einplanen: Der **Ancient Bristlecone Pine Forest** (☎760-873-2500; 5 US$/Auto) ist ein faszinierendes Ausflugsziel. Die knorrigen, wie außerirdisch wirkenden Langlebigen Grannen-Kiefern stehen in über 3000 m Höhe an den ausgedörrten Hängen der White Mountains – erstaunlich, dass dort überhaupt etwas wächst! Der älteste Baum, genannt „Methusalem“, soll es auf 4700 Jahre bringen. Die Zufahrtsstraße (üblicherweise geöffnet Mai–Okt.) ist bis zum Visitor Center bei Schulman Grove asphaltiert. Dort beginnen Wanderwege unterschiedlicher Länge. Vom Hwy 395 in Big Pine aus auf dem Hwy 168 12 Meilen (19,2 km) nach Osten fahren und dann von der markierten Abzweigung aus weitere 10 Meilen (16 km) bergauf.

Richtung Süden passiert der Hwy 395 nun Independence und die **Manzanar National Historic Site** (☎760-878-2194; www.nps.gov/manz; Eintritt frei; ⏲Visitor Center 9–16.30 Uhr, April–Okt. bis 17.30 Uhr), die an das Internierungslager erinnert, in das während des Zweiten Weltkriegs nach dem Angriff auf Pearl Harbor ungerechtfertigterweise ungefähr 10 000 japanischstämmige Amerikaner gesperrt wurden. Informative Ausstellungen und ein kurzer Film zeichnen das Leben im Lager auf bewegende Weise nach.

PANORAMASTRASSEN IN DER SIERRA NEVADA

Tioga Road (Hwy 120; S. 183) Das Dach der Welt im Yosemite National Park

Generals Highway (Hwy 198; S. 188) Eine historische Nebenstraße im Reich der Baumriesen

Kings Canyon Scenic Byway (Hwy 180; S. 188) Eine Fahrt durch Nordamerikas tiefsten Canyon

Eastern Sierra Scenic Byway (US 395; S. 190) Schneebedeckte Gipfel als Kulisse für Wüste

Noch weiter südlich kann man in Lone Pine einen Blick auf den **Mt. Whitney** (www.fs.usda.gov/inyo) werfen, den mit 4421 m höchsten Berg in den USA außerhalb Alaskas. Die 11 Meilen (17,7 km) lange Fahrt über die malerische **Whitney Portal Rd** (im Winter geschl.) ist haarsträubend spektakulär. Genehmigungen für den äußerst beliebten Aufstieg zum Gipfel werden nur nach dem Lotterieprinzip vergeben. Die bizarren Felsen der **Alabama Hills** westlich von Lone Pine dienten Hollywood bereits als Kulisse für Westernklassiker wie *Das war der Wilde Westen* (1962). Alte Erinnerungsstücke und Filmplakate sind im **Museum of Lone Pine Film History** (☎760-876-9909; www.lonepinefilmhistorymuseum.org; 701 S Main St; Eintritt 5 US$; ⏲Mo–Mi 10–18, Do–Sa bis 19, So bis 16 Uhr) zu bewundern. Das **Eastern Sierra InterAgency Visitor Center** (☎760-876-6222; www.fs.fed.us/r5/inyo; ⏲8–17 Uhr, im Sommer längere Öffnungszeiten) an der Kreuzung der Hwy 395 und 136 stellt Wandergenehmigungen aus und erteilt Infos zu den Parks, Wäldern und Wüsten in der Region.

Schlafen

Campingplätze gibt es in der Eastern Sierra en masse. Fürs Campen in der Natur braucht man eine Genehmigung, die vorab reserviert werden kann, aber auch in den Ranger-Stationen zu bekommen ist. Die meisten Motels finden sich in Bishop, Lone Pine und Bridgeport. Mammoth Lakes hat zahllose Gasthöfe, B&Bs, Apartments und Ferienwohnungen.

Tamarack Lodge & Resort RESORT **$$**
(☎760-934-2442; www.tamaracklodge.com; abseits der Lake Mary Rd, Mammoth Lakes; Zi. 99–169 US$, Hütte 169–599 US$; @📶) Das seit 1924 bestehende Resort am See vermietet Zimmer in der aus Holz erbauten Lodge sowie Hütten mit Küche – von sehr einfachen bis luxuriösen. Manche Hütten sind sogar mit einem Holzofen ausgestattet.

Redwood Motel MOTEL **$**
(☎760-932-7060; www.redwoodmotel.net; 425 Main St, Bridgeport; DZ ab 59–89 US$; ⊙April–Nov.; ❄📶) In dem blitzblanken Motel werden Gäste fröhlich durch abgefahrene Skulpturen von Farmtieren begrüßt. Der Eigentümer hat unzählige Tipps für Traveller auf Lager.

Whitney Portal Hostel HOSTEL **$**
(☎760-876-0030; www.whitneyportalstore.com; 238 S Main St, Lone Pine; B/4BZ 20/60 US$; ❄@📶) Die mit Teppichboden ausgelegten Schlafräume mit Stockbetten sind bei Wanderern im Gebiet des Mt. Whitney beliebt. Es gibt auch öffentliche Duschen. Für Juli und August zwei Monate im Voraus reservieren!

Chalfant House B&B **$$**
(☎760-872-1790; www.chalfanthouse.com; 213 Academy, Bishop; DZ inkl. Frühstück 80–110 US$; ❄📶) Spitzenvorhänge und viktorianische Akzente prägen die sechs Zimmer dieses restaurierten historischen Wohnhauses.

Essen & Ausgehen

Good Life Café KALIFORNISCH **$**
(126 Old Mammoth Rd, Mammoth Lakes; Hauptgerichte 8–10 US$; ⊙6.30–15 Uhr) Üppiges mexikanisches Frühstück, gesunde vegetarische Wraps, mächtige Burger und große Schüsseln mit Salat sorgen dafür, dass dieses Lokal seit Urzeiten beliebt ist.

LP TIPP **Whoa Nellie Deli** MODERN-AMERIKANISCH **$$**
(Hwys 120 & 395, Lee Vining; Hauptgerichte 8–19 US$; ⊙Mitte April–Okt. 7–21 Uhr) Tolles Essen an der Tanke? Warum nicht – aus Matt „Tioga" Toomeys wunderbarer Küche kommen jedenfalls leckere Fischtacos, Hackbraten vom Wildbüffel und andere Köstlichkeiten.

Raymond's Deli FEINKOST **$**
(206 N Main St, Bishop; Sandwiches 7–9 US$; ⊙10–18 Uhr; 🍺) In der frechen Fundgrube voller Kitsch, Flipperautomaten und Pac-Mans werden mächtige Sandwiches mit Namen wie „When Pigs Fly", „Flaming Farm" oder „Soy U Like Tofu" serviert. Dazu kann man sich ein Lobotomy Bock gönnen.

Mammoth Brewing Company Tasting Room BRAUEREI
(☎760-934-7141; www.mammothbrewingco.com; 94 Berner St, Mammoth Lakes; ⊙10–18 Uhr) Lust auf eine kostenlose Bierprobe? Hier kann man einige der Biere vom Fass probieren und nimmt sich dann IPA 395 oder ein Double Nut Brown für unterwegs mit.

Lake Tahoe

Der in unzähligen Grün- und Blautönen schimmernde Lake Tahoe ist der zweittiefste See der USA. Die Fahrt die 72 Meilen (116 km) lange Uferstraße entlang ist faszinierend, aber auch ganz schön anstrengend. Das ruhige Nordufer wirkt nobel, das zerklüftete Westufer eher altmodisch. Das Ostufer ist kaum erschlossen, und das Südufer wirkt mit seinen aufgedonnerten Kasinos und betagten Motels hektisch und kitschig. Die spitzen Gipfel rund um den See, der direkt auf der Grenze zwischen Kalifornien und Nevada liegt, dienen das ganze Jahr über als Abenteuerspielplatz.

Im Sommer sowie an Feiertagen und Winterwochenenden sind hier eine Menge Leute; dann sollte man unbedingt reservieren. Die **Lake Tahoe Visitors Authority** (☎800-288-2463; www.tahoesouth.com) und das **North Lake Tahoe Visitors' Bureaus** (☎888-434-1262; www.gotahoenorth.com) helfen beim Buchen von Unterkünften und haben Infos für Traveller. Es gibt Campingplätze in **State Parks** (☎800-444-7275; www.reserveamerica.com) sowie auf dem Gelände des **USFS** (☎877-444-6777; www.recreation.gov).

SOUTH LAKE TAHOE & WESTUFER

Die altmodischen Motels und Lokale am stark befahrenen Hwy 50 in South Lake Tahoe sind immer gut besucht. Das Glücksspiel in den Kasinohotels von Stateline gleich hinter der Grenze zu Nevada lockt Tausende an, ebenso das erstklassige Skiresort **Heavenly** (☎775-586-7000; www.skiheavenly.com; 3860 Saddle Rd). Im Sommer hat man bei einer Fahrt mit der Seilbahn (Erw./Kind 32/20 US$) einen Wahnsinnsblick auf den See und die **Desolation Wilderness** (www.fs.fed.us/r5/ltbmu). Diese kahle, wunderschöne Landschaft mit kahlen Granitgipfeln, Gletschertälern und Bergseen ist bei Wanderern sehr beliebt. Karten, Infos und **Campinggenehmigungen** (5–10 US$/Erw.; www.recreation.gov) erhält man beim **USFS Taylor Creek Visitor Center** (☎530-543-2674; Hwy 89; ⊙Mai–Okt. tgl., Winter unterschiedliche Öffnungszeiten), das 3 Meilen (4,8 km) nördlich der Y-förmigen Kreuzung der Hwys 50 und 89 liegt, sowie in der **Tallac Historic Site** (Führung 5 US$; ⊙Mitte Juni–Sept. 10–16.30 Uhr, Ende Mai–Mitte Juni nur Fr & Sa), einer geschützten Ferienanlage aus dem frühen 20. Jh. **Lake Tahoe Cruises** (☎800-238-2463; www.zephyrcove.com; Erw./Kind ab 39/15 US$) pflügt ganzjährig über den See. Das vegetarierfreundliche Ufercafé **Sprouts** (3123 Harrison Ave; Hauptgerichte 6–10 US$; ⊙8–21 Uhr; ✎) serviert Leckeres aus Biozutaten.

Der Hwy 89 schlängelt sich nordwestwärts am dicht bewaldeten Westufer entlang zum **Emerald Bay State Park** (www.parks.ca.gov; 8 US$/Auto, Stellplatz 35 US$; ⊙Ende Mai–Sept.), wo Granitfelsen und Kiefern eine fjordartige Bucht mit leuchtend grünem Wasser umrahmen. Ein steiler, 1,6 km langer Weg führt hinunter zum **Vikingsholm Castle** (Führung Erw./Kind 5/3 US$; ⊙10.30–16.30 Uhr). Von dieser skandinavischen Villa aus den 1920er-Jahren führt der 7,2 km lange **Rubicon Trail** nordwärts am Seeufer entlang und vorbei an einem alten Leuchtturm und kleinen Buchten zum **DL Bliss State Park** (www.parks.ca.gov; 8 US$/Auto, Stellplatz 35–45 US$; ⊙ Ende Mai–Sept.) mit seinen Sandstränden. Weiter nördlich vermietet **Tahoma Meadows B&B Cottages** (☎530-525-1553; www.tahomameadows.com; 6821 W Lake Blvd, Tahoma; DZ inkl. Frühstück 109–269 US$) reizende Hütten im ländlichen Stil (Gebühr für Haustiere 20 US$).

NORD- & OSTUFER

Tahoe City, das Geschäftszentrum am Nordufer, ist ideal, um Vorräte zu besorgen und Outdoor-Ausrüstung zu mieten. Von hier ist es nicht weit nach **Squaw Valley USA** (☎530-583-6985; www.squaw.com; abseits des Hwy 89). In diesem übergroßen Skiresort hatten 1960 die Olympischen Winterspiele stattgefunden. Zum Après-Ski gibt's Bier und Burger in der holzgetäfelten **Bridgetender Tavern** (www.tahoebridgetender.com; 65 W Lake Blvd; Hauptgerichte 8–12 US$; ⊙So–Do 11–23, Fr & Sa bis 24 Uhr) oder Arme Ritter und Eggs Benedict im **Fire Sign Café** (1785 W Lake Blvd; Gerichte 6–12 US$; ⊙7–15 Uhr).

Im Sommer kann man bei Tahoe Vista oder Kings Beach baden oder Kajak fahren. Übernachtungen sind in der **Franciscan Lakeside Lodge** (☎530-546-6300; www.franciscanlodge.com; 6944 N Lake Blvd, Tahoe Vista; DZ 80–265 US$;) möglich, die einfache Hütten, Cottages und Doppelzimmer mit Bad und Einbauküche bietet. Östlich von Kings Beach mit seinen billigen, aber zufriedenstellenden Lokalen führt der Hwy 28 hinüber nach Nevada. Im **Crystal Bay Club Casino** (☎775-831-0512; www.crystalbaycasino.com; 14 Hwy 28) kann man sein Glück am Spieltisch versuchen oder sich eine Livemusikshow ansehen. Wer Bars und Bistros sucht, in denen mehr los ist, fährt weiter nach **Incline Village**.

Mit unberührten Stränden, Seen und kilometerlangen Mehrzweckwegen ist der **Lake Tahoe-Nevada State Park** (http://parks.nv.gov/lt.htm; 7–12 US$/Auto) der Hauptbesuchermagnet am Ostufer. Im Sommer planschen die Massen im türkisblauen Wasser von **Sand Harbor**. Als Traumroute für Mountainbiker beginnt der 24 km lange **Flume Trail** (☎775-749-5349; www.theflumetrail.com; Startpunkt Leihfahrrad 45–65 US$, Shuttle 5–10 US$) weiter südlich am **Spooner Lake**.

TRUCKEE & UMGEBUNG

Das nördlich des Lake Tahoe und abseits der I-80 gelegene Truckee ist mehr als nur ein Rastplatz für Fernfahrer – nämlich ein blühendes Bergstädtchen mit einem historischen Viertel voller Biokaffeehäuser, trendiger Boutiquen und Restaurants. Skihasen können in der Gegend unter mehreren Skigebieten wählen. Dazu gehören z. B. das glamouröse **Northstar-at-Tahoe** (☎800-466-6784; www.northstarattahoe.com; abseits des Hwy 267), das von Walt Disney mitbegründete kinderfreundliche **Sugar Bowl** (☎530-426-9000; www.sugarbowl.com; abseits des Hwy 40) und das Langläuferparadies **Royal Gorge** (☎530-426-3871; www.royalgorge.com; abseits der I-80).

Westlich des Hwy 89 befindet sich der Donner Summit, wo die berühmt-berüchtigte Reisegruppe in dem harten Winter 1846/47 verschütt ging, nachdem sich die Pioniere aufgrund fehlerhafter Routenplanung verirrt hatten. Weniger als die Hälfte von ihnen überlebte – und das nur, weil diese Menschen das Fleisch der Toten aßen. Die schauerliche Geschichte wird im Museum innerhalb des **Donner Memorial State Park** (www.parks.ca.gov; Donner Pass Rd; 8 US$/

Auto, Stellplatz 35 US$; ⌚Museum ganzjährig 9–16 Uhr, Camping Mitte Mai–Mitte Sept.) nacherzählt. Im Park ist der **Donner Lake** ein beliebtes Ziel von Badelustigen und Windsurfern.

Das umweltbewusste **Cedar House Sport Hotel** (☎530-582-5655; www.cedarhousesporthotel.com; 10918 Brockway Rd; Zi. inkl. Frühstück 170–270 US$; 📶) hat ein Ökozertifikat. Es bietet einen warmen Whirlpool im Freien und stilvolle moderne Boutiquezimmer (Haustiergebühr 50 US$). **Moody's Bistro & Lounge** (☎530-587-8688; www.moodysbistro.com; 10007 Bridge St; Hauptgerichte abends 18–40 US$; ⌚So–Do 11.30–21.30, Fr & Sa bis 22 Uhr) verwendet für seine Gerichte vor Ort produziertes Fleisch und saisonales Gemüse. Livejazz und Wein stehen hier ebenfalls auf dem Programm. Ein großes Glas Donner Party Porter kann man in der **Fifty Fifty Brewing Co** (www.fiftyfiftybrewing.com; 11197 Brockway Rd) jenseits der Bahngleise herunterstürzen.

ℹ Anreise & Unterwegs vor Ort

South Tahoe Express (☎866-898-2463; www.southtahoeexpress.com) betreibt häufige Shuttlebusse vom **Reno-Tahoe International Airport** in Nevada nach Stateline (einfache Strecke Erw./Kind 27/15 US$). **North Lake Tahoe Express** (☎866-216-5222; www.northlaketahoeexpress.com) verbindet den Flughafen von Reno mit Truckee, Squaw Valley und den Ortschaften am Nordufer (einfache Strecke/hin & zurück 40/75 US$).

Vom **Amtrak-Bahnhof** (10065 Donner Pass Rd) in Truckee fahren täglich Züge nach Sacramento (37 US$, 4½ Std.) und Reno (15 US$, 1½ Std.) sowie zweimal täglich Greyhound-Busse nach Reno (18 US$, 1 Std.), Sacramento (42 US$, 2½ Std.) und San Francisco (40 US$, 6 Std.). Busse von Amtrak Thruway verbinden Sacramento mit South Lake Tahoe (34 US$, 3 Std.).

Die Regionalbusse von **Tahoe Area Regional Transit** (TART; ☎800-736-6365; www.laketahoetransit.com; einfache Fahrt/Tageskarte 1,75/3,50 US$) steuern Truckee sowie Ziele am Nord- und Westufer an. South Lake Tahoe wird von **BlueGO** (☎530-541-7149; www.bluego.org; einfache Fahrt/Tageskarte 2/6 US$) angefahren. Im Sommer betreibt das Unternehmen auch einen Trolley, der am Westufer entlang nach Tahoma rollt, wo Traveller Anschluss zur TART haben.

Im Winter braucht man häufig Schneeketten auf der I-80, der US 50, dem Hwy 89 und dem Mt. Rose Hwy; manche dieser Straßen oder aber alle können während oder nach Schneestürmen gesperrt sein.

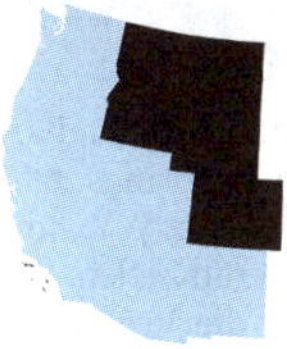

Rocky Mountains

Inhalt »

Gut essen

» Kitchen (S. 215)

» Root Down (S. 206)

» Silk Road (S. 261)

» Pine Creek Cookhouse (S. 228)

» Domo (S. 206)

» Cafe Diva (S. 222)

Schön übernachten

» Queen Anne Bed & Breakfast Inn (S. 203)

» Modern Hotel (S. 266)

» Chautauqua Lodge (S. 214)

» Alpine House (S. 252)

» Old Faithful Inn (S. 248)

Auf in die Rocky Mountains!

Die Rockies, Rückgrat des Kontinents, bieten Natur im Drogenrausch: Schneebedeckte Berggipfel, zerklüftete Canyons und wilde Flüsse sind über alle westlichen Staaten verteilt.

In den Rocky Mountains kann man wählen zwischen Ruhe (in Wyoming, dem Bundesstaat der USA mit der geringsten Bevölkerungsdichte) und Adrenalin (in Höhenmetern gemessen). Die Einheimischen lieben ein Abenteuer, bei dem sie ordentlich mit Schlamm bespritzt werden, und bei jeder Menge Möglichkeiten zum Klettern, Skifahren und Paddeln ist es leicht, einfach mitzumachen. Danach entspannt man sich bei einem Bad in den Thermalquellen, nippt Pints mit kaltem Bier aus den Kleinbrauereien und genießt Essen, dessen Zutaten direkt vom Bauernhof kommen.

Und schließlich sollte man auch nicht den Charme der Nationalparks Yellowstone, Rocky Mountain, Grand Teton und Glacier versäumen, wo die großen Fünf (Grizzlys, Elche, Bisons, Berglöwen und Wölfe) immer noch in freier Wildbahn leben.

Reisezeit

Denver

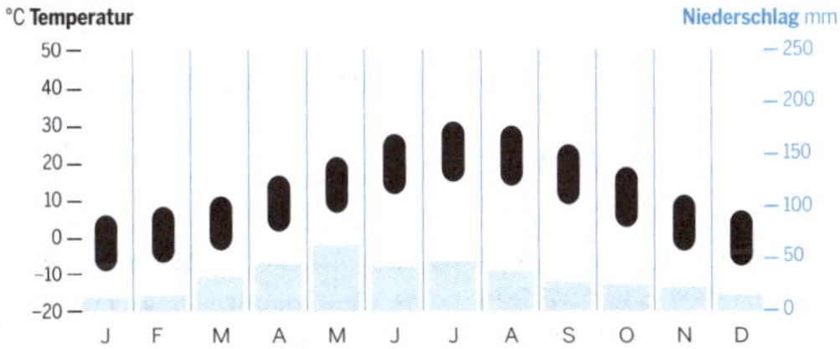

Juni–Aug. Lange Sonnentage eignen sich zum Radfahren, Wandern, für Märkte und Festivals.

Sept. & Okt. Das Herbstlaub und sagenhafte Unterkunftsangebote treffen zusammen.

Jan. & Feb. Mit Schnee bestäubte Berggipfel, Pulverschneeabfahrten und Après-Ski deluxe.

NICHT VERSÄUMEN!

Einen Stetson aufsetzen und durch die Salbeibüsche von Wyoming und Montana galoppieren.

Kurzinfos

» Wichtigste Stadt: Denver (600 000 Ew.)

» Denver–Yellowstone National Park: 595 Meilen (958 km)

» Zeitzone: Mountain Standard Time (MEZ −8 Std.)

» Staaten: Colorado, Idaho, Montana & Wyoming

Schon gewusst?

Wenn man sein Zelt im Yellowstone National Park aufstellt, schläft man auf einem der größten Supervulkane der Welt. Er wird alle 640 000 Jahre aktiv: Ein Ausbruch steht demnächst an – plus/minus 10 000 Jahre.

Infoquellen

» *Denver Post* (www.denverpost.com) Die wichtigste Zeitung der Region

» *5280* (www.5280.com) Die beste Monatszeitschrift von Denver

» Discount Ski Rental (www.rentskis.com) In den wichtigsten Resorts

» 14ers (www.14ers.com) Ausrüster für Wanderer, die die höchsten Gipfel der Rockies erklimmen wollen

Anreise & Unterwegs vor Ort

Denver hat den einzigen großen internationalen Flughafen der Region. Von Denver und von Colorado Springs gehen Flüge mit kleineren Flugzeugen nach Jackson, WY, Boise, ID, Bozeman, MT, Aspen, CO, und zu anderen Zielen.

Zwei Linien von Amtrak durchqueren die Region. Der *California Zephyr* verkehrt täglich zwischen Emeryville, CA und Chicago, IL, und hat sechs Stopps in Colorado, einschließlich Denver, Fraser-Winter Park, Glenwood Springs und Grand Junction. Der *Empire Builder* verkehrt täglich von Seattle, WA, oder Portland, OR, nach Chicago, IL, mit zwölf Stopps in Montana (inkl. Whitefish und East und West Glacier) und einem Stopp in Idaho bei Sandpoint.

Greyhound bedient Teile der Rocky Mountains. Aber um wirklich auf Tour zu gehen, braucht man ein Auto.

NATIONALPARKS

In der Region liegen einige der größten Nationalparks der USA. In Colorado bietet der **Rocky Mountain National Park** sagenhafte Wandermöglichkeiten durch Hochgebirgswälder und Tundralandschaften. Außerdem gibt's das sahara-artige Wunder des **Great Sand Dunes National Park** und den **Mesa Verde National Park**, ein archäologisches Reservat mit kunstvollen Wohnbauten an den Klippen.

Wyoming ist Heimat des **Grand Teton National Park** mit seinen aufregenden Berggipfeln und des **Yellowstone National Park**, dem ältesten Nationalpark des Landes. Es ist ein wahres Wunderland mit vulkanischen Geysiren, Thermalquellen und bewaldeten Bergen. In Montana sieht man im **Glacier National Park** stark sedimentierende Berggipfel, Gletscher und jede Menge wilde Tiere, etwa Grizzlybären. In Idaho liegt die **Hells Canyon National Recreation Area**. Hier formt der Snake River den tiefsten Canyon Nordamerikas. Der **National Park Service** (NPS; www.nps.gov) verwaltet außerdem über ein Dutzend weitere Historic Sites, Monuments, Natur Preserves und Recreationonal Areas im ganzen Staat.

Die besten Outdoor-Kurse

Mit jeder Menge Natur und schwierigem Gelände sind die Rockies eine von der Natur geschaffene Schule für alle Outdoor-Fähigkeiten und ein idealer Ort, um die Natur bei der Arbeit zu sehen. Man kann folgende versuchen:

» Chicks with Picks (S. 234) Tolle „Ice-Climbing Clinics" von Frauen für Frauen.

» Yellowstone Institute (S. 247) Im Park mit Experten Wölfe, Ökologie und Kunst studieren.

» Teton Science Schools (S. 252) Die besten für Kids; sowohl über die Natur als auch in der Natur.

» Colorado Mountain School (S. 219) Einen Berggipfel sicher erklettern und lernen, wie man sich absichert.

Geschichte

Vor dem späten 18. Jh., als französische Trapper und Spanier ins Land kamen, waren die Rocky Mountains ein von vielen Stämmen bewohntes Gebiet. Nez Percé, Schoschonen, Crow (Absarokee), Lakota und Ute lebten hier.

Meriwether Lewis und William Clark errangen unsterblichen Ruhm, nachdem die USA 1803 einen Großteil der heutigen Bundesstaaten Montana, Wyoming und des östlichen Colorados im Louisiana Purchase erworben hatten. Die beiden Forscher machten sich auf, das Land zu vermessen und

DIE ROCKY MOUNTAINS IN ...

... zwei Wochen

Am besten startet man die Reise in der Gegend von **Denver**. Dort geht man zum Tubing, shoppt altmodische Klamotten oder geht im outdoor-verrückten, total künstlerischen **Boulder** Radfahren und saugt dann die liberale Strahlung durch Lauschen in einem Straßencafé auf. Als nächstes genießt man die Aussicht im **Rocky Mountain National Park**, bevor man sich auf der I-70 Richtung Westen aufmacht, um sich in den Bergen rund um **Breckenridge** auszutoben. Hier gibt's auch die besten Anfängerhügel von Colorado. Bevor man die Grenze nach Wyoming überquert, sollte man keinesfalls das Ski- und Mountainbike-Mekka von **Steamboat Springs** versäumen.

Der erste Stopp in diesem Staat sollte **Lander** sein – ein Bergsteigerparadies der Extraklasse. Von hier aus geht's weiter Richtung Norden zum schicken **Jackson** und dem sagenhaften **Grand Teton National Park** und dann mit dem **Yellowstone National Park** zu einer echten Ikone. Für dieses Wunderland voller Geysire sollte man mindestens drei Tage einplanen.

Dann überquert man die Grenze zum „Big Sky Country" und setzt den Weg langsam Richtung Nordwesten durch Montana fort. Im flippigen **Bozeman** und lebhaften **Missoula** legt man einen Stopp ein, bevor man **Flathead Lake** besucht. Die Tour beendet man in Idaho. Im Sommer kann man auf dem Wildwasser der **Hells Canyon National Recreation Area** paddeln, bevor man ins aufstrebende **Boise** weiterfährt. Man beendet den Trip mit ein paar Tagen Skifahren im **Sun Valley** und Partyfeiern in **Ketchum**. Die Stadt und das Skiresort sind, obwohl sie *der* momentane Winterspielplatz der Hollywoodstars sind, erfrischend schlicht und erschwinglich.

... einem Monat

Wer einen ganzen Monat zur Verfügung hat, kann so richtig in die Schätze der Region eintauchen, die abseits der ausgetretenen Pfade liegen. Zunächst kann man dem Fahrplan für zwei Wochen folgen, dann aber in Colorado Richtung Südwesten abtauchen – eine aufstrebende Weinregion –, bevor man Wyoming besucht. Dann geht's auf die nur für Allradantrieb geeigneten Pfade rund um **Ouray**. Man sollte auf keinen Fall die antiken Klippenwohnungen im **Mesa Verde National Park** versäumen.

In Montana wird man sich gern beim Backpacking im **Bob Marshall Wilderness Complex** verlieren und den **Glacier National Park** sollte man auch unbedingt besuchen, bevor alle Gletscher verschwunden sind. In Idaho verbringt man dann mehr Zeit mit Herumtoben in **Sun Valley** und sollte auf alle Fälle die Läden, Pubs und köstlichen Bio-Restaurants im herrlichen kleinen **Ketchum** erforschen. Auf einem Trip, der einen Monat dauert, hat man auch die Zeit, ein paar der fantastisch abgelegenen und malerischen Nebenstrecken von Idaho entlangzufahren. Auf jeden Fall sollte man dem Hwy 75 von Sun Valley Richtung Norden nach **Stanley** folgen. Dieses atemberaubende Bergdörfchen liegt an den weiten Ufern des Salmon River und ist vollkommen vom Gebiet des National Forest und von Natur umgeben. Aber ganz abgesehen von der Schönheit der Wildnis ist Stanley zudem mit der Möglichkeit zum Weltklasse-Forellenfischen und zahmem bis wildem Rafting gesegnet. Man nimmt den Hwy 21 von Stanley nach Boise. Die malerische Fahrt führt durch kilometerweite, dichte Ponderosa-Wälder und an ein paar ausgezeichneten, völlig einsamen Campingplätzen am Fluss vorbei – von denen einige sogar über eigene, natürliche Thermalquellen mit Becken verfügen.

Highlights

1 Im **Yellowstone National Park** (S. 243) Bären, Bisons und Geysire sichten

2 Sich in **Aspen** (S. 227) an Hollywoods Cowboy-Szene weiden

3 Im **Grand Teton National Park** (S. 249) wandern und klettern

4 Im super Wildwasser des **Middle Fork vom Salmon River** (S. 270) paddeln

5 Das städtische Outdoor-Mekka **Boulder** (S. 213) erforschen

6 Die Wildweststädte von San Juan in **Südcolorado** (S. 230) durchstreifen

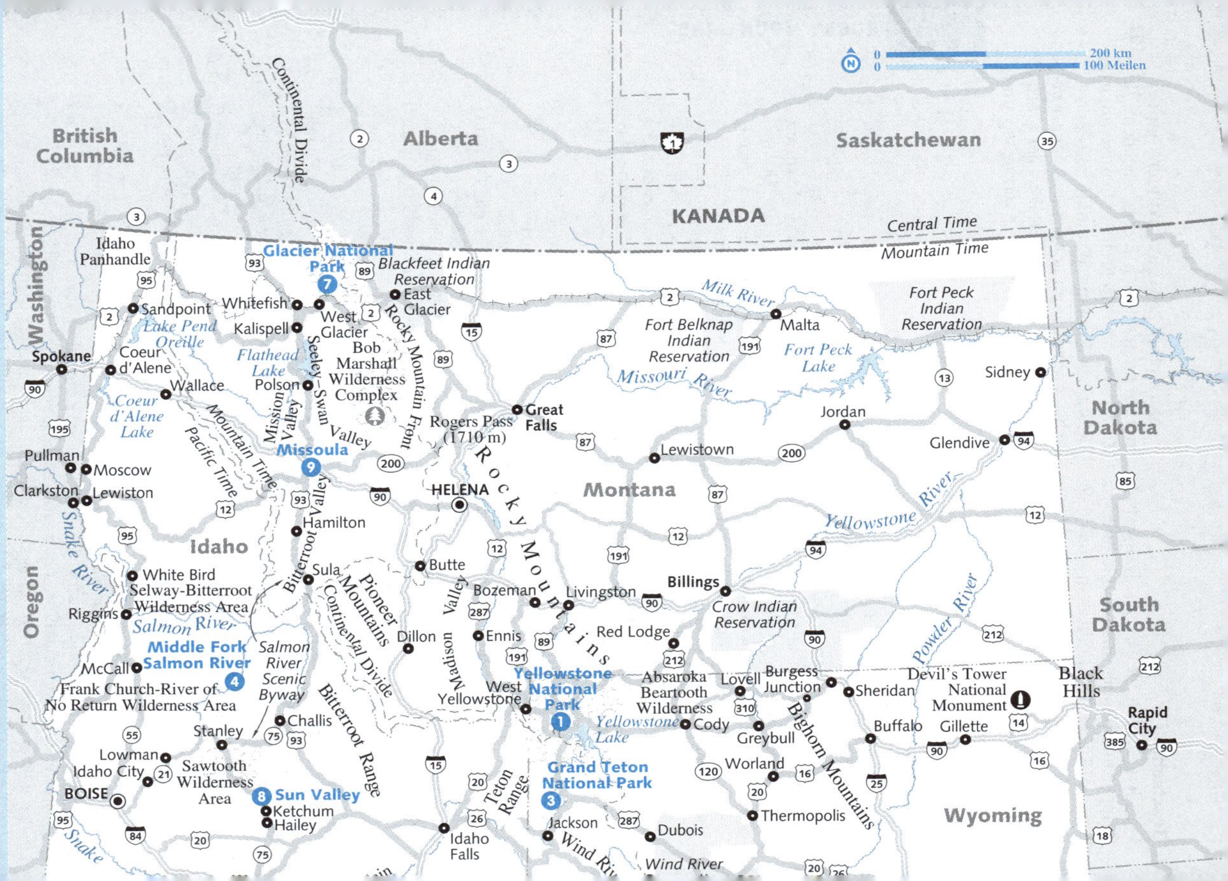

7 Im **Glacier National Park** (S. 263) ungezähmte, gefrorene Schönheit genießen

8 Im **Sun Valley** (S. 268) im Sonnenschein auf Pulverschnee Ski fahren

9 Sich in der Wildnis von **Missoula** (S. 260) einen Schuss Kultur genehmigen

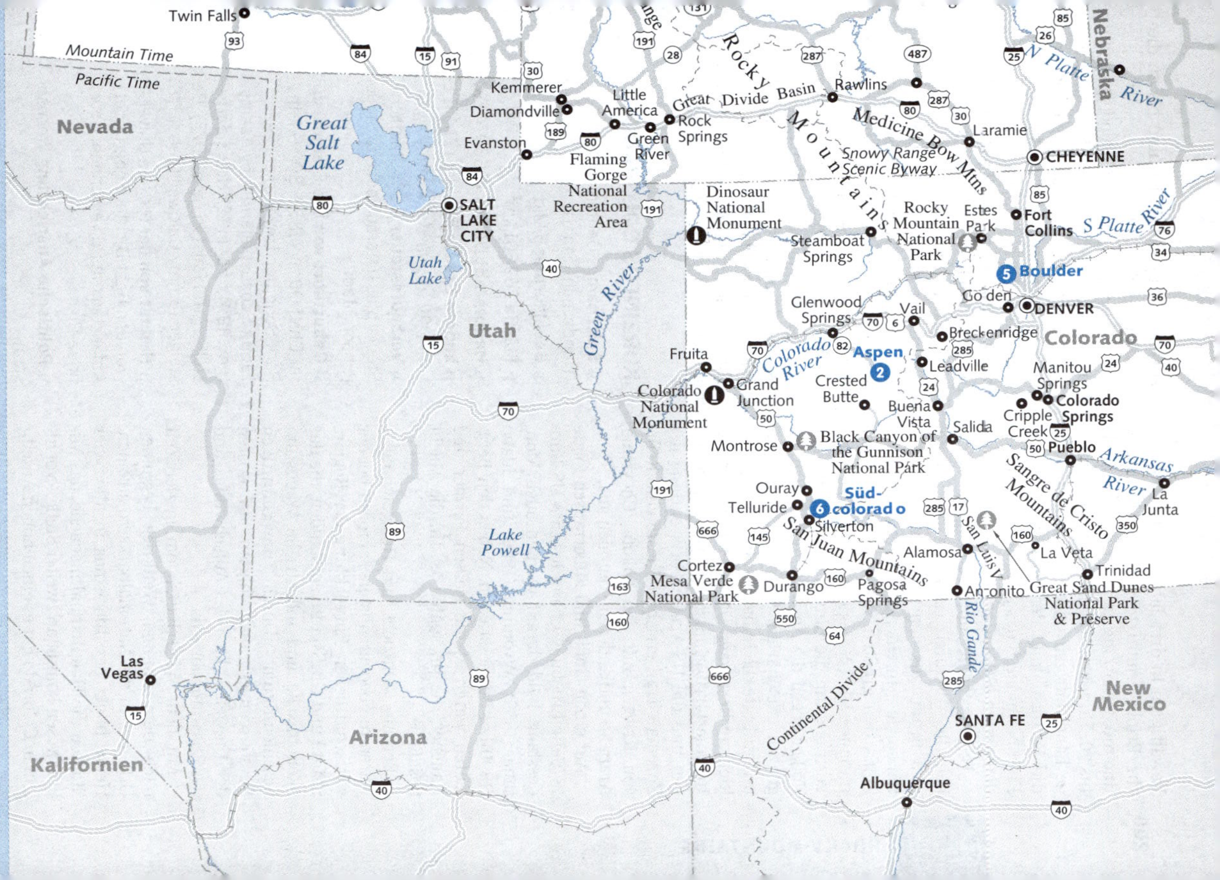

bewältigten in drei Jahren fast 15000 km. Ihr Erfolg ermutigte weitere Abenteurer, und die Besiedlung geriet in Bewegung. Bis ins 20. Jh. zogen Wagentrecks in das bergige Land, nur zeitweise verlangsamt durch die Fertigstellung der transkontinentalen Eisenbahn durch das südliche Wyoming in den späten 1860er-Jahren.

Um die Siedler unterzubringen, vertrieben die Vereinigten Staaten die Spanier und Briten aus dem Grenzland im Westen sowie – in einer höchst unrühmlichen Zeit – den größten Teil der hier lebenden Indianer. Die US-Regierung unterzeichnete Verträge, um die Einwände der indigenen Völker gegen die Ausweitung der Siedlungen zu entschärfen. Stets brach sie diese und drängte die Indianerstämme in immer kleinere Reservate. Dass Goldsucher in das Indianerterritorium von Montana vordrangen und die US-Armee Forts entlang des Bozeman Trail errichtete, löste eine Reihe von Kriegen mit den Lakota, Cheyenne, Arapaho und anderen Stämmen aus.

Auf einen Gold- und Silberrausch folgte 1876 die Erhebung Colorados zum US-Bundesstaat. Bald darauf wurden auch Montana (1889), Wyoming (1890) und Idaho (1890) zu Bundesstaaten. Neben den Bergleuten waren es die weißen Farmer und Rancher, die im späten 19. Jh. die Macht besaßen.

Berbau, Viehzucht und Holzgewinnung waren die bedeutendsten Faktoren bei der wirtschaftlichen Entwicklung der Region. Städte und Großstädte entstanden, die das ökonomische und industrielle Wachstum beschleunigten. Durch unvernünftigen Ressourcenverbrauch folgten auf Kosten der Umwelt Zyklen des Aufschwungs und des Zusammenbruchs.

Mit dem Wirtschaftsboom in der Zeit nach dem Zweiten Weltkrieg begannen Urlauber in die Nationalparks zu strömen. Heute bildet der Tourismus in allen vier Staaten die Haupteinnahmequelle, das Militärwesen kommt an zweiter Stelle – vor allem in Colorado hat es einen hohen Anteil.

Einheimische Kultur

Die Bundesstaaten in den Rocky Mountains werben für eine bestimmte Art von Freiheit, die sich in der weiten, zerklüfteten Landschaft widerspiegelt. Es gibt jede Menge Land für alle und nur sehr wenige Vorschriften – man nehme nur das Fahren abseits der Pisten, das in vielen Resorts erlaubt ist. Man wird dazu ermutigt, selbst zu beurteilen, was richtig ist (und bis an die Grenzen zu gehen).

Es ist auch jene Art von Gegend, wo heißblütige, pistolenschwingende Meinungsfreiheitsverfechter sich hinsetzen können und ein paar Bierchen mit zugedröhnten reichen Kids trinken, ohne dass es jemandem wehtut. Abgesehen von ihren karmischen Ansichten finden sie vielleicht sogar Gemeinsamkeiten. Die Einwohner von Colorado kann man danach unterteilen, ob sie rot oder blau wählen, aber die meisten sind sich darüber einig, dass sie sich von der Regierung nichts vorschreiben lassen wollen. Sie haben das 2000 bewiesen: Mittels einer Verfassungsänderung wurde damals legalisiert, dass bestimmte chronische Krankheiten mit Marihuana behandelt werden dürfen.

In den angesagten Après-Ski-Kneipen findet man immer noch jede Menge reiche

KURZINFOS COLORADO

» **Spitzname** „Centennial State" (Hundertjahr-Staat)

» **Bevölkerung** 5 Mio.

» **Fläche** 269601 km^2

» **Hauptstadt** Denver (566974 Ew.)

» **andere Städte** Boulder (91481 Ew.), Colorado Springs (372437 Ew.)

» **Verkaufssteuer** 2,9 % staatliche Steuer plus unterschiedliche Steuern je nach Stadt

» **Geburtsort von** Ute-Stammesführer Chief Ouray (1833–80); South-Park-Schöpfer Trey Parker (geb. 1969); Schauspielerin Amy Adams (geb. 1974); der in *127 Hours* dargestellte Aron Ralston (geb. 1975); Bergsteiger Tommy Caldwell (geb. 1978)

» **Heimat von** der Naropa University (von den Beat-Dichtern gegründet), Abfahrten mit Pulverschnee, Boutique-Bier

» **Politische Ausrichtung** Wechselstaat

» **Berühmt für** Sonnentage (300 im Jahr), die höchstgelegenen Weinberge und längste Ski-Abfahrt in den kontinentalen USA

» **Kitschigstes Souvenir** Flaschenöffner aus Wildhufen

» **Entfernungen** Denver–Vail 100 Meilen (160 km)

Kids in der neuesten Skiausrüstung von Burton's. Sie nippen an Bier aus den Kleinbrauereien und tauschen Heldengeschichten aus. Aber selbst die reichsten Städte der Rocky Mountains wie Aspen, Vail, Jackson und Ketchum wurden vom Kollaps des Finanzsystems im Jahr 2008 und den darauffolgenden Problemen der Immobilienbranche hart getroffen. Die Erholung schreitet nur langsam voran. In der Arbeiterstadt Billings, im patriotischen Colorado Springs und in jeder anderen Stadt, in denen Familien mit Angehörigen im Militär leben, ist die Hauptsorge, wie hoch der Verlust an Menschenleben in den Kriegen im Nahen Osten ist.

Land & Klima

Die physische Geografie der Region ist zwar eigentlich komplex, sie lässt sich aber in zwei Hauptgebiete unterteilen: die eigentlichen Rocky Mountains und die Great Plains. Die Rockies erstrecken sich von der Brooks Range Alaskas und dem Yukon Territory Kanadas bis hinunter nach Mexiko in einer Nordwest-Südost-Ausrichtung, von den Steilabbrüchen der Front Range in Colorado westwärts bis zum Great Basin von Nevada. Die gewaltigen Gipfel und Kämme bilden die kontinentale Wasserscheide: Westlich der Rockies fließen die Ströme in den Pazifik; östlich davon zum Atlantik und zum Golf von Mexiko.

Für viele Reisende sind die Rockies ein Urlaubsziel für den Sommer, der hier in der Regel im Juni beginnt. Das warme Wetter dauert bis etwa Mitte September an (dennoch ist warme Kleidung an Sommerabenden in den Städten in den Bergen zu empfehlen). Der Winter, der gewaltige Schneemassen bringt, setzt üblicherweise erst Ende November ein. In den Bergen kann es jedoch schon im September zu Schneestürmen kommen. Der Winter dauert meistens bis in den März oder bis Anfang April. In den Bergen ändert sich das Wetter ständig (Schnee ist im Sommer nichts Außergewöhnliches), darauf müssen Reisende sich einstellen. Der Herbst, wenn das Laub der Espen golden leuchtet, und der Frühsommer, wenn die Wildblumen blühen, sind wundervolle Jahreszeiten für einen Besuch.

ℹ Anreise & Unterwegs vor Ort

Hierher zu kommen, braucht Zeit. Die Rockies sind infrastrukturell schlecht erschlossen und die Attraktionen verteilen sich über ein riesiges Gebiet. Verbunden sind sie durch Straßen, die sich durch Berge und Canyons winden. Da es nur wenige öffentliche Verkehrsmittel gibt, ist ein eigenes Fahrzeug das beste. Und schließlich ist „Road-Tripping" einer *der* Gründe, warum man diese malerische Gegend erforscht.

In den ländlichen Gebieten gibt es nur sehr wenige Tankstellen – die I-80 durch Wyoming ist hier besonders berüchtigt. Es ist durchaus nicht ungewöhnlich, dass zwischen zwei Tankstellen mehr als 150 km liegen. Wer sich nicht sicher ist, sollte lieber volltanken.

Der **Denver International Airport** (DIA; www.flydenver.com) ist der Hauptflughafen der Region. Plant man allerdings An- oder Weiterreise als Inlandsflug, sollte man auch mal nach dem **Colorado Springs Airport** (COS; www.springsgov.com/airportindex.aspx) schauen. Die Preise sind oft geringer, die Anfahrt geht schneller als beim DIA und er ist genauso praktisch. Sowohl Denver als auch Colorado Springs bieten Flüge in kleineren Maschinen zu den wichtigeren Städten und Erholungsorten der Gegend – Jackson, WY, Boise, ID, Bozeman, MT, und Aspen, CO, sind nur einige der Möglichkeiten. Salt Lake City, UT, hat auch Verbindung zu Zielen in allen vier Staaten.

Greyhound (☎800-231-2222; www.greyhound.com) hat feste Routen durch die Rockies und bietet den umfassendsten Busservice. Diese Züge der **Amtrak** (☎800-872-7245; www.amtrak.com) fahren Ziele in und um die Region herum an:

California Zephyr Täglich zwischen Emeryville, CA (in der San Francisco Bay Area), und Chicago, IL, mit sechs Stopps in Colorado, darunter Denver, Fraser-Winter Park, Glenwood Springs und Grand Junction.

Empire Builder Fährt täglich von Seattle, WA, oder Portland, OR, nach Chicago, IL, mit zwölf Stopps in Montana (darunter Whitefish sowie East und West Glacier) und einem Halt in Idaho in Sandpoint.

COLORADO

Colorado ist gesegnet mit der dichtesten Konzentration an hohen Gipfeln – viele über 4000 m hoch. Es ist überhaupt ein toller Staat: Von seinen supergenialen Pulverschneeabfahrten bis zu den kräftigen Biersorten aus Kleinbrauereien und starken Espresso-Getränken hat sich diese ganze sonnige Energie dazu verschworen, einen immer wieder daran zu erinnern. Mit den Universitäten und der florierenden High-Tech-Industrie hat Colorado auch eine höchst industrielle Seite. Aber einige Bewohner des Staates werden dennoch sofort krank feiern, sobald dieses hoch gelegene Land vom Schnee berieselt wird.

Es ist kein Wunder, dass so viele von der Ostküste, aus Kalifornien oder von irgendwo dazwischen hierher gekommen sind, um sich in diesem modernen Shangri-La niederzulassen. Aufgebaut wurde das Ganze von den lateinamerikanischen Arbeitern, um den nicht enden wollenden Ansprüchen des Gastgewerbes gerecht zu werden. Auch wenn große Teile des Staates als konservativ gelten, beschäftigen sich viele Einwohner von Colorado intensiv mit Umweltthemen. Sie haben eine freundliche, zupackende Einstellung, die inspirierend wirkt.

Praktische Informationen

Colorado Road Conditions (☎877-315-7623; www.state.co.us) Infos zu den Highways.

Colorado State Parks (☎303-470-1144; www.parks.state.co.us) Plätze fürs Zelt oder den Wohnwagen kosten zwischen 10 und 24 US$ die Nacht, je nach Einrichtungen. Einfache Hütten und Jurten sind in einigen Parks auch zu haben, welche mit Holzöfen das ganze Jahr über. Bei bestimmten Campingplätzen kann man im Voraus reservieren, muss aber eine Buchungsgebühr von 10 US$ bezahlen, die nicht zurückerstattet wird. Die Reservierung zu ändern, kostet 6 US$.

Colorado Travel & Tourism Authority (☎800-265-6723; www.colorado.com) Touristeninformation für den ganzen Staat.

Denver Post (www.denverpost.com) Denvers wichtigste Tageszeitung.

Denver

Lebhaft, städtisch und selbstbewusst: Denver ist die kosmopolitische Hauptstadt der Region. Die glitzernden Wolkenkratzer von Denvers Downtown und die historischen LoDo-Stadtviertel sind vollgepackt mit Brauereien und dem besten, was zwischen Chicago und Kalifornien an Kulinarischem zu haben ist. Und auch die 12 m hohe Skulptur eines blauen Bären und die 18 m hohe Tänzerfigur darf man nicht vergessen. In den sagenumwobenen Sportarenen Invesco Field in Mile High und Coors Field sind Homeruns, High Fives und Meuten von tollwütigen Sportfans beinahe ein allabendliches Spektakel. Weit in der Ferne erhebt sich trotz allem Dunst in dieser Höhe und all der dünnen Luft die zerklüftete, rote Linie der Front Range. Dort beginnt eine der spektakulärsten Wildnis-Gegenden des Kontinent. Ja, in Denver gibt es jede Menge zu tun!

Die Stadt ist kompakt und freundlich. Sie liegt 1609 m hoch – daher hat sie ihren Spitznamen „Mile High City". Die ehemalige Eisenbahnstation aus Wildwestzeiten ist ein cooler Ort, um sich zu akklimatisieren. Die Luftfeuchtigkeit ist niedrig und es gibt jede Menge Colorado-Sonnenschein.

Sehenswertes & Aktivitäten

16th Street Mall & LoDo VIERTEL

Die 16th Street Mall ist eine reine Fußgängerzone in der Innenstadt und gesäumt mit Läden, Restaurants und Bars. Das flippigere **LoDo** rund um den Larimer Sq ist der beste Ort für einen Drink und einen Bummel durch die Boutiquen.

Denver Art Museum MUSEUM

(☎720-865-5000; www.denverartmuseum.org; 100 W 14th Ave; Erw./Student 13/10 US$; 1. Sa im Monat frei; ⌚Di–Do, Sa & So 10–17, Fr 10–20 Uhr) Das DAM beherbergt eine der größten Sammlungen in den USA zur Kunst der Ureinwohner Amerikas und veranstaltet spezielle Avantgarde-Multimedia-Ausstellungen. Die Abteilung mit der Western American Art in der ständigen Ausstellung ist zu Recht berühmt.

Der 110-Mio.-US$ teure Frederic-C.-Hamilton-Flügel wurde von Daniel Libeskind entworfen und ist ein seltsames, kantiges und fächerartiges Gebilde. Es wirkt anregend und hypnotisierend. Wer meint, dass es von außen merkwürdig aussieht, muss sich erst einmal das Innere ansehen: Hier verändern sich die Formen je nachdem, von wo man darauf schaut. Diese Wirkung entsteht durch eine Kombination aus Design und verblüffenden, natürlichen Lichteffekten.

Black American West Museum & Heritage Center MUSEUM

(☎303-482-2242; www.blackamericanwestmuseum.com; 3091 California St; Erw./Kind 8/6 US$; ⌚Di–Sa 10–14 Uhr) Denver ist außerdem die Heimat dieses ausgezeichneten Museums. Es hat sich dem Motto verschrieben, „Geschichte so zu erzählen, wie sie war". Es bietet eine verblüffende Sicht auf den Beitrag, den die Afroamerikaner zur Zeit der Pioniere geleistet haben – nach den Statistiken des Museums waren ein Drittel aller Cowboys Afroamerikaner!

Red Rocks Park & Amphitheatre KUNSTZENTRUM

(☎303-640-2637; www.redrocksonline.com; 16352 County Rd 93; Park Eintritt frei; ⌚5–23 Uhr)

Dieses natürliche Amphitheater liegt zwischen 120 m hohen roten Sandsteinfelsen, 15 Meilen (24 km) südwestlich von Denver, und war ein Lagerplatz der Ute. Die Akustik ist so gut, dass Künstler hier Livealben aufnehmen. Das Theater mit seinen 9000 Plätzen bietet eine atemberaubende Aussicht und zieht Bands von Rang an.

Children's Museum MUSEUM
(☎303-433-7444; www.mychildsmuseum.org; 2121 Children's Museum Dr; Eintritt 8 US$; ⏲Mo–Fr 9–16, Sa & So 10–17 Uhr; 👪) Wer mit Kindern unterwegs ist, sollte beim Children's Museum vorbeischauen. Hier findet man jede Menge ausgezeichnete interaktive Ausstellungsstücke. Eine besonders beliebte Abteilung ist der Lebensmittelladen in Kindergröße. Hier können die kleinen Konsumenten einen eigenen Einkaufswagen schieben, während sie etwas über Essen und Gesundheit erfahren. In der „Arts à la Carte"-Abteilung können die Kids kreativ werden und das selbst Gefertige aus Recycling-Materialien mit nach Hause nehmen.

Denver Museum of Nature & Science MUSEUM
(☎303-322-7009; www.dmns.org; 2001 Colorado Blvd; Museum Erw./Kind 12/6 US$, IMAX 10/8 US$; ⏲9–17 Uhr; 👪) Dieses Museum befindet sich 3,5 Meilen (5,6 km) außerhalb der Innenstadt und bietet ein IMAX-Theater, das Gates Planetarium und fesselnde Ausstellungsstücke für alle Altersklassen.

Feste & Events

GRATIS **Cinco de Mayo** KULTUR
(☎303-534-8342; www.cincodemayodenver.com; Civic Center Park) Bei einer der größten Feiern zum Cinco de Mayo im Lande genießt man Salsamusik und Margaritas. Sie findet an zwei Tagen am ersten Wochenende im Mai statt. Mit drei Bühnen und mehr als 350 Ausstellern und Anbietern von Leckereien ist das Fest ein riesiger Spaß.

Cherry Creek Arts Festival KUNST
(www.cherryarts.org; Ecke Clayton St & E 3rd Ave) Eine weitläufige Feier mit visuellen, kulinarischen und Darstellenden Künsten. Eine Viertelmillion Besucher streunen hier durch ein gigantisches Straßenfest. Das dreitägige Event findet rund um den 4. Juli statt.

Taste of Colorado ESSEN
(☎303-295-6330; www.atasteofcolorado.com; Civic Center Park) Imbissstände von über 50 Restaurants; außerdem gibt's an diesem Fest zum Labor Day Alkohol, Livemusik und Kunsthandwerk.

Great American Beer Festival BIER
(☎303-447-0816, 1888-822-627; www.greatamericanbeerfestival.com; 700 14th St) In Colorado gibt's mehr Kleinbrauereien als in jedem anderen Bundesstaat der USA. Auf diesem unglaublich beliebten Event Anfang September werden neue Biersorten angeboten. Mehr als 500 Brauereien sind vor Ort, von den Großanbietern bis zu den Fans des Selbstgebrauten.

Schlafen

Abgesehen von den hier aufgeführten Hotels gibt es in der ganzen Stadt Ketten- und unabhängige Motels. Die Preise für die Zimmer liegen bei 75 US$ aufwärts. Auf **Lonely Planet Hotels & Hostels** (www.lonelyplanet.com/hotels) findet man eine Reihe von Möglichkeiten zum Übernachten in den Vororten von Denver. Wer sparen muss, sollte das sehr saubere International Youth Hostel im nahen Boulder in Erwägung ziehen, denn die Hostels in Denver waren, als wir vorbeischauten, mehr von Durchreisenden als von Backpackern besucht.

LP TIPP **Queen Anne Bed & Breakfast Inn** B&B $$
(☎303-296-6666; www.queenannebnb.com; 2147 Tremont Pl; Zi. inkl. Frühstück 135–215 US$; P❄📶) Urig, cool und modern legt dieses herausragende B&B auch auf Innovationen in Sachen Nachhaltigkeit Wert. Das bedeutet, dass es fast gar keinen Müll gibt, dafür aber einen hohen Standard an Recycling und Kompostierung. Die Zimmer sind mit Möbeln von Unternehmen aus der Umgebung ausgestattet und in den traumhaften Gärten wächst allerlei Essbares. Aber der Schwung und die Romantik werden vor allem durch das Design erzeugt. Vier Künstler aus Denver haben die Suiten neu gestaltet – mit erstaunlichen Resultaten. Zu den Highlights gehören ein Waldwandgemälde, das die Gäste umfängt, während sie in Bio-Bettdecken schlafen, und eine verspielte Suite mit übergroßer moderner Kunst in Schwarzweißmotiven.

Der Besitzer Milan Doshi hält auch die Küche am Laufen. Die Gäste genießen die Happy Hour mit Weinen aus Colorado und Hors d'oeuvres. Das Frühstück wechselt von Waffeln mit Blaubeeren und Lavendel zu Kartoffelpfannkuchen im indianischen Stil. Kostenlose Townie Bikes machen es

Denver

möglich, das Auto stehen zu lassen und Denver wie ein Einheimischer zu erkunden.

Hotel Monaco BOUTIQUEHOTEL **$$$**
(☎303-296-1717; www.monaco-denver.com; 1717 Champa St; Zi. ab 199 US$; P ❄ @ ☜) Dieser ultrastilvolle Boutiqueschuppen ist bei den Stars beliebt. Die modernen Zimmer verbinden Französisches mit Art déco – kräftige Farben und fabelhafte Federbetten im europäischen Stil. Man sollte nicht die abendliche „Altitude Adjustment Hour" versäumen. Dann dürfen die Gäste sich an kostenlosem Wein und Fünfminuten-

Denver

Massagen erfreuen. Der Ort ist zu 100% haustierfreundlich; auf Anfrage wird sogar ein Goldfisch mit Namen aufs Zimmer geliefert. Online werden regelmäßig Rabatte angeboten.

Capitol Hill Mansion B&B B&B $$
(☎303-839-5221; www.capitolhillmansion.com; 1207 Pennsylvania St; Zi. inkl. Frühstück 119–219 US$; P ❄ @ ᯤ) Bunte Glasfenster, Holzeinrichtung aus den 1890er-Jahren und Türmchen machen aus dieser herrlichen, schwulen- und familienfreundlichen Villa im romanisierten Stil einen ganz besonderen Ort zum Übernachten. Die Zimmer sind elegant, einzigartig eingerichtet und bieten verschiedene Sonderausstattungen – eines hat ein Solarium, ein anderes protzt mit einem Whirlpool.

Brown Palace Hotel HISTORISCHES HOTEL $$$
(☎303-297-3111; www.brownpalace.com; 321 17th St; Zi. ab 299 US$; P ❄) Wenn man im mit buntem Glas gekrönten Atrium nach oben schaut, wird deutlich, warum dieser Palast unter die besten historischen Hotels des Landes eingereiht wird. Es gibt dekoratives Kunsthandwerk, ein Vier-Sterne-Spa, importierten Marmor und Personal, das diskret durch die Hallen schwebt. Die Zimmer, in denen seit Teddy Roosevelt die Präsidenten wohnten, haben die Eleganz einer fernen Ära.

Eine der coolsten Besonderheiten des Hauses ist der Gershwin und Ragtime-Oldies spielende Pianist (man sagt, die Zimmer im 4. und 5. Stock haben eine akustisch perfekte Lage).

Sollte der Geldbeutel eine Übernachtung nicht hergeben, kann man auch den Concierge bitten, ob man auf eigene Faust eine kostenlose Tour machen darf. Oder man kommt zur Teezeit oder auf einen Cocktail vorbei. Der Martini ist natürlich perfekt und wird zusammen mit einer Sterling-Schale voll warmer Pekannüsse serviert.

Jet Hotel BOUTIQUEHOTEL $$
(☎303-572-3300; www.thejethotel.com; 1612 Wazee St; Zi. 99–169 US$; P ❄ @ ᯤ) Dieses schicke (wenn auch etwas überhebliche) Boutiquehotel im Herzen von LoDo ist für seine Partys preisgekrönt. Hier dreht sich vor allem an den Wochenenden alles ums Spaßhaben. Dann kommen die Schönen aus Denver mit Erfahrungen in Sachen Pyjama-Partys, bei denen nur ganze Flaschen auf den Tisch kommen. Man kann die ganze Nacht in der protzigen Lounge im Erdgeschoss tanzen und dann ins eigene Quartier in grellen Lolli-Farben hinaufstolpern, sich unter den dicken, weißen Decken eingraben und bis zum Brunch schlafen. Wer lieber ein schickes, zentral gelegenes Hotelzimmer ohne die saufende Partyszene und den dazugehörenden Lärm haben möchte, kommt unter der Woche. Die gesunden, asiatischen Fusiongerichte auf der Speisekarte des Swing Thai eignen sich perfekt, um den Kater vom letzten Abend zu überwinden.

11th Avenue Hotel HOTEL $
(☎303-894-0529; www.11thavenuehotel.com; 1112 Broadway; B 20 US$, EZ/DZ 43/54 US$, ohne Bad 37/48 US$; ❄ ᯤ) Dieses kahle Bud-

gethotel liegt mitten im Golden-Triangle-Viertel und sieht ein wenig wie aus einem Jim-Jarmusch-Film entsprungen aus, aber es ist sauber. Ein Teil seiner Aufgabe ist es, Drogen- und Alkoholabhängigen (Personal und Gästen) zu helfen und mit bezahlbarer Unterkunft zu versorgen. Es ist zuverlässig, sicher und für Budgettraveller ein ordentlicher Schlafplatz.

Essen

Einen günstigen Straßenimbiss bekommt man in der 16th St Mall. Die Fußgängerzone und LoDo sind voller Restaurants, die für alle Preisklassen und Kontinente zuständig sind. In den Sommermonaten kann man bei vielen von ihnen herrlich an der Straße sitzen.

LP TIPP Steuben's Food Service AMERIKANISCH $$

(☎303-803-1001; www.steubens.com; 523 E 17th Ave; Hauptgerichte 8–21 US$; ⏰So–Do 11–23, Fr & Sa 11–24 Uhr; 👪) Auch wenn es aussieht wie ein Drive-In aus der Mitte des 20. Jhs., zeigen die gehobene Behandlung der Hausmannskost (Mac'n'Cheese, Fried Chicken, Hummerbrötchen) und die Küche mit Solarbetrieb die zeitgenössische Intelligenz des Steuben. Im Sommer sorgen offene Garagentüren an der Straße für eine luftige Atmosphäre. Nach 22 Uhr bekommt man Angebote wie einen Burger, von Hand geschnittene Pommes und Bier für 5 US$.

Das Restaurant kann man auch auf Facebook oder Twitter verfolgen und findet dort Details zum mobilen Truck von Steuben, der mit Recycling-Bio-Öl angetrieben wird und oft im Civic Park zu sehen ist.

WAS ZUM ...?

Da ist man gerade nach Denver gekommen und hat nur ein paar Bierchen getrunken und plötzlich schwirrt der Kopf. Was ist denn da los? Es wird schon lange angenommen, dass man in großer Höhe schneller betrunken wird. Neueste Studien wie die von der FAA (Federal Aviation Administration) belegen allerdings, dass dies nicht wahr ist. Dennoch sollte man lieber nicht gleich einen Doppelten bestellen. Wenn die Höhe sich auch nicht auf die Umwandlung von Alkohol im Körper auswirken mag, so zeigen Studien doch, dass Probleme bei der Akklimatisierung, also Kopfschmerzen und Schwindel, verschlimmert werden können.

Root Down MODERN-AMERIKANISCH $$$

(☎303-993-4200; www.rootdowndenver.com; 1600 W 33rd Ave; kleine Portionen 6–15 US$; ⏰So–Do 17–22, Fr & Sa 17–23 Uhr, Brunch Sa & So 10–14.30 Uhr) In einer umgebauten Tankstelle hat der Küchenchef Justin Cucci einen der ehrgeizigsten kulinarischen Pläne in die Tat umgesetzt. Er hat seine Angewohnheit, nachhaltig angebaute Produkte direkt vom Bauern zu verarbeiten, mit höchst anspruchsvoller Fusionküche und einem sanften, energieeffizienten Ethos verbunden. Die Speisekarte wechselt je nach Jahreszeit, aber man kann sich glücklich schätzen, wenn gerade Falafel aus Süßkartoffeln oder Hoisin-Ente-Confit-Slider drauf stehen.

Das Root Down wird zum großen Teil mit Wind betrieben und ist mit wiederverwendeten oder wiedergewonnenen Materialien ausgestattet worden. Außerdem wird alles wiederverwertet. Das Konzept ist brillant und eine der spannendsten Erfahrungen, die man zum Abendessen in Denver machen kann.

Domo Restaurant JAPANISCH $$

(☎303-595-3666; www.domorestaurant.com; 1365 Osage St; Hauptgerichte 10–22 US$) Das beste japanische Restaurant von Denver schmiegt sich in schöne japanische Gärten und ist zweifellos ein romantisches Fleckchen. Hier gibt's einfaches japanisches Essen, und das Sushi mit jeder Menge Soja ist so perfekt, dass es fast schon zu gut zum Essen ist. Jedes Hauptgericht wird von sieben traditionellen Beilagen begleitet. Die würzige *donburi*-Kombination aus *maguro* und *hamachi* ist eine explosiv geschmackvolle Zusammenstellung von frischem Fisch, Algen und einem Chili-Soja-Dressing.

Snooze CAFÉ $

(☎303-297-0700; www.snoozeeatery.com; 2262 Larimer St; Hauptgerichte 4–12 US$; ⏰Mo–Fr 6.30–14.30, Sa & So 7–12.30 Uhr; 👪) In diesem Backstein-Café jubilieren die Geschmacksnerven zum Frühstück wegen der zarten Tacos mit Ranchero-Sauce, der Pfannkuchen aus Süßkartoffeln mit Ingwersoße oder des Lachs-Benedikt. Einfallsreich und frisch – ein toller Start in egal welchen Tag. Das Restaurant legt auch großen Wert auf Nachhaltigkeit, deshalb verwendet es Bio-Produkte aus der Region.

LoLa MEXIKANISCH $

(☎720-570-8686; www.loladenver.com; 1575 Boulder St; Hauptgerichte 4–12 US$; ⏲Mo–Fr 17 Uhr–open end, Sa & So 10–14 & 14.30–17 Uhr) Das LoLa bringt mexikanische Gerichte von der Küste in eine vom Land umschlossene Stadt. Es begeistert mit frischen, geräucherten und in Chilisauce getränkten Zutaten, die man am besten mit einem fantastischen Cocktail verbindet (den Hibiskustee mit Tequila und einem Schuss Zitrone probieren!). Alle lieben die Guacamole, die direkt am Tisch hergestellt wird. Die Party kann dann in der Tequila-Bar die Treppe runter weitergehen. Die 15th St am Confluence Park führt hierher.

Ausgehen

Die meisten Bars und Nachtclubs befinden sich in LoDo und rund um Coors Field. In der alle zwei Wochen erscheinenden Schwulenzeitschrift *Out Front,* die man in allen Coffee Shops und Bars findet, stehen Infos zu Unterhaltungsangeboten. Viele der Lokale, die hier unter „Essen" aufgeführt wurden, sind gleichzeitig Bars.

Great Divide Brewing Company KLEINBRAUEREI

(www.greatdivide.com; 2201 Arapahoe St; ⏲Mo & Di 14–20, Mi–Sa14–22 Uhr) Eine ausgezeichnete Brauerei, die sich darauf konzentriert, super Bier herzustellen. Man stellt sich an die Bar und probiert eine Reihe von saisonabhängigen Biersorten.

Thin Man Tavern BAR

(www.thinmantavern.com; 2015 E 17th Ave) Diese nette Kneipe gilt als einer der lässigsten Single-Treffpunkte der Stadt und ist überraschenderweise mit alten katholischen Gemälden und atmosphärischen altmodischen Lampenschirmen geschmückt. Im Untergeschoss, im Ubisububi Room, kann man kostenlos Art-House-Filme sehen oder im Sommer draußen auf dem Parkplatz klassische Streifen.

Jet Lounge BAR

(www.thejethotel.com; 1612 Wazee St) Diese Bar zum Sehen und Gesehen werden wirkt wie eine Mischung aus intimer und Houseparty: Kerzen, gemütliche Sofas und am Wochenende ein DJ. Man kann ganze Flaschen bestellen, sich zurücklehnen und mit der Party verschmelzen.

My Brother's Bar BAR

(2376 15th St) Klassischer Rock'n'Roll, lackierte Nischen und aus alten Holzfässern hergestellte Tische begrüßen im Innern von Denvers ältester Bar die Gäste. Wenn es draußen schön ist, sichert man sich einen Platz auf der laubbeschatteten Terrasse im Freien. Die Bar liegt an einem beliebten Radweg und ist seit ihrer Eröffnung eine lokale Einrichtung.

Unterhaltung

Wer wissen möchte, was in Sachen Musik, Theater oder anderen Performances geboten wird, schaut in eine kostenlose Ausgabe des *Westword.*

LP TIPP **Hi-Dive** LIVEMUSIK

(☎720-570-4500; www.hi-dive.com; 7 S Broadway) Einheimische Rockgrößen und Indie-Bands auf Tour erhellen die Bühne im Hi-Dive, ein Treffpunkt im Herzen von Denvers Musikszene. Während der großen Shows ist es ohrenbetäubend laut, gedrängt voll mit Hipstern und so feucht wie eine Achselhöhle. Mit anderen Worten: Es ist perfekt.

El Chapultepec LIVEMUSIK

(☎303-295-9126; 1962 Market St; ⏲7–2 Uhr, Musik ab 21 Uhr) Diese verrauchte kleine Kneipe der alten Schule ist ein passionierter Jazz-Treffpunkt und zieht ein gemischtes Publikum an. Seit seiner Eröffnung im Jahr 1951 haben hier Frank Sinatra, Tony Bennet und Ella Fitzgerald gespielt, und auch Jagger und Richards. Jazzbands aus der Gegend sind jeden Abend auf der winzigen Bühne zu finden, aber man weiß nie, wer vorbei schaut.

Grizzly Rose LIVEMUSIK

(www.grizzlyrose.com; 5450 N Valley Hwy; ⏲Di–So ab 18 Uhr; 👪) Dies ist ein super Honky Tonk – 1300 m² mit heißer Livemusik –, der Cowboys sogar aus einer Entfernung wie Cheyenne anzieht. Die Country Music Association hat sie zur besten Country-Bar in den USA gekürt. Wer noch nie beim Line-Dancing mitgemacht hat, zieht sich seine Stiefel an, schnappt sich einen Stetson und legt los.

Die Bar liegt gleich nördlich der Stadtgrenze an der I-25 (man muss entweder selbst fahren oder ein Taxi nehmen). Das Grizzly ist berühmt dafür, große Stars der Branche – Willie Nelson, Lee Ann Rimes – für erschwingliche Ticketpreise auf die Bühne zu bringen.

La Rumba CLUB

(www.larumba-denver.com; 99 W 9th Ave; ⏲Fr–So 21–2 Uhr) Auch wenn es für den Rest des

Wochenendes als Salsa-Club herumwackelt, findet man im zugehörigen Lip Gloss an den Freitagabenden eine tolle Party. Indie-Rock, Garage und British Pop bringen eine ultra hippes, schwulenfreundliches Feeling auf die Tanzfläche.

Church CLUB
(1160 Lincoln St) Dieser Club befindet sich in einer früheren Kathedrale und zieht eine große und gemischte, allerdings in der Regel junge Menge an. Es wird von Hunderten von Altarkerzen und blitzenden Rundumleuchten erhellt und hat drei Tanzflächen, eine Reihe von Lounges und sogar eine Sushi-Bar zu bieten! Man sollte an den Wochenenden vor 22 Uhr da sein, um sich die 10 US$ für den Eintritt zu sparen.

Sing Sing BAR
(☎303-291-0880; 1735 19th St) Diese geschmacklose Bar mit Piano-Duell ist bei Junggesellenabschiedspartys sehr beliebt und schnell voll. Wer gegen 18.30 Uhr da ist, bekommt noch einen Tisch in der Nähe der Pianos. Es ist laut und das Essen glanzlos, aber die Stimmung ist echt spaßig. Man kann sich Lieder wünschen (in der Regel für 5 US$).

Denver Center for the Performing Arts DARSTELLENDE KÜNSTE
(☎720-865-4220; www.artscomplex.com; Ecke 14th & Champa St) Dieser riesige Komplex – einer der größten seiner Art – umfasst vier Städteblocks und beherbergt zahlreiche wichtige Theater, das historische Ellie Caulkins Opera House und den Seawell Grand Ballroom. Es ist außerdem die Heimat des Colorado Ballet, des Denver Center for the Performing Arts, der Opera Colorado und des Colorado Symphony Orchestra.

Paramount Theatre KONZERTHALLE
(☎303-534-8336; www.denverparamount.com; 1621 Glenarm Pl) Musikhalle für überregionale Aufführungen.

Invesco Field am Mile High STADION
(☎720-258-3000; www.invescofieldatmilehigh.com; 1805 S Bryant St; 👪) Das viel gepriesene Footballteam Denver Broncos und die Fußballmannschaft Colorado Rapids spielen hier, 1 Meile (1,6 km) westlich der Innenstadt. Es beherbergt außerdem große Shows, beispielsweise U2.

Coors Field BASEBALL
(☎800-388-7625; www.mlb.com/col/ballpark/; 2001 Blake St; 👪) Denver ist eine Stadt, die für ihre sportverrückten Fans berühmt ist. Man kann hier mit fünf Profiteams angeben. Die Colorado Rockies spielen auf dem hoch geschätzten Coors Field Baseball.

Pepsi Center STADION
(☎303-405-1111; www.pepsicenter.com; 1000 Chopper Circle) Das riesige Pepsi Center beherbergt das Denver Nuggets Basketballteam, die Colorado Mammoths der National Lacrosse League und das Colorado Avalanche Hockeyteam. Außerhalb der Spielzeiten ist es eine Mega-Konzerthalle.

Shoppen

Die für Fußgänger reservierte 16th St Mall und die Boutiquen in LoDo sind die wichtigsten Shoppingziele in der Innenstadt.

LP TIPP **Tattered Cover Bookstore** BÜCHER
(1628 16th St; ⌚Mo–Fr 6.30–21, Sa 9–21, So 10–18 Uhr) Denvers beliebtester Buchladen liegt in der wichtigsten Einkaufsmeile. Die Abteilung für Reisen ist mit ihren Sesseln herrlich – einfach in einen der verschlissenen, gemütlichen Sessel kuscheln, die im ganzen Laden verteilt sind.

REI OUTDOOR-AUSRÜSTUNG, SPORT
(Recreational Equipment Incorporated; ☎303-756-3100; www.rei.com; 1416 Platte St) Der Vorzeige-Laden dieses Anbieters für Outdoor-Ausrüstung ist ein unerlässlicher Stopp für alle, die Denver als Sprungbrett in die freie Natur benutzen. Zusätzlich zu allem fürs Campen, Radfahren, Klettern und Skifahren hat er eine Abteilung mit Leihangeboten, Karten und den „Pinnacle", eine fast 15 m hohe Konstruktion zum Klettern und Abseilen, die roten Sandstein simuliert.

Es gibt hier auch einen Stand des Colorado's Outdoor Recreation Information Center. Hier bekommt man Infos über die State und Nationalparks.

Praktische Informationen

Im Falle eines Notfalls, der die ganze Stadt betrifft, ist die Radiostation KOA (850 AM) ein zuverlässiger Informant.

5280 Hochglanz-Monatszeitschrift, hat einen umfassenden Restaurant-Führer.

Denver Post (www.denverpost.com) Die wichtigste Tageszeitung.

Denver Visitor Center (☎303-892-1505; www.denver.org; 918 16th St; ⌚Mo–Fr 9–17 Uhr)

ORIC Desk (Outdoor Recreation Information Center; ☎REI Hauptnr. 303-756-3100; www.oriconline.org; 1416 Platte St; 📶) Um Trips in die Natur zu organisieren, geht man zu diesem Stand im REI-Laden und erhält Karten und Infos von Experten. Jeden Sonntag um 15 Uhr gibt's hier kostenlos Dicover-Colardo-Kurse.

Police Headquarters (☎720-913-2000; 1331 Cherokee St)

Post (951 20th St; ⊙Mo–Fr 8–18.30, Sa 9–18.30 Uhr) Hauptpost.

University Hospital (☎303-399-1211; 4200 E 9th Ave; ⊙24 Std.) Notfallversorgung.

Westword (www.westword.com) Diese kostenlose Wochenzeitschrift ist die beste Informationsquelle für hiesige Events.

An- & Weiterreise

Der **Denver International Airport** (DIA; www.flydenver.com; 8500 Peña Blvd) wird von etwa 20 Airlines bedient. Von hier gehen Flüge zu fast allen Großstädten in den USA. Er liegt 24 Meilen (38,5 km) östlich der Innenstadt und ist über den 12 Meilen (19 km) langen Peña Blvd und dem Exit 238 der I-70 verbunden. Touristen- und Flughafeninformationen bekommt man an einem **Schalter** (☎303-342-2000) in der Haupthalle des Terminals.

Greyhound-Busse halten im **Denver Bus Center** (☎303-293-6555; 1055 19th St). Von hier fahren Busse nach Boise (ab 151 US$, 19 Std.), Los Angeles (ab 125 US$, 22 Std.) und zu weiteren Zielen.

Amtraks *California Zephyr* pendelt täglich zwischen Chicago und San Francisco und hält in Denver. Die Züge kommen momentan an einem **temporären Bahnhof** (1800 21st St) hinter dem Coors Field an und fahren hier auch ab, bis 2014 der Umbau der Stadtbahn in der Union Station beendet ist. Bandansagen über Ankunfts- und Abfahrtszeiten gibt's unter ☎303-534-2812. **Amtrak** (☎800-872-7245; www.amtrak.com) gibt ebenfalls Fahrplanauskünfte und nimmt Reservierungen vor.

Unterwegs vor Ort

Auto & Motorrad

An der Straße einen Parkplatz zu finden, kann eine langwierige Qual sein, aber es gibt eine Menge kostenpflichtiger Garagen in der Innenstadt und LoDo. Beinahe alle wichtigen Autovermieter haben am DIA einen Schalter, manche haben auch Büros in der Innenstadt von Denver. Bevor man einen Vertrag abschließt, sollte man für dort, wo man übernachten wird, nach den Preisen fragen. Sie können erheblich niedriger liegen als am Flughafen.

Fahrrad

Wer mit zwei Rädern unterwegs sein möchte, findet mit **Denver B-Cycle** (denver.bcycle.com) ein neues Angebot für die ganze Stadt. Die Townie Bikes sind an strategischen Orten verteilt. Aber die Fahrer müssen sich vorher online anmelden (24 Std. 6 US$).

Vom/zum Flughafen

Alle Schalter der Verkehrsbetriebe liegen in der Nähe der Gepäckausgabe. Stadtbusse des **Regional Transit District** (RTD; ☎303-299-6000; www.rtd-denver.com) fahren stündlich auf der SkyRide-Linie vom Flughafen in die Innenstadt von Denver (9–13 US$, 1 Std.). RTD fährt auch von der **Market Street Bus Station**

NICHT VERSÄUMEN

SEINEN ERSTEN VIERTAUSENDER ERKLETTERN

Der **Quandary Peak** (www.fs.usda.gov; County Rd 851; 👪) gilt als der einfachste Viertausender von Colorado. Er befindet sich in der Nähe von Breckenridge und liegt mit seiner Höhe von 4350 m im Staat an 15. Stelle. Auch wenn man jede Menge Hunde und Kinder hier sieht, ist „einfachster" etwas irreführend – der Gipfel ist zermürbende 4,5 km vom Ende des Wanderweges entfernt. Am besten kommt man zwischen Juni und September hierher.

Der Weg steigt Richtung Westen an. Nach etwa zehn Minuten gemäßigtem Anstieg folgt man der rechten Gabelung bis zu einer Wegkreuzung. Hier geht es dann nach links. Damit vermeidet man die Straße und hat fast sofort den ersten Ausblick auf den Mt. Helen und den Quandary (wenn der Gipfel auch noch nicht zu sehen ist).

Kurz unterhalb der Baumgrenze trifft man auf den Pfad von Monte Cristo Gulch. Die Stelle sollte man sich gut einprägen, damit man auf dem Weg nach unten nicht die falsche Abzweigung nimmt. Von hier ist es ein steiler Anstieg bis zur Spitze. Man sollte früh aufbrechen und gegen Mittag umkehren. Im Sommer sind nachmittags immer Gewitter möglich. Hin und zurück sind es etwa 9,5 km, für die man zwischen sieben und acht Stunden benötigt. Die Colorado 9 und die County Rd 850 führen hierher. Dann geht es rechts und noch einmal rechts auf die 851. Von dort sind es 1,1 Meilen (1,8 km) bis zum nicht ausgeschilderten Anfang des Weges. Hier kann man parallel zur Feuerschneise parken.

(Ecke 16th & Market Sts) nach Boulder (13 US$, 1½ Std.). **Shuttle King Limo** (☎303-363-8000; www.shuttlekinglimo.com) berechnet für Fahrten vom DIA zu Zielen in und um Denver 20–35 US$. **SuperShuttle** (☎303-370-1300) bietet Kleinbusse (ab 22 US$), die zwischen der ganzen Region von Denver und dem Flughafen verkehren.

Öffentliche Verkehrsmittel

Der RTD betreibt die öffentlichen Verkehrsmittel im ganzen Gebiet von Denver und Boulder. Stadtbusse kosten 2,25 US$ für Fahrten in der Stadt und 4 US$ für Expressverbindungen. Praktische, kostenlose Shuttlebusse verkehren auf der 16th St Mall.

RTD betreibt auch eine Stadtbahn, die auf einer 12 Meilen (19 km) langen Strecke 16 Haltestellen bedient. Die Preise sind dieselben wie für die Stadtbusse.

Taxi

Taxis rund um die Uhr:

Metro Taxi (☎303-333-3333)

Zone Cab (☎303-444-8888)

Front Range

Abgesehen von Denver beherbergt die Front Range (so der Name für diesen Teil der Rocky Mountains) noch Colorado Springs, Boulder und den Rocky Mountain National Park. Die am dichtesten bevölkerte Region von Colorado – und es wird immer mehr – ist die Startrampe für die meisten Abenteuer innerhalb der Rocky Mountains. Entlang der Front Range verläuft als Nord-Süd-Achse die I-25. Sowohl Colorado Springs als auch Denver, die 65 Meilen (105 km) voneinander entfernt sind, liegen an diesem Highway.

COLORADO SPRINGS

Colorado Springs gehört zu den Resorts, die US-weit am liebsten angesteuert werden. Es liegt am Fuße des atemberaubenden Pikes Peak. Man kann den Gipfel dieses Viertausenders entweder mit dem Auto oder der Zahnradbahn erklimmen oder einfach die Bergschuhe schnüren und hinaufwandern. Die zerklüftete, beeindruckende Gipfelkette aus rotem Felsen windet sich über 10 Meilen (16 km) weit und blitzt immer wieder hervor. Am besten kann man sie vom Garden of the Gods aus bewundern.

Colorado Springs besitzt vier Militärbasen und ist generell ein merkwürdiger und weitläufiger Flickenteppich aus verschiedenen Stadtvierteln: Das alte (und neue) Geld steckt in Broadmoor, die missionierte und planmäßig zusammenstellte Gemeinde wohnt in Briargate, Manitou Springs ist die Hippie-Hochburg und Old Colorado City das Viertel der Pioniere. Schließlich mixt der Innenstadtbereich die schönen Künste, olympische Träume und, ja, auch einen Touch von pessimistischer Verzweiflung.

Sehenswertes & Aktivitäten

LP TIPP **Pikes Peak** BERG

(☎719-385-7325; www.springsgov.com; Pikes Peak; pro Erw./Kind/Auto mit 5 Pers. 12/5/40 US$, Cog Railway hin & zurück Erw./Kind 33/18 US$; Winter 9–15 Uhr, Memorial Day–Labour Day 7.30–20 Uhr, 1. Okt.–Memorial Day 9–17 Uhr) Mit 4301 m Höhe ist der Pikes Peak vielleicht nicht einer der höchsten der 54 Viertausender von Colorado, aber mit Sicherheit der berühmteste. Vielleicht deshalb, weil es der einzige ist, bei dem eine Straße und ein Zug bis zur Spitze hinaufgehen? Hier findet man eine Aussichtsplattform und natürlich auch einen kitschigen Souvenirshop.

GRATIS **Garden of the Gods** PARK

(☎719-634-6666; www.gardenofgods.com; 1805 N 30th St; Memorial Day–Labour Day 8–20 Uhr, Labour Day–Memorial Day 9–17 Uhr) Die Ansammlung von 13 felsigen Gipfeln und hoch aufragenden Spitzen aus rotem Fels ist über ein Netzwerk befestigter Pfade und Wege zu erreichen. Für Familien ist es ein toller Ort.

GRATIS **Barr Trail** WANDERN

Man kann die Spitze des Pike's Peak auch über den anstrengenden 20 km langen Barr Trail zu Fuß erreichen. Vom Ausgangspunkt, unmittelbar oberhalb des Bahndepots in Manitou Springs, führt der Weg 2225 m bergauf. Geübte Wanderer erreichen den Gipfel in gut acht Stunden. Unbedingt in aller Frühe aufbrechen, da Gewitter am Nachmittag sehr gefährlich sein können! Viele Wanderer verteilen den Trip auf zwei Tage und bleiben für eine Nacht zum Akklimatisieren im Bar Camp auf halber Strecke (bei 3108 m).

Colorado Springs Fine Arts Center MUSEUM

(FAC; ☎719-634-5583; www.csfineartscenter.org; 30 W Dale St; Erw./Senior & Student 10/8,50 US$; Di–So 10–17 Uhr) Diese anspruchsvolle Sammlung hat sagenhafte lateinamerikanische Kunst, mexikanische Tonfiguren, Korbwaren und Quilts der Ureinwohner Amerikas, Holzschnitt-Drucke des für soziale Gerechtigkeit eintretenden Künstlers Leopold Mendez und abstrakte Arbeiten hiesiger Künstler. Es wurde kürzlich wunderbar renoviert und beherbergt auch ein schönes Restaurant und Café.

Feste & Events

Colorado Balloon Classic — BALLONFAHREN

(☎719-471-4833; www.balloonclassic.com; 1605 E Pikes Peak Ave) In den letzten 35 Jahren haben jedes Jahr direkt nach Sonnenaufgang Amateure und Profis bunte Ballons gestartet. Das Fest findet an drei aufeinanderfolgenden Tagen über das Wochenende vom Labour Day statt. Um alles zu sehen, muss man mit den Hähnen aufstehen, aber es lohnt sich ganz sicher.

Emma Crawford Coffin Races — RENNEN

(www.manitousprings.org; Manitou Ave) 1929 kam der Sarg von Emma Crawford durch Erosion an die Oberfläche und rutschte den Red Mountain hinunter. Heutzutage werden Särge mit Rädern ausgestattet und fahren am Samstag vor Halloween (31. Oktober) drei Stunden lang die Manitou Ave hinunter.

Schlafen

In der Nevada Ave, etwa jeweils 1 Meile (1,6 km) nördlich und südlich des zentralen Geschäftsviertels, gibt es günstige und unabhängige Motels im Stil der 1950er-Jahre. Die gehobeneren Ketten wie Holiday Inn und Best Western findet man an den Ausfahrten Fillmore, Garden of the Gods und Circle Ave der I-25.

LP TIPP Broadmoor — RESORT $$$

(☎719-634-7711; www.broadmoor.com; 1 Lake Ave; Zi. ab 300 US$; P ❄ @ 📶 🏊) Dies ist eines der besten Fünf-Sterne-Resorts in den USA. Das Broadmoor mit seinen 744 Zimmern liegt an den blau-grünen Hängen des Cheyenne Mountain. Hollywoodstars, Topathleten und beinahe jeder Präsident seit Franklin D. Roosevelt haben Wert darauf gelegt, hier zu übernachten (das schließt auch Obama ein). Hier ist alles exquisit: riesige üppige Gärten und ein schimmernder See, ein Pool, Weltklassegolf, reichlich verzierte öffentliche Räume, Myriaden an Bars und Restaurants, ein unglaubliches Spa und superkomfortable Zimmer im europäischen Stil, die auch Marie Antoinette dazu veranlassen würden, einen drauf zu machen. Der Service ist einzigartig und auch Hunde sind willkommen. Online findet man saisonabhängige Angebote.

Two Sisters Inn — B&B $$

(☎719-685-9684; www.twosisinn.com; 10 Otoe Pl; Zi. ohne Bad 79 US$, mit Bad 135–155 US$; P ❄ 📶) Dieses Haus ist schon lange ein Liebling der B&B-Fans. Es hat fünf Zimmer (einschließlich dem Honeymoon-Cottage im hinteren Bereich) und befindet sich in einem rosafarbenen viktorianischen Haus, das 1919 von zwei Schwestern gebaut worden war. Ursprünglich war es eine Pension für Lehrer und ist nun seit 1990 ein Inn. Die traumhafte Eingangstür ist aus buntem Glas und im Salon steht ein Klavier von 1896; für seine Frühstücksrezepte hat es Preise gewonnen.

Hyatt Place — HOTEL $

(☎719-265-9385; www.coloradosprings.place.hyatt.com; 503 West Garden of the Gods Rd; Zi. 71–99 US$; P ❄ @ 📶 🏊 👪) Auch mit seinem geschäftsmäßigen Aussehen und der Ikea-Einrichtung kann man dieses Hotel mögen. O.k., es ist eine Kette und liegt recht nah am Hwy 25, aber die Zimmer sind groß und super sauber und bieten kuschlige Bettwäsche, neue Betten, riesige Flachbildfernseher und einen gemütlichen Aufenthaltsraum. Rechnet man noch das hilfsbereite Personal und das kostenlose kontinentale Frühstück dazu, ist es ein echtes Schnäppchen.

Barr Camp — CAMPINGPLATZ $

(www.barrcamp.com; Barr Trail; Zelte 12 US$, Anbau 17 US$, Hütte B 28 US$) Auf halbem Weg auf dem Barr Trail, etwa 10,5 km von der Spitze des Pikes Peak entfernt, kann man ein Zelt aufschlagen, in einem Anbau nächtigen oder sich eine sehr einfache Hütte reservieren. Es gibt Trinkwasser und Duschen; mittwochs bis sonntags kann man Abendessen bekommen (8 US$). Reservierungen sind unbedingt notwendig und müssen im Voraus online vorgenommen werden. Das Camp ist das ganze Jahr über geöffnet und auch im Winter voll ausgebucht.

Essen

Am Tejon Strip in der Innenstadt gibt es die meisten Möglichkeiten, um zu Abend zu essen.

La'au's — MEXIKANISCH $

(www.laaustacoshop.com; 830 N Tejon St; Gerichte 6–9 US$; ⌚11–21 Uhr) Frisch, hell und unglaublich lecker bringt es diese moderne Taco-Bude auf den Punkt. Wer noch nie einen hawaiianischen Taco hatte, darf sich

Erdnuss-Hühnchen mit frischen Mangos und peruanischen *ají* (Peperoni) vorstellen. Es eignet sich am besten für ein schnelles Essen und liegt in der Gasse hinter Tejon und Cache la Poudre.

Shugas CAFE $
(☎719-328-1412; www.shugas.com; 702 S Cascade St; Gerichte 6–9 US$; ⏲Mo–Sa 11–24 Uhr; 👪) Wer bisher dachte, dass Colorado Springs nicht hip sein kann, der geht zum Shugas. Das Café im Südstaaten-Stil hat ein Händchen für Bomben-Espressogetränke und heiße Cocktails. Das kleine weiße Haus mit Papierkranichen und roten Vinylstühlen ist unglaublich niedlich ausgestattet. Man kann auch auf der Terrasse sitzen. Das Essen – BLT-Sandwich (Schinken, Salat, Tomate) mit Brie auf Rosmarintoast oder brasilianische Kokos-Shrimp-Suppe – ist klasse. Auf keinen Fall die Oldie-Filmnacht am Samstag versäumen!

Nosh MODERN-AMERIKANISCH $$
(☎719-635-6674; www.nosh121.com; 121 S Tejon St; kleine Portionen 9–21 US$; ⏲11–22 Uhr) Dieser Speisesaal mit Terrasse ist der allgemeine Liebling in der Innenstadt. Das gehobene Café ist mit Farben und Kunstwerken förmlich übergossen. Es werden kleine Portionen Linsen oder Bison-Klößchen, Scallop Crudo, mit Chili glasierte Burger und alle möglichen gebratenen Gemüsesorten serviert. Bei Weitem das beste Essen in der Innenstadt!

ABSTECHER

DIE KASINOS VON CRIPPLE CREEK

Nur eine Stunde von Colorado Springs, aber dennoch eine Weltreise entfernt, entführt Cripple Creek seine Besucher in den sagenhaften Wilden Westen. Dieser Glückpilz förderte 1952 atemberaubende 413 Mio. US$ Gold zu Tage.

Der Alkohol fließt immer noch und der Spielbetrieb blüht, aber die damaligen Saloons und Bordelle sind heute geschmackvolle Kasinos.

Der Ort lieg 50 Meilen (80 km) südwestlich von Colorado Springs am Hwy 67. Von Colorado Springs' St Depot nimmt man den **Ramblin' Express** (☎719-590-8687; www.ramblinexpress.com; Fahrkarte hin & zurück 25 US$; ⏲Abfahrt 7–22 Uhr).

Adam's Mountain Cafe MODERN-AMERIKANISCH $$
(☎719-685-1430; www.adamsmountain.com; 934 Manitou Ave; Hauptgerichte 7–16 US$; ⏲Di–Sa 8–15 & 17–21, So bis 15 Uhr; 👪) Dieses Slow-Food-Café in Manitou Springs eignet sich für einen herrlichen Stopp. Zum Frühstück gibt's Arme Ritter mit Orangen und Mandeln und Heuvos Rancheros (Eier und Bohnen auf einer Tortilla). Das Abendessen ist abwechslungsreich mit Angeboten wie marokkanisches Huhn mit eingelegten Zitronen und brasilianisch gewürzter Barramundi. Im Innern ist es luftig und der Look ist attraktiv mit Marmorfußboden und offenen Dachbalken. Man kann aber auch auf der Terrasse essen.

Ausgehen

Am Tejon Strip in der Innenstadt, zwischen der Platte St und der Colorado St, gibt's nach Einbruch der Nacht die meiste Action, wenn auch relativ zahm.

LP TIPP **Swirl** WEINBAR
(www.swirlwineemporium.com; 717 Manitou Ave; ⏲So–Do 16–22, Fr & Sa bis 24 Uhr) Hinter einem stylishen Getränkemarkt in Manitou Springs stößt man auf diese intime und coole Eckkneipe. Auf der Gartenterrasse schaukeln Laternen und wächst Wein, und im Innern gibt's alte Sessel und einen Kamin. Es ist ein herrlicher Ort, um das Leben, die Schönheit und die Liebe zu genießen.

Trinity Brewing Co KLEINBRAUEREI
(www.trinitybrew.com; 1466 Garden of the Gods Rd; ⏲Do–Sa 11–24, So–Mi 11–22 Uhr) Das öko-freundliche Trinity Brewing Co ist von belgischen Biercafés inspiriert worden. Es werden starke Biersorten der Kleinbrauereien aus seltenen Zutaten serviert. Auf der Slow-Food-Speisekarte stehen veganische BBQ-Sandwiches. Wer zu Fuß oder mit dem Fahrrad kommt, erhält 10 % Rabatt.

Praktische Informationen

Colorado Springs Visitor Center (☎719-635-7506; www.visitcos.com; 515 S Cascade Ave; ⏲8.30–17 Uhr; 📶) Hat alle üblichen Touristeninformationen.

Anreise & Unterwegs vor Ort

Der **Colorado Springs Municipal Airport** (☎719-550-1972; www.springsgov.com/airportindex.aspx; 7770 Milton E Proby Parkway) ist eine machbare Alternative zu Denver. Der Preis für ein **Yellow Cab** (☎719-634-5000) vom Flughafen zum Stadtzentrum beträgt 30 US$.

Busse, die zwischen Cheyenne, WY, und Pueblo, CO, verkehren, stoppen täglich am **Greyhound-Busbahnhof** (☎719-635-1505; 120 S Weber St). **Mountain Metropolitan Transit** (☎719-385-7433; www.springsgov.com; Erw. 1,75 US$) bietet Fahrplaninfos und Linienpläne für alle Regionalbusse; die Infos gibt's online.

BOULDER

Die idyllische College-Stadt liegt wunderschön zurückversetzt hinter der aufsteigenden Silhouette der Flatirons. Man kann spüren, dass sie Erfahrung in Sachen Ökologie hat. Sie zieht Unternehmer, Sportler, Hippies und Bodybuilder an wie das Licht die Motten.

Boulders innige Liebe für alles, was draußen stattfindet, wurde 1967 offiziell gesetzlich verankert. Damals wurde sie die erste Stadt in den USA, die sich selbst mit dem erklärten Ziel eine Steuer auferlegte, freie Räume zu erhalten. Dank dieser Voraussicht flitzen Horden von Radfahrern heute den Boulder Creed Korridor hinauf und hinunter, der die Parks in der Stadt und der Umgebung miteinander verbindet, die durch die Steuerdollars ermöglicht wurden. Die als Fußgängerzone ausgewiesene Pearl St Mall ist lebhaft und perfekt für einen Spaziergang geeignet, vor allem nachts, wenn sich die Studenten von der University of Colorado und der Naropa University hier bis in die frühen Morgenstunden mischen.

In vielerlei Hinsicht ist Boulder und nicht Denver das Tourismuszentrum der Region. Die Stadt ist etwa genauso weit vom Denver International Airport entfernt. Und wer hier wohnt, hat es sowohl näher zu den Wanderwegen im Vorgebirge als auch zu den Skiresorts westlich an der I-70 und zum Rocky Mountain National Park.

Sehenswertes & Aktivitäten

Die beiden Gegenden von Boulder, in denen man flaniert um zu sehen und gesehen zu werden, sind Pearl St Mall in der Innenstadt und das University-Hill-Viertel (neben dem Campus). Sie liegen beide am Broadway. Von Westen her überragen die Flatirons die Stadt, eine ins Auge springende Felsformation.

LP TIPP **Chautauqua Park** PARK

(www.chautauqua.com; 900 Baseline Rd) Dieser historische Park und Wahrzeichen der Stadt bietet Zugang zu Boulders herrlichstem Stück Natur (damit meinen wir die Flatirons). Hier gibt es auch einen weiten, üppigen Rasen, der Leute zum Picknicken anzieht. Und es finden sich Unmengen von Wanderern, Kletterern und Geländeläufern ein. Im Auditorium treten jeden Sommer Weltklasse-Musiker auf.

Boulder Creek Bike Path RADFAHREN

(⌚24 Std.; 👪) Der meist genutzte Radweg für Pendler in der Stadt. Dieser fabelhaft flache und großteils gerade, befestigte Weg am Bach folgt dem Boulder Creek vom Foothill Parkway den ganzen Weg zu den Ausläufern des Boulder Canyon und der Four Mile Canyon Rd westlich der Innenstadt. In einer Richtung ist das eine Strecke von 8 km. Vom Pfad hat man auch Zugang zu Fahrradwegen in die Stadt, die dort überall hinführen.

Boulder Rock Club KLETTERN

(☎303-447-2804; www.totalclimbing.com; 2829 Mapleton Ave; Tagespass Erw./Kind 15/8 US$, Privatstunden 50 US$, 3 zweistündige Einführungskurse mit Ausrüstungsleihgebühr 130 US$; ⌚Mo 8–22, Di–Do 6–23, Fr 8–23, Sa & So 10–20 Uhr; 👪) In dieser riesigen Lagerhalle voller künstlicher Felswände mit Vorsprüngen und Routen kann man drinnen klettern. Das Selbst-Sicherungssystem gibt auch einzelnen Kletterern eine Verankerung. Das Personal ist eine super Quelle zu Kletterrouten in der Region und hat immer Tipps auf Lager.

Eldorado Canyon State Park OUTDOOR

(☎303-494-3943; ⌚Visitor Center 9–17 Uhr) Eine der beliebtesten Gegenden des Landes zum Klettern auf Felsen bietet Klettern der Klasse I (5.5) bis IX (5.12) und ein paar schöne Wanderwege. Der Eingang zum Park liegt am Eldorado Springs Dr, westlich vom Hwy 93. Infos bekommt man im Boulder Rock Club.

University Bicycles RADFAHREN

(www.ubikes.com; 839 Pearl St; 4 Std. Leihgebühr 15 US$; ⌚Mo–Sa 10–18, So 10–17 Uhr) Wer herumradeln will, findet jede Menge Möglichkeiten, sich ein Rad zu leihen. Dieser Anbieter hat die größte Auswahl und sehr hilfsbereites Personal.

Feste & Events

GRATIS **Boulder Creek Festival** MUSIK, ESSEN

(☎303-449-3137; www.bceproductions.com; Central Park, Canyon Blvd) Angekündigt wird es als der Sommeranfang und gekrönt vom fabelhaften Bolder Boulder. Dieses große Festival am Wochenende des Memorial Day (Mai) bietet zehn Eventbühnen mit über 30 Liveunterhaltern und 500 Verkäufern. Es gibt Essen und Trinken, Musik und Sonne. Was braucht man noch mehr?

Bolder Boulder LEICHTATHLETIK

(☎303-444-7223; www.bolderboulder.com; Erw. 44–48 US$) In dieser selbstbewusst hyperathletischen Stadt ist dies das größte Wettrennen innerhalb der Stadtgrenzen. Es nimmt sich selbst nicht allzu ernst – die Zuschauer schreien, die Läufer sind verkleidet und an der ganzen Strecke spielt Livemusik. Es findet am Memorial Day (Mai) statt.

Schlafen

In Boulder gibt es Dutzende von Möglichkeiten – man fährt den Broadway oder den Hwy 36 hinunter und wählt eine aus. Wenn man online bucht, erhält man in der Regel die besten Rabatte.

LP TIPP **Chautauqua Lodge** HISTORISCHES HOTEL $

(☎303-442-3282; www.chautauqua.com; 900 Baseline Rd; Zi. ab 73 US$, Cottages ab 139 US$; P ❄ ☎ 👪) Mit seiner Lage direkt an den Wegen zu den Flatirons ist diese schattige Anlage mit seinen Cottages eine Topwahl. Es gibt historisch eingerichtete Zimmer und Cottages mit ein bis drei Schlafzimmern, Terrassen und Betten mit Patchwork-Quilts. Die Anlage eignet sich perfekt für Familien und Haustiere. Alle Unterkünfte haben voll ausgestattete Küchen, auch wenn die rundum verlaufende Veranda der Chautauqua Dining Hall bei allen hier zum Frühstück sehr beliebt ist.

Hotel Boulderado HISTORISCHES HOTEL $$$

(☎303-442-4344; www.boulderado.com; 2115 13th St; Zi. ab 224 US$; P ❄ ☎) 2009 konnte es sein 100-jähriges Bestehen feiern. Das zauberhafte Boulderado voller viktorianischer Eleganz und mit wunderbaren Aufenthaltsräumen ist im National Register angeführt – ein romantischer Ort, um die Nacht zu verbringen! Jeder mit Antiquitäten ausgestattete Raum ist einzigartig eingerichtet. Das Atrium mit buntem Glas und der eiskalte Brunnen beherrschen die von Jazzklängen durchdrungene Lobby.

Boulder International Youth Hostel HOSTEL $

(☎303-442-0522; www.boulderinternationalhostel.com; 1107 12th St; B 27 US$, EZ/DZ ohne Bad 52/62 US$; P ☎) Toller Deal in einem lauten Stadtviertel voller Verbindungs-Häuser der Universität. Dieses Hostel deckt seit 1961 den Bedarf der Traveller. Die nach Geschlechtern getrennten Schlafsäle und Einzelzimmer sind abgewohnt, aber sauber. Man kann Bettwäsche mitbringen oder sie für 7 US$ pro Aufenthalt hier leihen.

Alps B&B $$$

(☎303-444-5445; www.alpsinn.com; 38619 Boulder Canyon Dr; Zi. 159–279 US$; P ❄ @ ☎) Dieses Inn wurde in den 1870er-Jahren erbaut und verzaubert mit Möbeln im Mission-Style, bunten Glasfenstern und antiken Kaminen. Viele Zimmer haben einen eigenen Whirlpool für zwei und Balkontüren zum Garten, zu einer großen Terrasse oder einer Privatterrasse mit Ausblick auf den Boulder Creek und den Canyon. Die großzügigen Spa-Einrichtungen sind vielleicht etwas für Paare auf der Suche nach einem romantischen Ort.

St. Julien Hotel & Spa HOTEL $$$

(☎720-406-9696, Reservierungen 877-303-0900; www.stjulien.com; 900 Walnut St; Zi. ab 289 US$; P ❄ @ ☎ ≋ 👪) Das schönste Vier-Sterne-Hotel von Boulder liegt im Herzen von Downtown. Es ist modern und edel mit Fotografien der Landschaft der Umgebung und Korkwänden, die für ein warmes Ambiente im Zimmer sorgen. Auf der Terras-

ABSTECHER

NACHHALTIG GEBRAUT

New Belgium Brewing Co (☎800-622-4044; www.newbelgium.com; 500 Lined St; Eintritt frei; ⊙geführte Touren Di–Sa 10–18 Uhr) befriedigt Bierkenner mit seinem herzhaften Fat Tier Amber Ale und anderen Schöpfungen, etwa 1554, Trippell und Sunshine Wheat. Die Brauerei ist anerkanntermaßen eine der umweltbewusstesten der Welt und wird mit einer 100 000-kW-Turbine mit Windkraft angetrieben. Sie bietet auch coole Events wie Bike-in-Kino und Schnitzeljagden an Skihängen. Sie befindet sich in der Collegestadt Fort Collins (die Heimat der Colorado State University). Die 46 Meilen (74 km) lange Fahrt von Boulder auf der I-25 nach Norden lohnt sich, vor allem, wenn man in Richtung Wyoming unterwegs ist. Am besten vorher Tickets online reservieren – bei den beliebten Touren dürfen auch die berühmtesten Sorten und andere spezielle Brau-Ergebnisse probiert werden.

se nach hinten mit sagenhafter Aussicht auf die Flatirons werden Livekonzerte mit Weltmusik, Jazz oder wilde Salsapartys veranstaltet. Die Zimmer sind vornehm und die Bademäntel ebenfalls.

Essen

Boulder bietet zum Abendessen jede Menge tolle Möglichkeiten. Die meisten liegen im Zentrum in der Pearl Street Mall. Schnäppchen findet man dagegen eher im Hill. Zwischen 15.30 und 18.30 Uhr bietet beinahe jedes Restaurant in der Innenstadt eine Happy Hour mit irgendeinem erstaunlichen, speziellen Angebot zum Essen oder Trinken. Es ist eine super Gelegenheit, gutes Essen zu günstigen Preisen zu probieren – auf den Websites stehen Details.

LP TIPP **Kitchen** MODERN-AMERIKANISCH **$$$**
(☎303-544-5973; www.thekitchencafe.com; 1039 Pearl St; Hauptgerichte 11–25 US$; ⏲Mo 11–21, Di–Fr bis 22, Sa 9–14 & 17.30–22, So 9.30–14 & 17.30–21 Uhr; 📶) Klare Linien, Massen an knusprigem Brot, eine Tageskarte und jede Menge Licht: Das Kitchen hat eine der besten Küchen in der Stadt. Frische Zutaten vom Bauernmarkt werden zu rustikalen Tapas verarbeitet – gebratenes Wurzelgemüse, Shaved Prosciutto und in Wein und Sahne gedünstete Muscheln. Das Sandwich mit Pulled-Pork rockt, lässt aber noch Raum für den klebrigen Toffee-Pudding. Eine tolle Sache ist die Community Hour (tgl. 15–17.30 Uhr). Dabei kann man wunderbar seine Tischnachbarn kennenlernen. In der lässigeren Bar im oberen Stock trifft sich ein jüngeres Publikum.

Boulder Dushanbe Teahouse FUSION **$$**
(☎303-442-4993; 1770 13th St; Hauptgerichte 8–20 US$; ⏲8–22 Uhr) Kein Besuch in Boulder ist perfekt, wenn man nicht in diesem unglaublichen tadschikischen Kunstwerk gegessen hat, einem Geschenk von Boulders Schwesterstadt (Dushanbe in Tadschikistan). Sagenhaftes Kunsthandwerk und die sorgfältig angefertigten Gemälde ringen sich um den lebhaften, bunten Innenraum. Die internationalen Gerichte stammen aus Gebieten vom Amazonas bis zum Mittelmeer und natürlich aus Tadschikistan. Draußen im ruhigen Garten befindet sich eine traumhafte schattige Terrasse – ein intimer Ort, um an einem warmen Sommertag einen Cocktail zu nehmen oder mit Freunden zu Abend zu essen.

Lucile's CAJUN **$**
(☎303-442-4743; www.luciles.com; 2142 14th St; Hauptgerichte 7–14 US$; ⏲Mo–Fr 7–14, Sa & So ab 8 Uhr; 👪) In diesem Diner im Stil von New Orleans bekommt man das perfekte Frühstück; am besten bestellt man die kreolischen Eiergerichte (serviert mit sahnigem Spinat und käsiger Maisgrütze oder perfekt angekohlter Forelle). Man beginnt mit einer dampfenden Tasse Chai oder Zichorienkaffee und einer Runde Beignets.

Zoe Ma Ma CHINESISCH **$**
(2010 10th St; Hauptgerichte 5–13 US$; ⏲So–Do 11–22, Fr & Sa 11–23 Uhr) In Boul-

ROCKY MOUNTAINS KULINARISCH

Man beginnt am besten damit, online die Regionalausgaben der *Edible*-Zeitschriften (www.edible.com) zu durchforsten – eine tolle Informationsquelle für Bauernmärkte und innovative Lokale.

Seit Boulder laut *Bon Appetit* „America's Foodiest Small Town" ist, lohnt sich hier ein Stopp. Im **Kitchen** (☎303-544-5973; www.thekitchencafe.com; 35 US$/Pers.) ist montags Gemeinschaftsabend. Dann sitzt man zusammen an den Tischen und genießt ein Fünfgängemenü aus selbst angebauten Zutaten und in familiärer Atmosphäre. 20 % der Einnahmen dienen wohltätigen Zwecken. Mit **Local Table Tours** (☎303-909-5747; www.localtabletours.com; Touren 20–70 US$) schaut man hinter die Kulissen. Auf der Tour erhält man einen kleinen Einblick in die hiesige Küche und Insider-Wissen zu Essen und Wein oder Kaffee und Gebäck. Die Cocktail-Tour ist der Hit!

Als elegantes Abendessen in einem Lagerhaus oder einem Flugzeughangar veranstaltet Denvers **Hush** (www.hushdenver.com) lustige Pup-Up-Dinner mit den besten Küchenchefs der Region, aber nur mit Einladung – Kontakt nimmt man online auf.

Unser Lieblings-Farm-Dinner findet in Idahos Teton Valley bei **On the Farm** (☎307-413-3203; onthefarminidaho@gmail.com; Victor, ID; 6-Gänge-Menü 75 US$) statt. Hier werden vor spektakulärer Kulisse köstliche auf Nachhaltigkeit angelegte Speisen aus der Region serviert.

ders hipster Nudel-Bar kann man frisches Street-Food an einer langen Theke im Freien schlürfen oder mampfen. Mama, die taiwanesische Matriarchin, hat die Dinge in der Hand, kocht und schwatzt in ihren Crocs mit den Kunden. Bio-Nudeln werden von Grund auf frisch hergestellt wie auch die super köstlichen Wan Tan mit Knoblauch.

Sink KNEIPE **$**
(www.thesink.com; 1165 13th St; Hauptgerichte 5–10 US$; ⌚11–2 Uhr, Küche bis 22 Uhr) Schummrig und mit Graffiti bekritzelt – das Sink ist seit 1923 ein Klassiker im Hill. Der höhlenartige Raum ist voll mit recht bunten Charakteren – schon allein die Atmosphäre lohnt fast den Besuch. Fast! Sobald man den legendären Sink-Burger mit einem Schluck Bier aus einer Kleinbrauerei der Gegend runtergespült hat, ist man froh, dass man vorbeigeschaut hat.

Alfalfa's SELBSTVERSORGER
(www.alfalfas.com; 1651 Broadway St; ⌚7.30–22 Uhr) Auf dem kleinen gemeinschaftsorientierten Markt mit Naturkost findet man eine wunderbare Auswahl an bereits zubereitetem Essen und einen einladenden Essbereich sowohl drinnen als auch draußen, um es zu genießen.

Ausgehen & Unterhaltung

Der *Playboy* hat die CU nicht umsonst zur besten Party-Schule gewählt – die Blocks rund um die Pearl St Mall und Hill verströmen puren Spaß. Viele Restaurants sind auch gleichzeitig Bars, oder sie verwandeln sich nach 22 Uhr vollkommen in Tanzclubs.

Mountain Sun Pub & Brewery KLEINBRAUEREI
(1535 Pearl St) Die beliebteste Brauerei von Boulder serviert einen ganzen Bilderbogen an Bier, von schokoladig bis fruchtig, und ist voller unterschiedlichster Gäste von Yuppies bis zu Hippies und allem dazwischen. An den Wände hängen Wandteppiche, es gibt lustige Brettspiele und die Pub-Gerichte (vor allem die Burger) sind köstlich. Sonntags- und montagabends wird normalerweise Livemusik wie Bluegrass gespielt oder irgendeine Band jammt.

Bitter Bar COCKTAILBAR
(☎303-442-3050; www.happynoodlehouse.com; 835 Walnut St; Cocktails 9–15 US$) Dieses schicke Boulder-Speakeasy – man kann sie sich als Bar mit gesamtasiatischem Einfluss und Killer-Cocktails wie das köstliche Blue Velvet mit Lavendel vorstellen– lässt den Abend fröhlich verschwimmen.

West End Tavern KNEIPE
(www.thewestendtavern.com; 926 Pearl St) Es ist nichts Ausgefallenes und bietet „nur" lounge-artige Nischen, eine super Dachterrasse und leckere Pub-Gerichte.

Boulder Theater KINO, MUSIK
(☎303-786-7030; www.bouldertheatre.com; 2032 14th St) Dieser historische Treffpunkt, der früher ein Kino war, bietet nicht ganz so bekannte Acts wie die Jazzgröße Charlie Hunter, die verrückten Rocker von Gogol Bordello und die westafrikanischen Diven Les Nubians. Es werden aber auch Filmklassiker und Kurzfilm-Festivals auf die Leinwand gebracht, die man zu einem Glas Bier genießen kann.

Shoppen

In Boulder kann man super shoppen und durch Galerien stöbern. Die open-air-29th St Mall mit einem Kino gleich an der 28th St zwischen Canyon und Pearl St ist erst vor Kurzem dazu gekommen.

Pearl Street Mall MALL
Die Hauptattraktion in der Innenstadt von Boulder ist die Pearl Street Mall, eine lebhafte Fußgängerzone voller Kletterfelsen für Kinder und einem Springbrunnen, Bars, Galerien und Restaurants.

Momentum KUNSTHANDWERK
(www.ourmomentum.com; 1625 Pearl St; ⌚Di–Sa 10–19, So 11–18 Uhr) Hier sind einzigartige Geschenkartikel aus aller Welt zu finden – Drahtkörbe der Zulu, sagenhafte Schals aus Indien, Nepal und Ecuador –, alle handgemacht und zu einem fairen Preis bei benachteiligten Künstlern gekauft. Jedes gekaufte Stück trägt also ganz direkt zum wirtschaftlichen Unterhalt des Künstlers bei.

Common Threads KLEIDUNG
(www.commonthreadsboulder.com; 2707 Spruce St; ⌚Mo–Sa 10–18, So 12–17 Uhr) Bestes Shoppingerlebnis in Sachen Haute Couture – hier findet man Secondhand-Taschen von Choos und Prada und man kann herrlich stöbern. Die Kleidung ist nach Farbe und Stil auf nett aussehenden Ständern sortiert, wie in einer Großstadtboutique.

Boulder Bookstore BÜCHER
(www.boulderbookstore.indiebound.com; 1107 Pearl St) Boulders beliebtester Indie-Buchladen hat im unteren Stock eine riesige Abteilung für Reisen. Außerdem gibt's Lesungen und Workshops.

Praktische Informationen

Boulder Visitor Center (☎303-442-2911; www.bouldercoloradousa.com; 2440 Pearl St; ⏲Mo–Do 8.30–17, Fr 8.30–16 Uhr) Bietet Informationen und Internetzugang.

Anreise & Unterwegs vor Ort

Boulder hat sagenhafte öffentliche Verkehrsmittel, mit Linien, die bis Denver und zu dessen Flughafen reichen. Umweltfreundliche Busse werden von **RTD** (☎303-299-6000; www.rtd-denver.com; 2–4,50 US$/Fahrt) unterhalten. Linienpläne bekommt man an der **Boulder Station** (Ecke 14th & Walnut Sts). RTD-Busse (Route B) pendeln zwischen Boulder Station und Denvers Haltestelle Market St (3,50 US$, 1 Std.). RTD's SkyRide-Bus (Route AB) fährt zum Denver International Airport (13 US$, 1½ Std., stündl.). **SuperShuttle** (☎303-444-0808) bietet vom Flughafen Shuttels zu den Hotels (25 US$) oder von Tür zu Tür (32 US$).

Wer auf zwei Rädern unterwegs sein möchte, findet beim **Boulder B-Cycle** (boulder.bcycle.com; 24-Std. Leihgebühr 5 US$) das neue stadtweite Programm mit Townie Bikes an strategisch günstigen Orten. Fahrer müssen sich aber vorher online registrieren!

ROCKY MOUNTAIN NATIONAL PARK

Der Rocky Mountain National Park zeigt klassische Hochgebirgslandschaft mit Wildblumenwiesen und ruhigen Bergseen unterhalb der schneebedeckten Berggipfel. Jährlich kommen über 3 Mio. Besucher hierher, aber viele bleiben auf den ausgetretenen Pfaden. Wer eine Meile weiter wandert, kann dagegen unglaubliche Einsamkeit genießen. Im Winter ist der Park ein toller Ort zum Schneeschuhwandern oder Skitourengehen. Der Rothirsch ist *das* Säugetier des Parks – man sieht ihn sogar beim Grasen auf den Wiesen der Hotels. Man sollte aber auch nach Dickhornschafen, Elchen, Murmeltieren und Schwarzbären Ausschau halten.

Aktivitäten

Trails OUTDOORS

Vom gut besuchten Bear Lake Trailhead führen einfache **Wanderwege** zu mehreren Seen und noch weiter. Auch der Glacier Gorge Junction Trailhead ist sehr beliebt. Die kostenlose Shuttle-Verbindung vom Glacier Basin nach Bear Lake fährt beide Stellen an.

Der waldige Fern Lake, 6,4 km vom Moraine Park Trailhead entfernt, wird vom zerklüfteten Notchtop Peak überragt. Es bietet sich an, von hier aus eine Schleife bis zur Shuttle-Haltestelle am Bear Lake zu laufen; mit rund 13,6 km ist dies ein lohnender Tagesausflug. Der anspruchsvolle **Flattop Mountain Trail** ist der einzige Wanderweg, der quer durch den Park führt und Bear Creek auf der Ostseite sowohl mit dem Tonahutu Creek Trail als auch mit dem North Inlet Trail auf der Westseite verbindet.

Für Familien bieten sich die Wege zu den **Calypso Cascades** im Wild Basin oder zum **Gem Lake** im Lumpy-Ridge-Gebiet als einfache Wanderstrecken an.

Die Trail Ridge Rd überquert die kontinentale Wasserscheide am **Milner Pass** (3279 m), wo Wanderwege nach Südosten zum 4 Meilen (ca. 6,5 km) entfernten (und 610 m höheren!) Mount Ida führen, wo sich eine fantastische Aussicht bietet.

Die Wanderwege im Westteil des Parks sind ruhiger und weniger besucht als die im Ostteil. Empfehlenswert sind der kurze und leichte East Inlet Trail zu den **Adams Falls** (0,5 km) oder der etwas anspruchsvollere, ca. 6 km lange Colorado River Trail nach **Lulu City**.

Vor Juli sind viele der Wege noch verschneit und wegen Schmelzwasser schlecht zu passieren. Auf der Ostseite bieten sich von den Ausgangspunkten am Bear Lake und an der Glacier Gorge Junction gute Möglichkeiten für **Skilanglauf** und **Schneeschuhwanderungen**. **Skilaufen im Hinterland** ist ebenfalls möglich; Auskunft darüber gibt's bei den Visitor Centers.

Schlafen & Essen

Die einzigen Möglichkeiten, wo man im Park übernachten kann, sind Campingplätze. Restaurants und die Mehrzahl der Motel- und Hotelunterkünfte liegen rund um Estes Park oder Grand Lake auf der anderen Seite des Trail Ridge Road Passes.

Die offiziellen Campingplätze des Parks bieten Lagerfeuerfeste. Es gibt dort öffentliche Telefone. In den Sommermonaten darf man meist höchstens sieben Tage lang bleiben. Außer Longs Peak können überall Wohnwagen abgestellt werden (keine Anschlüsse!). Im Winter wird die Wasserversorgung abgestellt.

Wer außerhalb der erschlossenen Campingplätze des Parks zelten möchte, braucht eine Backcountry-Permit. Auf keinem der Campingplätze gibt es Duschen, aber im Sommer Toiletten mit Wasserspülung und im Winter Möglichkeiten im Freien. Zu einem Stellplatz gehört eine Feuerstelle, ein Picknicktisch und ein Parkplatz.

Olive Ridge Campground CAMPING $
(☎303-541-2500; Stellplatz 14 US$; ⊙Mitte Mai–Nov.) Der gut gepflegte Campingplatz vom United States Forest Service (USFS) hat Zugang zu vier Wanderwegen: St. Vrain Mountain, Wild Basin, Longs Peak und Twin Sisters.

Moraine Park Campground CAMPING $
(☎877-444-6777; www.recreation.gov; an der Bear Lake Rd; Sommer Stellplatz 20 US$) Diese Anlage bietet 245 Plätze. Online Reservieren! Wer es ruhig haben möchte, sollte die Walk-in Zeltplätze im D Loop nehmen. Im Sommer finden im Amphitheater abends zahlreiche von Rangern veranstaltete Programme statt.

Der Campingplatz wird im Sommer von den Shuttle-Bussen auf der Bear Lake Rd bedient.

Aspenglen Campground CAMPING $
(☎877-444-6777; www.recreation.gov; State Hwy 34; Stellplatz Sommer 20 US$) Mit nur 54 Plätzen ist dies der kleinste im Park, bei dem man Camping im Voraus buchen kann. Es gibt viele Plätze nur für Zelte, einschließlich ein paar Walk-Ins, und nur eine begrenzte Zahl von Wohnmobilen ist erlaubt. Dies ist der ruhigste von den gut erreichbaren Plätzen (5 Meilen, bzw. 8 km westlich vom Este Park an der US 34).

Timber Creek Campground CAMPING $
(Trail Ridge Rd, US Hwy 34; Stellplatz US$) Dieser Campingplatz hat 100 Plätze und ist den ganzen Winter über geöffnet. Reservierungen werden nicht akzeptiert. Es ist der einzige ausgewiesene Campingplatz auf der Westseite des Parks und er liegt 7 Meilen (11 km) nördlich von Grand Lake.

Glacier Basin Campground CAMPING $
(☎877-444-6777; www.recreation.gov; an der Bear Lake Rd; Stellplatz Sommer 20 US$) Dieser gut ausgestattete Campingplatz hat ein großes Gebiet für Gruppen-Camping und Anschlüsse für Wohnmobile. Im Sommer wird er von den Shuttle-Bussen auf der Bear Lake Rd bedient. Über die Webseite reservieren!

ℹ Praktische Informationen

Der Eintritt zum Park (Fahrzeuge 20 US$, Wanderer & Radfahrer 10 US$) ist für sieben Tage gültig. Für Übernachtungen im Park werden Backcountry Permits (20 US$) benötigt.

Alpine Visitor Center (www.nps.gov/romo; Fall River Pass; ⊙Ende Mai–Mitte Juni 10.30–16.30 Uhr, End Juni–Anfang Sept. 9–17 Uhr, Anfang Sept.–Mitte Okt. 10.30–16.30 Uhr) Dieses Visitor Center liegt direkt im Zentrum des Parks in einer Höhe von 3595 m und bietet einen schönen Ausblick, eine Cafeteria und jede Menge Informationen.

Beaver Meadows Visitor Center (☎970-586-1206; www.nps.gov/romo; US Hwy 36; ⊙Ende Juni–Ende Aug. 8–21 Uhr, Rest des Jahres bis 16.30 od. 17 Uhr) Das wichtigste Visitor Center und der beste Stopp für Infos über den Park, wenn man vom Estes Park aus ankommt. Man kann einen Film über den Park sehen, in einem kleinen Souvenirshop stöbern, einkaufen und Backcountry-Campingplätze reservieren.

Kawuneeche Visitor Center (☎970-627-3471; 16018 US Hwy 34; ⊙Letzte Maiwoche–Labour Day 8–18 Uhr, Labour Day–Ende Sept. 8–17 Uhr, Okt.–Ende Mai 8–16.30 Uhr) Auf der Westseite des Parks gelegen, bietet er von Rangern geführte Wanderungen, Diskussionen, Backcountry Permits und Aktivitäten für Familien.

ℹ An- & Weiterreise

Die Trail Ridge Rd (US 34) ist die einzige Ost-West-Route durch den Park und im Winter geschlossen. Die direkteste Route von Boulder aus folgt der US 36 durch Lyons zu den östlichen Zufahrten.

Auf der Ostseite gibt es zwei Zufahrtsmöglichkeiten: Fall River (US 34) und Beaver Meadows (US 36). Die Grand Lake Station (ebenfalls US 34) ist der einzige Zugang auf der Westseite. Durch das Kawuneeche Valley entlang der Oberläufe des Colorado River kommt man das ganze Jahr über zum Timber Creek Campground. Die wichtigsten Zentren für Besucheraktivitäten auf der Ostseite des Parks sind das Alpine Visitor Center, hoch an der Trail Ridge Rd und Bear Lake Rd gelegen, die zu den Campingplätzen, Wanderwegen und dem Moraine Park Museum führen.

Nördlich vom Estes Park führt die Devils Gulch Rd zu mehreren Wanderwegen. Weiter auf der Devils Gulch Rd kommt man durch das Dorf Glen Haven. Von hier erreicht man den Startpunkt der Wanderwege und den Eingang zum Park entlang des North Folk, des Nebenflusses des Big Thompson River.

ℹ Unterwegs vor Ort

Die Mehrzahl der Besucher besucht den Park mit dem eigenen Auto und benutzt die lange und gewundene Trail Ridge Rd (US 34), um die kontinentale Wasserscheide zu überqueren. Im Sommer fährt mehrmals täglich ein kostenloser Shuttle-Bus vom Estes Park Visitor Center zu einem Park-and-Ride-Platz, wo Wanderer Anschluss an weitere Shuttles haben. Der Parkplatz am Glacier Basin Richtung Bear Lake, in den tiefer gelegenen Gebieten des Parks, ist das ganze Jahr über zugänglich. Während der Hochsaison im Sommer verkehrt ein zweites Shuttle zwischen dem Moraine Park Campingplatz und dem Glacier Basin Parkplatz. Die Shuttles sind an den Wochenenden und nur von Mitte August bis Ende September im Einsatz.

ESTES PARK

Es ist schon ziemlich ironisch: Seit der Zugang zu einem der unberührtesten Outdoor-Zufluchtsorten in den USA ein Zentrum für Naturliebhaber geworden ist, ist es eher ein Ort, vor dem man flüchtet. T-Shirt-Läden und Eisdielen, Gehwege vollgestopft mit Touristen und Straßen, an denen überall angeschlossene Wohnwagen stehen: Willkommen im Estes Park, dem chaotischen Außenposten am Rande des Rocky Mountain National Park.

Aktivitäten

Colorado Mountain School KLETTERN

(☎303-447-2804; www.totalclimbing.com; 341 Moraine Ave; halbtägige geführte Klettertouren ab 125 US$/Pers.) Der größte Veranstalter von Klettertouren in der Region hat Weltklasse-Lehrer. Es ist die einzige Organisation, die innerhalb des Rocky Mountain National Parks arbeiten darf. Sie bietet Grundkurse wie „Intro to Rock Climbing" sowie Schlafsaal-Unterkünfte in der Total Climbing Lodge.

Schlafen

Die zahlreichen Hotels in Estes Park sind im Sommer schnell voll. Es gibt einige ganz ordentliche Budget-Angebote, aber die vielen herrlichen Campinplätze in der Region bieten das beste Preis-Leistungs-Verhältnis. Campingausrüstung kann man im **Estes Park Mountain Shop** (☎970-586-6548; www.estesparkmountainshop.com; 2050 Big Thompson Ave; Campingausrüstung für 2 Personen 32 US$; ⌚8–21 Uhr) ausleihen.

Das **Estes Park Visitor Center** (☎970-577-9900; www.estesparkresortcvb.com; 500 Big Thompson Ave; ⌚Juni–Aug. 9–20 Uhr, Sept.–Mai Mo–Fr 8–17, Sa 9–17, So 10–16 Uhr), gleich östlich des US-36-Exit, hilft bei der Unterkunftssuche. Achtung: Viele Unterkünfte haben im Winter geschlossen!

LP TIPP **Stanley Hotel** HOTEL $$$

(☎970-586-3371; www.stanleyhotel.com; 333 Wonderview Ave; Zi. ab 199 US$; P 🛜 🏊 👨‍👩‍👧) Dieses weiße georgianische Gebäude im Colonial-Revival-Stil war die Inspiration für Stephen Kings berühmten Kultroman *Shining*. Es ist die Grande Dame der Resorthotels in den Rocky Mountains. Stattliche Räume erwecken den Wilden Westen zum Leben und bieten nachgemachte Antiquitäten und moderne Annehmlichkeiten. Die riesigen Aufenthaltsräume mit schweren Ledersofas werden von steinernen Kaminen gewärmt. Zusätzlich zum Ausblick in die Berge und super Abendessen gibt es auch noch nächtliche Geisterjagden (in 17 Zimmern soll es spuken).

YMCA of the Rockies – Estes Park Center RESORT $$

(☎970-586-3341; www.ymcarockies.org; 2515 Tunnel Rd; Zi. & DZ ab 109 US$, Hütten ab 129 US$; P ❄ 🛜 👨‍👩‍👧) Dieses äußerst kinderfreundliche Resort liegt ruhig und ultra-idyllisch in den Bergen gleich außerhalb der Stadt. Auf dem 350 ha großen Gelände befinden sich Hütten und Motelzimmer zwischen unzähligen weiten Flächen, die mit Wäldern und Wiesen mit Wildblumen gesprenkelt sind. Nur ein paar Minuten außerhalb von Estes Park gelegen (aber ganz sicher außerhalb des Gewimmels der Stadt), bietet es eine Reihe von Aktivitäten.

Mary's Lake Lodge LODGE $$$

(☎970-577-9495; www.maryslakelodge.com; 2625 Marys Lake Rd; Zi. & DZ ab 99 US$, Hütten ab 199 US$; P ❄ 🛜 👨‍👩‍👧) Diese alte Holz-Logde verströmt Wildwest-Ambiente bis hin zur knarrenden Vorderveranda. Die Zimmer und Hütten mit Apartments bieten eine Mischung aus modern und historisch. Sowohl die saloonartige **Tavern** (Hauptgerichte 7–20 US$; ⌚11–23 Uhr) als auch das gehobene **Chalet Room** (Hauptgerichte 12–20 US$; ⌚17–22 Uhr) haben auch Tische auf der beheizten Terrasse. Ein großes Becken mit heißem Wasser unter den Sternen, eine Feuerstelle und fünf Abende die Woche Livemusik runden die Annehmlichkeiten schön ab. Mary's liegt 3 Meilen (4,8 km) südlich von Estes Park am Hwy 7.

Total Climbing Lodge HOSTEL $

(☎303-447-2804; www.totalclimbing.com; 341 Moraine Ave; B 25 US$; P @ 🛜) In diesem lebhaften Kletterzentrum unterzukommen, ist die beste Schlafsaal-Option in der Stadt. Schlafsäcke, Seife, Kissen und Handtücher sind im Preis enthalten. Man darf einfache Kieferkojen, eine Tischtennisplatte und ein lässiges Feeling erwarten.

Essen

Estes Park Brewery KLEINBRAUEREI

(www.epbrewery.com; 470 Prospect Village Dr; ⌚Mo–So 11–2 Uhr) In der Kneipe der Kleinbrauerei werden in einem großen, schachtelartigen Raum, der wie eine Mischung aus Klassenzimmer und Landhausküche wirkt, Pizza, Burger und Chicken Wings serviert – und mindestens acht verschiedene Biersorten des Hauses. Billardtische und Plätze im Freien sorgen dafür, dass hier bis spät in die Nacht was los ist.

Ed's Cantina & Grill MEXIKANISCH **$$**
(☎970-586-2919; www.edscantina.com; 390 E Elkhorn Ave; Hauptgerichte 9–15 US$; ⏲tgl. 11–open end, Sa & So ab 8 Uhr) Mit einer Terrasse direkt am Fluss ist das Ed's ein toller Ort, um sich bei einer Margarita und einem der täglichen Blue-Plate-Sepcials für 3 US$ (etwa gebackene, gerollte Tortillas mit Schweinhackfleisch und Guacamole) zu entspannen. Es werden mexikanische und amerikanische Grundnahrungsmittel serviert. Das Restaurant macht mit Nischen mit Lederbänken und einem gewagten Primärfarbenschema auf retro. Die Bar befindet sich in einem extra Raum mit Barhockern aus Leichtholz und bequemen hohen Rückenlehnen.

ℹ An- & Weiterreise

Vom Denver International Airport fährt das **Estes Park Shuttle** (☎970-586-5151; www.estesparkshuttle.com) viermal täglich nach Estes Park (einfache Strecke/hin & zurück 45/85 US$).

Central & Northern Mountains

Die zentrale und nördliche Gebirgsregion von Colorado ist für ihre vielen Skiresorts bekannt – etwa die weltberühmten Skiorte Aspen und Vail, das familienfreundliche Breckenridge und das A-Basin im ewigen Eis.

WINTER PARK

Das unaufdringliche Winter Park liegt weniger als zwei Stunden von Denver entfernt und ist bei den Bewohnern der Front Range ein beliebtes Skiresort. Sie strömen aus Colorado Springs hierher und ziehen jedes Wochenende neue Spuren in den Schnee. Anfänger können auf Kilometern von pudrigen Pisten herumtollen, während die Experten ihre Fähigkeiten auf der Weltklasseabfahrt von Mary Jane testen. Der sympathische Ort ist eine wunderbare Basis, um sich das ganze Jahr über auszutoben. Die meisten Dienstleistungen befinden sich an der US 40 (der Hauptstraße), auch das **Visitor Center** (☎970-726-4118; www.winterpark-info.com; 78841 Hwy 40; ⏲Mo–Fr 8–17, Sa & So 9–17 Uhr).

Südlich der Stadt liegt das **Winter Park Resort** (☎970-726-5514; www.winterparkresort.com; www.winterparkresort.com; cnr Hwy 40 & Colorado 81; 2-Tagesticket Skilift Erw./Kind 120–172/66-86 US$). Es umfasst fünf Berge und bietet einen Höhenunterschied von mehr als 800 m. Profis mögen diesen Ort, weil mehr als die Hälfte der Pisten einzig auf Skifahrer mit hohen Fähigkeiten abgestimmt ist. Außerdem gibt's hier ein über 70 km umfassendes Netz von **Mountainbike**-Wegen, die mit dem Lift erreichbar sind und Anschluss an ein 960 km langes

ABSTECHER

VAGABOND RANCH

Auf der abgelegenen **Vagabond Ranch** (☎303-242-5338; www.vagabondranch.com; 45 US$/Pers.; 👪) gibt es mehr Elche als Menschen. Es ist ein herrlicher Fleck im Hinterland von Colorados idyllischer Never Summer Range. Mit Hinterland ist eine 3 Meilen (4,8 km) lange unbefestigte Zugangsstraße gemeint – im Sommer kann man sie benutzen, aber im Winter muss man das Auto abstellen und mit Skiern oder dem Schneemobil den Winterspaß suchen gehen.

Umgeben von hohen Berggipfeln und Ponderosa-Wäldern bietet diese frühere Postkutschenstation eine Ansammlung komfortabler Hütten – sie reichen von rustikal bis elegant – in 2743 m Höhe. Zu den Annehmlichkeiten gehören eine Küche, die einem Chefkoch alle Ehre macht, Feuerholz, ein angenehmer Whirlpool, Solarenergie und Komposttoiletten. Wie bei allen Skihütten,sind die Unterkünfte zum Teil für mehrere bestimmt, aber Paare und Gruppen können auch eigene Zimmer buchen (wir empfehlen für Paare das herrliche Parkview im Retro-Stil). Bestimmte Wege werden im Winter für Langlauf und Schneemobile präpariert. Außerdem gibt's Rückzugsorte für Yoga und Meditationen.

Die Ranch liegt 22 Meilen (35 km) von Granby entfernt (in der Nähe von Winter Park).

Central & Northern Mountains

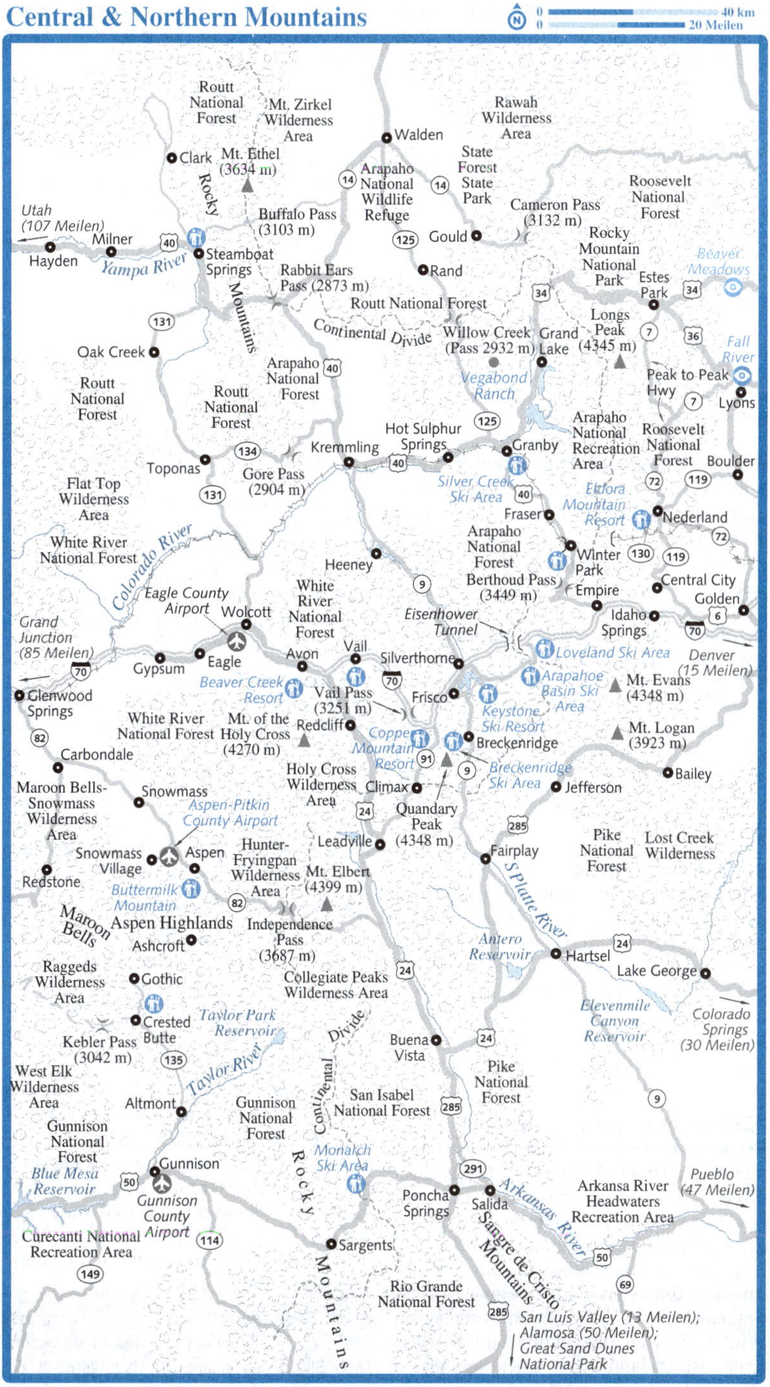

Wegesystem im ganzen Tal haben. Auch eine schöne Tour in der Region ist die Straße hinauf zum **Rollins Pass**.

Die **Devil's Thumb Ranch** (☎800-933-4339; www.devilsthumbranch.com; 3530 County Rd 83; Zi. ab 93 US$, Hütten ab 165 US$, Wege-Pass Erw./Kind & Senior 18/8 US$, Rental Packages 20/10 US$, Eislaufen 10 US$; 👪) vermietet eine Schlafbaracke im Cowboy-Chic und zudem Hütten an einem insgesamt 105 km langen Wegenetz. Für aktiv Gesinnte ist die Ranch eine ultra-romantische Zuflucht. Eine Geothermalheizung, wiederverwertetes Holz und emissionsarme Feuerstellen sorgen für die grüne Seite. Im Sommer können Gäste im Hochland reiten (90–170 US$/Pers.). Die Devil's Thumb Ranch liegt nördlich von Fraser.

Das beste Angebot der Gegend ist das freundliche **Rocky Mountain Chalet** (☎970-726-8256, 866-467-8351; www.therockymountainchalet.com; 15 Co Rd 72; B 36 US$, Zi. 89–179 US$; P ❄ 📶 👪) mit edlen, komfortablen Doppelzimmern, Schlafsälen und einer super Küche.

Geniales Essen bekommt man im **Tavern at Tabernash** (☎970-726-4430; www.tabernashtavern.com; 72287 US Hwy 40; Hauptgerichte 17–32 US$; ⊙Di–Sa 17–21 Uhr; 👪). Hier wird der Appetit mit Barbecue-Schweinekoteletts mit Palisade-Pfirsichen oder Wildburgern angeregt (und befriedigt). Es gibt auch veganische und glutenfreie Angebote. Reservierung empfohlen! Das Gasthaus liegt gleich nördlich von Fraser.

STEAMBOAT SPRINGS

Mit prächtigem Tree-Skiing, super Wegen zum Mountainbiken und einem lässigen Western-Feeling schlägt Steamboat andere Skistädte sowohl im echten Ambiente als auch im Angebot. Die Altstadt ist cool zum Bummeln, die Thermalquellen runden einen harten, actionreichen Tag perfekt ab und die Einheimischen könnten nicht freundlicher sein.

Sehenswertes & Aktivitäten

Steamboat Mountain Resort WINTERSPORT
(Steamboat Mountain Resort; ☎Ticketverkauf 970-871-5252; www.steamboat.com; Liftticket Erw./Kind 94/59 US$; ⊙Ticketverkauf 8–17 Uhr) Mit seinen um 1100 m abfallenden Hängen, mit dem ausgezeichneten Pulverschnee und den Abfahrten in allen Schwierigkeitsgraden ist dieses Skigebiet für Besucher im Winter der Hauptanziehungspunkt. Überhaupt ist es landesweit einer der besten Orte zum Skifahren. Im Skigebiet findet man Unmengen an (überteuertem) Essen und Verkäufer von Ausrüstung.

LP TIPP **Strawberry Park Hot Springs** THERMALQUELLE
(☎970-879-0342; www.strawberryhotsprings.com; 44200 County Rd; pro Tag Erw./Kind 10/5 US$; ⊙So–Do 10–22.30, Fr & Sa bis 24 Uhr; 👪) Die beliebtesten Thermalquellen von Steamboat liegen schon außerhalb der Stadtgrenze. Aber sie bieten herrliche Zurück-zur-Natur-Entspannung. In den geschmackvollen Steinbecken, die durch fallende Tropfen geformt wurden, hat das Wasser 40 °C. Wer übernachten möchte, kann zwischen Planwagen (65 US$) mit Doppelmatratzen auf dem Boden (recht einzigartig) oder einfachen Hütten (55 US$) wählen. Es gibt keine Elektrizität (man kann Gaslaternen bekommen), und man muss seine Bettwäsche selbst mitbringen.

Man muss auf alle Fälle reservieren. Über das Wochenende muss man zwei Nächte bleiben. Man sollte wissen, dass nach Einbruch der Dunkelheit in den Thermalbecken nicht unbedingt Kleidung getragen werden muss.

Old Town Hot Springs THERMALQUELLE
(☎970-879-1828; www.steamboathotsprings.org; 136 Lincoln Ave; Erw./Student & Senior/Kind 15/10/7 US$; ⊙Mo–Fr 5.30–21.45, Sa 7–20.45, So 8–20.45 Uhr; 👪) Sie liegen mitten in der Stadt. Das Mineralwasser ist hier wärmer als bei den meisten anderen in der Gegend. Die Kids werden die 80 m langen Rutschen und die Kletterwand im Wasser lieben.

Schlafen & Essen

Es gibt jede Menge Übernachtungsmöglichkeiten; wegen Apartments und anderen Angebote in der Nähe des Skigebiets **Steamboat Central Reservations** (☎970-879-0740, www.steamboat.com; Mt Werner Circle, abseits des Gondola Sq) kontaktieren!

Hotel Bristol HOTEL $$
(☎970-879-3083; www.steamboathotelbristol.com; 917 Lincoln Ave; DZ 149 US$; 📶) Das elegante Hotel Bristol hat kleine, aber gehobene Western-Zimmer mit dunklem Holz und Messingmöbeln und Pendleton-Wolldecken auf den Betten. Es gibt ein Ski-Shuttle, einen Whirlpool (drinnen) und ein gemütliches Restaurant.

LP TIPP **Cafe Diva** FUSION $$$
(☎970-871-0508; www.cafediva.com; 1855 Ski Time Square Dr; Hauptgerichte 21–

40 US$; ⌚17.30–22 Uhr) Die Einheimischen lieben diesen romantischen Schlupfwinkel. Hier ist einfach jedes Gericht ein Genuss. Das Angebot wechselt, mischt aber immer asiatische, italienische und lateinamerikanische Geschmacksrichtungen, beispielsweise Enten-Tamales mit Avocadocreme und Platterbsen-Ravioli mit hausgemachtem Ricotta.

Backcountry Provisions DELI $
(www.backcountryprovisions.com; 635 Lincoln Ave; Sandwiches 7–10 US$; ⌚7–17 Uhr; 📶) Diese Sandwich-Kette in Colorado ist tüchtig und köstlich und verwendet ultra-frische Zutaten. Das mit Preiselbeeren bedeckte Truthahn-Curry schmeckt super. Wer den Tag über zum Wandern oder Skifahren unterwegs ist, kann sich hier auch was mitnehmen.

Slopeside Grill BAR
(www.slopesidegrill.com; 1855 Ski Time Sq; ⌚12–24 Uhr) Diese Ski-Bar ist das unbestrittene Zentrum der Après-Ski-Action, hat ausgezeichnete Pizza und kocht eine ganze Reihe von Gerichten gut. Im Sommer können die Kids auf dem Rasen spielen.

Praktische Informationen

Steamboat Springs Visitor Center (☎970-879-0880, 877-754-2269; www.steamboatchamber.com; 1255 S Lincoln Ave; ⌚Mo–Fr 8–17, Sa 10–15 Uhr)

An- & Weiterreise

Die Busse von Denver nach Salt Lake City halten am **Greyhound Terminal** (☎970-870-0504; 1505 Lincoln Ave), etwa 600 m westlich der Stadt. **Steamboat Springs Transit** (☎970-879-3717, zum Abholen in der Mountain Area 970-846-1279; http://steamboatsprings.net) bietet das ganze Jahr über kostenlose Busse, die zwischen der Altstadt und dem Skiresort verkehren. Steamboat liegt über die US 40 166 Meilen (267 km) nordwestlich von Denver.

BRECKENRIDGE & UMGEBUNG

In einer Höhe von 2926 m, am Fuße einer herrlichen Reihe von baumlosen Bergspitzen liegt „Breck", eine niedliche, noch immer existierende Goldgräberstadt mit einer wunderschönen Altstadt. Die Stadt mit seiner bodenständigen Anmut hat familienfreundliche Skihänge zu bieten, die niemanden enttäuschen und immer ein leichtlebiges Publikum anziehen. Wer trotzdem einmal rastlos werden sollte, findet keine Stunde entfernt vier tolle Skiresorts und ein Einkaufsoutlet.

Aktivitäten

Breckenridge Ski Area WINTERSPORT
(☎970-453-5000; www.breckenridge.snow.com; 150 Watson Ave; Liftticket Erw./Kind/Senior 63/44/53 US$; ⌚Lifts 8.30–16 Uhr, Nov.–April Gondellift 8–17 Uhr; 👪) Das Skigebiet umfasst vier Berge und hat einige der besten Hänge für Anfänger und Fortgeschrittene im Bundesstaat (die grünen Abfahrten sind flacher als die meisten in Colorado) und außerdem auch Killer-Steilhänge und Rutschen für Experten und einen berühmten Snowboard-Park.

Arapahoe Basin Ski Area WINTERSPORT
(☎970-468-0718, 888-272-7246; www.arapahoebasin.com; Lift Erw./Kind/15–19 Jahre/Senior 54/29/ 49/51 US$; ⌚Mo–Fr 9–16, Sa & So ab 8.30 Uhr) Das höchstgelegene Resort von Nordamerika liegt etwa 12 Meilen (19 km) von Breck entfernt, ist kleiner, weniger kommerziell und in der Regel bis Mitte Juni geöffnet. Es gibt jede Menge Steilhänge, Wände und Gelände für Skitouren. Dieses Resort ist bei den Einheimischen besonders beliebt, weil es nicht Herden von Pauschaltouristen anzieht. Die Outdoor-Bar ist ein toller Ort, um sich bei einem kalten Bier zu entspannen. Außerdem grillen die Leute ständig Burger und versammeln sich bei spontanen Partys an ihren Autos auf dem Parkplatz (bekannt als „The Beach").

Peak 8 Fun Park FREIZEITPARK
(☎970-453-5000; www.breckenridge.com/peak-8-fun-park.aspx; Peak 8; Halber-/Ganztagespass 50/65 US$; ⌚Juni–Aug. 8.30–17 Uhr; 👪) Der Fun Park bietet eine ganze Wunschliste an begeisternden Aktivitäten, etwa ein großes Trampolin (10 US$), eine Kletterwand (8 US$), einen Mountainbike-Park (Erw./Kind 30/20 US$) mit Fahrradverleih (halber/ganzer Tag 42/52 US$) und den gefeierten Super Slide – ein mit Schlitten zu befahrender rodelartiger Kurs, auf dem man unglaubliche Geschwindigkeiten erreicht.

Feste & Events

Ullr Fest KULTUR
(www.gobreck.com) Anfang bis Mitte Januar feiert das Ullr Fest den nordischen Gott des Winters mit einer wilden Parade und einem viertägigen Festival. Es gibt eine abgewandelte Version von „Herzblatt", eine Eislauf-Party und ein großes Lagerfeuer.

GRATIS **International Snow Sculpture Championship** SCHNEE
(www.gobreck.com; 150 W Adams Ave; ⌚Mitte Jan.–Anfang Feb.; 👪) Bildhauer aus aller Welt

brechen über Breck herein und erschaffen ihre schmelzbaren Kunstwerke. Der Wettbewerb beginnt Mitte Januar am River Walk und dauert drei Wochen.

Schlafen

Unterkunft direkt am Skihang – meist kostspielige Angebote – findet man über **Great Western Lodging** (☎888-333-4535; www.gwlodging.com; 322 N Main St). Camper können sich außerhalb der Stadt nach USFS-Campingplätzen umsehen.

LP TIPP **Fireside Inn** B&B, HOSTEL $

(☎970-453-6456; www.firesideinn.com; 114 N French St; B 39 US$, DZ 134–168 US$; P ❄ @ 📶 👪) Dieses gemütliche Hostel und B&B ist das beste Angebot für allein reisende Traveller und eine echte Entdeckung. Die Schlafkojen mit extra Decken sind möglicherweise besser als die einzelnen Zimmer. Diese sind, wenn auch zauberhaft, schon etwas abgewohnt. Alle Gäste können in der Fass-Wanne mit heißem, chlorfreiem Wasser baden und den hauseigenen kuscheligen Hund streicheln. Niki, der englische Gastgeber, ist wirklich herzerfrischend, und seine Informationen über die Region sind sehr hilfreich. In Skistiefeln braucht man bis zur Seilbahn zehn Minuten.

Abbet Placer Inn B&B $$

(☎970-453-6489; www.abbettplacer.com; 205 S French St; Zi. Juni–Aug. 129–219 US$, Dez.–Feb. 129–239 US$; P ❄ 📶 👪) Dieses violette Haus mit fünf großen Themenräumen ist schön mit Holzmöbeln, mit iPod-Anschlüssen und flauschigen Bademänteln ausgestattet. Dennoch ist die Unterkunft sehr einfach. Die netten und freundlichen Gastgeber bereiten ein großes Frühstück zu, und die Gäste können sich an einer Außenterrasse mit Whirlpool und der Benutzung der Gemeinschaftskitchenette erfreuen. Check-in ist von 16 bis 19 Uhr.

Essen & Ausgehen

LP TIPP **Hearthstone** MODERN-AMERIKANISCH $$$

(☎970-453-1148; www.stormrestaurants.com; 130 S Ridge St; Hauptgerichte 13–38 US$; ⏲16 Uhr–open end) In einem restaurierten viktorianischen Haus von 1886 residiert heute eines der beliebtesten Restaurants von Breck. Auf die Teller kommen kreative Gerichte aus den Bergen, beispielsweise hausgeräucherte Forelle und Chilis gefüllt mit Ziegenkäse und Honig. Das Essen ist frisch und köstlich und seinen Preis wert. Oder man kommt zur Happy Hour (16–18 Uhr) und erhält einen Teller zusammen mit Wein für 5 US$. Wenn das Wetter mitspielt, kann man auf der auf drei Ebenen gestaffelten Terrasse vor dem Haus essen. Eine Reservierung ist sehr zu empfehlen!

Clint's Bakery & Coffee House SANDWICHES $

(131 S Main St; Sandwiches ab 5,95 US$, Kaffee-Getränke ab 2 US$; ⏲So–Do 7–21, Fr & Sa bis 22 Uhr; 📶 👪) Clevere Baristas lassen eine ganze Tafel voll Latte- und Mokkasorten und Dutzende von losen Tees dampfen. Wer Hunger hat, bekommt die Treppe runter in der Bagelry umfangreiche Sandwiches und köstliche Frühstück-Bagels mit Eiern, Schinken, Räucherlachs, Würstchen und Käse belegt. Die Bagelry schließt um 15 Uhr.

Downstairs at Eric's BAR

(www.downstairsaterics.com; 111 S Main St; ⏲11–24 Uhr; 👪) Downstairs at Eric's ist in Breckenridge eine Institution. Die Einheimischen strömen zu dieser abwechslungsreichen Kellerkneipe mit einem Spielzimmer voller alter Pinballautomaten wegen der Krüge, saftigen Burger und des köstlichen Kartoffelbreis (Hauptgerichte ab 6 US$). Es stehen mehr als 120 Biersorten, einschließlich zahlreicher Sorten aus Kleinbrauereien, zur Wahl.

Shoppen

Outlets in Silverthorne KLEIDUNG

(www.outletsatsilverthorne.com; Silverthorne; ⏲Mo–Sa 10–20, So 11–18 Uhr) 15 Minuten von Breckenridge entfernt, gleich an der I-70, liegten drei Shopping-Dörfer mit Designer-Markenläden mit Discount-Preisen. Zu den Marken gehören Calvin Klein, Nike, Levi's, Gap und viele andere.

Praktische Informationen

Visitor Center (☎970-453-6018, 888-251-2417; www.gobreck.com; 309 N Main St; ⏲9–17 Uhr) Hat Informationen zu den schier unendlichen Aktivitäten in der Gegend.

Anreise & Unterwegs vor Ort

Breckenridge liegt 9 Meilen (14,5 km) südlich der I-70 am Hwy 9 und etwa 100 Meilen (160 km) von Denver oder Colorado Springs entfernt.

Colorado Mountain Express (☎970-926-9800; www.ridecme.com; 79 US$/Pers.) bietet Shuttles, die zwischen Breckenridge und dem Denver International Airport pendeln.

Für kostenlose Fahrten innerhalb der Stadtgrenzen patroulliert **Free Ride** (Summit County Public Transport; ☎970-547-3140; www.townofbreckenridge.com) auf den Straßen.

DIE ROCKIES FÜR PULVERSCHNEE-SPÜRHUNDE

Crested Butte ist die vierstündige Fahrt von Denver mehr als wert. Es verspricht tiefen Pulverschnee und eine herrliche, weite Landschaft gleich neben einem Bergbauaußenposten, der sich zu einer der coolsten Kleinstädte von Colorado gemausert hat.

Wer nur wenig Zeit hat, sollte sich direkt nach Summit County aufmachen. Man benutzt **Breckenridge** als Basis und geht vier Regionen mit einem Kombi-Skipass an. Dazu gehört auch das Mastadon-Resort **Vail**, unser Liebling in Sachen abgelegenes Back-Bowl-Terrain, und die ultraeinheimische und lässige **Arapahoe Basin Ski Area**. Das A-Basin ist bis in den Juni geöffnet. Dann bedeutet Skifahren im Frühjahr auch Autopartys mit Bier und Barbecue zwischen den Schneeabfahrten.

Von Crested Butte aus kann man ein Stück weiter südlich die Hänge bei **Telluride** hinunterfahren; von Summit County und Vail ist **Aspen** nicht weit entfernt. Beides sind echte alte Goldgräberstädte. Man sollte mindestens ein paar Stunden lang die glitzernden Läden von Aspen und die bodenständigen Bars von Telluride erforschen, um ein Feeling für die historische Wildwest-Umgebung zu bekommen.

Von Aspen nimmt man einen Regionalflug zum **Jackson Hole Mountain Resort**. Hier kann man in den Grand Tetons mal so richtig vertikal die Pulverschneehänge hinunterschießen.

Wer zwischen Breckenridge, Keystone oder Vail unterwegs ist, springt auf die kostenlosen **Summit Stages Busse** (☎970-668-0999; www.summitstage.com; 150 Watson Ave; ⏲6.25–1.45 Uhr). Sie fahren den ganzen Tag.

VAIL

Vail ist der Darling der Reichen und manchmal auch Berühmten und ähnelt einem künstlichen Vergnügungspark für Erwachsene. Hier ist von den Golfplätzen bis hinunter zu den Indoor-Wasserfällen nämlich alles künstlich. Vail ist kompakt und man kommt zu Fuß sehr gut überall hin, aber die Lage (ein Highway geht hindurch) lässt die Naturschönheit der meisten Ziele in den Rocky Mountains vermissen. Abgesehen davon würde kein ernsthafter Skifahrer Vail mit seinen Pulverschnee-Back-Bowls und Röhren und dem unverschämt lustigen Gelände den Status des besten Skiresorts in Colorado absprechen.

Sehenswertes & Aktivitäten

Vail Mountain WINTERSPORT
(☎970-476-9090; www.vail.com; Lift-Ticket Erw./Kind 99/46 US$; ⏲9–16 Uhr, in der Saison längere Öffnungszeiten; 👪) Vail Mountain ist mit seiner Fläche von 21 km² zum Skifahren, mit 193 Pisten und drei Geländeparks das größte Skigebiet des Bundesstaats – und unser Favorit, trotz der mit höchsten Preisen für Skipässe im ganzen Land. Wer in Sachen Skifahren in Colorado noch ein Neuling ist, sollte sich die Extradollar gönnen, um hier seine Jungfräulichkeit zu verlieren. Das gilt vor allem für einen sonnigen Tag mit blauem Himmel und frischem Pulverschnee.

Man kann in den Lebensmittelläden des City Market versuchen, ein Schnäppchen zu machen. Sie verkaufen oft vergünstigte Skipässe. Die Adventure Ridge auf dem Berggipfel bietet im Sommer und im Winter kinderfreundliche Sportangebote.

GRATIS **Colorado Ski Museum** MUSEUM
(☎970-476-1876; www.skimuseum.net; 231 S Frontage Rd E; ⏲10–18 Uhr) Einfach aber informativ führt dieses Museum die Besucher von der Erfindung des Skifahrens bis zu den Prüfungen, die die Tenth Mountain Division bestehen musste, eine hoch dekorierte Gebirgseinheit im Zweiten Weltkrieg, die in diesen Bergen ausgebildet worden war. Es gibt auch urkomische frühere Mode zu sehen und die aktuelle Colorado Ski and Snowboard Hall of Fame.

LP TIPP **Mount Holy Cross Wilderness** WANDERN
(☎] 970-328-8688; 125 West 5th St, Eagle; ⏲Mo–Fr 9–17 Uhr) Die besten Wandertipps bekommt man von Rangern. In der Region gibt's sechs erschlossene Campingplätze. Bei dem anstrengenden Notch Mountain Trail hat man eine herrliche Sicht auf den Mt. of the Holy Cross (4270 m). Sehr erfahrene Wanderer können auch über den Half Moon Pass Trail den Berg selbst besteigen (eine Klasse-II-Kletterei).

Vail to Breckenridge Bike Path RADFAHREN
(www.vail.com; ⏲24 Std.; 👪) Vom West Vail Market kann man die N Frontage Rd entlangfahren und die I-70 am Fußgängerüberweg nach Lionshead überqueren. Auf

der Südseite der Autobahn erstreckt sich ein befestigter Fahrradweg vom W Gore Creek Dr durch Cascade Village, Lionshead und Vail Village und führt weiter Richtung Osten auf dem 16 km langen Canyon Trail durch einen autofreien Fahrradhimmel über den Vail Pass nach Frisco.

Schlafen

Vail ist teuer, aber die Preise fallen in der Nebensaison stark.

Sebastian LODGE $$$

(☎970-888-1540; www.thesebastianvail.com; 16 Vail Rd; Zi. & Condos ab 450 US$; P ❄ 📶 ≋ 👪) Luxuriös und modern. Dieses Spitzenklassehotel ist der neueste Zuwachs in der Hotelszene von Vail, und seine Liste von Annehmlichkeiten ist beeindruckend. Dazu gehören ein Page am Berg, der für die Skier zuständig ist, ein göttliches Spa und ein Concierge für Abenteuerfragen. Die Zimmerpreise fallen im Sommer bis zu einem erschwinglichen Grad. Das ist auch die perfekte Zeit, um das Restaurant zu genießen, wo die Zutaten der Speisen frisch vom Bauernhof kommen, und die spektakuläre Pool-Landschaft mit heißen Bädern, die wie Champagner blubbern und überlaufen.

Austria Haus LODGE $$

(☎970-754-7850;www.austriahaushotel.com;242 E Meadow Dr; Zi. inkl. Frühstück 106–559 US$; P ❄ @ 📶 ≋ 👪) Mit seinem herausragenden Service ist das Austria Haus ein tolles Angebot. Die geschmackvollen Zimmer sind herrlich und ein klein bisschen altmodisch. Die Eck-Suiten haben dagegen traumhafte Backstein-Kamine und übergroße Badewannen. Die Gäste können ihre bevorzugte Abschlagszeit auf dem angesehenen Red Sky Ranch Golfplatz in der Nähe buchen.

Gore Creek Campground CAMPING $

(☎970-945-2521; Bighorn Rd; Stellplatz 13 US$; Memorial Day–Labour Day) Dieser Campingplatz mit Plumpsklos am Ende der Bighorn Rd hat 25 nicht reservierbare Zeltplätze. Sie bieten Picknicktische und liegen versteckt in den Wäldern am Gore Creek. Man sollte den Slate Creek oder den Deluge Lake Trail versuchen; letzterer führt zu einem See voller Fische. Der Platz liegt 6 Meilen (9,5 km) östlich von Vail Village und ist über Exit East Vail von der I-70 zu erreichen.

Essen & Ausgehen

LP TIPP **Osaki's** JAPANISCH $$

(☎970-476-0977; 100 E Meadow Dr; Sushi 8–20 US$; ⊙Di–Sa 18 Uhr–open end) Osaki ist ein Starschüler von Nobu Matsuhisa (jawohl, *der* Nobu). Er hat diesen einfachen, winzigen Tempel in Vail eröffnet und widmet sich allem, was süß, zart und roh ist. Um mal richtig zu prassen, kann man das Sieben-Gänge-Probiermenü für 100 US$ versuchen. Man sollte aber auf keinen Fall wieder gehen, ohne den Lachs getestet zu haben – der ist einfach unglaublich. Im Sommer gibt's 30% Rabatt. Reservierung empfohlen!

Westside Cafe FRÜHSTÜCK $

(☎970-476-7890; www.westsidecafe.net; 2211 N Frontage Rd; Hauptgerichte 6–14 US$; ⊙7–22 Uhr; 👪) Das Café befindet sich in einem Mini-Einkaufszentrum in West Vail bei der Autobahn. Dieser Morgentempel stärkt Skifahrer und Snowboarder für einen langen Tag in den Back Bowls. Grandiose Frühstückspfannen, große, dampfende Becher mit Kaffee und Bloody Marys verdienen ein „Daumen hoch".

Tap Room SPORTSBAR

(☎970-479-0500; www.taproomvail.com; 333 Bridge St; ⊙Mo–Fr 11 Uhr–open end, Sa & So 10 Uhr–spät; 📶) Diese entspannte Sportsbar ist auf der Bar-Hopping-Runde von Vail der Liebling. Den ganzen Tag wird Ballsport im Fernsehen gezeigt, und es gibt eine riesige Auswahl an Biersorten und jederzeit Getränke-Specials. Die Küche gibt leidliche Pub-Gerichte aus, aber die holzgeschnitzte Bar ist ein schöner Ort, um an einem Native Z zu nippen. Außerdem hat man von der Terrasse hinten Ausblick auf die Berge.

Böl THEMENBAR

(☎970-476-9300; www.bolvail.com; 141 E Meadow Dr; Teller 12–24 US$; ⊙17–1.30 Uhr; 👪) Das gibt's nur in Vail: Die energiegeladene Bowlingbahn (eine Bahn 50 US$/Stunde, Schuhmiete 5 US$) bietet ununterbrochen hämmernden Rock, eine schicke Neon-Bar und Röhrenbeleuchtung an den Bahnen. Für die Hippen und Schönen ist es ein Magnet. Man sollte die Fusion-Speisekarte testen. Es gibt Brötchen mit Schweinefleisch, Ponzo-Sauce und Rucola mit Balsamico. Kinder sind bis 21 Uhr willkommen.

Praktische Informationen

Vail Visitor Center (☎970-479-1385; www.visitvailvalley.com; Transportation Center; ⊙9–17 Uhr)

Anreise & Unterwegs vor Ort

Nur von Dezember bis Anfang April hat der 35 Meilen (56 km) westlich von Vail gelegene

Eagle County Airport (EGE; ☎970-524-9490) eine direkte Jet-Linie zu Zielen im ganzen Land und Schalter von Autovermietern.

Colorado Mountain Express (☎970-926-9800; www.cmex.com) bietet Shuttles zum/vom Denver International Airport (89 US$) und Eagle County Airport (49 US$). Greyhound-Busse stoppen auf ihrem Weg nach Denver (34 US$, 2½ Std.) oder Grand Junction (30 US$, 3¼ Std.) am **Vail Transportation Center** (☎970-476-5137; 241 S Frontage Rd).

Vails **kostenlose Busse** (☎970-328-8143; http://vailgov.com/transit) halten in West Vail, East Vail und Sandstone; die meisten haben Fahrradträger. Regionalbusse nach Avon, Beaver Creek und Edwards kosten 4 US$.

Das kompakte Vail Village voller Spitzenrestaurants, Bars und Boutiquen ist verkehrsberuhigt. Autofahrer müssen in der Garage vom Vail Transportation Center & Public Parking ihr Fahrzeug abstellen und dann in der Nähe der Sessellifte die Fußgängerzone betreten. Ein weiterer Parkplatz ist Lionshead, etwa 600 m Richtung Westen. Von hier hat man direkten Zugang zu den Liften, und er ist meist nicht so überfüllt.

ASPEN

Das unbescheiden schicke Aspen ist das glitzerndste Resort Colorados. Hierher kommen einige der reichsten Skifahrer der Welt. Die attraktive historische Innenstadt aus rotem Backstein ist ebenso anziehend wie die schimmernden Pisten, aber das allerschönste an Aspen ist die sagenhafte Landschaft. Die atemberaubende Hochgebirgs-Umgebung – vor allem Ende September und im Oktober, wenn die Bäume von Aspen ein spektakuläres Farbenspiel bieten – fügt dem ohnehin süßen Kuchen noch etwas Zucker hinzu.

Sehenswertes & Aktivitäten

Aspen Mountain WINTERSPORT
(☎800-525-6200; www.aspensnowmass.com; E Durant Ave; Aspen-Mountain-Tagespass Sommer 24 US$, Aspen & Snowmass Sommer 29 US$, Four-Mountain-zwei-Tage-Pass 158–192 US$, Eintagespass Erw./Jugendl. & Senior/Kind 96/87/62 US$; ⌚Lift 25. Nov.–10. April 9–15.30 Uhr; 👪) Anfänger können das hier vergessen. Fortgeschrittene und erfahrene Skifahrer sind in diesem sagenumwobenen Resort am besten dran. Etwas sanfteres Terrain findet man in den nahen Schwesterresorts Buttermild und Snowmass, wo es den längsten Steilhang in den USA gibt.

Aspen Highlands WINTERSPORT
(☎970-925-1220; www.aspensnowmas.com; Prospector Rd; Aspen-Mountain-Tagespass Sommer 24 US$, Aspen & Snowmass Mountain 29 US$, Four-Mountain-zwei-Tage-Pass 158–192 US$; ⌚9–15.30 Uhr) Ein Liebling der Experten in Sachen Skifahren, mit steilen, tiefen Pisten durch die Bäume und mit Buckeln.

Ashcroft Ski Touring WINTERSPORT
(☎970-925-1971; www.pinecreekcookhouse.com/ashcroft.html; 11399 Castle Creek Rd; Pass halber/ganzer Tag 10/15 US$, Kind & Senior 10 US$; 👪) Hier werden 32 km gepflegte Loipen auf 240 ha subalpiner Landschaft vor spektakulärer Kulisse geboten. Man kann klassische Langlaufausrüstung (Leihgebühr 20 US$), Abfahrtskier oder Schneeschuhe ausleihen. Einzel- oder Gruppenunterricht (75 US$) sind ebenso wie Touren mit Schneeschuhen oder Skiern täglich im Angebot. Auch Shuttles nach und von Aspen (35 US$) sind zu haben.

GRATIS **Hunter-Fryingpan Wilderness Area** WANDERN
(☎970-925-3445; www.fs.usda.gov; 👪) Von der Lone Pine Rd in Aspen folgt der Hunter Valley Trail (USFS Trail 1992) dem Hunter Creek etwa 3 Meilen (4,8 km) nach Nordosten durch Wiesen mit Wildblumen bis zu den Sunnyside und Hunter Creek Trails, die in die 332 km² große Hunter-Fryingpan Wilderness Area führen. Sie ist weniger stark besucht als andere Abschnitte der Rockies und bietet atemberaubende Campingplätze und zerklüftete Berggipfel sowie die Oberläufe sowohl des Hunter Creek als auch des Fryingpan River.

Ute City Cycles RADFAHREN
(☎970-920-3325; www.utecitycycles.com; 231 E Main St; Fahrradverleih je 24 Std. 75 US$; ⌚9–18 Uhr) Ein spitzenklasse Händler von Townie Bikes und Mountainbikes, der auch ein paar seiner Räder aus seiner Demo-Flotte verleiht. Die Maximalleihdauer beträgt zwei Tage und Reservierungen sind nicht möglich. Das Personal kann auch Tipps geben, in welcher Richtung von Aspen aus die besten Radpisten zu finden sind.

Feste & Events

Aspen Music Festival MUSIK
(☎970-925-3254; www.aspenmusicfestival.com; 2 Music School Rd) Jeden Sommer (im Juli und August) kommen Musiker der klassischen Musik aus aller Welt, um aufzutreten und von den Meistern ihrer Zunft zu lernen. Orchester und kleinere Ensembles werden von weltberühmten Dirigenten geleitet und treten im Wheeler Opera House,

dem Benedict Music Tent oder einfach an den Straßenecken von Aspen auf.

Schlafen

Online-Sammelanbieter haben die besten Angebote. Die Woche zwischen Weihnachten und Neujahr sollte man meiden, dann explodieren die Preise.

St. Moritz Lodge HOSTEL $
(☎970-925-3220; www.stmoritzlodge.com; 334 W Hyman Ave; B 58 US$, Zi. inkl. Frühstück 189 US$;) Das St. Moritz ist das beste günstige Angebot in der Stadt. Zu den Zusatzleistungen gehören ein geheizter Pool im Freien und ein Grill mit Blick über den Aspen Mountain sowie eine Lobby mit Spielen, Büchern und einem Klavier. Die Lodge im europäischen Stil hat viele verschiedene Angebote, von ruhigen Schlafsälen bis zu Apartments mit zwei Schlafzimmern. Die günstigsten Zimmer haben Gemeinschaftsbäder.

Annabelle Inn HOTEL $$$
(☎877-266-2466; www.annabelleinn.com; 232 W Main St; Zi. inkl. Frühstück 159–229 US$;) Das niedliche und skurrile Annabelle Inn ist eine sympathische und bescheide Ski-Lodge im europäischen Stil. Es liegt zentral, und die Zimmer sind gemütlich und haben Flachbildfernseher und warme Bettdecken. Man kann sich außerdem nach Einbruch der Dunkelheit vom Whirlpool aus (einer von zwei auf dem Anwesen) auf der oberen Terrasse Ski-Videos auf Leinwand ansehen.

Little Nell HOTEL $$$
(☎970-920-4600; www.thelittlenell.com; 675 E Durant Ave; Zi. ab 545 US$;) Das Little Nell ist schon lange eine Institution von Aspen am Fuße des Aspen Mountain. Kamine mit Gasbefeuerung, dicht gewebte Decken und eine kräftige Farbgebung tragen zur elegant-modernistischen Einrichtung bei. Ein Spezialist für Abenteuertouren ist dafür da, dass die Gäste das Beste aus den Möglichkeiten im Freien machen können. Das Essen in der Ajax Tavern unter freiem Himmel ist herausragend. Sie ist auch der Hotspot für die Après-Ski-Entspannung in der Stadt.

Der **USFS White River National Forest's Aspen Ranger District** (☎970-925-3445; www.fs.fed.us; 806 W Hallam St; ⊙Winter Mo–Fr 8–16.30 Uhr, Sommer Mo–Sa 8–16.30 Uhr) unterhält neun **Campingplätze** (Stellplatz 15–20 US$).

NICHT VERSÄUMEN

MIT DEM FAHRRAD ZUM MAROON BELLS

Wenn man den Radfahr-Gurus aus Aspen Glauben schenkt, ist von Aspen aus die tollste Strecke mit dem Townie Bike diejenige Richtung Maroon Bells. Die Kletterei geht über 17 die Lunge quälende Kilometer bis zum Fuß eines der malerischsten Wildgebiete in den Rockies. Eine Alternative ist der Bus – die Straße nach Maroon Bells ist für hereinkommenden Autoverkehr geschlossen –, aber wer sich nach süßem, schönem Schmerz sehnt, lässt den Bizeps jubilieren.

Essen & Ausgehen

Aspen hat einige gute Angebote, aber Après-Ski ist hier eine Institution. Darum haben sogar die teureren Lokale während der Happy Hour günstigere Gerichte und Getränke im Angebot.

LP TIPP **Pine Creek Cookhouse** AMERIKANISCH $$$
(☎970-925-1044; www.pinecreekcookhouse.com; 12700 Castle Creek Rd; Hauptgerichte 16–24 US$; ⊙Juni–Sept. 12–20 Uhr, Nov.–April mittags 13.30–18 Uhr;) Die beste Einrichtung in der Gegend ist eine Mischung aus traumhafter Langlaufskihütte und Blockhütten-Restaurant. Serviert werden herausragende, frische Fusion-Gerichte. Es liegt 11 Meilen (17,7 km) den Castle Creek Canyon hinauf, vorbei an der alten Minenstadt Ashcroft. Das Tikka Masala mit Garnelen, die gegrillten Wachteln mit Grünzeug und hausgeräuchterte Forellen sind herausragend.

Es ist im Oktober und Mai geschlossen, aber den ganzen Sommer und Winter geöffnet, wenn man von Ashcroft mit den Skiern oder mit dem Pferdeschlitten vom Cookhouse herkommen und sich am prasselnden Feuer aufwärmen kann.

BB's Kitchen MODERN-AMERIKANISCH $$$
(☎970-429-8284; 525 E Cooper Ave, 2. Stock; Hauptgerichte 11–27 US$; ⊙8–17, 18–22 Uhr) Der Liebling der Einheimischen hat 2011 den Diner's Choise Preis gewonnen. Die Terrasse im 2. Stock ist der beste Platz für ein lockeres Mittagessen oder ein geruhsames Feinschmecker-Frühstück (mit Hummer Benedikt oder Omelett mit Wildmorcheln). Hier gibt's kein Show-Essen – die

Köche und Besitzer haben sich der Qualität verschrieben, und zwar so weit, dass sie ihr Fleisch selbst räuchern. Zum Abendessen gleitet man in eine rote Nische und genießt köstliche Pizza des Hauses mit Würstchen oder pochierten Heilbutt mit traumhaftem Minz-Erbsen-Püree.

Pitkin County Steakhouse STEAK $$$
(☎970-544-6328; www.pitkincountysteakhouse.com; 305 E Hopkins Ave; Hauptgerichte 26–58 US$; ⊙ab 18 Uhr) Bodenständig und vor allem für seine perfekt abgehangenen Steaks und die tolle Salatbar beliebt. Das Restaurant befindet sich im Untergeschoss eines Häuserkomplexes in der Hopkins Ave und hat eine offene Küche und schwach beleuchtete, verstreut stehende Tische. In der Nebensaison ist der Speiseraum nur Donnerstag bis Samstag geöffnet, aber die angrenzende Taverne ist immer für Hungrige da.

Aspen Brewing Co KLEINBRAUEREI
(☎970-920-2739; www.aspenbrewingcompany.com; 557 N Mill St; Pints 2,75 US$; ⊙Mo–Sa 12–21, So 12–18 Uhr) Tibetische Gebetsfahnen flattern und der Reggae ist am Grooven, während hinter der Bar sechs Sorten gebraut werden.

J-Bar BAR
(www.hoteljerome.com; 330 E Main St) Einst, als das Wort „Saloon" eine einzigartige Bedeutung hatte, war diese Bar der wichtigste Saloon von Aspen. 1889 wurde sie zum Hotel Jerome umgebaut und ist immer noch voller historischem Charme, und man findet hier jeden, von einheimischen Ladenbesitzern bis zu Hollywoodstars.

ℹ Praktische Informationen

Aspen Visitor Center (☎970-925-1940; www.aspenchamber.org; 425 Rio Grande Pl; ⊙Mo–Fr 8–17 Uhr) Bietet alle üblichen Informationen.

ℹ Anreise & Unterwegs vor Ort

4 Meilen (6,4 km) nördlich von Aspen am Hwy 82 bietet der **Aspen-Pitkin County Airport** (☎970-920-5380; www.aspenairport.com; 233 E Airport Rd; 📶) Pendlerflüge von Denver, und Direktflügte nach Phoenix, Los Angeles, San Francisco, Minneapolis und Memphis. Der **Colorado Mountain Express** (☎970-947-0506; www.cmex.com) unterhält regelmäßig Shuttles zum/vom Denver International Airport (100 US$, 3 Std.).

Roaring Fork Transit Agency (☎970-920-1905; www.rfta.com) Busse verbinden Aspen mit den Skigebieten und bieten kostenlose Fahrten vom und zum Aspen-Pitkin County Airport.

BUENA VISTA & SALIDA

Der Kleinstadt-Charme von Buena Vista und Salida vervollständigt den Spaß, die Stromschnellen des Arkansas River hinunterzuschießen oder in den Thermalquellen unter den Sternen zu baden. Es gibt jede Menge günstige Motels, Campingplätze und öffentliches Land, das sich zum Zelten eignet.

Zum Raften macht man einen Stopp bei **Buffalo Joe's Whitewater Rafting** (☎866-283-3563; www.buffalojoe.com; 113 N Railroad St; Tagestour Erw. 64–105 US$, Kind 45–69 US$, 2-Tagetour 179/139 US$; ⊙8–19 Uhr; 👪). Es eignen sich vor allem der Brown's Canyon (Klasse III–IV), die Narrows (III–IV) oder die Numbers (IV–V), und am besten so früh wie möglich in der Saison (Mai und Juni, dann ist der Fluss voller Wasser aus der Schneeschmelze und die Stromschnellen sind viel intensiver). Der Ausrüster verleiht auch Mountainbikes und kann tolle Wege in der Gegend empfehlen.

Nach einem Tag auf dem Fluss vergisst man den Schmerz am besten bei einem Bad im **Cottonwood Hot Springs Inn & Spa** (☎719-395-6434; www.cottonwood-hot-springs.com; 18999 Co Rd 306; Erw./Kind 16 Jahre & darunter Mo–Fr 15/12 US$, Sa & So 20/17 US$, Handtuchmiete 1 US$; ⊙8–12 Uhr; 👪). Diese renovierten Quellbäder liegen auf schattigem Gelände mit rauschenden Brunnen voll heißem Wasser, herabhängenden Weinranken und Windglockenspielen. Die fünf Becken haben eine Temperatur zwischen 34 und 43 °C. Wer hier übernachten möchte, findet in den **Zimmern** (ab 102 US$) Bettdecken mit Blumenmuster und billige Holzmöbel, aber sie sind super sauber und man kann die ganze Nacht in den natürlichen Quellen baden.

Um in diese Gegend südlich von Leadville an der US 24 zu kommen, braucht man ein Auto.

CRESTED BUTTE

Crested Butte ist absolut schneesicher und hat sich seinen ländlichen Charakter besser erhalten als die meisten Skiresorts in Colorado. Es liegt weit ab vom Schuss und wird von drei Wildnisgebieten umgeben. Deshalb wird das ehemalige Bergbaudorf zu den besten Skiresorts in Colorado gerechnet (einige sagen, es sei *das* beste). Das Zentrum in der Altstadt bietet herrlich erhaltene Gebäude aus der viktorianischen Zeit, in denen heute Läden und Geschäften sind. Der gemütliche Verkehr mit den

Zweirädern passt zur lässigen, fröhlichen Atmosphäre.

Fast alles, was in der Stadt von Bedeutung ist, befindet sich in der Elk Ave, auch das **Visitor Center** (☎970-349-6438; www.crestedbuttechamber.com; 601 Elk Ave; ⌚9–17 Uhr).

Das **Crested Butte Mountain Resort** (☎970-349-2222; www.skicb.com; Lift-Tticket Erw./Kind 87/44 US$) liegt 2 Meilen (3,2 km) nördlich der Stadt am Fuß des beeindruckenden Berges gleichen Namens und ist von Wäldern, zerklüfteten Berggipfeln und den West Elk, Raggeds und Maroon Bells-Snowmass Wilderness Areas umgeben. Die Landschaft ist atemberaubend schön. Hier sind in der Regel fortgeschrittene und erfahrene Skifahrer zugange.

Crested Butte ist auch ein Mekka der **Mountainbiker** mit zahlreichen herrlichen, schmalen Wegen in großer Höhe. Bei **Alpineer** (☎970-349-5210; www.alpineer.com; 419 6th St) bekommt man Karten, Informationen und kann Mountainbikes ausleihen.

Das **Crested Butte International Hostel** (☎970-349-0588; www.crestedbuttehostel.com; 615 Tonally Ave; B 25–31 US$, Zi. 65–110 US$; @) ist eines der schönsten Hostels von Colorado. Die besten einzelnen Zimmer haben ein eigenes Bad. Die Kojen in den Schlafsälen haben Leselampen und verschließbare Schubladen. Der Gemeinschaftsraum bietet ländliche Bergstimmung mit Steinkaminen und bequemen Sofas. Die Preise sind je nach Saison sehr unterschiedlich. Im Herbst ist es am günstigsten.

Dank des phänomenalen Essens wird das flippig-lässige **Secret Stash** (☎970-349-6245; www.thesecretstash.com; 21 Elk Ave; Hauptgerichte 8–20 US$; ⌚17–22 Uhr;) von den Einheimischen verehrt. Sie lieben auch die originellen Cocktails. Die Spezialität des Hauses ist Pizza; die Notorious Fig (mit Prosciutto, frischen Feigen und Trüffelöl) hat 2007 die World Pizza Championship gewonnen.

In Crested Butte findet man das ganze Jahr über eine interessante Musikszene. Das lebhafte **Eldo Brewpub** (☎970-349-6125; 215 Elk Ave), eine der beliebtesten Kleinbrauereien in der Stadt, ist auch gleichzeitig ein Club. Hier spielen die meisten Bands der Stadt. Auch die Terrasse im Freien ist wirklich toll.

Crested Buttes Luftverbindung zur Außenwelt ist der **Gunnison County Airport** (☎970-641-2304) 28 Meilen (45 km) südlich der Stadt. Die Shuttles von **Alpine Express** (☎970-641-5074; www.alpineexpressshuttle.com; 34 US$/Pers.) fahren nach Crested Butte; im Sommer vorher reservieren!

Der kostenlose **Mountain Express** (☎970-349-7318; www.mtnexp.org) verbindet Crested Butte im Winter alle 15 Minuten mit Mt. Crested Butte, in anderen Jahreszeiten allerdings seltener; die Abfahrtszeiten erfährt man an den Bushaltestellen.

Südcolorado

Das südliche Colorado ist die Heimat der aufregenden Gebirgszüge von San Juan und Sangre de Cristo. Die untere Hälfte von Colorado ist genauso hübsch wie die obere, aber weniger überlaufen und voller Dinge, die man sehen und tun kann.

GREAT SAND DUNES NATIONAL PARK

Die Landschaften prallen in einem sich ständig bewegenden Meer aus Sand im **Great Sand Dunes National Park** (☎719-378-2312; www.nps.gov/grsa; 11999 Hwy 150; Eintritt 3 US$; ⌚Visitor Center 9–17 Uhr, Sommer länger) aufeinander, wodurch man den Eindruck bekommt, ein Raumschiff hätte einen auf einem anderen Planeten abgesetzt. Der 142 km² große Dünenpark – der höchste Sandberg erhebt sich mehr als 200 m über den Boden – quetscht sich zwischen die 4267 m hohen Gipfel der Sangre de Cristo und der San Juan Mountains sowie das flache und trockene San Luis Valley.

Man sollte einen Besuch in diesem günstigen Nationalpark (der 3 US$-Eintritt ist ein echtes Schnäppchen) rund um den Vollmond planen. Vorräte mitbringen, dann beim Visitor Center eine kostenlose Backcountry-Camping-Erlaubnis besorgen und in die surreale Landschaft reinwandern, um mitten im Nirgendwo zu zelten (jede Menge Wasser mitnehmen)! Man wird bestimmt nicht enttäuscht werden.

Es gibt zahlreiche **Wanderwege**. Wer mehr Abenteuer sucht, kann auch **Sandboarden** (wobei man die Dünenhänge mit einem Sandboard hinunterfährt) oder Sandschlittenfahren. Man kann einen Schlitten oder ein Sandboard bei Great Sand Dunes Oasis gleich außerhalb des Parks ausleihen und Weltklasse-Dune-Riding genießen. Ein Fahrrad braucht man hier nicht – bei diesen Verhältnissen ist es nutzlos. Der Frühling, wenn die Dünen am feuchtesten sind, eignet sich zum Boarden am besten. Am schnellsten kann man boarden, wenn man nur ein paar Stunden nach einem Regenschauer hierher kommt. Dann sind die Dünen unter der Oberfläche nass und darüber trocken. Am besten ist ein Ritt die Star Dune hinunter, die etwa 230 m hoch ist. Vom Parkplatz führt ein anstrengender, 4,8 km langer Marsch dorthin. Eine weitere Option ist die 200 m hohe High Dune. Auf jeden Fall sollte man immer jede Menge Wasser dabei haben. Im losen Sand zu gehen, ist schwierig, und im Sommer können die Temperaturen in den Dünen die 54 °C überschreiten!

Nature Conservancy besitzt und betreibt die **Inn at Zapata Ranch** (☎719-378-2356; www.zranch.org; 5303 Hwy 150; DZ mit VP 250 US$;), die immer noch als Rinder- und Bisonranch in Betrieb ist und inmitten von Pappelwäldern liegt. Die Anlage ist sehr friedlich und bietet historische Gebäude, etwa das Main Inn, ein renoviertes Blockhaus aus dem 19. Jh. mit Blick auf die fernen Sanddünen. Reiten, Mountainbikeverleih und Massagetherapie sind auch im Angebot.

Der **Pinyon Flats Campground** (www.recreation.gov; Great Sand Dunes National Park; Stellplatz 14 US$; das ganze Jahr über) im Nationalpark hat 88 Plätze und das ganze Jahr über Wasser. Die weniger ansprechende **Great Sand Dunes Oasis** (☎719-378-2222; www.greatdunes.com; 5400 Hwy 150; Stellplatz Zelt/Wohnwagen 18/28 US$, Hütten 40 US$) hat einfachste Hütten, Duschen und eine Wäscherei.

Der Nationalpark liegt etwa 35 Meilen (56 km) nordöstlich von Alamosa und 250 Meilen (402 km) südlich von Denver. Von Denver nimmt man die I-25 Richtung Süden zum Hwy 160 nach Westen und biegt dann auf den Hwy 150 nach Norden. Öffentliche Verkehrsmittel gibt es nicht.

DURANGO

Durango ist der Archetyp einer alten Bergbaustadt in Colorado. Sie ist der Liebling der Region und einfach nur wunderbar. Die eleganten Hotels, die Soloons aus der viktorianischen Zeit und die mit Bäumen gesäumten Straßen und verschlafenen Bungalows laden dazu ein, herumzuradeln und dieses gute Gefühl aufzusaugen. Es gibt jede Menge draußen zu tun. Stilgemäß ist Durango hin und her gerissen zwischen seiner Ragtime-Vergangenheit und der coolen, innovativen Zukunft, wo Townie Bikes, Koffein und Bauernmärkte das Bild beherrschen.

Das historische Zentrum der Stadt beherbergt Boutiquen, Bars, Restaurants und Theater. Feinschmecker werden die innovativen Gerichte aus biologisch angebauten Zutaten aus der Region genießen. Sie sind dafür verantwortlich, dass man hier im ganzen Bundesstaat am besten essen kann. Aber die interessanten Galerien und die Livemusik machen daraus ebenfalls einen herrlichen Ort für einen Besuch – vor allem wenn man die entspannten und sympathischen Einwohner bedenkt.

Sehenswertes & Aktivitäten

LP TIPP **Durango & Silverton Narrow Gauge Railroad** ZUGFAHRT
(☎970-247-2733, www.durangotrain.com; 479 Main Ave; Erw./Kind hin & zurück ab 83/49 US$; Abfahrten 8, 8.30, 9.15 & 10 Uhr) Eine Fahrt mit der Durango & Silverton Narrow Gauge Railroad ist in Durango ein Muss! Die Oldtimer-Dampflokomotiven fahren seit über 125 Jahren die malerische, 72 km lange Strecke Richtung Norden nach Silverton (einfache Strecke 3½ Std.). Auf der umwerfenden Reise hat man zwei Stunden Zeit, um Silverton zu erforschen. Dieser Trip ist allerdings nur zwischen Mai und Oktober im Angebot. Die Abfahrten im Winter findet man online.

Mountainbiken MOUNTAINBIKEN
Von steilen, schmalen Strecken bis zu malerischen Straßenrouten: Durango ist das Mountainbike-Zentrum des Landes. Der leichte **Old Railroad Grade Trail** verläuft auf einer fast 20 km langen Schleife, die sowohl den US Hwy 160 als auch eine nicht asphaltierte Straße einbezieht, die den Schienen der früheren Eisenbahn folgt. Von Durango aus nimmt man Hwy 160 durch die Stadt Hesperus hindurch. Dann biegt man rechts in die Cherry Creek Picnic Area ab, wo der Trail beginnt.

Wer etwas mehr gefordert werden will, kann den **Dry Fork Loop** versuchen. Er ist über den Lightner Creek gleich westlich der Stadt zu erreichen. Hier gibt es ein paar tolle Abfahrten, unübersichtliche Kurven und schöne Pflanzen. Die Fahrradläden in der Main oder Second Ave verleihen Mountainbikes.

Durango Mountain Resort WINTERSPORT
(☎970-247-9000; www.durangomountainresort.com; 1 Skier Pl; Lift-Tickets Erw./Kind ab 65/36 US$; Mitte Nov.–März; @) Dieses Resort ist auch als Purgatory bekannt und liegt 25 Meilen (40 km) nördlich an der US 550. Es bietet ein Skigebiet von 486 ha Größe mit verschiedenen Schwierigkeitsgraden

und prahlt mit 6,6 m Neuschnee pro Jahr. Zwei Geländeparks bieten Snowboardern jede Menge Möglichkeiten, frische Luft zu schnappen. Günstige Angebote und Doppelpässe bekommt man auch in den Lebensmittelläden der Gegend oder über die Zeitungen.

Schlafen

LP TIPP Strater Hotel HOTEL $$

(☎970-247-4431; www.strater.com; 699 Main Ave; DZ 169–189 US$;) In diesem historischen Durango-Hotel wird die Vergangenheit mit Antiquitäten aus Walnussholz, von Hand mit Schablonen bemalten Tapeten und Relikten wie einer Stradivari-Geige und einer vergoldeten Winchester wieder lebendig. Und wir wollen auch das freundliche Personal loben, das keine Mühen scheut, um die Fragen der Gäste zu beantworten. Die Zimmer sind recht romantisch und die komfortablen Betten stehen zwischen Antiquitäten, Kristall und Spitzen. Der Whirlpool ist ein romantisches Plus (kann stundenweise reserviert werden), genauso wie das im Sommer vom Hotel aufgeführte Theaterstück. Im Winter fallen die Preise bis zu 50% – das grenzt schon fast an Diebstahl. Im Internet nachschauen!

Rochester House HOTEL $$

(☎970-385-1920; www.rochesterhotel.com; 721 E 2nd Ave; DZ 169–219 US$;) Das Rochester ist von alten Western beeinflusst (mit Filmpostern und Marquee Lights in den Gängen) und wirkt ein bisschen wie altes Hollywood im modernen Westen. Es gehört zu dem kleineren Hotel auf der anderen Straßenseite, dem Leland House, wo alle Gäste einchecken. Die Zimmer sind in beiden geräumig, aber etwas abgewohnt. Einige haben Kitchenettes. Dennoch sind die coolen Townie Bikes, die Gäste für eine Runde durch die Stadt nehmen können, unschlagbar. Zimmer für Gäste mit Haustier haben direkten Zugang nach draußen.

Hometown Hostel HOSTEL $

(☎970-385-4115; www.durangohometownhostel.com; 736 Goeglein Gulch Rd; B 30 US$; ⏲Rezeption 15.30–20 Uhr;) Das tollste aller Hostels befindet sich in einem Haus im Vorortstil und an der gewundenen Straße, die zum College hinaufführt, gleich neben einem praktischen Radweg. Es ist etwas für den gehobenen Backpacker. Alles ist inklusive, auch Bettwäsche, Handtücher, Schließfächer und WLAN. Es gibt zwei nach Geschlechtern getrennte Schlafsäle und einen größeren gemischten, sowie eine super Gemeinschaftsküche und eine Lounge. Je länger man bleibt, desto günstiger wird es.

Day's End MOTEL $

(☎970-259-3311; www.daysenddurango.com; 2202 N Main Ave; Zi. ab 55 US$;) Das beste Budgetmotel liegt an einem kleinen Creek gleich nördlich der Stadt. Die Zimmer sind gut gepflegt und viele sind mit Kingsize-Betten ausgestattet. Skifahrer erhalten im Durango Mountain Resort Rabatt. Drinnen gibt's einen Whirlpool und am Creek einen BBQ-Grill. Haustiere sind willkommen!

Essen & Ausgehen

Durango hat eine fantastische Gourmet-Szene, vor allem was die biologisch vor Ort angebauten Zutaten angeht. Alle Angebote stehen in den Dining-Guides vor Ort. Außerdem gibt's eine Menge Brauereien.

LP TIPP East by Southwest ASIATISCH $$

(☎970-247-5533; http://eastbysouthwest.com; 160 E College Dr; Sushi 4–13 US$, Hauptgerichte 12–24 US$; ⏲Mo–Sa 11.30–15, tgl. 17–22 Uhr;) Mit gedämpftem Licht und doch lebhaft: Dieses Lokal ist ein verdienter Favorit der Einheimischen. Die Standardgerichte sollte man für die Hausspezialitäten stehen lassen, die so gut sind, dass man Gänsehaut davon bekommt: Sashimi mit Jalapeño und Brötchen mit Mango und Wasabi-Honig. Der Fisch ist frisch und gefährdete Arten kommen nicht auf den Tisch. Auf der umfangreichen Fusion-Speisekarte stehen auch thailändische, vietnamesische und indonesische Gerichte, die gut zu den kreativen Martinis und Sake-Cocktails passen. Ein echter Deal sind die Angebote von der Speisekarte während der Happy-Hour (17–18.30 Uhr) für 6 US$.

Randy's STEAK, SEAFOOD $$$

(☎970-247-9083; www.randysrestaurant.com; 152 E College Dr; Hauptgerichte 20–25 US$; ⏲17–22 Uhr) Ein beliebter Ort in Sachen Meeresfrüchte und Steaks, der auch erfrischende leichtere Gerichte und Spezialitäten wie Knoblauch-Polenta-Pommes serviert. Zwischen 17 und 18 Uhr bekommen Frühankömmlinge die gleichen Speisen für 12–14 US$. Die Happy Hour geht von 17–19 Uhr.

Durango Diner DINER $

(☎970-247-9889; www.durangodiner.com; 957 Main Ave; Hauptgerichte 7–18 US$; ⏲Mo–Sa

6–14, So 6–13 Uhr;) In dieser herrlichen Kneipe genießt man den Blick direkt aufs Backblech und die zuckersüßen Bedienungen und riesigen Portionen mit Eiern, belegte Burritos oder French Toast. Es ist eine lokale Institution.

Jean Pierre Bakery SANDWICHES, BÄCKEREI **$$**
(970-247-7700; www.jeanpierrebakery.com; 601 Main Ave; Hauptgerichte 5–16 US$; 8–21 Uhr;) Diese französische Patisserie verkauft verlockende, durch und durch selbstgemachte Köstlichkeiten. Die Preise sind heftig, aber das Mittags-Special aus Suppe und Sandwich plus üppigem gefülltem Gebäck (wir empfehlen die klebrigen Pekannuss-Brötchen) für 15 US$ ist ein Schnäppchen.

Steamworks Brewing KLEINBRAUERREI
(970-259-9200; www.steamworksbrewing.com; 801 E 2nd Ave; Hauptgerichte 10–15 US$; Mo–Fr 13–24, Sa & So 11–2 Uhr) DJs und Livemusik sorgen in dieser industriellen Kleinbrauerei mit hohen, schrägen Dachbalken und Metallröhren für die Lautstärke. Die große Bar füllen College-Kids. Aber es gibt auch einen eigenen Speiseraum mit einer von Cajun inspirierten Speisekarte.

Diamond Belle Saloon BAR
(970-376-7150; www.strater.com; 699 Main Ave) Diese elegante Old-Time-Bar mit Kellnerinnen in altmodischer, viktorianischer Tracht und glitzernden Netzstrümpfen ist die laute Ecke des historischen Strater Hotel. Der Liveragtime sorgt dafür, dass die Happy-Hour-Besucher von außerhalb alle drin bleiben – es gibt dann nur Stehplätze. Zwischen 16 und 18 Uhr bekommt man Appetitanreger und Getränke-Specials zum halben Preis.

Praktische Informationen

Visitor Center (800-525-8855; www.durango.org; 111 S Camino del Rio) Südlich der Stadt zu finden, und zwar an der Santa-Rita-Ausfahrt der US 550.

Anreise & Unterwegs vor Ort

Der **Durango-La Plata County Airport** (DRO; 970-247-8143; www.flydurango.com; 1000 Airport Rd) liegt 18 Meilen (29 km) südwestlich von Durango über die US 160 und den Hwy 172. Greyhound-Busse fahren täglich vom **Durango Bus Center** (970-259-2755; 275 E 8th Ave) Richtung Norden nach Grand Junction und Richtung Süden nach Albuquerque, NM.

Reiseinfos zur Region findet man bei **Durango Transit** (970-259-5438; www.getarounddurango.com). Durango-Busse sind mit Fahrradträgern ausgestattet. Eine Fahrt mit den roten T-Shuttlebussen in der Main St kostet nichts.

Durango liegt an der Kreuzung der US 160 mit der US 550, 42 Meilen (67,5 km) östlich von Cortez, 49 Meilen (79 km) westlich von Pagosa Springs und 190 Meilen (306 km) nördlich von Albuquerque.

PANORAMASTRASSEN: SAN JUAN MOUNTAINS

Mit den zerklüfteten Bergen und tiefen, steilen Canyons ist die Schönheit der San Juan Mountain Range kaum zu schlagen. Der **Million Dollar Highway** (US 550) eignet sich für alle Fahrzeuge und trägt seinen Namen wegen des wertvollen Erzes im Straßenbett. Aber auch die Umgebung ist golden – die befestigte Straße klebt an den zerbröckelnden Bergen und führt an alten Minenzugängen und grandioser Hochgebirgsszenerie vorbei.

Eine anspruchsvolle, aber fantastische Strecke ist der 65 Meilen (105 km) lange **Alpine Loop Backcountry Byway** (www.alpineloop.com). Er beginnt in **Ouray** und führt östlich nach **Lake City** – einem traumhaften Gebirgsdorf, das einen Besuch lohnt –, bevor er in einer Schleife zum Ausgangspunkt zurückführt. Auf dem Weg passiert man zwei 3360 m hohe Pässe und tauscht Straßenbelag und Menschenmengen gegen Einsamkeit, sagenhafte Aussicht und verlassene Bergbauschlupfwinkel. Man benötigt ein höhergelegtes Fahrzeug mit Allradantrieb und etwas Erfahrung darin, abseits der Straße zu fahren, um diese Strecke zu bewältigen; sechs Stunden einrechnen!

Vor allem im Herbst wegen der Schönheit der gelben Pappeln ist der **Ophir Pass** spektakulär. Er verbinden Ouray mit Telluride über eine frühere Planwagenstraße. Die moderate Strecke für Allradfahrzeuge kommt an ehemaligen Minen vorbei und steigt langsam auf 3593 m. Von Ouray führt der Hwy 550 18,1 Meilen (29,1 km) lang Richtung Süden bis zur Abzweigung nach rechts zum National Forest Access und Ophir Pass.

Wie bei allen Strecken für Allradfahrzeuge und Gebirgspässe sollte man sich vorher erkundigen, ob sie auch offen sind.

SILVERTON

Silverton ist umringt von schneebedeckten Berggipfeln und eingetaucht in die rußigen Geschichten einer kitschigen Bergbaustadt. So scheint es eigentlich eher nach Alaska als in die „Lower 48" zu gehören. Aber hier ist es nun mal. Egal, was man möchte – Motorschlittenfahrten, Skifahren im Pulverschnee, Fliegenfischen, Bier vom Fass oder einfach nur in der Hochgebirgssonne baden: Silverton liefert alles.

Es gibt hier zwei Straßen, aber nur eine ist asphaltiert. In der Hauptstraße, der Greene St, findet man die meisten Geschäfte. Die berüchtigte Blair St, die immer noch unbefestigt ist, verläuft parallel zur Greene und bietet eine Begegnung mit der Vergangenheit. Während des Silberrauschs gab es in der Blair St florierende Bordelle und Saufkneipen.

Im Sommer findet man in Silverton einige der besten Wege für Fahrzeuge mit Vierradantrieb im ganzen Westen. Bei **San Juan Backcountry** (970-387-5565; www.sanjuanbackcountry.com; 1119 Greene St; 2 Std.-Tour Erw./Kind 60/40 US$; Mai–Okt.;) reist man in umgebauten Chevy Suburbans ohne Dach. Sowohl Touren als auch Jeepvermietung sind im Angebot.

Camper können es im **Red Mountain Motel & RV Park** (970-382-5512; www.redmtmotelrvpk.com; 664 Greene St; Motel Zi. ab 78 US$, Hütten ab 70 US$, Stellplatz Zelt/Wohnwagen 20/38 US$; P) versuchen. Dieser haustierfreundliche Platz ist das ganze Jahr über geöffnet. Im **Inn of the Rockies at the Historic Alma House** (970-387-5336; www.innoftherockies.com; 220 E 10th St; Zi. inkl. Frühstück ab 110 US$; P) kann man Romantik genießen mit Whirlpool im Freien und einem Frühstück à la New Orleans.

In der Stadt gibt's eine ganze Reihe von Saloons im Westernstil, aber das einzig Wahre findet man bei **Montanya Distillers** (www.montanyadistillers.com; 1332 Blair St; Hauptgerichte 8–20 US$; 11.30–19 Uhr;). Die pfiffige und gemütliche Bar bietet exotische Cocktails aus hausgemachten Sirups und preisgekröntem Rum. Tamales aus biologisch angebauten Zutaten und andere Köstlichkeiten werden ebenfalls serviert.

Silverton liegt 50 Meilen (80 km) nördlich von Durango und 24 Meilen (38,5 km) südlich von Ouray an der US 550.

OURAY

Traumhafte gefrorene Wasserfälle schmücken den Boxcanyon und beruhigende Thermalquellen sprenkeln den Boden des Tals: Selbst für Colorado ist Ouray ein ganz besonderes Stückchen Natur. Für Eiskletterer ist es ein Weltklasseziel, aber auch Wanderer und Geländewagenfans wissen seinen zerklüfteten (und manchmal erstaunlichen) Charme zu schätzen. Die Stadt ist ein gut erhaltenes, etwa einen halben Quadratkilometer großes Bergbaudorf, das eingeklemmt zwischen imposanten Berggipfeln liegt.

Die US 550 zwischen Silverton und Ouray ist als der Million Dollar Hwy bekannt, denn das Straßenbett enthält wertvolles Erz. Diese atemberaubende Route ist eine der erinnerungswürdigsten Strecken des Bundesstaates. Sie passiert alte Mineneingänge und verläuft durch überlebensgroße Gebirgslandschaft. Auch wenn sie befestigt ist, ist sie bei Regen oder Schnee doch gefährlich, also bitte extra vorsichtig sein!

Sehenswertes & Aktivitäten

Das Visitor Center liegt am von den Thermalquellen gespeisten Teich. Hier gibt's eine Broschüre mit einem super Rundgang, auf dem man zwei Dutzend Gebäude und Häuser aus den Jahren 1880 bis 1904 sieht.

GRATIS **Ouray Ice Park** EISKLETTERN
(970-325-4061; www.ourayicepark.com; Hwy 361; Mitte Dez.–März 7–17 Uhr) Fans aus aller Welt kommen in den weltweit ersten öffentlichen Eispark, um hier zu klettern. Er umfasst einen 3,2 km langen Abschnitt der Uncompahgre Gorge. Die überragende (wenn auch etwas frostige) Erfahrung bietet etwas für jeden Schwierigkeitsgrad.

LP TIPP **Chicks with Picks** FELSEN-, EISKLETTERN
(Handy 970-316-1403, Büro 970-626-4424; www.chickswithpicks.net; 163 County Rd 12, Ridgway; Preise variieren) Diese Gruppe berühmter weiblicher Athleten bewaffnet Frauen mit Eiswerkzeug und Klettereisen und gibt allen, die kommen (auch Anfängern), im Felsklettern, Bouldering und Eisklettern Unterricht. Das Programm ist lustig und wechselt regelmäßig. Es gibt mehrtägige Ausflüge oder Kurse, die in der Stadt durchgeführt werden. Die Climbing Clinics ist auch in den ganzen USA unterwegs.

Ouray Hot Springs QUELLE
(970-325-7073; www.ourayhotsprings.com; 1220 Main St; Erw./Kind 10/8 US$; Juni–Aug. 10–22 Uhr, Dez.–Feb. Mo–Fr 12–21 & Sa & So 11–21 Uhr;) Für eine heilendes Bad kann man die historischen Ouray Hot Springs versu-

chen. Das kristallklare, natürliche Quellwasser ist frei von dem Schwefelgeruch, mit dem andere Thermalquellen in der Gegend geschlagen sind. Der riesige Pool bietet eine Reihe von Bademöglichkeiten mit Temperaturen von 35 bis 41 °C. In dem Komplex gibt es auch ein Fitnesscenter und Massagen.

San Juan Mountain Guides OUTDOOR
(☎970-325-4925, 866-525-4925; www.ouray climbing.com; 474 Main St) Die professionelle Klettergruppe von Ouray mit Touren-Guides ist bei der International Federation of Mountain Guides Association (IFMGA) eingetragen. Sie ist auf Eis- und Felsklettern und auf Skitourengehen spezialisiert.

Feste & Events

Ouray Ice Festival EISKLETTERN
(☎970-325-4288; www.ourayicefestival.com; ⌚Jan.; 👪) Das Ouray Ice Festival bietet im Januar vier Tage lang Kletterwettbewerbe, Abendessen, Diavorträge und Beratung. Es gibt sogar eine Kletterwand für die Kids. Das Zuschauen bei den Wettbewerben ist kostenlos, aber wer bei den verschiedenen Abendveranstaltungen dabei sein möchte, muss eine Spende für den Eispark leisten (15 US$). Wenn man mal dabei ist, bekommt man Freibier von der beliebten Colorado-Kleinbrauerei New Belgium.

Schlafen & Essen

LP TIPP **Wiesbaden** HOTEL $$
(☎970-325-4347; www.wiesbadenhot springs.com; 625 5th St; Zi. ab 132 US$; 📶🏊) Nur wenige Hotels können damit angeben, dass sie ihre eigene Dampfhöhle haben (und man sagt, dass vor langer Zeit Chief Ouray diese hier genutzt hat!). Dieses ulkige New-Age-Inn verzaubert mit seinen Quilt-Bettdecken, kostenlosem Bio-Kaffee und einem geräumigen, von Thermalquellen gespeisten Pool im Freien (im Preis inklusive). Gäste können einen Aveda-Salon buchen oder eine private Badewanne mit Wasserfall (mit oder ohne Kleidung, 35 US$/Std.).

Box Canyon Lodge & Hot Springs LODGE $$
(☎970-325-4981; www.boxcanyonouray.com; 45 3rd Ave; DZ 159 US$; 📶👪) Die Kiefernholz-Zimmer hier sind geräumig und durch die geothermische Heizung schön warm. Eine Reihe von Whirlpools im Freien sind ideal geeignet, um ein Bad unter den Sternen zu nehmen. Lange im Voraus buchen!

Amphitheater Forest Service Campground CAMPING $
(☎877-444-6777; www.ouraycolorado.com/am phitheater; US Hwy 550; Stellplatz 16 US$; ⌚Juni–Aug.) Mit seinen tollen Zeltplätzen unter den Bäumen ist dieser Hochgebirgs-Campingplatz ein Volltreffer. An den Wochenenden in den Ferien muss man mindestens drei Nächte bleiben. Südlich der Stadt, am Hwy 550, nimmt man einen ausgeschilderten Weg nach links.

LP TIPP **Buen Tiempo Mexican Restaurant & Cantina** MEXIKANISCH $$
(☎970-325-4544; 515 Main St; Hauptgerichte 7–19 US$; ⌚6–22 Uhr; 🍸) Das Buen Tiempo liefert alles, von mit Chili eingeriebenem Fi-

ABSTECHER

COLORADO VON HÜTTE ZU HÜTTE

Die **San Juan Hut Systems** (☎970-626-3033; www.sanjuan-huts.com; 30 US$/Pers.) bieten eine einzigartige Möglichkeit, um im Sommer Hunderte von Kilometern schmaler Straßen oder im Winter von jungfräulichem Schnee genießen zu können. Sie führen mit fünf in der Abgeschiedenheit liegenden Berghütten die europäische Tradition fort, von Hütte zu Hütte zu ziehen. Man muss nur sein Essen, eine Taschenlampe (Fackel) und einen Schlafsack mitbringen: Zur Ausstattung gehören jeweils gepolsterte Kojen, Propangasherde, Holzhöfen zum Heizen und Feuerholz.

Die Mountainbike-Routen gehen von Durango oder Telluride nach Moab und winden sich durch das Hochgebirge und durch Wüstenregionen. Man kann sich auch eine Hütte als Basis für eine paar Tage aussuchen, um von hier aus Langlauf zu betreiben oder zu reiten. Es ist Gelände für alle Schwierigkeitsgrade vorhanden, aber Skifahrer sollten sich vorher nach der Schnee- und Lawinensituation erkundigen. Wer sich nicht auskennt, sollte sich einen Führer nehmen.

Auf der Website stehen hilfreiche Tipps und Informationen zu Ski- und Fahrradvermietung sowie (optional) Führern, die man in Redgway oder Ouray findet.

let bis zur Posole (herzhaften Maismehlsuppe) mit warmen Tortillas. Man startet mit einer der einzigartigen Margaritas, die mit Chips und hausgemachtem, scharfem Salsa serviert werden.

Praktische Informationen

Visitor Center (☎970-325-4746; www.ouraycolorado.com; 1220 Main St; ⏲9–17 Uhr)

Anreise & Unterwegs vor Ort

Ouray liegt 24 Meilen (38,5 km) nördlich von Silverton an der US 550 und ist am besten mit dem eigenen Fahrzeug zu erreichen.

TELLURIDE

Auf drei Seiten ist das exklusive Telluride von riesigen Berggipfeln umgeben. So fühlt es sich an, als wäre man hier von der Hektik der Außenwelt völlig abgeschnitten, und meistens ist das auch so. Früher war der Ort eine raue Bergbaustadt. Heute findet man hier ein Loser-trifft-Diva-Ambiente, wo sich die wenigen, die sich die Immobilien hier leisten können, mit denen mischen, die gerade so über die Runden kommen. Im Stadtzentrum ist immer noch der Charme der alten Zeiten spürbar und die Umgebung ist einfach traumhaft.

In der Colorado Ave, auch als Main St bekannt, befinden sich die meisten Geschäfte. Von der Innenstadt kann man die Skihänge mit zwei Liften oder dem Gondellift erreichen. Letzterer verbindet auch Telluride mit dem Mountain Village, der eigentlichen Basis für die Telluride Ski Area. Mountain Village ist über den Hwy 145 7 Meilen (11 km) von Telluride und damit eine Fahrt von 20 Minuten Richtung Osten entfernt, mit der Gondel allerdings nur zwölf Minuten (für Fußgänger kostenl.).

Sehenswertes & Aktivitäten

Telluride Ski Resort WINTERSPORT
(☎970-728-7533, 888-288-7360; www.tellurideskiresort.com; 565 Mountain Village Blvd; Lifttickets Erw./Kind 98/61 US$) Das Telluride Ski Resort umfasst drei eigenständige Gebiete und wird von 16 Liften bedient. Die meisten Pisten eignen sich für erfahrene und fortgeschrittene Skifahrer, aber es gibt auch genug Auswahl für Anfänger.

Paragon Ski & Sport OUTDOOR
(☎970-728-4525; www.paragontelluride.com; 213 W Colorado Ave) Hat an drei verschiedenen Stellen in der Stadt Filialen und eine riesige Auswahl an mietbaren Fahrrädern. Hier bekommt man einfach alles, um im Freien rund um Telluride aktiv zu sein.

Feste & Events

Mountainfilm FILM
(www.mountainfilm.org) Am Wochenende des Memorial Day (Mai) werden vier Tage lang Natur- und Abenteuerfilme gezeigt.

Telluride Bluegrass Festival MUSIK
(☎800-624-2422; www.planetbluegrass.com; 4-Tage-Pass 185 US$) Das ausgelassene Fest wird im Juni abgehalten. Den ganzen Tag und Abend gibt's Musik, Imbissstände und Bier aus den Kleinbrauereien der Region. Camping ist während des Festivals sehr beliebt. Auf der Website findet man Infos zu den Plätzen, Shuttle-Services und Kombitickets für Eintrittskarten und Camping in einem – es ist alles gut organisisert!

Telluride Film Festival FILM
(☎603-433-9202; www.telluridefilmfestival.com; Tickets 20–650 US$) Anfang September werden nationale und internationale Filme in der ganzen Stadt uraufgeführt. Das Event zieht auch die ganz großen Stars an. Infos zum recht komplizierten Preissystem findet am auf der Website des Filmfestivals.

Schlafen

Die Unterkünfte in Telluride können schnell voll sein. Die besten Preise bekommt man, wenn man online bucht. Wer nicht gerade zum Campen herkommt, darf aber keine Budgetpreise erwarten. Die Aktionen und Festivals von Telluride sorgen dafür, dass hier das ganze Jahr über etwas los ist. Wer eine Ferienwohnung mieten will, wendet sich an die angesehene Agentur **Telluride Alpine Lodging** (☎888-893-0158; www.telluridelodging.com; 324 W Colorado Ave).

LP TIPP **Hotel Columbia** HOTEL $$$
(☎970-728-0660; www.columbiatelluride.com; 300 W San Juan Ave; DZ 350 US$; P ❄ 📶 🏊) Dieses stilvolle Hotel ist im Besitz von Einheimischen und wird auch von ihnen geführt. Sie verwöhnen ihre Gäste. Der Gondellift ist gleich auf der anderen Straßenseite. Deshalb kann man seine Ausrüstung in der Abstellkammer für Skier und Stiefel lassen und sich direkt auf sein Zimmer mit Espressomaschine, Kamin und gefliestem und geheiztem Fußboden machen. Mit Shampoo-Spendern und Recycling ist das Haus auch recht umweltfreundlich. Weitere Highlights sind der Whirlpool auf dem Dach und ein Fitnessraum.

Victorian Inn LODGE $$
(☎970-728-6601; www.tellurideinn.com; 401 W Pacific Ave; Zi. ab 159 US$; ❄ 📶 👪) Der Duft

NICHT VERSÄUMEN

TELLURIDES TOLLE OUTDOOR-MÖGLICHKEITEN

Sicher sind die Festivals super, aber ein Sommer in Telluride hat noch viel mehr zu bieten.

Mountainbiken

Man folgt vom Town Park gut 3 km lang dem River Trail bis zum Hwy 145. Westlich der Texaco-Tankstelle nimmt man den **Mill Creek Trail**. Er führt bergauf und folgt der Form der Berge und endet am Jud Wiebe Trail (nur für Wanderer).

Wandern

Auf etwas über 3 km steigt der **Bear Creek Trail** 320 m zu einem schönen Kaskadenwasserfall an. Von hier hat man Zugang zum anstrengenden **Wasatch Trail**, einer knapp 20 km langen Schleife, die Richtung Westen über die Berge zu den **Bridal Veil Falls** führt – die beeindruckendsten Wasserfälle von Telluride. Der Ausgangspunkt des Bear Creek Trail befindet sich am Südende der Pine St, gegenüber vom San Miguel River.

Radfahren

Auf einem 50 km langen Trip (einfache Strecke) bietet der **Lizard Head Pass** ein erstaunliches Bergpanorama.

von frischen Zimbrötchen begrüßt die Besucher in einem der besten Angebote von Telluride. Es werden komfortable Zimmer (einige mit Kitchenette), ein Whirlpool und eine Trockensauna in einem hübschen Gartenareal geboten. Das Personal ist freundlich, und die Gäste bekommen vergünstigte Lifttickets. Kinder bis einschließlich zwölf Jahren dürfen kostenlos hier wohnen. Auch die Lage in der Innenstadt ist nicht zu schlagen.

Telluride Town Park Campground CAMPING $
(☎970-728-2173; 500 W Colorado Ave; Stellplatz 20 US$; ⏲Mitte Mai–Mitte Sept.) Diese 20 Stellplätze zum Zelten liegen mitten im Stadtzentrum. Sie haben Zugang zu Duschen, einem Swimmingpool und Tennisplätzen. In der Hochsaison ist die Anlage schnell voll. Informationen über weitere Campingplätze in der Umgebung von 10 Meilen (16 km) um die Stadt bekommt man beim Visitor Center.

Essen & Ausgehen

Am günstigsten ist ein Tacostand oder eine Würstchenbude in der Colorado Ave.

Butcher & the Baker CAFE $$
(☎970-728-3334; 217 E Colorado Ave; Hauptgerichte 8–14 US$; ⏲Mo–Sa 7–19, So 8–14 Uhr; 👪) Zwei Veteranen in Sachen gehobenes Catering in der Region haben dieses herzzerreißend niedliche Café aufgemacht. Beim Frühstück ist es nicht zu schlagen. Biologisch angebaute Zutaten und Fleischwaren aus der Region machen es zu etwas ganz Besonderem. Die Sandwiches zum Mitnehmen sind die beste Wahl für ein Gourmetessen unterwegs.

La Cocina de Luz MEXIKANISCH $$
(www.lacocinatelluride.com; 123 E Colorado Ave; Hauptgerichte 9–19 US$; ⏲9–21 Uhr) Da hier in Sachen Herkunft liebevoll zwei der Favoriten von Colorado serviert werden (biologisch und mexikanisch), ist es kein Wunder, dass in dieser gesunden Taqueria mittags die Schlange auch an ruhigen Tagen nicht unter zehn Personen lang ist. Außerdem gibt's köstliche Besonderheiten, etwa hausgemachte Tortillas und Margaritas mit Bio-Limetten und Agavennektar. Auch veganische und glutenfreie Gerichte stehen auf der Karte.

There TAPAS $
(☎970-728-1213; www.therebars.com; 627 W Pacific Ave; Appetithäppchen ab 4 US$; ⏲15 Uhr–open end) In diesem hippen Lokal zum Snacken und für einen Drink werden leckere Kreationen à la Ost-trifft-West serviert, etwa Wraps aus Sojapapier mit Lachs, gedünstetes Schweinfleisch auf Brötchen und Sashimi Tostadas sowie die „Very Special Ramen Soup“ mit Krabben, Ente oder Schweinefleisch. Dazu gibt's einen originellen Cocktail – wir mochten den Jalapeño Kiss.

New Sheridan Bar BAR
(☎970-728-3911; www.newsheridan.com; 231 W Colorado Ave) Hier trifft der echte Geschmack der Region auf hippes Publikum. Das meiste der historischen Bar hat den nachlassenden Reichtum aus dem Bergbau sogar überlebt, als das Hotel nebenan seine Kronleuchter und schönen Möbel verkaufen musste, um die Heizrechnung zu bezahlen. Auf die Einschusslöcher in den Wänden achten!

☆ Unterhaltung

Fly Me to the Moon Saloon LIVEMUSIK
(☎970-728-6666; 132 E Colorado Ave) Zu den Klängen der Livebands in diesem Saloon kann man sich gehen lassen und so richtig einen drauf machen. Es ist der beste Ort in Telluride, um zu Livemusik zu grooven.

Sheridan Opera House THEATER
(☎970-728-4539;www.sheridanoperahouse.com; 110 N Oak St) Dieses historische Theater hat einen burlesken Charme und ist zu jedem Zeitpunkt das Zentrum des kulturellen Lebens von Telluride.

Praktische Informationen

Visitor Center (☎970-728-3041, 888-353-5473; www.telluride.com; 398 W Colorado Ave; ⏲9–17 Uhr)

Anreise & Unterwegs vor Ort

Pendlerflugzeuge bedienen den **Telluride Airport** (☎970-778-5051; www.tellurideairport.com; Last Dollar Rd) auf dem Hochplateau, 5 Meilen (8 km) östlich der Stadt. Wenn das Wetter zu schlecht ist, kann es passieren, dass die Flüge nach Montrose, 65 Meilen (104 km) nördlich, umgeleitet werden. Wer ein Auto mieten möchte, findet am Flughafen Zweigstellen von National und Budget.

Während der Skisaison bietet der Montrose Regional Airport 66 Meilen (106 km) nördlich Direktflüge von und nach Denver (mit United), Houston, Phoenix und ein paar Städten an der Ostküste.

Gemeinschafts-Shuttles von **Telluride Express** (☎970-728-6000; www.tellurideexpress.com) fahren für 15 US$ vom Telluride Airport in die Stadt oder nach Mountain Village. Shuttles von/zum Montrose Airport und Telluride kosten 48 US$.

MESA VERDE NATIONAL PARK

Der Mesa Verde Nationalpark hüllt sich in Mysterien. Die Erkundung des Nationalparks mit seinen Klippenwohnungen und grünen Talscheiden ist faszinierend, aber auch etwas unheimlich. Gerade hier scheint die Zivilisation der Pueblobewohner um 1300 n.Chr. verschwunden zu sein. Sie hinterließen eine komplexe Zivilisation aus Klippenbehausungen, die zum Teil nur kletternd erreicht werden können. Mesa Verde ist in seinem Bemühen, die kulturellen Relikte dieser Zivilisation zu erhalten, einzigartig. So können sich auch kommende Generationen weiterhin über diese verwirrende Siedlung den Kopf zerbrechen und warum sie aufgegeben und die Gegend verlassen wurde.

Mesa Verde belohnt alle Traveller, die sich einen oder mehrere Tage Zeit nehmen, um eine von Rangern geführte Tour durch den Cliff Palace und das Balcony House zu machen, die Wetherill Mesa zu erforschen oder an einem der schönen Lagerfeuerfeste teilzunehmen. Wer aber nur für einen kurzen Besuch Zeit hat, sollte sich auf jeden Fall das Chapin Mesa Museum ansehen und durch das Spruce Tree House gehen. Dort kann man eine Holzleiter in einer kühle Kammer einer Kiva (Zeremonialraum, meist teilweise unterirdisch) hinunterklettern.

Sehenswertes & Aktivitäten

GRATIS **Chapin Mesa Museum** MUSEUM
(☎970-529-4631; ⏲8–18.30 Uhr, Winter 8–17 Uhr) Das Museum ist ein guter erster Stopp. Man sieht detaillierte Dioramen und Ausstellungsstücke zum Park. Wenn am Wochenende das Hauptquartier geschlossen ist, kann auch das Personal im Museum weiterhelfen.

Chapin Mesa ARCHÄOLOGISCHE STÄTTE
Die größte Konzentration von archäologischen Stätten der Pueblobewohner befindet sich bei Chapin Mesa. Dort sind die dicht zusammengewürfelte **Far View Site** und das große **Spruce Tree House** zu sehen. Sie sind am besten zugänglich und mit einem befestigten 600 m langen Rundweg ausgestattet.

Wer den **Cliff Palace** oder das **Balcony House** sehen möchte, muss eine einstündige Tour geführt von einem Ranger machen, die man im Voraus beim Visitor Center bucht (3 US$). Diese Touren sind extrem beliebt; am besten kommt man zum Buchen früh am Morgen oder einen Tag vorher. Im Balcony House muss man zwei 9,75 und 18,2 m lange Leitern besteigen – wer gesundheitliche Probleme hat, sollte das ausfallen lassen.

Wetherill Mesa ARCHÄOLOGISCHE STÄTTE
Die ist die zweitgrößte Siedlung. Besucher können gesicherte Stätten auf der Hochebene und zwei Klippenbehausungen betreten. Auch das **Long House**, geöffnet von Ende Mai bis Ende August, gehört dazu. Südlich vom Hauptquartier des Parks verbindet die 9,5 km lange **Mesa Top Road** die auf dem Berg ausgegrabenen Stätten, zugängliche Klippenbehausungen und Aussichtspunkte miteinander, von denen man vom Rand des Tafelberges aus die unzugänglichen Behausungen sehen kann.

LP TIPP **Aramark Mesa Verde** WANDERN
(☎970-529-4421; www.visitmesaverde.com; Erw. 20–40 US$) Diese Rangertouren durchs Hinterland werden sehr empfohlen. Der Konzessionsinhaber des Parks führt sie durch. Die Wanderungen sind schnell ausverkauft, da man auf ihnen ausführlichen Zugang zum **Square House** (über eine 1,2 km lange Wanderung ohne Schatten) und zum **Spring House** (eine achtstündige Tour über 12,8 km) erhält. Alle Touren finden zwischen Mai und Mitte Oktober täglich statt. Es sind sehr persönliche Trips zu ausgegrabenen Tiefenwohnungen, Klippenbehausungen und dem **Spruce Tree House** dabei. Tickets gibt es nur online.

Schlafen & Essen

In den nahe gelegenen Städten Cortez und Mancos findet man jede Menge Mittelklassehotels; im Park gibt's Campingmöglichkeiten und eine Lodge.

Morefield Campground CAMPING $
(☎970-529-4465; www.nps.gov/meve; N Rim Rd; Stellplatz 20 US$, Zelte ab 40 US$; ⌚Mai–Mitte Okt.) Luxuscamper werden die großen mit zwei Liegen und einer Laterne ausgestatteten Zelte mögen. Der Campingplatz des Parks befindet sich 4 Meilen (6,5 km) vom Eingangstor entfernt und bietet außerdem 445 reguläre Zeltplätze auf grasbewachsenem Boden. Sie liegen günstig in der Nähe von Morefield Village. Hier findet man einen Gemischtwarenladen, eine Tankstelle, ein Restaurant, kostenlose Duschen und eine Wäscherei.

Zwischen Memorial Day (Mai) und Labor Day (September) finden im Amphitheater des Morefield Campground jeden Abend kostenlose bunte Programme am Lagerfeuer statt.

Far View Lodge LODGE $$
(☎970-529-4421; www.visitmesaverde.com; N Rim Rd; Zi. ab 119 US$; ⌚Mitte April–Okt.; P ❄ 📶 👪) Diese geschmackvolle Lodge im Pueblo-Stil thront auf der Hochebene 15 Meilen (24 km) vom Parkeingang entfernt. Sie bietet 150 Zimmer, einige davon mit Kiva-Feuerstellen. Die Standardzimmer haben keine Klimaanlage (und keinen Fernseher), und im Sommer kann es tagsüber heiß werden. Die Kiva-Zimmer im Stil des Südwestens sind ein lohnendes Upgrade. Sie bieten Balkone, gehämmerte Kupferwaschbecken und bunt gemusterte Decken. Für 10 US$ extra pro Nacht kann man sogar seinen Hund mitbringen.

Mutate Room MODERN-AMERIKANISCH $$
(☎800-449-2288; www.visitmesaverde.com; N Rim Rd; Hauptgerichte 15–25 US$; ⌚ganzjährig 17–19.30, April–Mitte Oktober auch 7–10 Uhr; 🖉 👪) Dieses einfallsreiche Restaurant in der Far View Lodge bietet einen herrlichen Ausblick und Speisen der Region mit einigen Neuheiten. Es werden Gerichte wie Zimt-Chili-Schweinefleisch, Elch-Shepherd's-Pie und mit Pinienkernen geröstete Forelle serviert. Man bekommt außerdem einheimisches Bier aus Colorado.

Far View Terrace Café CAFE $
(N Rim Rd; Gerichte ab 5 US$; ⌚Mai–Mitte Okt. 7–10, 11–15 & 17–20 Uhr; 🖉 👪) Dieser Selbstbedienungsladen befindet sich in der Far View Lodge und bietet Essen zu vernünftigen Preisen. Man sollte nicht die Spezialität des Hauses versäumen: Navajo Taco.

Praktische Informationen

Der Parkeingang liegt an der US 160, auf halber Strecke zwischen Cortez und Mancos. Das **Mesa Verde Visitor and Research Center** (VRC; ☎970-529-4461; www.nps.gov/meve; 7 Tage Eintritt zum Park pro Fahrzeug 15 US$, Radfahrer, Wanderer & Motorradfahrer 8 US$) wird 2012 neu eröffnet. Es liegt beim Parkeingang und hat Informationen und Neuigkeiten darüber, welche Regionen im Park gerade geschlossen sind (im Winter sind das mehrere). Hier werden außerdem Tickets für die **Touren** (3 US$) zum sagenhaften Cliff Palace oder zum Balcony House verkauft. Solange das neue Visitor Center noch nicht geöffnet ist, kann man das **Far View Visitor Center** (☎970-529-5034; ⌚8–17 Uhr), 15 Meilen (24 km) vom Parkeingang entfernt, ansteuern.

WYOMING

Mit Wind, wogenden Graslandschaften und dem weiten blauen Himmel bietet der am dünnsten besiedelte Bundesstaat jede Menge Einsamkeit. Die Autorin Annie Proulx hat ihn „Bunchgrass end of the World" („das Grasbüschel am Ende der Welt") genannt. Wyoming mag verhätschelt im Schoß von Amerika liegen, aber gerade die Leere macht diesen Staat aus.

Obwohl die Ranch-Kultur hier groß geschrieben wird – man muss sich nur die Ansammlung von Stetsons bei der hiesigen Genossenschaftsbank ansehen –, steht Wyoming bei der Kohleproduktion der USA an Nummer eins und hat außerdem jede Menge Erdgas, Rohöl und Diamanten. Da

KURZINFOS WYOMING

» **Spitzname** „Equality State" (Staat der Gleichheit)

» **Bevölkerung** 564 000

» **Fläche** 253 336 km²

» **Hauptstadt** Cheyenne (55 314 Ew.)

» **Verkaufssteuer** 4 %

» **Geburtsort von** Künstler Jackson Pollock (1912–1956)

» **Heimat des** Frauenwahlrechts, Kohleabbaus, von Geysiren und Wölfen

» **Politische Ausrichtung** Konservativ bis ins Mark

» **Berühmt für** Rodeo, Ranches, den früheren Vizepräsidenten Dick Cheney

» **Kitschigstes Souvenir** ein Fellschutz aus einer Boutique in Jackson

» **Entfernungen** Cheyenne–Jackson: 440 Meilen (708 km)

man extrem konservativ ist, hat die Hinwendung zur Industrie dazu geführt, dass das Land hier nicht immer gut pflegt wird.

Aber die Natur könnte Wyomings größtes Pfand sein. Die Nordwestecke ist die Heimat der sagenhaften Yellowstone und Grand Teton National Parks. Das schicke Jackson und das progressive Lander sind super Ausgangspunkte für unendliches Wandern, Klettern und Skifahren. Wer einen echten Geschmack vom Western-Leben haben möchte, sollte sich die einfachen Präriestädte Laramie und Cheyenne ansehen.

Praktische Informationen

Sogar über die Highways sind die Entfernungen sehr groß und die Abstände zwischen den wenigen Tankstellen weit. Zu den Gefahren während der Fahrt gehören häufige, sehr böige Winde und rasante Schneestürme, aus denen sich blendende Blizzard-Verhältnisse entwickeln können. Wenn das Wetter zu rau wird, schließt die Autobahnpolizei die gesamte Autobahn, bis es wieder aufklart.

Wyoming Road Conditions (☎307-772-0824, 888-996-7623; www.wyoroad.info)

Wyoming State Parks & Historic Sites (☎307-777-6323; www.wyo-park.com; Eintritt 6 US$, historische Stätte 4 US$, Stellplatz 17 US$/Pers.) Wyoming hat zwölf State Parks. Reservierungen zum Camping kann man online oder per Telefon vornehmen.

Wyoming Travel & Tourism (☎800-225-5996; www.wyomingtourism.org; 1520 Etchepare Circle, Cheyenne)

Cheyenne

So manche Cowboymelodie wurde über die Hauptstadt und größte Stadt Wyomings geschrieben. Cheyenne ähnelt jedoch eher einer Stadt aus einem Hollywood-Western, *bevor* die Schießerei anfängt. Allerdings nur bis zum Frontier Day Festival im Juli. Dann wird der Cowboy-Spaß lärmend gefeiert. Da Chayenne an der Kreuzung der I-25 und der I-80 liegt, eignet es sich gut als Boxenstopp.

Sehenswertes & Aktivitäte

GRATIS **Cheyenne Gunslingers** WILDWEST-SHOW
(☎800-426-5009; www.cheyennegunslingers.com; Ecke W 15th an der Pioneer Ave; ⏲Shows tgl. 18 Uhr plus Juni & Juli Sa 12 Uhr; 👪) Die nicht auf Profit ausgerichtete Schauspieltruppe bringt lebhafte, wenn auch nicht ganz reale Wildwest-Shows auf die Bühne – von Beinahe-Gehängten bis zu gerissenen Gefängnisausbrüchen. Zu den Stars gehören korrupte Richter, lächelnde „Good Guys" und, natürlich, die knallharten Schurken.

Frontier Days Old West Museum MUSEUM
(☎307-778-7290; 4601 N Carey Ave; Erw./Kind 7 US$/frei; ⏲Sommer Mo–Fr 8–18, Sa & So 9–17 Uhr, Winter Mo–Fr 9–17, Sa & So 10–17 Uhr) Für einen Blick in die Vergangenheit der Pioniere besucht man das lebhafte Frontier Days Old West Museum an der I-25 Exit 12. Es ist vollgestopft mit Rodeo-Erinnerungsstücken wie Sattel und Trophäen.

Feste & Events

LP TIPP **Cheyenne Frontier Days** RODEO
(☎307-778-7222; www.cfdrodeo.com; 4501 N Carey Ave; Eintritt 16–30 US$; 👪) Wer noch nie einen Steer-Wrestler bei der Arbeit gesehen hat, der wird bei diesem intensiven Western-Event garantiert einen Eindruck bekommen. Es beginnt Ende Juli und ist das größte Fest in Wyoming. Das Publikum kommt aus den gesamten Rockies und feiert zehn Tage lang Rodeos, Konzerte, Tanzveranstaltungen, Flugshows, Chili-Wettkochen und anderen Rummel. Wer von der staubigen Action genug hat, kann sich auch den Verkauf von Kunstgegenständen oder das „Indian-Village" ansehen.

Schlafen & Essen

Während der Frontier Days sind Reservierungen ein Muss. Dann liegen die Preise doppelt so hoch, und im Umkreis von

50 Meilen (80 km) ist alles ausgebucht. Eine Reihe günstiger Motels säumt die laute Lincolnway (I-25 Exit 9).

Nagle Warren Mansion Bed & Breakfast B&B $$
(☎307-637-3333; www.naglewarrenmansion.com; 222 E 17th St; Zi. inkl. Frühstück ab 155 US$; ❄📶) Diese großzügige Anlage ist ganz fabelhaft. Sie liegt in einem Stadtviertel, das gerade so richtig hip wird. Das historische Haus von 1888 ist mit Antiquitäten aus der Region und dem späten 19. Jh. ausgestattet. Die Villa ist geräumig und elegant und hat zudem einen Whirlpool, einen im Turm versteckten Leseraum und klassische Swinn-Räder von 1954 zum Herumfahren zu bieten. Der Besitzer Jim unterhält mit seinem umfangreichen Wissen über die Lokalgeschichte seine Gäste, und man kann der ausgezeichneten Kunstgalerie nebenan einen Besuch abstatten.

LP TIPP **Tortilla Factory** MEXIKANISCH $
(715 S Greeley Hwy; Hauptgerichte 3–7 US$; ⌚Mo–Sa 6–20, So 8–17 Uhr) In der tollen mexikanischen Kneipe werden hausgemachte Tamales für nur 1,50 US$ serviert und eine Reihe echter Klassiker wie Tacos mit Rinderhackfleisch und Huevos Rancheros. Wer etwas mitnehmen möchte oder traditionelles mexikanisches Gebäck sucht, geht zur Vorderfront; der Eingang zum Restaurant und der Parkplatz sind hinten.

Sanford's Grub & Pub KNEIPE $
(115 E 17th St; Hauptgerichte 8–16 US$; ⌚11–22 Uhr) An den Wänden der lustigen Kneipe hängen Sport-Krimskrams und Straßenschilder. Für seine Speisekarte vom Umfang eines Romans mit leckeren Gerichten, wie Burger mit einem halben Pfund Fleisch, Hühnchen und Junkyard Nachos bekommt es immer gute Kritiken. Das Bier wird in eiskalten Gläsern serviert.

ℹ Praktische Informationen

Cheyenne Visitor Center (☎307-778-3133; www.cheyenne.org; 1 Depot Sq; ⌚Mo–Fr 8–17, Sa 9–17, So 11–17 Uhr, Winter Sa & So geschl.) Eine tolle Informationsquelle.

ℹ Anreise & Unterwegs vor Ort

Vom **Cheyenne Airport** (CYS; ☎307-634-7071; www.cheyenneairport.com; 200 E 8th Ave) gehen täglich Flüge nach Denver. Die Greyhound-Busse fahren täglich am **Black Hills Stage Lines** (☎307-635-1327; 5401 Walker Rd) nach Billings, MT (97 US$, 9½ Std.) und Denver, CO, (38 US$, 2¾ Std.) sowie zu weiteren Zielen.

Unter der Woche unterhält das **Cheyenne Transit Program** (CTP; ☎307-637-6253; Erw. 1 US$, 6–18 Jahre 0,75 US$; ⌚Service Mo–Fr 6–19, Sa 10–17 Uhr) sechs Buslinien in der Stadt. Außerdem fährt der **Cheyenne Street Railway Trolley** (☎800-426-5009; 121 W 15th St; Erw./Kind 10/5 US$; ⌚Mai–Sept.) Besucher auf Touren durch die Innenstadt.

DAS LEERE-NEST-SYNDROM VON WYOMING

Heute ist Wyoming ein ländlicher Staat, dessen Einwohner meistens entweder auf der Familienranch oder aber für die Energiebehörde arbeiten. Eines der heißesten Eisen in der heutigen Politik betrifft den Versuch, die jungen Leute nach dem Studium im Land zu halten – neuere Volkszählungen belegen, dass die Zahl der Einwohner unter 50 Jahren in Wyoming rapide abnimmt. Um die Menschen zum Bleiben oder sogar Twens aus den anderen Bundesstaaten zum Umzug nach Wyoming zu bewegen, bieten die Politiker billige Grundstücke unter der Bedingung an, dass sich die Interessenten verpflichten, eine bestimmte Zeit in einer kleinen Ortschaft zu leben und zu arbeiten. Der Staat ist außerdem darum bemüht, seine Einnahmen aus dem Tourismus zu steigern.

Laramie

In Laramie befindet sich die einzige vierjährige Universität von Wyoming. Das Städtchen kann richtig cool und ausgelassen sein – ein Feeling, dass den meisten anderen Präriestädten in Wyoming fehlt. Die kleine historische Innenstadt ist einen Besuch wert. Das lebhafte, fünf Blocks große Raster besteht aus attraktiven zweistöckigen Backsteingebäuden mit handgemalten Schildern und Wandgemälden, die direkt an den Bahngleisen liegen.

Wer eine Runde Kultur braucht, kann sich eines der Museen auf dem Campus der **University of Wyoming** (UW; ☎307-766-4075) ansehen. Wer mit Kindern unterwegs (oder selbst gerne eins) ist, sollte beim **Wyoming Frontier Prison** (☎307-745-616; www.wyomingfrontierprison.org; 975 Snowy Range Rd;

Erw./Kind 7/6 US$; ⌚8–17 Uhr; 👪) anhalten. Hier wurden ein früheres Gefängnis und eine Grenzstadt restauriert.

An der I-80 gibt's bei Exit 313 zahlreiche günstige Unterkünfte. Mit landschaftlich schön gestalteten Gärten und drei Zimmern im Country-Stil verströmt das **Mad Carpenter Inn** (☎307-742-0870; www.madcarpenter.home.bresnan.net; 353 N 8th St; Zi. inkl. Frühstück 85–115 US$; ❄📶) eine heimelige Wärme. Im tollen Spielzimmer findet man Billard und eine Tischtennisplatte. In der Stadt verlässt sich das **Gas Lite Motel** (☎307-742-6616; 960 N 3rd St; Zi. 58 US$; ❄📶🏊) auf seine unglaublich kitschige Ausstattung (beispielsweise Pappcowboys und Plastikpferde), um seine preisgünstigen und haustierfreundlichen Zimmer zu vermieten.

Das **Coal Creek Coffee Co** (110 E Grand Ave; Hauptgerichte 3–6 US$; ⌚6–22 Uhr; 📶) mit seiner superguten Bierauswahl ist modern und stilvoll. Außerdem gibt's fair gehandelten Kaffee und leckere Sandwiches (beispielsweise Blaukäse und Protobello-Panini). Zweifellos bietet das **Sweet Melissa's** (213 S 1st St; Hauptgerichte 9 US$; ⌚Mo–Sa 11–21 Uhr; 🌿) das gesündeste Essen in der weiteren Umgebung. Es serviert gute vegetarische Hausmannskost und ist mittags gerammelt voll.

Die **Old Buckhorn Bar** (☎307-742-3554; 114 Ivinson St) mit seiner live gespielten Countrymusik und dem guten Bier ist Laramies älteste bestehende Bar und eine herrliche Kneipe – die von Hand eingeritzten Graffiti und den 50 Jahre alten Kondom-Automaten auf der Toilette muss man sich ansehen.

Der **Laramie Regional Airport** (☎307-742-4164) liegt 4 Meilen (6,5 km) westlich der Stadt an der I-80 Exit 311. Von hier gibt's täglich Flüge nach Denver. Die Busse von **Greyhound** (☎307-742-5188) stoppen an der **Tumbleweed Express Tankstelle** (4700 Bluebird Lane), am Ostrand der Stadt (I-80 Exit 316). Den Tank (und den Bauch) sollte man in Laramie füllen; wenn man auf der I-80 Richtung Westen weiterfährt, kommt auf 75 Meilen (120 km) keine Gelegenheit mehr.

Lander

Lander ist vielleicht die coolste kleine Stadt in Wyoming mit nur einer einzigen großen Straße. Von ihrer Art gibt es viele. Sie ist nur einen Steinwurf von der Wind River Indian Reservation entfernt. Dieses Mekka für Bergsteiger und Mountainbiker hat eine nette und anspruchslose Lage in den Hügeln. Außerdem ist es die Heimat von **NOLS** (www.nols.com), der National Outdoor Leadership School. Diese angesehene Schule für Outdoor-Aktivitäten führt Touren auf der ganzen Welt und in dieser Gegend zur Wind River Range.

Das **Lander Visitor Center** (☎307-332-3892; www.landerchamber.org; 160 N 1st St; ⌚Mo–Fr 9–17 Uhr) ist für allgemeine Informationen eine gute Quelle. Wer zum Wandern, Zelten oder Klettern hergekommen ist, schaut am besten bei **Wild Iris Mountain Sports** (☎307-332-4541; 333 Main St) rein. Der Ausrüster hat gute Tipps auf Lager und verleiht Kletterausrüstung und Schneeschuhe. Er hat auch einen Zettel mit Tipps für die Region. Wer die schmalen Pfade außerhalb der Stadt testen möchte, wird bei **Freewheel Ski & Cycle** (☎307-332-6616; 378 W Main St), die Straße runter, am besten beraten.

Im schönen **Sinks Canyon State Park** (☎307-332-3077; 3079 Sinks Canyon Rd; Eintritt 6 US$; ⌚Visitor Center Juni–Aug. 9–18 Uhr) 6 Meilen (9,5 km) südlich von Lander kann man einen merkwürdigen, unterirdischen Fluss sehen. Die Middle Fork des Popo Agie River fließt durch den schmalen Canyon, verschwindet dann in dem porösen Madison Kalkstein, den sogenannten „Sinks", und taucht 400 m weiter flussabwärts wärmer in einem „the Rise" genannten Becken wieder auf. Die malerischen **Campingplätze** (Stellplatz 17 US$) werden von den Einheimischen sehr empfohlen.

Kettenhotels säumen die Main St, aber für ein Schnäppchen sollte man die **Holiday Lodge** (☎307-332-2511; www.holidaylodgelander.com; 210 McFarlane Dr; Zi. inkl. Frühstück ab 50 US$; ❄📶) versuchen, deren Besitzer von hier stammen. Es mag wie 1961 aussehen, aber es ist blank geputzt und freundlich mit aufmerksamen Extras wie einem Bügeleisen, Make-up-Entferner und Nähzeug.

Von langen Stunden auf der Reise oder auf Abenteuertour kann man sich auf der Terrasse im Hinterhof des **Gannett Grill** (☎307-332-8227; 128 Main St; Hauptgerichte 6–9 US$; ⌚11–21 Uhr) erholen. In dieser lokalen Institution kann man sich bei der Lander Bar nebenan ein Bier von einer Kleinbrauerei holen und wieder zurück zum Picknicktisch gehen und dort ein Abendessen mit Burgern mit Rindfleisch aus der Gegend, knusprigen Waffle Fries und Steinofenpizza verputzen. Wem der Sinn nach Raffiniertem steht, sollte das **Cowfish** nebenan versuchen. Hier bieten die gleichen Besitzer etwas vornehmeres Abendessen an. An vielen Abenden gibt's Livemusik.

Seinen Kaffee holt man sich im schicken **Old Town Coffee** (300 Main St; ⌚7–19 Uhr). Hier bekommt man Bohnenkaffee so stark, wie man nur will.

Wind River Transportation Authority (☎307-856-7118; www.wrtabuslines.com) unterhält eine Buslinie nach Jackson (110 US$) und weiteren Städten; die Fahrpläne stehen auf der Website.

Cody

Das laute Cody pflegt eifrig sein Wild-West-Image (es ist benannt nach dem legendären Showman William „Buffalo Bill" Cody). Mit einer Reihe gekonnt inszenierter „Jeehaws" spinnt die Stadt fröhlich ihr Seemansgarn über ihre Vergangenheit (nicht die ganze Vergangenheit, muss man dazu sagen). Im Sommer ist Hochsaison. Dann veranstaltet Cody eine ordentliche Wildwest-Show für die Scharen von Besuchern auf dem Weg zum Yellowstone National Park, der 52 Meilen (83,5 km) weiter westlich liegt. Von Cody aus ist die Fahrt ins Geysirland durch das Wapiti Valley gelinde gesagt aufregend. Präsident Teddy Roosevelt hat einmal gesagt, dass dieses Stück Asphalt die „50 malerischten Meilen der Welt" seien.

Das **Visitor Center** (☎307-587-2777; www.codychamber.org; 836 Sheridan Ave; ⌚Juni–Aug. Mo–Sa 8–18, So 10–15 Uhr, Sept.–Mai Mo–Fr 8–17 Uhr) ist der logische Ausgangspunkt.

Codys Hauptattraktion für Touristen ist das fantastische **Buffalo Bill Historical Center** (www.bbhc.org; 720 Sheridan Ave; Erw./Kind 18/10 US$; ⌚Mai–Okt. 8–18 Uhr, Nov., März & April 10–17 Uhr, Dez.–Feb. Do–So 10–17 Uhr). Der weitläufige Komplex aus fünf Museen zeigt alles, was mit Western zu tun hat: von Postern, unscharfen Filmen und anderen Sagen, die etwas über Buffalo Bills berühmte Wild West Shows mitteilen, bis hin zu Ausstellungen mit Kunstwerken aus den Grenzgebieten und einem Museum, das den Ureinwohnern Amerikas gewidmet ist. Das Draper Museum of Natural History ist eine tolle Einführung in das Ökosystem von Yellowstone, es hat Informationen zu allem von Wölfen bis zu Grizzlys.

Beliebt ist auch das **Cody Nite Rodeo** (www.codystampederodeo.com; 519 West Yellowstone Ave; Erw./Kind 7–12 Jahre 18/8 US$), das von Juni bis August jeden Abend stattfindet.

Das **Irma Hotel** (☎307-587-4221; www.irmahotel.com; 1192 Sheridan Ave; Zi. ab 112 US$; ❄) wurde 1902 vom alten Bill selbst gebaut und bietet im Hauptgebäude historische Zimmer und weniger zauberhafte, aber günstigere und moderne. Auf jeden Fall sollte man sich an der kunstvoll verzierten Bar aus Kirschholz im Restaurant ein Bier genehmigen. Sie war ein Geschenk von Königin Viktoria. Von Juni bis Ende September finden vor der Bar jeden Abend um 18 Uhr Schießereien statt.

Die **Silver Dollar Bar** (1313 Sheridan Ave; Hauptgerichte 7–12 US$) ist eine historische Kneipe. Auf der Terrasse gibt's jeden Abend Livemusik. Es werden gewaltige Burger serviert, und dazu kann man noch an Billardtischen die Kugeln einlochen. Donnerstags kostet das Bier nur 0,25 US$.

Der **Yellowstone Regional Airport** (COD; www.flyyra.com) liegt 1 Meile (1,6 km) östlich von Cody. Von hier gehen täglich Flüge nach Salt Lake City und Denver.

Yellowstone National Park

Tiere und Geysire werden in Yellowstone ganz groß geschrieben. Es ist der älteste Nationalpark Amerikas und die Vorzeigeattraktion von Wyoming. Von zottigen Grizzlys bis zu übergroßen Bisons und prachtvollen Wolfsrudeln kann der Park sich der sagenhaftesten Ansammlung wilder Tiere der gesamten „Lower 48" rühmen. Dazu kommen noch die Hälfte aller Geysire der Welt, der größte Hochgebirgssee des Landes und eine Fülle an blauen Flüssen und Wasserfällen, die alle malerisch auf einem gigantischen Supervulkan liegen. Da merkt man schnell, dass man über eine der fabelhaftesten Schöpfungen von Mutter Natur gestolpert ist!

Als John Colter als erster weißer Mann 1807 die Region besuchte, waren die einzigen Bewohner hier die Tukadikas (alias Schafesser), die zu den Shoshonen-Bannock-Stämmen gehörten und hier die Dickhornschafe jagten. Colters Berichte über seiner Erforschung von Geysiren und brodelnden Schlammlöchern (zunächst als Lügengeschichten verlacht) zogen schnell Expeditionen an, und das Interesse des Tourismus wurde geweckt und zusätzlich

Yellowstone & Grand Teton National Parks

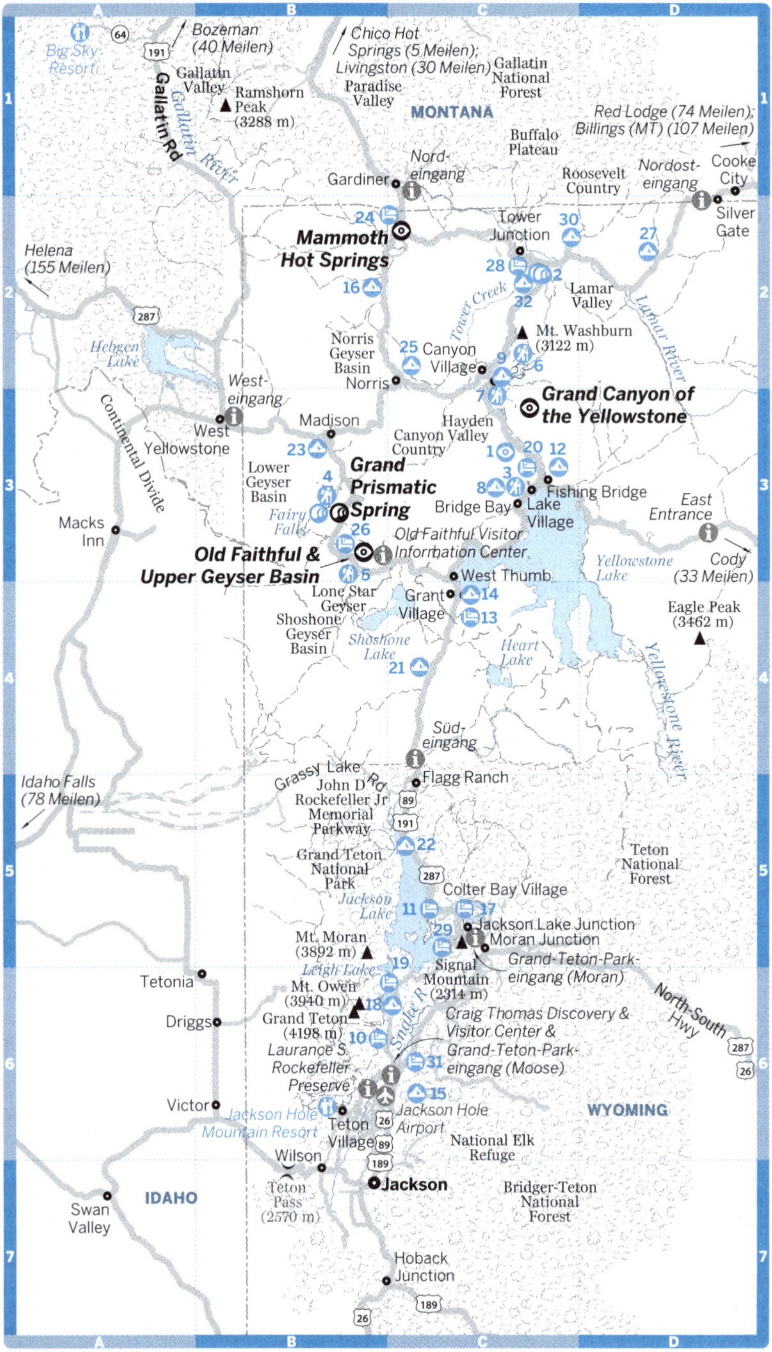

Yellowstone & Grand Teton National Parks

Highlights
- Grand Canyon of the Yellowstone C3
- Grand Prismatic Spring B3
- Mammoth Hot Springs C2
- Old Faithful & Upper Geyser Basin B3

Sehenswertes
1. Mud Volcano C3
2. Tower Falls C2

Aktivitäten, Kurse & Touren
3. Elephant Back Trailhead C3
4. Fairy Falls HIking Trail B3
5. Lone Star Geyser Tailhead B3
6. Mt. Washburn Trail C2
7. South Rim Trail C3

Schlafen
8. Bridge Bay Campground C3
9. Canyon Campground C2
   Canyon Lodge & Cabins .... (siehe 9)
10. Climbers' Ranch B6
11. Colter Bay Village C5
12. Fishing Bridge RV Park C3
13. Grant Village C4
14. Grant Village Campground C4
15. Gros Ventre Campground C6
16. Indian Creek Campground B2
17. Jackson Lake Lodge C5
18. Jenny Lake Campground C6
19. Jenny Lake Lodge C6
   Lake Lodge Cabins .... (siehe 20)
20. Lake Yellowstone Hotel C3
21. Lewis Lake Campground C4
22. Lizard Creek Campground C5
23. Madison Campground B3
   Mammoth Campground .... (siehe 24)
24. Mammoth Hot Springs Hotel & Cabins C2
25. Norris Campground C2
26. Old Faithful Inn B3
   Old Faithful Lodge Cabins .... (siehe 26)
   Old Faithful Snow Lodge .... (siehe 26)
27. Pebble Creek Campground D2
28. Roosevelt Lodge Cabins C2
29. Signal Mountain Lodge C5
30. Slough Creek Campground C2
31. Spur Ranch Log Cabins C6
32. Tower Fall Campground C2

Essen
- Jenny Lake Lodge .... (siehe 19)
- Lake Yellowstone Hotel .... (siehe 20)
- Mural Room .... (siehe 17)
- Old Faithful Inn .... (siehe 26)
- Peaks .... (siehe 29)
- Pioneer Grill .... (siehe 17)

durch die Eisenbahn angeheizt. Der Park wurde 1872 eingerichtet (als weltweit erster), um die spektakuläre Landschaft von Yellowstone zu erhalten: die geothermischen Phänomene, die fossilen Wälder und der Yellowstone Lake.

Der 8987 km² große Park ist in fünf Regionen eingeteilt (im Uhrzeigersinn von Norden nach Süden): Mammoth, Roosevelt, Canyon, Lake und Geyser Countries.

Von den fünf Eingängen zum Park ist nur der North Entrance in der Nähe von Gardiner, MT, das ganze Jahr über geöffnet. Die anderen sind in der Regel von Mai bis Oktober offen und haben Zugang von Nordosten (Cooke City, MT), Osten (Cody, WY), Süden (Grand Teton National Park), und Westen (West Yellowstone, MT). Die Hauptstraße durch den Park ist die malerische Strecke über die 142 Meilen (228,5 km) lange Grand Loop Rd.

Sehenswertes & Aktivitäten

Einfach nur auf der Terrasse des Old Faithful Inn zu sitzen und mit einem Cocktail in der Hand darauf zu warten, dass der Old Faithful Geysir ausbricht, kann man schon als ausfüllende Beschäftigung ansehen. Aber es gibt hier natürlich noch vieles andere zu tun, etwa Wandern und Backpacking oder Kajakfahren und Fliegenfischen. Die meisten Wege durch den Park werden nicht gepflegt, aber auf den ungeräumten Straßen und Wegen kann man Langlauf betreiben.

Yellowstone ist in fünf unterschiedliche Regionen aufgeteilt, und jede hat einzigartigenAttraktionen zu bieten. Wenn man den Nationalpark betritt, erhält man eine einfache Karte und die Zeitung des Parks. Hier findet man die ausgezeichneten, von Rangern gehaltenen Vorträge und geleiteten Wanderungen (die sich extrem lohnen). An den Auskunftsschaltern aller Visitor Center stehen die Parkranger zur Verfügung und helfen dabei, sich eine Wanderung nach eigenem Geschmack zurechtzuschneidern, von tollen Plätzen zum Fotografieren bis zu den Orten, wo man die besten Chancen hat, einen Bären zu sichten.

Geyser Country GEYSIRE, WANDERN

Das Upper Geyser Basin umfasst die dichteste Konzentration geothermischer Besonderheiten im Park und 180 der 250 und mehr Geysire des Parks. Der berühmteste ist der **Old Faithful**, der etwa alle anderthalb Stunden 14 000 bis 32 000 l Wasser zwischen 30 und 55 m hoch in die Luft speit. Wer eine einfache Tour machen möchte, erkundigt sich beim brandneuen Visitor Center nach den voraussichtlichen Eruptionszeiten und folgt dann dem einfachen Bohlenweg auf dem Upper Geyser Loop. Die schönste thermische Besonderheit des Parks ist der **Grand Prismatic Spring** im Midway Geyser Basin. Am Firehole und den Madison Rivers kann man super Fliegenfischen und Wildtiere beobachten.

Mammoth Country QUELLEN, WANDERN

Mammoth Country ist vor allem berühmt für seine geothermischen Regionen und Elchherden im historischen **Mammoth** und die Thermalquellen im **Norris Geyser Basin**. Damit ist es die unruhigste und älteste bekannte thermische Gegend Nordamerikas, die ununterbrochen aktiv war. Richtung Nordwesten erheben sich die Gipfel der Gallatin Range. Sie überragen die Seen, Creeks und zahlreichen Wanderwege der Region.

Roosevelt Country WILDTIERE, WANDERN

Fossile Wälder, das eindrucksvolle **Lamar River Valley** und seine Zuflüsse voller Forellen, die **Tower Falls** und die zerklüfteten Gipfel der Absaroka Mountains sind die Highlights von Roosevelt Country, der abgelegensten, malerischsten und unerschlossensten Region des Parks. In der Nähe der **Tower Junction** beginnen mehrere gute Wanderwege.

Canyon Country AUSSICHTSPUNKTE, WANDERN

Eine Reihe von traumhaften Ausblicken, verbunden durch Wanderwege, sind das Highlight der farbenfrohen Schönheit und Herrlichkeit des Grand Canyon im Yellowstone und seiner beeindruckenden **Lower Falls**. Der South Rim Dr führt zum spektakulärsten Ausblick des Canyons beim Artist Point. **Mud Volcano** ist die wichtigste geothermische Region von Canyon Country.

Lake Country SEEN, BOOTFAHREN

Der **Yellowstone Lake**, einer der größten Gebirgsseen der Welt, bildet den Mittelpunkt von Lake Country. Vulkanische Stränden säumen die Gewässer des Gebiets. Am besten erkundet man sie mit dem Boot oder See-Kajak. Die wilde und mit Schnee bedeckte Absaroka Range erhebt sich von den Seen Richtung Osten und Südosten und verbirgt die wildeste Landschaft der „Lower 48“. Sie eignet sich perfekt für herrliches Backpacking und für Ausritte.

Wanderwege WANDERN & TREKKEN

Wanderer können das Hinterland von Yellowstone von mehr als 92 Trailheads aus erforschen. Sie bieten Zugang zu insgesamt 1770 km an Wegen. Um in der Wildnis zu übernachten, braucht man eine kostenlose Backcountry-Permit. Man erhält sie in allen Visitor Centers und Rangerstationen. Backcountry-Camping ist an 300 ausgewiesenen Stellen erlaubt. Davon kann man 60 % per Mail im Voraus reservieren; alle

DEN MASSEN ENTGEHEN

Das Wunderland von Yellowstone zieht im Juli und August täglich 30 000 Besucher an und im ganzen Jahr über 3 Mio. Eindringlinge. Wenn man sich an die folgenden Ratschläge hält, kann man dem Schlimmsten entgehen:

» Man kommt im Mai, September oder Oktober bei ordentlichem Wetter und mit wenigen anderen Besuchern, oder noch besser im Winter (Ende Dez.–März).

» 95 % der Massen kann man hinter sich lassen, wenn man auf einem Weg im Hinterland unterwegs ist. Erstaunliche 99 % verliert man, wenn man mit Rucksack und Zelt an einem Platz im Hinterland die Nacht verbringt (Erlaubnis erforderlich!).

» Man folgt dem Beispiel der wilden Tiere und ist vor allem zur Goldenen Stunde nach der Morgen- und kurz vor der Abenddämmerung unterwegs.

» Zum Mittagessen etwas mitnehmen und auf einem der malerischen Picknickplätze des Parks essen und in den Lodges beim Abendessen spät dran sein (nach 21 Uhr).

» Reservierungen für die Lodges im Park sollte man Monate und die Konzessionen für die Campingplätze *mindestens* einen Tag im Voraus buchen.

Buchungen, die mehr als drei Tage im Voraus getätigt werden, kosten eine Gebühr von 20 US$.

Nach zahlreichen hitzigen Diskussionen und nachdem wir eine Prügelei gerade noch verhindern konnten, haben wir uns auf die folgenden besten fünf Tageswanderungen im Park geeinigt:

Lone Star Geyser Trail
Der für eine Familienwanderung und Radfahrer gut geeignete Weg führt über eine frühere Zufahrtsstraße zu einem Geysir, der alle drei Stunden ausbricht. Man startet am Parkplatz der Kepler Cascades, südöstlich des Old Faithful Areals (8 km, leicht).

South Rim Trail
Ein Netz miteinander verbundener Wege folgt dem Rand des spektakulären Yellowstone Canyon vorbei an den Lower Falls bis zum malerischen Artists Point und zum Lily Pad Lake. Dann kommt man an thermischen Gebieten und dem Clear Lake vorbei und zurück zum Ausgangspunkt eines Wanderwegs bei Uncle Tom (5,5 km, leicht).

Mt. Washburn
Die recht anstrengende Wanderung führt vom Startpunkt eines Wanderwegs am Dunraven Pass zu einem Fire Tower auf dem Berggipfel. Von dort hat man eine Panoramaaussicht über den Park und auf die Dickhornschafe (10,3 km, mittel).

Elephant Back Mountain
Ein 240 m Höhenmeter überwindender Anstieg vom nahen Lake Hotel zu einem Panoramaaussichtspunkt mit Blick über den Yellowstone Lake (5,6 km, mittel).

Fairy Falls
Abseits der Wege klettert man zum Aussichtspunkt über den spektakulären Grand Prismatic Spring. Dann wandert man durch Murraykieferwälder zu den Wasserfällen und weiter zum schönen Imperial Geyser (9,7 km, leicht).

Radfahren RADFAHREN
Radfahrer dürfen die öffentlichen Straßen und ein paar ausgewiesene Zugangsstraßen benutzen, jedoch nicht die Wege im Hinterland. Die beste Zeit, um im Yellowstone National Park auf Radtour zu gehen, liegt zwischen April und Oktober. Dann sind die Straßen in der Regel schneefrei. Von Mitte März bis Mitte April ist die Strecke zwischen Mammoth und dem West Yellowstone Park für Autos gesperrt, aber für Radfahrer geöffnet. Dann kann man eine lange, aber stressfreie Strecke fahren.

WO BÄREN UND BISONS HERUMSTREIFEN

Abgesehen von den großen Säugetieren – Grizzly, Schwarzbär, Elch und Bison – ist der Yellowstone die Heimat von Rothirschen, Gabelantilopen und Dickhornschafen. Und trotz einiger Nörgeleien von Farmern mit nervösem Finger am Abzug gleich außerhalb der Parkgrenzen sind Wölfe seit ihrer Wiedereinführung 1996 Teil des Nationalparks. Sowohl Wölfe als auch Bisons sind eigentlich in dieser Gegend zu Hause. Aber am Ende des vorletzten Jahrhunderts hatten Jagd und Besiedlung durch die Menschen die Populationen fast völlig ausgerottet. Im letzten Jahrzehnt ist ihre Zahl aber noch einmal gestiegen, worüber Ökologen und Ranger begeistert sind.

Im **Hayden Valley** im Herzen des Yellowstone Parks zwischen dem Yellowstone Lake und dem Canyon Village hat man insgesamt die besten Chancen, wilde Tiere zu sehen. Die günstigsten Aussichten, wilde Tiere zu beobachten, hat man, wenn man bei Sonnenauf- oder untergang unterwegs ist und irgendwo an einer Ausweichstelle an der Grand Loop Rd parkt und auf Beobachtungsposten geht. Wenn man Geduld und ein Fernglas hat, wandert möglicherweise ein Grizzly in den Sucher des Fotoapparates. Oder man sichtet einen brünstigen Hirsch oder hört das Röhren eines einsamen Elches, bevor er seinen mächtigen Kopf zum Trinken in den Fluss senkt.

Das **Lamar Valley** im Norden des Parks ist der beste Platz, um Wölfe zu beobachten. Hier sind diese herrlichen Biester wieder neu eingeführt worden. Man kann die Ranger fragen, wo die Rudel am aktivsten sind oder bei einer Wolf-Watching-Tour (oder auch andere Tierbeobachtungen) vom empfohlenen **Yellowstone Institute** (www.yellowstoneassociation.org) mitmachen. Ein Wolfsgeheul in der Abenddämmerung durch das Tal hallen zu hören, ist eine magische, urzeitliche Erfahrung, die einen daran erinnert, dass es in den USA immer noch Orte gibt, die so wild sind, dass sich einem die Nackenhaare sträuben.

Yellowstone Raft Company ABENTEUERTOUR
(☎800-858-7781; www.yellowstoneraft.com) Auf dem Yellowstone River gleich nördlich der Parkgrenze in Montana durch den Yankee Jim Canyon sind die Strömungen zum Raften geeignet. Die Raft Company bietet von Gardiner aus eine Reihe von begleiteten Abenteuertouren. Sie starten Ende Mai.

Schlafen

Im Park sind Campingplätze – von NPS oder privat betrieben –, Hütten, Lodges und Hotels zu finden. Im Sommer muss man unbedingt reservieren. Um ein Plätzchen auf einem Campingplatz, in einer Hütte oder Lodge zu buchen, kontaktiert man am besten **Xanterra** (☎307-344-7311; www.yellowstonenationalparklodges.com), den Konzessionshalter des Parks.

An den Zufahrten Cody, Gardiner und West Yellowstone findet man ebenfalls jede Menge Unterkünfte.

Die günstigsten Möglichkeiten sind die sieben von NPS geführten Campingplätze (Stellplatz 14 US$) in **Mammoth** (ganzjährig), **Tower Fall**, **Indian Creek**, **Pebble Creek**, **Slough Creek**, **Norris** und **Lewis Lake**. Wer zuerst kommt, mahlt zuerst. Xanterra unterhält weitere fünf Campingplätze (hier aufgeführt; Reservierungen werden akzeptiert, 20 US$/Nacht). Sie bieten alle Bäder mit kaltem Wasser, Toiletten mit Wasserspülung und Trinkwasser. Stellplätze für Wohnwagen mit Anschlüssen findet man in Fishing Bridge.

Von Xanterra geführte Hütten, Hotels und Lodges sind im ganzen Park verteilt und von Mai oder Juni bis Oktober geöffnet. Die Ausnahmen sind das Mammoth Hot Springs Hotel und die Old Faithfull Snow Lodge. Sie sind auch von Mitte Dezember bis Ende März offen. Das Rauchen ist an allen diesen Plätzen verboten, und es gibt keine Klimaanlagen, Fernseher oder Internetverbindungen.

Bridge Bay Campground CAMPING $
(Lake Country) In der Nähe des Westufers des Yellowstone Lake; beliebt bei Bootsfahrern; hat 425 Plätze.

Canyon Campground CAMPING $
(Canyon Country) Liegt zentral und bietet gegen Bezahlung Duschen und Waschmaschinen mit Münzeinwurf. Es gibt 250 Plätze.

Fishing Bridge RV Park CAMPING $
(Lake Country) Alle Anschlüsse nur für Hartschalenwohnwagen (37 US$). Duschen gegen Bezahlung und Waschmaschinen mit Münzeinwurf. Es gibt 325 Plätze.

Grant Village Campground CAMPING $
(Lake Country) Am südwestlichen Ufer des Yellowstone Lake; hat 400 Plätze. Duschen gegen Bezahlung und Waschmaschinen mit Münzeinwurf in der Nähe.

Madison Campground CAMPING $
(Geyser Country) Der Campingplatz, der dem Old Faithfull am nächsten ist; mit 250 Plätzen.

Roosevelt Lodge Cabins HÜTTE $
(Roosevelt Country; Hütten 65–110 US$) Diese Hütten eignen sich gut für Familien. Hier herrscht Cowboy-Feeling und jeden Abend gibt es Wildwest-Grillpartys. Dabei werden die Gäste mit Pferd oder Planwagen zu einer großen Wiese in 5 km Entfernung von der Lodge zu einem Buffet unter freiem Himmel gefahren (im Voraus buchen!).

Lake Lodge Cabins HÜTTE $$
(Lake Country; Hütten 69–179 US$) Die Hauptlodge hat eine große Veranda, von der man vom Seeufer aus einen schönen Blick auf die Berge hat, und einen gemütlichen, tollen Raum mit zwei Kaminen. Man kann zwischen einfachen Holzhütten aus den 1920er-Jahren oder modernen Einheiten im Motelstil wählen.

Old Faithful Snow Lodge HOTEL $$
(Geyser Country; Hütten 96–149 US$, Zi. 206 US$) Die stilvolle, moderne Option verbindet den Stil einer Holzlodge mit aktueller Ausstattung und Parkmotiven.

LP TIPP **Old Faithful Inn** HOTEL $$
(Geyser Country; DZ ohne Bad 96 US$, mit Bad 126–236 US$) Es verwundert nicht, dass das Old Faithful Inn, gebaut gleich neben dem namensgebenden Geysir, die am häufigsten gebuchte Unterkunft im Park ist. Als National Historic Landmark verkörpert es alles, was eine Parklodge bieten sollte. Die riesige, mit Holz gestaltete Lobby mit ihrem gigantischen Steinkamin und den himmelhohen knorrigen Kieferndecken ist ein Ort, an dem man sich gut Teddy Roosevelt beim Faulenzen vorstellen kann. Zimmer gibt es in allen Preisklassen. Viele der interessantesten historischen Zimmer haben Gemeinschaftsbäder (Tipp: zwei Nächte bleiben, die Atmosphäre genießen; dann lohnt sich die Ausgabe). Die Gemeinschaftsräume sind mit ihrem Hüttenfieber so anziehend, dass man um sie einfach nicht herumkommt!

Lake Yellowstone Hotel HOTEL $$
(Lake Country; Hütten 130 US$, Zi. 149–223 US$) Dieses romantische historische Hotel verströmt grandioses Westernambiente der 1920er-Jahre und ist eine tolle Wahl. Es hat die göttlichste Lounge im ganzen Yellowstone Park – wie gemacht fürs Tagträumen; sie bietet riesige Panoramafenster mit Seeblick, jede Menge natürliches Licht und ein Streichquartett, das im Hintergrund ein Ständchen bringt. Die Zimmer sind gut ausgestattet, die Hütten einfacher.

Auch zu empfehlen:

Old Faithful Lodge Cabins HÜTTE $
(Geyser Country; Hütten 67–110 US$) Mit Blick auf Old Faithful; einfache, rustikale Hütte

Canyon Lodge & Cabins HÜTTE $$
(Canyon Country; Hütten 96–179 US$, Zi. 170 US$) Sauber und ordentlich in zentraler Lage.

Mammoth Hot Springs Hotel & Cabins HOTEL $$
(Mammoth Country; Hütten 81–112 US$, Zi. mit/ohne Bad 87/120 US$) Große Auswahl an Unterküunften; man kann oft Hirsche auf dem Rasen vor dem Hotel grasen sehen.

Grant Village HOTEL $$
(Lake Country; Zi. 152 US$) In der Nähe der südlichen Grenze des Parks bietet es bequeme, aber langweilige Zimmer im Motelstil. Die nahe gelegenen Restaurants bieten einen herrlichen Blick auf den See.

Essen

Snackbars, Feinkostläden, Burgertheken und Lebensmittelläden sind überall im Park verteilt. Zusätzlich bieten die meisten Lodges ein Frühstücksbuffet, Salatbars und Mittag- und Abendessen in formellen Speisesälen. Das Essen ist nicht immer herausragend, aber wenn man bedenkt, für wie viele Leute der Küchenchef kocht, recht gut und in Anbetracht der sagenhaften Aussichten nicht überteuert.

Old Faithful Inn AMERIKANISCH $$
(☎307-545-4999; Abendessen 13–22 US$) Die Buffets sorgen dafür, dass man noch mehr Zeit mit der Geysir-Beobachtung verbringt, aber die Angebote à la Carte sind einfallsreicher. Es werden Hirsch-Burger, Bison-Ravioli und das beliebte Schweine-Ossobucco serviert. Reservierung empfohlen!

LP TIPP **Lake Yellowstone Hotel** AMERIKANISCH $$
(☎307-344-7311; Hauptgerichte 13–33 US$) Man sollte unbedingt sein unzerknittertes Outfit dafür aufheben, in diesem Speisesaal des Lake Yellowstone Hotels stilvoll zu dinieren. Es ist das beste Restaurant im Park. Mittags werden Forellen aus Idaho, Salate und Bison, Antilope und Hirsch-Slider angeboten. Das Abendessen besteht aus herzhafteren Gerichten. Reservierungen sind sehr zu empfehlen.

Praktische Informationen

Eigentlich ist der Park das ganze Jahr über geöffnet, aber viele Straßen sind den Winter über gesperrt. Die Eintrittskarten (Fußgänger/Fahrzeug 12/25 US$) gelten für sieben Tage und berechtigen zum Besuch des Yellowstone und des Grand Teton National Park. Die Visitor Center sind nur im Sommer geöffnet und gleichmäßig im Abstand von 20 bis 30 Meilen (32 bis 48 km) an der Grand Loop Rd verteilt.

Albright Visitors Center (☎307-344-2263; www.nps.gov/yell; Mammoth; ⊙Juni–Sept. 8–19 Uhr, Okt.–Mai 9–17 Uhr) Dient als Hauptquartier des Parks. Die Website des Parks ist eine tolle Informationsquelle.

An- & Weiterreise

Die nächst gelegenen Flughäfen, die das ganze Jahr über offen haben, sind: Yellowstone Regional Airport (COD) in Cody (52 Meilen, 84 km); Jackson Hole Airport (JAC) in Jackson (56 Meilen, 90 km); Gallatin Field Airport (BZN) in Bozeman, MT (65 Meilen, 105 km); und Idaho Falls Regional Airport (IDA) in Idaho Falls, ID (107 Meilen, 172 km). Der Flughafen (WYS) in West Yellowstone, MT, ist in der Regel von Juni bis September offen. Es kann sich auch lohnen nach Billings, MT (170 Meilen, 274 km), Salt Lake City, UT (390 Meilen, 628 km) oder Denver, CO (563 Meilen, 906 km) zu fliegen und dann ein Auto zu mieten.

Zum oder innerhalb des Yellowstone National Park gibt's keine öffentlichen Verkehrsmittel.

Grand Teton National Park

Mit seinen zackigen, felsigen Berggipfeln, kühlen Gebirgsseen und wohlriechenden Wäldern zählt der Grand Teton National Park zum Schönsten, was Amerika an Landschaft zu bieten hat. Er liegt direkt südlich vom Yellowstone National Park und besitzt zwölf von Gletschern geformte Berge. Sie umrahmen den einzigartigen Grand Teton (4197 m). Für Bergfans ist das großartige und verrückte Gelände aufregend. Der Teton ist weniger überlaufen als der Yellowstone Park und bietet ebenso jede Menge Ruhe und wilde Tiere wie Bären, Elche, Raufußhühner und Murmeltiere.

Es gibt zwei Eingänge zum Park: Moose (im Süden) an der Teton Park Rd westlich von Moose Junctio; und Moran (im Osten), an der US 89/191/287 nördlich von Moran Junction. Der Park ist das ganze Jahr über geöffnet, allerdings werden einige Straßen und Eingänge ab November bis zum 1. Mai geschlossen, einschließlich Teile der Moose-Wilson Rd. Damit wird der Zugang zum Park von Teton Village aus eingeschränkt.

Aktivitäten

Zuerst mal: Es gibt über 320 km **Wanderwege**, und man kann eigentlich nie den falschen nehmen. Eine Karte kriegt man beim Visitor Center, und schon kann's losgehen. Man braucht eine kostenlose Backcountry-Permit, die es auch beim Visitor Center gibt, wenn man über Nacht bleiben möchte. Wem das nicht gefällt – auch gut. Dann steigt man eben auf einen Berg. Die Tetons sind bekannt für hervorragende kurze **Bergbesteigungen** und auch für klassische längere Touren zu den Gipfeln wie Grant Teton, Mt. Moran und Mt. Owen.

Angeln ist ein weiteres Highlight. Mehrere Arten von Weißfischen, See- und Bachforellen tummeln sich in den Flüssen und Seen. Eine Angellizenz kriegt man in dem Laden in Moose Village, in der Signal Mountain Lodge oder der Colter Bay Marina.

Langlauf und **Schneeschuhwandern** sind die besten Möglichkeiten, um den Park im Winter zu genießen. Im Craig Thomas Discovery & Visitor Center bekommt man eine Broschüre mit detaillierten Routen.

Jenny Lake Ranger Station KLETTERN
(☎307-739-3343; ⊙Juni–Aug. 8–18 Uhr) Informationen zum Klettern.

Exum Mountain Guides KLETTERN
(☎307-733-2297; www.exumguides.com). Kletterunterricht und geführte Klettertouren.

Schlafen

Drei verschiedene Konzessionshalter führen die sechs Campingplätze im Park. Von Anfang August bis zum Labor Day ist der Andrang groß. Die meisten Campingplätze sind ab 11 Uhr voll (Jenny Lake sogar viel früher, Gros Ventre meist gar nicht). Colter Bay und Jenny Lake haben nur Plätze für Zelte, die für Backpacker und Radfahrer reserviert sind.

Flagg Ranch Resorts CAMPING $
(www.flaggranch.com; Stellplatz für 2 Pers. 35 US$) Akzeptiert online Reservierungen für den Flagg Ranch Campingplatz und hat auch Hütten. Das Forever Resort führt auch die Signal Mountain und Lizard Creek Campingplätze.

Grand Teton Lodge Company CAMPING, LODGE $
(☎307-543-3111; www.gtlc.com; Zeltplatz 20 US$) Führt die meisten privaten Lodges, Hütten und die Campingplätze Colter Bay, Jenny Lake und Gros Ventre im Park. Man kann vorher anrufen und fragen, ob in letzter Minute jemand abgesagt hat. Aber es ist besser, im Voraus zu reservieren, da Anfang Juni eigentlich bereits fast alles ausgebucht ist. In jeder Lodge gibt es einen Schalter mit Aktivangeboten.

LP TIPP **Jenny Lake Lodge** LODGE $$$
(☎307-543-3100; www.gtlc.com; Hütten inkl. HP 620 US$; ⊙Juni–Sept.) Abgenutztes Holz, Daunendecken und bunte Quilts sorgen in dieser eleganten Unterkunft an der Teton Park Rd für eine gemütliche Atmosphäre. Die Blockhütten haben eine Terrasse, aber keinen Fernseher oder Radio (Telefon auf Anfrage). An Regentagen kann man sich in der Main Lodge mit einem Spiel oder einem Buch aus dem Regal vor dem Kamin niederlassen. Es ist nicht gerade billig, aber das Frühstück, ein Abendessen mit fünf Gängen, Fahrradbenutzung und geführte Ausritte sind im Preis enthalten.

Jackson Lake Lodge LODGE $$$
(☎307-543-3100; www.gtlc.com; Zi. & Hütten 229–320 US$; ⊙Juni–Sept.;) Diese Lodge ist der perfekte Ort, um das gewisse Etwas zu genießen: weiche Decken, gewundene Pfade, die sich für lange Spaziergänge eignen, und riesige Panoramafenster, die die leuchtenden Berggipfel umrahmen. Dennoch sind die 348 Betonblockhütten allgemein zu teuer. Es gibt einen beheizten Pool, und Haustiere sind erlaubt.

Spur Ranch Log Cabins HÜTTEN $$
(☎307-733-2522; www.dornans.com; Hütten 175–250 US$; ⊙ganzjährig) Kieswege führen durch weite Wiesen mit Wildblumen und verbinden die ruhigen Doppelhütten am Snake River in Moose miteinander. Möbel aus Murraykiefer, Western-Style und Daunendecken sorgen für ein gemütliches Feeling. Aber es ist die Aussicht, die die Hütten zu etwas Besonderem macht.

Climbers' Ranch HÜTTE $
(☎307-733-7271; www.americanalpineclub.org; Teton Park Rd; B 22 US$; ⊙Juni–Sept.) Angefan-

gen hat es als Zufluchtsort für ernsthafte Bergsteiger. Aber diese vom American Alpine Club geführten Blockhütten sind jetzt für alle Wanderer zu haben, die die spektakuläre Lage im Park nutzen möchten. Es gibt ein Badehaus mit Duschen und eine überdachte Kochecke mit abschließbaren Kühlboxen. Man bringt Schlafsack und Matte selbst mit (die Kojen sind kahl, aber es ist dennoch ein tolles Angebot).

Signal Mountain Lodge LODGE **$$**
(☎307-543-2831; www.signalmtnlodge.com; Zi. 175–228 US$, Hütten 132–198 US$; Stellplatz 21 US$; ⏲Mai–Mitte Okt.) Diese spektakulär am Ufer des Jackson Lake gelegene Lodge bietet gemütliche, gut ausgestattete Hütten und recht schicke Zimmer mit atemberaubendem Blick auf den See und die Berge.

Colter Bay Village HÜTTEN **$**
(☎307-543-3100; www.gtlc.com; Zelthütten 52 US$, Hütten mit Bad 119–165 US$, ohne Bad 65 US$; ⏲Juni–Sept.) Das Village liegt eine halbe Meile (600 m) westlich von Colter Bay Junction und bietet zwei verschiedene Unterkunftsarten. Die mit Zelttuch überdachten Hütten (Juni–Anfang Sept.) sind sehr einfache Angelegenheiten mit kahlen Betten und separaten Bädern. Bei den Preisen ist man besser dran, wenn man zeltet. Die Blockhütten sind zum Teil original, sehr viel komfortabler und ein besseres Angebot; sie sind von Ende Mai bis Ende September zu mieten.

Essen

Im Colter Bay Village, der Jackson Lake Lodge, der Signal Mountain Lodge und in Moose Junction findet man mehrere Cafés mit ordentlichen Preisen für ein Frühstück oder einen schnellen Imbiss.

Mural Room MODERN-AMERIKANISCH **$$$**
(☎307-543-1911; Jackson Lake Lodge; Hauptgerichte 15–40 US$; ⏲7–21 Uhr) Man hat eine atemberaubende Sicht auf die Tetons und eine Feinschmeckerauswahl an Wildgerichten und einfallsreichen Kreationen wie in Sushi-Reis verpackte Forelle mit Sesam. Das Frühstück ist gut; zum Abendessen empfiehlt es sich, eine Reservierung vorzunehmen.

Peaks AMERIKANISCH **$$$**
(☎307-543-2831; Mahlzeiten 18–28 US$) Man wählt aus einer Auswahl an Käse und Obst, Rindfleisch von Rindern aus der Gegend und Bio-Polentakuchen. Kleine Portionen wie Wild-Burger sind ebenfalls erhältlich. Drinnen ist das Ambiente eher langweilig. Aber auf der Terrasse, wo der Sonnenuntergang über dem Jackson Lake und die sagenhaften Heidelbeer-Margaritas die Hauptrolle spielen, ist schnell kein Tisch mehr zu haben.

Jenny Lake Lodge Dining Room MODERN-AMERIKANISCH **$$$**
(☎307-543-3352; Frühstück 19 US$, Mittagessen 10–30 US$, Abendessen 60 US$; ⏲7–21 Uhr) Die Wanderschuhe lässt man im Auto: Männer müssen im besten Restaurant des Parks Jackett tragen. Pasta, eine ausgezeichnete Weinkarte und Club-Steaks mit Sojaglasur sind nur ein paar Angebote. Auch wenn wir den Gedanken an ein Fünfgängemenü in der Wildnis gut finden, haben einige Gäste berichtet, dass man dem Service und dem Essen mehr Aufmerksamkeit schenken könnte. Zum Abendessen sind Reservierungen notwendig!

Pioneer Grill DINER **$$**
(☎307-543-1911; Jackson Lake Lodge; Hauptgerichte 7–15 US$; ⏲6–22.30 Uhr; 👪) Lässiger Klassiker mit wirr angeordneten Kunstlederstühlen. Das Pioneer serviert Wraps, Burger und Salate. Kids lieben die Eisbecher mit Karamellsauce. Man kann auch Lunchpakete mitnehmen (einen Tag im Voraus bestellen!). Außerdem gibt's für völlig erledigte Wanderer einen Pizza-Roomservice (17–21 Uhr).

ℹ Praktische Informationen

Die Eintrittskarten (Wanderer/Fahrzeug 12/25 US$) sind sieben Tage lang gültig und berechtigen zum Besuch des Yellowstone und des Grand Teton National Park. Es ist als ohne weiteres möglich, in einem Park zu übernachten und den anderen von dort aus zu besuchen.

Das **Craig Thomas Discovery & Visitor Center** (☎307-739-3399, Backcountry Permits 307-739-3309; Teton Park Rd; ⏲Juni–Aug. 8–19 Uhr, übriges Jahre 8–17 Uhr) befindet sich in Moose.

Laurance S Rockefeller Preserve Center (☎307-739-3654; Moose-Wilson Rd; ⏲Juni–Aug. 8–18 Uhr, übriges Jahr 9–17 Uhr) Dieses kürzlich eröffnete Center hat Informationen über das neue und sehr zu empfehlende Rockefeller Preserve. Diese weniger überlaufene Wandermöglichkeit liegt 4 Meilen (6,5 km) südlich von Moose.

Park Headquarters (☎307-739-3600; www.nps.gov/grte; ⏲Juni–Aug. 8–19 Uhr, übriges Jahr 8–17 Uhr) Befindet sich im gleichen Gebäude wie das Craig Thomas Center.

Jackson

Dies ist tatsächlich Wyoming, aber es ist schwer zu glauben. Mit einem Durchschnittsalter von 32 Jahren hat sich diese Western-Stadt in ein Mekka für Bergliebhaber, Extrem-Bergsteiger und Skifahrer verwandelt, was man leicht an den sonnengebräunten Baristas erkennen kann.

Was treibt dazu an, schick und beliebt zu sein? In Jackson brummt das Leben: Es gibt Unmengen an Wanderwegen und Outdoor-Möglichkeiten. Täglich wird frisches Sushi eingeflogen und die Großzügigen, bei denen das Geld locker sitzt, sorgen für ein blühendes Kulturleben. Die Souvenirs sollte man links liegen lassen und sich daran erinnern, warum man eigentlich nach Jackson gekommen ist: um den traumhaften Hinterhof des Ortes zu besuchen, den Grand Teton National Park.

Sehenswertes

In der Innenstadt von Jackson steht eine Handvoll historischer Gebäude.

National Museum of Wildlife Art MUSEUM
(☎307-733-5771; www.wildlifeart.org; 2820 Rungius Rd; Erw. 10 US$, Kind mit Erw. frei; ⌚9–17 Uhr) Wenn man nur ein Museum in dieser Gegend besuchen möchte, sollte es dieses sein. Die Hauptwerke von Bierstadt, Rungius, Remington und Russell jagen einem Schauer über den Rücken. In der Discovery Gallery findet man ein Atelier für Kinder. Sie können dort zeichnen und Drucke anfertigen – Mama und Papa werden neidisch sein! Auf der Website stehen die Filmangebote im Sommer und welche Kunstkurse angeboten werden.

Center for the Arts KUNSTZENTRUM
(☎307-734-8956; www.jhcenterforthearts.org; 240 S Glenwood S) Hier gibt es alles von Kultur, Star-Konzerten und Theateraufführungen, Kursen, Kunstausstellungen bis zu Special-Events. Das Programm steht auf der Homepage.

GRATIS **National Elk Refuge** NATURSCHUTZGEBIET
(☎307-733-9212; www.nationalelkrefuge.fws.gov; Hwy 89; ⌚Sept.–Mai 8–17 Uhr, Juni–Aug. 8–19 Uhr) Schützt Tausende Wapitis bei ihrer Wanderung, die zwischen November und März stattfindet. Eine 45 Minuten lange **Fahrt mit dem Pferdeschlitten** (Erw./Kind 18/14 US$; ⌚Mitte Dez.–März 10–16 Uhr) ist bei einem Besuch im Winter das absolute Highlight.

GRATIS **Town Square Shoot-out** WILDWEST-SHOW
(⌚Sommer Mo–Sa 18.15 Uhr; 👪) Im Sommer findet diese kitschige Touristenattraktion montags bis samstags jeweils um 18.15 Uhr statt.

Aktivitäten

Jackson Hole Mountain Resort WINTERSPORT
(☎307-733-2292; www.jacksonhole.com; Liftticket Erw./Kind ab 59/32 US$) Das Jackson Hole Mountain Resort ist eine der Topadressen in Sachen Skifahren im Land und auch einfach als das „Village" bekannt. Es kann den längsten, ununterbrochenen Anstieg in den USA von Teton Village am unteren Ende bei 1923 m bis zum Gipfel des Rendezvous Mountain bei 3185 m sein Eigen nennen. Die Hänge sind überwiegend etwas für fortgeschrittene Fahrer – viel Pulverschnee und Felskanten zum Skispringen. Ist der Schnee dann geschmolzen, bietet das Resort eine Unmenge an Sommeraktivitäten; auf der Website steht mehr dazu.

Kurse

LP TIPP **Teton Science Schools** ÖKOLOGIE
(☎307-733-1313; www.tetonscience.org) Die nicht auf Profit ausgerichtete Erlebnispädagogik ist nicht zu schlagen. Das Programm reicht von GPS-Schnitzeljagden bis zu Öko-Expeditionen.

Schlafen

In Jackson gibt's eine Menge Unterkünfte, sowohl in der Stadt als auch am Skigebiet. Im Sommer und Winter muss man unbedingt reservieren.

LP TIPP **Alpine House** B&B $$$
(☎307-739-1570; www.alpinehouse.com; 285 N Glenwood St; DZ inkl. Frühstück 185–225 US$; @) Zwei frühere Olympiateilnehmer im Skifahren haben dieses Heim in der Innenstadt mit sonnigem skandinavischem Stil und persönlichen Kleinigkeiten, beispielsweise tollem Service und einer gemütlichen Bergsteiger-Bibliothek, ausgestattet. Zu den Annehmlichkeiten vor Ort gehören vornehme Bademäntel, Daunendecken, eine finnische Gemeinschaftssauna und ein Whirlpool im Freien. Für das kreative Frühstück sollte man Hunger mitbringen. Es gibt am Morgen z. B. pochierte Eier über Ricotta mit Spargel oder Mehrkorn-French-Toast.

Buckrail Lodge MOTEL $
(☎307-733-2079; www.buckraillodge.com; 110 E Karnes Ave; Zi. ab 91 US$;) Dieses echte Schnäppchen mit seinen geräumigen und zauberhaften Zimmern im Blockhausstil liegt sehr zentral auf einem großen Grundstück. Zur Anlage gehört ein Whirlpool im Freien.

Hostel HOSTEL $
(☎307-733-3415; www.thehostel.us; 3315 Village Dr, Teton Village; B/DZ 32/79 US$; Herbst & Frühjahr Nebensaison geschl.;) Die einzige günstige Möglichkeit in Teton Village ist eine alte Skilodge. Sie bietet Doppelzimmer und Schlafsäle für bis zu vier Personen mit sanierten Duschen. Die geräumige Lounge mit Kamin eignet sich perfekt, um Filme anzuschauen oder Scrabble-Wettbewerbe auszutragen, und für die Knirpse gibt's ein Spielzimmer. Die Gäste können eine Mikrowelle und einen Grill im Freien benutzen sowie die Waschmaschine mit Münzeinwurf und ein Areal, wo man seine Skier wachsen kann.

Sundance Inn MOTEL $$
(☎307-733-3444, 888-478-6326; www.sundanceinnjackson.com; 135 W Broadway; DZ 139 US$;) Das Sundance ist einfach ein gut geführtes Motel und unterscheidet sich von anderen durch seinen guten Service und die ordentlichen Zimmer. Zu den Extras gehört ein Whirlpool im Freien und ein kontinentales Frühstück.

Golden Eagle Motor Inn MOTEL $$
(☎307-733-2042; 325 E Broadway; Zi. 148 US$;) Super freundlich und gerade weit genug vom Rummel entfernt. Das neu eingerichtete Motel mit freundlichen Gastgebern ist eine zuverlässige Wahl im Zentrum.

Essen & Ausgehen

In Jackson bekommt man das anspruchsvollste Essen von ganz Wyoming. Viele unserer Lieblingsrestaurants hier sind auch gleichzeitig Bars. Ein Schnäppchen kann man bei den Angeboten zur Happy Hour machen.

Pica's Mexican Taqueria MEXIKANISCH $$
(1160 Alpine Lane; Hauptgerichte 7–15 US$; Mo–Fr 11.30–21, Sa & So 11–16 Uhr) Günstig und mehr als zufriedenstellend. Es gibt z. B. Baja Tacos, die in hausgemachte Maistortillas gewickelt sind, oder *cochinita pibil* (in Chili mariniertes Schweinefleisch), serviert mit Mexican Soda. Die Einheimischen lieben es – die Taqueria hat das beste Angebot in der Gegend.

Blue Lion FUSION $$$
(☎307-733-3912; 160 N Millward St; Hauptgerichte 15–34 US$; ab 18 Uhr) In einem kostbaren, kornblumenfarbenem Haus bietet das Blue Lion Dinner im Freien auf der Terrasse unter herrlichen alten Bäumen. Es verbindet in seinen Gerichten kreativ thailändische und französische Einflüsse, etwa Rinderfilet *au bleu* mit Garnelen in grünem Curry.

WER NOCH EIN PAAR TAGE ZEIT HAT

Wyoming ist voller Orte, an denen man hängenbleiben kann. Leider sind es zu viele, um sie alle in diesem Band zu behandeln – aber hier sind ein paar Appetithappen:

Mit weiten Wiesenflächen, einem Meer von Wildblumen und friedlichen Koniferenwäldern sind die **Bighorn Mountains** im nördlich-zentralen Wyoming einfach atemberaubend. Dazu muss man noch rauschende Wasserfälle und eine Unmenge an Wildtieren rechnen. Dann hat man einen umwerfenden Spielplatz in der Natur mit Hunderten von Kilometern ausgeschilderter Wanderwege.

Der fast senkreche Monolith, das **Devil's Tower National Monument**, ragt sagenhafte 386 m über dem Belle Fourche River in die Höhe und ist ein unglaublicher Anblick. Bei einigen der mehr als 20 Indianerstämme, für die er ein Heiligtum ist, ist er als Bears Lodge bekannt. Wer zwischen den Black Hills (an der Grenze zwischen Wyoming und South Dakota), dem Tetons und Yellowstone unterwegs ist, darf diesen Berg keinesfalls verpassen!

Westlich von Laramie erstreckt sich der hoch liegende National Forest auf den **Medicine Bow Mountains** und der **Snowy Range**. Es ist eine wilde und schroffe Gegend, ideal für mehrtägige Wander- und Campingtouren.

Sheridan schmiegt sich in den Schatten der Bighorn Mountains und bietet hundert Jahre alte Häuser, die einst die Heimat der Rinderbarone von Wyoming waren. Heute ist es bei den Abenteuerfans beliebt, die hierher kommen, um sich in den Bighorns auszutoben.

Snake River Grill MODERN-AMERIKANISCH $$$
(☎307-733-0557; 84 E Broadway; Hauptgerichte 21–52 US$ ⏰ab 17.30 Uhr) Mit einem prasselnden Feuer im Steinkamin und schwungvollen weißen Tischtüchern kreiert dieser Grill bemerkenswerte amerikanische Haute Cuisine. Gegrillte Hirschkoteletts und Pasta mit Wildpilzen belegen einen Hang zum Erdverbundenen. Man sollte die umfangreiche Weinkarte und die hausgemachte Eiscreme oder ein Soufflé zum Nachtisch versuchen.

Bubba's Bar-B-Que BBQ $$
(☎307-733-2288; 100 Flat Creek Dr; Hauptgerichte 5–15 US$; ⏰7–22 Uhr) In diesem freundlichen und vitalen Bring-your-own-Bottle-Imbiss (BYOB, den Alkohol selbst mitbringen!) bekommt man die größten und luftigsten Cookies im Umkreis von Meilen zum Frühstück. Später gibt es eine ordentliche Salatbar und eine Reihe von Grillfleischgerichten.

Bunnery Bakery & Restaurant CAFÉ $
(☎307-733-5474; 130 N Cache St; Hauptgerichte 10 US$; ⏰Sommer 7–15 & 17–21 Uhr) Zum Frühstück und Abendessen wird in diesem brummenden Café eine Auswahl herzhafter Gerichte angeboten. Tagsüber gibt es Eier und tolle vegetarische Optionen. Die Dessert-Auslage verlockt mit riesigen Stücken Schokoladenkuchen, Pekannusskuchen und Käsekuchen mit Karamell.

LP TIPP **Stagecoach Bar** BAR
(☎307-733-4407; 5755 W Hwy 22, Wilson) In Jackson gibt es keinen besseren Ort, um mit dem Hintern zu wackeln. Montag bedeutet Reggae, Dienstag ist Disconight und jeden Sonntag singt die Hausband schmachtend bis 22 Uhr Country-&-Western-Schlager. Da lohnt sich die kurze Fahrt nach Wilson (gleich jenseits der Teton Village Abzweigung)!

Snake River Brewing Co KLEINBRAUEREI $$
(☎307-739-2337; 265 S Millward St; ⏰11.30–24 Uhr) Bei einem Arsenal von 22 hier hergestellten Biersorten, einige davon preisgekrönt, wundert es nicht, dass die Brauereikneipe ein beliebter Treffpunkt ist. Zum Essen gibt es Holzofenpizza und Pasta (Hauptgerichte 6–15 US$). Die Happy Hour geht von 16 bis 18 Uhr.

Million Dollar Cowboy Bar BAR
(25 N Cache Dr) Die meisten können es gar nicht abwarten, ihr Hinterteil in dieser dunklen Kneipe auf einem Sattel-Stuhl zu platzieren. Die Million Dollar Cowboy Bar ist auf einer Westerntour ein unverzichtbarer Stopp. Wenn am Wochenende der Tanzboden Funken sprüht und Karaoke dröhnt, wird es lebhaft.

ℹ Praktische Informationen

Jackson Hole Wyoming (www.jacksonholenet.com) Eine gute Webseite mit Informationen zur Region.

Valley Bookstore (125 N Cache St) Verkauft Pläne der Gegend.

Visitor Center (☎307-733-3316; www.jacksonholechamber.com; 532 N Cache Dr; ⏰9–17 Uhr)

ℹ Anreise & Unterwegs vor Ort

Der **Jackson Hole Airport** (JAC; ☎307-733-7682) liegt 7 Meilen (11 km) nördlich von Jackson an den US 26/89/189/191 im Grand Teton National Park. Es gibt täglich Flüge nach Denver, Salt Lake City, Dallas und Houston. Am Wochenende hat man auch Verbindung von Jackson nach Chicago.

Die Busse von **Alltrans' Jackson Hole Express** (☎307-733-1719; www.jacksonholebus.com) fahren täglich um 6.30 Uhr an der Jackson's Exxon Station (Ecke Hwy 89 S und S Park Loop Rd) nach Salt Lake City (gegen 65 US$, 5½ Std.).

MONTANA

Montana sollte mit einer Warnung des Gesundheitsministeriums daherkommen, etwa: „Achtung: Montana macht süchtig, kann leichte Euphorie und eine Verlangsamung des Pulses verursachen!" Vielleicht ist es der Himmel, der hier weiter und blauer wirkt als irgendwo sonst. Vielleicht ist es die Luft, berauschend klar, frisch und mit dem Duft von Kiefern. Vielleicht ist es die Art, wie die Berge mit dem welligen Land der Ranches verschmelzen oder der Anblick eines zottigen Grizzly, der aus einem eisblauen Gletschersee trinkt.

Vielleicht ist es auch der unabhängige Geist der Grenzländer, wild und frei und so unglaublich amerikanisch, womit sich Montana sein Motto „Live and let Live" (Leben und leben lassen) verdient hat. Wie auch immer – Montana gehört zu diesen Orten, die noch lange in einem lebendig bleiben, auch wenn man ihre Schönheit schon lange hinter sich gelassen hat. Und einige von uns kehren nie wieder nach Hause zurück.

KURZINFOS MONTANA

» **Spitzname** „Treasure State", „Big Sky Country"

» **Einwohner** 989415

» **Fläche** 380838 km²

» **Hauptstadt** Helena (28000 Ew.)

» **andere Städte** Billings (105000 Ew.), Missoula (67000 Ew.), Bozeman (37000 Ew.)

» **Verkaufssteuer** In Montana gibt's keine staatliche Verkaufssteuer

» **Geburtsort von** Hollywood-Filmstar Gary Cooper (1901–61), dem legendären Motorradteufelskerl Evel Knievel (1938–2007)

» **Heimat der** Absarokee- (Crow-), Blackfoot- und Flathead-Indianer

» **Politische Ausrichtung** Republikanische Rancher und Ölmagnaten übertreffen zahlenmäßig meist die demokratischen Studenten und Progressiven des linksgerichteten Bozeman und Missoula

» **Berühmt für** den weiten Himmel, Fliegenfischen, Cowboys, Grizzly-Bären

» **Randbemerkung** Auf einigen Highways von Montana gab es bis in die 1990er-Jahre kein Tempolimit

» **Entfernungen** Bozeman–Denver: 695 Meilen (1118 km), Missoula–Whitefish: 136 Meilen (219 km)

Praktische Informationen

Montana Fish, Wildlife & Parks (☎406-444-2535; http://fwp.state.mt.us) Auf einem der 24 Campingplätze in Montanas State Parks zu zelten kostet etwa 15/23 US$ pro Nacht für Anwohner/Nicht-Anwohner. Plätze mit Anschlüssen für Wohnmobile (wenn vorhanden) kosten nochmal 5 US$. Man kann über ☎1-855-922-6768 oder http://montanastateparks.reserveamerica.com reservieren.

Montana Road Conditions (☎800-226-7623, innerhalb von Montana 511; www.mdt.mt.gov/travinfo)

Travel Montana (☎800-847-4868; www.visitmt.com)

Bozeman

Das hundefreundliche Bozeman liegt in einer herrlichen Landschaft, umgeben von weiten, grünen Hügeln und Kiefernwäldern und eingerahmt von schneebedeckten Bergen. Es ist einfach die coolste Stadt in Montana (ganz egal, was die Bewohner von Missoula einem erzählen mögen ...). Die Altstadt rund um die Main St ist retro-Cowboy-flippig und besteht aus niedrigen Backsteingebäuden mit angesagten Boutiquen, künstlerischen Weinlokalen und lebhaften Straßencafés, in denen Gerichte aus aller Welt serviert werden. Die Lage nahe bei den Bridger und Gallatin Mountains ist dafür verantwortlich, dass Bozeman außerdem eine der besten Städte für Outdoor-Aktivitäten im Westen der ganzen Vereinigten Staaten ist.

Sehenswertes & Aktivitäten

Museum of the Rockies MUSEUM
(☎406-994-2251; www.museumoftherockies.org; 600 W Kagy Blvd; Erw./Kind 10/7 US$; ⏲8–20 Uhr; 👪) Das Museum der Montana State University ist eines der besten in Montana, und man sollte es nicht versäumen. Es gibt Abteilungen über Astronomie, über Dinosaurier, über die Kunst der frühen Ureinwohner Amerikas und Laser-Planetarium-Shows.

Bridger Bowl Ski Area WINTERSPORT
(☎406-587-2111; www.bridgerbowl.com; 15795 Bridger Canyon Rd; Tages-Liftticket Erw./Kind unter 12 Jahren 47/16 US$; ⏲Mitte Dez.–März) Nur in Bozeman ist ein nicht auf Profit ausgerichtetes Ski-Resort zu finden. Diese ausgezeichnete Einrichtung, die sich im Besitz der Gemeinde befindet, liegt 16 Meilen (25,5 km) nördlich von Bozeman. Sie ist für ihren lockeren, leichten Pulverschnee und die wirklich unschlagbaren Preise berühmt – vor allem für Kinder unter zwölf Jahren.

Schlafen

Die volle Bandbreite an Kettenmotels steht nördlich der Innenstadt in der 7th Ave, nahe der I-90. Östlich der Innenstadt, in der Main St, gibt's noch mehr Budgetunterkünfte mit Zimmern ab 50 US$, je nach Saison.

Bear Canyon Campground CAMPING $
(☎800-438-1575; www.bearcanyoncampground.com; Stellplatz Zelt 20 US$, Stellplatz Wohnwagen 28–33 US$; ⏲Mai–Mitte Okt.; 📶🏊) 3 Meilen (8,4 km) östlich von Bozeman, an der I-90 Exit 313, liegt der Bear Canyon Campground auf der Spitze eines Hügels mit herrlicher Aussicht in das umgebende Tal. Es gibt sogar einen Pool.

Bozeman Backpackers Hostel HOSTEL $
(☎406-586-4659; www.bozemanbackpackershostel.com; 405 W Olive St; B/DZ 24/50 US$) In einem wunderschönen, gelb gestrichenen viktorianischen Haus aus dem Jahr 1890 (nur am Rande: Hier lebte einst der Schauspieler Gary Cooper, als er in der Stadt zur Schule ging) befindet sich dieses von Australiern geführte unabhängige Hostel. Die lässige Haltung hier bedeutet, dass es ein entspanntes Feeling, freundliche Leute und keine Sperrstunde gibt. Es ist *der* Ort, um sich mit anderen aktiven Globetrottern zu treffen.

Lewis & Clark Motel MOTEL $$
(☎800-332-7666; www.lewisandclarkmotel.net; 824 W Main St; Zi. 109–119 US$; ❄📶) Wer in Montana ein Stückchen Las Vegas haben möchte, übernachtet in diesem glitzernden Motel im Besitz von Einheimischen. Die großen Zimmer besitzen Fenster nach vorne raus, die vom Boden bis zur Decke reichen. Die durch die Gänge dudelnde Musik aus den 1950er-Jahren trägt noch zum Rat-Pack-Feeling bei.

Essen & Ausgehen

Da Bozeman eine Collegestadt ist, gibt es keinen Mangel an auf Studenten eingestellten günstigen Imbissen und natürlich genügend Kneipen, um den Durst eines College-Footballteams zu löschen. Fast alle sind in der Main St.

La Tinga MEXIKANISCH $
(12 E Main St; Hauptgerichte 1,50-7 US$; ⌚9–14 Uhr) Einfach, günstig und authentisch: Das La Tinga bietet schlichtes, unglaublich leckeres Essen. In der winzigen Taco-Kneipe bestellt man an der Theke und bekommt die köstliche Version des mexikanischen Schweinfleischgerichts, nach dem es benannt wurde, und jede Menge frisch gemachte Tacos für nur 1,50 US$ aufwärts. Man kann auch das tägliche Kombiangebot zum Mittagessen für weniger als 7 US$ wählen.

Community Co-Op SUPERMARKT $
(www.bozo.coop; 908 W Main; Hauptgerichte 5–10 US$; 📶🌱) Diese beliebte Einrichtung ist der beste Ort, um Bio-Lebensmittel und große Mengen von allem möglichen einzukaufen. Außerdem bekommt man warme Mahlzeiten, Salate und Suppen zum Hieressen oder Mitnehmen. In der Filiale in der W Main befindet sich im oberen Stock ein tolles Kaffeehaus mit Bio-Kaffee.

John Bozeman's Bistro AMERIKANISCH $$$
(☎406-587-4100; www.johnbozemansbistro.com; 125 W Main St; Hauptgerichte 14–30 US$; ⌚So & Mo geschl.) Das beste Restaurant von Bozeman bietet thailändische, kreolische oder pan-asiatische Anklänge. Wie wär's mit Cowboysteak zum Dinner und dazu eine Vorspeise wie Hummersuppe. Wöchentlich wechselt das „Superfood"-Special mit besonders nahrhaften vegetarischen Gerichten je nach Saison.

Plonk WEINLOKAL $$
(www.plonkwine.com; 29 E Main St; abends Hauptgerichte 13–26 US$; ⌚11.30–24 Uhr) Wo geht man hin, wenn man ein ausgiebiges Mittagessen mit einem Schwatz und drei Martinis haben möchte? Das Plonk hat eine ausgiebige Speisekarte von leichten Snacks bis zu vollen Mahlzeiten, von denen die meisten aus Bio-Produkten der Region hergestellt werden. Im Sommer wird die gesamte Vorderfront geöffnet. Dann strömt ein kühles Lüftchen durch das ganze lange Gebäude. Außerdem gibt's eine lange Shotgun-Bar und die Decke ist aus gepresstem Blech.

Molly Brown BAR
(www.mollybrownbozeman.com; 703 W Babcock) Diese laute Kneipe ist vor allem bei den Studenten der MSU beliebt. Es gibt 20 Biersorten vom Fass und acht Billardtische, um ein Spielchen zu machen.

Zebra Cocktail Lounge LOUNGE
(☎406-585-8851; 15 N Rouse St) Dieser Ort im Bozeman Hotel ist das Epizentrum der Livemusik, vor allem in Sachen Club und Hip-Hop.

Praktische Informationen

Visitor Center (☎406-586-5421; www.bozemanchamber.com; 1003 N 7th Ave; ⌚Mo–Fr 8–17 Uhr) Versorgt Traveller mit Infos über Unterkünfte und Attraktionen in der Region.

An- & Weiterreise

Der **Gallatin Field Airport** (BZN; ☎406-388-8321; www.bozemanairport.com) liegt 8 Meilen (13 km) nordwestlich der Innenstadt. Die Busse von **Karst Stage** (☎406-556-3540; www.karststage.com) fahren von Dezember bis April täglich vom Flughafen nach Big Sky (51 US$, 1 Std.) und West Yellowstone (etwa 63,40 US$, 2 Std.); im Sommer muss man reservieren.

Die Busse von Rimrock Stages starten am **Busdepot** (☎406-587-3110; www.rimrocktrailways.com; 1205 E Main St), eine halbe

Meile (600 m) von der Innenstadt entfernt. Sie bedienen alle Städte in Montana, die an der I-90 liegen.

Gallatin Valley & Paradise Valley

Outdoor-Fans könnten tagelang die weitläufige Schönheit rund um das Gallatin und das Paradise Valley erforschen. Das **Big Sky Resort** (☎800-548-4486; www.bigskyresort.com; Lift-Ticket Erw. 81 US$) mit seinen zahlreichen Bergen, 10 m Neuschnee jährlich und dem längsten Gefälle von Montana (1325 m) ist eines der beliebtesten Ziele in Sachen Abfahrt- und Langlaufski, vor allem seit es sich mit dem benachbarten Moonlight Basin zusammengeschlossen hat. Die Schlangen an den Liften sind in den Rockies die kürzesten, und wer mit Kindern reist, sollte sich das Big Sky auf keinen Fall entgehen lassen – Kinder und zehn Jahren dürfen dort kostenlos Skifahren, und sogar bei den Teenagern spart man 20 US$ im Gegensatz zum Preis für den Erwachsenenpass. Im Sommer kann man mit dem Gondellift zum Wandern und Mountainbiken hinauffahren.

Zum Backpacking und Skitourengehen macht man sich zum Spanish Peaks Gebiet in der **Lee Metcalf Wilderness** auf. Es umfasst 1008 km² des Gallatin National Forest und Beaverhead National Forest westlich der US 191. Auf der Ostseite der US 191 schmiegen sich zahlreiche malerische USFS-Campingplätze an die Gallatin Range.

20 Meilen (32 km) südlich von Livingston, an der US 89 auf dem Weg zum Yellowstone National Park, haben die bescheidenen **Chico Hot Springs** (☎406-333-4933; www.chicohotsprings.com; Zi. mit Bad 83–215 US$, ohne Bad 55–69 US$; ⏲8–23 Uhr; 📶👪) in den vergangenen paar Jahren eine richtige Anhängerschaft gewonnen. Sie ziehen sogar berühmte Bewohner aus Hollywood an. Einige kommen her, um in den Becken mit warmem Wasser unter freiem Himmel zu baden, die die Größe von Swimmingpools haben (Eintritt für diejenigen, die hier nicht wohnen 6,50 US$). Andere kommen wegen der lebhaften Bar, in der am Wochenende schwungvolle Country-&-Westerntanzbands auftreten. Das Restaurant auf dem Gelände (Hauptgerichte 20–30 US$) ist für seine tollen Steaks und

NICHT VERSÄUMEN

FLIEGENFISCHEN UNTER WEITEM HIMMEL

Seit Robert Redford und Brad Pitt in dem Klassiker von 1992 *In der Mitte entspringt ein Fluss* dafür gesorgt haben, dass es sexy aussieht, ist Montana mit der Coolness des Fliegenfischens eng verbunden. Gleichgültig, ob man noch am Lernen oder ein Weltklasse-Forellenangler ist, die weiten, schnell fließenden Flüsse sind immer traumhaft schön und voller Fische. Für Filmfans: Auch wenn der Film – und das Buch, auf dem er basiert – in Missoula und dem nahen Blackfoot River spielt, wurde der Film selbst tatsächlich rund um Livingston, im Yellowstone National Park und am Gallatin Rivers gedreht. Das ist auch die Region, auf die wir uns hier konzentrieren.

Zum Do-it-Yourself-Fischen bietet der Gallatin River, 8 Meilen (13 km) südwestlich von Bozeman am Hwy 191 die Stellen, die am besten zugänglich und zuverlässig voller Fische sind, dicht gefolgt vom schönen Yellowstone River, 25 Meilen (40 km) östlich von Bozeman, im Paradise Valley.

Einen Exklusivbericht über den Unterschied zwischen einer Regenbogen-, See- oder Cutthroat-Forelle – sowie Fliegen, Angelruten und eine Angelerlaubnis in Montana – bekommt man im **Bozeman Angler** (☎406-587-9111; www.bozemanangler.com; 23 E Main St, Bozeman; ⏲Mo–Sa 9.30–17.30, So 10–15 Uhr). Der Laden in der Innenstadt ist seit über 15 Jahren im Besitz eines Paares aus der Gegend und bietet zwischen Mai und September an jedem zweiten Samstag im Monat einen tollen Einführungskurs ins Fliegenfischen (125 US$/Pers., Casting-Kurse 40 US$/Std.). Bei dem eintägigen Abenteuer lernt man die Grundlagen im Casting, über Köder und Fische. Dann wird man „gefüttert" und auf den Fluss los gelassen (natürlich mit einem Guide), um die neu erworbenen Fähigkeiten zu üben. Wer schon weiß, wie es geht, aber nicht weiß, wo man die besten Gewässer findet, der kann im Shop nach einer geführten Tour fragen. Sie werden den jeweiligen Fähigkeiten und Interessen angepasst.

Meeresfrüchte berühmt. Man nennt die Gegend nicht umsonst das Paradies.

Absaroka Beartooth Wilderness

Die fabelhafte Absaroka Beartooth Wilderness mit ihren zahlreichen schönen Ausblicken umfasst mehr als 3817 km² und eignet sich perfekt für ein einsames Abenteuer. In dieser Wildnis kann man alles finden, von dichten Wäldern bis zu zerklüfteten Bergen und sagenhaften, einsamen Gebieten mit Gebirgstundra. Sie liegt zwischen dem Paradise Valley im Westen und dem Yellowstone National Park im Süden. Die dicht bewaldete Absaroka Range beherrscht die westliche Hälfte der Region und ist am besten vom Paradise Valley aus oder über den Boulder River Corridor zu erreichen. Die Hochebene der Beartooth Range und die Gebirgsseen erreicht man am leichtesten vom Beartooth Hwy südlich von Red Lodge. Wegen seiner Nähe zum Yellowstone National Park fließen durch die Beartooth Region zwei Drittel des Verkehrs in diesem Gebiet.

Red Lodge ist eine malerische alte Bergbaustadt mit fröhlichen Bars und Restaurants und einer guten Auswahl an Übernachtungsmöglichkeiten. Außerdem kann man von hier tolle Tageswanderungen machen, mit dem Rucksack wandern und im Winter gleich in der Nähe der Stadt skifahren. Das **Red Lodge Visitor Center** (☎406-446-1718; www.redlodge.com; 601 N Broadway Ave; ⏲Mo–Fr 8–18, Sa & So 9–17 Uhr) hat Infos zu den Übernachtungsmöglichkeiten.

Billings

Man kann kaum glauben, dass das lässige kleine Billings die größte Stadt in Montana ist. Das freundliche Zentrum der Ölindustrie und der Rancher muss man nicht unbedingt gesehen haben, aber es eignet sich gut für einen Boxenstopp über Nacht. Die historische Innenstadt ist nicht gerade weltoffen, verströmt aber einen gewissen liebenswerten Charme.

Reisemüde Traveller werden das praktische **Billings Hotel & Convention Center** (☎800-537-7286; www.billingshotel.net; 1223 Mullowney Lane; Zi. ab 103 US$; ❄@📶🏊👪) zu schätzen wissen. Es bietet bequeme Zimmer, ein Restaurant und eine Bar auf dem Gelände und als Bestes von allem – vor allem, wenn man mit den Kleinen auf Achse ist – zwei riesige Wasserrutschen im Hallenbad!

Im putzmunteren **McCormick Cafe** (2419 Montana Ave; Mahlzeiten 5–8 US$; ⏲Mo–Fr 7–15, Sa 8–15, So 8–13 Uhr; @📶👪) in der Innenstadt kann man auftanken. Es gibt tolles Frühstück und Sandwiches, Salate und Crêpes zum Mittagessen. Alles wird auf der versteckten Terrasse nach hinten raus serviert.

Das stilvollste Angebot zum Abendessen in der Stadt ist das **Walkers Grill** (www.walkersgrill.com; 2700 1st Ave N; Tapas 8–14 US$, Hauptgerichte 17–33 US$; ⏲17–22 Uhr). Es bietet Gegrilltes und zarte Tapas an der Bar mitten in einer anspruchsvollen Western-Einrichtung.

Der **Logan International Airport** (BIL; www.flybillings.com), 2 Meilen (3,2 km) nördlich der Innenstadt hat Direktflüge nach Salt Lake City, Denver, Minneapolis, Seattle, Phoenix und anderen Städten in Montana. Vom **Busdepot** (☎406-245-5116; 2502 1st Ave N; ⏲24 Std.) gehen Linien nach Bozeman (23 US$, 3 Std.) und Missoula (48 US$, 8 Std.).

Helena

Mit einem Fuß in den Cowboy-Geschichten (Gary Cooper wurde hier geboren) und dem

PANORAMASTRASSEN: DAS DACH DER ROCKIES

Der atemberaubende **Beartooth Highway** (US 212; www.beartoothhighway.com; ⏲Juni–Mitte Okt.) verbindet Red Lodge mit Cooke City und dem Nordeingang des Yellowstone National Park. Die unglaubliche 68 Meilen (110 km) lange Strecke führt auf Augenhöhe an 3350 m hohen Bergen und mit Wildblumen gesprenkelter Gebirgstundra vorbei. Man hat sie schon sowohl die malerischste Strecke von Amerika als auch die beste Motorradroute des Landes genannt. Wir bezeichnen sie als die malerischste Route zum Yellowstone National Park. Es gibt entlang des Highway ein paar USFS-Campingplätze (unter www.recreation.gov kann man reservieren). Vier davon liegen im Umkreis von 12 Meilen (19 km) um Red Lodge.

ABSTECHER

CUSTERS LETZTES GEFECHT

Der schönste Abstecher von Billings aus führt zum **Little Bighorn Battlefield National Monument** (☎406-638-3224; www.nps.gov/libi; Eintritt 10 US$/Auto; ⏲8–21 Uhr). Es befindet sich 65 Meilen (105 km) außerhalb der Stadt in der trockenen Ebene des Absarokee-(Crow-)Reservats. Hier stößt man auf eines der bekannesten Indianerschlachtfelder. Hier stellte sich General George Custer zu seinem berühmten „letzten Gefecht". Custer und 272 Soldaten hatten sich einmal zu viel mit den Ureinwohnern angelegt (einschließlich Crazy Horse von den Lakota Sioux). Dieser überwältigte die Truppe mit einem (oft im Bild dargestellten) Massaker. In einem Visitor Center wird die Geschichte erzählt. Besser ist es, über **Apsalooke Tours** (☎406-638-3114) eine der fünf Tage langen Touren mit einem Crow-Guide zu machen. Der Eingang liegt 1 Meile (1,6 km) östlich der I-90 an der US 212. Wer am letzten Juniwochenende hier ist, kann das jährliche Geheule des **Custer's Last Stand Re-Enactment** (www.custerslaststand.org; Erw./Kind US$20/8), 6 Meilen (9,5 km) westlich von Hardin, miterleben.

anderen im hippen, weniger stereotypen Land der Lotusblumen im heutigen Montana ist das winzige Helena eine der kleinsten Hauptstädte eines Bundesstaates im ganzen Land (28 000 Ew.). Hier verfassen die Politiker-Bürohengste die Gesetze, während die hartgesottenen Sportsleute zur anderen Leidenschaft Montanas in die Ausläufer der Rocky Mountains aufbrechen: Outdoor-Abenteuer.

Zurück in der Stadt hat Helena, halb versteckt unter Goretex und Outdoor-Ausrüstung, noch ein paar feinere Überraschungen zu bieten: zum einen eine keltisch inspirierte neogotische Kathedrale, zum anderen eine kunstbeflissene Shopping-Fußgängerzone. Auf jeden Fall darf man seinen Fahrradhelm nicht vergessen, aber ebenso wenig die hippe Baskenkappe.

Sehenswertes & Aktivitäten

Bei vielen Stätten in Helena hat man kostenlosen Eintritt, auch in die eleganten alten Gebäude entlang der Last Chance Gulch (Helenas Fußgänger-Shoppingmeile) und in die hier gelisteten Sehenswürdigkeiten.

State Capitol WAHRZEICHEN
(Ecke Montana Ave & 6th St; ⏲Mo–Fr 8–18 Uhr) Dieses stattliche neoklassizistische Gebäude wurde 1902 fertiggestellt und ist für seine leuchtfeuerähnliche Kuppel bekannt. Sie ist innen reich mit goldgerahmten Gemälden ausgestattet.

Cathedral of St. Helena KIRCHE
(530 N Ewing St) Diese neugotische Kathedrale erhebt sich wie eine Erscheinung aus Europa über der Stadt und wurde 1914 fertiggestellt. Zu den Highlights gehören das Baptisterium, die Orgel und die aufwendigen bunten Glasfenster.

Holter Museum of Art GALERIE
(www.holtermuseum.org; 12 E Lawrence St; ⏲Di–Sa 10–17.30, So 12–16 Uhr) Stellt moderne Werke von Künstlern aus Montana aus.

Mt. Helena City Park OUTDOOR
Durch den Mt. Helena City Park winden sich neun Wander- und Mountainbikewege. Einer davon führt auf den 1664 m hohen Gipfel des Mt. Helena.

Schlafen & Essen

Östlich der Innenstadt, nahe der I-15, befindet sich die vorhersehbare Reihe von Kettenhotels. Die meisten Zimmer kosten zwischen 60 und 85 US$ und beinhalten kostenloses kontinentales Frühstück, einen Pool und Whirlpool.

Sanders B&B $$
(☎406-442-3309; www.sandersbb.com; 328 N Ewing St; Zi. inkl. Frühstück 130–140 US$; ❄) Das historische B&B hat sieben elegante Gästezimmer, einen herrlichen alten Salon und eine luftige Vorderveranda. Jedes Schlafzimmer ist einzigartig und sorgfältig eingerichtet.

Fire Tower Coffee House CAFÉ, FRÜHSTÜCK $
(www.firetowercoffee.com; 422 Last Chance Gulch; Frühstück 4–7 US$; ⏲Mo–Do 6.30–18, Fr bis 22, Sa 8–17, So 8–14 Uhr; 📶) Hier bekommt man Kaffee, kleine Mahlzeiten und freitagabends Livemusik. Das Frühstück besteht aus einer Reihe verschiedener Burritos auf Eierbasis, während mittags gesunde Sandwiches zur Auswahl stehen.

Praktische Informationen

Helena Visitor Center (www.helenachamber.com; 225 Cruse Ave; ⏲Mo–Fr 8–17 Uhr)

Anreise & Unterwegs vor Ort

Der **Helena Regional Airport** (HNL; www.helenaairport.com) liegt 2 Meilen (3,2 km) nördlich der Innenstadt und bietet Flüge zu den meisten anderen Flughäfen in Montana sowie nach Salt Lake City, Seattle und Minneapolis. Rimrock Trailways startet in Helenas **Transit Center** (630 N Last Chance Gulch). Von hier fahren mindestens einmal täglich Busse nach Missoula (25 US$, 2¼ Std.), Billings (42 US$, 4¾ Std.) und Bozeman (22 US$, 2 Std.).

Missoula

Outsider verbringen meist die ersten 30 Minuten in Missoula damit, darüber nachzudenken, wo sie eigentlich eine falsche Abzweigung genommen haben. Austin, Texas? Portland, Oregon? Kanada vielleicht? Die Verwirrung ist leicht verständlich, denn der Stadt fehlen die Montana-Klischees. Man findet hier nur ein paar Wildwest-Saloons und sogar noch weniger herumirrende Cowboys. Stattdessen ist Missoula eine kultivierte Universitätsstadt mit jeder Menge Grünanlagen und einer Unmenge an Stolz auf die eigene Stadt. Es überrascht nicht, dass die Großzügigkeit dieser Metropole ansteckend ist. Neuankömmlinge strömen schon seit über einem Jahrzehnt hierher wie gierige Schürfer in eine boomende Stadt im Goldrausch. Doch obwohl es eine jener Städte in den USA ist, die am schnellsten wachsen, erscheint Missoula dank sensibler Planungsrechte nie laut. Im kleinen verkehrsberuhigten Herzen der Innenstadt findet man eine interessante Reihe von historischen Gebäuden, und das Fahrrad ist immer noch eine beliebte Methode, sich in der Stadt fortzubewegen, vor allem rund um den traumhaften Unversitätscampus.

Sehenswertes

Missoula eignet sich einfach herrlich zum Herumlaufen, vor allem im Frühling und Sommer. Dann strömen so viele Leute auf die Straße, dass es schon wie in einer Großstadt aussieht.

GRATIS Smokejumper Visitor Center — MUSEUM

(W Broadway; ⌚Juni–Aug. 10–16 Uhr) 7 Meilen (11 km) westlich der Innenstadt befindet sich diese aktive Basis jener heroischen Männer und Frauen, die mit dem Fallschirm in Wälder abspringen, um dort Waldbrände zu bekämpfen. Das Visitor Center zeigt in Ton und Bild Ausstellungen, die zum Nachdenken anregen und auf tolle Weise das Leben eines Feuerwehrmanns im Westen illustrieren.

GRATIS Missoula Art Museum — MUSEUM

(www.missoulaartmuseum.org; 335 North Pattee; ⌚Mo–Do 10–17, Fr–So 10–15 Uhr) Alle bejubeln eine Stadt, die nicht nur freidenkende Künstler ermutigt, sondern diese auch noch kostenlos in einem schicken neuen Gebäude ausstellt, das sich nahtlos als schnittiger, zeitgenössischer Anbau an ein 100 Jahre altes Gebäude anschließt.

Aktivitäten

Clark Fork River Trail System — RADFAHREN, WANDERN

Missoula liegt am Ufer des Clark Fork River und ist mit einem attraktiven Wegesystem am Fluss gesegnet, das auch noch durch zahlreiche Parks unterstützt wird. Der **Caras Park** liegt am zentralsten und ist die lebhafteste Grünanlage. Hier finden jährlich über ein Dutzend Festivals statt. Außerdem gibt es ein einzigartiges **Karussell** mit holzgeschnitzten Figuren.

Mount Sentinel — WANDERN

Der steile Serpentinenpfad hinter dem Footballstadion wurde Anfang des 20. Jhs. von den hiesigen Universitätsstudenten geformt. Er führt zu einem geweißten „M" aus Beton (das man noch in meilenweiter Entfernung sehen kann) am Gipfel des 1572 m hohen Mt. Sentinel. Am besten nimmt man ihn an einem warmen Sommerabend in Angriff. Dann hat man einen traumhaften Blick über diese so tolle Stadt und ihre spektakuläre Umgebung.

Adventure Cycling HQ — RADFAHREN

(www.adventurecycling.org; 150 E Pine St; ⌚Juni–Aug. Mo–Fr 8–17 Uhr, Sa geöffnet) Das HQ von Amerikas führendem nicht auf Profit ausgerichtetem Reiseunternehmen hat etwas von einer Pilgerstädte für Radfahrer, die den Kontinent durchqueren wollen und von denen viele ihre Route durch Missoula legen. Sie werden immer herzlich empfangen und erhalten eine Menge Infos übers Radfahren.

Fliegenfischen — ANGELN

Montana und Fliegenfischen gehören zusammen wie Schinken und Eier. Hier spielt Montanas berühmtester Film *In der Mitte entspringt ein Fluss* (auch wenn er in der Nähe von Bozeman gedreht wurde). In der Gegend um Missoula findet man einige der besten Angelplätze im ganzen Bundesstaat.

Der **Rock Creek**, 21 Meilen (34 km) östlich von Missoula, ist ein ausgewiesener Blue-Ribbon-Forellenfluss und in der Gegend das ganze Jahr über der beste Platz zum Angeln.

Schlafen

Goldsmith's Bed & Breakfast B&B $$
(☎406-728-1585; www.goldsmithsinn.com; 809 E Front St; Zi. 134–169 US$; ❄@) Dieses wunderbare B&B mit seinen gemütlichen Zimmern liegt nur einen Steinwurf vom Fluss entfernt. Die Terrasse mit Blick über das Wasser ist der perfekte Ort, um sich mit einem guten Roman hinzusetzen. Die Zimmer sind attraktiv und mit viktorianischen Möbeln ausgestattet. Einige haben sogar eigene Wohnzimmer, Kamin und Lese-Ecken.

Mountain Valley Inn MOTEL $
(☎800-249-9174; www.mountainvalleyinnmissoula.com; 420 W Broadway; DZ ab 70 US$; P❄ 📶) Das Mountain Valley hat bei der Lage in der Innenstadt den besten Preis. Es bietet nur wenige Überraschungen, liefert aber da, wo es zählt: saubere Zimmer und ein freundliches Willkommen.

Essen

LP TIPP **Silk Road** INTERNATIONAL $$
(www.silkroadcatering.com; 515 S Higgins; Tapas 5–10 US$; ⏲17–22 Uhr) Sollte Lonely Planet jemals ein Restaurant eröffnen, würde es vermutlich so ähnlich aussehen. Das Silk Road serviert Gerichte aus aller Welt, von der Elfenbeinküste bis ins Gebirgsvorland, versucht sich an einer riesigen Bandbreite der weltweiten Speisen und schafft es in den meisten Fällen auch. Die Gerichte haben Tapas-Größe, sodass man nach Belieben mischen und zusammenstellen kann. Das piemonteser Risotto und die Käseplatte sind die Highlights.

Liquid Planet CAFÉ $
(www.liquidplanet.com; 223 N Higgins) Das Liquid Planet wurde 2003 von einem Universitätsprofessor gegründet. Das Kaffeehaus positioniert sich auch als Outlet für Weine und fügt jeder Flasche von Hand geschriebene Empfehlungen hinzu. Es werden auch Kaffeebohnen (mit noch detaillierteren Erklärungen), Smoothies, Tee und Gebäck verkauft. Nachhaltigkeit ist bei allen diesen Aktivitäten das einigende Band.

Depot STEAK $$$
(201 W Railroad Ave; Hauptgerichte 13–35 US$; ⏲11.30–21 Uhr) Das Depot hat einen Ruf, der zuverlässig gute Steaks in einer gehobenen und zeitgenössischen Cowboy-Umgebung verspricht. Die Speisekarte mit Rindfleischgerichten ist fast genauso lang wie die Weinkarte.

Iron Horse Brewpub KLEINBRAUEREI $
(www.ironhorsebrewpub.com; 501 N Higgins St; ⏲11.30–open end) Für die Kneipe einer Kleinbrauerei ist das Brewpub recht protzig. Zum Iron Horse gehört auch eine schicke Bar im oberen Stock, komplett mit Salzwasser-Aquarium. Es ist bei Studenten wegen seiner Biersorten und der traditionellen amerikanischen Pubgerichte beliebt.

Praktische Informationen

Visitor Center (☎406-532-3250; www.missoulacvb.org; 101 E Main St; ⏲Mo–Fr 8–17 Uhr)

Anreise & Unterwegs vor Ort

Der **Missoula County International Airport** (MSO; www.flymissoula.com) liegt 5 Meilen (8 km) westlich von Missoula an der US 12 W.

Greyhound Busse bedienen fast den ganzen Bundesstaat und halten am **Depot** (1660 W Broadway) 1 Meile (1,6 km) westlich der Stadt. Die Busse von **Rimrock Trailways** (www.rimrocktrailways.com) mit Anschluss nach Kalispell, Whitefish, Helena und Bozeman halten ebenfalls hier.

Flathead Lake

Der größte natürliche Süßwassersee westlich des Mississippi liegt keine Autostunde vom Glacier National Park entfernt und setzt den schon umwerfenden Ködern der Natur im Westen Montanas die Krone auf. Das Nordufer des Sees wird von der nichtssagenden Stadt Kalispell beherrscht; das Südufer ist sehr viel interessanter. Hier liegt die kleine, blitzblanke Siedlung **Polson**. Sie befindet sich am Rand der Flathead Indian Reservation. Hier gibt es ein **Visitor Center** (www.polsonchamber.com; 418 Main St; ⏲Mo–Fr 9–17 Uhr) und eine Handvoll Unterkünfte, z. B. das am Ufer gelegene **Kwataqnuk Resort** (☎406-883-3636; www.kwataqnuk.com; 49708 US 93; Zi. ab 130 US$; P❄📶🏊). Es ist ein überdurchschnittliches Best Western mit einem Bootsanleger, einem Frei- und einem Hallenbad und einem recht harmlosen Spielezimmer. Direkt gegenüber liefert das schreiend pinke **Betty's Diner** (49779 US 93; Mahlzeiten 10–13 US$) bodenständiges amerikanisches Essen mit dem üblichen Charme von Montana. Von der Stadt aus kann man für gut 3 km einen Weg nach Süden laufen, der an der 7th Ave E beginnt und zum verblüffenden **Miracle of America Museum** (www.miracleofamericamuseum.org; 58176 Hwy 93; Eintritt 5 US$; ⌚Juni–Aug. 8–20 Uhr, Sept.–Mai Mo–Sa 8.30–17 Uhr) führt. Mal wahllos, mal faszinierend besteht es aus einem 2 ha großen Gelände voller Überbleibsel der amerikanischen Geschichte. Man wandert an merkwürdigen Ausstellungsstücken vorbei, etwa dem größten (jetzt ausgestopften) je in Montana dokumentierten Büffel.

Das Ostufer des Flathead Lake wird von den geheimnisvollen Mission Mountains geküsst. Der Westen dagegen umfasst eher ländliche Gebiete mit Apfelplantagen und mit Gras bewachsenen Hügeln. Den besten Rundumblick hat man vom Wasser aus. Solisten können mit dem Kajak oder Kanu dem **Flathead Lake Marine Trail** folgen. Er verbindet mehrere Parks des Bundesstaates und **Campingplätze** (☎406-751-4577; Stellplatz ab 10 US$) rund um den See miteinander. Am nächsten an Polson liegt Finley Point: übers Wasser 9 km.

Rundfahrten über den See (www.kwataqnuk.com) werden vom Kwataqnuk Resort in Polson durchgeführt. Die anderthalbstündige Bay Cruise startet täglich um 10.30 Uhr und kostet 17 US$. Es gibt auch einen dreistündigen Ausflug (23 US$) zur **Wild Horse Island**. Den State Park, wo wilde Stuten und Hengste herumstreifen, darf man nur tagsüber besuchen.

Bob Marshall Wilderness Complex

Fernab der Pazifikküste beherbergt der Nordwesten der USA einige der am dünnsten bevölkerten Regionen in den „Lower 48". Der Grund: der Bob Marshall Wilderness Complex, ein erstaunliches 6000 km^2 großes Gebiet, das von 5150 km an Wegen durchzogen ist. Manche Gegenden sind eine über 60 km lange Schinderei von der nächsten Straße entfernt. Wer hat gedacht, die USA seien autobesessen und niemand ginge hier zu Fuß?

Das Gebiet erstreckt sich etwa von der Südgrenze des Glacier National Park im Norden bis zum Rogers Pass (am Hwy 200) im Süden. Es gibt innerhalb des Geländes drei ausgewiesene Naturregionen: Great Bear, Bob Marshall und Scapegoat. State Forests umgeben den Komplex und bieten Campingplätze, Zufahrtswege zu Wanderstrecken und ruhigere Gegenden, wenn im Herbst die Jäger „Bob" (wie die Einheimischen und Parkranger das Gebiet nennen) unsicher machen.

Der wichtigste Zufahrtsweg zum Bob von Süden aus führt über den Hwy 200 an der **Monture Guard Station Cabin** (Hütten 60 US$) an der Grenze des Gebietes vorbei. Um dorthin zu kommen, muss man zunächst 7 Meilen (11 km) von Ovando nach Norden fahren und dann mit den Schnee- oder Wanderschuhen die letzte Meile zu den privaten Domizilen am Rand der traumhaften Lewis and Clark Range zurücklegen. Für Reservierungen kann man den Forest Service kontaktieren.

Andere Zugangspunkte zum Bob sind das Seeley-Swan Valley im Westen, das Hungry Horse Reservoir im Norden und die Rocky Mountain Front im Osten. Die einfachste (und belebteste) Zugangsroute startet am Benchmark Trailhead und dem Gibson Reservoir Trailhead in der Rocky Mountain Front.

Die Wanderwege sind in der Regel zu Beginn sehr steil und erreichen nach etwa gut 10 km den Rand der Wildnisregion. Um wirklich ins Herz von Bob zu kommen, muss man noch weitere 16 km zurücklegen. Von allen Seiten aus kann man schöne Tageswanderungen machen. Zwei Distrikte des USFS sind für Bob zuständig: **Flathead National Forest Headquarters** (☎406-758-5208; www.fs.fed.us/r1/flathead; 650 Wolfpack Way, Kalispell; ⌚Mo–Fr 8–16.30 Uhr) und **Lewis & Clark National Forest Supervisors** (☎406-791-7700; www.fs.fed.us/r1/lewis-clark; 1101 15th St N, Great Falls; ⌚Mo–Fr 8–16.30 Uhr).

Whitefish

Innerhalb einer Quadratmeile gleichzeitig „rustikal" und „hip" zu sein, ist gar keine leichte Sache, aber das winzige Whitefish (8000 Ew.) ist dabei erfolgreich. Einst war es nur der Zugang zum Glacier National Park. Aber dieses zauberhafte New West Städtchen hat inzwischen genug Ruhm erworben, um auch um seiner selbst willen die lange Fahrt wert zu sein. Abgesehen vom grandiosen Glacier (der mit dem Fahrrad an einem Tag gut zu erreichen ist) hat Whitefish einige ansprechende Restaurants zu bieten, einen historischen Bahnhof, der gleichzeitig als **Museum** (www.stumptownhistoricalsociety.org; 500 Depot St; Eintritt frei ⌚Mo–Sa 10–16 Uhr) dient, und das unterschätzte **Whitefish Mountain Resort** (www.bigmtn.com; Lift-Ticket Erw./Kind 56/27 US$). Es war bis 2008 als Big Mountain bekannt und umfasst 23 km^2 an unterschiedlichsten Skigebieten. An den Wochenenden kann man hier nachts skifahren.

Beim **Whitefish Visitor Center** (www.whitefishvisit.com; 307 Spokane Ave; ⏲Mo–Fr 9–17.30 Uhr) bekommt man mehr Infos zu Aktivitäten.

Eine Reihe von Kettenmotels säumt die US 93 südlich von Whitefish, aber die Cleveren legen in der Stadt im fröhlichen **Downtowner Inn** (☎406-862-2535; www.downtownermotel.cc; 224 Spokane Ave; Zi. 67–117 US$; ❄📶) an. Hier findet man einen Fitnessraum, einen Whirlpool und ein Café. Eine weitere Möglichkeit ist die gehobenere **Pine Lodge** (☎406-862-7600; www.thepinelodge.com; 920 Spokane Ave; Zi. 79–142 US$; P❄📶🏊). Sie bietet einen praktischen Abholservice vom Flughafen. Ordentliche Restaurants und Bars gibt's jede Menge. Aber die meisten Einheimischen werden einen zum **Buffalo Café** (www.buffalocafewhitefish.com; 514 3rd St E; Frühstück 7–10 US$) schicken – es ist ein super Ort fürs Frühstück und Mittagessen.

Amtrak hält täglich auf dem Weg nach West Glacier (7 US$) und East Glacier (14 US$) im **Bahndepot** (500 Depot St) von Whitefish. Busse von **Rimrock Trailways** (www.rimrocktrailways.com) fahren täglich von der selben Stelle nach Kalispell und Missoula.

Glacier National Park

Nur wenige Naturwunder der Welt können mit den Nationalparks der USA mithalten, und nur wenige Nationalparks sind so grandios und ursprünglich wie der Glacier. Er wurde 1910 während der ersten Blüte der Naturschützer-Bewegung in den USA eingerichtet. Er gehört zu den Klassikern der Nationalparks wie Yellowstone, Yosemite und Grand Canyon und ist für seine „Parkitecture"-Lodges, die spektakuläre Hauptverkehrsstraße (die Going-to-the-Sun Road) und das intakte prä-kolumbische Ökosystem berühmt. Dies hier ist der einzige Ort in den Bundesstaaten der „Lower 48", wo immer noch Grizzlys in großer Zahl unterwegs sind und das clevere Parkmanagement den Ort zugänglich und gleichzeitig authentisch wild gestaltet hat (wie in Banff oder Jasper gibt es keine besiedelten Städte). Neben einer Reihe von Outdoor-Attraktionen ist der Park besonders für seine Möglichkeiten zum Wandern, Wildtierebeobachten und glitzernde Seen berühmt, die sich perfekt zum Bootfahren und Fischen eignen.

Auch wenn die Touristenzahlen im Glacier relativ hoch liegen (2 Mio./Jahr), verlässt die Masse dieser Leute nur selten die Going-to-the-Sun Road. Und die meisten kommen zwischen Juni und September. Wer den richtigen Moment wählt, findet sagenhafte Einsamkeit. Der Park ist das ganze Jahr über geöffnet; die meisten Dienstleistungen sind allerdings nur von Mitte Mai bis September in Betrieb.

Die 4045 km^2 des Glacier sind in fünf Regionen unterteilt, jede mit einer Rangerstation in ihrem Zentrum: Polebridge (Nordwesten); Lake McDonald (Südwesten), einschließlich des West Entrance und Apgar Village; Two Medicine (Südosten); St. Mary (Osten) und Many Glacier (Nordosten). Die 50 Meilen (80 km) lange Going-to-the-Sun Road ist die einzige befestigte Straße, die den Park durchquert.

Sehenswertes & Aktivitäten

LP TIPP **Going-to-the-Sun Road** OUTDOOR
Als Bewerber für die spektakulärste Straße in Amerika hat die 53 Meilen (85 km) lange Going-to-the-Sun Road sehr gute Chancen. Sie kann als Wahrzeichen gelten und umrundet den schimmernden Lake McDonald, bevor sie scharf zur Garden Wall abbiegt – der Hauptgrenzlinie zwischen dem West- und dem Ostteil des Parks. Am Logan Pass kann man zum 2,4 km entfernten **Hidden Lake Overlook** spazieren; ernsthaftere Wanderer versuchen sich am 12 km langen **Highline Trail**. Ein kostenloses Shuttle stoppt an der Westseite der Straße am Ausgangspunkt zum **Avalanche Lake**. Die leichte, 6,5 km lange Wanderung hin und zurück führt zu einem atemberaubenden Gebirgssee in einer Mulde, noch verschönert durch zahlreiche rauschende Wasserfälle.

Many Glacier WANDERN
Dieses malerische Tal auf der Ostseite des Parks hat sein Zentrum bei der historischen Many Glacier Lodge von 1915 und ist mit mehr Seen gesprenkelt als mit Gletschern. Es bietet einige sagenhafte Wanderungen, die zum Teil Verbindung zur Going-to-the-Sun Road haben. Ein Favorit ist der gut 15 km lange **Iceberg Lake Trail** (hin &

zurück), ein stiller, aber lohnender Ausflug durch Blumenwiesen und Kiefernwälder zu einem von Eisschollen bedeckten See.

Glacier Park Boat Co BOOTFAHREN
(☎406-257-2426; www.glacierparkboats.com) Verleiht Kajaks und Kanus und veranstaltet beliebte geführte Touren (Erw./Kind 23/11,50 US$) von fünf verschiedenen Punkten im Glacier National Park.

Schlafen

Im Park gibt es 13 **NPS-Campingplätze** (☎406-888-7800; http://reservations.nps.gov; Stellplatz für Zelt & Wohnwagen 10–23 US$) und sieben historische Lodges, die von Mitte Mai bis Ende September in Betrieb sind. Von den Plätzen kann man nur bei Fish Creek und St. Mary im Voraus reservieren (bis zu fünf Monate). Vor allem im Juli und August sind sie ab dem Vormittag voll.

Im Glacier findet man auch sieben historische Lodges, die vom Anfang des 20. Jhs. stammen.

LP TIPP **Many Glacier Hotel** HOTEL $$
(☎406-732-4411; www.glacierparkinc.com; Many Glacier Valley; Zi. 145–189 US$; ⌚Mitte Juni–Mitte Sept.) Dieses nationale Wahrzeichen am Swiftcurrent Lake wurde nach dem Vorbild eines Schweizer Chalets gestaltet und ist das größte Hotel im Park. Die 208 Zimmer haben Panoramablick. Abendunterhaltung, eine Lounge und ein tolles Speiselokal, das sich auf Fondue spezialisiert hat, tragen zum Reiz des Hotels bei.

Lake McDonald Lodge HOTEL $$
(☎406-888-5431; www.glacierparkinc.com; Lake McDonald Valley; Hütte/Lodge Zi. 128/182 US$; ⌚Mai–Sept.) Diese alte Jagdlodge wurde 1913 gebaut, ist mit ausgestopften Tiertrophäen ausgestattet und verströmt Entspannung. Die 100 Zimmer sind im Stil einer Lodge, eines Chalets oder eines Motels gestaltet. Abendliche Vorträge von Parkrangern und Ausfahrten auf dem See tragen zum ländlichen Ambiente bei. Es gibt ein Restaurant und eine Pizzeria.

Glacier Park Lodge HOTEL $$
(☎406-226-5600; www.glacierparkinc.com; East Glacier; Zi. ab 140 US$; ⌚Ende Mai–Sept.) Die Vorzeigelodge des Parks ist ein anmutiger, eleganter Ort mit Balkonen, die von Säulen aus Douglasienholz getragen werden, und einem riesigen Steinkamin in der Lobby. Es ist ein ästhetisch ansprechender, historisch verzaubernder und sehr komfortabler Platz zum Schlafen. Und dazu gibt's noch neun Golfbahnen zum Einlochen und Lese-Ecken.

Rising Sun Motor Inn MOTEL $$
(☎406-732-5523; www.glacierparkinc.com; Zi. 129–180 US$; ⌚Ende Mai–Anfang Sept.) Das Rising Sun ist eines von zwei klassischen Holz-Motels aus den 1940er-Jahren. Es liegt am Nordufer des St. Mary Lake innerhalb eines kleinen Komplexes, zu dem auch ein Laden, ein Restaurant und ein Bootsanleger gehören. Die rustikalen Zimmer und Hütten bieten alles, was sich ein erschöpfter Wanderer nur wünschen kann.

Essen

Im Sommer findet man in Apgar, in der Lake Mcdonald Lodge, beim Rising Sun und dem Swiftcurrent Motor Lebensmittelläden mit ein wenig Campingausstattung. In den meisten Lodges gibt es auch ein Restaurant. Die Essensoptionen in West Glacier und St. Mary bestehen vor allem in herzhaften Gerichten für Wanderer.

Park Café AMERIKANISCH $
(www.parkcafe.us; US 89, St Mary; Frühstück 7–12 US$; ⌚Juni–Sept. 7–22 Uhr) In St. Mary. Wird wegen seiner Torten zum Nachtisch empfohlen.

Ptarmigan Dining Room INTERNATIONAL $$$
(Many Glacier Lodge; Hauptgerichte 15–30 US$; ⌚Mitte Juni–Anfang Sept.) Mit seinem Blick über den See ist es das edelste der Lodge-Restaurants.

Polebridge Mercantile BÄCKEREI, SUPERMARKT $
(Polebridge Loop Rd; ⌚Mai–Nov. 7–21 Uhr) Im North Fork Valley. Man kommt wegen der Zimtbrötchen – sie tanken müde Wandererbeine noch einmal für einige weitere Stunden auf.

Praktische Informationen

Die Visitor Centers und Rangerstationen im Park verkaufen Führer und stellen Karten zur Verfügung. Die Stationen in Apgar und St. Mary sind von Mai bis Oktober täglich geöffnet; das Visitor Center am Logan Pass hat dann offen, wenn auch die Going-to-the-Sun Road zugänglich ist. Die Rangerstationen von Many Glacier, Two Medicine und Polebridge schließen Ende September. Das **Park Headquarters** (☎406-888-7800; www.nps.gov/glac; ⌚Mo–Fr 8–16.30 Uhr) in West Glavier zwischen der US 2 und Apgar ist das ganze Jahr über geöffnet.

Die Eintrittskarten für den Park (Fußgänger/Fahrzeug 12/25 US$) sind sieben Tage gültig.

Wer nur einen Tag hier wandert, benötigt keine Erlaubnis, Backpacker, die über Nacht bleiben wollen (nur von Mai bis Oktober möglich), schon. Die Hälfte des Kontingents wird nach dem Motto „Wer zuerst kommt, mahlt zuerst" vom **Apgar Backcountry Permit Center** (Erlaubnis pro Pers. & Tag 4 US$; ⏲1. Mai–31. Okt.), dem St. Mary Visitor Center und den Rangerstationen von Many Glacier, Two Medicine und Polebridge ausgegeben.

Die zweite Hälfte des Kontingents kann im Apgar Backcountry Permit Center, in den Visitor Centers St. Mary und Many Glacier sowie bei den Rangerstationen Two Medicine und Polebridge reserviert werden.

ℹ Anreise & Unterwegs vor Ort

Der *Empire Builder* von Amtrak hält täglich auf der Strecke zwischen Seattle und Chicago in West Glacier (das ganze Jahr über) und East Glacier (April–Okt.). Im **Glacier National Park** (www.nps.gov/glac) gibt es ab dem 1. Juli bis zum Labor Day kostenlose Shuttles auf der Going-to-the-Sun Road von Apgar Village nach St. Mary. Die *East Side Shuttles* von **Glacier Park, Inc** (www.glacierparkinc.com) auf der Ostseite des Parks kosten etwas und haben täglich Verbindungen nach Waterton (Kanada), Many Glacier, St. Mary, Two Medicines und East Glacier.

IDAHO

Als der amerikanische Entdecker William Clark vom Corps of Discovery im August 1805 vom Lemhi Pass gleich westlich des Oberlaufs des Missouri herunter kam, erwartete er, eine riesige Flussebene zu sehen, die sich bis ganz zum Pazifik erstreckt. Stattdessen wurde er mit einer unendlichen Reihe von unerforschten Gebirgszügen konfrontiert – die zerklüftete, unwirtliche Landschaft, die wir heute als Idaho kennen.

Der 43. Staat ist vor allem dafür berühmt, dass er nicht besonders berühmt ist. Seine ursprüngliche, an Alaska erinnernde Landschaft wird von den meisten, die entweder Richtung Westen nach Seattle oder Richtung Osten zu den berühmteren Parks in Montana unterwegs sind, einfach ignoriert. In Wirklichkeit haben sich große Teile dieses kaum betretenen Landes seit den Tagen von Lewis und Clark kaum verändert, z.B. das riesige 38 850 km² große „Loch", das sich im Zentrum des Bundesstaates befindet und wo es weder Straßen noch Siedlungen oder andere Arten menschlicher Einmischung gibt.

Das flachere, trockenere südliche Idaho wird vom Snake River beherrscht. Von den frühen Siedlern auf dem Oregon Trail war er als Transportweg benutzt worden, heute verläuft an ihm der viel befahrene Hwy 84. Aber außerhalb dieses dicht bevölkerten Streifens ist die Landschaft von Idaho erfrischend unberührt von den seelenlosen Einkaufszentren und Fast-Food-Verseuchungen, die anderswo in den USA so allgegenwärtig sind.

KURZINFOS IDAHO

» **Spitzname** „Gem State"

» **Bevölkerung** 1567582

» **Fläche** 216446 km²

» **Hauptstadt** Boise (205671 Ew.)

» **andere Städte** Lewiston (31293 Ew.), Moscow (23800 Ew.), Idaho Falls (56813 Ew.)

» **Verkaufssteuer** 6 %

» **Geburtsort von** Lewis-und-Clark-Führerin Sacagawea (1788–1812); Star der Politik und des Reality-TV Sarah Palin (geb. 1964); Dichter Ezra Pound (1885–1972); Schauspielerin Lana Turner (1921–1995)

» **Heimat des** Star Granat, Sun Valley Skiresort

» **Politische Ausrichtung** zuverlässig republikanisch mit kleinen demokratischen Inseln, z. B. Sun Valley

» **Berühmt für** Kartoffeln, Wildnis, saubere Luft, den ältesten Sessellift der Welt

» **Staatstanz** Squaredance

» **Entfernungen** Boise–Idaho Falls: 280 Meilen (451 km), Lewiston–Coeur d'Alene: 116 Meilen (187 km)

Boise

Untertrieben, unterbewertet und unterschätzt: Die Hauptstadt (und größte Stadt) des Bundesstaates ist den Menschen außerhalb des Nordwestens nur wenig bekannt. Aber wenn es auch nicht die Großartigkeit von San Francisco aufweisen kann, überrascht die freundliche Innenstadt engstirnige Outsider mit der bescheidenen Tatkraft eines Underdog. Wer kennt schon das grandiose Idaho Capitol Building? Wer träumte von gut betuchten Weinlokalen und Bistros im persischen Stil? Und wie war das mit dieser überall latent vorhandenen baskischen Kultur? Zu den Highlights der Stadt gehört von all diesem etwas und dazu noch ein wohltuender Universitätscampus und der Spitzname „Stadt der Bäume", der weit mehr ist als nur eine Marketingstrategie. Das Ergebnis: Boise hinterlässt einen einschneidenden und bleibenden Eindruck – vor allem deshalb, weil man es vorher nicht gedacht hätte.

Sehenswertes & Aktivitäten

Am besten erkundet man das Hauptgeschäftsviertel zwischen den State, Grove, 4th und 9th Sts.

LP TIPP Basque Block VIERTEL

(www.thebasqueblock.com) Dass in Boise die meisten Basken außerhalb Spaniens leben, wissen nur wenige. Die ersten Emigranten aus Europa kamen in den 1910er-Jahren in Idaho an und suchten Jobs als Schafhirten. Spuren ihrer unverwechselbaren Kultur kann man entlang der Grove St, zwischen der 6th St und dem Capitol Blvd sehen. Eingeklemmt zwischen den urtümlichen Tavernen, Restaurants und Bars befindet sich das **Basque Museum & Cultural Center** (www.basquemuseum.com; 611 Grove St; Erw./Senior & Student 5/4 US$; ⏲Di–Fr 10–16, Sa 11–15 Uhr), ein lobenswerter Versuch, die Feinheiten der baskischen Kultur zu enthüllen und zu zeigen, wie sie 9650 km Richtung Westen nach Idaho transportiert wurde. Hier werden Sprachkurse in der ältesten Sprache Europas, in Baskisch, angeboten. Nebenan im **Anduiza Fronton Building** (619 Grove St) gibt es ein baskisches Handballfeld, wo Liebhaber des traditionellen Sports Pelota aktiv werden. Der Boise Club gehört zur US Federation of Pelota.

Idaho State Capitol WAHRZEICHEN

Das Beste an den diversen US State Capitol Buildings ist die Tatsache, dass Besucher hier spontan und kostenlos hereinspazieren und einige der schönsten Architekturbeispiele des Landes bewundern dürfen. Das Gebäude in Boise wurde aus einheimischem Sandstein errichtet und feiert den neoklassizistischen Stil, der 1920, als es gebaut wurde, in Mode war. Es wurde 2010 umfassend erneuert und wird nun mit geothermischem heißem Wasser geheizt.

Boise River & Greenbelt PARKS, MUSEEN

Das von Bäumen gesäumte Ufer des Boise River wurde in den 1960er-Jahren angelegt, schützt 48 km autofreie Wege und ist in letzter Zeit zum Beleg für den „Stadt der Bäume"-Status von Boise geworden. Im Sommer ist der Fluss unglaublich beliebt fürs Floating und Tubing. Der Einstiegspunkt ist der **Barber Park** (Eckert Rd; Tube-Verleih 12 US$) 6 Meilen (9,7 km) östlich der Innenstadt. Von hier kann man 8 km den Fluss hinuntertreiben und im Ann Morrison Park wieder aussteigen. Auf der Strecke gibt es vier Punkte zum Ausruhen, und vom Ausstiegspunkt fährt ein Shuttlebus (3 US$).

Der zentralste Platz am Greenbelt, wo auch die meiste Action stattfindet, ist der 36,5 ha große **Julia Davis Park**. Hier befindet sich auch das **Idaho State Historical Museum** (610 N Julia Davis Dr, Erw./erm. 5/4 US$; ⏲Di–Fr 9–17, Sa 11–17 Uhr) mit gut durchdachten Ausstellungsstücken zu Lewis und Clark und das **Boise Art Museum** (www.boiseartmuseum.org; 670 N Julia Davis Dr, Erw./Senior & Student 5/3 US$; ⏲Di–Sa 10–17, So 12–17 Uhr). Es gibt außerdem einen hübschen **Rosengarten**.

Ridge to Rivers Trail System WANDERN

(www.ridgetorivers.org) Die mit Gestrüpp und Gebüsch bedeckten Hügel oberhalb der Stadt sind schroffer als der Greenbelt und bieten 120 km lange Pfade für malerisches, manchmal auch anstrengendes Wandern und Mountainbiken. Der kürzeste Zugang von der Innenstadt führt über den Fort Boise Park an der E Fort St, fünf Blocks südöstlich des State Capitol Building.

Schlafen

Hier sind drei echte Perlen der Hotelszene von Boise:

LP TIPP Modern Hotel BOUTIQUEMOTEL $$

(☎208-424-8244; www.themodernhotel.com; 1314 W Grove St; DZ ab 125 US$; P❄📶) Das Modern Hotel macht aus einem Widerspruch in sich (ein Boutiquemotel!?) ein Modestatement. Es bietet inmitten der Innenstadt retro-trendige minimalistische Zimmer mit einer hingebungsvoll angesagten Bar. Die Powerduschen sind riesig und der Service wird einem Fünf-Sterne-Hotel gerecht.

Leku Ona BOUTIQUEHOTEL $

(☎208-345-6665; 117 S 6th St; www.lekuonaid.com; Zi. 65–85 US$; 📶) Das Leku Ona ist nicht mehr und nicht weniger als ein baskisches Boutiquehotel im alten Countrystil. Es liegt gleich neben einem Restaurant des gleichen Namens. Dort werden köstliche *pintxos* (baskische Tapas) serviert. Das

Ganze wird von einem im Baskenland geborenen Einwanderer geführt. Hotel und Restaurant sind sowohl ökologisch als auch authentisch.

Hotel 43 BOUTIQUEHOTEL **$$**
(☎800-243-4622; www.hotel43.com; 981 Grove St; Zi. 146–229 US$; ❄📶) Es wurde nach seiner Lage benannt (Boise liegt auf dem 43. Breitengrad) und zu Ehren der Tatsache, dass Idaho der 43. Staat ist. Es ist ein städtisches, gemütliches Boutiquehotel im Herzen der Innenstadt. Die 112 Zimmer und Suiten sind kunstvoll ausgestattet und bieten Aussicht auf das State Capitol und die umgebenden Hügel. Das elegante, zugehörige Chandlers Restaurant mit Martini-Bar (Hauptgerichte ab 15 US$) ist eines der beliebtesten Lokale von Boise.

Essen & Ausgehen

Restaurants und Nachtclubs findet man in der Innenstadt an der von Backsteinhäusern gesäumten und verkehrsberuhigten Grove-Plaza und im aufgewerteten Stadtviertel zwischen der 8th St und der Idaho Ave. Die gesamte Lokalszene ist etwas, was man auf dem Stadtplan am liebsten dick markieren möchte. Man kann auf einige aufregende baskische Spezialitäten hoffen, auf eine Vielzahl authentischer französischer Bistros und auf einige außergewöhnliche Weinlokale.

Grape Escape WEINLOKAL **$$**
(800 W Idaho St; Appetithäppchen 7–11 US$, Hauptgerichte 11–18 US$) Hier sitzt man im Freien und genießt zum Abendessen seinen Pinot Noir zu leichter Kost (Bruschetta, Salate und höchst einfallsreiche Pizzas). Dabei beobachtet man die allgegenwärtigen Fahrradfahrer in der Innenstadt, die heimlichen Intellektuellen und die fröhlichen jungen Leute, die unterwegs sind, um einen frühen Aperitif einzunehmen. Die Weinkarte ist jedenfalls fast ebenso gut wie das Leutebeobachten.

La Vie en Rose BÄCKEREI, BISTRO **$**
(www.lavieenrosebakery.com; 928 W Main St; Hauptgerichte 7–10 US$; ⌚Di–So 8–17 Uhr) In diesem mit Türmen ausgestatteten Hotelgebäude kann man im echt französischen Bistro mit Bäckerei einen europäischen Moment haben. Auf der französisch inspirierten Speisekarte stehen *croque monsieur* (Sandwich mit gegrilltem Käse und Schinken), hausgemachte *tarte* und italienischer Illy-Kaffee.

Bar Gernika KNEIPE **$**
(www.bargernkia.com; 202 S Capitol Blvd; Mittagessen 8–9 US$; ⌚Mo–Do 11–24, Fr & Sa bis 1 Uhr) *Ongi etorri* (Willkommen) in der gastfreundlichsten Pub-Taverne im baskischen Viertel! Die Speisekarte geht stark in Richtung Lieblinge aus der alten Heimat, es stehen Gerichte wie Lamm-Kebab, Chorizo und Rinderzunge (nur samstags) darauf. Das Gernika ist wirklich ein Ort, den man nur in Boise findet.

Bittercreek Ale House & Red Feather Lounge INTERNATIONAL **$$**
(www.justeatlocal.com; 246 N 8th St; Hauptgerichte 7–15 US$; ⌚11.30–open end) Diese beiden nebeneinander liegenden Restaurants (die den gleichen Besitzern gehören) bieten lebhafte Terrassen an der Straße, eine intime Umgebung und jede Menge Persönlichkeit. Außerdem werden hier bekömmliche, meist aus Zutaten aus der Region hergestellte Speisen serviert – mit einer Betonung der Nachhaltigkeit im Anbau. Auf der modern-amerikanischen Speisekarte im Bittercreek steht eine gute Auswahl an vegetarischen Angeboten (auf Wunsch macht man Idaho-Bio-Burger mit schwarzen Bohnen). Am besten bestellt man einen der Whiskey-Cocktails, die nach einem altmodischen Rezept hergestellt werden, das noch aus der Zeit vor der Prohibition stammt. Das Red Feather ist ein bisschen gehobener und bietet köstliche Holzofenpizza und ein festes Dreigängemenü für zwei (23 US$/Pers.).

Bardenay KNEIPE **$$**
(www.bardenay.com; 610 Grove St; Hauptgerichte 8–18 US$) Das Bardenay war das allererste „Destillerie-Pub" in den USA und ist immer noch eine einzigartige Kneipe. Heute wird hier selbst hergestellter Vodka, Rum und Gin in lässiger, luftiger Umgebung serviert. Es bekommt immer gute Kritiken.

Praktische Informationen

Visitor Center (☎208-344-5338; www.boise.org; 850 Front St; ⌚Juni–Aug. Mo–Fr 10–17, Sa 10–14 Uhr, Sept.–Mai Mo–Fr 9–16 Uhr)

Anreise & Unterwegs vor Ort

Vom **Boise Municipal Airport** (BOI; I-84 exit 53) gehen täglich Flüge nach Denver, Las Vegas, Phoenix, Portland, Salt Lake City, Seattle und Spokane. Die Greyhound-Busse fahren am **Busbahnhof** (1212 W Bannock St) ab und bieten Linien, die bis nach Lewiston und Spokane, Pendleton und Portland sowie Twin Falls und Salt Lake City ausfächern.

Ketchum & Sun Valley

In einer der atemberaubendsten Gegenden von Idaho befindet sich ein Stückchen Ski-Geschichte: Sun Valley war das erste planmäßig gebaute Ski-Resort in den USA. Es war vom Spross der Union Pacific Railroad, William Averell Harriman, (nach ausgiebiger Suche) in den 1930er-Jahren extra ausgewählt worden. Bekannt gemacht wurde es von zahlreichen damaligen Berühmtheiten wie Ernest Hemingway, Clark Gable und Gary Cooper. Als Sun Valley 1936 eröffnet wurde, verfügte es über den ersten Sessellift der Welt und eine Vorzeige-„Parkitecture"-Lodge, die immer noch das erste Resort am Platze ist.

Die elegante Kundschaft aus Hollywood ist Sun Valley in den seitdem vergangenen Jahren erhalten geblieben. Sein Gebiet hat es jedoch ausgedehnt: Es umfasst jetzt auch den legendären Bald Mountain. Dennoch ist es immer noch ein edler und hübscher Ort (hier breiten sich keine Fast-Food-Ketten oder Apartmentanlagen aus). Im ganzen Land wird das Resort hoch geschätzt und verehrt, weil es hier zuverlässig guten Schnee, steile Abfahrten und meistens keinen Wind gibt. Das angrenzende Dorf Ketchum stärkt dem Resort den Rücken. Es liegt 1 Meile (1,6 km) entfernt und ist älter als Sun Valley. Es hat ebenfalls – trotz aller Skifahrer-Fluten – an seiner Ursprünglichkeit und ländlichen Schönheit festgehalten. Im Sommer ist Ketchum ein perfektes Gelände zum Fischen und Jagen. Das wusste schon der berühmte frühere Bewohner Ernest Hemingway.

Aktivitäten

In der Main St zwischen der 1st und der 5th St findet man fast alle Geschäfte. Sun Valley und seine Lodge liegen 1 Meile (1,6 km) Richtung Norden und sind zu Fuß gut erreichbar. 12 Meilen (19 km) südlich von Ketchum, auch am Hwy 75, liegt Hailey, eine weitere herrliche Kleinstadt mit mehreren Bars.

Wood River Trail WANDERN, RADFAHREN

Rund um Ketchum und Sun Valley gibt es zahlreiche Wander- und Mountainbikewege sowie ausgezeichnete Plätze zum Angeln. Der Wood River Trail ist die alles miteinander verbindende Arterie. Sie verknüpft Sun Valley mit Ketchum und führt 32 idyllische Meilen (51,5 km) nach Süden über Hailey bis Bellevue. Fahrräder kann man bei **Pete Lane's** (35 US$/Tag) im Einkaufszentrum gleich neben der Sun Valley Lodge ausleihen.

Sun Valley Resort WINTERSPORT

(www.sunvalley.com) Das Resort, das sich über zwei Orte erstreckt, ist berühmt für seinen leichten, lockeren Pulverschnee und seine Promi-Gäste. Es umfasst den **Bald Mountain** (Liftticket 55–80 US$) mit anspruchsvolleren Pisten und den nicht so nervenaufreibenden **Dollar Mountain** (Liftticket Erw. 32–38 US$, Kind 16–30 US$). Er hat auch einen **Tubing-Hügel** (Erw./Kind 10/5 US$). Im Sommer kann man mit dem Sessellift auf einen der beiden Berge hinauf- und mit dem Fahrrad wieder hinunterfahren. Es geht vorhersehbar vornehm zu.

Schlafen

Sun Valley Lodge HOTEL $$$

(☎208-622-2001; www.sunvalley.com; 1 Sun Valley Rd; Zi. 229–329 US$;) Hemingway hat in dieser protzigen Schönheit aus der Ära der 1930er-Jahre *Wem die Stunde schlägt* vollendet. Die Unterkunft hat nur wenig von seinem luxuriösen Glanz der Vorkriegszeit verloren. Altmodische Eleganz ist in den komfortablen Zimmern der Reiz, die nach heutigem Standard aber manchmal ein bisschen klein wirken. Zu den Annehmlichkeiten gehören ein Fitnessraum, ein Spielzimmer, eine Bowlingbahn und eine Sauna. Es gibt außerdem ein Skishuttle und Programme für die kleinen Gäste.

Lift Tower Lodge MOTEL $

(☎208-726-5163; 703 S Main St; Zi. 65–100 US$;) Lebenslange Mitglieder des gemeinen Volkes können mit den Millionären von Ketchum ein Schwätzchen halten und sich hinterher in dieses freundliche und ökonomische kleine Motel an der Spitze des Skidorfes davonmachen. Das Gebäude kündigt sich durch ein Wahrzeichen an: ein alter Sessellift (von 1939), der nach Einbruch der Dunkelheit beleuchtet wird.

Tamarack Lodge HOTEL $$

(☎208-726-3344; www.tamaracksunvalley.com; 500 E Sun Valley Rd; Zi. 109–139 US$;) In dieser gut gepflegten Lodge werden geschmackvolle Zimmer komplett mit Kamin, Balkon und vielen Annehmlichkeiten angeboten. Der Whirlpool und das Hallenbad sind echte Aktivposten. Unter der Woche und in der Nebensaison kann man oft einen Preisnachlass bekommen.

HEMINGWAY: DIE LETZTEN TAGE

Auch wenn Sun Valley und Ketchum nie ausdrücklich in den Werken von Ernest Miller Hemingway eine Rolle gespielt haben, empfand der Weltenbummler und Autor doch eine tiefe Zuneigung für die Region. Nachdem sie sich Ende der 1930er-Jahre zum Ski-Resort entwickelt hatte, wurde er ein häufiger Gast. Die Legende erzählt, dass er sein Meisterstück über den spanischen Bürgerkrieg *Wem die Stunde schlägt* in Zimmer 206 der **Sun Valley Lodge** vollendet hat, während er zwischendrin Angel- und Jagdausflüge mit seinen gut betuchten Freunden wie Gary Cooper und Clark Gable unternahm.

In den 1940er- und 1950er-Jahren wurden die Besuche Hemingways in Ketchum immer seltener, da er weiter nach Süden, nach Key West und Kuba, zog. Aber nach der Revolution in Kuba 1959 und der darauf folgenden Enteignung seines Hauses in Havanna zog der Autor 1959 auf Dauer nach Idaho. Zunehmend paranoid und in immer schlechterer physischer und psychischer Verfassung waren seine letzten Tage nicht seine fröhlichsten. So nahm er am 2. Juli 1961 im Alter von 61 Jahren seine Lieblingswaffe, ging hinaus auf die Veranda seines neu gekauften Hauses an der Warm Springs Rd und schoss sich in den Kopf.

In Ketchum wird überraschend (und erfrischenderweise) wenig Trara um Hemingways Anwesenheit vor Ort gemacht. Man muss schon intensiv suchen, um den kleinen, hübschen **Friedhof**, eine halbe Meile (600 m) nördlich vom Zentrum am Hwy 75, zu finden, wo er neben seiner Enkelin Margauy begraben liegt. Pennys, Zigarren und natürlich eine Flasche Schnaps schmücken sein einfaches Grab. Hemingways Haus ist für die Öffentlichkeit nicht zugänglich. Aber in der Nähe des Trail Creek, 1 Meile (1,6 km) jenseits der Sun Valley Lodge, wird er durch ein **Denkmal** geehrt. In der Innenstadt von Ketchum waren der **Casino Club** und der Alpine Club, der jetzt **Whiskey Jacques** heißt, seine Lieblingskneipen.

Essen & Ausgehen

LP TIPP **Roosevelt Grille** STEAK, KNEIPE $$
(www.rooseveltgrille.com; 280 N Main St; Hauptgerichte 9–19 US$) Was ist schon eine klassische Stadt in einem Skigebiet ohne das klassische Steakhouse mit Bar? Eine unfassbare Mischung aus Speisen (meistens Rindfleisch), Bier, eine sonnige Dachterrasse und eine angenehme Atmosphäre machen das Roosevelt zur beliebtesten Option in der Stadt – so etwa im Umkreis von einer Meile.

Rickshaw ASIATISCH $$
(www.eat-at-rickshaw.com; 460 Washington Ave N; kleine Portionen & Hauptgerichte 5–12 US$; ⌚Di–Sa 17.30–22.30, So 17.30–21.30 Uhr) Keine Lust auf Steak? In dieser angesagten Hütte in der Main St gibt es asiatische Fusion-Tapas – einfallsreiche, frische kleine Portionen mit Einflüssen aus Vietnam, Thailand, China und Indonesien. Der Koch nennt das „Street Food aus aller Herren Länder".

Desperado's MEXIKANISCH $
(☎208-726-3068; 211 4th St; Hauptgerichte 7–10 US$; ⌚Mo–Sa 11.30–22 Uhr) Man kann in Ketchum an sieben Abenden die Woche Steak essen, aber um den Horizont etwas zu erweitern, macht man sich metaphorisch auf Richtung Süden ins Desperado's. Hier werden Burritos, Chimichangas (frittierte Burritos) und Tacos mit Margaritas heruntergespült.

Pioneer Saloon STEAK $$$
(www.pioneersaloon.com; 320 N Main St; Hauptgerichte 12–25 US$; ⌚17.30–22 Uhr) Das Pio gibt es seit den 1950er-Jahren. Ursprünglich war es eine illegale Spielhalle und ist heute ein ungeniertes Rocky-Mountain-Restaurant, dekoriert mit Köpfen von Wildtieren, antiken Waffen und Schautafeln mit Munition. Und – ach ja – es gibt auch gutes Essen, so lange man Rindfleisch und Forelle mag.

Casino Club BAR
(220 N Main St) In einem weniger als 75 Jahre alten Ski-Resort ist diese Kneipe das älteste, was noch steht. Sie hat schon alles gesehen von Schlägereien unter Spielern bis zu bewusstseinserweiterten Hippies, den Aufstieg und Fall von Ernest Hemingway (ja, er hat sich hier ein paar genehmigt) und bis zu tätowierten Männern, die auf ihren Harleys durch die Vordertür fuhren. Ein Überlebenskünstler, wenn schon sonst nichts!

Praktische Informationen

Sun Valley/Ketchum Visitors Center (208-726-3423; www.visitsunvalley.com; 491 Sun Valley Rd; 9–18 Uhr)

Anreise & Unterwegs vor Ort

Der Flughafen der Region ist **Friedman Memorial Airport** (www.flyfma.com) in Hailey. Er liegt 12 Meilen (19 km) südlich von Ketchum. **A-1 Taxi** (208-726-9351) fährt von Ketchum zum Flughafen (22 US$).

Sun Valley Express (www.sunvalleyexpress.com) unterhält ein tägliches Shuttle, das zwischen Sun Valley und dem Boise Airport in beiden Richtungen pendelt (59 US$ die einfache Strecke).

Stanley

Das winzige Stanley (100 Ew.) ist vielleicht die malerischste Kleinstadt in Amerika. Umgeben von geschützter Natur und State Forests schmiegt sich der vollkommen abgelegene Außenposten in eine Biegung des Salmon River. Es ist ein Ort, an dem sich das friedliche Zwielicht im Hochsommer bis nach 22 Uhr hinzieht und man zum melodischen Rauschen des Flusses einschläft. Die Sawtooth Mountains (Sägezahnberge) tragen ihren Namen zu recht und bieten einen herrlichen Hintergrund.

Aktivitäten

Middle Fork of the Salmon RAFTING

Stanley ist der Ausgangspunkt, um auf dem legendären Middle Fork des Salmon zu raften. Beworben als „der letzte Wildfluss", ist er Teil des längsten Flusssystems ohne Staustufen außerhalb von Alaska. Vollständige Touren dauern sechs Tage und ermöglichen es, über 170 km und durch an die 300 Stromschnellen (Klasse I–IV) des 9712 km² großen Gebietes von Frank Church bis zur River of No Return Wilderness entlangzugleiten. Hier ist man Meilen von jeder Zivilisation entfernt. Gezeltet wird am Fluss und die Führer kochen ausgezeichnetes Essen. Buchen kann man über **Solitude River Trips** (www.rivertrips.com). Die Touren werden von Juni bis August angeboten und kosten schätzungsweise 1800 US$ pro Person inklusive Transport.

Main Fork of the Salmon RAFTING

Für erschwinglichere, wenn auch weniger spannende Wildwasser-Action als auf dem Middle Fork kann man auch auf eigene Faust eine Tour auf dem Main Fork des Salmon machen. Hier gibt es ein 13 km langes Stück mit ruhigem Wasser. Es beginnt bei Stanley mit Blick auf die Sawtooth Mountains, die man von der Straße aus nicht sehen kann. Auf jeden Fall sollte man seine Angelausrüstung dabeihaben! Touren in aufblasbaren Kajaks (Einzel/Doppel 30/40 US$) kann man über **Sawtooth Rentals** (www.riversidemo tel.biz; Hwy 75) im Riverside Motel in Stanley buchen.

Silver Creek Outfitters FISCHEN

(www.silver-creek.com; 1 Sun Valley Rd) Im Salmon und den Bergseen der Umgebung kann man von März bis November sagenhaft Forellen fischen. Von Ende Juni bis Anfang Oktober ist die beste Zeit zum Trockenfliegenfischen. Silver Creek in Sun Valley bietet auf den Kunden zugeschnittene Touren zu abgelegenen Stellen am Fluss, die man nur mit dem Drift Boat oder einer Float Tube erreichen kann. In diesen Gewässern gibt es nicht weniger als acht verschiedene Forellenarten, z.B. die sagenhafte Stahlkopfforelle. Sie misst bis zu 1 m und schwimmt am Ende des Winters die 1450 km vom Pazifik nach Osten und kommt in Stanley im März und April an.

Schlafen & Essen

Es gibt in Stanley ein halbes Dutzend Hotels, alle im traditionellen Blockhüttenstil der Pioniere. Während der kurzen Saison im Sommer öffnen ein paar Restaurants.

Sawtooth Hotel HOTEL $

(208-721-2459; www.sawtoothhotel.com; 755 Ace of Diamonds St; DZ mit/ohne Bad 100/70 US$;) Dies hier passiert, wenn die Besitzer der berühmten Stanley Baking Co ein Hotel eröffnen. Das Sawtooth befindet sich in einem nostalgischen Blockhütten-Motel von 1931 und hat den Komfort der Vergangenheit noch gesteigert, während die Gastfreundschaft überschwänglich typisch Stanley geblieben ist. Es gibt sechs Zimmer im Country-Stil, zwei davon mit eigenem Bad. Man darf keinen Fernseher und kein Telefon auf dem Zimmer erwarten, dafür aber hausgemachtes, einfach ausgezeichnetes Abendessen.

LP TIPP **Stanley Baking Co** BÄCKEREI, FRÜHSTÜCK $

(www.stanleybakingco.com; 250 Wall St; Frühstück & Mittagessen 6–9 US$; Mai–Okt. 7–14 Uhr) Nachdem die USA die Welt mit ungesunden Junkfood-Köstlichkeiten verstopft haben, schwören sie kulinarisch in esoteri-

NICHT VERSÄUMEN

NATIONAL SCENIC BYWAYS IN ZENTRALIDAHO

Auf Wiedersehen, ihr Einkaufszentren der Vorstadt, hallo du makellose Natur! Alle drei Straßen in den abgelegenen Außenposten Stanley in Idaho sind als National Scenic Byways ausgewiesen (Stanley ist der einzige Ort in den USA, wo das passiert). Wenn man bedenkt, dass es im Land nur 125 solcher Straßen gibt, bedeutet das, dass 2,4 % der schönsten Straßen von Amerika durch das idyllische Stanley verlaufen.

Sawtooth Scenic Byway

Diese 60 Meilen (96,5 km) lange Strecke folgt dem Hwy 75 am Salmon River entlang von Ketchum Richtung Norden bis Stanley. Die traumhafte Straße windet sich durch neblige, dichte Ponderosa-Kiefernwälder – wo die Luft klar und frisch ist und nach Regen und Nüssen duftet –, bevor sie bis zum 2652 m hohen **Galena Summit** ansteigt. Vom Aussichtspunkt am Gipfel hat man einen Ausblick auf die von Gletschern geformten Sawtooth Mountains.

Ponderosa Pine Scenic Byway

Der Hwy 21 zwischen Stanley und Boise ist so schön, dass es schwer wird, am Ziel anzukommen, denn man möchte so oft anhalten. Ab Stanley werden die Bäume immer dichter, bis man von einem süß duftenden Mantel aus Kiefern umhüllt ist – eine Umgebung, die mehr an den Nordwesten am Pazifik erinnert als an die klassischen Rockies. Die schnell ziehenden Wolken bringen häufig Regenschauer und die Straße kann sich gefährlich anfühlen. Selbst Ende Mai reichen die Schneefelder bis an den Highway heran. Zu den vielen Highlights auf dem Weg gehören einmal die **Kikham Creek Hot Springs** (Self-Pay-Stellplatz 16 US$) 6 Meilen (9,5 km) östlich von Lowman. Auf dem primitiven Campingplatz blubbern die natürlichen Thermalquellen direkt aus dem Creek hervor; zum anderen **Idaho Falls**, eine alte, renovierte Stadt aus der Zeit des Goldrausches.

Salmon River Scenic Byway

Nordöstlich von Stanley führt über den Hwy 75 und die US 93 eine weitere malerische Strecke am Salmon River entlang die 161 Meilen (259 km) bis zum historischen **Lost Trail Pass** an der Grenze nach Montana. An diesem Punkt überquerten Lewis und Clark 1805 zum ersten Mal die kontinentale Wasserscheide. Die Landschaft in der Umgebung hat sich in den letzten 200 Jahren nur wenig verändert.

scheren Genres Buße zu tun, etwa in dieser am Ende der Welt gelegenen Bäckerei und Brunchgelegenheit. Sie ist in einer kleinen Blockhütte an fünf Monaten im Jahr in Betrieb. Die Stanley Baking Co ist die einzige Option im Ort, wo man vielleicht einmal eine Schlange zu sehen bekommt. Der Grund: Waren außer Konkurrenz.

Idaho Panhandle

In dem langen dünnen Löffelstil des nördlichen Idaho, das an Kanada vorbeistreift, sind Grenzen beliebig. Historisch war dies eigentlich sowieso nie als Teil von Idaho geplant – ein Streit um Land mit Montana endete damit, dass der Bundesstaat den Panhandle in den 1880er-Jahren für sich beanspruchte – und sowohl im Aussehen als auch in der Mentalität hat die Region mehr mit dem Nordwesten am Pazifik gemeinsam als mit den Rockies. Bezeichnenderweise dient Spokane, ein paar Kilometer weiter westlich in Washington, als das Drehkreuz der Region, und die meisten Leute im Panhandle richten sich nach der Pacific Standard Time.

In der Nähe der Grenze zu Washington befindet sich das schnell wachsende **Coeur d'Alene** (44 000 Ew.). Es liegt an einer Verlängerung des Metronetzes von Spokane und ist die größte Stadt im Panhandle. Man hat es allerdings übertrieben, als man eine eher kitschige Promenade am Ufer angelegt hat und eines dieser Golf- und Spa-Resorts, die überall in den USA stehen könnten. Der angrenzende See eignet sich perfekt für Aktivitäten auf dem Wasser, vor allem Wasserski. Das **Coeur d'Alene Visitors Bureau**

(☎877-782-9232; www.coeurdalene.org; 105 N 1st; ⌚Di–Sa 10–17 Uhr) bietet weitere Infos. Es lohnt sich eigentlich nicht, hier einen Stopp einzulegen, außer man ist müde und möchte schlafen. Dann sollte man sich direkt zu dem ulkigen **Flamingo Motel** (☎208-664-2159; www.flamingomotelidaho.com; 718 Sherman Ave; Zi. 80–100 US$; ❄) mit seiner rosafarbenen Tür aufmachen. Es versetzt einen zurück in die 1950er-Jahre.

Sandpoint am Lake Pend Oreille ist die netteste Stadt im Panhandle. Sie liegt in herrlicher Natur, umgeben von Bergen, und kann auch mit dem einzigen tauglichen Amtrak-**Bahnhof** in Idaho aufwarten, einem hübschen historischen Gebäude von 1916. Der täglich zwischen Seattle/Portland und Chicago verkehrende *Empire Builder* hält hier.

Den größten See von Idaho kann man vom **Pend Oreille Scenic Byway** (US 200) aus erkunden. Die Straße umfängt das Nordufer. 11 Meilen (17,5 km) nördlich der Stadt befindet sich das hoch geschätzte **Schweitzer Mountain Resort** (www.schweitzer.com), in dem man wunderbar Tree-Skiing betreiben kann.

Das beste Unterkunfstangebot in der Umgebung von Meilen ist das saubere, freundliche **Country Inn** (☎208-263-3333; www.countryinnsandpoint.com; 470700 Hwy 95; EZ/DZ 49/59 US$), 3 Meilen (4,8 km) südlich von Sandpoint, wo man sich ganz wie zuhause fühlen kann.

Der Südwesten

Inhalt »

Gut essen

» Café Diablo (S. 349)
» Elote Cafe (S. 313)
» Joël Robuchon (S. 286)
» Poco (S. 332)
» San Marcos Café (S. 365)

Schön übernachten

» Cosmopolitan (S. 279)
» Earthship Rentals (S. 371)
» El Tovar Hotel (S. 318)
» Motor Lodge (S. 315)
» Sundance Resort (S. 342)

Auf in den Südwesten!

Schönheit und der Reiz des Abenteuers gehen im Südwesten der USA Hand in Hand. Diese Kombination übt schon seit Jahrhunderten eine magische Anziehungskraft auf Träumer und Entdecker aus. Pioniere steckten ihre Claims ab, Schürfer gruben sich in die Berge und religiöse Flüchtlinge bauten Städte in einsamen Wüsten. Heute zieht es Künstler und Unternehmer in die Zentren und skurrilen Minenstädte. Sie geben der Region neue Impulse.

Für Traveller hält das Land, das sich über Nevada, Arizona, Utah und New Mexico erstreckt, nach wie vor Schönheit und Abenteuer bereit. Man kann an roten Felsen vorüberwandern, durch die Berge radeln, in Canyons raften oder im bunten Neonlicht von Vegas auf ein Paar Würfel spucken und auf sein Glück hoffen. Manchmal sind Schönheit und Abenteuer auch nicht ganz so offensichtlich. Sie offenbaren sich, wenn man einen Saguaro-Kaktus unter die Lupe nimmt, einen Hopi-Künstler zu seinen Arbeiten befragt oder einen Eintopf mit grünen Chilischoten kostet.

Reisezeit

Las Vegas

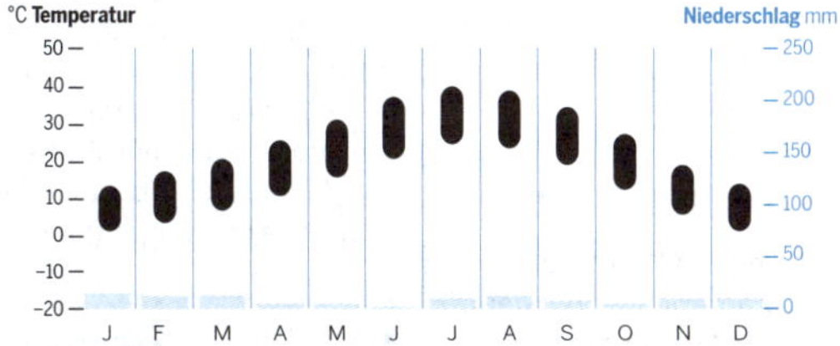

Jan. Skifahren bei Taos und Flagstaff. In Park City locken Pisten und das Sundance Film Festival.

Juni–Aug. Die beste Zeit, um die Nationalparks in New Mexico, Utah und in Nordarizona zu besuchen.

Sept.–Nov. In den Grand Canyon klettern oder die bunten Blätter im Norden von New Mexico bestaunen.

NICHT VERSÄUMEN!

Eine Wüstenwanderung. Wo? Z.B. in der Sonora- oder Chihuahua-Wüste oder im Great Basin Desert.

Kurzinfos

» Wichtige Städte: Las Vegas (553000 Ew.), Phoenix (1,4 Mio. Ew.), Salt Lake City (181743 Ew.)

» Las Vegas–South Rim des Grand Canyon 280 Meilen (450 km)

» Los Angeles–Albuquerque: 670 Meilen (1080 km)

» Zeitzonen: Nevada: Pacific Standard Time; Utah, Arizona (keine Sommerzeit), New Mexico: Mountain Standard Time

» Bundesstaaten: Nevada, Arizona, Utah, New Mexico

Schon gewusst?

Plötzliche Überschwemmungen ereignen sich am häufigsten von Mitte Juli bis Anfang September. Man sollte nicht auf sandigen Flächen oder in Schluchten zelten und überflutete Straßen nicht mit dem Wagen befahren. Wer zu Fuß unterwegs ist, muss bei steigendem Wasserspiegel schnell höher gelegenes Terrain aufsuchen.

Infos im Internet

» American Southwest (www.americansouthwest.net); Parks und mehr

» Grand Canyon Association (www.grandcanyon.org)

» Recreation.gov (www.recreation.gov); Reservierungen für Zeltplätze

Anreise & Unterwegs vor Ort

Der Sky Harbor International Airport in Phoenix und der McCarran International Airport in Las Vegas sind die wichtigsten Flughäfen in der Region, gefolgt von den Flughäfen von Salt Lake City, Albuquerque und Tucson.

Greyhound-Busse halten in den größeren Städten, aber nicht in allen Nationalparks oder entlegenen Touristenorten wie z.B. Moab. In den größeren Städten sind die Busbahnhöfe manchmal in weniger netten Vierteln.

(Miet-)Autos sind oft die einzigen Transportmittel, mit denen man zu entlegenen Orten gelangen kann (s. S. 517).

Die Verbindungen mit Amtrak-Zügen sind sehr viel eingeschränkter als mit den Bussen, allerdings sind viele große Städte im Südwesten ans Schienennetz angeschlossen und andere Orte (z.B. Santa Fe und Phoenix) können mit Amtrak-Bussen erreicht werden. Der *California Zephyr* durchquert Utah und Nevada, der *Southwest Chief* hält in Arizona und New Mexico und der *Sunset Limited* fährt durch Süd-Arizona und New Mexico.

NATIONAL & STATE PARKS

Der malerische Südwesten wartet mit 40 Nationalparks und National Monuments auf und ist damit ein kultureller Jackpot. Hinzu kommen einige beeindruckende State Parks.

Einer der verdientermaßen populärsten Nationalparks ist der Grand Canyon National Park in Arizona. In diesem Bundesstaat findet man auch den Monument Valley Navajo Tribal Park, eine Wüstenlandschaft mit Sandsteinformationen, das Canyon de Chelly National Monument mit seinen alten Felsenbehausungen, den Petrified Forest National Park mit der ungewöhnlichen Kombination aus Painted Desert und versteinerten Baumstämmen und den Saguaro National Park, eine Wüste mit gigantischen Kakteen.

Das südliche Canyon Country in Utah mit seinen roten Felsen umfasst fünf Nationalparks: Arches, Canyonlands, Zion, Bryce Canyon und Capitol Reef, ein herrlich einsames Wildnisareal. Das Grand Staircase-Escalante National Monument ist eine, unberührte Wüste. New Mexico ist Heimat des Carlsbad Caverns National Park und des mysteriösen Chaco Culture National Historic Park. In Nevada liegt der Great Basin National Park, ein abgeschiedenes Bergparadies.

Mehr Infos gibt's auf der Website des National Park Service (www.nps.gov).

Top-Orte für einen Sundowner

» Asylum Restaurant, Jerome Grand Hotel (S. 314)

» Bell Tower Bar, La Fonda Hotel (S. 366)

» Veranda der Grand Canyon Lodge (S. 320)

» Mix, Mandalay Bay (S. 288)

» Parallel 88 (S. 353)

Geschichte

Um 100 n. Chr. hatten sich drei vorherrschende Kulturen herausgebildet: die Hohokam im Südwesten, die Mogollon und die Anasazi („die alten Feinde", deshalb werden sie in den USA *Ancestral Puebloans* genannt).

Die Blütezeit der Hohokam-Kultur in den Wüsten Arizonas war zwischen 300 v. Chr. und 1450 n. Chr. Die Hohokam schufen ein unglaubliches System von Bewässerungskanälen, errichteten Erdpyramiden und hinterließen ein reiches Erbe an Töpferwaren. Archäologische Funde weisen darauf hin, dass es Mitte des 15. Jhs. einen Einbruch in der Hohokam-Kultur gab, der besonders im Schwund größerer Siedlungen sichtbar wurde. Der Grund dafür ist unklar, jedoch legt die mündliche Überlieferung nahe, dass einige Hohokam-Stämme und ihre Nachfahren in der Region ansässig blieben. Zwischen 200 v. Chr. und 1450 n. Chr. lebte das Volk der Mogollon in den zentralen Bergen und Tälern des Südwestens. Die Mogollon bauten Felsensiedlungen, deren Überreste heute das Gila Cliff Dwellings bilden.

Die Anasazi hinterließen ein reiches Erbe archäologischer Stätten, etwa jene im Chaco Culture National Historic Park. Die Nachkommen der Anasazi stammen aus der Gruppe der heutigen Pueblo-Indianer (auch Pueblos genannt), die über ganz New Mexico verstreut leben. Auch die Hopi sind Nachfahren dieser Kultur und ihr Dorf Old Oraibi (s. Kasten S. 323) könnte durchaus die älteste durchgehend bewohnte Siedlung Nordamerikas sein.

Im Jahr 1540 zog Francisco Vásquez de Coronado mit einer Expedition aus Mexico City in den Südwesten hinauf. Statt der erhofften Reichtümer fanden sie nur amerikanische Ureinwohner vor, von denen sie viele töteten oder verschleppten. Mehr als 50 Jahre später gründete Juan de Oñate die erste Hauptstadt New Mexicos bei San Gabriel. Viel Blut wurde vergossen, als Oñate versuchte, die Pueblos zu unterwerfen. 1608 musste er geschlagen wieder abziehen. Santa Fe wurde als die neue Hauptstadt um 1610 gegründet.

Im 19. Jh. ging die Erschließung des Südwestens massiv voran. Das war der Eisenbahn und der geologischen Kartierung

DER SÜDWESTEN IN ...

... einer Woche

Museen und eine aufkeimende Kunstszene verleihen **Phoenix** ein inspirierendes Flair – der optimale Ausgangspunkt für den Trip. Morgens folgt man der Camelback Rd nach **Scottsdale**, um in der Old Town zu shoppen und sich die Galerien anzusehen. In **Sedona** weiter nördlich kann man seine spirituellen Batterien aufladen, bevor man sich von den Dimensionen des **Grand Canyon** den Atem rauben lässt. Danach hat man die Wahl zwischen Glitzern und Natur: Wer das Glitzern vorzieht, nimmt die **Route 66**, überquert die neue Brücke neben dem **Hoover Dam** und taucht dann in die Traumwelt von **Las Vegas** ein. Wer sich für die Natur entscheidet, fährt vom Grand Canyon aus nach Osten ins Navajo-Gebiet, lässt sich von den gewaltigen Steinformationen im **Monument Valley Navajo Tribal Park** ins Staunen versetzen und tritt dann im **Canyon de Chelly National Monument** eine Reise in die Vergangenheit an.

... zwei Wochen

Los geht's im schillernden **Las Vegas**, bevor man sich in **Flagstaff** entspannt und anschließend in die gähnenden Schluchten des **Grand Canyon National Park** blickt. Man könnte sich das studentische **Tucson** anschauen oder im **Saguaro National Park** zwischen riesigen Kakteen wandeln. Wie wär's mit einem Schießduell um 12 Uhr mittags in **Tombstone**, bevor man sich das viktorianische **Bisbee** anschaut?

Dann heißt es Sonnenbrille aufsetzen: Die Dünen im **White Sands National Monument**, New Mexico, sind strahlend weiß. **Santa Fe** lockt alle Arten von Kunstliebhabern. Man könnte ein Pueblo in **Taos** besuchen und den Sonnenaufgang im traumhaften **Monument Valley Navajo Tribal Park** beobachten. Dann geht's weiter nach Utah, in die Nationalparks **Canyonlands** und **Arches** mit ihren roten Felsformationen. Der **Bryce Canyon** ist die richtige Kulisse für Hoodoo-„Rituale", bevor man dem **Zion Canyon** seine Aufwartung macht.

Highlights

1. 2 Mrd. Jahre geologischer Geschichte erleben im **Grand Canyon National Park** (S. 315)
2. Ein Szenario wie in einem John-Wayne-Western: **Monument Valley** (S. 323) im Nordosten Arizonas
3. Der perfekte Ort für ein Cowboy-Duell: das staubige **Tombstone** (S. 331)
4. Galerien und Schmuckläden in den eleganten Straßen von **Santa Fe** (S. 367) besuchen
5. Eine schimmernde Sanddüne im **White Sands National Monument** (S. 377) hinunterrodeln.
6. Durch eine Traumlandschaft aus Stalaktiten im **Carlsbad Caverns National Park** (S. 381) spazieren
7. Am wilden Leben auf dem **Strip** von Las Vegas (S. 284) teilhaben
8. Hoch aufragende Türme aus Lehm, Schlamm und Asche im **Cathedral Gorge State Park** (S. 298) bestaunen
9. Ein Foto vom anmutig geschwungenen Delicate Arch im **Arches National Park** (S. 346) schießen
10. Einen prachtvollen Canyon durchqueren und Angels Landing im **Zion National Park** (S. 351) erklimmen

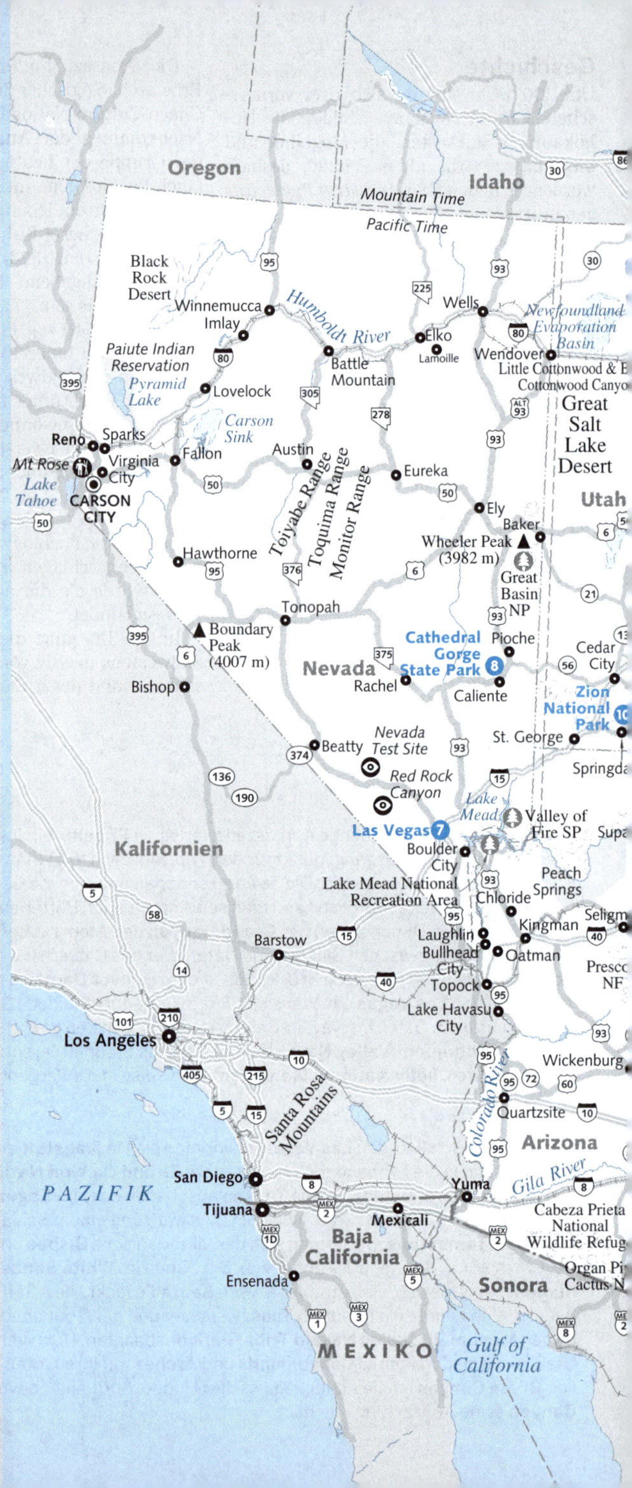

250 km
150 Meil
Nebraska
Wyoming
Colorado
New Mexico
Oklahoma
Texas
Chihuahua
MEXIKO
Central Time
Mountain Time
Snowville
Logan
Great Salt Lake
Brigham City
Ogden
SALT LAKE CITY
Wasatch-Cache NF
Park City
Kamas
Heber City
Utah Lake
Provo
Wasatch-Cache NF
Uinta NF
Price
Manti-La Sal NF
Richfield
Capitol Reef NP
Torrey
Circleville
Bryce Canyon NP
Boulder
Escalante
Kodachrome Basin SP
Grand Staircase-Escalante NM
Page
Lees Ferry
Grand Canyon National Park
Kaibab NF
Williams
Flagstaff
Sedona
Jerome
Prescott
Prescott NF
Coconino NF
Strawberry
Payson
Roosevelt Dam
PHOENIX
Scottsdale
Mesa
Tempe
Globe
Safford
Biosphere 2
Saguaro NP
Tucson
Sells
Benson
Coronado NF
Tubac
Nogales
Kartchner Caverns SP
Bisbee
Douglas
Tombstone
Willcox
Chiricahua NM
Coronado NF
Lordsburg
Silver City
City of Rocks SP
Deming
Flaming Gorge Reservoir
Flaming Gorge National Recreation Area
Manila
Dutch John
Vernal
Roosevelt
Dinosaur NM
Green River
Glen Canyon National Recreation Area
Green River
Arches National Park
Moab
Dead Horse Point SP
Manti-La Sal NF
Canyonlands NP
Colorado River
Monticello
Blanding
Natural Bridges NM
Lake Powell
Hovenweep NM
Bluff
Mexican Hat
Monument Valley Navajo Tribal Park
Kayenta
Four Corners
Navajo Tribal Park
Mesa Verde NP
Shiprock
Farmington
Bloomfield
Hopi Reservation
Chinle
Canyon de Chelly NM
Third Mesa
Oraibi
Second Mesa
First Mesa
Old Oraibi
Window Rock
Gallup
Petrified Forest NP
Winslow
Holbrook
Springerville
Grand Junction
Cheyenne
Fort Collins
Boulder
DENVER
Colorado Springs
Granada
Raton
Capulin Volcano NM
Wheeler Peak (4011 m)
Chama
Taos Box
Taos
Cimarron
Springer
Clayton
Ojo Caliente
Santa Fe NF
Abiquiu
Española
Bandelier NM
Los Alamos
Chaco Culture NHP
Cuba
Sapello
Santa Fe NF
Santa Fe
San Ysidro
Tucumcari
Grants
Albuquerque
Santa Rosa
Zuni Pueblo
El Morro NM
El Malpais NM
Acoma Pueblo
Cibola NF
Fort Sumner
Clovis
Cibola NF
Cibola NF
Magdalena
Socorro
San Antonio
Lincoln NF
Gila Cliff Dwellings National Monument
Cibola NF
Mogollon Mountains
Gila NF
Bosque del Apache National Wildlife Refuge
Capitan
Lincoln
Roswell
Ruidoso
Truth or Consequences
Cloudcroft
Alamogordo
Lovington
Hatch
White Sands National Monument
Hobbs
Las Cruces
Mesilla
Lincoln NF
Carlsbad
Carlsbad Caverns National Park
El Paso
Guadalupe Mountains NP

zu verdanken. Als die USA nach Westen expandierten, vertrieb die Armee gewaltsam ganze Völker amerikanischer Ureinwohner. Gold- und Silberminen zogen Glücksritter an und praktisch über Nacht schossen die gesetzlosen Goldgräberstädte des Wilden Westens aus dem Boden. Die Santa Fe Railroad profitierte von der Erschließung und brachte Scharen von Touristen in den Westen.

Die moderne Besiedlung hängt eng mit der Nutzung des Wassers zusammen. Nach dem Reclamation Act von 1902 finanzierte die Bundesregierung die Errichtung von Staudämmen, um die Flüsse zu regulieren, die Wüste zu bewässern und die Erschließung voranzutreiben. Erbitterte Debatten und Streitigkeiten über Wasserrechte dauern noch immer an, gerade angesichts des gewaltigen Booms im Wohnungsbau. Andere wichtige Themen in der heutigen Zeit sind illegale Einwanderer und fehlende Steuereinnahmen.

Einheimische Kultur

Der Südwesten ist eine der multikulturellsten Regionen des Landes, die Bevölkerung setzt sich aus Indianern, Hispaniern und Angloamerikanern zusammen. Alle diese Gruppen haben die regionale Küche, die Architektur und die Kunst beeinflusst. Die riesigen Indianerreservate des Südwestens bieten außergewöhnliche Möglichkeiten, etwas über indigene Kultur und Geschichte zu erfahren. Visuelle Kunst ist ebenfalls von großer Bedeutung: Da gibt es Künstlerkolonien in ganz New Mexico und überall Kitsch am Straßenrand, der vor allem in Kleinstädten allgegenwärtig ist.

KURZINFOS NEVADA

» **Spitzname** Silver State (Silberstaat)

» **Bevölkerung** 2,76 Mio.

» **Fläche** 286351 km^2

» **Hauptstadt** Carson City (55300 Ew.)

» **Andere Städte** Las Vegas (553000 Ew.), Reno (225000 Ew.)

» **Verkaufssteuer** 6,85 %

» **Heimat von** Patricia Nixon (geb. 1912), Andre Agassi (geb. 1970), Greg LeMond (geb. 1961)

» **Geburtsort des** Spielautomaten und Burning Man-Festivals

» **Politische Ausrichtung** Nevada hat sechs Wahlmänner; bei den Präsidentschaftswahlen 2008 gewannen die Demokraten. Der bekannteste Politiker aus Nevada ist Harry Reid. Er ist Parteiführer der Demokraten im Senat der Vereinigten Staaten.

» **Berühmt für** die Comstock Lode von 1859 (das Bergwerk mit den größten Silbervorkommen des Landes), legales Glücksspiel und legale Prostitution (mit Ausnahme einiger Countys) sowie liberale Alkoholgesetze (Bars dürfen rund um die Uhr geöffnet sein)

» **Schrägster Bordellname** Inez's Dancing and Diddling (Tanzen und Fummeln), Elko

» **Entfernungen** Las Vegas–Reno 452 Meilen (727 km), Great Basin National Park–Las Vegas 313 Meilen (504 km)

NEVADA

Wenn man sich die USA als einen Schmelztiegel vorstellt, der vor Gegensätzen förmlich überquillt, dann bietet Nevada zweifellos ein paar der größten, aber auch faszinierendsten Widersprüchlichkeiten. In dem riesigen, größtenteils unbewohnten Wüstengebiet hat man die Spitzhacken in ein paar ehemaligen Minenstädten gegen einarmige Banditen eingetauscht. Die Hochburg ist Las Vegas – hier packt die Menschen hin und wieder noch das Goldfieber! Legale Bordelle und winzige Kasinos auf dem Land gehören genauso zum Bild wie die Mormonen- und die Cowboy-Kultur. Las Vegas hat sich seit seinen nostalgischen Anfängen Mitte des 20. Jhs. enorm verändert und weiterentwickelt. Die Stadt ist ein wandelndes Paradoxon, eine spritziger Cocktail aus Kultiviertheit und Dreck, Risiko und Gewinn.

Nevada war der erste Staat, in dem das Glücksspiel legalisiert wurde. Überall hört man das Klimpern von Münzen in den Spielautomaten: an Tankstellen, in Supermärkten und Hotellobbys. Eine gesetzlich vorgeschriebene Sperrstunde für Bars gibt es nicht, man darf sich also darauf gefasst machen, Omis mit Paillettenoberteilen um 2 Uhr morgens in den Kasinos am Blackjack-Tisch in Aktion zu erleben – mit einem

Bier in der einen und ein paar Spielchips in der anderen Hand. Nevada weiß, was die Menschen *wirklich* wollen.

Egal, wohin man auch reist im „Silver State“ (Silberstaat), man darf nie vergessen, dass Nevada schräg ist. Beim Festival „Burning Man“ kann man Zeuge eines friedlichen Aufstands der Selbstdarstellung werden, vielleicht wird man Ufos sichten, ein nukleares Testgelände besuchen oder auf der „einsamsten Straße Amerikas“ fahren: All das ist Teil der surrealen, unvergesslichen Landschaft Nevadas.

Praktische Informationen

In Clark County (sprich: auch in Las Vegas) und in Washoe County (inkl. Reno) ist Prostitution illegal, in vielen kleineren Countys gibt es allerdings legale Bordelle.

In Nevada gilt die Pacific Standard Time (PST) und es gibt zwei Vorwahlen: Las Vegas und Umgebung haben die ☎702, der Rest des Staats hat die ☎775.

Nevada Commission on Tourism (☎775-687-4322; www.travelnevada.com; 401 N Carson St, Carson City) Verschickt kostenlose Bücher, Karten und Infos zu Unterkünften, Zeltplätzen und Events.

Nevada Department of Transportation (☎877-687-6237; www.nvroads.com) Alles zu den aktuellen Straßenbedingungen.

Nevada Division of State Parks (☎775-684-2770; www.parks.nv.gov; 901 S Stewart St, 5. Stock, Carson City) Stellplätze in staatlichen Parks (10–15 US$/Nacht) werden nach dem Prinzip „wer zuerst kommt, mahlt zuerst“ vergeben.

Las Vegas

Es ist drei Uhr morgens im verräucherten Kasino. Da schlendert plötzlich ein Elvis-Imitator vorbei, ein Showgirl im Glitzerkostüm am Arm. Genau in diesem Augenblick schreit die Braut im langen, weißen Hochzeitskleid „Blackjack!“.

Vegas ist eine Art Hollywood für Jedermann, nur dass man hier einer der Akteure ist und kein Zuschauer. Dies ist der einzige Ort auf der Welt, an dem man uralte Hieroglyphen, den Eiffelturm, die Brooklyn Bridge und die Kanäle von Venedig innerhalb weniger Stunden zu sehen bekommen kann. Sie sind natürlich nicht echt, doch in einer Wüste, aus der eine der verschwenderichsten Städte der Welt geworden ist, werden keine halben Sachen gemacht – nicht einmal, was die Trugbilder angeht.

Las Vegas ist der perfekte Ort, wenn man alles hinter sich lassen will. Zeit spielt keine Rolle. Hier gibt es keine Uhren, aber Endlos-Buffets und Drinks en masse. Las Vegas hat multiple Persönlichkeiten. Die Stadt erfindet sich seit den Zeiten des Rat Pack konstant neu. Sin City, die Stadt der Sünde, will betören und tut das in allen Bereichen: Hollywood-Größen tummeln sich in den angesagtesten „Über-Bars“, College-Schüler sind auf der Suche nach möglichst viel Spaß für wenig Geld und ihre Großeltern füttern derweil die Spielautomaten mit Münzgeld. Man kann Designer-Martinis schlürfen und Essen von international bekannten Köchen genießen oder mit einem 1 m hohen Cocktailglas um den Hals durch die Kasinos marschieren.

Während man sich noch den idealen Urlaub zurechtträumt, ist er hier, in Las Vegas, bereits Wirklichkeit geworden. Willkommen in der etwas anderen Traumfabrik!

Sehenswertes

Der Strip (auch als Las Vegas Blvd bekannt) ist ca. 4 Meilen (6 km) lang und das Herz von Sin City. Circus Circus Las Vegas steht am nördlichen Ende dieser Straße, Mandalay Bay unweit des Flughafens markiert das Südende. Ob man nun zu Fuß geht oder fährt, auf dem Strip verliert man leicht das Gespür für Distanzen. Bis zu einem Kasino, das ganz nah zu sein scheint, läuft man normalerweise länger als erwartet.

Downtown Las Vegas ist das ursprüngliche Stadtzentrum. Dort befinden sich die ältesten Hotels und Kasinos: Das Ganze wirkt sehr retro, Getränke sind billiger und die Mindesteinsätze sind geringer als anderswo. Die wichtigste Straße hier ist die Fremont St. Vier Häuserblocks lang ist sie eine überdachte Fußgängerzone, in der jeden Abend eine kitschige Lightshow stattfindet.

Die Haupttouristengegenden sind sicher. Der Abschnitt des Las Vegas Blvd zwischen Downtown und dem Strip ist allerdings heruntergekommen, und die Fremont St ist östlich vom Zentrum eher zwielichtig.

Kasinos

LP TIPP **Cosmopolitan** KASINO

(www.cosmopolitanlasvegas.com; 3708 Las Vegas Blvd S) Hipster, die sich lange Zeit für „zu cool für Vegas“ gehalten haben, haben jetzt endlich ihren Platz gefunden, dessen Aufmachung sie auch ohne Ironie und Zynismus ertragen. Wie ein echtes „It-Girl“ direkt aus Hollywood sieht auch das Cosmo

Las Vegas

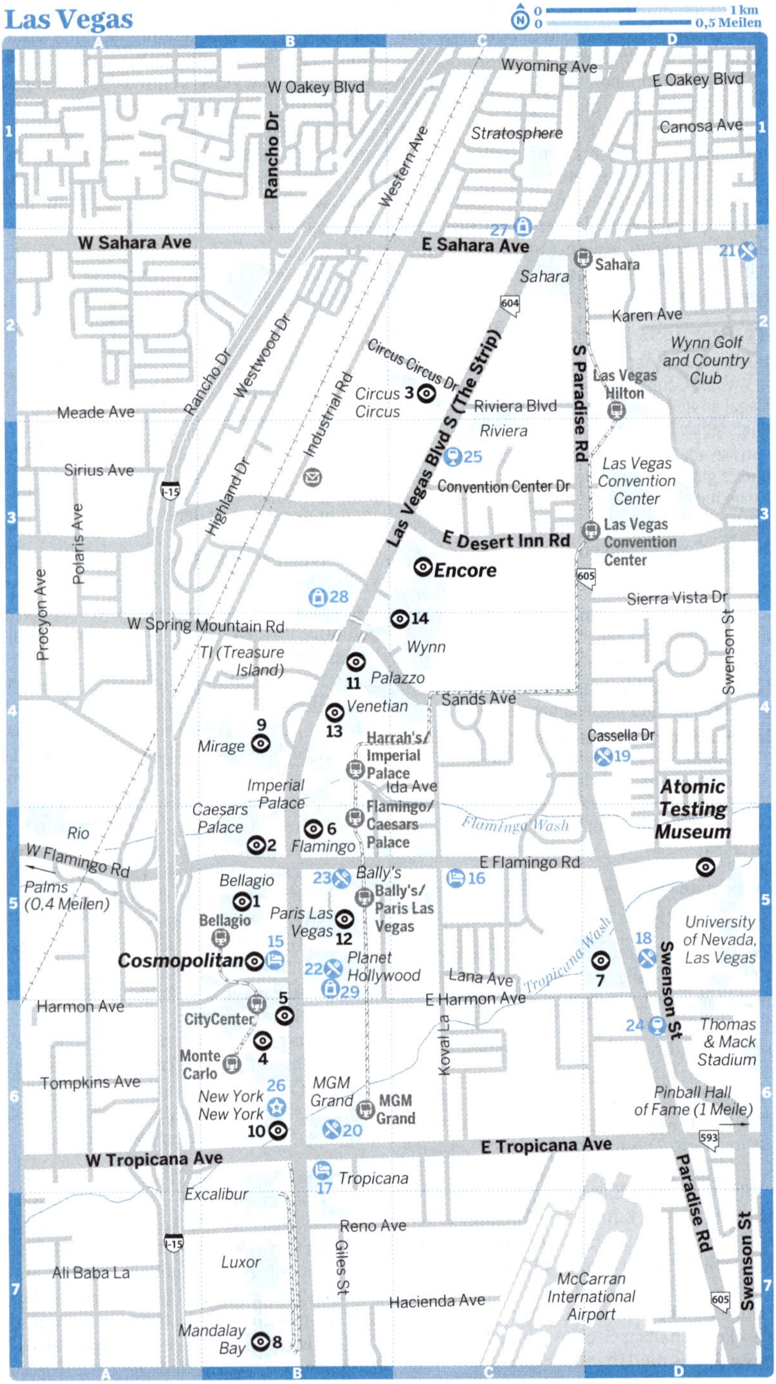

DER SÜDWESTEN NEVADA

Las Vegas

Highlights

Atomic Testing Museum D5
Cosmopolitan B5
Encore C3

Sehenswertes

Adventuredome (siehe 3)
Aria (siehe 5)
1 Bellagio B5
Bellagio Conservatory & Botanical Gardens (siehe 1)
Bellagio Gallery of Fine Art (siehe 1)
2 Caesars Palace B5
3 Circus Circus C2
4 CityCenter B6
5 Crystals B6
6 Flamingo B5
7 Hard Rock D5
8 Mandalay Bay B7
Mandarin Oriental (siehe 4)
Midway (siehe 3)
9 Mirage B4
10 New York New York B6
11 Palazzo B4
12 Paris Las Vegas B5
Shark Reef (siehe 8)
Vdara (siehe 4)
13 Venetian B4
Wildlife Habitat (siehe 6)
14 Wynn Las Vegas C4

Aktivitäten, Kurse & Touren

Qua Baths & Spa (siehe 2)

Schlafen

Bill's Gamblin' Hall & Saloon (siehe 6)
Caesars Palace (siehe 2)
15 Cosmopolitan B5
Encore (siehe 14)
Hard Rock (siehe 7)
Mandalay Bay (siehe 8)
Paris Las Vegas (siehe 12)
16 Platinum Hotel & Spa C5
17 Tropicana B6

Essen

Buffet Bellagio (siehe 1)
DOCG Enoteca (siehe 15)
18 Ferraro's D5
Fiamma (siehe 20)
19 Firefly D4
House of Blues (siehe 8)
20 Joël Robuchon B6
L'Atelier de Joël Robuchon (siehe 20)
Le Village Buffet (siehe 12)
21 Lotus of Siam D2
Olives (siehe 1)
Pink Taco (siehe 7)
RM Seafood (siehe 8)
Sage (siehe 4)
Scarpetta (siehe 15)
Social House (siehe 5)
Society Café (siehe 14)
22 Spice Market Buffet B5
23 Sterling Brunch at Bally's B5
Sunday Gospel Brunch (siehe 7)
Todd English P.U.B (siehe 4)
Victorian Room (siehe 6)
'wichcraft (siehe 20)
Wicked Spoon Buffet (siehe 15)

Ausgehen

Chandelier (siehe 15)
24 Double Down Saloon D6
25 Fireside Lounge C3
Gold Lounge (siehe 5)
LAVO (siehe 11)
Mix (siehe 8)
Parasol Up–Parasol Down (siehe 14)
Red Square (siehe 8)

Unterhaltung

Drai's (siehe 6)
Gold Lounge (siehe 4)
LOVE (siehe 9)
Marquee (siehe 15)
O (siehe 1)
Tix 4 Tonight (siehe 6)
Tryst (siehe 14)
26 Zumanity B6

Shoppen

27 Bonanza Gifts C2
28 Fashion Show Mall B3
Forum Shops (siehe 2)
Grand Canal Shoppes (siehe 13)
29 Miracle Mile Shops B5
Shoppes at Palazzo (siehe 11)

zu jeder Tages- und Nachtzeit gut aus, es wimmelt von Naivchen und ihrem Gefolge und Leuten, die etwas für modernes Design übrig haben. Hier geht's vor allem um Spaß, deshalb hat man von übertriebenem Pomp abgesehen, wobei man sich auf zahlreiche Retro-Elemente gefasst machen muss, z. B. Art-o-Matics (altmodische Zigarettenautomaten, die einen nicht mit Nikotin sondern mit Kunst versorgen). Außerdem gibt's im **Wicked Spoon** das wohl beste Buffet der Stadt.

LP TIPP **Encore** KASINO

(www.encorelasvegas.com; 3121 Las Vegas Blvd S) Steve Wynns Kasino verschönert die Skyline und sorgt für ein gewaltiges „Wow"-Moment. Das Encore bringt ein Stück französischer Riviera nach Las Vegas und hat genug Klasse, um Fans der „echten" Riviera in die Wüste zu locken. In dieser wunderschönen Oase mit dem Schmetterlingsdekor findet man Blumengärten und ein aufwendig-luxuriöses Kasino. Im Restaurant **Botero** schwingt Mark LoRusso das Zepter. Im Mittelpunkt steht eine große Skulptur des kolumbianischen Künstlers Fernando Botero. Das Encore und das benachbarte, 2,7 Mrd. US$ teure **Wynn Las Vegas** (www.wynnlasvegas.com; 3131 Las Vegas Blvd S) gehören zusammen. Zwischen dem Eingang und dem Strip steht ein 130 Mio. US$ teurer, künstlicher Berg, der stellenweise sieben Stockwerke hoch ist! Drinnen erinnert das Wynn an ein Naturparadies mit Bergpanoramen, Wasserfällen, Springbrunen und anderen Spezialeffekten.

LP TIPP **Hard Rock** KASINO

(www.hardrockhotel.com; 4455 Paradise Rd) Besucher aus Südkalifornien lieben dieses superhippe Kasinohotel mit einer der beeindruckendsten Sammlungen von Rock-n-Roll-Nostalgiestücken weltweit, darunter ein handschriftlicher Liedtext von Jim Morrison (The Doors) und Lederjacken diverser berühmter Rockstars. Die Joint Concert Hall, der Vanity Nightclub und die sommerlichen „Rehab"-Poolpartys werden von einem mächtig aufgebrezelten, sexy Publikum und jeder Menge Promis frequentiert.

Bellagio KASINO

(www.bellagio.com; 3600 Las Vegas Blvd S) Das Bellagio besticht durch toskanische Architektur und einen gewaltigen künstlichen See inklusive tanzender Wasserfontänen mit Musikbegleitung (unbedingt ansehen!). Beim Betreten der Lobby sollte man nach oben schauen: Die Decke ziert eine von hinten beleuchtete Glasskulptur mit 2000 mundgeblasenen Blumen. Der bekannte Künstler heißt Dale Chihuly. Die **Bellagio Gallery of Fine Art** (Erw./Kind 13 US$/frei; ⌚So–Di & Do 10–18, Mi, Fr & Sa bis 19 Uhr) beherbergt Wechselausstellungen mit Arbeiten berühmter Künstler. Das ganze Jahr über finden im **Bellagio Conservatory & Botanical Gardens** (Eintritt frei; ⌚tgl.) Wechselausstellungen statt.

Venetian KASINO

(www.venetian.com; 3355 Las Vegas Blvd S) Handgemalte Deckenfresken, umherstreifende Darsteller, Gondelfahrten und lebensechte Nachbauten von berühmten venezianischen Sehenswürdigkeiten sind die Markenzeichen des romantischen Venetian. Das **Palazzo** (www.palazzo.com; 3325 Las Vegas Blvd S) nebenan widmet sich einem anderen italienischen Motto, allerdings weniger erfolgreich: Obwohl die **Shoppes at the Palazzo** super sind und das Essen preisgekrönt – hier kochen kulinarische Schwergewichter wie Charlie Trotter, Emeril Legasse und Wolfgang Puck –, sind die luxuriöse Kasino-Etage und die öffentlichen Bereiche irgendwie farblos.

Caesars Palace KASINO

(www.caesarspalace.com; 3570 Las Vegas Blvd S) Caesars Palace ist ein echtes Stück Las Vegas. Das griechisch-römische Fantasialand besticht durch Marmorimitationen klassischer Statuen. Den 4 t schweren Brahma-Schrein nahe dem Vordereingang muss man gesehen haben! Hohe Springbrunnen, als Göttinnen aufgemachte Kellnerinnen und supernoble Haute-Couture-Geschäfte, die **Forum Shops**, sorgen für viel Glanz und Glamour.

Paris Las Vegas KASINO

(www.parislasvegas.com; 3655 Las Vegas Blvd S) Dieses Kasino versucht, die Leichtigkeit der Stadt der Lichter heraufzubeschwören und mittels nachgebauter Wahrzeichen die Essenz der „Grande Dame" einzufangen. Auf dem Gelände findet man die Oper, den Triumphbogen, den Champs-Élysées, den Eiffelturm und sogar die Seine!

Mirage KASINO

(www.mirage.com; 3400 Las Vegas Blvd S) Das Mirage regt mit seinem tropischen Flair zum Träumen an: Das große Atrium versinkt förmlich in einer Dschungelvegetation und Wasserfälle sorgen für Frische. Das Atrium liegt im Zentrum eines weitläufigen Kasinos mit polynesischem Dekor. Die Spieltische befinden sich in mehreren abgetrennten Bereichen; so wird eine vertraulichere Atmosphäre geschaffen. Beliebt ist z.B. das luxuriöse Pokerzimmer. Ein echter Hingucker ist das mit 20000 Gallonen Salzwasser gefüllte Aquarium mit 60 Spezies aus den unterschiedlichsten Regionen der Welt (von Fidschi bis zum Roten Meer). Vorn, in der Lagune, bricht nach Sonnenuntergang bis Mitternacht stündlich ein künstlicher Vulkan aus.

Flamingo KASINO

(www.flamingolasvegas.com; 3555 Las Vegas Blvd S) Das Flamingo ist ein echter Vegas-Klassiker. Hat man sich durch das Spielautomaten-Labyrinth geschlagen, gelangt man zum tropischen **Wildlife Habitat** (Eintritt frei; ⏲tgl.). Das 6 ha große Gelände bietet zahlreichen chilenischen Flamingos ein Zuhause.

New York New York KASINO

(www.nynyhotelcasino.com; 3790 Las Vegas Blvd S) Die Metropole im Kleinformat wartet mit einem Mini-Empire-State-Building, einer Mini-Freiheitsstatue inklusive Denkmal zum 11. September und einer kleinen Brooklyn Bridge auf.

Mandalay Bay KASINO

(M-Bay; www.mandalaybay.com; 3950 Las Vegas Blvd S) Ein Streifzug durchs tropische Mandalay Bay lohnt sich ebenfalls. Zu den Hauptattraktionen zählen das mehrstöckige Aquarium **Shark Reef** (www.sharkreef.com; Erw./Kind 18/12 US$; ⏲So–Do 10–20, Fr & Sa 10–22 Uhr; 👪), in dem Tausende von Meeresbewohnern heimisch sind. In einem seichten Pool kann man kleine Haie „streicheln".

Palms KASINO

(www.palms.com; 4321 W Flamingo Rd) Gleichermaßen sexy und schlichtweg schäbig zieht das Palms jede Menge berüchtigter Promis à la Paris Hilton und Britney Spears an sowie ein jüngeres, überwiegend einheimisches Publikum. Die hiesigen Restaurants und Nachtclubs zählen zu den angesagtesten der Stadt. Weitere Highlights sind das IMAX-Kino mit 14 Sälen und ein Livemusik-Club, das **Pearl**. Wer mit dem Aufzug zum **Playboy Club** hinauffährt und Ausschweifungen wie bei Hugh Hefner zuhause erwartet, wird enttäuscht sein. Zwar verteilen ein paar chirurgisch aufgehübschte weibliche Croupiers mit Bunny-Ohren die Karten an den Blackjack-Tischen in einer elegant aufgemachten Lounge, die vor allem von Männern frequentiert wird, doch wirklich sexy ist eigentlich nur die Aussicht auf die Skyline.

Golden Nugget KASINO

(www.goldennugget.com; 129 E Fremont St) Seit seiner Eröffnung 1946 ist dieses Kasinohotel in puncto Extravaganz im Downtown-Bezirk das Maß aller Dinge. In dem superschicken Gebäude wurde nicht an Messing und geschliffenem Glas gespart. Das Golden Nugget ist für das Nichtraucher-Pokerzimmer, die RUSH-Lounge, in der einheimische Bands auftreten, das extrem gut besuchte Kasino und ein paar der besten Restaurants in Downtown bekannt. Nicht verpassen sollte man die mehr als 27 kg schwere „Hand of Faith", den größten Goldklumpen der Welt (von der Hotellobby aus um die Ecke).

Noch mehr Sehenswertes

LP TIPP **Atomic Testing Museum** MUSEUM

(www.atomictestingmuseum.org; 755 E Flamingo Rd; Erw./Kind 14/11 US$; ⏲Mo–Sa 10–17, So 12–17 Uhr) Dieses zur Smithsonian-Gruppe gehörende Museum erinnert an eine Zeit, als das Wort „atomar" noch gleichbedeutend war mit Fortschritt und Mysterium. Damals wurde die fantastische und zerstörerische Kraft atomarer Energie vor den Stadttoren von Las Vegas getestet. Unbedingt anschauen sollte man sich das Ground Zero Theater, das einem Testbunker aus Beton nachempfunden ist.

LP TIPP **Neon Museum** MUSEUM

(☎702-387-6366; www.neonmuseum.org; 821 Las Vegas Blvd N; Ausstellung kostenlos, Führungen 15 AU$; ⏲Ausstellungen 24 Std., Führungen Di–Sa 12 & 14 Uhr) Eine tolle Führung (15 US$) bringt einem die Outdoor-Ausstellung im frisch eingeweihten Neon Boneyard Park näher: Sie zeigt ausrangierte altmodische Neonreklameschilder, die urtypischste Kunstform von Las Vegas. Zur Zeit der Recherche wurde das Museum gerade erweitert und ab 2012 sollen Erkundungsspaziergänge auf eigene Faust möglich sein. Bis es soweit ist, sollte man die Führung allerdings mindestens ein paar Wochen im Voraus buchen.

Gegen Abend, wenn das Neonlicht besonders gut zur Geltung kommt, kann man durch Downtown laufen, um sich den kostenlosen Bereich des „Freilichtmuseums" mit restaurierten Retro-Neonschildern anzusehen, u.a. mit funkelnden Wunderlampen, leuchtenden Martinigläsern und

Motel-Marquisen aus den 1940er-Jahren. Die größte Ansammlung von Schildern findet man in der 3rd St (Einbahnstraße) gleich nördlich der Fremont St.

Fremont Street Experience STRASSE
(www.vegasexperience.com; Fremont St; ⌚19–24 Uhr stdl.) Die vier Häuserblocks lange Fußgängerzone zwischen der Main St und dem Las Vegas Blvd, die von einem gewölbten Stahldach mit computergesteuerter Lightshow überspannt wird, bildet die Fremont Street Experience. Diese Attraktion hat Downtown Las Vegas neues Leben eingehaucht. Abend für Abend verwandelt sich das Dach in eine sechsminütige Light-and-Sound-Show mit einem 550 000 Watt starken Rundum-Sound.

Downtown Arts District KUNSTZENTRUM
Am **ersten Freitag** (www.firstfriday-lasvegas.org) jedes Monats tummeln sich Zehntausende Kunstliebhaber, Hipster, Independent-Musiker und Schaulustige im Künstlerviertel in Downtown Las Vegas. Das gigantische First-Friday-Straßenfest bietet alles von Galerie-Eröffnungen über Performance Art und Livemusik bis hin zu Tattoo-Künstlern. Im Zentrum des Geschehens stehen die **Arts Factory** (101–109 E Charleston Blvd), die **Commerce Street Studios** (1551 S Commerce St) und das **Funk House** (1228 S Casino Center Blvd).

CityCenter EINKAUFSZENTRUM
(www.citycenter.com; 3780 Las Vegas Blvd S) Die Symbiose zwischen Riesenhotel und Einkaufszentrum ist uns bekannt, doch die Art, in der in diesem futuristisch anmutenden Komplex eine kleine „Galaxie" aus hypermodernen mondänen Hotels um die glitzernde Shoppingmall **Crystals** (www.crystalsatcitycenter.com; 3720 Las Vegas Blvd S) angeordnet wurde, ist uns noch nicht untergekommen. Das extrem hochpreisige Segment umfasst das dezente, stilvolle **Vdara** (www.vdara.com; 2600 W Harmon Ave), das opulente **Mandarin Oriental** (www.mandarinoriental.com; 3752 Las Vegas Blvd) und das architektonisch atemberaubende Schmuckstück **Aria** (www.arialasvegas.com; 3730 Las Vegas Blvd S), dessen gediegenes Kasino die passende Kulisse für die vielen schlichtweg umwerfenden Restaurants bietet.

Aktivitäten

LP TIPP **Qua Baths & Spa** SPA
(☎702-731-7776; www.harrahs.com/qua; Caesars Palace, 3570 Las Vegas Blvd S; ⌚6–20 Uhr) In der Tee-Lounge, dem Kräuterdampfbad und dem (arktisch kalten) Eisraum, in dem es Trockeneisschneeflocken schneit, kommt man schnell mit anderen Spa-Gängern ins Gespräch.

Desert Adventures KAJAKFAHREN, WANDERN
(☎702-293-5026; www.kayaklasvegas.com; 1647 Nevada Hwy, Suite A, Boulder City; Touren ab 149 US$$) Nur wenige Stunden Autofahrt entfernt locken der Lake Mead und der Hoover Dam. Wasserratten sollten sich das Angebot von Desert Adventures mit Wanderungen, Ausritten und jeder Menge halb-, ein- und mehrtägigen Kajaktouren anschauen.

Escape Adventures MOUNTAINBIKEN
(☎800-596-2953; www.escapeadventures.com; 8221 W Charleston Blvd; Touren inkl. Mountainbike ab 120 US$) Die richtige Adresse für geführte Mountainbiketouren im Red Rock Canyon State Park.

Schlafen

Die Übernachtungspreise unterliegen extremen Schwankungen. Auf den Websites der Hotels gibt's gewöhnlich einen Kalender, in dem die Tarife eingetragen sind.

THE STRIP

LP TIPP **Mandalay Bay** KASINOHOTEL $$
(☎702-632-7777; www.mandalaybay.com; 3950 Las Vegas Blvd S; Zi. 100–380 US$; ❄@📶

LAS VEGAS MIT KINDERN

Personen unter 21 Jahren dürfen sich nicht für längere Zeit in den Kasinos aufhalten.

Die Hotelanlage **Circus Circus** (www.circuscircus.com; 2880 Las Vegas Blvd S; 👪) ist komplett auf Kinder zugeschnitten. Der **Adventuredome** (Erw./Kind 27/17 US$; ⌚So–Do 10–19, Fr & Sa 10–24 Uhr; 👪) ist ein 2 ha großer überdachter Vergnügungspark, in dem Laserspiele, Autoscooter und Achterbahnen geboten werden. Im **Midway** (Eintritt frei; ⌚11–24 Uhr; 👪) gibt's Shows mit Tieren, Akrobaten und Zauberern.

Bei der **Pinball Hall of Fame** (www.pinballmuseum.org; 1610 E Tropicana Ave; Eintritt frei, Spiele 0,25–24,50 US$; ⌚So–Do 11–23, Fr & Sa bis 24 Uhr; 👪) handelt es sich um ein interaktives Museum mit größerem Spaßfaktor als jeder Spielautomat.

NICHT VERSÄUMEN

COOLE SWIMMINGPOOLS

Hard Rock (S. 282) Je nach Jahreszeit finden im wunderschön aufgemachten und mega-angesagten Beach Club Pool-Blackjack-Partien und geniale „Rehab"-Poolpartys statt.

Mirage (S. 282) Den Anblick des opulenten tropischen Pools mit den tiefen Grotten vergisst man nicht so schnell: Wasserfälle stürzen über Felskanten und von Palmen bestandene Inseln laden zum Sonnenbaden ein.

Mandalay Bay (S. 283) Ein Wellenbad, ein gemütlich dahinplätschernder Fluss, ein Kasino und DJs im Oben-ohne-Moorea Beach Club sowie ein künstlicher Strand aus kalifornischem Sand.

Caesars Palace (S. 282) Korinthische Säulen, rauschende Springbrunnen, traumhafte Palmen und marmorne Pools verleihen der Garden of the Gods Oasis ein wahrhaft himmlisches Flair. Im Sommer kredenzen Göttinnen gefrorene Weintrauben, u. a. in der Oben-ohne-Pool-Lounge Venus.

Golden Nugget (S. 283) Der beste Pool in Downtown Las Vegas verspricht jede Menge entspannten Spaß. Man kann Blackjack am Becken spielen, sich mit einem Daiquiri in den Whirlpool zurückziehen und die Haie im angrenzenden Aquarium beobachten.

) Die Zimmer haben ein überladenes Südsee-Dekor, die Fenster reichen vom Boden bis zur Decke und die Zimmer sind luxuriös. Der Swimmingpool-Komplex mit Sand-und-Surf-Strand ist absolut umwerfend.

LP TIPP **Tropicana** KASINOHOTEL $
(702-739-2222; www.troplv.com; 3801 Las Vegas Blvd S; Zi./Suite ab 40/140 US$;) Während einst gefeierte Retro-Kasinos langsam in Vergessenheit geraten, ist das Tropicana wieder „cool". Seit 1953 verbreitet es ein Tropenfeeling auf dem Strip. Die mehrere Millionen Dollar teure Renovierung des luftigen Kasinos und der netten Gartenanlage hat sich gelohnt. Neu sind der Pool und der Beach Club. Die erdfarbenen, ebenfalls luftigen Zimmer und zweistöckigen Suiten sind wirklich günstig

Cosmopolitan KASINOHOTEL $$$
(702-698-7000; www.cosmopolitanlasvegas.com; 3708 Las Vegas Blvd S; Zi. 200–400 US$;) Sind die megacoolen, hippen Zimmer ihr Geld wert? Das alternative Vegas-Publikum findet schon! Die Unterkünfte haben ein beeindruckendes modernes Design, doch das eigentliche Highlight ist, dass man morgens um 1 Uhr noch eine Runde Billard in den Lobbys oben spielen kann, bevor man sich auf die Suche nach dem „geheimen" Pizzaladen macht.

Bill's Gamblin' Hall & Saloon KASINOHOTEL $
(702-737-2100; www.billslasvegas.com; 3595 Las Vegas Blvd S; Zi. 70–200 US$;) Dieses Hotel befindet sich mitten auf dem Strip und hat dennoch erschwingliche Preise – also muss man weit im Voraus buchen! Die Zimmer (mit Plasmafernsehern) haben ein viktorianisches Dekor, und die Gäste können den Pool des Flamingo nebenan umsonst nutzen.

Encore KASINOHOTEL $$$
(702-770-8000; www.encorelasvegas.com; 3121 Las Vegas Blvd S; Zi. 199–850 US$;) Edel-verspielt statt übertrieben-opulent präsentiert sich das Encore. Selbst die Zuschauer am Roulettetisch scheinen ein wenig distinguierter zu klatschen. Die Zimmer sind Musterbeispiele für dezenten Luxus.

Caesars Palace KASINOHOTEL $$
(866-227-5938; www.caesarspalace.com; 3570 Las Vegas Blvd S; Zi. ab 99 US$;) Hinfort mit den Zenturien und auf ins stilvolle Übernachtungsvergnügen: Caesars Palace bietet so ziemlich die edelsten Standardzimmer von ganz Vegas.

Paris Las Vegas KASINOHOTEL $
(702-946-7000; www.parislasvegas.com; 3655 Las Vegas Blvd S; Zi. ab 80 US$;) Nette Zimmer mit einem Hauch von klassisch-französischem Design. Die neueren Red Rooms sind opulent stilvoll.

DOWNTOWN & ABSEITS DES STRIPS

Die Hotels im Downtown-Bezirk sind generell günstiger als die am Strip.

LP TIPP **Hard Rock** KASINOHOTEL $$
(☎702-693-5000; www.hardrockhotel.com; 4455 Paradise Rd; Zi. 69–450 US$; @📶🏊) In diesem Boutiquehotel riecht es förmlich nach Ruhm. Die Fenstertüren gewähren einen grandiosen Blick auf die Skyline und jede Menge Palmen und die in kräftigen Farben gehaltenen, minimalistischen Zimmer warten mit genialen Stereoanlagen und Plasma-TVs auf. Wir lieben die Jukeboxen im HRH All-Suite Tower, doch die Standardzimmer sind fast genauso cool. Im opulenten Beach Club ist Party angesagt.

LP TIPP **Artisan Hotel** BOUTIQUEHOTEL $
(☎800-554-4092; www.artisanhotel.com; 1501 W Sahara Ave; Zi. ab 40 US$; ❄@📶🏊) Ein gotisch-barocker Traum mit einer dekadenten Prise Rock'n' Roll. Jede Suite ist geprägt von den Arbeiten und dem Stil eines bestimmten Künstlers. An den Wochenenden tobt hier eine der besten Afterhour-Partys der Stadt (sehr beliebt bei der alternativen Gemeinde von Vegas); im Endeffekt wird man wohl nicht allzu viel Zeit auf seinem Zimmer verbringen! Das libidolastige, mysteriöse Flair ist nicht jedermanns Sache, aber wer sich darauf einlässt, wird es lieben. Das Schwesterhotel des Artisan ist das **Rumor** (☎877-997-8667; www.rumorvegas.com; 455 E Harmon Ave; Suite ab 69 US$; ❄@📶🏊) gegenüber vom Hard Rock. Es hat eine sorglose, coole Atmosphäre in bester Miami-Manier. Die luftigen Suiten gehen auf einen Pool im Hof, umgeben von Palmen, hinaus. Dort kann man es sich auf Sofas und in Hängematten bequem machen.

El Cortez Cabana Suites BOUTIQUEHOTEL $
(☎800-634-6703; www.eccabana.com; 651 E Ogden Ave; Suite 45–150 US$; ❄@📶) Das glitzernde, kleine Boutiquehotel hatte einen kurzen Auftritt in Scorceses Film *Casino* (Tipp: Sharon Stone wurde hier ermordet). Umfassende Renovierungsarbeiten haben es in eine Retro-Oase verwandelt. Die minzgrünen, modernen Suiten sind mit iPod-Ladestationen und altmodisch gefliesten Bädern ausgestattet. Außerdem ist das coolste Retro-Kasino der Stadt, das El Cortez, gleich gegenüber.

Platinum Hotel BOUTIQUEHOTEL $$
(☎702-365-5000; www.theplatinumhotel.com; 211 E Flamingo Rd; Zi. ab 120 US$; ❄@📶🏊) Nur ein kleines Stück vom Strip entfernt findet man tolle, moderne Zimmer in einer schicken Anlage (glücksspielfreie Zone!). Sie sind komfortabel und stecken voller netter Extras. Einige haben z. B. einen Kamin. Küche und Whirlpool sind Standard.

Red Rock Resort RESORT $$$
(☎702-797-7878; www.redrocklasvegas.com; 11011 W Charleston Blvd; Zi. 110–625 US$; ❄@📶🏊) Das Red Rock macht als „das erste Milliarden Dollar teure Glücksspiel-Resort abseits des Strip" für sich Werbung, und wer hier einmal übernachtet hat, den zieht es anschließend kaum noch auf den Strip. Die Fahrt dorthin ist trotzdem kostenlos. Außerdem werden Ausflüge in den nahe gelegenen Red Rocks State Park und darüber hinaus angeboten. Die komfortablen Zimmer haben eine tolle Ausstattung.

Essen

„Sin City", die Stadt der Sünde, wartet mit unvergleichlichen Gaumenfreuden auf. In den schickeren Restaurants geht nichts ohne vorherige Reservierung.

THE STRIP

Auf dem eigentlichen Strip gibt es, mal abgesehen von den Fast-Food-Ketten, kaum günstiges Essen.

Sage AMERIKANISCH $$$
(☎877-230-2742; www.arialasvegas.com; Aria, 3730 Las Vegas Blvd S; Hauptgerichte 25–42 US$; ⏲Mo–Sa 17–23 Uhr) Der gefeierte Koch Shawn McClain hält an saisonalen, von Hand gezogenen Zutaten direkt vom Erzeuger fest und lässt sich von den Weltküchen inspirieren. Das Ergebnis wird in einem traumhaften Ambiente serviert. Unbedingt probieren: Die ebenfalls saisonal unterschiedlichen Cocktails aus selbstgemachten Likören, mit französischem Absinth und Fruchtmark.

LP TIPP **Joël Robuchon** FRANZÖSISCH $$$
(☎702-891-7925; MGM Grand, 3799 Las Vegas Blvd S; Menü 120–420 US$/Pers.; ⏲So–Do 17.30–22, Fr & Sa bis 22.30 Uhr) Ein einmaliges kulinarisches Aha-Erlebnis, für das man sich gut und gern drei Stunden Zeit nehmen sollte. Die mehrgängigen, saisonal wechselnden Menüs bringen einem die traditionelle französische Küche näher. Im **L'Atelier de Joël Robuchon** nebenan gibt's ein wenig günstigere, köstliche Mahlzeiten.

LP TIPP **DOCG Enoteca** ITALIENISCH $$
(☎702-698-7920; Cosmopolitan, 3708 Las Vegas Blvd S; Hauptgerichte 13–28 US$; ⏲10–17 Uhr) Das Cosmopolitan hat mehrere Restaurants. Dieses ist am wenigsten gla-

mourös, dafür aber am authentischsten. Auch der Unterhaltungsfaktor ist hoch. Die frische Pasta und die Pizza aus dem Holzofen sind göttlich. Sie werden in einem eleganten Raum im Stil einer *enoteca* (Weinbar) serviert. Dort kommt man sich vor wie auf einer festlichen Dinner-Party. Das sexy **Scarpetta** nebenan hat eine vertraulichere, gediegenere Atmosphäre. Hier schaltet und waltet derselbe fantastische Koch, Scott Conant.

Social House JAPANISCH $$$
(☎702-736-1122; www.socialhouselv.com; Crystals im CityCenter, 3720 Las Vegas Blvd S; Hauptgerichte 24–44 US$; ⌚Mo–Do 17–22, Fr & Sa 12–23, So 12–22 Uhr) In einem der fröhlichsten, aber auch heißesten Speisesäle am Strip kann man sich über kreative Gerichte hermachen, die an die japanischen Straßenküchen angelehnt sind. Schriftrollen mit Wasserzeichen, Holztrennwände und jede Menge rote und schwarze Visionen des Japanischen Kaiserreichs prägen das Dekor, das Sushi und die Steaks sind aber durch und durch modern.

RM Seafood SEAFOOD $$$
(☎702-632-9300; www.rmseafood.com; Mandalay Place, 3930 Las Vegas Blvd S; Mittagessen 13–36 US$, abends 20–75 US$; ⌚11.30–23, Restaurant 17–23 Uhr) Der umweltbewusste Chefkoch Rick Moonen kombiniert moderne amerikanische Fisch- und Meeresfrüchtegerichte wie Cajun-Popcorn und Maine-Hummer mit kalorienreichen Beilagen wie Gourmet-Makkaroni und geschmolzenem Käse. Außerdem gibt's eine Krustentier- und Sushibar sowie eine Salatbar.

Fiamma ITALIENISCH $$$
(☎702-891-7600; www.mgmgrand.com; MGM Grand, 3799 Las Vegas Blvd S; Gerichte 50–60 US$; ⌚So & Mo 17.30–22, Di–Do bis 22.30, Fr & Sa bis 23 Uhr) Fiamma ist eins von mehreren herausragenden Restaurants im MGM Grand. Der Vorteil hier ist, dass man zu relativ moderaten Preisen edelste Küche bekommt. Die Spaghetti mit Fleischbällchen aus Kobe-Rind sind ein Gedicht.

Victorian Room CAFÉ $$
(www.billslasvegas.com; Bill's Gamblin' Hall & Saloon, 3595 Las Vegas Blvd S; Hauptgerichte 8–25 US$; ⌚24 Std.) Das kitschige, altmodische San-Fancisco-Dekor wird dem Victorian Room mit seinem erstklassigen Preis-Leistungs-Verhältnis nicht gerecht. Das Spezialangebot mit Steak und Eiern (7 US$) ist köstlich – rund um die Uhr.

Olives MEDITERRAN $$$
(☎702-693-8865; www.bellagio.com; Bellagio, 3600 Las Vegas Blvd S; Hauptgerichte 16–52 US$; ⌚mittags & abends) Chefkoch Todd English kommt aus Boston. Seine Gerichte sind eine Hommage an die namensgebende Olive. Fladenbrote aus Pizzateig, hausgemachte Pasta und kurzgebratenes Fleisch stehen hoch im Kurs, und von den Patio-Tischen blickt man auf den „Comer See". Ebenfalls einen Besuch wert ist Englishs neuer Laden im CityCenter, das **Todd English PUB** (www.toddenglishpub.com; Crystals im CityCenter, 3720 Las Vegas Blvd S; Hauptgerichte 13–24 US$; ⌚mittags & abends), eine interessante Mischung aus englischem Pub und Verbindungsparty. Es gibt kreative Burger, typisch englische Pub-Snacks und ein besonderes Angebot: Wer sein Bier in weniger als sieben Sekunden kippt, muss nichts dafür bezahlen.

Society Café CAFÉ $$
(www.wynnlasvegas.com; Encore, 3121 Las Vegas Blvd S; Hauptgerichte 14–30 US$; ⌚So–Do 7–24, Fr & Sa 7–1 Uhr) Gaumenfreuden zu erschwinglichen Preisen inmitten des schönen Ambientes des Encore. Das einfache Café hat den Standard eines Nobelrestaurants.

'wichcraft SANDWICHES $
(www.mgmgrand.com; MGM Grand, 3799 Las Vegas Blvd S; Sandwiches 8–11 US$; ⌚10–17 Uhr) Dieser kleine Designer-Sandwich-Laden geht auf das Konto des berühmten Kochs

FÜR GENIESSER: DIE BESTEN BUFFETS

» **Wicked Spoon Buffet** (www.cosmopolitanlasvegas.com; Cosmopolitan, 3708 Las Vegas Blvd S)

» **Le Village Buffet** (www.parislasvegas.com; Paris Las Vegas, 3655 Las Vegas Blvd S)

» **Spice Market Buffet** (Planet Hollywood, 3667 Las Vegas Blvd S)

» **Sterling Brunch at Bally's** (☎702-967-7999; Bally's, 3645 Las Vegas Blvd S; ⌚So)

» **Buffet Bellagio** (☎702-693-7111; www.bellagio.com; Bellagio, 3600 Las Vegas Blvd S)

» **Sunday Gospel Brunch** (☎702-632-7600; www.hob.com; House of Blues, Mandalay Bay, 3950 Las Vegas Blvd S)

Tom Colicchio. Die richtige Adresse, wenn man Gourmetküche zum kleinen Preis sucht!

DOWNTOWN & ABSEITS DES STRIPS

Tendenziell haben die Besucher die Restaurants in diesem Teil von Vegas nicht auf dem Schirm, dabei bieten sowohl die großen Buffets in den Kasinos als auch die Retro-Steakhäuser ein besseres Preis-Leistungs-Verhältnis.

Die Asia-Restaurants in der Spring Mountain Rd in Chinatown (gleich westlich des Strips) sind ebenfalls günstige Anlaufstellen mit vielen Optionen für Vegetarier.

LP TIPP **Ferraro's** ITALIENISCH $$
(www.ferraroslasvegas.com, 4480 Paradise Rd; Hauptgerichte 10–39 US$; ⌚Mo–Fr 11.30–2, Sa & So 16–2 Uhr) Die Fotos an der Wand belegen, dass es Einheimische schon seit 85 Jahren in das stilvolle, familienbetriebene Ferraro's zieht. Spezialität des Hauses sind italienische Klassiker. Heutzutage ist das Publikum vielseitig: Geschäftsleute, Gourmets & Co. sitzen auf dem Patio mit Kamin oder zur spätabendlichen Happy Hour (genial!) an der netten Bar. Die hausgemachte Pasta ist göttlich, der Osso buco (Kalbshaxe) legendär, aber auch das Antipasti-Menü ist ein absoluter Knaller. Warme Küche bis Mitternacht.

LP TIPP **Firefly** TAPAS $$
(www.fireflylv.com; 3900 Paradise Rd; kleine Gerichte 4–10 US$, Hauptgerichte 11–20 US$; ⌚So–Do 11.30–2, Fr & Sa bis 3 Uhr) Einheimische scheinen sich in einem Punkt einig zu sein: Ein Essen im Firefly kann doppelt so viel Spaß machen wie in einem Restaurant am Strip, und das zum halben Preis. Ist der Laden vielleicht deshalb ständig brechend voll? Man kann traditionelle Tapas essen, während der Barkeeper Sangria nachschenkt oder Mojitos mit verschiedenen Geschmacksrichtungen mixt.

Lotus of Siam THAILÄNDISCH $$
(www.saipinchutima.com; 953 E Sahara Ave; Hauptgerichte 9–29 US$; ⌚Mo–Fr 11.30–14, Mo–Do 17.30–21.30, Fr & Sa 17.30–22 Uhr) Das beste thailändische Restaurant in den Vereinigten Staaten? Wenn man dem *Gourmet Magazine* Glauben schenken darf, ist es das. Ein einziger Happen Pad Thai (oder von den anderen exotischen, nordthailändischen Gerichten) reicht, um einen zu überzeugen.

N9NE STEAK $$$
(☎702-933-9900; www.palms.com; Palms, 4321 W Flamingo Rd; Hauptgerichte 26–43 US$; ⌚abends) In diesem hippen Steakhaus tummeln sich die Berühmtheiten. Im Zentrum des auffällig aufgemachten Speisesaals steht eine Champagner-und-Kaviar-Bar. Es gibt Steaks und Koteletts nach Chicagoer Art, und dazu so ziemlich alles von Austern „Rockefeller" bis zu Sashimi aus dem Pazifik.

Pink Taco MEXIKANISCH $$
(www.hardrockhotel.com; Hard Rock, 4455 Paradise Rd; Hauptgerichte 8–24 US$; ⌚Mo–Do 7–23, Fr & Sa bis 3 Uhr) Die Happy Hour (Taco und Margarita für 99 Cent), die begrünte Terrasse am Pool und das nette Rock-n-Roll-Publikum verleihen dem Pink Taco ein konstantes Party-Feeling.

Golden Gate SEAFOOD $
(www.goldengatecasino.com; 1 E Fremont St; ⌚11–3 Uhr) Die Krabbencocktails für 1,99 US$ sind berühmt (für 3,99 US$ gibt's die „Übergröße").

EMERGENCY ARTS

Café, Kunstgalerie, Ateliers und eine Art Gemeindezentrum unter einem Dach, und das mitten in Downtown Las Vegas? Das **Emergency Arts** (www.emergencyartslv.com; 520 Fremont St) mit dem **Beat Coffeehouse** (www.thebeatlv.com; Sandwiches 6–7 US$; ⌚Mo–Fr 7–24, Sa 9–24, So 9–15 Uhr) ist eine Bastion entspannter Coolness. Es gibt starken Kaffee, und auf alten Mischpulten werden Vintage-Platten abgespielt. Wer unbedingt ein paar findige Einheimische treffen will, um Insidertipps abzustauben, ist hier genau an der richtigen Stelle.

Ausgehen

Wer mit den Einheimischen feiern und umsonst trinken will, sollte sich **SpyOnVegas** (www.spyonvegas.com) genauer ansehen. Unter der Woche wird jeden Abend eine „offene Bar" an wechselnden Orten organisiert.

THE STRIP

LP TIPP **Mix** LOUNGE
(www.mandalaybay.com; 64. Stock, THEhotel at Mandalay Bay, 3950 Las Vegas Blvd S; Eintritt nach 22 Uhr 20–25 US$) *Die* Adresse für einen Cocktail bei Sonnenuntergang. Bereits im gläsernen Aufzug hat man eine

geniale Aussicht. Das Mix bietet dann modernste Innenarchitektur und einen Balkon in luftiger Höhe.

LP TIPP **Gold Lounge** LOUNGE, CLUB
(www.arialasvegas.com; Aria, 3730 Las Vegas Blvd S; Eintritt nach 22 Uhr 20–25 US$) In dieser luxuriösen „Überlounge" gibt es vor allem eins: Gold! Der Laden ist eine passende Hommage an Elvis – wer mag, kann dem riesigen Portrait des Kings zuprosten.

Chandelier BAR
(www.cosmopolitanlasvegas.com; Cosmopolitan, 3708 Las Vegas Blvd S; 17–2 Uhr) In einer Stadt voller opulenter Hotellobbys zieht das Chandelier sämtliche Register. Hier sitzen die Cosmopolitan-Hipster und genießen das eigentümlich aufregende Gefühl, sich in einem gewaltigen Kristallkronleuchter zu betrinken.

LAVO LOUNGE, CLUB
(www.palazzo.com; Palazzo, 3325 Las Vegas Blvd S) Diese neue Kombination aus Restaurant, Lounge und Nachtclub ist besonders sexy und ein Ort zum Sehen und Gesehen werden. Zur Happy Hour sollte man unbedingt auf der Terrasse sein. Die dramatisch beleuchtete Bar lädt zum Bellini-Schlürfen ein. Im Club oben kann man anschließend zwischen liegenden (nackten) Renaissance-Schönheiten tanzen.

Parasol Up – Parasol Down BAR, CAFÉ
(www.wynnlasvegas.com; Wynn Las Vegas, 3131 Las Vegas Blvd S; So–Do 11–4, Fr & Sa bis 5 Uhr) Mit einem Mojito mit frischen Früchten an einem beruhigend plätschernden Wasserfall im Wynn entspannen und eine der erfolgreichsten Versionen des Paradieses von ganz Las Vegas kennenlernen.

Red Square BAR
(www.mandalaybay.com; Mandalay Bay, 3950 Las Vegas Blvd S) Jede Menge russischer Kaviar, eine solide Eisbar, mehr als 200 Frozen Wodkas und Cocktails. Wer in dem Gewölbe mit Temperaturen unter 0 °C ausharren will, zieht am besten einen russischen Armeemantel über.

DOWNTOWN & ABSEITS DES STRIPS

Das Ziel ist, Orte zu finden, an denen sich die Einheimischen aufhalten? Hier sind ein paar der beliebtesten Bars:

LP TIPP **Fireside Lounge** COCKTAILBAR
(www.peppermilllasvegas.com; Peppermill, 2985 Las Vegas Blvd S; 24 Std.) Ein völlig unerwartetes, romantisches Schlupfloch in der Nähe des Strips ist dieses altmodische Café. Turtelnde Pärchen lieben die gedämpfte Beleuchtung, die im Boden eingelassene Feuerstelle und die gemütlichen Sitznischen, in denen man einen Cocktail zu zweit trinken kann.

LP TIPP **Double Down Saloon** BAR
(www.doubledownsaloon.com; 4640 Paradise Rd; Eintritt frei; 24 Std.) Der Spezialdrink in diesem Schuppen ist säuerlich und blutrot und heißt „Ass Juice" (Arschsaft) – mehr Punk-Rock-Feeling geht eigentlich nicht. In der Happy Hour kosten sämtliche Drinks nur 2 US$ (einen Ass Juice und einen Twinkie-Kuchen gibt's für 5 US$ – dies ist eins dieser total schrägen Vegas-„Schnäppchen"). Phänomenale Jukebox, Bezahlung nur in bar.

Beauty Bar COCKTAILBAR
(www.thebeautybar.com; 517 E Fremont St; Eintritt 5–10 US$) Umgeben von der Einrichtung eines Schönheitssalons aus New Jersey aus den 1950er-Jahren kann man sich bei einem Cocktail einer Schönheitskur unterziehen oder einfach nur den Klängen hipper DJs oder lokaler Livebands lauschen. Um die Ecke befindet sich der **Downtown Cocktail Room**, eine billige Kneipe.

Frankie's Tiki Room MOTTOBAR
(www.frankiestikiroom.com; 1712 W Charleston Blvd; 24 Std.) In der einzigen rund um die Uhr geöffneten Tiki-Bar der USA wird die Stärke der Getränke mittels Totenköpfen zum Ausdruck gebracht. Top-Tiki-Künstler stellen hier ihre Arbeiten aus.

☆ Unterhaltung

Das allabendliche Unterhaltungsangebot in Las Vegas ist riesig. Karten für so ziemlich alle Veranstaltungen bekommt man bei **Ticketmaster** (702-474-4000; www.ticketmaster.com).

Tix 4 Tonight RESERVIERUNGSSERVICE
(877-849-4868; www.tix4tonight.com; Bill's Gamblin' Hall & Saloon, 3595 Las Vegas Blvd S; 10–20 Uhr) Gibt am Tag der Veranstaltung eine Reihe von Tickets zum halben Preis aus und bietet leichte Ermäßigungen für Shows, die „ständig ausverkauft" sind.

Nachtclubs & Livemusik

Die Eintrittspreise in den Nachtclubs schwanken stark; es kommt immer auf die Laune des Personals am Einlass an, auf das Verhältnis zwischen Männern und Frauen und natürlich darauf, wie voll der Club ist.

LP TIPP **Marquee** CLUB
(www.cosmopolitanlasvegas.com; Cosmopolitan, 3708 Las Vegas Blvd) Wenn jemand fragt, welcher Club der Coolste von ganz Vegas ist, liegt man mit der Antwort „Marquee“ ohne Zweifel richtig. Er wartet mit Berühmtheiten (wir haben Macy Gray im Vorbeitanzen gesichtet), einem Beach Club unter freiem Himmel, angesagten DJs und dem *je ne sais quoi* – dem gewissen Etwas – auf, das das Warten in der Schlange rechtfertigt.

LP TIPP **Tryst** CLUB
(www.trystlasvegas.com; Wynn Las Vegas, 3131 Las Vegas Blvd S) Der fließende Wasserfall ist das Tüpfelchen auf dem i und sorgt in der Tat für Abkühlung. Blutrote Sitzecken und viel Platz zum Tanzen sind der Garant dafür, dass man superviel Spaß haben wird, und das, selbst wenn man nicht so viel Geld für Alkohol ausgeben kann.

Drai's CLUB
(www.drais.net; Bill's Gamblin' Hall & Saloon, 3595 Las Vegas Blvd S; ⌚Do–Mo 1–8 Uhr) Bereit für eine Afterhour-Party in bester Hollywood-Manier? Bis 4 Uhr ist nicht wirklich viel los, doch dann legen die DJs Progressive auf, um die coolen Kids bei Laune zu halten. Am besten ordentlich in Schale werfen!

Stoney's Rockin' Country LIVEMUSIK
(www.stoneysrockincountry.com; 9151 Las Vegas Blvd S; Eintritt 5–10 US$; ⌚Do–So 19 Uhr–open end) Es lohnt sich, den Weg zu diesem Laden abseits des Strip auf sich zu nehmen. Freitags und samstags gibt's All-you-can-drink-Fassbier und kostenlosen Unterricht im Linedancing (ein Solotanz). Der mechanische Bulle ist der Hit.

Moon CLUB
(www.n9negroup.com; Palms, 4321 W Flamingo Rd; Eintritt ab 20 US$; ⌚Di & Do–So 23–4 Uhr) Schick ausgestattet wie ein Nachtclub im All; das Dach kann eingefahren werden, damit man unterm Sternenzelt zu wummernden Bässen abzappeln kann. Der Eintritt umfasst den Zutritt zum einzigen Playboy Club der Welt.

Shows

In Vegas hat man die Qual der Wahl zwischen Hunderten von Shows. Die Auftritte des Cirque du Soleil sind generell unvergesslich.

LP TIPP **Steel Panther** LIVEMUSIK
(☎702-617-7777; www.greenvalleyranchresort.com; Green Valley Resort, 2300 Paseo Verde Pkwy, Henderson; Eintritt frei; ⌚Do 23 Uhr–open end) Eine Hair-Metal-Coverband macht sich über das Publikum, sich selbst und die 1980er-Jahre lustig. Gags, Bonmots und anzügliche Kommentare gehören ebenfalls zum Programm.

LP TIPP **LOVE** DARSTELLENDE KÜNSTE
(☎702-792-7777; www.cirquedusoleil.com; Tickets 99–150 US$) Die Einheimischen, die schon viele Cirque-de-Soleil-Produktionen haben kommen und gehen sehen, sind der Meinung, dies sei die Beste. Die beliebte Show findet im Mirage statt.

O DARSTELLENDE KÜNSTE
(☎702-796-9999; www.cirquedusoleil.com; Tickets 99–200 US$) Unverändert beliebt ist

DAS EINMALEINS DES VEGAS-CLUBBING

Wer es hinter die Samtkordeln schaffen möchte, sollte sich unseren Überlebensguide zum Clubbing in Las Vegas durchlesen. Wir haben uns mit Türstehern, VIP-Hosts (Vermittler zwischen Clubbesitzern bzw. Türstehern und Clubgängern) und Portiers unterhalten.

» Wer nicht in der Schlange anstehen möchte, sollte sich vorab mit den VIP-Hosts in Verbindung setzen. Vor den meisten größeren Clubs steht am späten Nachmittag und in den frühen Abendstunden jemand an der Tür.

» Den Portier im jeweiligen Hotel nach dem Nachtleben fragen. Er bzw. sie hat unter Garantie ein paar kostenlose Tickets für ein paar Clubs oder kann den Kontakt zu einem VIP-Host herstellen.

» Egal, ob man Blackjack spielen oder einfach nur ein bisschen genießen möchte, man darf nie den „Bottle Service“ vergessen. Er ist teuer – 300 bis 400 US$ aufwärts pro Flasche (exkl. Steuer und Trinkgeld) –, dafür wird gewöhnlich aber das Eintrittsgeld für die ganze Gruppe erlassen, man muss nicht anstehen und kann an einem Tisch Platz nehmen.

die Wassershow des Cirque du Soleil im Bellagio.

Zumanity DARSTELLENDE KÜNSTE
(☎702-740-6815; www.cirquedusoleil.com; Tickets 69–129 US$) Eine sinnliche Performance nur für Erwachsene. Im New York New York.

Shoppen

Bonanza Gifts GESCHENKE
(www.worldslargestgiftshop.com; 2440 Las Vegas Blvd S; 11–24 Uhr) Die beste Adresse für kitschige Mitbringsel, die es nur in Las Vegas gibt.

The Attic RETRO-ARTIKEL
(www.atticvintage.com; 1018 S Main St; 10–18 Uhr, So geschl.) Im besten Vintage-Geschäft von ganz Vegas bekommt man fantastische Hüte und Perücken, Club-Outfits im Hippie-Stil und Möbel.

Fashion Show Mall EINKAUFSZENTRUM
(www.thefashionshow.com; 3200 Las Vegas Blvd S) Die größte und eleganteste Shopping Mall Nevadas.

Forum Shops EINKAUFSZENTRUM
(www.caesarspalace.com; Caesars Palace, 3570 Las Vegas Blvd S) Hochpreisige Geschäfte in einer klimatisierten Version des Alten Rom.

Grand Canal Shoppes EINKAUFSZENTRUM
(www.thegrandcanalshoppes.com; Venetian, 3355 Las Vegas Blvd S) Italienisch anmutende Luxus-Mall inklusive Gondeln.

Shoppes at Palazzo EINKAUFSZENTRUM
(Palazzo, 3327 Las Vegas Blvd S) 60 internationale Designer, von Tory Burch bis Jimmy Choo, unter einem Dach.

Miracle Mile Shops EINKAUFSZENTRUM
(www.miraclemileshopslv.com; Planet Hollywood, 3663 Las Vegas Blvd S) Unfassbare 1,5 Meilen (2,4 km) lang; hier gibt's Tattoos, Drinks und Klamotten.

Praktische Informationen

Geld

Geldautomaten findet man in sämtlichen Hotelkasinos, Banken und vielen Lebensmittelläden und 24-Stunden-Geschäften. In den meisten Kasinos liegt die Gebühr für die Geldautomatennutzung bei 5 US$. Unser Tipp: Am besten eine Bank abseits des Strips suchen!

American Express (☎702-739-8474; Fashion Show Mall, 3200 Las Vegas Blvd S; Mo–Fr 10–21, Sa 10–20, So 12–18 Uhr) Tauscht Geld zu günstigen Konditionen.

Infos im Internet & Medien

Cheapo Vegas (www.cheapovegas.com) Infos zu Kasinos mit niedrigen Mindesteinsätzen sowie günstigen Restaurants.

Las Vegas Review-Journal (www.lvrj.com) Tageszeitung, freitags inklusive des Wochenend-Guides *Neon*.

Las Vegas Tourism (www.onlyinvegas.com) Offizielle Tourismus-Website.

Las Vegas Weekly (www.lasvegasweekly.com) Kostenlose Wochenzeitung mit gutem Veranstaltungskalender und Restaurantkritiken.

lasvegas.com (www.lasvegas.com) Reiseservices.

Lasvegaskids.net (www.lasvegaskids.net) Alles zum Thema Las Vegas für die Kleinen.

Vegas.com (www.vegas.com) Reiseinfos und Buchungsservice.

Internetzugang

In den meisten Hotelzimmern hat man WLAN-Empfang (ca. 10–25 US$ pro Tag, manchmal in der „Resort-Gebühr" inbegriffen), und in den meisten Hotellobbys findet man Internetkiosks inkl. Druckern.

Notfall & Medizinische Versorgung

Gamblers Anonymous (☎702-385-7732) Die „Anonymen Spieler". Unterstützung für Spielsüchtige.

Polizei (☎702-828-3111)

Sunrise Hospital & Medical Center (☎702-731-8000; 3186 S Maryland Pkwy)

University Medical Center (☎702-383-2000; 1800 W Charleston Blvd)

Post

Post (☎702-382-5779; 201 Las Vegas Blvd S) Downtown.

Touristeninformation

Las Vegas Visitor Information Center (☎702-847-4858; www.visitlasvegas.com; 3150 Paradise Rd; 8–17 Uhr) Kostenlose Ortsgespräche, Internetzugang und Karten ohne Ende.

Anreise & Unterwegs vor Ort

Von der **Greyhound Bus Station** (☎702-383-9792; www.greyhound.com; 200 S Main St) in der Innenstadt gibt es regelmäßige Busverbindungen von und nach Los Angeles (40–57 US$, 6 Std.), San Diego (47–62 US$, 9 Std.) und San Francisco (60–93 US$, 15 Std.). Es fahren keine Züge von **Amtrak** (☎800-872-7245; www.amtrak.com) nach Las Vegas, das Unternehmen bietet aber eine Busverbindung nach L.A. (50 US$, 6 Std.) an.

Der **McCarran International Airport** (LAS; ☎702-261-4636; www.mccarran.com) befindet sich südlich der wichtigen Kasinos auf dem Strip und ist von der I-15 einfach zu erreichen. Dort kommen Direktflüge aus den meisten Städten der USA und einige aus Kanada und Europa an. **Bell Trans** (☎702-739-7990; www.bell-trans.com) bietet einen Shuttle-Service (6,50 US$) zwischen dem Flughafen und dem Strip. Die Fahrt ins Zentrum ist etwas teurer. Der Schalter von Bell Trans befindet sich am Flughafen am Ausgang 9 bei der Gepäckausgabe.

Alle Sehenswürdigkeiten in Vegas verfügen über gebührenfreie Parkplätze oder einen Parkservice (Trinkgeld 2 US$). Die schnelle, lustige und auch für Rollstuhlfahrer geeignete **Monorail** (☎702-699-8299; www.lvmonorail.com) verbindet das Sahara mit dem MGM Grand, hält unterwegs an den wichtigsten Mega-Resorts des Strip und fährt von Montag bis Donnerstag zwischen 7 und 2, von Freitag bis Sonntag bis 3 Uhr morgens. Eine einfache Fahrt kostet 5 US$, ein 24-Stunden-Pass 12 US$ und ein Drei-Tage-Pass 28 US$. Der **Deuce** (☎702-228-7433; www.rtcsouthernnevada.com), ein Doppeldecker-Bus, pendelt rund um die Uhr regelmäßig zwischen dem Strip und Downtown (einfache Strecke/24-Stunden-Pass 3/7 US$)

Rund um Las Vegas

Red Rock Canyon SCHLUCHT

(www.redrockcanyonlv.org; 7/5 US$ pro Wagen/Fahrrad; ⏲6 Uhr–Sonnenuntergang) Dieser umwerfend schöne Park ist die perfekte Kur nach einer Überdosis greller Künstlichkeit in Las Vegas. Der Canyon liegt 20 Meilen (32 km) westlich des Strips und ist tatsächlich eher ein Tal als eine Schlucht. An der Westkante ragt eine ca. 900 m hohe Klippe aus rotem Stein auf. Eine Touristenstraße (13 Meilen; 21 km lang) mit Zugang zu verschiedenen Wanderwegen führt durch den Park. 2 Meilen (3 km) östlich des Besucherzentrums kann man **zelten** (Stellplatz 15 US$). Wer zuerst kommt, mahlt zuerst!

Lake Mead & Hoover Dam SEE, HISTORISCHE STÄTTE

Der Lake Mead und der Hoover Dam sind die meistbesuchten Attraktionen des **Lake Mead National Recreation Area** (www.nps.gov/lame). Zu diesem Erholungsgebiet gehören außer dem 110 Meilen (177 km) langen Lake Mead der 67 Meilen (108 km) lange Lake Mohave sowie die riesigen Wüstengebiete rund um die Seen. Das fantastische **Alan Bible Visitors Center** (☎702-293-8990; ⏲8.30–16.30 Uhr) am Highway 93 (auf halber Strecke zwischen Boulder City und dem Hoover Dam) bietet Infos zu Freizeitaktivitäten und der Wüste. Von dort aus führt die North Shore Rd um den See, eine wirklich malerische Route.

Der weich geschwungene, 220 m hohe **Hoover Dam** (www.usbr.gov/lc/hooverdam), ein Bauwerk im Art-déco-Stil, überspannt die Grenze zwischen Arizona und Nevada und schafft einen umwerfenden Kontrast zu der kargen Landschaft. Nicht verpassen sollte man die neue Brücke **Mike O'Callaghan-Pat Tillman Memorial Bridge** (www.hooverdambypass.org). Sie ist mit einem Fußgängerweg versehen und gewährt einen wunderschönen Blick flussaufwärts vom Hoover Dam. Das ist allerdings nichts für Leute mit Höhenangst! Besucher können sich der 30-minütigen **Power Plant Tour (Führung durchs Kraftwerk)** (Erw./Kind 11/9 US$; ⏲9.15–17.15, Sept.-März bis 16.15 Uhr) anschließen oder die detailliertere, einstündige **Hoover Dam-Tour** (nicht für Kinder unter 8 Jahren; 30 US$) machen.

Tickets für diese Führungen gibt's im **Visitor Center** (⏲9–18; Ausstellungen Erw./Kind 8 US$/frei). Karten für die Kraftwerkführung gibt's auch online.

Für die Mittagspause oder ein Abendessen empfehlen wir **Milo's** (538 Nevada Way; Gerichte 4,50–13 US$; ⏲So–Do 11–22, Fr & Sa bis 24 Uhr) im nahe gelegenen Boulder City. An den Tischen auf dem Gehweg vor der Weinbar kann man sich über frische Sandwiches, Salate und Gourmet-Käseplatten hermachen.

ABSTECHER

VALLEY OF FIRE STATE PARK

Eine traumhafte Wüstenszenerie voller psychedelisch anmutender Sandsteinformationen findet man in diesem **Park** (www.parks.nv.gov/vf.htm; Eintritt 10 US$), 55 Meilen (88 km) von Vegas entfernt. Der Highway 169 führt direkt am **Visitor Center** (☎702-397-2088; ⏲8.30–16.30 Uhr) vorbei; dort erhält man Infos zu Wanderungen und zu **Camping-Möglichkeiten** (Stellplatz Zelt/Wohnmobil 20/30 US$) und es gibt tolle Ausstellungen zum Lebensraum Wüste.

Westnevada

Der westliche Teil des Staats ist eine weitläufige, größtenteils unberührte Steppe mit Wüstenbeifuß, durchzogen von Bergketten und ausgetrockneten Tälern. In dieser Gegend wurde das moderne Nevada geboren, u.a. durch die Entdeckung der berühmten Comstock-Silbermine bei Virginia City. Heutzutage sind Outdoor-Abenteuer in Form von Wandern, Fahrrad- und Skifahren die Hauptanziehungspunkte für Besucher. Es ist ein Ort der Kontraste; sie sind ähnlich extrem wie beim Wetter. In einem Moment fährt man durch ein niedliches altes Städtchen voller stattlicher Villen, die von den Silberbaronen erbaut wurden, und im nächsten Augenblick sieht man, wie eine Kugel Buschgras an einer heimeligen Bar vorüberweht, von der man später erfährt, dass es sich tatsächlich um das hiesige (legale) Bordell handelt. Und dann sind da natürlich noch die kitschigen Wedding Chapels (Hochzeitskapellen) und die Kasinolichter, die so viele Besucher in die Spielerhochburg Reno locken.

Mehr Infos zu dem Teil des Lake Tahoe, der zu Nevada gehört, gibt's auf S. 192.

RENO

Reno (225 000 Ew.) hat eine gespaltene Persönlichkeit. Die Stadt ist spielsüchtig, verrückt nach Abenteuern unter freiem Himmel und lässt sich nicht so einfach in eine Schublade stecken. Die „größte Kleinstadt der Welt" lässt das Blut durch die Adern der Adrenalinjunkies rauschen und macht eingefleischte Glücksspieler glücklich, aber auch Großstädter, die möglichst leichten Zugang zu unendlichen, wilden Weiten haben wollen.

Sehenswertes

National Automobile Museum MUSEUM

(☎775-333-9300; www.automuseum.org; 10 S Lake St; Erw./Kind/Rentner 10/4/8 US$; ⏲Mo–Sa 9.30–17.30, So 10–16 Uhr; 👪) Stilisierte Straßenszenen illustrieren ein Jahrhundert Automobilgeschichte in diesem fesselnden Museum. Die Sammlung ist riesig und beeindruckend. So kann man Unikate wie James Deans 1949er Mercury aus *Denn sie wissen nicht was sie tun* besichtigen, einen 1938er Phantom Corsair und einen mit einer 24-karätigen Goldschicht überzogenen DeLorean. Im Rahmen von Wechselausstellungen werden weitere aufgemotzte oder herrlich altmodische Gefährte vorgestellt.

ABSTECHER

DER PYRAMID LAKE

Der Pyramid Lake ist ein intensiv blaues Gewässer inmitten einer öden Landschaft 25 Meilen (40 km) nördlich von Reno. Er liegt auf dem Gelände des Paiute-Indianerreservats und ist ein beliebtes Erholungs- und Angelgebiet. Genehmigungen fürs **Campen** (einfacher Stellplatz 9 US$/Wagen & Nacht) und **Angeln** (9 US$/Pers.) erhält man in Outdoor-Ausrüstungsgeschäften und CVS-Drogerien in Reno sowie im **Ranger-Büro** (☎775-476-1155; www.pyramidlake.us; ⏲8–18 Uhr) an der SR 445 in Sutcliffe.

Nevada Museum of Art MUSEUM

(☎775-329-3333; www.nevadaart.org; 160 W Liberty St; Erw./Kind/Student & Senior 10/1/8 US$; ⏲Mi–So 10–17, Do 10–20 Uhr) In einem prachtvollen Gebäude, dessen Design von den Steinformationen im Black Rock Desert nördlich der Stadt inspiriert ist, führt eine fließende Treppe zu den Galerien, in denen Wechselausstellungen und Bilder mit Bezug zum Westen der USA gezeigt werden. Das Café ist super, um die Batterien nach dem Kultur-Boost wieder aufzuladen.

University of Nevada UNIVERSITÄT

Im wie eine fliegende Untertasse geformten **Fleischmann Planetarium & Science Center** (☎775-784-4811; http://planetarium.unr.nevada.edu; 1650 N Virginia St; Eintritt frei; ⏲Mo & Di 12–17, Fr 12–21, Sa 10–21, So 10–17 Uhr) kann man bei den **Vorführungen** (Erw./Kind 6/4 US$) einen Blick ins All werfen. In der Nähe befindet sich das **Nevada Historical Society Museum** (☎775-688-1190; www.museums.nevadaculture.org; 1650 N Virginia St; Erw./Jugendl. unter 17 Jahren 4 US$/frei; ⏲Mi–Sa 10–17 Uhr). Die Sammlung umfasst Neonschilder, Ausstellungen zur Kultur der lokalen Ureinwohner und zur Bundesregierung.

Virginia Street

In Downtown Reno, zwischen der I-80 und dem Truckee River, verläuft die N Virginia St, Renos Kasinomeile. Südlich des Flusses heißt diese Straße S Virginia St. Alle folgenden Hotelkasinos sind rund um die Uhr geöffnet.

Circus Circus KASINO

(www.circusreno.com; 500 N Sierra St; 👪) Das familienfreundlichste Kasino in der Gegend wartet mit kostenlosen Zirkuseinlagen in einem riesigen, buntgestreiften Zelt für die Kleinen auf. Dort findet man allerdings auch zig Videospiele, die verdächtig nach Spielautomaten aussehen!

Silver Legacy KASINO
(www.silverlegacyreno.com; 407 N Virginia St) Ein viktorianisch anmutendes Kasino, das anhand der auffälligen weißen Kuppel leicht zu erkennen ist. Hin und wieder ist der riesige nachgebaute Förderturm die Bühne für eine bescheidene Sound-and-Light-Show.

Eldorado KASINO
(www.eldoradoreno.com; 345 N Virginia St) Angesichts des kitschigen Glücksbrunnens würde sich der große italienische Bildhauer Bernini wahrscheinlich im Grabe herumdrehen.

Harrah's KASINO
(www.harrahsreno.com; 219 N Center St) Nevadas Glücksspiel-Pionier William Harrah gründete dieses Kasino 1946. Es ist nach wie vor eins der größten und beliebtesten der Stadt.

Ca. 2 Meilen (3 km) südlich von Downtown befinden sich zwei der größten Kasinohotels von Reno:

Peppermill KASINO
(www.peppermillreno.com; 2707 S Virginia St) Der 17 Etagen hohe Turm im toskanischen Stil ist umwerfend.

Atlantis KASINO
(www.atlantiscasino.com; 3800 S Virginia St) Heute ist das umgebaute Atlantis eher ein Klassiker als lustig. Es beherbergt ein großes Wellnesszentrum und ein paar tropische Elemente wie (überdachte) Wasserfälle und Palmen.

Aktivitäten

Von Reno aus fährt man nur 30 bis 60 Minuten bis zu den Tahoe-Skigebieten. In vielen Hotels und Kasinos gibt's Pauschalangebote für Übernachtungen plus Skifahren.

Truckee River Whitewater Park WASSERSPORT
In diesem Park, der nur wenige Schritte von den Kasinos entfernt liegt, sind die Stromschnellen der Kategorien II und III sowohl zum Reifenschwimmen (Tubing) für Kinder als auch für ambitioniertere Kajakfahrer geeignet. Zwei Parcours führen um Wingfield Park herum, eine kleine Flussinsel, auf der im Sommer kostenlose Konzerte stattfinden. **Tahoe Whitewater Tours** (☎775-787-5000; www.gowhitewater.com) und **Wild Sierra Adventures** (☎866-323-8928; www.wildsierra.com) bieten Kajakausflüge und -kurse an.

Historic Reno Preservation Society STADTSPAZIERGANG
(☎775-747-4478; www.historicreno.org; Führung 10 US$) Wer einen Blick hinter die Kulissen werfen will, kann eine Motto-Führung bzw. -Radtour machen. Thematische Schwerpunkte sind z.B. Architektur, Politik und Literaturgeschichte.

(RAD-)WANDERWEGE RUND UM RENO

Wer umfassende Infos zu Wander- und Radwegen in der Region sucht, z.B. zum Mt.-Rose-Gipfelpfad und zum Tahoe-Pyramid-Fahrradweg, sollte den **Truckee Meadows Trails Guide** (www.reno.gov/Index.aspx?page=291) herunterladen.

Schlafen

Die Hauptfaktoren für die extrem schwankenden Übernachtungspreise sind der jeweilige Wochentag und lokale Events. Sonntags bis donnerstags kommt man gewöhnlich am günstigsten davon, die Freitage sind teurer und an Samstagen zahlt man manchmal dreimal so viel wie unter der Woche.

Im Sommer lädt der **Mt. Rose** (☎877-444-6777; www.recreation.gov; Hwy 431; Stellplatz für Zelte & Wohnmobile 16 US$) zum Zelten in luftigen Höhen ein. Traumhaft!

Peppermill KASINOHOTEL $$
(☎775-826-2121; www.peppermillreno.com; 2707 S Virginia St; Zi. So–Do 50–140 US$; Fr & Sa 70–200 US$; ❄@🛜🏊) Das beliebte Peppermill präsentiert sich heute in einer Üppigkeit, die hervorragend nach Vegas passen würde. Im neuesten Turm befinden sich 600 Zimmer mit toskanischem Dekor, und die Renovierung der älteren Räumlichkeiten ist fast abgeschlossen. Die drei Pools (einer davon ist überdacht) sind zum Träumen schön. Ein Wellnesszentrum darf natürlich nicht fehlen. Die Wärmeversorgung läuft über geothermische Energie.

Sands Regency KASINOHOTEL $
(☎775-348-2200; www.sandsregency.com; 345 N Arlington Ave; Zi. So–Do/Fr & Sa ab 29/89 US$; ❄🛜🏊) Mit die größten Standardzimmer

der Stadt findet man im Sands. Sie sind in fröhlichen Tropenfarben gehalten: Die peppigen Blau-, Rot- und Grüntöne sind eine willkommene Abwechslung zur typischen Motelaufmachung. Im Fitnessstudio und im Whirlpool im 16. Stock offenbaren sich atemberaubende Ausblicke auf die Berge. Die Zimmer im Empress Tower sind am schönsten.

Wildflower Village MOTEL $
(☎775-747-8848; www.wildflowervillage.com; 4395 W 4th St; Zi. 50–75 US$, B&B 100–125 US$; ❄@📶) Diese baufällige Künstlerkolonie an den westlichen Ausläufern der Stadt verströmt ein kreatives Flair. Wandbilder zieren die Fassaden der einzelnen Zimmer, und man kann die Frachtzüge vorbeirumpeln hören.

Essen

Die lokale Restaurantszene geht weit über die typischen Kasinobuffets hinaus.

LP TIPP **Old Granite Street Eatery** AMERIKANISCH $$
(☎775-622-3222; 243 S Sierra St; Gerichte 9–24 US$; ⏲Mo–Do 11–22, Fr 11–24, Sa 10–24, So 10–16 Uhr) Ein wunderschönes, angenehm beleuchtetes Restaurant voller Antiquitäten, in dem Wohlfühlgerichte aus lokalen Biozutaten, altmodische Cocktails und, je nach Saison, selbstgebraute Biere serviert werden. Die Gäste lieben die stattliche Holzbar, die umfangreiche Speisekarte und den Umstand, dass das Wasser in alten Likörflaschen kredenzt wird. Wer vergessen hat zu reservieren, kann sich die schrägen Wandbilder ansehen und an einem Gemeinschaftstisch (bestehend aus einer umgebauten Stalltür) auf einen eigenen Tisch warten.

Pneumatic Diner VEGETARISCH $
(501 W 1st St, 2. Stock; Gerichte 6–9 US$; ⏲Mo 12–22, Di–Do 11–22, Fr & Sa 11–23, So 8–22 Uhr; ✎) Im Schein der Neonlichter vegetarische Leckerbissen verspeisen, das verspricht dieses coole kleine Restaurant nahe dem Fluss. Es gibt fleischloses und veganes Wohlfühlessen sowie Desserts, die das Kind in einem jauchzen lassen, z. B. die Cookie Bomb (Keksbombe) mit viel Eiscreme. Das Pneumatic Diner ist an den Truckee River Terrace-Apartmentkomplex angeschlossen; der Eingang befindet sich in der Ralston St.

Silver Peak Restaurant & Brewery PUB $$
(124 Wonder St; Hauptgerichte mittags 8–10 US$, abends 9–21 US$; ⏲11–24 Uhr) Entspannt und

NICHT VERSÄUMEN

BURNING MAN

Ende August macht das Festival **Burning Man** (www.burningman.com; Eintritt 210–320 US$) eine Woche lang die sonnenverbrannte Wüste Black Rock Desert unsicher. Dann entsteht in Nevada vorübergehend ein drittes großes Ballungsgebiet: Black Rock City. Burning Man ist ein Feuerwerk experimenteller Kunst mit Motto-Camps wie von einem anderen Stern und staubüberzogenen Fahrrädern. Überall finden bizarre Tauschgeschäfte statt, Nacktheit wird mittels Kostümen dürftig kaschiert und Hemmungen werden bereitwillig über Bord geworfen. Höhepunkt ist die Verbrennung einer überdimensionalen menschlichen Figur – der Burning Man.

ungestelzt wirkt dieser Pub, der erfüllt ist vom Geplapper fröhlicher Einheimischer, denen der Sinn nach leckerem Bier und gutem Essen steht. Es gibt alles von Pizzas mit gebratenem Huhn bis zu Pasta mit Krabben und Filet Mignon.

Peg's Glorified Ham & Eggs IMBISS $
(420 S Sierra St; Gerichte 7–10 US$; ⏲6.30–14 Uhr; 👪) Hier bekommt man den Einheimischen zufolge das beste Frühstück der Stadt. Die gegrillten Speisen sind lecker, aber nicht zu fettig.

Ausgehen

Jungle Java & Jungle Vino CAFÉ, WEINBAR
(www.javajunglevino.com; 246 W 1st St; ⏲6–24 Uhr; 📶) Internetcafé, Café und Weinbar mit tollem Mosaikboden in einem. In der Weinbar finden jede Woche Degustationen statt. Im Café werden Musikshows geboten und man bekommt Frühstücksbagels und Sandwiches (8 US$) zum Mittagessen.

Imperial Bar & Lounge BAR
(150 N Arlington Ave; ⏲Do–Sa 11–2, So–Mi bis 24 Uhr) Stilvolle Bar in einem Relikt aus vergangenen Zeiten: Dies war früher eine Bank. Die zementierte Stelle im Holzboden bezeichnet den früheren Standort des Tresors. Sandwiches, Pizzas, 16 Fassbiere und eine lebendige Atmosphäre an den Wochenenden zeichnen das Imperial aus.

St James Infirmary BAR
(445 California Ave) Passionierte Biertrinker werden sich im Himmel wähnen: Die Aus-

wahl umfasst 120 Flaschenbiere und 18 Sorten vom Fass. Rotes Licht setzt die schwarzweißen Retro-Bänke in Szene, eine Wand zieren Film- und Musikbilder und ab und an werden Jazz- und Bluegrass-Konzerte organisiert.

☆ Unterhaltung

Die beste Infoquelle zu Veranstaltungen & Co. ist das wöchentlich erscheinende, kostenlose Magazin *Reno News & Review* (www.newsreview.com).

Edge CLUB

(www.edgeofreno.com; Peppermill, 2707 S Virginia St; Eintritt 10–20 US$; ⌚Do–So) Das Peppermill lockt die Nachteulen mit seinem großen, schillernden Nachtclub an. Die Go-Go-Tänzerinnen, Nebelmaschinen und bunten Laser verursachen eventuell eine akute Reizüberflutung. In diesem Fall kann man auf den Patio mit Ausblick hinaustreten und vor den gemütlichen Feuerstellen „wieder runterkommen".

Knitting Factory LIVEMUSIK

(☎775-323-5648; http://re.knittingfactory.com; 211 N Virginia St) Dieser mittelgroße Schuppen wurde 2010 eröffnet und füllt eine zuvor bestehende Lücke in der lokalen Musikszene: Hier stehen Mainstream und Indie-Hits im Vordergrund.

ℹ Praktische Informationen

Neben der Gepäckausgabe am Reno-Tahoe International Airport befindet sich ein **Informationzentrum**. Man hat kostenlosen WLAN-Empfang.

Java Jungle (246 W 1st St; 2 US$/Std.; ⌚6–24 Uhr; 📶) Tolles Café am Fluss mit ein paar Computern und kostenlosem WLAN.

Reno-Sparks Convention & Visitors Authority (☎800-367-7366; www.visitrenotahoe.com; 2. Stock, Reno Town Mall, 4001 S Virginia St; ⌚Mo–Fr 8–17 Uhr)

ℹ An- & Weiterreise

Der **Reno-Tahoe International Airport** (www.renoairport.com; 📶), 5 Meilen (8 km) südöstlich von Downtown Reno, wird von den meisten großen Airlines angeflogen.

North Lake Tahoe Express (☎866-216-5222; www.northlaketahoeexpress.com) betreibt ein Shuttle (40 US$, 6–8-mal tgl., 3.30–24 Uhr), das zwischen dem Flughafen und zahlreichen Orten am Nordufer des Lake Tahoe verkehrt, z.B. Truckee, Squaw Valley und Incline Village. Im Voraus reservieren!

Um den südlichen Teil des Lake Tahoe zu erreichen (nur wochentags), nimmt man den **RTC Intercity-Bus** (inkl. WLAN; www.rtcwashoe.com) bis zur Nevada DOT-Haltestelle in Carson City (4 US$, 1 Std., an Werktagen 5-mal tgl.) und dann den 21X-Bus von **BlueGo** (www.bluego.org) zum Stateline Transit Center (2 US$ mit RTC Intercity-Transfer, 1 Std., 7–8-mal tgl.).

Greyhound (☎775-322-2970; www.greyhound.com; 155 Stevenson St) bietet tägliche Verbindungen nach Truckee, Sacramento und San Francisco (34 US$, 5–7 Std.), genauso wie die California-Zephyr-Zuglinie von **Amtrak** (☎775-329-8638; 280 N Center St); sie fährt einmal täglich. Der Zug ist langsamer und teurer, aber auch bequemer, und die Strecke ist schöner. Ab Emeryville geht ein Bus nach San Francisco (46 US$, 7½ Std.).

ℹ Unterwegs vor Ort

Zum Service der Kasinohotels für die Übernachtungsgäste gehören kostenlose, regelmäßige Shuttle-Fahrten zum Flughafen; Reservierungen sind nicht notwendig.

Die Nahverkehrsbusse von **RTC Ride** (☎775-348-7433; www.rtcwashoe.com; 2/4 US$ pro Fahrt/pro Tag) decken das gesamte Stadtgebiet ab; die meisten Linien steuern die RTC 4th St Station in Downtown an. Praktisch sind die RTC-Rapid-Linie zur S Virginia St, die Nr. 11 nach Sparks und die Nr. 19 zum Flughafen. Der kostenlose Sierra-Spirit-Bus fährt sämtliche Attraktionen in Downtown Reno an, auch die Kasinos und die Universität (von 7–19 Uhr alle 15 Min.).

CARSON CITY

Ist dies die am meisten unterschätzte Stadt in Nevada? Wir denken ja! Von Reno und vom Lake Tahoe aus ist es nicht weit nach Carson City, der idealen Anlaufstelle für eine Mittagspause oder einen Spaziergang in der altmodischen, ruhigen Altstadt. Dort erwarten einen hübsche historische Gebäude und nette Boulevards, in deren Mittelpunkt das **Nevada State Capitol von 1870** (Ecke Musser & Carson; Eintritt frei) steht. Vielleicht wird man hier auch den Gouverneur höchstpersönlich im Gespräch mit ein paar Bürgern antreffen.

Eisenbahnfans sollten das **Nevada State Railroad Museum** (☎775-687-6953; 2180 S Carson St; Erw./Kind 5 US$/frei; ⌚8.30–16.30 Uhr) besuchen, in dem ca. 30 Zugwaggons und -motoren aus dem 19. bis frühen 20. Jh. ausgestellt sind.

Die behäbigen Kasinos kann man getrost links liegenlassen und stattdessen eins der netten Geschichtsmuseen unter die Lupe nehmen oder auch einfach im **Comma Coffee** (www.commacoffee.com; 312 S Carson St; Gerichte 5–9 US$) zu Mittag essen und dem Gespräch am Nachbartisch lauschen.

GEHEIMTIPP

EIN BIERCHEN (ODER ZWEI)

In den vielen viktorianischen Kneipen in der C St von Virginia City kann man sich einen hinter die Binde kippen, ganz so wie die Minenarbeiter in längst vergangenen Zeiten. Wir mögen den alteingesessenen, familienbetriebenen **Bucket of Blood Saloon** (www.bucketofbloodsaloonvc.com; 1 S C St; ⌚14–19 Uhr), in dem es Bier und „Barregeln" an einem antiken Holztresen gibt („Wenn der Barkeeper nicht lacht, bist du einfach nicht witzig."), und den **Palace Restaurant & Saloon** (www.palacerestaurant1875.com; 1 S C St; Hauptgerichte 6–10 US$; ⌚Öffnungszeiten variieren) mit den diversen Nostalgiestücken, in dem die Gäste mit leckerem Frühstück und Mittagessen verwöhnt werden.

Vermutlich debattieren dort ein paar Kongressabgeordnete oder Lobbyisten. Den Abend könnte man in der netten kleinen Brauerei **High Sierra Brewing Company** (www.highsierrabrewco.com; 302 N Carson St; Gerichte 5–9 US$; ⌚So–Do 11–24, Fr & Sa bis 2 Uhr) mit leckerem Bier und tollen Burgern verbringen.

Der Highway 395 bzw. die Carson St ist die Hauptstraße. Im **Visitor Center** (www.visitcarsoncity.com; 1900 S Carson St; ⌚Mo–Fr 9–16, Sa & So bis 15 Uhr), 1 Meile südlich des Zentrums, erhält man einen Stadtplan mit interessanten historischen Stadtspaziergängen und Autorouten. Infos zu Wanderungen und zu Campingmöglichkeiten in der Gegend liefert das **Carson Ranger-Bezirksbüro** (☎775-882-2766; 1536 S Carson St; ⌚Mo–Fr 8–16.30 Uhr) des United States Forest Service (USFS).

VIRGINIA CITY

Während des Goldrauschs in den 1860er-Jahren war Virginia City eine florierende Boomstadt im Wilden Westen. Zu ihrer Blütezeit verbrachte der Journalist Samuel Clemens alias Mark Twain einige Zeit an diesem rauen Ort. Jahre später wurden seine Augenzeugenberichte vom Alltag in einer Minenstadt in dem Buch *Durch dick und dünn* veröffentlicht.

Die hochgelegene Stadt ist eine National Historic Landmark (NHL), also eine historische Stätte von besonderer nationaler Bedeutung. Viktorianische Gebäude und ein paar unterhaltsame Museen säumen die Hauptstraße mit den hölzernen Gehwegen. Wer sehen möchte, wie die Minenbesitzer lebten, sollte die **Mackay Mansion** (D St) und das **Castle** (B St) besuchen.

Die Einheimischen sind sich darüber einig, dass es das beste Essen im **Cafe del Rio** (www.cafedelriovc.com; 394 S C St; Hauptgerichte 9–15 US$; ⌚Mi & Do 16.30–20, Fr & Sa 11.30–20, So 10–14 Uhr) gibt, wo eine Mischung aus *nuevo*-mexikanischen und leckeren kleinen Gerichten (auch Frühstück) serviert wird.

Die Hauptstraße ist die C St. Dort befindet sich auch das **Visitor Center** (www.virginiacity-nv.org; 86 S C St; ⌚10–16 Uhr).

Great Basin, Nevada

Eine Tour durch das Great Basin ist ein tolles Erlebnis, das einen nicht mehr loslassen wird. All jene, die von einem echten „Road Trip" träumen, werden die faszinierenden alten Städte und ungewöhnlichen Sehenswürdigkeiten an den einsamen Wüstenhighways lieben.

AN DER I-80

Wenn man Reno in östliche Richtung verlässt, ist **Winnemucca**, 150 Meilen (241 km) nordöstlich, der erste sehenswerte Ort. Die altmodische Innenstadt und ein paar baskische Restaurants sowie das jährlich stattfindend baskische Festival sind die Hauptattraktionen. Weitere Infos erhält man bei der **Winnemucca Convention & Visitors Authority** (☎775-623-5071; 50 W Winnemucca Blvd; ⌚Mo–Fr 8–12 & 13–17, Sa 9–12, So 11–16 Uhr). Ein Abstecher in die dortige *buckaroo*-(Cowboy-)Ruhmeshalle und das Großwild-Museum lohnt sich. Ebenfalls sehenswert ist **The Griddle** (www.thegriddlecom; 460 W Winnemucca Blvd; Hauptgerichte 4–12 US$; ⌚tgl. morgens & mittags, Do–Sa abends), eins der tollsten Retro-Cafés von ganz Nevada. Seit 1948 werden dort leckeres Frühstück, klassische Dinnergerichte und hausgemachte Desserts serviert.

Der Geist des Amerikanischen Westens wird nirgendwo fleißiger kultiviert als in **Elko**. Möchtegern-Cowboys und -girls sollten das **Western Folklife Center** (www.westernfolklife.org; 501 Railroad St; Ausstellungen Erw./Kind 5/1 US$; ⌚Mo–Fr 10–17.30, Sa 10–17 Uhr) aufsuchen. Es beherbergt Kunst- und Geschichtsausstellungen, und jedes Jahr im Januar steigt das beliebte **Cowboy Poetry Gathering**. Ein weiteres Event ist das **National Basque Festival**, immer am 4. Juli, das mit Spielen, traditionellen Tänzen und dem „Bullenrennen“ gefeiert wird. Wer noch nie baskische Küche gekostet hat, ist im **Star Hotel** (www.elkostarhotelcom; 246 Silver St; Hauptgerichte 15–32 US$; ⌚Mo–Fr mittags, Mo–Sa abends) gut aufgehoben. Der Restaurant-Club mit familiärer Atmosphäre ist in einer ehemaligen Pension für baskische Schafhirten von 1910 untergebracht. Die ganz Neugierigen sollten sich unbedingt den kleinen Rotlichtbezirk von Elko hinter dem Restaurant ansehen. Zu den legalen Bordellen gehört auch „Inez's Dancing and Diddling“ („Tanzen und Fummeln“ – der wohl seltsamste Unternehmensname im ganzen Staat).

AM HIGHWAY 50

Wenn man auf dem Highway 50 unterwegs ist, begreift man schnell, weshalb er als „Loneliest Road in America“, also einsamste Straße Amerikas, bezeichnet wird. Man kommt nur an wenigen Orten vorbei, sie liegen weit auseinander und die Geräuschkulisse ist auf das Brummen des Motors und das Rauschen des Windes beschränkt. Einst gehört der Highway 50 zum Lincoln Highway; er folgt der Route des Overland Stagecoach, des Pony Express und der ersten transkontinentalen Telegrafenlinie.

Wer die Bundesstraße von Westen nach Osten abgefahren ist und „überlebt“ hat, darf sich auf eine tolle Belohnung freuen: den menschenleeren **Great Basin National Park**. Nahe der Grenze zwischen Nevada und Utah gelegen umfasst er den 3982 m hohen Wheeler Peak, der urplötzlich über der Wüstenlandschaft aufragt. Die Wanderwege in Gipfelnähe offenbaren traumhafte Aussichten auf die umgebende Landschaft mit Gletscherseen, alten Borstenkiefern und sogar einem permanenten Eisfeld. Der Eintritt ist frei. Im **Visitor Center** (☎775-234-7331; www.nps.gov/grba; ⌚8–17.30 Uhr) des Parks, nördlich der Stadt **Baker**, erhält man nützliche Infos.

Wer eine 60- oder 90-minütige Führung durch die Höhlen mit zahlreichen seltenen Kalksteinformationen unternehmen möchte, sollte die **Lehman Caves** (www.nps.gov/grba; Eintritt 8–10 US$; ⌚8.30–16 Uhr), 5 Meilen (8 km) außerhalb von Baker, ansteuern. Die **Zeltplätze** (Stellplatz Zelt & Wohnmobil 12 US$) im Park werden nach dem Prinzip „wer zuerst kommt, mahlt zuerst“ vergeben.

ABSTECHER

DER CATHEDRAL GORGE STATE PARK

Zuerst empfindet man Ehrfurcht, dann Begeisterung: Dies ist einer unserer liebsten State Parks, nicht nur in Nevada, sondern im ganzen Land. Wer den **Cathedral Gorge State Park** (www.parks.nv.gov/cg.htm) betritt, hat wirklich das Gefühl, in einer traumhaften Kathedrale mit vielen Türmen zu stehen, wobei der Himmel das Dach ist. Und so kann man hier unterm Sternenzelt schlafen – es gibt ein paar **Stellplätze für Zelte & Wohnmobile** (17 US$) inmitten von tief zerfurchten Felsklippen.

AM HIGHWAY 95

Der Hwy 95 verläuft von Norden nach Süden durch den westlichen Teil Nevadas; der südliche Abschnitt führt durch eine malerische Landschaft. Die Straße geht an der Nevada Test Site vorbei (dort wurden in den 1950er-Jahren mehr als 720 Nuklearwaffen gezündet). 5 Meilen (8 km) nördlich von Beatty bietet der **Bailey's Hot Springs & RV Park** (☎775-553-2395; Stellplatz für Zelt/Wohnmobil 18/21 US$), ein ehemaliges Eisenbahndepot von 1906, drei private Thermalbäder mit alten Badehäusern, die täglich von 8 bis 24 Uhr geöffnet sind. Für Gäste, die über Nacht bleiben, ist die Benutzung gratis, Tagesausflügler zahlen dagegen 5 US$ pro Nase für ein halbstündiges Bad.

AN DEN HIGHWAYS 375 & 93

Der Hwy 375 wird auch der „extraterrestrische Highway“ genannt, einerseits wegen der vielen Ufos, die an der Strecke gesichtet wurden, und andererseits weil er den Hwy 93 in der Nähe der streng geheimen **Area 51**, eines Teils des Luftwaffenstützpunkts Nellis kreuzt. Angeblich werden hier erbeutete Ufos gehortet. In der winzigen Ortschaft **Rachel** am Hwy 375 heißen die Mitarbeiter des **Little A'Le'Inn** (☎775-729-2515; www.aleinn.com; Zi. ab 45 US$) Erdlinge und Aliens gleichermaßen willkommen und verkaufen außerirdische Souvenirs.

ARIZONA

Ein weiser Mann hat einmal über das Reisen gesagt, dass auch der Weg das Ziel sei.

In Arizona fällt es gar nicht schwer, diesen Weg besonders zu genießen. Ja, da wären natürlich der Grand Canyon, das Monument Valley, die roten Steine von Sedona und das Chiricahua National Monument. Es sind aber die Straßen zwischen diesen Naturdenkmälern, die der Landschaft Leben einhauchen und historische Begebenheiten in einen Kontext bringen. Die Route 66 war der Highway für Wanderarbeiter, die zu Zeiten der Wirtschaftskrise nach Westen zogen. Der Highway 89 erzählt von Arizonas Bergbaugeschichte: Er windet sich vorbei an den Gebäuden der Minenstadt Jerome. Der Highway 264 pflügt sich durch alte Ländereien der Hopi-Indianer. Er verläuft unterhalb eines Dorfs, das bereits seit 800 Jahren bewohnt ist.

Welcher Ort bietet sich als Startpunkt für einen Road Trip durch Arizona an? Der Großraum Phoenix wäre z.B. geeignet. Die von Bergen umgebene Region ist eins der größten Ballungsgebiete im Südwesten. Sie hat genau die Restaurants, Sehenswürdigkeiten und tollen Wellnesszentren, die man an einem Ort erwartet, der sich Erholung und Erneuerung auf die Fahnen geschrieben hat. Das künstlerisch angehauchte Tucson ist das Tor zu den astronomischen und historischen Highlights im Süden von Arizona. Die Stadt ist nur 60 Meilen (96 km) von der mexikanischen Grenze entfernt und stolz auf ihr länder- und kulturenübergreifendes Erbe.

Im Norden liegt Flagstaff in den Bergen. Hierhin flüchten Einheimische vor der brütenden Sommerhitze, und das ganze Jahr über zieht es Menschen auf die nahe gelegenen San Francisco Peaks. Am nördlichen Rand des Bundesstaats erstreckt sich der Grand Canyon, Arizonas Top-Attraktion. Der gewaltige Colorado River hat in Äonen das „größte Loch auf Erden" geformt. Es fasziniert Besucher aus aller Welt.

Geschichte

Arizona war das letzte Gebiet der Lower 48 (gemeint sind die 48 zusammenhängenden Bundesstaaten auf dem Festland), das zum Bundesstaat erklärt wurde. 2012 steht die Hundertjahrfeier an. Warum wurde das kupfer- und ackerlandreiche Gebiet erst so spät Teil des Bundes? Nun, die Regierung betrachtete die Einwohner von Arizona als unbequeme Zeitgenossen und viele Jahre lang schien die Aussicht auf die reichen Ressourcen den potenziellen Ärger, mit dem man zu rechnen hatte, nicht aufzuwiegen.

Zyniker behaupten immer noch, dass Arizonas Bevölkerung Ärger macht. 2010 wurde hier das strengste Anti-Einwanderungsgesetz des Landes verabschiedet. Es hagelte negative Schlagzeilen und Kritik. Wie schwer war aber das Problem der illegalen Einwanderung wirklich? Im Jahr 2009 passierten 250 000 illegale Einwanderer die 350 Meilen (563 km) lange Grenze zu Mexiko. Die Legislative unternahm jedoch erst etwas, nachdem ein beliebter Ranchbesitzer im darauffolgenden Jahr unter mysteriösen Umständen erschossen worden war. Das Gesetz SB1070 ist unverändert ein heißes Eisen.

2011 erschütterte der Anschlag auf die demokratische Kongressabgeordnete Gabrielle Giffords bei einem öffentlichen Auftritt den ganzen Staat. Sie wurde schwer verletzt, sechs Zuschauer und Mitglieder ihres Stabs kamen ums Leben.

Wegen der anhaltenden Haushaltskrise im Staat mussten die Öffnungszeiten in vielen staatlichen Parks auf fünf Tage reduziert werden (Di & Mi geschl.).

KURZINFOS ARIZONA

» **Spitzname** Grand Canyon State

» **Bevölkerung** 6,39 Mio.

» **Fläche** 295 254 km²

» **Hauptstadt** Phoenix (1,4 Mio. Ew.)

» **Andere Städte** Tucson (520 000 Ew.), Flagstaff (65 800 Ew.), Sedona (10 000 Ew.)

» **Verkaufssteuer** 6,6 %

» **Geburtsort von** Apachen-Häuptling Geronimo (1829–1909), Aktivist Cesar Chavez (1927–93), Sängerin Linda Ronstadt (geb. 1946)

» **Heimat** der Sedona New Age-Bewegung, von in Künstlerkolonien umgewandelten Minenstädte

» **Politische Ausrichtung** Mehrheitlich republikanisch

» **Berühmt für** den Grand Canyon, Saguaro-Kakteen (*Carnegiea gigantea*)

» **Bestes Souvenir** Pinkfarbene, wie ein Kaktus geformte Neonlampe, erstanden an einem Straßenstand

» **Entfernungen** Phoenix–Grand Canyon Village: 235 Meilen (378 km), Tucson–Sedona: 230 Meilen (370 km)

Praktische Informationen

In Arizona gilt die Mountain Standard Time (MST). Es ist der einzige Staat im Westen ohne Sommerzeit. Die Ausnahme ist das Navajo-Reservat: Dort *werden* die Uhren umgestellt.

Im Allgemeinen bezahlt man im Winter und Frühling – der Hauptsaison – im Süden von Arizona (inkl. Phoenix, Tucson und Yuma) in den Unterkünften viel mehr als in den übrigen Jahreszeiten. In den heißesten Gegenden kann man im Hochsommer tolle Schnäppchen machen.

Arizona Department of Transportation (www.az511.com) Aktuelles zu Straßenbedingungen und dem Verkehr im Staat mit Links zu Wetter- und Sicherheitsinfos.

Arizona Office of Tourism (602-364-3700; www.arizonaguide.com) Kostenlose Infos.

Arizona Public Lands Information Center (602-417-9300; www.publiclands.org) Informiert über den USFS, den NPS, das Bureau of Land Management (BLM) und staatliche Gebiete und Parks.

Arizona State Parks (602-542-4174; www.azstateparks.com) 15 State Parks sind mit Zeltplätzen ausgestattet. Seit Ende 2011 kann man bei 14 davon Reservierungen online vornehmen. Im Lyman Lake State Park werden die Stellplätze nach dem Prinzip „wer zuerst kommt, mahlt zuerst" vergeben.

Phoenix

Phoenix ist mit 5180 km² Fläche voller Vororte, Einkaufsstraßen und Golfparcous das größte städtische Ballungsgebiet im Südwesten. Die weitläufige, beigefarbene Stadt wirkt auf den ersten Blick nichtssagend, doch wer ein wenig genauer hinschaut, wird eine interessante Mischung aus Luxus-Verwöhnprogrammen und sonnenverbrannter Verrücktheit entdecken.

Mehrere „Städte" bilden die Region, die als Greater Phoenix bekannt ist; sie sind vergleichbar mit den einzelnen Mitgliedern einer Familie: Die eigentliche Stadt Phoenix ist der Patriarch. In Downtown ragen Hochhäuser auf, und es gibt ein paar erstklassige Museen. Scottsdale ist die stilbewusste große Schwester, die reich geheiratet hat, Tempe ist der gutmütige, aber zuweilen etwas rüpelige Student, und Mesa der Bruder, der ein ruhiges Vorstadtleben anstrebt. Und was ist mit Mama? Die ist im Juni nach Flagstaff gefahren, weil es in Phoenix einfach viel zu heiß war!

Wie heiß genau? Im Sommer klettert das Quecksilber auf über 43 °C. In dieser Zeit sinken die Preise in den Resorts erheblich (super für Budgetreisende!), aber die beste Zeit für einen Besuch sind Winter und Frühling. Dann ist das Klima angenehm.

Sehenswertes

Greater Phoenix, auch bekannt als Valley of the Sun („Sonnental"), ist von Bergen umgeben, die zwischen 750 und über 2000 m hoch sind. Die Central Ave führt von Norden nach Süden durch die Stadt und ist die Grenze zwischen den westlichen und östlichen Adressen; die Washington St verläuft von West nach Ost und ist der Übergang von den Nord- zu den Südadressen.

Scottsdale, Tempe und Mesa liegen östlich vom Flughafen. Scottsdale Rd erstreckt sich von Norden nach Süden zwischen Scottsdale und Tempe. Der Flughafen befindet sich 3 Meilen (ca. 5 km) südöstlich von Downtown.

PHOENIX

LP TIPP **Heard Museum** MUSEUM
(Karte S. 302; www.heard.org; 2301 N Central Ave; Erw./6–12 Jahre/Stud./Senior 15/7,50/7,50/13,50 US$; Mo–Sa 9.30–17, So 11–17 Uhr;) Das fesselnde Museum beherbergt eine der besten Sammlungen zu den amerikanischen Ureinwohnern weltweit. Sehenswert sind z. B. die verschiedenen *kachina* (Hopi-Ahnenpüppchen) und die Galerie „Boarding School Experience" (Internatserfahrung), die einen bewegenden Einblick in die kontroverse Amerikanisierungspolitik des Staats gewährt, derzufolge die Kinder der Ureinwohner von ihren Familien getrennt, in entlegene Internate gebracht und dort umerzogen wurden.

Desert Botanical Garden BOTANISCHER GARTEN
(Karte S. 302; 480-941-1225; www.dbg.org; 1201 N Galvin Pkwy; Erw./Kind/Stud./Senior 18/8/10/15 US$; Okt.-April 8–20, Mai-Sept. 7–20 Uhr) Diese schöne Grünanlage ist der richtige Ort, wenn es einen „zurück zur Natur" zieht. Außerdem liefert er eine gute Einführung in die Wüstenflora. Rundwege führen an einer großen Vielfalt an „Wüstenbewohnern" vorbei, die thematisch geordnet sind. Es gibt z. B. einen Wüstenwildblumenpfad und einen Sonora-Wüsten-Rundweg. Die Augen nach besonderen Events offen halten!

Phoenix Art Museum MUSEUM
(Karte S. 302; 602-257-1222; www.phxart.org; 1625 N Central Ave; Erw./Kind/Stud./Senior 10/4/8/8 US$, Mi 15–21 Uhr Eintritt frei; Mi 10–21, Do–Sa 10–17, So 12–17 Uhr) Dies ist Arizonas heißeste Adresse für die Schönen

Künste. In den Galerien sind Arbeiten von Claude Monet, Diego Rivera und Georgia O'Keefe ausgestellt. Die Landschaftsbilder in der Galerie zum amerikanischen Westen bringen die Besucher in Abenteuerlaune.

Pueblo Grande Museum & Archaeological Park MUSEUM

(Karte S. 302; www.pueblogrande.com; 4619 E Washington St; Erw./6–17 J./Senior 6/5/3 US$; ⌚Mo–Sa 9–16.45, So 13–16.45 Uhr) Die Ausgrabungen auf dem Gelände dieser Hohokam-Stätte, die 1500 Jahre alt ist, haben viele Rückschlüsse auf den Alltag dieser alten Kultur zugelassen. Sie ist berühmt für die findige Konstruktion eines 1600 km langen Netzwerks aus Bewässerungskanälen.

SCOTTSDALE

Scottsdales Hauptattraktion ist der beliebte Einkaufsbezirk, der wegen der Gebäude aus dem frühen 20. Jh. (und weiteren auf alt gemachten Bauwerken) als Old Town bekannt ist. Das Viertel platzt vor lauter Kunstgalerien, Klamottenläden für das „Cowgirl von heute" und ein paar der besten Restaurants und Bars im Valley of the Sun förmlich aus den Nähten.

LP TIPP **Taliesin West** ARCHITEKTUR

(☎480-860-2700; www.franklloydwright.org; 12621 Frank Lloyd Wright Blvd; ⌚9–17 Uhr) Taliesin West war das Wüstenatelier von Frank Lloyd Wright. Es entstand zwischen 1938 und 1940 und ist ein hervorragendes Beispiel für organische Architektur: Die Gebäude bestehen aus Elementen und Strukturen, die auch in der Natur ringsum zu finden sind. Sie beherbergen eine Architekturschule und sind der Öffentlichkeit im Rahmen von Führungen zugänglich. Die 90-minütige **Insights Tour** (Erw./4–12 Jahre/Student & Senior 32/17/28 US$; ⌚Nov.-Mitte April 9–16 Uhr halbstündl., Mitte April–Okt. 9–16 Uhr stündl.) ist informativ und flott.

TEMPE

Die **Arizona State University** (ASU), gegründet 1885, hat ca. 58 000 Studenten und ist das Herz und die Seele von Tempe. Das **Gammage Auditorium** (Ecke Mill Ave & Apache Blvd) war Frank Lloyd Wrights letztes großes Werk.

Tempes wichtigste Straße, die **Mill Avenue**, ist von Downtown Phoenix aus problemlos mit der Straßenbahn zu erreichen. Sie wird von Restaurantketten, Mottobars und Studentenkneipen gesäumt. Wenn man schon mal da ist, könnte man sich auch den künstlich angelegten **Tempe Town Lake** ansehen, auf dem man bootfahren kann. Die Wege am Ufer laden zum spazieren gehen und Radfahren ein. Kinder lieben die überdimensional großen Wassersprenkler auf dem **Cox Splash Playground** im Strandpark.

GRATIS **Tempe Center for the Arts** KUNSTZENTRUM

(Karte S. 302; www.tempe.gov/tca; 700 W Rio Salado Pkwy; ⌚Di–Fr 10–18, Sa 11–18 Uhr) Das Kunstzentrum liegt direkt am See und umfasst einen Skulpturengarten und einen großen Pool (außerhalb des Gebäudes aus gebogenem Stahl). Drinnen befinden sich ein Theater und eine 1 km^2 große Galerie.

MESA

Das bescheidene Mesa wurde 1877 von den Mormonen gegründet und ist eine der am schnellsten wachsenden Städte des Landes. Außerdem handelt es sich mit ca. 500 000 Einwohnern um die drittgrößte Stadt Arizonas.

Arizona Museum of Natural History MUSEUM

(außerhalb der Karte S. 302; ☎480-644-2230; www.azmnh.org; 53 N MacDonald St; Erw./3–12 Jahre/Student/Senior 10/6/8/9 US$; ⌚Di–Fr 10–17, Sa 11–17, So 13–17 Uhr; 👪) Ein Besuch dieses einnehmenden Museums lohnt sich, vor allem, wenn man Kinder hat, die auf Dinosaurier stehen. Neben dem mehrstöckigen Dinosaur Mountain wird man viele lebensgroße Gipsfiguren der gigantischen Viecher und den Oberschenkelknochen eines Apatosaurus (den man auch anfassen darf) zu sehen bekommen. Weitere Exponate (darunter ein prähistorisches Hohokam-Dorf und ein Gefängnis mit acht Zellen) illustrieren Arizonas bewegte Vergangenheit.

Aktivitäten

Piestewa Peak/Dreamy Draw Recreation Area WANDERN

(☎602-261-8318; http://phoenix.gov/parks/; Squaw Peak Dr, Phoenix; ⌚6–19 Uhr) Dieser leicht zugängliche Aussichtspunkt war früher als Squaw Peak bekannt. Später wurde er nach der einheimischen Soldatin Lori Piestewa, einer Indianerin, benannt, die 2003 im Irak fiel. Sehr viele Leute unternehmen die Wanderung auf den 795 m hohen Gipfel. An Winterwochenenden kann es in dem von Saguaro-Kakteen bestandenen Park voll werden. Auf ein paar Wegen sind Hunde erlaubt.

Phoenix

South Mountain Park

WANDERN, MOUNTAINBIKEFAHREN

(☎602-534-6324; http://phoenix.gov/parks/; 10919 Central Ave, Phoenix; ⌚5–23 Uhr) Das über 80 km lange Netz aus Wanderwegen (Hunde an der Leine erlaubt!) durchzieht Schluchten und grasbewachsene Hügel, führt an Granitwänden vorbei und gewährt Ausblicke auf die Stadt und Zugang zu indianischen Petroglyphen.

Cactus Adventures

WANDERN, MOUNTAINBIKEN

(☎480-688-9170; www.cactusadventures.com; 4747 Elliot Rd, Suite 21; Halbtagesmiete ab 30 US$; ⌚Mo–Sa 9–19, So 9–17 Uhr) Knapp 500 m vom South Mountain Park entfernt verleiht Cactus Adventures Fahrräder und bietet zudem geführte Wanderungen und Radtouren an.

Tempe Boat Rentals

BOOTFAHREN

(Karte S. 302; ☎480-517-4050; http://boats4rent.com; 72 W Rio Salado Pkwy; Tretboote/Kajaks/5 m lange Pontons 25/40/130 US$ für 2 Std.) Verleiht Wasserfahrzeuge für den Tempe Town Lake.

Geführte Touren

Arizona Detours

SIGHTSEEING

(☎866-438-6877; www.detoursaz.com) Bietet Tagestouren zu weit entfernten Zielen wie Tombstone (Erw./Kind 145/75 US$) und dem Grand Canyon (Erw./Kind 155/90 US$) sowie fünfstündige Stadtführungen an (Erw./Kind 80/45 US$).

Arizona Outback Adventures

WANDERN

(☎480-945-2881; www.aoa-adventures.com; 16447 N 91st St, Scottsdale) Tageswanderungen (95 US$, mind. 2 Pers.), Mountainbikefahren (125 US$, mind. 2 Pers.) und andere Aktivitäten im Freien.

Feste & Events

Tostitos Fiesta Bowl

SPORT

(☎480-350-0911; www.fiestabowl.org) Diesem Footballspiel Anfang Januar im Stadion der

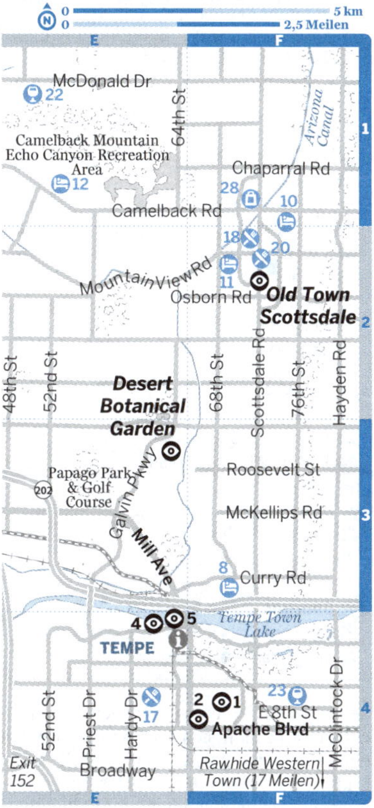

University of Phoenix in Glendale geht eine riesige Party mit vielen Paraden voraus.

Schlafen

Greater Phoenix ist gut bestückt mit Hotels und Resorts, B&Bs und gemütliche Inns sind hingegen spärlich gesät. Im Hochsommer fallen die Preise deutlich. Dann stürzen sich die Valley-Bewohner auf ihre Lieblingsresorts.

PHOENIX

Royal Palms Resort & Spa RESORT $$$

(Karte S. 302; ☎602-840-3610; www.royalpalmsresortandspa.com; 5200 E Camelback Rd, Phoenix; Zi. 329–429 US$, Suite ab 366 US$;) Das noble Boutiqueresort am Fuße des Camelback Mountain ist eine dezente, elegante Anlage mit Villen im spanischen Kolonialstil, von Blumen gesäumten Wegen und aus Ägypten importierten Palmen. Für die vierbeinigen Lieblinge gibt's weiche Betten, Leckerli und einen Gassi-Service. Täglich fällt eine Resort-Gebühr in Höhe von 28 US$ an.

Arizona Biltmore Resort & Spa RESORT $$$

(Karte S. 302; ☎602-955-6600; www.arizonabiltmore.com; 2400 E Missouri Ave, Phoenix; Zi. 300–459 US$, Suite ab 489 US$;) Der richtige Ort für Nostalgiker. Die Architektur ist an den Stil Frank Lloyd Wrights angelehnt. Die Anlage umfasst mehr als 700 gediegene Wohneinheiten, zwei Golfplätze, mehrere Pools, ein Spa, einen Club für Kids und noch mehr luxuriöse Extras. Jenseits der Lobby und des Haupt-Pools ist die WLAN-Abdeckung manchmal lückenhaft. Resortgebühr: 28 US$ pro Tag.

Clarendon Hotel + Suites HOTEL $$

(Karte S. 302; ☎602-252-7363; www.theclarendon.net; 401 W Clarendon Ave, Phoenix; Zi. 160–199 US$;) Die minimalistische Coolness des Clarendon ist gleichermaßen einladend und hip. Selbst die Standardzimmer warten mit 42-Zoll-Flachbildfernsehern, Kunstdrucken und dunklen Möbeln auf. Auf dem luftigen Skydeck (Dachterrasse) hat man einen tollen Blick auf die Stadt. Die Tagesgebühr von 20 US$ umfasst WLAN-Nutzung, Parkplatz und Telefonate.

Aloft Phoenix-Airport HOTEL $$

(Karte S. 302; ☎602-275-6300; www.aloftphoenixairport.com; 4450 E Washington St, Phoenix; Zi. 129–160 US$;) Die Zimmer vereinen Pop-Art-Elemente mit scharfkantig-klarem, modernem Design. Das Hotel nahe Tempe liegt gegenüber vom Pueblo Grand Museum. Für Haustiere fällt keine Extra-Gebühr an.

HI Phoenix Hostel HOSTEL $

(☎602-254-9803; www.phxhostel.org; 1026 N 9th St, Phoenix; B 20–23 US$, DZ 35–50 US$;

DAS FRÜHLINGSTRAINING DER „KAKTUSLIGA“

Vor Beginn der Baseballsaison verbringen die Mannschaften den März in Arizona (Cactus League) und Florida (Grapefruit League), präsentieren neue Spieler, trainieren und führen Testspiele durch. Die Tickets sind günstiger (6–8 US$, je nach Veranstaltungsort), die Sitzplätze besser und die Spiele entspannter. Das Programm und Links zu Ticketanbietern gibt's unter www.cactusleague.com.

Phoenix

❄@📶) Das einladende Hostel mit 14 Betten steht in einem Arbeiterwohnviertel. Der Garten bietet einige lauschige Plätzchen. Die Besitzer sind gut drauf und kennen ihre Stadt sehr gut. Check-in ist zwischen 8 und 10 bzw. 17 und 22 Uhr. Im Juli und August geschlossen. Achtung: Kreditkartenzahlungen sind nicht möglich.

Budget Lodge Downtown MOTEL $
(Karte S. 306; ☎602-254-7247; www.blphx.com; 402 W Van Buren St, Phoenix; Zi. inkl. Frühstück 50–55 US$; P❄📶) Schlichtes, sauberes und günstiges Motel mit der typischen Grundausstattung – Mikrowelle und Kühlschrank – in jedem Zimmer. Frühstück inbegriffen.

SCOTTSDALE

LP TIPP **Boulders Resort** RESORT $$$
(☎480-488-9009; www.theboulders.com; 34631 N Tom Darlington Dr, Carefree; Casitas (Häuschen) 350–850 US$, Villen ab 1050–1250 US$; P❄@📶🏊) Diese Wüstenoase fügt sich geradezu perfekt in die Umgebung mit den natürlichen Felsformationen ein. Ein absolutes Muss ist ein Besuch des supernoblen Golden Door Spa vor Ort. Hier zielt alles darauf ab, das Reisen so angenehm wie möglich zu machen. Entsprechend kann man sich hier wunderbar von einem Jetlag erholen oder zu sich selbst finden. Resortgebühr: 30 US$ pro Tag. Achtung Schnäppchenjäger: An Sommerwochenenden zahlt man manchmal gerade mal 139 US$!

LP TIPP **Hotel Valley Ho** BOUTIQUEHOTEL $$$
(Karte S. 302; ☎480-248-2000; www.hotelvalleyho.com; 6850 E Main St, Scottsdale; Zi. 289–339 US$, Suite 399–439 US$; P❄@📶🏊) Im Valley Ho ist alles in Butter. In dem tollen Hotel haben schon Größen wie Bing Crosby, Natalie Wood und Janet Leigh ihr müdes Haupt gebettet. Heutzutage wird das Flair der Rat-Pack-Ära mit Bebop-Musik, gut gelauntem Personal und einem „Eiskamin" wieder aufgegriffen. Auch die Zimmer (mit Balkon) verkörpern diesen Stil. Haustiere dürfen umsonst hier „übernachten", fürs WLAN zahlt man aber 10 US$ pro Tag.

Sanctuary on Camelback Mountain RESORT $$$
(Karte S. 302; ☎480-948-2100; www.sanctuaryoncamelback.com; 5700 E McDonald Dr, Scottsdale; Zi. 419–629 US$, Häuser 1800–3500 US$;

P ❄ @ ≋ ≋) Bergsuiten, Spa-Casitas, Privathäuser … sämtliche Unterkünfte sind in wunderbar warmen Wüstenfarben gehalten und bieten alles, was das Herz begehrt. Wie wär's mit einem Cocktail unter freiem Himmel in der edlen Bar **Edge** vor Ort? Resortgebühr: 18 US$ pro Tag.

Hotel Indigo Scottsdale HOTEL $$
(Karte S. 302; ☎480-941-9400; www.scottsdalehiphotel.com; 4415 N Civic Center Plaza; Zi. 174–184 US$, Suite 204–224 US$; P ❄ @ ≋ ≋) Das Indigo überzeugt mit üppiger Bettwäsche, Feuerstellen unter freiem Himmel, Clubmusik in der Lobby, hochwertigen Toilettenartikeln und Plasma-TVs. Hunde dürfen gern mitgebracht werden (kostenlos).

Sleep Inn HOTEL $$
(außerhalb Karte S. 306; ☎480-998-9211; www.sleepinnscottsdale.com; 16630 N Scottsdale Rd; Zi. inkl. Frühstück 99–114 US$; P ❄ @ ≋) Dieser Außenposten der landesweiten Hotelkette in Nord-Scottsdale sahnt Extrapunkte für das opulente Frühstück, die netten Angestellten und die Nähe zum Taliesin West ab.

TEMPE

LP TIPP **Sheraton Wild Horse Pass Resort & Spa** RESORT $$$
(☎602-225-0100; www.wildhorsepassresort.com; 5594 W Wild Horse Pass Blvd, Chandler; Zi. 239–579 US$; P ❄ @ ≋ 👪) Das luxuriöse Sheraton wurde von den Gila-River-Indianern mit dem Ziel gestaltet, das Beste, was die indianische Heilkunst und Weisheit zu bieten hat, zu vermitteln. Zur Anlage gehören bequeme Zimmer, geräumige Gemeinschaftsbereiche, exquisites Essen, zwei Golfparcours mit 18 Löchern, ein Reitstall, Tennisplätze und eine Wasserrutsche, die an Hohokam-Ruinen erinnert. In der Lobby hat man WLAN-Empfang.

Best Western Inn of Tempe HOTEL $
(Karte S. 302; ☎480-784-2233; www.innoftempe.com; 670 N Scottsdale Rd; Zi. inkl. Frühstück 75–90 US$; P ❄ @ ≋ ≋) Gepflegtes Hotel mit hilfsbereitem Personal. Der Tempe Town Lake ist zu Fuß erreichbar und auch bis zur ASU und zur lebendigen Mill Ave ist es nicht weit.

Essen

Die höchste Konzentration von Restaurants im ganzen Südwesten findet man in Phoenix-Scottsdale.

LP TIPP **Matt's Big Breakfast** FRÜHSTÜCK $
(☎602-254-1074;www.mattsbigbreakfast.com; 801 N 1st St, bei der McKinley St; Hauptgerichte 5–8 US$; ⏲Di–So 6.30–14.30 Uhr) Das Beste. Frühstück. Überhaupt. Man könnte sowieso die ganze Speisekarte rauf und runter essen, doch die Tagesangebote sind besonders gut, z. B. Rührei mit Paprika und Chorizo (Paprikawurst) als locker-würzige „Ich-muss-sterben-so-lecker-ist-das"-Mischung auf einem Bett aus knusprigen Pommes. Auf dem Klemmbrett eintragen und Münzen für die Parkuhr mitbringen!

LP TIPP **Dick's Hideaway** MEXIKANISCH $$
(Karte S. 302; ☎602-265-5886; www.richardsonsnm.com; 6008 N 16th St; Frühstück 8–16 US$, Mittagessen 12–16 US$, Abendessen 17–37 US$; ⏲7–24 Uhr) Einen Tisch an der Bar suchen oder sich an den Gemeinschafts-

PHOENIX MIT KINDERN

Der Wasserpark **Wet 'n Wild Phoenix** (außerhalb der Karte S. 302; ☎623-201-2000; www.wetnwildphoenix.com; 4243 W Pinnacle Peak Rd, Glendale; größer/kleiner als 1,20 m 35/28 US$, Senior 28 US$; ⏲Juni & Juli So–Mi 10–18, Do–Sa 10–22, So 11–19 Uhr, Mai, Aug. & Sept. unterschiedl.; 👪) hat Pools, Rutschen, Wellenbäder, Wasserfälle und „echte" Flüsse. Er befindet sich in Glendale, 2 Meilen (3 km) westlich der I-17 an Exit 217.

In der wieder aufgebauten Grenzstadt **Rawhide Western Town & Steakhouse** (außerhalb der Karte S. 302; ☎480-502-5600; www.rawhide.com; 5700 W N Loop Rd, Chandler; Eintritt frei, 5 US$ pro Attraktion oder Show, Tagespass 15 US$; ⏲Mi–Fr 17–21, Sa 12–21.30, So 12–20.30 Uhr; 👪) aus den 1880er-Jahren, ca. 20 Meilen (32 km) südlich von Mesa, gibt's jede Menge kitschigen, aber witzigen Hokuspokus für Kids. Im Steakhouse wird Klapperschlange zubereitet – für alle, die mal etwas anderes probieren wollen. Die Öffnungszeiten sind saisonal unterschiedlich.

Das **Arizona Science Center** (Karte S. 306; ☎602-716-2000; www.azscience.org; 600 E Washington St; Erw./3–17 Jahre/Senior 14/11/12 US$; ⏲10–17 Uhr; 👪) ist ein High-Tech-Tempel für Entdecker, der mehr als 300 Exponate zum Anfassen und ein Planetarium beherbergt.

Downtown Phoenix

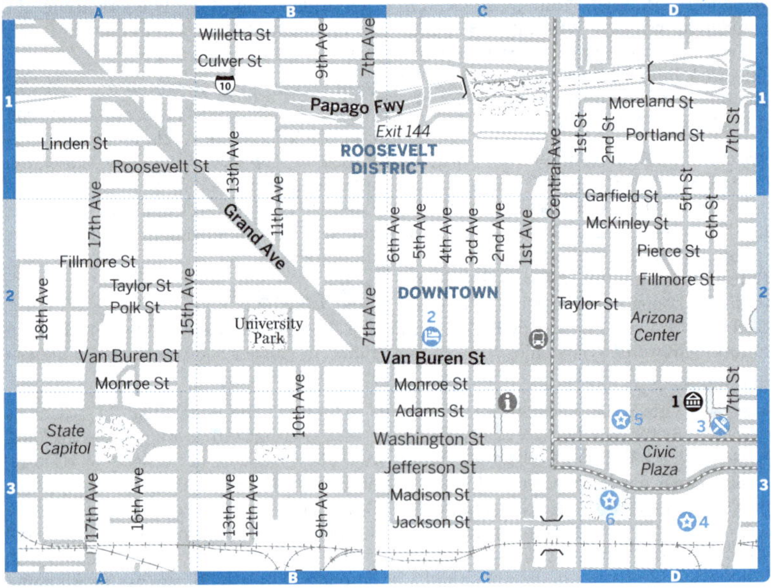

Downtown Phoenix

Sehenswertes

1 Arizona Science Center D3

Schlafen

2 Budget Lodge Downtown C2

Essen

3 Pizzeria Bianco D3

Unterhaltung

4 Chase Field D3
5 Symphony Hall D3
6 US Airways Center D3

tisch im Nebenzimmer setzen und schon geht's los: Dick's Spezialität sind herzhafte Enchiladas mit reichlich Chili, Tamales und andere Gerichte aus New Mexico. Wir lieben das „Hideaway" zum Frühstück, zu dem die Bloody Marys mit einem Schuss Bier verfeinert werden. Der unbeschilderte Eingang liegt zwischen den hohen Büschen.

Durant's STEAK $$$
(Karte S. 302; ☎602-264-5967; www.durantsaz.com; 2611 N Central Ave; Hauptgerichte 17–34 US$; ⏲mittags & abends) Ein dunkles, maskulines Ambiente kennzeichnet dieses fantastische Steakhaus wie aus den guten alten Zeiten. Es gibt, Überraschung, Steak – groß und saftig. Dazu wird eine Kartoffel gereicht. Und die Atmosphäre ist ebenfalls genial: In den gemütlichen Sitznischen mit rotem Samt hat man das Gefühl, dass das Rat Pack jederzeit aufspielen wird!

Pizzeria Bianco PIZZERIA $$
(Karte S. 306; www.pizzeriabianco.com; 623 E Adams St; Pizzas 12–16 US$; ⏲Di–Sa 11–22 Uhr) Chris Bianco, gekürt mit dem James-Beard-Preis, werkelt zwar nicht mehr selbst an den Öfen in diesem beliebten Laden in Downtown Phoenix (Allergien sind der Grund dafür), doch die Gourmet-Pizzas mit dem dünnen Boden sind unverändert köstlich. Jetzt auch mittags geöffnet!

Da Vang VIETNAMESISCH $
(Karte S. 302; 4538 N 19th Ave; Hauptgerichte 6–13 US$; ⏲8–20 Uhr) Unser Lieblingsvietnamese im Valley besteht aus einem spartanisch eingerichteten Speisesaal; es scheint, als wäre die Schlichtheit des Ambientes antiproportional zum erstklassigen Geschmack des Essens. Die *pho* ist toll, und die wunderbaren „trockenen" Reisnudelgerichte außen vor zulassen, wäre fast schon ein Sakrileg.

Noca AMERIKANISCH $$$
(Karte S. 302; ☎602-956-6622; www.restaurantnoca.com; 3118 E Camelback Rd; Hauptgerichte 20–33 US$; ⏲Di–So mittags & abends, Dez.-März

auch Mo geöffnet) Noca ist die Abkürzung für *north of Camelback*. Hier laben sich die Gäste an moderner amerikanischer Küche. Die Zutaten werden im Stil klassischer Vorreiter wie dem „French Laundry" verwendet. Es gibt z.B. Linguine mit Maine-Hummer und gehobeltem Fenchel in einer würzigen Tomatenbrühe.

Tee Pee Mexican Food MEXIKANISCH **$**
(Karte S. 302; www.teepeemexicanfood.com; 4144 E Indian School Rd; Hauptgerichte 8–11 US$; Mo–Sa 11–22, So bis 21 Uhr) Wer auf brutzelnd heiße mexikanische Gerichte unter einem Berg Käse steht, zubereitet auf etwas chaotische amerikanische Weise, sollte sich eine Nische in diesem 40 Jahre alten, beliebten Restaurant suchen. George W. Bush verspeiste hier 2004 zwei Enchiladas, Reis und Bohnen – seither heißt das Gericht Presidential Special.

Chelsea's Kitchen AMERIKANISCH **$$**
(Karte S. 302; 5040 N 40th St; Mittagessen 10–17 US$, abends 10–27 US$; tgl. mittags & abends, So Brunch) Schickes Lokal mit legerer Atmosphäre. Die „Western-Küche" umfasst Burger, Salate und Tacos, und wir lieben das Bio-Fleisch, das auf dem Holzgrill gegart wird, ohne seine saftige Zartheit zu verlieren. Nette Terrasse.

SCOTTSDALE

Fresh Mint VIETNAMESISCH, VEGETARISCH **$**
(außerhalb Karte S. 302; www.freshmint.us.com; 13802 N Scottsdale Rd; Hauptgerichte 6–14 US$; Mo–Sa 11–21 Uhr;) Für alle, die noch nie koschere vietnamesische vegane Küche gekostet haben: Es gibt immer ein erstes Mal, und wenn es dann so gut schmeckt wie im Fresh Mint, wird man definitiv noch mehr davon haben wollen! Wir können Vorbehalte gegenüber Sojahühnchen und Tofu nachvollziehen, wollen aber dennoch vorsichtig darauf hinweisen, dass die Speisen hier locker mit einem McBacon mithalten können.

Mastro's Ocean Club SEAFOOD **$$$**
(außerhalb Karte S. 302; 480-443-8555; www.mastrosrestaurants.com; 15045 N Kierland Blvd; Hauptgerichte 30–50 US$; abends) Mastro's hat es auf den Titel „bestes Meeresfrüchterestaurant im Valley of the Sun" abgesehen. Wahrscheinlich hat es das Krönchen auch verdient. Es ist Teil einer Edelrestaurant-Kette, das sollte einen aber nicht abschrecken. Der Laden hat extrem viel Klasse und eine recht künstlerische Atmosphäre. Der eigentliche Hit sind die unglaublich dekadenten Kreationen mit allem, was sich so unter der Meeresoberfläche herumtreibt.

Herb Box AMERIKANISCH **$$**
(Karte S. 302; www.theherbbox.com; 7134 E Stetson Dr; Mittagessen 10–15 US$, Abendessen 14–25 US$; tgl. mittags, Mo–Sa abends) In dem extravaganten Bistro geht es um mehr als den äußeren Schein und Küsschen hier, Küsschen da, z.B. um frische Zutaten aus der Region, die Art, wie sie angerichtet werden, und aufmerksamen Service.

Sugar Bowl EISCREME **$**
(Karte S. 302; 4005 N Scottsdale Rd; Eiscreme unter 5 US$, Hauptgerichte 6–9 US$; So–Do 11–22, Fr & Sa 11–24 Uhr;) Die rosa-weiße „Zuckerdose" ist eine echte Institution im Valley. Seit den 1950er-Jahren gibt's hier Eiscreme. Wer Hunger auf etwas „Ordentliches" hat, kann Sandwiches oder Salate bestellen.

TEMPE

LP TIPP **Kai Restaurant** INDIANISCH **$$**
(602-225-0100; www.wildhorsepassresort.com; 5594 W Wild Horse Pass Blvd, Chandler; Hauptgerichte 40–49 US$, 8-gängiges Degustationsmenü 200 US$; Di–Sa abends) Einfache Zutaten, in erster Linie von indianischen Farmen, werden hier in etwas ganz Außergewöhnliches verwandelt. Zum Abendessen gibt's z.B. Colorado-Lamm in einer Pekannusskruste mit Mole. Die Gerichte schaffen genau das richtige Maß zwischen Abenteuer und Wohlfühl-Genuss. Es herrscht eine Kleiderordnung (keine kurzen Hosen oder Hüte). Das Kai ist im Sheraton Wild Horse Pass Resort & Spa (S. 305) im Gila-River-Indianerreservat. Im August geschlossen!

Essence CAFÉ **$**
(www.essencebakery.com; 825 W University Dr; Frühstück 5–7 US$, Mittagessen 8–9 US$; Mo–Fr 7–15, Sa 8–15, So geschl.) Dieser Ausbund an Köstlichkeit verwöhnt die Gäste zum Frühstück mit Eiervariationen und Armen Rittern, mittags gibt es dann Salate, Gourmet-Sandwiches und ein paar mediterrane Spezialitäten. Das Öko-Café ist bemüht, nur lokale Bio-Produkte zu verwenden.

Ausgehen

Scottsdale weist die größte Konzentration an angesagten Bars und Clubs auf, die Studenten lieben Tempe, und in Phoenix gibt es jede Menge alteingesessener Kneipen, die mittlerweile wieder „in" sind.

LP TIPP **Postino Winecafé Arcadia** WEINBAR
(Karte S. 302; www.postinowinecafe.com; 3939 E Campbell Ave, bei der 40th St, Phoenix; ⌚Mo–Do 11–23, Fr & Sa 11–24, So 11–22 Uhr) Genau das Richtige für ein Treffen mit ein paar Freunden ist die gesellige Indoor-Outdoor-Weinbar. Wer allein kommt, wird sich aber auch wohlfühlen. Toll sind der Patio, die zum Schwärmen anregende Bruschetta und die Weine, für die man zwischen 11 und 17 Uhr nur 5 US$ pro Glas zahlt.

Edge/Jade Bar BAR
(Karte S. 302; 5700 E McDonald Dr, Sanctuary on Camelback Mountain, Scottsdale) In der stylishen Cocktailbar „Edge" am Hang des Camelback Mountain ist der Sonnenuntergang einfach fantastisch. Keinen Platz draußen gefunden? Die ähnlich schicke Jade Bar mit den großen Fenstern ist eine prima Alternative. Beide Bars sind auf dem Gelände des Resorts Sanctuary on Camelback Mountain.

Four Peaks Brewing Company BRAUEREI
(Karte S. 302; www.fourpeaks.com; 1340 E 8th St, Tempe; ⌚Mo–Sa 11–2, So 10–2 Uhr) Bierliebhaber frohlocket: In dieser netten Brauerei-Kneipe mit persönlicher Atmosphäre, untergebracht in einem tollen Gebäude im Missionsstil, kann man seine Biergelüste problemlos stillen.

Greasewood Flat BAR
(☎480-585-9430; www.greasewoodflat.net; 27375 N Alma School Pkwy, Scottsdale; ⌚11–23 Uhr) Cowboys, Motorradfahrer und adrett gekleidete Golfer sitzen in dieser ehemaligen Postkutschenstation einträchtig um den verrauchten Grill und kippen Whisky. Die Bar befindet sich 21 Meilen (34 km) nördlich von Downtown Scottsdale. Ausschließlich Barzahlung.

☆ Unterhaltung

Sowohl die **Arizona Opera** (☎602-266-7464; www.azopera.com) als auch das **Phoenix Symphony Orchestra** (☎602-495-1999; www.phoenixsymphony.org) treten in der **Symphony Hall** (Karte S. 306; 75 N 2nd St, Phoenix) auf.

Das Männerbasketballteam, die **Phoenix Suns** (☎602-379-7900; www.nba.com/suns), und die Basketballdamen, **Phoenix Mercury** (☎602-252-9622; www.wnba.com/mercury), spielen im US Airways Center. Das Heimatstadion des Footballteams **Arizona Cardinals** (☎602-379-0101; www.azcardinals.com) ist das neue University of Phoenix Stadium in Glendale. Die Baseballmannschaft **Arizona Diamondbacks** (☎602-462-6500; http://arizona.diamondbacks.mlb.com) hat ihren „Sitz" im Chase Field Stadium (Karte S. 306).

Rhythm Room LIVEMUSIK
(Karte S. 302; ☎602-265-4842; www.rhythmroom.com; 1019 E Indian School Rd, Phoenix) Mit die besten Livebands aus dem Valley treten in diesem kleinen Schuppen auf. Hier hat man bei jedem Konzert das Gefühl, in der ersten Reihe zu stehen! Wie gesagt, das Ganze ist eher lokal-regional geprägt – richtig große Namen sind eher ungewöhnlich, aber das ist uns gerade recht.

BS West SCHWUL
(☎480-945-9028; www.bswest.com; 7125 E 5th Ave, Scottsdale; ⌚14–2 Uhr) In diesem Videobar-Tanzclub für Schwule in der Old Town von Scottsdale geht die Post ab. Es gibt Billardtische und eine kleine Tanzfläche und sonntags wird Karaoke gesungen.

Phoenix Theatre DARSTELLENDE KÜNSTE
(Karte S. 302; ☎602-254-2151; www.phoenixtheatre.com; 100 E McDowell Rd) Das wichtigste Theaterensemble der Stadt bietet eine gute Mischung aus Mainstream und avantgardistischeren Stücken. Die angrenzende Cookie Company ist für die Unterhaltung der Kleinen zuständig.

Shoppen

Im Valley befinden sich mehrere gute Einkaufszentren. Der **Scottsdale Fashion Square** (Karte S. 302; Ecke Camelback & Scottsdale Rds) wartet mit hochpreisigen Läden auf. Der **Biltmore Fashion Park** (Karte S. 302; Ecke Camelback Rd & 24th St) ist noch exklusiver. Im Norden von Scottsdale lockt das neue **Kierland Commons** (15205 N Kierland Blvd, Scottsdale) unter freiem Himmel.

Heard Museum Bookshop KUNST & KUNSTHANDWERK
(☎602-252-8344; www.heardmuseumshop.com; 2301 N Central Ave, Phoenix) Die beste Auswahl an Büchern über die amerikanischen Ureinwohner und das umfassendste Angebot an indianischer Handwerkskunst.

Praktische Informationen

Infos im Internet & Medien

Arizona Republic (www.azcentral.com) Die auflagenstärkste Zeitung von Arizona; immer donnerstags erscheint der kostenlose Unterhaltungskalender *Calendar*.

KJZZ 91,5 FM (http://kjzz.org) Öffentlich-rechtliches Radio.

Phoenix New Times (www.phoenixnewtimes.com) Die größte Wochenzeitung mit jeder Menge Infos zu Events und Restaurants.

Notfall & Medizinische Versorgung

Banner Good Samaritan Medical Center (☎602-839-2000; www.bannerhealth.com; 1111 E McDowell Rd, Phoenix) Notaufnahme (24 Std.).

Polizei (☎602-262-6151; http://phoenix.gov/police; 620 W Washington St, Phoenix)

Internetzugang

Burton Barr Central Library (☎602-262-4636; www.phoenixpubliclibrary.org; 1221 N Central Ave, Phoenix; ⏰Mo 9–17, Di–Do 11–21, Fr & Sa 9–17, So 13–17 Uhr; @📶) Kostenloser Internetzugang in der Bücherei.

Post

Postfiliale Downtown (☎602-253-9648; 522 N Central Ave, Phoenix)

Touristeninformation

Downtown Phoenix Visitor Information Center (Karte S. 306; ☎602-254-6500; www.visitphoenix.com; 125 N 2nd St, Suite 120; ⏰Mo–Fr 8–17 Uhr) Die beste Informationsquelle für Touristen im Valley.

Mesa Convention & Visitors Bureau (☎480-827-4700; www.mesacvb.com; 120 N Center St; ⏰Mo–Fr 8–17 Uhr)

Scottsdale Convention & Visitors Bureau (☎480-421-1004; www.scottsdalecvb.com; 4343 N Scottsdale Rd, Suite 170; ⏰Mo–Fr 8–17 Uhr) Im Galleria Corporate Center.

Tempe Convention & Visitors Bureau (Karte S. 302; ☎480-894-8158; www.tempecvb.com; 51 W 3rd St, Suite 105; ⏰Mo–Fr 8.30–17 Uhr)

ℹ Anreise & Unterwegs vor Ort

DER Sky Harbor International Airport (www.skyharbor.com; 📶) liegt 3 Meilen (ca. 5 km) südöstlich von Phoenix und wird von 17 Fluggesellschaften angeflogen, darunter United, American, Delta und British Airways. Zwischen den drei Terminals 2, 3 und 4 (Terminal 1 wurde 1990 eingestampft) und dem Parkplatz verkehrt rund um die Uhr ein Shuttle-Bus.

Greyhound (Karte S. 302; ☎602-389-4200; www.greyhound.com; 2115 E Buckeye Rd) hat Verbindungen nach Tucson (20–27 US$, 2 Std., 8-mal tgl.), Flagstaff (32–42 US$, 3 Std., 5-mal tgl.), Albuquerque (71–89 US$, 10 Std., 5-mal tgl.) und Los Angeles (42–54 US$, 7½ Std., 10-mal tgl.) im Angebot. Linie 13 von Valley Metro pendelt zwischen dem Flughafen und dem Greyhound-Busbahnhof.

Valley Metro (☎602-253-5000; www.valleymetro.org) betreibt Busverbindungen im gesamten Valley sowie die Straßenbahn (32 km langes Schienennetz) zwischen Nord- und Downtown Phoenix, Tempe/ASU und Downtown Mesa. Die Straßenbahn und der Bus kosten 1,75 US$ pro Fahrt (ohne Umsteigen), der Tagespass liegt bei 3,50 US$. Die Busse fahren täglich, aber nur sporadisch. **FLASH-Busse** (www.tempe.gov/tim/bus/flash.htm) sind täglich rund um die ASU und in Downtown Tempe unterwegs, und der **Scottsdale Trolley** (www.scottsdaleaz.gov/trolley) fährt Downtown Scottsdale ab. Diese beiden Verkehrsmittel sind kostenlos.

Flagstaff

Flagstaffs entspannter Charme basiert auf mehreren Komponenten, z.B. der fußgängerfreundlichen historischen Innenstadt voller Bauten im lokaltypischen Stil und alten Neonreklamen sowie Aktivitäten in luftiger Höhe, z.B. Skifahren oder Wandern. Der typische Flagstaffbewohner ist glücklich, athletisch und knabbert eher an einem Müsliriegel, als dass er sich mit Cowboys duelliert. Die Northern Arizona University (NAU) sorgt für eine studentische Atmosphäre, und auch die Eisenbahngeschichte spielt unverändert eine wichtige Rolle für die Identität der Stadt. Außerdem schätzt man gutes Bier, frisch geröstete Kaffeebohnen und Spaß. Voilà, Flagstaff ist die Sorte Stadt, in der man länger verweilen und das Leben genießen möchte.

👁 Sehenswertes

Museum of Northern Arizona MUSEUM
(www.musnaz.org; 3101 N Fort Valley Rd; Erw./Stud. 7/4 US$; ⏰9–17 Uhr) Wer gerade genug Zeit hat, um sich eine einzige Attraktion anzuschauen, sollte dieses Museum auswählen. Es beherbergt Ausstellungen zu Ausgrabungen, zur Geschichte und den Bräuchen der lokalen Ureinwohner, aber auch zu Geologie, Biologie und Kunst.

Lowell Observatory OBSERVATORIUM
(☎928-774-3358; www.lowell.edu; 1400 W Mars Hill Rd; Erw./Kind 6/3 US$; ⏰März–Okt. 9–17, Nov.–Feb. 12–17, abends unterschiedl.) In diesem Observatorium erhaschte man 1920 zum ersten Mal einen Blick auf Pluto. Wenn es das Wetter zulässt, kann man hier allabendlich Sterne gucken. Flagstaff ist die erste International-Dark-Sky-Stadt (Organisation gegen Lichtverschmutzung) der Welt. Im Sommer werden tagsüber Touren von 10 bis 16 Uhr angeboten, im Winter sind die Öffnungszeiten kürzer.

Walnut Canyon National Monument PARK
(☎928-526-3367; www.nps.gov/waca; Eintritt 5 US$; ⏲Mai–Okt. 8–17, Nov.–April 9–17 Uhr) Sinagua-Felsbehausungen befinden sich in den beinahe vertikal aufragenden Wänden eines kleinen Kalksteinbergs inmitten eines bewaldeten Canyons. Ein kurzer Wanderweg führt an vielen Felsenkammern vorbei. Das National Monument liegt 11 Meilen (18 km) südöstlich von Flagstaff (Exit 204 an der I-40 nutzen!).

Aktivitäten

Humphreys Peak WANDERN
Die Besteigung des höchsten Berges des Staats (3851 m) ist unkompliziert, aber anstrengend und kann nur im Sommer in Angriff genommen werden. Der Pfad, der im Skigebiet Arizona Snowbowl beginnt, windet sich durch den Wald, bis man die Baumgrenze erreicht. Eine Strecke ist insgesamt 7 km lang; für den Hin- und Rückweg sollte man sechs bis acht Stunden einplanen.

Arizona Snowbowl SKIFAHREN
(☎928-779-1951; www.arizonasnowbowl.com; Hwy 180 & Snowbowl Rd; Skipass Erw./Kind 49/26 US$) Vier Skilifts bedienen 30 Pisten und einen Snowboard-Park in Höhen zwischen 2800 und 3500 m. Der Sessellift ist auch im Sommer in Betrieb (Erw./Kind 12/8 US$).

Schlafen

Flagstaff hat das vielseitigste Unterkunftsangebot in der Region. Anders als im Süden Arizonas ist hier der Sommer die Hauptsaison.

Grand Canyon International Hostel HOSTEL $
(☎928-779-9421; www.grandcanyonhostel.com; 19½ S San Francisco St; B inkl. Frühstück 18–36 US$, Zi. ohne Bad 43 US$; ❄@📶) Ein historisches Gebäude mit sauberen, kleinen Mehrbettzimmern. Die Betreiber sind nett. Es gibt eine Küche und Waschmaschinen. Außerdem werden viele Touren angeboten, z. B. zum Grand Canyon und nach Sedona. Die Gäste werden kostenlos von der Greyhound-Haltestelle abgeholt.

Dubeau Hostel HOSTEL $
(☎928-774-6731; www.grandcanyonhostel.com; 19 W Phoenix Ave; B inkl. Frühstück 21–24 US$, Zi. 46–66 US$; ❄@📶) Hat dieselben Betreiber wie das Grand Canyon International Hostel. Die Privatzimmer sind wie einfache Hotelzimmer, allerdings nur halb so teuer. Es gibt eine Jukebox – es kann also schon mal etwas lauter werden.

Weatherford Hotel HISTORISCHES HOTEL $$
(☎928-779-1919; www.weatherfordhotel.com; 23 N Leroux St; Zi. ohne Bad 49–79 US$, Zi. mit Bad 89–139 US$; ❄📶) Das atmosphärische Hotel bietet elf hübsch aufgemachte Zimmer, die an die Zeit um 1900 denken lassen. Drei Zimmer sind mit modernen Extras ausgestattet (TVs, Telefone und Klimaanlage). Da in den drei Weatherford-Bars häufig Livemusik gespielt wird, kann es laut werden.

Monte Vista Hotel HISTORISCHES HOTEL $$
(☎928-779-6971; www.hotelmontevista.com; 100 N San Francisco St; DZ 65–130 US$, Suite 120–175 US$; ❄📶) Altmodische Lampenschirme und Möbel, gewagte Farben und ein abwechslungsreiches Dekor prägen die 50 historisch-verspielten Zimmer und Suiten, die nach den Filmstars benannt sind, die in ihnen übernachtet haben Am besten nach einem ruhigen Zimmer fragen (in der Monte Vista Lounge treten oft Bands auf)!

Essen

Beim Spaziergang durch Downtown Flagstaff wird man jede Menge Restaurants entdecken.

Criollo Latin Kitchen FUSION $$
(☎928-774-0541; www.criollolatinkitchen.com; 16 N San Francisco St; Hauptgerichte 13–30 US$; ⏲Mo–Do 11–22, Fr 11–23, Sa 9–23, So 9–14 & 16–22 Uhr) Latino-Fusion in einem Ambiente mit Industrieromantik-Flair – der richtige Ort für ein Date mit Cocktails. Auch zu vorgerückter Stunde kann man noch leckere, kleine Gerichte bestellen. Die Blaubeerpfannkuchen aus blauem Maismehl sind ein schlagkräftiges Argument dafür, zum Sonntagsbrunch vorbeizuschauen. Das Essen besteht aus lokalen Zutaten, und man legt viel Wert auf Nachhaltigkeit.

Beaver Street Brewery KNEIPE $$
(www.beaverstreetbrewery.com; 11 S Beaver St; Hauptgerichte 8–12 US$; ⏲So–Do 11–23, Fr & Sa 11–24 Uhr; 👪) Die Beaver Street Brewery ist super, wenn man es gesellig mag. Man kann einen Happen essen (Pizzas, Burger und Salate) und dazu ein Pint trinken. Gewöhnlich gibt es fünf selbstgebraute Biere vom Fass und ein paar saisonale Sorten. Die Brauereikneipe ist überraschenderweise sehr familienfreundlich.

Mountain Oasis INTERNATIONAL $$
(11 E Aspen; Hauptgerichte 9–19 US$; ⏲11–21 Uhr; 🌿) Die internationale Speisekarte umfasst viele Gerichte für Vegetarier und Veganer. Zu den leckeren Spezialitäten gehören die

TBLT-Sandwiches (mit Tempeh-Speck, Salat und Tomate) und das Thai-Gemüse sowie Tofu mit Erdnusssauce und Wildreis. Die Köche bereiten aber auch Steaks und Hühnchen zu.

Ausgehen & Unterhaltung

LP TIPP **Museum Club** ROADHOUSE
(☎928-526-9434; 3404 E Rte 66; ⏲11–2 Uhr) Yee-haaaa! Ordentlich auf den Putz hauen kann man in diesem rustikalen Roadhouse, in dem allabendlich das Tanzbein geschwungen wird (Country!). Der Museum Club erinnert an eine riesige Blockhütte und ist mit einer großen Tanzfläche aus Holz und einer gut bestückten Mahagoni-Bar ausgestattet. Infos zu Veranstaltungen findet man auf der Facebook-Seite des Clubs.

Charly's Pub & Grill LIVEMUSIK
(☎928-779-1919; www.weatherfordhotel.com; 23 N Leroux St; ⏲8–22 Uhr) Regelmäßig wird im Restaurant des Weatherford Hotel Livemusik gespielt. Der Kamin und die Ziegelsteinwände liefern eine nette Kulisse für Blues-, Jazz- und Folkklänge. Im zweiten Stock sollte man eine Runde auf der Veranda des beliebten Zane Grey Ballroom drehen.

Macy's CAFÉ
(www.macyscoffee.net; 14 S Beaver St; ⏲Mo–Mi 6–20, Do–So bis 22 Uhr;) Der köstliche Kaffee aus eigener Röstung bringt Flagstaff schon seit mehr als 30 Jahren zum Schwärmen. Auf der tollen vegetarischen Speisekarte stehen viele vegane Gerichte und typische Café-Snacks (Hauptgerichte 3–7 US$). Ausschließlich Barzahlung!

Cuvee 928 WEINBAR
(www.cuvee928winebar.com; 6 W Aspen Ave, Suite 110; ⏲Mo–Di 11.30–21, Mi–Sa bis 22 Uhr) Das nette Cuvee liegt zentral am Heritage Square und bietet Sitzplätze auf der Terrasse – ideal zum Leute beobachten!

Praktische Informationen

Visitor Center (☎928-774-9541; www.flagstaffarizona.org; 1 E Rte 66; ⏲Mo–Sa 8–17, So 9–16 Uhr) Im historischen Amtrak-Bahnhof.

Anreise & Unterwegs vor Ort

Der Flughafen Flagstaff Pulliam, 4 Meilen (6 km) südlich der Stadt, ist über die I-17 zu erreichen. Täglich landen hier mehrere Maschinen von US Airways (www.usairways.com) aus Phoenix (Sky Harbor International Airport). **Greyhound** (☎928-774-4573; www.greyhound.com; 399 S Malpais Ln) hält auf dem Weg nach Albuquerque, Las Vegas, Los Angeles und Phoenix (bzw. in entgegengesetzter Richtung) in Flagstaff. **Arizona Shuttle** (☎928-226-8060; www.arizonashuttle.com) hat Shuttleverbindungen zum Park, nach Williams und zum Phoenix Sky Harbor Airport.

Der Southwest Chief von **Amtrak** (☎928-774-8679; www.amtrak.com; 1 E Route 66; ⏲3–22.45 Uhr) hält auf der täglichen Fahrt von Chicago nach Los Angeles in Flagstaff.

Zentralarizona

Dieser Teil von Arizona bietet das ganze Jahr über Outdoor-Spaß. Im Sommer flüchten viele Leute vor der Hitze in die kühlere Region. Hinter Phoenix gewinnt das Land an Höhe, und die weitläufige Wüste weicht zerklüfteten Hügeln, auf denen struppige Bäume wachsen. Noch weiter nördlich ragen Berge zwischen dichten Kiefernwäldern auf.

Williams

Das freundliche Williams liegt 60 Meilen (96 km) südlich von Grand Canyon Village und 35 Meilen (56 km) westlich von Flagstaff. Es ist eine Durchfahrts-Stadt mit Charme. Klassische Motels und Imbissbuden reihen sich entlang der Route 66, und das alte Schulgebäude sowie der ehemalige Bahnhof erinnern an einfachere Tage.

Die meisten Traveller kommen hierher, um eine Fahrt mit der **Grand Canyon Railway** (☎800-843-8724; www.thetrain.com; Railway Depot, 233 N Grand Canyon Blvd; Rundreise Erw./Kind ab 70/40 US$;) aus der Zeit um 1900 zum South Rim (Abfahrt 9.30 Uhr) zu unternehmen. Selbst wer kein ausgesprochener Eisenbahnfan ist, wird großen Spaß an der Fahrt mit dieser historischen Dampflok haben. Schauspieler in Kostümen aus jener Epoche erzählen, wie es früher hier so war, und dazu wird Folkmusik auf dem Banjo gespielt. Von November bis Januar gibt es auch den beliebten *Polar-Express*-Service (Erw./Kind ab 30/20 US$), bei dem die Kids im Schlafanzug zu einem Besuch beim Weihnachtsmann am „Nordpol" abgeholt werden.

Eine der Übernachtungsoptionen ist die **Red Garter Bed & Bakery** (☎928-635-1484; www.redgarter.com; 137 W Railroad Ave; Zi. inkl. Frühstück 120–145 US$;), ein in ein B&B verwandeltes Bordell von 1897, aus dessen Fenstern die Damen herauszuschauen pflegten, um die Kunden anzulocken. Die vier Zimmer spiegeln das Flair dieser Zeit wider und in der Bäckerei im

Erdgeschoss kriegt man einen guten Kaffee. Das abgefahrene kleine **Grand Canyon Hotel** (☎928-635-1419; www.thegrandcanyonhotel.com; 145 W Rte 66; B 28 US$, Zi. ohne Bad 60 US$, Zi. mit Bad 70–125 US$; ❄@📶) hat kleine, nach verschiedenen Motiven gestaltete Zimmer und einen Schlafsaal mit sechs Betten.

Route-66-Fans werden das vielfältige Dekor im **Cruiser's Cafe' 66** (www.cruiser66.com; 233 W Rte 66; Gerichte 10–20 US$; ⏱15–22 Uhr; 👪) lieben. Das Lokal macht Laune, serviert leckeres, selbst gebrautes Bier, Gegrilltes und andere amerikanische Speisen – im Gebäude einer Tankstelle aus den 30ern.

SEDONA

Sedona ist ein echter Hingucker und dabei extrem spirituell. Zwischen majestätischen Formationen aus rotem Sandstein am südlichen Ende des Oak Creek Canyon gelegen, übt Sedona eine magische Anziehungskraft auf Suchende, Künstler und Heiler aus. Man wird aber auch viele Tagesausflügler aus Phoenix antreffen, die der erdrückenden Hitze entkommen wollen. Viele New-Age-Anhänger sind davon überzeugt, dass es in der Gegend zahlreiche Vortexe gibt – Sammelpunkte für elektromagnetische Energie. Die Mischung aus traumhafter Szenerie und Mystizismus sorgt ganzjährig für hohe Besucherzahlen. Die Downtown ist im Griff von New-Age-Unternehmen, Galerien und Gourmetrestaurants, und die umliegenden Schluchten laden zum Wandern und Mountainbiken ein.

Im Stadtzentrum befindet sich das „Y", die auffällige Kreuzung, an der die Highways 89A und 179 aufeinandertreffen. Beide Straßen sind von Geschäften gesäumt.

Sehenswertes & Aktivitäten

New-Age-Anhänger sind davon überzeugt, dass die Steine, Felsklippen und Flüsse von Sedona die Glückseligkeit von Mutter Erde bündeln. Hier befinden sich die vier bekanntesten Vortexe der Welt: **Bell Rock** in der Nähe des Village of Oak Creek (östlich des Hwy 179), **Cathedral Rock** nahe Red Rock Crossing, **Airport Mesa** in der Airport Rd und **Boynton Canyon**. Die Airport Rd ist ein genialer Ort, wenn man die traumhaft vielfarbigen Sonnenuntergänge beobachten möchte.

Coconino National Forest PARK
(USFS South Gateway Visitor Center ☎928-203-7500; www.redrockcountry.org/recreation; 8379 Hwy 179; ⏱8–17 Uhr) Am besten erkundet man die Gegend wandernd, per Rad oder auf dem Pferderücken. Die meisten Rast- und Parkplätze dürfen nur mit einem Red Rock Pass (5/15 US$ pro Tag/Woche) genutzt werden; man bekommt einen in vielen Läden und Unterkünften und an ein paar Selbstbedienungskiosks. Mit den schönsten Fleckchen Erde wartet der Hwy 89A nördlich von Sedona auf, der dem Verlauf des Oak Creek durch den überlaufenen **Oak Creek Canyon** folgt. Das USFS-Besucherzentrum befindet sich direkt südlich des Village of Oak Creek.

GRATIS **Chapel of the Holy Cross** KIRCHE
(www.chapeloftheholycross.com; 780 Chapel Rd; ⏱Mo–Sa 9–17, So 10–17 Uhr) Zwischen wie Skulpturen wirkenden Säulen aus rotem Stein erhebt sich 3 Meilen (5 km) südlich der Stadt diese moderne, konfessionsungebundene Kapelle. Sie wurde 1956 von Marguerite Brunwig Staude in der Tradition Frank Lloyd Wrights gebaut.

Slide Rock State Park PARK
(☎928-282-3034; www.azstateparks.com; 6871 N Hwy 89A; Juni–Aug. 20 US$/Wagen, Sept.–Mai 10 US$; ⏱Juni–Aug. 8–19, Sept.–Mai 8–17 Uhr; 👪) Die Hauptattraktion im Oak Creek Canyon. Über große Felsen kann man ins kühle Wasser rutschen. Außerdem gibt's viele Wanderwege.

Pink Jeep Tours JEEPTOUR
(☎928-282-5000; www.pinkjeep.com; 204 N Hwy 89A; Fahrten ab 72 US$) Viele Unternehmen organisieren Jeeptouren, aber Pink Jeep Tours hat einen besonders guten Ruf und ein sehr großes Angebot.

Fat Tire Bike Shop MOUNTAINBIKEN
(☎928-284-0210; www.bike-bean.com; 6020 Hwy 179; halber/ganzer Tag ab 30/40 US$) Mountainbikeverleih, der entspannte Radtouren, Wanderungen und Vortex-Ausflüge im Programm hat.

Schlafen

Sedona wartet mit vielen schönen B&Bs, Hütten am Creek, Motels und Resorts mit Rundum-Service auf.

Im Red Rock Canyon ist wild campen verboten. Der **USFS** (☎928-282-4119; www.recreation.gov) unterhält Zeltplätze (ohne Stromanschlüsse) am Hwy Alt 89 im Oak Creek Canyon. Sie befinden sich in den Wäldern unweit der Straße. Die Stellplätze kosten 20 US$ und man braucht keinen Red Rock Pass. Man kann reservieren (Ausnahme: Pine Flat East). 6 Meilen (10 km) nördlich der Stadt bietet **Manzanita** (ganzjährig geöffnet) 18 Stellplätze, 11,5 Meilen (18 km) nördlich liegt **Cave Springs** mit 82 Plätzen und Duschen, **Pine Flat East und Pine Flat West**, 12,5 Meilen (20 km) nördlich, haben zusammen 57 Plätze.

Cozy Cactus B&B $$
(☎928-284-0082; www.cozycactus.com; 80 Canyon Circle Dr, Village of Oak Creek; Zi. 165–325 US$; ❄) Das B&B (5 Zimmer) im für den Südwesten typischen Stil ist besonders empfehlenswert für Abenteuerlustige, die sich gern in die Natur stürzen. Es grenzt unmittelbar an einen National Forest Trail (offiziellen Waldwanderweg) und der radfahrerfreundliche Bell-Rock-Pfad ist auch gleich um die Ecke.

Sedona Motel MOTEL $
(☎928-282-7187; www.thesedonamotel.com; 218 Hwy 179; Zi. 79–89 US$; ❄) Gleich südlich der „Y"-Kreuzung steht das nette, kleine Motel mit dem tollen Preis-Leistungs-Verhältnis. Tlaquepaque und Uptown Sedona sind zu Fuß zu erreichen. Die Zimmer sind einfach, aber sauber. Und überhaupt: Der geniale Ausblick auf die roten Felsen ist wahrscheinlich alles an Luxus, was man braucht!

Essen & Ausgehen

LP TIPP **Elote Cafe** MEXIKANISCH $$
(www.elotecafe.com; King's Ransom Hotel, 771 Hwy 179; Hauptgerichte 17–22 US$; ⏲Di–Sa 17 Uhr–open end) In der Gegend wird man kaum bessere, authentischere mexikanische Küche finden können. Hier werden ein paar seltene traditionelle Gerichte zubereitet, z. B. gegrillter Mais mit Limone und Cotija-Käse oder zarte, geräucherte Schweinebäckchen. Es werden keine Reservierungen angenommen!

Dahl & DiLuca Ristorante ITALIENISCH $$
(☎928-282-5219; www.dahlanddiluca.com; 2321 Hwy Alt 89; Hauptgerichte 13–33 US$; ⏲17–22 Uhr) Dieser tolle Italiener passt hervorragend nach Sedona, was die Atmosphäre und die Farbgebung angeht, könnte aber auch durchaus in einer kleinen italienischen Küstenstadt stehen. Ein lebendiges, einladendes Restaurant mit exzellenter, authentischer Küche.

Coffee Pot Restaurant FRÜHSTÜCK $
(www.coffeepotsedona.com; 2050 W Hwy Alt 89; Hauptgerichte 4–11 US$; ⏲6–14 Uhr; 👪) Seit Jahrzehnten *die* Adresse für Frühstück und Mittagessen; hier ist immer der Teufel los. Die Gerichte haben vernünftige Preise und die Auswahl ist riesig: Es gibt 101 verschiedene Omeletts, und das ist nur der Anfang!

Sedona Memories FAST FOOD $
(☎928-282-0032; 321 Jordan Rd; Hauptgerichte 7 US$; ⏲Mo–Fr 10–14 Uhr) Winziger Laden, in dem aus riesigen Scheiben Brot (selbst gebacken) Sandwiches gezaubert werden. Es gibt verschiedene vegetarische Optionen. Ausschließlich Barzahlung.

PANORAMASTRASSEN IN ARIZONA

» **Oak Creek Canyon** Auf dem Hwy 89A zwischen Flagstaff und Sedona geht's an Badelöchern, Felsenrutschen und purpurfarbenen Steinwänden vorbei.

» **Hwy89/89A Wickenburg-Sedona** Der „Wilde Westen" trifft den „Neuen" – eine entspannte Tour, vorbei an Viehfarmen, Minenstädten, Kunstgalerien und schicken Weingütern.

» **Patagonia-Sonoita Scenic Road** Die richtige Route für Vogelfans führt durch die Weinregion im südlichen Arizona (Hwys 82 und 83).

» **Kayenta-Monument Valley** Wie der Hauptdarsteller in seinem eigenen Western fühlt man sich, wenn man die filmreifen roten Felsen im Navajo-Land gleich abseits des Hwy 163 passiert.

» **Vermilion Cliffs Scenic Road** Der Hwy 89A ist eine einsame Straße, die „Condor Country", den North Rim und Mormonensiedlungen verbindet.

Praktische Informationen

Visitor Center (☎928-282-7722; www.visitsedona.com; 331 Forest Rd; ⏲Mo–Sa 8.30–17, So 9–15 Uhr) Touristeninformation, Last-Minute-Hotelbuchungen.

Anreise & Unterwegs vor Ort

DAS **Sedona-Phoenix Shuttle** (☎928-282-2066; www.sedona-phoenix-shuttle.com) pendelt achtmal täglich zwischen dem Phoenix Sky Harbor International Airport und Sedona (einfache Strecke/hin & zurück 50/90 US$). Ein lokales Taxiunternehmen ist z. B. **Bob's Taxi** (☎928-282-1234).

JEROME

Wenn man die Treppen in dieser historischen Minenstadt rauf- und runtersteigt, wird man an das Leiterspiel aus Kinderta-

NICHT VERSÄUMEN

VERDE-VALLEY-WEINPFAD

Am Hwy 89A und an der I-17 haben ein paar Weingüter und Probierstuben ihre Pforten geöffnet. Sie bringen frischen Wind (und einen Hauch von Stil) nach Cottonwood, Jerome und Cornville.

In Cottonwood kann man die an den Verde River angrenzenden **Alcantara Vineyards** (☎928-649-8463; 3445 S Grapevine Way) besuchen und anschließend bei einem Bummel durch die Old Town in zwei neuen Probierstuben vorbeischauen, **Arizona Stronghold** (☎928-639-2789; 1023 N Main St) und **Pillsbury Wine Company** (☎928-639-0646; 1012 N Main St). Sie liegen einander gegenüber in der Main St. In Jerome werden Kunst, schöne Ausblicke und leckere Weine geboten; überall findet man Probierstuben wie die **Bitter Creek Winery/Jerome Gallery** (☎928-634-7033; 240 Hull Ave) nahe dem Besucherzentrum. Von dort aus geht's hinauf zu den **Caduceus Cellars** (☎928-639-9463; www.cadeceus.org) und anschließend noch ein Stück weiter hangaufwärts zur **Jerome Winery** (☎928-639-9067; 403 Clark St) mit einer einladenden Terrasse.

An einem Abschnitt der Page Springs Rd östlich von Cornville findet man drei Weingüter inklusive Probierstuben: die **Page Springs Cellars** (☎928-639-3004; 1500 N Page Springs Rd) mit Bistro, die einladenden **Oak Creek Vineyards** (☎928-649-0290; 1555 N Page Springs Rd) und den **Javelina Leap Vineyard** (☎928-649-2681; 1565 Page Springs Rd).

gen denken. Die Häuser von Jerome krallen sich an den Cleopatra Hill, aber manche nicht fest genug – siehe das verfallene Sliding Jail! Schäbig-schick kommt die wiederbelebte Geisterstadt daher. Sie hat eine romantische Atmosphäre, insbesondere dann, wenn die Wochenendausflügler das Feld geräumt haben. Jerome trug während seiner Bergbau-Blütezeit im späten 19. Jh. den Spitznamen „Wickedest Town in the West" (etwa: gefährlichste Stadt im Westen), doch mittlerweile sind die historischen Bauten liebevoll restauriert und in ungefährliche Galerien, Restaurants, B&Bs und neuerdings sogar Weinlokale umfunktioniert worden.

Krankenhausinventar in den Fluren erinnert daran, dass das **Jerome Grand Hotel** (☎928-634-8200; www.jeromegrandhotel.com; 200 Hill St; Zi. 120–205 US$, Suite 270–460 US$; ❄📶) zu den Bergbauzeiten als Gemeindehospital diente. Kindern wird die unterhaltsame „Geistertour" gefallen. WLAN-Empfang hat man nur in der Lobby. Das angrenzende **Asylum Restaurant** (www.asylumrestaurant.com) mit Blick aufs Tal und die roten Felsen ringsum ist der perfekte Ort für einen Cocktail. Die beliebteste Bar in Downtown Jerome ist die **Spirit Room Bar** (☎928-634-5006; 164 Main St; ⏲10–2 Uhr). Wer gern Wein trinkt: Nur wenige Schritte entfernt gibt's drei Adressen für Weinproben.

Bei **15.Quince Grill & Cantina** (☎928-634-7087; www.15quincejerome.com; 363 Main St; Hauptgerichte 8–17 US$; ⏲Mo & Mi 11–20, Di, Do & Fr 11–21, Sa 8–21, So 8–20 Uhr), einem kleinen Restaurant mit fröhlicher Atmosphäre, haben sogar die Quesadillas Persönlichkeit. Es gibt New-Mexico-Küche mit dem gewissen Etwas: Die Chilisaucen sind berüchtigt. Wer Lust auf ein herzhaftes Gourmetfrühstück oder Mittagessen hat, könnte das **Flatiron Café** (www.flatironcafejerome.com; 416 Main St; Frühstück 7–13 US$, Mittagessen 9–13 US$; ⏲Mi–Mo 7–15 Uhr) an der Y-Kreuzung aufsuchen.

Die **Chamber of Commerce** (☎928-634-2900; www.jeromechamber.com; Hull Ave, hinter der Kreuzung am Flatiron Café auf dem Hwy 89A gen Norden; ⏲11–15 Uhr) residiert in einem kleinen Anhänger und liefert Infos zu den hiesigen Attraktionen und zur Kunstszene.

PRESCOTT

Prescott, Arizonas erste territoriale Hauptstadt und Heimat des ältesten Rodeos der Welt, hat ein viktorianisches Zentrum und blickt auf eine bewegte Wild-West-Geschichte zurück. Man hat den Eindruck, dass hier der mittlere Westen auf Cowboy Country trifft. Die Bevölkerung setzt sich aus Rentnern, Künstlern und Familien zusammen, die auf der Suche nach einer längst vergangenen Ganzheitlichkeit sind. Mehr als 500 Gebäude stehen auf der Liste des National Register of Historic Places, gelten also als schützenswert. An der Plaza erstreckt sich die **Whiskey Row**, eine berüchtigte Saloon-Meile. Dort wird noch immer jede Menge Alkohol ausgeschenkt.

Gleich südlich von Downtown begrüßt die nette **Motor Lodge** (☎928-717-0157; www.themotorlodge.com; 503 S Montezuma St; Zi. 89–139 US$; P❄📶) ihre Gäste mit Fat-Tire-Bier. Die zentrale Auffahrt wird von zwölf schicken Bungalows gesäumt – ausgefallen übernachten mit hohem Standard!

Zum Frühstück lohnt sich ein Abstecher in das nette **Lone Spur Café** (106 W Gurley St; Hauptgerichte 7–16 US$; ⏲8–14 Uhr). Hier bestellt man sein Frühstück immer mit Keks und einem Extrateller *sausage gravy* (sämige Bratensauce) – denn wenn das Essen so lecker schmeckt, darf man einfach keine Kalorien zählen! Die Portionen sind riesig und auf jedem Tisch stehen drei Flaschen mit scharfer Sauce. Im coolen, an ein Loft erinnernden **Raven Café** (www.ravencafe.com; 142 N Cortez St; Frühstück 5–9 US$, Mittag- & Abendessen 8–18 US$; ⏲Mo–Mi 7.30–23, Do–Sa 7.30–24, So 8–15 Uhr; 📶🖊) wird Bio großgeschrieben. Es gibt Sandwiches, Burger, Salate und ein paar Hauptmahlzeiten sowie 30 Biere vom Fass.

Das **Palace** (www.historicpalace.com; 120 S Montezuma St; ⏲11–23 Uhr) gehört zur Whiskey Row und ist ein stimmungsvoller Ort für einen Drink; durch eine Schwingtür gelangt man in einen großen Raum mit einer Brunswick-Bar, die 1900 vor einem Feuer gerettet werden konnte. Ein kurzer Blick in den spelunkigen **Bird Cage Saloon** (www.birdcagesaloon.com; 148 Whiskey Row; ⏲10–2 Uhr) lohnt sich. Er ist mit ausgestopften Vögeln geschmückt.

Die **Chamber of Commerce** (☎928-445-2000; www.visit-prescott.com; 117 W Goodwin; ⏲Mo–Fr 9–17, Sa 10–14 Uh) hält Infos für Touristen bereit, z. B. eine praktische Broschüre mit einem Spaziergang durch das historische Prescott (1 US$).

Die **Prescott Transit Authority** (☎928-445-5470; www.prescotttransit.com; 820 E Sheldon St) bietet Busverbindungen zwischen Prescott und Phoenix Airport (einfache Strecke Erw./Kind 28/15 US$, 2 Std., 16-mal tgl.) sowie Flagstaff (22 US$, 1½ Std., tgl.) und betreibt außerdem einen lokalen Taxiservice.

Grand Canyon National Park

Warum geraten alle ins Schwärmen, wenn sie den Grand Canyon beschreiben? Hat man einmal über den Rand hinweg in die Tiefe geblickt, versteht man es. Die Schlucht zieht einen schon aufgrund ihrer unglaublichen Ausmaße in ihren Bann; sie ist wie eine Zeittafel, auf der die Erdgeschichte nachzulesen ist, Schicht für Schicht. Und Mutter Natur hat noch eins oben drauf gesetzt: jeder Menge kunstvolle Details in Form von zerklüfteten Plateaus, filigranen Steintürmchen und schattigen Felsgraten, die zu jeder Tageszeit eine Augenweide sind.

Auf dem Grund der gewaltigen Schlucht windet sich der Colorado River (genau genommen 446 km des Flusses). Er hat den Canyon in den letzten 6 Mio. Jahren geformt und Steine freigelegt, die bis zu 2 Mrd. Jahre alt sind – halb so alt wie die Erde.

North und South Rim (die Nord- bzw. Südkante der Schlucht) bieten zwei recht unterschiedliche Erfahrungen. Sie sind mit dem Auto mehr als 200 Meilen (über als 300 km) voneinander entfernt und nur wenige Reisende besuchen beide Orte im Rahmen ein und derselben Tour. Die meisten Besucher geben dem South Rim den Vorzug, weil er leicht zu erreichen ist und mit vielen Dienstleistungen und herrlichen Aussichten aufwartet. Der ruhigere North Rim wiederum liegt auf 2500 m (300 m höher als der South Rim). In seinem kühleren Klima wachsen Wildblumen auf den Wiesen und hohe, dichte Espen- und Fichtengehölzer.

Der Juni ist der trockenste Monat, im Juli und August regnet es am meisten. Im Januar liegt die durchschnittliche Nachttemperatur bei –11 bis –7 °C und die Tageshöchsttemperatur bei etwa 4 °C. Im Sommer herrschen im Canyon regelmäßig mehr als 38 °C. Der South Rim ist das ganze Jahr über zugänglich, aber die meisten Besucher werden zwischen Ende Mai und Anfang September gezählt. Der North Rim ist von Mitte Mai bis Mitte Oktober geöffnet.

ℹ Praktische Informationen

Der Ort mit der besten Infrastruktur im Park ist Grand Canyon Village, 6 Meilen (10 km) nördlich der South Rim Entrance Station (Einfahrt zum South Rim). Der einzige Eingang zum North Rim liegt 30 Meilen (48 km) südlich von Jacob Lake am Hwy 67. North und South Rim trennen 10 Meilen (16 km) Luftlinie bzw. 215 Meilen (346 km) mit dem Wagen, und zu Fuß (einmal quer durch den Canyon) sind es 21 Meilen (34 km).

Der **Parkeintritt** (Autos/Fahrradfahrer & Fußgänger 25/12 US$) ist für North und South Rim gültig, und das sieben Tage lang.

Rund um den Grand Canyon

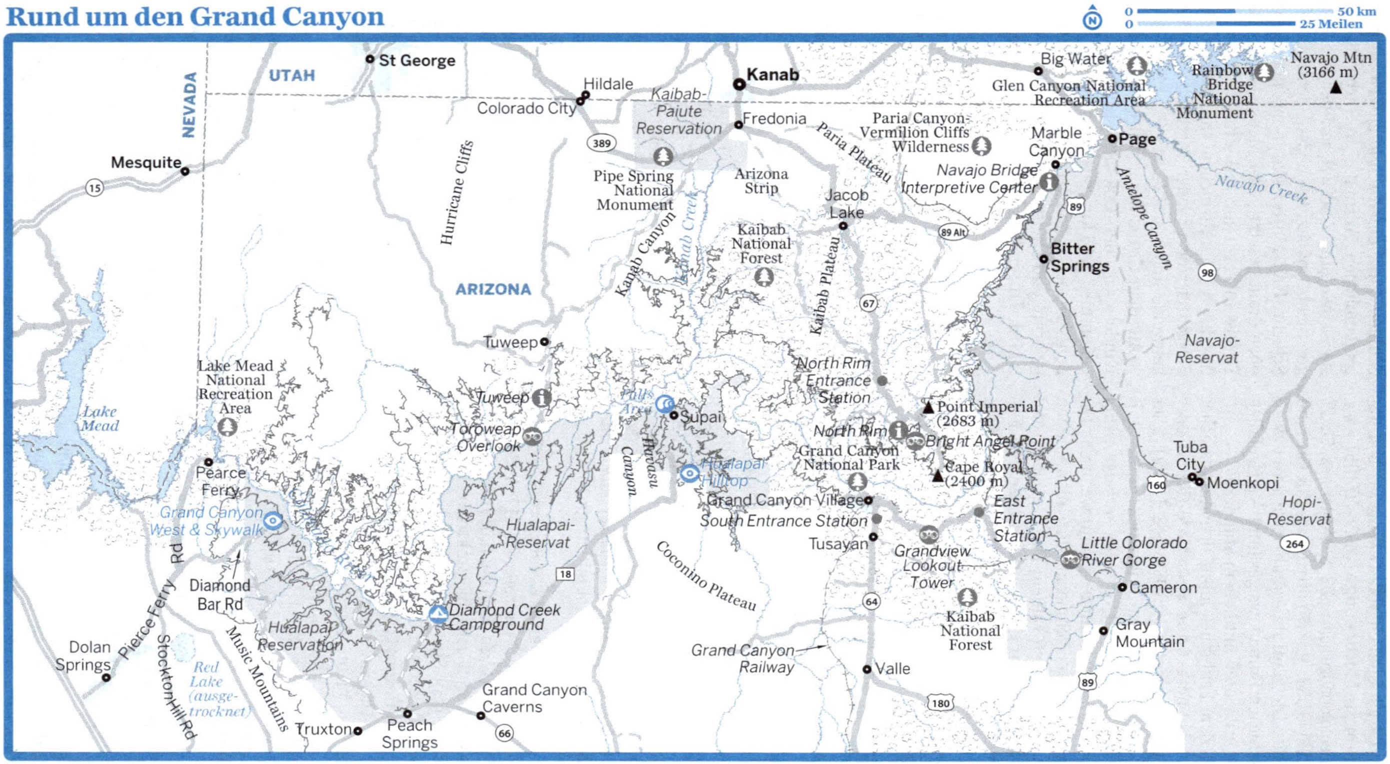

Wer eine Wanderung mit Übernachtung unternehmen und auf dem Parkgelände campen will, braucht eine Genehmigung. Das **Backcountry Information Center** (☎928-638-7875; Fax 928–638–7875; www.nps.gov/grca; Grand Canyon Village; ⌚8–12 & 13–17, Telefon Mo–Fr 13–17 Uhr besetzt) nimmt Anträge für Wandergenehmigungen (10 US$, zzgl. 5 US$/Pers.& Nacht) nur für den laufenden und die darauf folgenden vier Monate an. Gute Chancen hat man, wenn man sich früh darum kümmert (vier Monate im Voraus für Wanderungen im Frühling und Herbst). Reservierungen können persönlich, per Mail oder Fax vorgenommen werden. Mehr Infos gibt es unter www.nps.gov/grca/planyourvisit/backcountry.htm.

Wer ohne Genehmigung im Park ankommt, muss sich zum Büro (neben der Maswik Lodge) begeben und auf die Warteliste setzen lassen.

SOUTH RIM Anlaufstelle für Infos sind nicht nur die unten aufgeführten Besucherzentren, sondern auch folgende Orte im Park: Yavapai Observation Station, Verkamp's Visitor Center, El Tovar, Tusayan Ruins & Museum und Desert View Information Center.

Grand Canyon Visitor Center (☎928-638-7644; ⌚8–17 Uhr) Ca. 300 m hinter Mather Point findet man dieses Besucherzentrum und den Books & More Store an einem Platz. Dort informieren Schwarze Bretter über Ranger-Programme, das Wetter, Touren und Wanderungen. Das helle, geräumige Visitor Center verfügt über einen Infoschalter, an dem Ranger Auskunft geben, und einen Hörsaal, in dem täglich Vorträge stattfinden.

TUSAYAN Das **National Geographic Visitor Center** (☎928-638-2468; www.explorethecanyon.com; Hwy 64, Tusayan; Erw./Kind 13/10 US$; ⌚8–22 Uhr) befindet sich in Tusayan, 7 Meilen (11 km) südlich des Grand Canyon Village; wer hier das Eintrittsgeld in Höhe von 25 US$ pro Wagen zahlt, spart sich die (im Sommer eventuell lange) Wartezeit in der Schlange am Haupteingang. Im IMAX-Kino wird der faszinierende 34-minütige Film *Grand Canyon – The Hidden Secrets* (Die versteckten Geheimnisse) gezeigt.

NORTH RIM **North Rim Visitor Center** (☎928-638-7864; www.nps.gov/grca; ⌚8–18 Uhr, Mitte Okt.–Mitte Mai geschl.) Neben der Grand Canyon Lodge; Karten, Bücher, Wanderführer und Infos zu den aktuellen Bedingungen.

SOUTH RIM

Keine Lust auf Menschenmassen? Dann sollte man im Herbst oder Winter herkommen (am besten an einem Wochentag). Etwas Luft kann man sich auch verschaffen, indem man sich ein Stück von den Aussichtspunkten am Rim Trail entfernt oder sich in die eigentliche Schlucht aufmacht.

Sehenswertes & Aktivitäten

AUTOFAHREN & WANDERN

Eine **malerische Route** führt westlich des Dorfs, auf der Hermit Rd, an der Schluchtkante entlang. Von März bis November darf sie nicht von Privatwagen befahren werden; stattdessen nimmt man einfach den kostenlosen Shuttlebus. Die Strecke kann auch gut mit dem Rad befahren werden, da nur relativ wenig Verkehr herrscht. Unterwegs hat man traumhafte Aussichten. Schilder liefern Infos zum Canyon.

Wanderungen entlang des South Rim stehen bei den Parkbesuchern besonders hoch im Kurs. Es ist etwas für jeden Fitnessgrad dabei. Der beliebteste (und einfachste) Wanderweg ist der **Rim Trail**. Er taucht in die struppigen Kiefernbestände des Kaibab National Forest ein und verbindet auf einer Strecke von 19 km einige Aussichtspunkte und historische Stätten miteinander. Manche Abschnitte sind asphaltiert und sämtliche Aussichtspunkte können mit einem der drei Shuttlebuslinien erreicht werden. Die neue Ausstellung **Trail of Time** grenzt gleich westlich der Yavapai Observation Station an den Rim Trail. Jeder Meter des Trails repräsentiert eine Million Jahre Erdgeschichte. Die Ausstellung liefert Hintergrundinformationen dazu.

Der **Desert View Drive** beginnt östlich des Grand Canyon Village und folgt der Schluchtkante 26 Meilen (42 km) lang bis Desert View (der Osteingang des Parks). Parkbuchten gewähren fantastische Aussichten und Schilder widmen sich verschiedenen Aspekten des Canyons und seiner Geologie.

Der beliebteste Corridor Trail ist der wunderschöne **Bright Angel Trail**. Entlang des steilen, 13 km langen Abstiegs zum Colorado River gibt es vier günstige Umkehrpunkte. Im Sommer kann die Hitze mörderisch sein; wer eine Tageswanderung unternimmt, könnte an einem der beiden Rasthäuser umdrehen (hin & zurück 5 bzw. 10 km) oder sich bei Sonnenaufgang auf die Socken machen, um die längeren Wanderungen zum Indian Garden oder Plateau Point (hin & zurück 15 bzw. 20 km) zu bewältigen. Man sollte nicht versuchen, innerhalb eines Tages zum Fluss zu laufen! Der Wanderweg beginnt gleich westlich der Bright Angel Lodge.

Wohl einer der schönsten Pfade ist **South Kaibab**. Die Landschaft und die unverstellten Rundumblicke rauben einem den Atem. Im Sommer raten die Ranger von dem steilen, rauen und ungeschützten Aufstieg ab (dann sind nur ganz kurze Strecken sinnvoll). Zu anderen Zeiten muss man sich auf zermürbende 10 km (hin & zurück) einstellen. Umkehren sollte man am **Cedar Ridge**. Dies ist die wahrscheinlich schönste Kurzstreckenwanderung im Park.

Einzelpersonen oder Reisegruppen, die sich ein greifbareres Grand-Canyon-Erlebnis wünschen, können sich an **Grand Canyon Volunteers** (928-774-7488; www.gcvolunteers.org) wenden. Die Vereinigung organisiert ein- und mehrtägige Freiwilligenprogramme (Tiere und Wälder kontrollieren, endemische Pflanzen rekultivieren etc.).

FAHRRADFAHREN

Bright Angel Bicycles FAHRRADVERLEIH
(928-814-8704; www.bikegrandcanyon.com; ganzer Tag Erw./Kind 35/25 US$; Mai-Sept. 8–18, März-April & Okt.-Nov. 10–16.30 Uhr, wenn es das Wetter zulässt) Verleiht „Komforträder": Das nette Personal stellt die Räder individuell auf die Nutzer ein. In der Leihgebühr sind Helm und Fahrradschloss inbegriffen.

Geführte Touren

Xanterra REITEN
(303-297-2757; www.grandcanyonlodges.com/mule-rides-716.html) Xanterra hat Infoschalter in den Lodges Bright Angel, Maswik und Yavapai. Es werden verschiedene Bustouren angeboten (tgl.; Tickets ab 20 US$).

Aufgrund von Erosionsgefahr hat der NPS festgelegt, dass innerhalb des Canyons nur noch die Muli-Reitgruppen erlaubt sind, die die Strecke bis zur Phantom Ranch zurücklegen. Deshalb führen die dreistündigen Ausritte (119 US$) jetzt an der Schluchtkante entlang, durch Wacholder, Gold- und Pinyon-Kieferwälder zum Abyss-Aussichtspunkt. Ausritte mit einer Übernachtung (1/2 Pers. 482/850 US$) bzw. zwei Übernachtungen (1/2 Pers. 701/1170 US$) folgen dem Bright Angel Trail zum Fluss, dann geht's gen Osten auf dem River Trail und über die Kaibab Suspension Bridge zum anderen Ufer. Man übernachtet auf der Phantom Ranch.

Wer im Park ankommt und gleich am folgenden Tag mit dem Muli losreiten möchte, sollte sich in der Bright Angel Lodge nach freien Plätzen erkundigen.

SCHLAFEN

Die sechs Lodges am South Rim werden von **Xanterra** (888-297-2757; www.grandcanyonlodges.com) betrieben. Unter der angegebenen Nummer kann man für jede der im Folgenden genannten (inkl. der Phantom Ranch) vorab reservieren (dringend zu empfehlen!). Für Reservierungen für den gleichen Tag oder wenn man einen Gast erreichen möchte beim **South Rim Switchboard** (928-638-2631) anrufen! Sind keine Unterkünfte im Nationalpark mehr frei, sollte man es in Tusayan (am Südeingang), Valle (31 Meilen bzw. 49,5 km südlich), Cameron (53 Meilen bzw. 85 km östlich) oder Williams (ca. 60 Meilen bzw. 100 km südlich) probieren.

Der **National Park Service** (877-444-6777; www.recreation.gov) betreibt die Campingplätze Mather und Desert View. Sämtliche Zeltplätze und Lodges sind ganzjährig geöffnet. Die Ausnahme ist Desert View (Mitte Okt.-Mitte Mai geschl.).

LP TIPP **El Tovar Hotel** LODGE $$$
(DZ 178–273 US$, Suite 335–426 US$;) Breite, einladende Veranden winden sich um das große Holzgebäude. Dort kann man Leute beobachten und den Ausblick auf den Canyon genießen – auch, wenn man kein Übernachtungsgast ist. Die öffentlichen Bereiche demonstrieren vornehme Eleganz, die den Park zu seiner Blütezeit kennzeichnete. Die Standardzimmer sind klein, aber sehr luxuriös, und die Suiten sind fantastisch.

Bright Angel Lodge LODGE $
(DZ mit/ohne Bad 92/81 US$, Hütten 113–178 US$; @) Das Bright Angel wurde 1935 aus Holz und Stein erbaut. Es besticht durch historischen Charme und seine restaurierten Zimmer. Die günstigsten verfügen über Gemeinschaftsbäder. TVs findet man in diesen sehr schlichten Zimmern à la Studentenwohnheim zwar nicht, aber der Ausblick von den „Rim-Hütten" ist auch viel besser als Fernsehen.

Phantom Ranch LODGE $
(888-297-2757; B 43 US$;) Es ist nicht das Four Seasons, doch der an ein Sommerferienlager erinnernde Komplex hat durchaus Flair. Die Ranch steht auf dem Grund der Schlucht und besteht aus einfachen Hütten für vier bis zehn Personen und Mehrbettzimmern. Gegessen wird in familiärer Atmosphäre (Frühstück/Abendessen ab 21/27 US$) – weit im Voraus reservieren! Wer die Reservierung verschwitzt hat, sollte um 6 Uhr früh beim Transportschalter in der Bright Angel Lodge auf der Matte stehen und auf eine Buchungsstornierung hoffen.

Mather Campground CAMPING $
(☎877-444-6777; www.recreation.gov; Grand Canyon Village; Stellplatz für Zelt & Wohnmobil 18 US$) Verstreut liegende Stellplätze mit recht friedlicher Atmosphäre zwischen Pinyon-Kiefern und Wacholder. In der Nähe gibt's Münzduschen und Waschmaschinen, Trinkwasser, Toiletten, Grills und einen kleinen Gemischtwarenladen. In den Wintermonaten gilt das Prinzip „wer zuerst kommt, mahlt zuerst".

Desert View Campground CAMPING $
(Stellplatz für Zelt & Wohnmobil 12 US$; ⌚Mitte Mai–Mitte Okt.) Nahe der East Entrance Station, 26 Meilen (42 km) östlich des Grand Canyon Village, erstreckt sich dieser Zeltplatz (auch hier heißt es: wer am schnellsten ist, bekommt den Platz). Er ist ruhiger als der Mather Campground. In der kleinen Cafeteria wird Essen serviert.

Ebenfalls empfehlenswert:

Maswik Lodge LODGE $$
(DZ Süden/Norden 92/173 US$, Hütten 92 US$; ❄@📶) Ein Stück abseits des Rim. Inklusive Sportbar und Cafeteria.

Kachina Lodge & Thunderbird Lodge LODGE $$
(DZ an der Straße/am Rim 173/184 US$; ❄) Vernünftige Zimmer mit Motel-Standard in zentraler Lage. Einige Zimmer gewähren einen Blick auf den Canyon.

Yavapai Lodge LODGE $$
(DZ Westen/Osten 114/163 US$; ⌚April–Okt.; ❄📶) Einfache Bleibe umgeben von Pinyon-Kiefern und Wacholder.

Trailer Village CAMPING $
(Grand Canyon Village; Stellplatz für Zelt & Wohnmobil 32 US$) Wenn anderswo kein Platz ist, kann man sein Zelt hier aufschlagen. Reservierungen sind sowohl weit im Voraus als auch am Tag der Übernachtung möglich.

Essen & Ausgehen

El Tovar Dining Room INTERNATIONAL $$$
(☎928-638-2631, Durchwahl 6432; El Tovar; Hauptgerichte 18–31 US$; ⌚6.30–11, 11.30–14 & 17–22 Uhr) Nur einen Steinwurf vom Abgrund entfernt. Dieses Restaurant hat eine der tollsten Aussichten im Staat, vielleicht sogar im ganzen Land. Die Fahrt hierhin lohnt sich: Der stattliche Speisesaal aus Stein und dunklem Eichenholz ist Balsam für die Seele, und das Essen ist klasse, vor allem die Steaks. Wer nicht direkt am Fenster sitzt, sollte sich anschließend zur Veranda der El Tovar Lounge begeben, um dort den Blick auf den Grand Canyon genießen zu können.

Bright Angel Lounge BAR $$
(Bright Angel Lodge; Hauptgerichte 10–26 US$; ⌚März–Okt. 11.30–15 & März–Dez. 16.30–22 Uhr) Perfekt für alle, die gemütlich einen Burger essen und ein Bier trinken wollen, ohne zu viel Geld auszugeben. Auch abends kann man hier nett sitzen – dann stören auch das dunkle Dekor und der Mangel an Fenstern nicht so. Nebenan befindet sich das nichtssagende Bright Angel Restaurant.

Arizona Room AMERIKANISCH $$
(Bright Angel Lodge; Hauptgerichte 8–28 US$; ⌚März–Okt. 11.30–15 & März–Dez. 16.30–22 Uhr) Geweih-Kronleuchter baumeln von der Decke und durch die Panoramafenster blickt man auf den Canyon. Als Hauptgericht wählt man Steak, Huhn oder Fisch. Reservierungen sind nicht möglich; oft muss man auf einen freien Tisch warten.

Weitere Optionen:

Maswik Cafeteria CAFETERIA $
(Maswik Lodge; Hauptgerichte 4–10 US$; ⌚6–22 Uhr) Cafeteria-Essen.

Canyon Cafe at Yavapai Lodge CAFETERIA $
(Yavapai Lodge; Hauptgerichte 4–10 US$; ⌚6–22 Uhr) Cafeteria-Küche, Kellner und Sitzgelegenheiten.

Canyon Village Marketplace MARKT $
(Market Plaza; ⌚8–20 Uhr) Lebensmittel.

Anreise & Unterwegs vor Ort

Die meisten Leute erkunden den Canyon mit einem eigenen (Miet-)Wagen oder als Teilnehmer einer Reisegruppe. Einen Parkplatz in Grand Canyon Village zu finden, ist nicht immer einfach. Das neue Park-n-Ride-Programm ermöglicht Besuchern im Sommer, ihren Wagen nach dem Bezahlen des Parkscheins im **National Geographic Visitor Center** auf einem Parkplatz abzustellen und dann mit dem kostenlosen Shuttlebus zu fahren, der der **Tusayan Route** (⌚Mitte Mai-Anfang Sept. 8–21.30 Uhr) zum Grand Canyon Visitor Center auf dem Parkgelände folgt. Parkpässe sind für diese Variante ebenfalls gültig. Die Fahrt dauert 20 Minuten, und der erste Bus fährt um 8 Uhr in Tusayan los. Der letzte Bus verlässt den Park um 21.30 Uhr.

Auf dem Parkgelände bedienen kostenlose **Shuttles** drei Routen (rund um Grand Canyon Village, Richtung Westen auf der Hermits Rest Route und Richtung Osten auf der Kaibab Trail Route). Die Busse fahren mindestens zweimal stündlich (ab einer Stunde vor Sonnenuntergang bis eine Stunde danach).

Während der Sommermonate fährt an der Bright Angel Lodge das kostenlose Shuttle

Hiker's Express (⌚Juni-Aug. 4, 5, 6 Uhr, Mai & Sept. 5, 6, 7 Uhr) ab. Es hält am Backcountry Information Center und Grand Canyon Visitor Center und fährt dann zum Ausgangspunkt des South-Kaibab-Wanderwegs.

NORTH RIM

Der North Rim bietet wohltuende Einsamkeit am (üppigen!) Busen der Natur. Nur 10% aller Parkbesucher verschlägt es hierher. Die Wiesen liegen unter einem dicken Wildblumenteppich und man wird dichte Espen- und Fichtenbestände entdecken, die Luft ist häufig frisch und der Himmel weit und klar.

Die touristischen Einrichtungen sind von Mitte Oktober bis Mitte Mai geschlossen, man kann aber auf dem Zeltplatz übernachten, bis der erste Schnee die Straße von Jacob Lake unbefahrbar macht.

Am besten ruft man beim **North Rim Switchboard** (☎928-638-2612) an, um mit den Einrichtungen am North Rim verbunden zu werden.

Sehenswertes & Aktivitäten

Die kurze, einfache Straße (800 m) zum **Bright Angel Point** ist ein Muss. Sie beginnt an der Rückseite der Grand Canyon Lodge und führt zu einem schmalen Landfinger, der einen genialen Ausblick gewährt.

Der **North Kaibab Trail** ist der einzige Wanderweg vom North Rim zum Fluss, der regelmäßig überprüft wird. Über ihn können Pfade zum South Rim erreicht werden. Die ersten 8 km sind am steilsten. Es geht über 900 m bergab nach **Roaring Springs**. Dies ist eine beliebte Tageswanderung. Wer eine kürzere Strecke bevorzugt, kann ca. 1 km bis zum **Coconino Overlook** oder 3 km bis zum **Supai Tunnel** laufen. So erhält man ein Gespür für das steile, anstrengende Terrain in der Schlucht. Der 45 km lange Rundweg zum Colorado River dauert mehrere Tage.

Canyon Trail Rides (☎435-679-8665; www.canyonrides.com; Grand Canyon Lodge; ⌚Mitte Mai-Mitte Okt.) bietet einstündige (40 US$) und halbtägige (75 US$, Mindestalter 10 Jahre) Muli-Ausritte. Einer der halbtägigen Ausritte verläuft entlang der Schluchtkante, der andere führt auf dem North Kaibab Trail in den Canyon hinein.

Schlafen

Die Übernachtungsmöglichkeiten sind auf eine Lodge und einen Zeltplatz beschränkt. Wenn dort kein Platz ist, muss man sein Glück 80 Meilen (128 km) nördlich in Kanab, Utah, oder 84 Meilen (135 km) nordöstlich in Lees Ferry versuchen. Weitere Zeltplätze findet man auch im Kaibab National Forest, nördlich des Parks.

North Rim Campground CAMPING $
(☎928-638-7814; www.recreation.gov; Stellplatz für Zelt 6–18 US$, Wohnmobil 8–25 US$) Dieser Zeltplatz, 1,5 Meilen (2,4 km) nördlich der Grand Canyon Lodge, hat nette Stellplätze auf ebenem Boden, der mit Kiefernnadeln bedeckt ist. Es gibt Wasser, einen Laden, eine Snackbar und münzbetriebene Duschen und Waschmaschinen, aber keine Stromanschlüsse. Wanderer und Skilangläufer können den Platz mit gültiger Zeltgenehmigung auch im Winter nutzen. Vorabreservierungen möglich.

Grand Canyon Lodge HISTORISCHES HOTEL $$
(☎928-638-2611/12 bei Reservierungen für denselben Tag, 480-337-1320 bei Reservierungen außerhalb der USA; www.grandcanyonlodgenorth.com; Zi. 116 US$, Hütten 121–170 US$; ⌚Mitte Mai–Mitte Okt.;) Diese Lodge aus Holz, Stein und Glas ist genau so, wie man sich eine Lodge am Rande des Grand Canyon vorstellen würde. Ein Großteil der Unterkünfte sind rustikale, aber moderne Hütten. Am teuersten sind die Hütten mit zwei Zimmern, Veranda und herrlicher Aussicht. Der Canyon-Blick im Sun Room ist atemberaubend, die Lobby geradezu königlich. Weit im Voraus reservieren!

Essen & Ausgehen

In der Lodge werden auf Wunsch Proviantpakete (11 US$) geschnürt, die morgens um 6.30 Uhr abholbereit sind.

Grand Canyon Lodge Dining Room AMERIKANISCH $$
(☎928-638-2611; Hauptgerichte 12–24 US$; ⌚Mitte Mai–Mitte Okt. 6.30–10, 11.30–14.30 & 16.45–21.45 Uhr) Die Fenster sind so groß, dass man von jedem Tisch einen tollen Ausblick hat. Auf der Speisekarte stehen verschiedene vegetarische Optionen und andere Leckerbissen wie Regenbogenforelle und Bisonsteak. Abendessen nur mit Reservierung! Nebenan ist der stimmungsvolle Rough Rider Saloon, mit jeder Menge Andenken an den abenteuerlustigsten Präsidenten Amerikas, Theodore Roosevelt.

Grand Canyon Cookout Experience AMERIKANISCH $$
(☎928-638-2611; Erw./Kind 30–35/12–22 US$; ⌚Juni–Sept. 18–19.45 Uhr;) Ein *chuckwagon*-(Verpflegungswagen-)Abenteuer im

Freien mit Gegrilltem und Maisbrot. Insgesamt zählt eher das Happening als das Essen. Kinder lieben es. In der Grand Canyon Lodge nachfragen!

Praktische Informationen

North Rim Visitor Center (928-638-7888; www.nps.gov/grca; 8–18 Uhr, Mitte Okt.–Mitte Mai geschl.) Neben der Grand Canyon Lodge. Hier bekommt man Infos zum Park. Außerdem ist es der Treffpunkt für Naturführungen unter der Leitung von Rangern sowie Abendprogramme.

Anreise & Unterwegs vor Ort

Das **Transcanyon Shuttle** (928-638-2820; www.trans-canyonshuttle.com; einfache Strecke/hin & zurück 80/150 US$; Mitte Mai–Mitte Okt. 7 Uhr) nimmt täglich von der Grand Canyon Lodge aus Kurs auf den South Rim (5 Std.) – prima für Wanderer, die von einem Rim zum anderen laufen wollen. Mindestens ein oder zwei Wochen im Voraus reservieren! Ebenfalls an der Grand Canyon Lodge fährt um 5.45 und 7.10 Uhr ein kostenloses **Shuttle für Wanderer** zum North Kaibab Trail ab. Man muss sich in der Lodge für die Fahrt anmelden; steht am Vorabend niemand auf der Liste, wird das Shuttle am Folgetag nicht fahren.

Rund um den Grand Canyon

HAVASU CANYON

Havasupai ist einer der schönsten Orte im Canyon, der schlimmen Überschwemmungen im August 2008 zum Trotz (das Gelände blieb zehn Monate geschlossen).

Das Tal rund um den Havasu Canyon gehört zum Havasupai-Reservat, liegt etwa 195 Meilen (314 km) westlich des South Rim und wartet mit Wasserfällen und glitzernden Badelöchern auf, die von Quellwasser gespeist werden. Die Wasserfälle liegen 10 Meilen (16 km) unterhalb der Schluchtkante. Zugang hat man über einen mittelschweren Wanderweg, für den man zwei Tage braucht (Übernachtung im nahe gelegenen Dorf Supai).

In Supai gibt es zwei Unterkünfte; um die Buchung muss man sich kümmern, bevor man aufbricht. Wer über Nacht bleibt, muss eine Eintrittsgebühr in Höhe von 35 US$ entrichten. Die sehr einfachen Stellplätze des **Havasupai Campground** (928-448-2121/2141; 17 US$/Nacht & Pers.), 2 Meilen (3 km) nördlich von Supai, säumen einen Bach. Wer hier zeltet, muss zusätzlich eine Umweltgebühr (5 US$) zahlen, die erstattet wird, wenn man seinen Müll wieder mitnimmt. Die **Havasupai Lodge** (928-448-2111/2101; www.havasupaitribe.com/lodge.html; Zi. 145 US$;) hat Motelzimmer mit Blick auf die Schlucht, aber ohne Telefon und TV. Check-in bis 17 Uhr (dann schließt die Lobby). Im Dorfcafé bekommt man etwas zu essen und kann mit Karte zahlen.

Durch den Havasu Canyon geht's zu den Wasserfällen und blaugrünen Badelöchern. Wer nicht nach Supai laufen möchte, sollte in der Lodge oder auf dem Zeltplatz anrufen, um ein Muli oder Pferd zu organisieren (hin & zurück zur Lodge/zum Campingplatz 120/187 US$). Losgeritten wird am Hualapai Hilltop (dort beginnt der Wanderweg). Die Straße nach Hualapai Hilltop ist 7 Meilen (11 km) östlich von Peach Springs; sie geht von der Route 66 ab. Die Abzweigung ist ausgeschildert; nach dem Abbiegen folgt man der Straße 62 Meilen (100 km).

GRAND CANYON WEST

Grand Canyon West gehört nicht zum Grand Canyon National Park; der Nationalpark liegt ca. 215 Automeilen (346 km) weiter östlich. Die entlegene Stätte wird von den Hualapai geführt. Sie liegt 70 Meilen (113 km) nordöstlich von Kingman, und die letzten 9 Meilen (14 km) sind nicht gepflastert – Wohnmobile schaffen diese Strecke nicht!

Grand Canyon Skywalk PARK
(928-769-2636; www.grandcanyonwest.com; 71 US$/Pers.; April–Sept. 7–19, Okt.-März 8–17 Uhr) Ein schmales durchsichtiges Glashufeisen schwebt mehr als 1200 m über dem Abgrund des Grand Canyon. Wer es sehen will, muss eine Tour buchen. Ein Shuttle fährt den Rundweg ab und hält an schönen Aussichtspunkten (man kann nach Belieben zu- oder aussteigen). Manche Touren umfassen ein Mittagessen, eine Planwagenfahrt oder Vorführungen von Ureinwohnern.

Nordostarizona

Zwischen den imposanten Tafelbergen des Monument Valley, dem blauen Wasser des Lake Powell und den versteinerten Bäumen im Petrified Forest National Park erstrecken sich wunderschöne Landschaften mit einer uralten Geschichte. Dieses Gebiet wird schon seit Jahrhunderten von Indianern bewohnt und besteht größtenteils aus dem Reservat Navajo Nation; es erstreckt sich bis in die angrenzenden Staaten. Hier befindet sich zudem ein Hopi-Reservat, das komplett vom Land der Navajo eingeschlossen ist.

LAKE POWELL

Das zweitgrößte künstliche Wasserreservoir des Landes gehört zur **Glen Canyon National Recreation Area** und erstreckt sich zwischen Utah und Arizona. Der Lake Powell, umgeben von auffälligen roten Steinformationen, einer scharfkantigen Canyon-Landschaft und einer Wüste, ist ein Traum für Wassersportler. Südlich des Sees mit Blick auf einen schönen Abschnitt des Colorado River befindet sich **Lee's Ferry** (Stellplatz für Zelte & Wohnmobile 12 US$). Man kann im Voraus reservieren oder Buchungen noch am Tag der Ankunft vornehmen.

Im Zentrum der Region liegt die Stadt **Page**. Der Hwy 89 bildet die Hauptstraße. Das **Carl Hayden Visitor Center** (☎928-608-6404; www.nps.gov/glca; ⏰Ende Mai–Anfang Sept. 8–18 Uhr, Anfang Sept.–Ende Mai 8–16.30 Uhr) findet man am Glen Canyon Dam, 2,5 Meilen (4 km) nördlich von Page. Bei den **Führungen** (☎928-608-6072; Erw./Kind 5/2,50 US$), organisiert von der Glen Canyon Natural History Association, schaut man sich die Staumauer von innen an.

Wer den traumhaft schönen **Antelope Canyon** (www.navajonationparks.org/htm/antelopecanyon.htm) fotografieren möchte, einen schmalen Sandstein-Canyon mit zwei Hauptabschnitten, muss sich einer Tour anschließen. Im **Upper Antelope Canyon** kann man sich einfacher fortbewegen, er ist aber auch entsprechend touristischer. Mehrere Reisebüros bieten Touren durch den oberen Antelope Canyon an, z. B. **Roger Ekis's Antelope Canyon Tours** (☎928-645-9102; www.antelopecanyon.com; 22 S Lake Powell Blvd; Erw./Kind 5–12 Jahre 32/20 US$). Der anstrengendere **Lower Antelope Canyon** hat sehr viel weniger Besucher.

Hotelketten säumen den Hwy 89 in Page. In der 8th Ave stehen ein paar unabhängige Pensionen. In den einfachen Suiten von **Debbie's Hide A Way** (☎928-645-1224; www.debbieshideaway.com; 117 8th Ave; Suiten 129–199 US$; ❄@📶) wird man dazu ermutigt, sich wie zuhause zu fühlen. Bis zu sieben Personen finden in den Unterkünften Platz. Wäsche waschen ist kostenlos.

6 Meilen (10 km) nördlich von Page gewährt das **Lake Powell Resort** (☎928-645-2433; www.lakepowell.com; 100 Lake Shore Dr; Stellplatz für Wohnmobile 43 US$, DZ 160–260 US$, Zi. 170–190 US$, Suite 250–280 US$; ❄@📶🏊) einen unverstellten Traumblick auf den See. Man kann hier in Privatzimmern schlafen, zelten, ein Hausboot mieten und im Restaurant mit Panoramablick speisen. WLAN-Empfang hat man nur in der Lobby.

Lust auf Frühstück? Der **Ranch House Grille** (819 N Navajo Dr; Hauptgerichte 6–13 US$; ⏰6–15 Uhr) in Page überzeugt mit gutem Essen (riesige Portionen) und einem schnellen Service. Auf der Tafel bei **Slackers** (www.slackersqualitygrub.com; 810 N Navajo Dr; Hauptgerichte 6–12 US$; ⏰Mo–Sa 11–20 Uhr, saisonal unterschiedl.) stehen tolle Burger und warme/kalte belegte Baguettes. Mittags brummt der Laden!

NAVAJO NATION

Die Wunden heilen, aber es bleiben Narben im Navajo Land in Arizona zurück, die an die Entwurzelung und die erzwungene Umsiedlung von Tausenden Indianern in Reservate erinnern.

Mitten in der Abgeschiedenheit breiten sich einige der spektakulärsten Landschaften Nordamerikas aus, u. a. das Monument Valley. Der Stolz auf die Kultur ist bei den Menschen immer noch sehr ausgeprägt und viele sprechen sogar Navajo als Muttersprache. Die Navajos sind auf den Tourismus angewiesen, um zu überleben; man kann ihnen bei der Bewahrung ihres kulturellen Erbes helfen, indem man sich dafür entscheidet, innerhalb von Reservaten zu übernachten oder ihre berühmte Handwerkskunst zu kaufen. Ein Halt an einem der Verkaufsstände an der Straße ist eine gute Möglichkeit, direkt bei den einheimischen Kunsthandwerkern etwas zu erwerben und so sicherzugehen, dass das bezahlte Geld auch tatsächlich bei ihnen landet.

Anders als das restliche Arizona hat die Navajo Nation die Sommerzeit. Im Sommer ist das Reservat dem Staat Arizona also eine Stunde voraus.

CAMERON

Cameron ist das Tor zum Osteingang des Grand Canyon South Rim, Besucher kommen aber auch wegen der historischen Siedlung **Cameron Trading Post** (www.camerontradingpost.com) gleich nördlich der Abzweigung zum Grand Canyon am Hwy 64 her. Hier gibt es Essen, Schlafgelegenheiten, ein Souvenirshop und eine Postfiliale. Es ist einer der wenigen sehenswerten Orte am Hwy 89 zwischen Flagstaff und Page.

CANYON DE CHELLY NATIONAL MONUMENT

Dieser vielfingerige Canyon (*du-schei* ausgesprochen) umfasst ein paar schöne Anasazi-Stätten, die von Bedeutung für die Geschichte der Navajo sind, u.a. sehr alte Felsenbehausungen. Nach wie vor bestellen Familien das Land. Sie überwintern am Rande der Schlucht und verbringen den Frühling und Sommer in Hogans auf dem Grund des Canyons. Der Canyon gehört den Navajo; der NPS verwaltet das Land. Hogans dürfen nur mit einem Touristenführer betreten werden und bevor man Fotos von Menschen macht, immer erst um Erlaubnis bitten.

Der Grund der Schlucht darf größtenteils nur in Begleitung eines Guides besichtigt werden. Führungen durch den Canyon (Erw./Kind 46/35 US$) können in der **Thunderbird Lodge** (☎928-674-5841; www.tbirdlodge.com; DZ März–Okt. 115–171 US$, Nov.–Feb. 66–95 US$; ❄@📶) gebucht werden. Dort kann man zudem in gemütlichen Zimmern übernachten, es gibt einen Geldautomaten und eine günstige Cafeteria; die Navajo- und amerikanischen Gerichte sind der Hammer (5–21 US$)!

Das **Besucherzentrum** (☎928-674-5500; www.nps.gov/cach; ⏲8–17 Uhr) steht 3 Meilen (5 km) von der Route 191 entfernt im kleinen Dorf Chinle. Nahe dem Visitor Center findet man einen **Zeltplatz** mit 96 großzügigen Stellplätzen (wer zuerst kommt, …) und fließendem Wasser, allerdings ohne Duschen. Zur Zeit der Recherche war Navajo Nation gerade dabei, die Verwaltung des Campingplatzes vom Parkservice zu übernehmen und eine Übernachtungsgebühr einzuführen.

FOUR CORNERS NAVAJO TRIBAL PARK

Nur nicht schüchtern sein und die Arme ausbreiten für ein Foto an der **Four-Corners-Markierung** (☎928-871-6647; www.navajonationparks.org; Eintritt 3 US$; ⏲Mai–Aug. 7–20, Sept.–April. 8–17 Uhr), jenem „Wahrzeichen" im Nirgendwo. Seit der Renovierung 2010 sieht der zentrale Platz richtig schick aus. Dies ist der einzige Ort in den USA, an dem man gleichzeitig in vier Staaten stehen kann (Arizona, New Mexico, Colorado und Utah) – ein nettes Fotomotiv, wenn auch nicht 100%-ig korrekt, denn: Landvermesser der Regierung sind der Auffassung, dass die Markierung ca. 600 m zu weit östlich ist (dennoch ist dies hier die gesetzlich anerkannte Grenze).

MONUMENT VALLEY NAVAJO TRIBAL PARK

Glühend rote Tafelberge und unfassbar schlanke Felssäulen, die den Himmel kitzeln wollen, sind die Markenzeichen des Monument Valley abseits des Hwy 163. Es hat schon in zahllosen Hollywood-Streifen als Kulisse gedient und steht bei vielen Reisenden auf der To-do-Liste.

Wer sich die Steinformationen genauer ansehen will, muss den **Monument Valley Navajo Tribal Park** (☎435-727-5874; www.navajonationparks.org; 5 US$ pro Pers.; ⏲Mai–Sept. 6–20, Okt.–April 8–16.30 Uhr) besuchen. Dort verläuft ein unbefestigter Scenic Drive (17 Meilen/27 km) mit traumhaften Aussichtspunkten. Man kann ihn mit dem eigenen Wagen abfahren oder sich einer Tour anschließen (65 US$, 2½ Std.). Die Tourgruppen gelangen auch in Bereiche, die den übrigen Besuchern verborgen bleiben. Einfach bei einem der Kiosks am Parkplatz nachfragen!

Auf dem Parkgelände befindet sich das **View Hotel at Monument Valley** (☎435-727-5555; www.monumentvalleyview.com; Hwy 163; Zi. 219–229 US$, Suite 299–319 US$; ❄@). Das sandsteinfarbene Gebäude fügt sich harmonisch in die umgebende Landschaft

ABSTECHER

HOPI NATION

Die Hopi sind Nachfahren der Anasazi und einer der urtümlichsten Indianerstämme in den USA. Ihr Dorf Old Oraibi ist möglicherweise die älteste kontinuierlich bewohnte Siedlung in Nordamerika.

Das Land der Hopi ist vollständig eingeschlossen vom Navajo-Nation-Reservat. Der Hwy 264 führt an den drei Mesas (Tafelberge) First, Second und Third Mesa vorbei, die das Kernstück des Hopi-Reservats bilden. Auf der Second Mesa, 10 Meilen (16 km) westlich der First Mesa, steht das **Hopi Cultural Center Restaurant & Inn** (☎928-734-2401; www.hopiculturalcenter.com; Frühstück & Mittagessen 8–12 US$, Abendessen 8–20 US$; ⏲morgens, mittags & abends; ❄). Dies ist die touristenfreundlichste Einrichtung im Hopi-Reservat. Es gibt etwas zu essen und Unterkünfte (DZ 85–105 US$) und ein kleines **Museum** (☎928-734-6650; Erw./Kind 3/1 US$; ⏲Mo–Fr 8–17, Sa 9–15 Uhr) mit vielen historischen Fotos und Ausstellungen zur Hopi-Kultur.

Es dürfen keine Fotos geschossen, Skizzen oder Video-/Audioaufzeichnungen gemacht werden.

ein und die meisten Zimmer (insgesamt 96) sind inklusive Balkon mit Blick auf die Tafelberge. Die Navajo-Spezialitäten im angrenzenden Restaurant (Hauptgerichte 13–23 US$, kein Alkohol) schmecken mittelmäßig, aber das Panorama ist umwerfend. In der Lobby hat man WLAN-Empfang. Zum Hotelkomplex gehören zudem ein Souvenirshop und ein kleines Museum. Besucher können auch auf dem **Campingplatz** (10 US$/Wagen) übernachten. Eigentlich ist es nur ein Parkplatz, aber die traumhaften Sonnenaufgänge entschädigen für den Mangel an Infrastruktur.

Die historische **Goulding's Lodge** (☎435-727-3235; www.gouldings.com; Zi. 185–205 US$, Stellplatz Zelt 25 US$, Wohnmobil 25–44 US$, Hütten 79 US$; ❄📶🏊), kurz hinter der Staatsgrenze in Utah, hat Zimmer, Stellplätze für Zelte und Wohnwagen und kleine Hütten. In Kayenta, 20 Meilen (32 km) südlich, steht das zweistöckige **Kayenta Monument Valley Inn** (☎928-697-3221; www.kayentamonumentvalleyinn.com; an der Kreuzung zw. Hwy 160 & Hwy 163; Zi. 229–249 US$; ❄@📶🏊). Von außen macht es nicht viel her, aber die Zimmer sind einigermaßen modern und mit großen Flachbild-TVs ausgestattet.

WINSLOW

„Standing on a corner in Winslow, Arizona, such a fine sight to see ..." Diese Textzeile hat man doch schon mal irgendwo ...? Dem Eagles-Song „Take it Easy" aus den 1970er-Jahren verdankt das unspektakuläre Winslow sein Plätzchen im Pop-Kultur-Himmel. Der kleine **Park** (www.standinonthecorner.com; 2nd St) an der Route 66 (Ecke Kinsley Ave) ist eine Hommage an die berühmte Band.

Gerade mal 50 Meilen (80 km) östlich des Petrified Forest National Park bietet sich Winslow als Basis für Ausflüge in die Umgebung an. Die Route 66 ist von alten Motels gesäumt und in Downtown findet man zahlreiche Restaurants. Die einladende **La Posada** (☎928-289-4366; www.laposada.org; 303 E 2nd; Zi. 109–169 US$; ❄📶), eine restaurierte Hacienda (erb. 1929), wurde von der damaligen Stararchitektin Mary Jane Colter geschaffen. Fein gearbeitete Fliesen, Kronleuchter aus Glas und Zinn, Navajo-Teppiche und andere Dekoelemente unterstreichen die palastartige Western-Eleganz. Das hochgelobte hauseigene Restaurant **Turquoise Room** (☎928-289-2888; Frühstück 6–11 US$, Mittagessen 9–13 US$, Abendessen 17–32 US$; ⏲7–21 Uhr) bietet die beste Küche (*new Southwestern*) zwischen Flagstaff und Albuquerque.

Petrified Forest National Park

Die farbenprächtige Painted Desert ist hier übersät mit versteinerten Holzstücken,

ROUTE-66-KITSCH

Route-66-Fans dürfen sich auf 400 Meilen (644 km) Asphalt quer durch Arizona freuen – darunter das längste ununterbrochene Stück alter Straße des Landes (zwischen Seligman und Topock). Die „Mutterstraße" verbindet das windverwehte Winslow, Williams' Downtown aus den 1940er-Jahren, die Minenarbeitersiedlungen von Kingman und die Revolverheldenstadt Oatman. Unterwegs wird jede Menge Nostalgie geboten. Das sind die Highlights von Westen nach Osten:

» **Wild Burros of Oatman** – „die wilden Esel von Oatman". Maultiere betteln mitten auf der Straße um Leckerli.

» **Grand Canyon Caverns Tour & Underground Motel Room** Eine Führung 21 Etagen unter der Erdoberfläche, vorbei an mumifizierten Rotluchsen, Zivilverteidigungsutensilien und einem Motelzimmer (700 US$).

» **Burma-Shave-Schilder** Rot-weiße Werbeschilder für die berühmte amerikanische Rasiercreme aus längst vergangenen Zeiten, zwischen den Grand Canyon Caverns und Seligman.

» **Seligman's Snow-Cap Drive In** Burger- und Eiscremeladen mit einer Prise Selbstironie, in Betrieb seit 1953.

» **Meteor Crater** 170 m tiefe „Narbe", fast 1 Meile im Durchmesser, bei Flagstaff.

» **Holbrook's Wigwam Motel** Beton-Wigwams mit Möbeln aus Hickory-Holzpfählen.

Weitere Fragen? Die **Historic Route 66 Association of Arizona** (www.azrt66.com) hilft weiter.

die noch aus einer Zeit vor jener der Dinosaurier stammen. Dieser **Nationalpark** (☎928-524-6228; www.nps.gov/pefo; 10 US$/Fahrzeug; Mai–August, 7–19 Uhr, März, April & Sept. 7–18 Uhr, Okt.–Feb. 8–17 Uhr) ist ein absolut außergewöhnlicher Ort. Das unentbehrliche **Visitor Center** liegt nur 800 m nördlich der I-40 und hält Kartenmaterial sowie Informationen zu geführten Touren und Fachbücher bereit.

Der Park grenzt an die I-40 (Exit 311), 25 Meilen (40 km) östlich von Holbrook. Von dieser Ausfahrt aus gibt eine 28 Meilen (45 km) lange, geteerte Parkstraße einen fantastischen **Scenic Drive** ab. Es existieren keine Campingplätze, sondern nur kurze, höchstens 2 oder 3 km lange Pfade, die aber durch Ansammlungen wunderschöner versteinerter Holzfragmente und vorbei an ehemaligen Felsenwohnungen der hiesigen Ureinwohner führen. Wer in dem wilden Hinterland campen will, muss sich dafür am Visitor Center eine kostenlose Genehmigung besorgen.

Westarizona

In Lake Havasu City tummeln sich Sonnenanbeter an den Ufern des Colorado River. Die Route 66 bietet bei Kingman gut erhaltene, klassische Highway-Abschnitte. Südlich der I-10 erstreckt sich wildes, leeres Land, eines der kärgsten Gebiete im Westen. Wenn man sowieso in der Gegend ist, gibt es ein paar sehenswerte Anlaufpunkte, wirkliche Attraktionen fehlen jedoch – es sei denn, man ist ein erklärter Route-66- oder Bootsliebhaber.

KINGMAN & UMGEBUNG

Verblassende Motels und Tankstellen en masse säumen die Hauptstraße von Kingman, es sind aber auch ein paar Gebäude aus der Zeit um 1800 erhalten. Ein kurzer Bummel lohnt sich für diejenigen, die der Route 66 folgen (hier auch als Andy Devine Ave bekannt) oder nach einer günstigen Unterkunft suchen.

Karten und Broschüren gibt's im historischen **Powerhouse Visitor Center** (☎928-753-6106; www.kingmantourism.org; 120 W Andy Devine Ave; ⏲8–17 Uhr) mit dem beeindruckenden **Route 66 Museum** (☎928-753-9889; Erw./Kind/Senior 4 US$/frei/3 US$; ⏲9–17 Uhr).

Ein cooles Neonschild lockt die Autofahrer ins **Hilltop Motel** (☎928-753-2198; www.hilltopmotelaz.com; 1901 E Andy Devine Ave; EZ/DZ 42/46 US$; ❄@📶🏊) an der Route 66. Die Zimmer sind nicht das, was man erwartet, aber gepflegt, und die Aussicht ist super. Für Hunde (keine anderen Haustiere erlaubt) zahlt man 5 US$. Das **Dambar Steakhouse** (☎928-753-3523; 1960 E Andy Devine Ave; Mittagessen 6–11 US$, Abendessen 10–22 US$; ⏲mittags & abends; 👪) ein Stück die Straße runter ist ein lokales Wahrzeichen. Gigantische Steaks werden in einem Wild-West-Ambiente serviert. Kinder lieben den altmodischen Saloon mit den Tischdecken aus Rindsleder.

LAKE HAVASU CITY

Ende der 1960er-Jahre versteigerte die Stadt London ihre Brücke von 1831 und der Unternehmer Robert McCulloch schlug zu, ließ sie auseinander nehmen und nach Lake Havasu City transportieren, wo sie wieder zusammengesetzt wurde und nun an einem abgedämmten Abschnitt des Colorado River steht. In den Frühlingsferien und an den Wochenenden wimmelt es hier von jungen Leuten, die sich ins Wasser stürzen und Party machen wollen. Rings um die Brücke erstreckt sich ein „englisches Dorf" mit pseudo-britischen Pubs und Souvenirläden. Dort findet man auch das **Visitor Center** (☎928-855-5655; www.golakehavasu.com; 420 English Village; ⏲9–17 Uhr; @📶) mit Touristeninfos und Internetzugang.

Das schickste Hotel in der Stadt ist das **Heat** (☎928-854-2833; www.heathotel.com; 1420 McCulloch Blvd; Zi. 139–159 US$, Suite 191–256 US$; ❄📶), ein Hochglanz-Boutiquekomplex. Die Rezeption fungiert gleichzeitig als Bar. Die meisten der modernen Zimmer haben eine eigene Terrasse mit Blick auf die London Bridge. Lust auf hausgemachte italienische Küche? **Angelina's Italian Kitchen** (☎928-680-3868; 2137 W Acoma Blvd; Hauptgerichte 8–27 US$; ⏲Di–Sa abends) ist ein gut besuchtes, winziges Lokal in einem Industriegebiet östlich der Innenstadt. Ein herzhaftes Frühstück unter freiem Himmel gibt's im **Red Onion** (2013 N McCulloch Blvd; Hauptgerichte 7–11 US$; ⏲tgl. 8–14 Uhr, Do & Fr 16–20 Uhr), einem beliebten Restaurant. Auf der Speisekarte stehen Omeletts und viele andere Kalorienbomben.

Tucson

Die zweitgrößte Stadt Arizonas liegt in der Sonora-Wüste, deren Markenzeichen unendliche sandige Hügel und Ansammlungen von Kakteen sind. Im Vergleich zum schillernden, ausgedehnten Phoenix wirkt Tuscon gemütlich und etwas marode, aber auf eine coole Art. An der University of Arizona (kurz U of A) sind 38 000 Studenten eingeschrieben. Tucson (das „c" wird nicht gesprochen) war bereits alternativ, als es noch nicht „in" war, alternativ zu sein. Trockener Boden hin oder her, hier treiben vielseitige Geschäfte und jede Menge ausgefallene Restaurants und Bars Wurzeln. Apropos Wurzeln: Mehr als 35 % der Einwohner von Tuscon sind mexikanischer oder mittelamerikanischer Abstammung, und die Bevölkerung ist stolz auf die geografische und kulturelle Nähe zu Mexiko (die Grenze verläuft nur 65 Highway-Meilen (105 km) weiter südlich).

Sehenswertes & Aktivitäten

Downtown Tucson und das historische Viertel liegen östlich der I-10-Ausfahrt Nr. 258. Etwa 1 Meile nordöstlich von Downtown erstreckt sich der U-of-A-Campus; die Hauptstraße dort ist die 4th Ave. Sie bietet jede Menge Cafés, Bars und interessante Geschäfte.

Saguaro National Park PARK

(www.nps.gov/sagu; 7-Tages-Pass 10/5 US$ pro Wagen/Fahrrad; ⌚7 Uhr–Sonnenuntergang) Ein 30 Meilen (48 km) langes Stück Freeway und verschiedene Farmen teilen dieses Meer aus grünen Kakteen und Wüstengestrüpp in zwei Hälften. Beide Abschnitte erstrecken sich am Rande von Tucson, gehören aber offiziell zum Stadtgebiet.

Sehenswert sind beide, aber wer ein komplettes Tagesprogramm absolvieren will, sollte **Saguaro West** (Tucson Mountain District) besuchen; dort werden verschiedene Aktivitäten angeboten. Für Karten und Führungen mit Rangern ist das **Red Hills Visitor Center** (☎520-733-5158; 2700 N Kinney Rd; ⌚9–17 Uhr) die richtige Anlaufstelle. Dort beginnt zudem der **Cactus Garden Trail**, ein kurzer, auch für Rollstuhlfahrer geeigneter Pfad mit Erklärungen zu vielen Kakteen im Park. Ein nicht asphaltierter, 6 Meilen (10 km) langer Rundweg, der **Bajada Loop Drive**, beginnt 1,5 Meilen (2,4 km) westlich vom Visitor Center. Er führt vorbei an Kakteen-Wäldern, einigen Picknickplätzen und Startpunkten verschiedener Wanderwege.

Saguaro East (Rincon Mountain District) liegt 15 Meilen (24 km) östlich von Downtown Tuscon. Das **Visitor Center** (☎520-733-5153; 3693 S Old Spanish Trail; ⌚9–17 Uhr) informiert über Tageswanderungen, Ausritte und Zelten im Hinterland. Wer im Hinterland (*backcountry*) campen möchte, braucht eine spezielle Genehmigung (6 US$/Stellplatz & Tag). Sie muss bis 12 Uhr mittags desselben Tages beantragt werden. Dieser Parkabschnitt trumpft mit einem insgesamt 210 km langen Netz aus Wanderwegen auf (jedoch nur 4 km für Mountainbikes). Der 8 Meilen (13 km) lange **Cactus Forest Scenic Loop Drive**, eine Pflasterstraße für Autos und Räder, schlängelt sich vorbei an Picknickplätzen, Aussichtspunkten und den Ausgangspunkten von Wanderwegen.

LP TIPP **Arizona-Sonora Desert Museum** MUSEUM

(☎520-883-1380; www.desertmuseum.org; 2021 N Kinney Rd; Erw./Kind Juni–Aug. 12/3 US$, Sept.–Mai 14,50/4,50 US$; ⌚Okt.–Feb. 8.30–17, März–Mai 7.30–17, Juni–Aug. So–Fr 7–16.30, Sa 7–22, Sept. 7–16.30 Uhr; 👪) Eine Hommage an die Sonora-Wüste, die einen Zoo, einen botanischen Garten und ein Museum umfasst. Diese Mischung wird Alt und Jung problemlos einen halben Tag lang fesseln. Alle Arten von Wüstenbewohnern, von Nasenbären bis hin zu verspielten Präriehunden, tummeln sich in „natürlichen" Käfigen hinter unsichtbaren Zäunen. Das Gelände ist mit Wüstenpflanzen überwuchert. Fachleute stehen Rede und Antwort. Man kann Kinderwagen und Rollstühle ausleihen. Weitere Einrichtungen: ein Souvenirshop, eine Galerie, ein Restaurant und ein Café. Die Öffnungszeiten sind saisonal unterschiedlich.

Old Tucson Studios FILM-DREHORT, VERGNÜGUNGSPARK

(☎520-883-0100; www.oldtucson.com; 201 S Kinney Rd; Erw./Kind 17/11 US$; ⌚Okt.–Mai 10–18, Juni–Sept. Fr–So 10–18 Uhr; 👪) Die Old Tucson Studios, ein paar Meilen südöstlich vom Arizona-Sonora Desert Museum, dienten einst als Western-Kulisse. Mittlerweile wurde das Gelände in einen Western-Mottopark umgewandelt; man kann das Schießeisen zücken und mit der Postkutsche fahren.

Pima Air & Space Museum MUSEUM

(☎520-574-0462; www.pimaair.org; 6000 E Valencia Rd; Erw./Kind/Senior & Militärmitarbeiter Juni–Okt. 13,75/8/11,75 US$, Nov.–Mai 15,50/9/12,75 US$; ⌚9–17 Uhr, letzter Einlass 16 Uhr) Der

SR-71-Blackbird-Aufklärer und JFKs Air Force One sind die Highlights dieses privaten Flugzeugmuseums mit mehr als 300 Maschinen. Echte Fans sollten vorab die 90-minütige Bustour zum nahe gelegenen 309. **Aerospace Maintenance & Regeneration Center** (Erw./Kind 7/4 US$; ⌚Mo–Fr, Abfahrtszeiten saisonal unterschiedl.) buchen. Das Gelände ist auch als „Friedhof" bekannt, da hier fast 4000 Flugzeuge eingemottet wurden.

GRATIS **Center for Creative Photography** MUSEUM
(CCP; ☎520-621-7968; www.creativephotography.org; 1030 N Olive Rd; Spenden erbeten; ⌚Mo–Fr 9–17, Sa & So 13–16 Uhr) Das CCP ist bekannt für ständig wechselnde, hochkarätige Ausstellungen. Zudem werden hier die Archive des Landschaftsfotografen Ansel Adams verwaltet. Zwischen den Ausstellungen bleibt das Museum geschlossen, deshalb: Vor dem Besuch die Website konsultieren!

Feste & Events

Fiesta de los Vaqueros Rodeo RODEO
(☎520-741-2233; www.tucsonrodeo.com) Findet in der letzten Februarwoche statt. Der riesige nichtmotorisierte Umzug ist ein regionales Highlight.

Schlafen

Die Unterkunftspreise schwanken enorm. Im Sommer und Herbst kommt man billiger davon.

LP TIPP **Catalina Park Inn** B&B $$
(☎520-792-4541; www.catalinaparkinn.com; 309 E 1st St; Zi. 139–149 US$; ❄@📶; ⌚Juli & Aug. geschl.) Stil, Gastfreundlichkeit und Komfort verschmelzen in diesem einladenden B&B westlich der Universität zu einem charmanten Ganzen. Die Besitzer, Mark Hall und Paul Richard, haben die Villa im mediterranen Stil (erb. 1927) liebevoll restauriert. Das Resultat kann man in den sechs Zimmern bewundern, z.B. im riesigen, überladenen Catalina Room, der in Pfauenblau und Gold gehalten ist, oder im weißen, ordentlichen East Room mit eisernem Himmelbett.

Arizona Inn RESORT $$$
(☎520-325-1541; www.arizonainn.com; 2200 E Elm St; Zi. 259–333 US$, Suite 379–449 US$; ❄@📶🏊) Das Resort hat ein historisches Flair – man fühlt sich beinahe, als wäre man von blauem Blut! Der stattliche Garten und die altmodische Eleganz stellen ein wunderbares Gegengewicht zum Stadtalltag, aber auch zum Tempo des 21. Jhs. dar. Die Veranda lädt zum Kaffee trinken ein, die Bücherei zum High Tea, der kleine Pool zum Faulenzen. Wer mag, kann eine Partie Krocket spielen und sich dann auf sein mit Antiquitäten ausgestattetes Zimmer zurückziehen. Das Wellnesszentrum ist das schönste von ganz Tuscon.

Hotel Congress HISTORISCHES HOTEL $$
(☎520-622-8848; www.hotelcongress.com; 311 E Congress St; Zi. 90–120 US$; ❄@📶) Tolles historisches Hotel mit Rock'n'Roll-Charme. Das Congress sprüht nur so vor Energie, denn die Bar, das Restaurant und der Nachtclub sind sehr beliebt. Hier wurden 1934 der berüchtigte Bankräuber John Dillinger und seine Bande gefasst. In vielen Räumen stehen antike Möbel, Telefone mit Drehscheibe und Holzradios, aber keine Fernseher. Wer geräuschempfindlich ist, sollte ein Zimmer am hinteren Ende des Hotels verlangen. Für Haustiere muss man pro Nacht 10 US$ zahlen.

Flamingo Hotel MOTEL $
(☎520-770-1910; www.flamingohoteltucson.com; 1300 N Stone Ave; Zi. inkl. Frühstück 60–105 US$; ❄@📶🏊) Wurde kürzlich von Quality Inn aufgekauft, hat sich aber bislang das geniale 50er-Jahre-Rat-Pack-Flair bewahrt. Dass Elvis bereits hier übernachtet hat, ist auch ziemlich cool. Die Zimmer sind mit schicker gestreifter Bettwäsche, bequemen Betten, Flachbild-Plasmafernsehern und großen Schreibtischen ausgestattet. Für Haustiere muss man 20 US$ pro Tag zahlen.

Windmill Inn at St Philips Plaza HOTEL $$
(☎520-577-0007; www.windmillinns.com; 4250 N Campbell Ave; Zi. inkl. Frühstück 120–134 US$; ❄@📶🏊👪) In der Footballsaison wird diese nette, moderne Unterkunft von Fans der University of Arizona frequentiert. Pluspunkte gibt's für die geräumigen Suiten mit zwei Zimmern (Kinder unter 18 Jahren zahlen nichts), die Leihbücherei, den beheizten Pool und die kostenlosen Fahrräder. Das kontinentale Frühstück ist inbegriffen. Keine Extragebühr für Haustiere.

Roadrunner Hostel & Inn HOSTEL $
(☎520-940-7280; www.roadrunnerhostel.com; 346 E 12th St; B/Zi. inkl. Frühstück 20/40 US$; ❄@📶) Gemütliches Hostel in der Nähe des Künstlerviertels mit großer Küche und riesigem Fernseher zum Filme gucken. Morgens gibt's kostenlosen Kaffee und Waffeln. Die Mehrbettzimmer werden zwischen 12

DER HOT DOG MIT DEM GEWISSEN ETWAS

Tucsons „Spezialität" ist der Sonora-Hot-Dog, ein tolles Beispiel dafür, was passiert, wenn amerikanisches Formfleisch und mexikanische Zutaten erfolgreich gepaart werden. Die Zutaten? Ein in Speck gewickelter Hot Dog mit Tomatillo-Salsa, Pintobohnen, geriebenem Käse, Mayo, Ketchup oder Senf oder allem, zerhackten Tomaten und Zwiebeln. Uns haben z. B. die Hot Dogs im **El Guero Canelo** (www.elguerocanelo.com; 5201 S 12th Ave, South Tucson) sehr gemundet.

und 15 Uhr sauber gemacht und dürfen in dieser Zeit nicht betreten werden. Bezahlung in bar oder mit Reiseschecks.

Essen

Die beste Anlaufstelle für leckeres Essen zu günstigen Preisen ist die 4th Ave. Hier sind ein paar der Überflieger in Tucson:

LP TIPP **Café Poca Cosa** SÜDAMERIKANISCH $$
(520-622-6400; www.cafepocacosa.com; 110 E Pennington St; Mittagessen 13–15 US$, Abendessen 19–26 US$; Di–Sa mittags & abends) Preisgekröntes neumexikanisches Bistro. Die Speisekarte (spanisch-englisch) wird mit Kreide auf eine Tafel geschrieben und wechselt zweimal täglich. Alle Gerichte werden frisch zubereitet, sind innovativ und schön angerichtet. Mit dem Plato Poca Cosa kann man nichts falsch machen – dann entscheidet Köchin Suzana D'avila, was auf den Teller kommt. 1a-Margaritas!

Pasco Kitchen & Lounge AMERIKANISCH $$
(www.pascokitchen.com; 820 E University Blvd; Mittagessen 9–14 US$; abends 9–14 US$ Mo–Mi 11–22, Do 11–23, Fr & Sa 11–1, So 11–16 Uhr) Luftiges, neues Restaurant nahe der Universität. Der Bauernsalat mit Huhn schmeckt super. Auf der Speisekarte steht noch mehr raffiniert zubereitete Hausmannskost aus frischen, lokalen Zutaten, z.B. Bio-Burger mit geschmortem Schweinebauch und gebratenem Ei oder Grütze mit Wels und gebratener Okra. Die Besitzer nennen das „urbane Farmküche", wir nennen es köstlich!

Mi Nidito MEXIKANISCH $
(www.minidito.net; 1813 S 4th Ave; Hauptgerichte 6–13 US$; Mi–So mittags & abends) Bill Clintons Bestellung im „Mein kleines Nest" wurde zum Aushängeschild, dem „Präsidententeller", einem Berg aus mexikanischen Leibspeisen: Tacos, Tostadas, Burritos, Enchiladas etc., begraben unter geschmolzenem Käse. Ebenfalls zu empfehlen: das Kaktusfeigen-Chili oder die *birria* (würziger Fleischeintopf).

Lovin' Spoonfuls VEGAN $
(2990 N Campbell Ave; Mittagessen 6–8 US$, Abendessen 9–11 US$; Mo–Sa 9.30–21, So 10–15 Uhr;) Burger, gebratenes Huhn, Fleischbällchen, Salate – auf der Speisekarte stehen Gerichte wie in einem 08/15-Café, aber es gibt einen gravierenden Unterschied: Alles wird garantiert ohne tierische Produkte zubereitet.

Hub Restaurant & Creamery AMERIKANISCH $$
(520-207-8201; www.hubdowntown.com; 266 E Congress Ave; Mittagessen 9–17 US$, Abendessen 9–17 US$ 11–2 Uhr) Nobles Wohlfühlessen ist das Zauberwort – das und ein paar Sandwiches und Salate. Wer keine komplette Mahlzeit essen will, kann auf eine Kugel Gourmet-Eiscreme vorbeikommen (wie wär's mit Bacon Scotch?).

El Charro Café MEXIKANISCH $$
(520-622-1922; 311 N Court Ave; Hauptgerichte 7–18 US$; mittags & abends) Seit 1922 bereitet die Familie Flin in dieser gut besuchten Hacienda innovative mexikanische Küche zu. Sie ist berühmt für *carne seca,* sonnengetrocknetes, mageres Rind, das zerkleinert und mit grünen Chilis und Zwiebeln gegrillt wird.

Ausgehen & Unterhaltung

Die 4th Ave in Downtown, nahe der 6th St, ist eine gute Anlaufstelle für eine Kneipentour. In der Congress St (ebenfalls Downtown) sind ein paar Nachtclubs angesiedelt.

Club Congress LIVEMUSIK
(520-622-8848; www.hotelcongress.com; 311 E Congress St; Eintritt 7–13 US$) Livemusik und DJs bietet dieses extrem beliebte Lokal, das sich manchmal als Rocker-Schuppen und manchmal als Tanzclub präsentiert. Das Publikum ist entsprechend immer anders, aber normalerweise herrscht gute Stimmung.

Che's Lounge BAR
(520-623-2088; 350 N 4th Ave) Leicht verlottert, aber superbeliebte kleine Bar, in der jeden Samstagabend Livemusik gespielt wird. Super: Es wird nie Eintritt verlangt!

IBT's SCHWULENCLUB
(☎520-882-3053; 616 N 4th Ave; kein Eintritt) Jeden Abend wird etwas anderes geboten, von Transvestiten-Shows über Technopartys bis hin zu Karaoke.

Chocolate Iguana CAFÉ
(www.chocolateiguanaon4th.com; 500 N 4th Ave; ⌚Mo–Do 8–22, Fr 7–22, Sa 8–22, So 9–18 Uhr) Die Adresse für Kaffeeliebhaber und Schokoladensüchtige.

Praktische Informationen

Geld

Geldautomaten stehen so ziemlich an jeder Straßenecke. Bargeld kann in den meisten Banken getauscht werden; wer kein amerikanisches Konto hat, muss eine Gebühr von 5 US$ zahlen. Achtung: Am Tucson International Airport gibt's keine Wechselstube.

Internetzugang

Joel D Valdez Main Library (☎520-594-5500; 101 N Stone Ave; ⌚Mo–Mi 9–20, Do 9–18, Fr 9–17, Sa 10–17, So 13–17 Uhr; @📶) Kostenloses Internet (inkl. WLAN).

Medien

Arizona Daily Star (www.azstarnet.com) Die regionale Tageszeitung.

Tucson Weekly (www.tucsonweekly.com) Kostenlose Wochenzeitung mit Veranstaltungskalender und Infos zu Restaurants.

Notfall & Medizinische Versorgung

Polizei (☎520-791-4444; http://cms3.tucsonaz.gov/; 270 S Stone Ave)

Tucson Medical Center (☎520-327-5461; www.tmcaz.com/TucsonMedicalCenter; 5301 E Grant Rd) Die Notaufnahme ist rund um die Uhr besetzt.

Post

Post (825 E University Blvd, Suite 111; ⌚Mo–Fr 8–17, Sa 9–12.30 Uhr)

Touristeninformation

Tucson Convention & Visitors Bureau (☎520-624-1817; www.visittucson.org; 100 S Church Ave; ⌚Mo–Fr 9–17, Sa & So bis 16 Uhr) Nach dem kostenlosen *Official Destination Guide* fragen.

Anreise & Unterwegs vor Ort

Tucson International Airport (☎520-573-8000; www.flytucsonairport.com) Befindet sich 15 Meilen (24 km) südlich von Downtown Tuscon. **Arizona Stagecoach** (☎877-782-4355; www.azstagecoach.com) betreibt Sammeltransporter zwischen Downtown und dem Flughafen (ca. 29 US$). **Greyhound** (☎520-792-3475; www.greyhound.com; 471 W Congress St; ⌚7–23 Uhr) bietet Verbindungen u. a. nach Phoenix (ab 21 US$, 2 Std., tgl.) und Nogales (ab 11 US$, 1 Std., tgl.). Das Greyhound-Terminal befindet sich am westlichen Ende der Congress St, 3 Meilen (5 km) von Downtown entfernt. **Amtrak** (☎520-623-4442; www.amtrak.com; 400 E Toole Ave), gegenüber vom Hotel Congress, hat eine Zugverbindung nach Los Angeles (den „Sunset Limited"; ab 38 US$, 10 Std., 3-mal wöchentl.).

Das **Ronstadt Transit Center** (Ecke Congress St & 6th Ave) ist der größte Transitpunkt in Downtown Tuscon. Von dort aus machen sich die **Sun Tran-Busse** (☎520-792-9222; www.suntran.com) auf den Weg quer durch Tucson (Tagesticket 3,50 US$).

Rund um Tucson

Die im Folgenden genannten Ziele sind weniger als eineinhalb Stunden Fahrt von der Stadt entfernt und geben hervorragende Tagesausflüge ab.

Nördlich von Tucson

Ungefähr 35 Meilen (56 km) von der Innenstadt entfernt liegt **Biosphere 2** (☎520-896-6200; www.b2science.org; 32540 S Biosphere Rd, Oracle; Erw./Kind/Senioren 20/13/18 US$; ⌚9–16 Uhr), eine 12 138 m² überspannende Glaskuppel, in der sich sieben verschiedene Biotope befinden (ein Urwald, eine Wüste, ein Sumpfgebiet), die sich selbst versorgen sollen. Erreichbar ist das Gelände über Nebenstraßen. 1991 bezogen acht „Bionauten" die Biosphere 2, um dort zwei Jahre lang völlig abgeschieden von der Außenwelt zu leben. Am Ende hatten sie zwar abgenommen, aber sonst ging es ihnen ganz gut. Das Experiment könnte als Beispiel für künftige Stationen im Weltraum dienen, war aber privat finanziert und umstritten. Heute wird die große Glaskuppel von der University of Arizona als Institut zur Erforschung der Erde genutzt. Man kann sie nur im Rahmen einer Führung besuchen. Aber diese Führungen finden regelmäßig statt.

WESTLICH VON TUCSON

Von Tucson aus führt der Hwy 86 gen Westen in die Teile der Sonora-Wüste, die am dünnsten besiedelt sind. Man wird jedoch allenthalben den grün-weißen Trucks der Grenzpatrouillen begegnen.

Das **Kitt Peak National Observatory** (☎520-318-8726; www.noao.edu/kpno; Hwy 86; Visitor Center Eintritt gegen Spende; ⌚9–15.45

Uhr) westlich von Sells beherbergt die größte Sammlung optischer Teleskope der Welt. Die Führungen (Erw./Kind Nov.–Mai 7,75/4 US$, Juni–Okt. 5,75/3 US$, um 10, 11.30 & 13.30 Uhr) dauern etwa eine Stunde. Die allabendlichen Demonstrationen lohnen sich; zwei bis vier Wochen im Voraus buchen (Erw./Kind 48/44 US$; kein Programm von Mitte Juli bis August: Regenzeit) – trockene, klare Nächte ermöglichen einen ehrfurchtgebietenden Blick ins All. Tipps: Warm anziehen, in Tucson volltanken (die dem Observatorium am nächsten gelegene Tankstelle ist 30 Meilen (48 km) entfernt) und Kinder unter acht Jahren zuhause lassen (sie haben aus Sicherheitsgründen keinen Zutritt bei den abendlichen Führungen). Der Picknickplatz ist nachts ein beliebter Treffpunkt von Hobby-Astronomen.

Wer einfach mal alles hinter sich lassen will, sollte das riesige, exotische **Organ Pipe Cactus National Monument** (☎520-387-6849; www.nps.gov/orpi; Hwy 85; 8 US$ pro Wagen) an der mexikanischen Grenze besuchen. Das traumhaft schöne, unwirtliche Terrain bietet einer erstaunlich großen Anzahl von Tieren und Pflanzen einen Lebensraum, darunter 28 Kaktusarten. Am wichtigsten ist natürlich der namensgebende Orgelpfeifenkaktus. Der große Säulenkaktus unterscheidet sich durch die von der Basis ausgehenden Zweige von dem häufiger vorkommenden Saguaro. Der 21 Meilen (34 km) lange **Ajo Mountain Drive** führt durch eine spektakuläre Landschaft aus steilen, zerklüfteten Felswänden und feuerroten Steinen. Der **Twin Peaks Campground** (Stellplatz für Zelt & Wohnmobil 12 US$) nahe dem Visitor Center verfügt über 208 Stellplätze (wer zuerst kommt, …).

SÜDLICH VON TUCSON

Südlich von Tucson ist die I-19 die Hauptroute nach Nogales und Mexiko. Unterwegs locken ein paar nette Attraktionen.

Die auffällige **Mission San Xavier del Bac** (☎520-294-2624; www.sanxaviermission.org; 1950 W San Xavier Rd; Spenden erbeten; ⏲7–17 Uhr), 9 Meilen (14 km) südlich von Downtown Tucson, ist das älteste europäische Gebäude in Arizona, das nach wie vor genutzt wird. Die Innenarchitektur ist düster, doch das Äußere stellt eine elegante Mischung aus maurischer und byzantinischer Architektur und mexikanischem Spätrenaissance-Stil dar.

Bei Exit 69, 16 Meilen (26 km) südlich der Mission, wartet das **Titan Missile Museum** (☎520-625-7736; www.titanmissilemuseum.org; 1580 W Duval Mine Rd, Suarita; Erw./Kind/Senior 9,50/6/8,50 US$; ⏲Nov.–April 8.45–17.30, Mai–Okt. 8.45–17 Uhr) mit einer unterirdischen Abschussrampe für Interkontinentalraketen aus der Zeit des Kalten Kriegs auf. Bei den informativen Führungen wird einem ein Schauer über den Rücken laufen.

Wer Geschichte und/oder Kunsthandwerk mag, wird **Tubac** (www.tubacaz.com) lieben. Das kleine Dorf 48 Meilen (77 km) südlich von Tucson trumpft mit mehr als 100 Galerien, Ateliers und Geschäften auf.

PATAGONIA & MOUNTAIN EMPIRE

Zwischen der Grenze, den Santa Rita Mountains und den Patagonia Mountains erstreckt sich diese malerische Region – einer der am besten gehüteten Edelsteine in Arizonas Schmuckkiste. Hier kann man Vögel beobachten und Weinproben machen.

Vogelfans und Naturliebhaber frequentieren die schönen Pfade des Schutzgebiets **Patagonia-Sonoita Creek Preserve** (☎520-394-2400; www.nature.org/arizona; 150 Blue Heaven Rd; Eintritt 5 US$; ⏲April–Sept. Mi–So 6.30–16, Okt.–März ab 7.30 Uhr). Die zauberhaften Weidenbestände werden von der Naturschutzorganisation Nature Conservancy verwaltet. Die Hauptzugvogelsaison geht von April bis Mai bzw. Ende August bis September. Wer einen entspannten Nachmittag lang Weine kosten möchte, sollte die Dörfer **Sonoita** und **Elgin** nördlich von Patagonia ansteuern (s. www.arizonavinesandwines.com). Die Aussicht unter dem weiten Himmel ist ein Traum!

Wer bis zum Abendessen bleibt, könnte Gourmetpizzas bei **Velvet Elvis** (www.velvetelvispizza.com; 29 Naugle Ave, Patagonia; Hauptgerichte 8–26 US$; ⏲Do 17–21, Fr & Sa 15–21, So 10–15 Uhr) bestellen – einfach unverschämt gut! Das fotogene **Duquesne House** (☎520-394-2732; www.theduquesnehouse.com; 357 Duquesne Ave, Patagonia; Zi. 125 US$; @) ist ein einladendes B&B im Stil einer Ranch, das einst als Pension für Minenarbeiter diente.

Mariposa Books & More in Patagonia beherbergt ein kleines **Visitor Center** (☎520-394-9186; www.patagoniaaz.com; 307 McKeown Ave; ⏲Mo–Sa 10–17, So 10–16 Uhr).

Südostarizona

Im Süden Arizonas gibt es zahlreiche Stätten, die in der Geschichte des Wilden Westens eine wichtige Rolle gespielt haben. Dazu gehören die wunderbar erhaltene Minenstadt Bisbee, der OK Corral in Tombstone und das Chiricahua National Monument mit seiner Traumlandschaft aus bizarren Steinsäulen.

KARTCHNER CAVERNS STATE PARK

Im **Kartchner Caverns State Park** (☎Reservierungen 520-586-2283, Informationen 520-586-4010; http://azstateparks.com; Hwy 90; Parkgebühr 6/3 US$ pro Wagen/Fahrrad, Erw./Kind Rotunda Tour 23/13 US$, Big Room Tour Mitte Okt.–Mitte April 23/13 US$; ⏲Juni–Sept. Mo–Fr 10–15, Sa & So bis 15.424 Uhr, den Rest des Jahres unterschiedl.), einer 4 km langen Vision aus nassem Kalkstein, steht der pädagogische Aspekt im Vordergrund. Zwei Führungen konzentrieren sich auf unterschiedliche Bereiche der Höhlen, die 1974 „entdeckt" wurden. Die Rotunda/Throne Room Tour findet ganzjährig statt, die Big Room Tour wird ab Mitte April fünf Monate lang ausgesetzt; in dieser Zeit wird das Gelände von Fledermäusen in Beschlag genommen. Der Park liegt 9 Meilen (14 km) südlich von Benson und ist über die I-10 zu erreichen (Exit 302). Wer vorab Tickets für eine Führung reserviert hat, muss die 6 US$ Parkgebühr nicht zahlen.

CHIRICAHUA NATIONAL MONUMENT

Die hoch aufragenden Felssäulen des abgeschiedenen **Chiricahua National Monument** (☎520-824-3560; www.nps.gov/chir; Hwy 181; Erw./Kind 5 US$/frei) in den Chiricahua Mountains sind z.T. Hunderte Fuß hoch und sehen oft aus, als wollten sie jeden Moment umkippen. Der 8 Meilen (13 km) lange **Bonita Canyon Scenic Drive** führt zum Massai Point (fast 2100 m). Dort stehen Tausende von Steinsäulen an den Hängen wie eine versteinerte Armee. Es gibt zahlreiche Wanderwege; wer nur wenig Zeit hat, sollte mindestens eine halbe Meile auf dem **Echo Canyon Trail** bleiben, um sich die Grottoes anzusehen, eine umwerfende „Kathedrale" aus gigantischen Felsbrocken. Dort kann man sich eine Weile still hinlegen und dem sachten Rauschen des Windes lauschen. Das National Monument befindet sich 36 Meilen (58 km) südöstlich von Willcox, abseits des Hwy 186/181.

TOMBSTONE

Zu Tombstones Blütezeit als pulsierende Minenstadt im 19. Jh. floss der Whisky in Strömen und bei Auseinandersetzungen wurde schnell mal der Revolver gezogen. Besonders berühmt ist die Schießerei im OK Corral. Heute ist dieser Ort eine National Historic Landmark und eine Touristenattraktion mit alten Western-Gebäuden, Postkutschenfahrten und nachgestellten Schießereien.

Ohne Zweifel, den **OK Corral** (☎520-457-3456; www.ok-corral.com; Allen St, zw. 3rd St & 4th St; Eintritt 10 US$, ohne Duell 6 US$; ⏲9–17 Uhr) muss man einfach gesehen haben: den Platz, an dem am 26. Oktober 1881 die legendäre Schießerei zwischen den Earp-Brüdern und Doc Holliday auf der einen und den McLaury-Brüdern und Billy Clanton auf der anderen Seite ausgetragen wurde. Ebenfalls einen Abstecher wert ist das verstaubte **Bird Cage Theater** (☎520-457-3421; 517 E Allen St; Erw./Kind/Senior 10/7/9 US$; ⏲8–18 Uhr). Der frühere Saloon, in dem auch getanzt wurde, ist heute mit historischen Gegenständen vollgestopft – und mit einem Nix (genau – dem männlichen Gegenstück zu einer Meerjungfrau).

Das **Visitor & Information Center** (☎520-457-3929; www.tombstonechamber.com; Ecke 395 E Allen St & 4th St; ⏲9–17 Uhr) hat Wanderkarten und Tipps parat.

BISBEE

Die frühere Kupferminenstadt Bisbee hat ein altmodisches Flair, das von alternden Bohemiens, eleganten Gebäuden, tollen Restaurants und netten Hotels geprägt ist. Die meisten Geschäfte haben sich im Historic District (Old Bisbee) angesiedelt, in der Subway St und der Main St.

Wer mag, kann den pensionierten Arbeitern, die einst in der Mine tätig waren, bei der **Queen Mine Tour** (☎520-432-2071; www.queenminetour.com; 478 Dart Rd, abseits Hwy 80; Erw./Kind 13/5,50 US$; ⏲9–15.30 Uhr; 👪) unter die Erde folgen. Die **Lavender Pit** außerhalb der Stadt ist ein hässliches, aber beeindruckendes Andenken an den Tagebau.

Übernachten kann man im **Shady Dell RV Park** (☎520-432-3567; www.theshadydell.com; 1 Douglas Rd; 50–145 US$), einem kitschigen Wohnwagenpark par excellence in witziger Retro-Aufmachung. Verdampfungskühler liefern kalte Luft. Das **Copper Queen Hotel** (☎520-432-2216; www.copperqueen.com; 11 Howell; Zi. 122–197 US$; ❄@📶🏊), erbaut 1902, hat nichts von seinem früheren Charme eingebüßt. Ein paar Mottozimmer erinnern an die berühmten Persönlichkeiten, die in ihnen übernachtet haben, darunter John Wayne. Die Zimmer und Flure werden von hübschen Kupferlampen beleuchtet. Wahrscheinlich wohnen hier auch ein paar Hausgespenster.

Leckeres Essen bieten die Restaurants der Main St. Derzeit besonders beliebt ist das fantastische **Poco** (☎520-432-3733; 15 Main St/Peddlar's Alley; Hauptgerichte 7,50–10 US$; ⊙Mi–So 11–20 Uhr; ✍). Die mexikanisch inspirierte, vegetarische Küche (vornehmlich aus Bio-Zutaten) ist weithin bekannt. Leckeres amerikanisches Essen gibt's ein Stück weiter die Main St rauf im stilvollen **Cafe Roka** (☎520-432-5153; www.caferoka.com; 35 Main St; Abendessen 15–29 US$; ⊙Do–Sa abends). Die Vier-Gänge-Menüs umfassen einen Salat, eine Suppe, Sorbet und wechselnde Hauptgerichte.

Das **Visitor Center** (☎520-432-3554; www.discoverbisbee.com; 2 Copper Queen Plaza; ⊙Mo–Fr 9–17, Sa & So 10–16 Uhr) liefert gute Basisinformationen.

UTAH

Psssst ... nicht weitersagen! Es muss ja nicht gleich jeder wissen, dass dieser oft übersehene Staat tatsächlich eine der traumhaftesten Spielwiesen von Mutter Natur ist. Utahs raues Terrain ist wie gemacht zum Wandern, Radfahren, Raften, Abseilen, Klettern, Skifahren und Snowboarden, Reiten und Jeepfahren. Reicht das für den Anfang? Mehr als 65% der Fläche sind öffentlich zugänglich, dazu gehören die zwölf Nationalparks und National Monuments mit ihrer atemberaubenden Topografie – vielen Besuchern bleibt sprichwörtlich die Spucke weg!

Das Red Rock Country (Land der roten Steine) im Süden von Utah prägen Felsklippen, -türme und -säulen in kräftigen Farbschattierungen, die sich den Regeln der Schwerkraft zu widersetzen scheinen, und eine schier endlose Wüste voller Sandsteinskulpturen. Den Norden Utahs kennzeichnen derweil die bis zu 3600 m hohen Gipfel der Wasatch Mountains, die von Wäldern und Schnee bedeckt sind. Dazwischen wird man auf Stätten mit indianischer Felskunst und gut strukturierte Kleinstädte voller Bauten aus der Pionierzeit stoßen, die so alt sind wie der Staat selbst.

Die traumhaft schöne Landschaft war es auch, die die ersten Mormonen in diese Gegend zog. Heutzutage gehören mehr als 50% der angenehm höflichen Bevölkerung dieser Kirche an. Die Städte auf dem Lande sind z.T. sehr ruhig und konservativ, doch die raue Schönheit der Umgebung hat auch zahlreiche Outdoor-Fans und Querdenker angelockt. Salt Lake City und Park City haben ein besonders lebendiges Nachtleben und eine tolle Restaurantszene.

Unterwegs im Auto kann man das Kaleidoskop an unterschiedlichen Landschaften am Fenster vorbeiziehen sehen und wandern gehen, wo noch nie zuvor jemand einen Fuß hingesetzt hat. Aber wir bitten um Diskretion: Utah soll schließlich unser Geheimnis bleiben.

Geschichte

Die Anasazi und die Fremont-Indianer waren die ersten Bewohner in der Gegend. Sie haben Spuren in Form von Felsbildern und Ruinen hinterlassen. Als die europäischstämmigen Siedler Utah in großen Scharen erreichten, lebten hier allerdings bereits moderne Völker: die Ute, Paiute und Navajo. In den späten 1840er-Jahren kamen die ersten Mormonen, religiöse Flüchtlinge, in die Region. Angeführt wurden sie

KURZINFOS UTAH

» **Spitzname** Beehive State (Bienenkorb-Staat)

» **Bevölkerung** 2,9 Mio.

» **Fläche** 219 887 km²

» **Hauptstadt** Salt Lake City (181 743 Ew.), Großraum SLC (1,2 Mio.)

» **Andere Städte** St George (88 001 Ew.)

» **Verkaufssteuer** 4,7%

» **Geburtsort von** den beiden Entertainern Donny (geb. 1957) und Marie (geb. 1959) Osmond, dem geliebten Banditen Butch Cassidy (1866–1908)

» **Ausrichter der** Olympischen Winterspiele 2002

» **Politische Ausrichtung** überwiegend konservativ

» **Bekannt für** Mormonen, Canyons aus rotem Fels, Polygamie

» **Bestes Souvenir** Ein T-Shirt der Wasatch Brewery mit der Aufschrift: „Polygamy Porter (eine Biersorte) – Why Have Just One?" (sinngemäß: Warum nur eins nehmen, wenn man mehrere haben kann?)

» **Entfernungen** Salt Lake City–Moab 235 Meilen (378 km), St. George–Salt Lake City 304 Meilen (489 km)

vom zweiten Präsidenten der „Kirche Jesu Christi der Heiligen der Letzten Tage", Brigham Young. Sie versuchten noch das letzte Fleckchen Erde in ihrem neuen Staat zu besiedeln, wie ungastlich es auch sein mochte, was unweigerlich zu Scharmützeln mit den Ureinwohnern führte – und in mehr als bloß einer Geisterstadt resultierte.

In den fast 50 Jahren, nachdem die USA das Territorium von Mexiko bekommen hatten, scheiterten mehrere Versuche Utahs, als Bundesstaat anerkannt zu werden, weil die Mormonen Polygamie praktizierten (sprich: Männer hatten mehrere Ehefrauen). Sie war illegal in den Vereinigten Staaten. Die Situation verschärfte sich bis 1890, als der Mormonenanführer Wilford Woodruff eine göttliche Offenbarung hatte, woraufhin die Kirche die „Vielweiberei" offiziell aufgab. 1896 wurde Utah der 45. Staat der USA. Die moderne Mormonenkirche, die Church of Jesus Christ of Latter Day Saints (LDS), hat unverändert großen Einfluss im Staat.

ℹ Praktische Informationen

Außerhalb von Salt Lake City wird man vielleicht Schwierigkeiten haben, Geld zu wechseln, aber man findet auf jeden Fall ein paar Geldautomaten.

Utah Office of Tourism (☎800-200-1160; www.utah.com) Gibt den kostenlosen *Utah Travel Guide* heraus und betreibt mehrere Visitor Centers in Utah. Die Website umfasst Links in sechs Sprachen.

Utah State Parks & Recreation Department (☎877-887-2757; www.stateparks.utah.gov) Produziert einen umfassenden Guide zu den mehr als 40 State Parks, der online und in Besucherzentren erhältlich ist.

Reserve America (☎801-322-3770, 800-322-3770; http://utahstateparks.reserveamerica.com) Reservierungen für State-Park-Campingplätze.

ℹ An- & Weiterreise

In Salt Lake City (SLC) befindet sich der einzige internationale Flughafen im Staat. Der sehr viel kleinere Flughafen St. George bietet ein paar Inlandsverbindungen, aber meistens kommt man günstiger mit einem Flug nach Las Vegas (120 Meilen, 193 km südlich) davon; dort mietet man dann einfach einen Wagen. Die meisten Attraktionen außerhalb von SLC und Park City kann man nur mit einem eigenen fahrbaren Untersatz erreichen.

ℹ Unterwegs vor Ort

Die meisten Städte in Utah sind in einem schachbrettartigen Gitternetz gestaltet, und die Straßen verlaufen von Norden nach Süden und von Osten nach Westen. Im Stadtzentrum befindet sich ein „neutraler Punkt" an der Kreuzung zwischen zwei Hauptverkehrsadern (oft heißen sie Main St und Center St). An diesem Punkt orientieren sich die Straßennamen und Hausnummern, wobei jeder Häuserblock einem 100er-Schritt entspricht. D. h., dass sich 500 South 400 East fünf Häuserblöcke südlich und vier Häuserblöcke östlich des neutralen Punkts befindet. Das System ist nicht so leicht zu erklären, hat sich in der Praxis aber als recht anwenderfreundlich bewährt.

Salt Lake City

Salt Lake City liegt am Fuße der hohen Wasatch Mountains. Die Kleinstadt hat gerade eben genug Ecken und Kanten, um auch Großstädter glücklich zu machen. Ja, in gewisser Weise ist sie so eine Art Vatikanstaat für Mormonen, Utahs Hauptstadt ist allerdings recht modern. Die neu aufgemachte Innenstadt und die tolle Restaurantszene bügeln andere, durchaus charmante anachronistische Makel wieder aus.

Sehenswertes

Der zweite Präsident und Prophet der Mormonenkirche, Brigham Young, rief „Dies ist der Ort!", als er Salt Lake City 1847 mit ein paar Siedlern erreichte. Die Stadt ist bis heute Hauptsitz der LDS-Kirche (Latter Day Saints), und die meisten Sehenswürdigkeiten der Stadt hängen in irgendeiner Form mit der Kirche zusammen. Die LDS-Attraktionen findet man in der Nähe des „Nullpunkts" für Straßen und Adressen in Downtown: Ecke S Temple (Ost-West-Achse) und Main St (Nord-Süd-Achse). Die breiten Straßen (40 m) wurden so konzipiert, dass ein von vier Ochsen gezogener Wagen problemlos auf ihnen wenden konnte. Gerade mal 45 Minuten Fahrtzeit entfernt locken die Wasatch Mountains mit hervorragenden Wander-, Kletter- und Wintersportmöglichkeiten.

RUND UM DEN TEMPLE SQUARE

Temple Square PLATZ

(www.visittemplesquare.com; Eintritt frei; ⌚9–21 Uhr) Die berühmteste Sehenswürdigkeit der Stadt ist dieser 4 ha große Platz mit zahlreichen LDS-Bauten, Blumengärten und Springbrunnen – bombastisch! Entwaffnend liebenswerte LDS-„Schwestern" und -„Brüder", alles Freiwillige, beantworten Fragen und nehmen Besucher auf 30-minütige Führungen mit. Sie starten an den Visitor Centers (jeweils in den Straßen S und N Temple). Das beeindruckendste Bauwerk am Platz ist der 64 m hohe **Salt Lake Temple**. Am „himmlischsten" wirkt er bei nächtlicher Beleuchtung. Den höchsten Turm ziert eine Statue des Engels Moroni, der dem ersten Mormonen-Propheten Joseph Smith erschien und ihn zum Buch Mormon führte. Der Tempel und die Zeremonien sind nicht öffentlich; einzig angesehene LDS-Mitglieder haben Zutritt. Abgesehen von den unten aufgeführten Attraktionen findet man an dem Platz auch ein Museum zur Kirchengeschichte, ein Joseph-Smith-Theater und Restaurants.

Tabernacle RELIGIÖSES BAUWERK

(Temple Sq; Eintritt frei; ⌚9–21 Uhr) Das Auditorium mit Kuppeldach von 1867 beherbergt eine riesige Orgel mit 11 000 Pfeifen. Die Akustik ist unglaublich. Wenn man vorn eine Nadel fallen lässt, hört man den „Aufprall" noch im hinteren Teil, fast 60 m entfernt. Montags bis samstags um 12 und sonntags um 14 Uhr finden kostenlose Orgelkonzerte statt. Infos zu Chor-Auftritten stehen unter „Unterhaltung" (s. S. 337).

Beehive House HISTORISCHE STÄTTE

(67 E South Temple; Führungen kostenlos; ⌚Mo–Sa 9–21 Uhr) Das Beehive House war Brigham Youngs Hauptwohnsitz während seiner Amtszeit als Gouverneur und Kirchenpräsident in Utah. Der Inhalt der obligatorischen Führungen variiert von Guide zu Guide (alles Kirchenangehörige) – manchmal überwiegen die historischen Infos, manchmal die religiöse „Erziehung".

Family History Library BIBLIOTHEK

(www.familysearch.org; 35 N West Temple; Eintritt frei; ⌚Mo 8–17, Di–Sa 8–21 Uhr) Auf der Suche nach den eigenen Vorfahren? Dies ist ein guter Ausgangspunkt. Diese unglaubliche Bücherei beherbergt mehr als 3,5 Mio. Mikrofilme, Mikroplanfilme, Bücher und andere Aufzeichnungen zum Thema Genealogie, die aus mehr als 110 Ländern stammen.

DOWNTOWN

State Capitol HISTORISCHES GEBÄUDE

(www.utahstatecapitol.utah.gov; Eintritt frei; ⌚Mo–Fr 8–20, Sa & So 8–18 Uhr) Das stattliche State Capitol von 1916 steht zwischen 500 Kirschbäumen auf einem Hügel nördlich des Temple Square. Drinnen können bunte Wandbilder der Works Progress Administration (WPA) von Pionieren, Trappern und Missionaren bewundert werden. Sie zieren einen Teil der Kuppel. Stündlich (9–16 Uhr) starten am Visitor Center kostenlose Führungen.

Pioneer Memorial Museum MUSEUM

(www.dupinternational.org; 300 N Main St; Eintritt frei; ⌚ganzjährig Mo–Sa 9–17, Juni-Aug. So 13–17 Uhr) Eine vierstöckige Schatztruhe voller Pionierartefakten.

City Creek PLATZ

(Social Hall Ave, zw. Regent St & Richards St) Zur Zeit der Recherche waren Bauarbeiten an der von der LDS finanzierten, 8 ha großen Fußgänger-Plaza mit Springbrunnen, Restaurants und Geschäften entlang des City Creek im Gange.

UNIVERSITY-FOOTHILL DISTRICT

This Is the Place Heritage Park HISTORISCHE STÄTTE

(www.thisistheplace.org; 2601 E Sunnyside Ave; Parkeintritt frei, Juni-Aug. Dorf Erw./Kind 10/7 US$; ⌚Mo–Fr 9–17, Sa 10–17 Uhr; 👪) In diesem 180 ha großen Park stieß Brigham Young die bedeutungsvollen Worte „Dies ist der Ort!" hervor. Im Mittelpunkt steht ein „historisches Dorf", in dem von Juni bis August kostümierte Darsteller das Leben Mitte des 19. Jhs. nachstellen. Das Eintrittsgeld umfasst die Fahrt mit dem Touristenzug und andere Aktivitäten. Den Rest des Jahres können Besucher das Dorf zu reduzierten Preisen besichtigen, manche Gebäude sind dann allerdings geschlossen.

Utah Museum of Natural History MUSEUM

(http://umnh.utah.edu; Rio Tinto Center, Wakara Way; Erw./Kind 7/5 US$; ⌚Di–So 10–17 Uhr) Das Huntington-Mammut, eins der vollständigsten seiner Art, hat in der Nähe des University-of-Utah-Campus ein neues Zuhause gefunden. In diesem modernen Zentrum kann man etwas über Fossilien aus der Umgebung, indigene Völker und mehr lernen.

Red Butte Gardens GARTEN

(www.redbuttegarden.org; 300 Wakara Way; Erw./Kind 8/6 US$; ⌚Mai-Aug. 9–21, Sept.-April 9–17 Uhr) An den Ausläufern der Wasatch Mountains erstreckt sich das wunderschöne 60 ha große Areal mit wilden und gepflegten Gärten, die durch Wege erschlossen sind. Online kann man sich erkundigen, wer bei der beliebten Open-Air-Konzertreihe im Sommer dabei ist.

Aktivitäten

Leicht zu erreichen sind die beiden Canyons Big und Little Cottonwood an der Ostseite der Wasatch Mountains. Dort kann man

KANN MAN IN UTAH EINEN TRINKEN GEHEN?

Auf jeden Fall! Es gelten zwar nach wie vor ein paar ungewöhnliche Alkoholgesetze, aber in den vergangenen Jahren sind die Bestimmungen erheblich lockerer geworden. Private Clubmitgliedschaften gibt's nicht mehr, heute ist eine Bar wirklich eine Bar (Zutritt für Minderjährige verboten!), und man muss nicht länger etwas zu essen bestellen, um Alkohol konsumieren zu dürfen. Nur wenige Restaurants haben eine vollständige Ausschanklizenz; oft gibt es nur Bier und Wein.

Folgende Regeln müssen weiterhin beachtet werden:

» In einem Restaurant mit umfassender Ausschanklizenz bekommt man Alkohol nur in Verbindung mit einer Mahlzeit. Mixgetränke und Wein gibt's erst nach 12 Uhr.

» In Bars und Restaurants darf ab 10 Uhr Bier ausgeschenkt werden.

» Hochprozentiges darf nur in staatlich betriebenen Liquor Stores verkauft werden (So geschl.). In den 24-Stunden-Geschäften bekommt man Bier.

Ski laufen, aber auch wandern, mountainbiken und zelten. Mehr Infos s. S. 338.

Church Fork Trail WANDERN
(Millcreek Canyon, abseits des Wasatch Blvd; Eintritt 3 US$) Auf der Suche nach der am nächsten gelegenen sportlichen Herausforderung mit toller Aussicht? Dann bietet sich der Wanderweg zum Gipfel des Grandeur Peak (2530 m) an. Hin und zurück sind es (10 km), und der Hund darf auch mit. Der Millcreek Canyon liegt 13,5 Meilen (22 km) südwestlich von Downtown Salt Lake.

Geführte Touren

Broschüren mit Stadtspaziergängen zum Selbermachen der **Utah Heritage Foundation** (www.utahheritagefoundation.com) gibt's online im Visitor Center.

Schlafen

Die Preise in Downtown schwanken enorm je nach besonderen Events oder Auslastung. Außerhalb der Skisaison sind die Unterkünfte in den Skiorten in den Wasatch Mountains, ca. 45 Minuten von Downtown entfernt, viel günstiger. Billigere Kettenhotels findet man an der I-80 beim Flughafen und im Süden, im Vorort Midvale.

Parish Place Bed & Breakfast B&B $$
(☎801-832-0970; www.parrishplace.com; 720 E Ashton Ave; Zi. inkl. Frühstück 99–139 US$; P ❄ ᯤ) Komfortabel-altmodisch ist eine gute Beschreibung für diese Villa aus dem 19. Jh. Die Zimmer warten mit eleganten, vielseitigen Details auf; z.B. steht eine Kommode hinter einem dekorativen Wandschirm statt hinter einer Tür. Das kontinentale Frühstück wird jeden Morgen in einem Korb vor die Zimmertür gestellt. Whirlpool und kostenlose Getränke runden das Bild ab.

Peery Hotel HOTEL $$
(☎801-521-4300; www.peeryhotel.com; 110 W 300 South; Zi. 90–130 US$; P ❄ @ ᯤ) Dieses prächtige historische Hotel von 1910 erhebt sich mitten im Broadway-Ave-Unterhaltungsviertel. Restaurants, Bars und Theater sind nur einen kurzen Fußmarsch entfernt. Zu den noblen Extras zählen Bademäntel aus ägyptischer Baumwolle, iPod-Ladestationen und Tempur-Pedic-Matratzen. Der Parkplatz kostet 10 US$ pro Tag.

Hotel Monaco HOTEL $$
(☎801-595-0000; www.monaco-saltlakecity.com; 15 W 200 South; Zi. 139–249 US$; P ❄ @ ᯤ) Kräftige Farben, elegante Streifen und üppige Drucke schaffen einen seltsamen Deko-Mix in dieser frechen Boutiquehotel-Filiale. Verwöhnten Haustieren wird eine Sonderbehandlung verpasst, und an der Rezeption kann man sich einen Goldfisch „leihen" – gegen die Einsamkeit. Der abendliche Weinempfang ist gratis, Parkplatz (15 US$) und Internetzugang (10 US$) kosten aber.

Anniversary Inn B&B $$$
(☎801-363-4953; www.anniversaryinn.com; 678 E South Temple St; Suite inkl. Frühstück 129–249 US$; P ❄ @ ᯤ) Die Suiten mit dem 3-D-Motto sind vor allem eins: übertrieben! Man schläft zwischen den Baumstämmen eines verzauberten Waldes oder in einer ägyptischen Pyramide. Ruhige Lage unweit einiger guter Restaurants, und auch bis zum Temple Square ist es nicht weit.

Grand America HOTEL $$$
(☎801-258-6000; www.grandamerica.com; 555 S Main St; Zi. 189–289 US$; P ❄ @ ᯤ ≋) SLCs einzige wahre Luxusunterkunft. Die Bäder sind mit italienischem Marmor ausgestattet, die Zimmer warten mit englischen Wollteppichen, Damaststoffen mit Quasten

und anderen bequemen Extras auf. Außerdem gibt's nachmittags High Tea und einen opulenten Sonntagsbrunch. Der Parkplatz kostet 15 US$.

Crystal Inn & Suites MOTEL $
(☎801-328-4466; www.crystalinnsaltlake.com; 230 W 500 South; Zi. inkl. Frühstück 75–95 US$; P❄@📶🏊) Staatliches mehrstöckiges Hotel mit supernettem Personal und jeder Menge kostenlosen Extras (z. B. ein großes, warmes Frühstück).

Avenues Hostel HOSTEL $
(☎801-359-3855; www.saltlakehostel.com; 107 F St; B 18 US$, EZ/DZ ohne Bad 30/40 US$, mit Bad 40/50 US$; ❄@📶) Abgerocktes Hostel; wirkt ein bisschen wie eine WG, weil einige Gäste schon lange hier wohnen, aber die Lage ist günstig.

Essen

Salt Lake City bietet ein Potpourri aus internationalen, umweltbewussten Küchen. Viele Lokale drängen sich in Downtown.

LP TIPP **Red Iguana** MEXIKANISCH $$
(736 W North Temple; Hauptgerichte 10–16 US$; ⏲Mo–Do 11–22, Fr 11–23, Sa 10–23, So 10–21 Uhr) Am besten fragt man nach einem Probierteller, wenn man sich nicht für eine der sieben Saucen auf Chili- und Schokoladenbasis entscheiden kann – dabei kann man in diesem familienbetriebenen Restaurant mit den liebevoll zubereiteten Gerichten gar nicht falsch liegen. Der Laden ist immer proppenvoll! Das *conchinita pibil* (Schweinebraten in kleinen Stücken) ist so zart, als wäre es tagelang gegart worden.

Squatters Pub Brewery AMERIKANISCH $$
(147 W Broadway; Hauptgerichte 9–15 US$; ⏲So–Do 11–24, Fr & Sa bis 1 Uhr) Auf ein Emigration Pale Ale vorbeischauen und sich dann noch einen Buntbarsch-Salat gönnen! Squatters verwöhnt seine Gäste nicht nur mit leckeren Bieren aus eigener Herstellung, sondern auch mit einer großen Auswahl an amerikanischen Wohlfühlgerichten.

Wild Grape AMERIKANISCH $$$
(481 E South Temple; Brunch & Mittagessen 6–15 US$, Abendessen 18–24 US$; ⏲Di–Do 8–21.30, Fr 8–22.30, Sa 9–22.30, So 9–21.30 Uhr) Das Wild Grape beschreibt sich selbst als „New West"-Bistro und verpasst bodenständigen Klassikern eine moderne Note. Gut ist z. B. das Schweinekotelett vom Grill mit der süßsauren Blaubeersauce. Hier werden vor allem Bio-Zutaten aus der Gegend verwendet.

ABSTECHER

KENNECOTT'S BINGHAM-CANYON-KUPFERMINE

Der Anblick der 100 Jahre alten **Kupfermine** (www.kennecott.com; Hwy 111; 5 US$ pro Wagen; ⏲April–Okt. 8–20 Uhr) 20 Meilen (32 km) südwestlich von SLC ist ein wenig surreal. Die massiven Kipplader (z. T. mehr als 3,70 m hoch) sehen in der tiefsten Tagebaugrube der Welt wie Spielzeuge aus. Die 4 km breite und 1200 m tiefe Grube, die kontinuierlich größer wird, ist sogar vom All aus sichtbar: Im Museum liefert ein Foto der *Apollo 11* den Beweis dafür. Insgesamt eine faszinierende Sehenswürdigkeit!

One World Everybody Eats BIO $
(41 S 300 East; ⏲Mo–Sa 11–21, So 9–17 Uhr) Gemeinnütziges, umweltbewusstes Restaurant. Die Gäste entscheiden selbst, wie viel sie zahlen wollen und wie groß die Portion sein soll (die Kellner macht Vorschläge). Die Speisekarte wechselt täglich. Bei den Salaten, Pfannen- und Pastagerichten, indischen Speisen und mehr sind auch tolle vegetarische Optionen dabei.

Curryer INDISCH $
(300 South, zw. S State St & S Main St; Gerichte 4–6 US$; ⏲11–14 Uhr) Der ehemalige Hot-Dog-Stand wurde mit einem Tandoor-Ofen aufgerüstet. Hier werden indische Spezialitäten von Butterhühnchen bis *aloo matar* (würzige Kartoffeln und Erbsen, für Veganer geeignet) zubereitet.

Takashi JAPANISCH $$$
(18 W Market St; Reisrollen 8–14 US$, Hauptgerichte 15–25 US$; ⏲Mo–Sa 11.30–14 & 17.30–22 Uhr) Die Nr. 1 einer ganzen Reihe überraschend guter Sushi-Restaurants in Salt Lake; sogar Gourmets aus L.A. schwärmen von den leckeren Reisrollen im schicken Takashi.

Downtown Farmers Market MARKT $
(Pioneer Park, Ecke 300 South & 300 West; ⏲Mitte Juni-Ende Okt. Sa 8–13, Aug.-Sept. Di 16 Uhr-Sonnenuntergang) Der Sommermarkt protzt mit Erzeugnissen und Kunsthandwerk aus der Region sowie Gebäck zum Mitnehmen.

Ausgehen

In SLC sind die Pubs und Bars mit warmer Küche die Felsen in der Brandung, wenn es ums Ausgehen geht. Niemand stört sich daran, wenn man dort „nur" etwas trinkt.

Gracie's BAR
(326 S West Temple; ⌚11–2 Uhr) Gediegenes Bar-Restaurant, das sich über zwei Ebenen mit vier Bars erstreckt und trotzdem regelmäßig aus den Nähten platzt. Die besten Orte zum entspannten Zusammensitzen sind die zwei riesigen Patios. Fast jeden Abend sorgen Livebands oder DJs für Unterhaltung.

Green Pig PUB
(31 E 400 South; ⌚11–2 Uhr) Nettes, kleines Pub Marke „Eckkneipe", in der Pokertuniere und Jamsessions stattfinden und Sportübertragungen auf großen Leinwänden gezeigt werden. Genial: die Dachterrasse!

Café Marmalade SCHWULENCAFÉ
(www.utahpridecenter.com; 361 N 300 West; ⌚Mo–Fr 7–21, Sa 8–21, So 10–21 Uhr) Peppiges Café im Utah Pride Center mit Open-Mike-Nights (Gäste dürfen sich das Mikro schnappen und improvisieren), Wochenend-Barbecues und Konzerten. Außerdem befindet sich hier die größte Bücherei für Schwule, Lesben, Bi- und Transsexuelle im Staat.

Tavernacle Social Club MOTTOBAR
(201 E Broadway; ⌚Di–Sa 17–1, So 20–24 Uhr) Jeden Abend Klaviermusik oder Karaoke.

Coffee Garden CAFÉ
(895 E 900 South; ⌚So–Do 6–23, Fr & Sa 6–24 Uhr; 📶) Tolle Location mit viel Flair, köstlichem Kaffee und Backwaren.

☆ Unterhaltung

Musik

Eine Übersicht über die lokale Musikszene findet man unter www.cityweekly.net.

Mormon Tabernacle Choir LIVEMUSIK
(☎435-570-0080 für Tickets; www.mormontabernaclechoir.org) Eine Vorführung des weltbekannten Mormon-Tabernacle-Chors ist ein absolutes Muss bei einem Besuch in Salt Lake City. Jeden Sonntag um 9.30 Uhr wird von hier eine Liveshow gesendet. Von September bis November und Januar bis Mai kann man im **Tabernacle** (Temple Sq) auch selbst live dabei sein. Die Proben (Do 20–21 Uhr) sind öffentlich zugänglich und kostenlos. Von Juni bis August und im Dezember, wenn die Besucherzahlen am größten sind, finden die Livesendungen und -proben im **LDS Conference Center** (Ecke N Temple St & Main St) mit 21 000 Sitzplätzen statt. Die Vorstellungszeiten sind gleich, allerdings finden montags bis samstags zusätzliche Orgelproben um 14 Uhr statt.

Theater

Die Website des Salt Lake City Arts Council liefert einen Kulturkalender (www.slcgov.com/arts/calendar.pdf). Reservierungen können man über **ArtTix** (☎801-355-2787; www.arttix.org) vorgenommen werden.

Veranstaltungsorte sind z. B. die **Abravanel Hall** (123 W South Temple), das **Capitol Theater** (50 W 200 South) und das **Rose Wagner Performing Arts Center** (138 W 300 South).

Sport

EnergySolutions Arena BASKETBALL
(www.nba.com/jazz; 301 W South Temple) Utah Jazz, das Profi-Team der Männer, spielt in Downtown-SLC.

E Center HOCKEY
(www.utahgrizzlies.com; 3200 S Decker Lake Dr, West Valley City) Die Utah Grizzlies spielen in der International Hockey League und haben ihre Heimat 8,5 Meilen (ca. 14 km) außerhalb der Stadt.

Shoppen

Interessante Boutiquen, Antiquariate und Cafés säumen die **Broadway Avenue** (300 South) zwischen 100 und 300 East. Kunsthandwerk und Galerien findet man im 300er-Block der **W Pierpont Avenue**.

Sam Weller Books BÜCHER
(☎801-328-2586; 254 S Main; ⌚Mo–Sa 10–19 Uhr) Der größte unabhängige Buchladen

SALT LAKE CITY MIT KINDERN

Den University-Foothill District lieben Jung und Alt, es gibt aber auch ein paar Sehenswürdigkeiten ganz speziell für Kinder.

Discovery Gateway (www.discoverygateway.org; 444 W 100 South; Eintritt 8,50 US$; ⌚Mo–Do 10–18, Fr & Sa 10–20, So 12–18 Uhr; 👪) ist ein Kindermuseum mit Exponaten zum Anfassen. Das nachgebaute Nachrichtenstudio ist ideal für den Reporternachwuchs.

Mehr als 800 Tiere leben u. a. in dem Bereich „Asiatisches Hochland" des 17 ha großen **Hogle Zoo** (www.hoglezoo.org; 2600 East Sunnyside Ave; Erw./Kind 9/7 US$; ⌚9–17 Uhr; 👪). Bei den täglichen Vorführungen können Kinder mehr über die Tiere erfahren.

der Stadt hat u.a. eine gute Auswahl an lokalen Raritäten. Zur Zeit der Recherche war man gerade auf der Suche nach einem neuen Standort.

Praktische Informationen

Geld

Wells Fargo (79 S Main St) Eingeschränkter Geldwechselservice.

Infos im Internet

Downtown SLC (www.downtownslc.org) Kunst, Unterhaltung und Infos zu Unternehmen in Downtown.

Salt Lake Convention & Visitors Bureau (www.visitsaltlake.com) Die offizielle Tourismus-Website.

Internetzugang

Main Library (www.slcpl.org; 210 E 400 South; ⌚Mo–Do 9–21, Fr & Sa 9–18, So 13–17 Uhr) Kostenloser Internetzugang (auch WLAN).

Medien

City Weekly (www.cityweekly.net/utah) Kostenlose alternative Wochenzeitung mit gutem Restaurant- und Unterhaltungsteil.

Salt Lake Tribune (www.sltrib.com) Utahs auflagenstärkste Zeitung.

Notfall & Medizinische Versorgung

Polizei (☎801-799-3000; 315 E 200 South)

Salt Lake Regional Medical Center (☎801-350-4111; 1050 E South Temple; ⌚24 Std.) Notaufnahme

Post

Downtown-Filiale (200 W 200 South)

Touristeninformation

Public Lands Information Center (☎801-466-6411; www.publiclands.org; 3285 E 3300 South; ⌚Mo–Fr 10.30–17.30, Sa 9–13 Uhr) Im REI-Geschäft. Infos zu Freizeitmöglichkeiten im Wasatch-Cache National Forest.

Visitor Information Center (☎801-534-4900; Salt Palace Convention Center, 90 S West Temple; ⌚Mo–Fr 9–18, Sa & So 9–17 Uhr) Gibt einen kostenlosen Guide heraus. Mit angeschlossenem Andenkenladen.

An- & Weiterreise

Bus

Greyhound (☎800-231-2222; www.greyhound.com; 300 S 600 West) bietet Verbindungen zwischen SLC und Städten im Südwesten:

St. George, UT (55 US$, 6 Std.)

Las Vegas, NV (62 US$, 8 Std.)

Denver, CO (86 US$, 10 Std.)

DER CONNECT PASS

Mit diesem Pass des **Salt Lake City Convention & Visitors Bureau** (www.visitsaltlake.com) hat man reduzierten Eintritt zu verschiedenen Attraktionen (Tagesticket, Erw./Kind 24/20 US$). Der Kauf lohnt sich aber nur, wenn man wirklich jede kinderfreundliche Sehenswürdigkeit in der Stadt plus ein paar außerhalb besuchen will.

Flugzeug

Salt Lake City International Airport (www.slcairport.com; 776 N Terminal Dr) Liegt 5 Meilen (8 km) nordwestlich von Downtown SLC. Hat in erster Linie Inlandsverbindungen, man kann aber auch non-stop nach Kanada und Mexiko fliegen. **Delta** (www.delta.com) ist die wichtigste Fluggesellschaft in SLC.

Zug

Amtraks (☎801-322-3510; www.amtrak.com) *California Zephyr* pendelt zwischen Chicago und Oakland/Emeryville und hält täglich am **Union Pacific Rail Depot** (340 S 600 West). Ziele im Südwesten sind u. a. Denver (115 US$, 15 Std.) und Reno, NV (64 US$, 10 Std.). Manchmal kommt es zu erheblichen Verspätungen.

Unterwegs vor Ort

Vom/zum Flughafen

Utah Transit Authority (UTA; www.rideuta.com; einfache Strecke 2 US$) Bus Nr. 550 fährt vom Parkhaus zwischen den Terminals 1 und 2 nach Downtown.

Xpress Shuttle (☎800-397-0773; www.expressshuttleutah.com) Sammeltransporter; 16 US$ bis in die Innenstadt.

Yellow Cab (☎801-521-2100) Privattaxi (ab 25 US$ bis Downtown).

Öffentlicher Nahverkehr

UTA (www.rideuta.com) Trax, die Straßenbahn von UTA, fährt von der Central Station (600 W 250 South) nach Osten zur University of Utah und nach Süden an Sandy vorbei. Im Zentrum von Downtown SLC ist der Transport kostenlos. Im Winter steuern die UTA-Busse die lokalen Skigebiete an (hin & zurück 7 US$).

Park City & die Wasatch Mountains

Utah ist das Paradies für Skifahrer und Snowboarder. Hier findet man mit die besten Pisten von ganz Nordamerika. Jedes

Jahr fallen zwischen 0,75 bis 1,30 m lockerer, trockener Schnee, und man hat Tausende Hektar hochalpines Terrain zum Austoben – Utah war Gastgeber der Olympischen Winterspiele 2002. In den Wasatch Mountains, die hinter SLC aufragt, liegen viele Skiorte, man kann wandern, zelten und mountainbiken. Und dann wäre da natürlich noch das mondäne Park City mit seiner luxuriösen Infrastruktur und dem fantastischen Filmfestival.

SKIRESORTS BEI SALT LAKE CITY

Nur 40 Minuten entfernt von SLC, in den Canyons Little Cottonwood und Big Cottonwood an der Westseite der Wasatch Mountains, liegen vier fantastische Skigebiete, die über Unterkünfte und Restaurants verfügen. Skipässe kosten pro Tag 55 bis 75 US$ für Erwachsene und 25 bis 40 US$ für Kinder. Um einen **Super Pass** (www.visitsaltlakecity.com/ski/superpass; 2- bis 6-Tagespass 114–336 US$) zu bekommen, braucht man eine Reservierung in einem der mehr als 80 Hotels in der Gegend, dafür kann man aber in allen vier Skiorten vergünstigt skilaufen bzw. boarden und der Transport (ab SLC und zurück) ist inklusive. Eine Übersicht zu Wander- und Radfahrwegen für die Sommermonate findet man unter www.utah.com/saltlake/hiking.htm.

BIG COTTONWOOD CANYON

Solitude Mountain Resort WINTERSPORT

(☎801-534-1400; www.skisolitude.com) Exklusives Dorf im europäischen Stil, umgeben von hervorragenden Pisten. Das Nordic Center bietet Langlaufen im Winter und Naturpfade für die Sommermonate.

Brighton Resort WINTERSPORT

(☎800-873-5512; www.brightonresort.com) Hier hat ganz SLC das Skifahren gelernt; altmodisches Resort, unverändert beliebt bei Familien und Anfängern.

LITTLE COTTONWOOD CANYON

Snowbird Ski Area WINTERSPORT

(☎800-385-2002; www.snowbird.com) Das größte Skiresort mit den meisten Besuchern. Super Bedingungen für alle Ansprüche, auch steile Pisten und Tiefschnee. Außerdem: zahlreiche Wanderwege für den Sommer (Zugang per Lift), und die Seilbahn ist das ganze Jahr über in Betrieb.

Alta Ski Area SKIFAHREN

(☎800-258-2716; www.alta.com) Entspanntes Gebiet exklusiv für Skifahrer. Ja, genau: Dies ist eine snowboard-freie Zone.

PARK CITY

Auf der I-80 sind es gerade mal 35 Meilen (56 km) von SLC nach Park City (2134 m). Die Stadt wurde 2002 als Austragungsort der olympischen Winterspiele international bekannt. Nach wie vor trainiert die Ski-Nationalmannschaft der USA in dem beliebtesten Skigebiet im Südwesten. Während der Sommermonate tauschen die 8100 Einwohner die Skier gegen Wanderschuhe bzw. schwingen sich aufs Mountainbike, um das Gelände zwischen den Gipfeln zu erkunden. Die Stadt selbst war im 19. Jh. eine Silbermine. Die nette Hauptstraße ist gut erhalten und wird von teuren Galerien, Geschäften, Hotels, Restaurants und Bars gesäumt. Mit Ausnahme der Fertighäuser im Tal ist die Szenerie nach wie vor ganz hübsch. Die Hauptsaison ist der Winter (ca. Ende Dez.–März), den Rest des Jahres bleiben die Geschäfte z. T. an verschiedenen Tagen geschlossen und Dienstleistungen in den Resorts sind eingeschränkt.

Aktivitäten

Abgesehen von den Wintersportmöglichkeiten (Ski-Tagespass ab 80/45 US$ für Erw./Kinder) bieten die Resorts elegante Schlafmöglichkeiten unweit der Pisten, Restaurants und verschiedene Sommerakti-

DER GREAT SALT LAKE

Der Große Salzsee, einst Teil des prähistorischen Lake Bonneville, hat aktuell eine Fläche von 4400 km² und einen weit höheren Salzgehalt als das Meer – so hoch, dass man an der Oberfläche treibt. Der hübsche, 15 Meilen (24 km) lange **Antelope Island State Park** (www.stateparks.utah.gov; I-15-Ausfahrt 332; 9 US$/Wagen; ⏲7 Uhr–Sonnenuntergang), 40 Meilen (64 km) nordwestlich von SLC, bietet Wanderwege und die schönsten Strände für einen Hüpfer in den See (manchmal riecht es allerdings etwas streng!). Hier streift eine der größten Bisonherden des Landes umher. Der einfache **Campingplatz** (Stellplatz für Zelt & Wohnmobil 13 US$) ist ganzjährig geöffnet. Sechs Plätze werden nach dem *first-come, first-served*-Prinzip vergeben (wer zuerst kommt, mahlt zuerst), die restlichen 20 können reserviert werden.

vitäten wie Mountainbikeverleih oder Wanderungen (Zugang zu den Pfaden per Lift). In den Bergen ringsum verläuft ein fast 500 km langes Netz aus Wander-/Fahrradwegen; Karten gibt's in den Visitor Centers.

Park City Mountain Resort WINTERSPORT
(☎435-649-8111; www.parkcitymountain.com) Familienfreundlich und sehr zentral wartet dieses Resort mit Aktivitäten en masse auf: mehr als 1320 ha Skipisten, Snowtubing (in einem Reifen den Hang runter), Rodelbahnen, ein ganzjährig geöffneter Lift nahebei und eine Zipline für die Sommermonate.

Deer Valley Resort SKIFAHREN
(☎435-649-1000; www.deervalley.com) Das exklusivste Resort der Gegend ist bekannt für seine tollen Restaurants, das Hotel St. Regis, die supergepflegten Pisten und Ski-Service Achtung: Snowboarden ist verboten!

Canyons WINTERSPORT
(☎435-649-5400; www.thecanyons.com) Das Canyons ist schwer damit beschäftigt, sich im Rahmen einer Millionen Dollar teuren, mehrjährigen Erweiterung neu zu erfinden. Es ist schon jetzt das größte Skiresort Utahs und bietet einige neue Sklifte – darunter ein geschlossener, klimatisierter Viersitzer. Der Gondellift ist das ganze Jahr in Betrieb.

Utah Olympic Park ABENTEUERSPORT
(www.olyparks.com/uop; 3419 Olympic Pkwy; Eintritt frei, Führungen Erw./Kind 7/5 US$; ⏲9–18 Uhr) Hier kann man die olympischen Einrichtungen von 2002 besuchen – die Skisprung-Anlagen und die Bobbahn –, das Skimuseum anschauen und mit etwas Glück sogar beim Training der Profis zusehen (vorher anrufen und nach den Zeiten fragen!). Außerdem werden Sportcamps, Freestyle-Vorführungen und Winter-/Sommerrodeln (ab 60 US$) angeboten.

Historic Union Pacific Rail Trail PARK
(http://stateparks.utah.gov; Eintritt frei; ⏲24 Std.) Ein 45 km langer Mehrzweckpfad, der zu den State Parks gehört. Zugang hat man am Bonanza Dr, gleich südlich des Kearns Blvd.

Feste & Events

Sundance Film Festival FILMFESTIVAL
(www.sundance.org) Independent-Streifen und ihre Macher, Filmstars und Fans lassen die Stadt Ende Januar zehn Tage lang aus allen Nähten platzen. Pässe, Festival-Pauschalangebote und die wenigen Einzeltickets sind schon weit im Voraus ausgebucht und ausverkauft. Lange vorher planen!

ABSTECHER

MIRROR LAKE HIGHWAY

Diese Höhenstraße, auch als Hwy 150 bekannt, beginnt ca. 12 Meilen (19 km) östlich von Park City in **Kamas** und klettert auf der 65 Meilen (105 km) langen Strecke nach Wyoming auf mehr als 3000 m. Unterwegs eröffnen sich atemberaubende Bergpanoramen, man passiert viele Seen, Campingplätze und Ausgangspunkte von Wanderwegen durch den **Uinta-Wasatch-Cache National Forest** (www.fs.fed.us). Achtung: Wegen starker Schneefälle sind Abschnitte der Straße manchmal bis in die Frühlingsmonate hinein gesperrt; online informieren!

Schlafen

Park City wartet mit mehr als 100 Wohnungen, Hotels und Resorts auf. Eine vollständige Übersicht findet man unter www.visitparkcity.com. Hier sind die Winterpreise (Hauptsaison) aufgeführt; manchmal wird ein Mindestaufenthalt verlangt; in der Nebensaison sind die Unterkünfte nur halb so teuer (oder noch billiger!).

Sky Lodge LUXUSHOTEL $$$
(☎435-658-2500; www.theskylodge.com; 201 Heber Ave; Suite 285–495 US$;) Die urbane Architektur im Loft-Stil mit den schicken Sky-Lodge-Suiten stellt einen interessanten Kontrast zu den drei historischen Gebäuden dar, in denen die zur Anlage gehörenden Restaurants untergebracht sind. Stilvoller und zentraler geht es nicht!

Washington School House BOUTIQUEHOTEL $$$
(☎435-649-3800, 800-824-1672; http://washingtonschoolhouse.com; 543 Park Ave; Suite inkl. Frühstück 700 US$;) Der Architekt Trip Bennett überwachte die Restaurierung, die aus dem Kalkstein-Schulgebäude (erb. 1898) auf dem Hügel ein Luxusboutiquehotel mit zwölf Suiten machte. Wie haben sich die Kinder hier bloß jemals konzentrieren können? Immerhin konnten sie durch die fast 3 m hohen Fenster auf die Berge blicken und vor sich hin träumen.

Treasure Mountain Inn HOTEL $$$
(☎435-655-4501; www.treasuremountaininn.com; 255 Main St; Suite 235–295 US$;) Das erste Hotel in Park City, das zur Green Hotel Association gehört. Das bedeutet im Klartext: Windenergie und Bio-Zutaten im

Frühstücksrestaurant. Ein paar der noblen Apartments sind mit Kaminen ausgestattet, alle sind inklusive Küchen und in Erdfarben gehalten.

Chateau Après Lodge MOTEL $
(☎435-649-9372; www.chateauapres.com; 1299 Norfolk Ave; B/DZ/4BZ 40/105/155 US$; ☐) Die einzige Budgetunterkunft im Ort ist diese einfache Lodge von 1963 unweit des Skilifts. Im 1. Stock gibt's sogar ein Mehrbettzimmer. Im Voraus reservieren.

In diesen Motels im Lodge-Stil werden manchmal gute Schnäppchen angeboten:

Best Western Landmark Inn MOTEL $$$
(☎435-649-7300; www.bwlandmarkinn.com; 6560 N Landmark Dr; Zi. inkl. Frühstück 219–239 US$; ☐@☐☐)

Park City Peaks LODGE $$$
(☎435-649-5000; www.parkcitypeaks.com; 2121 Park Ave; Zi. 189–249 US$; ☐@☐☐)

Essen

Park City ist bestens bekannt für extrem feines Essen; eine bodenständige, günstige Mahlzeit ist schwieriger zu finden. Im Frühling und Sommer kann man die Zeitung *Park Record* nach Coupons durchstöbern, mit denen man 50% Rabatt auf Hauptgerichte bekommt. Nicht vergessen: Von April bis November sind die Öffnungszeiten teils kürzer und manchmal wird z.B. länger Mittagspause gemacht.

LP TIPP **Talisker** MODERN-AMERIKANISCH $$$
(☎435-658-5479; 515 Main St; Hauptgerichte 21–42 US$; ⏲17.30–22 Uhr) In der Küche wird erstklassiges Essen in raffinierte Delikatessen verwandelt: Lust auf Hummer-*hush-puppies* (Maismehlkrapfen)? Man hat die Wahl zwischen vier individuell gestalteten Speisesälen, in denen man sich von Chefkoch Jeff Murcko überraschen lässt. Die Speisekarte wechselt täglich. Ohne Reservierung geht hier nichts.

Maxwell's PIZZERIA $$
(1456 New Park Blvd; Stück Pizza 3 US$, Hauptgerichte 10–20 US$; ⏲So–Do 11–21, Fr & Sa 11–22 Uhr) In einer Freiluft-Mall nördlich der Stadt isst man Seite an Seite mit den Einheimischen. Der Pizza-Pasta-Bier-Imbiss befindet sich in einer Ecke am Ende der stylischen Redstone Mall. Die riesigen „Fat Boy"-Pizzas hat man in Nullkommanix vernichtet.

Zoom AMERIKANISCH $$$
(☎435-649-9108; 660 Main St; Hauptgerichte 20–36 US$; ⏲11.30–14.30 & 17–22 Uhr) In diesem durch und durch amerikanischen Restaurant wird man unter Garantie Mitbesitzer Robert Redford zu sehen bekommen, wenn nicht in persona, dann zumindest auf dem riesigen Porträt und den Sundance-Film-Festival-Fotos, die die Wände des früheren Zugdepots zieren. Besser reservieren!

Good Karma FUSION $$
(1782 Prospector Ave; Frühstück 7–12 US$, Hauptgerichte 10–20 US$; ⏲7–22 Uhr) Soweit möglich werden lokale Bio-Zutaten für die indisch-persischen Gerichte mit asiatischem Touch genommen. Das Good Karma ist anhand der tibetischen Gebetsflaggen, die draußen vor sich hinflattern, leicht auszumachen.

Wasatch Brew Pub PUB $$
(250 Main St; Sandwiches mittags 7–12 US$, Hauptgerichte abends 10–17 US$; ⏲11–22 Uhr) Die herzhafte Pub-Küche lässt sich gut mit einem der Fassbiere aus der Wasatch Brewery kombinieren, z.B. mit dem First Amendment Lager. Unbedingt mitnehmen: Ein T-Shirt mit der Aufschrift „Polygamy Porter – Why Have Just One?".

Abgesehen von sämtlichen Restaurants im Deer Valley Resort (S. 340) sind auch folgende noble Adressen sehr zu empfehlen (Reservierung empfohlen!):

Jean Louis Restaurant FRANZÖSISCH $$$
(☎435-200-0602; 136 Heber Ave; Hauptgerichte 27–40 US$; ⏲17.30–22 Uhr) Klassisch-französische Küche, nur einen Hauch versnobt.

Wahso FUSION $$$
(☎435-615-0300; 577 Main St; Hauptgerichte 25–36 US$; ⏲17–22 Uhr) Kultivierte indochinesische Kreationen.

Unterhaltung

Die Main St ist die Anlaufstelle mit mehr als einem halben Dutzend Bars, Clubs und Pubs. Im Winter geht jeden Abend die Post ab, in der Nebensaison ist am ehesten an den Wochenenden etwas los. Einen Veranstaltungskalender findet man unter www.thisweekinparkcity.com.

LP TIPP **High West Distillery & Saloon** BAR
(703 Park St; ⏲tgl. 14–1, April–Juni & Sept.–Dez. So & Mo geschl.) In einer früheren Werkstatt aus der Ära von Livrees und Fordmobilen ist heute der angesagteste Schuppen von Park City untergebracht. Auf Skiern kann man in die kleine Destillerie hineinschneien, um einen hausgemachten Roggenwhiskey zu kippen. Kann man sich überhaupt etwas Cooleres vorstellen?

No Name Saloon BAR

(447 Main St; ⌚11–1 Uhr) Ein Motorrad hängt von der Decke, aus den Boxen kommt Johnny Cashs „Jackson" und die Kellnerin schwindelt vielleicht, wenn es um die Geschichte dieser mit Nostalgie-Krimskrams gefüllten Bar geht.

O'Shucks PUB

(427 Main St; ⌚10–2 Uhr) Eine feierwütige Partymeute bevölkert diese Spelunke, die gerade bei jungen Snowboardern beliebt ist. Dienstags wird's besonders voll (*schooner* für nur 3 US$).

Egyptian Theatre Company THEATER

(www.egyptiantheatrecompany.org; 328 Main St) Das restaurierte Theater von 1926 ist einer der Hauptveranstaltungsorte während des Sundance Festivals; den Rest des Jahres werden Theaterstücke und Musicals vorgeführt und Konzerte geboten.

Praktische Informationen

Alpine Internet (638 Main St; Internetzugang 2,50 US$ für 15 Min.; ⌚6.30–18 Uhr)

Main Street Visitor Center (☎435-649-7457; 528 Main St; ⌚Mo–Sa 11–18, So 12–18 Uhr) Kleines Büro im Park City Museum (Downtown).

Visitor Information Center (☎435-649-6100; www.parkcityinfo.com; Ecke Hwy 224 & Olympic Blvd; ⌚Juni–Sept. Mo–Sa 9–19, So 11–16 Uhr, Okt.–Mai kürzer) Große Touristeninformation im nördlichen Kimball Junction.

Anreise & Unterwegs vor Ort

Am Salt Lake City Airport warten Sammeltransporter (39 US$/Strecke) und private Transporter (ab 99 US$ für 1–3 Pers.) von **Park City Transportation** (☎435-649-8567; www.parkcitytransportation.com) und **Powder for the People** (☎435-649-6648; www.powderforthepeople.com) auf Fahrgäste. Deises Unternehmen bietet zudem Powder-Chaser-Ski-Shuttles (hin & zurück ab 45 US$), die von Park City aus Kurs auf die Resorts bei Salt Lake City nehmen.

Das hervorragende öffentliche Nahverkehrssystem **Park City Transit** (www.parkcity.org/citydepartments/transportation) deckt einen Großteil der Stadt ab, auch die drei Skiresorts, und macht einen eigenen Wagen überflüssig. Die kostenlosen Oberleitungsbusse fahren von 8 bis 23 Uhr ein- bis sechsmal stündlich (im Sommer seltener). Online gibt's einen Fahrplan.

HEBER CITY & UMGEBUNG

Etwa 18 Meilen (29 km) südöstlich von Park City erstreckt sich das **Heber Valley** (www.gohebervalley.com) unterhalb des Uinta National Forest in den Wasatch Mountains. Heber City ist ziemlich zweckmäßig, mit einfachen Motels und Dienstleistungen. Von hier aus können verschiedene familienfreundliche Bummelfahrten mit der **Heber Valley Historic Railroad** (☎435-654-5601; www.hebervalleyrr.org; 450 S 600 West; Erw./Kind 30/25 US$; ⌚Ende Mai–Okt.) von 1904 durch den traumhaften **Provo Canyon** unternommen werden.

Im nahe gelegenen Midway kann man im **Homestead Crater** (☎435-654-1102; www.homesteadresort.com; Homestead Resort, 700 N Homestead Dr; Eintritt 15 US$; ⌚10–19 Uhr) schwimmen, einem 20 m tiefen, geothermischen Pool (32 °C) in einem großen Kalksteinkegel unter freiem Himmel.

> NICHT VERSÄUMEN
>
> **ROBERT REDFORDS SUNDANCE RESORT**
>
> Hat man sich auf dem schmalen, Haken schlagenden Hwy 92 bergauf vorgearbeitet, darf man sich auf etwas ganz Besonderes freuen: Robert Redfords **Sundance Resort** (☎801-225-4107; www.sundanceresort.com; 9521 Alpine Loop Rd, Provo; Zi. 225–319 US$; @📶). Wer sich die Übernachtung in der elegant-rustikalen, umweltbewussten Wildnisoase nicht leisten kann, könnte sich zumindest ein tolles Essen im Treehouse-Restaurant oder Deli gönnen, eine Vorführung im Amphitheater unter freiem Himmel mitverfolgen oder beim Töpfern in der „Kunsthütte" zusehen (die Tonwaren stehen auch zum Verkauf). Weitere Aktivitäten vor Ort: Skilaufen, Wandern und Wellnessbehandlungen. Das Resort liegt 30 Meilen (38 km) südlich von Park City und 50 Meilen (80 km) südöstlich von SLC.

Nordostutah

Die meisten Touristen fahren wegen des Dinosaur National Monument in den Nordosten des Staates, diese ländliche, ölreiche Gegend hat aber noch mehr fesselnde Wildnis zu bieten. Sämtliche Städte liegen eine Meile über dem Meeresspiegel.

VERNAL

Vernal, die Hauptstadt von Utahs „Dinosaur Country", heißt die Besucher mit einer riesigen rosafarbenen Dino-Figur und jeder Menge Restaurants und Motels willkommen, die auch in irgendeiner Form an das Dinosaurier-Motto anknüpfen.

Der informative Film im **Utah Field House of Natural History State Park Museum** (http://stateparks.utah.gov; 496 E Main St; ⌚Mo–Sa 9–17 Uhr; 👪) liefert eine umfassende Einführung zum Thema Dinosaurier in Utah. Die interaktiven Ausstellungen, Videos und natürlich die riesigen Fossilien stehen in direktem Bezug zur Region.

Don Hatch River Expeditions (☎435-789-4316; www.donhatchrivertrips.com; 221 N 400 East; ⌚Mai–Sept.) organisiert Rafting und Bootsfahrten auf dem Green und dem Yampa River.

Kettenmotels gibt's hier viele. Wer etwas anderes ausprobieren möchte, sollte das edle **Landmark Inn & Suites** (☎435-781-1800; Rte 149; Zi. inkl. Frühstück 69–109 US$; 📶) ansteuern. Amerikanische Hausmannskost gibt's im **Naples Country Café** (1010 E Hwy 40; Frühstück & Sandwiches 4–8 US$, Hauptgerichte 9–15 US$; ⌚7–22 Uhr), darunter auch turmhohe Baiserkuchen.

Das **Dinosaurland Travel Board** (☎800-477-5558; www.dinoland.com; 134 W Main; ⌚Mo–Fr 8–17 Uhr) versorgt Touristen mit Infos zur gesamten Region. Außerdem bekommt man Broschüren mit Wegbeschreibungen zu Felszeichnungen und Dinospuren.

DINOSAUR NATIONAL MONUMENT

Hier wurde 1909 eins der größten Felder mit Dinosaurierfossilien Nordamerikas entdeckt. Highlight dieser **nationalen Stätte** (www.nps.gov/dino; 10 US$; ⌚9–17 Uhr) ist ein Steinbruch mit Hunderten von Knochen, die z. T. freigelegt, aber nicht aus dem Stein entfernt wurden. Man kann weitere, 150 Mio. Jahre alte Fossilien am Weg sehen und dem Scenic Drive folgen, der zu indianischen Felsenmalereien führt. Das National Monument überspannt die Grenze zu Colorado. Der zu Utah gehörende Teil umfasst sämtliche Fossilien und liegt ca. 15 Meilen (24 km) östlich von Vernal (die Highways 40 und 149 nehmen!).

FLAMING GORGE NATIONAL RECREATION AREA

Die **Gorge Area** (Eintritt 5 US$/Wagen) ist nach dem glühendroten Sandstein benannt. Das Ufer des Wasserreservoirs ist über 600 km lang; man kann Boot fahren, fliegenfischen und auf dem Green River raften, Forellen angeln, wandern oder im Winter langlaufen. Die Lage des Sees auf 1840 m verspricht angenehm warme, aber nicht zu heiße Sommer; die Tageshöchsttemperaturen liegen bei etwa 27 °C. Allgemeine Infos gibt's unter www.flaminggorgecountry.com, übers Campen informieren die USFS-**Flaming Gorge Headquarters** (☎435-784-3445; www.fs.fed.us/r4/ashley/recreation; 25 W Hwy 43; ⌚Mo–Fr 8–17 Uhr).

Die **Red Canyon Lodge** (☎435-889-3759; www.redcanyonlodge.com; 790 Red Canyon Rd, Dutch John; Hütten 110 US$; ⌚Nov.–März Mo–Do geschl.) bietet Aktivitäten wie Angeln, Rudern, Rafting und Reiten an. Die angenehm rustikalen Hütten sind garantiert fernseherfrei! Das **Flaming Gorge Resort** (☎435-889-3773; www.flaminggorgeresort.com; 155 Greendale/Hwy 191, Dutch John; Zi. 110 US$, Suite 150 US$) bietet ähnliche Wasseraktivitäten und vermietet Motelzimmer und Suiten. Beide Unterkünfte haben vernünftige Restaurants.

Südostutah

Die schneebedeckten Gipfel in der Ferne liefern einen extremen Kontrast zu den roten Canyons, den Markenzeichen dieser rauen Ecke des Colorado Plateaus. Mehr als 65 Mio. Jahre hat sich das Wasser des Colorado und des Green Rivers in schlangenförmigen Serpentinen durch den Stein gefressen und Schluchten mit steil aufragenden Felswänden geschaffen. Diese bilden heutzutage die Grenzen des weitläufigen Canyonlands National Park. Im nahe gelegenen Arches National Park sind durch Erosionsvorgänge Tausende von Steinbogen und andere Felsformationen entstanden. Am besten sucht man sich eine Unterkunft zwischen den Parks, etwa in Moab, einem Mekka für alle Arten von Aktivitäten von Mountainbiken über Rafting bis zu Jeeptouren. In den entlegenen Wildnisgebieten und Parks ganz im Südosten des Staats liegen verstreut Stätten der Anasazi. Am bekanntesten ist ohne Zweifel das Monument Valley, das sich bis nach Arizona erstreckt.

GREEN RIVER

Die „Wassermelonenhauptstadt der Welt", Green River, eignet sich gut als Basis für Raftingabenteuer auf dem gleichnamigen Fluss und auf dem Colorado. Der legendäre einarmige Bürgerkriegsveteran, Geologe und Ethnologe John Wesley Powell nahm die beiden Flüsse 1869 und 1871 als Erster in Augenschein. Im **John Wesley Powell River History Museum** (☎435-564-3427; www.jwprhm.com; 1765 E Main St; Erw./Kind

4/1 US$; ⌚So–Sa 8–19 Uhr) kann man mehr über seine fantastischen Reisen erfahren. Darüber hinaus beherbergt das Museum Exponate zu den Fremont-Indianern, zur Geologie und Lokalgeschichte und dient als Besucherzentrum.

Die Tourveranstalter **Holiday Expeditions** (☎435-564-3273; www.holidayexpeditions.com) und **Moki Mac River Expeditions** (☎435-564-3361; www.mokimac.com) organisieren ganztägige Raftingtouren (Erw./Kind ab 80/40 US$) inklusive Mittagessen und Transport und mehrtägige Ausflüge.

Das saubere **Robbers Roost Motel** (☎435-564-3452; www.rrmotel.com; 325 W Main St; EZ 31–38 US$, DZ 40–45 US$;), ein Familienbetrieb, ist eine nette, kleine Budgetunterkunft. Viele der Motelzimmer im sehr viel größeren **River Terrace Inn** (☎435-564-3401; www.river-terrace.com; 1880 E Main St; Zi. inkl. Frühstück 110–106 US$;) gewähren einen Blick auf den Fluss. Nach dem Raften einen Burger mit den anderen müden Kriegern in **Ray's Tavern** (25 S Broadway; Hauptgerichte 8–26 US$; ⌚11–22 Uhr) zu verdrücken, ist ohne Zweifel das beste Mittel gegen Heißhunger!

Im Südosten Utahs ist der Bahnhof von Green River der einzige, an dem der *California Zephyr* von **Amtrak** (☎800-872-7245; www.amtrak.com; 250 S Broadway) auf der täglichen Fahrt nach Denver, CO, hält (85 US$, 10¾ Std.). Green River liegt 182 Meilen (293 km) südöstlich von Salt Lake City und 52 Meilen (84 km) nordwestlich von Moab.

MOAB

Die größte Stadt im Südosten von Utah hat 5121 Einwohner und betitelt sich selbst als „Freizeithauptstadt" ... Junge, Junge, wie sie diesem Titel gerecht wird! Jede Menge Anbieter von Rafting-, Mountainbike-, Reit- und Jeepabenteuern haben sich hier niedergelassen und führen Besucher in die umliegenden Parks. Tagsüber kann man durch den Arches oder Canyonlands National Park streifen und sich abends auf ein gemütliches Bett, einen Whirlpool und jede Menge erstaunlich guter Restaurants freuen. Man muss sich allerdings im Klaren darüber sein, dass dieser Abenteuerspielplatz unter freiem Himmel längst kein Geheimtipp mehr ist: Die Stadt ist total überlaufen, vor allem anlässlich der Festivals im Frühling und Herbst. Immerhin: Wenn einen der Verkehr einmal allzu sehr nerven sollte, kann man sich jederzeit in die weitläufige Wüste ringsum verkrümeln.

LOCAL PASSPORTS

In den Nationalparks der Umgebung werden *local passports* (25 US$/Wagen) verkauft, mit denen man ein Jahr lang Zutritt zu den Nationalparks Arches und Canyonlands sowie den National Monuments Hovenweep und Natural Bridges hat. **Federal Park Passes** (www.nps.gov/findapark/passes.htm; Erw./Senior 80/10 US$ pro Wagen) sind online erhältlich und berechtigen ein Jahr lang, sämtliche staatlichen Erholungsgebiete zu besuchen; wer so einen Pass kauft, unterstützt die traumhaften Parks im gesamten Südwesten der USA.

Aktivitäten

Das Moab Visitor Center gibt verschiedene Broschüren zu nahe gelegenen Stätten mit Felszeichnungen, zu Wanderwegen, malerischen Autorouten etc. aus. Lokale Veranstalter haben halb- bis mehrtägige Ausflüge im Angebot inklusive des Transports, einer bestimmten Aktivität und manchmal auch der Mahlzeiten (ab 50 US$ für 4 Std.). Zu den besten Adressen zählen:

Sheri Griffith Expeditions RAFTEN
(☎435-259-8229; www.griffithexp.com; 2231 S Hwy 191) Angesehener Rafting-Anbieter, der noch weitere Sportarten im Programm hat.

Canyon Voyages ABENTEUERSPORT
(☎435-259-6007; www.canyonvoyages.com; 211 N Main St) Rafting, kombinierte Touren mit Rafting, Radfahren und Jeepfahrten, Kajak- und Kanuverleih.

Poison Spider Bicycles RAD FAHREN & MOUNTAINBIKEN
(☎435-259-7882; www.poisonspiderbicycles.com; 497 N Main St) Mountainbike- und City-Bike-Verleih sowie Touren; toller Service.

Farabee's Jeep Rental & Outlaw Tours EXTREMSPORT
(☎435-259-7494; www.farabeesjeeprentals.com; 1125 S Highway 191) Jeepverleih und Geländetouren auf eigene Faust oder mit Guide.

Red Cliffs Lodge REITEN
(☎435-259-2002; www.redcliffslodge.com/tours-activities; Meile 14, Hwy 128) Halbtägige Ausritte.

Schlafen

Die meisten Unterkünfte haben Abstellgelegenheiten für Fahrräder und einen Whirlpool, in dem man überstrapazierte Muskeln einweichen kann. Obwohl es Motels wie Sand am Meer gibt, ist die Stadt manchmal komplett ausgebucht; von März bis Oktober sollte man unbedingt reservieren!

Auf den **BLM-Zeltplätzen** (www.blm.gov/utah/moab; Stellplatz für Zelt & Wohnmobil 8–12 US$; ganzjährig) werden die Plätze nach dem *first-come-first-served*-Prinzip vergeben. In der Hauptsaison kann man im Moab Information Center nachfragen, welche Campingplätze belegt sind.

Cali Cochitta B&B $$
(435-259-4961; www.moabdreaminn.com; 110 S 200 East; Hütten inkl. Frühstück 125–160 US$;) In den gemütlichen Backsteinhäuschen einen kurzen Spaziergang von Downtown Moab entfernt fühlt man sich wie zuhause. Der lange Holztisch auf der Terrasse lädt zum Frühstücken in großer Runde ein.

Sorrel River Ranch LODGE $$$
(435-259-4642; www.sorrelriver.com; Meile 17, Hwy 128; Zi. 340–530 US$;) Das einzige Luxusresort mit Restaurant und allen weiteren „Schikanen" im Südosten von Utah (erb. 1803) diente ursprünglich als Wohnhaus. Die Lodge und die Blockhütten stehen auf einem ca. 100 ha großen Gelände am Colorado River. Hier werden jede Menge Aktivitäten angeboten.

Redstone Inn MOTEL $
(435-259-3500; www.moabredstone.com; 535 S Main St; Zi. 79–99 US$;) Super Budgetunterkünfte in einfachen, mit Kiefernholz verkleideten Zimmern inklusive Kühlschrank, Mikrowelle, Kaffeemaschine und kostenlosem Internetzugang (mit Kabel allerdings). Die Wände sind ein bisschen dünn. Dafür gibt's einen Whirlpool und man kann das Schwimmbecken des Schwesterhotels gegenüber nutzen.

Gonzo Inn MOTEL $$
(435-259-2515; www.gonzoinn.com; 100 W 200 South; Zi. 159 US$, Suite 205–339 US$, inkl. Frühstück April–Okt.;) Aufgemotztes Standardmotel mit witzigen Retro-Elementen (die Farben!); beliebt bei Radfahrern.

Adventure Inn Moab MOTEL $
(435-259-6122; www.adventureinnmoab.com; 512 N Main St; EZ/DZ inkl. Frühstück 65/80 US$; Nov.–Feb. geschl.;) Netter einstöckiger Familienbetrieb.

Essen

In Moab gibt es jede Menge Orte für einen Boxenstopp, von Backpacker-Cafés bis zu Nobelrestaurants für Gourmets. In den Unterkünften liegt gewöhnlich der *Moab Menu Guide* (www.moabmenuguide.com) aus. Manche Restaurants schließen von Dezember bis März früher bzw. bleiben an manchen Tagen komplett geschlossen.

LP TIPP **Love Muffin** CAFÉ $
(139 N Main St; Hauptgerichte 6–8 US$; 7–14 Uhr;) Junge Mütter und andere Frühaufsteher verputzen die hausgemachten Muffins, z.B. die Frühstücksmuffins mit Speck und Blaubeeren, wenn der Rest der Stadt noch friedlich schlummert. Doch keine Sorge, das quirlige Café bietet auch Sandwiches, Frühstücks-Burritos und kreative Eiergerichte wie „Verde" mit Rinderbrust und Salsa. Es werden hauptsächlich Bio-Zutaten verwendet.

Jeffrey's Steakhouse STEAK $$$
(435-259-3588; 218 N 100 West; Hauptgerichte 22–40 US$; 17–22 Uhr) In dem historischen Sandsteingebäude ist einer der neuesten Stars der lokalen Restaurantszene untergebracht: Bei Jeffrey's versteht man keinen Spaß, wenn es um Rindfleisch geht – die Tiere bekommen gutes Futter, das Fleisch wird nach Wagyu-Art zubereitet und in großzügigen Portionen serviert. Wenn die Stimmung gut ist, kann man nach dem Essen in die schicke Ghost Bar treppauf wechseln. Besser reservieren!

Moab Brewery AMERIKANISCH $$
(686 S Main St; Hauptgerichte 8–18 US$; Mo–Do 11.30–22, Fr & Sa 11.30–23 Uhr) Eine gute Adresse für eine Gruppe von Leuten mit unterschiedlichen Gelüsten. Sich für eins der vor Ort gebrauten Biere zu entscheiden, die in den Fässern hinter der Bar gelagert werden, ist wahrscheinlich einfacher als ein Gericht von der umfangreichen, abwechslungsreichen Karte zu wählen.

Miguel's Baja Grill MEXIKANISCH $$
(51 N Main St; Gerichte 12–20 US$; 17–22 Uhr) Baja-Fisch-Tacos und Margaritas im luftigen Patio mit bunten Wänden. Die Fajitas, *chile rellenos* (gefüllte Chilis) und Meeresfrüchtegerichte sind allesamt schön groß.

Buck's Grill House SOUTHWEST $$$
(1394 N Hwy 191; Hauptgerichte 15–36 US$; 17.30–21.30 Uhr;) Gediegen-moderne Südwest-Rezepte: Enten-Tamales mit Adobo, Elcheintopf mit Meerrettichsahne, ...

Milt's BURGER $
(356 Mill Creek Dr; Hauptgerichte 3–6 US$; Mo–Sa 11–20 Uhr) Ein klassischer Burgerstand

von 1954: frisch geschnittene Pommes und dickflüssige Milchshakes ... soooo gut!

Shoppen

Nahe der Kreuzung zwischen Center St und Main St sollte man die Augen offenhalten nach Kunst- und Fotogalerien sowie Souvenir-T-Shirts und indianischem Nippes.

Arches Book Company & Back of Beyond BÜCHER
(83 N Main St;) Hervorragende Buchläden direkt nebeneinander mit einer super Auswahl an regionalen Titeln. Ein Café darf natürlich nicht fehlen.

Praktische Informationen

Die meisten Geschäfte und Dienstleister, Tankstellen und Geldautomaten findet man am Hwy 191, der im Stadtzentrum Main St heißt.

BLM (435-259-2100; www.blm.gov/utah/moab) Unterstützung per Telefon oder E-Mail.

Grand County Public Library (25 S 100 East; kostenl.; Mo–Fr 9–20, Sa bis 17 Uhr) 15 Minuten ohne Anmeldung, für längere Sitzungen muss man sich registrieren.

Moab Area Travel Council (435-259-8825; www.discovermoab.com; Mo–Fr 8–17 Uhr) Genial für die Reisevorbereitung

Moab Information Center (Ecke Main & Center St; 8–20 Uhr) Exzellente Infoquelle (deckt die Parks, Wanderwege, Aktivitäten, Zeltplätze und das Wetter ab). Gut sortierter Buchladen und fachkundiges Personal. Infos nur persönlich.

Anreise & Unterwegs vor Ort

Great Lakes Airlines (800-554-5111; www.flygreatlakes.com) fliegt regelmäßig vom **Canyonlands Airport** (www.moabairport.com) 16 Meilen (26 km) nördlich der Stadt (via Hwy 191) nach Denver, CO, Las Vegas, NV, und Page, AZ.

Transporter von **Moab Luxury Coach** (435-940-4212; www.moabluxurycoach.com) fahren regelmäßig ab/nach SLC (einfache Strecke 149 US$, 4¾ Std.) und Green River (einfache Strecke 119 US$, 3¾ Std.). **Roadrunner Shuttle** (435-259-9402; www.roadrunnershuttle.com) und **Coyote Shuttle** (435-260-2097; www.coyoteshuttle.com) stellen bei Bedarf Shuttles für Radfahrer und Wanderer, zum Fluss und zum Flughafen zur Verfügung.

Moab liegt 235 Meilen (378 km) südöstlich von Salt Lake City und 150 Meilen (241 km) nordöstlich vom Capital Reef National Park.

ARCHES NATIONAL PARK

Arches (www.nps.gov/arch; 7-Tages-Pass 10 US$/Wagen; 24 Std., Besucherzentrum April–Okt. 7.30–18.30, Nov.-März 8–6.30 Uhr), einer der schönsten Parks im Südwesten, wartet mit der größten Konzentration an Sandsteinbogen weltweit auf. Bei der letzten Zählung waren es mehr als 2000 Stück, die zwischen 1 bis 100 m hoch sind. Fast 1 Mio. Besucher pilgern Jahr für Jahr in diesen Nationalpark, der nur 5 Meilen (8 km) nördlich von Moab (am Hwy 191) liegt. Viele besonders schöne Formationen sind über asphaltierte Straßen und relativ kurze Spazierwege zu erreichen, und der Großteil des Parks kann problemlos an einem Tag besichtigt werden. Keine Lust auf Menschenmassen? Dann sollte man eine Exkursion bei Mondschein in Betracht ziehen; dann ist es zudem kühler und die Felsen verbreiten eine beinahe gespenstische Stimmung.

Zu den Highlights zählen der **Balanced Rock**, der **Delicate Arch**, ein sehr beliebtes Fotomotiv (die schönsten Bilder entstehen am späten Nachmittag), der lang gestreckte **Landscape Arch** und die populären **Windows Arches**. An den beiden täglichen Ranger-Führungen durch die schmalen Schluchten des **Fiery Furnace** (Erw./Kind 10/5 US$; April–Okt.) kann man nur nach vorheriger Reservierung teilnehmen (persönlich oder online unter www.recreation.gov).

Wegen der Wasserknappheit und der Hitze sieht man nur wenige Wanderer, längere Wanderungen sind aber erlaubt (mit kostenloser Genehmigung, erhältlich im Visitor Center). Der malerische **Devils Garden Campground** (518-885-3639; www.recreation.gov; Hwy 191; Stellplatz für Zelt & Wohnmobil 20 US$), 18 Meilen (29 km) von Visitor Center entfernt, ist von März bis Oktober heiß begehrt. 52 Stellplätze können reserviert werden, 24 werden ohne vorherige Buchung vergeben.

CANYONLANDS NATIONAL PARK

Lamellen, Brücken, spitze Nadeln, Türmchen, Krater, Tafelberge und kleine Hügel aus rotem Stein – **Canyonlands** (www.nps.gov/cany; 7-Tages-Pass 10 US$/Wagen; 24 St.) ist eine Vision der Alten Welt, eine verfallende, schwindende Schönheit. Straßen und Flüsse bahnen sich ihren Weg durch diese Wildnis, eine Hochwüste mit einer Fläche von 1365 km², doch die Landschaft ist größtenteils unberührt. Besucher können wandern, raften (der Cataract Canyon bietet so ziemlich die gewaltigsten Stromschnellen im Westen) oder Jeeptouren unternehmen. Wichtig ist, dass man ausreichend Benzin, Proviant und Wasser dabei hat!

Die Schluchten des Colorado und des Green River unterteilen den Park in drei Abschnitte. **Island in the Sky** (435-

259-4712; ⌚Visitor Center Nov.–April 9–16.30, März–Okt. 9–18.30 Uhr) ist am einfachsten zu erreichen und gewährt fantastische Ausblicke. Unsere liebste Kurzwanderung ist der 800 m lange Rundweg zum viel fotografierten **Mesa Arch**, einer schlanken Brücke zwischen den Felsen, die den perfekten „Bilderrahmen" für den Washer Woman Arch und den Buck Canyon liefert. Ein Stück weiter befindet sich der Ausgangspunkt des Wanderwegs zum **Grand View Overlook**. Der Weg führt an der Schluchtkante entlang und endet an einem halsbrecherischen Abgrund. Dieser Teil des Parks ist 32 Meilen (51 km) von Moab entfernt (erst auf dem Hwy 191 nach Norden, dann auf dem Hwy 313 nach Südwesten fahren).

Needles (☎435-259-4711; ⌚Visitor Center Nov.–Feb. 9–16.30, März–Mai 8–18, Juni–Okt. 8–17 Uhr), der zweite Parkabschnitt (40 Meilen (64 km) von Moab entfernt), ist wilder und abgeschiedener – ideal für eine längere Wandertour mit dem Rucksack. Erst auf dem Hwy 191 nach Süden fahren und dann den Hwy 211 nach Westen nehmen!

Dann wäre da noch der **Maze**-Abschnitt (keine touristische Infrastruktur), ein unberührtes, entlegenes Areal abseits des Hwy 24, das nur mit allradbetriebenen Wagen erreicht werden kann. In der Great Gallery im **Horseshoe Canyon** kann man großformatige indianische Felsbildkunst aus prähistorischer Zeit bewundern. Einen Ausflug hierhin sollte man nicht ohne entsprechende Vorbereitung unternehmen; am besten mit den Rangern in den anderen beiden Parkabschnitten sprechen!

Neben den üblichen Parkgebühren muss man auch für Genehmigungen zahlen (5–30 US$), um im Hinterland campen zu dürfen bzw. bei Jeep- oder Flusstouren mit Übernachtung. Reservierungen (ausschließlich per Fax oder E-Mail) beim **NPS** (☎435-259-4351, Fax 435-259-4285; www.nps.gov/cany/planyourvisit/backcountrypermits.htm) mindestens zwei Wochen im Voraus vornehmen, vor allem im Frühling und Herbst! Wenn man Glück hat, gibt es noch ein paar Stellplätze für denselben oder den nächsten Tag; im jeweiligen Visitor Center nachfragen, wenn man die Zeltgenehmigungen abholt!

DEAD HORSE POINT STATE PARK

Dieser kleine, wunderschöne **State Park** (www.stateparks.utah.gov; Hwy 313; Eintritt 10 US$; ⌚6–22 Uhr, Visitor Center 8–17 Uhr) hat schon in mehreren Filmen als Kulisse gedient, z. B. in der Anfangsszene von *Mission Impossible II* und beim großen Finale von *Thelma & Louise*. Der Park liegt gleich neben dem Hwy 313 (dem Canyonlands-Highway) und gewährt atemberaubende Aussichtspunkte an Schluchten aus rotem Stein, eingefasst von weißen Felsen, mit Blick auf den Colorado River, den Canyonlands National Park und die La Sal Mountains in der Ferne. Der **Kayenta Campground** (☎801-322-3770; http://utahstateparks.reserveamerica.com; Hwy 313; Stellplatz für Zelt & Wohnwagen 20 US$) hat 21 Stellplätze. Wasser ist nur in begrenzter Menge vorhanden (eigenen Vorrat mitbringen!). Die vier Stellplätze für Zelte gehen an die „Schnellsten", der Rest läuft per Reservierung.

NICHT VERSÄUMEN

NEWSPAPER ROCK RECREATION AREA

Dieses winzige, kostenlose Erholungsgebiet trumpft mit einer riesigen Sandsteinwand voller **Petroglyphen** auf (mehr als 300 Stück!), die den Ute und Anazasi zugeschrieben werden. Die ältesten Zeichnungen haben 2000 Jahre auf dem Buckel. Die roten Figuren, die in den schwarzen „Wüstenlack" geritzt wurden, sind geniale Fotomotive (abendliches Licht von der Seite ist optimal). Viele Touristen machen auf dem Weg zum 8 Meilen (13 km) weiter gelegenen Needles-Abschnitt des Canyonlands National Park einen kurzen Abstecher zum Newspaper Rock; vom Hwy 191 kommend, muss man dem Hwy 211 12 Meilen (19 km) lang folgen.

BLUFF

Dieses winzige Städtchen (283 Ew.), umgeben von roten Felsen, eignet sich gut als entspannte Basis für Ausflüge in den herrlich einsamen Südosten Utahs. Es liegt am San Juan River, an der Kreuzung zwischen den Highways 191 und 163, 100 Meilen (161 km) südlich von Moab. Bluff wurde 1880 von Mormonen-Pionieren gegründet; ein paar alte Gebäude sind erhalten, einige Siedlerhütten wurden nachgebaut.

Wer sich für Felsenkunst und -behausungen interessiert, sollte Vaughn Hadenfeldt von **Far Out Expeditions** (☎435-672-2294; www.faroutexpeditions.com; Ecke 7th St & Mulberry St; Tagestour ab 165 US$) als Führer für eine ein- oder mehrtägige Wanderung in der Wüste anheuern. Wer mit **Wild Rivers Expeditions** (☎800-422-7654; www.riversandruins.com; 101 Main St; Tagesausflug Erw./Kind 165/120 US$; ⌚März–Okt.) raften geht, wird auch einige historische Stätten besuchen; diesem Anbieter liegen Geschichte und Geologie besonders am Herzen.

Eine rustikale, gemütliche Unterkunft, in der Gästen ein herzlicher Empfang bereitet wird, ist die **Recapture Lodge** (☎435-672-2281; www.recapturelodge.com; Hwy 191; Zi. inkl. Frühstück 60–80 US$; @🛜🏊). Die Besitzer kennen die Gegend wie ihre Westentasche. Von der Lodge aus führen Wanderwege zum Fluss. Ebenfalls nett sind die geräumigen holzverkleideten Zimmer im **Desert Rose Inn** (☎435-672-2303; www.desertroseinn.com; 701 W Main St; Zi. 99–119 US$; ❄@🛜).

Das alternative **Comb Ridge Coffee** (Hwy 191; Hauptgerichte 2–6 US$; ⌚Mi–So 7–15, Nov.-Feb. unterschiedl.; 🖋) verwöhnt in einem Gebäude aus Adobe und Holz seine Gäste mit Espresso, Muffins und Pfannkuchen aus blauem Maismehl. Mittags und abends ist die nachhaltige **San Juan River Kitchen** (75 E Main St; Mittagessen 8–13 US$, Abendessen 9–20 US$; ⌚Di–So 11–21 Uhr) eine gute Adresse: ausgefallene mexikanisch-amerikanische Gerichte aus regionalen Zutaten.

NATURAL BRIDGES NATIONAL MONUMENT

55 Meilen (88 km) nordwestlich von Bluff und 40 Meilen (64 Meilen) westlich von Blanding befindet sich dieses wirklich abgeschiedene **National Monument** (www.nps.gov/nabr; Hwy 275; Eintritt 6 US$/Wagen; ⌚24 Std., Visitor Center April–Sept. 8–18, Okt.–März 8–17 Uhr) mit seinem Canyon aus weißem Sandstein (jawohl, weiß, nicht rot!), in dem drei imposante und leicht zugängliche natürliche Brücken zu bestaunen sind. Die älteste, die Owachomo Bridge, ist 55 m lang, aber nur 3 m breit. Auf dem ebenen, 9 Meilen (14 km) langen Scenic Drive kann man sich einen Überblick verschaffen. 13 einfache **Stellplätze für Zelte & Wohnwagen** (10 US$) werden nach dem first-come, first-served-Prinzip vergeben; es gibt genug Platz für zusätzliche Zelte, aber keine sonstigen Dienstleistungen (kein Essen, kein Benzin und keine Geschäfte in der Nähe).

HOVENWEEP NATIONAL MONUMENT

Markenzeichen des traumhaften, aber untouristischen **Hovenweep National Monument** (Hwy 262; Eintritt 6 US$/Wagen; ⌚Sonnenaufgang–Sonnenuntergang, Visitor Center April–Sept. 8–18, Okt.–März 8–17 Uhr) sind die prähistorischen Türme und Kornspeicher der Anazasi. Der Name des Areals bedeutet „verlassenes Tal" in der Sprache der Ute. Die Bauten der Square Tower Group befinden sich in der Nähe des Visitor Centers, zu den übrigen Stätten muss man lange Wanderungen unternehmen. Der **Campingplatz** (Stellplatz für Zelt & Wohnwagen 10 US$) bietet 31 einfache Stellplätze (*first-come, frist-served*), aber weder Benzin noch Essen. Der Hauptzugangspunkt ist östlich des Hwy 191 auf dem Hwy 262 (via Hatch Trading Post), über 40 Meilen (64 km) nordöstlich von Bluff.

MONUMENT VALLEY

25 Meilen (40 km) westlich von Bluff, hinter dem Dorf **Mexican Hat** (es ist nach einem leicht auszumachenden Felsen in Form eines Sombreros benannt), führt der Hwy 163 nach Südwesten auf das Gebiet der Navajo-Indianer. 30 Meilen (48 km) weiter südlich erheben sich die unglaublichen Tafelberge und Hügel des **Monument Valley**. Ein Großteil dieses Gebiets, darunter auch der Tribal Park mit einem 17 Meilen (27 km) langen, unbefestigten Rundweg, gehört zu Arizona. Alles zu den Sehenswürdigkeiten und der Infrastruktur steht ab S. 323.

Südwestutah

Die Einheimischen sprechen vom „Color Country", dem Farbenland, doch selbst diese Bezeichnung wird einer Landschaft, die von innen heraus zu strahlen scheint, nicht gerecht. Zu nennen sind die karmesinroten Schluchten des Zion Canyon, die zierlichen rosa- und orangefarbenen Minarette des Bryce Canyon und die gelbweißen Kuppeln von Capitol Reef. Dieses umwerfende Gebiet beherbergt drei Nationalparks und das gigantische Grand Staircase-Escalante National Monument (GSENM).

Wir haben die Sehenswürdigkeiten in diesem Kapitel geografisch geordnet, grob von Nordost nach Südwest. Als Orientierung dienen die unfassbar malerischen Highways 12 und 89 vom Capitol Reef National Park zum Zion National Park und nach St. George.

CAPITOL REEF NATIONAL PARK

Nicht so überlaufen wie die übrigen Nationalparks und dabei nicht minder schön ist **Capitol Reef** (www.nps.gov/care; Ecke Hwy 24 & Scenic Dr; Eintritt frei, Scenic Drive 5 US$/

Wagen; ⌚24 Std., Visitor Center & Scenic Drive April–Okt. 8–18, Nov.–März bis 16.30 Uhr). Innerhalb seiner Grenzen verläuft ein Großteil des 100 Meilen (161 km) langen Waterpocket Fold, einer Erdfalte, die vor 65 Mio. Jahren entstanden ist. Die freigelegten Gesteinsschichten liefern eine Art Querschnitt durch die Erdgeschichte und sind von einer geradezu künstlerischen Farbintensität. Der Hwy 24 führt quer durch den Park, aber man sollte auf jeden Fall auf dem **Scenic Drive** nach Süden fahren, um sich die Obstgärten anzusehen, ein Vermächtnis der Mormonensiedler. Je nach Jahreszeit kann man Kirschen, Pfirsiche und Äpfel pflücken und zudem das historische **Gifford Farmhouse** besichtigen, einen alten Bauernhof. Dort werden Mini-Obstpasteten verkauft. Von Frühling bis Herbst sind die grasbewachsenen **Stellplätze für Zelte & Wohnwagen** (10 US$) schnell belegt (wer zuerst kommt, mahlt zuerst).

TORREY

Nur 15 Meilen (24 km) westlich von Capital Reef entfernt dient die kleine Pionierstadt Torrey den meisten Besuchern als Basis für Entdeckungstouren in die Umgebung.

Ty Markham hat wirklich ganze Arbeit geleistet: Das geräumige **Torrey Schoolhouse** (☎435-633-4643; www.torreyschoolhouse.com; 150 N Center St; Zi. inkl. Frühstück 110–115 US$; ⌚April–Okt.; ❄📶) von 1914 dient jetzt als B&B. Die Zimmer haben hohe Decken und verströmen eine dezente Country-Eleganz. Das Gourmetfrühstück ist durch und durch Bio. Die **Austin's Chuck Wagon Lodge** (☎435-425-3335; www.austinschuckwagonmotel.com; 12 W Main St; Zi. 75–85 US$, Hütten 135 US$; ⌚Mitte März–Okt.; ❄📶🏊) mit Western-Flair bietet saubere, einfache und geräumige Motelzimmer. Sie sind mit robusten Möbeln eingerichtet. Im Gemischtwarenladen vor Ort kann man sich mit Proviant eindecken.

Für den Südwesten typische Gerichte wie Truthahn-*chimole* (scharfer Eintopf), Maya-Tamales und Schweinefilet vom Holzgrill auf Korianderwaffeln locken Besucher aus dem ganzen Staat ins **Café Diablo** (☎435-425-3070; 599 W Main St; Hauptgerichte 22–30 US$; ⌚Mitte April-Okt. 11.30–22 Uhr). Auf jeden Fall reservieren!

Wayne County Travel Council (☎435-425-3365; www.capitolreef.org; Ecke Hwy 24 & Hwy 12; ⌚April–Okt. 12–19 Uhr) liefert eine Fülle an Infos, z. B. zu Reiseveranstaltern in der Gegend.

BOULDER

Boulder (www.boulderutah.com), ein winziger Ort mit gerade mal 188 Einwohnern, liegt nur 32 Meilen (51 km) südlich von Torrey. Um dorthin zu gelangen, muss man allerdings den Boulder Mountain überqueren. Das Terrain ist rau und einsam und der Hwy 12 führt erst seit 1985 bis Boulder. Von hier aus geht's auf dem hübschen **Burr Trail**, einer Pflasterstraße, nach Osten durch die nordöstliche Ecke des Grand Staircase-Escalante National Monument. Zuletzt landet man auf einem Schotterweg, der zur Waterpocket Fold im Capital Reef National Park und noch weiter zur Bullfrog Marina am Lake Powell führt. Wer sich die Schluchten und Felsbildkunst in der Region ansehen will, kann eine Tageswanderung (auch für Kinder geeignet) mit **Earth Tours** (☎435-691-1241; www.earth-tours.com; halber/ganzer Tag 75/100 US$) buchen.

Das kleine, aber exzellente **Anasazi State Park Museum** (www.stateparks.utah.gov; Main St/Hwy 12; Eintritt 5 US$; ⌚Juni–Aug. 8–18, Sept.–Mai 9–17 Uhr) umfasst allerlei Artefakte und eine indianische Stätte, die von 1130 bis 1175 bewohnt war. Infos zu den öffentlichen Ländereien in der Gegend erhält man im Museum am GSENM Interagency Desk.

Die vornehmen Zimmer in der **Boulder Mountain Lodge** (☎435-335-7460; www.boulder-utah.com; 20 N Hwy 12; Zi. 110–175 US$; ❄@📶) sind schon nicht übel, aber der eigentliche Kracher ist das 16 ha große Tierschutzgebiet ringsum. Der Whirlpool im Freien mit Blick auf die Berge ist genau die richtige Art Belohnung nach einem anstrengenden Wandertag. Vielleicht wird man auch ein paar Vögel erspähen. Der zur Lodge gehörende **Hell's Backbone Grill** (☎435-335-7464; Boulder Mountain Lodge, 20 N Hwy 12; Frühstück 8–10 US$, Abendessen 16–34 US$; ⌚März–Okt. 7–11.30 & 17.30–21.30 Uhr) ist ein Muss. Das Essen hat Seele; die bodenständigen, lokaltypischen Gerichte bestehen aus regionalen Zutaten. Reservieren!

Das bekanntere Restaurant nebenan, **Burr Trail Grill & Outpost** (Hwy 12 & Burr Trail Rd; Hauptgerichte 7–18 US$; ⌚März–Okt. 11–22 Uhr; 📶), ist mit seinen Bio-Gemüsekuchen, Burgern und hausgemachten Desserts eine ernstzunehmende Konkurrenz. Zum Geschäft gehören ein Café und eine Galerie.

GRAND STAIRCASE-ESCALANTE NATIONAL MONUMENT

Das **Grand Staircase-Escalante National Monument** (GSENM; www.ut.blm.gov/monu

ment; Eintritt frei; ⌚24 Std.) ist mit 6879 km² fast doppelt so groß wie Mallorca. Es erstreckt sich zwischen dem Capitol Reef National Park, der Glen Canyon National Recreation Area und dem Bryce Canyon National Park. Die nächstgelegenen Einrichtungen für Touristen und GSENM-Besucherzentren befinden sich in Boulder und Escalante am Hwy 12 im Norden bzw. Kanab an der US 89 im Süden. Davon abgesehen ist die Infrastruktur minimal. Was bleibt, ist ein weitläufiges, unbewohntes Canyon-Land voller Jeep-Pisten, die abenteuerlustige Reisende mit genug Zeit und der richtigen Ausrüstung jauchzen lassen. Um sich ein Bild davon machen zu können, wie absolut trocken und unwirtlich die Gegend ist, folgende Info: Sie war die Letzte auf dem USA-Festland, die kartografiert wurde.

Der 10 km lange Wanderweg (hin & zurück) zu den **Lower Calf Creek Falls** (Meile 75, Hwy 12; Eintritt 2 US$), zwischen Boulder und Escalante, ist der am besten zugängliche und entsprechend auch am meisten genutzte. Die 13 **Stellplätze für Zelte & Wohnmobile** (7 US$) am Creek sind schnell belegt (sie können nicht reserviert werden).

ESCALANTE

Diese „Stadt“ mit 750 Einwohnern ist die größte Siedlung im Umkreis von vielen, vielen Meilen. Sie eignet sich gut als Basis für Ausflüge oder aber, um Vorräte zu kaufen und Infos einzuholen, bevor man ins angrenzende GSENM aufbricht. Der **Escalante Interagency Office** (✆435-826-5499; www.ut.blm.gov/monument; 775 W Main St; ⌚Mitte März–Okt. 7.30–17.30, Nov.–Mitte März 8–16.30 Uhr) ist eine geniale, umfassende Informationsquelle. Er deckt das National Monument sowie die umliegenden Wälder ab. Escalante ist 65 Meilen (105 km) von Torrey, nahe dem Capital Reef National Park, und 30 (langsame und windige) Meilen (48 km) von Boulder entfernt.

Escalante Outfitters & Cafe (✆435-826-4266; www.escalanteoutfitters.com; 310 W Main St; ⌚8–21 Uhr; 📶) ist eine Oase für Traveller. Hier werden Karten, Bücher, Campingausrüstung, Alkohol (!), Espresso, Frühstück und hausgemachte Pizzas und Salate verkauft. Außerdem kann man winzige, rustikale Hütten (45 US$) und Mountainbikes (ab 35 US$/Tag) mieten. **Excursions of Escalante** (✆800-839-7567; www.excursionsofescalante.com; 125 E Main St; ganztägige Touren ab 145 US$) organisiert Canyoning- und Kletterabenteuer sowie Fotowanderungen.

> NICHT VERSÄUMEN
>
> **HIGHWAY 12**
>
> Der **Highway 12 Scenic Byway** (http://scenicbyway12.com) ist angeblich die abwechslungsreichste und schönste Autostrecke in ganz Utah. Er beginnt westlich des Bryce Canyon und windet sich dann 124 Meilen (200 km) lang durch das zerklüftete Canyon-Land fast bis zum Capitol Reef National Park. Das Stück zwischen Escalante und Torrey ist eine Mondlandschaft aus *slickrock*-Sandstein, und die Straße führt über schmale Grate und einen 3350 m hohen Berg.

Zur Zeit der Recherche wurde das Café vor Ort gerade renoviert.

Empfehlenswerte Unterkünfte:

Canyons Bed & Breakfast B&B $$
(✆435-826-4747; www.canyonsbnb.com; 120 E Main St; Zi. inkl. Frühstück 125–135 US$; ❄📶) Gediegene Zimmer im Hüttenstil umgeben eine schattige Terrasse.

Circle D Motel MOTEL $
(✆435-826-4297; www.escalantecircledmotel.com; 475 W Main St; Zi. 65–75 US$; ❄📶) Betagteres, aber modernisiertes Motel mit Restaurant. Der Besitzer ist sehr nett.

Rainbow Country Bed & Breakfast B&B $
(✆435-826-4567; www.bnbescalante.com; 586 E 300 S; Zi. inkl. Frühstück 69–109 US$; ❄📶) Gemütliches, entspanntes B&B mit einem Fernsehraum für alle.

KODACHROME BASIN STATE PARK

Dutzende von roten, rosafarbenen und weißen Sandsteinkaminen sind die Markenzeichen dieses farbenprächtigen **State Park** (www.stateparks.utah.gov; Cottonwood Canyon Rd; Eintritt 6 US$/Wagen), der seinen Namen von der National Geographic Society bekommen hat. 24 der Stellplätze auf dem **Campingplatz** (✆801-322-3770; http://utahstateparks.reserveamerica.com; Zelt/Wohnwagen mit Stromanschluss 16/20 US$) können vorab reserviert werden.

BRYCE CANYON NATIONAL PARK

Die Grand Staircase, die große Treppe, ist eine Reihe von stufenähnlich aufgeworfenen Gesteinsschichten, die nördlich des Grand Canyon aufsteigen. Ihren Höhenpunkt bilden die Pink Cliffs in diesem verdientermaßen beliebten **Nationalpark** (www.

ABSTECHER

CEDAR CITY & BREAKS

Die Straße zum **Cedar Breaks National Monument** (www.nps.gov/cebr; Eintritt 3 US$; ⏲Juni-Sept. 24 Std., Visitor Center Juni-Sept. 8–18 Uhr) liegt auf 3050 m und ist nur im Sommer passierbar. Sie ist eine der letzten, die nach den Schneefällen im Winter wieder geöffnet wird. Das lange Warten lohnt sich aber, denn der Blick auf das hiesige „Amphitheater" ist ähnlich fantastisch wie der im Bryce Canyon. Das nahe gelegene **Cedar City** (www.scenicsouthernutah.com) ist für das vier Monate andauernde Shakespeare Festival und ein Übermaß an niedlichen B&Bs bekannt. Die Stadt liegt an der I-15, 52 Meilen (84 km) nördlich von St. George und 90 Meilen (145 km) westlich des Bryce Canyon; das National Monument befindet sich 22 Meilen (35 km) nordöstlich der Stadt.

nps.gov/brca; Hwy 63; 7-Tages-Pass 25 US$/Wagen; ⏲24 Std., Visitor Center Mai–Sept. 8–20, Nov.–März 8–16.30, Okt. & April 8–18 Uhr). Er ist eine Schatzkiste voller Säulen und Türmchen, Zinnen und Nadeln und an Totempfahle erinnernde Hoodoos (durch Wind geformte Kalksteingebilde). Der Canyon ist tatsächlich ein Amphitheater aus erodierten Felsen. Vom Hwy 12 aus geht's auf den Hwy 63 nach Süden. Der Park liegt 50 Meilen (80 km) südwestlich von Escalante.

Der **Rim Road Scenic Drive** auf 2400 m ist 18 Meilen (29 km) lang (einfache Strecke). Er folgt (grob) der Schluchtkante vorbei am Visitor Center, der Lodge, atemberaubenden Aussichtspunkten (**Inspiration Point** ist ein Muss!) und den Ausgangspunkten von Wanderwegen und endet am **Rainbow Point** (2800 m). Von Mai bis September fährt ein kostenloses **Shuttle** (⏲8–18 Uhr) von einem Sammelpunkt nördlich des Parks bis zum **Bryce Amphitheater** im Süden.

Die beiden Campingplätze, der **North Campground** (☎877-444-6777; www.recreation.gov; Zelt & Wohnwagen 15 US$) und der **Sunset Campground** (Zelt & Wohnwagen 15 US$; ⏲Spätfrühling–Herbst), bieten Toiletten und Wasser. Der Sunset Campground hat mehr Bäume, aber dafür weniger Einrichtungen als der North Campground und reserviert keine Stellplätze. Wer Wäsche waschen, duschen und Lebensmittel kaufen will, muss zum North Campground fahren. Im Sommer sind die Zeltplätze gewöhnlich schon vor Mittag belegt.

Die **Bryce Canyon Lodge** (☎435-834-8700; www.brycecanyonforever.com; Hwy 63; Zi. 135–180 US$; ⏲April–Okt.; @) aus den 1920er-Jahren verströmt ein rustikal-alpines Flair. Zur Auswahl stehen Zimmer wie im Hotel mit modernen Möbeln oder in dünnwandigen Doppelhütten mit Gaskaminen und Veranden. Keine Fernseher. Das Lodge-**Restaurant** (Frühstück 6–10 US$, Mittag- & Abendessen 12–40 US$; ⏲April–Okt. 6.30–10.30, 11.30–15 & 17–22 Uhr) ist hervorragend, aber teuer.

Nördlich der Parkgrenzen steht **Ruby's Inn** (☎435-834-5341; www.rubysinn.com; 1000 S Hwy 63; Stellplatz für Zelte 25–40 US$, Zi. 89–199 US$; ❄@📶🏊), fast so etwas wie eine kleine Stadt: Es gibt mehrere Best-Western-Schlafmöglichkeiten und einen Zeltplatz, und der Motelkomplex bietet Hubschrauberflüge, Rodeos, einen Wäscheservice und mehrere Restaurants. Man kann Western-Kunst bestaunen, Lebensmittel kaufen, tanken und seine Postkarten abschicken.

Noch mehr Essen und Unterkünfte findet man 11 Meilen (18 km) östlich (via Hwy 12) in der kleinen Stadt Tropic.

KANAB

Am südlichen Ende des Grand Staircase-Escalante National Monument liegt Kanab (3564 Ew.), umgeben von einer riesigen rauen Wüste. Von den 1920er- bis 1970er-Jahren wurden hier Dutzende Western gedreht, und die Stadt hat nach wie vor den altmodischen Charme einer Western-Kulisse.

Im **Kanab GSENM Visitor Center** (www.ut.blm.gov/monument; 745 E Hwy 89; ⏲8–17 Uhr) bekommt man Infos zum National Monument, das **Kane County Office of Tourism** (☎435-644-5033; www.kaneutah.com; 78 S 100 E; ⏲10–17, Nov.-Mai So geschl.) konzentriert sich auf die Stadt und die Filmdrehorte.

John Wayne, Maureen O'Hara und Gregory Peck sind ein paar der Hollywood-Größen, die in der etwas aus der Mode gekommenen **Parry Lodge** (☎435-644-2601; 89 E Center St; Zi. 60–80 US$; ❄📶🏊) übernachtet haben. Ein altes Gebäude mit einer Ziegelsteinfassade beherbergt das **Rocking V Cafe** (97 W Center St; Hauptgerichte 10–20 US$; ⏲17–22 Uhr). Büffelfilet, Curry-Quinoa & Co. bestehen aus frischen Zutaten.

ZION NATIONAL PARK

Wenn man sich dem **Zion National Park** (www.nps.gov/zion; Hwy 9; 7-Tages-Pass 25 US$/

AUF DIE HÖHE KOMMT ES AN

Im Süden Utahs ist es im Allgemeinen wärmer als im Norden, das stimmt schon. Bevor man allerdings anfängt, Vermutungen über das Wetter anzustellen, sollte man vor allem einen Blick auf die Höhenmeter werfen. Orte, die dicht beieinander liegen, können locker einen Temperaturunterschied von 6 °C oder mehr aufweisen, weil sie unterschiedlich hoch liegen.

» St. George (900 m)
» Zion National Park – Springdale-Eingang (1200 m)
» Cedar Breaks National Monument (3050 m)
» Bryce National Park Lodge (2470 m)
» Moab (1227 m)
» Salt Lake City (1288 m)
» Park City (2134 m)

Wagen; ⌚24 Std., Zion Canyon Visitor Center Mai–Sept. 8–19, April & Okt. 8–18, Nov.–März-Nov. 8–17 Uhr) von Osten her nähert, auf dem Hwy 9, passiert man gelbe Sandsteinformationen und die **Checkerboard Mesa**, bevor man einen beeindruckenden Tunnel mit diversen „Galerien" und einen 3,5 Meilen (ca. 6 km) langen Serpentinenabschnitt erreicht, der sich in einen Traum aus rotem Stein hinabstrudelt. Das Netz aus Wanderwegen hat eine Gesamtlänge von über 150 km und bietet alles, vom gemütlichen Spaziergang bis zu längeren Wildniswanderungen mit Zelt.

Wer gerade genug Zeit für eine einzige Aktivität hat, sollte dem 6 Meilen (10 km) langen **Scenic Drive** den Vorzug geben, der das Herz des Zion Canyon offenbart. Von April bis Oktober muss man das kostenlose **Shuttle** (⌚6.45–22 Uhr) am Visitor Center nehmen, aber man kann nach Belieben zu- und aussteigen (an Aussichtspunkten und Wanderwegen). Der berühmte **Angels Landing Trail** ist ein anstrengender, 9 km langer Wanderweg; man überwindet 430 Höhenmeter und passiert steil abfallende Hänge – nichts für Leute mit Höhenangst! –, aber der Blick auf den Zion Canyon ist phänomenal. Hin und zurück braucht man etwa vier Stunden.

Für die 16 Meilen (26 km) lange Wanderung durch die **Narrows** (nur Juni bis September) benötigt man ein Hiker- (Wanderer-)Shuttle und eine Backcountry-Genehmigung des Visitor Center; um sie zu bekommen, muss man sich gewöhnlich vorab auf der Website anmelden. Wer nur einen Teil der Strecke zurücklegen möchte, läuft vom **Riverside Walk** 5 Meilen (8 km) hoch zu den **Big Springs**. Dort wird der Canyon schmaler; dies ist der Umkehrpunkt für Tagesausflügler. Nicht vergessen: Egal, in welche Richtung man läuft, man watet die meiste Zeit über *durch* den Virgin River.

Auf dem von Kanadischen Pappeln bestandenen **Watchman Campground** (☎800-365-2267; http://reservations.nps.gov; Hwy 9; Zelte 16 US$, Wohnmobil mit Stromanschluss 18–30 US$) am Canyon sollte man weit im Voraus reservieren und um einen Stellplatz am Fluss bitten. Für den angrenzenden **South Campground** (Zelt & Wohnmobil 16 US$) kann nicht reserviert werden. Die beiden Zeltplätze bieten Raum für fast 300 Zelte und Wohnmobile.

Direkt am Scenic Drive steht die rustikale **Zion Lodge** (☎435-772-7700; www.zionlodge.com; Zi. & Hütten 160–180 US$; ❄@📶) mit 81 gut ausgestatteten Motelzimmern und 40 Hütten mit Gaskaminen. Sie haben Holzveranden mit genialem Ausblick auf die roten Felsen, Fernseher fehlen allerdings. Das hiesige Restaurant **Red Rock Grill** (Frühstück 10–15 US$, Mittagessen 8–20 US$, Abendessen 15–30 US$; ⌚7–22 Uhr, Dez.-März unterschiedl.) gewährt eine ähnlich umwerfende Aussicht. Gleich außerhalb des Parks gelegen bietet die Stadt Springdale sehr viel mehr Infrastruktur.

Achtung: Um den Hwy 9 durch den Park nehmen zu dürfen, muss man die Parkgebühr zahlen – selbst wenn man nur auf der Durchreise ist. Wohnmobilbesitzer müssen zudem 15 US$ für die „Eskorte" durch den 1,1 Meilen (knapp 2 km) langen Zion-Mt.-Carmel-Tunnel am Osteingang zahlen.

SPRINGDALE

Da es in der Nähe des südlichen Haupteingangs zum Zion National Park liegt, eignet sich Springdale ideal als Basislager für Ausflüge. Rote Felsen liefern eine traumhafte Kulisse für die diversen Cafés, Bio-Restaurants, Kunstgalerien und unabhängigen Motels und B&Bs. Die Outdoor-Fans, die hier leben, sind häufig „nur" zugezogen, aber hin und wieder begegnet man auch mal einem gebürtigen Springdaler.

Abgesehen von Wanderungen im Nationalpark kann man auch geführte **Kletter-** und **Canyoning-Touren** (ab 150 US$ für einen halben Tag) auf dem angrenzenden BLM-Land unternehmen. Der Unterricht und die Ausflüge mit den erstklassigen **Zion Rock & Mountain Guides** (435-772-3303; www.zionrockguides.com; 1458 Zion Park Blvd) sind privat organisiert. Alleinreisende können Geld sparen, indem sie sich in der **Zion Adventure Company** (435-772-1001; www.zionadventures.com; 36 Lion Blvd) einer bestehenden Gruppe anschließen. Das Unternehmen bietet im Sommer Tubing auf dem Fluss an. Beide Veranstalter betreiben Shuttles für Wanderer und Radfahrer.

Springdale hat ein umfassendes Angebot an guten Restaurants und netten Unterkünften. Die modernisierten Zimmer des **Canyon Ranch Motel** (435-772-3357; www.canyonranchmotel.com; 668 Zion Park Blvd; EZ 84–94 US$, DZ 94–99 US$, Zi. mit Küchenzeile 114–125 US$;) umgeben ein schattiger Rasen mit Picknicktischen und Schaukeln.

Von bunten Traktor-Reflektoren bis hin zu Engelbildern – jede Ecke dieses Bungalows aus den 1930er-Jahren, dem **Under-the-Eaves Bed & Breakfast** (435-772-3457; www.under-the-eaves.com; 980 Zion Park Blvd; Zi. inkl. Frühstück 95–185 US$;), ist auffällig dekoriert. Das mit Blumen übersäte, 2 ha große Grundstück der **Cliffrose Lodge** (435-772-3234; www.cliffroselodge.com; 281 Zion Park Blvd; Zi. 129–259 US$;) erstreckt sich bis zum Virgin River.

Kaffee, Frühstücks-Burritos, Truthahn-Paninis und eine Dachterrasse: Das **Mean Bean** (932 Zion Park Blvd; Hauptgerichte 4–10 US$; Juni–Aug. 7–17, Sept.–Mai 7–14 Uhr;) ist ein Paradies für Wanderer und Radfahrer. Im **Parallel 88** (435-772-3588; Driftwood Lodge, 1515 Zion Park Blvd; Frühstück 10–14 US$, Abendessen 28–40 US$; 7.30–10.30 & 17–22 Uhr) gibt's hervorragende, saisonal unterschiedliche Gerichte, z. B. unfassbar zartes Schweinskarree mit grünem Apfel oder turmhohe Quiches. Am schönsten ist die Aussicht auf die roten Felsen bei Sonnenuntergang; vorab reservieren!

Der Einheimischen liebste Anlaufstellen zum gemütlichen Beisammensein, essen und trinken sind **Oscar's Café** (948 Zion Park Blvd; Frühstück & Sandwiches 5–10 US$, Hauptgerichte 12–20 US$; 7.30–22 Uhr) inklusive Patio mit mexikanischen Kacheln und Lichterketten sowie der **Bit & Spur Restaurant & Saloon** (1212 Zion Park Blvd; Hauptgerichte 13–18 US$; 17–22 Uhr).

Das **Regional Visitors Bureau** (888-518-7070; www.zionpark.com) hat *kein* Büro. Infos gibt's per Mail und auf der Website. Jeden Frühling erscheint ein Restaurantguide; er ist in den Unterkünften erhältlich.

POLYGAMIE HEUTE

Die Mormonenkirche distanzierte sich zwar 1890 von der „Vielweiberei", aber es gibt nach wie vor Gläubige, die die Polygamie als eine göttlich verfügte Praktik betrachten. Die meisten der etwa 7000 Bewohner in Hilldale-Colorado City an der Grenze zwischen Utah und Arizona sind Anhänger der Fundamentalist Church of Jesus Christ of Latter-day Saints (FLDS) und leben als solche polygam. Wenn man in Washington oder Hurricane in einem Wal-Mart ein paar Frauen begegnet, die pastellfarbene Kleider im Prärie-Stil tragen und lange Zöpfe bzw. aufwendige Hochstecktrisuren haben, handelt es sich wahrscheinlich um Ehefrauen mit ein und demselben Mann. Im Staat gibt es aber noch andere, weniger auffällige Sekten.

ST. GEORGE

Das warme Wetter und die Lage im Süden haben dem beliebten Rentnerdomizil St. George (88 001 Ew.) den Spitznamen „Dixie" eingetragen. Die weitläufige Mormomenstadt mit dem auffälligen Tempel und den Pionierwohnhäusern eignet sich gut für einen Zwischenstopp auf dem Weg von Las Vegas nach Salt Lake City bzw. auf dem Weg in den Zion National Park.

Die ersten „Bewohner" von St. George waren Dinosaurier im Jura. Die **Dinosaur Discovery Site** (www.dinotrax.com; 2200 E Riverside Dr; Erw./Kind 6/3 US$; Mo–Sa 10–18 Uhr) umfasst eine informative Führung über das 1350 m² große Gelände mit seiner Sammlung von Dinosaurierfußspuren. Zu Beginn wird ein Video gezeigt. Im ca. 30 m² großen **Snow Canyon State Park** (www.stateparks.utah.gov; Hwy 18; Eintritt 5 US$/Wagen), 9 Meilen (14 km) nördlich der Stadt, führen kurze, einfache Wanderwege zu winzigen Slot Canyons (schmale, durch Wasser entstandene Schluchten), Schlackenkegeln, Lavaröhren und weiten Feldern aus wellenförmigem, rotem *slickrock*-Sandstein.

In St. George sind fast alle Hotelketten vertreten. Wenn gerade nichts ansteht, gibt es viele Unterkünfte zu erschwinglichen Preisen, bei Festivals ziehen die Tarife jedoch ordentlich an. Vom **Best Western**

Coral Hills (☎435-673-4844; www.coralhills.com; 125 E St George Blvd; Zi. inkl. Frühstück 80–129 US$; ❄@ 📶🏊👪) ist es ein kurzer Spaziergang bis zu den Restaurants und historischen Bauten in Downtown. Das charmante B&B **Seven Wives Inn** (☎800-600-3737; www.sevenwivesinn.com; 217 N 100 West; Zi. inkl. Frühstück 99–185 US$; ❄@📶🏊) mit dem gepflegten Garten und dem kleinen Pool erstreckt sich über zwei schöne Gebäude aus dem späten 19. Jh.

Das **Twenty-five on Main** (25 N Main St; Hauptgerichte 6–14 US$; ⏲Mo–Do 8–21, Fr & Sa bis 22 Uhr), Bäckerei und Café in einem, macht nicht nur tolle Cupcakes. Uns haben auch die Frühstücks-Panini, der warme Lachssalat und die Pasta Primavera mit viel Gemüse geschmeckt. Wenn es etwas nobleres sein soll, sind die kreativen, modern-amerikanischen Hauptgerichte im **Painted Pony** (2 W St George Blvd, Ancestor Sq; Mittagessen 12–20 US$, Abendessen 21–38 US$; ⏲Mo–Sa 11.30–22, So 16–22 Uhr) zu empfehlen.

Die **Chamber of Commerce** (☎435-628-1658; www.stgeorgechamber.com; 97 E St George Blvd; ⏲Mo–Fr 9–17 Uhr) ist die wichtigste Infoquelle für Touristen. Das **Utah Welcome Center** (☎435-673-4542; http://travel.utah.gov; Dixie Convention Center, 1835 Convention Center Dr; ⏲8.30–17.30 Uhr) abseits der I-15 bearbeitet Anfragen zum gesamten Staat.

Das Streckennetz am ✈**GU Municipal Airport** (www.flysgu.com; 4550 S Airport Parkway) ist in den letzten Jahren ausgeweitet worden, und das soll auch zukünftig so weitergehen. Maschinen von **Delta** (☎800-221-1212; www.delta.com) legen die Strecke Salt Lake City–St. George mehrmals täglich zurück, **United Express** (☎800-864-8331; www.united.com) bedient die Strecke Los Angeles–St. George viermal wöchentlich (hin & zurück). Es fahren Taxis (Downtown 15 US$), und alle bekannten Autovermietungen sind vertreten. Tipp: Häufig ist der McCarran International Airport in Las Vegas, 120 Meilen (193 km) weiter südlich, günstiger als die Flughäfen in Utah, sowohl was die Flugverbindungen als auch die Mietwagenpreise betrifft.

Greyhound (☎435-673-2933; www.greyhound.com; 1235 S Bluff St) fährt am McDonald's ab. Die Busse nehmen Kurs auf SLC (65 US$, 5½ Std.) und Las Vegas, NV (29 US$, 2 Std.). **St George Express** (☎435-652-1100; www.stgeorgeexpress.com; 1040 S Main St) bietet eine Shuttleverbindung nach Las Vegas (35 US$, 2 Std.) und zum Zion National Park (25 US$, 40 Min.).

NEW MEXICO

Der Spitzname *Land of Enchantment*, Land der Verzauberung, kommt nicht von ungefähr. Das Sonnenlicht malt Muster auf die mit Wacholder bestandenen Hügel, die Bergdörfer im lateinamerikanischen Stil zieren alte Lehmbauten mit Spitzdächern aus Blech, die 4000 m hohen Sangre de Cristo Mountains beeindrucken mit ihrer stillschweigenden Erhabenheit, Vulkane, Canyons und unendliche Wüstenplateaus erstrecken sich unter einem weiten Himmel – die Schönheit der Landschaft lässt den Betrachter nicht mehr los, wenn sie ihn einmal zu fassen bekommen hat. Auch kulturell ist New Mexico ein magischer Ort: Kreuze stehen auf den Dächern historischer Missionen aus Lehm, man kann antike und intakte indianische Pueblos besuchen, in Chilisauce „ertränkte" Enchiladas verspeisen, „echte" Cowboys beobachten und dieses ausgeprägte Gefühl von Andersartigkeit genießen: Fast hat man den Eindruck, nicht mehr in den USA zu sein.

KURZINFOS NEW MEXICO

- » **Spitzname** Land of Enchantment (Land der Verzauberung)
- » **Bevölkerung** 2 Mio.
- » **Fläche** 314 915 km²
- » **Hauptstadt** Santa Fe (68 000 Ew.)
- » **Andere Städte** Albuquerque (545 800 Ew.), Las Cruces (97 600 Ew.)
- » **Verkaufssteuer** 5–8 %
- » **Geburtsort von** John Denver (1943–97), Smokey Bear (1950–76)
- » **Heimat** des International UFO Museum & Research Center (Roswell) und von Julia Roberts
- » **Politische Ausrichtung** Ein „violetter Staat" (auch Swing State) mit eher demokratischem Norden (blau) und eher republikanischem Süden (rot)
- » **Berühmt für** alte Pueblos, die erste Atombombe (1945) und Bugs Bunnys Spruch: „Ich wusste es, ich hätte in Albuquerque links abbiegen sollen."
- » **Typische Frage** „Rot oder grün?" (Es geht um Chilisaucen)
- » **Entfernungen** Albuquerque–Carlsbad: 275 Meilen (442 km), Santa Fe–Taos: 71 Meilen (114 km)

An nahezu jeder Straßenecke wird man an Billy the Kid, den legendären Gesetzlosen, erinnert, die Kunde von Wunderheilungen lockt scharenweise gläubige Pilger nach Chimayo, Fledermäuse beanspruchen die bildschönen Carlsbad Caverns für sich und in der Nähe von Roswell sind Außerirdische gelandet ...

Den unbeschreiblichen Charme dieses Staats hat wohl niemand besser ausdrücken können als Georgia O'Keeffe mit ihren zauberhaften Bildern. Sie verbrachte viele Jahre in New Mexico. Bei ihrem ersten Besuch rief sie aus: „Das ist wundervoll! Keiner hat mir gesagt, dass es so sein würde."

Aber mal ernsthaft: Wie auch?

Geschichte

Schon um 10 500 v. Chr. durchstreiften Menschen diesen Landstrich; als Coronado im 16. Jh. in die Gegend kam, lebten hier hauptsächlich Pueblo-Indianer. Santa Fe wurde 1610 als Kolonialhauptstadt gekrönt, danach strömten spanische Siedler und Bauern ins nördliche New Mexico und die Missionare begannen mit ihren oft gewalttätigen Versuchen, die in der Region lebenden Pueblo-Indianer zum Katholizismus zu bekehren. Nach einem erfolgreichen Aufstand 1680 hielten die Ureinwohner Santa Fe bis 1692 besetzt, dann eroberte Diego de Vargas die Stadt zurück.

1851 wurde New Mexico ein Territorium der USA. Die Indianerkriege, die Besiedlung durch Cowboys und Goldgräber und die Ausbreitung des Handels über den Santa Fe Trail veränderten die Region weiter. Schließlich sorgte der Bau der Eisenbahn in den 1870er-Jahren für einen Wirtschaftsboom.

Maler und Schriftsteller gründeten im frühen 20. Jh. Künstlerkolonien in Santa Fe und Taos. 1943 ließen sich Wissenschaftler in Los Alamos nieder und entwickelten dort die Atombombe. Zu den wichtigen politischen Themen heutzutage gehören die Wasserrechte (wer das Wasser besitzt, hat die Macht) und die Einwanderung.

Praktische Informationen

Dort, wo saisonale Öffnungszeiten angegeben sind (nicht bei Monatsangaben!), sollte man vorab anrufen und sich nach den aktuellen Zeiten erkundigen.

New Mexico CultureNet (www.nmcn.org) Liefert einen tollen Überblick über das moderne Kulturerbe des Staats.

New Mexico Magazine (www.nmmagazine.com) Guter Leitfaden zum Staat mit verschiedenen Rubriken (Reiseziele, Unterhaltung, Dienstleistungen).

New Mexico Route 66 Association (www.rt66nm.org) Infos zum berühmten Highway.

New Mexico State Parks Division (www.emnrd.state.nm.us/prd; 1220 South St Francis Dr, Santa Fe) Infos zu State Parks und ein Link für Campingplatz-Reservierungen.

New Mexico Tourism Department (☎505-827-7400; www.newmexico.org) Einen kostenlosen *Vacation Guide* bestellen, eine Karte mit *Scenic Byways* (malerische Nebenstraßen) runterladen oder sich über Aktivitäten und Unterkünfte informieren.

Public Lands Information Center (☎877-851-8946; www.publiclands.org) Alles zum Thema Campen und Freizeitangebote.

Albuquerque

Dieser lebendige Knotenpunkt besitzt einen eher verborgenen Charme, den er mehr den Einheimischen verdankt als irgendwelchem Großstadtglanz. Die Bewohner Albuquerques sind stolz auf ihre Stadt und sie schätzen sich glücklich, ein Teil ihrer Geschichte zu sein, ihre Highlights zu bewundern und in den Genuss ihrer vorzüglichen Restaurants zu kommen. Dadurch ist die einwohnerstärkste Stadt New Mexicos mehr als nur ein weiterer Punkt am Verlauf der Route 66 von Los Angeles nach Chicago.

Jahrhundertealte Lehmziegelgebäude säumen die lebhafte Old Town, und die Geschäfte, Restaurants und Bars im angesagten Viertel Nob Hill liegen alle in angenehmer Gehweite voneinander.

Auf den Felsen außerhalb der Stadt sind noch alte Felszeichnungen zu sehen, während die modernen Museen der Innenstadt Ausstellungen zu kosmischer und nuklearer Energie zu bieten haben. Der Alltag ist geprägt von der pulsierenden Mischung aus Studenten, Indianern, Hispaniern, Schwulen und Lesben. Albuquerque ist eine Stadt, in der man Square-Dance- und Yoga-Kurse belegen kann und in der Rancharbeiter und Immobilienmakler in Taco-Bars oder altmodischen Cafés Seite an Seite sitzen.

Albuquerques wichtigste Begrenzungen sind der Paseo del Norte Dr im Norden, die Central Ave im Süden, der Rio Grande Blvd im Westen und der Tramway Blvd im Osten. Die Hauptader der Stadt, die Central Ave, ist die alte Route 66. Sie durchquert Old Town, Downtown, das Unigelände und Nob Hill. Die Stadt ist in vier Planquadrate unterteilt (NW, NE, SW & SE), den Mittelpunkt bildet die Kreuzung der Central Ave mit den Bahngleisen östlich von Downtown.

Sehenswertes

OLD TOWN

Die Plaza war von der Fertigstellung 1706 bis zur Ankunft der Eisenbahn 1880 Albuquerques Dreh- und Angelpunkt; heute ist die Old Town das touristische Zentrum.

American International Rattlesnake Museum MUSEUM
(www.rattlesnakes.com; 202 San Felipe St NW; Erw./Kind/Senior 5/3/4 US$; ⏲Mo–Fr 11.30–17.30, Sa 10–18, So 13–17 Uhr) Nirgendwo auf der Welt wird man mehr Klapperschlangenarten auf einem Fleck finden, darunter Diamant-, aber auch die seltenen Tigerklapperschlangen. Wenn man die erste Angst- und Panikattacke überstanden hat, wird man verblüfft sein angesichts der schönen Zeichnungen der Tiere, der Arten- und Farbvielfalt. Hoffentlich wird man ihnen in freier Wildbahn niemals so nahe kommen wie hier! Im Sommer sind die Öffnungszeiten wochentags ein wenig länger.

Albuquerque Museum of Art & History MUSEUM
(www.cabq.gov/museum; 2000 Mountain Rd NW; Erw./4–12 J./Senior 4/1/2 US$, Eintritt frei am 1. Mi im Monat & So 9–13 Uhr; ⏲Di–So 9–17 Uhr) Konquistador-Rüstungen und -Waffen sind die Highlights der Sammlung. Die Besucher können der multikulturellen Vergangenheit der Stadt (indianisch, hispanisch, englisch) auf den Grund gehen. Auch interessant: Die Arbeiten von Künstlern aus New Mexico.

Ebenfalls in der Altstadt befinden sich die **San Felipe de Neri Church** (erb. 1793), das **¡Explora! Children's Museum** (S. 358), ein Museum für Kinder, und das naturkundliche **New Mexico Museum of Natural History & Science** (S. 358).

IM STADTGEBIET

Die Gegend um die University of New Mexico (UNM) wimmelt von guten Restaurants, lockeren Bars, unkonventionellen Läden und hippen Studenten-Treffpunkten. Die wichtigste Straße ist der Central-Ave-Abschnitt zwischen University Blvd und Carlisle Blvd. Östlich befindet sich das angesagte Nob Hill, ein fußgängerfreundliches Viertel mit Cafés, Boutiquen und von Terrassen eingefassten Restaurants.

Indian Pueblo Cultural Center MUSEUM
(www.indianpueblo.org; 2401 12th St NW; Erw./Kind & Stud./unter 5 Jahren 6/3 US$/frei; ⏲9–17 Uhr) Wird von den 19 Pueblos in New Mexico betrieben. Das Zentrum ist ein Muss, wenn man die Zusammenhänge in der Geschichte Nord-New-Mexicos verstehen möchte. Ansprechende Darstellungen zeichnen die Entwicklung der Pueblo-Kulturen nach und erklären verschiedene Bräuche. Außerdem wird Kunsthandwerk gezeigt und es finden Wechselausstellungen statt.

National Museum of Nuclear Science & History MUSEUM
(www.nuclearmuseum.org; 601 Eubank Blvd SE; Erw./Kind & Senior 8/7 US$; ⏲9–17 Uhr) Die Exponate beschäftigen sich mit dem Manhattan-Projekt (Atombombenprojekt im Zweiten Weltkrieg), der Geschichte der Waffenkontrolle und der Nutzung von Kernkraft als Energiequelle. Die Guides sind pensionierte Militärangehörige und echte Experten.

Petroglyph National Monument ARCHÄOLOGISCHE STÄTTE
(www.nps.gov/petr) Das National Monument nordwestlich der Stadt wartet mit mehr als 20000 Felszeichnungen auf. Am besten lässt man sich im Visitor Center (am Western Trail beim Unser Blvd) beraten, welcher der drei Wanderwege durch unterschiedliche Abschnitte des Parks am besten zu den eigenen Interessen passt. Wer wandern und einen schönen Ausblick genießen will, sollte den Volcanoes Trail ablaufen (dort gibt's allerdings keine Petroglyphen zu sehen). Achtung: Auf ein paar Parkplätzen an Ausgangspunkten von Wanderwegen sind Autoeinbrüche gemeldet worden; keine Wertgegenstände im Wagen lassen! Auf der I-40 nach Westen über den Rio Grande fahren und dann Exit 154 North nehmen.

Sandia Peak Tramway SEILBAHN
(www.sandiapeak.com; Tramway Blvd; Eintrittsgebühr 1 US$/Wagen, Erw./13–20 Jahre & Senior/Kind/Kind unter 5 Jahren 20/17/12 US$/frei; ⏲Sept.–Mai Mi–Mo 9–20, Di 17–20 Uhr, Juni–Aug. 9–21 Uhr) Die 4 km lange Seilbahnstrecke der Sandia Peak Tramway beginnt im Wüstenreich der Cholla-Kakteen und endet da, wo die Kiefern wachsen: auf dem 3163 m hohen Sandia Peak. In 15 Minuten ist man oben. Die Aussicht ist gigantisch – und genauso sind die Preise im Restaurant vor Ort.

Aktivitäten

Die Sandia Mountains und die weniger überlaufenen Manzano Mountains sind optimales Terrain für eine Fülle von Outdoor-Aktivitäten, darunter Wandern, Skifahren

PANORAMASTRASSEN IN NEW MEXICO

» **Billy the Kid Scenic Byway** (www.billybyway.com) Diese Berg-und-Tal-Schleife im Südosten von New Mexico führt durch Billy the Kids Revier, vorbei an Smokey Bears Grab und durch das von Obstgärten gesäumte Hondo Valley. Von Roswell aus nimmt man den Hwy 380 nach Westen.

» **High Road nach Taos** Auf der Nebenstraße zwischen Santa Fe und Taos fährt man durch eine Wüste mit Sandsteinskulpturen, erfrischende Kiefernwälder und ländliche Dörfer mit alten Kirchen aus Lehmziegeln und Pferdekoppeln. Die 4000 m hohen Truchas Peaks dominieren die Szenerie. Von Santa Fe aus nimmt man den Hwy 84/285 bis zum Hwy 513 und folgt dann der Beschilderung.

» **NM Highway 96** Auf dieser kleinen Straße zwischen Abiquiu und Cuba lernt man das Herz von Georgia O'Keeffes New Mexico kennen, im Schatten des auffälligen Cerro Pedernal. Dann geht's vorbei an marsroten Tafelbergen und Sandsteinfelsen in Purpur-, Gelb- und Elfenbeintönen.

» **NM Highway 52** Von der Kleinstadt Truth or Consequences (benannt nach einer Quizshow) fährt man nach Westen in die spektakulären Ausläufer der Black Range hinein, vorbei an den alten Bergarbeitersiedlungen Winston und Chloride. Weiter gen Norden gelangt man in die weiten Ebenen Plains of San Augustin, bevor man das bizarre Very Large Array erreicht.

(alpin oder Langlauf), Mountainbiken, Klettern und Zelten. Infos und Karten sind im **Cibola National Forest Office** (☎505-346-3900; 2133 Osuna Rd NE, Albuquerque; ⏲Mo–Fr 8–16.30 Uhr) oder in der **Sandia Ranger Station** (☎505-281-3304; 11776 Hwy 337, Tijeras; ⏲Mo–Fr 8–16.30 Uhr) erhältlich. Exit 175 South der I-40 nehmen (ca. 15 Meilen (24 km) östlich von Albuquerque)!

Sandia Crest National Scenic Byway AUTOFAHREN, WANDERN

Auf dem schönen Sandia Crest National Scenic Byway (I-40-Exit 175 North) gelangt man über den Osthang zum höchsten Punkt der Sandias. Unterwegs hat man Zugang zu vielen Wanderwegen. Alternativ nimmt man die Sandia Peak Tramway oder den Hwy 165 ab Placitas (I-25-Exit 242), eine unbefestigte Straße durch den Las Huertas Canyon, die an einer prähistorischen Felsbehausung vorbeiführt, der **Sandia Man Cave**.

Sandia Peak Ski Area SKIFAHREN, FAHRRADFAHREN

(☎505-242-9052; www.sandiapeak.com; Skipass halber/ganzer Tag Erw. 35/50 US$, Teenager, Kind & Senior 30/40 US$) Manchmal ist der Schnee prima, manchmal weniger gut. Am besten vorher nach den aktuellen Bedingungen fragen! Im Sommer (Juni–Sept.) ist das Skigebiet an Wochenenden und in den Ferien für Mountainbikefahrer geöffnet. Man kann ein Rad an der Basisstation leihen (48 US$ plus 650 US$ Kaution) oder mit dem Sessellift und dem eigenen Rad zum Gipfel hochfahren (10 US$). Dem Scenic Byway 536 folgen oder die Sandia Peak Tramway nehmen (in der Seilbahn sind Skier, aber keine Fahrräder erlaubt)!

Discover Balloons BALLONFAHREN

(☎505-842-1111; www.discoverballoons.com; 205c San Felipe NW; Erw./unter 12 J. 160/125 US$) Es gibt verschiedene Anbieter für Ballonfahrten über der Stadt und dem Rio Grande, darunter Discover Balloons. Man ist etwa eine Stunde in der Luft. Es geht oft schon früh am Morgen los, um vom Sonnenaufgang und den besten Windbedingungen zu profitieren.

Geführte Touren

Von Mitte März bis Mitte Dezember werden im Albuquerque Museum of Art & History informative **Führungen durch die Old Town** (⏲Di–So 11 Uhr) angeboten. Sie dauern 45 Minuten bis eine Stunde und sind für Museumsbesucher kostenlos.

Feste & Events

Gathering of Nations KULTUR

(www.gatheringofnations.com) Der größte indianische Powwow der Welt, mit traditioneller Musik, Tanz, Essen, Kunsthandwerk und der Krönung der Miss Indian World findet jedes Jahr im April statt.

Zia Regional Rodeo RODEO

Die **New Mexico Gay Rodeo Association** (www.nmgra.com) ist Veranstalter dieses Events am zweiten Augustwochenende.

ALBUQUERQUE MIT KINDERN

Das ambitionierte **iExplora! Children's Museum** (www.explora.us; 1701 Mountain Rd NW; Erw./unter 12 J. 8/4 US$; ⏲Mo–Sa 10–18, So 12–18 Uhr; 👪) wird Kinder stundenlang beschäftigen. Ein Hochseilrad, Wasser, eine Werkstatt für Kunsthandwerk, ... Für jedes Kind ist etwas dabei (unbedingt den Aufzug benutzen!). Und wenn man gar nicht mit Kindern unterwegs ist? Dann sollte man auf der Website nachsehen, wann die beliebte „Adult Night" (Nacht für Erwachsene) ist, eine der coolsten Veranstaltungen in der Stadt. Normalerweise ist der Gastgeber ein bekannter lokaler Künstler.

Das auch für Jugendliche interessante **New Mexico Museum of Natural History & Science** (www.nmnaturalhistory.org; 1801 Mountain Rd NW; Erw./unter 13 J. 7/4 US$; ⏲9–17 Uhr; 👪) beherbergt einen Evolator (kurz für *evolution elevator*, Evolutionsaufzug), der die Besucher durch 38 Mio. Jahre Erd- und Evolutionsgeschichte New Mexicos führt. Die neue Ausstellung Space Frontiers zeigt, welchen Beitrag der Staat zur Erforschung des Weltalls geleistet hat, angefangen mit uralten Chaco-Observatorien bis zu einer beeindruckenden, maßstabsgetreuen Mars-Rover-Imitation. Im Museum ist außerdem ein **Planetarium** (Erw./Kind 7/4 US$) und das mit 3-D-IMAX-Leinwand ausgestattete **DynaTheater** (Erw./Kind 7/4 US$) untergebracht.

International Balloon Fiesta BALLONFAHREN
(☎888-422-7277; www.balloonfiesta.com) Anfang Oktober lockt dieses einwöchige Spektakel 800 000 Zuschauer an. Das Highlight ist der Massenstart: Dann heben mehr als 500 Heißluftballons beinahe zeitgleich ab.

Schlafen

Route 66 Hostel HOSTEL $
(☎505-247-1813; www.rt66hostel.com; 1012 Central Ave SW; B 20 US$, Zi. ab 25 US$; P ❄ 📶) Saubere, günstige und schlichte Unterkunft mit fröhlicher Atmosphäre. Sie hat echtes Backpacker-Flair. Für die Gäste stehen eine Küche, eine Bücherei und ein offener Patio zur Verfügung.

LP TIPP **Andaluz** BOUTIQUEHOTEL $$
(☎505-242-9090; www.hotelandaluz.com; 125 2nd St NW; Zi. 140–240 US$; P ❄ @ 📶) Albuquerques bestes Hotel haut einen förmlich um, so stilvoll und detailverliebt ist es: In der Lobby laden sechs gemütliche Alkoven mit Tischen und Sofas zum Zusammensitzen bei einem Drink ein, und auf den Zimmern erwartet einen italienische Allergikerbettwäsche. Das Restaurant ist eins der besten der Stadt, die Gästebücherei ist wunderschön und auf dem Dach befindet sich eine Bar. Das Andaluz ist ein „grünes" Hotel: Man kann die Solarheizungsanlage besichtigen, die größte im ganzen Staat. Wenn man online bucht, sind die Tarife viel günstiger.

Mauger Estate B&B B&B $$
(☎505-242-8755; www.maugerbb.com; 701 Roma Ave NW; Zi. inkl. Frühstück 99–195 US$, Suite 160–205 US$; P 📶) Das restaurierte Herrenhaus im Queen-Anne-Stil (Mauger wird wie *major* ausgesprochen) hat komfortable Zimmer mit Daunendecken, Kühlschränken und frischen Schnittblumen. Das B&B ist kinder- und tierfreundlich; es gibt ein Zimmer extra für Gäste mit Hund inklusive Wild-West-Dekor und kleinem Hof (20 US$ zusätzl.).

Böttger Mansion B&B $$
(☎505-243-3639; www.bottger.com; 110 San Felipe St NW; Zi. inkl. Frühstück 104–179 US$; P ❄ @ 📶) Durch den netten, ortskundigen Besitzer hebt sich das gut ausgestattete viktorianische Gebäude von der Konkurrenz ab. Die Villa (erb. 1912) mit acht Schlafzimmern steht in der Nähe der Old Town Plaza, toller Museen und einiger wirklich guter Restaurants mit New Mexico-Küche, z. B. **Duran's Central Pharmacy** (1815 Central Ave; nur Barzahlung). Der mit Geißblatt bewachsene Hof ist beliebt bei Vogelfans. Zu den illustren Gästen zählten Elvis, Janis Joplin und Machine Gun Kelly.

Hotel Blue HOTEL $
(☎877-878-4868; www.thehotelblue.com; 717 Central Ave NW; Zi. inkl. Frühstück 60–99 US$; P ❄ @ 📶 🏊) In günstiger Lage neben einem Park in Downtown kann man in einem der 134 Art-déco-Zimmer mit Tempur-Pedic-Matratzen übernachten. Das Flughafenshuttle ist kostenlos. Weitere Pluspunkte gibt's für den ordentlich großen Pool und die 40-Zoll-Flachbildfernseher.

Essen

LP TIPP **Golden Crown Panaderia** BÄCKEREI $
(☎505-243-2424; www.goldencrown.biz; 1103 Mountain Rd NW; Hauptgerichte 5–20 US$;

Di–Sa 7–20, So 10–20 Uhr) Wer liebt sie nicht, die netten Bäckereien an der Ecke? Und zwar insbesondere, wenn das Personal so nett ist und Brot und Pizza frisch aus dem Ofen, mit Obst gefüllte Empanadas und leckeren Kaffee verkauft. Hin und wieder gibt's auch mal einen Keks umsonst. Das Chili-Brot ist ruckzuck ausverkauft – am besten anrufen und eins reservieren! Auf der Website kann man mit der „Brot-Kamera" einen Blick auf das Sortiment werfen.

Frontier CAFETERIA $
(2400 Central Ave SE; Gerichte 3–10 US$; 5–13 Uhr;) Das Frontier ist ein echter Traditionsladen. Die Zimtschnecken hier sind riesig, der Eintopf mit grünen Chilischoten macht süchtig und die *huevos rancheros* sind unschlagbar. Außerdem kann man hier wunderbar Leute beobachten, und die Studenten lieben die günstigen Preise für Frühstück, Burger und mexikanisches Essen.

Annapurna INDISCH $$
(www.chaishoppe.com; 2201 Silver Ave SE; Hauptgerichte 7–12 US$; Mo–Sa 7–21, So 10–20 Uhr;) Mit das frischste, leckerste und gesündeste Essen der Stadt gibt's in diesem mit Wandmalereien übersäten Restaurant. Die mild gewürzten, ayurvedischen Gerichte sind vegetarisch oder vegan und so gut, dass auch Fleischliebhaber problemlos satt werden.

Flying Star Café IMBISS $
(www.flyingstarcafe.com; Hauptgerichte 8–11 US$) Central Ave (3416 Central Ave SE; So–Do 6–23, Fr & Sa 6–24 Uhr) Juan Tabo Blvd (4501 Juan Tabo Blvd NE; So–Do 6–22, Fr & Sa 6–23 Uhr;) Die beste Anlaufstelle, wenn man kreative Gerichte aus regionalen Zutaten mag, z. B. hausgemachte Suppen, Sandwiches und Pfannengerührtes als Hauptgericht oder leckere Desserts. Für jeden ist etwas dabei – deshalb platzen die sieben Filialen wohl auch ständig aus den Nähten.

Artichoke Café MODERN-AMERIKANISCH $$$
(505-243-0200; www.artichokecafe.com; 424 Central Ave SE; Mittagessen 8–16 US$, Abendessen 19–30 US$; Mo–Fr 11–14.30, Mo & So 17–21, Di–Sa 17.30–22 Uhr) Dieses Café nennen viele ihr Lieblingsrestaurant in Albuquerque. Hier nimmt man einfach das Beste, was die italienische, französische und amerikanische Küche zu bieten haben, und serviert es den Gästen mit einem Hauch von Eleganz.

Ausgehen & Unterhaltung

Die **Popejoy Hall** (www.popejoyhall.com; Ecke Central Ave & Cornell St SE) und das historische **KiMo Theatre** (www.cabq.gov/kimo; 423 Central Ave NW) sind die Top-Veranstaltungsorte. Dort treten bekannte Bands, Opern- und Theaterensembles und Symphonieorchester auf. Was wann wo los ist, steht in der wöchentlich erscheinenden Zeitschrift *Alibi* (www.alibi.com).

Satellite Coffee CAFÉ
(2300 Central Ave NE) Von der hippen spacigen Optik sollte man sich nicht abschrecken lassen. Die Angestellten sind nett und das Publikum besteht aus lauter Leuten mit Laptop und Lattes. Acht Filialen sind übers Stadtgebiet verteilt. Nett ist auch die in Nob Hill (3513 Central Ave NE).

Copper Lounge LOUNGE
(1504 Central Ave SE, 2. Stock) Ein Parkplatz voller Pick-ups – klingt spannend? Dann nichts wie rein in das Gebäude aus roten Ziegelsteinen, in dem Männer mit Baseballkappen und Cowboyhüten Bier trinken, Billard spielen und die „Ladys" in Augenschein nehmen.

Kelly's Brewery BRAUEREI
(3226 Central Ave SE) An einem der großen Gemeinschaftstische darf man sich auf einen geselligen Abend mit viel Bier freuen und Leute beobachten. Früher war dies ein Ford-Autohaus mit Tankstelle. An warmen Frühlingsabenden scheint sich ganz Albuquerque auf dem riesigen Patio zu tummeln

Launch Pad LIVEMUSIK
(www.launchpadrocks.com; 618 Central Ave SW) Indie-, Reggae-, Punk- und Country-Bands rocken den Laden, fast jeden Abend. Nach dem Raumschiff auf der Central Ave Ausschau halten! Gleich nebenan ist das **El Rey Theater** (www.elreytheater.com; 620 Central Ave SW), ein weiterer heißer Tipp für Livemusik.

Shoppen

Alle Arten von Souvenirs erhält man in Nob Hill östlich der Universität. Boutiquen und ausgefallene Geschäfte laden zum Bummeln ein. Parken kann man in der Central Ave SE oder in einer der Seitenstraßen mit den College-Namen.

Palms Trading Post KUNSTHANDWERK
(1504 Lomas Blvd NW; Mo–Sa 9–17.30 Uhr) Wer indianisches Kunsthandwerk kaufen und von Experten beraten werden will, sollte in der Palms Trading Post vorbeischauen.

Silver Sun SCHMUCK
(116 San Felipe St NW; ⌚9–16.30 Uhr) Gleich südlich der Plaza befindet sich dieser Juwelier, der für seine Türkise bekannt ist.

Mariposa Gallery KUNST
(www.mariposa-gallery.com; 3500 Central Ave SE) Wunderschöne, ausgefallene Kunst, Handwerk und Schmuck, vor allem von Künstlern aus der Region.

IMEC SCHMUCK
(www.imecjewelry.net; 101 Amherst SE) Ganz in der Nähe des Mariposa, mit einer künstlerisch noch anspruchsvolleren Auswahl an feinem Schmuck.

Praktische Informationen

Infos im Internet

Albuquerque.com (www.albuquerque.com) Attraktionen, Hotels und Restaurants.

City of Albuquerque (www.cabq.gov) Informationen zum öffentlichen Nahverkehr, zu lokalen Sehenswürdigkeiten und mehr.

Internetzugang

Viele Restaurants und Cafés bieten WLAN.

Main Library (☎505-768-5141; 501 Copper Ave NW; ⌚Mo & Do–Sa 10–18, Di & Mi 10–19 Uhr) Nach dem Kauf einer SmartCard für 3 US$ ist der Internetzugang kostenlos. WLAN ist gratis, man benötigt allerdings eine Zugangskarte.

Notfall & Medizinische Versorgung

Polizei (☎505-764-1600; 400 Roma Ave NW)

Presbyterian Hospital (☎505-841-1234; 1100 Central Ave SE; ⌚24 Std. Notaufnahme)

UNM Hospital (☎505-272-2411; 2211 Lomas Blvd NE; ⌚24 Std. Notaufnahme) Wer keine Versicherung hat, sollte hierhin kommen.

Post

Post (☎505-346-1256; 201 5th St SW)

Touristeninformation

Das **Albuquerque Convention & Visitors Bureau** (www.itsatrip.org) hat drei Visitor Centers:

Downtown (☎505-842-9918; 20 First Plaza NW, Ecke 2nd St & Copper Ave; ⌚Mo–Fr 9–16 Uhr)

Old Town (☎505-243-3215; 303 Romero St NW; ⌚Okt.–Mai 10–17, Juni–Sept. 10–18 Uhr)

Sunport (Albuquerque International Airport) An der Gepäckausgabe auf der unteren Ebene.

Anreise & Unterwegs vor Ort

Bus

Das **Alvarado Transportation Center** (100 1st St SW, Ecke Central Ave) ist Sitz von **ABQ RIDE** (☎505-243-4435; www.cabq.gov/transit; ⌚8–17 Uhr), dem öffentlichen Busbetrieb. Er deckt montags bis freitags einen Großteil von Albuquerque ab und nimmt täglich Kurs auf die wichtigsten Sehenswürdigkeiten (Erw./Kind 1/0,35 US$; Tagesticket 2 US$). Die meisten Linien fahren bis 18 Uhr. Die ABQ-RIDE-Linie 50 verbindet den Flughafen und Downtown Albuquerque (Mo–Fr letzter Bus um 20 Uhr, Sa eingeschränkter Dienst). Auf der Website findet man Karten und Fahrpläne. Bus Nr. 36 hält nahe der Old Town und dem Indian Pueblo Cultural Center.

Greyhound (☎505-243-4435; www.greyhound.com, 320 1st St SW) fährt Ziele in ganz New Mexico an.

Sandia Shuttle (☎888-775-5696; www.sandiashuttle.com) bietet tägliche Shuttleverbindungen von Albuquerque zu vielen Hotels in Santa Fe (9–23 Uhr, einfache Strecke/hin & zurück 25/45 US$).

Twin Hearts Express (☎800-654-9456) betreibt einen Shuttleservice vom Flughafen zu Zielen im Norden von New Mexico wie Santa Fe und Taos.

Flugzeug

Der **Albuquerque International Sunport** (www.cabq.gov/airport; 2200 Sunport Blvd SE) ist der wichtigste Flughafen von New Mexico. Er wird von fast allen großen US-amerikanischen Fluggesellschaften angeflogen. Ein Taxi nach Downtown kostet 20 bis 25 US$; ein Anbieter ist z. B. **Albuquerque Cab** (☎505-883-4888).

Zug

Täglich hält der *Southwest Chief* auf dem Weg nach Chicago (194 US$, 26 Std.) oder in die andere Richtung, via Flagstaff, AZ (90 US$, 5 Std.), nach Los Angeles, CA (ab 101 US$, 16½ Std.), am **Amtrak-Bahnhof** (☎505-842-9650; www.amtrak.com; Ecke 1st St & Central Ave).

An demselben Bahnhof hält auch der **New Mexico Rail Runner Express** (www.nmrailrunner.com), ein Pendlerzug. Unter der Woche geht's achtmal täglich nach Santa Fe (einfache Strecke/Tagesticket 7/8 US$), samstags vier- und sonntags zweimal, es ist aber wahrscheinlich, dass die Wochenendverbindungen eingestellt werden. Die Fahrt dauert ungefähr anderthalb Stunden.

An der I-40

Zwar kann man theoretisch in weniger als fünf Stunden von Albuquerque nach Flagstaff, AZ, fahren, doch die National Monuments und die Pueblos an der Strecke sind einen Besuch wert. Wer eine landschaftlich schöne Tour machen möchte, nimmt ab Grants den Hwy 53 nach Südwesten, der zu allen im Folgenden genannten Sehenswürdigkeiten (außer nach Acoma) führt. Der Hwy 602 verläuft gen Norden nach Gallup.

Acoma Pueblo

Die „Himmelsstadt" thront auf einer Mesa 2133 m über dem Meeresspiegel und 112 m über dem umliegenden Plateau. Dieses Dorf ist eine der ältesten durchgehend bewohnten Siedlungen Nordamerikas. Seit der zweiten Hälfte des 11. Jhs. leben hier Menschen, die Töpferwaren herstellen. **Geführte Touren** (Erw./Senior/Kind 20/15/12 US$; ⌚Mitte Okt.–Mitte April 10–15 Uhr stündl., Mitte April–Mitte Okt. 9–17.30 Uhr tägl.) beginnen am **Visitor Center** (☎800-747-0181; http://sccc.acomaskycity.org) am Fuß der Mesa und dauern zwei Stunden oder eine Stunden, wenn man nur die historische Tour bucht. Von der I-40 nimmt man Exit 102, etwa 50 Meilen (80 km) westlich von Albuquerque, und fährt dann 12 Meilen (19 km) nach Süden.

El Morro National Monument

Der 60 m hohe Sandsteinvorsprung an diesem **National Monument** (www.nps.gov/elmo; Erw./Kind 3 US$/frei; ⌚Juni–Aug. 9–18 Uhr, Sept.–Okt. & April–Mai 9–17 Uhr, Nov.–Mai 9–16 Uhr), auch bekannt als der „Felsen der Inschriften", ist seit Jahrhunderten ein Reiseziel. Mehr als 2000 eingeritzte Zeichen – von Petroglyphen der Pueblo-Indianer (um 1275) an der Spitze bis zu raffinierten Inschriften spanischer Eroberer und englischer Pioniere – bieten eine einzigartige Möglichkeit, sich auf die Spuren der Geschichte zu begeben. El Morro liegt etwa 38 Meilen (61 km) südwestlich von Grants und ist über den Hwy 53 erreichbar.

ZUNI PUEBLO

Die Zuni sind für ihre feinen Silberintarsien bekannt. Sie verkaufen sie in Geschäften am Hwy 53. Im Visitor Center erhält man Infos und Fotogenehmigungen und kann Touren durch das **Pueblo** (☎505-782-7238; www.zunitourism.com; 1239 Hwy 53; Führungen 10 US$; ⌚Mo–Fr 8.30–17.30, Sa 10.30–16, So 12–16 Uhr) buchen. Vorbei an den Steinhäusern und wie Bienenkörbe geformten Lehmziegelofen geht's zur **Our Lady of Guadalupe Mission**. Die Kachina-Wandbilder sind beeindruckend. Im **A:shiwi A:wan Museum & Heritage Center** (☎505-782-4403; www.ashiwi-museum.org; Ojo Caliente Rd; Eintritt gegen Spende; ⌚Mo–Fr 9–17 Uhr) sind alte Fotos und Stammesartefakte ausgestellt.

Das nette **Inn at Halona** (☎505-782-4547; www.halona.com; Halona Plaza; Zi. inkl. Frühstück 79 US$; ❄📶) zieren Zuni-Kunst und -Handwerk. Es hat acht Zimmer und ist die einzige Unterkunft im Pueblo.

GALLUP

Gallup ist das wichtigste Handelszentrum der Navajo und Zuni. Deshalb befinden sich zahlreiche *trading posts*, Pfandleiher, Schmuckgeschäfte und Handwerksgalerien im historischen Bezirk. Dies ist die wohl beste Adresse in New Mexico für qualitativ hochwertige Waren zu fairen Preisen. Gallup ist eine typische Route-66-Stadt. Überall stehen altmodische Motels und Geschäfte.

Die schönste Schlafgelegenheit ist **El Rancho** (☎505-863-9311; www.elranchohotel.com; 1000 E Hwy 66; Zi. ab 76 US$; P❄📶🏊). Viele berühmte Schauspieler der 1940er- und 1950er-Jahre haben hier übernachtet. Der Stil der tollen Lobby ist typisch für den Südwesten, es gibt ein Restaurant, eine Bar und verschiedene einfache Zimmer. In der Lobby hat man WLAN-Empfang.

Infos, z.B. zu Events, liefert die **Chamber of Commerce** (☎800-380-4989; www.thegallupchamber.com; 103 W Hwy 66; ⌚Mo–Fr 8.30–17 Uhr).

Santa Fe

Santa Fe hat ohne Zweifel ein zeitloses, erdiges Flair – das merkt man spätestens, wenn man durch die historischen Viertel mit den Adobe-Bauten geht, aber auch auf der Plaza, auf der sich die Touristen tummeln. Santa Fe, gegründet 1610, ist die zweitälteste Stadt der USA und die älteste Landeshauptstadt. Hier steht das älteste öffentliche Gebäude des Landes und hier steigt die älteste Party der USA (Fiesta). Davon abgesehen ist Santa Fe ein Synonym für modernen Stil, trumpft mit dem zweitgrößten Kunstmarkt der Vereinigten Staaten auf und bietet neben Gourmetrestaurants, erstklassigen Museen und Spas auch noch eine hochkarätige Oper.

Santa Fe ist auch die höchstgelegene Landeshauptstadt der USA (auf über 2100 m). Sie befindet sich am Fuß der Sangre de Cristo Mountains und ist ein idealer Ausgangspunkt für Wanderungen, Mountainbiketouren oder Skiausflüge.

Die Cerrillos Rd (I-25-Exit 278), eine 6 Meilen (10 km) lange Straße voller Hotels und Fast-Food-Restaurants, führt von Sü-

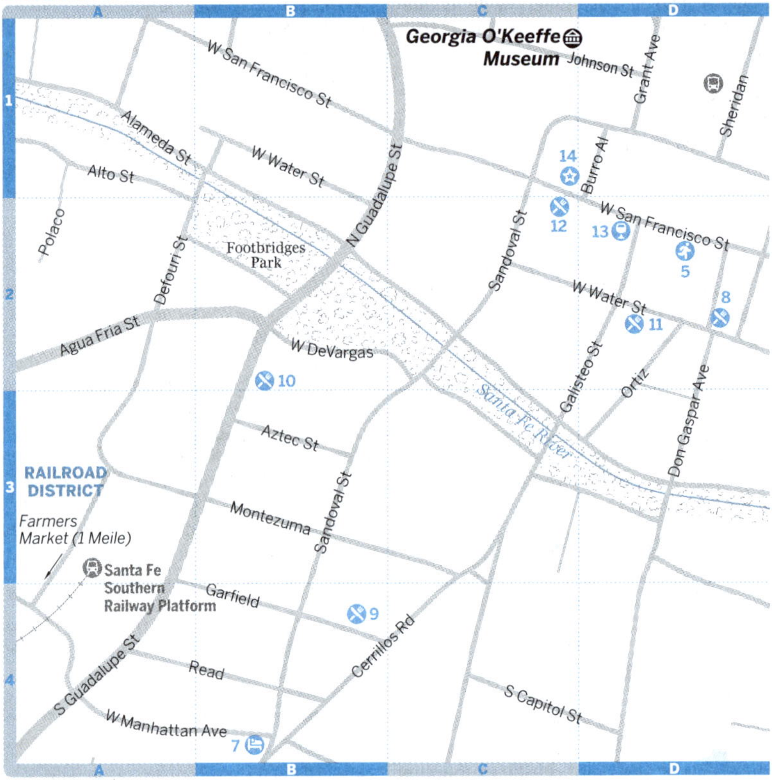

den her in die Stadt. Der Paseo de Peralta beschreibt einen Kreis durch das Stadtzentrum, der St Francis Drive (I-25-Ausfahrt 282) bildet die westliche Grenze von Downtown Santa Fe und geht in den Hwy 285 über, der nach Norden führt, Richtung Los Alamos und Taos. Die meisten Restaurants, Galerien, Museen und Sehenswürdigkeiten in Downtown können von der Plaza aus, dem historischen Kern der Stadt, zu Fuß erreicht werden.

Sehenswertes

Kunstfans, die ein Wochenende in Santa Fe verbringen wollen, sollten darüber nachdenken, halbwegs früh am Freitag anzureisen – in vielen Museen ist der Eintritt freitagabends kostenlos.

Georgia O'Keeffe Museum — MUSEUM

(☎505-946-1000; www.okeeffemuseum.org; 217 Johnson St; Erw./Senior/Kind 10/8 US$/frei; ⏱10–17, Fr bis 20 Uhr) Dieses Museum besitzt die größte Georgia-O'Keeffe-Sammlung der Welt. Es zeigt Gemälde mit den bekannten Blumen- und Schädelmotiven sowie Adobe-Architektur. Führungen durch das Haus der Künstlerin in Abiquiu (S. 369) müssen vorab reserviert werden.

Canyon Road — VIERTEL

(www.canyonroadarts.com) Das Epizentrum der Edel-Kunstszene der Stadt. Mehr als 100 Galerien, Ateliers, Geschäfte und Restaurants säumen die schmale historische Straße. Man kann Meisterwerke der Santa Fe School, seltene indianische Antiquitäten und zügellose moderne Kunst finden. Bei den Vernissagen am frühen Freitagabend und vor allem an Heiligabend geht es in dem Viertel besonders lebendig zu.

GRATIS Wheelwright Museum of the American Indian — MUSEUM

(www.wheelwright.org; 704 Camino Lejo; ⏱Mo–Sa 10–17, So 13–17 Uhr) 1937 ließ Mary Cabot das Wheelwright Museum of the American Indian – es gehört zum Museum Hill

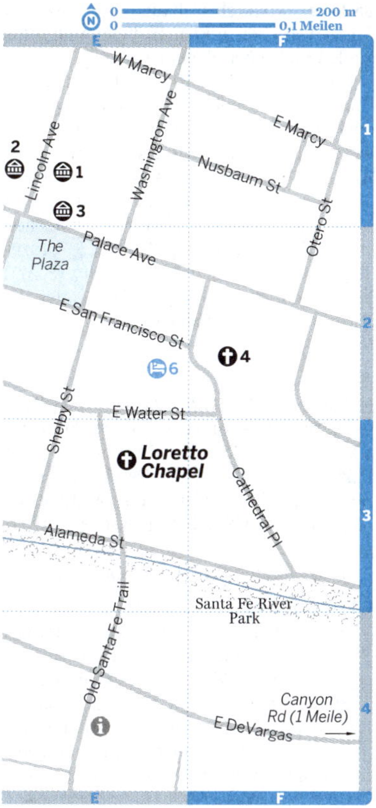

Santa Fe

Highlights
- Georgia O'Keeffe Museum C1
- Loretto Chapel E3

Sehenswertes
- 1 New Mexico History Museum E1
- 2 New Mexico Museum of Art E1
- 3 Palace of the Governors E1
- 4 St. Francis Cathedral F2

Aktivitäten, Kurse & Touren
- 5 Santa Fe School of Cooking D2

Schlafen
- 6 La Fonda E2
- 7 Santa Fe Motel & Inn B4

Essen
- 8 Cafe Pasqual's D2
- 9 Cleopatra Café B4
- 10 Cowgirl Hall of Fame B2
- 11 Coyote Café D2
- 12 Tia Sophia's C2

Ausgehen
- Bell Tower Bar ..... (siehe 6)
- 13 Evangelo's D2

Unterhaltung
- 14 Lensic Performing Arts Center C1

– einrichten, um die zeremonielle Kunst der Navajo auszustellen. Das Highlight sind unverändert die Navajo-Exponate, mittlerweile umfasst die Sammlung aber auch moderne indianische Kunst und historische Artefakte.

Museum of New Mexico MUSEUM

(www.museumofnewmexico.org; 1 Museum 9 US$, 4-Tages-Pass für alle 4 Museen 20 US$, unter 16 Jahren frei; ⏲Sa–Do 10–17, Fr 10–20 Uhr, Winter Mo geschl.) Das Museum of New Mexico feierte 2009 seinen 100. Geburtstag. Es umfasst insgesamt vier Museen in der Stadt:

Palace of the Governors HISTORISCHES GEBÄUDE

(www.nmhistorymuseum.org; 105 W Palace Ave) Das 400 Jahre alte Bauwerk an der Plaza war einst Sitz der spanischen Kolonialregierung. Zu sehen sind Relikte aus der Region, die meisten Exponate sind aber im angrenzenden **New Mexico History Museum** (113 Lincoln Ave) untergebracht; der schicke 8640 m^2 große Ausstellungsbereich wurde 2009 eröffnet.

New Mexico Museum of Art MUSEUM

(www.nmartmuseum.org; 107 W Palace Ave) Ein kleines Stück abseits der Plaza bietet dieses Museum mehr als 20 000 Kunstwerke. Der Großteil der Künstler stammt aus dem Südwesten.

Museum of Indian Arts & Culture MUSEUM

(www.indianartsandculture.org; 710 Camino Lejo) Auf dem Museum Hill kann man eine der umfassendsten Sammlung indianischer (Handwerks-)Kunst bestaunen – thematisch passt ein Besuch des nahe gelegenen Wheelwright Museum.

Museum of International Folk Art MUSEUM

(www.internationalfolkart.org; 706 Camino Lejo; 👪) Ebenfalls auf dem Museum Hill warten gleichermaßen skurrile wie überwältigende Galerien mit der weltweit größten Sammlung traditioneller Volkskunst auf. Wenn es zeitlich passt, sollte man seinen Besuch in diesem Museum auf den Juni legen. Dann findet hier ein fantastischer Volkskunstmarkt statt.

Ebenfalls sehenswert:

St Francis Cathedral KIRCHE

(131 Cathedral Pl; ⌚8.30–17 Uhr) Beherbergt die älteste Madonna-Statue Nordamerikas.

Shidoni Foundry GALERIE

(www.shidoni.com; 1508 Bishops Lodge Rd, Tesuque; ⌚Mo–Sa 10–17 Uhr; 👪) Skulpturengarten, Galerie und ein Glasbläseratelier, 5 Meilen (8 km) nördlich der Plaza. Samstags kann man Künstlern beim Gießen riesiger Bronzegegenstände zusehen (2 US$).

Loretto Chapel KIRCHE

(207 Old Santa Fe Trail; Eintritt 3 US$; ⌚Mo–Sa 9–17, So 10.30–17 Uhr) Die Kirche ist berühmt für ihre „magische" Wendeltreppe, die in der Luft zu schweben scheint.

Aktivitäten

Die **Pecos Wilderness** und der **Santa Fe National Forest**, östlich der Stadt, bieten ein über 1600 km langes Wanderwegenetz. Manche Pfade führen auf über 3600 m hohe Gipfel hinauf. Gewitter sind im Sommer keine Seltenheit; vor dem Losmarschieren die Wettervorhersage anschauen! Karten und Infos liefert das Public Lands Information Center (S. 367). Wer gern Mountainbike fährt, kann bei **Mellow Velo** (☎505-995-8356; www.mellowvelo.com; 621 Old Santa Fe Trail) vorbeischauen. Dort werden Räder verliehen und man bekommt Infos zu den Radwegen in der Gegend.

Rafting auf dem Rio Grande und Rio Chama ist sehr beliebt (Tagesausflüge, aber auch mehrtägige Touren), und Besucher werden busweise herangekarrt. Ein guter Anbieter ist **New Wave Rafting** (☎505-984-1444; www.newwaverafting.com). Man kann die Rio Grande Gorge erforschen (Erw./Kind halber Tag 57/50 US$, ganzer Tag 95/85 US$), die wilde Taos Box (S. 371) bezwingen (ganzer Tag 116 US$) oder die Rio Chama Wilderness erkunden (3 Tage 525 US$).

Santa Fe Ski Area SKIFAHREN

(☎505-982-4429, Schneebericht 505-983-9155; www.skisantafe.com; Skipass Erw./Kind 60/40 US$; ⌚9–16 Uhr) Fährt man von der Plaza aus den Hwy 475, erreicht man nach nur einer halben Stunde das zweithöchste Skigebiet der USA. Wenn frischer Pulverschnee liegt und die Sonne scheint, ist das hier das Paradies für Wintersportler.

10,000 Waves SPA

(☎505-982-9304; www.tenthousandwaves.com; 3451 Hyde Park Rd; Gemeinschaftsbecken 19 US$, private Becken 29–49 pro Pers.; ⌚Juli–Okt. Di 14–22.30, Mi–Mo 9–22.30, Nov.–Juni unterschiedl.) Das 10,000 Waves wurde im japanischen Stil angelegt. Auf dem künstlich angelegten Gelände verstecken sich acht hübsche Zen-Becken. Wasserfälle, Eiswasserbecken, Massagen und heiße sowie Trockensaunen vervollständigen das Bild. Wer ein Becken für sich allein haben will, muss telefonisch reservieren.

SANTA FE MIT KINDERN

Wissenschaft und Kunst für kleine Kinder – das vor Kurzem erweiterte **Santa Fe Children's Museum** (www.santafechildrensmuseum.org; 1050 Old Pecos Trail; Eintritt 9 US$, So 5 US$; ⌚Di–Sa 10–18, So 12–17 Uhr; 👪) stellt Exponate zum Anfassen aus. Es werden täglich Programme zu Themen wie Sonnenenergie oder Drucktechnik angeboten.

Santa Fe Southern Railway (☎505-989-8600; www.thetraininsantafe.com; 410 S Guadalupe St; 👪) Wie wär's mit einem Ausflug in einem restaurierten Eisenbahnwaggon? Sie werden von Frachtzugtriebwagen gezogen. Die vierstündige Tour (Erw./Kind ab 32/18 US$), Abfahrt samstags um 12 Uhr, führt durch die Hochwüste. Im Sommer gibt's zusätzliche Fahrten freitags um 11 Uhr. Sonntags (ganzjährig) und mittwochs (nur im Sommer) werden auch kürzere Ausflüge angeboten. Reservierung empfohlen!

Kurse

Santa Fe School of Cooking KOCHEN

(☎505-983-4511; www.santafeschoolofcooking.com; 116 W San Francisco St) Wer seine Liebe für die Küche New Mexicos entdeckt hat, kann Kochunterricht nehmen. Die Einheiten dauern typischerweise zwischen anderthalb und drei Stunden, beinhalten ein traditionelles Frühstück nach New-Mexico- und Southwestern-Art und kosten 70 bis 98 US$. Es gibt auch einen Familienkurs.

Feste & Events

Die größten Festivals in Santa Fe sind diese:

Spanish Market KULTUR

(www.spanishmarket.org) Ende Juli steigt dieses kulturelle Fest der Extraklasse mit traditioneller spanischer Kolonialkunst. Man kann *retablos* (Malereien auf Holztafeln) und *bultos* (religiöse Holzfiguren), handgefertigte Möbel und Metallarbeiten bewundern. Eine Jury bewertet die Werke.

Santa Fe Indian Market KULTUR
(www.swaia.org) Findet typischerweise am Wochenende nach dem dritten Donnerstag im August statt und lockt die besten indianischen Kunsthandwerker des Landes auf die Plaza – und mit ihnen Zehntausende Besucher.

Santa Fe Fiesta KULTUR
(www.santafefiesta.org) Zwei Wochen vollgepackt mit Veranstaltungen Anfang September, darunter Konzerte, Tänze, Umzüge und die Verbrennung von Zozobra (dem Old Man Gloom oder „Alter-Mann-Trübsinn"), einer riesigen Marionette.

Schlafen

Motelketten und unabhängige Unterkünfte säumen die Cerrillos Rd. Sowohl im Santa Fe National Forest als auch im Hyde State Park am Hwy 475, der Straße zum Ski Basin, kann man auf ausgebauten Plätzen campen.

Santa Fe Motel & Inn HOTEL $$
(505-982-1039; www.santafemotel.com; 510 Cerrillos Rd; Zi. 89–155 US$, Casitas 119–169 US$; P ❄ @) Das Motel unweit der Downtown hat in puncto Ästhetik und Technik so einiges zu bieten: Kacheln in kräftigen Farben, Lehmwände mit Sunburst-Lackierung, LCD-Fernseher und die Willkommens-Chilischote auf den Handtüchern sind nur ein paar der netten Details. Und wie wär's mit einem warmen Frühstück auf dem Patio?

Silver Saddle Motel MOTEL $
(505-471-7663; www.silversaddlemotelllc.com; 2810 Cerrillos Rd; Zi. inkl. kontinentalem Frühstück ab 45 US$; P ❄ @) Schattige Holzarkaden draußen und ein rustikales Cowboy-Dekor drinnen sind die Markenzeichen dieses Motels. Ein paar Zimmer haben hübsch gekachelte Küchenzeilen. Lust auf ein bisschen Kitsch? Dann sollte man nach dem Kenny-Rogers- oder Wyatt-Earp-Zimmer fragen. Das Preis-Leistungs-Verhältnis ist super!

LP TIPP **La Fonda** HISTORISCHES HOTEL $$$
(505-982-5511; www.lafondasantafe.com; 100 E San Francisco St; Zi. 210–400 US$, Suite 430–800 US$; P ❄ @) Der Eigenwerbung zufolge ist dies das „Original-Inn am Ende des Santa Fe Trail". Er steht hier schon seit 1610! Seit jeher ist La Fonda eine der besten Unterkünfte der Stadt, ein Ausbund an authentischem, qualitativ hochwertigem Santa-Fe-Stil. Hier verschmelzen moderner Luxus und Volkskunst-Elemente.

El Rey Inn HISTORISCHES HOTEL $$
(505-982-1931; www.elreyinnsantafe.com; 1862 Cerrillos Rd; Zi. inkl. Frühstück 99–165 US$, Suite ab 150 US$; P ❄ @) Ein sehr empfehlenswertes klassisches Hotel mit Innenhof, tollen Zimmern, einem schönen Schwimmbecken und Whirlpool und sogar einem Kinderspielplatz auf einem ca. 2 ha großen Grundstück. Auf dem Gelände wird recycelt und verantwortungsbewusst mit den Ressourcen umgegangen. Die meisten Zimmer sind klimatisiert.

Rancheros de Santa Fe Campground CAMPING $
(505-466-3482; www.rancheros.com; 736 Old Las Vegas Hwy; Stellplatz Zelt/Wohnwagen 23/39 US$, Hütten 48 US$; Mitte März–Okt.;) Ein bewaldeter Zeltplatz 7 Meilen (11 km) südöstlich der Stadt. Supernette Atmosphäre. Außerdem: Warmwasserduschen, günstiger Kaffee und Filmvorführungen am Abend.

Essen

LP TIPP **San Marcos Café** NEW MEXICO, AMERIKANISCH $
(505-471-9298; www.sanmarcosfeed.com; 3877 Hwy 14; Hauptgerichte 7–10 US$; 8–14 Uhr) Die zehnminütige Fahrt hierhin lohnt sich (auf dem Hwy 14 nach Süden). Abgesehen von dem bodenständigen Flair und dem besten Red Chile, das einem je untergekommen ist, muss man das authentische Western-Feeling dieses Restaurants einfach lieben – draußen stolzieren Truthähne und Pfauen umher und es gibt einen Tierfutterladen. Heißhunger auf etwas Süßes? Den kann man mit Gebäck und Desserts stillen, insbesondere mit dem Bourbon-Apfelkuchen. An den Wochenenden reservieren!

Tune-Up Café INTERNATIONAL $$
(505-983-7060; www.tuneupcafe.com; 1115 Hickox St; Hauptgerichte 7–14 US$; Mo–Fr 7–22, Sa & So 8–22 Uhr) Santa Fes neuestes Lieblingsrestaurant hat eine entspannte Atmosphäre und ist immer gut besucht, denn das Essen ist super. Der Koch kommt aus El Salvador und verpasst den klassisch amerikanischen und New-Mexico-Gerichten eine besondere Note, es gibt aber auch salvadorianische *pupusas* (gefüllte Maistortillas), *huevos* (Eier) und andere Spezialitäten.

Besonders lecker schmecken die Fisch-Tacos und die *mole colorado enchiladas* (mit rotem Chili und einem Hauch Schokolade).

Horseman's Haven NEW MEXICO **$**
(4354 Cerrillos Rd; Hauptgerichte 6–12 US$; ⌚Mo–Sa 8–20, So 8.30–14 Uhr) Achtung: Hier gibt's die schärfste Green Chile der Stadt! Vorsichtshalber lieber als Beilage bestellen! Der Service ist nett und flink, und der gigantische Burrito reicht vielleicht für den kompletten Tag.

Cowgirl Hall of Fame GRILL **$$**
(www.cowgirlsantafe.com; 319 S Guadalupe St; Hauptgerichte 8–18 US$; ⌚Mo–Fr 11–24, Sa 10–24, So 10–23, Bar länger geöffnet) Im Hof mit dem Kopfsteinpflaster kann man sich über Lachs-Tacos, *butternut-squash*-(Kürbis-)Auflauf oder eine Grillplatte hermachen, serviert mit einem Hauch Feminismus im Western-Stil. Dies ist ein kinderfreundlicher Laden mit einem Spielplatz draußen und Eimern voller Buntstifte, mit denen man die lange Kinderkarte bemalen kann. Auch die Bar (oft mit Livemusik) ist total beliebt.

LP TIPP **Geronimo** MODERN-AMERIKANISCH **$$$**
(☎505-982-1500; 724 Canyon Rd; Gerichte 28–44 US$; ⌚Mo–Do 17.45–22, Fr & Sa 17.45–23 Uhr) Eins der edelsten und romantischsten Restaurants der Stadt ist in einem Lehmbau von 1756 untergebracht. Auf der kurzen, aber abwechslungsreichen Karte stehen z. B. gegrillte Garnelen mit Honig-Marinade und Elchfilet mit über Apfelholz geräuchertem Speck.

Weitere gute Optionen:

Tia Sophia's NEW MEXICO **$**
(210 W San Francisco St; Hauptgerichte 7–10 US$; ⌚Mo–Sa 7–14 Uhr) Die wohl besten New-Mexico-Gerichte an der Plaza.

Café Pasqual's INTERNATIONAL **$$$**
(☎505-983-9340; www.pasquals.com; 121 Don Gaspar Ave; Frühstück & Mittagessen 9–17 US$, Abendessen 20–30 US$; ⌚8–15, 17.30–21 Uhr) Die berühmteste Frühstücksadresse in Sante Fe – berechtigterweise.

Cleopatra Café ORIENTALISCH **$**
(418 Cerrillos Rd; Hauptgerichte 5–12 US$; ⌚Mo–Sa 6–20, So 6–18 Uhr; 📶) Das eher unspektakuläre Ambiente wird durch Geschmack und Preis der Gerichte wieder wettgemacht: Es gibt große Teller mit köstlichen Kebabs, Hummus, Falafeln und anderen orientalischen Köstlichkeiten. Zu finden im Design Center.

Coyote Café MODERN-AMERIKANISCH **$$$**
(☎505-983-1615; www.coyotecafe.com; 132 W Water St; Hauptgerichte 28–56 US$; ⌚17.30–21.30 Uhr) Schlichtweg legendär ist die innovative Küche des Coyote.

Ausgehen & Unterhaltung

Livemusik und eine gute Atmosphäre für ein paar Drinks bietet auch die Cowgirl Hall of Fame (s. linke Spalte) – fast jeden Abend.

Santa Fe Brewing Company BRAUEREI, LIVEMUSIK
(www.santafebrewing.com; 35 Fire Pl) Santa Fes Original-Mikrobrauerei deckt das komplette Bierspektrum ab (Pils, Porter, Stout, alles dabei). Hier spielen überraschend oft bekannte Bands.

Evangelo's BAR, LIVEMUSIK
(200 W San Francisco St) Jeden Abend gibt's Livemusik zum Im-Takt-mitwippen. Bereits auf der Straße hört man die Klänge von Rock, Blues, Jazz und Latino-Combos.

Lensic Performing Arts Center DARSTELLENDE KUNST
(☎505-988-1234; www.lensic.org; 211 W San Francisco St) Lust auf darstellende Kunst oder einen Film? Dann sollte man sich das Programm des Lensic Performing Arts Center anschauen. Das liebevoll restaurierte Kino aus den 1930er-Jahren ist der Hauptveranstaltungsort für Performing Arts in Santa Fe. Es ist seiner Geschichte als Lichtspielhaus treu geblieben: Klassische Filmvorführungen kosten 5 US$.

Santa Fe Opera OPER
(☎800-280-4654; www.santafeopera.org; Tickets 26–188 US$; ⌚Juli & Aug.) Hier kann man im feinen Zwirn auflaufen, Cowboystiefel und Jeans sind aber auch o. k. Echte Fans, aber auch Leute, die noch nie in ihrem Leben eine Oper gesehen haben, kommen allein wegen der Architektur des Bauwerks nach Santa Fe. Es gewährt einen Blick auf die vom Wind geformte Sandsteinwildnis und traumhafte Sonnenunter- bzw. Mondaufgänge, und auf der Bühne geben sich international bekannte Sänger ein Stelldichein.

Bell Tower Bar BAR
(100 E San Francisco St) Im La Fonda-Hotel geht's fünf Stockwerke hoch in die Bell Tower Bar. Dort kann man legendäre New-Mexico-Sonnenuntergänge bewundern.

El Farol BAR, LIVEMUSIK
(www.elfarolsf.com; 808 Canyon Rd) Santa Fes älteste *cantina* ist Restaurant und Bar in

einem. Die hiesigen Spezialitäten sind Tapas (8 US$), Livemusik und natürlich das Ambiente.

Shoppen

Geschnitzte heulende Kojoten, Türkisschmuck und hochwertige Kunstwerke – Santa Fe hat Mitbringsel für jedes Budget zu bieten. Auf dem Bürgersteig vor dem Palace of the Governors kann man indianischen Schmuck direkt von den Künstlern kaufen.

LP TIPP **Santa Fe Farmers Market** MARKT (www.santafefarmersmarket; 1607 Paseo de Peralta; Mitte April–Okt. Sa 7–12, Nov.–Mitte April Sa 9–13, Mitte Mai–Okt. Di 7–12 Uhr) Den Markt auf dem neu aufgemachten Eisenbahnbetriebshof sollte man sich unbedingt ansehen. Kostenlose Probierhäppchen und die festliche Stimmung versprechen einen netten Morgen.

Pueblo of Tesuque Flea Market FLOHMARKT (Hwy 84/285; März-Nov. Fr–So 8–16 Uhr) Der Markt unter freiem Himmel ist ein paar Autominuten von Santa Fe entfernt (nach Norden fahren!) im Tesuque Pueblo. Dort werden hochwertige Teppiche, Schmuck, Kunst und Kleidung zu günstigen Preisen feilgeboten.

Travel Bug KARTE, BÜCHER (www.mapsofnewmexico.com; 839 Paseo de Peralta; Mo–Sa 7.30–17.30, So 11–16 Uhr; @ WLAN) Hat eine große Auswahl an Reiseführern, Karten und Reiseausrüstung auf Lager. Samstags finden Diavorträge statt.

Praktische Informationen

Infos im Internet

New Mexican (www.santafenewmexican.com) Tageszeitung mit den aktuellsten Schlagzeilen.

SantaFe.com (www.santafe.com) Verzeichnisse mit anstehenden Konzerten, Vorträgen und Neueröffnungen im Norden von New Mexico.

Santa Fe Information (www.santafe.org) Offizielle Touristenwebsite.

Santa Fe Reporter (www.sfreporter.com) Kostenloses Wochenblatt. Im Kulturteil ist genau beschrieben, was wo wann los ist.

Internetzugang

Santa Fe Public Library (505-955-6781; 145 Washington Ave) Man kann bis zu einer Stunde Internetzugang reservieren (kostenlos).

Travel Bug (505-992-0418; www.mapsofnewmexico.com; 839 Paseo de Peralta; @ WLAN) Kostenloses WLAN und Internetzugang an den Computern vor Ort.

Notfall & Medizinische Versorgung

Polizei (505-428-3700; 2515 Camino Entrada)

St. Vincent's Hospital (505-983-3361; 455 St Michael's Dr; 24 Std.-Notaufnahme)

Post

Post (120 S Federal Pl)

Touristeninformation

New Mexico Tourism Department (505-827-7400; www.newmexico.org; 491 Old Santa Fe Trail; 8.30–17.30 Uhr; WLAN) Broschüren, eine Hotelbuchungsnummer und Kaffee und Internetzugang sind gratis.

Public Lands Information Center (505-438-7542; www.publiclands.org; 301 Dinosaur Trail; Mo–Fr 8.30–16.30 Uhr) Jede Menge Karten und Infos. Gleich südlich der Kreuzung zwischen der Cerillos Rd und der I-25.

Anreise & Unterwegs vor Ort

American Eagle (800-433-7300; www.aa.com) hat Flüge nach/ab dem **Santa Fe Municipal Airport** (wwwsantafenm.gov; 121 Aviation Dr). Dreimal täglich geht's nach Dallas (DFW) und zurück, einmal pro Tag nach Los Angeles (LAX) und wieder zurück.

Sandia Shuttle Express (505-242-0302; www.sandiashuttle.com) pendelt zwischen Santa Fe und dem Albuquerque Sunport (27 US$). **North Central Regional Transit** (www.ncrtd.org) bietet einen kostenlosen Shuttlebus nach Espanola; dort fahren Shuttles nach Taos, Los Alamos, Ojo Caliente und mit anderen Zielen im Norden ab. Abfahrt bzw. Ankunft in Downtown Santa Fe ist in der Sheridan St, einen Häuserblock nordwestlich der Plaza.

Der Pendlerzug **Rail Runner** (www.nmrailrunner.com) nimmt mehrfach täglich Kurs auf Albuquerque, mit Umsteigeverbindungen zum Flughafen und zum Zoo. Die Fahrt dauert ca. anderthalb Stunden. Die Wochenendfahrten werden eventuell eingestellt. **Amtrak** (800-872-7245; www.amtrak.com) hält in Lamy; die letzten 17 Meilen (27 km) bis Santa Fe legt man mit dem Bus zurück.

Santa Fe Trails (505-955-2001; www.santafenm.gov) stellt die Nahverkehrsbusse (Erw./Senior & Kind 1/0,50 US$ pro Fahrt, Tagespass 2/1 US$). Ein lokales Taxiunternehmen ist **Capital City Cab** (505-438-0000).

Wer die Strecke Santa Fe–Albuquerque zurücklegt, sollte möglichst den Hwy 14 nehmen – den **Turquoise Trail**. Er führt durch die alte Minenstadt **Madrid,** heute eine Künstlerkommune voller Galerien 28 Meilen (45 km) südlich von Santa Fe.

Rund um Santa Fe

Man sollte es sich nicht allzu gemütlich machen in Santa Fe, denn ringsum gibt es eine ganze Menge zu sehen.

PUEBLOS

Nördlich von Santa Fe betritt man das Herz des Pueblo-Landes. **Eight Northern Pueblos** (www.enipc.org) gibt den hervorragenden Leitfaden *Eight Northern Indian Pueblos Visitors Guide* heraus, der in den Visitor Centers der Region erhältlich ist (kostenlos). Die jährliche Kunst-und-Handwerks-Show findet im Juli statt; das genaue Datum und der Veranstaltungsort sind auf der ENIPC-Website nachzulesen.

Folgt man dem Hwy 502 von Pojoaque aus 8 Meilen (13 km) nach Westen, gelangt man in das sehr alte **San Ildefonso Pueblo** (☎505-455-3549; 7 US$/Wagen, Genehmigung für Foto/Video/Zeichnungen 10/20/25 US$; ⏲tgl. 8–17 Uhr, Visitor Center im Winter Sa & So geschl.), den Geburtsort von Maria Martinez. Sie hauchte 1919 einem speziellen traditionellen Schwarz-Weiß-Töpferstil neues Leben ein. In dem Pueblo arbeiten ein paar herausragende Töpfer, darunter auch Nachfahren von Maria; verkauft werden die Waren z. B. im **Maria Poveka Martinez Museum** (Eintritt frei; ⏲Mo–Fr 8–16 Uhr).

Gleich nördlich von San Ildefonso, am Hwy 30, liegt **Santa Clara Pueblo**. Dort können **Puye-Felsenbehausungen** (☎888-320-5008; www.puyecliffs.com; Führungen Erw./Kind 20/18 US$; ⏲stdl. April–Sept. 9–17 Uhr, Okt–April 10–14 Uhr) mit Anazasi-Ruinen an schroff abfallenden Felsen und auf Mesa-Bergen bestaunt werden.

LAS VEGAS

Nicht zu verwechseln mit dem schillernden Paradiesvogel und Namensvetter in Nevada ist dieses Vegas, eine der niedlichsten Städte New Mexicos und zugleich eine der größten und ältesten östlich der Sangre de Cristo Mountains. Die Downtown ist ideales Bummel-Terrain mit ihrer hübschen Old Town Plaza und den um die 900 historischen Bauten, die im National Register of Historic Places aufgeführt sind. Die Architektur ist ein Mix aus Southwestern- und viktorianischem Stil.

Das 1882 erbaute und ein Jahrhundert später liebevoll restaurierte **Plaza Hotel** (☎505-425-3591, 800-328-1882; www.plazahotel-nm.com; 230 Plaza; Zi./Suite inkl. Frühstück ab 79/139 US$; ❄@📶) wurde kürzlich erweitert und ist die historischste und gefeiertste Unterkunft der Stadt. Das elegante Bauwerk beherbergt jetzt 72 komfortable Zimmer. Man hat die Wahl zwischen den viktorianischen Räumen voller Antiquitäten im Originalgebäude oder hellen, einfarbigen Zimmern im neuen Flügel.

Leckere New-Mexico-Küche gibt's in **Estella's Café** (148 Bridge St; Hauptgerichte 6–12 US$; ⏲Mo–Mi 11–15, Do & Fr 11–20, Sa 10–15 Uhr). Die leidenschaftlichen Besitzer schätzen hausgemachte rote Chilisauce, *menudo* (Kutteln und Maisgrütze) und Enchiladas.

Von der Plaza führt der Hot Springs Blvd 5 Meilen (8km) nördlich in den Gallinas Canyon und zum gewaltigen **Montezuma Castle**; das ehemalige Hotel beherbergt heute das United World College of the West. An der Straße kann man sich in einem der natürlichen **Thermalquellenpools** „einweichen" lassen. Deshalb: Schwimmsachen mitbringen, aber immer erst den großen Zeh ins Wasser halten – manche Quellen sind brühend heiß! Nicht verpassen sollte man das **Dwan Light Sanctuary** (Eintritt frei; ⏲6–22 Uhr) auf dem College-Campus. Prismen in den Wänden des Meditationsraums zaubern Regenbogen herbei.

Im **Visitor Center** (☎800-832-5947; www.lasvegasnewmexico.com; 500 Railroad Ave; ⏲15. Okt.–April Mo–Fr 10–17, Sa & So 11–16 Uhr, Mai–14. Okt längere Öffnungszeiten) sind Broschüren mit Spazierwegen erhältlich.

LOS ALAMOS

Das streng geheime Manhattan-Projekt nahm 1943 in Los Alamos seinen Anfang und verwandelte das verschlafene Nest auf dem Mesa-Plateau in ein geschäftiges Labor, in dem Superhirne vor sich hintüftelten. Hier, in der „Stadt, die nicht existierte", wurde die erste Atombombe entwickelt, und so gut wie niemand wusste davon. Heutzutage versprüht Los Alamos einen faszinierenden, energiegeladenen Charme. In einem Shop werden T-Shirts mit aufgedrucktem Atompilz und „La Bomba"-Wein verkauft und gleich daneben ist ein Buchhändler mit Titeln zur Pueblo-Geschichte oder zum Wandern in der Wildnis.

Das **Los Alamos National Laboratory** ist nicht öffentlich zugänglich; dort laufen noch heute bahnbrechende Forschungsprojekte. Aber man kann das gut aufgemachte, interaktive **Bradbury Science Museum** (www.lanl.gov/museum; Ecke Central Ave & 15th; Eintritt frei; ⏲Di–Sa 10–17, So & Mo 13–17 Uhr; 👪) besuchen, das sich mit der Geschichte der

NICHT VERSÄUMEN

CHIMAYO

28 Meilen (45 km) nördlich von Santa Fe liegt das so genannte „Lourdes Amerikas": **El Santuario de Chimayo** (www.elsantuariodechimayo.us; ⌚Okt.–April 9–17, Mai–Sept. 9–18 Uhr) ist eine der wichtigsten kulturellen Stätten in New Mexico. 1816 wurde die zweistöckige Adobe-Kapelle an einer Stelle errichtet, an der die Erde angeblich wundersame Heilkräfte besaß. Noch heute kommen die Gläubigen her, um die *tierra bendita* – die heilige Erde – aus dem kleinen Loch im Boden zu nehmen und auf schmerzenden Körperteilen zu verreiben. Manche trinken die Erde sogar, mit etwas Wasser vermischt. In der Karwoche wandern ca. 30 000 Pilger von Santa Fe, Albuquerque und noch weiter entfernt nach Chimayo. Es ist die größte katholische Wallfahrt in den Vereinigten Staaten. Allein schon die Kunstwerke im *santuario* sind die Fahrt hierhin wert. Anschließend könnte man zum Mittag- oder Abendessen in der **Rancho de Chimayo** (☎505-984-2100; www.ranchodechimayo.com; County Rd 98; Hauptgerichte 7–15 US$; ⌚tgl. 11.30–21, Sa & So 8.30–10.30 Uhr, Nov.–April Mo geschl.) einkehren.

Atombombe beschäftigt. Ein kurzer Film berichtet von Los Alamos' Rolle während der Kriegszeit und lüftet ein paar faszinierende Geheimnisse. Das kleine, interessante **Los Alamos Historical Museum** (www.losalamoshistory.org; 1050 Bathtub Row; Eintritt frei; ⌚Mo–Fr 10–16, Sa 11–16, So 13–16 Uhr) befindet sich auf dem nahe gelegenen Grundstück der früheren Los Alamos Ranch School; die reine Jungenschule wurde geschlossen, als die Wissenschaftler auf der Bühne auftauchten.

BANDELIER NATIONAL MONUMENT

Anazasi-Indianer lebten in den Felsen des wunderschönen Frijoles Canyon, der heute als Teil des **Bandelier National Monuments** (www.nps.gov/band; Eintritt 12 US$/Wagen; ⌚Sommer 8–18 Uhr, Frühlings & Sommer 9–17.30, Winter 9–16.30 Uhr) geschützt ist. Entdeckertypen können die vier Leitern hochklettern, um zu den uralten Höhlen und Kivas zu gelangen, die bis Mitte des 16. Jhs. genutzt wurden. Hier erstrecken sich auf einer Fläche von fast 130 km² der Canyon, Mesas (Tafelberge) und wunderschöne Wanderwege. Außerdem kann man auf dem **Juniper Campground** (Stellplatz für Zelt & Wohnmobil 12 US$) zwischen den Kiefern zelten, ganz in der Nähe des Parkeingangs.

ABIQUIU

Die winzige Gemeinde Abiquiu (ja, klingt wie „Barbeque") am Hwy 84 nordwestlich von Santa Fe (mit dem Wagen ca. 45 Min.) ist berühmt, weil die Künstlerin Georgia O'Keeffe hier von 1949 an bis zu ihrem Tode 1986 lebte und malte. Die wunderschöne Umgebung – der Chama River windet sich an Ackerland und spektakulären Felsformationen vorbei – zieht nach wie vor viele Künstler an. O'Keeffe's Lehmhaus ist eingeschränkt zugänglich; das Georgia O'Keeffe Museum (S. 362) organisiert von März bis November immer dienstags, donnerstags und freitags (35 US$) und von Juni bis Oktober auch samstags (45 US$) einstündige **Führungen** (☎505-685-4539; www.okeeffemuseum.org), die häufig schon Monate im Voraus ausgebucht sind.

Die **Ghost Ranch** (☎505-685-4333; www.ghostranch.org) ist ein Rückzugsort auf einem 84 km² großen Gelände. Ganz offensichtlich inspirierten die vielen kräftigen Farben O'Keeffe bei ihrer Arbeit. Außerdem wurde hier der Film *City Slickers* gedreht und es gibt Wanderwege, ein **Dinosauriermuseum** (⌚Mo–Sa 9–17, So 13–17 Uhr) und man kann Ausritte machen (ab 40 US$) bzw. Reitunterricht für die Kleinen (ab 4 Jahren; 20 US$) buchen. Darüber hinaus werden einfache **Schlafgelegenheiten** (Zeltplätze 19 US$, Stellplatz für Wohnwagen 22–29 US$, B inkl. Frühstück 50 US$, Zi. ohne/mit Bad inkl. Frühstück ab 50/80 US$) bereitgestellt.

Das hübsche **Abiquiú Inn** (☎505-685-4378; www.abiquiuinn.com; Hwy 84; Stellplatz für Wohnwagen 18 US$, Zi. 140–200 US$, Suite 170 US$, Casitas für 4 Pers. 190 US$; ❄📶) besteht aus großzügig verteilten, schattigen (Möchtergern-)Adobe-Bauten; die geräumigen Casitas haben Küchenzeilen. In der Lobby und im hauseigenen Restaurant, dem **Cafe Abiquiú** (Frühstück 5–9 US$, Mittag- & Abendessen 10–20 US$; ⌚7–21 Uhr), hat man WLAN-Empfang. Auf der Mittags- und Abendkarte stehen zahlreiche Fischgerichte (Lachs mit Chipotle-Honig-Glasur, Forellen-Tacos etc.).

OJO CALIENTE
Das 140 Jahre alte **Ojo Caliente Mineral Springs Resort & Spa** (☎505-583-2233; www.ojospa.com; 50 Los Baños Rd; Zi. 139–169 US$, Cottages 179–209 US$, Suite 229–349 US$; 📶) ist eins der ältesten Wellness-Resorts im Land. Die Pueblo-Indianer nutzten die Quellen schon lange vor dieser Zeit. Das frisch restaurierte Resort liegt 50 Meilen (80 km) nördlich von Santa Fe am Hwy 285 und bietet zehn Becken mit verschiedenen Mineralienkombinationen (gemeinschaftlich/privat ab 18/40 US$). Zusätzlich zu den netten, wenn auch nicht total ausgefallenen historischen Hotelzimmern wartet das Resort mit zwölf eleganten Suiten in grellen Farben auf, mit Kiva-Feuerstellen und privaten Wasserbecken sowie elf Cottages im New Mexico-Stil. In der Lobby hat man WLAN-Empfang. Im zugehörigen **Artesian Restaurant** (Frühstück 5–10 US$, Mittagessen 9–12 US$, Abendessen 11–28 US$; ⏲So–Do 7.30–10.30, 11.30–14.30 & 17–21, Fr & Sa 17–21.30 Uhr) weiß man mit den lokalen Bio-Zutaten umzugehen.

Taos

Taos ist vor allem von der Schönheit der Landschaft ringsum geprägt: Über 3700 m hohe, schneebedeckte Berge ragen hinter der Stadt auf, ein mit Salbei gesprenkeltes Plateau erstreckt sich gen Westen, bevor es plötzlich 250 m steil abfällt – voilà, das ist die Rio Grande Gorge. Manchmal ist der Himmel saphirblau und die Luft trocken, manchmal bauschen sich die Gewitterwolken turmhoch auf, sodass die Berge daneben zwergenhaft klein wirken. Und dann sind da diese traumhaften Sonnenuntergänge!

Taos Pueblo soll die älteste kontinuierlich bewohnte Siedlung der Vereinigten Staaten sein. Die lange Stadtgeschichte ist eng verwoben mit einem reichen Kulturerbe, mit Konquistadoren, Katholiken und Cowboys. Im 20. Jh. strömten Künstler, Schriftsteller und kreative Köpfe herbei, darunter D.H. Lawrence und Dennis Hopper. Taos ist nach wie vor ein relaxter, exzentrischer Ort mit klassischer Lehmziegel-Architektur, edlen Kunstgalerien, ausgefallenen Cafés und hervorragenden Restaurants. Die Bevölkerung (5000 Ew.) setzt sich aus Künstlern, Anhängern alternativer Energien und alteingesessenen hispanischen Familien zusammen. Taos ist ländlich und irgendwie auch ein bisschen weltfremd.

Sehenswertes

Die Museum Association of Taos verkauft einen 5-Museen-Pass (25 US$), mit dem man Zutritt zu diesen Museen hat:

Harwood Museum of Art MUSEUM
(www.harwoodmuseum.org; 238 Ledoux St; Erw./Senior & Student 8/7 US$; ⏲Di–Sa 10–17, So 12–17 Uhr) Das Harwood Museum ist in einem historischen Adobe-Komplex (erb. Mitte 19. Jh.) untergebracht. Zu den Exponaten zählen Gemälde, Drucke, Skulpturen und Fotografien von früheren und modernen Künstlern aus dem Norden New Mexicos.

Taos Historic Museums MUSEUM
(www.taoshistoricmuseums.com; Erw./Kind ein Museum 8/4 US$, beide Museen 12 US$; ⏲Mo–Sa 10–17, So 12–17 Uhr) Vor Ort gibt es zwei Museen: Das **Blumenschein Home** (222 Ledoux St) ist eine kleine Schatzkiste mit Kunstwerken aus den 1920er-Jahren der Taos Society of Artists, die **Martínez Hacienda** (708 Lower Ranchitos Rd) ist das ehemalige Wohnhaus eines Händlers aus der Kolonialzeit. Es wurde 1804 erbaut und hat 21 Zimmer.

Millicent Rogers Museum MUSEUM
(www.millicentrogers.org; 1504 Millicent Rogers Museum Rd; Erw./Kind 10/6 US$; ⏲10–17, Nov.–März Mo geschl.) Eine der besten Sammlungen indianischer und spanischer Kolonialkunst in den Vereinigten Staaten. Zu sehen gibt es Tonwaren, Schmuck, Körbe und Textilien.

Taos Art Museum & Fechin Institute MUSEUM
(www.fechin.com; 227 Paseo del Pueblo Norte; Eintritt 8 US$; ⏲Di–So 10–17 Uhr) Allein das Gebäude ist sehenswert – der in Russland geborene Künstler Nicolai Fechinust lebte viele Jahre hier –, und die Sammlung aus Gemälden, Zeichnungen und Skulpturen natürlich auch.

San Francisco de Asís Church KIRCHE
(St Francis Plaza; ⏲Mo–Fr 9–16 Uhr) 4 Meilen (6 km) südlich von Taos in Ranchos de Taos steht die Kirche San Francisco de Asís, die für die Winkel und Kurven ihrer Lehmziegelwände berühmt ist. Sie stammt aus der Mitte des 18. Jhs., wurde aber erst 1815 eröffnet. Georgia O'Keeffe hat sie auf die Leinwand gebannt, Ansel Adams auf Fotopapier.

Rio Grande Gorge Bridge BRÜCKE, CANYON
Die stählerne Rio Grande Gorge Bridge spannt sich in einer Höhe von 200 m über den Fluss und ist damit die zweithöchs-

NICHT VERSÄUMEN

TAOS PUEBLO

Das an einem Fluss gelegene **Taos Pueblo** (☎575-758-1028; www.taospueblo.com; Taos Pueblo Rd; Erw./Kind/unter 11 Jahren 10/5 US$/frei, Genehmigung Fotoapparat/Videokamera 6 US$; ⌚8–16 Uhr, im Feb. & März 6 Wochen lang geschl.) wurde um 1450 errichtet und ist seither ununterbrochen bewohnt gewesen. Es ist das größte mehrstöckige Pueblo im Land und eins der besten Beispiele für traditionelle Adobe-Architektur.

te Hängebrücke der USA. Der Blick in die Tiefe ist ehrfurchtgebietend! Wer ein tolles Foto von der Brücke selbst machen möchte, hält am besten an dem Rastplatz am Westende der Gorge Bridge.

Earthships VIERTEL
(www.earthship.net; Hwy 64; Erw./unter 12 Jahren 5 US$/frei; ⌚10–16 Uhr) Nur 1,5 Meilen (2,4 km) westlich der Brücke befindet sich die faszinierende Gemeinde Earthships mit den clever konzipierten Passivhäusern, die aus Recyclingmaterialien bestehen. Wer mag, kann in einem davon übernachten.

Aktivitäten

Im Sommer ist **Rafting** ein beliebter Zeitvertreib in der **Taos Box**, zwischen den steilen Felswänden, die den Rio Grande einrahmen. Tagestouren kosten mindestens 100 US$ pro Person; im Visitor Center erfährt man mehr über lokale Anbieter. Dort gibt's auch gute Infos zu **Wander-** und **Mountainbikewegen**.

Taos Ski Valley SKIFAHREN
(☎866-968-7386; www.skitaos.org; Skipass Erw./Jugendl. 13–17 Jahre & Senior/Kind 71/60/42 US$) Die höchste Erhebung liegt auf über 3600 m und es gibt einen Abhang mit 800 m Höhenunterschied – ohne Zweifel, das Taos Ski Valley bietet ein paar der anspruchsvollsten Pisten des Landes, hat sich aber ein entspanntes Flair bewahrt. Mittlerweile dürfen auch Snowboarder die Pisten nutzen.

Schlafen

LP TIPP **Earthship Rentals** BUNGALOW $$
(☎575-751-0462; www.earthship.net; Hwy 64; Zi. 120–160 US$) Weit ab vom Schuss in einer schicken, solarzellenbetriebenen Unterkunft im Boutiquestil. Die umweltfreundlichen Gebäude sind eine Mischung aus organischer Architektur à la Gaudí und einer Raumzeitalterfantasie – sie sind zusammengeschustert aus wiederverwerteten Reifen, Aluminiumdosen und Sand. Man sammelt Regenwasser und es gibt ein Abwasser-Recycling-System. Die Häuser sind halb vergraben in einem Tal umringt von Bergen und *könnten* auch halbherzig getarnte Raumschiffe sein. Man weiß ja nie.

Historic Taos Inn HISTORISCHES HOTEL $$
(☎575-758-2233; www.taosinn.com; 125 Paseo del Pueblo Norte; Zi. 75–275 US$; P📶) Vielleicht nicht der eleganteste Ort in der Stadt, aber mit der gemütlichen Lobby, einem Gartenrestaurant, schweren Holzmöbeln, einem im Boden eingelassenen Kamin und jeder Menge Livemusik in der berühmten Adobe Bar dennoch eine super Anlaufstelle. Teile dieses historischen Wahrzeichens stammen noch aus dem 19. Jh. Die älteren Zimmer sind am schönsten.

Abominable Snowmansion HOSTEL $
(☎575-776-8298; www.snowmansion.com; 476 State Hwy 150, Arroyo Seco; Stellplatz Zelt 15 US$, B 20 US$, Tipis 35 US$, Hütten 37 US$, Zi. mit/ohne Bad 59/45 US$; P@📶) Ca. 9 Meilen (14 km) nordöstlich von Taos stellt dieses einladende Hostel eine gemütliche Alternative zum Stadtzentrum dar. An dem großen, runden Kamin können sich die Gäste im Winter aufwärmen, und im Sommer stehen kitschige Tipis zum Übernachten zur Verfügung. Inhaber einer Hostelling-International-Karte zahlen 3 US$ weniger für Mehrbett- bzw. Privatzimmer.

Sun God Lodge MOTEL $
(☎575-758-3162; www.sungodlodge.com; 919 Paseo del Pueblo Sur; Zi. ab 55 US$; P❄📶) Die gastfreundlichen Betreiber dieses gut geführten zweistöckigen Motels informieren gern über die Lokalgeschichte und die verrückteste Bar im Ort. Die Zimmer sind sauber, wenn auch etwas dunkel, und haben ein dezentes Southwestern-Flair. Das Highlight ist der üppig grüne Hof mit den Lichterketten, ein netter Platz für ein Picknick oder um den Sonnenuntergang zu genießen. Für Haustiere muss man 20 US$ zahlen. Das Sun God ist eine tolle Budgetunterkunft, 1,5 Meilen (2,4 km) südlich der Plaza.

Essen

LP TIPP **Trading Post Cafe** INTERNATIONAL $$$
(☎575-758-5089; www.tradingpostcafe.com; Hwy 68, Ranchos de Taos; Mittagessen

8–14 US$, Abendessen 16–32 US$; ⌚Di–Sa 11.30–21.30, So 17–21 Uhr) Der alteingesessene Trading Post bietet die perfekte Mischung aus entspannter und gediegener Atmosphäre. Das Essen, von Paella bis zu Schweinekoteletts, ist verlässlich gut. Manchmal sind die Portionen so riesig, dass man sich ein Hauptgericht mit einer zweiten Person teilen kann. Wer gut und günstig essen möchte, kann einen kleinen Salat und eine kleine Suppe bestellen, das reicht auf jeden Fall!

LP TIPP **Love Apple** BIO **$$**
(☎575-751-0050; www.theloveapple.net; 803 Paseo del Pueblo Norte; Hauptgerichte 13–18 US$; ⌚Di–So 17–21 Uhr) Der Love Apple befindet sich in der Lehmkirche Placitas Chapel (erb. 19. Jh.). Die dezente, rustikale Atmosphäre macht dieses einzigartige Restaurant ebenso aus wie das Essen. Von der Pozole mit Lammwurst bis zur gegrillten Forelle mit Chipotle-Sahne : Sämtliche Gerichte werden aus Bio-Zutaten oder Produkten aus der Region hergestellt. Reservierung empfohlen!

Taos Pizza Out Back PIZZA **$$**
(712 Paseo del Pueblo Norte; Stück Pizza 3,50–7 US$, komplette Pizza-Pies 13–27 US$; ⌚Mai–Sept. tgl. 11–22, So–Do 11–21, Okt.–April Fr & Sa 11–22 Uhr) Achtung: Diese Pizzas haben Suchtpotenzial. Es werden Bio-Zutaten verwendet und epikureische Leckereien wie Portabella Pie mit sonnengetrockneten Tomaten und Camembert serviert. Die Pizzastücke haben in etwa die Größe eines ganzen Staates. Der Laden befindet sich hinter einem anderen Geschäft.

Taos Diner DINER **$**
(908 Paseo del Pueblo Norte; Hauptgerichte 4–12 US$; ⌚7–14.30 Uhr) Ein bisschen widerwillig berichten wir von der Existenz dieses fantastischen Diners mit den holzvertäfelten Wänden, tätowierten Kellnerinnen, frisch gebackenen Keksen und Kaffeetassen, die immer mindestens halbvoll sind. Na gut, jetzt ist es kein Geheimnis mehr. Hier gibt's feinste Imbissküche, zubereitet mit der Finesse des Südwestens und Bio-Zutaten. Hier geben sich Trappertypen, Muskelmänner, einsame Hungrige und glückliche Touristen die Klinke in die Hand – einfach jeder ist willkommen. Gut geschmeckt haben uns die Copper John's-Eier mit grüner Chilisauce als Beilage.

Michael's Kitchen NEW MEXICO **$**
(304 Paseo del Pueblo Norte; Hauptgerichte 7–16 US$; ⌚7–14.30 Uhr) Tolles Frühstück, frische Backwaren und leckere New-Mexico-Küche.

El Gamal NAHÖSTLICH **$**
(12 Dona Luz St; Hauptgerichte 6–10 US$; ⌚9–17 Uhr; 📶🌶👪) Vegetarier frohlocket! Hier gibt's ein fantastisches orientalisches Angebot ohne Fleisch. Hinten befindet sich ein großes Spielzimmer für Kinder, es gibt einen Billardtisch und außerdem kostenloses WLAN.

Ausgehen & Unterhaltung

Adobe Bar BAR, LIVEMUSIK
(Historic Taos Inn, 125 Paseo del Pueblo Norte) Willkommen in „Taos' Wohnzimmer". Die Stühle, die Geschichte des Taos Inn, die lockere Atmosphäre, der Tequila – das alles hat was. Auf der gut besuchten Terrasse an der Straße werden erstklassige Margaritas serviert und im Hintergrund spielen tolle Livebands. Gecoverte Songs wird man hier nicht zu hören bekommen!

KTAO Solar Center BAR, LIVEMUSIK
(www.ktao.com; 9 Ski Valley Rd; ⌚ab 16 Uhr) In der Solar Center-Bar kann man den DJs in der „leistungsfähigsten Solarradiostation der Welt" zusehen und dabei die Happy Hour voll auskosten. Hier befindet sich die Top-Konzertbühne der Stadt; wer Glück hat, wird eine lokale oder sogar eine richtig bekannte Band zu sehen bekommen.

Alley Cantina BAR, LIVEMUSIK
(121 Teresina Lane) Fast ein bisschen zu cool für Normalsterbliche, aber diese Haltung muss man vielleicht einfach haben, wenn man das älteste Gebäude der Stadt einnimmt. Fast jeden Abend gibt's Livemusik: Rock, Blues, Hip-Hop oder Jazz.

Shoppen

Taos ist seit jeher ein Mekka für Künstler, was man schon allein an der großen Anzahl an Galerien und Ateliers in und rund um die Stadt sieht. Unabhängige Geschäfte und Galerien säumen die Fußgängerzone **John Dunn Shops** (www.johndunnshops.com) zwischen der Bent St und der Taos Plaza. Dort findet man z.B. den gut sortierten **Moby Dickens Bookshop** und den winzigen Laden **G Robinson Old Prints & Maps**, der Himmel für Freunde der Kartografie.

Auf der Suche nach klassischen Western-Memorabilien kann man gleich östlich der Plaza in der **El Rincón Trading Post** (114 Kit Carson Rd) und bei **Horse Feathers** (109 Kit Carson Rd) vorbeischauen.

Praktische Informationen

Taos Vacation Guide (www.taosvacationguide.org) Super Quelle mit vielen anwenderfreundlichen Links.

Visitor Center (☎575-758-3873; 1139 Paseo del Pueblo Sur; ⊙9–17 Uhr; @📶)

Wired? (705 Felicidad Lane; ⊙Mo–Fr 8–18, Sa & So 8.30–18 Uhr) Ein funky Café mit Computern (7 US$/Std.). Für Kunden ist die WLAN-Nutzung kostenlos.

An- & Weiterreise

Von Santa Fe aus folgt man entweder der malerischen „High Road" (Höhenstraße) – den Highways 76 und 518 –, die von Galerien, Dörfern und anderen sehenswerten Attraktionen gesäumt ist, oder nimmt den Hwy 68 durch die hübsche Flusslandschaft des Rio Grande.

North Central Regional Transit (www.ncrtd.org) hat einen kostenlosen Shuttlebusservice nach Espanola; von dort aus kann man weiter nach Santa Fe und in andere Städte gelangen. **Twin Hearts Express** (☎800-654-9456) bringt Passagiere nach Santa Fe (40 US$) und zum Flughafen von Albuquerque (50 US$).

Nordwestliches New Mexico

Diese Gegend heißt nicht umsonst „Indian Country" (Indianerland): Ein Großteil des Landes gehört den Apachen, den Navajo-, Pueblo-, Zuni- und Laguna-Indianern. In dieser Ecke New Mexicos liegen uralte Stätten der Ureinwohner gleich neben modernen, aber abgeschlossenen indianischen Siedlungen.

FARMINGTON & UMGEBUNG

Farmington ist die größte Stadt in diesem Teil von New Mexico und macht sich deshalb gut als Basis für Entdeckungstouren ins Four-Corners-Gebiet (Vierländereck). Das **Visitors Bureau** (☎505-326-7602; www.farmingtonnm.org; Gateway Park, 3041 E Main St; ⊙Mo–Sa 8–17 Uhr) liefert genauere Infos.

Shiprock, ein 2188 m hoher Vulkanschlot, ragt düster über der Landschaft im Westen aus. Er ist den Navajo heilig und diente den angelsächsischen Pionieren als Orientierungspunkt.

Der **Salmon Ruin & Heritage Park** (Erw./Kind 3/1 US$; ⊙Mo–Fr 8–17, Sa & So 9–17 Uhr), ein altes Pueblo, umfasst ein großes Dorf, das Anfang des 12. Jhs. von den Chaco erbaut wurde. Die Stätte wurde verlassen, dann von Ureinwohnern aus Mesa Verde übernommen und noch vor 1300 erneut verlassen. Vor Ort können die Überreste eines Gehöfts, Petroglyphen, ein Navajo-Hogan und ein Wickiup (eine einfache Hütte aus Unterholz) besichtigt werden. Einfach dem Hwy 64 11 Meilen (18 km) gen Osten (Richtung Bloomfield) folgen!

14 Meilen (23 km) nordöstlich von Farmington wartet das ca. 11 ha große **Aztec Ruins National Monument** (www.nps.gov/azru; Erw./unter 16 Jahren 5 US$/frei; ⊙Sept.–Mai 8–17, Juni–Aug. 8–18 Uhr) mit der größten nachgebauten Kiva (Zeremonien- und Versammlungsraum der Pueblo-Kulturen) des Landes auf; sie hat einen Innendurchmesser von fast 15 m. Ein paar Schritte entfernt kann man seine Fantasie schweifen lassen, wenn man unter niedrigen Türrahmen hindurchschlüpft und die dunklen Räume der West Ruin durchwandert. Im Sommer referieren Ranger am frühen Nachmittag an der Stätte von 1100 über antike Architektur, Handelsrouten und Astronomie.

Etwa 35 Meilen (56 km) südlich von Farmington (via den Hwy 371) kann man die unberührte **Bisti Badlands & De-Na-Zin Wilderness** entdecken, eine surreale Landschaft voller eigentümlicher, bunter Steinformationen, die in den Stunden vor Sonnenuntergang besonders schön anzusehen sind. Wüstenfans sollten sich das nicht entgehen lassen! Infos erhält man beim **BLM Office** (☎505-599-8900; www.nm.blm.gov; 1235 La Plata Hwy; ⊙Mo–Fr 8–16.30 Uhr) in Farmington.

Der nette **Silver River Adobe Inn B&B** (☎505-325-8219; www.silveradobe.com; 3151 W Main St, Farmington; Zi. inkl. Frühstück 115–175 US$; 📶) mit drei Zimmern ist eine Oase der Ruhe, zwischen Bäumen entlang des San Juan River gelegen.

Das **Three Rivers Eatery & Brewhouse** (101 E Main St, Farmington; Hauptgerichte 8–26 US$; ⊙11–22 Uhr; 👪) schafft es irgendwie, trendy *und* kinderfreundlich zu sein und bietet neben Bieren aus eigener Herstellung leckere Steaks und typische Kneipen-Gerichte.

CHACO CULTURE NATIONAL HISTORIC PARK

Dieser faszinierende **Park** (www.nps.gov/chcu; Eintritt 8 US$/Wagen; ⊙7 Uhr–Sonnenuntergang, Visitor Center 8–17 Uhr) besticht durch riesige Anazasi-Bauten in einer isolierten Hochwüstenumgebung und liefert Beweise für eine 5000-jährige Besiedlungsgeschichte. Zu ihrer Blütezeit war die Gemeinde im Chaco Canyon ein bedeutendes Handels-

und Zeremonialzentrum, und die Stadt, die die Pueblo-Indianer hier gründeten, war hoch entwickelt was Grundriss und Design betrifft. Das Pueblo Bonito umfasst vier Ebenen und hatte wohl zwischen 600 und 800 Räume. Den Rundweg kann man auf eigene Faust ablaufen. Außerdem gibt's mehrere **Wanderwege durchs Hinterland**. Wer die Sterne liebt, sollte sich das **Night-Skies**-Programm genauer anschauen. Es wird von April bis Oktober immer dienstags, freitags und samstags angeboten.

Der Park liegt in einer abgeschiedenen Gegend, ca. 80 Meilen (129 km) südlich von Farmington. Der **Gallo Campground** (Stellplatz 10 US$) befindet sich 1 Meile östlich des Visitor Center (keine Stellplätze für Wohnwagen!).

CHAMA

9 Meilen (14 km) südlich der Grenze zu Colorado stößt man auf die **Cumbres & Toltec Scenic Railway** (☎575-756-2151; www.cumbrestoltec.com; Erw./Kind 91/50 US$; ⏲Ende Mai–Mitte Okt.) in Chama, die längste (64 Meilen/103 km) und höchste Eisenbahnstrecke für eine authentische Schmalspur-Dampflokomotive (sie führt über den 3053 m hohen Cumbres Pass) in den USA. Die Fahrt durch die Berge, Canyons und die Hochwüste ist wunderschön, vor allem im September und Oktober, wenn sich das Laub verfärbt.

Nordöstliches New Mexico

Östlich von Santa Fe weichen die Sangre de Cristo Mountains ausgedehnten Ebenen. Staubige Grasflächen erstrecken sich bis zum Horizont und noch weiter, bis nach Texas. Das platte Land wird von Vulkankegeln unterbrochen, und allenthalben stößt man auf Rinder- und Dinosaurierspuren. Die Viehzucht ist eine der wichtigsten Säulen der lokalen Wirtschaft, und auf vielen Straßen sieht man mehr Kühe als Autos.

Der Santa Fe Trail, dem die Pioniere mit ihren Planwagenzügen folgten, verlief von New Mexico nach Missouri. An manchen Stellen abseits der I-25 zwischen Santa Fe und Raton kann man noch die Spurrillen erkennen. Wer den Wilden Westen erleben will, und das ganz ohne die Patina des Konsums, ist hier genau richtig.

CIMARRON

Cimarron zählte einst zu den gefährlichsten Pflastern im Wilden Westen; der spanische Name bedeutet zu deutsch „wild". Es heißt, dass Mord in den 1870er-Jahren an der Tagesordnung war und es eine Schlagzeile wert war, wenn mal zur Abwechslung nichts geschehen war. Eine Zeitung titelte z. B.: „Alles ruhig in Cimarron. Seit drei Tagen wurde niemand ermordet."

Heute ist die Stadt dauerhaft ruhig und lockt vor allem Naturliebhaber und Outdoor-Fans an. Wer von Taos aus nach Cimarron fährt, passiert den wunderschönen **Cimarron Canyon State Park**, eine Schlucht mit steil aufragenden Wänden und verschiedenen Wanderwegen, tollen Angelmöglichkeiten und einem Campingplatz.

Übernachten (und essen; Hauptgerichte 5–20 US$) kann man aber auch im **St. James** (☎888-376-2664; www.exstjames.com; 617 S Collison St; Zi. 70–120 US$; ⏲7–21 Uhr). In dem Hotel von 1872 spukt es; ein Zimmer ist so verwunschen, dass es nie vermietet wird! Viele Legenden des Westens zählten zu den Gästen, z. B. Buffalo Bill, Annie Oakley, Wyatt Earp und Jesse James, und an der Rezeption gibt's eine lange Liste, die darüber informiert, wer wen in der renovierten Hotelbar erschossen hat. Die Zimmer mit den authentischen zeitgenössischen Möbeln tragen dazu bei, dass das St. James eins der geschichtsträchtigsten Hotels in ganz New Mexico ist.

CAPULIN VOLCANO NATIONAL MONUMENT

Von den diversen Vulkanen in der Gegend ist der 400 m über der Hochebene aufragende **Capulin** (www.nps.gov/cavo; Eintritt 5 US$/Wagen; ⏲8–16 Uhr) der am einfachsten zugängliche. Vom Visitor Center schlängelt sich eine 2 Meilen (3 km) lange Straße bergauf zu einem Parkplatz am Kraterrand (2494 m); Wanderwege führen am Rand entlang und in den Krater hinein. Der Eingang befindet sich 3 Meilen (5 km) nördlich vom Dorf Capulin, das 30 Meilen (48 km) östlich von Raton liegt (den Hwy 87 nehmen!).

Südwestliches New Mexico

Das Rio Grande Valley erstreckt sich von Albuquerque bis zu den blubbernd heißen Thermalquellen von Truth or Consequences und darüber hinaus. Bevor der Fluss die Grenze nach Texas erreicht, versorgt es einen der größten landwirtschaftlichen Schätze New Mexicos mit Wasser: Hatch, die „Chili-Hauptstadt der Welt". Die erste

Atomwaffe detonierte an der Trinity Site, in der knochentrockenen Wüste östlich des Rio, die seit der Zeit der spanischen Konquistadoren als Jornada del Muerto bekannt ist: die Reise des Todes.

Im Westen erstreckt sich der zerklüftete Gila National Forest, ein wildes Terrain für Rucksackwanderungen und Angelabenteuer. Die südlichen Hänge der Berge laufen in der Chihuahua-Wüste aus. Dort liegt Las Cruces, die zweitgrößte Stadt von New Mexico.

TRUTH OR CONSEQUENCES & UMGEBUNG

Die kleine Stadt Truth or Consequences verströmt eine unkonventionelle Lebensfreude. Sie wurde in den 1880er-Jahren an ein paar natürlichen Thermalquellen errichtet. Ein wenig skurril ist, dass die Stadt 1950 umgetauft wurde und seither nicht mehr Hot Springs heißt, sondern den Namen einer beliebten Radiospielshow trägt (Truth or Consequences oder kurz „T or C"). Heutzutage sorgen der Vorstandsvorsitzende von Virgin Galactic, Richard Branson, und andere Weltraum-Visionäre für Schlagzeilen: Sie treiben die Entwicklung des nahe gelegenen **Spaceport America** voran; von dort werden bald wohlhabende Weltraumtouristen in den Orbit geschossen.

Spaceport-Führungen (☎505-897-2886; www.ftstours.com; Erw./unter 12 Jahren 59/29 US$; ⏲Fr–So 9 & 13 Uhr) gewähren einen Blick auf die Abschussrampe und Kontrollstation.

In T or C empfiehlt sich ein Abstecher in eins der zahlreichen winzigen Cafés, der Besuch von ein paar Galerien oder des **Geronimo Springs Museum** (www.geronimo'springsmuseum.com; 211 Main St; Erw./Kind 5/2,50 US$; ⏲Mo–Sa 9–17, So 12–17 Uhr) mit seinen zusammengewürfelten Exponaten. Ebenfalls zum Pflichtprogramm gehören die Thermalquellen-Spas. Das **Visitor Center** (☎575-894-1968; www.truthorconsequenceschamberofcommerce.org; 211 Main St; ⏲Mo–Fr 9–16.30, Sa 9–17, So 12–17 Uhr) hat Listen.

Ca. 60 Meilen (97 km) nördlich der Stadt überwintern Kanadakraniche und Schneegänse auf den Feldern und Marschen des 233 km² großen **Bosque del Apache National Wildlife Refuge** (www.fws.gov/southwest/refuges/newmex/bosque; Eintritt 5 US$ pro Wagen; State Hwy 1; ⏲Refuge Sonnenaufgang–Sonnenuntergang, Visitor Center Mo–Fr 7.30–16, Sa & So 8–16.30 Uhr). Es gibt ein Visitor Center und man kann eine Autofahrt durch den Park machen. Das Festival of the Cranes (Kranichfest) findet Mitte November statt.

Schlafen & Essen

Viele Motels dienen gleichzeitig als Spas.

Riverbend Hot Springs BOUTIQUEHOTEL $
(☎575-894-7625; www.riverbendhotsprings.com; 100 Austin St; Zi. ab 70 US$; ❄📶) Das frühere Hostel Riverbend Hot Springs bietet mittlerweile Schlafgelegenheiten im Motel-Stil – Tipis gibt's nicht mehr. Die Lage am Rio Grande ist fantastisch. Die Zimmer verströmen einen fröhlichen, schrulligen Charme und manche Apartments sind gut für Gruppen geeignet. Private Wannen mit heißem Quellwasser können stundenweise gemietet werden (Gäste/Nicht-Gäste 10/15 US$ für die erste Stunde, dann 5/10 US$ für jede weitere Stunde), man kann sich aber auch in den öffentlichen Thermalpool stürzen (für Gäste kostenlos/Nichtgäste 10 US$ für die erste Stunde, dann 5 US$ pro weitere Stunde oder 25 US$ für den ganzen Tag).

LP TIPP **Blackstone Hotsprings** BOUTIQUEHOTEL $
(☎575-894-0894; www.blackstonehotsprings.com; 410 Austin St; Zi. 75–125 US$; ❄📶) Das Blackstone hat eine edle Note und zollt dem T-or-C-Geist Respekt: Die sieben Zimmer sind im Stil verschiedener Fernsehserien dekoriert (mit dabei sind die *Jetsons*, die *Golden Girls* und *I Love Lucy*). Und das Beste daran? Jeder Raum wartet mit einer Thermalwanne oder einem Wasserfall auf. Und der Haken? Nachts wird es nicht ganz dunkel in den Zimmern: Das Licht aus dem Hof kriecht herein.

Happy Belly Deli DELI $
(313 N Broadway; Hauptgerichte 2–8 US$; ⏲Mo–Fr 7–15, Sa 8–15, So 8–12 Uhr) Ist morgens ziemlich voll. Grund sind die frischen Frühstücks-Burritos.

Café BellaLuca ITALIENISCH $$
(www.cafebellaluca.com; 303 Jones St; Mittagessen 6–15 US$, Abendessen 10–34 US$; ⏲So–Do 11–21, Fr & Sa 11–22 Uhr) Erntet viel Lob für seine italienischen Spezialitäten. Die Pizzas sind unschlagbar.

LAS CRUCES & UMGEBUNG

In der zweitgrößten Stadt New Mexicos befindet sich die New Mexico State University (NMSU), aber es gibt nur überraschend wenig Sehenswertes für Touristen.

WENN MAN NOCH EIN PAAR TAGE ZEIT HAT

Hinter der Stadt Magdalena am Hwy 60 befindet sich die Radioteleskop-Einrichtung **Very Large Array** (VLA; www.vla.nrao.edu; Eintritt frei; ⌚8.30 Uhr–Sonnenuntergang), ein Komplex mit 27 riesigen Satellitenschüsseln, die auf der Hochebene aus dem Boden „sprießen" wie gigantische Pilze. Im Visitor Center kann man einen Kurzfilm anschauen und einen Spaziergang in Eigenregie durchführen, bei dem man auch einen Blick durchs Fenster des Kontrollgebäudes werfen kann. Das VLA liegt 4 Meilen (6 km) südlich des Hwy 60 abseits des Hwy 52.

Sehenswertes

Für viele ist der Besuch des benachbarten **Mesilla** (auch als Old Mesilla bekannt) das Highlight eines Aufenthalts in Las Cruces. Wenn man sich ein paar Querstraßen von der Plaza in Old Mesilla entfernt, kann man sich einen Eindruck von der Essenz einer typischen Stadt im Südwesten aus dem 19. Jh. mit hispanischer Tradition machen.

New Mexico Farm & Ranch Heritage Museum MUSEUM

(www.nmfarmandranchmuseum.org; 4100 Dripping Springs Rd, Las Cruces; Erw./Kind 5/2 US$; ⌚Mo–Sa 9–17, So 12–17 Uhr) Dieses fantastische Museum in Las Cruces hat mehr zu bieten als ein paar Darstellungen zur landwirtschaftlichen Geschichte des Staates: lebendes Milchvieh! Jeden Tag wird vor den Zuschauern gemolken und gelegentlich gibt's eine „Artenparade" mit verschiedenen Rindern. Davon abgesehen leben auf dem Hof auch Pferde, Esel, Schafe und Ziegen. Es gibt noch mehr Aktivitäten: Freitags und sonntags ist der Schmied zugange, mittwochs wird gesponnen und gewebt und dann wird noch traditionell gekocht (anrufen und nach den genauen Zeiten fragen!).

GRATIS **White Sands Missile Test Center Museum** MUSEUM

(www.wsmr-history.org; ⌚Mo–Fr 8–16, Sa & So 10–15 Uhr) Dieses Gelände, ca. 25 Meilen (40 km) östlich von Las Cruces am Hwy 70 (nach dem Schild „White Sands Missile Range Headquarters" Ausschau halten!), ist seit 1945 eine wichtige Versuchseinrichtung des Militärs und diente als alternativer Landeplatz für Spaceshuttles. Der Raketenpark unter freiem Himmel ist ziemlich abgefahren. Da dies Teil einer Militärbasis ist, müssen Besucher über 18 ihren Ausweis zeigen, und jeder Fahrer muss die Papiere und Versicherungspolice für den Wagen vorlegen.

Schlafen

Lundeen Inn of the Arts B&B $$

(☎575-526-3326; www.innofthearts.com; 618 S Alameda Blvd, Las Cruces; Zi. inkl. Frühstück 79–125 US$, Suite 99–155 US$; ❄📶) Das große Inn im Territorial-Stil in Las Cruces ist über 100 Jahre alt und vermietet sieben ganz unterschiedliche Zimmer. Es gibt außerdem ein luftiges Wohnzimmer mit hoch aufragenden Decken und eine Kunstgalerie mit 300 Werken. Die Besitzer sind sehr nett.

Essen

La Posta NEW MEXICO $$

(www.laposta-de-mesilla.com; 2410 Calle de San Albino, Old Mesilla; Hauptgerichte 9–15 US$; ⌚So–Do 11–21, Fr & Sa 11–21.30 Uhr) Das bekannteste Restaurant von Old Mesilla ist in einem 200 Jahre alten Lehmgebäude untergebracht. Das Dekor und die touristische Atmosphäre wirken vielleicht zunächst abschreckend, doch die typischen New-Mexico-Gerichte sind zuverlässig gut, die Portionen großzügig und der Service ist flott.

Nellie's Cafe NEW MEXICO $

(1226 W Hadley Ave, Las Cruces; Hauptgerichte 6–10 US$; ⌚8–14 Uhr) Ein beliebtes Restaurant mit lokaltypischer Küche. Super Frühstück und Mittagessen. Ausschließlich Barzahlung!

Praktische Informationen

Las Cruces Visitors Bureau (☎575-541-2444; www.lascrucescvb.org; 211 N Water St, Las Cruces; ⌚Mo–Fr 8–17 Uhr)

An- & Weiterreise

Greyhound-Busse (☎575-524-8518; www.greyhound.com; 390 S Valley Dr) nehmen die beiden Interstate-Routen I-10 und I-25 und fahren täglich nach Albuquerque (27 US$, 3½ Std.), Roswell (49 US$, 4 Std.) und El Paso (11,25 US$, 1 Std.).

SILVER CITY & UMGEBUNG

Hier ist der Geist des Wilden Westens noch lebendig und es würde einen nicht groß wundern, wenn plötzlich Billy the Kid höchstpersönlich (er lebte früher einmal hier) vorbeispazieren würde. Die Zeiten haben sich aber dennoch geändert: Das Cowboy- und Trapper-Flair wird mehr und mehr von den Kunstgalerien, Cafés und Eisdielen überlagert. Ein kleiner Tipp: Beim Bummel durch Downtown Silver City sollte man vorsichtig sein, wenn man den Bürgersteig verlässt. Wegen starker Regenfälle im Sommer wurden die Bordsteinkanten extra hoch gebaut, um die viktorianischen Bauten, die Ziegelhäuser und Gusseisen vor dem schnell steigenden Wasser zu schützen.

Silver City ist das Tor zum **Gila National Forest**, dessen urtümlich-wildes Terrain sich für allerlei Outdoor-Aktivitäten wie Skilanglauf, Wandern, Campen, Angeln etc. anbietet.

Fährt man auf einer 42 Meilen (68 km) langen Straße von Silver City aus nach Norden (ca. 2 Std.), gelangt man zum **Gila Cliff Dwellings National Monument** (www.nps.gov/gicl; Eintritt 3 US$; ⌚Juni–Aug. 8.30–17, Sept.–Mai 9–16 Uhr), das im 13. Jh. von den Mogollon bewohnt wurde. Die rätselhaften und relativ abgeschieden gelegenen Felsenbehausungen sind über einen 1,5 km langen Rundweg zu erreichen und sehen noch genauso aus wie vor 700 Jahren. Wer sich für **Piktogramme** interessiert, sollte am Lower Scorpion Campground halten und dem kurzen, ausgezeichneten Pfad folgen.

Eigentümlich abgerundete Monolithen sind die Stars im **City of Rocks State Park** (www.emnrd.state.nm.us/prd/cityrocks.htm; Hwy 61; 5 US$ Tagesgebühr, Stellplatz Zelt/Wohnwagen 8/10 US$). Zwischen den Gesteinsformationen kann man erstklassig zelten (Tische und Feuerstellen vorhanden). Besonders tolle Felsen stehen am Stellplatz 43 (The Lynx, der Luchs). Erst folgt man dem Hwy 180 ab Deming 24 Meilen (39 km) nach Nordwesten, dann fährt man auf dem Hwy 61 nach Nordosten (3 Meilen/5 km).

Wer einen Einblick in Silver Citys Architekturgeschichte bekommen will, sollte in einem der 22 Zimmer des **Palace Hotel** (☎575-388-1811; www.silvercitypalacehotel.com; 106 W Broadway; Zi. inkl. Frühstück ab 51 US$; 📶) übernachten. Das Palace (um 1900 erbaut) hat einen unaufdringlichen Charme und verkörpert das Flair alter Zeiten (keine Klimaanlage, ältere Ausstattung) – genau richtig, wenn man keine Lust mehr auf Motelketten-Einheitsbrei hat. An einer Ecke steht das **Javalina** (201 N Bullard St; Gebäck 2–4 US$; ⌚Mo–Do 6–21, Fr & Sa bis 22, So bis 19 Uhr; 📶). Dort gibt's Kaffee, Snacks und WLAN in einer gemütlichen Sei-wie-du-bist-Atmosphäre.

In Downtown befinden sich verschiedene Restaurants, z.B. das mediterrane Gourmet-**Shevek & Co Restaurant** (☎575-534-9168; www.silver-eats.com; 602 N Bullard St; Hauptgerichte 20–30 US$; ⌚So–Di & Do 17–20.30, Fr & Sa 17–21 Uhr) und die **Peace Meal Cooperative** (601 N Bullard St; Hauptgerichte 5–8 US$; ⌚Mo–Sa 9–15 Uhr), in der man vegetarische Sandwiches und Salate bestellen kann. Lust auf ein echtes Stück Lokalkultur? 7 Meilen (11 km) weiter nördlich, in Pinos Altos, befindet sich der **Buckhorn Saloon** (☎575-538-9911; Main St, Pinos Altos; Hauptgerichte 10–35 US$; ⌚Mo–Sa 16–22 Uhr). Die Spezialität ist Steak, und an den meisten Abenden wird Livemusik gespielt. Reservierungen per Telefon.

ℹ Praktische Informationen

Infos zur Umgebung erhält man im **Visitor Center** (☎575-538-3785, www.silvercity.org; 201 N Hudson St; ⌚Mo–Fr 9–17, Sa & So 10–14 Uhr) und in der **Gila National Forest Ranger Station** (☎575-388-8201; www.fs.fed.us/r3/gila; 3005 E Camino Del Bosque; ⌚Mo–Fr 8–16.30 Uhr). Wer sich für die umstrittene Bergbaugeschichte der Stadt interessiert, sollte sich den Film *Salt of the Earth* von 1954 ansehen, der auf der schwarzen Liste stand.

Südöstliches New Mexico

Zwei der größten Naturwunder New Mexicos – das faszinierende White Sands National Monument und der Carlsbad Caverns National Park – befinden sich in diesem Teil des Staates, einer trockenen Gegend. Sie hat aber noch mehr zu bieten: Legenden vom Feinsten nämlich. Zu nennen wären die Aliens in Roswell, Billy the Kid in Lincoln und Smokey Bear in Capitan. Ein Großteil des Tieflands ist von der heißen, rauen Chihuahua-Wüste geprägt. Wer der sengenden Hitze entfliehen will, kann ein paar Höhenmeter überwinden, um das kühlere Klima der von Wald umgebenen Ferienorte wie Cloudcroft und Ruidoso zu genießen.

WHITE SANDS NATIONAL MONUMENT

Hier kann man zwischen fantastischen, hoch aufragenden Sandhügeln umherrutschen, -rollen und -schlittern. 16 Meilen (26 km) südwestlich von Alamogordo (15 Meilen/24 km südwestlich des Hwy 82/70) bedeckt Kalziumsulfat – Gips – ein mehr als 710 km² großes Areal und schafft so eine faszinierende weiße Mondlandschaft: das **White Sands National Monument** (www.nps.gov/whsa; Erw./unter 16 Jahren

3 US$/frei; Juni–Aug. 7–21 Uhr, Sept.–Mai 7 Uhr–Sonnenuntergang). Die windverwehten Dünen sind eine der Top-Sehenswürdigkeiten in New Mexico. Auf keinen Fall die Sonnenbrille vergessen: Der Sand ist blendend weiß wie Schnee!

Für 15 US$ kann man eine Plastikpfanne im Andenkenladen des Visitor Center kaufen, auf der man dann die Dünenhänge hinunterrutschen kann. Das macht einen Riesenspaß, und anschließend verkauft man die Pfanne für 5 US$ wieder (um Haftungsfälle auszuschließen gibt es keinen Verleih). Im Park-Kalender kann man nachlesen, wann Sonnenuntergangsspaziergänge und Radtouren bei Mondschein (Erw./Kind unter 16 Jahren 5/2,50 US$) stattfinden; man muss sie weit im Voraus reservieren! Im Hinterland, 1 Meile (1,6 km) vom Scenic Drive entfernt, kann man zelten (kein Wasser, keine Toiletten). Die wenigen Genehmigungen (3 US$, wer zuerst kommt, mahlt zuerst) müssen persönlich im Visitor Center gekauft werden, und zwar spätestens eine Stunde vor Sonnenuntergang.

ALAMOGORDO & UMGEBUNG

Alamogordo ist das Zentrum eines der historisch bedeutendsten Weltraum- und Nuklear-Forschungsprogramme des Landes. Das vierstöckige **New Mexico Museum of Space History** (877-333-6589; www.nmspacemuseum.org; Hwy 2001; Erw./Senior/4–12 Jahre 6/5/4 US$; 9–17 Uhr) beherbergt Darstellungen zu Weltraum-Forschung und -flügen. Im **Tombaugh IMAX Theater & Planetarium** (Erw./Senior/Kind 6/5,50/4,50 US$) werden gute wissenschaftliche Filme auf einer Panoramaleinwand gezeigt.

Den White Sands Blvd säumen zahlreiche Motels, u.a. das **Best Western Desert Aire Motor Inn** (575-437-2110; www.bestwestern.com; 1021 S White Sands Blvd; Zi. ab 78 US$; P❄@) mit 08/15-Zimmern und Suiten (manche mit Küchenzeilen) und einer Sauna. Wer lieber campt, ist im **Oliver Lee State Park** (www.enmrd.state.nm.us/prd/oliverlee.htm; 409 Dog Canyon Rd; Stellplatz Zelt/Wohnwagen 8/14 US$), 12 Meilen (19 km) südlich von Alamogordo, gut aufgehoben. Pizza, Pasta, große Salate und Bier vom Fass gibt's im netten **Pizza Patio & Pub** (2203 E 1st St; Hauptgerichte 7–15 US$; Mo–Do & Sa 11–20, Fr bis 21 Uhr).

CLOUDCROFT

Das angenehme Cloudcroft wartet mit 100 Jahre alten Gebäuden und vielen Outdoor-Aktivitäten auf. Es ist eine nette Basis für Ausflüge mit unaufgeregtem Flair. Während in der Ebene im Osten Hitze angesagt ist, herrscht in der kleinen Stadt in den Bergen ein angenehmes Klima. Gute Infos zu Wanderwegen, kostenlose Pläne mit Waldstraßen sowie topografische Karten gibt's in der **Lincoln National Forest Ranger Station** (4 Lost Lodge Rd; Mo–Fr 7.30–16.30 Uhr). **High Altitude** (310 Burro St; Gebühr ab 30 US$/Tag; Mo–Do 10–17.30, Fr & Sa 10–18, So 10–17 Uhr) verleiht Mountainbikes und hat Karten mit Mountainbikerouten in der Umgebung.

Das **Lodge Resort & Spa** (800-395-6343; www.thelodgeresort.com; 1 Corona Pl; Zi. ab 79 US$; ❄@) ist eins der besten historischen Hotels im Südwesten. Die Zimmer im Haupthotel im bayrischen Stil sind mit antiken und viktorianischen Möbeln eingerichtet. Das Restaurant in der Lodge, **Rebecca's** (575-682-3131; Frühstück & Mittagessen 8–15 US$, Abendessen 28–36 US$; Mo–Sa 7–10.30, So 7–10 Uhr, 11.30–14 & 17.30–21 Uhr, im Sommer etwas länger geöffnet), ist nach dem Hausgeist benannt und bietet das mit Abstand beste Essen in der Stadt.

RUIDOSO

Ruidoso (das spanische Wort für laut) hat das Flair eines Ferienorts und platzt im Sommer förmlich aus allen Nähten. Es ist beliebt bei Pferderenn-Fans und hat dank der bewaldeten Lage nahe der Sierra Blanca (ca. 3700 m) ein angenehmes Klima. Der Ort erstreckt sich am Hwy 48 (bekannt als Mechem Dr oder Sudderth Dr).

Sehenswertes & Aktivitäten

Wer sich die Beine vertreten möchte, könnte die einfach zugänglichen **Waldwege** an der Cedar Creek Rd westlich der **Smokey Bear Ranger Station** (901 Mechem Dr; Mo–Fr 7.30–16.30 Uhr & im Sommer Sa) ablaufen, z.B. den USFS Fitness Trail oder die mäandernden Pfade der Cedar Creek Picnic Area. Zu kurz? Für längere Tages- oder mehrtägige Touren bieten sich die zahlreichen Treks in der White Mountain Wilderness nördlich der Stadt an. In dieser Gegend muss man immer auf dem Laufenden sein, was die Bestimmungen zu offenen Feuern betrifft. Wenn es sehr trocken ist, wird der Wald manchmal gesperrt.

Ski Apache SKIFAHREN
(575-464-3600, Schneebericht 575-257-9001; www.skiapache.com; Skipass (1 Tag) Erw./Kind 39/25 US$; 9–16 Uhr) Das beste Ski-

gebiet südlich von Albuquerque, 18 Meilen (29 km) nordwestlich von Ruidoso an den Hängen des wunderschönen Sierra Blanca Peak (3652 m). Es ist über den Hwy 48 zu erreichen (Exit 532).

Flying J Ranch WILD-WEST-SHOW
(☎575-336-4330; www.flyingjranch.com; Hwy 48 N; Erw./Kind 24/14 US$; ⏲Ende Mai–Anfang Sept. Mo–Sa ab 17.30 Uhr, Sept.& Anfang Okt. Sa; 👪) Etwa 1,5 Meilen (2,4 km) nördlich von Alto gibt's was zu essen, aber auch Schießereien im Western-Dorf und Planwagenfahrten.

Ruidoso Downs Racetrack PFERDERENNEN
(☎575-378-4431; www.ruidownsracing.com; Hwy 70; Sitzplätze Tribüne kostenl., Boxen 35–55 US$; ⏲Ende Mai-Anfang Sept. Rennen Fr–Mo, Kasino ganzjährig 10–24 Uhr) Pferderennen, ganz seriös.

Hubbard Museum of the American West MUSEUM
(www.hubbardmuseum.org; 841 Hwy 70 W; Erw./Senior/Kind 6/5/2 US$; ⏲9–17 Uhr; 👪) Hier stehen alte Postkutschen, indianische Artefakte und alles rund ums Pferd im Mittelpunkt.

Schlafen & Essen

Viele Motels, Hotels und niedliche kleine Hüttenkomplexe säumen die Straßen. Entlang der Waldstraßen zum Skigebiet findet man jede Menge einfache Campingplätze.

Sitzmark Chalet HOTEL $
(☎800-658-9694; www.sitzmark-chalet.com; 627 Sudderth Dr; Zi. ab 60 US$; ❄📶) Aufgemacht wie eine Skihütte, mit 17 einfachen, netten Zimmern. Willkommene Extras sind die Picknicktische, Grills und der Whirlpool für acht Personen.

Upper Canyon Inn LODGE $$
(☎575-257-3005; www.uppercanyoninn.com; 215 Main Rd; Zi./Hütten ab 79/119 US$; ❄📶) Die Zimmer und Hütten decken das gesamte Spektrum von einfach und preiswert bis zu rustikal-schickem Luxus ab.

LP TIPP **Rickshaw** ASIATISCH $$
(☎575-257-2828; 601 Mechem Dr; www.rickshawnewmexico.com; Mittagessen 7–9 US$, Abendessen 11–22 US$; ⏲Do–Di 11–21 Uhr) Das beste asiatische Essen südlich von Albuquerque gibt's hier. Die Gerichte haben einen thailändischen, chinesischen und indischen Touch. Als Nachtisch empfehlen wir den Ingwer-Birnen-Streuselkuchen mit hausgemachter Zimteiscreme.

Cornerstone Bakery FRÜHSTÜCK $
(359 Sudderth Dr; Hauptgerichte unter 10 US$; ⏲Mo–Sa 7.30–14, So 7.30–13 Uhr) Wer lang genug in der Gegend bleibt, wird hier wahrscheinlich Stammgast. Alles auf der Karte, von den Omeletts bis hin zu den belegten Croissants, ist lecker, und der Kaffee mit Pinyon-Geschmack ein Gedicht.

Café Rio PIZZERIA $$
(2547 Sudderth Dr; Hauptgerichte 5–25 US$; ⏲11–21 Uhr) Zuvorkommender Service ist vielleicht nicht der erste Gedanke, der einem beim Besuch dieser Pizzabude in den Sinn kommt, aber wenn man den ersten Haps abgebissen hat, hat man der Bedienung auch schon wieder vergeben.

Praktische Informationen

Infos für Touristen stellt die **Chamber of Commerce** (☎575-257-7395; www.ruidosonow.com; 720 Sudderth Dr; ⏲Mo–Fr 8–16.30, Sa 9–15 Uhr) bereit.

LINCOLN & CAPITAN

Western-Fans werden das kleine Lincoln unbedingt sehen wollen. Hier, 12 Meilen (19 km) östlich von Capitan, fand die Schießerei statt, die Billy the Kid unsterblich machte. Man muss dem **Billy the Kid National Scenic Byway** (www.billybyway.com) folgen. Die komplette Stadt ist sehr schön erhalten (sie sieht noch fast genauso aus wie damals) und die Hauptstraße wurde zum **Lincoln Town Monument** erklärt. „Moderne Einflüsse“ wie Neonschilder, Souvenirläden, Fast-Food-Imbisse & Co. sind verboten.

Eintrittskarten für die ältesten Gebäude gibt's im **Anderson Freeman Visitors Center & Museum** (Hwy 380; Eintritt zu 5 Stätten Erw./Kind 5 US$/frei; ⏲8.30–16.30 Uhr); dort kann man sich Exponate zu den Buffalo Soldiers, Apachen und zum Lincoln County War ansehen. Das faszinierende **Courthouse Museum** sollte der letzte Halt sein; hier legte Billy seine wagemutigste und gewalttätigste Flucht hin. Eine Tafel hängt an der Stelle, an der eine seiner Kugeln in die Wand eingeschlagen ist.

Wer über Nacht bleiben will, kann eins der drei mit Antiquitäten ausgestatteten Zimmer im Haupthaus des **Ellis Store Country Inn** (☎575-653-4609; www.ellisstore.com; Meile 98, Hwy 380; Zi. inkl. Frühstück 89–119 US$) beziehen (inkl. Holzofen); fünf weitere Räume befinden sich in einer alten Mühle auf dem Gelände. Von Mittwoch bis Samstag gibt's abends ein geniales Sechs-Gänge-Menü (75 US$/Pers.), das im hübschen Speisesaal serviert wird. Ideal für besondere Anlässe! Man sollte besser reservieren.

Ein paar Meilen westlich an der Straße nach Capitan liegt die **Laughing Sheep Farm and Ranch** (☎575-653-4041; www.laughingsheepfarm.com; Hauptgerichte 11–36 US$; ⏲Mi–So 11–15, Fr & Sa 17–20 Uhr). Dort werden Schafe, Kühe und Bisons gezüchtet und Obst und Gemüse angebaut. Die Erzeugnisse landen dann mittags oder abends auf dem Teller. Der Speisesaal ist komfortabel und es geht locker zu. An den Wochenenden wird abends gefiedelt und es gibt eine Spielecke für Kinder.

Ähnlich wie Lincoln ist auch das gemütliche Capitan von den wunderschönen Bergen des **Lincoln National Forest** umgeben. Der Hauptgrund für einen Besuch ist der **Smokey Bear Historical State Park** (www.smokeybearpark.com; Erw./7–12 Jahre 2/1 US$; ⏲9–17 Uhr; 👪), in erster Linie natürlich für die Kleinen. Dort wurde Smokey begraben (ja, es gab einen echten Smokey Bear!).

ROSWELL

Wenn man à la *Akte X* daran glaubt, dass „die Wahrheit irgendwo da draußen ist", hat man unter Garantie schon vom Roswell Incident (Roswell-Zwischenfall) gehört. 1947 schlug ein mysteriöses Objekt in einer Ranch in der Umgebung ein. Das hätte niemanden groß interessiert, wenn nicht das Militär eine riesige Vertuschungsaktion angeleiert hätte. Für viele war das der Beweis: Die Außerirdischen waren gelandet! Das internationale Interesse und die lokale Erfindungsgabe haben die Stadt in eine schräge extraterrestrische Zone verwandelt. Weiße Köpfe geformt wie aufgeblasene Ballons zieren Straßenlaternen, und Touristen werden busweise herangekarrt, um seltsame Souvenirs zu kaufen.

Suchende, Glaubende und Kitschfans müssen sich unbedingt das **International UFO Museum & Research Center** (www.roswellufomuseum.com; 114 N Main St; Erw./Kind 5/2 US$; ⏲9–17 Uhr) anschauen. Dort sind Dokumente ausgestellt, die im Zusammenhang mit der Verschleierung stehen, sowie ungewöhnliche Kunstwerke. Das jährliche **Roswell UFO Festival** (www.roswellufofestival.com) wird über das Wochenende zum Nationalfeiertag (4. Juli) auf die Erde gebeamt und umfasst eine außerirdische Kostümparade, Vorträge, Workshops und Konzerte.

Hotelketten haben sich in der N Main St angesiedelt. Ca. 36 Meilen (58 km) südlich von Roswell bietet das **Heritage Inn** (☎575-748-2552; www.artesiaheritageinn.com; 209 W Main St, Artesia; Zi. inkl. Frühstück 104 US$; ❄@📶) in Artesia elf Zimmer im Wild-West-Stil – die netteste Schlafgelegenheit in der Gegend!

Im **Farley's** (1315 N Main St; Hauptgerichte 7–13 US$; ⏲So–Do 11–23, Fr &Sa bis 1 Uhr) mit Superhelden-Dekor werden 29 Biersorten vom Fass gezapft. Außerdem gibt's Kneipengerichte und Pizzas. Einfache, aber verlässlich gute mexikanische Küche bekommt man Downtown in **Martin's Capitol Café** (110 W 4th St; Hauptgerichte 7–15 US$; ⏲Mo–Sa 6–20.30 Uhr).

Infos (und Erinnerungsfotos mit Alien!) erhält man im **Visitors Bureau** (☎575-624-0889; www.roswellmysteries.com; 912 N Main St; ⏲Mo–Fr 8.30–17.30, Sa & So 10–15 Uhr; 📶).

Am **Greyhound Bus Depot** (☎575-622-2510; www.greyhound.com; 1100 N Virginia Ave) fahren Busse nach Carlsbad (28 US$, 1½ Std.) und El Paso, TX, via Las Cruces, (54 US$, 5 Std.) ab.

CARLSBAD

Reisende nutzen Carlsbad als Basis für Ausflüge in den nahe gelegenen Carlsbad Caverns National Park und die Guadalupe Mountains. Das **Park-Service-Büro** (☎575-885-8884; 3225 National Parks Hwy; ⏲Mo–Fr 8–16.30 Uhr) am südlichen Ende der Stadt liefert Infos zu den beiden Attraktionen.

An den nordwestlichen Ausläufern der Stadt, abseits des Hwy 285, erstreckt sich der **Living Desert State Park** (1504 Miehls Dr; Erw./7–12 Jahre 5/3 US$; ⏲Ende Juni–Aug. 8–20, Sept.–Mai 9–17 Uhr; 👪), ein toller Ort, wenn man mehr über die Wüstenflora und -fauna lernen möchte. Auf einem netten ca. 2 km langen Pfadswerden verschiedene Lebensräume der Chihuahua-Wüste erläutert, mit lebenden Antilopen, Wölfen, Wegekuckucks und mehr.

Die meisten Unterkünfte in Carlsbad sind Motelketten. Sie sind in der S Canal St oder am National Parks Hwy zu finden. Jeden Dollar wert ist das **Stagecoach Inn** (☎575-887-1148; 1819 S Canal St; Zi. ab 40 US$; 📶🏊👪). Seine Zimmer sind sauber, es gibt einen Pool und einen netten Kinderspielplatz vor Ort. Die beste Bleibe im Ort ist das neue, luxuriöse **Trinity Hotel** (☎575-234-9891; www.thetrinityhotel.com; 201 S Canal St; Zi. 129–199 US$; 📶), ein historisches Gebäude, das ursprünglich Sitz der First National Bank war. Das Wohnzimmer in einer Suite war früher mal der Tresorraum! Auch das zugehörige Restaurant hat mehr Klasse als die übrigen Lokale in Carlsbad.

Den besten Kaffee in dieser Ecke von New Mexico bekommt man im **Blue House Bakery & Cafe** (609 N Canyon St; Hauptgerichte unter 10 US$; ⌚Mo & Sa morgens 6–12, Di–Fr morgens & mittags 6–14 Uhr). Wer die vollständige Backwarenauswahl in Augenschein nehmen will, sollte vor 10 Uhr hier sein. Einheimische wie Besucher bevölkern **Lucy's** (701 S Canal St; Hauptgerichte 7–16 US$; ⌚Mo–Do 11–21, Fr & Sa 11–21.30 Uhr) und machen sich über die günstigen Gerichte nach New-Mexico-Art her.

Insidertipps und mehr erhält man bei der **Chamber of Commerce** (☎575-887-6516; www.carlsbadchamber.com; 302 S Canal St; ⌚ganzjährig Mo 9–17, Di–Fr 8–17, Mai–Sept. Sa 9–15 Uhr).

Die **Greyhound-Busse** (☎575-628-0768; www.greyhound.com; 3102 National Parks Hwy) fahren von der Shamrock-Tankstelle im Food Jet South ab. Zu den Reisezielen gehören El Paso, TX (49 US$, 3 Std.), und Albuquerque (49 US$, 4½ Std.).

CARLSBAD CAVERNS NATIONAL PARK

Unmengen erstaunlicher Höhlen verstecken sich unter den Hügeln dieses einzigartigen **Nationalparks** (☎575-785-2232, Fledermaus-Hotline 505–785–3012; www.nps.gov/cave; 3225 National Parks Hwy; Erw./Kind 6 US$/frei; ⌚Höhlen Ende Mai–Anfang Sept. 8.30–16, Anfang Sept.–Ende Mai 8.30–15.30 Uhr) mit einer Fläche von 190 km². In den Höhlen verbirgt sich ein Wunderland aus Stalaktiten und fantastischen geologischen Formationen. Am Visitor Center kann man den Aufzug nehmen, der ca. 380 m (die Länge des Empire State Buildings) in unter einer Minute zurücklegt, oder aber man folgt einem 3 km langen unterirdischen Weg vom Höhleneingang zum Big Room, einer 550 m langen und 80 m hohen Kammer, die mehr als 240 m unter der Erdoberfläche liegt. Unterwegs mit kleinen Kindern? Oder einfach nur total albern drauf? Im Andenkenladen werden Plastikhelme mit Lampen verkauft.

Geführte Touren durch weitere Höhlen (Erw. 7–20 US$, Kind 3,50–10 US$) sollten weit im Voraus reserviert werden (☎877-444-6777 anrufen oder www.recreation.gov aufrufen). Langärmelige T-Shirts und geschlossene Schuhe anziehen – hier drin ist es kalt!

Die Höhlen sind auch für eine riesige Fledermauskolonie mit mehr als 300 000 Tieren der Gattung *Tadarida brasiliensis* bekannt, die hier von Mitte Mai bis Mitte Oktober rasten. Wenn man bei Sonnenuntergang hier ist, kann man dabei zusehen, wie sie die Höhle verlassen, um auf nächtlichen Insektenfang zu gehen.

Der Nordwesten

Inhalt »

Gut essen

» Seeds Bistro & Bar (S. 411)

» Allium (S. 413)

» Paley's Place (S. 428)

» New Sammy's Cowboy Bistro (S. 443)

Schön übernachten

» Sun Mountain Lodge (S. 415)

» Ace Hotel – Portland (S. 397)

» McMenamins Old St Francis School (S. 440)

» Enzian Inn (S. 414)

Auf in den Nordwesten!

Der Nordwesten der USA ist Ausdruck einer besonderen Geisteshaltung. Wo schneebedeckte Vulkane von immergrünen Bäumen umrahmt werden, gedeihen Subkulturen und entstehen neue Trends. Aus zündenden Ideen, hastig auf Servietten gekritzelt, werden die erfolgreichen Unternehmen von morgen. Historisch hat diese Region nicht viel zu bieten, dafür kann man in hochdynamischen Städten wie Seattle und Portland einen Blick in die Zukunft werfen. Bekannt sind diese beiden Städte auch für Food Carts und Straßenbahnen, Mikrobrauereien und Kaffeekultur, grüne Lungen am Stadtrand und Skulpturen in den Straßen.

Der Nordwesten lockt mit seiner unglaublich sauberen Luft, die man am liebsten in Flaschen mit nach Hause nehmen möchte, und mit der Küste am Westende des Kontinents, an der man die kraftvolle Weite des größten Ozeans der Welt erlebt und es Bäume gibt, die älter sind als die Renaissancepaläste in Italien.

Reisezeit

Seattle

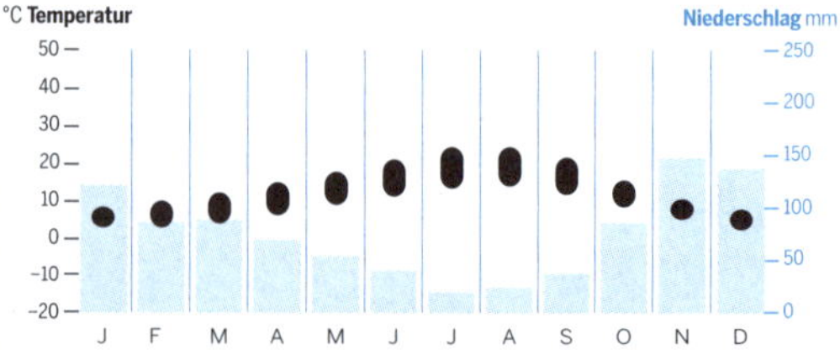

Jan.–März Schneesicherste Zeit in den Cascades und anderen Skigebieten.

Mai Das Portland Rose, Northwest Folklife und das Seattle International Film Festival finden statt.

Juli–Sept. Die beste Zeit zum Wandern: nach der Schneeschmelze und vor neuem Schnee.

Grunge & andere Subkulturen

Wie Blitz und Donner schlug der Grunge in den 1990er-Jahren in Seattle ein. Die Mischung aus Wut und Angst der Generation X, gepaart mit einer fragwürdigen Einstellung zur Körperhygiene, gärte schon seit einigen Jahren. Ende der 1970er-Jahre entstand in Portland der Hardcore-Punk, mit dem sich einheimische Bands wie die Wipers gegen den kommerziellen Rockstil absetzten. Eine andere Musikrichtung entwickelte sich in Olympia, wo die DIY-Musiker von Beat Happening sich mit gespielter Unschuld über das Establishment lustig machten. Als Sammelbecken einer unzufriedenen Jugend wurde Seattle zu einer Hochburg des Grunge, in der Bands wie Pearl Jam, Soundgarden oder Alice in Chains Erfolg hatten. Weltweit bekannt wurde das Genre 1991, als Nirvana mit ihrem Album *Nevermind* tatsächlich Michael Jackson von Platz eins der Charts verdrängten. Da diese Musikrichtung aber gar nicht erfolgreich sein sollte, verschwand sie aufgrund des plötzlichen Ansehens schnell wieder in der Versenkung. Seit Mitte der 1990er-Jahren beschränken sich diese und andere Subkulturen daher auf den Nordwesten der USA, wobei die Musik deshalb nicht weniger überzeugend ist.

KLEINBRAUEREIEN

Im ganzen Land sind „Biergenießer" mittlerweile auf den Geschmack des Besonderen gekommen. Der Feldzug für mehr Würze in der langweiligen, kommerziell ausgerichteten Braukunst begann in den 1980er-Jahren im Nordwesten der USA.

Eine der ersten Kleinbrauereien Amerikas war die kurzlebige Cartwright Brewing Company, die 1980 in Portland gegründet wurde. Als erstes offizielles Brauhaus eröffnete das auch nicht mehr existierende Grant's in Yakima 1982 in Washington. Mit der Eröffnung der Bridgeport Brewing Company 1984 ebenfalls in Portland breitete sich der Trend schließlich aus. Nur ein Jahr später legten zwei Braumeister der alten Schule, die Brüder Mike und Brian McMenamin, den Grundstein zu einem einzigartigen Bierimperium, das bis heute die handwerkliche Bierbrauerei dieser Region verkörpert wie kaum ein anderes Unternehmen.

Heute gibt es im Nordwesten mehr als 200 Kleinbrauereien. Sie alle brauen aus Hopfen, Malz und Hefe erstklassige Biere in kleinen, aber leckeren Mengen.

Die besten State Parks

- Moran State Park (S. 413) auf Orcas Island
- Ecola State Park (S. 448) in Cannon Beach
- Deception Pass State Park (S. 409) auf Whidbey Island
- Fort Worden State Park (S. 407) in Port Townsend
- Lime Kiln Point State Park (S. 412) San Juan Islands
- Cape Blanco State Park (S. 450) bei Port Orford
- Smith Rock State Park (S. 440) in der Nähe von Bend

NICHT VERSÄUMEN!

In Washington und Oregon liegen vier der spektakulärsten Nationalparks der USA: Mount Rainier (1899 eingerichtet), Crater Lake (1902), Olympic (1938) und North Cascades (1968).

Kurzinfos

- Bevölkerung: Seattle (608 660 Ew.); Portland (583 770 Ew.)
- Entfernungen Seattle–Portland: 174 Meilen (280 km); Seattle–Spokane: 280 Meilen (450 km)
- Zeitzone: Pacific Standard Time (PST)
- In diesem Kapitel behandelte Staaten: Washington, Oregon

Schon gewusst?

Im Winter 1998/99 fiel im Skigebiet Mt. Baker im Nordwesten von Washington die Rekordmenge von 29 m Schnee – in nur einer Saison! Das war die größte jemals verzeichnete Schneemenge eines Jahres.

Infos im Internet

- Washington State Parks & Recreation Commission (www.parks.wa.gov)
- Oregon State Parks & Recreation Department (www.oregonstateparks.org)
- Washington State Tourism Office (www.tourism.wa.gov)
- Oregon Tourism Commission (www.traveloregon.com)

Highlights

❶ Mit dem umweltfreundlichen Fahrrad oder Kajak die ruhigeren Ecken der **San Juan Islands** (S. 411) entdecken

❷ Im **Olympic National Park** (S. 405) in Washington zu Bäumen aufschauen, die älter als die Renaissancepaläste in Europa sind

❸ In den **Lewis & Clark National & State Historical Parks** (S. 446) am Columbia River alles über eines der bedeutendsten Kapitel der US-amerikanischen Geschichte erfahren

❹ Auf dem umwerfenden **Pike Place Market** (S. 388) in Seattle die größte Freilichtshow des Nordwestens erleben

❺ Mit dem Fahrrad das ruhige, grüne und saubere **Portland** (S. 420) erkunden und dabei Pizza vom Food Cart, süffiges Bier und feinen Kaffee genießen

❻ Rund um **Bend** (S. 440) das vielseitigste Angebot an Outdooraktivitäten in Oregon testen

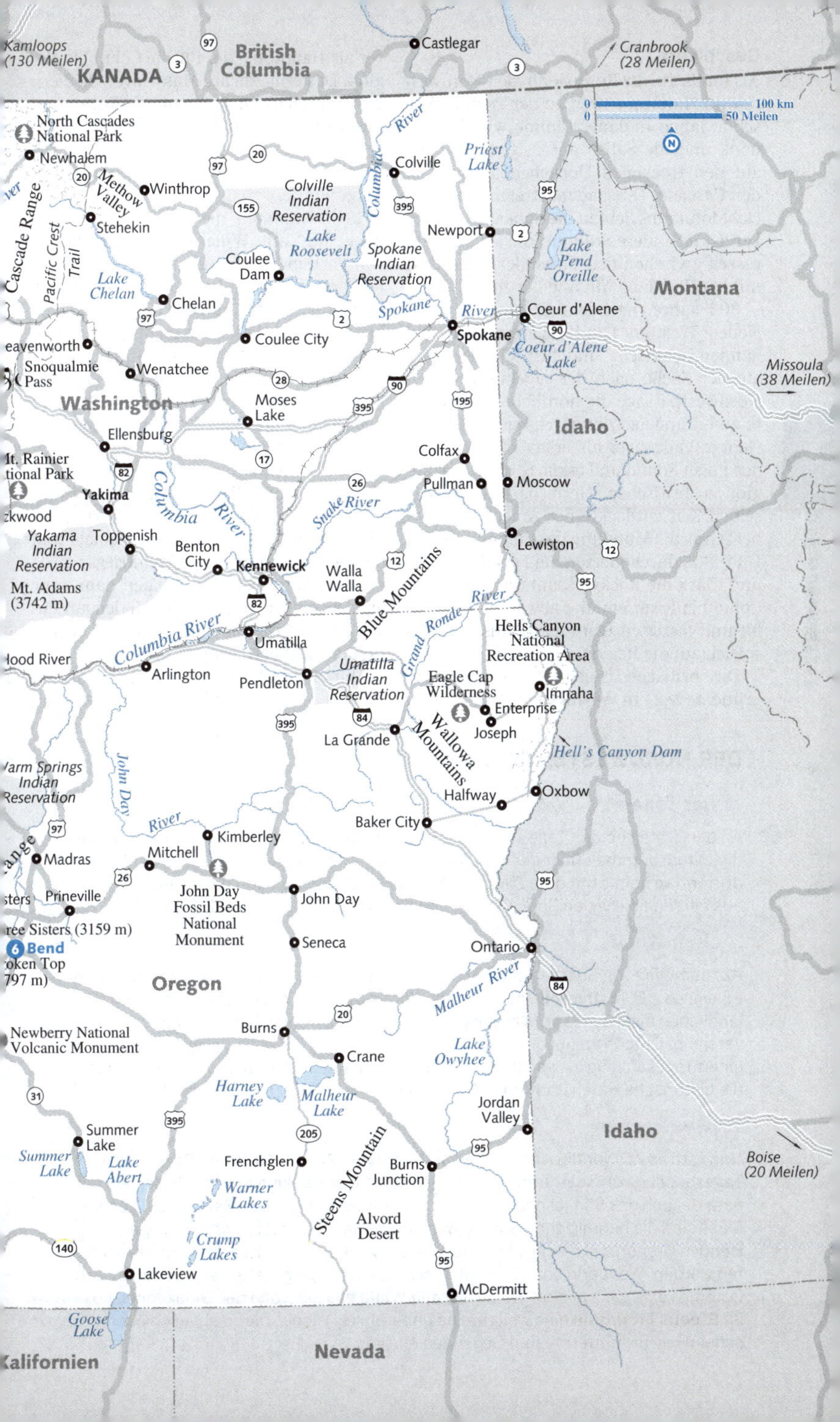
Kamloops (130 Meilen)
KANADA
British Columbia
Castlegar
Cranbrook (28 Meilen)
0 100 km
0 50 Meilen
North Cascades National Park
Newhalem
Methow Valley
Winthrop
Stehekin
Cascade Range
Pacific Crest Trail
Lake Chelan
Chelan
Colville Indian Reservation
Columbia River
Colville
Priest Lake
Lake Roosevelt
Coulee Dam
Spokane Indian Reservation
Newport
Lake Pend Oreille
Montana
Spokane River
Coeur d'Alene
Spokane
Coeur d'Alene Lake
Coulee City
Leavenworth
Snoqualmie Pass
Wenatchee
Washington
Moses Lake
Missoula (38 Meilen)
Idaho
Ellensburg
Mt. Rainier National Park
Yakima
Colfax
Pullman
Moscow
Columbia River
Snake River
Yakama Indian Reservation
Toppenish
Benton City
Kennewick
Lewiston
Walla Walla
Blue Mountains
Mt. Adams (3742 m)
Grand Ronde River
Hells Canyon National Recreation Area
Columbia River
Umatilla
Hood River
Arlington
Pendleton
Umatilla Indian Reservation
Eagle Cap Wilderness
Imnaha
Enterprise
Joseph
La Grande
Wallowa Mountains
Hell's Canyon Dam
Warm Springs Indian Reservation
John Day River
Halfway
Oxbow
Baker City
Kimberley
Madras
Mitchell
John Day Fossil Beds National Monument
John Day
Prineville
Three Sisters (3159 m)
6 Bend
Broken Top
Seneca
Ontario
Oregon
Malheur River
Burns
Newberry National Volcanic Monument
Crane
Lake Owyhee
Harney Lake
Malheur Lake
Jordan Valley
Idaho
Summer Lake
Summer Lake
Lake Abert
Frenchglen
Steens Mountain
Burns Junction
Boise (20 Meilen)
Warner Lakes
Alvord Desert
Crump Lakes
Lakeview
McDermitt
Goose Lake
Kalifornien
Nevada
97
3
20
155
395
95
2
90
28
395
195
17
82
26
12
84
97
26
20
31
395
205
140

Geschichte

Als im 18. Jh. die Europäer in den Nordwesten vordrangen, waren an der Pazifikküste schon lange Indianerstämme wie die Chinook und die Salish ansässig. Im Inland, auf den trockenen Hochebenen zwischen den Cascades (Kaskadenkette) und den Rocky Mountains, lebten die Spokane, die Nez Percé und andere Stämme, die je nach Jahreszeit zwischen den Flusstälern und dem milden Hochland hin und her zogen.

300 Jahre, nachdem Kolumbus in der Neuen Welt an Land gegangen war, begannen spanische und britische Forscher auf der Suche nach der sagenumwobenen Nordwestpassage die nördliche Pazifikküste zu erkunden. 1792 durchsegelte Kapitän George Vancouver als erster die Gewässer des Puget Sound und erklärte die ganze Region zu britischem Herrschaftsgebiet. Zur selben Zeit entdeckte der Amerikaner Robert Gray die Mündung des Columbia River. Und 1805 durchquerten die Forscher Lewis und Clark die Rocky Mountains, zogen am Columbia River entlang abwärts zum Pazifik und festigten den amerikanischen Anspruch auf die Region.

Die britische Hudson's Bay Company gründete 1824 in Washington Fort Vancouver als Hauptquartier für die Columbia-Region. Das ermöglichte Massen von Siedlern die Zuwanderung, hatte auf die Kultur und Lebensweise der Indianer allerdings einen zerstörerischen Effekt, der vor allem durch Alkohol und europäische Krankheiten bedingt wurde.

1843 stimmten die Siedler von Champoeg, das am Willamette River südlich von Portland liegt, für die Einrichtung einer provisorischen, von der Hudson's Bay Company unabhängigen Regierung. Das bedeutete den Anschluss an die Vereinigten Staaten, die das Gebiet 1846 formal per Vertrag von den Briten erwarben. Im Lauf des folgenden Jahrzehnts kamen rund 53 000 neue Siedler über den 3220 km langen Oregon Trail in den Nordwesten.

Die Eisenbahn ebnete der Region den Weg in die Zukunft. Bis 1914 waren Landwirtschaft und Holz die Säulen der Wirtschaft. Mit der Eröffnung des Panamakanals und dem Ausbruch des Ersten Weltkriegs wurde der Handel in den Pazifikhäfen dann sehr viel lebendiger. Werften entstanden am Puget Sound und der Flugzeugbauer Boeing richtete bei Seattle ein Werk ein.

Durch große Dammbauprojekte in den 1930er- und 1940er-Jahren konnte man

DER NORDWESTEN IN ...

... vier Tagen

An den ersten beiden Tagen erkundet man **Seattle**, besichtigt die Hauptsehenswürdigkeiten, bummelt über den Pike Place Market und besucht das Seattle Center. Am dritten Tag geht's mit dem Zug nach **Portland**, wo man sich am besten ein Fahrrad ausleiht und die vielen Bars, Cafés, Food Carts und Nachtclubs abklappert.

... einer Woche

Auf dem Weg von Seattle nach Portland legt man einige Zwischenstopps entlang der I-5 ein, so z. B. in **Olympia**, der Hauptstadt des Bundesstaates Washington, auf der ländlichen Inselidylle von **Whidbey Island** oder dem wunderbaren Campus der University of Oregon im unkonventionellen **Eugene**. Dann bleibt noch genügend Zeit für einen Tagesausflug ins spektakuläre **Cannon Beach** an der Küste von Oregon oder in die historische Hafenstadt **Port Townsend** auf der Olympic Peninsula.

... zwei Wochen

Nun wird es Zeit für die Nationalparks. Der **Mount Rainier National Park** ist gut als Tagesausflug von Seattle aus zu schaffen, der **Crater Lake National Park** kann mit dem Besuch des Shakespeare-Festivals in **Ashland** verbunden werden. Ein absolutes Muss sind die himmlischen **San Juan Islands**, die schon fast in Kanada liegen, und **Bend** in Oregon, wo die meisten und tollsten Outdooraktivitäten der Region angeboten werden. Wer dann noch Zeit hat, fährt über die Gebirgskette der Cascades nach Osten, in eine ganz andere Welt. Ist **Walla Walla** das Eldorado der Weinkenner, so ist **Steens Mountain** eine weitgehend unberührte Wildnis, die so abgeschieden erscheint wie die entferntesten Gegenden Alaskas.

billig Elektrizität erzeugen und Gebiete bewässern. Der Zweite Weltkrieg erhöhte erneut die Nachfrage nach Flugzeugen und Schiffen und die Landwirtschaft blühte weiter auf. Nach dem Krieg wuchs die Bevölkerung von Washington auf das Doppelte der Einwohnerzahl von Oregon an, besonders stark in der Gegend um den Puget Sound. Die Stromerzeugungs- und Bewässerungsanlagen entlang des Columbia River haben jedoch das Ökosystem des Flusses beinahe zerstört. Auch der Holzeinschlag hat seine Spuren hinterlassen, vor allem in Oregon. Das Umweltproblem wird im Nordwesten kontrovers diskutiert; Reizthemen sind die Abholzung alter Wälder und die Behinderung und Zerstörung der Lachszüge in Bächen und Flüssen.

In den 1980er- und 1990er-Jahren verschob sich mit dem Aufschwung der Hightech-Firmen, allen voran Microsoft in Seattle und Intel in Portland, der wirtschaftliche Schwerpunkt erneut. Zudem wurde in der Region, die im Kampf der USA gegen die globale Erwärmung führend ist, der Umweltschutz intensiviert.

Einheimische Kultur

Das stereotype Bild gibt den Bewohner des amerikanischen Nordwestens als locker gekleideten, Café Latte schlürfenden Städter wieder, der einen Hybridwagen fährt, die Demokraten wählt und mit einem iPod rumläuft, aus dem unermüdlich Indie-Rock à la Nirvana dudelt. Aber wie bei den meisten kurzlebigen Verallgemeinerungen ist die Wirklichkeit viel komplexer.

Seattle und Portland, die zentralen Städte des Nordwestens, sind für ihre feine Kaffeekultur und die unzähligen Kneipen mit kleinen Hausbrauereien bekannt. Weiter im Osten im Landesinneren ist es trocken und weit weniger grün und das Leben viel traditioneller als in den Städten an der Küste. Im Südosten Washingtons finden in den Kleinstädten im Columbia River Valley und in den Steppen wilde Rodeos statt, die Touristenzentren werben mit Cowboy-Kultur, und ein Pott Kaffee ist einfach nur ein Pott Kaffee, der nichts mit dem neumodischen Chai Latte oder den eisigen Frappés aus Seattle zu tun hat.

Im Gegensatz zu Amerikas Ostküste ist das Leben im Westen sehr viel lockerer und weniger hektisch als in Städten wie New York oder Boston. Die Leute arbeiten hier, um zu leben – nicht umgekehrt. Nach einem verregneten Winter nehmen die Bewohner von Olympia oder Bellingham jede sonnige Gelegenheit wahr, um aus der Job-Tretmühle auszubrechen und einige Stunden (oder auch ganze Tage) im Freien zu verbringen. Ende Mai und Anfang Juni lösen die ersten Sommertage eine regelrechte Völkerwanderung aus. Wanderer und Radler strömen dann in die berühmten Nationalparks und in die Wildnis, für die diese Region so bekannt ist.

Kreativität ist ein weiterer Wesenszug der Menschen im Nordwesten. Das zeigt sich sowohl in der Neudefinition moderner Rockmusik als auch in der Rekonfigurierung des neuesten Programms von Microsoft. Man gibt sich nicht länger damit zufrieden, im Schatten Kaliforniens oder Hongkongs zu stehen. Der Nordwesten hat sich in den letzten Jahrzehnten mit bekannten TV-Serien (*Frasier* und *Grey's Anatomy*), weltweit berühmten Persönlichkeiten (Bill Gates) und einer bahnbrechenden Musikszene von Grunge-Rock bis zur feministischen Subkultur *Riot grrrl* (von *riot,* Aufruhr, und *girl,* Mädchen) ein neues Gesicht verschafft.

Toleranz wird im Nordwesten großgeschrieben – angefangen vom Konsum von „Freizeitdrogen" (der Besitz kleinerer Mengen Cannabis ist in Oregon legal, in beiden Bundesstaaten wird Cannabis auch offiziell medizinisch eingesetzt) bis hin zur Sterbehilfe. Bei Präsidentschaftswahlen waren Washington und Oregon zuletzt fest in der Hand der Demokraten. Die Bevölkerung setzt sich enthusiastisch für ein „grüneres" Leben ein und begeistert sich für Fahrgemeinschaften, Recyclingprogramme, Bio-Restaurants und Walbeobachtungstouren in Biodiesel-Booten. Einer der ersten Öko-Vertreter war der einstige Bürgermeister von Seattle, Greg Nickels, der als führender Sprecher in Sachen Klimawandel auftrat. Und das saubere Portland rühmt sich damit, zu den umweltfreundlichsten Städten Amerikas zu gehören.

ℹ Anreise & Unterwegs vor Ort

AUTO Sehr bequem lässt sich der Nordwesten mit dem eigenen Auto erkunden. Niederlassungen der großen Autovermietungen gibt's überall in der Region. Die wichtigste Nord-Süd-Achse ist die I-5, von der in Seattle die I-90 in Richtung Osten abzweigt und über Spokane durch Washington bis nach Idaho führt. Östlich von Portland kommt man auf der I-84 über Pendleton an der Columbia River Gorge entlang nach Boise in Idaho.

BUS Greyhound (www.greyhound.com) fährt mit vielen Zwischenstopps die I-5 von Bellingham im nördlichen Washington bis nach Medford im südlichen Oregon entlang und bietet Anschlussverbindungen in die gesamte USA und nach Kanada. Auf den Ost-West-Routen werden Spokane, Yakima, die Tri-Cities, Walla Walla und Pullman in Washington sowie Hood River und Pendleton in Oregon bedient. Außerdem fahren private Busgesellschaften nach Astoria, Cannon Beach, Bend, Ashland, Anacortes und Port Townsend.

FLUGZEUG Der **Seattle-Tacoma International Airport** (www.portseattle.org/seatac) oder kurz „Sea-Tac" ist der wichtigste internationale Flughafen im Nordwesten. Von hier starten täglich Flieger nach Europa und Asien sowie zu vielen Zielen in den USA und Kanada. Vom **Portland International Airport** (www.flypdx.com) gehen Flüge in US-amerikanische und kanadische Städte sowie nonstop nach Frankfurt, Seoul und London.

SCHIFF/FÄHRE Die Fähren von **Washington State Ferries** (WSF; www.wsdot.wa.gov/ferries) verkehren zwischen Seattle und den Inseln Bainbridge und Vashon sowie von Whidbey Island nach Port Townsend auf der Olympic Peninsula und von Anacortes über die San Juan Islands nach Sidney in British Columbia. Victoria Clipper unterhält eine Fährverbindung von Seattle nach Victoria in British Columbia. Dorthin fahren auch Fähren von Port Angeles aus. Die Fähren von Alaska Marine Highway (s. S. 520) gehen von Bellingham in Washington nach Alaska.

ZUG Amtrak (www.amtrak.com) bietet ausgezeichnete Verbindungen in Richtung Norden (bis nach Vancouver in Kanada) und in Richtung Süden (Kalifornien). So verkehren die *Cascades*- und *Coast-Starlight*-Züge von Seattle und Portland aus in alle größeren Städte der Region. In Richtung Osten fährt der berühmte *Empire Builder* von Seattle bzw. Portland über Spokane in Washington, wo sich die beiden Linien treffen, bis nach Chicago.

WASHINGTON

Die Cascade Mountains (kurz auch Cascades genannt) ziehen sich wie ein Rückgrat durch Washington und teilen den Staat der Gegensätze in zwei Welten. Die Küste im Westen mit Seattle als Zentrum ist feucht, urban, liberal und berühmt für ihre üppigen immergrünen Wälder. Die sich zwischen den weniger bekannten Städten Spokane und Yakima im Osten erstreckenden Ebenen sind trocken, ländlich, konservativ und mit endlosen Steppen übersät.

Der Westen hat sicher die tolleren Sehenswürdigkeiten zu bieten als der abgelegenere, etwas unterschätzte Osten, der nur selten angepriesen wird. Doch auch dort warten auf Besucher viele Überraschungen.

Seattle

Man nehme die Intelligenz von Portland in Oregon und paare sie mit der Schönheit von Vancouver in British Columbia – das Ergebnis dürfte in etwa so wie Seattle aussehen. Es ist kaum zu glauben, dass die größte Metropole des Nordwestens bis in die 1980er-Jahre nur als „zweitklassige" US-Stadt galt. Seitdem hat sie die Mischung aus wagemutiger Innovationsfreude und unerschrockenem Individualismus zu einem der größten Trendsetter des Dotcom-Zeitalters gemacht, deren Speerspitze aus einem unvorstellbaren Bündnis aus Café Latte schlürfenden Computerfreaks und selbstverliebten Musikern besteht. Sich ständig neu zu erfinden ist die moderne Zauberformel dieser Stadt, wo der Grunge Eingang in die Geschichtsbücher gefunden hat und flotte, unabhängige Kaffeeröstereien mit dem Weltkonzern Starbucks um Marktanteile konkurrieren.

Das mancherorts überraschend elegante, andernorts hypertrendige Seattle ist bekannt für den starken Zusammenhalt in den einzelnen Stadtviertel, die erstklassige Universität, ein monströses Verkehrschaos und proaktive Bürgermeister, die sich als grüne Umweltpolitiker verdient machen. Auch wenn die Stadt in jüngster Zeit eine eigene Popkultur hervorgebracht hat, fehlt ihr noch der Mythos einer Metropole wie New York oder Paris. Immerhin hat es den „Berg". Das besser unter dem Namen Mt. Rainier bekannte, alles und alle vereinende Symbol Seattles ist ein 4392 m hohes Massiv aus Fels und Eis, das die Einwohner der Stadt permanent daran erinnert, dass die raue Wildnis und ein möglicherweise ausbrechender Vulkan direkt vor der Haustür liegen.

Sehenswertes

DOWNTOWN

LP TIPP **Pike Place Market** MARKT

(www.pikeplacemarket.org) Vor und hinter den unzähligen kleinen Verkaufsständen, die sich über ein geografisch anspruchsvolles Gelände direkt am Wasser verteilen, drängen sich Künstler, Gastronomen, Ökofreaks, linke Studenten, Straßenmusiker, Gaukler, Schallplattensammler

KURZINFOS WASHINGTON

» **Spitzname** Evergreen State

» **Bevölkerung** 6724540

» **Fläche** 184775 km^2

» **Hauptstadt** Olympia (46480 Ew.)

» **Weitere Städte** Seattle (608660 Ew.), Spokane (208915 Ew.), Yakima (91065 Ew.), Bellingham (80000 Ew.), Walla Walla (31730 Ew.)

» **Verkaufssteuer** 6,5%

» **Geburtsort von** Sänger und Schauspieler Bing Crosby (1903–1977), Gitarrist Jimi Hendrix (1942–1970), Microsoft-Gründer Bill Gates (geb. 1955), dem politischen Kommentator Glenn Beck (geb. 1964) und dem Grunge-Idol Kurt Cobain (1967–1994)

» **Heimat des** Mt. St. Helens, von Microsoft, Starbucks, Nordstrom und des Evergreen State College

» **Politische Ausrichtung** Die Gouverneurin ist Demokratin, die Senatoren sind Demokraten, bei den Präsidentschaftswahlen geht der Staat seit 1988 an die Demokraten

» **Berühmt für** Grunge, Kaffee, Vulkane, Äpfel, Wein, Regen und Schnee, *Grey's Anatomy* und *Twilight*

» **Staatsgemüse** Süßzwiebeln aus Walla Walla

» **Entfernungen** Seattle–Portland 174 Meilen (280 km), Spokane–Port Angeles 365 Meilen (587 km)

und Kunsthandwerker. Das ist der Pike Place Market: ein buntes Durcheinander aus Geräuschen, Gerüchen, Geplänkel, einzigartigen Persönlichkeiten, großstädtischem Flair und einer Weltoffenheit, die fast schon an große Metropolen wie London erinnert. Der 1907 gegründete Markt ist für vielerlei berühmt, vor allem aber für das absolut frische und farbenprächtig präsentierte Obst und Gemüse, die vielen Anarcho-Läden und die äußerst unterhaltsamen Fischhändler, die ihre zappelnde Ware gekonnt durch die Luft schleudern. Erstaunlicherweise wurde hier auch das erste Starbucks-Café der Welt eröffnet, in dem bis heute der Muntermacher ausgeschenkt wird. Auf dem ständig von Touristen umlagerten Schaufenster prangt noch das Firmenlogo im ursprünglichen Braun. Pike Place ist Seattle im Kleinen, eine wunderbare, eigene Welt, die all das widerspiegelt, was diese Stadt ist: alles aufnehmend, eklektisch und einfach einzigartig.

Seattle Art Museum — MUSEUM

(www.seattleartmuseum.org; 1300 1st Ave; Erw./Kind 15/12 US$; ⏲Mi–So 10–17, Do & Fr 10–21 Uhr) Nach der aufwendigen Renovierung und Erweiterung im Jahr 2007 verfügt das Weltklassemuseum nun über knapp 11000 m^2 an zusätzlicher Ausstellungsfläche. Einige Kritiker behaupten, die neuen Abteilungen seien etwas zu steril ausgefallen. Dennoch überkommt die Besucher ein Gefühl freudiger Erregung, sobald sie diesen Trakt betreten. Über dem Ticketschalter hängt Cai Guo-Qiangs *Inopportune: Stage One,* eine Reihe weißer, mit blinkenden Neonröhren gespickter Autos, die zu explodieren scheinen. Zwischen den beiden Eingängen des Museums (im alten und im neuen Teil) befindet sich die „Kunstleiter", eine öffentliche Freifläche mit Installationen, die sich auf die Stufen einer breiten Treppe verteilen. Auch die Ausstellungsräume erstrahlen jetzt in neuem Glanz. In der museumseigenen Sammlung von John H. Hauberg sind ausgezeichnete Masken, Kanus, Totempfähle und andere Gegenstände der Küstenindianer des Nordwestens zu sehen.

Belltown — STADTVIERTEL

Wo früher die Fabrikschlote rauchten, erheben sich nun die Glasfassaden der Apartmenthäuser. In dem schmalen, gut zu Fuß zu erreichenden Belltown entwickelte sich in den 1990er-Jahren ein reges Nachtleben, das so manchen Ton angab. Zwei der damals entstandenen Bars und Clubs, das Crocodile und das Shorty's, haben bis heute Kultstatus. Außerdem gibt's mehr als 100 Restaurants, die nicht alle sündhaft teuer sind.

GRATIS Olympic Sculpture Park — PARK

(2901 Western Ave; ⏲Sonnenaufgang–Sonnenuntergang) Nachdem man einen Caffè Latte mit den wohlhabenden Besitzern der Eigentumswohnungen in Belltown geschlürft hat, kann man gemütlich durch den neuen, experimentellen Skulpturenpark schlendern. Der an der Elliott Bay gelegene Park gehört zum Seattle Art Museum.

PIONEER SQUARE

Der Pioneer Square ist der älteste Stadtteil von Seattle, was für europäische Verhält-

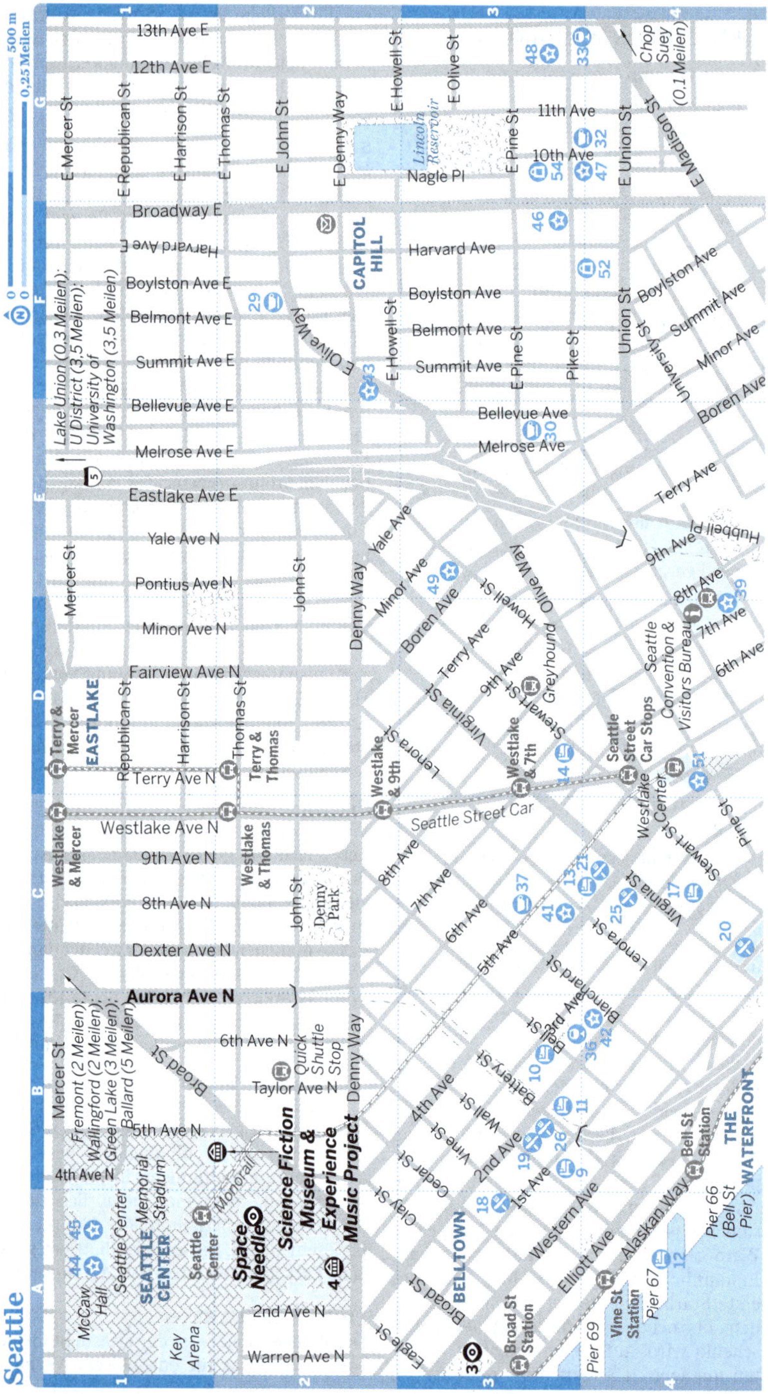

Seattle
500 m
0,25 Meilen
SEATTLE CENTER
EASTLAKE
CAPITOL HILL
BELLTOWN
THE WATERFRONT
Space Needle
Science Fiction Museum & Experience Music Project
McCaw Hall
Key Arena
Seattle Center
Memorial Stadium
Monorail
Denny Park
Lincoln Reservoir
Seattle Street Car
Greyhound
Seattle Convention & Visitors Bureau
Westlake Center
Seattle Street Car Stops
Quick Shuttle Stop
Westlake & Mercer
Terry & Mercer
Westlake & Thomas
Terry & Thomas
Westlake & 9th
Westlake & 7th
Broad St Station
Vine St Station
Bell St Station
Pier 66 (Bell St Pier)
Pier 67
Pier 69
Lake Union (0,3 Meilen); U District (3,5 Meilen); University of Washington (3,5 Meilen)
Fremont (2 Meilen); Wallingford (2 Meilen); Green Lake (3 Meilen); Ballard (5 Meilen)
Chop Suey (0,1 Meilen)
13th Ave E
12th Ave E
11th Ave
10th Ave
Broadway E
Harvard Ave E
Boylston Ave E
Belmont Ave E
Summit Ave E
Bellevue Ave E
Melrose Ave E
Eastlake Ave E
Yale Ave N
Pontius Ave N
Minor Ave N
Fairview Ave N
Terry Ave N
Westlake Ave N
9th Ave N
8th Ave N
Dexter Ave N
Aurora Ave N
6th Ave N
Taylor Ave N
5th Ave N
4th Ave N
2nd Ave N
Warren Ave N
E Mercer St
E Republican St
E Harrison St
E Thomas St
E John St
E Denny Way
E Howell St
E Olive St
E Pine St
E Union St
E Madison St
E Olive Way
Nagle Pl
Harvard Ave
Boylston Ave
Belmont Ave
Summit Ave
Bellevue Ave
Melrose Ave
Pike St
Union St
University St
Minor Ave
Boren Ave
Terry Ave
Hubbell Pl
9th Ave
8th Ave
7th Ave
6th Ave
Mercer St
Republican St
Harrison St
Thomas St
John St
Denny Way
Yale Ave
Howell St
Olive Way
Stewart St
Virginia St
Lenora St
Pine St
Blanchard St
Bell St
Battery St
Wall St
Vine St
Cedar St
Clay St
Broad St
Eagle St
5th Ave
4th Ave
3rd Ave
2nd Ave
1st Ave
Western Ave
Elliott Ave
Alaskan Way
A
B
C
D
E
F
G
1
2
3
4

Pike Place Market
Seattle Art Museum
Klondike Gold Rush National Historical Park
Wing Luke Asian Museum
DOWNTOWN
PIONEER SQUARE
INTERNATIONAL DISTRICT
Seattle University
Freeway Park
Harborview Medical Center
Harborview Park
Kobe Terrace Park
Post Office (Main Branch)
Elliott Bay
Alaskan Way Viaduct
Alaskan Way
Alaskan Way S
Brown Line
Piers 62 & 63
Piers 59 & 60
Pier 57
Pier 56
Pier 55
Pier 54
Pier 53
Pier 52
Pier 51
Pier 50
Pier 48
Pier 46
Tillicum Villages Tours Ferry
Fähren nach Bainbridge Island
Fähren nach Bremerton
nach Vashon Island
Pike St Station
University St Station
Washington St Station
Occidental Park Station
Jackson St Station
Union Station
King St Station (Amtrak)
12th Ave
11th Ave
10th Ave
Broadway
E Cherry St
E Jefferson St
E Spruce St
E Fir St
Boren Ave
E Yesler Way
Yesler Way
10th Ave
S Main St
S Jackson St
S King St
12th Ave S
S Dearborn St
8th Ave S
7th Ave S
Maynard Ave S
S Weller St
S Lane St
Airport Way S
4th Ave S
Occidental Ave S
1st Ave S
S Washington St
Spring St
Terry Ave
Marion St
Columbia St
Cherry St
James St
Jefferson St
Alder St
9th Ave
8th Ave
7th Ave
6th Ave
5th Ave
4th Ave
3rd Ave
2nd Ave
1st Ave
Western Ave
Pike St
Union St
University St
Seneca St
Madison St
I-90
5
1
2
5
6
7
15
16
22
23
24
27
28
31
34
35
38
40
50
53
55
56
8
A
B
C
D
E
F
G

Seattle

Highlights

Experience Music Project B1
Klondike Gold Rush National Historical Park E7
Pike Place Market C5
Science Fiction Museum B2
Seattle Art Museum D5
Space Needle A2
Wing Luke Asian Museum F8

Sehenswertes

1 Columbia Center E6
2 Occidental Park D7
3 Olympic Sculpture Park A3
4 Pacific Science Center A2
5 Pergola D7
6 Seattle Aquarium C5
7 Smith Tower E7

Aktivitäten, Kurse & Touren

8 JRA Bike Shop E7

Schlafen

9 Ace Hotel B3
10 Belltown Inn B3
11 City Hostel Seattle B3
12 Edgewater A4
13 Hotel Andra C4
14 Hotel Max D3
15 Hotel Monaco D5
16 Inn at the Market C5
17 Moore Hotel C4

Essen

18 Black Bottle A3
19 La Vita é Bella B3
20 Le Pichet C4
21 Lola C4
22 Lowells C5
23 Piroshky Piroshky C5
24 Salumi E7
25 Serious Pie C4
26 Shiro's Sushi Restaurant B3
27 Steelhead Diner C5
28 Wild Ginger D5

Ausgehen

29 B&O Espresso F2
30 Bauhaus E3
31 Caffè Umbria D7
32 Caffè Vita G3
33 Elysian Brewing Company G3
34 Panama Hotel Tea & Coffee House F7
35 Pike Pub & Brewery C5
36 Shorty's B3
37 Top Pot Hand-Forged Doughnuts C3
38 Zeitgeist E7

Unterhaltung

39 A Contemporary Theater D4
40 Benaroya Concert Hall D5
41 Cinerama C3
42 Crocodile B4
43 Elite F2
44 Intiman Playhouse A1
45 McCaw Hall A1
46 Neighbours F3
47 Neumo's G3
48 Northwest Film Forum G3
Pacific Nothwest Ballet .... (siehe 45)
49 Re-Bar E3
50 Seahawks Stadium E8
Seattle Opera .... (siehe 45)
Seattle Symphony .... (siehe 45)
51 TicketMaster D4

Shoppen

52 Babeland F4
53 Beecher's Handmade Cheese C5
54 Elliott Bay Book Company G3
55 Holy Cow Records C5
56 Left Bank Books C5

nisse aber nicht wirklich alt ist. Denn die meisten Gebäude stammen aus der Zeit nach dem großen Feuer von 1889, dem insgesamt 25 Häuserblocks und zudem das Geschäftsviertel zum Opfer fielen. Die hübschen Backsteinhäuser wurden im sogenannten „Richardson Romanesque"-Stil errichtet, einem von der Romanik inspirierten Architekturstil, der damals groß in Mode war. In den Anfangsjahren, als das Viertel dank des Wirtschaftsbooms florierte, wurde aus der Hauptstraße, dem Yesler Way, die erste *skid row* – in Anspielung auf die Holzstämme, die wie auf einer überdimensionalen Rutschbahn zur Sägemühle von Henry Yesler, gerollt wurden die sich unten am Pier befand. Als es mit der Holzindustrie bergab ging, wurde die Straße zur Heimat der Obdachlosen. Seit damals steht der Ausdruck *skid row* für die heruntergekommene, von Armut geprägte Gegend einer Stadt.

Dem engagierten Einsatz der Öffentlichkeit ist es zu verdanken, dass das Viertel in den 1960er-Jahren nicht der Abrissbirne zum Opfer fiel und nun als Pioneer Square–Skid Road Historic District unter Denkmalschutz steht.

Heute ist der Stadtteil sowohl historisch als auch heruntergekommen, hat aber viele Kunstgalerien, Cafés und ein reges Nachtleben zu bieten. Das Wahrzeichen des alten Stadtkerns ist der 42-stöckige **Smith Tower** (Ecke 2nd Ave S & Yesler Way; Aussichtsplattform Erw./Kind 7,50/5 US$; ⌚10 Uhr–Sonnenuntergang), der 1914 errichtet wurde und bis 1931 das höchste Gebäude westlich des Mississippi war. Weitere Highlights sind die **Pergola** von 1909, ein schmucker, schmiedeeiserner Unterstand, der an den Eingang einer Pariser Metrostation erinnert, und der **Occidental Park** mit den vom Künstler Duane Pasco, einem Angehörigen des Chinook-Stammes, geschnitzten Totempfählen.

GRATIS **Klondike Gold Rush National Historical Park** MUSEUM
(www.nps.gov/klse; 117 S Main St; ⌚9–17 Uhr) Das erschreckend gute Museum zeigt Gerätschaften, Fotos und Zeitungsausschnitte aus der Zeit des Goldrauschs am Klondike River. Seit 1897 dort das erste Gold gefunden wurde, deckten sich die Schürfer aus aller Welt im boomenden Seattle mit Vorräten ein, bevor sie ins kanadische Yukon Territory aufbrachen. Überall sonst würde solch ein Museum 10 US$ Eintritt kosten, hier ist es kostenlos!

INTERNATIONAL DISTRICT

„International" bedeutet hier „asiatisch", denn die Geschäfte und Restaurants östlich des Pioneer Square sind überwiegend im Besitz von Chinesen, Vietnamesen und Philippinos.

Wing Luke Asian Museum MUSEUM
(www.wingluke.org; 719 S King St; Erw./Kind 12,95/8,95 US$; ⌚Di–So 10–17 Uhr) Das Museum, das sich seit der Renovierung 2008 am jetzigen Standort befindet, dokumentiert die Geschichte und Kultur der Einwanderer aus Asien und dem Pazifikraum. Dabei liegt der Schwerpunkt auf so heiklen Themen wie der Ansiedelung chinesischer Einwanderer in den 1880er-Jahren und der Internierung von japanischstämmigen Amerikanern im Zweiten Weltkrieg. Gezeigt werden auch Kunstwerke und die Originalwohnung einer Einwandererfamilie. Die angebotenen Führungen durch das Museum sind unbedingt zu empfehlen!

SEATTLE CENTER

Seit nunmehr 50 Jahren können die Überbleibsel der futuristischen Weltausstellung, die 1962 als „Ausstellung des 21. Jhs." (Century 21 Exposition) in Seattle stattfand, im Seattle Center bestaunt werden. Und was für Überbleibsel das sind! Die Ausstellung, die von 10 Mio. Menschen besucht wurde, war ein voller Erfolg – auch in finanzieller Hinsicht, was damals eher die Ausnahme war. Außerdem inspirierte sie Hollywood zu dem unter die Haut gehenden, sehr kitschigen Elvis-Film *Ob blond – ob braun* von 1963.

Space Needle WAHRZEICHEN
(www.spaceneedle.com; Erw./Kind 18/11 US$; ⌚So–Do 9.30–23, Fr & Sa 9.30–23.30 Uhr) Die Nadel, die unübersehbar aus der Skyline von Seattle herausragt, ist das allgemein anerkannte Symbol der Moderne in dieser Stadt. Als der 185 m hohe Turm 1962 für die Weltausstellung gebaut wurde, war er das höchste Gebäude Seattles. Diesen Platz haben längst andere Bauten eingenommen, doch der Blick von der Aussichtsplattform in 158 m Höhe und dem Drehrestaurant direkt darunter ist immer noch spektakulär.

Monorail ZUG
(www.seattlemonorail.com; Erw./Kind 4/1,50 US$; ⌚9–23 Uhr) Die wie Raumschiffe durch Belltown schwebenden Hochgeschwindigkeitszüge der 2,5 km langen Monorail-Bahn entstanden einst als expe-

HÖHER ALS DIE SPACE NEEDLE

Alle stürmen zu Seattles Wahrzeichen, der Space Needle. Dabei bietet der schlanke Turm weder die höchste noch die preiswerteste Aussichtsplattform der Stadt. Diese Ehre gebührt dem 1985 erbauten **Columbia Center** (701 5th Ave). Das schmale Gebäude mit den getönten Fensterscheiben ist 284 m hoch und damit das höchste Gebäude im Nordwesten der USA. Von der schicken **Aussichtsterrasse** (Erw./Kind 5/3 US$; ⌚Mo–Fr 8.30–16.30 Uhr) auf der 73. Etage hat man einen tollen Blick auf Fähren, Autos, Inseln, Dächer und – genau! – auf die Space Needle.

rimentelle Prototypen der Massenfortbewegungsmittel der Zukunft. Bis heute sind sie vielen amerikanischen Städten suspekt, weil ihrer Zeit weit voraus. Die futuristischen Züge fahren täglich alle zehn Minuten vom Westlake Center in der Innenstadt bis zur Endstation in der Nähe des Experience Music Project.

LP TIPP **Experience Music Project** MUSEUM (EMP; www.empmuseum.org; 325 5th Ave N; Erw./Kind 15/12 US$; ⌚Sept.–Mai 10–17 Uhr, Juni–Aug. 10–19 Uhr) Das moderne architektonische Wunderwerk – oder Monstrum (je nach Sichtweise) – ist das Kind des Microsoft-Mitbegründers Paul Allen und ein Traum für alle, die jemals eine E-Gitarre in der Hand hatten und darauf die ersten Töne von „Stairway to Heaven" zupften. In dem von Frank Gehry entworfenen, hypermodernen Gebäude sind 80 000 Exponate zur Pop- und Rockmusik zu sehen, von denen viele den einheimischen Musikgrößen gewidmet sind. So sind die handgeschriebenen Songtexte von Nirvana-Gründer Kurt Cobain ebenso zu bewundern wie eine von Jimi Hendrix zertrümmerte Fender Stratocaster, das erste Album von Ray Charles und die von der Rockband Heart bei ihren Auftritten getragenen Kostüme.

Science Fiction Museum MUSEUM (www.sfhomeworld.org; 325 5th Ave N; Erw./Kind 15/12 US$; ⌚Sept.–Mai 10–17 Uhr, Juni–Aug. 10–20 Uhr) Das Museum, das sich im gleichen Gebäudekomplex wie das EMP befindet, ist ganz der Science Fiction gewidmet. Zu sehen sind u. a. Kostüme, Requisiten und Modelle aus Sci-Fi-Filmen und TV-Serien. Der Eintritt ist im EMP-Ticket enthalten.

CAPITOL HILL

Millionäre und Punk-Musiker – das wohlhabende, liberale, ganz und gar unkonventionelle Capitol Hill ist zu Recht bekannt für alternative Musik, experimentelles Theater, unabhängige Cafés und eine sehr lebendige Schwulen- und Lesbenszene. Hier kann man seinem Hund ein Kräuterbad spendieren, auf dem Broadway ethnisches Kunsthandwerk erstehen und sich im kunterbunten Pike-Pine Corridor unter junge Punks und alte Hippies mischen (oder auch nicht). Der Straßenzug zwischen Broadway und E John St ist das Epizentrum des Stadtteils, um das sich unzählige Restaurants, Brauhäuser, Boutiquen und schummrige, aber nicht schmuddelige Kneipen drängen.

Seattle Asian Art Museum MUSEUM (www.seattleartmuseum.org; 1400 E Prospect St; Erw./Kind 7/5 US$, am 1. Do & Sa des Monats Eintritt frei; ⌚Mi–So 10–17, Do 10–21 Uhr; P) Das Museum im eleganten Volunteer Park beherbergt die umfangreiche Kunstsammlung von Dr. Richard Fuller, die er der Stadt zusammen mit dem schlichten Jugendstil-Gebäude, in dem sie untergebracht ist, 1932 schenkte.

Volunteer Park PARK Im gepflegtesten Park Seattles kann man herrlich spazieren gehen. Dabei kommt man an einem **Gewächshaus** (Eintritt frei) im viktorianischen Stil vorbei, in dem Palmen, Kakteen und andere tropische Pflanzen gedeihen. Unbedingt sehenswert sind auch die herrschaftlichen Villen, die die Straßen im Süden des Parks säumen.

FREMONT

Das zur „Künstlerrepublik Fremont" erklärte Viertel gut 3 km nördlich des Zentrums von Seattle ist bekannt für linkspolitische Einstellungen, nackte Radfahrer zur Sonnenwende, Farmers Markets und schrullige Skulpturen im öffentlichen Raum.

Fremont Sunday Market MARKT (www.fremontmarket.com; Stone Way & N 34th St; ⌚So 10–17 Uhr) Aus ganz Seattle strömen die Leute zu diesem Markt, auf dem es frisches Obst und Gemüse, Kunst und Kunsthandwerk sowie allen nur erdenklichen Trödel und Ramsch gibt.

Kunst im öffentlichen Raum SKULPTUREN Kunst im öffentlichen Raum war in Fremont schon immer provokanter als anderswo. Ein gutes Beispiel dafür ist **Waiting for the Interurban** (Ecke N 34th St & Fremont Ave N), eine Figurengruppe aus Aluminiumguss, die auf einen Zug wartet. Der wird aber niemals kommen, denn der Betrieb der Interurban-Bahn, die einst zwischen Seattle und Everett verkehrte, wurde bereits in den 1930er-Jahren eingestellt. Seit 2001 fährt die Bahn zwar wieder, kommt hier aber nicht mehr vorbei. Das sehr menschliche Antlitz des Hundes trägt die Gesichtszüge von Armen Stepanian, dem ehemaligen Bürgermeister von Fremont, der es gewagt hatte, die Skulptur abzulehnen. Ebenso beeindruckend ist der **Fremont Troll** (Ecke N 36th St & Troll Ave), ein furchterregend dreinschauender, 5,5 m großer Riese, der in seiner linken Hand einen VW Käfer zerquetscht. Dagegen ist die **Fremont**

Rocket (Ecke Evanston Ave & N 35th St) eine echte Rakete, die 1993 in Belltown vor dem Verschrotten bewahrt wurde und seitdem in einem Haus steckt. Na ja, interessant ... Das am heftigsten umstrittene Kunstwerk in Fremont ist die **Lenin-Statue** (Ecke Evanston Ave & N 36th), die nach der Wende 1989 in der Slowakei demontiert und hier wieder aufgestellt wurde. Selbst strikte Gegner des Kommunismus sind beeindruckt von diesem Kunstwerk – und der Unverfrorenheit, es aufzustellen.

U DISTRICT

University of Washington UNIVERSITÄT
(www.washington.edu) Die 1861 gegründete Universität ist fast so alt wie Seattle selbst und hat einen ausgezeichneten Ruf weltweit. Der schöne, 2,8 km² große Campus mit Blick auf den Mt. Rainier befindet sich am Ufer des Lake Union, gut 3 Meilen (4,8 km) nordöstlich der Innenstadt von Seattle. Die wichtigsten Straßen des Viertels sind der auch „Ave" genannte University Way und die NE 45th St, die beide von Cafés, Restaurants und Bars gesäumt sind. Mittelpunkt des Campus ist die **Central Plaza**, die wegen ihres Backsteinbelags auch „Red Square" heißt. Informationen und einen Übersichtsplan des Campus gibt's im **Visitor Center** (4014 University Way; ⌚Mo–Fr 8–17 Uhr).

Burke Museum MUSEUM
(Erw./Kind 9,50/7,50 US$; ⌚10–17 Uhr) Das beste Naturkundemuseum des Nordwestens befindet sich in der Nähe der Kreuzung von NE 45th St und 16th Ave. Zu sehen sind hauptsächlich Fossilien, aber auch Kunst- und Gebrauchsgegenstände von 19 verschiedenen Stämmen der amerikanischen Ureinwohner.

Henry Art Gallery MUSEUM
(Erw./Kind 10/6 US$, Do Eintritt frei; ⌚Mi, Sa & So 11–16, Do & Fr 11–20 Uhr) Im Mittelpunkt der anspruchsvollen Kunstgalerie, die sich an der Ecke NE 41st St und 15th Ave befindet, steht eine bemerkenswerte Dauerausstellung des Lichtkünstlers James Turrell. Daneben gibt's verschiedene Wechsel- und Wanderausstellungen.

BALLARD

Auch wenn es seit Neuestem total angesagt ist, herrscht in Ballard immer noch die Atmosphäre eines alten skandinavischen Fischerdorfs – insbesondere rund um die Schleuse, den Jachthafen und das Nordic Heritage Museum. Die 6 Meilen (knapp 10 km) nordwestlich des Zentrums gelegene Altstadt ist vor allem für ihr reges Nachtleben bekannt, doch auch tagsüber lohnt es sich, durch die kopfsteingepflasterten Straßen mit all den historischen Gebäuden zu bummeln.

Hiram M Chittenden Locks SCHLEUSE
(3015 NW 54th St; ⌚24 Std.) Die Schleuse reguliert den Wasserstand im knapp 13 km langen Lake Washington Ship Canal, der den Lake Washington und den Lake Union mit dem Puget Sound verbindet. Mit dem Bau des Kanals wurde 1911 begonnen. Heute passieren jedes Jahr 100 000 Schiffe die Schleuse an der NW Market St, etwa 800 m westlich von Ballard. Um hinzukommen, steigt man an der Ecke 4th Ave und Union St in der Innenstadt in Bus 17 ein. An der Südseite der Schleuse kann man durch ein Glasfenster unter dem Wasserspiegel oder von oben beobachten, wie Lachse eine **Fischtreppe** überwinden, um zu den Laichplätzen im Oberlauf des Sammamish River in den Cascades, der den Lake Washington speist, zu gelangen.

Aktivitäten

Wandern

Großartige Wanderwege durchziehen den alten, unberührten Wald im Seward Park, der den größten Teil der Bailey Peninsula bedeckt, die in den Lake Washington hineinragt. Längere, aber einfachere Wege führen durch den 216 ha großen Discovery Park nordwestlich von Seattle.

Sierra Club WANDERN
(www.sierraclub.org) Geführte Tageswanderungen und Wochenendtouren mit Auto und Camping. Die meisten Tagesausflüge sind kostenlos.

Radfahren

Ein beliebter Radweg ist der 26,5 km lange **Burke-Gilman Trail**, der vom Stadtteil Ballard zum Log Boom Park in Kenmore im Osten von Seattle führt. Dort trifft er auf den 17,5 km langen **Sammamish River Trail**, der sich am Weingut Chateau Ste. Michelle in Woodinville vorbeischlängelt, bevor er im Marymoor Park in Redmond endet.

Wesentlich mehr Radfahrer sind auf dem beliebten Weg rund um den **Green Lake** unterwegs, der sich nördlich von Fremont und 8 km nördlich der Innenstadt befindet. Von Belltown führt der 4 km lange

SEATTLE MIT KINDERN

Der erste Weg führt, am besten mit der Monorail, zum Seattle Center, wo mit Food Carts, Straßenkünstlern, Springbrunnen und reichlich Grünflächen die Zeit wie im Fluge vergeht. Ein absolutes Muss ist dabei das **Pacific Science Center** (www.pacsci.org; 200 2nd Ave N; Erw./Kind 14/9 US$, IMAX-Kino 4 US$ extra; ⌚Mo–Fr 10–17, Sa & So 10–18 Uhr). Die Cyberspace-Welten, Lasershows, Hologramme, IMAX-Filme und Vorstellungen im Planetarium sind unterhaltsam und lehrreich – und auch für Erwachsene alles andere als langweilig.

Im **Seattle Aquarium** (www.seattleaquarium.org; 1483 Alaskan Way am Pier 59; Erw./Kind 19/12 US$; ⌚9.30–17 Uhr), das sich an Pier 59 in der Innenstadt befindet, erfahren kleine und große Leute alles über die maritime Welt des Nordwestens. Kernstück des Aquariums ist eine Unterwasser-Glaskuppel, in der sich Haie, Kraken und andere Tiefseebewohner tummeln.

Elliott Bay Trail am Wasser entlang nach Smith Cove.

Die *Seattle Bicycling Guide Map,* die vom **Transportation Bicycle & Pedestrian Program** (www.cityofseattle.net/transportation/bikemaps.htm) der Stadt Seattle herausgegeben wird, ist im Internet und in allen Fahrradläden erhältlich.

Hier drei empfehlenswerte Geschäfte, die Fahrräder verleihen oder reparieren:

Recycled Cycles RADFAHREN
(www.recycledcycles.com; 1007 NE Boat St; Leihgebühr 20/40 US$ für 6/24 Std.; ⌚Mo–Fr 10–20, Sa & So 10–18 Uhr; 👪) Der freundliche Laden im U District verleiht auch Fahrradanhänger und Trailer, damit die Kleinsten mitfahren können.

JRA Bike Shop RADFAHREN
(www.jrabikeshop.com; 311 3rd Ave S; ⌚Mo–Fr 9–17 Uhr) Der Laden in der Nähe von Pioneer Square und Bahnhof King Street ist der am günstigsten gelegene Fahrradverleih in der Innenstadt.

Counterbalance Bicycles RADFAHREN
(www.counterbalancebicycles.com; 2943 NE Blakeley St; ⌚Mo–Fr 7.30–19, Sa & So 10–18 Uhr) Der Fahrradverleih befindet sich direkt am Burke-Gilman Trail in dem Abschnitt, der durch den U District verläuft.

Wassersport

Seattle bietet nicht nur ein dichtes Netz aus Wander- und Radwegen, denn das an Venedig erinnernde Zentrum ist von einer Vielzahl von Wasserwegen durchzogen, auf denen man prima paddeln kann. So verbindet der **Lakes to Locks Water Trail** den Lake Sammamish nicht nur mit dem Lake Washington und Lake Union, sondern auch – über die Hiram-M-Chittenden-Schleuse – mit dem Puget Sound. Landkarten und Infos zu den Einstiegstellen gibt's auf der Website der **Washington Water Trails Association** (www.wwta.org).

Northwest Outdoor Center Inc KAJAKFAHREN
(www.nwoc.com; 2100 Westlake Ave N; Kajak 13–20 US$/Std.) Der Veranstalter am Lake Union verleiht nicht nur Kajaks, sondern bietet auch Touren und Kurse für Meer- und Wildwasserkajakfahren an.

☞ Geführte Touren

Argosy Cruises Seattle Harbor Tour BOOTSFAHRT
(www.argosycruises.com; Erw./Kind 22,50/8,50 US$) Die beliebte Seattle Harbor Tour ist eine einstündige kommentierte Rundfahrt am Waterfront Park entlang durch die Elliott Bay und den Hafen von Seattle. Die Boote legen an Pier 55 ab.

Coffee Crawl KAFFEE
(www.seattlebyfoot.com; Geführte Tour 22 US$; ⌚Do–Mo 10 Uhr) Die „Kaffeefahrt" durch die Cafés von Seattle ist die örtliche Variante der klassischen Stadtführung. Bei den zweistündigen Rundgängen, die – natürlich – bei Starbucks am Pike Place Market starten und durch die Post Alley führen, erfährt man alles über die Geschichte und Kultur des Kaffees in der Stadt.

Seattle Food Tours ESSEN
(www.seattlefoodtours.com; geführte Tour 39 US$) Ein kulinarischer Spaziergang in und um den Pike Place Market. Der zweieinhalbstündige Streifzug führt in eine Bäckerei, ein Chowder House, ein vietnamesisches und ein mexikanisches Restaurant. Dabei erfährt man auch eine Menge über die historischen und künstlerischen Hintergründe.

Feste & Events

Northwest Folklife Festival MUSIK
(www.nwfolklife.org) Jeweils am letzten Wochenende im Mai gibt's Musik, Tanz, Kunsthandwerk und Essen aus aller Welt sowie Unterhaltung und Aktivitäten für die ganze Familie.

Seafair AUF DEM WASSER
(www.seafair.com) Ende Juli/Anfang August strömen die Massen ans Wasser, um Wettbewerbe mit Wasserflugzeugen, Flugshows und einen Fackelumzug zu verfolgen, Musik zu hören und die Volksfeststimmung zu genießen.

Bumbershoot MUSIK & LITERATUR
(www.bumbershoot.com) Das bedeutende Kunst- und Kulturereignis findet am ersten Wochenende im September im Seattle Center statt. Es gibt Livemusik, Autorenlesungen und jede Menge Spaß aller Art.

Seattle International Film Festival FILM
(SIFF; www.siff.net; Tickets 13–30 US$) Das größte Filmfestival der Stadt geht Mitte Mai in der eigens dafür reservierten **Nesholm Family Lecture Hall** (321 Mercer St, Seattle Center) in der McCaw Hall sowie einer Handvoll weiterer Kinos über die Bühne.

Seattle Lesbian & Gay Film Festival FILM
(www.threedollarbillcinema.org; Tickets 6–8 US$) Bei dem beliebten Filmfestival im Oktober werden im **Three Dollar Bill Cinema** (1122 E Pine St) die neuesten Schwulen- und Lesbenfilme aus aller Welt gezeigt.

Schlafen

Von Mitte November bis Ende März bieten die meisten Hotels in der Innenstadt Seattles sogenannte *Super Saver Packages* an. Bei dem Sparpaket kostet das Zimmer in der Regel nur noch die Hälfte des normalen Preises und es gibt noch ein Heft mit Rabattgutscheinen für Restaurants, Geschäfte und Sehenswürdigkeiten dazu. Gebucht wird per Internet unter www.seattlesupersaver.com.

LP TIPP **Belltown Inn** HOTEL $$
(206-529-3700; www.belltown-inn.com; 2301 3rd Ave; EZ/DZ 109/119 US$; P ❄ @ ≋) Das kann doch nicht wahr sein! Ein solches Schnäppchen in einer so tollen Lage muss doch einen Haken haben! Aber nein, die Zimmer sind sauber und funktional, die Küchenzeilen praktisch, es gibt eine Dachterrasse, kostenlos ausleihbare Fahrräder und – das Wichtigste überhaupt! – auch Regenschirme zum Ausleihen. Und das alles zum Preis eines Abendessens in einem Nobelrestaurant.

Hotel Andra BOUTIQUEHOTEL $$
(206-448-8600; www.hotelandra.com; 2000 4th Ave; Zi. 189–229 US$; P ❄ ≋) Das Hotel in bester Lage befindet sich in Belltown (deshalb trendy) und ist im skandinavischen Stil (deshalb ungemein minimalistisch). Vorhänge und Kissen sind im Leopardenmuster gestaltet, satte Farben setzen Akzente, die Bettwäsche ist aus ägyptischer Baumwolle, die Bademäntel sind flauschig, die Bücherregale gut gefüllt und Schuhe werden kostenlos geputzt. Das Restaurant Lola nebenan bringt das Essen auch aufs Zimmer. Was will man mehr!

Ace Hotel HOTEL $$
(206-448-4721; www.acehotel.com; 2423 1st Ave; Zi. mit Gemeinschafts-/eigenem Bad 99/190 US$; P ≋) Das Hotel, das (fast) so schick ist wie seine Schwester in Portland, bietet eine minimalistisch-futuristische Ausstattung (alles in Weiß oder Edelstahl, selbst der Fernseher), alte französische Armeedecken, Kondome statt Pralinen auf dem Kopfkissen und eine Ausgabe des *Kamasutra* anstelle der sonst üblichen Bibel. Ein Parkplatz kostet 15 US$.

City Hostel Seattle HOSTEL $
(206-706-3255; www.hostelseattle.com; 2327 2nd Ave; B im 6-/4-Bettzi. 28/32 US$, DZ 73 US$; @ ≋) Für einen Apfel und ein Ei in einer Kunstgalerie übernachten – und das auch noch in Belltown? Genau das ist in dem neuen „Kunst-Hostel" möglich, das die Jugendherbergen der Vergangenheit ganz schön spartanisch aussehen lässt. Neben den pseudokünstlerisch gestalteten Schlafsälen gibt's einen Gemeinschaftsraum, einen Whirlpool, hauseigenes Kino (mit kostenlosen DVDs) und Frühstücksbuffet.

Mediterranean Inn HOTEL $$
(206-428-4700; www.mediterranean-inn.com; 425 Queen Anne Ave N; Zi. ab 119 US$; P ❄ @) Irgendetwas verleiht diesem erstaunlich „unmediterranen" Mediterranean Inn das gewisse Etwas. Nur was? Die Nähe zur Innenstadt, das superfreundliche Personal, die Küchenzeile in jedem Zimmer, der kleine Fitnessraum im Untergeschoss oder die fast schon sterile Sauberkeit der Zimmer? Egal – man sollte es einfach nur genießen!

Hotel Max BOUTIQUEHOTEL $$
(☎206-441-4200; www.hotelmaxseattle.com; 620 Stewart St; EZ/DZ ab 188/219 US$; P @) Die superdick aufgetragene Farbgestaltung des Hotels ist kaum zu überbieten. In den kleinen, aber tollen Zimmern hängen Originalkunstwerke an den Wänden und dazu gibt's Pauschalangebote wie „Grunge Special" oder „Gaycation". Außerdem können die Gäste zwischen verschiedenen Kopfkissen und spirituellen Dienstleistungen wählen.

Edgewater HOTEL $$$
(☎206-728-7000; www.edgewaterhotel.com; Pier 67, 2411 Alaska Way; Zi. 289-349 US$; P ❄ @ ᯤ) Hier gingen einst bekannte und berüchtigte Berühmtheiten ein und aus. In dem Hotel, das sich auf einer Mole direkt am Wasser befindet, ist schon jede Rockband von Bedeutung abgestiegen, von den Beatles über die Rolling Stones bis hin zu Led Zeppelin. Letztere waren so gemein, den Werbeslogan „Bei uns können Sie vom Hotelfenster aus angeln" wörtlich zu nehmen und die ganze Suite mit Haien zu füllen. Mittlerweile ist das Angeln verboten und Led Zeppelin aufgelöst, aber die Zimmer sind immer noch superluxuriös.

Hotel Monaco BOUTIQUEHOTEL $$$
(☎206-621-1770; www.monaco-seattle.com; 1101 4th Ave; Zi. 260-400 US$; P @ ᯤ) Das skurrile Hotel mit gestreiften Tapeten und schweren Vorhängen in der Innenstadt versprüht einen Hauch von europäischer Eleganz und ist jeden einzelnen seiner vier Sterne wert.

College Inn HOTEL $
(☎206-633-4441; www.collegeinnseattle.com; 4000 University Way NE; EZ/DZ inkl. Frühstück ab 65/75 US$; @ ᯤ) Das hübsche Fachwerkhaus im U District, das 1909 zur Alaska-Yukon-Pacific Exposition errichtet worden war, hat 25 Zimmer im europäischen Stil, mit Waschbecken und Gemeinschaftsbad. Im Untergeschoss befindet sich ein Pub.

Inn at the Market BOUTIQUEHOTEL $$$
(☎206-443-3600; www.innatthemarket.com; 86 Pine St; Zi. mit/ohne Blick aufs Wasser 370/255 US$; P ❄ ᯤ) Das elegante Boutiquehotel ist die einzige Unterkunft am ehrwürdigen Pike Place Market. Es hat 70 große Zimmer, viele davon mit einem tollen Blick auf das Marktgeschehen und den Puget Sound. Ein Parkplatz kostet 20 US$.

Moore Hotel HOTEL $
(☎206-448-4851, www.moorehotel.com; 1926 2nd Ave; EZ/DZ mit Gemeinschaftsbad 59/71 US$, mit eigenem Bad 74/86 US$; ᯤ) Das altertümliche, leicht muffige Hotel hat nicht nur eine erstklassige Lage, sondern auch sehr freundliches Personal. Wem das noch nicht reicht, den überzeugt spätestens der Preis.

Essen

Am besten und preiswertesten isst man auf dem Pike Place Market. Selbstversorger finden dort die frischesten Zutaten, leckere Backwaren und Feinkost aller Art sowie Essen aus aller Welt zum Mitnehmen.

LP TIPP **Lola** GRIECHISCH $$$
(☎206-441-1430; www.tomdouglas.com; 2000 4th Ave; Hauptgerichte 22–32 US$) Der in Seattle allgegenwärtige Meisterkoch Tom Douglas versucht sich in dem neu eröffneten Schickimicki-Restaurant in Belltown an der griechischen Küche – mit umwerfendem Erfolg. Nachdem man sich an saftigen Fleischspießen, riesigen Portionen Gemüse, verschiedenen Vorspeisen oder Pita mit Dips gelabt hat, könnte man auf dem Heimweg glatt Sirtaki tanzen.

La Vita é Bella ITALIENISCH $$
(www.lavitaebella.us; 2411 2nd Ave; Nudelgericht 10–14 US$) Wie alle Kenner der guten italienischen Küche wissen, ist es fast unmöglich, jenseits des Stiefels hausgemachte Originalgerichte zu finden. Dem La Vita é Bella ist dieses schwierige Unterfangen weitgehend gelungen. Ein erster Gradmesser ist die Pizza Margherita, aber auch bei den *vongole* (Venusmuscheln), den Desserts und dem Kaffee passt alles. Wie in allen guten italienischen Restaurants werden die Gäste auch hier mit Handschlag und viel guter Laune empfangen.

Serious Pie PIZZERIA $$
(www.tomdouglas.com; 316 Virginia St; Pizza 16–18 US$) Pizza für Feinschmecker scheint ein Widerspruch in sich zu sein – bis man in dieser Pizzeria in Belltown landet. Hier werden Zutaten verwendet, mit denen nirgendwo sonst eine Pizza belegt werden würde, wie z.B. Trüffel, Rosenkohl, Venusmuscheln, Eier und die verschiedensten Kräuter und Käsesorten.

Lowells DINER $
(www.eatatlowells.com; 1519 Pike Pl; Hauptgerichte 6–9 US$) Fish & Chips ist ein einfaches und oft schlecht zubereitetes Essen. Hier nicht. Vorn am Eingang bestellt man eine Portion mit Kabeljau aus Alaska, geht dann einen Stock höher und genießt den Fisch mit herrlichem Blick auf den Puget Sound.

Außerdem gibt's gehacktes Cornedbeef und einen ausgezeichneten Venusmuschel-Eintopf.

Piroshky Piroshky BÄCKEREI **$**

(www.piroshkybakery.com; 1908 Pike Pl; Snacks 2–7 US$; ⏲Okt.–April 8–18.30 Uhr, Mai–Sept. 7.30–18.30 Uhr) Die Bäckerei ist der Beweis dafür, dass nicht aus jedem wahnsinnig beliebten Lokal am Pike Place ein Weltunternehmen (wie Starbucks) werden muss. Der Raum, in dem sowohl süße als auch pikante russische Kuchen und Pasteten verkauft werden, ist immer noch so klein, dass man kaum umfallen kann. Also auf in den Kampf und versuchen, etwas *to go* zu ergattern!

Salumi SANDWICHES **$**

(www.salumicuredmeats.com; 309 3rd Ave S; Sandwiches 7–10 US$, Gericht 11–15 US$; ⏲Di–Fr 11–16 Uhr) Die lange Warteschlange vor dem Lokal, das dem Vater von Kochikone und Fernsehstar Mario Batali gehört, ist ein altbekannter Anblick. Mittlerweile hat sich daraus sogar eine Internet-Gemeinde zum Chatten, Austauschen von Erfahrungen, Twittern und Fachsimpeln über Feinschmeckersandwiches entwickelt. Als Sandwichbelag stehen etliche verschiedene Arten von Rauchfleisch und Frischkäse zur Auswahl. Auch toll fürs Picknick!

Paseo KUBANISCH **$**

(www.paseoseattle.com; 4225 Fremont Ave N; Sandwiches 6–9 US$; ⏲Di–Fr 11–21, Sa 11–20 Uhr) Wenn die Einheimischen für diese kleine, kubanische Institution in einem nichtssagenden Teil von Fremont sogar ihre Pendlerstrecke ändern, ist dies der Beweis, dass die Einwohner von Seattle kein bisschen eingebildet oder prätentiös sind. Die Sandwiches sind legendär, insbesondere das „Midnight Cuban Press" mit Schweinefleisch, Schinken, Käse und Peperoni, und das „Cuban Roast" (mit langsam gebratenem, mariniertem Schweinefleisch). Unbedingt genügend Servietten mitnehmen!

Peso's Kitchen & Lounge MEXIKANISCH **$$**

(www.pesoskitchen.com; 605 Queen Anne Ave N; Frühstück 7–10 US$, Abendessen 10–15 US$; ⏲9–2 Uhr) Trotz der vielen Sombreros ist die Atmosphäre in dem coolen, trendigen Lokal alles andere als typisch mexikanisch. Das abends servierte Essen dagegen ist gute mexikanische Küche, noch besser aber ist das viel gelobte, stark eilastige Frühstück am Morgen danach.

Shiro's Sushi Restaurant JAPANISCH **$$$**

(www.shiros.com; 2401 2nd Ave; Hauptgerichte 26,75 US$; ⏲17.30–21.45 Uhr) Im Fenster des schicken japanischen Lokals ist kaum Platz für all die gewonnenen Auszeichnungen und Preise. An den Tischen vor der Glasvitrine kann man den Meistern beim Zubereiten des köstlichsten Sushis in Seattle zuschauen.

5 Spot FRÜHSTÜCK **$**

(1502 Queen Anne Ave N; Brunch 8–10 US$, Abendessen 13–17 US$; ⏲8.30–24 Uhr) Dieses Lokal ist in jeder Hinsicht top – das beweisen die langen Schlangen, die sonntagmorgens auf Einlass zum hervorragenden Brunch warten. Die Stimmung ist großartig und die herzhaften Speisen wie Arme Ritter, *huevos rancheros* und alle anderen Standardgerichte eines amerikanischen Frühstücks vertreiben selbst den hartnäckigsten Kater.

Black Bottle MODERN-AMERIKANISCH **$**

(www.blackbottleseattle.com; 2600 1st Ave; Gerichte 8–12 US$; ⏲16.30–2 Uhr) In dem minimalistisch schicken Restaurant mit Bar trifft sich das neue Belltown der leidenschaftlichen Weinkenner und geschäftstüchtigen Besitzer von Eigentumswohnungen. Das Essen besteht überwiegend aus Vorspeisen, doch bei gegrilltem Lamm mit Sumach-Humus oder geschmorten Artischockenherzen und -blättern kann kaum jemand widerstehen.

Steelhead Diner SEAFOOD **$$**

(☎206-625-0129; www.steelheaddiner.com; 95 Pine St; Sandwiches 9–13 US$, Hauptgerichte 15–33 US$; ⏲Di–Sa 11–22, So 10–15 Uhr) Traditionelle Lieblingsgerichte wie Fish & Chips, gegrillter Lachs oder geschmorte Short Ribs vom Rind mit Maispolenta werden zur Haute Cuisine, wenn sie mit den besten Zutaten, die der Pike Place Market zu bieten hat, zubereitet werden.

Wild Ginger ASIATISCH **$$**

(www.wildginger.net; 1401 3rd Ave; Hauptgerichte 15–28 US$) Rund um den Pazifik – über China, Indonesien, Malaysia, Vietnam und natürlich Seattle – lautet das Motto des äußerst beliebten Fusion-Restaurants in der Innenstadt. Als erstes sollte man die aromatisch duftende Ente probieren.

Le Pichet FRANZÖSISCH **$$**

(www.lepichetseattle.com; 1933 1st Ave; Hauptgerichte Mittagessen 9/18 US$; ⏲8–24 Uhr) Das Bistro oberhalb des Pike Place Market ist *très français*: Bei Käse und Pasteten, Wein und heißer Schokolade fühlt man sich wie mitten in Paris.

Ausgehen

In Capitol Hill gibt's jede Menge Cocktailbars, Tanzclubs und Livemusik. Die alten und neuen Backsteinhäuser im Zentrum von Ballard sind tagsüber voller trinkfester Haudegen der älteren Generation. Abends treffen sich hier die Indie-Rocker. Die einst schmuddelige Grunge-Hochburg Belltown ist immer noch nicht wirklich schick, aber die vielen Kneipen reihen sich hier aneinander wie Perlen auf einer Schnur.

Cafés

Starbucks ist nur die Spitze des Eisbergs. In ganz Seattle findet man unzählige kleinere, unabhängige Café-Ketten, von denen viele ihren Kaffee auch selbst rösten, so z. B. Uptown Espresso, Caffe Ladro und Espresso Vivace.

LP TIPP **Bauhaus** CAFÉ
(www.bauhauscoffee.net; 301 E Pine St; Mo–Fr 6–1, Sa 7–1, So 8–1 Uhr) Kaffee trinken, Kekse knabbern, in Büchern schmökern, lang aufbleiben – bis 1 Uhr früh! Neben den gut gefüllten Bücherregalen lockt das Bauhaus auch mit einer Aussicht auf die Space Needle und bietet reichlich Gelegenheit, Leute zu beobachten. Hier könnte der nächste große amerikanische Roman entstehen.

Top Pot Hand-Forged Doughnuts CAFÉ
(www.toppotdoughnuts.com; 2124 5th Ave; 6–19 Uhr) Die handgemachten Donuts der Café-Kette sind der Champagner unter den Weinen – einfach eine Klasse für sich! Ebenso legendär sind die Cafés selbst. So ist die Filiale in Belltown mit den deckenhohen Bücherregalen und Art-déco-Schildern in einem ehemaligen Autohaus untergebracht.

B&O Espresso CAFÉ
(www.b-oespresso.com; 204 Belmont Ave E; Mo–Do 7 Uhr–open end, Fr–So 8 Uhr–open end) In dem 1976 eröffneten Café in Capitol Hill kann man in einer zurückhaltend eleganten Atmosphäre ausgezeichneten türkischen Kaffee genießen – sofern man es schafft, an der verführerischen Kuchentheke neben dem Eingang vorbeizukommen.

Caffè Vita CAFÉ
(www.caffevita.com; 1005 E Pike St; 6–23 Uhr) Computersüchtige mit Laptop, Liebespärchen beim Rendezvous, radikale Studenten, Obdachlose, Hobby-Philosophen, Geschäftsleute auf dem Weg ins Büro: Sie alle treffen in dieser Institution in Capitol Hill aufeinander. Alle vier Cafés in Seattle haben eine eigene Rösterei, die nur durch eine Glasscheibe vom Gastraum getrennt ist.

Panama Hotel Tea & Coffee House CAFÉ
(607 S Main St; Mo–Sa 8–19, So 8–21 Uhr) In dem historischen Gebäude von 1910 befindet sich das einzige noch erhaltene japanische Badehaus der USA. Damit erinnert das „Teehaus" auch an die japanischen Bewohner des Stadtteils, die im Zweiten Weltkrieg in Internierungslager gesteckt wurden.

Zeitgeist CAFÉ
(www.zeitgeistcoffee.com; 171 S Jackson St; Mo–Fr 6–19, Sa & So 8–19 Uhr; WLAN) In dem luftigen Café mit Backsteinwänden, das sich in der Nähe des Bahnhofs befindet, kann man sich zu den anderen Laptop-Süchtigen gesellen und über den Zeitgeist sinnieren.

Caffè Umbria CAFÉ
(www.caffeumbria.com; 320 Occidental Ave S; Mo–Fr 6–18, Sa 7–18, So 8–17 Uhr) Die Familie Bizzarri aus dem italienischen Perugia, die eine der bedeutendsten Kaffeeröstereien betreibt, gründete 1986 dieses sehr europäisch anmutende Café in Pioneer Square.

Bars

Shorty's BAR
(www.shortydog.com; 2222 2nd Ave) Das legendäre Shorty's in Belltown ist eine Mischung aus Spielhalle und der Korova Milk Bar aus dem Film *Uhrwerk Orange*. Hier gibt's billiges Bier, Hotdogs, Slushes mit Alkohol und jede Menge Flipperautomaten im Hinterzimmer.

Pike Pub & Brewery BRAUEREI
(www.pikebrewing.com; 1415 1st Ave) Als eine der ersten Mikrobrauereien öffnete dieses Brauhaus unterhalb des Pike Place Market 1989 seine Türen. Bis heute werden in dem postindustriellen Eldorado für Biertrinker auf mehreren Etagen tolle Hamburger und leckeres Bier serviert.

Blue Moon BAR
(712 NE 45th St) Die legendäre Kneipe der Gegenkultur in Seattle, die sich in der Nähe der Universität befindet, wurde erstmals 1934 eröffnet, um das Ende der Prohibition zu feiern. Seitdem kippten Leute wie Dylan Thomas, Allen Ginsberg und Tom Robbins ihr Bierchen im Blue Moon. In letzter Zeit

hat die Bar etwas an Glanz verloren, aber noch immer kommt es vor, dass spontan Gedichte rezitiert und pathetische Vorträge gehalten werden oder jemand auf der Mundharmonika spielt.

Brouwer's BIERKNEIPE
(400 N 35th St; ⌚11–2 Uhr) Die Wände des düsteren Biertempels in Fremont bestehen aus rohen Steinmauern, in der Decke ist ein schwarzes Metallgitter verankert. Hinter der endlos langen Theke fällt der Blick auf einen Kühlschrank mit Bier. Die Nachbildung des *Mannequin Pis* an der Tür und die belgischen Embleme und Wappen überall deuten auf die Spezialität des Hauses hin.

Copper Gate BAR
(6301 24th Ave NW) Das Copper Gate war einmal eine der schlimmsten Spelunken in Seattle. Heute ist es ein gehobenes Restaurant mit Bar, dessen Schwerpunkt auf Hackfleischbällchen und nackten Weiblichkeiten liegt. Die Theke ist einem Langschiff der Wikinger nachempfunden, auf dem Segel prangen Nacktfotos und aus dem Frachtraum quellen Helme und Grammofone.

Hale's Ales Brewery BRAUEREI
(www.halesbrewery.com; 4301 Leary Way NW) Hale's braut sagenhafte Biere, vor allem das Cream Ale ist einfach nur himmlisch. Das Flaggschiff der Brauerei in Fremont erinnert zwar an die Eingangshalle eines Businesshotels, ist aber dennoch einen Besuch wert. Neben dem Eingang gibt's Infos für eine Brauereibesichtigung auf eigene Faust.

Elysian Brewing Company BRAUEREI
(www.elysianbrewing.com; 1221 E Pike St) Durch die riesigen Fenster des Brauhauses in Capitol Hill kann man prima Leute beobachten – oder selbst beim Billardspielen beobachtet werden.

☆ Unterhaltung

Infos über Veranstaltungen findet man im *Stranger*, *Seattle Weekly* und in den Tageszeitungen. Karten für große Veranstaltungen gibt's bei **TicketMaster** (☎206-628-0888), das auch **reduzierte Tickets** (☎206-233-1111) an einem Stand beim Westlake Center verkauft.

Livemusik

Crocodile LIVEMUSIK
(www.thecrocodile.com; 2200 2nd Ave) Im März 2009 wurde nach einem Jahr der Flaute das einzige Überbleibsel der einst einflussreichen Grunge-Szene in Belltown wieder eröffnet. Für das ehemalige Crocodile Café wird es aber schwer werden, das Publikum zurückzugewinnen, das in diesen heiligen Hallen mit der Musik von Nirvana, Pearl Jam und R.E.M groß geworden ist.

Neumo's LIVEMUSIK
(www.neumos.com; 925 E Pike St) Die Location für Punk, Hip-Hop und alternative Musik, zu deren Gästen auch Radiohead und Bill Clinton (nicht zur gleichen Zeit) gehörten, tritt in die großen Fußstapfen ihres ursprünglichen Namensvetters Moe. Dem Lauf der Zeit nachtrauern kann man am „Sad Bastards Monday", wenn „Musik zum Weinen" gespielt wird.

Chop Suey LIVEMUSIK
(www.chopsuey.com; 1325 E Madison St) Das Chop Suey ist eine dunkle Kneipe mit hohen Decken und einer maroden, pseudochinesischen Einrichtung, in der ein buntes Spektrum an Bands auftreten.

Kino

Northwest Film Forum KINO
(www.nwfilmforum.org; 1515 12th Ave) Das Programm aus restaurierten Klassikern und den neuesten Independent- und internationalen Filmen lässt keine Wünsche offen. Das Kino befindet sich natürlich in Capitol Hill.

Cinerama KINO
(www.cinerama.com; 2100 4th Ave) In einem der wenigen noch existierenden Cineramas der Welt herrscht eine witzige, an einen Science-Fiction-Film erinnernde Atmosphäre.

Harvard Exit KINO
(www.landmarktheatres.com; Ecke E Roy St & Harvard Ave) Das 1925 errichtete Lichtspielhaus war das erste unabhängige Kino in Seattle.

Theater & Klassische Musik

Seattle Opera KLASSISCHE MUSIK
(www.seattleopera.org) In der McCaw Hall werden in jeder Saison vier bis fünf große Opern inszeniert. Im Sommer wird immer ein Teil des *Ring des Nibelungen* aufgeführt, der grundsätzlich ausverkauft ist.

Intiman Playhouse THEATER
(www.intiman.org; 201 Mercer St) In diesem Theater ist mit der Intiman Theatre Company das älteste Ensemble Seattles beheimatet.

Pacific Northwest Ballet BALLETT
(www.pnb.org) Das beste Tanzensemble des amerikanischen Nordwestens bringt in einer Saison, die von September bis Juni

dauert, mehr als 100 Vorstellungen auf die Bühne der McCaw Hall im Seattle Center.

Seattle Symphony KLASSISCHE MUSIK
(www.seattlesymphony.org) Eines der bedeutendsten Orchester der Region ist in der Benaroya Concert Hall zu hören, die sich an der Kreuzung von 2nd Ave und University St in der Innenstadt befindet.

A Contemporary Theatre THEATER
(ACT; www.acttheatre.org; 700 Union St) Das ACT ist eines der drei großen Theater der Stadt. In dem 30 Mio. US$ teuren Haus am Kreielsheimer Place stehen die besten Schauspieler Seattles und gelegentlich auch die ganz großen Stars auf der Bühne.

Schwulen- & Lesbenszene

Elite BAR
(1520 Olive Way; 🛜) In der äußerst freundlichen Bar in Capitol Hill kann man Darts und Billard spielen, nicht zu laute Musik hören und anständige Cocktails trinken.

Re-Bar CLUB
(1114 Howell St) In dem lebhaften Tanzclub, wo auf mehreren Etagen die bedeutendsten kulturellen Ereignisse der Stadt – z. B. die Vorstellung eines neuen Albums von Nirvana – stattfanden, sind schwule, hetero- und bisexuelle sowie zwischen den Ufern schwimmende Nachtschwärmer gleichermaßen willkommen.

Neighbours CLUB
(1509 Broadway Ave E) In der immer rappelvollen Tanzfabrik amüsieren sich die Schwulen der Szene mit ihren glitzernden, heterosexuellen Begleiterinnen.

Sport

Seattle Mariners BASEBALL
(www.mariners.org; Tickets 7–60 US$) Seattles heiß geliebte Baseballmannschaft spielt im Safeco-Field-Stadion südlich der Innenstadt.

Seattle Seahawks FOOTBALL
(www.seahawks.com; Tickets 42–95 US$) Das einzige Team des Nordwestens, das Mitglied der National Football League (NFL) ist, spielt im gleichnamigen Seahawks Stadium, das 72 000 Zuschauer fasst.

Shoppen

Die wichtigsten Einkaufsmeilen befinden sich in der Innenstadt zwischen der 3rd und der 6th Ave sowie zwischen University und Stewart St. Im Labyrinth des Pike Place Market gibt's neben Galerien und kleinen Geschäften auch jede Menge Stände, an denen Kunst und Kunsthandwerk verkauft wird. Rund um den Pioneer Square und in Capitol Hill befinden sich kleine Souvenir- und Secondhandläden. Die folgenden Geschäfte findet man wirklich nur in Seattle:

Elliott Bay Book Company BÜCHER
(www.elliottbaybook.com; 1521 10th Ave; ⏲Mo–Fr 10–22, Sa 10–23, So 11–21 Uhr) Der Himmel bewahre uns vor dem Tag, an dem E-Books die Buchläden überflüssig machen. Wohin geht man dann am Samstagnachmittag, wenn es zwischen den 150 000 Büchern bei Elliott Bay keine Autorenlesungen, Diskussionsrunden, Besprechungen und stundenlanges Schmökern mehr gibt?

Beecher's Handmade Cheese ESSEN
(www.beechershandmadecheese.com; 1600 Pike Pl; ⏲9–18 Uhr) Selbstgebrautes Bier, selbstgerösteter Kaffee…. Und jetzt gibt's in Seattle auch handgemachten Käse, bei dessen Herstellung man in dem immer rappelvollen Laden am Pike Pl zuschauen kann. Natürlich kann man dort auch alles kaufen, was irgendwie mit Käse zu tun hat. Unbedingt probieren sollte man den wunderbaren, hausgemachten Makkaroniauflauf.

Babeland SEXSPIELZEUG
(www.babeland.com; 707 E Pike St; ⏲Mo–Sa 11–22, So 12–19 Uhr) Wie war das mit den rosa Plüschhandschellen oder dem gläsernen Dildo, nach dem man schon überall gesucht hat? Die Suche hat ein Ende.

Holy Cow Records MUSIK
(1501 Pike Pl, Suite 325; ⏲Mo–Sa 10–22, So 10–19 Uhr) In dem Musiktempel auf dem Pike Place Market hält man endlich wieder die gute alte Vinyl-Schallplatte in Händen. Wahrscheinlich findet man hier auch diese eine, seltene Single von den Psychedelic Furs, der man schon seit 1984 hinterherjagt.

Left Bank Books BÜCHER
(www.leftbankbooks.com; 92 Pike St; ⏲Mo–Sa 10–19, So 11–18 Uhr) Schon seit 35 Jahren bietet dieses Kollektiv Zeitschriften in *español*, revolutionäre Pamphlete, ein Schwarzes Brett unter der Rubrik *fuck authority* und jede Menge Chomsky. Schließlich ist man in Seattle!

Praktische Informationen

Geld

American Express (Amex; 600 Stewart St; ⏲Mo–Fr 8.30–17.30 Uhr)

Travelex-Thomas Cook Currency Services Flughafen (⏲6–20 Uhr); Westlake Center (400

Pine St, Level 3; ⌚Mo–Sa 9.30–18, So 11–17 Uhr) Die Filiale am Flughafen befindet sich im Haupttermina hinter dem Delta-Schalter.

Infos im Internet

Seattle's Convention and Visitors Bureau (www.visitseattle.org)

Seattlest (www.seattlest.com) Der Blog verrät, was in und um Seattle alles los ist.

Internetzugang

Seattle ist die Stadt der Computerfreaks, und so gibt's praktisch in jeder Bar und jedem Café sowie in den meisten Hotels kostenloses WLAN.

Cyber-Dogs (909 Pike St; erste 20 Min. kostenlos, danach 6 US$/Std.; ⌚10–24 Uhr) Alles in einem: Imbissbude mit vegetarischen Hotdogs (2–5 US$/Stück), Espressobar, Internetcafé, Kontaktbörse und Jugendtreff.

Online Coffee Company (www.onlinecoffeeco.com; erste 30 Min. kostenlos, danach 1 US$/Std.; ⌚7.30–24 Uhr) Olive Way (1720 E Olive Way); Pine St (1404 E Pine St) Das Café im Olive Way ist in einem gemütlichen, ehemaligen Wohnhaus untergebracht, die Filiale in der Pine St ist eher zweckmäßig und nüchtern. Studenten surfen die erste Stunde kostenlos.

Medien

KEXP 90.3 FM Legendärer Sender für Indie-Musik und Soziales.

Seattle Times (www.seattletimes.com) Die größte Tageszeitung des Staates Washington.

Seattle Weekly (www.seattleweekly.com) Kostenlose Wochenzeitung mit Nachrichten und Veranstaltungskalender.

The Stranger (www.thestranger.com) Respektlose Wochenzeitung, die von Dan Savage, dem Begründer der Sex-Kolumne „Savage Love", herausgegeben wird.

Notfall & Medizinische Versorgung

45th St Community Clinic (☎206-633-3350; 1629 N 45th St, Wallingford) Ärztliche und zahnärztliche Versorgung.

Harborview Medical Center (☎206-731-3000; 325 9th Ave) Medizinische Rundumversorgung mit Notaufnahme.

Polizei (☎206-625-5011)

Seattle Rape Relief (☎206-632-7273) für Opfer von Vergewaltigungen.

Washington State Patrol (☎425-649-4370)

Post

Post (301 Union St; ⌚Mo–Fr 8.30–17.30 Uhr)

Touristeninformation

Seattle Convention & Visitors Bureau (www.visitseattle.org; Ecke 7th Ave & Pike St; ⌚Mo–Fr 9–17 Uhr) Das Büro im Washington State Convention and Trade Center ist von Juni bis August auch am Wochenende geöffnet.

An- & Weiterreise

Bus

Die Busse des **Bellair Airporter Shuttle** (www.airporter.com) verkehren täglich zwischen Seattle, dem Sea-Tac-Flughafen, Ellensburg, Yakima, Anacortes und Bellingham. Die Plätze müsse im Voraus gebucht werden.

Greyhound (www.greyhound.com; 811 Stewart St; ⌚6–24 Uhr) fährt von Seattle in fast alle Städte der USA, z. B. nach Chicago (einfache Strecke 206 US$, 2 Tage, 3-mal tgl.), Spokane in Washington (74 US$, 5–7 Std., 3-mal tgl.), San Francisco (89 US$, 20 Std., 4-mal tgl.) und auch nach Vancouver in British Columbia, Kanada (28 US$, 3–4 Std., 6-mal tgl.).

Viel bequemer reist man in den tollen Bussen von **Quick Shuttle** (www.quickcoach.com), die sogar kostenloses WLAN an Bord haben. Sie fahren fünfmal täglich vom Sea-Tac Airport die I-5 entlang nach Central Vancouver in British Columbia, wobei sie Zwischenstopps in der Innenstadt von Seattle (beim Best Western Executive Inn, 200 Taylor Ave N), am Flughafen von Bellingham und am Flughafen von Vancouver einlegen.

Flugzeug

Der **Seattle-Tacoma International Airport** (SEA; www.portseattle.org/seatac) oder kurz „Sea-Tac" liegt 13 Meilen (21 km) südlich von Seattle an der I-5. Von hier starten täglich Flieger nach Europa, Asien, Mexiko und zu vielen Zielen in den USA und Kanada. Die häufigsten Verbindungen bestehen nach Portland in Oregon und Vancouver in British Columbia.

Schiff/Fähre

Victoria Clipper (www.victoriaclipper.com) fährt mit mehreren schnellen Passagierfähren nach Victoria in British Columbia und zu den San Juan Islands. Außerdem werden Pauschaltouren angeboten, die man im Voraus per Internet buchen muss. Die Fähren von Seattle nach Victoria verkehren bis zu sechsmal täglich (Hin- & Rückfahrt Erw./Kind 147/73 US$).

Auf der Website der **Washington State Ferries** (www.wsdot.wa.gov/ferries) findet man Landkarten, Preise, Fahrpläne, Routenplaner und Wettervorhersagen sowie die voraussichtlichen Wartezeiten für die beliebteren Strecken. Der Fahrpreis richtet sich nach der zurückgelegten Strecke, der Größe des Fahrzeugs und die Fahrtdauer. Je nach Abfahrtshafen ist der Preis für die einfache Strecke oder für die Hin- und Rückfahrt zu entrichten.

Zug

Amtrak-Züge (www.amtrak.com) fahren zur **King Street Station** (303 S Jackson St; ⌚6–

22.30 Uhr, Fahrkartenschalter 6.15–20 Uhr). Die drei wichtigsten Züge sind der *Amtrak Cascades* (von Vancouver über Seattle nach Portland und Eugene), der landschaftlich wirklich reizvolle *Coast Starlight* (von Seattle nach Oakland und Los Angeles) und die Strecke des *Empire Builder* (der quer über den Kontinent nach Chicago rollt).

Chicago, IL ab 205 US$, 46 Std., tgl.

Oakland, CA 154 US$, 23 Std., tgl.

Portland, OR 31 US$, 3–4 Std., 5-mal tgl.

Vancouver, BC 38 US$, 3–4 Std., 5-mal tgl.

Unterwegs vor Ort

Auto & Motorrad

Das in einem schmalen Korridor zwischen Bergen und Meer eingeklemmte Seattle ist ein verkehrstechnisches Nadelöhr und für seine horrenden Staus berüchtigt. Auf der I-5 ist eine Fahrbahn für Autos mit mindestens zwei Insassen reserviert. Am besten vermeidet man die hier sehr lange andauernde Hauptverkehrszeit.

Vom/Zum Flughafen

Es gibt mehrere Möglichkeiten, die 13 Meilen (21 km) vom Flughafen in die Innenstadt von Seattle zurückzulegen. Am schnellsten und günstigsten ist es mit der neuen Straßenbahn von Sound Transit.

Der **Airport Express** (www.graylineseattle.com) von Gray Line holt die Passagiere auf dem Parkplatz vor Eingang 00 am südlichen Ende der Gepäckausgabe ab und bringt sie zu einem von acht Hotels in der Innenstadt (einfache Strecke 11–15 US$).

Taxis und Kleinbusse (35–40 US$) warten beim Parkhaus auf der 3. Etage. Die Schalter der Autovermietungen befinden sich im Bereich der Gepäckausgabe.

Öffentliche Verkehrsmittel

Der Stadtbusverkehr wird von **Metro Transit** (www.transit.metrokc.gov) betrieben, das zum King County Department of Transportation gehört. Eine Fahrt kostet zwischen 2 und 2,75 US$. Innerhalb des Stadtkerns, der von Bell St, 6th Ave, I-5 und S King St begrenzt wird, ist das Busfahren kostenlos.

Die erst vor Kurzem in Betrieb genommene Straßenbahn **Seattle Street Car** (www.seattlestreetcar.org) verkehrt auf einer gut 4 km langen Strecke vom Westlake Center nach Lake Union. An den elf Haltestellen an der Strecke hat man Anschluss an die verschiedenen Buslinien.

Die ebenfalls brandneue Straßenbahn von **Sound Transit** (www.soundtransit.org) fährt von 5 Uhr morgens bis Mitternacht alle 15 Minuten vom Sea-Tac Airport in die Innenstadt (Westlake Center). Die Fahrt dauert 36 Minuten und kostet 2,50 US$. Weitere Haltestellen sind in Pioneer Square und im International District.

Taxi

Die Taxifahrer in Seattle müssen alle denselben Fahrpreis verlangen, der von der Bezirksverwaltung festgelegt wird. Zum Zeitpunkt der Recherche betrug der Grundpreis 2,50 US$ und jede Meile kostete ebenfalls 2,50 US$.

Orange Cab Co (☎206-444-0409; www.orangecab.net)

Yellow Cab (☎206-622-6500; www.yellowtaxi.net)

Rund um Seattle

OLYMPIA

Klein, aber oho: Die Hauptstadt des Bundesstaates Washington ist eine energiegeladene Hochburg der Musik, Politik und Outdooraktivitäten, deren Bedeutung weit über ihre bescheidene Größe mit gerade einmal 46 480 Einwohnern hinausgeht. Straßenmusikanten geben in der 4th Ave akustischen Grunge zum Besten, adrett gekleidete Beamte marschieren über den prächtigen Campus des Regierungsgebäudes, in Goretex gewandete Frischluftfanatiker legen einen Stopp in der Stadt ein, bevor sie sich ins unwegsame Gelände der Olympic Mountains aufmachen. Trotz des Namens aus der griechischen Antike ist das kreative, innovative Olympia alles andere als klassisch oder gewöhnlich. Das progressive Evergreen State College, an dem u. a. Matt Groening, der Schöpfer der *Simpsons*, studiert hat, sorgt seit Langem für die künstlerische Ausrichtung der Stadt, während die Kellerkneipen und Läden für gebrauchte Gitarren in der Innenstadt einst der Nährboden für den Grunge und die Riot-grrrl-Bewegung waren.

Sehenswertes & Aktivitäten

GRATIS **Washington State Capitol** WAHRZEICHEN

(8–16.30 Uhr) Das Parlamentsgebäude, das sich wie ein riesiger griechischer Tempel über dem Capitol Lake erhebt, ist das dominierende Wahrzeichen der Stadt. Es steht mitten in einem 12 ha großen Park, dem „Campus". Die Fassade des prachtvollen **Legislative Building** mit Baujahr 1927 besteht aus hübschen schlanken griechischen Säulen, das Innere ist ganz mit glänzendem Marmor verkleidet. Mit der 87 m hohen Kuppel ist dieses Kapitol nur wenig kleiner als sein Namensvetter in Washington, D.C. Es werden kostenlose Führungen durchs Gebäude angeboten.

State Capital Museum MUSEUM
(211 W 21st Ave; Eintritt 2 US$; ⏲Di–Fr 10–16, Sa 12–16 Uhr) Das Hauptstadtmuseum dokumentiert die Geschichte des Bundesstaates Washington von den Nisqually-Indianern bis zum heutigen Tag.

Olympia Farmers Market MARKT
(⏲April–Okt. Do–So 10–15 Uhr, Nov,–Dez. Sa & So 10–15 Uhr) Der Markt am nördlichen Ende des Capitol Way ist einer der besten Märkte in Washington. Hier gibt's frisches Obst und Gemüse aus der Region, Kunsthandwerk und Livemusik.

Schlafen & Essen

Phoenix Inn Suites HOTEL $
(☎360-570-0555; 415 Capitol Way N; EZ/DZ 99/109 US$;) Das exklusivste Hotel der Stadt ist schick, professionell und bestens auf anspruchsvolle Regierungsbeamte eingestellt.

Batdorf & Bronson CAFÉ $
(Capitol Way S; ⏲Mo–Fr 6–19, Sa & So 7–18 Uhr) Der ethisch einwandfreie Kaffee aus der örtlichen Rösterei ist der bekannteste und berühmteste der Stadt. Die neuesten Kaffeemischungen kann man nicht nur im Café in der Innenstadt genießen, sondern auch im beliebten **Tasting Room** (200 Market St NE; ⏲ Mi–So 9–16 Uhr) des Unternehmens probieren und kaufen.

LP TIPP **Oyster House** SEAFOOD $$
(320 W 4th Ave; Abendessen mit Meeresfrüchten 15–20 US$; ⏲So–Do 11–23, Fr & Sa 11–24 Uhr) Das berühmteste Restaurant Olympias hat sich auf die berühmteste Delikatesse der Gegend spezialisiert, die „Olympia-Auster". Am besten schmeckt sie gebraten und mit etwas Käse und Spinat verfeinert.

Spar Bar Café CAFÉ $
(www.mcmenamins.com; 114 4th Ave E; Frühstück 4–5 US$, Mittagessen 5–8 US$; ⏲7–21 Uhr) Zu dem von den McMenimans geführten gemütlichen Café der alten Schule gehört auch eine Bar und ein Zigarrenladen. Das superschnelle Personal serviert gutes Bier und klassische Hausmannskost.

Ausgehen

Die quicklebendige Musikszene schlägt noch immer hohe Wellen in der 4th Ave, sei es in der modernisierten **4th Avenue Tavern** (210 4th Ave E) oder im graffitiverzierten **Le Voyeur** (404 4th Ave E), einer veganerfreundlichen Anarcho-Kneipe mit einem Straßenmusikanten als Türsteher.

ℹ Praktische Informationen

Im **State Capitol Visitor Center** (Ecke 14th Ave & Capitol Way) gibt's Infos zum State Capitol Campus, der Umgebung von Olympia und dem ganzen Staat Washington.

Olympic Peninsula

Die abgelegene, an drei Seiten vom Meer umspülte Olympic Peninsula ähnelt eher einer ausgewachsenen Insel als einer Halbinsel. Sie ist so „wild" und „westlich" wie Amerika nur sein kann. Dass es hier keine Cowboys gibt, wird durch eine seltene, vom Aussterben bedrohte Tier- und Pflanzenwelt und einen dichten Urwald wettgemacht. Etwa die Hälfte der Halbinsel gehört zum bekanntermaßen feuchten Olympic National Park. Die Küstengebiete befinden sich größtenteils in den Händen der Holzindustrie und der amerikanischen Ureinwohner. Hier gibt's ein paar vereinzelte kleine, aber interessante Siedlungen wie beispielsweise Port Townsend zu sehen. Im Westen, dem abgeschiedenen Ende der *lower 48 states*, treffen der tosende Ozean und der neblige Regenwald mit seinen uralten Bäumen in feuchter Harmonie aufeinander.

OLYMPIC NATIONAL PARK

1909 wurde der 3600 km² große **Olympic National Park** (www.nps.gov/olym) zum Naturschutzgebiet, 1938 zum Nationalpark erklärt. Er umfast einen einzigartigen gemäßigten Regenwald und einen fast 92 km langen, rauen Küstenstreifen, der erst 1953 in den Nationalpark eingegliedert wurde und eine der letzten großen Wildnisregionen Nordamerikas ist. Die Möglichkeiten, die Gegend auf eigene Faust zu entdecken, sind nahezu unbegrenzt. Und natürlich steht auch sportliche Betätigung hoch im Kurs: Man kann wandern, angeln, Kajak fahren und Ski laufen.

OSTEINGÄNGE

Die unbefestigte Dosewallips River Rd folgt ab der US 101 (Abzweigung 1 km nördlich des Dosewallips State Park) über 15 Meilen (24 km) dem Lauf des Flusses bis zur **Dosewallips Ranger Station**, an der die Wanderwege beginnen; Infos über den Straßenzustand gibt's unter ☎360-565-3130. Auch wenn man nur eine kurze Tour auf einem der beiden langen Wanderwege plant, lohnt sich ein Ausflug ins Tal, nicht zuletzt wegen der eindrucksvollen Sicht auf die Gletscher des **Mt. Anderson**. Ein weiterer Parkzugang für Wanderer im Osten ist die **Staircase Ranger Station** (☎360-877-5569; ⏰Mai–Sept.) am Rand des Nationalparks. Von Hoodsport aus sind es 15 Meilen (24 km) auf der US 101 dorthin. Bei Campern sehr beliebt sind die beiden State Parks am Ostrand des Nationalparks: der **Dosewallips State Park** (☎888-226-7688; Stellplatz Zelt/Wohnmobil 21/28 US$) und der **Lake Cushman State Park** (☎888-226-7688; Stellplatz Zelt/Wohnmobil 22/28 US$). Beide haben fließendes Wasser, Toiletten und ein paar Stromanschlüsse. Eine Platzreservierung ist möglich.

NORDEINGÄNGE

Der am leichtesten zu erreichende und folglich beliebteste Eingang findet sich beim **Hurricane Ridge** 29 km südlich von Port Angeles. Am Straßenende steht ein Informationszentrum, von dem aus man den Mt. Olympus (2427 m) und Dutzende anderer Berggipfel erspähen kann. In einer Höhe von 1585 m muss man auf schlechtes Wetter und (wie der Name schon sagt) starken Wind gefasst sein. Im Sommer bieten sich zahlreiche Trekking- und Wandermöglichkeiten. In den USA gibt's nur zwei Nationalparks, in denen man Ski fahren kann. Einer von ihnen ist dieser hier. Die Anlagen werden von dem kleinen, familienfreundlichen Unternehmen **Hurricane Ridge Ski & Snowboard Area** (www.hurricaneridge.com) betrieben.

Gleichermaßen beliebt bei Bootsbesitzern und Anglern ist der **Lake Crescent**, an dem auch die älteste **Lodge** (☎360-928-3211; www.olympicnationalparks.com; 416 Lake Crescent Rd; Zi. in Lodge mit Gemeinschaftsbad 76 US$, Cottage 142-224 US$; ⏰Mai–Okt.; P❄📶) steht. Die Preise sind recht annehmbar. In dem umweltbewusst geführten Restaurant der Lodge werden opulente und köstliche Gerichte serviert. Von der **Storm King Information Station** (☎360-928-3380; ⏰Mai–Sept.) am Südufer des Sees windet sich ein 1,6 km langer Wanderweg durch uralten Wald zu den Marymere Falls hinauf. Am Sol Duc River findet sich das **Sol Duc Hot Springs Resort** (☎360-327-3583; www.northolympic.com/solduc; 12076 Sol Duc Hot Springs Rd, Port Angeles; Stellplatz Wohnmobil 33 US$, Zi. 131–189 US$; ⏰Ende März–Okt.; ❄🏊), das Kost und Logis, Massagen und natürlich auch ein Thermalbad (Erw./Kind 10/7,50 US$) anbietet. Von hier aus kann man wunderschöne Tagesausflüge unternehmen.

WESTEINGÄNGE

Die dem Pazifik zugewandte Seite der Olympics ist allein schon durch die bloße Entfernung weit ab vom Schuss. Das Gebiet, das eines der regenreichsten Mikroklimata der USA aufweist, ist die raueste Ecke der Halbinsel. Nur über die US 101 erreicht man die wunderbar gemäßigten Regenwälder und die schroffe Küste. Der **Hoh River Rainforest** am Ende der 19 Meilen (30 km) langen Hoh River Rd ist ein Tolkien'sches Labyrinth mit tropfenden Farnen und moosbedeckten Bäumen. Beim **Hoh Visitor Center and Campground** (☎360-374-6925; Stellplatz 12 US$; ⏰Juli & Aug. 9–18 Uhr, Sept.–Juni 9–16.30 Uhr) erfährt man alles über das komplexe, empfindliche Ökosystem. Und natürlich bekommt man hier auch Infos über geführte Touren und längere Wanderungen durch die Gegend. Auf dem Campingplatz befinden sich weder Stromanschlüsse noch Duschen. Keine Reservierung möglich.

Etwas weiter südlich wird der **Lake Quinault**, ein wunderschöner Gletschersee, von bewaldeten Gipfeln umgeben. Hier wird gern geangelt, Boot gefahren und geschwommen. Außerdem stehen an seinem Ufer einige der ältesten Bäume Amerikas.

Die **Lake Quinault Lodge** (☎360-288-2900; www.visitlakequinault.com; 345 S Shore Rd; Zi. in Lodge 134–167 US$, Hütte 125–243 US$; ❄🏊📶) ist ein „Parkitecture"-Klassiker aus den 1920er-Jahren. Die Luxusherberge punktet mit einem beheizten Pool, einer Sauna, einem knisternden Kamin und einem unvergesslichen Speisesaal, in dem zum Frühstück köstliche Süßkartoffel-Pancakes serviert werden. Eine preiswertere Übernachtungsmöglichkeit in der Nähe ist das superfreundliche **Quinault River Inn** (☎360-288-2237; www.quinaultriverinn.com; 8 River Dr; Zi. 75-115 US$; P❄📶) im Amanda Park, das besonders bei Anglern äußerst beliebt ist.

Direkt an der Lake Quinault Lodge beginnen einige kurze Wanderwege. An der Graves Creek Ranger Station am Ende der South Shore Rd beginnt der längere **Enchanted Valley Trail**, ein mittelschwerer, knapp 21 km langer Weg, der hinauf zu einer großen Wiese mit Wildblumen und Erlenwäldchen führt.

ℹ Praktische Informationen

Der Eintritt in den Park kostet 5/15 US$ pro Person/Fahrzeug. Das Ticket ist an jedem Parkeingang erhältlich und gilt eine Woche lang. Viele Besucherzentren im Park sind zugleich die Rangerstationen des United States Forestry Service (USFS), die die Campinggenehmigungen ausstellen (für bis zu 14 Tagen 5 US$/Gruppe plus 2 US$/Pers. & Nacht).

Forks Visitor Information Center (1411 S Forks Ave, Forks; ⌚10–16 Uhr) bietet Vorschläge für Touren und Wanderungen sowie weitere Infos je nach Saison.

Olympic National Park Visitor Center (3002 Mt Angeles Rd, Port Angeles; ⌚9–17 Uhr) Das beste Besucherzentrum überhaupt befindet sich beim Eingang Hurricane Ridge in der Nähe von Port Angeles, 1 Meile (1,6 km) vom Hwy 101 entfernt.

Wilderness Information Center (3002 Mt Angeles Rd, Port Angeles; ⌚Mai-Sept. So–Do 7.30–18, Fr & Sa 7.30–20 Uhr, Okt.-April tgl. 8–16.30 Uhr) Die Touristeninformation direkt hinter dem Visitor Center bietet Karten, Genehmigungen und Infos über Wanderwege.

PORT TOWNSEND

Historisch Interessantes ist im Nordwesten kaum zu finden. Umso faszinierender ist daher das Städtchen Port Townsend, in dem die Zeit scheinbar stehengeblieben ist. Der kleine, nostalgische Ort mit der lebendigen Kulturszene ist ein Musterbeispiel der viktorianischen Architektur der 1890er-Jahre, das „New York des Wilden Westens, das es niemals gab". Die früher boomende Stadt war Anfang des 20. Jhs. pleite und wurde erst 70 Jahre später von einer Gruppe vorausschauender Einheimischer wieder zum Leben erweckt. Heute ist Port Townsend eine dynamische Mischung aus innovativen Restaurants, eleganten Hotels im Stil des Fin de siècle und schrägen Festivals.

Sehenswertes

Jefferson County Historical Society Museum MUSEUM
(210 Madison St; Erw./Kind unter 12 Jahren 4/1 US$; ⌚März–Dez. 11–16 Uhr) Das sehr gepflegte, von der historischen Gesellschaft der Stadt unterhaltene Museum erläutert ausführlich den Aufstieg, Fall und zweiten Anlauf der bezaubernden Hafenstadt. Zu sehen sind auch die originalgetreuen Nachbildungen eines Gerichtssaals und einer Gefängniszelle des 19. Jhs.

Fort Worden State Park PARK
(www.parks.wa.gov/fortworden; 200 Battery Way; ⌚April–Okt. 6.30 Uhr–Sonnenuntergang, Nov.–März 8.00 Uhr–Sonnenuntergang) In dem interessanten Park, der sich im Stadtgebiet von Port Townsend befindet, sind die Überreste einer großen Befestigungsanlage aus den 1890er-Jahren zu sehen. Das weitläufige Gelände und die verschiedenen historischen Gebäude wurden in den vergangenen Jahren in einen Natur- und Geschichtspark mit Wohnungen und Hotels umgewandelt. Das herrschaftliche **Commanding Officer's Quarters** (Eintritt 4 US$; ⌚Juni–Aug. 10–17 Uhr, März–Mai & Sept.–Okt. Sa & So 13–16 Uhr), ein Wohnhaus mit zwölf Schlafzimmern, kann im Rahmen einer Führung besichtigt werden. In einer ehemaligen Kaserne ist heute das **Puget Sound Coast Artillery Museum** (Eintritt 2 US$; ⌚Di–So 11–16 Uhr) untergebracht, das die Geschichte der Befestigungsanlagen an der Pazifikküste erläutert.

Rund um die Landspitze kann man zum Leuchtturm der **Point Wilson Lighthouse Station** und den wundervollen, windgepeitschten Stränden wandern.

Schlafen

Palace Hotel HISTORISCHES HOTEL $
(☎360-385-0773; www.palacehotelpt.com; 1004 Water St;Zi. 59–109 US$; ❄📶) Das schöne, 1889 errichtete viktorianische Gebäude war einst ein Bordell, das die berühmt-berüchtigte Madame Marie von ihrer Suite in einer Ecke des 2. Stocks aus leitete. Von dieser anrüchigen Vergangenheit ist in dem hübschen, historischen Hotel mit antikem Mobiliar und altmodischen Badewannen mit Klauenfüßen nichts mehr zu spüren.

Manresa Castle HISTORISCHES HOTEL $$
(☎360-385-5750; www.manresacastle.com; Ecke 7th St & Sheridan St; DZ & Suite 109–169 US$) Das schlossähnliche Herrenhaus mit 40 Zimmern, das der erste Bürgermeister der Stadt errichten ließ, steht auf einer Klippe über dem Hafen. Anscheinend soll es dort spuken. Die altmodischen Zimmer mögen etwas spartanisch sein, aber in dieser grandiosen Umgebung zählt doch nur der alles durchdringende Hauch der Geschichte, oder?

Essen

LP TIPP **Waterfront Pizza** PIZZERIA $
(951 Water St; große Pizza 11–19 US$) Die wohl beste Pizza in ganz Washington wird auch stückweise verkauft. Der knusprige Boden und kreative Belag wird selbst den anspruchsvollsten Feinschmecker zufriedenstellen.

Salal Café FRÜHSTÜCK $
(634 Water St; Frühstück 7–8 US$, Mittagessen 8–9 US$; ⌚7–14 Uhr) Eier, Eier und nochmals

Eier. Ob Rührei, pochiertes Ei, Frittata, Burrito mit Ei oder Omelett – beim entspannten Frühstück oder schnellen Mittagessen kann man alle erdenklichen Variationen probieren.

Praktische Informationen

Im **Visitor Center** (www.ptchamber.org; 2437 E Sims Way; ⌚Mo–Fr 9–17, Sa & So 9–16 Uhr) erfährt man alles über das Auf und Ab in der wechselvollen Geschichte der Stadt.

An- & Weiterreise

Von Seattle kann man mit Fähre und Bus (erst mit Bus 90, dann in Bus 7 umsteigen) über Bainbridge Island und Poulsbo nach Port Townsend fahren. Die Fähren von **Washington State Ferries** (www.wsdot.wa.gov/ferries) verkehren zwischen Port Townsend und Keystone auf Whidbey Island (11,70 US$/2,75 US$ pro Auto & Fahrer/Pers., 35 Min.).

PORT ANGELES

Trotz des Namens hat Port Angeles weder etwas Spanisches noch Engelsgleiches an sich. Die Hafenstadt am Fuß der steilen Olympic Mountains ist geprägt von der Holzfällerindustrie. Besucher kommen auch eher nicht wegen der Stadt hierher, sondern um mit der Fähre nach Victoria in British Columbia überzusetzen oder einen Ausflug in den nahen Olympic National Park zu unternehmen. Das **Visitor Center** (121 E Railroad Ave; ⌚Mai–Okt. 8–20 Uhr, Nov.–April 10–16 Uhr) ist direkt neben dem Fährhafen. Infos über den Nationalpark gibt's beim **Olympic National Park Visitor Center** (3002 Mt Angeles Rd, Port Angeles; ⌚9–17 Uhr), das sich etwas außerhalb der Stadt befindet.

Der **Olympic Discovery Trail** (www.olympicdiscoverytrail.com) ist ein 48 km langer Rad- und Wanderweg, der durch unwegsames Gelände von Port Angeles nach Sequim führt. Der Einstieg ist am Ende des **Ediz Hook**, der Sandbank, die sich rund um die Bucht erstreckt. Fahrräder können bei **Sound Bikes & Kayaks** (www.soundbikekayaks.com; 120 Front St; Leihgebühr Fahrrad 9/30 US$ pro Std./Tag) ausgeliehen werden.

Eindeutig die gemütlichste Unterkunft in Port Angeles ist die **Olympic Lodge** (☎360-452-2993; www.olympiclodge.com; 140 Del Guzzi Drive; Zi. ab 119 US$; ❄@🛜≋) mit Swimmingpool und hoteleigenem Bistro. Die blitzblanken Zimmer sehen aus wie neu, Kekse und Milch gibt's kostenlos.

Das **Bella Italia** (118 E 1st St; Hauptgerichte 12–20 US$; ⌚ab 16 Uhr) gibt's natürlich schon wesentlich länger als die *Twilight*-Romane, doch seit das Restaurant als Schauplatz des ersten Treffens von Bella und Edward Cullen diente, ist aus dem vorher schon beliebten Lokal eine Pilgerstätte geworden. Dennoch sind die Linguine mit Venusmuscheln, das Hühnchen in Marsala und die geräucherte Entenbrust nach wie vor ausgezeichnet. Und man hat immer noch die Wahl zwischen 500 auserlesenen Weinen.

Die Fähren von **Coho Vehicle Ferry** (www.cohoferry.com; 15,50/55 US$ pro Pers./Auto) verkehren zwischen Port Angeles und Victoria in British Columbia. Die Überfahrt dauert anderthalb Stunden. Zweimal täglich fährt ein Bus von **Olympic Bus Lines** (www.olympicbuslines.com) nach Seattle (39 US$). Abfahrt ist am Busbahnhof an der Ecke Oak St und Front St. Die Busse von **Clallam Transit** (www.clallamtransit.com) fahren nach Forks und Sequim. Dort kann man in andere Busse des Unternehmens umsteigen, die Ziele auf der ganzen Olympic Peninsula ansteuern.

DER NORDWESTEN DER HALBINSEL

In der äußersten nordwestlichen Ecke gibt's zahlreiche Indianerreservate, in denen Besucher mit dem angemessenen Respekt gegenüber den dortigen Menschen willkommen sind. Das am Hwy 112 gelegene Örtchen Neah Bay mit seinen verwitterten Booten und hohen Totempfählen erlitt einen harten Schlag durch die industrielle Lachsfischerei. Hier sind die Makah-Indianer zu Hause (**Makah Indian Reservation**). In deren **Makah Museum** (1880 Bayview Ave; Eintritt 5 US$; ⌚10–17 Uhr) können Kunstgegenstände besichtigt werden, die zu den bedeutendsten archäologischen Funden Nordamerikas gehören. Die durch die Gezeiten bedingte Erosion hat 1970 in dem 500 Jahre alten Makah-Dorf Ozette Schätze von unglaublichem historischem Wert zu Tage befördert: Waffen, die für den Walfang benutzt wurden, Kanus, Speere und Kämme. 7 Meilen (11 km) weiter führt ein kurzer Pfad zum **Cape Flattery**, einem 100 m ins Meer hinausragenden Kap, das den nordwestlichsten Punkt der *lower 48 states* bildet.

Ganz in der Nähe des Hoh River Rainforest und der Küste der Olympic Peninsula liegt der Ort **Forks** (s. Kasten S. 409), der jetzt vor allem wegen *Twilight* berühmt ist. Hier kann man gut im netten **Forks Motel** (☎360-374-6243; www.forksmotel.com; 432 S Forks Ave; EZ/DZ 65/70 US$; ❄≋🛜) übernachten. Die Zimmer haben eine Koch-

IM TWILIGHT-FIEBER

Bis 2003 war der kleine Holzfällerort Forks am Hwy 101 nur ein winziger Punkt auf der Karte des Staates Washington. Doch dann erschien der erste Roman der mittlerweile weltberühmten *Twilight*-Saga. Die Autorin Stephenie Meyer, Amerikas Antwort auf J. K. Rowling, war zwar selbst nie in Forks, erkor es aber zum Schauplatz der düsteren Liebesgeschichte von Bella Swan und ihrem Vampir. Seitdem schlägt die Stadt kräftig Kapital aus ihrem unverhofften literarischen Ruhm. Nachdem 2008 auch der erste *Twilight*-Film in die Kinos kam, nahm der Tourismus in Forks um 600 % zu. Tausende von kichernden, weiblichen Teenies fallen mit großen Augen in den Ort ein, um ernüchtert festzustellen, was Forks wirklich ist – eine sterbenslangweilige (und verregnete) Kleinstadt.

Etwas mehr Biss musste her, und so wurde im November 2008 das Unternehmen **Dazzled by Twilight** (www.dazzledbytwilight.com; 11 N Forks Ave; ⌚10–18 Uhr) gegründet, das neben einem Online-Shop auch zwei Geschäfte mit *Twilight*-Souvenirs und Fan-Artikeln in Forks und Port Angeles sowie die **Twilight Lounge** (81 N Forks Ave) in Forks betreibt. Im Untergeschoss der Lounge befindet sich ein Restaurant, im Obergeschoss eine Musikkneipe, in der regelmäßig Bands auftreten und jeden Samstagabend grauenvolles Teenie-Karaoke stattfindet (17–20 Uhr). Außerdem werden täglich vier **Twilight-Touren** (Erw./Kind 39/25 US$; ⌚8, 11.30, 15 & 18 Uhr) angeboten, bei denen die meisten Schauplätze der Romane abgeklappert werden. Höhepunkte sind die Forks High School, die Reviergrenze zwischen Vampiren und Wölfen (*Treaty Line*) beim nahe gelegenen Rivers Resort und ein Ausflug in den winzigen Küstenort La Push.

nische, es gibt einen kleinen Pool und einen herzlichen Empfang.

Nordwest-Washington

Der zwischen Seattle, den Cascades und Kanada eingezwängte Nordwesten des Staates Washington ist von allen drei Regionen geprägt. Urbaner Mittelpunkt ist die College-Stadt Bellingham, das Outdoor-Highlight sind die zahlreichen Inseln der idyllischen San Juan Islands, die wie ein Bild aus längst vergangenen Tagen wirkt. Ebenso grün, aber leichter zu erreichen ist Whidbey Island, auf dem sich der wunderbare Deception Pass State Park und das malerische Austernfischerdorf Coupeville befinden. Drehkreuz des Fährverkehrs zu den San Juan Islands und nach Victoria in British Columbia ist die Hafenstadt Anacortes auf Fidalgo Island, die über eine Brücke mit dem Festland verbunden ist. Wenn die Fähre Verspätung hat, kann man im weitläufigen Washington Park spazieren gehen oder heimischen Heilbutt mit Pommes in einem der ausgezeichneten Restaurants der Innenstadt probieren.

WHIDBEY ISLAND

Whidbey Island ist eine idyllische, üppig grüne Insel, auf der sich die Einwohner von Seattle besonders gern vom Stress der Großstadt erholen. Die Insel ist zwar nicht so individualistisch und isoliert wie die San Juan Islands, denn eine Brücke ganz im Norden verbindet sie mit der Nachbarinsel Fidalgo Island, doch das Leben ist hier noch um einiges gemächlicher, ruhiger und ländlicher als in der Stadt. Die Insel punktet mit sechs State Parks, zwei historischen Fischerdörfern (Langley und Coupeville), unzähligen B&Bs, legendär guten Venusmuscheln und einer blühenden Künstlergemeinde.

Der **Deception Pass State Park** (☎360-675-2417; 41229 N State Hwy 20), der sich zu beiden Seiten der namensgebenden, steil abfallenden Wasserstraße zwischen den Inseln Whidbey und Fidalgo erstreckt, bietet Seen, Inseln, Campingplätze und Wanderwege in einer Gesamtlänge von 43 km.

Zwei weitere Staatsparks erstrecken sich auf dem Gebiet des 70 km² großen **Ebey's Landing National Historical Reserve** (www.nps.gov/ebla; Eintritt frei; ⌚Mitte Okt.–März 8–17 Uhr, April–Mitte Okt. 6.30–22 Uhr), zu dem auch bewirtschaftete Farmen, windgeschützte Strände und die Stadt **Coupeville** gehören. Der kleine Ort mit der hübschen Strandpromenade, Antiquitätenläden und einer Reihe traditioneller Gasthöfe gehört zu den ältesten Städten Washingtons. Das

Coupeville Inn (☎800-247-6162; www.thecoupevilleinn.com; 200 Coveland St; Zi. mit/ohne Balkon 140/105 US$;) bezeichnet sich selbst als „Motel im französischen Stil" – eigentlich ein Widerspruch in sich. Das Mobiliar ist ziemlich ausgefallen, das Frühstück sehr herzhaft. Die berühmten, vor Ort frisch geernteten Venusmuscheln werden in **Christopher's** Restaurant (www.christophersonwhidbey.com; 103 NW Coveland St; Hauptgerichte 17–26 US$) zu spannenden, modernen und sehr kreativen Gerichten verarbeitet, die in riesigen Portionen serviert werden.

Washington State Ferries (www.wsdot.wa.gov/ferries) verkehrt zwischen Clinton und Mukilteo (pro Auto & Fahrer/Pers. 9 US$/frei, 20 Min., alle 30 Min.) sowie zwischen Keystone und Port Townsend (pro Auto & Fahrer/Pers. 11,70 US$/2,75 US$, 30 Min., alle 45 Min.). Die kostenlosen **Busse von Island Transit** (www.islandtransit.org) fahren täglich außer sonntags einmal pro Stunde vom Fährhafen Clinton über die gesamte Insel bis an die Nordspitze.

BELLINGHAM

Man könnte meinen, ein nicht ganz so exzentrisches Stück wäre von Portland in Oregon abgebrochen und 400 km weiter nördlich wieder angesetzt worden. Das ist Bellingham, eine entspannte, geografisch und politisch grüne, liberale und äußerst lebenswerte Stadt, in der sich die libertäre, alles tolerierende Einstellung der „Stadt der Rosen" mit einem ganz besonderen Washingtoner Einschlag verbindet. Die „Stadt der gedämpften Begeisterung", wie sie einer ihrer Bürgermeister einmal nannte, hat nicht nur ein mildes Klima, sondern auch eine milde Erscheinung. Hier lebt eine unglaubliche Mischung aus Espresso trinkenden Studenten, ehrwürdigen Ruheständlern, Wind-und-Wetter-Triathleten und Transparente schwingenden Friedensaktivisten. In Zeitschriften wie dem *Outside Magazine* wird Bellingham ständig für das vielfältige Angebot an Outdooraktivitäten gelobt. Kein Wunder, dass Organisationen für Abenteuersport wie das American Alpine Institute hier ihr Basislager haben.

Aktivitäten

Bellingham bietet Outdooraktivitäten in Hülle und Fülle. Der **Whatcom Falls Park** ist eine ursprüngliche Wildnis, die die östlichen Vororte von Bellingham in zwei Teile zerteilt. Auf unterschiedlichen Höhen befinden sich vier Wasserfälle, darunter die **Whirlpool Falls**, die im Sommer ein beliebtes Badebecken bieten. Die recht langen, innerstädtischen Wanderwege führen im Süden bis zum beliebten Larabee State Park, der sich über 4 km entlang an der postindustriellen Uferpromenade von Bellingham erstreckt. **Fairhaven Bike & Mountain Sports** (1103 11th St) verleiht Fahrräder ab 20 US$ pro Tag und bietet ausführliche Infos und Karten zu Radwegen in der Gegend.

Victoria/San Juan Cruises (www.whales.com; 355 Harris Ave) Die Boote zur Walbeobachtung fahren an den San Juan Islands vorbei nach Victoria in British Columbia. Los geht's beim Bellingham Cruise Terminal in Fairhaven.

Schlafen

LP TIPP **Hotel Bellwether** BOUTIQUEHOTEL $$$
(☎360-392-3100; www.hotelbellwether.com; 1 Bellwether Way; Zi. 156–272 US$, Leuchtturm ab 473 US$;) Das beste Hotel mit dem größten Charme befindet sich am sanierten Teil der Uferpromenade. Neben 66 luxuriösen Zimmern im europäischen Stil gibt's auch eine Suite im Leuchtturm nebenan.

Guesthouse Inn MOTEL $
(☎360-671-9600; www.bellinghamvaluinn.com; 805 Lakeway Dr; EZ/DZ 81/91 US$;) Das Geheimnis eines guten Kettenhotels besteht darin, dass es nicht wie ein Kettenhotel wirkt. Den Wahrheitsgehalt dieser Theorie überprüft man am besten in einem der sauberen, sehr persönlichen Zimmer in dem Motel, das direkt an der I-5 liegt und nur 15 Gehminuten von der Innenstadt entfernt ist.

Essen

LP TIPP **Pepper Sisters** MODERN-AMERIKANISCH $$
(www.peppersisters.com; 1055 N State St; Hauptgerichte 9–13 US$; ⌚Di–So ab 17 Uhr;) Von überall her strömen die Leute in dieses Kultrestaurant mit den Sitzecken in hellem Türkis. Die schwer einzuordnende Küche ist am ehesten als „kalifornisch-mexikanisch mit nordwestlichem Einschlag" zu bezeichnen, wie die Quesadillas mit Koriander und Pesto oder die mit blauem Mais gefüllten Paprika zeigen.

Swan Cafe CAFÉ $
(www.communityfood.coop; 220 N Forest St; Gerichte 5–7 US$; ⌚8–21 Uhr;) Das Café mit Feinkostgeschäft, das zur Kooperative *Community Food* gehört, bietet neben fair

gehandelten Bio-Produkten auch einen Einblick in die Genossenschaftsmentalität von Bellingham.

Colophon Café CAFÉ $
(1208 11th St; Hauptgerichte 7–10 US$; ⌚9–22 Uhr) Das sehr beliebte Café im Fairhaven District ist bekannt für afrikanische Erdnusssuppe und Schokotorten mit Brandysahne.

Praktische Informationen

Die **Visitor Info Station** (www.downtownbellingham.com; 1304 Cornwall St; ⌚9–18 Uhr) in der Innenstadt ist die beste Quelle für Infos über Bellingham und Umgebung.

An- & Weiterreise

Die Schiffe des **San Juan Islands Shuttle Express** (www.orcawhales.com) schippern im Sommer täglich zur Orcas Island und der San Juan Island (20 US$). Die Fähren von Alaska Marine Highway (s. S. 520) fahren nach Juneau (60 Std.) und in andere Hafenstädte im Südosten Alaskas (ab 363 US$ ohne Auto). Auf ihrem Weg zum Sea-Tac Airport in Seattle (34 US$) bieten die Busse des **Bellair Airporter Shuttle** (www.airporter.com) Anschluss an die Verbindungen nach Anacortes und Whidbey Island.

San Juan Islands

Wer mit der Fähre von Anacortes in Richtung Westen fährt, wird sich schnell wie am Ende der Welt fühlen. Gefühlte tausend Meilen entfernt von der urbanen Hektik am Puget Sound, zaubert die in Nebel gehüllte Inselgruppe der San Juans die Proust'sche Atmosphäre einer längst verlorenen Zeit herbei, die sich oft so amerikanisch – pardon kanadisch (die Inseln werden schließlich an zwei Seiten von Kanada begrenzt) – anfühlt. Straßenkriminalität ist hier so gut wie unbekannt, Fast-Food-Ableger sind eine hässliche Festlanderscheinung und ein Auto – in den USA eigentlich ein unverzichtbarer Reisebegleiter – spart man sich am besten.

Der riesige Archipel besteht aus 172 Inselchen. Wer es sich aber nicht leisten kann, eine Jacht oder ein Wasserflugzeug zu chartern, der wird nur in den Genuss der vier

ABSTECHER

LA CONNER

Der kleine Ort La Conner ist nicht nur für seine Tulpen und wilden Truthähne bekannt, sondern bietet auch andere, fast schon esoterische Attraktionen wie drei ganz nette Museen, eine Kolonie gelehrter Schriftsteller und (neben anderen kulinarischen Köstlichkeiten) gigantisch große Zimtbrötchen. So lebt z. B. der extrem unkonventionelle Schriftsteller Tom Robbins zusammen mit 840 weiteren kreativen Köpfen hier, sofern das ein Maßstab ist.

Der wichtigste Termin im Veranstaltungskalender von La Conner ist das alljährliche Tulpenfestival im Frühjahr, wenn auf den Feldern der Umgebung die Narzissen (März), Tulpen (April) und Iris (Mai) in farbenprächtiger Blüte stehen. Doch das sind nicht die einzigen Erzeugnisse von Wert. Im flachen, fruchtbaren Delta des Lower Skagit River bauen hart arbeitende holländische Farmer schon in der zweiten, dritten oder sogar vierten Generation riesige Mengen an Gemüse an. So stammen 100 % der in den USA verzehrten Pastinaken und des Rosenkohls von hier.

Ein Großteil der Ernte wird direkt in den kreativen Restaurants des Ortes verarbeitet. Das Beste der Besten ist eindeutig das **Seeds Bistro & Bar** (www.seedsbistro.com; 623 Morris St; Hauptgerichte 18–25 US$), das sich im ehemaligen Fabrikgebäude von Tillinghurst Seed befindet und eine seltene Mischung aus erstklassigem Essen und locker-lässiger Freundlichkeit bietet. Das frische Gemüse aus der Umgebung wird mit ebenso frischem Fisch aus den Küstengewässern kombiniert. Das leckere Ergebnis sind ein unvergleichlich zubereiteter Lengfisch, einzigartige Krabbenfrikadellen und ein Brotauflauf mit Himbeeren und weißer Schokolade, von dem man noch Monate später träumt.

Die Größe der Zimtbrötchen im Café **Calico Cupboard** (www.calicocupboardcafe.com; 720 S 1st St; ⌚Mo–Fr 7.30–16, Sa & So 7.30–17 Uhr) ist ebenso unbeschreiblich wie der Genuss, den es in vier verschiedenen Geschmacksrichtungen gibt. Um die für Diabetiker tödliche Kalorienbombe wieder abzutrainieren, muss man mindestens 10 km durch die Tulpenfelder joggen.

großen Inseln – San Juan, Orcas, Shaw und Lopez – kommen, die täglich von den Washington State Ferries angesteuert werden. Die Inseln sind bekannt für ihre Ruhe, die Möglichkeit, Wale zu beobachten oder im Kajak über die Gewässer zu gleiten, und für ihren rebellischen Nonkonformismus.

Am besten erkundet man die San Juan Islands mit dem Seekajak oder dem Fahrrad. Kajaks können auf den Inseln Lopez, Orcas und San Juan ausgeliehen werden. Eine geführte Halbtagestour kostet zwischen 45 und 65 US$. Die meisten Strände sind in Privatbesitz und dürfen nicht betreten werden, es sei denn, sie gehören zu einem State oder County Park. Die flache, ländliche Insel Lopez eignet sich ebenso wie San Juan gut für einen angenehmen Tagesausflug mit dem Rad. Wesentlich anspruchsvoller ist das hügelige Gelände der Orcas mit dem 8 km langen, steilen Anstieg auf den Mt. Constitution.

Praktische Informationen

Gute Infos über die San Juan Islands im Allgemeinen erhält man im **San Juan Islands Visitor Information Center** (☎360-468-3663; www.guidetosanjuans.com; ⏰Mo–Fr 10–14 Uhr).

Anreise & Unterwegs vor Ort

Die San Juan Islands werden u. a. von **San Juan Airlines** (www.sanjuanairlines.com) und **Kenmore Air** (www.kenmoreair.com) angeflogen.

Die Fähren von **Washington State Ferries** (www.wsdot.wa.gov/ferries) fahren von Anacortes zu den San Juans, einige auch weiter bis nach Sidney in der Nähe von Victoria in British Columbia. Angelegt wird auf Lopez Island (45 Min.), in Orcas Landing (60 Min.) und Friday Harbor auf San Juan (75 Min.). Der Fahrpreis richtet sich nach der Saison. Hin- und Rückfahrkarten werden nur auf den Fähren in Richtung Westen verkauft, mit Ausnahme der Fähren, die von Sidney in British Columbia zurück in die USA schippern. Wer alle Inseln des Archipels besuchen will, startet am besten in Friday Harbor und hüpft dann von Insel zu Insel zurück zum Ausgangspunkt – das ist auch am preiswertesten.

In den Sommermonaten verkehren Shuttlebusse auf den Inseln Orcas und San Juan.

LOPEZ ISLAND

Die Insel Lopez – oder „Slow-pez", wie die Einheimischen sie nennen – erkundet man am besten mit dem Fahrrad. Die sanft gewellte Landschaft und die freundlichen Einwohner, die jeden mit der *Lopezian wave*, einem Wink mit drei Fingern, grüßen, machen die Radtour zum reinsten Vergnügen. Eine Inselrundfahrt ist gut an einem Tag zu schaffen. Übernachten kann man im **Lopez Islander Resort** (☎360-468-2233; www.lopezislander.com; 2864 Fisherman Bay Rd; DZ ab 120 US$; P ❄ ≋) am Jachthafen, das über ein Restaurant, einen Fitnessraum und Swimmingpool verfügt. Außerdem ist für Hotelgäste das Parken in Anacortes kostenlos. Wenn das kein Grund ist, sein Auto stehen zu lassen! Wer ohne Drahtesel auf die Insel kommt, kann ein Fahrrad bei **Lopez Bicycle Works** (www.lopezbicycleworks.com; 2847 Fisherman Bay Rd; ⏰Mai–Sept. 10–18 Uhr) vorab bestellen, das dann direkt an den Fähranleger gebracht wird.

SAN JUAN ISLAND

San Juan Island ist die inoffizielle Hauptinsel des Archipels. Sie bietet eine harmonische Mischung aus sanften, dicht bewaldeten Hügeln und weitem Land gespickt mit kleinen Farmen. Zudem wurde sie im 19. Jh. zu einem außergewöhnlichen und sehr dramatischen Schauplatz der Geschichte. Der einzige Ort auf der Insel ist Friday Harbor. Dort befindet sich in einer kleinen Arkade abseits der Hauptstraße die **Chamber of Commerce** (www.sanjuanisland.org; 135 Spring St; ⏰Mo–Fr 10–17, Sa & So 10–16 Uhr) mit der Touristeninformation.

Sehenswertes & Aktivitäten

GRATIS **San Juan Island National Historical Park** HISTORISCHE STÄTTE

(www.nps.gov/sajh; ⏰8.30–16 Uhr) Die Insel San Juan war Schauplatz einer der merkwürdigsten politischen Konflikte des 19. Jhs., des sogenannten „Pig War" (Schweinekonflikts) zwischen den USA und Großbritannien. An den Grenzkonflikt, dessen einziges Opfer ein Schwein war, wird in zwei räumlich weit voneinander getrennten historischen Parks erinnert, die sich auf dem Gelände der ehemaligen amerikanischen und britischen Militärlager befinden. Das **American Camp** an der Südseite der Insel verfügt über ein kleines **Visitors Center** (Eintritt frei; ⏰Do–So 8.30–16.30 Uhr, Juni–Sept. tgl.) und die Überreste einer Befestigungsanlage sowie öde Strände und eine Reihe von Infopfaden. Am anderen Ende der Insel, 9 Meilen (14 km) nordwestlich von Friday Harbor, befindet sich das **English Camp** mit den Überbleibseln der britischen Militäranlagen aus den 1860er-Jahren.

Lime Kiln Point State Park PARK

(⏰Mitte Okt.–März 8–17 Uhr, April–Mitte Okt. 6.30–22 Uhr) Der herrliche State Park, der sich an der felsigen Westküste der Insel entlang der tiefen Meerenge Haro Strait erstreckt, gilt als einer der besten Orte der Welt, um Wale von Land aus zu beobachten.

San Juan Vineyards WEINGUT
(www.sanjuanvineyards.com; 3136 Roche Harbor Rd; 11–17 Uhr) Ein Weingut hätte man hier wohl kaum erwartet. Ungewöhnlich ist auch der Verkostungsraum, denn er befindet sich in einem 1896 errichteten ehemaligen Schulhaus. Im Angebot sind verschiedene Weine, die aus den Trauben Siegerrebe und Madeleine Angevine gekeltert werden.

Schlafen & Essen

Hotels, B&Bs und Ferienresorts finden sich überall auf der Insel, doch in Friday Harbor ist das Angebot am größten und besten.

LP TIPP **Earthbox Motel & Spa** BOUTIQUEMOTEL $$
(360-378-4000; www.earthboxmotel.com; 410 Spring St; Zi. ab 197 US$; P) Genau das Richtige für Nostalgiker. Die heutige Mischung aus Einfachheit und Kultiviertheit war nur ein ganz gewöhnliches Motel, bevor es mit all den Annehmlichkeiten ausgestattet wurde, die man gemeinhin in einem Luxushotel erwartet. Der einzige Nachteil ist der Preis, denn der passt so gar nicht zu einem Motel.

Market Chef DELI $
(225a St; 10–18 Uhr) Hunderte von Einheimischen können sich doch nicht irren, oder? Die Spezialität des „Chefs" sind überaus originelle Sandwiches, die vor den Augen der in langen Schlangen anstehenden Kundschaft mit frischen Zutaten aus der Region zubereitet werden.

ORCAS ISLAND

Die schöne, unberührte Insel Orcas mit ihrer wild zerklüfteten Steilküste ist das grüne Schmuckstück der San Juan Islands. Hier kann man nicht nur herrlich wandern, sondern seit Neuestem auch bestens schlemmen. Der Fähranleger befindet sich in Orcas Landing, 8 Meilen (12,8 km) südlich des Hauptortes Eastsound. Auf dem östlichen „Lappen" der Insel erstreckt sich der **Moran State Park** (April–Sept. 6.30 Uhr–Sonnenuntergang, Okt.–März 8 Uhr–Sonnenuntergang), der vom 734 m hohen Mt. Constitution überragt wird. Von dort hat man einen fantastischen Rundumblick auf weitere Berge und das ganze Naturschutzgebiet. Dieses durchziehen Wanderwege in einer Gesamtlänge von fast 65 km.

Im ruhigen Küstengewässer kann man prima Kajak fahren. Boote und Infos hat **Shearwater** (www.shearwaterkayaks.com; 138 North Beach Rd, Eastsound), das auch dreistündige geführte Touren ab 69 US$ anbietet.

Schlafen

LP TIPP **Rosario Resort & Spa** RESORT $$$
(360-376-2222; www.rosario-resort.com; 1400 Rosario Rd, Eastsound; Zi. 188–400 US$; P) Die prachtvolle Villa direkt am Meer ließ sich der erfolgreiche Schiffsbauer Robert Moran 1904 als Wohnhaus errichten. Inzwischen ist es ein luxuriöses Nobelhotel mit Wellnessbereich.

Outlook Inn HOTEL $$
(360-376-2200; www.outlookinn.com; 171 Main St, Eastsound; Zi. mit Gemeinschaftsbad/eigenem Bad 89/119 US$; P) Das älteste Gebäude in Eastsound stammt aus dem Jahr 1888 und ist eine Institution auf der Insel. Um mit der Zeit zu gehen, wurde es zu einer kleinen Hotelanlage direkt an der Bucht ausgebaut. Auf dem Gelände befindet sich auch das recht noble New Leaf Café.

Essen

Allium INTERNATIONAL $$$
(360-376-4904; www.alliumonorcas.com; 310E Main St, Eastsound; Hauptgerichte Abendessen 30 US$; Sa & So 10–14, Do–Mo 17–20 Uhr) Seit 2010 ist die Insel Orcas um eine Attraktion reicher. Das Erfolgsrezept des renommierten Restaurants besteht in der Beschränkung auf das Wesentliche: Es werden nur Zutaten aus der Region verwendet, die Öffnungszeiten sind kurz und auf der Speisekarte stehen nur fünf Gerichte. Aber genau dafür lohnt sich der Ausflug auf die Insel.

Cafe Olga CAFÉ $
(11 Point Lawrence Rd, Olga; Hauptgerichte 9–11 US$; Mo–Fr 9–18, Sa & So 9–20 Uhr, März–April Mi geschl.) Zusammen mit einer Kunstgewerbegalerie ist das Café in einer Scheune 6 Meilen (9,6 km) südöstlich von Eastsound untergebracht. Die hausgemachten Kuchen sind nicht nur bei den Radlern und Wanderern, die vom Gipfel des erhabenen Mt. Constitution zurückkehren, heiß begehrt.

North Cascades

Zerklüftete Berggipfel, Hunderte von Gletschern und zahlreiche Schichtvulkane der unterschiedlichsten Beschaffenheit prägen die North Cascade Mountains, die sich in geologischer Hinsicht deutlich von der südlichen Kaskadenkette unterscheiden. Da der Gebirgszug praktisch unüberwindbar ist, stellte er bis vor gar nicht so langer Zeit ein ungelöstes Rätsel der Menschheit dar. Die erste Straße durch die North Cascades wurde 1972 gebaut, und so ist diese Region bis heute einer der abgelegensten Außenposten des Nordwestens.

MT. BAKER

Wie ein dämonischer Wächter der Geisterwelt erhebt sich der schneebedeckte Mt. Baker über dem glitzernden Wasser des oberen Puget Sound und zieht seit Jahrhunderten die Besucher des Nordwestens in seinen Bann. Seit dem letzten Ausbruch in den 1850er-Jahren ruht der 3286 m hohe Vulkan, der von zwölf Gletschern umgeben ist. 1999 fiel hier die Rekordmenge von 29 m Schnee in einer einzigen Saison.

Der als „Mt. Baker Scenic Byway" bekannte, gut ausgebaute Hwy 542 windet sich zum 1550 m hoch gelegenen **Artist Point** hinauf, der 56 Meilen (90 km) entfernt von Bellingham liegt. Ganz in der Nähe befindet sich das **Heather Meadows Visitor Center** (Mile 56, Mt. Baker Hwy; ⏲Mai–Sept. 8–16.30 Uhr), wo zahlreiche Wanderwege beginnen. So führt der 12 km lange Chain Lakes Loop rund um mehrere eisige Seen, die von Wiesen voller Heidelbeersträucher gesäumt sind.

In der **Mt. Baker Ski Area** (www.mtbakerskiarea.com), die einen Höhenunterschied von 450 m aufweist, fällt jedes Jahr mehr Schnee als in jedem anderen Skigebiet Nordamerikas. Trotz der 38 Pisten und acht Lifte ist das Skigebiet immer noch nicht komplett erschlossen. Aufgrund der rustikalen Einrichtungen, vielen Tiefschneepisten und begrenzten Après-Ski-Möglichkeiten hat das Gebiet mittlerweile fast Kultstatus bei Snowboardern, die sich hier seit 1985 alljährlich im Januar zum legendären Baker Banked Slalom treffen.

An den etwa 100 Tagen, an denen der Mt. Baker nicht von Wolken umhüllt ist, kann man ihn von der Terrasse des **Inn at Mount Baker** (☎360-599-1359; www.theinnatmtbaker.com; 8174 Mt Baker Hwy; Zi. 155–165 US$; P ❄ @) in seiner ganzen Pracht genießen – und dabei fast das Frühstücken vergessen. Das freundliche, sehr persönliche B&B mit sechs Zimmern befindet sich 7 Meilen (11 km) östlich von Maple Falls und ist sich seiner einzigartigen Lage durchaus bewusst.

LEAVENWORTH

Das gibt's doch nicht: ein Alpendorf mitten im amerikanischen Nordwesten? Tatsächlich wurde der ehemaligen Holzfällerstadt Leavenworth in den 1960er-Jahren ein bayerisches Facelifting verpasst, um den drohenden Ruin nach der Verlegung der transkontinentalen Eisenbahnlinie zu verhindern. Das Holzgeschäft wurde kurzerhand durch den Tourismus ersetzt und Leavenworth hat sich sehr erfolgreich in ein typisches Alpendorf verwandelt. Überall gibt's Bier und Schnitzel und die Einwohner, von denen ein Viertel Deutsche sind, tragen Lederhosen und Dirndl. Zum Erfolg beigetragen hat natürlich auch das tolle Bergpanorama und die Tatsache, dass Leavenworth ein günstiges Basislager für Ausflüge in die nahe gelegene Alpine Lakes Wilderness darstellt.

Auskunft über die vielen Outdoor-Angebote in der Gegend erteilt die **Leavenworth Ranger Station** (600 Sherbourne St; ⏲Mitte Juni–Mitte Okt. tgl. 7.30–16.30 Uhr, Mitte Okt.–Mitte Juni Mo–Fr 7.45–16.30 Uhr). Zu den Highlights dieser Aktivitäten gehört der beste Klettersteig in ganz Washington, der sich am **Castle Rock** im Tumwater Canyon befindet, etwa 3 Meilen (4,8 km) nordwestlich der Stadt an der US 2.

Der „Devil's Gulch" ist ein beliebter Radweg durch unwegsames Gelände (40 km, 4–6 Std.). **Der Sportsmann** (www.dersportsmann.com; 837 Front St) verleiht Fahrräder ab 25 US$ pro Tag.

Schlafen

LP TIPP **Enzian Inn** HOTEL $$
(☎509-548-5269; www.enzianinn.com; 590 Hwy 2; DZ 125–155 US$; ❄ 📶 🏊) Noch mehr Alpenromantik geht kaum: Zum Frühstück, das im sonnigen Frühstücksraum serviert wird, tritt der Besitzer in Lederhosen höchstpersönlich als Alphornbläser auf. Danach können die Gäste dann Golf auf einem 18-Loch-Platz oder Racquetball, eine Art Squash, spielen.

Bavarian Lodge HOTEL $$
(☎509-548-7878; www.bavarianlodge.com; 810 Hwy 2; DZ/Suite 149/249 US$; P ❄ 📶 🏊) Die luxuriöse Lodge ist nobel und sehr ordentlich, eben typisch deutsch. Die modernen Zimmer im bayerischen Stil sind mit Gaskaminöfen, Kingsize-Betten und ausgefallenem Mobiliar ausgestattet. Draußen gibt's einen Swimmingpool und einen Whirlpool.

Essen

Café Christa DEUTSCH $$

(www.cafechrista.com; 801 Front St, 1. Stock; Hauptgerichte 14–18 US$) In dem rustikalen Lokal serviert das zurückhaltende, aber nicht unfreundliche Personal die ganzen deutschen Klassiker wie Bratwurst und Schnitzel.

München Haus DEUTSCH $

(www.munchenhaus.com; 709 Front St; Snacks ab 6 US$; ⌚Mai–Okt. 11–23 Uhr, Nov.–April Mo–Fr geschl.) In dem Biergarten gibt's die besten, auf Holzkohle gegrillten bayerischen Würstchen jenseits des Atlantik.

LAKE CHELAN

Der lange, schmale Lake Chelan ist der Wasserspielplatz von Central Washington. Der **Lake Chelan State Park** (☎509-687-3710; S Lakeshore Rd; Stellplatz Zelt/Wohnmobil 21/28 US$) bietet 144 Stellplätze, von denen viele, die direkt am Seeufer liegen, nur mit dem Boot zu erreichen sind. Unterkünfte und Dienstleistungen findet man vor allem in der Stadt **Chelan** am südöstlichen Ende des Sees, wo es auch eine **Rangerstation der Forstverwaltung USFS** (428 Woodin Ave) gibt. Von Chelan fahren Busse von **Link Transit** (www.linktransit.com) nach Wenatchee und Leavenworth (1 US$).

Das hübsche Städtchen **Stehekin** an der Nordspitze des Lake Chelan ist nur mit dem **Boot** (www.ladyofthelake.com; hin & zurück ab Chelan 39 US$), einem **Wasserflugzeug** (www.chelanairways.com; hin & zurück ab Chelan 159 US$) oder zu Fuß über den Cascade Pass, 28 Meilen (45 km) entfernt vom See, zu erreichen. Die meisten Einrichtungen sind nur von Mitte Juni bis September geöffnet.

METHOW VALLEY

Pulverschnee im Winter und reichlich Sonnenschein im Sommer haben das Methow Valley zu einem der beliebtesten Urlaubsziele Washingtons werden lassen. Im Sommer kann man wandern, radeln und angeln, im Winter sind die Loipen im zweitgrößten Langlaufskigebiet der USA gespurt.

Um die insgesamt 200 km langen Loipen kümmert sich die gemeinnützige Organisation **Methow Valley Sport Trails Association** (MVSTA; www.mvsta.com), die im Winter auch für Nordamerikas größtes Netz an Loipen für Skiwanderungen von Hütte zu Hütte (oder von Hotel zu Hotel) sorgt. Das Beste daran ist, dass es scheinbar noch ein echter Geheimtipp ist. Eine klassische, gute Unterkunft, von der aus die Langlaufloipen, Rad- und Wanderwege gut zu erreichen sind, ist die ausgezeichnete **Sun Mountain Lodge** (☎509-996-2211; www.sunmountainlodge.com; Box 1000, Winthrop, WA 98862; Zi. 170–350 US$, Hütte 275–460 US$; ❄📶🏊) 10 Meilen (16 km) westlich von Winthrop.

NORTH CASCADES NATIONAL PARK

Die wildeste Wildnis des amerikanischen Nordwestens ist der von Touristen wenig besuchte **North Cascades National Park** (www.nps.gov/noca), in dem es keine Ortschaften, keine Unterkünfte und nur eine einzige, unbefestigte Straße gibt. Schon die Namen der Berge deuten auf die dramatische Einsamkeit hin: Desolation Peak, Jagged Ridge, Mt. Despair und Mt. Terror. Kein Wunder, dass man hier Abenteuer in der Natur erleben kann, wie sonst vielleicht nur noch in Alaska!

Erste Anlaufstelle für Besucher ist das **North Cascades Visitor Center** (502 Newhalem St; ⌚Mitte April–Okt. 9–16.30 Uhr, Nov.–März Mo–Fr geschl.), das sich in dem kleinen Ort Newhalem am Hwy 20 befindet. Die Mitarbeiter dort sind erfahrene Ranger, die gern und ausführlich über die Highlights des Parks informieren.

Übernachten kann man in der außergewöhnlichsten Unterkunft des Staates Washington, dem **Ross Lake Resort** (☎206-386-4437; www.rosslakeresort.com; Hütte für 2 Pers. 145–169 US$, Hütte für 4 Pers. 210 US$; ⌚Mitte Juni–Okt.) am westlichen Ufer des gleichnamigen Sees. Die auf Stegen im Wasser stehenden Blockhütten wurden in den 1930er-Jahren für die Holzfäller errichtet, die beim Bau des Ross Dam mitarbeiteten, durch den bald darauf das ganze Tal im Wasser versank. Da zu dem Resort keine Straße führt, müssen die Gäste entweder die 2 Meilen (3,2 km) vom Hwy 20 zu Fuß gehen oder das Auto auf dem Parkplatz beim Diablo Dam abstellen und das Shuttleboot des Hotels nutzen.

Nordost-Washington

SPOKANE

Nach der baumlosen Einöde des östlichen Columbia Plateau ist die zweitgrößte Metropole in Washington eine willkommene Abwechslung – und immer für eine Überraschung gut. Die unaufdringliche, aber selbstbewusste Stadt liegt im Zentrum des sogenannten „Inland Empire" des Nordwestens. Sie erstreckt sich zu beiden Seiten des Spokane River, an dem britische Pelzhändler 1810 für kurze Zeit einen Handelsposten errichteten. Auch wenn Spokane kaum eine touristische Destination an sich ist, hat es doch einiges zu bieten: Der alljährlich im Mai stattfindende Bloomsday Run ist die weltweit größte Laufveranstaltung für Breitensportler. Das spektakuläre Davenport Hotel aus der Zeit des Gilded Age zeugt vom wirtschaftlichen Aufschwung der Stadt Anfang des 20. Jhs. Und welche Stadt hat schon einen tosenden und wild schäumenden Wasserfall mitten in ihrem Zentrum zu bieten?

Sehenswertes & Aktivitäten

Riverfront Park PARK
(www.spokaneriverfrontpark.com) Die grüne Lunge mitten in der Stadt befindet sich auf dem Gelände der Weltausstellung von 1974. In den letzten Jahren wurde der Park um einen **Skulpturenpfad** mit 17 Stationen und eine Vielzahl von Brücken und Wegen erweitert, um die Bedürfnisse der großen Läufergemeinde der Stadt zu befriedigen. Prunkstück des Parks sind die **Spokane Falls**, eine spektakuläre Folge malerischer Wasserfälle und schäumender Stromschnellen. Den rauschenden Fluss kann man von zahlreichen Aussichtspunkten bewundern oder aus einer Gondel der kleinen **Seilbahn** (Erw./Kind 7,25/4 US$; April–Sept. So–Do 11–18, Fr & Sa 11–22 Uhr), die direkt über den Wasserfällen schwebt. Spaziergänger und Jogger tummeln sich auf dem **Spokane River Centennial Trail** (www.spokanecentennialtrail.org), der mitten durch die Stadt und über fast 60 km weiter bis nach Idaho führt.

Northwest Museum of Arts & Culture MUSEUM
(www.northwestmuseum.org; 2316 W 1st Ave; Erw./Kind 7/5 US$; Mi–Sa 10–17 Uhr) Das Museum in einem eindrucksvollen, sehr modernen Gebäude im Nobelviertel Browne's Addition hat – anscheinend – eine der besten Sammlungen von Kunsthandwerk und Gebrauchsgegenständen der Ureinwohner des Nordwestens.

Schlafen

Davenport Hotel HISTORISCHES HOTEL $$
(509-455-8888; www.thedavenporthotel.com; 10 S Post St; Standard/Deluxe Zi. 139/159 US$;) Das 1914 eröffnete historische Wahrzeichen von Spokane gehört zu den besten Hotels der USA. Wenn eine Übernachtung das Reisebudget sprengt, sollte man wenigstens einen Blick in die superelegante Lobby werfen.

Montvale Hotel BOUTIQUEHOTEL $$
(509-747-1919; www.montvalehotel.com; 1005 W 1st Ave; Zi. Queen/King 119/189 US$;) Die kleine, ziemlich schlichte Eingangshalle des in einem früheren Bordell untergebrachten Hotels passt so gar nicht zu den eleganten Zimmern im europäischen Stil.

Hotel Ruby BOUTIQUEMOTEL $
(509-747-1041; www.hotelrubyspokane.com; 901 W 1st Ave; DZ ab 69 US$; P) Das nagelneue Boutiquemotel steht an der Stelle des ehemaligen Rodeway Inn. Es verfügt über alle modernen Spielereien, grelle Farben setzen ungewöhnliche Akzente und die Lage in der Innenstadt, gegenüber dem Davenport, ist einfach unschlagbar.

Frank's Diner FRÜHSTÜCK $
(www.franksdiners.com; 516 W 2nd Ave; Frühstück 5–9 US$) Der etwas weitere Weg zu dem westlich der Innenstadt gelegenen Lokal lohnt sich allemal. Zum einen ist es in einem alten, wunderbar restaurierten Eisenbahnwagen untergebracht, zum anderen ist das klassische, amerikanische Frühstück mit Eiern, Brötchen und Sauce richtig gut. Um nicht anstehen zu müssen, sollte man früh da sein.

Rock City Grill INTERNATIONAL $$
(www.rockcitygrill. Com; 505 W Riverside Ave; Hauptgerichte 12–19 US$) Auf der umfangreichen Speisekarte des jungen Restaurants mit Bar und stimmungsvoller Beleuchtung stehen traditionelle Gerichte, die auf fantasievolle Art neu zubereitet werden.

Ausgehen & Unterhaltung

Die Studenten der Gonzaga University in Spokane sorgen für eine lebendige Kneipen- und Nachtclubszene.

Northern Lights Brewing Company BRAUEREI
(www.northernlightsbrewing.com; 1003 E Trent Ave) Die beste Kleinbrauerei der Stadt befindet sich in der Nähe der Universität.

Dempsey's Brass Rail CLUB
(www.dempseysbrassrail.net; 909 W 1st; 21–2 Uhr) Schwulenfreundlicher Nachtclub.

Bing Crosby Theater THEATER
(www.mettheater.com; 901 W Sprague Ave) Im früheren Met, das nach dem Sohn der Stadt Bing Crosby umbenannt wurde, finden

Konzerte, Theateraufführungen, Filmfestivals und Vorstellungen der Spokane Opera in recht intimer Atmosphäre statt.

Praktische Informationen

Das **Spokane Area Visitor Information Center** (www.visitspokane.com; 201 W Main Ave at Browne St; Mo–Fr 8.30–17, Sa & So 9–18 Uhr) hält eine Fülle von Infomaterial bereit.

An- & Weiterreise

Busse und Züge fahren an der **Spokane Intermodal Transportation Station** (221 W 1st Ave) ab. **Amtrak** (www.amtrak.com) fährt mit dem berühmten *Empire Builder* einmal täglich nach Seattle (48 US$, 7½ Std.), Portland (48 US$, 9½ Std.) und Chicago (205 US$, 45 Std.).

South Cascades

Die South Cascades sind größer und ausgedehnter als ihre nördlichen Pendants. Sie erstrecken sich vom Snoqualmie Pass östlich von Seattle bis hinunter zum mächtigen Columbia River an der Grenze zu Oregon. Höhepunkt im wahrsten Sinne des Wortes ist der 4392 m hohe Mt. Rainier. Auch der Mt. St. Helens (2549 m), der sich noch immer von seinem verheerenden Ausbruch im Jahr 1980 erholt, hat seinen Reiz – wenn auch aus anderen Gründen. Sobald der kurze, intensive Sommer beginnt, sind die Bergwiesen des weniger bekannten Mt. Adams (3742 m) übersät mit Heidelbeersträuchern und Wildblumen.

MT. RAINIER NATIONAL PARK

Der majestätische, verführerisch schöne Mt. Rainier ist der vierthöchste Berg der 48 Kontinentalbundesstaaten. Mit seinem schneebedeckten Gipfel und den dichten Wäldern liegt er inmitten des gleichnamigen, 950 km² großen Nationalparks, der 1899 als fünfter Nationalpark der Welt eröffnet wurde. Rundum gibt's zahlreiche Wanderwege und riesige Blumenfelder. Und der kegelförmige, einfach faszinierende Gipfel stellt eine fantastische Herausforderung für ambitionierte Kletterer dar.

Der Park ist über vier Orte zu erreichen: Von Nisqually aus gelangt man über den Hwy 706 nach Ashford in der Nähe des südwestlichen Zipfels des Parks. Diese Zufahrt ist die bequemste Variante und wird am häufigsten benutzt; sie liegt den Hauptsehenswürdigkeiten am nächsten und ist das ganze Jahr über geöffnet. Ferner erreicht man den Park über Ohanapecosh (Hwy 123), White River (Hwy 410) und Carbon River, dem abgelegensten Zugangspunkt im Nordwesten. Infos über den Straßenzustand gibt's unter ☎800-695-7623. Informationen über den Park selbst findet man auf der Website des National Park Service (NPS) www.nps.gov/mora; u.a kann man sich Karten und Beschreibungen der 50 Wanderwege im Park herunterladen.

Der Eintritt in den Park kostet 15/5 US$ pro Auto/Person. Wer im Park übernachten will, braucht eine Genehmigung, die es kostenlos in den Rangerstationen und in den Besucherzentren gibt. Die sechs Campingplätze im Park haben fließend Wasser und Toiletten, aber keinen Stromanschluss für Wohnmobile. Im Sommer ist eine **Reservierung** (☎800-365-2267; www.mount.rainier.national-park.com/camping.htm; reservierter Stellplatz Mai–Sept./Okt.–April 12–15 US$) sehr zu empfehlen, die bis zu zwei Monate im Voraus telefonisch oder per E-Mail vorgenommen werden kann.

Die Hauptorte im Park sind Longmire und Paradise. In Longmire, 7 Meilen (11 km) vom Eingang bei Nisqually entfernt, befinden sich das **Museum & Information Center** (Eintritt frei; Juni–Sept. 9–18 Uhr, Okt.–Mai 9–17 Uhr), die Startpunkte vieler Wanderwege und das rustikale **National Park Inn** (☎360-569-2275; www.guestservices.com/rainier; Zi. mit Gemeinschaftsbad/eigenem Bad 104/139 US$, Wohneinheit 191 US$; P ❄), das auch ein ausgezeichnetes Restaurant hat. Noch mehr Wanderwege und Infopfade gibt's 12 Meilen (19 km) weiter östlich im luftigeren Paradise. Dort wurde das sehr informative **Henry M. Jackson Visitor Center** (Juni–Okt. tgl. 10–19 Uhr, Okt.–Dez. Sa & So 10–17 Uhr) ganz neu wieder aufgebaut und 2008 eröffnet. Das schöne, alte **Paradise Inn** (☎360-569-2275; www.mtrainierguestservices.com; Zi. mit Gemeinschaftsbad/eigenem Bad 105/154 US$; Mai–Okt.; P ❄ ᯤ) ist ein historisches „Parkitecture"-Gebäude von 1916 und seit damals fester Bestandteil des Nationalparks. Direkt beim Hotel beginnt der Aufstieg auf den Mt. Rainier. **Rainier Mountaineering Inc** (www.rmiguides.com; 30027 SR706 E, Ashford) bietet hierfür ausgezeichnete, geführte Touren an, die vier Tage dauern und 944 US$ kosten.

Der **Wonderland Trail** ist ein fast 150 km langer Rundweg in sehr gutem Zustand, der rund um den Mt. Rainier führt. Wanderer sind normalerweise zehn bis zwölf Tage unterwegs und können auf einem der 18 offiziellen Campingplätze übernachten.

Dafür benötigt man allerdings eine kostenlose Genehmigung (*backcountry permit*), die man zuvor auf der Homepage des **Wilderness Information Center** (www.nps.gov/mora; 55210 238th Ave E, Ashford, WA 98304-9751) beantragen muss.

Über den abgelegenen Carbon River Entrance gelangt man in den Regenwald im Inneren des Parks. Im Sommer ist die direkt hinter dem Eingang liegende **Rangerstation** (☎360-829-9639) täglich geöffnet.

Von Mai bis September bietet **Gray Line** (www.graylineseattle.com) Bustouren von Seattle in den Park an (1-/2-tägige Tour 85/179 US$).

MT. ST. HELENS NATIONAL VOLCANIC MONUMENT

In der Liste der höchsten Berge Washingtons steht der Mt. St. Helens nur an 87. Stelle, doch der gewaltige Ausbruch von 1980, dessen Explosion der geballten Kraft von 1500 Atombomben entsprach, machte ihn weltberühmt. Was dem Schichtvulkan an Höhe fehlt, macht er durch seine zerstörerische Feuerkraft wett. An jenem verhängnisvollen Tag im Mai 1980 kamen 57 Menschen ums Leben. Ausgelöst wurde die größte Gesteinsbewegung in der Geschichte der Menschheit durch ein Erdbeben der Stärke 5,1 auf der Richter-Skala. Ein 600 km² großen Waldgebiet wurde durch Lavaströme und Ascheregen komplett zerstört.

Wer sich den Mt. St Helens anschauen will, kann bei **Eco Tours of Oregon** (www.ecotours-of-oregon.com) in Portland einen Tagesausflug mit dem Bus für 69,50 US$ buchen. Wer lieber selbst mit dem Auto fährt, sollte zunächst das **Silver Lake Visitor Center** (3029 Spirit Lake Hwy; Eintritt 3 US$; ⌚9–17 Uhr) 5 Meilen (8 km) östlich von Castle Rock am Hwy 504 aufsuchen, in dem man sich Filme und Ausstellungsstücke anschauen kann und kostenloses Infomaterial über den Berg erhält.

Einen noch besseren Einblick in diese zerstörerische Naturgewalt gewährt das **Johnston Ridge Observatory** (⌚Mai–Okt. 10–18 Uhr), das sich am Ende des Hwy 504 befindet. Von dem Aussichtspunkt blickt man direkt in den aufgerissenen Krater des Vulkans. Die Ausstellung im Besucherzentrum erläutert die Ereignisse von 1980 aus geowissenschaftlicher Sicht.

Eine der wenigen Unterkünfte in der Gegend ist das freundliche **Blue Heron Inn** (☎360-274-9595; www.blueheroninn.com; Hwy 504; DZ/Suite 175/215 US$; 📶). Die Pension mit sieben Zimmern und einer Suite mit Whirlpool befindet sich in einem großen Gebäude gegenüber dem Silver Lake Visitor Center.

Zentral- & Südost-Washington

Die Mitte und der Südosten Washingtons stehen auf der Hitliste der Besucher zwar nicht oft an oberster Stelle, dabei hat diese Gegend eine echte Geheimwaffe: Wein. Der önologische Nachzügler ist übersät mit expandierenden, neuen Weingütern. Auf dem fruchtbaren Boden am Ufer des nilartigen Columbia River und am Rand des Yakima-Tals werden erstklassige Weine kultiviert. Den Vergleich mit der kalifornischen Konkurrenz brauchen sie nicht zu scheuen. Yakima und sein kleinerer, reizvollerer Bruder Ellensburg sind zwar einen Besuch wert, lohnender ist jedoch ein Abstecher nach Walla Walla. Talentierte Gastwirte und ein umtriebiger Gemeinderat sind bemüht, aus diesem Ort eine Wein-Location par excellence zu machen.

YAKIMA & ELLENSBURG

Die im gleichnamigen Flusstal liegende Stadt Yakima ist ein ziemlich ödes Handelszentrum, das seinem touristischen Werbeslogan als „Palm Springs of Washington“ nicht wirklich gerecht wird. Der Hauptgrund, hierher zu kommen, ist denn auch der Besuch eines der zahlreichen Weingüter, die sich zwischen Yakima und Benton City befinden. Eine Übersichtskarte gibt’s beim **Yakima Valley Visitors & Convention Bureau** (www.visityakima.com; 10 N 8th St; ⌚Mo–Sa 9–17, So 10–16 Uhr).

Etwas interessanter ist der winzige Ort Ellensburg, der 36 Meilen (58 km) weiter nordwestlich liegt. Hier findet jedes Jahr zum Labor Day (Anfang Sept.) das größte Rodeo Washingtons statt. Und in der Innenstadt gibt’s (angeblich) mehr Cafés pro Einwohner als irgendwo sonst auf der Welt. Den besten Latte brüht die Kaffeerösterei **D&M Coffee** (www.dmcoffee.com; 301 N Pine St), Infos zur Stadtgeschichte bietet das **Kittitas County Historical Museum** (www.kchm.org; Spende erbeten; ⌚Juni–Sept. Mo–Sa 10–16 Uhr, Okt.–Mai Di–Sa 12–16 Uhr) gegenüber. Übernachten kann man im **Inn at Goose Creek** (☎509-962-8030; www.innatgoosecreek.com; 1720 Canyon Rd; Zi. ab 99 US$; 📶), einem der fantasievollsten Motels im

Nordwesten. Jedes der zehn extravagant gestalteten Zimmer steht unter einem anderen Motto. So gibt es die Victorian Honeymoon Suite, den Ellensburg Rodeo Room (mit Cowboy-Utensilien) und den I Love Christmas Room (mit rot-grünem Weihnachtsteppich).

WALLA WALLA

In den letzten zehn Jahren hat sich Walla Walla von einem unbedeutenden, landwirtschaftlich geprägten Provinznest, das für seine Süßzwiebeln und das größte Gefängnis des Staates bekannt war, in ein anerkanntes Weinbaugebiet verwandelt, dessen Weine fast so begehrt sind wie die aus dem kalifornischen Napa Valley. Das ehrwürdige Whitman College ist das kulturelle Wahrzeichen der Stadt, in der es neben schicken Weinprobierstuben auch ziemlich skurrile Cafés, herrliche Gebäude im Queen-Anne-Stil und einen der frischesten und lebhaftesten Farmers Market in Washington gibt.

Sehenswertes & Aktivitäten

Man muss nicht weinselig sein, um das historische und kulturelle Erbe von Walla Walla schätzen zu können. Die geschichtsträchtige Hauptstraße erhält immer wieder Auszeichnungen und Preise. Bei den interessanten Stadtführungen, die die **Chamber of Commerce** (www.wallawalla.org; 29 E Sumach St; Mai–Sept. Mo–Fr 8.30–17, Sa & So 9–16 Uhr) zusätzlich zu Broschüren und Stadtplänen anbietet, wird die Vergangenheit lebendig. Infos zum Weinanbau in der Region gibt's auf der ausgezeichneten Website der **Walla Walla Wine News** (www.wallawallawinenews.com).

Fort Walla Walla Museum MUSEUM
(755 Myra Rd; Erw./Kind 7/6 US$; April–Okt. 10–17 Uhr) Das eigentliche „Museum" in dem Dorf mit 17 historischen Gebäuden aus der Pionierzeit befindet sich in den ehemaligen Stallungen der Kavallerie. Die Ausstellung enthält eine Sammlung aus landwirtschaftlichen Geräten, Utensilien aus der Viehwirtschaft und das wohl größte Plastik-Maultiergespann der Welt.

Walla Walla Wineworks WEINVERKOSTUNG
(www.waterbrook.com; 31 E Main St; Mo–Do & So 10–18, Fr & Sa 10–20 Uhr) Ein guter Ausgangspunkt für eine Weintour durch die Innenstadt ist dieser nagelneue Verkostungsraum, der zum örtlichen Weingut Waterbrook gehört. Zum guten Cabernet Sauvignon wird Käse und Pökelfleisch gereicht. Am Wochenende gibt's auch Livemusik.

Schlafen & Essen

Marcus Whitman Hotel HOTEL $$
(509-525-2200; www.marcuswhitmanhotel.com; 6 W Rose St; Zi./Suite 139/279 US$;) Mit dem einzigartigen, von Zinnen gekrönten Dach ist das bekannteste Wahrzeichen von Walla Walla nicht zu übersehen. Passend zum gut erhaltenen Stadtbild wurde das schöne Backsteingebäude von 1928 wunderbar restauriert. Die großzügigen, eleganten Zimmer sind in warmen Brauntönen gehalten und mit italienischen Möbeln ausgestattet.

LP TIPP **Saffron Mediterranean Kitchen** MEDITERRAN $$$
(509-525-2112; www.saffronmediterraneankitchen.com; 125 W Alder St; Hauptgerichte 15–27 US$; 14–22 Uhr, Winter 14–21 Uhr) In dieser Küche sind keine Köche am Werk, sondern Alchemisten, die die regionalen Erzeugnisse der Saison nehmen und in pures Gold verwandeln. Auf der Speisekarte stehen von der Mittelmeerküche inspirierte Köstlichkeiten wie Fasan, Gnocchi mit Ricotta, unglaubliches Fladenbrot und himmlische Gurken-Joghurt-Suppe, die alle locker mit dem Angebot in Seattle mithalten können.

Olive Marketplace & Café CAFÉ $
(21 E Main St; Frühstück & Sandwiches 7–12 US$; 7–21 Uhr) Das unter gleicher Leitung wie das Feinschmecker-Restaurant T Maccarone's stehende Café mit Ladengeschäft befindet sich im historischen Barrett Building von 1885. Es ist bekannt für gutes Frühstück (bis 11 Uhr) und herzhafte Köstlichkeiten, die eine gute Grundlage für die anstehende Weinverkostung schaffen.

OREGON

Oregon ist zwar flächenmäßig größer als Washington, hat dafür aber nur halb so viele Einwohner und ist der wärmere, sanftere und ältere Bruder des Nachbarstaats im Norden (Oregon wurde 30 Jahre vor Washington in den Staatenbund aufgenommen). Die beiden haben eine recht ähnliche Landschaft, so vereint sie u.a. eine regengepeitschte Küste, eine spektakuläre Gebirgskette und ein trockenes, konservativ geprägtes Hinterland. Da Oregon aber bessere Stadtplanungsgesetze hat und die Städte

KURZINFOS OREGON

» **Spitzname** Beaver State

» **Bevölkerung** 3831074

» **Fläche** 248632 km²

» **Hauptstadt** Salem (154637 Ew.)

» **Weitere Städte** Portland (583776 Ew.), Eugene (156185 Ew.), Bend (76639 Ew.)

» **Verkaufssteuer** keine

» **Geburtsort von** dem ehemaligen US-Präsidenten Herbert Hoover (1874–1964), dem Schriftsteller und Gründer der Merry Pranksters Ken Kesey (1935–2001), der Schauspielerin und Tänzerin Ginger Rogers (1911–1995), dem Erfinder der *Simpsons* Matt Groening (geb. 1954) und dem Filmregisseur Gus Van Sant (geb. 1952)

» **Heimat des** Oregon Shakespeare Festival, des Tree-Sittings, von Nike und den McMenamin-Brüdern

» **Politische Ausrichtung** Der Gouverneur ist Demokrat, die Senatoren sind Demokraten, bei den Präsidentschaftswahlen geht der Staat seit 1988 an die Demokraten

» **Berühmt für** den Oregon Trail, Wälder, Regen, Bier und das Verbot, selbst zu tanken

» **Staatsgetränk** Milch (Milchprodukte sind der Renner)

» **Entfernungen** Portland–Eugene 110 Meilen (177 km), Pendleton–Astoria 295 Meilen (475 km)

weniger zersiedelt sind, herrscht hier eine entspanntere, ruhigere Atmosphäre.

Portland

Wer einen Blick in die Zukunft werfen will, muss nach Portland in Oregon kommen. Die Stadt ist ihrer Zeit um gute zehn Jahre voraus und ebenso wegweisend für unsere Epoche wie es Rom unter Cäsar oder Paris unter Haussmann waren. Was Portland an antiken Theatern und barocken Opernhäusern fehlt, macht es durch völlig neue Ideen und bahnbrechende Innovationen wett. Kein Gedanke ist zu abwegig, kein Verhaltensmuster zu merkwürdig. Durch die Begrenzung der weiteren Ausbreitung der Stadt 1973 wurde eine hässliche Zersiedelung wie andernorts verhindert. 1986 wurde mit dem Aufbau eines Straßenbahnnetzes begonnen, 1994 startete das erste Bike-Sharing-System der Stadt. Eine kämpferische Do-It-Yourself-Mentalität, die die Menschen auch in wirtschaftlich schweren Zeiten nicht resignieren, sondern die Dinge mutig anpacken lässt, hat dem Großraum Portland (und teilweise dem ganzen Land) so nützliche Dinge beschert wie Food Carts und Kleinbrauereien, den Hardcore-Punk, eine ausgeprägte Radfahrkultur, Indie-Literatur und eine verkehrsberuhigte Innenstadt, in der man sich wie auf dem Land und nicht wie in einer Großstadt fühlt. Auch wenn das Resultat oft sehr europäisch wirkt – die zugrundeliegende Einstellung des „Wir schaffen das" ist durch und durch amerikanisch.

Sehenswertes

DOWNTOWN

Tom McCall Waterfront Park PARK

Wer es noch nicht wusste: Portland ist vor allem berühmt für seine Parks. Der gut 3 km lange, schmale Grünstreifen, der sich am westlichen Ufer des Willamette River entlangschlängelt, ist zum einen die inoffizielle Laufbahn der Freizeitsportler, zum anderen die Pendelstrecke der vielen begeisterten Radfahrer der Stadt.

Am Ostufer des Flusses erstreckt sich die **Eastbank Esplanade**, die auch unter den stark befahrenen Überführungen des Nord-Süd-Verkehrs hindurchführt. Über eine Handvoll Brücken kommt man auf dem Rundweg zurück zum Ausgangspunkt.

Steel Bridge BRÜCKE

Einer der vielen Beinamen Portlands lautet „Stadt der Brücken" – und das zu Recht, denn nicht weniger als elf Brücken überspannen hier den Fluss Willamette. Wer sich auf eine Brücke beschränken will oder muss, sollte zu Fuß, mit dem Fahrrad, Auto oder im Zug die 1912 erbaute Steel Bridge überqueren. Die stählerne Hubbrücke ist die zweitälteste Brücke der Stadt.

Pioneer Courthouse Square AREAL

Mittelpunkt des Zentrums von Portland ist der mit roten Backsteinen gepflasterte Pioneer Courthouse Square, ein angenehmer, fußgängerfreundlicher, da verkehrsberuhigter Platz, auf dem sich Schachspieler, Sonnenanbeter, Büroangestellte, Straßenmusikanten und verschrobene Politaktivisten ein Stelldichein geben. Wo sich ursprünglich ein vornehmes Hotel und danach ein großer Parkplatz befand, finden heute Konzerte, Festivals und sonstige Veranstaltungen statt. Auf der anderen Seite der 6th Ave steht mit dem massiven **Pioneer Courthouse** von 1875 das älteste Bundesgebäude des Nordwestens.

Portland Building WAHRZEICHEN
(Ecke SW 5th Ave & SW Main St) In der Innenstadt, in der es keine hohen Wolkenkratzer gibt, erhebt sich das symbolträchtige, wenn auch architektonisch langweilige Wahrzeichen der Stadt. Das 1980 von Michael Graves entworfene Portland Building ist für die einen ein Meisterwerk der Postmoderne, für die anderen einfach ein unpraktischer Klotz. Über der Eingangstür des 15-stöckigen Verwaltungsgebäudes wacht seit 1985 die neptun-ähnliche Allegorie **Portlandia** mit Dreizack, die die Göttin des Handels darstellt.

Oregon Historical Society MUSEUM
(www.ohs.org; 1200 SW Park Ave; Erw./Kind 11/9 US$; ⌚Di–Sa 10–17, So 12–17 Uhr) An der von Bäumen beschatteten Grünfläche der South Park Blocks erstreckt sich das bedeutendste Historische Museum von Oregon. Die Ausstellungen widmen sich vor allem der Geschichte Oregons und den Pionieren und Siedlern, die diesen Staat schufen. In weiteren Abteilungen werden interessante Exponate der amerikanischen Indianerstämme gezeigt und es wird von den Strapazen des Oregon Trail erzählt. Im Untergeschoss finden Wechselausstellungen statt.

Portland Art Museum MUSEUM
(www.portlandartmuseum.org; 1219 SW Park Ave; Erw./Kind unter 17 Jahren 10 US$/frei; ⌚Di, Mi & Sa 10–17, Do & Fr 10–20, So 12–17 Uhr) Das Kunstmuseum gegenüber vom Park verfügt über ausgezeichnete Exponate: Schnitzereien der amerikanischen Ureinwohner, asiatische und amerikanische Kunst, englisches Silber und vieles mehr. Außerdem beherbergt das Museum mit dem Whitsell Auditorium ein erstklassiges Kino, in dem regelmäßig internationale und seltene Filme gezeigt werden.

Aerial Tram SEILBAHN
(www.gobytram.com; 3303 SW Bond Ave; ⌚Mo–Fr 5.30–21.30, Sa 9–17 Uhr) Die Seilbahn schwebt von einer Straßenbahnhaltestelle im Süden des Waterfront Parks auf den Marquam Hill hinauf. Dabei überwindet sie auf der gut 1 km langen Strecke einen Höhenunterschied von 150 m. Die Fahrt dauert drei Minuten und kostet hin und zurück 4 US$. Als die Seilbahn 2007 in Betrieb ging, war sie wesentlich teurer als geplant und in der Öffentlichkeit heftig umstritten.

OLD TOWN & CHINATOWN

Die einst berühmt berüchtigte Old Town, das Herz des rauen Portland der 1890er-Jahre, hat noch heute einen leicht zwielichtigen Ruf, ist aber völlig harmlos. Zwischen den mit Plakaten zugekleisterten Backsteinhäusern und von Obdachlosen belagerten Hauseingängen befinden sich einige der besten Musikclubs der Stadt – und etwas weiter nördlich das Schwulenviertel Portlands.

Shanghai Tunnels HISTORISCHE STÄTTE
(www.shanghaitunnels.info; Erw./Kind 13/8 US$) Unter den Straßen der Old Town dehnt sich ein Netz von unterirdischen Gängen aus, durch die skrupellose Menschenhändler in den 1850er-Jahren betrunkene Männer verschleppten oder „schanghaiten", um sie an Schiffskapitäne zu verkaufen, die immer billige Arbeitskräfte brauchten. Die Führungen durch das Tunnelsystem, die freitags und samstags jeweils um 18.30 und 20 Uhr starten, müssen per Internet gebucht werden.

Chinatown STADTVIERTEL
In der glanzlosen Chinatown von Portland erinnert nicht viel an das Reich der Mitte. Sie beginnt (und endet praktisch auch) am **Chinatown Gate** (Ecke W Burnside St & NW 4th Ave), dessen beeindruckende Gestaltung im Stil einer Pagode mehr verspricht als das Viertel hält. Die Hauptattraktion, neben ein paar chinesischen Alibi-Imbissbuden, ist der völlig überteuerte **Classical Chinese Garden** (www.portlandchinesegarden.org; Ecke NW 3rd Ave & NW Everett St; Erw./Kind 8/7 US$; ⌚10–17 Uhr). Zugegeben, die Grünanlage ist eine herrliche Oase der Ruhe mit glitzernden Teichen und gepflegtem Rasen, aber längst keine 8 US$ Eintritt wert! Wenigstens die Führungen sind im Preis inbegriffen.

Saturday Market MARKT
(www.portlandsaturdaymarket.com; ⌚März–Dez. Sa 10–17, So 11–16.30 Uhr) Die beste Zeit für einen Spaziergang am Fluss ist das Wochenende, denn dann kann man den berühmten Markt besuchen und Kunsthandwerk, Straßenkünstler und Imbissstände genießen.

Skidmore Fountain BRUNNEN
Der elegante Skidmore-Brunnen und die vielen viktorianischen Gebäude verleihen

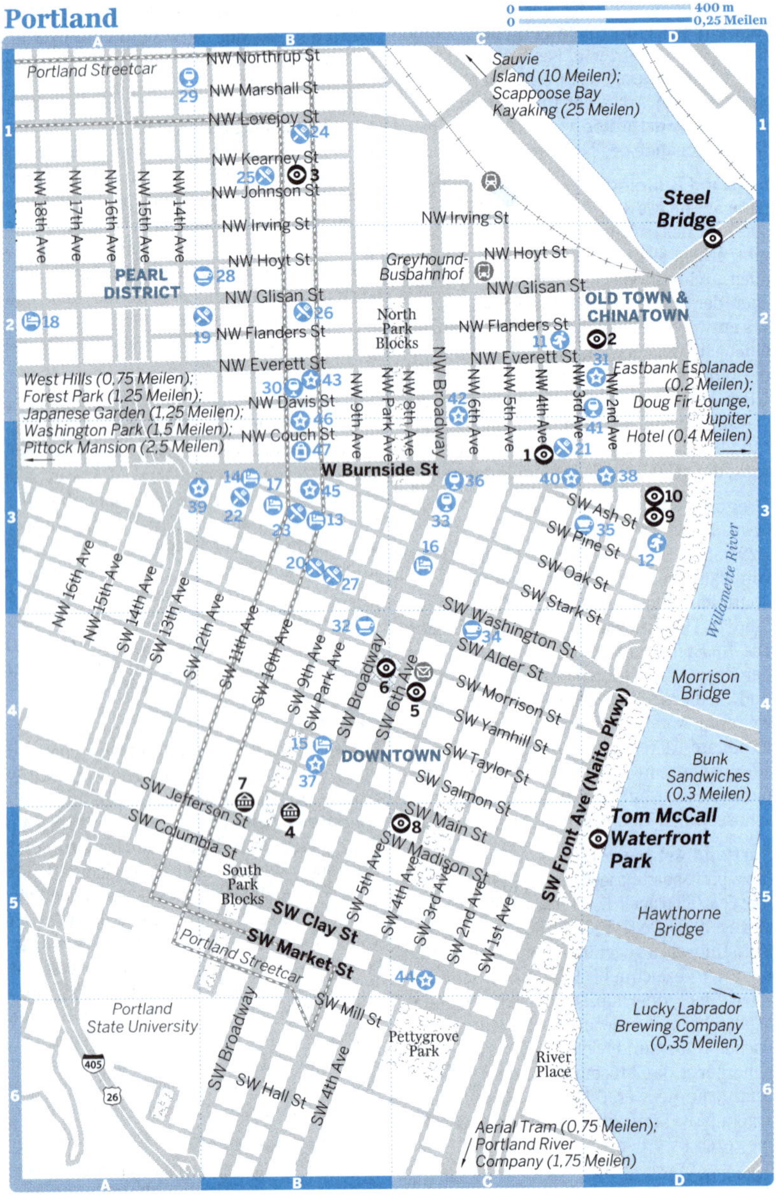

der Gegend unterhalb der Burnside Bridge eine nostalgische Atmosphäre.

NORDWESTEN

Pearl District STADTVIERTEL

(www.explorethepearl.com) Nordwestlich der Innenstadt schließt sich das alte Industrieviertel Pearl District an. Die verwahrlosten, ehemaligen Lagerhäuser wurden in teure Lofts, noble Boutiquen und originelle Restaurants verwandelt. Am ersten Donnerstag jeden Monats, wenn die zahlreichen **Kunstgalerien** bis in die späten Abendstunden geöffnet haben, wird in der Ge-

Portland

Highlights
Steel Bridge D2
Tom McCall Waterfront Park D5

Sehenswertes
1 Chinatown Gates C3
2 Classical Chinese Garden D2
3 Jamison Square Fountain B1
4 Oregeon Historical Society B5
5 Pioneer Courthouse C4
6 Pioneer Courthouse Sq B4
7 Portland Art Museum B4
8 Portland Building C5
9 Saturday Market D3
10 Skidmore Fountain D3

Aktivitäten, Kurse & Touren
11 Portland Bicycle Tours C2
12 Waterfront Bicycles D3

Schlafen
13 Ace Hotel B3
14 Crystal Hotel B3
15 Heathman Hotel B4
16 Hotel Lucia C3
17 Mark Spencer Hotel B3
18 Northwest Portland Hostel A2

Essen
19 Andina B2
20 El Cubo de Cuba B3
21 Gaufre Gourmet C3
22 Jake's Famous Crawfish B3
23 Kenny & Zuke's B3
24 Lovejoy Bakers B1
25 Piazza Italia B1
26 Silk B2
27 Ziba's Pitas B3

Ausgehen
28 Barista B2
29 Bridgeport Brewpub A1
30 Deschutes Brewery B2
31 Hobo's D2
32 Public Domain Coffee B4
33 Saucebox C3
34 Spella Caffè C4
35 Stumptown Coffee D3
Stumptown Coffee .... (siehe 13)
36 Tugboat Brewery C3

Unterhaltung
37 Arlene Schnitzer Concert Hall B4
38 Berbati's Pan D3
39 Crystal Ballroom B3
40 Dante's C3
41 Darcelle XV D2
42 Embers C2
43 Jimmy Mak's B2
44 Keller Auditorium C5
45 Living Room Theater B3
46 Portland Center Stage B3

Shoppen
47 Powell's City of Books B3

gend eine Art schickes Straßenfest gefeiert. Eine der schöneren Ecken dieses Viertels ist der Platz rund um die **Jamison Square Fountain** (Ecke NW Johnson St & NW 10th Ave).

Nob Hill STADTVIERTEL
Das Zentrum von Nob Hill – oder verächtlich „Snob Hill" – ist die NW 23rd Ave, eine trendige Straße voller Boutiquen, Innenausstatter und Cafés. Die Restaurants, darunter einige der besten in Portland, befinden sich hauptsächlich in der NW 21st Ave. Diese Gegend ist ideal, um einen netten Schaufensterbummel zu unternehmen und an Häusern vorbeizuspazieren, die man sich nie im Leben wird leisten können.

WEST HILLS

Westlich der Innenstadt von Portland liegt der Stadtteil West Hills, der bekannt ist für seine exklusiven Villen, riesigen Parks und – bei gutem Wetter – dem Blick auf bis zu fünf Vulkane der Cascades.

Forest Park PARK
Nur wenige Städte verfügen über einen 2065 ha großen gemäßigten Regenwald in ihrem Stadtgebiet – aber nur wenige Städte sind wie Portland. Der sehr ursprünglich belassene Forest Park, dessen dichter Blätterwald Lebensraum für Pflanzen, Tiere und begeisterte Wanderer ist, grenzt an den gepflegteren Washington Park an, mit dem ihn mehrere Wanderwege verbinden. Die **Portland Audubon Society** (www.audubonpoerland.com; 5151 NW Cornell Rd; ⏰Laden Mo–Sa 10–18, So 10–17 Uhr) unterhält einen Buchladen, ein Rehabilitationszentrum für Wildtiere und insgesamt knapp 6,5 km an Wegen durch das Schutzgebiet des Forest Park.

Die Hauptsehenswürdigkeit des Parks ist das **Pittock Mansion** (www.pittockmansion.

com; 3229 NW Pittock Dr; Erw./Kind 7/4 US$; ⌚11–16 Uhr; P). Die grandiose Villa ließ Henry Pittock 1914 errichten, der die Portlander Zeitung *Oregonian* zu neuem Leben erweckte. Es lohnt sich auch, nur auf dem Gelände (kostenlos) spazieren zu gehen und die spektakuläre Aussicht zu genießen – am besten in Verbindung mit einem Picknick.

Washington Park PARK

Westlich des Forest Park erstreckt sich der nicht ganz so wilde, 162 ha große Washington Park, in dem man gut einen halben Tag verbringen kann. Auf dem Gelände des **Hoyt Arboretum** (www.hoytarboretum.org; 4000 Fairview Blvd; Eintritt frei; ⌚Wanderwege 6–22 Uhr, Visitor Center Mo–Fr 9–16, Sa 9–15 Uhr) wachsen mehr als 1000 verschiedene Arten von einheimischen und exotischen Bäumen, die man auf insgesamt 19 km langen Wanderwegen bewundern kann. Besonders schön ist es im Herbst. Der **International Rose Test Garden** (www.rosegardenstore.org; Eintritt frei; ⌚Sonnenaufgang–Sonnenuntergang) ist das Aushängeschild der „Stadt der Rosen". Der Rosengarten, in dem 400 verschiedene Arten blühen und duften, bietet auch einen tollen Blick auf die Stadt. Weiter oben am Hügel befindet sich mit dem **Japanese Garden** (www.japanesegarden.com; 611 SW Kingston Ave; Erw./Kind 9,50/6,75 US$; ⌚Mo 12–19, Di–So 10–19 Uhr; P) eine weitere Oase der Ruhe.

NORDOSTEN & SÜDOSTEN

An dem der Innenstadt gegenüberliegenden Ufer des Willamette River erhebt sich das **Lloyd Center**, ein Einkaufszentrum von 1960, das zwar die übliche Mischung aus Fast-Food-Läden und Filialen großer Ketten bietet, aber dennoch interessant ist, weil es – natürlich – das erste seiner Art in den USA war. Ein paar Häuserblocks weiter südwestlich befinden sich das ebenso hässliche **Oregon Convention Center** mit den beiden Glasspitzen und die **Rose Garden Arena**, das Stadion der Lokalmatadoren des Basketballs, der Trail Blazers.

Am Willamette River etwas weiter nördlich verläuft die **N Mississippi Avenue**. In den einst heruntergekommenen Gebäuden dieser Straße wohnen jetzt junge Besserverdienende. Nordöstlich davon erstreckt sich die künstlerisch angehauchte **NE Alberta Street**, in der sich Kunstgalerien, Boutiquen und Cafés aneinanderreihen. Dagegen ist der **SE Hawthorne Boulevard** (auf Höhe der SE 39th Ave) eine wohlhabende Hippie-Gegend, in der gebatikte T-Shirts getragen werden, auf Homöopathie vertraut wird

PORTLAND MIT KINDERN

Keine Angst, gestresste Eltern: Kinder finden Portland toll und das gleich aus mehreren Gründen, für die man oft nicht einmal den Autokindersitz braucht. So verleiht **Waterfront Bicycles** (www.waterfrontbikes.com) in seinem Laden in der SW Ash St Tandems (75 US$/Tag), Trailer für Trekkingräder (30 US$) und Kinderanhänger (30 US$). Einfach das Kind in den Anhänger packen und Portland auf zwei Rädern erkunden! Das **Oregon Museum of Science & Industry** (OMSI; www.omsi.edu; 1945 SE Water Ave; Erw./Kind 12/9 US$; ⌚Di–So 9.30–17.30, Juni–Aug. 9.30–19 Uhr) direkt am Fluss bietet einen spielerischen Zugang zu Wissenschaft und Technik für alle Altersklassen. Darüber hinaus gibt's ein Omnimax-Kino, ein Planetarium und ein U-Boot, das auch auf Tauchstation geht (alles nicht im Eintrittspreis enthalten).

Drei weitere kindgerechte Sehenswürdigkeiten befinden sich im weitläufigen Washington Park, in dem sich die Kids auch herrlich austoben können. Das **Children's Museum** (www.portlandcm.org; 4015 SW Canyon Rd; Eintritt 9 US$; ⌚Mo–Sa 9–17, So 9–23 Uhr) ist eher Kinderbetreuung als Museum, denn die Kids können nach Herzenslust krabbeln, klettern, malen und basteln. Das nahe gelegene **World Forestry Center** (www.worldforestry.org; 4033 SW Canyon Rd; Erw./Kind 8/5 US$; ⌚10–17 Uhr) bietet ähnliche Betätigungsfelder, mit dem Unterschied, dass sich hier alles um Holz und Bäume dreht.

Die Standardsehenswürdigkeit für Kinder (und ruhebedürftige Eltern) ist der **Oregon Zoo** (www.oregonzoo.org; 4001 SW Canyon Rd; Erw./Kind 9,75/6,75 US$; ⌚April–Sept. 8–18 Uhr). Im Sommer verkehrt der „Zoo Train" zwischen dem Zoo und dem Rosengarten im Washington Park. Ein Highlight in der Weihnachtszeit sind die „Zoolights": Dann verwandelt sich das ganze Gelände in ein Winterwunderland mit beleuchteten Bäumen und Lichterketten in Tierform.

und das Essen in den Cafés grundsätzlich für Veganer angepasst werden kann. Eine schattige Meile weiter südlich ist die Hauptverkehrsstraße **SE Division Street** in den letzten Jahren zu einer Art „SE Delicious Street" geworden, nachdem dort eine Vielzahl von ausgezeichneten Restaurants, Bars und Kneipen eröffnet wurde.

Aktivitäten

Wandern und Mountainbiken ist für Portland, was Autofahren für L.A. ist – ein Teil der Lebenskultur.

Wandern

Ideal zum Wandern ist der **Forest Park** mit seinen insgesamt 112 km langen Wanderwegen, auf denen man sich oft eher am Fuße des Mt. Hood fühlt als im Stadtgebiet von Portland. Der einmal um den Park führende **Wildwood Trail** beginnt am Hoyt Arboretum und schlängelt sich über 48 km durch den Wald. Von diesem Weg zweigen immer wieder kürzere Rundwege ab. Ausgangspunkte für weitere Wanderungen im Forest Park befinden sich an den westlichen Enden der NW Thurman St und der NW Upshur St.

Radfahren

Wer in Portland nicht Fahrrad fährt, verpasst etwas, denn in keiner anderen Stadt Nordamerikas findet man bessere Bedingungen zum Radeln.

In der Innenstadt beginnen zwei lange Radwege. Der **Springwater Corridor** beginnt beim Oregon Museum of Science & Industry (in Verlängerung der Eastbank Esplanade) und führt in Richtung Osten bis in die 21 Meilen (33,8 km) entfernten Vororte von Gresham. Vom **Leif Erikson Drive**, einer ehemaligen Holzfällerstraße, die im Nordwesten der Stadt über 11 Meilen (17,7 km) in den Forest Park hineinführt, hat man immer wieder einen tollen Blick auf Portland.

Durch malerisches Farmland radelt man nach **Sauvie Island**, 10 Meilen (16 km) nordwestlich der Innenstadt von Portland. Die Insel ist ideal zum Radeln – sie ist flach, es herrscht ziemlich wenig Verkehr und der größte Teil ist ein Reservat für Wildtiere.

Fahrräder leihen kann man bei **Waterfront Bicycles** (www.waterfrontbikes.com; 10 SW Ash St), wobei die Leihgebühr für einen Tag um die 35 US$ beträgt. Bei der Touristeninformation ist eine ausgezeichnete Fahrradkarte zum Nulltarif erhältlich.

Kajakfahren

Durch seine Lage am Zusammenfluss des Columbia und des Willamette River kann man in und um Portland meilenweit paddeln. Kajakfahren ist äußerst beliebt. Boote sind ab etwa 10 US$ pro Stunde bzw. 50 US$ pro Tag aufwärts zu haben; Kurse und geführte Touren werden ebenfalls angeboten.

Portland River Company KAJAKFAHREN
(☎503-459-4050; wwwportlandrivercompany.com; 6320 SW Macadam Ave) Der Veranstalter verleiht Kajaks und organisiert Touren, darunter eine dreistündige Umrundung der Ross Island im Willamette River für 45 US$.

Scappoose Bay Kayaking KAJAKFAHREN
(☎503-397-2161, www.scappoosebaykayaking.com; 57420 Old Portland Rd) Es werden Kajaks verliehen, Kurse angeboten und Touren mit Wildtierbeobachtung rund um Sauvie Island organisiert.

Geführte Touren

Portland Bicycle Tours FAHRRAD
(☎503-360-6815; www.intrepidexperience.com; 345 NW Everett St) Mit dem Rad die Parks, Brücken oder Märkte der „Stadt der Rosen" abfahren – mit Stumptown Coffee als Doping. Die zweistündige Tour mit dem eigenen/gemieteten Fahrrad kostet 30/40 US$.

Eco Tours of Oregon NATUR
(☎503-245-1428; www.ecotours-of-oregon.com) Der Öko-Veranstalter bietet naturkundliche Touren in den Nordwesten von Oregon und Washington, in die Columbia River Gorge, zum Mt. St. Helens und in die Weinanbaugebiete.

PDX Running Tours LAUFEN
(☎503-334-7334; www.pdxruntours.com; tours $30-45) Die Läufe durch die Stadt werden für alle Leistungsstufen angeboten. Zusammen mit dem Führer und persönlichen Trainer entdeckt man das skurrile und wilde Portland.

Feste & Events

Portland International Film Festival FILMFESTIVAL
(www.nwfilm.org) Beim größten Filmfestival Oregons, das von Mitte bis Ende Februar stattfindet, werden fast 100 Filme aus mehr als 30 Ländern gezeigt.

Portland Rose Festival ROSENSCHAU
(www.rosefestival.org) Von Mitte Mai bis Anfang Juni feiert die „Stadt der Rosen" ihr

größtes Fest. Zu den Highlights gehören mit Rosen geschmückte Festwagen, Drachenbootrennen, Feuerwerk, der Landgang von Schiffsbesatzungen aus ganz Amerika und die Krönung der Rosenkönigin.

Queer Pride Celebration SCHWULE & LESBEN
(www.pridenw.org) Mitte Juni ist ganz Portland in fröhlichen Schwulitäten. Es gibt eine Party zum Aufwärmen, Bootsrundfahrten und Paraden.

Oregon Brewers Festival BIER
(www.oregonbrewfest.com) Weil's so lecker ist, feiern die Kleinbrauereien ihre Bierchen gleich zweimal im Jahr: einmal im Sommer (Ende Juli) im Tom McCall Waterfront Park und einmal im Winter (Anfang Dezember) auf dem Pioneer Courthouse Square.

Schlafen

Im Sommer sollte man möglichst frühzeitig buchen.

LP TIPP **Ace Hotel** BOUTIQUEHOTEL $$
(503-228-2277; www.acehotel.com; 1022 SW Stark St; DZ mit Gemeinschaftsbad/eigenem Bad ab 107/147 US$;) In diesem Mikrokosmos der Portlander Szene trifft sich alles, was hip und angesagt ist. Schon die Empfangshalle spiegelt die neuesten Trends wider: große Sofas, Retro-Industrie-Design, im Hintergrund rocken die Ramones und der angenehme Duft von frischem Stumptown-Kaffee wabert durch die Verbindungstür. Die schicken, minimalistischen Zimmer im Obergeschoss sind mit herrlich bequemen Betten ausgestattet, aber nicht alle haben ein eigenes Bad.

Crystal Hotel HOTEL $$
(503-972-2670, www.mcmenamins.com; 303 SW 12th Ave; Zi. Queen/King 105/165 US$;) Die Einrichtung der Zimmer ist eine Mischung aus einem von Grateful Dead untermalten Drogenrausch und dem Inneren eines viktorianischen Boudoirs. Das kann nur eines bedeuten: Das neueste Hotel der McMenamins-Brüder ist wieder eine äußerst interessante Unterkunft voller Überraschungen. Keine Überraschung sind die Bar, das Café und das Restaurant, das den gleichen Namen und Besitzer hat wie das berühmte Ballroom auf der anderen Straßenseite.

Jupiter Hotel BOUTIQUEMOTEL $$
(503-230-9200; www.jupiterhotel.com; 800 E BurnsideSt; DZ 114-149 US$; P) Man nehme ein langweiliges Modell – in diesem Fall ein Motel –, verpasse ihm ein schickes Styling und siehe da! Das Jupiter hat sich gemausert und jetzt nichts mehr mit der typisch amerikanischen Billigunterkunft gemeinsam. Die sehr persönlichen Zimmer sind mit Retro-Möbeln eingerichtet, kräftige Farben setzen Akzente und auf den Türen kann man mit Tafelkreide seine Anweisungen für das Personal hinterlassen. Kein Zimmer gleicht dem anderen, was bei einem Motel ja ein Widerspruch in sich ist, und die Doug Fir Lounge nebenan ist eine der besten Livemusik-Kneipen der Stadt. Also gemütlich mit den Band-Roadies an der Bar abhängen und erst nach Mitternacht im Hotel einchecken – denn dann gibt's Rabatt.

Northwest Portland Hostel HOSTEL $
(503-241-2783; www.nwportlandhostel.com; 425 NW 18th Ave; B 20–26 US$, DZ 42–68 US$; P) Die Lage ist perfekt: Die äußerst beliebte Jugendherberge erstreckt sich über mehrere für den Nordwesten typische Gebäude zwischen dem Pearl District und der NW 21st Ave und 24th Ave. Es gibt jede Menge Gemeinschaftsbereiche, darunter auch eine kleine Terrasse, gut ausgestattete Zimmer und einen Fahrradverleih. Wer nicht Mitglied des Internationalen Jugendherbergverbands HI ist, bezahlt 3 US$ extra.

McMenamins Edgefield HOTEL $$
(503-669-8610; www.mcmenamins.com; 2126 SW Halsey St, Troutdale; B 30 US$, DZ mit Gemeinschaftsbad 60–80 US$, mit eigenem Bad 110–145 US$;) Die ehemalige Armensiedlung des Bezirks wurde von den McMenamin-Brüdern in eine einzigartige, 15 ha große Hotelanlage umgewandelt, die eine atemberaubende Vielfalt an Einrichtungen und Dienstleistungen bietet. So gibt es Weinverkostungen, Bier aus der hauseigenen Brauerei, einen Golfplatz und einen Souvenirladen, Kinofilme, Livemusik, einen riesigen Park zum Spazierengehen und mehrere Restaurants. Das Hotel ist etwa 20 Minuten Autofahrt vom Osten der Innenstadt entfernt.

Kennedy School HOTEL $$
(503-249-3983, www.mcmenamins.com; 5736 NE 33rd Ave; DZ 109–130 US$; P) Das Hotel ist eine Institution in Portland. In der ehemaligen Grundschule fühlt man sich in die gute alte Zeit zurückversetzt, als man im Geschichtsunterricht noch einfach wegdösen konnte. Heute schlafen die Gäste ganz offiziell in den umgebauten Klassen-

zimmern. Zu dem Hotel, das sich ein paar Meilen außerhalb des Zentrums befindet, gehören auch ein Restaurant, mehrere Bars, eine Kleinbrauerei, ein Kino und ein Schwimmbecken. Die ganze Schule ist mit Mosaiken, fantasievollen Gemälden und historischen Fotografien geschmückt.

Mark Spencer Hotel HOTEL $$
(☎503-224-3293, www.markspencer.com; 409 SW 11th Ave; DZ inkl. Frühstück ab 129 US$;) Wem das Ace zu trendig ist, der übernachtet in diesem kultivierten, gediegenen (um nicht zu sagen „langweiligen") Hotel direkt nebenan. Die großzügigen Zimmer mit Küchenzeile sind nichts Besonderes, aber angesichts der günstigen Lage im Stadtzentrum ihr Geld durchaus wert. Außerdem gibt's nachmittags kostenlosen Tee mit Keksen.

Hotel Lucia BOUTIQUEHOTEL $$$
(☎503-225-1717; www.hotellucia.com; 400 SW Broadway; DZ 199–299 US$;) Das Boutiquehotel im schicken, schwarzweißen Design präsentiert selbst (essbare) Äpfel als wären sie kunstvoll lackiert. Die durchgestylten Zimmer sind mit allerlei technischen Raffinessen wie WLAN, Flachbild-TV und Dockingstation für den iPod ausgestattet. Die Lage in der Innenstadt ist wirklich erstklassig.

Inn at Northrup Station HOTEL $$
(☎503-224-0543, www.northrupstation.com; 2025 NW Northrup St; DZ inkl. Frühstück ab 156 US$;) Das supertrendige Hotel übertreibt es fast ein bisschen mit der hellen Farbgestaltung und dem flippigen Design. Viele der riesigen, künstlerisch gestalteten Suiten haben eine Terrasse oder einen Balkon. Zudem gibt's eine tolle Dachterrasse mit vielen Pflanzen.

Heathman Hotel LUXUSHOTEL $$$
(☎503-241-4100, www.heathmanhotel.com; 1001 SW Broadway; DZ ab 200 US$;) Vor Portlands einzigem Nobelhotel der alten, sprich europäischen Schule steht ein Portier, der wie ein Torwächter des Tower in London aussieht. Auch das Restaurant zählt zu den besten der Stadt. Am Nachmittag wird Tee gereicht, abends gibt's Jazz und in der Bibliothek stehen die handsignierten Bücher

NICHT VERSÄUMEN

PORTLAND UND SEINE FOOD CARTS

Vielleicht eine der besten und günstigsten Arten, die kulturelle Vielfalt Portlands zu entdecken, ist das Ausprobieren der verschiedenen **Food Carts** (www.foodcartsportland.com). Die teilweise ortsfesten Küchen auf Rädern sind im wesentlichen ein Produkt der letzten zehn Jahre. Sie stehen auf Parkplätzen überall in der Stadt, zumeist in Gruppen oder kleinen „Fressmeilen" und haben ihre eigenen, gemeinsam genutzten Tische, Geldautomaten und Toilettenhäuschen. Da viele ihrer Besitzer erst vor Kurzem ins Land der unbegrenzten Möglichkeiten kamen und sich kein richtiges Restaurant leisten können, bilden die Imbissstände ein kulinarisches Treffen der Nationen, die heimische Seelennahrung aus Bosnien und Tschechien, Vietnam und Mexiko anbieten. Die Preise sind mit 5 bis 6 US$ für ein leckeres, sättigendes Mittagessen sehr niedrig – nicht so der Hygienestandard, denn dank der strengen städtischen Vorschriften ist alles blitzsauber. Die Beziehung zwischen Standbesitzern und Kunden besteht oft aus dem Austausch von geografischen Kenntnissen und Kochrezepten.

Es gibt verschiedene Standorte der Food Carts, doch die größten Ansammlungen befinden sich an der Ecke SW Alder St und SW 9th Ave. Neu hinzugekommene Food Carts haben teilweise keinen festen Standort, sondern kündigen ihren jeweiligen Tagesplatz auf Facebook oder Twitter an. Die Besten der Besten und ihre Spezialitäten sind:

Ziba's Pitas (Ecke SW 9th Ave & SW Alder St) Gefülltes Fladenbrot aus Bosnien.

Potato Champion (Ecke SE 12th Ave & Hawthorne) Zweimal frittierte Pommes mit verschiedenen Saucen.

El Cubo de Cuba (Ecke SW 10th Ave & SW Alder St) *Ropa vieja* (Rindergeschnetzeltes) und klassische kubanische Sandwiches.

Gaufre Gourmet (Ecke NW 4th Ave & W Burnside St) Belgische Waffeln nach Lütticher Art mit fantastischem Belag.

von Autoren, die hier schon mal übernachtet haben. Die Zimmer sind elegant, stilvoll und luxuriös. Parken kostet 30 US$.

Essen

Die sich rasant entwickelnde Restaurant- und Kochkultur von Portland hat schon vor Jahren die althergebrachten Regeln über Bord geworfen und sich in zahllosen Kategorien, Unterkategorien und Unterkategorien der Unterkategorien versucht. Das vegetarische Angebot ist enorm. Sehr beliebt sind auch Brunch, asiatische Fusion-Küche und die noch recht diffuse „Pacific Northwest Cuisine". Und dann sind da noch die vielen internationalen Food Carts, die alle Kochkulturen dieser Welt in einer einzigen Straße anbieten.

Paley's Place FRANZÖSISCH, FUSION **$$$**
(☎503-243-2403; www.paleysplace.net; 1204 NW 21st Ave; Hauptgerichte 20–32 US$; ⌚Mo–Do 17.30–22, Fr & Sa 17.30–23, So 17–22 Uhr) Es gehört schon ein besonderes Talent dazu, um vom Fernsehsender Food Network zum *Iron Chef* gekürt zu werden, und Vitaly Paley, dem vor Kurzem diese Ehre zuteil wurde, hat sie wirklich verdient. Er servierte schon Entenconfit, Kobe-Rind-Burger und Kalbsbries der Spitzenklasse lange bevor der Kochsender auf ihn aufmerksam wurde. Das sehr kultivierte, französisch angehauchte Restaurant befindet sich über einem Wellnesstempel im vornehmen Nob Hill. Dort zu essen ist ein unvergessliches Erlebnis.

Andina LATEINAMERIKANISCH **$$$**
(☎503-228-9535; www.andinarestaurant.com; 1314 NW Glisan St; Hauptgerichte 25–30 US$) Der aktuelle Trendsetter der Restaurantszene in Portland ist nicht französisch, italienisch oder thailändisch, sondern… neu-peruanisch. Das Rezept? Man nehme Zutaten aus der Region und würze sie mit dem Geschmack der Anden. Das Ergebnis? Gewagtes, köstliches und vor allem sehr interessantes Essen.

Piazza Italia ITALIENISCH **$$**
(☎503-478-0619; www.piazzaportland.com; 1129 NW Johnson; Nudelgericht 12–18 US$; ⌚11.30–15 & ab 17 Uhr) Das grandiose *ragù* (Fleischsauce) schmeckt wie in Bologna, die denkwürdigen *vongole* (Venusmuscheln) genau wie in Sizilien. Das Piazza Italia ist ein original italienisches Restaurant, dem tatsächlich gelungen ist, woran so viele andere gescheitert sind: das wahre Wesen der italienischen Küche nach Nordamerika zu bringen, jenseits von allen Klischees.

Kenny & Zuke's DELI **$$**
(www.kennyandzukes.com; 1038 SW Stark St; Sandwiches 9–13 US$; ⌚So–Do 7–20, Fr & Sa 7–21 Uhr) Das traditionelle jüdische Deli neben dem Ace Hotel bietet ein Stück New York mitten in Portland. Spezialität des Hauses ist – wen wundert's – von Hand geschnittenes Pastrami, das zuvor fünf Tage lang gepökelt, zehn Tage geräuchert und drei Tage gedämpft wurde. Nach dem klassischen Pastrami-Sandwich auf Roggenbrot sollte man unbedingt noch Blini, Plinsen, Latkes oder eines der fantastischen Desserts probieren.

Silk VIETNAMESISCH **$$**
(1012 NW Glisan St; Hauptgerichte 9–14 US$; ⌚Mo–Sa 11–15 & 17–22 Uhr) Eine interessante, moderne und erstklassige Variante der vietnamesischen Küche. In dem minimalistisch eingerichteten Restaurant mit den klaren Linien gibt's auch eine Cocktailbar. Die Atmosphäre ist ganz entspannt, viele Leute sitzen alleine am Tisch und die Preise sind sehr vernünftig. Zu den Glanzstücken gehören der Bananenblütensalat, die Frühlingsrollen mit Garnelen und Hühnchenfleisch sowie die vielen Nudelsuppen.

Pambiche KUBANISCH **$$**
(☎503-233-0511; www.pambiche.com; 2811 NE Glisan St; Hauptgerichte 11–17 US$; ⌚So–Do 11–22, Fr & Sa 11–24 Uhr) Die kubanische Küche kam nach der Revolution von 1959 zusammen mit 2 Mio. Auswanderern in die USA, die sich bevorzugt im sonnigen Miami, in New Jersey oder – wie hier eher zufällig – in Portland niederließen. Das bunte Restaurant im Nordosten der Stadt ist ganztägig geöffnet, doch die beste Zeit für einen Besuch ist *la hora del amigo* (die kubanische Happy Hour; Mo–Fr 14–18, Fr & Sa 10–24 Uhr). Serviert werden *ropa vieja* (Rindergeschnetzeltes), Snapper in Kokosmilch und starker kubanischer Kaffee. Da das Lokal nicht nur wahnsinnig beliebt, sondern auch winzig klein ist, sollte man frühzeitig da sein.

Jake's Famous Crawfish SEAFOOD **$$$**
(☎503-226-1419; 401 SW 12th Ave; Hauptgerichte 17–32 US$; ⌚Mo–Do 11–23, Fr 11–24, Sa 12–24, So 15–24 Uhr) Das beste Seafood-Restaurant Portlands ist im eleganten Stil der guten alten Zeit eingerichtet. Die Austern sind göttlich, die Krabbenfrikadellen eine Offenbarung und der Lachs mit Meerrettich

schmeckt wie von Engeln gemacht. Das Paradies öffnet sich um 15 Uhr, dann beginnt die Happy Hour.

Lovejoy Bakers BÄCKEREI, SANDWICHES $
(www.lovejoybakers.com; 939 NW 10th Ave; Mittagessen 7–10 US$; ⏲6–18 Uhr) Das stilvolle Lokal ist typisch für den Pearl District. In der Bäckerei werden äußerst kreative Brote gebacken, die dann im eleganten, etwas altmodischen Café zu exotischen Sandwiches verarbeitet werden.

Bunk Sandwiches SANDWICHES $
(www.bunksandwiches.com; 621 SE Morrison St; kleine Gerichte 5–7 US$; ⏲8–15 Uhr) In dem winzigen, schnörkellosen Lokal kann man brunchen und zu Mittag essen, braucht aber Unmengen von Servietten. Wenn man erst eines der auf einer Schiefertafel verzeichneten Sandwiches mit klassischem Belag, Thunfischsauce oder Fleischbällchen und Parmesankäse in Händen hält, weiß man auch, warum.

Ausgehen

Cafés

Seattle als *die* Stadt des Kaffees war einmal. Schon vor zehn Jahren hat Portland den Titel der „Stadt der besten Kaffeeröstereien" gewonnen und seitdem konstant verteidigt. Nur hat das noch keiner gemerkt!

LP TIPP **Stumptown Coffee** CAFÉ
(www.stumptowncoffee.com;) Ace Hotel (1022 SW Stark St); Belmont (3356 SE Belmont St); Division (3377 SE Division St); Downtown (128 SW 3rd Ave) Die Grande Dame der revolutionären Miniröstereien ist nicht so leicht zu schlagen. Das Café im Ace Hotel ist die genialste Filiale des Unternehmens. Dort diskutieren trendige Baristas über asymmetrische Haarschnitte, während im Hintergrund Filmmusik von Iggy Pop läuft. Hierher kommt man immer wieder gern.

Barista CAFÉ
(www.baristapdx.com) Pearl District (539 NW 13th Ave); Alberta (1725 NE Alberta St) In den beiden recht neuen Cafés servieren professionelle Baristas perfekt zubereiteten Kaffee mit viel Charme. Jede Woche wird eine andere Kaffeesorte vorgestellt, die frischen Backwaren kommen aus einer nahe gelegenen Bäckerei im Pearl District.

Coava Coffee CAFÉ
(www.coava.myshopify.com; 1300 SE Grand Ave; ⏲Mo–Fr 7–17, Sa & So 8–17 Uhr) Auch wenn es keine Speisekarte gibt und die Einrichtung den „Neo-Industrialismus" bis ins Lächerliche überzieht (Stichwort Laubsägearbeiten in der Schule), liefert das Coava genau das, was es verspricht: Kaffee, der so gut schmeckt, dass man sich fragt, ob jede einzelne Bohne von Hand gepflückt wurde. Unglaublich!

Public Domain Coffee CAFÉ
(www.publicdomaincoffee.com; 603 SW Broadway, Ecke Alder St; ⏲Mo–Fr 6–19, Sa & So 7–19 Uhr) Das schicke neue Café in der Innenstadt gehört der alteingesessenen, unabhängigen Rösterei Coffee Bean International. Inmitten von feudaler Holzverkleidung und erstklassigen, auf Hochglanz polierten Espressomaschinen finden Kaffeeverkostungen (14 Uhr am Wochenende) und Kurse zum richtigen Kaffeekochen statt (erster Samstag im Monat).

Spella Caffè CAFÉ
(www.spellacaffe.com; 520 SW 5th; ⏲Mo–Fr 7.30–16 Uhr) Kaffeespezialist Andrea Spella, der zuerst einen Food Cart besaß und nun ein winziges Stehcafé betreibt, röstet brasilianische Bohnen mit höchster Präzision und bereitet den Kaffee von Hand mit einer altmodischen Kolben-Espressomaschine zu.

Bars & Brauereikneipen

Selbst als Deutscher könnte man angesichts solcher Vielfalt neidisch werden. Im Stadtgebiet von Portland gibt's etwa 30 Brauereikneipen – mehr als in jeder anderen Stadt auf dieser Erde. Eine gute und leberschonende Möglichkeit, möglichst viele Biersorten zu probieren, ist die Bestellung von vier bis acht Bierproben.

LP TIPP **Bridgeport Brewpub** BRAUEREI
(www.bridgeportbrew.com; 1313 NW Marshall St) Die riesige, entspannte und unprätentiöse Bar, die auch großartiges Essen serviert, ist ziemlich geschichtsträchtig. Denn hier braute die erste Kleinbrauerei der USA 1984 ihr erstes Bier. Und bis heute hat dieses Brauhaus etwas Magisches an sich.

Lucky Labrador Brewing Company BRAUEREI
(www.luckylab.com) Hawthorne (915 SE Hawthorne Blvd); Pearl District (1945 NW Quimby St) Der Hund im Namen ist kein Witz. Die Vierbeiner sind in der freundlichen Kneipe mit dem leichten Bier durchaus willkommen. In der Filiale am Hawthorne Blvd gibt's sogar einen hundefreundlichen Biergarten hinter dem Haus, wo im Sommer auch Kinofilme gezeigt werden.

Deschutes Brewery BRAUEREI
(www.deschutesbrewery.com; 210 NW 11th Ave) Den Beweis, dass nicht alle guten Ideen ihren Ursprung in Portland haben, liefert die aus Bend importierte Brauerei Deschutes. In dem schicken Backsteingebäude im Pearl District wird großartiges Kneipenessen und leckeres Bier serviert, das vor Ort gebraut wird.

Saucebox BAR
(www.saucebox.com; 214 SW Broadway) Trendige Innenstädter schlendern lässig in das superschicke Restaurant in der Innenstadt, wo die hübschen Bardamen feine asiatische Fusion-Küche servieren. Auswärtige, die Unterhaltung suchen, sind herzlich willkommen auf einen genialen Cocktail. Ab 22 Uhr sorgen DJs für Stimmung.

Tugboat Brewery BRAUEREI
(711 SW Ankeny; ⌚Mo 17–22, Di–Do 16–24, Fr & Sa 16–1 Uhr) Die zugegeben etwas andere Kneipe am schäbigen Rand der Old Town sieht mit dem kleinen Innenraum voller Bücherregale und fröhlicher Einheimischer wie ein englisches Wohnzimmer aus.

Horse Brass Pub BAR
(www.horsebrass.com; 4534 SE Belmont St) Der hochgeschätzte, original englische Pub bietet viel dunkles Holz, ausgezeichnete Fish & Chips und mehr als 50 Biere vom Fass. Man kann Darts spielen, Fußball schauen oder einfach nur die Atmosphäre genießen.

Crush BAR
(www.crushbar.com; 1400 SE Morrison St) In der sexy Lounge-Bar treffen sich all die schönen Leute und schlürfen exotische Cocktails. Das Essen ist erste Sahne, der Brunch ist ausgezeichnet und es gibt sogar ein Raucherzimmer. Ideal für Frauen, die sich amüsieren wollen, egal ob hetero oder lesbisch.

LaurelThirst Pub BAR
(2958 NE Glisan St) In der düsteren, ausgeflippten Kneipe ist es oft so voll, dass die Leute auf der Straße weiterfeiern. Die regelmäßig gebotene Livemusik ist zunächst kostenlos, ab 21 Uhr wird dafür Eintritt kassiert. Die Bier- und Weinauswahl ist gut, es gibt nichts Hochprozentiges, aber dafür ein ausgezeichnetes Frühstück.

Amnesia Brewing BRAUEREI
(832 N Beech St) Die hippe und größte Brauerei in der N Mississippi Ave bietet eine lockere Atmosphäre und Picknicktische vor dem Eingang. Das Bier ist ausgezeichnet, vor allem das Desolation IPA oder Wonka Porter. Auf dem Grill im Freien brutzeln Frikadellen und Würstchen.

Hopworks Urban Brewery BRAUEREI
(www.hopworksbeer.com; 2944 SE Powell Blvd) Die erst vor Kurzem in Betrieb gegangene Brauerei versorgt Portland nun auch mit 100%-igen Biobier, das ausschließlich aus regionalen Zutaten gebraut wird. Abfälle werden kompostiert und es gibt sogar eine „Fahrrad-Bar".

Hair of the Dog Brewing BRAUEREI
(www.hairofthedog.com; 61 SE Yamhill; ⌚Mi–So 14–20 Uhr) Als dieses Eldorado für Biertrinker 2010 eröffnet wurde, meinten die Biergenießer, es den versnobten Weinkennern gleichtun zu müssen und nannten die Lokalität nicht einfach „Pub", sondern „Verkostungsraum". In der Brauerei wird mit der Präzision eines wissenschaftlichen Experiments ein anspruchsvolles Flaschenbier gebraut.

☆ Unterhaltung

Die gemütliche Brauereikneipe war nur der Anfang. Spätestens seit die Hardcore-Punkband The Wipers 1979 ihren Hit *Is This Real?* landeten, gibt's in Portland eine sehr lebendige Musikszene. Besonders genial sind die Kinos der Stadt, denn dort werden Essen und Getränke auch *während der Vorstellung* serviert.

Veranstaltungstipps und Eintrittspreise stehen im *Mercury* oder in der *Willamette Week*.

Livemusik

Doug Fir Lounge LIVEMUSIK
(www.dougfirlounge.com; 830 E Burnside St) Seit der legendäre Nachtclub Satyricon im ersten Jahrzehnt des neuen Jahrtausends dichtmachte, gibt nun das Doug Fir den Ton an. Allerdings sind in der Lounge-Bar eher die älteren Stars der Rockmusik angesagt als die zornige Jugend des Punk. Getreu seinem Auftrag bietet das Fir, was von ihm verlangt wird und bringt die neuesten und gefragtesten Talente auf die Bühne, die tätowierte Jugendliche ebenso anziehen wie Yuppies aus den Vorstädten. Der Aufstieg des Clubs hat auch das neue, trendige Stadtviertel South Burnside belebt, das seit Kurzem nur noch lässig „SoBu" genannt wird.

Dante's LIVEMUSIK
(www.danteslive.com; 1 SW 3rd Ave) Die in erotischem Rot gehaltene Bar in der Nähe von

Chinatown präsentiert Varieté-Theater und US-amerikanische Bands wie die Dandy Warhols und Concrete Blonde. Jeden Montagabend gibt's das höllisch beliebte „Karaoke from Hell".

Berbati's Pan LIVEMUSIK
(www.berbati.com; 10 SW 3rd Ave) Dem alteingesessenen Rockclub gelingt es immer wieder, die interessanteren Gruppen der Stadt zu verpflichten, sodass er das ganze Spektrum von Bigband über Swing und Acid Rock bis hin zu R & B bedient. Außerdem kann man Billard spielen und draußen sitzen.

Crystal Ballroom LIVEMUSIK
(www.mcmenamins.com; 1332 W Burnside St) Das 1914 eröffnete Crystal hat alles erlebt – Jazz, die Beat Generation und psychedelischen Rock –, bis es 1968 seine Türen schloss und zum beliebtesten Objekt der Hausbesetzer in der Stadt wurde. Die McMenamin-Brüder retteten es 1997 schließlich vor dem endgültigen Verschwinden. Heute ist der Ballsaal wieder so berühmt und beliebt wie in den 1950er-Jahren, nicht zuletzt wegen dem „schwimmenden" Tanzboden, der bei der kleinsten Bewegung in Schwingung gerät.

Jimmy Mak's LIVEMUSIK
(www.jimmymaks.com; 221 NW 10th Ave ⏲Musik ab 20 Uhr) Das beste Jazzlokal der Stadt serviert im noblen Speiseraum auch ausgezeichnete mediterrane Küche. Im Untergeschoss gibt's eine lässige Lounge-Bar für Raucher.

Kino

Living Room Theater KINO
(www.livingroomtheaters.com; 341 SW 10th Ave) Fast zu gut um wahr zu sein! In den sechs Kinosälen, die mit modernster digitaler Technik ausgestattet sind, werden anspruchsvolle, ausländische und alte Filme gezeigt, während das Personal Getränke und Tapas an den Kinositz bringt. Direkt daneben gibt's eine Bar mit Wein, Kaffee, WLAN und gemütlichen Sofas.

Kennedy School KINO
(www.mcmenamins.com; 5736 NE 33rd Ave) Die ehemalige Schule ist der beste Veranstaltungsort des McMenamin-Unternehmens in Portland. In der Turnhalle werden nun Kinofilme gezeigt.

Bagdad Theater KINO
(www.mcmenamins.com; 3702 SE Hawthorne Blvd) Das historische Kino im östlichen Teil der Stadt gehört ebenfalls zum Imperium der McMenamin-Brüder und zeigt große Filme für kleines Geld.

Cinema 21 KINO
(www.cinema21.com; 616 NW 21st Ave) Im besten Programmkino Portlands werden auch ausländische Filme gezeigt.

Theater & Klassische Musik

Portland Center Stage THEATER
(☎503-445-3700; www.pcs.org; 128 NW 11th Ave) Das beste Ensemble der Stadt spielt in der Portland Armory, dem frisch renovierten Wahrzeichen im Pearl District, das mit der neuesten Bühnentechnik ausgestattet ist.

Arlene Schnitzer Concert Hall KLASSISCHE MUSIK
(☎503-228-1353; www.pcpa.com/events/asch.php; 1037 SW Broadway) In dieser schönen, wenn auch akustisch nicht ganz so tollen Konzerthalle im Zentrum Portlands ist Oregons Symphonieorchester zu Hause.

Artists Repertory Theatre THEATER
(☎503-241-1278; www.artistsrep.org; 1516 SW Alder St) In dem kleinen, intimen Theater kommen einige der besten Schauspiele Portlands sowie regionale Premieren auf die Bühne.

Keller Auditorium THEATER
(☎503-248-4335; www.pcpa.com/events/keller.php; 222 SW Clay St) Hier finden Aufführungen der Portland Opera, des Oregon Ballet Theatre und des Oregon Children's Theatre statt.

Schwulen- & Lesbenszene

Das alle zwei Wochen erscheinende kostenlose Schwulenmagazin *Just Out* informiert über aktuelle Veranstaltungen. Weitere Infos sind in den *Gay and Lesbian Community Yellow Pages* (www.pdxgayyellowpages.com) zu finden.

Darcelle XV KABARETT
(www.darcellexv.com; 208 NW 3rd Ave) In den besten Travestieshows Portlands treten Dragqueens mit riesigen Perücken, unechtem Schmuck und übermäßig ausgestopften Push-ups auf. An den Wochenenden gehört die Bühne ab Mitternacht den Strippern.

Embers CLUB
(110 NW Broadway) Das gemischte Stammpublikum kommt wegen der Musik (aus den 1980er-Jahren bis Techno und Pop), den Dragqueen-Shows, dem Spaß auf der

Tanzfläche und der freundlichen, kameradschaftlichen Atmosphäre.

Hobo's BAR
(www.hobospdx.com; 120 NW 3rd Ave) Hinter der alten, historischen Ladenfront verbirgt sich ein nobles Restaurant mit Pianobar, das vor allem bei älteren Schwulen sehr beliebt ist. Ein ruhiger, entspannter Ort für ein romantisches Abendessen zu zweit oder einfach nur einen Drink.

Sport

Das einzige Erstliga-Team Portlands sind die Basketballer der **Trail Blazers** (www.nba.com/blazers), die ihre Heimspiele in der Rose Garden Arena austragen.

Das zweitklassige Baseball-Team der **Portland Beavers** (www.portlandbeavers.com) und die ebenfalls zweitklassigen Fußballer der **Portland Timbers** (www.portlandtimbers.com) gehen im PGE-Park auf Punkte- bzw. Torejagd. Die Timbers, die mittlerweile zum vierten Mal wiederauferstanden sind, wurden erstmals 1975 gegründet und erzielten einige Erfolge in der ehemaligen NASL. Sie sind vor allem bekannt für ihre lautstarken Fans, die *Timbers Army,* und die vielen britischen Trainer.

Shoppen

Portlands Einkaufsmeile in der Innenstadt erstreckt sich mit den üblichen Verdächtigen rund um den Pioneer Courthouse Square. Das Pioneer Place, ein Einkaufszentrum der gehobenen Preisklasse, befindet sich östlich davon, zwischen der SW Morrison und der SW Yamhill St. Im Pearl District gibt's vor allem teure Kunstgalerien, Boutiquen und Innenausstatter. Jedes Wochenende findet rund um die Skidmore Fountain der für Portland so typische Saturday Market statt.

In Eastside finden sich jede Menge trendige Einkaufsstraßen, in denen es auch ein paar Restaurants und Cafés gibt. Die größte ist der SE Hawthorne Blvd, die aktuellste ist die N Mississippi Ave, und die NE Alberta St ist am flippigsten und sehr künstlerisch orientiert. Im weiter südlich gelegenen Stadtteil Sellwood findet man vor allem Antiquitäten.

Praktische Informationen

Geld

Travelex (⌚5.30–16.30 Uhram-4:30pm) Downtown (900 SW 6th Ave); Portland International Airport (Hauptschalterhalle) Wechselstube.

Infos im Internet

City of Portland (www.portlandonline.com) Offizielle Homepage der Stadt.

Gay Oregon (www.gaypdx.com) Jede Menge Infos für Schwule und Lesben in Portland.

PDX Guide (www.pdxguide.com) Witzige und aufschlussreiche Beurteilungen von Restaurants und Kneipen, geschrieben von einem Kenner, der auch Veranstaltungstipps gibt.

Portland Independent Media Center (www.portland.indymedia.org) Lokalnachrichten und Infos zu Aktivitäten der politischen Linken.

Internetzugang

Backspace (www.backspace.bz; 115 NW 5th Ave; ⌚Mo–Mi 7–23, Do & Fr 7–24, Sa 10–24, So 10–23 Uhr) Treffpunkt für Jugendliche mit Spielautomaten, Kaffeebar und langen Öffnungszeiten.

Urban Grind Coffeehouse (www.urbangrindcoffee.com) NE Oregon St (2214 NE Oregon St); NW 14th Ave (911 NW 14th Ave; ⌚6–22.30 Uhr) Schickes Café mit Computern und gratis WLAN.

Medien

Just Out (www.justout.com) Alle zwei Wochen erscheinendes kostenloses Schwulenmagazin für Portland.

KBOO 90.7 FM Progressiver Lokalsender mit alternativen Nachrichten und Meinungen, der von Freiwilligen unterhalten wird.

NICHT VERSÄUMEN

POWELL'S CITY OF BOOKS

Wer erinnert sich nicht an diese herrlichen Samstagnachmittage in den 1980er- und 1990er-Jahren, als man mit einem Becher Kaffee im Buchladen stand und den Blick über die endlos langen Bücherreihen schweifen ließ? Nun, das ist immer noch möglich – zumindest hier. Im Zeitalter des E-Books ist **Powell's City of Books** (www.powells.com; 1005 W Burnside St; h9–23 Uhr) eine altmodische Oase der gedruckten Werke, in denen eingefleischte Bücherwürmer in abgewetzten Anzügen, beflissene Verkäufer und überraschend auftauchende Literaten durch das Labyrinth der Regale streifen. Die 1971 gegründete „Bücherstadt" bezeichnet sich selbst als der größte, unabhängige Buchladen der Welt. Immerhin erstreckt er sich über einen ganzen Häuserblock.

Portland Mercury (www.portlandmercury.com) Das kostenlose Gegenstück zum *Stranger* in Seattle erscheint jeden Donnerstag.

Willamette Week (www.wweek.com) Kostenloses Lokal- und Feuilletonblatt, das jeden zweiten Mittwoch erscheint.

Notfall & Medizinische Versorgung

Legacy Good Samaritan Hospital & Medical Center (☎503-413-7711; 1015 NW 22nd Ave)

Polizei (☎503-823-0000)

Walgreens (☎503-238-6053; 940 SE 39th Ave) Rund um die Uhr geöffnete Apotheke im Osten der Stadt.

Post

Post Hauptpost (715 NW Hoyt St); University Station (1505 SW 6th Ave)

Touristeninformation

Portland Oregon Visitors Association (www.travelportland.com; 701 SW 6th Ave; ⌚Mo–Fr 8.30–17.30, Sa 10–16, So 10–14 Uhr) In der Touristeninformation am Pioneer Courthouse Square, die von superfreundlichen Freiwilligen betreut wird, befinden sich auch die Büros der städtischen Verkehrsbetriebe Tri-Met. Außerdem wird in einem kleinen Kinosaal ein zwölfminütiger Film über die Stadt gezeigt.

ℹ An- & Weiterreise

Bus

Greyhound (www.greyhound.com; 550 NW 6th Ave) fährt von Portland über die I-5 und I-84 u. a. nach Chicago (50 Std., 197 US$), Boise in Washington (9½ Std., 69 US$), Denver in Colorado (28 Std., 135 US$), San Francisco in Kalifornien (17½ Std., 87 US$), Seattle in Washington (4 Std., 28 US$) und Vancouver in British Columbia (8½ Std., 55 US$).

Flugzeug

Am **Portland International Airport** (PDX; www.flypdx.com) starten täglich Flüge in die ganze USA sowie in vier Städte weltweit. Der Flughafen liegt östlich der I-5 am Ufer des Columbia River, 20 Minuten Autofahrt von der Innenstadt entfernt. Dort gibt es Wechselstuben, Restaurants, Buchläden (darunter drei Powell's-Filialen), Einrichtungen für Geschäftsreisende wie kostenloses WLAN und vieles mehr.

Zug

Amtrak (www.amtrak.com; Ecke NW 6th Ave & NW Irving St) bietet Verbindungen nach Chicago (267 US$, 2 Std., 2-mal tgl.), Oakland in Kalifornien (122 US$, 18 Std., 1-mal tgl.), Seattle in Washington (31 US$, 3½ Std., 4-mal tgl.) und Vancouver in British Columbia (58 US$, 4 Std., 2-mal tgl.).

ℹ Unterwegs vor Ort

Auto

Die großen Autovermietungen haben Büros am Portland International Airport und in der Stadt. In Oregon ist es per Gesetz verboten, an der Tankstelle selbst zu tanken. Die meisten Parkplätze in der Innenstadt sind gebührenpflichtig. Deshalb ist es günstiger, kostenlos in einer Straße am südöstlichen Flussufer zu parken und zu Fuß über eine Brücke ins Stadtzentrum zu gehen.

Bus & Straßenbahn

Portland verfügt über ein bestens ausgebautes, bis in die letzten Winkel reichendes Bus- und Straßenbahnnetz. Das städtische Verkehrsunternehmen Tri-Met betreibt die normalen Stadtbusse und die MAX-Bahn; ein **Informationszentrum** (www.trimet.org; ⌚Mo–Fr 8.30–17.30 Uhr) befindet sich am Pioneer Courthouse Square. Seit 2001 gibt's auch eine Straßenbahn (Tram), die von der Portland State University im Süden der Innenstadt durch den Pearl District in die NW 23rd Ave fährt. Innerhalb des Zentrums sind alle öffentlichen Verkehrsmittel kostenlos, ansonsten werden pro Fahrt 2 bis 2,35 US$ fällig. Nachts fahren die Busse und Bahnen bis 1.30 Uhr.

Fahrrad

Portland gilt als die fahrradfreundlichste Stadt in den USA und verfügt über meilenweite Radwege. Ein Leihfahrrad kostet 35 US$ aufwärts. Einige Hotels, z. B. das Ace Hotel, verleihen die Drahtesel auch kostenlos.

Vom/Zum Flughafen

Die MAX-Bahn von Tri-Met verkehrt zwischen dem Flughafen von Portland und der Innenstadt (2,35 US$, 45 Min.). Eine Taxifahrt zum Flughafen kostet etwa 30 US$.

Taxi

Ein Taxi kann man rund um die Uhr telefonisch bestellen. In der Innenstadt kann man sie auch oft heranwinken. Sehr zuverlässig sind **Broadway Cab** (☎503-227-1234) und **Radio Cab** (☎503-227-1212).

Rund um Portland

Bier, Kaffee, Wein – darin ist Portland Spitze. Für Letzteres muss man jedoch die Stadt verlassen und zu den Weingütern im Willamette Valley fahren. Die meisten befinden sich am Hwy 99W rund um die Orte Dundee und McMinnville. Bei der **Willamette Valley Wineries Association** (www.willamettewines.com) erhält man ausführliche Infos über die berauschende Gegend.

ABSTECHER

THERMALQUELLEN

Oregon hat wesentlich mehr Thermalquellen zu bieten als sein nördlicher Nachbar Washington. Einige dieser wohltuenden Gewässer sind bequem von der Hauptstadt Salem aus zu erreichen. Zwei Autostunden östlich der Stadt sprudeln die belebenden **Bagby Hot Springs** (www.bagbyhotsprings.org). Ein 2,5 km langer Wanderweg führt zu einem Warmwasserbecken in einem rustikalen Badehaus, das mitten im Wald steht und kostenlos genutzt werden darf. Von Estacada fährt man auf dem Hwy 224, der später zur Forest Rd 46 wird, 26 Meilen (42 km) in Richtung Süden, biegt dann nach rechts in die Forest Rd 63 ab und fährt noch 3 Meilen (4,8 km) weiter bis zur USFS Rd 70. Dort biegt man wieder rechts ab und erreicht nach weiteren 6 Meilen (9,6 km) den Parkplatz (Northwest Forest Pass für 5 US$ erforderlich).

Wer nicht so gern in Gemeinschaft badet, kann in den ebenso heilsamen wie vornehmen **Breitenbush Hot Springs** (www.breitenbush.com) abtauchen. Eine Tageskarte für den schicken Gesundheitstempel mit Wellnessbad, Massagen, Yoga u. v. m. kostet zwischen 14 und 26 US$. Breitenbush liegt östlich von Salem am Hwy 46, direkt hinter dem kleinen Ort Detroit.

Ein gutes Beispiel für die vielen Weingüter der Region ist **Ponzi Vineyards** (14665 SW Winery Lane, Beaverton; ⌚10–17 Uhr), das 30 Autominuten südwestlich der Innenstadt von Portland liegt. Dort kann man die neuesten Weinkreationen verkosten und die historischen Keller und Weinberge besichtigen.

Es gibt bestimmt Schlimmeres, als an einem schönen Nachmittag durch die üppig grüne Hügellandschaft von einer Weinprobe zur nächsten zu gondeln – sofern man nicht der Fahrer ist. Eine Alternative ist die fünfstündige Radtour (89 US$), die der in Portland ansässige Veranstalter **Pedal Bike Tours** (http://pedalbiketours.com) ab Dundee am Hwy 99W anbietet. In Oregon wird vor allem eine Rebsorte an- und ausgebaut: der Pinot Noir. Mit der Verkostung beginnt man am besten im Weingut **Erath Winery** (www.erath.com; 9409 NE Worden Hill Rd, Dundee; ⌚11–17 Uhr), das 1969 als eines der ersten die Trauben zu edlen Tropfen verarbeitete. Reichlich önologisches Fachwissen vermittelt **Grape Escape** (www.grapeescapetours.com) im Rahmen der Führungen durch das Weinland.

Wer kein Freund des Rebensafts ist (oder schon zuviel davon hatte), kann das **Evergreen Aviation Museum** (www.sprucegoose.org; 500 NE Capt Michael King Smith Way; Erw./Kind 20/18 US$; ⌚9–17 Uhr) in McMinnville besuchen und sich die **Spruce Goose** von Howard Hughes anschauen. Immerhin ist die „Fichtengans" das größte Holzflugzeug der Welt. Ein Nachbau des berühmten *Flyers* der Gebrüder Wright ist ebenso vorhanden wie ein Imax-Kino, das aber extra Eintritt kostet.

In der Gegend gibt's einige ausgezeichnete Restaurants, das spektakulärste ist sicherlich das **Joel Palmer House** (☎503-864-2995; www.joelpalmerhouse.com; 600 Ferry St, Dayton; Hauptgerichte 29–38 US$; ⌚Di–Sa 17–21 Uhr). Die Wildpilze, aus denen die Gerichte hauptsächlich bestehen, werden von den Köchen höchstpersönlich in den umliegenden Wäldern gesammelt. Eine interessante Unterkunft ist das bezaubernde **McMenamins Hotel Oregon** (☎503-472-8427; www.mcmenamins.com; 310 NE Evans St, McMinnville; DZ 60–130 US$; ❄@📶) in einem schon etwas älteren, aber liebevoll restaurierten Gebäude. Zur (obligatorischen) Kneipe kommt hier noch eine wunderbare Bar auf der Dachterrasse dazu.

Willamette Valley

Das fruchtbare, 96 km breite Willamette Valley war für die Pioniere, die vor mehr als 150 Jahren auf dem Oregon Trail gen Westen zogen, der Heilige Gral. Für die Menschen von heute ist es der Gemüsegarten, in dem mehr als 100 verschiedene Produkte geerntet werden – u.a. gedeiht hier auch ein Pinot Noir. Salem, die Hauptstadt Oregons, liegt ungefähr eine Autostunde von Portland entfernt am nördlichen Ende des Willamette Valley. Die meisten anderen Sehenswürdigkeiten sind ebenfalls in einem Tagesausflug zu erreichen. Weiter im Süden liegt Eugene, eine dynamische Universitätsstadt, in der man sich gut und gerne einige Tage aufhalten kann.

SALEM

Die Hauptstadt Oregons ist zwar nicht ganz so interessant wie Olympia, die Hauptstadt des Nachbarstaates Washington, aber dennoch ideal für einen Tagesausflug. Bekannt ist sie für Kirschbäume, das Kapitol im Art-déco-Stil und die Willamette University. Eine gute Orientierungshilfe bietet das **Visitors Information Center** (www.travelsalem.com; 181 NE High St; ⌚Mo–Fr 8.30–17, Sa 10–16 Uhr).

Wie in Oregon üblich, befindet sich das beste Museum Salems auf dem Campus der örtlichen Universität. Das **Hallie Ford Museum of Art** (900 State St; Erw./Senior 3/2 US$; ⌚Di–Sa 10–17, So 10–13 Uhr) der Willamette University verfügt über eine exquisite Sammlung mit Kunst aus dem amerikanischen Nordwesten. Besonders beeindruckend ist die Ausstellung von Werken amerikanischer Ureinwohner.

Das 1938 errichtete **Oregon State Capitol** (900 Court St NE) sieht aus wie die Kulisse zu einem Monumentalfilm von Cecil B. DeMille. Im Sommer finden kostenlose Führungen statt, die jeweils um 9 und 16 Uhr beginnen. Das verwinkelte **Bush House** (600 Mission St SE; Erw./Kind 4/2 US$; ⌚Di–So 12–17 Uhr) aus dem 19. Jh. ist eine prachtvolle Villa im italienischen Stil, die nun als historisches Wohnhaus mit den im Originalzustand erhaltenen Tapeten und Marmorkaminen besichtigt werden kann.

Nach Salem, das an der wichtigen Nord-Süd-Verbindung durch Oregon liegt, fahren täglich Busse von **Greyhound** (450 Church St NE) und Züge von **Amtrak** (500 13th St SE).

EUGENE

In der Stadt der Gegenkultur ist „verrückt" schon lange gleichbedeutend mit „normal". Der rebellische Ableger von Portland hat die Baumbesetzung als Form des Protests erfunden, dem Radeln gefrönt, lange bevor es hierzulande in Mode kam, und ist seit jeher ein Kind des einzigartigen, aufrührerischen Geistes, der für die Westküste so typisch ist.

Eugene hat keine schöne Innenstadt, dafür aber den landschaftlich äußerst reizvollen Campus der angesehenen University of Oregon, der gleichzeitig ein Arboretum ist. Ansonsten erschließt sich der Charme von Eugene erst auf den zweiten Blick. Schöne Laufstrecken und Kooperativen gehören genauso zu der Stadt wie die mittlerweile in die Jahre gekommene Künstlergruppe The Merry Pranksters. Der legendäre *Further*-Bus, mit dem die Pranksters seinerzeit auf Werbetour für bewusstseinserweiternden Drogen unterwegs waren, steht heute auf der Farm des Schriftstellers Ken Kesey in Pleasant Hill, 10 Meilen (16 km) von seinem ursprünglichen Wohnort Eugene entfernt.

Sehenswertes & Aktivitäten

Als Keimzelle des Sportartikelherstellers Nike besitzt Eugene – oder „Tracktown" (Laufstadt), wie sie sich selbst gern nennt – einige der besten Laufstrecken der USA. Viele Wege führen direkt am Willamette River entlang, manche werden nach Einbruch der Dunkelheit sogar mit Flutlicht beleuchtet.

Alton Barker Park PARK

Der größte Park der Stadt ist bekannt für seine tollen Laufstrecken, darunter der mit Holzhackschnitzeln belegte **Pre's Trail**. Dieser ist benannt nach dem Läufer und Olympiateilnehmer Steve Prefontaine aus Eugene, der bei einem Autounfall 1975 ums Leben kam. Der **Adidas Oregon Trail** (Ecke 24th Ave & Amazon Pkwy) ist ein 1,6 km langer Rundweg mit Flutlicht, der gern für Intervall-Trainingsläufe genutzt wird. Der Park, der sich entlang des Willamette River erstreckt, ist praktisch in zwei Hälften unterteilt: eine wilde und eine gepflegte. Über drei Fußgängerbrücken ist er mit dem weitläufigen Wegenetz in der ganzen Stadt verbunden. Auf dem gegenüberliegenden Flussufer erhebt sich die 208 m hohe Landmarke des **Skinner Butte**, der Grünflächen, Wanderwege und einen tollen Blick auf die Stadt bietet.

University of Oregon UNIVERSITÄT & MUSEUM

(1680 E 15th Ave; Erw./Kind 3/2 US$; ⌚Mi–So 11–17 Uhr) Was amerikanischen Städten an kopfsteingepflasterten Marktplätzen fehlt, machen sie mit einem schön gestalteten Universitätsgelände wett. Besonders schön und elegant ist der Campus der Universität von Oregon in Eugene. Auf dem fast 120 ha großen Gelände befinden sich neben einem hervorragenden Kunstmuseum und einer ausgezeichneten Bibliothek auch prachtvolle neoromanische Gebäude und ein Arboretum mit mehr als 500 Baumarten. An der Universität waren u. a. Ken Kesey, der Autor von *Einer flog über das Kuckucksnest*, und der in jungen Jahren verstorbene Leichtathlet Steve Prefontaine eingeschrieben. Glanzstück des Campus ist das **Jordan Schnitzer Museum of Art** (1430 Johnson Lane; Erw./Kind 5/3 US$; ⏲Mi 11–20, Di & Do–So 11–17 Uhr), zu dessen erstklassiger Sammlung mit Kunstwerken aus aller Welt u.a. koreanische Schriftrollen und Ölgemälde Rembrandts gehören. Teile der Sammlung werden jeweils im Wechsel gezeigt.

Schlafen

Bei den Unterkünften in Eugene handelt es sich zumeist um die immer gleichen Hotels und Motels der großen Ketten, zwischen denen sich die eine oder andere nette Pension findet.

C'est La Vie Inn B&B **$$**
(☎541-302-3014; www.cestlavieinn.com; 1006 Taylor St; DZ 125–140 US$; ❄@📶) Das klassische, mit Dachtürmchen versehene Gebäude im Queen-Anne-Stil ist eine willkommene Abwechslung zwischen all den nüchternen Zweckbauten in der Innenstadt von Eugene. Das Haus stammt zwar aus dem späten 19. Jh., bietet aber den Komfort des 21. Jhs. Der Name der Pension ist mehr als nur ein Hinweis auf die französische Besitzerin: Vom Kaffeebecher bis zum Mobiliar ist alles à la France.

Campus Inn MOTEL **$**
(☎541-343-3376; www.campus-inn.com; 390 E Broadway; DZ ab 66 US$; ❄@📶) Das zwischen der Universität und der Innenstadt gelegene, gemütliche Motel ist ein unabhängiger Familienbetrieb mit freundlichem, hilfsbereitem Personal, einem Whirlpool und einem kleinen Fitnessraum. Die Preise sind abhängig von der Saison und verhandelbar.

Courtesy Inn MOTEL **$**
(☎541-345-3391; www.courtesyinneugene.com; 345 W 6th Ave; DZ ab 60 US$; P📶) Das freundliche Motel mit kostenlosem WLAN, Kabel-TV und kleinem Frühstück ist besser als der Standard in dieser Kategorie von Unterkünften. Es liegt in der Nähe des Bahnhofs und auch die Stadt und die Parks sind gut zu Fuß zu erreichen.

Essen & Ausgehen

LP TIPP **Sweet Life Patisserie** BÄCKEREI & CAFÉ **$**
(www.sweetlifedesserts.com; 755 Monroe St; Gebäck 2–5 US$; ⏲Mo–Fr 7–23, Sa & So 8–23 Uhr) Man sollte erst eine große Runde joggen, bevor man in die Bäckerei in einer ruhigen Seitenstraße am Rand der Innenstadt einläuft. Ob Pies, Käsekuchen, Muffins oder Gebäck – alles ist hausgemacht, *dolce vita* pur und eben auch nicht ganz kalorienarm. Dazu gibt's guten Kaffee.

McMenamins KNEIPE **$**
(⏲So–Do 11–23, Fr & Sa 11–24 Uhr) E 19th St (1485 E 19th St); High St (1243 High St); North Bank (22 Club Rd) Getreu seinem Namen liegt das *North Bank* am Ufer des mächtigen Willamette River und hat auch eine Terrasse direkt am Wasser. Die beiden anderen Restaurants mit Pub liegen nicht am Fluss, servieren aber in etwa das gleiche klassische, herzhafte Essen mit einem Schuss Nordwest-Küche, also Pasta, Salate, Hamburger und Steaks.

Morning Glory Café VEGETARISCH **$**
(450 Willamette St; ⏲7.30–15.30 Uhr; ✎) Eugene auf den Punkt gebracht – oder besser „geröstet"? In dem nachhaltigen Lokal gibt's gutes Frühstück, Mittagessen und Brunch. Und das alles auch für Veganer, die wohl nirgendwo sonst eine so tolle Auswahl haben – alle Gericht auf der Speisekarte sind vegan oder können vegan zubereitet werden. Unbedingt die Törtchen, Tofu-Sandwiches und Kekse probieren und dazu den Spruch an der Wand beherzigen: „Make tea not war."

Beppe & Gianni's Trattoria ITALIENISCH **$$**
(☎541-683-6661; www.beppeandgiannis.net; 1646 E 19th Ave; Hauptgerichte 16–20 US$; ⏲So–Do 17–21, Fr & Sa 17–22 Uhr) In dem wahnsinnig beliebten, italienischen Restaurant hat

WAS ZUM …?

Es ist anzunehmen, dass man sich in einer Stadt, in der Baumbesetzungen (*Tree-sittings*) als Protestform von Umweltschützern erfunden wurde, auch mit dem „Klettern" auf Bäumen bestens auskennt. Das **Pacific Tree Climbing Institute** (☎866-653-8733; www.pacifictreeclimbing.com; 605 Howard Ave) hat diese Lieblingsbeschäftigung aus Kindertagen für Erwachsene neu entdeckt. Bei den ein- oder zweitägigen Touren in den nahe gelegenen Wald klettern die Teilnehmer mit der Begeisterung von Zehnjährigen auf eine uralte Sitkafichte oder Douglastanne. Wer sogar bis zu den Primaten zurückgehen will, übernachtet in einer speziell angefertigten Hängematte unterm grünen Blätterdach. Die Klettertouren kosten ab 200 US$ aufwärts.

man die klassische Wahl zwischen Antipasti, *primi* und *secondi piatti* – oder man nimmt einfach alles. Am allerbesten sind die hausgemachten Nudeln.

Voodoo Doughnuts CAFÉ & DESSERTS $
(www.voodoodoughnut.com; 20 E Broadway; ⌚24 Std.) Dank des verrückt-genialen Imports aus Portland gibt's nun auch in Eugene rund um die Uhr Donuts in so unglaublichen Geschmacksrichtungen wie Schinkenspeck mit Ahornsirup oder glasierte Früchte. Serviert werden die Kringel in einem berauschend gestalteten Café in der Innenstadt.

Praktische Informationen

Ausführliche Infos über Eugene gibt's bei der **Visitors Association** (www.visitlanecounty.com; 754 Olive St; ⌚Mo–Fr 8–17, Sa & So 10–16 Uhr).

Anreise & Unterwegs vor Ort

Im noblen **Amtrak**-Bahnhof (www.amtrak.com; Ecke E 4th Ave & Willamette St) von Eugene starten täglich die *Cascade*- und *Coast-Starlight*-Züge nach Vancouver in British Columbia und nach L. A. sowie in alle Städte dazwischen. Die Busse von **Greyhound** (www.greyhound.com; 987 Pearl St) fahren in Richtung Norden nach Salem und Portland, in Richtung Süden nach Grants Pass und Medford. **Porter Stage Lines** verkehrt einmal täglich nach Coos Bay im Westen sowie Bend und Ontario im Osten. Die Busse fahren vor dem Bahnhof ab, die Fahrkarten sind bei Amtrak erhältlich.

Die Stadtbusse werden von **Lane Transit District** (www.ltd.org) betrieben. Fahrräder kann man bei **Paul's Bicycle Way of Life** (152 W 5th St; ⌚Mo–Fr 9–19, Sa & So 10–17 Uhr) in der Nähe des Bahnhofs mieten.

Columbia River Gorge

Der mächtige Columbia River – gemessen an den Wassermengen, die er transportiert, ist er der viertgrößte Fluss der USA – bahnt sich seinen 2000 km langen Weg von Alberta in Kanada bis zum Pazifik direkt westlich von Astoria. Auf den letzten 500 km bildet der stark gestaute Wasserweg die Grenze zwischen Washington und Oregon, schneidet sich tief in die Cascade Mountains und bildet die spektakuläre Columbia River Gorge. Der Uferstreifen mit seinen vielen Ökosystemen, Wasserfällen und grandiosen Aussichtspunkten ist als National Scenic Area eingestuft. Dieses Gebiet ist ein beliebter Treffpunkt für Windsurfer, Radler, Angler und Wanderer.

HOOD RIVER & UMGEBUNG

Die kleine Stadt Hood River, die 63 Meilen (101 km) östlich von Portland an der I-84 liegt, ist von Apfelplantagen und Weinbergen umgeben. Sie hat den Ruf, einer der weltweit besten Orte zum Windsurfen (auf dem Columbia River) und – in nicht ganz so legendärem Ausmaß – zum Mountainbiken (abseits des Hwy 35 und der Forest Rd 44 im Süden der Stadt) zu sein. Aller guten Dinge sind drei, so auch hier: Am nahe gelegenen Mt. Hood kann man das ganze Jahr über Ski fahren. Ausführliche Infos zu allen Outdooraktivitäten erteilt die **Chamber of Commerce** (www.hoodriver.org; 720 E Port Marina Dr; ⌚Mo–Fr 9–17, Sa & So 10–17 Uhr).

Sehenswertes & Aktivitäten

Die 22 Meilen (35 km) lange **Mount Hood Railroad** (110 Railroad Ave; www.mthoodrr.com; Erw./Kind 27/17 US$) ging 1906 in Betrieb, um das in den Bergen geschlagene Holz zum Columbia River zu transportieren. Heute befördert die Bahn hauptsächlich Touristen durch die spektakuläre Landschaft. Die zweistündigen Fahrten, die von April bis Dezember jeweils mittwochs bis sonntags stattfinden, beginnen im historischen Eisenbahndepot in Hood River an der Ecke 1st St und Cascade Ave.

Das einzig Wahre in Hood River aber ist das Windsurfen. Bei **Hood River Waterplay** (www.hoodriverwaterplay.com; Port of Hood River Marina) kann man Ausrüstung leihen (60 US$/Tag) und einen Surfkurs machen (2-tägiger Anfängerkurs 199 US$).

Schlafen & Essen

Columbia River Gorge Hostel HOSTEL
(☎509-493-3363; www.bingenschool.com; Ecke Cedar St & Humbolt St; B/Zi. ab 19/49 US$; ❄@📶) Das Hostel, das sich in Bingen auf der Washingtoner Seite des Columbia River befindet, ist eine einfache und preiswerte Unterkunft in einem ehemaligen Schulhaus.

Hood River Hotel HISTORISCHES HOTEL $$
(☎541-386-1900; www.hoodriverhotel.com; 102 Oak St; DZ 99–164 US$; ❄📶) Das schöne alte Hotel von 1913 mit den altmodischen Himmelbetten und der geselligen Atmosphäre ist einfach ein Volltreffer.

Full Sail Brewery KNEIPE $$
(www.fullsailbrewing.com; 506 Columbia St; Hauptgerichte 9–23 US$; ⌚11.30–20 Uhr) Die gemütliche Bar mit Bierprobierstube hat eine kleine, für Kneipen typische Speisekarte. Der Blick auf den Fluss ist klasse!

In der Probierstube enden auch die kostenlosen, 30-minütigen Führungen durch die Kleinbrauerei.

An- & Weiterreise

Von Portland nach Hood River fährt einmal täglich ein Bus von **Greyhound** (www.greyhound.com). Oder man reist mit dem *Empire Builder* von **Amtrak** (www.amtrak.com) bis nach Bingen auf der Washingtoner Seite des Flusses.

Oregon Cascades

Die Oregon Cascades, die Verlängerung der Kaskadenkette im Nachbarstaat Washington, sind von unzähligen, einsamen Vulkanen geprägt, die schon von fern zu sehen sind. Der Mt. Hood an der Columbia River Gorge ist der höchste Berg Oregons. Hier kann man das ganze Jahr über Ski fahren, auch die Wanderung zum Gipfel stellt keine größeren Probleme dar. In Richtung Süden schließen sich der Mt. Jefferson und die Three Sisters an, bevor man den spektakulären Crater Lake erreicht. Der See entstand durch den Ausbruch des Mt. Mazama vor etwa 7000 Jahren, bei dem die gesamte Spitze des Vulkans weggesprengt wurde und der Berg in sich zusammenstürzte.

MT. HOOD

Der 3425 m hohe Mt. Hood ist der höchste Berg Oregons, aber zugleich auch der unkomplizierteste bzw. am einfachsten zu besteigende. Es gibt viele Gründe, warum diese majestätische Schönheit so beliebt ist. Am Mt. Hood gibt's das einzige, ganzjährig geöffnete Skigebiet der USA. Man kann den Berg innerhalb eines Tages besteigen, ohne ein Reinhold Messner zu sein, oder ihn auf dem gut ausgebauten, 65 km langen Timberline Trail umrunden. Und er ist nur eine Autostunde von Portland entfernt. Doch es gibt auch schlechte Tage am Mt. Hood. Dann hüllt er sich in Wolken und es toben heftige, möglicherweise tödliche Stürme. Die amerikanischen Ureinwohner kannten auch diese Seite. Sie nannten den Berg nach einem legendären Häuptling Wy'east und waren mehr als einmal Zeuge der kleinen und großen Ausbrüche des Schichtvulkans, zuletzt bei der Eruption um 1790.

Der Mt. Hood wurde während der Expedition von George Vancouver 1792 nach Samuel Hood benannt, obwohl dieser britische Admiral im amerikanischen Unabhängigkeitskrieg heldenhaft *gegen* die Kolonisten gekämpft hatte.

Aktivitäten

SKIFAHREN

Der Mt. Hood mit seinen insgesamt sechs Skigebieten steht bei Skifahrern zu Recht hoch im Kurs. Das Areal **Timberline** (www.timberlinelodge.com; Lifttickets Erw./Kind 48/30 US$) zieht Wintersportler aus Oregon, Kanada und Kalifornien an – es ist das einzige in den USA, in dem sie das ganze Jahr die Pisten hinabwedeln können. Das näher an Portland gelegene Gebiet **Mt. Hood SkiBowl** (www.skibowl.com; Skipass Erw./Kind 44/24 US$) ist auch nicht zu verachten. Es ist das größte Nacht-Skigebiet der USA und sehr beliebt bei Großstädtern, die nur für einen Abend im Schnee anreisen. Das größte Skigebiet sind die **Mt. Hood Meadows** (www.skihood.com; Skipass Erw./Kind 69/39 US$), wo meistens auch die besten Schneeverhältnisse herrschen.

WANDERN

Wanderwege erschließen den Mt. Hood National Forest in einer Gesamtlänge von unglaublichen 1930 km! Für die Startpunkte der meisten Wege ist der Northwest Forest Pass (5 US$) erforderlich.

Ein sehr beliebter, 11 km langer Wanderweg führt von dem kleinen Ort Zigzag zu den schönen **Ramona Falls**, die sich über moosbedeckte Basaltsäulen in die Tiefe stürzen. Von der US 26 wandert man 2,4 km bis zum **Mirror Lake**, geht etwa 800 m am See entlang und dann über 3,2 km weiter bis zu einem Gebirgskamm.

Der 65 km lange **Timberline Trail** führt durch eine malerische Wildnis rund um den Mt. Hood. Besonders schöne Abschnitte sind die Wanderung zum McNeil Point und der kurze Aufstieg auf den Bald Mountain. Der 7,2 km lange Rundweg Zigzag Canyon Overlook beginnt bei der Timberline Lodge.

Den Aufstieg zum Gipfel des Mt. Hood sollte man trotz der Tatsache, dass er verhältnismäßig leicht zu erklimmen ist, nicht auf die leichte Schulter nehmen, forderte er doch schon Menschenleben. Hunde waren auch schon auf dem Gipfel, den man innerhalb eines (langen) Tages besteigen kann. Geführte Touren bietet **Timberline Mountain Guides** (☎541-312-9242; www.timberlinemtguides.com) an.

Schlafen & Essen

Im Sommer müssen **Campingplätze** (☎877-444-6777; www.reserveusa.com; Stellplatz 12–18 US$) vorab reserviert werden. Die Campingplätze Tollgate und Camp Creek an der

US 26 liegen am Fluss. Vom großen, sehr beliebten Campingplatz Trillium Lake hat man einen tollen Blick auf den Mt. Hood.

LP TIPP **Timberline Lodge** LODGE $$
(☎800-547-1406; www.timberlinelodge.com; DZ 115–290 US$;) Fans von Stanley Kubrick werden das historische Hotel von 1937 sofort als das fiktive Overlook-Hotel aus dem Film *Shining* erkennen. Tatsächlich wurden hier die Außenszenen gedreht. In dem Horrorfilm schreibt Jack Nicholson auf Hunderten von Seiten immer wieder: „Was du heute kannst besorgen, das verschiebe nicht auf morgen." Offensichtlich wusste er nicht, dass man hier das ganze Jahr über Ski fahren und wandern kann. Und er hatte wohl auch keine Ahnung vom gemütlich knisternden Kaminfeuer und dem einladenden Restaurant.

Huckleberry Inn INN $
(☎503-272-3325; www.huckleberry-inn.com; 88611 E Government Camp Loop, Government Camp; DZ 85–180 US$;) Das rustikale Inn ist ein Familienbetrieb. Es hat Schlafsäle und Zimmer sowie ein rund um die Uhr geöffnetes Restaurant, in dem es sagenhafte Milch-Shakes und – wie der Name schon sagt – Heidelbeerkuchen gibt. Außerdem ist die Lage in dem kleinen Ort Government Camp sehr günstig.

Ice Axe Grill KNEIPE $$
(www.iceaxegrill.com; 87304 E Government Camp Loop, Government Camp; Hauptgerichte 12–18 US$; ⊙Di–Do 11.30–21, Fr & Sa 7–21, So 7–20 Uhr) Wer will schon nach einem Tag auf der Skipiste oder einer Wanderung durch die Wildnis so richtig nobel essen gehen? Eben. Deshalb ist das einzige Restaurant mit Hausbrauerei in Government Camp genau das Richtige, um sich an Shepherd's Pie, Hamburgern und dick belegten Pizzas satt zu essen.

Rendezvous Grill & Tap Room MODERN-AMERIKANISCH $$$
(☎503-622-6837; 67149 E US 26, Welches; Hauptgerichte 20–30 US$; ⊙11.30–21 Uhr) Hier werden hervorragende Gerichte wie Porterhouse-Steak oder Dungeness-Krebse mit Linguine serviert. Dazu gibt's einen guten Wein und danach ein großartiges Dessert.

Praktische Informationen

Wer aus Richtung Hood River kommt, sollte unbedingt bei der **Hood River Ranger Station** (6780 Hwy 35, Parkdale; ⊙Mo–Sa 8–16.30 Uhr) vorbeischauen. Wenn man dagegen aus Richtung Portland anreist, liegt die **ZigZag Ranger Station** (70220 E Hwy 26, Zigzag; ⊙Mo–Sa 7.45–16.30 Uhr) günstiger. Ein weiteres, hilfreiches Büro gibt's in Government Camp. Das Wetter kann hier schnell umschlagen. Im Winter sind Schneeketten erforderlich. Infos über die aktuellen Straßenverhältnisse erhält man unter ☎800-977-6368.

An- & Weiterreise

Die schönste Autostrecke zum Mt. Hood führt von Hood River über den Hwy 35 (44 Meilen/70 km). Eine andere Möglichkeit ist der Hwy 26 von Portland aus (56 Meilen/90 km). Die zwischen Bend und Portland verkehrenden Busse von **Breeze Shuttle** (www.cobreeze.com) legen einen kurzen Zwischenstopp in Government Camp ein, das 6 Meilen (knapp 10 km) von der Timberline Lodge entfernt ist. Im Winter fahren außerdem regelmäßig **Shuttle-Busse** (www.skihood.com) von Portland in die verschiedenen Skigebiete.

SISTERS

Der Ort ist nach den mehr als 3000 m hohen Gipfeln der Three Sisters benannt, die von fern sichtbar die Landschaft überragen, und gilt inoffiziell als das kleine „Schwesterchen" von Bend, das 22 Meilen (35 km) weiter südöstlich liegt. Beiden Orten gemeinsam ist die Liebe zur rauen, freien Natur, was sie voneinander unterscheidet ist vor allem ihre Größe. Sisters ist ein Städtchen wie aus einem Hollywood-Western, in dem sich moderne Boutiquen und Kunstgalerien hinter Wildwest-Fassaden verbergen. Dafür ist die Landschaft der Umgebung authentisch und ursprünglich: schroffe Berge, schmale Radwege in wildem Auf und Ab und Wildnis pur.

Infos über die Gegend erteilt die **Chamber of Commerce** (www.sisterschamber.com; 291 Main St; ⊙9–17 Uhr). Der am besten zu erreichende Radweg ist der erst vor Kurzem ausgebaute **Peterson Ridge Trail**. Der 45 km lange, nicht allzu anspruchsvolle, einspurige Weg, der immer wieder die Möglichkeit zur Umkehr bietet, beginnt 800 m südlich von Sisters.

Am südlichen Ende der Stadt befindet sich im Stadtpark auch ein **Campingplatz** (Stellplatz 10 US$), allerdings ohne Duschen. Allen erdenklichen Komfort bietet dagegen die **Five Pine Lodge** (☎866-974-5900; www.fivepinelodge.com; 1021 Desperado Trail; DZ 149–219 US$, Hütte 199–219 US$;), die für eine „Westernstadt" schon lächerlich luxuriös ist. Bis jetzt hat sich aber noch niemand darüber beschwert. Wesentlich ruhiger und preiswerter ist das **Sisters Motor Lodge** (☎541-549-2551; www.sistersmotorlodge.com; 511 W Cascade St; DZ ab 89 US$; ❄📶) mit elf individuell gestalteten Zimmern. Die für ein Motel typische Atmosphäre sucht man hier vergebens.

Nicht zu übersehen ist **Bronco Billy's Ranch Grill & Saloon** (www.broncobillysranchgrill.com; 190 E Cascade Ave; Hauptgerichte 10–25 US$; ⏲11.30–21 Uhr). Das ehemalige Hotel mit der typischen Wildwest-Fassade ist nun ein Restaurant, dessen fleischlastige Speisekarte von Hamburgern und Steaks dominiert wird.

ℹ An- & Weiterreise

Auf dem Weg von Eugene nach Bend fährt der Bus von **Porter Stage Line** einmal täglich durch Sisters. Eine offizielle Haltestelle gibt's nicht, aber der Fahrer lässt die Traveller auf Wunsch aussteigen. Fahrkarten sind bei **Amtrak** (www.amtrak.com) erhältlich.

BEND

In dem zwischen dem Halbwüstenplateau im Osten und der schneebedeckten Kaskadenkette im Westen eingeklemmte Bend prallen die zwei völlig unterschiedlichen Seiten Oregons aufeinander. Und das Resultat? Die besten Strecken zum Mountainbiken in Oregon, die besten Skigebiete in Oregon, die besten Klettersteige in Oregon… und natürlich die Stadt selbst, deren üppig grüne Parks direkt am Fluss wie ein Gemälde von Claude Monet aussehen.

Sehenswertes

LP TIPP **High Desert Museum** MUSEUM
(www.highdesertmuseum.org; 59800 S US 97; Erw./Kind 15/12 US$; ⏲9–17 Uhr) Das außergewöhnliche Museum 6 Meilen (9,6 km) südlich von Bend ist zweifelsohne das beste in ganz Oregon. Es zeigt die Besiedlung des Westens und die Naturgeschichte der Region. Höhepunkte der Ausstellung sind die Seeotter und der Forellenteich.

Aktivitäten

Couchpotatoes werden sich in Bend zu Tode langweilen, denn hier sind vor allem Unternehmungen in der freien Natur angesagt.

RADFAHREN

In angenehmer Entfernung vom Zentrum finden Mountainbiker eines der umfangreichsten Netze von Radwegen der USA – insgesamt mehr als 480 km! **Cog Wild** (www.cogwild.com; 255 SW Century Dr) verleiht Fahrräder (ab 30 US$/Tag), organisiert Touren und bringt die Radler in Shuttlebussen zu den besten Startpunkten.

KLETTERN

Keine 25 Meilen (40 km) nordöstlich von Bend befindet sich der **Smith Rock State Park** (www.oregonstateparks.org; Eintritt 5 US$/Tag), dessen gut 240 m hohe Schotterfelsen über dem Crooked River zum Eldorado der Kletterer im ganzen Land wurden. Die mehr als 1800 Klettersteige des Parks gehören zweifelsohne zu den besten der USA. Führer für ungeübte und auch erfahrene Kletterer können bei **Smith Rock Climbing Guides Inc** (www.smithrockclimbingguides.com; Exkursion 90–225 US$) angeheuert werden.

SKIFAHREN

So unwahrscheinlich es an einem schönen Frühlingstag auch erscheinen mag, aber rund um Bend liegen die besten Skigebiete Oregons. 22 Meilen (35 km) südwestlich der Stadt befindet sich mit dem herrlichen **Mount Bachelor Ski Resort** (www.mtbachelor.com; Skipass Erw./Kind 6–12 Jahre 50/29 US$) das größte Skigebiet des amerikanischen Nordwestens, das bekannt ist für seinen „trockenen" Pulverschnee und die lange Saison (bis Ende Mai). In der Region hat sich schon seit Langem neben dem alpinen Ski- auch der Langlaufsport etabliert – die Pisten haben eine Gesamtlänge von 56 km.

Schlafen & Essen

LP TIPP **McMenamins Old St Francis School** HOTEL $$
(☎541-382-5174; www.mcmenamins.com; 700 NW Bond St; DZ 145–175 US$, Hütte 190–330 US$; ❄@📶) In den Hotels der McMenamins-Brüder geraten die Gäste immer wieder in das gleiche Dilemma: Soll man das gemütliche Zimmer, das feine Restaurant und das unterhaltsame Kino wirklich verlassen, um die Stadt zu besichtigen? Wie der Name schon sagt, ist das noble Hotel mit 19 Zimmern in einer ehemaligen katholischen Schule untergebracht. Mit dem türkischen Salzwasserbad, einem Restaurant mit Bar, Billardtischen und Kino ist es wirklich ein Ferienort an sich.

Oxford Hotel BOUTIQUEHOTEL $$$
(☎877-440-8436, www.oxfordhotelbend.com; 10 NW Minnesota Ave; DZ 199–259 US$; P❄📶🐾) Im Herzen Oregons fehlte lange ein anständiges Boutiquehotel, das für Abwechslung in der eintönigen Aneinanderreihung der immer gleichen Motels sorgt. So schmückt

nun das Oxford Hotel die ohnehin schon vornehme Innenstadt von Bend und hat eventuelle Skeptiker längst mit großen, luxuriösen Zimmern, einem Fitnessraum, einem fantastischen Restaurant und kostenlosen Leihfahrrädern überzeugt.

Victorian Café FRÜHSTÜCK $
(1404 NW Galveston Ave; Hauptgerichte 7–12 US$; ⌚7–14 Uhr) Ein Klassiker in Bend und ein Muss für alle, die morgens ein ordentliches Frühstück brauchen. In einem einladenden, roten Chalet in einem grünen Vorort im Westen der Stadt wird ein toller, amerikanischer Brunch aufgetischt. An den Wochenenden bilden sich lange Schlangen – aber das Warten lohnt sich!

Bourbon Street CAJUN $$
(www.bourbonstreetbend.com; 5 NW Minnesota Ave; Hauptgerichte 16–34 US$) In der umgebauten Feuerwache in der Minnesota Ave werden erntefrische Produkte von den Feldern der Umgebung nach Art der Cajun-Küche zubereitet.

Deschutes Brewery & Public House BRAUEREI $$
(1044 NW Bond St; ⌚Mo–Do 11–23, Fr & Sa 11–24, So 11–24 Uhr) Die älteste Kleinbrauerei in Bend serviert üppig portionierte Gerichte und traditionell gebrautes Bier in geselliger Atmosphäre.

ℹ Praktische Informationen

Infos gibt's beim **Visitor and Convention Bureau** (www.visitbend.com; 917 NW Harriman St; ⌚Mo–Fr 9–17, Sa 10–16 Uhr).

ℹ An- & Weiterreise

Die Busse von **Breeze Shuttle** (www.cobreeze.com) verkehren einmal täglich zwischen Portland und Bend (Sugarloaf Mountain Motel, US 97 62980). Die Busse von **Porter Stage Line** fahren ebenfalls einmal täglich in Richtung Osten nach Ontario und in Richtung Westen nach Eugene. Fahrkarten sind online bei **Amtrak** (www.amtrak.com) erhältlich.

NEWBERRY NATIONAL VOLCANIC MONUMENT

Südlich von Bend wird die Landschaft immer bizarrer. Am bizarrsten ist das Gebiet des Newberry National Volcanic Monument (Tageskarte 5 US$), das im Laufe von 500 000 Jahren spektakulärer seismischer Aktivitäten zu dem wurde, was es jetzt ist. Am besten beginnt man die Besichtigungstour mit dem Besuch des **Lava Lands Visitor Center** (☎541-593-2421; ⌚Juli–Sept. 9–17 Uhr, Mai, Juni, Sept. & Okt. verkürzte Öffnungszeiten, Nov.–April geschl.), 13 Meilen (21 km) südlich von Bend. Zu den Sehenswürdigkeiten in der Umgebung gehören der **Lava Butte**, ein perfekt geformter, 152 m hoher Vulkankegel, und die **Lava River Cave**, die längste Lavaröhre in Oregon. 4 Meilen (6,4 km) westlich des Visitor Center bieten sich die **Benham Falls** für ein Picknick am Deschutes River an.

Der **Newberry Crater** war einmal der Gipfel eines der aktivsten Vulkane Nordamerikas, der bei einer riesigen Eruption einstürzte. In der dadurch entstandenen Caldera bildeten sich die beiden tiefen Seen **Paulina Lake** und **East Lake**, die reich an Forellen sind und vom 2434 hohen **Paulina Peak** überragt werden.

CRATER LAKE NATIONAL PARK

Hier sollte man sich auf einiges gefasst machen. Es mag ja ein Klischee sein, aber es ist bestimmt keine Übertreibung: In dem glatten, tiefen, blauen Wasser des Crater Lake schimmern die Berggipfel wie in einem riesigen Spiegel. Das Geheimnis liegt darin, dass das Wasser extrem sauber ist. Weder ein Fluss noch ein Bächlein mündet in den See, der folglich nur aus Regen- und Schmelzwasser besteht. Außerdem ist der See mit seiner außergewöhnlichen Tiefe von 594 m der tiefste der USA. Die klassische Autotour ist die etwa 33 Meilen (53 km) lange Strecke um den See (ca. Juni–Mitte Okt. geöffnet). Es gibt aber auch ausgezeichnete Wanderwege und Langlaufloipen. Wer mit dem Auto in Oregons einzigen Nationalpark will, muss 10 US$ Eintritt zahlen. Da es hier mehr als anderswo in den USA schneit, sind die Straßen um den See sowie der Nordeingang manchmal bis in den Juli hinein gesperrt. Man sollte sich also unbedingt vorab informieren. Wer mehr über den Park erfahren will, kann sich an das **Steel Visitor Center** (☎541-594-3100; ⌚Mai–Sept. 9–17 Uhr, Nov.–April 10–16 Uhr) wenden.

Übernachten kann man von Anfang Juni bis Anfang Oktober in den **Cabins at Mazama Village** (☎541-830-8700; www.craterlakelodges.com; DZ 124 US$; P) oder in der altehrwürdigen **Crater Lake Lodge** (☎541-594-2255; www.craterlakelodges.com; DZ 149–275 US$; P ❄), die 1915 als klassisches Beispiel rustikaler „Parkitektur" eröffnet wurde. Auch die modernen Einrichtungen strahlen rustikale Eleganz aus. Ganz in der Nähe gibt es mehrere Campingplätze, darunter den großen **Mazama Campground** (www.craterlakelodges.com; Stellplatz für Zelt/Wohnmobil 21/27 US$), der von der Crater Lake Lodge betrieben wird.

Südoregon

Der Süden Oregons ist genauso warm und sonnig wie das benachbarte Kalifornien und wird deshalb auch als „Bananengürtel" des Staates bezeichnet. Wild zerklüftete Landschaften, malerische Flüsse und ein paar nette Städtchen kennzeichnen diese Gegend.

ASHLAND

Da Oregon zu Zeiten von William Shakespeare noch ein weißer Fleck auf der Landkarte war, ist es sehr befremdlich, dass das hübsche Städtchen Ashland im Süden von Oregon sich als zweite Heimat des englischen Stückeschreibers preist. An diesem Widerspruch hätte auch Shakespeare selbst seine helle Freude gehabt. „Die ganze Welt ist eine Bühne", wie der große Barde einst schrieb ... und so strömen die Menschen aus aller Welt zu Ashlands berühmtem Shakespeare Festival, das schon seit den 1930er-Jahren in verschiedenen Formen veranstaltet wird.

Dabei ist der Begriff „Festival" etwas irreführend, denn das Programm erstreckt sich über neun Monate im Jahr und zieht bis zu 400 000 Theaterbesucher pro Saison an. Aber auch ohne Shakespeare ist Ashland interessant, gibt es hier doch zahlreiche Weingüter, elegante B&Bs und ausgezeichnete Restaurants. Infos über die Stadt erteilt die **Chamber of Commerce** (www.ashlandchamber.com; 110 E Main St; ⌚Mo–Fr 9–17 Uhr).

Sehenswertes & Aktivitäten

Die von Shakespeare ausgehende Anziehungskraft steht in krassem Gegensatz zur zweiten Hauptattraktion von Ashland: Natur pur.

Lithia Park PARK

In unmittelbarer Nachbarschaft zu den drei prachtvollen Theatern – von denen eines eine Freilichtbühne ist – erstreckt sich der wohl schönste Stadtpark in ganz Oregon. Der fast 38 ha große Lithia Park, der die Ufer des Ashland Creek oberhalb des Stadtzentrums säumt, erscheint merkwürdigerweise auf der Liste denkmalgeschützter Orte im National Register of Historic Places. Dabei schmücken den Park vor allem Blumen und Brunnen, Pavillons und eine Eisbahn (nur im Winter).

Schneider Museum of Art MUSEUM

(www.sou.edu/sma; 1250 Siskiyou Blvd; empfohlene Spende 5 US$; ⌚Mo–Sa 10–16 Uhr) Wie alle guten Kunstmuseen in Oregon befindet sich auch dieses auf dem Campus der örtlichen Universität. Gezeigt wird ein Mischmasch aus Gemälden, Skulpturen und Kunstgegenständen aus aller Welt.

Jackson Wellsprings SPA

(☎541-482-3776; www.jacksonwellsprings.com; 2253 Hwy 99) In dem entspannten Thermalbad im New-Age-Stil kann man herrlich abtauchen. Das von einer mineralhaltigen Thermalquelle gespeiste Schwimmbecken (8 US$) ist 29 °C warm, die Einzel-Whirlpools sogar 39 °C (25–35 US$ für 75 Min.). Das wohltuende Bad befindet sich 2 Meilen (3,2 km) nördlich der Stadt.

Mt. Ashland Ski Resort SKIGEBIET

(www.mtashland.com; Skipass Erw./Kind 39/29 US$) Das Skigebiet, 18 Meilen (29 km) südwestlich des Mt. Ashland (2296 m) gelegen, ist überraschend reich mit feinem Pulverschnee gesegnet. Auch erfahrenere Skiläufer finden ausgezeichnete Pisten vor.

Siskiyou Cyclery RADFAHREN

(www.siskiyoucyclery.com; 1729 Siskiyou Blvd; 35 US$/Tag; ⌚Di–Sa 10–17.30 Uhr) Hier kann man ein Fahrrad leihen und auf dem noch nicht ganz fertiggestellten, fast 38 km langen Bear Creek Greenway zwischen Ashland und der Stadt Central Point kräftig in die Pedale treten.

Schlafen

Während der Festspiel-Monate im Sommer muss man unbedingt vorher reservieren.

LP TIPP **Columbia Hotel** HOTEL $

(☎541-482-3726, www.columbiahotel.com; 262 1/2 E Main St; DZ 89–149 US$; ❄@📶) Das pittoreske, sehr europäische Hotel passt nicht nur bestens zu Shakespeare, sondern ist auch ideal gelegen für Theaterbesucher. Die Zimmer (einige davon mit Gemeinschaftsbad) sind mit Stilmöbeln eingerichtet, es gibt einen gemütlichen Aufenthaltsbereich und kostenlosen Kaffee am Morgen.

Ashland Springs Hotel HISTORISCHES HOTEL $$$

(☎541-488-1700; www.ashlandspringshotel.com; 212 E Main St; DZ 179–269 US$; ❄@📶🚭) Das Hotel von 1925 ist eine Institution in Ashland und ein National Historic Landmark.

DER NORDWESTEN OREGON

Nachdem es 2000 liebevoll restauriert wurde, erstrahlt es wieder im alten Glanz. Die eleganten Zimmer sind in Pastellfarben gehalten und den Gästen steht ein großartiger Ballsaal, ein Wintergarten, ein englischer Garten und das Restaurant Larks zur Verfügung.

Ashland Hostel HOSTEL $
(☎541-482-9217; www.theashlandhostel.com; 150 N Main St; B 28 US$, DZ 59–89 US$; ❄📶) Es scheint ein Widerspruch in sich zu sein, aber in diesem „feudalen" Hostel erinnert nichts mehr an die anarchische Gleichmacherei in den Juhes der Vergangenheit. Wer nicht in den sehr sauberen Schlafsälen nächtigen will, kann sich in ein kleines Doppelzimmer mit eigenem Bad zurückziehen.

Cowslip's Belle B&B B&B $$
(☎541-488-2901, www.cowslip.com; 159 N Main St; DZ/Suite 170/245 US$; ❄📶) Die Pension der Spitzenklasse bietet vier luxuriöse Zimmer in einem freistehenden Haus von 1913 und einige Suiten in einem separaten Stadthaus. Weitere Pluspunkte sind der wunderbare Garten, Zweiersofas, Schaukelstühle, eigene Terrassen und Badewannen mit Massagedüsen.

Manor Motel MOTEL $
(☎541-482-2246; www.manormotel.net; 476 N Main St; DZ 69–125 US$; ❄📶) Das günstig gelegene, unabhängige Hotel am Rand der Innenstadt hat elf Zimmer, freundliches Personal und viel Grün.

Essen

LP TIPP **New Sammy's Cowboy Bistro** AMERIKANISCH MODERN $$$
(☎541-535-2779; 2210 S Pacific Hwy, Talent; Hauptgerichte 23–36 US$; ⏲Do–So 17–20.30 Uhr) Was nach einem französischen Western-Saloon klingt, halten einige für das beste Restaurant von Oregon. Das kleine, bescheidene und unkonventionelle Bistro liegt im Dorf Talent, 3 Meilen (4,8 km) nördlich von Ashland. Um in den Genuss der äußerst kreativen Küche zu kommen, muss man Wochen im Voraus reservieren.

Sesame Asian Kitchen ASIATISCH $$
(www.sesameasiankitchen.com; 21 Winburn Way; Hauptgerichte 11–16 US$; ⏲11.30–21 Uhr) In dem schicken und dennoch recht preiswerten Restaurant serviert das flotte Personal gesunde, asiatische Fusion-Küche in großen Portionen. Zur Einstimmung auf einen Abend mit Shakespeares *Hamlet* oder *Romeo und Julia* eignen sich bestens das Mandarinenhühnchen oder die mongolischen Short Ribs vom Rind.

Chateaulin FRANZÖSISCH $$$
(☎503-482-2264; www.chateaulin.com; 50 E Main St; Hauptgerichte 24–36 US$; ⏲Mi–So 17–21 Uhr) Das ausgezeichnete Bistro-Restaurant in der Nähe der Theater ist so französisch wie sein Name. Die Einrichtung und die Speisekarte mit Ente, Königinpastete und Rinderfilet sind *très français*, die Weinkarte dagegen patriotisch regional. Auch einige nur selten angebotene Jahrgangsweine aus Oregon sind darauf zu finden. Direkt daneben ist eine Weinhandlung.

JACKSONVILLE

Der kleine, liebenswerte Ort ist eine ehemalige Goldgräberstadt und als älteste Siedlung im südlichen Oregon auch ein National Historic Landmark. Die Hauptstraße ist gesäumt von schönen, alten Gebäuden aus der Zeit um 1880, in denen nun Boutiquen und Galerien untergebracht sind. Musikliebhaber sollten das **Britt Festival** (www.brittfest.org) im September nicht verpassen. Auf dem Musikfestival der Spitzenklasse tritt alles auf, was Rang und Namen hat. Ausführliche Infos erteilt die **Chamber of Commerce** (www.jacksonvilleoregon.org; 185 N Oregon St; ⏲Mo–Fr 10–17, Sa & So 11–16 Uhr).

In Jacksonville gibt's jede Menge schicker Pensionen. Günstige Motels findet man 6 Meilen (9,6 km) weiter östlich in Medford. Das **Jacksonville Inn** (☎541-899-1900; www.jacksonvilleinn.com; 175 E California St; DZ 159–199 US$; ❄📶) ist die angenehmste Unterkunft. Die mit prächtigen Antiquitäten vollgestopften Zimmer befinden sich in einem Gebäude von 1863 in der Innenstadt. Zum Hotel gehört auch ein Restaurant.

WILD ROGUE WILDERNESS

Wild und rau: Die zwischen Grants Pass an der I-5 und Gold Beach an der Küste von Oregon gelegene Wild Rogue Wilderness macht ihrem Namen alle Ehre. Hier rauscht der wilde, ungebändigte Rogue River durch einen fast 65 km langen Canyon, in dem man vergeblich nach einer Straße sucht. Die Gegend ist denn auch bekannt für extrem anspruchsvolles Wildwasser-Rafting (der Schwierigkeitsgrade III und IV) und Fernwanderwege, wobei die immensen Naturgewalten regelmäßig unterschätzt werden.

Das Tor zum Abenteuerurlaub am Rogue River ist das Städtchen **Grants Pass**, in dem ein einzigartig warmes, mildes Mikroklima herrscht. Die **Chamber of Commerce** (www.visitgrantspass.org; 1995 NW Vine St; ⏲Mo–Fr 8–17 Uhr) befindet sich an der I-5, unweit des Exit 58. Genehmigungen fürs Raften und Infos zu den Wanderwegen erteilt das **Smullin Visitors Center** (☎541-479-3735; www.blm.gov/or/resources/recreation/rogue/index.php; 14335 Galice Rd; ⏲7–15 Uhr) in Galice, das zum Bureau of Land Management gehört.

Wildwasser-Raften auf dem Rogue River ist genial, aber nichts für schwache Nerven. Eine Tour dauert normalerweise drei Tage und kostet 650 US$ aufwärts. Ein empfehlenswerter Veranstalter ist **Rogue Wilderness Adventures** (☎800-336-1647; www.wildrogue.com). Ebenso berauschend ist eine Kajakfahrt auf dem wilden Fluss. Eine gründliche Einweisung und Anleitung – beides absolut erforderlich! – übernimmt das **Sundance River Center** (☎541-386-1725; www.sundanceriver.com).

Ein weiteres Highlight der Gegend ist der 64 km lange Wanderweg **Rogue River Trail**, früher die Versorgungsroute für die Goldgräberstadt Gold Beach. Für die gesamte Strecke sind vier bis fünf Tage zu veranschlagen. Eine schöne Tageswanderung führt auf einem gut 9 km langen Rundweg zur Whiskey Creek Cabin. Startpunkt ist am Grave Creek. Entlang des Rogue River Trail kann man in rustikalen Lodges wie der **Black Bar** (☎541-479-6507; www.blackbarlodge.net; DZ 120 US$) übernachten (110–140 US$/Pers. inkl. Mahlzeiten; Reservierung erforderlich) oder aber auf einem der einfachen Campingplätze.

NORTH UMPQUA RIVER

Der „wilde und malerische" Fluss eignet sich ganz ausgezeichnet zum Fliegenfischen. An seinen Ufern kann man wunderbar wandern und in aller Ruhe campen. Der fast 130 km lange **North Umpqua Trail** beginnt in der Nähe des Idleyld Park und führt durch Steamboat bis zum Pacific Crest Trail. Ein beliebter Abstecher sind die schönen **Umpqua Hot Springs** östlich von Steamboat unweit des Toketee Lake. Ganz in der Nähe befinden sich die atemberaubend schönen, zweistufigen **Toketee Falls** (ca. 35 m), die über Basaltfelsen in die Tiefe rauschen. Die **Watson Falls** sind mit 83 m die höchsten Wasserfälle in Oregon. Weitere Infos gibt's in Glide im **Colliding Rivers Information Center** (18782 N Umpqua Hwy; ⏲Mai–Okt. 9–17 Uhr) und auch nebenan beim **North Umpqua Ranger District** (☎541-496-3532; ⏲Mo–Fr 8–16.30 Uhr).

Zwischen dem Idleyld Park und dem Diamond Lake finden sich zahlreiche Campingplätze direkt am Flussufer, u.a. am lieblichen **Susan Creek** und am urwüchsigen (ausgetrockneten) **Boulder Flat**. Die wenigen Unterkünfte in der Gegend sind im Sommer schnell ausgebucht. Empfehlenswert sind die Zimmer in den Blockhütten des **Dogwood Motels** (☎541-496-3403; www.dogwoodmotel.com; 28866 N Umpqua Hwy; DZ 70–75 US$; ❄).

OREGON CAVES NATIONAL MONUMENT

Die beliebte Höhle liegt 19 Meilen (30 km) östlich von Cave Junction am Hwy 46. Fast 5 km der Höhle kann man im Rahmen einer 90-minütigen **Führung** (☎541-592-2100; www.nps.gov/orca; Erw./Kind 8,50/6 US$; ⏲9–16 Uhr, Okt.–Mai wechselnde Öffnungszeiten) zu Fuß erkunden. Die Tour, auf der 520 felsige Stufen überwunden werden müssen, führt durch tropfende Kammern, durch die der Styx fließt. Keine Sorge, es wartet kein Kerberos, mit einer kalten Dusche sollte man aber schon rechnen. Warme Kleidung und rutschfeste Schuhe sind ein Muss.

28 Meilen (45 km) südlich von Grants Pass liegt an der US 199 (Redwood Hwy) das Örtchen Cave Junction. Es versorgt die Gegend mit allem, was so gebraucht wird. Hier befinden sich auch das recht ordentliche **Junction Inn** (☎541-592-3106; 406 Redwood Hwy; DZ ab 70 US$; ≋) und ein paar Restaurants. Eine gediegene Unterkunft direkt an der Höhle ist das beeindruckende **Oregon Caves Chateau** (☎541-592-3400; www.oregoncaveschateau.com; DZ 90–165 US$; ⏲Mai–Okt.). Hier sollte man sich an dem altmodischen Springbrunnen unbedingt einen Milch-Shake genehmigen. Camper können den **Cave Creek Campground** (☎541-592-2166; Stellplatz 10 US$) ansteuern, der nach 14 Meilen (23 km) auf dem Hwy 46 erreicht wird; er ist ca. 4 Meilen von der Höhle entfernt.

Ostoregon

Östlich der Kaskadenkette ähnelt der Bundesstaat – geografisch wie kulturell – viel mehr seinem Nachbarn Washington als dem feuchteren Landstrich im Westen Oregons. Die Gegend ist nur dünn besiedelt, die größte Stadt Pendleton hat gerade einmal 20 000 Einwohner. Dafür findet man hier wüstenähnliche Hochebenen, in allen Farben leuchtende Felsformationen, Natronseen und den tiefsten Canyon der USA.

JOHN DAY FOSSIL BEDS NATIONAL MONUMENT

Inmitten all der sanft geschwungenen Felsen und des steinigen Erdbodens der Gegend um John Day befindet sich die größte Fossilienansammlung der Welt. Hier kann man bis zu 50 Mio. Jahre alte Fossilien bewundern und durch Wälder schlendern, in denen früher Säbelzahntiger, Kleinpferde, Bärenhunde und sonstige Urwelttiere lebten.

Das 57 km² große Schutzgebiet ist in drei Bereiche unterteilt: Sheep Rock Unit, Painted Hills Unit und Clarno Unit. Überall gibt's Wanderwege und Tafeln mit Erklärungen. Wer alle drei an einem Tag besichtigen will, muss ganz schön auf die Tube drücken – die einzelnen Fossiliengebiete liegen mehr als 160 km auseinander. Weitere Informationen gibt's unter www.nps.gov/joda.

Ein Muss ist der Besuch des tollen **Thomas Condon Paleontology Center** (32651 Hwy 19, Kimberly; ⌚Mai–Sept. 9–17 Uhr, Nov.–April 9–16 Uhr), 2 Meilen (3,2 km) nördlich der US 26 bei der Sheep Rock Unit. Hier sind neben vielen Fossilien und geologischen Exponaten ein Pferd mit drei Zehen und versteinerte Mistkäferkügelchen zu sehen. Wer Lust auf einen Spaziergang hat, sollte dies auf dem **Blue Basin Trail** tun; dort hat man das Gefühl, gerade auf der Sonnenseite des Mondes gelandet zu sein.

Die Painted Hills Unit nahe dem Ort Mitchell besteht aus flachen Hügeln mit farbigen Streifen, die vor rund 30 Mio. Jahren entstanden sind. In der noch 10 Mio. Jahre älteren Clarno Unit sind Schlammschichten zu sehen, die sich über einen Wald aus dem Eozän gelegt haben und zu einzelnen spektakulären Klippen mit kleinen Steintürmchen und -spitzen erodiert sind.

Rafting ist ein beliebter Zeitvertreib auf dem John Day River. **Oregon River Experiences** (☎800-827-1358; www.oregonriver.com) bietet unterschiedlich lange Touren an (max. 5 Tage). Angler freuen sich über die vielen Schwarzbarsche und Regenbogenforellen. Infos gibt's beim **Oregon Department of Fish & Wildlife** (☎541-575-1167; www.dfw.state.or.us).

Jedes kleine Städtchen in dieser Gegend hat mindestens ein Hotel; dazu gehören das saubere, umweltbewusste **Oregon Hotel** (☎541-462-3027; 104 E Main St; B 15 US$, DZ 39–89 US$) in Mitchell und das freundliche **Sonshine B&B** (☎541-575-1827; www.sonshinebedandbreakfast.com; 210 NW Canton St; DZ 85–95 US$; ❄) direkt in John Day. In dieser Unterkunft mit vier Zimmern und einem fantastischen Frühstück werden die Gäste wirklich warmherzig aufgenommen. In der Gegend befinden sich einige öffentliche Campingplätze wie Lone Pine und Big Bend (Stellplatz 5 US$) am Hwy 402.

WALLOWA MOUNTAINS

Die Wallowa Mountains mit ihren vergletscherten Gipfeln und den kristallklaren Seen gehören zu den schönsten Landschaften Oregons. Der einzige Makel sind die Besuchermassen, die im Sommer besonders den hübschen **Wallowa Lake** belagern. Den Horden entgeht man am besten mit einer Wanderung in Richtung **Eagle Cap Wilderness Area**, z. B. zu dem fast 10 km entfernten **Aneroid Lake** oder entlang des 14 km langen **West Fork Trail**. Im oberen Teil des Lostine Valley oder am Sheep Creek Summit an der USFS Rd 39 gibt's leichtere Tagestouren zur Eagle Cap Wilderness.

Unmittelbar nördlich der Berge liegt im Wallowa Valley **Enterprise**, ein gemütliches Örtchen mit mehreren Hotels wie dem **Ponderosa** (☎541-426-3186; www.ponderosamotel.hotels.officelive.com; 102 E Greenwood St; DZ 70–80 US$; ❄📶). Biertrinker sollten unbedingt der kleinen Brauerei **Terminal Gravity** (www.terminalgravitybrewing.com; 803 School St; Hauptgerichte 7–11 US$) einen Besuch abstatten. Knapp 10 km weiter im Süden liegt die niedliche, aber auch teure Stadt **Joseph**, deren Hauptstraße mit Bronzegalerien und künstlerisch angehauchten Geschäften gesäumt ist. Die meisten Unterkünfte sind B&Bs.

HELLS CANYON

Die tiefste von einem Fluss geformte Schlucht Nordamerikas – noch tiefer als der berühmte Grand Canyon – bildet die nordöstliche Grenze von Oregon (zu Idaho). Der Anblick der schroffen, steil aufragenden Felswände ist atemberaubend. In 13 Mio. Jahren hat sich der mächtige Snake River, ein 1600 km langer Nebenarm des noch mächtigeren Columbia River, bis zu 2438 m tief in das Hochplateau des östlichen Oregon gegraben. Der Canyon selbst ist Wildnis pur, in dem es nicht eine einzige Straße gibt. Ein Paradies für wagemutige Abenteurer!

LEWIS & CLARK: ENDE EINER DIENSTFAHRT

Im November 1805 erreichten die erschöpften Forschungsreisenden William Clark und Meriwether Lewis mit den rund 30 Teilnehmern ihres Corps of Discovery eine geschützte Bucht des Columbia River, 3 km westlich der heutigen Astoria-Megler Bridge. Die größte und beeindruckendste Expedition in der amerikanischen Geschichte hatte ihr Ziel, den Pazifik, erreicht. Nachdem sie ein provisorisches Lager errichtet hatte, zog die Gruppe noch etwas weiter nach Westen an die Küste, um einen Platz zum Überwintern zu finden, und fand ihn im heutigen **Cape Disappointment State Park** (Hwy 100; ⌚Sonnenaufgang–Sonnenuntergang). Das Besucherzentrum des Parks liegt auf einer hohen Klippe in der Nähe des Städtchens Ilwaco, das schon zu Washington gehört. Im **Lewis & Clark Interpretive Center** (Hwy 100; Erw./Kind 5/2,50 US$; ⌚10–17 Uhr) wird die transkontinentale Forschungsreise anhand der Tagebücher der beiden Expeditionsleiter ausführlich und detailgetreu rekonstruiert. Hintergrundinfos zur Ausstellung liefert zudem ein 20-minütiger Film.

Mit der ersten, wahrhaft demokratischen Abstimmung in den USA, bei der auch eine Frau und ein schwarzer Sklave stimmberechtigt waren, beschloss die Gruppe, ihr Winterlager auf dem gegenüberliegenden Ufer des Columbia River im heutigen Oregon aufzuschlagen. Eine Nachbildung des ursprünglichen **Fort Clatsop** (Erw./Kind 3 US$/frei; ⌚Juni–Aug. 9–18 Uhr, Sept.–Mai 9–17 Uhr), in dem die Expeditionsteilnehmer den schlimmen Winter von 1805/06 verbrachten, befindet sich 5 Meilen (8 km) südlich von Astoria. Auf dem von Wanderwegen durchzogenen Gelände gibt's ebenfalls ein Visitor Center. Im Sommer werden die historischen Ereignisse nachgespielt.

Im **Lewis & Clark National & State Historical Park** (www.nps.gov/lewi) sind rund um die Mündung des Columbia River zehn weitere historische Stätten zu entdecken, an denen mit interessanten Einzelheiten an das Corps of Discovery und seine historische Bedeutung für die Eroberung des amerikanischen Westens erinnert wird.

Einen spektakulären Blick in die Schlucht bietet der schöne Aussichtspunkt **Hat Point** (USFS Rd 4240) in der Nähe von Imnaha, 30 Meilen (48 km) östlich von Joseph. Die mühsame Fahrt auf der 24 Meilen (38 km) langen, steilen Schotterpiste wird mit dem spektakulären Blick auf die Wallowa Mountains, die Seven Devils in Idaho, den Imnaha River und natürlich die wilde Hölle des Canyons selbst belohnt. Die Straße ist nur von Ende Mai bis zum ersten Schneefall geöffnet. Für die Hin- und Rückfahrt sollte man jeweils zwei Stunden einkalkulieren.

Am **Hells Canyon Dam**, 25 Meilen (40 km) nördlich des kleinen Orts Oxbow, befindet sich ein Einstieg zum Raften durch die sagenhafte Felsenlandschaft. Hinter dem Damm führt die Straße weiter bis zum **Hells Canyon Visitor Center** (☎541-785-3395; ⌚Mai–Sept. 8–16 Uhr), in dem man ausführliche Infos über die Campingplätze und Wanderwege in der Gegend erhält. Von hier überwindet der Snake River einen Höhenunterschied von fast 400 m und rauscht durch wilde Stromschnellen, die nur noch mit Jet Boats oder Raftingbooten zu bewältigen sind. Der größte Veranstalter **Hells Canyon Adventures** (☎541-785-3352; www.hellscanyonadventures.com; 4200 Hells Canyon Dam Rd) bietet von Mai bis September Raftings und Fahrten mit den lauten Jet Boats an (Reservierung erforderlich).

Übernachten kann man auf einem der vielen Campingplätze in der Gegend oder im **Imnaha River Inn** (☎541-577-6002; www.imnahariverinn.com; EZ/DZ 70/130 US$), das etwas außerhalb von Imnaha liegt und mit seinen vielen Jagdtrophäen eher dem Landhaus von Ernest Hemingway gleicht. In Oxbow gibt's noch das recht preiswerte **Hells Canyon B&B** (☎541-785-3373; www.hellscanyonb-b.com; 49922 Homestead Rd; DZ 70 US$; ❄📶). Weitere Unterkünfte und Einrichtungen findet man in den Orten Enterprise, Joseph und Halfway.

STEENS MOUNTAIN & ALVORD DESERT

Der total einsam gelegene Steens Mountain ist mit 2947 m der höchste Berg im Südosten Oregons. Wie ein schneebedeckter Alpengipfel ragt er aus der kargen Alvord-Wüste an der Grenze zu Nevada empor. An der Westseite drückten die mächtigen Gletscher der Eiszeit U-förmige Einschnitte in seine Flanken. Die über 1520 m steil zur Alvord-Wüste hin abfallende Ostseite prägen alpine Bergwiesen und eisige Seen.

Von Frenchglen aus erreicht man über die 66 Meilen (105 km) lange, unbefestigte **Steens Mountain Loop Road** die Steens Mountain Recreation Area, die je nach Wetter von Ende Juni bis Oktober zugänglich ist. Einige Abschnitte sind nur mit Geländewagen befahrbar. Infos erhält man telefonisch beim **Bureau of Land Management** (BLM; ☎541-573-4400; www.blm.gov; ⏲Mo–Fr 7.45–16.30 Uhr). Wer zu anderen Zeiten in der Gegend ist oder gerade keinen Geländewagen zur Hand hat, sollte über die ebene Schotterpiste durch die landschaftlich schöne Alvord Desert fahren, um sich dem Steens Mountain zu nähern. Den Wagen vorher unbedingt voll tanken und zu jeder Jahreszeit mit Wetterumschwüngen rechnen.

Am Steens Mountain Loop liegen Campingplätze wie der vom BLM betriebene schöne Page Springs Campground oder der ausgezeichnete South Steens Campground (Stellplatz 6–8 US$, Wasser vorhanden). Wildcampen ist am Steens Mountain und in der Alvord Desert erlaubt (Wasser mitbringen!). Das historische **Frenchglen Hotel** (☎541-493-2825; fghotel@yahoo.com; 39184 Hwy 205, Frenchglen; DZ 70–110 US$; ⏲Mitte März–Okt. ❄) in der gleichnamigen Ortschaft hat hübsche, kleine Zimmer mit Gemeinschaftsbad und fünf moderne Zimmer mit eigenem Bad; man kann auch zu Abend essen (Voranmeldung erforderlich).

Oregon Coast

Während die Küste von Washington durch Inseln und Binnenseen geschützt wird, schlagen die Wellen des Pazifik völlig ungehindert an die 580 km lange Küste des Nachbars Oregon. Entlang der grandiosen Küste schlängelt sich die Panoramastraße des Highway US 101 durch hübsche Städte, Badeorte, mehr als 70 State Parks und eine überwältigende Wildnis.

ASTORIA

Es gibt drei gute Gründe, Astoria zu besuchen: Erstens ist es die älteste, von Europäern gegründete Siedlung westlich der Rocky Mountains, zweitens wimmelt es hier von Spuren der legendären Lewis-&-Clark-Expedition und drittens ist der alte Hafen mit hübschen, alten viktorianischen Häusern gesäumt, die den Ort wie eine Miniaturausgabe von San Francisco aussehen lassen.

Astoria, das an der breiten Mündung des Columbia River liegt, wurde 1811 von Amerikas erstem Multimillionär John Jacob Astor gegründet. Seit 1966 wird das Stadtbild von der nicht zu übersehenden **Astoria-Megler Bridge** beherrscht. Die 6,6 km lange Straßenverbindung nach Washington ist die längste Fachwerkbrücke der Welt.

Sehenswertes & Aktivitäten

Neben dem Muss der Erinnerungsstätten an Lewis und Clark gibt's in Astoria noch einige andere Sehenswürdigkeiten, die sich ebenfalls lohnen.

Columbia River Maritime Museum MUSEUM
(www.crmm.org; 1792 Marine Dr; Erw./Kind 10/8 US$; ⏲9.30–17 Uhr) Das ausgezeichnete Museum erzählt die 150-jährige Geschichte der Schifffahrt auf dem Columbia River anhand von nachgebauten Rettungsbooten und vielen Details zu den Hunderten von Schiffswracks, die in der Flussmündung gestrandet sind.

Heritage Museum MUSEUM
(www.cumtux.org; 1618 Exchange St; Erw./Kind 4/3 US$; ⏲10–17 Uhr) In dem weit weniger tollen Museum zur Stadtgeschichte sind auch Utensilien des rassistischen Ku Klux Klan zu sehen.

Flavel House HISTORISCHES GEBÄUDE
(www.cumtux.org; 4418 St; Erw./Kind 5/4 US$; ⏲10–17 Uhr) Die extravagante, viktorianische Villa im Queen-Anne-Stil ließ der Binnenschifffahrtskapitän George Flavel, einer der bedeutendsten Bürger der Stadt, in den 1880er-Jahren errichten.

Astoria Column AUSSICHTSPUNKT
(empfohlene Spende 1 US$) Der 38 m hohe Aussichtsturm auf dem höchsten Hügel der Stadt ist über und über mit Szenen aus der Eroberung und Besiedlung des Wilden Westens bedeckt.

Fort Stevens State Park PARK
(Stellplatz Zelt/Wohnmobil 18/22 US$, Jurte 30 US$) Der Park, 10 Meilen (16 km) westlich von Astoria an der US 101 gelegen, befindet sich auf dem historischen Gelände eines ehemaligen Militärlagers, von dem aus die Mündung des Columbia River überwacht wurde. Der Park bietet einen Campingplatz, Zugang zum Strand und mehrere Radwege. Reservierungen sind möglich.

Schlafen & Essen

In Astoria gibt's zwei restaurierte, historische Hotels und ein paar interessante, unabhängige Bars und Cafés.

LP TIPP **Hotel Elliott** HISTORISCHES HOTEL $$ (☎503-325-2222; www.hotelelliott.com; 357 12th St;DZ 149–169 US$; ❄📶) Auch wenn das elegante Gebäude im ältesten Teil der ältesten Stadt des Nordwestens in ein modernes Boutiquehotel umgewandelt wurde, hat es nichts von seiner historischen Bedeutung verloren.

Commodore Hotel BOUTIQUEHOTEL $$ (☎503-325-4747; www.commodoreastoria.com; 258 14th St; DZ mit Gemeinschaftsbad/eigenem Bad ab 69/129 US$; @📶) Ebenso historisch, aber noch schicker ist dieses Hotel aus dem frühen 20. Jh., das 2009 neu eröffnet wurde, nachdem es 45 Jahre lang als Taubenschlag gedient hatte. Die Vögel und Fliegen mussten stilvollen Zimmern und Suiten weichen. Sehr empfehlenswert ist das 14th Street Coffee House nebenan, das mit ausgezeichnetem Kaffee und einer neoindustrialistischen Einrichtung stark an die Cafés in Portland erinnert.

T. Paul's Urban Café INTERNATIONAL $$ (1119 Commercial St; Hauptgerichte 9–16 US$; ⏲Mo–Do 9–21, Fr & Sa 9–22, So 11–16 Uhr) Zum Mittagessen gibt's grandiose Quesadillas mit Nachos und hausgemachter Salsa-Sauce.

Baked Alaska SEAFOOD $$$ (1 12th St; Hauptgerichte 18–24 US$; ⏲11–22 Uhr) Das beste der besten Restaurants in Astoria. Es steht auf Stelzen im Wasser des Columbia River. Dementsprechend ist die Aussicht ebenso fantastisch und unvergesslich wie die Meeresfrüchte.

Praktische Informationen

Weitere Infos gibt's beim **Visitor Center** (www.oldoregon.com; 111 W Marine Dr; ⏲9–17 Uhr).

An- & Weiterreise

Die Busse von **Northwest Point** (www.northwest-point.com) fahren einmal täglich von Astoria über Cannon Beach zum Amtrak-Bahnhof in Portland (18 US$, 2½ Std.).

CANNON BEACH

Das bescheidene Gegenstück zum protzigen, 9 Meilen (14,5 km) entfernten Seaside ist ein fein angelegter, kleiner Ferienort, in dem die donnernden Brecher des Pazifik und das launische Wetter mit vornehmer Gelassenheit hingenommen werden. Trotz der Postkartenidylle mit ausgedehntem Sandstrand und riesigen Balaltfelsen ist Cannon Beach einzigartig schön und noch nicht vom Tourismus verdorben. In der Stadt gibt's jede Menge kleine Kunstgalerien und Esoterik-Läden.

Sehenswertes & Aktivitäten

Das spektakulärste Wahrzeichen an der Küste von Oregon ist der 90 m hohe **Haystack Rock**. Zu dem steinernen „Heuhaufen" am südlichen Ende von Cannon Beach kann man bei Ebbe zu Fuß hinüberlaufen. An den Klippen des Basaltfelsens nisten Seevögel, an der Basis ist er von einem Ring aus Gezeitentümpeln umgeben.

Im Naturschutzgebiet des **Ecola State Park** im Norden von Cannon Beach präsentiert sich Oregon, wie es traumhafter nicht sein könnte: riesige Felsbrocken im Meer, schäumende Wellen, einsame Strände und herrlich ursprüngliche Wälder. Der Naturpark ist 1,5 Meilen (2,4 km) von Cannon Beach entfernt und von unzähligen Wanderwegen durchzogen, darunter auch ein Abschnitt des Oregon Coast Trail, der über Tillamook Head nach Seaside führt.

Vor Cannoch Beach selbst kann man nicht surfen, dafür aber sehr gut in der Umgebung. Zu den besten Surfstränden gehören der Indian Beach im Ecola State Park 3 Meilen (4,8 km) weiter nördlich und der Oswald West State Park 10 Meilen (16 km) weiter südlich. Im Ort befindet sich der freundliche **Cleanline Surf Shop** (www.cleanlinesurf.com; 171 Sunset Blvd), der Surfbretter und die obligatorischen Nassanzüge für 35 US$ pro Tag verleiht.

Schlafen & Essen

Cannon Beach Hotel HISTORISCHES HOTEL $$ (☎503-436-1392; www.cannonbeachhotel.com; 1116 S Hemlock St; DZ 132–242 US$; @📶) Das noble Hotel mit kleinen, aber sehr gut ausgestatteten Zimmern ist in einem kunstvoll gestalteten, historischen Holzhaus von 1914 untergebracht. Die Lounge und das Bistro im Untergeschoss runden das Ganze ab.

Blue Gull Inn Motel MOTEL $ (☎800-507-2714; www.haystacklodgings.com; 487 S Hemlock St; DZ/Hütte ab 69/125 US$; @📶) Den Beweis, dass man auch in Cannon Beach noch preiswert übernachten kann, liefert das bescheidene, angenehme Haus, dessen motelähnliche Zimmer sich rund um einen Hof mit Brunnen verteilen.

Newman's FRANZÖSISCH & ITALIENISCH $$$ (☎503-436-1151; www.newmansat988.com; 988 S Hemlock St; Hauptgerichte 19–28 US$; ⏲Di–So abends) In dem Restaurant, das in einem ehemaligen Strandhaus untergebracht ist und ein hohes Ansehen in der Region genießt, werden mit der italienischen und französischen die zwei vielleicht besten Küchen der Welt miteinander kombiniert.

Sleepy Monk Coffee CAFÉ $
(www.sleepymonkcoffee.com; 1235 S Hemlock St; ⌚Fr–So 8–16 Uhr) Mit Gebäck und frisch geröstetem Kaffee lässt sich der lockere, entspannte Küstenort am besten genießen.

Praktische Informationen

Alles Wissenswerte über Cannon Beach erfährt man bei der **Chamber of Commerce** (www.cannonbeach.org; 207 N Spruce St; ⌚Mo–Sa 10–17, So 11–16 Uhr).

An- & Weiterreise

Die bequemen Busse von **NorthWest Point** (www.northwest-point.com), die sogar WLAN an Bord haben, verkehren zweimal täglich zwischen Cannon Beach und dem Amtrak-Bahnhof in Portland (17 US$), von wo sie weiter nach Astoria fahren. Die Haltestelle ist vor dem Beach Store in der 1108 S Hemlock St.

NEWPORT

Newport, Oregons zweitgrößter Handelshafen, ist eine lebendige Touristenstadt mit mehreren wunderschönen Stränden und einem Weltklasse-Aquarium. In der Gegend um die historische Bayfront haben sich einige gute Restaurants, ein paar kitschige Attraktionen, Souvenirläden und brüllende Seelöwen angesiedelt. Im künstlerisch angehauchten Nye Beach mit seinen Galerien herrscht eine nette, dörfliche Atmosphäre. Zum **Newport Seafood & Wine Festival** Ende Februar strömen die besten Köche des Westens und Dutzende von Winzer aus Kalifornien und Washington in die Stadt. Infos bekommt man im **Visitor Center** (www.newportchamber.org; 555 SW Coast Hwy; ⌚Mo–Fr 8–17, Sa 10–15 Uhr).

Das grandiose, renommierte **Oregon Coast Aquarium** (www.aquarium.org; 2820 SE Ferry Slip Rd; Erw./Kind 15,95/9,95US$; ⌚9–18 Uhr) hat ein Seeotterbecken, surreale Quallenbecken und Plexiglastunnel, die quer durch ein Haifischbecken führen. Als Alternative kann man auch das **Oregon Coast History Center** (www.oregoncoast.history.museum; 545 SW 9th St; empfohlene Spende 2 US$; ⌚Di–So 10–17 Uhr) besuchen, das in dem mit Türmchen verzierten Burrows House neben der Log Cabin untergebracht ist. Noch mehr Geschichte gibt's in der vom Wind umtosten **Yaquina Head Outstanding Area** (750 Lighthouse Dr; Eintritt 7 US$; ⌚Sonnenaufgang–Sonnenuntergang), der Heimat eines interessanten Informationszentrums und des größten Leuchtturms von Oregon.

Knapp 2 Meilen (3,2 km) weiter südlich befindet sich an der US 101 der **South Beach State Park** (☎541-867-4715; www.oregonstateparks.org; Stellplatz für Wohnmobil/Jurten 27/40 US$) mit 227 Stellplätzen (Reservierung möglich) und 27 Jurten. Leseratten sollten im **Sylvia Beach Hotel** (☎541-265-5428; www.sylviabeachhotel.com; 267 NW Cliff St; DZ inkl. Frühstück 100–193 US$) übernachten; die einfachen und gemütlichen Zimmer sind alle nach berühmten Literaten (Steinbeck, J.K. Rowling, Dr. Seuss) benannt. Ohne Reservierung geht hier nichts. Ausgefallene Gerichte bekommt man im **Saffron Salmon** (☎541-265-8921; www.saffronsalmon.com; 859 SW Bay Blvd; Hauptgerichte 22–30 US$; ⌚Do–Di 11.30–14.30 & 17–20.30 Uhr). Zu empfehlen ist das gegrillte Wildlachsfilet oder das Lammkarree mit Kräuterkruste. Abends unbedingt reservieren.

YACHATS & UMGEBUNG

Das winzige Yachats (675 Ew.) ist das, was Reisemagazine als „aufstrebenden" – sprich: ursprünglichen und um diese Ursprünglichkeit bemühten – Ort bezeichnen. Es finden ein paar interessante Festivals hier statt, darunter das Mushroom Festival im Oktober und das Celtic Music Festival im November. Die wahre Schönheit des Städtchens liegt aber in seiner Umgebung, vor allem dem besonders erfrischenden **Cape Perpetua**. Das Kap liegt 3 Meilen (4,8 km) weiter südlich und wurde 1778 von James Cook entdeckt. Vulkanausbrüche haben hier eine traumhaft schöne, wild zerklüftete Felsenküste geschaffen, die so grandiose Formationen aufweist wie den 9 m langen Einschnitt des Devil's Churn. Beim **Visitors Center** (www.fs.fed.us/r6/siuslaw; ⌚Mai–Sept. 10–17 Uhr, Sept.–Mai Mi–So 10–16 Uhr) beginnen mehrere Wanderwege, z. B. der knapp 2 km lange Captain Cook Trail zu den Gezeitentümpeln von Cook's Chasm und der etwas mehr als 2 km lange, sehr steile St. Perpetus Trail, der über Wiesen zu einem tollen Aussichtspunkt führt.

15 Meilen (24 km) weiter südlich liegt an der US 101 so etwas wie eine Touristenfalle, die aber sehr unterhaltsam ist. In den **Sea Lion Caves** (www.sealioncaves.com; Erw./Kind 12/8 US$; ⌚Juli & Aug. 8–18 Uhr, Sept.–Juni 9–17.30 Uhr) lebt eine Kolonie laut brüllender Seelöwen, zu denen man mit einem Fahrstuhl hinunterfahren kann.

Der Campingplatz **Beachside State Park** (☎541-563-3220; www.oregonstateparks.org.com; Stellplatz Zelt/Wohnmobil 21/26 US$, Jurte 40 US$) befindet sich 5 Meilen (8 km) weiter nördlich an der US 101; Reservieren ist möglich. Noch eine Meile weiter befindet sich das skurrile **See Vue Motel** (☎541-547-3227; www.seevue.com; 95590 Hwy 101 S; DZ 95–120 US$; @☎) mit elf individuell gestalteten Zimmern, das einer Lesbe gehört und hoch über den donnernden Wellen des Pazifik thront. Mitten im Ort bieten die Zimmer des nobleren, sehr beliebten Wellnesshotels **Overleaf Lodge** (☎541-547-4880; www.overleaflodge.com; 280 Overleaf Lodge Lane; DZ 190–290 US$; @☎) ebenfalls einen tollen Blick aufs Meer. Einige haben auch einen Balkon, Jacuzzi und Kamin.

OREGON DUNES NATIONAL RECREATION AREA

Die Oregon Dunes – 80 km zwischen Florence und Coos Bay – bilden das größte zusammenhängende Dünengebiet der USA. Die bis zu 150 m hohen Dünen reichen 5 km weit ins Landesinnere hinein, wo sie auf Küstenwälder treffen, in denen ein besonderes Ökosystem die Heimat vieler Tiere ist. Es wurden Wander- und Reitwege, Boots- und Schwimmstege angelegt. Tipp: Den Abschnitt südlich von Reedsport sollte man meiden, da hier dröhnende Dünenbuggys die Szenerie beherrschen. Weitere Infos bekommt man im **Hauptbüro** der Oregon Dunes National Recreation Area in Reedsport (☎541-271-3495; www.fs.fed/us/r6/siuslaw; 855 Highway Ave; ⊙Mo–Fr 8–16.30, Sa & So bis 16 Uhr).

Sehr beliebt sind auch der **Jessie M. Honeyman State Park** (☎541-997-3641; US 101; Stellplatz Zelt/Wohnmobil 17/22 US$, Jurte 29 US$), 3 Meilen (4,8 km) südlich von Florence, und der **Umpqua Lighthouse State Park** (☎541-271-4118; US 101; Stellplatz Zelt/Wohnmobil 16/20 US$, Jurte/Hütte 27/35 US$), 6 Meilen (9,6 km) südlich von Reedsport. **Eel Creek** (☎877-444-6777; US 101; Stellplatz 17 US$), 10 Meilen (16 km) südlich von Reedsport, ist ein vom USFS betriebener Campingplatz.

PORT ORFORD

Das Städtchen Port Orford (2000 Ew.) liegt nicht nur traumhaft schön auf einer Landzunge zwischen zwei großartigen State Parks, sondern verfügt auch über einen seltenen Naturhafen, der einen spektakulären Ausblick bietet. Der **Cape Blanco State Park**, 4 Meilen (6,4 km) weiter nördlich gelegen, ist der zweitwestlichste Punkt der *lower 48* (d.h., der USA ohne Alaska und Hawaii). Auf der von Wanderwegen durchzogenen Landspitze bläst der Wind nicht selten mit einer Geschwindigkeit von 160 km/h. Neben Wanderungen können Besucher auch einen Ausflug zum **Cape Blanco Lighthouse** (Erw./Kind 2 US$/frei; ⊙April–Okt. Di–So 10–15.30 Uhr) unternehmen. Der 1870 errichtete Leuchtturm ist der älteste und höchste noch betriebene in Oregon.

6 Meilen (9,6 km) südlich von Port Orford reichen die Berge des **Humbug Mountain State Park** bis an die wütend an den Strand schlagenden Wellen des Pazifiks heran. Ein knapp 5 km langer Wanderweg führt durch einen uralten Zedernwald zum 533 m hohen Gipfel hinauf.

Eine günstige Unterkunft ist die Pension **Home by the Sea** (☎877-332-2855; www.homebythesea.com; 444 Jackson St; DZ 105–115 US$; @☎), wo die an die Küste schlagenden Wellen die Gäste (hoffentlich) in den Schlaf säuseln und die erstklassige Gastfreundschaft sie wieder aufweckt. Im schicken, neu eröffneten Restaurant **Redfish** (☎541-336-2200; 517 Jefferson St; Hauptgerichte 15–20 US$; ⊙Mi–So 7–22 Uhr) genießt man feinste Northwest-Pacific-Küche aus Bioprodukten und dazu eine tolle Aussicht.

GOLD BEACH

Der Küstenort an der faszinierenden Mündung des Rogue River zieht vor allem Angler und Abenteurer an, die flussaufwärts mit einem Jet Boat in die Wild Rogue Wilderness vordringen wollen. Wanderer können die spektakuläre Küstenlinie und den **Cape Sebastian State Park** 7 Meilen (11 km) weiter südlich erkunden. Von der Landzunge hat man das ganze Panorama von Kalifornien bis zum Cape Blanco im Blick. Ausführliche Infos erteilt das **Visitors Center** (www.goldbeach.org; 94080 Shirley Lane; ⊙9–17 Uhr).

Die **Ireland's Rustic Lodges** (☎541-247-7718; www.irelandsrusticlodges.com; 29346 Ellensburg Ave; DZ 79–149 US$; ☎) sind rustikale, moderne oder direkt am Strand stehende Hütten; es gibt auch Stellplätze für Wohnmobile. Vor dem Hotel erstreckt sich eine herrliche Gartenanlage, direkt dahinter beginnt der Strand. In **Patti's Rollin 'n Dough Bistro** (☎541-247-4438; 94257 N Bank Rogue Rd; Hauptgerichte 9–15 US$; ⊙Sommer Di–So, Winter Mi–So 9–15 Uhr), einem der preiswertesten Lokale an der Küste, gibt's leckeren Käse, gute Fleischgerichte, Suppen und Sandwiches. Unbedingt vorher reservieren.

Den Westen der › USA verstehen

Einwohner pro km^2

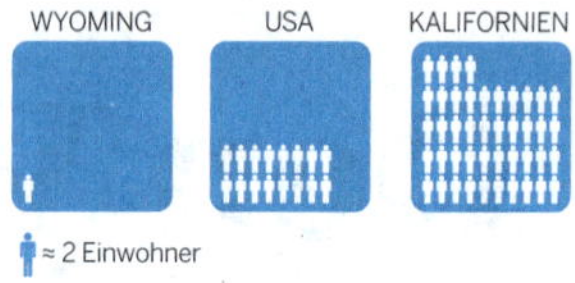

Der Westen der USA aktuell

Immer geht's um Geld, ...

Überall im Westen werden wegen Haushaltsproblemen die Budgets gekürzt. In Arizona, Kalifornien und Utah sind davon besonders die Nationalparks betroffen. In Arizona sind viele inzwischen nur noch an fünf Tagen pro Woche geöffnet. In Utah wurde die Anzahl der Park-Ranger reduziert. 70 der 278 kalifornischen Nationalparks sollen ganz geschlossen werden. Immerhin hat Gouverneur Brown ein Gesetz unterzeichnet, das es den Parkverwaltungen erlaubt, nach Zusammenarbeitsoptionen mit Nonprofit-Organisationen zu suchen, um der Schließung zu entgehen. In Nevada waren Anfang 2011 12% der Menschen arbeitslos – mehr als im nationalen Durchschnitt. Und der Immobilienmarkt? In Las Vegas stehen Luxuswohnungen leer und die Resorts in den Bergen von Colorado haben rückläufige Übernachtungszahlen.

Naturwunder

Höchster Punkt: Mt. Whitney, CA, 4419 m

Tiefster Punkt: Death Valley, CA, –85,95 m

Der Grand Canyon ist 446 km lang.

... Politik ...

Illegale Einwanderung ist weiterhin ein kontrovers diskutiertes Thema, obwohl die Zahl der Verhaftungen wegen unerlaubter Grenzübertritte von 1,6 Mio. im Jahr 2000 bis 2010 auf 448 000 zurückging. 2004 waren 10 000 Beamte für Grenzpatrouillen abgestellt, 2010 schon 20 700. Ihre grün-weißen SUVs sind vor allem im ländlichen Arizona allgegenwärtig. In Arizona gelten nun besonders strenge Gesetze: Polizisten dürfen schon beim Verdacht, dass jemand illegal im Land ist, einen Ausweis verlangen.

In Kalifornien sind die Homo-Ehe und entsprechende Verfassungsänderungen nach wie vor Gegenstand juristischer Streits. Colorado bleibt der Swing-State im Westen: Bei den letzten zwölf Präsidentschaftswahlen siegten neunmal die Republikaner. Andererseits gewannen Demokraten bei den Kongresswahlen 2010 einen Sitz im Senat und das Amt des Gouverneurs (nur mit hauchdünner Mehrheit).

Etikette

» Im Lokal gibt man 15 bis 20 % des Rechnungsbetrags Trinkgeld (es sei denn, der Service war wirklich unterirdisch).

» Rauchen ist vielerorts verboten, auch draußen. Viele Amerikaner haben für dieses Laster kein Verständnis. Rauchen ist oft selbst in Parks bzw. an Stränden verboten.

» Bei Begrüßungen wahrt man besser Distanz. Mancher mag Umarmungen und Küsschen, aber die meisten Leute – vor allem Männer – belassen es bei einem Händeschütteln.

Wichtige Tipps

» Bebt die Erde ein wenig, Ruhe bewahren! Kleinere Erdbeben sind hier normal und regen keinen auf.

» Neben einer Zapfsäule in Oregon hält man an – und bleibt schön sitzen. Selbstbedienung beim Tanken ist hier verboten.

Religionen in den USA

(% der Bevölkerung)

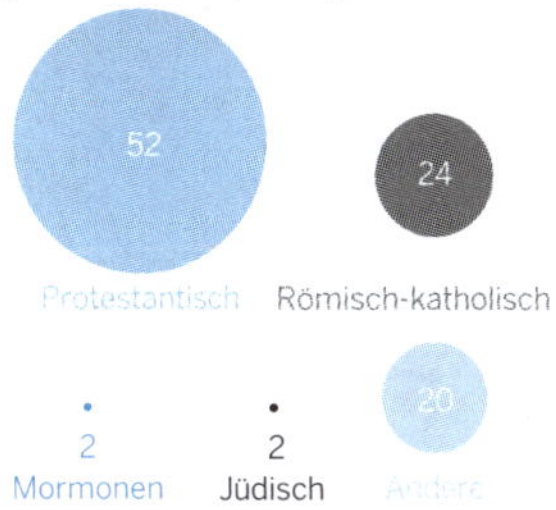

Gäbe es nur 100 Leute in den USA, wären …

65 Weiße
15 Hispanics
13 Afroamerikaner
4 asiatische Amerikaner
3 Angehörige anderer Ethnien

… oder Feuer und Wasser!

Die Ursachen sind unklar – Klimawandel, Verstädterung oder die Politik –, aber der Westen war besonders stark von Waldbränden betroffen. Das Wallow Wildfire von 2011 war das verheerendste in Arizonas Geschichte. Rund 2180 km² wurden von den Flammen verwüstet. Fast gleichzeitig fielen dem Las-Conchas-Feuers 630 km² in der Nähe von Los Alamos, NM, zum Opfer. Zu den guten Nachrichten gehörte 2011 die Rekordschneedecke in den westlichen Gebirgszügen: Sie bringt W-a-s-s-e-r nach Nevada und Arizona, wo die Wasserspiegel in den letzten zehn Jahren gefallen waren. Der des Lake Mede könnte nun um 12 m steigen!

Die weiteren Aussichten

Die Rezession bleibt. Gleiches gilt aber auch für den technologischen Fortschritt. In welchem Maße das der Fall ist, belegt die Anerkennung der Leistungen des verstorbenen Apple-Mitbegründers und gebürtigen Kaliforniers Steve Jobs. Unzählige Innovationen gingen von Kalifornien aus um die Welt: PCs, iPods, Google, das Internet. Doch Nordkalifornien ist mehr als das Silicon Valley – hier entsteht auch eine Biotech-Industrie. Im Nordwesten der USA liegen um Seattle herum die Hauptquartiere von Microsoft, Nintendo und Amazon. Zweigstellen von Intel, Tektronix und Google tragen das Ihre zu Oregons „Silicon Forest“ bei.

Im Südwesten plant Richard Bransons Virigin Galactic von einem neuen Spaceport in New Mexico aus die zivile Raumfahrt. Am Grand Canyon wurde das South Rim Visitor Center eröffnet und Öko-Initiativen kommen immer besser an, sei es ein Park-&-Ride-Shuttle oder ein Radverleih. In Sachen Umweltschutz steht Colorado mit an der Spitze und treibt den Ausbau erneuerbarer Energien voran, u.a. durch gesetzliche Anreize für deren Nutzung oder durch Arbeitsplätze in der Solar-Branche.

Sprintgeschwindigkeit eines Wegekuckucks (Roadrunner): 24,1 km/h

Anteil der öffentlichen Fläche in Utah: 70 %

Gebühr für eine Heiratsurkunde in Nevada: 60 US$

Top-Filme

» **Ringo** (1939)

» **Boulevard der Dämmerung** (1950)

» **Zwei Banditen** (1969)

» **Chinatown** (1974)

» **Einer flog über das Kuckucksnest** (1975)

» **Shining** (1980)

» **Boyz n the Hood – Jungs im Viertel** (1991)

» **Thelma & Louise** (1991)

» **Sideways** (2004)

» **Hangover** (2009)

» **127 Hours** (2010)

Top-Bücher

» **Früchte des Zorns** (1939) John Steinbeck

» **Desert Solitaire** (1968) Edward Abbey

» **Das Bohnenbaumglück** (1988) Barbara Kingsolver

» **In die Wildnis. Allein nach Alaska** (1996) Jon Krakauer

Geschichte

Die eigentlichen Ersteinwohner der Region kamen vor ca. 20000 Jahren aus dem Westen über die Beringstraße hierher. Diese kühnen Menschen strömten nach Süden und teilten sich in verschiedenartige Stämme auf, die sich dem Wetter und der Umgebung anpassten. In den 1540er-Jahren trafen die Spanier im Südwesten der USA ein und suchten nach den Sieben Goldenen Städten. Im 18. Jh. folgten ihnen Missionsstationen und Missionare und sie dehnten ihr Territorium entlang der kalifornischen Küste aus.

Wie die Spanier suchten auch Briten und Amerikaner schon bald nach der Nordwestpassage, einem Wasserweg von Osten nach Westen. US-Präsident Thomas Jefferson kam den Bemühungen der Konkurrenz schließlich mit dem Louisiana Purchase (Louisianakauf; 1803) zuvor. Als seine Abgesandten marschierten Meriwether Lewis und William Clark von St. Louis aus gen Westen, um Amerikas neuesten Grundbesitz zu erkunden. Damit öffneten sie einer Welle von Pionieren die Tür.

Das Buch *Those Who Came Before* (Robert H. und Florence C. Lister; 1993) informiert ausgezeichnet über die Urgeschichte des Südwestens und die archäologische Stätten in dessen National Parks bzw. Monuments.

Angelockt von Geschichten über Gold, verheißener Religionsfreiheit und Vorstellungen von fruchtbarem Ackerland zogen zwischen 1840 und 1860 schätzungsweise 400000 Menschen quer durch Amerika nach Westen. Bald darauf folgten die „Wildwestjahre" mit Ranchern, Cowboys, Bergmännern und Unternehmern, die Grenzen absteckten und für viel Unruhe sorgten. Danach hielten Recht, Ordnung und Zivilisation Einzug – beschleunigt vom Telegrafen, der transkontinentalen Eisenbahn und einem konstanten Strom von Neuankömmlingen, die sich einfach nur niederlassen und ihr Stück vom amerikanischen Kuchen genießen wollten.

Dieses Ziel war im trockenen Westen schwerer zu erreichen als im Süden, da dort Wassermangel die Expansion einschränkte. Die großen Dammbauprojekte in den frühen 1900er-Jahren milderten das Wasserproblem und erlaubten den Bau von Großstädten (L.A., Las Vegas, Phoenix) an Orten, an denen Großstädte nicht unbedingt hingehörten.

ZEITLEISTE

20000–40000 v. Chr.

Über eine breite Landbrücke zwischen Sibirien und Alaska (damals war der Meeresspiegel niedriger als heute) ziehen die ersten Menschen von Zentralasien aus nach Amerika.

8000 v. Chr.

Wegen der Jagd und der Klimaerwärmung sterben Säugetiere der Eiszeit (u. a. das Wollhaarmammut) aus. Die Menschen beginnen, kleineres Wild zu jagen und Pflanzen zu sammeln.

7000 v. Chr.–100 n. Chr.

Die Nomaden des „Archaischen Zeitalters" sind Jäger und Sammler. Am Ende dieser Periode sind Sesshaftigkeit und der Anbau von Mais, Bohnen und Kürbis weit verbreitet.

Im Zweiten Weltkrieg gewann der Westen an wirtschaftlicher und technologischer Bedeutung. In der geheimen Stadt Los Alamos entwickelten Wissenschaftler die Atombombe. Kriegsrelevante Industriezweige wie Holzwirtschaft, Marinewerften oder Flugzeugfabriken florierten in Kalifornien und im Nordwesten. Nach dem Krieg entstanden dort neue Industrieformen. In den 1990er-Jahren zog die „dot.com"-Branche des Silicon Valley talentierte Unternehmer in die Bay Area. L.A. ist immer noch eine Bastion der Kinoindustrie. Wegen steuerlicher Anreize bevorzugen manche Filmemacher aber nunmehr andere westliche Enklaven (vor allem New Mexico).

Heute ist der Westen Amerikas gezwungen, sich stärker mit den Folgen des schnellen Wachstums zu beschäftigen. Einwanderung, Verkehr, sinkende Wasserstände oder Umweltprobleme sorgen immerzu für Schlagzeilen und wirken sich auf die Lebensart der Einheimischen aus. Ob die bislang ungebrochene Faszination für den Westen auch in Zukunft weiter andauern wird, hängt davon ab, wie diese Themen angegangen werden.

Die ersten Amerikaner

Die ersten Einwohner des amerikanischen Westens überquerten vor mehr als 20000 Jahren die Beringstraße. Bei Ankunft der Europäer lebten nördlich des heutigen Mexikos schätzungsweise 2 bis 18 Mio. amerikanische Ureinwohner, die mehr als 300 verschiedene Sprachen sprachen.

Nordwesten

Die frühen Küstenbewohner des Nordwestens jagten Wale oder Seelöwen auf dem offenen Meer. Alternativ lebten sie vom Lachs-, Kabeljau- und Schalentierfang. Zu Lande stellten die Menschen Hirschen und Elchen nach und sammelten Beeren oder Wurzeln. Nahrungsmittel wurden für die langen Winter eingelagert, während denen Zeit für künstlerische, religiöse und kulturelle Tätigkeiten blieb. Der Bau aufwändig geschnitzter Zedernholzkanus führte zu ausgedehnten Handelsnetzen entlang der Küste.

Landeinwärts entwickelte sich unter den Stämmen mit ihren saisonalen Wanderung eine räumlich begrenzte Kultur, indem sie zwischen Flüssen und Bergregionen mit gemäßigtem Klima hin und her pendelten. So versammelten sich Stämme während der Lachswanderungen an Flüssen, um an Stromschnellen und in der Nähe von Wasserfällen Fische per Netz oder Harpune zu erbeuten. Die Indianerstämme in der rauen Wüstenlandschaft des südlichen Oregon waren Nomadenvölker, die in den nördlichen Ausläufern der Great Basin Desert Tiere jagten bzw. nach Nahrung suchten.

Die Bezeichnung *Anasazi* („Alte Feinde" auf Navajo) wird heute von vielen Pueblo-Indianern abgelehnt und in der Regel nicht mehr verwendet.

1300–1400

Das Rätsel um die alten Pueblo-Indianer ist bis heute ungelöst: Das Volk und seine Kultur verschwindet aus Mesa Verde, CO, zurück blieb eine komplexe Stadt aus Felsbehausungen.

1492

Der Italiener Christoph Columbus „entdeckt" Amerika bei seinen insgesamt drei Karibikreisen. Er nennt die Ureinwohner „Indianer", da er fälschlicherweise glaubt, Indien erreicht zu haben.

1598

Nahe dem heutigen El Paso, TX, nimmt eine große spanische Forschungsexpedition unter Don Juan de Oñate das nördlich liegende Land als Neumexiko für Spanien in Besitz.

um 1600

Gründung von Santa Fe, der ältesten US-Bundeshauptstadt. Der Gouverneurspalast ist heute der einzige erhaltene Bau aus dem 17. Jh.; die restliche Stadt brannte 1914 nieder.

Felsbehausungen

» Mesa Verde National Park, NM

» Bandelier National Monument, NM

» Gila Cliff Dwellings National Monument, NM

» Montezuma Castle National Monument, AZ

» Walnut Canyon National Monument, AZ

Kalifornien

Um 1500 n. Chr. lebten in der Region Kalifornien über 300 000 indigene Amerikaner mit rund 100 verschiedenen Sprachen. Die Fischergemeinden im mittleren Küstenabschnitt bauten unterirdische Rundhäuser und Saunas, in denen sie Rituale abhielten, Geschichten erzählten und zum Spaß zockten. Die Jäger des Nordwestens konstruierten große Häuser und Einbaumkanus aus Rotholz. Im Südwesten Kaliforniens entstanden filigrane Töpferarbeiten und Bewässerungssysteme, die Landwirtschaft in der Wüste ermöglichten. Die Ureinwohner Kaliforniens hatten keine Schriftsprache, hielten sich aber an mündliche Verträge und vereinbarte Territoriumsgrenzen.

Nach der Ankunft spanischer Kolonisten (1769) dezimierten aus Europa eingeschleppte Krankheiten, Zwangsarbeit und Hungersnöte die indigene Bevölkerung Kaliforniens innerhalb von nur 100 Jahren auf 20 000 Einwohner.

Südwesten & südliches Colorado

Archäologen glauben, dass die ersten Bewohner des Südwestens Jäger waren. Allerdings wuchs die Bevölkerung, während die Wildtiere ausstarben. Dies zwang die Jäger zur Nahrungsergänzung mit Beeren, Samen, Wurzeln und Früchten. Nach 3000 v. Chr. ließen Kontakte zu Bauern im heutigen Zentralmexiko die Landwirtschaft im Südwesten der USA erblühen.

Dort entstanden um ca. 100 n. Chr. drei Hauptkulturen: die Hohokam in der Wüste, die Mogollon in den zentralen Bergen bzw. Tälern und die alten Stämme der Pueblo-Indianer (früher als Anasazi bekannt; in den USA werden sie heute Ancestral Puebloans genannt).

Die Hohokam passten sich den Lebensbedingungen in der Wüste Arizonas an, indem sie ein unglaubliches, von Flüssen gespeistes Bewässerungssystem bauten. Zudem entwickelten sie niedrige Erdpyramiden und abgesenkte Ballspielplätze mit Erdwänden. Um 1400 waren die Dörfer der Hohokam verwaist. Zum Verschwinden dieses Volks existieren viele Theorien. Am wahrscheinlichsten ist eine Kombination aus unterschiedlichen Faktoren wie Dürre, Überjagung, Krankheiten und Stammesfehden.

Zwischen 200 v. Chr. und 1400 n. Chr. siedelten die Mogollon nahe der heutigen mexikanischen Grenze. Die einfachen Grubenhäuser ihrer kleinen Gemeinschaften standen oft oben auf freistehenden Mesas (Tafelbergen) oder Bergrücken. Obwohl die Mogollon auch Landwirtschaft betrieben, waren sie hauptsächlich Jäger und Sammler. Etwa im 13. oder 14. Jh. waren sie wohl auf friedliche Weise in Gruppen von alten Pueblo-Indianerstämmen aus dem Norden integriert worden.

1773

Boston Tea Party: Aus Protest gegen die britische Teesteuer verkleiden sich Bostoner als Mohawk-Indianer, stürmen Schiffe der Ostindien-Kompanie und werfen deren Teeladungen über Bord.

1776

Am 4. Juli unterzeichnen 13 amerikanische Kolonien die Unabhängigkeitserklärung, die u. a. John Hancock, Samuel Adams, John Adams, Benjamin Franklin und Thomas Jefferson erarbeitet haben.

1787–91

In Philadelphia formuliert die verfassungsgebende Versammlung die Verfassung der USA. Die zehn Zusatzartikel der Bill of Rights, die unveräußerlichen Grundrechte, werden später ratifiziert.

1803

Napoleon verkauft das Louisiana Territory für 15 Mio. US$ an die USA. Dies erweitert die Grenzen der neuen Nation vom Mississippi bis zu den Rocky Mountains.

Die alten Pueblo-Indianer besiedelten das Colorado-Plateau zwischen den „Four Corners" (Vierländereck zwischen Utah, Colorado, New Mexico und Arizona). Auf sie gehen uralte (z. T. noch heute bewohnte) Siedlungen und die reichsten Ausgrabungsstätten des Südwestens zurück. Ihre Nachkommen bilden heute Pueblo-Indianergemeinden in New Mexico. Die ältesten Verbindungen zu den alten Pueblo-Indianern weist der Hopi-Stamm im Norden Arizonas auf: Das Dorf Old Oraibi (s. Kasten S. 323) auf einem Tafelberg ist seit den 1100er-Jahren bewohnt und damit Nordamerikas älteste durchgängig genutzte Siedlung.

Die Ankunft der Europäer

Spaniens unmögliche Mission

Francisco Vasquez de Coronado führte 1540 die erste große Expedition nach Nordamerika. Mit dabei waren 300 Soldaten, Hunderte indigener Führer und ganze Nutzviehherden. Diese Expedition markierte auch den ersten gewaltsamen Großkonflikt zwischen spanischen Eroberern und US-Ureinwohnern.

Ziel des Ganzen waren die sagenhaften, unermesslich reichen Sieben Städte von Cibola. Zwei Jahre lang zogen die Spanier durch das heutige Arizona und New Mexico ostwärts bis nach Kansas. Statt Gold und Edelsteinen fanden sie jedoch nur Pueblos, indianische Siedlungen aus Lehmziegeln, die sie gewaltsam beschlagnahmten. Während ihrer ersten Jahre im nördlichen New Mexico versuchten die Eroberer, die Pueblos mittels großem Blutvergießen zu unterwerfen. Um 1610 errichteten die Spanier ihre Hauptstadt Santa Fe. Bis heute ist sie die Hauptstadt New Mexicos und die älteste Hauptstadt in den modernen USA.

Als russische und britische Pelzjäger im 18. Jh. mit dem Handel von wertvollen Otterfellen aus Alta California begannen, entwarf Spanien zur Absicherung einen Kolonisationsplan. Zum Ruhme Gottes und für Spaniens Staatssäckel wurden Missionsstationen im ganzen Bundesstaat erbaut. Diese entwickelten sich innerhalb von zehn Jahren unter der Leitung örtlicher Konvertiten zu florierenden Betrieben.

Spaniens Missionierungsplan wurde 1769 genehmigt. Der Franziskanerpater Junípero Serra sicherte sich die Unterstützung, um während der 1770er- und 1780er-Jahre *presidios* (Militärposten) neben diversen Missionsstationen in Nord- und Zentralkalifornien zu errichten. Der Klerus verließ sich auf das Militär, um Zwangsarbeiter für den Missionsbau zu rekrutieren. Als Gegenleistung für ihre Schufterei erhielten die Indianer gnädigerweise eine Mahlzeit pro Tag (falls verfügbar) und einen Platz in Gottes Königreich – letzteren viel früher als erwartet, da die Spanier auch die Pocken mitgebracht hatten. Im Südwesten starben über 50 % der Pueblo-Bevölkerung an Pocken, Masern und Typhus.

Während des Pueblo-Aufstands schlossen sich die Pueblos des nördlichen New Mexicos im Jahr 1680 zusammen, um die Spanier zu vertreiben. Letztere hatten zuvor einen blutigen Feldzug durchgeführt, um Zeremoniеnobjekte der Pueblo-Indianer zu zerstören. Die Spanier wurden südlich des Rio Grande gedrängt; die Pueblo-Indianer hielten Santa Fe bis 1682.

STEPHEN SAKS / LONELY PLANET IMAGES ©

» Rocky Mountain National Park (S. 217), Colorado

1803–06

US-Präsident Jefferson schickt Meriwether Lewis und William Clark gen Westen. Geführt von der Shoshonen-Squaw Sacagawea marschieren sie von St. Louis (Missouri) aus zum Pazifik und zurück.

1811

John Jacob Astor gründet Fort Astoria, die erste dauerhafte US-Siedlung an der Pazifikküste. Der mächtige Chef der Pacific Fur Company wird später der erste Millionär des Landes.

Lewis & Clark

Nachdem US-Präsident Thomas Jefferson das Louisiana-Territorium 1803 für 15 Mio. US$ von Napoleon erworben hatte (Louisiana Purchase), schickte er seinen persönlichen Sekretär Meriwether Lewis aus, um den Westen Nordamerikas zu vermessen. Ziel der Expedition war es, einen Wasserweg zum Pazifik zu finden, dabei das neu erworbene Louisiana-Territorium zu erkunden und eine Basis zur Durchsetzung amerikanischer Interessen zu schaffen. Lewis war nicht für Forschungsreisen ausgebildet. So überredete er seinen guten Freund William Clark (Armeeveteran und erfahrener Grenzbewohner), ihn zu begleiten. 1804 brach das 40 Mann starke Corps of Discovery in St. Louis auf.

Der Expedition verlief relativ gut – teilweise dank der jungen Schoschonen-Squaw Sacagawea, die mit einem frankokanadischen Pelzjäger aus der Begleitgruppe verheiratet war. Denn Sacagawea entpuppte sich als unschätzbar wertvolle Führerin, Dolmetscherin und Botschafterin gegenüber der indigenen Bevölkerung vor Ort. Auch Clarks afroamerikanischer Diener York milderte Spannungen zwischen der Gruppe und den Ureinwohnern.

In rund zwei Jahren absolvierte die Expedition knapp 12 900 km und hielt dabei alle Beobachtungen in Reisetagebüchern fest. Unterwegs wurden 122 Tier- und 178 Pflanzenarten akribisch dokumentiert – darunter auch einige Neuentdeckungen. 1805 erreichte die Gruppe schließlich die Mündung des Columbia River und den Pazifik bei Cape Disappointment. In der Nähe richtete sie sich für den Winter ein und gründete zu diesem Zweck Fort Clatsop.

Bei ihrer Rückkehr nach St. Louis (1806) wurde Lewis und Clark ein Heldenempfang zuteil.

EXPEDITION

Die außergewöhnliche Westreise der Lewis-und-Clark-Expedition an die Pazifikküste und zurück kann man online unter www.pbs.org/lewisandclark nachverfolgen. Die Website umfasst historische Karten, Fotoalben und Tagebuchauszüge.

Der Goldrausch

Als der Immobilienspekulant, Ex-Mormone und Boulevardverleger Sam Brannan 1848 gerade kalifornisches Sumpfland zum Kauf anbot, hörte er Gerüchte über Goldnuggets, die 193 km von San Francisco entfernt bei dem Sägewerk Sutter's Mill gefunden worden seien. Da er sich von dieser Nachricht steigende Zeitungsauflagen und Grundstückspreise erhoffte, veröffentlichte Brannan das Gerücht als Tatsache. Anfänglich erregte der Artikel kaum Aufsehen. So brachte Brannan eine zweite Story heraus – nunmehr bezeugt von mormonischen Angestellten der Sutter's Mill, die ihn zur Geheimhaltung verpflichtet hatten. Brannan hielt sein Wort indem er mit dem Ruf „Gold am American River!" durch San Franciscos Straßen rannte und dabei demonstrativ mit Gold schwenkte, das ihm als Zehntabgabe für die mormonische Kirche anvertraut worden war.

1841

Die ersten Planwagentreks fahren auf dem Oregon Trail nach Westen. 1847 ziehen über 6500 Auswanderer pro Jahr in Richtung Oregon, Kalifornien und ins mormonisch geprägte Utah.

1844

Die erste Telegrafenlinie wird mit der Frage „Was hat Gott geschaffen?" eingeweiht. 1845 wird die transkontinentale Bahnstrecke genehmigt und 1869 fertiggestellt. Die Wildnis wird erschlossen.

1846–48

Mit dem Mexikanisch-Amerikanischen Krieg tobt die Schlacht um den Westen. Der Krieg endet mit dem Vertrag von Guadalupe Hidalgo, der den Großteil des heutigen Arizona und New Mexico den USA zuschreibt.

1847

Die ersten Mormonen fliehen vor religiöser Verfolgung in Illinois nach Salt Lake City. In den nächsten 20 Jahren ziehen über 70 000 Mormonen auf dem Mormon Pioneer Trail nach Utah.

Andere Zeitungen druckten hastig Artikel über „Goldberge“ bei San Francisco. Als Kalifornien den USA auf der Überholspur als 31. Bundesstaat beitrat (1850), war seine nicht-indigene Bevölkerung von 15 000 auf 93 000 Köpfe angestiegen. Die meisten Neuankömmlinge waren keine US-Amerikaner, sondern Peruaner, Australier, Chilenen und Mexikaner. Einige Goldsucher stammten auch aus China, Irland, Hawaii oder Frankreich.

Ganz zu Anfang wusch man das Gold noch Seite an Seite, schlief dicht nebeneinander, spülte chinesische Schnellgerichte mit Feuerwasser hinunter oder labte sich an französischem Essen und australischem Wein. Doch mit jeder neuen Einwanderungswelle sanken die Gewinne, während Gold immer schwerer zu finden war. 1848 verdiente jeder Schürfer nach heutigen Maßstäben durchschnittlich 300 000 US$. Ein Jahr später waren daraus 95 000 bis 145 000 US$ geworden. Bis 1865 sank der Verdienst auf 35 000 US$. Als Gold an der Erdoberfläche immer rarer wurde, hackten, gruben und sprengten sich Bergarbeiter durch die Berge. Aufgrund der wenigen Ärzte vor Ort endeten Verletzungen bei dieser strapaziösen und gefährlichen Arbeit oft tödlich.

Der oscarprämierte Film *There Will Be Blood* (2007) nach Upton Sinclairs Romanvorlage *Petroleum* (1927) porträtiert einen kalifornischen Ölmagnaten und basiert auf dem Leben des südkalifornischen Großindustriellen Edward Doheny.

Auf nach Westen!

Als die junge Nation ins 19. Jh. startete, herrschte überall Optimismus. Auf den automatischen Baumwollentkörner (erfunden 1793) folgten Dresch-, Ernte- und Mähmaschinen, später auch Mähdrescher. So wurde die Landwirtschaft industrialisiert, während der US-Handel kräftig zunahm. Der Louisiana Purchase (1803) verdoppelte das US-Territorium; danach begann die ernsthafte Expansion westlich der Appalachen.

In den 1840er-Jahren wurde die Ausbeutung der riesigen Ressourcen des Westens zur patriotischen Pflicht – ein Schlüsselelement von Amerikas Glauben an seine Manifest Destiny, seine „offensichtliche Bestimmung“. In Anlehnung an das expansionistische Credo des US-Präsidenten James Polk drängte der New Yorker Herausgeber John Sullivan die Amerikaner, „sich auszubreiten und den gesamten Kontinent in Besitz zu nehmen, den die Vorsehung uns für die Entwicklung des großen Experimentes Freiheit und zu einem Bündnis vereinigter Souveräne anvertraut hat“. Während der frühen Expansionstage gelangten Güter und Menschen noch sehr langsam von Osten nach Westen: Pferde, Maultierkarawanen und Postkutschen waren die modernsten Transportmittel jener Zeit.

Als eine der Hauptrouten durchquerte der Oregon Trail sechs Bundesstaaten – eine harte Probe für die Familien, die sich auf die gefährliche und bis zu acht Monate lange Reise wagten. Die Siedler verstauten ihre Besitztümer in beengten Planwagen, hinter denen oft das Nutzvieh herlief. Wenn sie schließlich den Osten Oregons erreicht hatten, wa-

Zu den empfohlenen Reisevorräten für den Oregon Trail gehörten Kaffee (6,8 kg/Pers.), Speck (11,3 kg/Pers.), Olivenölseife (0,45 kg), Zitronensäure gegen Skorbut sowie eine lebendige Kuh als Milchquelle und Fleischlieferant für den Notfall.

1849

Der Goldfund bei Sacramento von 1848 löst landesweit einen sagenhaften Goldrausch aus. 60 000 „Forty-Niner“ strömen zu Kaliforniens Hauptader; San Franciscos Bevölkerung steigt auf 25 000 Köpfe.

1859

Mit der Comstock Lode entdeckt man die bislang ergiebigste US-Silberader in Virginia City, NV. Die Siedlung wird schnell zur berüchtigtsten Bergbaustadt des Wilden Westens.

1861–65

US-Bürgerkrieg zwischen den Nord- und den Südstaaten; das Kriegsende am 9. April 1865 wird fünf Tage später von der Ermordung von Präsident Lincoln überschattet.

1864

Kit Carson zwingt 9000 Navajo zum „Langen Marsch“ (644 km) nach Fort Sumner. Unterwegs sterben Hunderte Indianer an Krankheit, Hunger und Schusswunden.

Reiter auf schnellen Pferden waren das Rückgrat des Pony-Express (1860–1861). In verblüffenden zehn Tagen transportierten sie Briefe zwischen Missouri und Kalifornien!

ren ihre Lebensmittelvorräte so gut wie aufgebraucht. Zu den anderen Hauptrouten zählten z. B. der Santa Fe Trail oder der Old Spanish Trail, der von Santa Fe aus ins zentrale Utah und quer durch Nevada nach L. A. in Kalifornien führte. Ab 1849 verkehrten Postkutschenlinien auf dem Santa Fe Trail; der Mormon Trail erreichte Salt Lake City 1847.

Die Ankunft von mehr Menschen und Ressourcen per Eisenbahn führte zu weiterer Landerkundung sowie zur regelmäßigen Entdeckung von Mineralvorkommen. Viele Bergbaustädte des Westens wurden in den 1870er- und 1880er-Jahren gegründet. Manche davon sind heute Geisterstädte (z. B. Santa Rita), andere wie Tombstone oder Silver City werden immer noch bewohnt.

Langer Marsch & Apachenkriege

Jahrzehntelang stieß die US-Armee über den Kontinent nach Westen vor und tötete oder deportierte dabei gewaltsam ganze Indianerstämme, die ihr im Weg waren. Der bekannteste Vorfall hierbei ist die Zwangsumsiedlung vieler Navajo im Jahr 1864: US-Truppen unter Kit Carson zerstörten Felder, Obstplantagen und Häuser der Navajo. Diese waren gezwungen, sich zu ergeben oder sich in entlegene Teile des Canyon de Chelly zurückzuziehen. Schließlich wurden sie ausgehungert. Die US-Soldaten trieben rund 9000 Navajo zusammen und ließen sie einen 643 km langen Marsch zu einem Lager bei Bosque Redondo nahe Fort Sumner (New Mexico) antreten. Hunderte indigener Amerikaner starben unterwegs an Krankheiten, Hunger oder Schusswunden. Die Navajo nennen dieses Ereignis den „Langen Marsch", der bis heute ein wichtiger Teil ihrer Stammesgeschichte ist.

Am 7. November 1893 führte Colorado als erster US-Bundesstaat und als eine der ersten Regionen weltweit das Frauenwahlrecht ein.

Die letzten ernsthaften Auseinandersetzungen fanden zwischen US-Truppen und Apachen statt – auch deshalb, weil Raubzüge für die Apachen ein unerlässlicher Weg zur Männlichkeit waren. Als Soldaten und Siedler ins Apachengebiet vordrangen, wurden sie zum offensichtlichen Ziel für die Überfälle, die Teil der Lebensart des Stammes waren. So ging es unter Führung der Häuptlinge Mangas Coloradas, Cochise, Victorio und schlussendlich Geronimo weiter. Letzterer kapitulierte 1886, nachdem man ihm versprochen hatte, dass er und die Apachen nach zweijähriger Haft in ihr Heimatgebiet zurückkehren dürften. Doch wie viele Versprechen in jener Zeit wurde auch dieses nicht eingehalten.

Selbst nach dem Ende der Kriege wurden US-Ureinwohner jahrzehntelang wie Bürger zweiter Klasse behandelt. Nicht-indigene Amerikaner nutzten Gesetzeslücken und Formalitäten, um sich Reservatsgebiete anzueignen. Bis in die 1930er-Jahre hinein wurden viele Kinder von Indianern aus Reservaten geholt und in Internate gesteckt. Dort mussten sie Englisch lernen und wurden für „indianisches Verhalten" oder das Benutzen ihrer jeweiligen Stammessprache bestraft.

1867

Alaska Purchase: Für etwas mehr als 7 Mio. US$ bzw. 0,0004 Cent pro Quadratmeter verkauft Russland Alaska an die USA. 101 Jahre später wird man dort riesige Erdölfelder entdecken.

1881

1881 töten die Brüder Wyatt, Virgil und Morgan Earp zusammen mit Doc Holliday die McLaury-Brüder und Billy Clanton bei einer wilden Schießerei am OK Corral in Tombstone, AZ.

1882

Seit 1848 sind über 50 000 Chinesen in Kalifornien eingewandert, das von Rassismus geprägt ist. Folge ist das einzige US-Einwanderungsgesetz, das eine Ethnie gezielt ausgrenzt (Chinese Exclusion Act).

1913

William Mulholland, Direktor von Los Angeles Water & Power, eröffnet das Owens Valley–Los Angeles Aqueduct (375 km). Als das Wasser hindurchschießt, verkündet er: „Da ist es. Nehmt es."

Der Wilde Westen

Romantisierte Geschichten von Revolverhelden, Viehdieben, Gesetzlosen und Zugräubern nähren die Wildwest-Legenden. Gut und Böse waren damals im Wandel begriffen: Manch brutaler Bandit wurde in einem anderen Bundesstaat zum beliebten Sheriff. Schießereien waren häufiger das Resultat politischer Alltagsquerelen in noch jungen Ortschaften als sagenumwobener Blutfehden. Quasi über Nacht entstanden viele neue Bergbaustädte, deren Arbeiter in rüden Saloons oder Bordellen becherten, zockten und Schlägereien anzettelten.

Billy the Kid und Sheriff Pat Garrett waren in den späten 1870er-Jahren aktiv. Die beiden legendären Charaktere nahmen auch am berühmt-berüchtigten Lincoln-County-Rinderkrieg teil. In seiner kurzen Karriere als Revolverheld erschoss Billy the Kid angeblich über 20 Männer. Er selbst starb im Alter von 21 Jahren durch Garretts Kugeln. 1881 kam es am OK Corral in Tombstone zu einer wilden Schießerei. Dabei töteten die Brüder Wyatt, Virgil und Morgan Earp zusammen mit Doc Holliday die McLaury-Brüder und Billy Clanton in nicht einmal einer Minute. Zuvor hatten sich beide Parteien gegenseitig des Viehdiebstahls bezichtigt – die Wahrheit wird aber wohl nie ans Licht kommen.

Butch Cassidy und Sundance Kid machten einst den Großteil Utahs unsicher. In den 1890er-Jahren überfiel der Mormone Cassidy Banken und Züge mit seiner Wild-Bunch-Bande, tötete aber niemals jemanden.

Der Film *Chinatown* (1974) ist ein fiktionalisiertes, aber überraschend präzises Porträt der brutalen Wasserkriege, die wegen der Errichtung von Los Angeles und San Francisco geführt wurden.

WASSERKRIEGE

Wasser & Entwicklung im Westen

Die Amerikaner begannen, über die Inbesitznahme des Landes zwischen den Küsten nachzudenken. Die immer noch existente Vorstellung von der Großen Amerikanischen Wüste – ein Mythos, der von frühen Forschungsreisenden verbreitet worden war – hatte dort landwirtschaftliche Besiedlung und Stadtentwicklung bislang verhindert. Der innere US-Westen war keine Wüste; dennoch war Wasser ein begrenztes Gut, als erstmals Städte wie Denver am Fuß der Front Range entstanden.

Der Kampf um eine ausreichende Wasserversorgung für die wachsende Wüstenbevölkerung prägte die frühen Tage des 20. Jhs. Dies führte zu föderativ finanzierten Dammbauprojekten wie dem Hoover Dam (1936) oder dem Glen Canyon Dam bzw. Lake Powell (1963). Die Wasserversorgung stellt die Region bis heute vor eine elementare Herausforderung.

Reformen im Wilden Westen

Das San-Francisco-Erdbeben (1906) und der darauf folgende Großbrand zeigten, dass sich Kalifornien im Wandel befand. San Francisco besaß nur eine einzige funktionierende Wasserquelle. Die Hauptwas-

1919

Der Grand Canyon wird der 15. US-Nationalpark (Im Jahr 2007 besuchten 4,4 Mio. Besucher den Park); eine unbefestigte Straße entsteht zwischen Kanab und dem North Rim.

1929

Der Krach an der New Yorker Börse als Folge von Überproduktion und Spekulationsfieber löst letztlich die Weltwirtschaftskrise aus. In der Folge verlieren Millionen von Amerikanern Jobs und Vermögen.

1938

Als erster nationaler Highway erhält die Route 66 eine Asphaltdecke – darunter sind auch mehr als 1207 km in Arizona und New Mexico. Die Mutter aller Straßen wird 1984 offiziell stillgelegt.

1945

Die erste Atombombe detoniert ironischerweise im Jornada del Norte Valley (Todesreisen-Tal; heute Teil der White Sands Missile Range) im Süden New Mexicos.

Am 1. Februar 1906 stanzte und prägte die Denver Mint ihre ersten Gold- bzw. Silbermünzen. Bei einem Überfall am 18. Dezember 1922 wurde die bis heute weltgrößte Münzanstalt am helllichten Tag um 200 000 US$ erleichtert.

serleitungen der Stadt wurden durch staatliche Mittel finanziert, was wiederum korrupte Bosse zum Anzapfen der Feuerlöschhydranten animierte. Als sich der Rauch des Feuers verzog, war eines klar: Der Wilde Westen war reif für einen Wandel.

Während San Franciscos Wiederaufbau mit 15 Gebäuden pro Tag voranschritt, nahmen Kaliforniens Reformer gleichzeitig politische Aspekte auf städtischer, bundesstaatlicher und nationaler Ebene in Angriff. Kalifornische Bürger, denen die öffentliche Gesundheit und der Frauenhandel Sorgen bereiteten, drängten auf Verabschiedung des im ganzen Bundesstaat gültigen Antiprostitutionsgesetzes (Red Light Abatement Act; 1914). Die Mexikanische Revolution (1910–1921) brachte eine neue Einwanderungswelle und revolutionäre Ideen wie ethnisches Selbstbewusstsein oder Arbeitersolidarität mit sich. Als Kaliforniens Häfen wuchsen, organisierten Hafenarbeitergewerkschaften an der ganzen Westküste einen historischen Streik (83 Tage; 1934), der Zugeständnisse in puncto Arbeitssicherheit und gerechte Bezahlung erzwang.

In *Früchte des Zorns* (1939) erzählt John Steinbeck von Farmern aus den Great Plains, die während der Großen Depression verzweifelt versuchen, der Dust Bowl (Staubschüssel) zu entkommen und ins „gelobte Land" Kalifornien zu ziehen.

Auf dem Höhepunkt der Großen Depression (1935) verließen rund 200 000 Farmerfamilien die dürregeplagte Dust Bowl (Staubschüssel) in Texas und Oklahoma und zogen gen Kalifornien. Dort schufteten sie bei kargem Lohn und unter erbärmlichen Bedingungen für große Landwirtschaftskonzerne. Kaliforniens Künstler machten Amerikas Mittelschicht auf das Elend der Wanderarbeiter aufmerksam. So stellte sich die Nation geschlossen hinter Dorothea Langes eindringliche Doku-Fotos von hungerleidenden Familien und hinter John Steinbecks fiktionalisierte Romandarstellung *Früchte des Zorns* (1939).

Zweiter Weltkrieg & Atomzeitalter

Los Alamos

Bis 1943 war Los Alamos (New Mexico) eine Knabenschule auf einem 2255 m hohen Tafelberg. Dann wurde daraus die streng geheime Zentrale des Manhattan Project, ein Deckname für das Forschungsprojekt zur Entwicklung der Atombombe. Das 312 ha große Gelände inmitten von Wäldern war über zwei unbefestigte Pisten erreichbar. Es hatte weder Öl- noch Gasleitungen und nur einen einzigen Telegrafendraht.

Isolation und Sicherheitsmaßnahmen prägten alle Lebensbereiche auf dem „Hügel". Dessen Bewohner konnten sich nur begrenzt bewegen; ihre Post wurde zensiert. Zudem gab es keinerlei Kontakt zur Außenwelt per Radio oder Telefon. Vielleicht noch beunruhigender: Die meisten Bewohner hatten keine Ahnung, warum sie in Los Alamos lebten. Ihr diesbezügliches Wissen war auf das „Notwendigste" beschränkt – alle wussten nur so viel, wie für ihre jeweilige Arbeit erforderlich war.

1946

Die Eröffnung des prächtigen Flamingo-Kasinos in Las Vegas löst einen Bauwahn seitens der Mafia aus. Die sagenhaften 1950er-Jahre markieren „Sin Citys" erste Glanzzeit.

RICHARD CUMMINS / LONELY PLANET IMAGES ©

» Flamingo, Las Vegas

1947

In der Wüste bei Roswell stürzt ein unbekanntes Objekt ab. Die US-Regierung spricht erst von einer havarierten Scheibe, einen Tag darauf von einem Wetterballon. Rätselhafterweise sperrt sie das Gebiet.

1954

Der Oberste Gerichtshof befindet, dass die Rassentrennung in öffentlichen Schulen dem Gleichheitsprinzip widerspreche. Der Kampf für integrierte Schulen dient der Bürgerrechtsbewegung als Katalysator.

Nach knapp zwei Jahren zündeten die Wissenschaftler von Los Alamos erfolgreich die erste Atombombe auf dem Trinity-Testgelände (heute White Sands Missile Range).

Nach Amerikas Atombombenangriffen auf Japan wurde die Öffentlichkeit über Los Alamos informiert. Aber bis zum Aufheben der Besuchsbeschränkungen (1957) umgab die Stadt weiterhin ein großes Geheimnis.

Veränderte Arbeiterschaft & neue Industriezweige

Im Zweiten Weltkrieg veränderte sich Kaliforniens Arbeiterschaft ständig: Die Kriegsindustrie rekrutierte Frauen und Afroamerikaner und mexikanische Gastarbeiter schlossen Personallücken. Verträge im militärischen Kommunikations- und Luftfahrtsektor lockten Elite-Ingenieure aus aller Welt an, die später Kaliforniens Hightech-Industrie begründeten. Innerhalb der ersten zehn Nachkriegsjahre wuchs Kaliforniens Bevölkerung um 40% auf fast 13 Mio. Einwohner an.

Der Zweite Weltkrieg kurbelte auch die Wirtschaft des Nordwestens an: Dieser wurde zum größten US-Holzlieferanten, die Marinewerften von Oregon und Washington brummten – ebenso William Boeings Flugzeugfabrik. Der regionale Boom setzte sich bis zum Ende des 20. Jhs. fort und zog neue Wellen von gebildeten, fortschrittlich denkenden Zuwanderern aus dem Osten oder Süden der USA an.

Hollywood & Gegenkultur

Dank beständigen Sonnenscheins und vielfältiger Drehorte galt Kalifornien ab 1908 als geeignetes Revier für Filmproduktionen. Dennoch beschränkte sich seine Rolle zunächst auf das Imitieren exotischerer Orte und die Bereitstellung von Kulissen für Historienstreifen. Aber mit der Zeit dominierten Kaliforniens wehende Palmen und sonnige Strände allmählich das Bild in Spielfilmen und TV-Kultserien.

Trotzdem spielten nicht alle Kalifornier eine Statistenrolle in *Surf Beach Party* (1965). Matrosen des Zweiten Weltkriegs, die wegen Ungehorsam und Homosexualität unehrenhaft in San Francisco entlassen worden waren, fühlten sich in North Beachs Bebop-Jazzclubs, Künstlercafés und dem City Lights Bookstore zu Hause. So wurde San Francisco zur Heimat der freien Rede und des freien Geistes, während bald darauf jeder, der bekannt war, verhaftet wurde – z. B. der Beatpoet Lawrence Ferlinghetti wegen Veröffentlichung von Allen Ginsbergs Heldengedicht *Das Geheul* (1955), der Komiker Lenny Bruce wegen Benutzung des F-Worts auf der Bühne oder Carol Doda wegen Herumlaufens mit blanker Brust. Als die Flower-Power-Bewegung verblasste, traten statt-

GERONIMO!

Der Ruf „Geronimo!" kam bei Fallschirmspringern in Mode, nachdem eine trainierende Luftlandeeinheit der US-Armee an einem Abend des Jahres 1940 den Film *Geronimo* (1939) gesehen hatte. Forthin brüllten die Männer den Namen des großen Kriegers und Indianerhäuptlings beim Springen, um sich selbst Mut zu machen.

1963

Der Lake Powell verschluckt, nach Vollendung des umstrittenen Glen Canyon Dam, indigene Ahnenstätten und herrliche Felsformationen. Dafür entsteht ein Bootsfahrer-Paradies mit 3154 km langer Uferlinie.

1969

Amerikanische Astronauten landen auf dem Mond. Das Ereignis stellt den Höhepunkt des von USA und UdSSR ausgetragenen „Wettlauf ins All" dar.

1973

Die Eröffnung des MGM Grand im Jahr 1973 markiert die Geburt des firmeneigenen „Megaresorts" und initiiert am Las Vegas Strip einen Bauboom, der bis heute anhält.

1980

Die Explosion des Gipfels des Mt. St. Helens (vorher/nachher 2949/2546 m hoch) tötet 57 Menschen und zerstört 250 Häuser. Die Vulkanspitze weicht einem 1,6 km breiten Krater.

dessen andere Bay-Area-Rebellionen wie Black Power, Gay Pride oder medizinische Marihuanaclubs in Aktion.

Doch während Nordkaliforniens Gegenkultur zwischen den 1940er- und 1960er-Jahren die meiste Aufmerksamkeit erregte, erschütterte der Nonkonformismus im sonnigen Südkalifornien die USA bis ins Mark. 1947 versuchte Senator Joseph McCarthy, angebliche Kommunisten aus der Filmindustrie zu entfernen. Zehn Drehbuchautoren und Regisseure weigerten sich, kommunistische Verbindungen zuzugeben oder Namen zu nennen. Sie wurden daraufhin wegen Missachtung des Kongresses verurteilt und erhielten Arbeitsverbot in Hollywood. Die vehemente Berufung der „Hollywood Ten" auf den ersten Zusatzartikel der US-Verfassung fand landesweit Gehör. Große Hollywood-Mogule äußerten kühn ihren Unmut und engagierten Talente von der Schwarzen Liste, bis kalifornische Prozessanstrengungen der McCarthy-Ära 1962 ein gerichtliches Ende setzten.

Am 28. Januar 1969 kippte eine Bohrinsel mehr als 757000 l Öl in den Santa Barbara Channel und tötete dadurch Delphine, Robben sowie ca. 3600 Küstenvögel. Die Strandgemeinschaft organisierte daraufhin eine höchst effektive Protestaktion, die zur Gründung der Environmental Protection Agency führte.

Von Revolverhelden und Goldsuchern bis hin zu US-Ureinwohnern aus vergangener Zeit bis heute: Die Website www.desertusa.com informiert über Menschen und Stätten, deren Heimat die südwestliche Wüste ist (oder war).

Computerboom

Als das kalifornische Silicon Valley den ersten PC vorstellte (1968), verkündete eine pausenlose Flut von Werbeanzeigen, dass Hewlett-Packards „leichte" (18,1 kg schwere) Maschine „Bessel-Funktionen, elliptische Integrale, Regressionsanalysen und Wurzeln von ganzrationalen Funktionen des fünften Grades" berechnen könne – und das alles für nur 4900 US$ (heute ca. 29000 US$). In der Hoffnung, jedem das Potential des Computers zugänglich zu machen, präsentierten Steve Wozniak und der damals 21-jährige Steve Jobs auf der West Coast Computer Faire 1977 den Apple II. Dieser hatte eine gigantische Speicherkapazität (4 KB RAM) und Mikroprozessor-Geschwindigkeit (1 MHz).

Etwa Mitte der 1990er-Jahre ließen neu gegründete Internetfirmen im Silicon Valley eine ganze „dot.com"-Industrie florieren. Plötzlich flatterten Post, Nachrichten, Politisches, Haustierfutter und, jawohl, Sex online ins eigene Heim. Als aber die „dot.com"-Profite ausblieben, nahm auch die Risikokapitalfinanzierung schrittweise ab. Am 10. März 2000 vernichtete ein extremer Nasdaq-Absturz schließlich viele Aktienvermögen. Dadurch wurden sowohl 26-jährige Firmen-Vizepräsidenten als auch das Dienstleistungspersonal in der Bay Area über Nacht arbeitslos. Doch da Online-User auf zahllosen Websites weiterhin nützliche Infos und Internetkontakte suchten, trat ein Boom bei Suchmaschinen und sozialen Netzwerken ein.

1995

Mit Amazon geht in Seattle einer der ersten Online-Großhändler an den Start. Die Firma ist ursprünglich ein reiner Buchversand und wirft vor 2003 keinen Jahresgewinn ab.

2000

Die Bürger von Colorado stimmen bei den Staatswahlen für Zusatzartikel 20. Dieser erlaubt die Abgabe von Cannabis an registrierte Patienten. In der Folge entstehen viele medizinische Marihuana-Kliniken.

2001

Am 11. September steuern Al-Quaida-Terroristen zwei Flugzeuge in die Türme des World Trade Centers in New York, eins ins Pentagon. Ein viertes stürzt in Pennsylvania ab. Fast 3000 Menschen sterben.

2002

Die Olympischen Winterspiele machen Salt Lake City zum beengtesten Ort, der jemals eine Olympiade gesehen hat. Frauen messen sich erstmals im Bobfahren.

KALIFORNIENS BÜRGERRECHTSBEWEGUNG

Als US-Präsident Roosevelt im Jahr 1942 rund 110 000 japanisch-amerikanische Westküstenbewohner in Internierungslager schicken ließ, klagte sofort die in San Francisco ansässige Japanese American Citizen's League dagegen. Diese Prozesse gingen bis zum Obersten US-Gerichtshof (Supreme Court) hinauf und begründeten bahnbrechende Präzedenzfälle in Sachen Bürgerrechte. 1992 erhielten frühere Internierte Entschädigungszahlungen und ein offizielles Entschuldigungsschreiben mit der Unterschrift von George H. W. Bush.

Die Arbeiterführer César Chávez und Dolores Huerta übernahmen von Mahatma Gandhi bzw. Martin Luther King Jr. die Praxis des gewaltlosen Widerstands. 1962 gründeten sie eine Landarbeitergewerkschaft (United Farm Workers), die für die Rechte der unterrepräsentierten Gastarbeiter kämpfte. Während Bürgerrechtsführer auf Washington zumarschierten, zogen Chávez und kalifornische Traubenpflücker nach Sacramento. So machten sie die USA auf die Themen gerechte Entlohnung und Gesundheitsrisiken durch Pestizide aufmerksam. Als Bobby Kennedy die Ermittlungen aufnahm, ergriff er für Chávez Partei und brachte Latinos auf die US-Politbühne.

Inzwischen ist Kaliforniens Biotech-Industrie stark auf dem Vormarsch. 1976 klonte ein neu gegründetes Unternehmen namens Genentech erstmals menschliches Insulin und führte einen Impfstoff gegen Hepatitis B ein. 2004 stimmten Kaliforniens Wähler einem 3 Mrd. US$ schweren Anleihegeschäft zugunsten der Stammzellenforschung zu. Vier Jahre später war Kalifornien zum größten Finanzierer dieses Forschungssektors und zum Rückgrat des neuen Nasdaq-Biotech-Indexes geworden.

2008

Kaliforniens Wähler stimmen für den Verfassungszusatz „Proposition 8", nach dem nur Ehen zwischen Mann und Frau legal sind. Gerichte erklären das Gesetz für verfassungswidrig; die Berufung läuft noch.

2008–2009

Diverse Banken und Finanzinstitute melden Bankrott an und der Markt für private Hypothekendarlehen stürzt ab. 2009 kämpfen die USA mit der schlimmsten Rezession seit der Great Depression.

2010

Arizona verabschiedet ein umstrittenes Gesetz: Polizisten müssen die Identität aller Personen überprüfen, die sie für illegale Immigranten halten. Einwanderungsaktivisten rufen zum Boykott des Bundesstaats auf.

2012

New Mexico und Arizona feiern das 100. Jubiläum ihres USA-Beitritts als 47. bzw. 48. Bundesstaat.

Land & Leute

Wer lebt im Westen der USA? Glaubt man den Schlagzeilen, leben in Arizona Leute, die mit der Waffe in der Hand gegen illegale Einwanderer protestieren, während in San Francisco schwule Paare heiraten, in Orange County gelangweilte Hausfrauen sich die Haare ausreißen und in Colorado Haschisch rauchende Frührentner abhängen. Und wenn man den *Twilight*-Romanen glaubt, ist der feuchte und neblige Bundesstaat Washington ein Tummelplatz aufgestylter Vampire und von Werwölfen, die ohne Hemd herumlaufen. Treffen diese Klischees zu? Ja und Nein. Die Schlagzeilen spiegeln durchaus bestimmte regionale Einstellungen wider, aber die meisten Leute sind wie überall daran interessiert, ihren Alltag so undramatisch wie möglich zu bewältigen.

Sport im Internet

» **Baseball** www.mlb.com

» **Basketball** www.nba.com

» **Football** www.nfl.com

» **Hockey** www.nhl.com

» **Nascar** www.nascar.com

» **Soccer** www.mlssoccer.com

Regionale Identität

Der Cowboy ist seit langem ein Symbol des Westens und steht für Tapferkeit und Eigenverantwortung – sowie die einsame Suche nach Wahrheit, Gerechtigkeit und einem Schluck Whiskey. Was stimmt daran? Die Menschen, die den Westen besiedelten, waren tatsächlich tapfer und handelten eigenverantwortlich. Aber einfach, weil es nicht anders ging. In der rauen und gnadenlosen Umwelt lauerten hinter jeder Chance auch Gefahren. Als die Gefahren schwanden und die Siedler zur Ruhe kamen, wurde der Cowboy dann immer mehr zu einem der Wirklichkeit nicht länger entsprechenden Klischee. So wie die roten Sandstein-Mesas im Verlauf der Jahre zu neuen, vielfältigen Formen verwitterten, entwickelten sich auch die Eigentümlichkeiten der Bevölkerung weiter. Die heutigen typischen Charakterzuweisungen haben sich, ob sie nun zutreffen oder nicht, regional verteilt, und die Einwohner von Portland, San Diego, Santa Fe oder Phoenix nehmen sich wechselseitig als sehr unterschiedlich wahr.

Seit 1988 hat die Zahl der Gefängnisinsassen in Kalifornien um mehr als 200 % zugenommen, vor allem wegen Drogendelikten. Von tausend Kaliforniern sitzen gegenwärtig mehr als vier ein.

Kalifornien

Dem Klischee zufolge sind Kalifornier entspannt, ichbezogen, gesundheitsbewusst, aufgeschlossen und umweltbewusst. Dazu ein paar statistische Fakten: Rund 80 % der Kalifornier leben in der Nähe der Küste. Am sonnigsten und am besten zum Schwimmen geeignet sind die Strände im Süden des Bundesstaats, weshalb Südkalifornien unvermeidlicherweise mit Surfen, Sonne und Primetime-Seifenopern wie *Baywatch* oder *O.C., California* assoziiert wird. Und auch ein weiteres Klischee über das Outdoor-Verhalten erweist sich als durchaus berechtigt: Mehr als 60 % der Kalifornier geben an, schon mal einen Baum umarmt zu haben. Do-It-Yourself, Fitness und Schönheitsoperationen sind in Kalifornien seit den 1970er-Jahren wichtige Gewerbezweige. Freiübungen und gutes Essen sorgen dafür, dass die Kalifornier durchschnittlich zu den fittesten US-Amerikanern zählen. Dennoch sind fast 250 000 Einwohner offensichtlich so krank, dass sie berechtigt sind, Marihuana auf Rezept zu erhalten. In Sachen Umweltschutz ist der Gol-

SPORT

» Im Westen der USA liebt man den Sport, gleichgültig ob man sich selbst in einer Sportart betätigt oder nur seiner Lieblingsmannschaft zujubelt. Hier eine Übersicht der Teams in den wichtigsten Profisportarten im Westen der USA:

» **National Football League** AFC West: Denver Broncos, Oakland Raiders, San Diego Chargers; NFC West: Arizona Cardinals, San Francisco 49ers, Seattle Seahawks

» **National Basketball Association** Pazifik: Golden State Warriors, Los Angeles Clippers, Los Angeles Lakers, Phoenix Suns, Sacramento Kings; Nordwesten: Denver Nuggets, Portland Trailblazers, Utah Jazz

» **Women's National Basketball Association** Los Angeles Sparks, Phoenix Mercury, Seattle Storm

» **Major League Baseball** American League: Los Angeles Angels, Oakland Athletics, Seattle Mariners; National League: Arizona Diamondbacks, Colorado Rockies, Los Angeles Dodgers, San Diego Padres, San Francisco Giants

den State dem Landesdurchschnitt dank abgasreduzierter Autos weit voraus; hier werden mehr Hybridfahrzeuge und benzinsparende Autos verkauft als in irgendeinem anderen Bundesstaat.

Nordwesten

Und wie steht's mit den Leuten in Washington und Oregon? Sind das tatsächlich baumumarmende Hipster mit politisch progressiver Einstellung und einer Vorliebe für Milchkaffee? Im Wesentlichen stimmt das schon. Viele Einwohner sind stolz auf ihre unabhängige Gesinnung, geben sich naturverbunden und trennen auch ihren Müll. Insgesamt sind die Einwohner freundlich und stammen, trotz ihrer Neigung, die Kalifornier schlecht zu machen, vielfach selber aus dem südlichen Nachbarstaat. Warum sie hierher kamen? U.a. wegen der üppigen Landschaft, der hohen Lebensqualität und dem Verzicht auf das affektierte Gehabe, das sich in größeren, bekannteren Gebieten nur zu gern einstellt. Anzugeben und sich in Schale zu werfen, gehört nicht zum alltäglichen Lebensstil im Nordwesten, und wer in Restaurants, bei Konzerten oder gesellschaftlichen Veranstaltungen in Gore-Tex-Klamotten auftaucht, wird hier kaum ein Naserümpfen ernten.

Kein Mythos, sondern Realität: Colorado hat durchschnittlich 300 Tage Sonnenschein pro Jahr, und 300 000 Menschen unternehmen jährlich eine Fahrt auf den Flüssen Colorados.

Die Rocky Mountain States

Wer immer noch auf der Suche nach Cowboys ist, sollte hier anfangen. Die Ranches sind hierzulande ein großer Wirtschaftsfaktor, und der einsame Cowboy – auf einem bockenden Wildpferd dargestellt auf den Nummernschildern Wyomings – ist ein passendes Symbol für die Region. Man muss schon ein abgehärteter Individualist sein, um sich in den einsamen, windigen Ebenen, in denen Großstädter sich leicht verloren vorkommen, seinen Lebensunterhalt zu erwerben.

In politischer Hinsicht sind die Staaten in den nördlichen Rocky Mountains – Wyoming, Montana und Idaho – recht konservativ, auch wenn es in den College- und Resortstädten einige liberale Enklaven gibt. Wyoming führte zwar als erster US-amerikanischer Bundesstaat das Frauenwahlrecht ein, aber dieser liberale Anflug ist lange her. Heute denkt man bei Wyoming eher an den umstrittenen ehemaligen US-Vizepräsidenten Dick Cheney, der sechsmal als gewählter republikanischer Abgeordneter Wyoming im Kongress vertrat. Der zweite große Gewerbezweig in diesem Staat ist neben den Ranches die Energiewirtschaft.

Colorado ist der ausgeprägteste Wechselwählerstaat im Westen. Jeder liberalen Hochburg wie Boulder steht eine gleichermaßen entschie-

Im September 2011 trafen sich mehr als 53700 begeisterte Teilnehmer in der Wüste von Nevada zum Burning Man, einem Zwischending aus Campingfest, Kunstfestival und Party, bei dem Rede-, Kostüm- und libidinöse Freiheit im Mittelpunkt stehen (s. Kasten S. 295).

den konservative wie Colorado Springs gegenüber. In diesem Staat haben sich so unterschiedliche Persönlichkeiten wie Hunter S. Thompson und Ken Buck um politische Ämter beworben. Hier rauften sich nach dem Bürgerkrieg entflohene Sklaven und geschlagene Konföderierte zusammen, hier treiben heute rechtsradikale Milizen und andererseits Ökoterroristen ihr Unwesen.

Südwesten

Der Südwesten zieht seit langem entschlossene Siedler an, deren Lebensvorstellungen, seien sie nun Mormonen, Viehbarone oder Goldsucher, sich von denen der Durchschnittsamerikaner unterscheiden. Eine neue Generation idealistischer Unternehmer verwandelt ehemalige Goldgräberstädte in New-Age-Kunstenklaven und Wildwest-Touristenattraktionen. Wissenschaftler strömten in die leeren Weiten, um Atombomben und Raketen zu entwickeln und zu testen. Astronomen errichteten Observatorien auf einsamen Hügeln und Bergen, weil sich hier ein dunkler Himmel und eine unverstellte Sicht bietet. Und dann gibt es immer noch ein paar unverdrossene Aussteiger alter Schule, die in den Südwesten kommen, um „sich anzuschließen und loszulassen".

Jahrelang sind all diese unterschiedlichen Menschen recht problemlos miteinander ausgekommen. In letzter Zeit haben starke Bestrebungen des Staates, die illegale Einwanderung zu unterbinden, die Kumbaya-Stimmung zumindest in den südlichen Landstrichen Arizonas zerstört. Die einwandererfeindliche Rhetorik ist bei alltäglichen Unterhaltungen zwar nicht unbedingt verbreitet, aber giftspritzende Kommentare in der Presse und die starke Präsenz von Grenzpatrouillen lasten doch wie eine Dunstglocke über der ansonsten sonnigen Landschaft. In anderen Regionen des Südwestens ist „Leben und leben lassen" aber erfreulicherweise immer noch die Regel.

Bevölkerung & Multikulturalismus

Kalifornien ist mit 37 Mio. Einwohnern der bevölkerungsreichste Bundesstaat der USA. Mehr als 30 % der Amerikaner asiatischer Herkunft in den USA leben heute in Kalifornien. Die Lateinamerikaner, die gegenwärtig schon 14 Mio. Einwohner stellen, werden Schätzungen zufolge im Jahr 2020 die größte ethnische Gruppe in Kalifornien sein. Heute leben vermutlich 2 Mio. unregistrierte Einwanderer im Bundesstaat. Die Latino-Kultur ist ein tief verwurzelter Bestandteil der kalifornischen Kultur, und die meisten Einwohner betrachten ihren Bundesstaat als eine entspannte multikulturelle Gesellschaft, in der jeder die Chance hat, den amerikanischen Traum zu leben.

Colorado, Arizona und New Mexico haben alle einen großen Anteil an amerikanischen Ureinwohnern und Lateinamerikanern. Diese Einwohner sind stolz darauf, durch die Pflege von Traditionen und die mündliche Weitergabe von Erzählungen ihre kulturelle Identität zu wahren. Generell herrscht im Südwesten seit langem die Kultur des Leben-und-leben-Lassens. Eine Ausnahme ist der Süden Arizonas mit seiner 563 km langen Grenze zu Mexiko. Hier ist die Lage angespannt, seit ein 2010 eingeführtes, umstrittenes Gesetz Polizeibeamte dazu verpflichtet, sich von allen, die sie des illegalen Aufenthalts im Land verdächtigen, die Ausweispapiere vorzeigen zu lassen.

IMMIGRATION

Die Phoenix Suns protestierten 2010 gegen Arizonas neues Einwanderungsgesetz, indem sie den Namen des Teams auf ihren Trikots für ein Spiel in „Los Suns" verspanisierten.

Religion

Obwohl die Kalifornier weniger fleißige Kirchgänger sind als die Durchschnittsamerikaner und jeder fünfte Kalifornier gar keiner Religionsgemeinschaft angehört, ist Kalifornien, was die Religion angeht, einer der vielfältigsten Bundesstaaten. Rund ein Drittel der Kalifornier sind Katholiken, was zum Teil dem hohen lateinamerikanischen Bevölke-

HEIRAT: GLEICHES RECHT FÜR ALLE

40 000 Kalifornier waren bereits in gleichgeschlechtlichen Lebenspartnerschaften registriert, als 2004 Gavin Newsom als Bürgermeister von San Francisco in Missachtung des Verbots gleichgeschlechtlicher Ehen in Kalifornien Ehelizenzen an Schwule und Lesben ausstellte. 4000 gleichgeschlechtliche Paare heirateten daraufhin sofort. Das bundesstaatliche Eheverbot wurde im Juni 2008 von den kalifornischen Gerichten aufgehoben, dann aber wurde bei einer Volksabstimmung im November 2008 ein Antrag, die „Proposition 8", angenommen, der durch einen Zusatz in der kalifornischen Verfassung gleichgeschlechtliche Ehen verbietet. Bürgerrechtsaktivisten stellen die Verfassungsmäßigkeit dieses Zusatzes zwar in Frage, inzwischen hat Kaliforniens Reputation in Sachen Toleranz aber gelitten, weil andere Bundesstaaten gleichgeschlechtliche Ehen bereits legalisiert haben.

rungsanteil geschuldet ist, und ein weiteres Drittel sind Protestanten. Im gesamten Bundesstaat leben aber auch mehr als 1 Mio. Muslime, und außerdem hat Los Angeles die zweitgrößte jüdische Gemeinde Nordamerikas. Darüber hinaus gibt es in Kalifornien mehr Buddhisten als irgendwo sonst außerhalb Asiens.

Im Nordwesten sind nur ein Viertel der Einwohner religiös gebunden, von denen die meisten Christen, Juden oder Mormonen sind. Unter den Zuwanderern aus Asien sind Buddhisten, Hindus, Sikhs und Muslime vertreten. New-Age-Spiritualität ist hier ebenfalls nicht unbekannt.

Auch der Südwesten hat seine Besonderheiten. In Utah bekennen sich 58% der Einwohner zum Mormonentum. Die „Kirche Jesu Christi der Heiligen der letzten Tage" betont traditionelle Familienwerte und lehnt Alkohol, Tabak und vorehelichen Sex ab. Avantgardistische Mode und derbe Flüche sind in dem Bundesstaat verpönt. Familie und Religion sind ebenfalls Schlüsselwerte bei den Indianern und den Menschen lateinamerikanischer Abkunft überall im Südwesten. Die Stammestänze der Hopi sind religiöse Ereignisse, die als so heilig erachtet werden, dass Außenstehende meist keinen Zutritt erhalten. Und obwohl viele Indianer und Latinos heute in den Städten leben und dort einer Berufstätigkeit nachgehen, bilden große Familientreffen und traditionelle Gebräuche immer noch einen festen Bestandteil ihres Alltags.

Amerikanische Ureinwohner

„Viele Menschen betrachten uns als ein geknechtetes, armes Volk. Aber für uns Navajos ist man nicht arm, wenn man die Dinge besitzt, die einem heilig sind. Für uns sind das die sechs heiligen Berge, unsere Heimat. Viel Geld zu haben, ist sicher toll, aber wenn man über keine eigene Sprache verfügt, über keine eigene Kultur und keine eigene Religion, wenn man nicht weiß, zu welchem Clan man gehört, dann ist man wirklich arm dran."
Dan Mose, Navajo

Eines der besten Museen über das Leben und die Kultur amerikanischer Ureinwohner im Südwesten der USA ist das Heard Museum in Phoenix (S. 300).

In allen Regionen der USA leben amerikanische Ureinwohner – insgesamt mehr als 3 Mio. (teils Vollblut-, teils Halbblutindianer). Es gibt 500 Indianervölker und 175 indianische Sprachen. Den größten indianischen Bevölkerungsanteil des Landes hat Kalifornien, den drittgrößten Arizona; New Mexico rangiert an fünfter Stelle. Die Navajo sind die größte Nation im Westen; landesweit stehen sie auf Platz zwei nach den Cherokee.

Die indigenen Völker des Westens unterscheiden sich stark voneinander. Sie haben jeweils eigene Bräuche und Glaubensvorstellungen, die teilweise auch von den Gebieten geprägt sind, in denen sie leben. Die amerikanischen Ureinwohner gehen verschiedene Wege, denn sie tragen das Erbe ihrer Vorfahren und der von außen eingedrungenen Kulturen in sich. Manche leben vielleicht als Weber in ihren Reservaten, andere als Webdesigner in Phoenix. Manche pflanzen Mais und Kürbisse an, andere erzeugen Energie mithilfe von Solaranlagen. Manche sind Medizinmänner, andere Alkoholiker.

In Bezug auf ihre Kultur müssen sich die Völker heute die Frage stellen, wie sie im modernen Amerika leben und gleichzeitig ihre Traditionen vor dem Verfall bewahren, ihr Land vor weiterer Ausbeutung schützen und ihre Angehörigen von der Armut befreien können, ohne den Sinn für ihre eigene Identität und das ihnen Heilige zu verlieren.

Die Völker

Die meisten der großen westlichen Indianervölker sind im Südwesten angesiedelt. Bekannte Völker mit großen Reservaten in Arizona sind u. a. die Navajo, die Hopi und die Apachen. Ebenfalls in Arizona beheimatet, aber kleiner sind die Völker der Walapai und der Havasupai, die in Reservaten am Grand Canyon leben. Die Völker in New Mexico verteilen sich auf 19 Pueblos in der nördlich-zentralen Region des Bundesstaats.

Apachen

Im Südwesten gibt es drei große Apachen-Reservate: in New Mexico die Jicarilla Apache Reservation und in Arizona die San Carlos Apache Reservation sowie die Fort Apache Reservation, wo die Nation der White

Mountain Apache beheimatet ist. All diese Apachenvölker sind Nachkommen der Athapasken, die um 1400 aus Kanada hierher kamen. Sie waren nomadische Jäger und Sammler. Später wurden sie zu Kriegern, die Raubzüge vor allem gegen die Völker der Pueblo-Indianer und gegen europäische Siedlungen durchführten und sich der Vertreibung in Reservate energisch widersetzten.

Der berühmteste Apache ist Geronimo, ein Chiricahua-Apache, der gegen die US-amerikanische Annexion des Indianerlands kämpfte und erst mithilfe von White-Mountain-Apache-Spähern im Dienst der US-Armee besiegt werden konnte.

The People von Stephen Trimble ist ein facettenreiches, intimes Porträt der Ureinwohner-Völker im Südwesten. In dem Band kommen die Indianer selbst zu Wort und es gibt auch viele schöne Fotos.

Havasupai

Die Havasupai Reservation grenzt an den Grand Canyon National Park in Arizona und liegt unterhalb des Südrands des Canyons. Das einzige Dorf der Nation trägt den Namen Supai und ist mit dem Auto nicht zu erreichen. Die Straße endet am Hualapai Hilltop; von dort muss man noch rund 13 km wandern oder auf einem Maulesel reiten. Wer will, kann aber auch mit dem Hubschrauber fliegen.

Havasupai bedeutet „Volk vom blau-grünen Wasser“. Das Leben war hier immer geprägt vom Havasu Creek, einem Nebenfluss des Colorado. Der gesicherte Zugang zum Wasser ermöglichte die Bewässerung der Felder, und durch den Ackerbau war das Leben im Dorf von den Jahreszeiten bestimmt. Der tiefe Havasu Canyon schützte das Volk vor dem Kontakt mit anderen, und das friedfertige Volk mied auch bis ins 19. Jh. die Berührung mit westlichen Menschen. Heute setzen die Havasupai auf Tourismus, und die Wasserfälle des Havasu Canyon locken einen steten Strom von Besuchern an. Das Volk ist verwandt mit den Walapai.

Jahrzehntelang haben die traditionellen Navajos und Hopi die Versuche der US-Industrie unterbunden, Bergbau in ihrem heiligen Big Mountain zu betreiben. Nachlesen kann man die Geschichte auf der Website von Black Mesa Indigenous Support (www.blackmesais.org).

Hopi

Die Hopi Reservation mit einer Gesamtfläche von 6070 km² befindet sich innerhalb des Navajo-Reservats. Die meisten Hopi leben in den elf Dörfern am Fuß und auf dem Gipfel der drei Mesas, die aus der Haupt-Mesa, der Black Mesa, hervorragen. Old Oraibi, auf der Third Mesa, gilt (neben Acoma Pueblo) als die älteste ununterbrochen bewohnte Siedlung des Kontinents. Wie alle Pueblo-Völker stammen die Hopi von den Anasazi (Ancestral Puebloans) ab.

Hopi bedeutet „die Friedlichen“ oder „der Friedfertige“, und es gibt wohl kein anderes Volk, das für seine bescheidene, traditionelle und zutiefst spirituelle Lebensweise bekannter wäre. Die Hopi verwenden eine ungewöhnliche Technik beim Trockenfeldbau: Sie pflügen ihre Felder nicht, sondern pflanzen die Samen in windgeschützte, wasserspeichernde Gebiete. Ihre wichtigste Anbaupflanze war schon immer Mais (der auch in ihrer Schöpfungsgeschichte eine zentrale Rolle spielt).

Mit *From Sand Creek* hat der Acoma-Dichter Simon Ortiz eine fesselnde Mischung aus Poesie und Geschichte, Leid und Hoffnung geschaffen. Es ist eine politisch engagierte, spirituell geprägte Vision des Amerikas der Indianer.

Das zeremonielle Leben der Hopi ist komplex und äußerst privat. Ihr Glauben beeinflusst alle Aspekte des Alltags. Nur wenn sie dem „Weg der Hopi“ folgen, wird ihnen lebensspendender Regen geschenkt. Die Hopi sind auch davon überzeugt, dass dies der ganzen Menschheit zugutekommt. Die Rolle jedes Einzelnen ist vom Clan vorbestimmt; die Zugehörigkeit ergibt sich aus der matrilinearen Erbfolge. Selbst untereinander halten die Hopi die besonderen Traditionen ihres jeweiligen Clans geheim.

Die Hopi sind begnadete Künstler: Berühmt sind ihre Ton-, Korb- und Silberwaren sowie ihre zeremoniellen Kachina-Figuren (spirituelle Holzpuppen).

Walapai (Hualapai)

Die Hualapai Reservation umfasst ein rund 4047 km² großes Gebiet am Südrand des Grand Canyon mit einer Länge von 174 km. Walapai bedeutet „Volk der hohen Kiefern". Weil das Land in diesem Abschnitt des Grand Canyon nicht gut zu bebauen ist, waren die Walapai ursprünglich Halbnomaden, die Pflanzen gesammelt und kleine Tiere gejagt haben.

Heute bilden Forstwirtschaft, Rinderhaltung, Landwirtschaft und Tourismus die wichtigsten Einnahmequellen. Der Regierungssitz der Walapai befindet sich in Peach Springs, Arizona, das die Inspiration für „Radiator Springs" in dem Animationsfilm *Cars* war. Das Reservat lockt vor allem mit der Möglichkeit zum Jagen, Angeln und Raften Besucher an. Die neueste Touristenattraktion ist der einzigartige Skywalk (S. 321).

Navajo

Die Navajo Reservation (www.discovernavajo.com) ist das bei Weitem größte und bevölkerungsreichste Reservat in den USA. Es wird auch Navajo Nation oder Navajoland genannt und nimmt ein 70 822 km² großes Gebiet in Arizona und in Teilen von New Mexico und Utah ein.

Die Navajo waren Nomaden und gefürchtete Krieger, die mit den Pueblo-Völkern Handel trieben, sie aber auch überfielen und gleichermaßen

ETIKETTE

Wer ein Reservat besuchen will, sollte sich informieren, ob dort bestimmte Verhaltensregeln zu beachten sind. In fast allen Reservaten sind Alkoholika verboten, manchmal auch Haustiere. Fotografieren ist manchmal nur eingeschränkt erlaubt. Wer campen, angeln oder anderen Aktivitäten nachgehen will, braucht in jedem Fall eine Genehmigung. Die geltenden Bestimmungen sind zuweilen am Eingang des Reservats angeschlagen; auf jeden Fall erfährt man sie bei der Stammesverwaltung oder auf der Website des Reservats (die meisten sind in diesem Buch aufgeführt).

Wer ein Reservat besucht, lernt eine einzigartige Kultur mit vielleicht ungewohnten Bräuchen kennen. Besucher sollten immer höflich, respektvoll und offen sein und nicht erwarten, dass die Einheimischen sie an allen Einzelheiten ihres Lebens teilhaben lassen.

Erst fragen, dann knipsen

In den Gebieten mancher Völker ist das Fotografieren oder Zeichnen gänzlich verboten, in anderen gegen eine Gebühr oder bei Zeremonien und in bestimmten Bereichen nur eingeschränkt möglich. *Immer zuerst fragen, ob man ein Foto oder eine Zeichnung machen darf!* Wer eine Person ablichten möchte, sollte zuerst um ihre Erlaubnis bitten; ein Trinkgeld gilt als höflich und wird oft auch erwartet.

Pueblos sind keine Museen

Die unglaublichen Lehmziegelbauten sind Wohnhäuser. Öffentliche Gebäude sind beschildert; bei Häusern ohne Beschilderung kann man davon ausgehen, dass sie privat sind. Nicht herumklettern! Kivas sind fast immer tabu.

Zeremonien sind keine Theateraufführungen

Bei Zeremonien sollte man sich verhalten wie beim Gottesdienst: leise und respektvoll zuschauen, nicht reden oder anderweitig lärmen, keine Fotos machen und angemessene Kleidung tragen. Bei den Powwows geht es nicht ganz so formell zu, aber auch hier gilt: Sofern diese Versammlungen nicht extra für Zuschauer inszeniert sind, dienen sie nur dem Indianervolk und nicht den Gästen.

Privatsphäre und Kommunikation

Viele amerikanischen Ureinwohner haben nichts dagegen, die Glaubensüberzeugungen ihres Volkes zu beschreiben. Aber das ist nicht immer und schon gar nicht immer im gleichen Ausmaß der Fall. Einzelheiten über Rituale und Zeremonien sind oft geheim. Wer also über Religion sprechen will, sollte immer erst nachfragen, ob das o.k. ist, und es immer respektieren, wenn Grenzen gezogen werden. Außerdem gilt es bei amerikanischen Ureinwohnern als höflich, seinem Gegenüber kommentarlos zuzuhören. Das wechselseitige stille Zuhören ist ein Zeichen des Respekts.

gegen Siedler und die US-Truppen kämpften. Sie haben auch von anderen Völkern viele Traditionen übernommen: von den Spaniern die Schaf- und Pferdezucht, von den Pueblo-Völkern das Töpfern und Weben und von den Mexikanern das Silberschmieden. Heute sind die Navajo für Teppiche, Tonwaren und Silberschmuck mit Intarsien bekannt, aber auch für die Sandmalerei, die bei Heilungszeremonien zum Einsatz kommt.

Die athapaskische Sprache der Navajo ist trotz ihrer berüchtigten Komplexität die am meisten gesprochene indianische Sprache Nordamerikas. Während des Zweiten Weltkriegs setzten die USA im Pazifikkrieg Angehörige der Navajo als „Codesprecher" ein, die militärische Anweisungen vor dem Absenden in ihre Sprache übertrugen. Die Japaner schafften es nie, den Code zu knacken. Es gilt als erwiesen, dass die Navajo-Funker entscheidend zum Sieg der USA beitrugen.

Pueblo-Völker

In New Mexico gibt es 19 Pueblo-Reservate. Vier Reservate liegen westlich von Albuquerque: Isleta, Laguna, Acoma und Zuñi. 15 Pueblos liegen im Rio Grande Valley zwischen Albuquerque und Taos: Sandia, San Felipe, Santa Ana, Zia, Jemez, Santo Domingo, Cochiti, San Ildefonso, Pojoaque, Nambé, Tesuque, Santa Clara, Ohkay Owingeh (oder San Juan), Picuris und Taos.

Diese Völker sind sich ähnlich und auch wieder nicht. Der Begriff „Pueblo" (spanisch für „Dorf") ist einfach nur eine bequeme Bezeichnung für alles, was sie miteinander verbindet: Alle halten sich für Nachkommen der Anasazi (Ancestral Puebloans) und haben sich ihre Bauweise sowie ihre auf Ackerbau basierende dörfliche Lebensweise – oft oben auf Mesas – erhalten.

Die Pueblos sind einzigartig unter den amerikanischen Indianern. Diese Lehmziegelbauten können bis zu fünf Stockwerke hoch sein, die mit Leitern miteinander verbunden werden. Beim Bau kommen Lehmziegel, Steine, Holzbalken und Verputz zum Einsatz. Auf der zentralen Plaza eines jeden Pueblos befindet sich eine Kiva, ein kreisrunder, unterirdisch angelegter Zeremonien- und Versammlungsraum, der die Verbindung mit der Geisterwelt schafft. In den Pueblos gibt es oft auch katholische Kirchen – ein Erbe der Missionare. Viele Pueblo-Indianer verbinden heute christliche und indigene religiöse Bräuche.

Kunst

Die Kunst der amerikanischen Ureinwohner hat fast immer einen zeremoniellen Zweck und eine religiöse Bedeutung. Die Muster und Symbole sind durchdrungen von spirituellen Bedeutungen und stellen ein Fenster in die Herzen der Menschen dar.

Den zeitgenössischen indianischen Künstlern geht es aber nicht nur um die Bewahrung ihrer Kultur. Vielmehr nutzen sie seit Mitte des 20. Jhs., insbesondere seit der Bürgerrechtsbewegung in den 1960er-Jahren und der kulturellen Renaissance in den 1970er-Jahren, ihre Skulpturen, Bilder, Stoffe, Filme, Literatur und Darbietungen auch zur Kritik an der Moderne. *Native North American Art* von Janet Berlo und Ruth Phillips ist eine tolle Einführung in die vielfältige indigene Kunst Nordamerikas von der präkolumbischen Zeit bis in die Postmoderne.

Nicht alle Pueblos haben Websites, aber das Indian Pueblo Cultural Center (www.indianpueblo.org; S. 356) bietet weiterführende Links und Infos zu allen Pueblos.

Indem Reisende Kunstwerke direkt bei den Ureinwohnern kaufen, tragen sie unmittelbar zur Wirtschaft der Gemeinden bei, die teilweise auf die Dollar der Touristen angewiesen sind. Viele Völker betreiben Kunsthandwerksläden und Galerien, meistens in den Hauptstädten ihrer Reservate. Der **Indian Arts & Crafts Board** (IACB; www.iacb.doi.gov) bietet auf seiner Website eine nach Bundesstaaten sortierte Liste mit Galerien und Läden im Besitz indigener Amerikaner – einfach auf „Source Directory of Businesses" klicken.

Töpfer- & Korbwaren

Fast jedes Volk im Südwesten fertigt traditionell Töpfer- und/oder Korbwaren an. Ursprünglich hatte jede Nation und selbst jede einzelne Familie ihren eigenen unverwechselbaren Stil. Aber die Töpfer und Korbmacher von heute mischen, übernehmen und reinterpretieren die klassischen Formen und Methoden ihres Handwerks.

N. Scott Momadays mit dem Pulitzer-Preis ausgezeichneter Roman *Haus aus Morgendämmerung* (1968) über einen jungen Pueblo-Indianer setzte einen Trend in der indigenen nordamerikanischen Literatur.

Die Pueblo-Töpferwaren sind die wohl begehrtesten. Der vor Ort gewonnene Ton war ausschlaggebend für die Farbe. Dementsprechend waren die Töpferwaren der Zia rot, die der Acoma weiß, die der Hopi gelb, die der Cochiti schwarz usw. Die Santa Clara sind berühmt für ihre Gravur-Töpferwaren und die San Ildefonso für ihren Schwarz-auf-Schwarz-Stil, dessen Wiederbelebung der weltberühmten Töpferin Maria Martinez zu verdanken ist. Auch die Töpferwaren der Navajo und der Ute Mountain Ute sind sehr geschätzt.

Die Herstellung von Töpferwaren ist nahezu immer mit dem dörflichen Leben verbunden. Nomadenvölker ziehen eher die Kunst des Korbflechtens vor. Für ihre ausgezeichneten Korbwaren sind beispielsweise die Jicarilla-Apachen (Jicarilla bedeutet „Korbmacher"), die Kaibab-Paiute, die Walapai (Hualapai) und die Tohono O'Odham bekannt. Bemerkenswert sind auch die gewickelten Korbwaren der Hopi mit ihren lebhaften Mustern und Kachina-Figuren.

Webkunst der Navajos

Eine Legende der Navajo besagt, dass die Spinnenfrau den Menschen das Weben beigebracht hätte. Und tatsächlich ist es, als schiene sie heute in den Navajo-Frauen wieder auf, wenn diese geduldig die handgesponnene Wolle netzartig auf Webstühlen hin- und herführen und so die legendären Navajo-Teppiche (die ursprünglich als Decken verwendet wurden) herstellen, die so fest geknüpft sind, dass sie kein Wasser durchlassen. Die Wolle wird noch immer per Hand hergestellt, und auch das Färben geschieht manchmal noch manuell. Bis ein Teppich fertig ist, vergehen Monate (wenn nicht sogar Jahre).

Wer für einen guten Zweck Geld spenden will, sollte sich an Black Mesa Weavers for Life & Land (s. www.culturalsurvival.org oder www.migrations.com) wenden, die traditionellen Diné-Frauen von der Navajo Reservation bei Verkauf und Vermarktung ihrer handgewebten Arbeiten unterstützt.

Echte Navajo-Teppiche sind teuer – und das zu Recht. Für einen Teppich muss man Hunderte bis Tausende von Dollar hinblättern. Dies sind keine einfachen Souvenirs, sondern echte Kunstwerke, an denen man sich ein Leben lang erfreuen kann, ob man sie nun an die Wand hängt oder auf den Boden legt. Man sollte sich die Zeit nehmen und sich zumindest ein wenig schlaumachen. Dann wird man schnell erkennen, dass die Qualität den Preis rechtfertigt. Infos über Navajo-Teppiche gibt's unter www.gonavajo.com.

Silber- & Türkisschmuck

Die Verwendung von Steinen und Muscheln als Verzierung für Schmuck war schon immer eine Tradition der Indianer. Silberschmiede gibt es bei ihnen aber erst seit dem Kontakt mit Angloamerikanern und Mexikanern im 19. Jh. Vor allem die Navajo, Hopi und Zuñi machten sich einen Namen, indem sie diese Materialien mit türkisbesetztem Silberschmuck kombinierten. Außer mit Türkisen sind die Schmuckstücke oft auch mit Lapislazuli, Onyx, Korallen, Karneolen und Muscheln besetzt.

Echter Schmuck ist oft mit einem Stempel oder dem Zeichen des Künstlers versehen. Manchmal beweisen auch Zertifikate des Indian Arts & Crafts Board die Echtheit der Stücke – daher immer danach fragen! Der Preis kann ebenfalls ein Indikator sein: Ein hoher Preis garantiert zwar nicht die Echtheit, aber wenn der Schmuck spottbillig ist, sollten gleich die Alarmglocken schrillen. Wer sich für einen Crashkurs interessiert, sollte sich an den Santa Fe Indian Market (S. 365) im August halten.

Küche des Westens

Weststaatenküche? Was bitteschön ist das denn? Eine Cowboy-Mahlzeit auf einem seltsamen Teller? Nein, nicht wirklich. Tatsächlich ist der Begriff unpassend, denn die Küche im Westen der USA ist nicht mit einer Kategorie zu beschreiben. Es gibt viele regionale Spezialitäten und es bringt jede Menge Spaß, sie zu probieren, von herzhaften Steaks im südlichen Arizona über Grüne-Chili-Enchiladas in New Mexico und gegrillten Lachs im Nordwesten bis hin zu San Diegos schwierig zu verzehrenden, aber umso köstlicheren Fisch-Tacos.

Klassiker & Spezialitäten

Frühstück

Wie im Rest des Landes fällt das Frühstück auch im Westen üppig aus. Sei es eine Portion herzhafter Biscuits and Gravy in einem Cowboy-Diner, ein schneller Egg McMuffin beim Drive-in oder ein ausgiebiger Sonntagsbrunch – die Amerikaner lieben Eier mit Speck, Waffeln, Hash Browns und ein großes Glas Orangensaft. Und vor allem bestehen sie auf ihr scheinbar unveräußerliches Recht auf eine Tasse dampfenden Kaffee mit unbegrenztem Nachschenken.

Mittagessen

Die arbeitende Bevölkerung genehmigt sich mittags meist nur ein Sandwich, einen schnellen Burger oder einen herzhaften Salat. Das formelle „Business Lunch" ist in großen Städten wie Los Angeles üblich, wobei das Gespräch meist wichtiger als das Essen ist.

Abendessen

Unter der Woche gibt's meist am frühen Abend eine herzhaftere Mahlzeit. Da in vielen Familien beide Partner berufstätig sind, greifen viele

TRUCKS

In den USA hat eine köstliche Versuchung auf Rädern Einzug gehalten: die Food-Trucks. Ob Krabbenpuffer-Tacos oder Red-Velvet-Cupcakes – die Auswahl der Kreationen reicht von kreativ über gesund und gehoben bis hin zu dekadent oder einfach nur bizarr. Die besten Trucks gibt's in Portland, L.A. und Las Vegas.

MOBILE KÖSTLICHKEITEN IN L.A.

2009 begann der in Korea geborene und in L.A. aufgewachsene Koch Roy Choi auf den Straßen von L.A. in einem Imbiss-Truck koreanisches gegrilltes Rind in mexikanischen Tacos zu verkaufen. Er twitterte seinen jeweiligen Standort und schuf damit einen Trend. Die Gerichte, die er in seinem Kogi-Truck brutzelt, gehören zur neuen Fast-Food-Szene der Stadt, die alles von brasilianisch bis zu Singapur-Küche bietet, von Südstaaten-Barbecue über vietnamesische *banh-mi*-Sandwiches und gegrillte Käsesandwiches mit Short Ribs bis hin zu Mac'n'Cheese. Mittlerweile sieht man auf den Straßen der Stadt hunderte Gourmet-Trucks; zu den besten gehören Kogi, der Grilled Cheese Truck und der Dim Sum Truck. Die aktuellen Standorte gibt's unter www.trucktweets.com.

BREAKFAST-BURRITOS

Es gibt ein mexikanisch inspiriertes Gericht, das im ganzen Westen beliebt ist: der Frühstücks-Burrito. Er wird in Diners und Feinkostläden in Colorado, in Coffeeshops in Arizona und in Strandcafés in Kalifornien serviert und ist in vielerlei Hinsicht das perfekte Frühstück – billig (meist unter 6 US$), voller Proteine (Eier, Käse, Bohnen), frischen Gemüses (oder ist die Avocado eine Frucht?) und scharfer Salsa (ein Gemüse?) und wird in Papier gerollt zum Mitnehmen serviert. Einfach wie eine Banane schälen und sich vom Duft verführen lassen.

auf einen Lieferservice (z. B. Pizza oder chinesische Küche) zurück oder wärmen Vorgekochtes in der Mikrowelle auf. Zum Nachtisch gibt's oft Eis, Torte oder Kuchen. Manche Familien bereiten sonntags ein traditionelles Abendessen zu, bei dem sich Verwandte und Freunde zu einer ausgiebigen Mahlzeit treffen. Andere grillen oder picknicken am Wochenende.

Auf die Schnelle

Fastfood-Restaurants mit Drive-Thru-Fenstern sind im Westen allgegenwärtig, so findet man bei jeder größeren Highway-Ausfahrt mindestens eines. Ein Hotdog von einem Straßenstand oder ein Taco von einem Imbiss-Truck, liebevoll auch „Roach Coach" (*cockroach* bedeutet Kakerlake) genannt, sind in urbanen Geschäftsvierteln beliebt. Von deren Spitznamen sollte man sich übrigens nicht in die Irre führen lassen: Mangelnde Hygiene oder gar Risiken für die Gesundheit sind kaum zu befürchten, da die Betreiber vom örtlichen Gesundheitsamt kontrolliert werden. Auf Festen und Jahrmärkten stehen Zuckerwatte, Corn Dogs, Liebesäpfel, Funnel Cakes, gefrorene Bananen mit Schokoladenüberzug und jede Menge regionale Spezialitäten zur Auswahl. Auf Farmers Markets gibt's gesündere, günstige Gerichte.

Kalifornien

Aufgrund seiner Größe und der verschiedenen Mikroklimas gedeihen in Kalifornien Obst und Gemüse im Überfluss, zudem gibt es zahllose asiatische Märkte. Das kulinarische Angebot beeindruckt mit Wildlachs, Taschenkrebsen und Austern aus dem Meer, einer ganzjährigen Ernte und handgemachten Leckereien wie Käse, Brot, Olivenöl, Wein und Schokolade.

In den 1970er- und 1980er-Jahren prägten Spitzenköche wie Alice Waters und Wolfgang Puck den Begriff der „California Cuisine", indem sie beste lokale Zutaten zu einfachen, aber köstlichen Kreationen verarbeiteten. Der Zustrom asiatischer Einwanderer, insbesondere nach dem Vietnamkrieg, bereicherte urbane Esskulturen mit Chinatowns, Koreatowns und Japantowns. Daneben bewahren riesige Enklaven von Mexican Americans im ganzen Staat ihre kulinarischen Traditionen. Internationale Fusion-Restaurants sind ein weiteres Merkmal der kalifornischen Gastronomie.

Die besten Vegie-Läden

» Poco, Bisbee, AZ

» Fresh Mint, Scottsdale, AZ

» Veggie Grill, West Hollywood, CA

» Andy Nguyen's, Sacramento, CA

» Ubuntu, Napa Valley, CA

Nordküste & die Sierras

In den 1970er-Jahren traten San Franciscos Hippies für einen autarkeren Lebensstil ein. Sie belebten die Tradition der eigenen Brot- und Käseherstellung wieder und bauten ihre Lebensmittel selbst an (gut gemeinter Tipp: Farmer von Mendocino bis Humboldt meinen es ernst mit ihren „No Trespassing"-Schildern!). Diese alternativen Landwirte praktizierten bereits damals pestizidfreien Anbau und schufen eine bodenständige Bioküche, die gesund und lecker zugleich ist.

An der Nordküste trifft man auf Einflüsse der naturverbundenen Ohlone- und Miwok-Küche. Die in Nordkalifornien beheimateten Stämme angelten, jagten, stellten Brot aus Eichelmehl her, legten Obstgärten an und widmeten sich entlang der Küste dem nachhaltigen Anbau. Unter solch verantwortungsvollen Verwaltern konnte die Natur ungestört gedeihen und so gibt es hier jede Menge Wildhonig und Brombeeren. An der Küste werden Meeresfrüchte traditionell von Hand gesammelt und gefangen, daneben sind nachhaltige Kaviar- und Austernfarmen entstanden. Furchtlose Forscher haben jede essbare Pflanze identifiziert, vom Sauerklee der Sierras bis hin zu Seetang aus Mendocino, die besten Plätze zur Pilzsuche hingegen bleiben das Geheimnis der Einheimischen.

Manche Fischarten des Pazifik wurden durch Überfischung fast ausgerottet – mit schlimmen Auswirkungen auf den marinen Lebensraum. Monterey Bay Aquarium's Seafood Watch (www.montereybayaquarium.org/cr/seafoodwatch.aspx) informiert darüber, welche Arten gegessen werden können und von welchen man die Finger lassen sollte.

San Francisco Bay Area

Im experimentierfreudigen San Franciscos gibt's die meisten preisgekrönten Köche und Restaurants pro Kopf in den USA (fünfmal mehr Restaurants als in New York) und ganze 25 Farmers Markets.

Einige von San Franciscos Eigenkreationen konnten sich dauerhaft durchsetzen, darunter der so beliebte *cioppino* (Taschenkrebs-Eintopf), die von der Ghirardelli-Familie erfundenen Schokoladenriegel sowie Sauerteigbrot, dessen Triebmittel, das bereits in der Goldrauschzeit verwendet wurde, den Laiben ihren speziellen Geschmack verleiht. Der kantonesische Begriff Dim Sum wird auf Mandarin *xiao che* (kleine Snacks) oder *yum cha* (Trink Tee) genannt und in San Francisco in vielen Lokalen zu Mittag angeboten.

Mexikanische, französische und italienische Gerichte erfreuen sich dauerhafter Beliebtheit, ebenso neuere Ethno-Trends San Franciscos wie *izakaya* (japanische Snackbars), koreanische Tacos, *banh mi* (vietnamesische Sandwiches aus französischem Baguette mit mariniertem Fleisch und eingelegtem Gemüse) und *alfajores* (arabisch-argentinisches Mürbegebäck mit Cremefüllung).

Südkalifornien

Los Angeles ist traditionell für seine Starköche und berühmten Restaurantbetreiber bekannt. Nach Robert H. Cobb, Besitzer des Brown Derby Restaurant in Hollywood, ist der Cobb-Salat (Blattsalat, Tomaten, Eier, Hühnchen, Speck und Roquefort) benannt. Wolfgang Puck läutete den Trend zu Promiköchen 1982 mit der Eröffnung des bei Stars beliebten Spago auf dem Sunset Strip ein.

Die ehrlichsten Restaurantkritiken von L.A. gibt's unter www.laweekly.com und www.eater.com.

Wer in Los Angeles authentische multikulturelle Küche sucht, findet in Koreatown würzige *kalbi* (marinierte gegrillte Rippchen vom Rind), in East L.A. Tacos *al pastor* (mariniertes, geröstetes Schweinefleisch) und in Little Tokyo täglich frisch zubereitete Ramen-Nudeln.

Weiter südlich locken die Strandorte am Hwy 1 wie Laguna Beach oder La Jolla mit tollen Surfwellen und kleinen herzhaften Snacks wie Frühstücks-Burritos und Fisch-Tacos. Nicht entgehen lassen sollte man

NACHHALTIG, LOKAL, BIOLOGISCH

Die „Slow Food"-Bewegung ist neben der wieder aufblühenden Begeisterung für Bioküche ein führender Trend der amerikanischen Gastroszene. Als ihre Geburtsstunde in den USA gilt die Eröffnung des Chez Panisse (S. 163) in Berkeley durch Küchenchefin Alice Waters. In letzter Zeit schießen im ganzen Land Farmers Markets aus dem Boden, auf denen man wunderbar Einheimische treffen und Amerikas kulinarischen Reichtum entdecken kann, von traditionellem Obst und Gemüse bis hin zu frischen, herzhaften und süßen regionalen Spezialitäten.

Dos und Don'ts

» Trinkgeld: 15 % der Rechnungssumme ist Standard, 20 % (oder mehr) gibt's für ausgezeichneten Service.

» Es ist üblich, die Serviette in den Schoß zu legen.

» Ellbogen nicht auf dem Tisch abstützen.

» Erst mit dem Essen beginnen, wenn jedem serviert wurde; bei formellen Anlässen wartet man, bis der Gastgeber loslegt.

Nicht versäumen: regionale Spezialitäten

» Fisch-Tacos (San Diego, CA)

» Frito Pie (New Mexico)

» Grüner-Chili-Cheeseburger (New Mexico)

» Navajo-Tacos (nordöstliches Arizona)

» Sonoran Hotdogs (Tucson, Arizona)

» Rocky-Mountain-Austern (Colorado)

sich zudem ein Shake bei Ruby's Crystal Cove Shake Shack südlich von Newport Beach.

Nordwesten

James Beard (1903–1985), ein aus Oregon stammender Koch und Kochbuchautor, war der Meinung, dass Gerichte einfach, also ohne zu viele Zutaten und komplizierte Kochtechniken, zubereitet werden müssen, um ihren natürlichen Geschmack zu entfalten. Diese Philosophie prägte die moderne Nordwest-Küche entscheidend. In Washington und Oregon mag man keine trendige Show-Küche, dafür wird Wert auf Innovation gelegt, besonders wenn es um nachhaltiges, bewusstes Essen geht.

Ackerland, Naturprodukte & Fisch

Die verschiedenen geografischen und klimatischen Bedingungen – eine milde, dunstige Küstenregion mit sonnenreichem Sommer sowie dürres Ackerland im Osten – begünstigen den Anbau aller möglichen Produkte, darunter jede Menge Früchte wie Melonen, Trauben, Äpfel, Birnen, Erdbeeren, Kirschen und Heidelbeeren. Auch Gemüse wie Kartoffeln, Linsen, Mais, Spargel und süße Walla-Walla-Zwiebeln gedeihen bestens und werden für den lokalen Verzehr und den Export angebaut.

Vieles wächst hier auch wild, besonders in feuchten Regionen wie der Coast Range. Naturverbundene Feinschmecker suchen sich die gleichen Lebensmittel, die einst ortsansässige Ureinwohner sammelten: das ganze Jahr über Wildpilze sowie im Sommer Früchte und Beeren.

Mit seiner lang gezogenen Küste und einem eindrucksvollen Flusssystem bietet der Nordwestern jede Menge frische Meeresfrüchte. Zu den saisonbedingten Spezialitäten zählen Scheidenmuscheln, Miesmuscheln, Garnelen, Weißer Thun, Taschenkrebse und Stör. Lachs – geräuchert, gegrillt, im Salat, in Quiche oder als Sushi – bleibt eines der Lieblingsgerichte der Region.

Der Südwesten

Hier heißt es das Steakmesser gezückt und die Hose gelockert, denn die Küche in Arizona, New Mexico, Utah, im südlichen Colorado und in Las Vegas ist nichts für Kalorienzähler. Sonoran Hotdogs, Grüne-Chili-Cheeseburger, Huevos Rancheros, saftige Steaks und endlose Buffets – Maßhalten ist hier keine Tugend.

Zwei Länder prägten die Esskultur des Südwestens entscheidend: Spanien und Mexiko kontrollierten bis weit ins 19. Jh. das Gebiet von Texas bis Kalifornien. Spanische Gerichte findet man zwar kaum noch, doch die damaligen Entdecker brachten die Viehwirtschaft nach Mexiko. Diese ist die Basis für die mais- und chililastige Gastronomie des Landes. Zu deren Klassikern gehören Tacos, Tortillas, Enchiladas, Burritos, Chimichangas und andere Speisen aus Mais- oder Weizenfladen, die mit Hackfleisch, Hühnchen, Bohnen u. v. m gefüllt werden. In Arizona und New Mexico werden nach Vorbestellung oder auf Folklorefesten ein paar indianische Gerichte serviert. Steaks und Barbecue sind überall im Südwesten beliebt. Und zum Abendessen und Ausgehen ist für viele Bier der perfekte Begleiter.

Eine kosmopolitische Gastroszene bietet Las Vegas, wo Spitzenköche aus New York City, L. A. und sogar Paris ihre Filialen eröffnet haben.

Steak & Kartoffeln

Lust auf ein saftiges Rindersteak mit Salat, Backkartoffel und Bohnen? Dann ist der Südwesten mit seinen Ranches und vielseitigen Steakhäusern die richtige Adresse. Allein in Phoenix reicht die Auswahl vom Durant's (S. 306) nach alter Schule über das Greasewood Flat (S. 308) im

Freien bis zum familienfreundlichen Rawhide Western Town & Steakhouse (s. Kasten S. 305). In Utah sind Einflüsse der großen Mormonengemeinde zu spüren, so ist gute bodenständige amerikanische Küche beliebt, z. B. Hühnchen, Steak, Kartoffeln, Gemüse, hausgemachte Pasteten und Eis.

Mexiko & New Mexico

Die mexikanische Küche ist meist scharf und würzig. Empfindliche sollten deshalb erst den Schärfegrad der Salsa testen, bevor es ans Essen geht. In Arizona wird die Sonora-Variante zubereitet, beispielsweise *carne seca* (getrocknetes Rind). Die Gerichte werden meist mit Bohnenmus, Reis sowie Weizen- oder Mais-Tortillas serviert, die Chilis sind relativ mild. Die Einwohner von Tucson bezeichnen ihre Stadt gerne als universelle Hauptstadt mexikanischer Küche; trotz der harten Konkurrenz ist da durchaus etwas dran. Auch Restaurants in Colorado servieren mexikanische Gerichte, halten sich bei der Eigenwerbung jedoch eher zurück.

Die Küche New Mexicos unterscheidet sich von der mexikanischen, dennoch gibt es Ähnlichkeiten. Pintobohnen werden im Ganzen und nicht als Mus serviert, *posole* (Maiseintopf) ersetzt oft den Reis. Chilis werden nicht nur als zusätzliches Gewürz (wie in Salsas) eingesetzt, sondern vielmehr als grundlegende Zutat in fast jedem Gericht. Zu den Spezialitäten gehört *carne adobada* (marinierte Schweinefleischstücke).

Finden sich auf einer Speisekarte Gerichte und Saucen mit grüner oder roter Chili, handelt es sich meist um Küche nach New-Mexico-Art. Der Bundesstaat ist für seine mit Chili verfeinerten mexikanischen Klassiker bekannt. Besonders berühmt für grüne Chilis ist die Stadt Hatch in New Mexico.

Manche Chilis werden bei der Ernte an der Pflanze gelassen, bis sie sich leuchtend rot verfärben. Zu *ristras* gebunden, schmücken sie Wände und Hauseingänge im gesamten Südwesten.

Indianisches Essen

Die heutige Küche der Ureinwohner hat nur noch wenig Ähnlichkeit mit den Essgewohnheiten vor der spanischen Eroberung, unterscheidet sich jedoch von der Küche des Südwestens. Navajo und Indian Tacos – gebratene Brotfladen mit Bohnen, Fleisch, Tomaten, Chili und Salat – sind am weitesten verbreitet. Das zähe *horno*-Brot wird in Lehmöfen in Bienenkorbform unter freiem Himmel gebacken.

Die meisten anderen Gerichte indigenen Ursprungs bestehen aus Wildfleisch, Kürbis und lokalen Zutaten wie Beeren und Pinienkernen. Zwar steigt ihr Bekanntheitsgrad, dennoch sind sie recht schwer zu finden. Gute Chancen hat man an Essensständen auf Festen, auf Powwows, Rodeos, an Pueblo-Feiertagen und in Kasino-Restaurants.

Getränke

Die hart arbeitenden Amerikaner wissen sich zu vergnügen und sind sicherlich keine Abstinenzler. Rund 67% der Bevölkerung konsumieren Alkohol, wobei die Mehrheit lieber Bier als Wein trinkt.

Bier

Bier ist so amerikanisch wie Chevrolet, Football und Apple Pie. Die Verkaufszahlen für alkoholische Getränke erreichten in den USA in den letzten Jahren Rekordwerte, doch nur etwa 20% der Amerikaner trinken regelmäßig Wein; Bier ist sehr viel beliebter. Mit Abstand am meisten getrunken wird dabei das amerikanische Lager mit einem recht niedrigen Alkoholgehalt von 3 bis 5%.

Eine Kleinbrauerei vertreibt das meiste Bier außer Haus. Ein „Brewpub" verkauft hingegen das meiste Bier vor Ort, wobei in der Regel ein Restaurant angeschlossen ist.

Kleine & lokale Brauereien

Heute verkosten Bierliebhaber den Gerstensaft ähnlich stilvoll wie Weinliebhaber den Rebensaft. Manche Restaurants in Großstädten bieten gar

Bierprogramme, -sommeliers und -keller. Mini- und Kleinbrauereien schießen wie Pilze aus dem Boden, ob in Großstädten, Kleinstädten oder auch an den überraschendsten Orten; besonders beliebt sind an Nationalparks grenzende Touristenziele wie Moab, Flagstaff und Durango. 2010 stammten beachtliche 11% der in den USA ausgeschenkten Biere aus lokalen Brauereien.

Weine

Laut der *LA Times* wurde 2010 in den USA erstmals mehr Wein konsumiert als in Frankreich. Unter den argwöhnischen Blicken europäischer Winzer, die sogar kalifornische Weine einst als zweitklassig abtaten, gewinnen viele amerikanische Sorten mittlerweile renommierte internationale Preise. Tatsächlich ist das Land nach Italien, Frankreich und Spanien der viertgrößte Weinhersteller der Welt.

Wein ist in den USA nicht billig. Eine genießbare Flasche amerikanischen Weins ist in Wein- und Spirituosengeschäften ab rund 10 bis 12 US$ zu haben.

Tipps zu den besten Weinen und aktuellen Weintrends Kaliforniens sind auf dem Blog von Steve Heimoff, dem Herausgeber des Wine Enthusiast's West Coast, nachzulesen: http://steveheimoff.com.

Weinregionen

Heute stammen fast 90% der US-Weine aus Kalifornien, wobei auch Erzeugnisse aus Oregon und Washington international geschätzt werden.

Das Zentrum des amerikanischen Weintourismus ist zweifellos Nordkalifornien mit dem Napa Valley und dem Sonoma Valley unweit der Bay Area. Auch andere Anbaugebiete, wie das Willamette Valley in Oregon, Kaliforniens Central Coast und Arizonas Patagonia-Region, haben sich zu beliebten Zielen für Touristen auf der Pirsch nach dem besten Pinot Noir entwickelt und eine Fremdenverkehrsindustrie mit B&B-Unterkünften aufgebaut.

Im fruchtbaren amerikanischen Boden gedeihen viele exzellente Weine der Neuen Welt. Die beliebtesten Weißweine sind Chardonnay und Sauvignon Blanc; bei den Rotweinen kommt diese Ehre u.a. dem Cabernet Sauvignon, Merlot, Pinot Noir und Zinfandel zuteil.

Margaritas

Im Südwesten dreht sich alles um Tequila. Die Margarita ist das alkoholische Getränk schlechthin und steht quasi sinnbildlich für die Region, besonders im lateinamerikanisch geprägten New Mexico, Arizona und südwestlichen Colorado. Der Geschmack einer Margarita hängt von der Qualität der Zutaten ab, alle bestehen jedoch aus Tequila, einem Zitruslikör (Grand Marnier, Triple Sec oder Cointreau) sowie frisch gepresster Limette oder vorgemischtem Sweet & Sour.

Margaritas werden entweder „frozen", „on the rocks" oder ohne Eis serviert. Die meisten bestellen sie mit Salz. Traditionelle Margaritas sind mit Limette verfeinert, es gibt das beliebte Getränk jedoch in allen möglichen Geschmacksrichtungen, die man am besten in der Frozen-Variante genießt.

WHISKEY

Bei all den tollen Kleinbrauereien in Colorado sollte man den Whiskey nicht vergessen. In Denver stellt die kleine Destillerie Stranahan's pro Woche zwölf Fässer Whisky aus regional angebauter Gerste her.

Kaffee

Amerika ist koffeinsüchtig. Und die Sucht wird schlimmer: In den letzten 25 Jahren hat sich der Kaffeekult noch intensiviert, woran Starbucks wohl nicht ganz unschuldig ist. Die weltweit größte Kaffeekette entwickelte sich aus der progressiven Kaffeekultur des Nordwestens; die erste Filiale öffnete 1971 gegenüber dem Pike Place Market in Seattle. Die Idee, Kaffee von verschiedenen gerösteten Bohnen aus der ganzen Welt in einem gemütlichen Café zu servieren, verhalf der amerikanischen Kaffeetasse zu einem raffinierteren, komplexeren (und teureren) Inhalt, als ihn der allgegenwärtige Folgers und der herkömmliche Filterkaffee

TREND ZUM LOKALEN BIER

In naturnahen Ortschaften im ganzen Westen fungieren Kleinbrauereien als inoffizielle Gemeindezentren, die zum Erholen, Austauschen von Wandergeschichten und zum Genuss saisonaler Brauerzeugnisse einladen. Zu unseren Favoriten gehören:

» Beaver Street Brewery, Flagstaff, AZ (S. 310)
» Four Peaks Brewing Company, Tempe, AZ (S. 308)
» Kelly's Brewery, Albuquerque, NM (S. 359)
» Great Divide Brewing Co, Denver, CO (S. 207)
» Steamworks Brewing, Durango, CO (S. 233)
» Snake River Brewing, Jackson, WY (S. 254)
» North Coast Brewing Co, Fort Bragg, CA (S. 172)
» Bridgeport Brewpub, Portland, OR (S. 429)
» Pike Pub & Brewery, Seattle, WA (S. 400)

In San Diego ist die Auswahl so groß, dass eine separate Auflistung vonnöten war (s. Kasten S. 108).

bieten konnte. Anfang der 1990er-Jahre entstanden im ganzen Land Kaffeehäuser.

Unabhängige Coffeeshops bieten gemütliche Kaffeehauskultur, beispielsweise mit kostenlosem WLAN und bequemen Sitzbereichen. Dazu noch ein guter Tipp: Wer in einem Café kostenlosen Internetzugang nutzt, sollte jede Stunde etwas bestellen, seinen Laptop nicht unbeaufsichtigt lassen und über Störungen gnädig hinwegsehen.

Kunst & Architektur

Die Kunst der Weststaaten ist von einer einzigartigen Mischung aus Individualität, Lebenseinstellung und Landschaft geprägt, man denke an die provokanten Kuhschädel von Georgia O'Keeffe, die berühmten Schatten auf den Half-Dome-Fotos von Ansel Adams und den Gonzo-Journalismus von Hunter S. Thompson im ausgedörrten Südwesten. Sogar Nirvanas Grunge scheint unzertrennlich mit dem verregneten Seattle verbunden zu sein. Die Landschaft spielt in jedem Fall eine bedeutende Rolle.

Literatur

Der US-Staat mit dem größten Buchmarkt ist Kalifornien, dessen Einwohner mehr lesen als der Durchschnittsbürger. Das überrascht kaum, schließlich inspirierte die Region des bevölkerungsreichstens Bundesstaats schon lange Schriftsteller, Dichter und Geschichtenerzähler.

FIKTION

Der Lebemann Jack London wuchs im nördlichen Kalifornien auf und sammelte erste Erfahrungen in Oakland. Er veröffentlichte jede Menge einflussreicher Literatur, darunter Geschichten zum Klondike-Goldrausch Ende des 19. Jhs.

Social Realism

Der 1902 in Salinas geborene John Steinbeck ist der wohl bedeutendste Autor Kaliforniens. Sein Meisterwerk des Social Realism *Früchte des Zorns* erzählt von den Problemen der Wanderarbeiter.

Der Dramatiker Eugene O'Neill zog mit dem Preisgeld seines 1936 gewonnenen Nobelpreises in die Nähe San Franciscos, wo er das autobiografische Theaterstück *Eines langen Tages Reise in die Nacht* verfasste.

Bei Upton Sinclairs skandalumwitterten Werk *Öl!*, das Paul Thomas Anderson zu seinem Film *There Will Be Blood* inspirierte, handelt es sich um historische Fiktion mit sozialistischen Untertönen.

Pulp Noir & Krimis

In den 1930ern entwickelten sich San Francisco und Los Angeles zu Zentren des Kriminalromans. Durch Dashiell Hammett *(Der Malteser Falke)* wurde San Franciscos Nebel zu einem düsteren Nebendarsteller, während der König der hartgesottenen Krimiautoren, Raymond Chandler, seine Heimatstadt Santa Monica oberflächlich als Bay City tarnte.

Seit den 1990er-Jahren erlebt Kaliforniens Kriminalliteratur eine Renaissance durch James Ellroy *(L.A. Confidential)*, Elmore Leonard *(Jackie Brown)* und Walter Mosley *(Teufel in Blau)*, dessen Easy-Rawlins-Detektivromane in den Armenvierteln in South Central L.A. spielen.

Es gibt auch preisgekrönte Krimis, die in Indianer-Reservaten spielen. So bei Tony Hillerman *Die Nacht der Skinwalkers*, *Tod der Maulwürfe*, *Der Skelett-Mann* und *Dunkle Kanäle*.

Kreativ & provokativ

Nach den Schrecken des Zweiten Weltkriegs entwickelte die Beat Generation eine neue provokative Art des Schreibens: kurz, scharfsinnig, spontan und lebendig. Bedeutende Vertreter der in San Francisco ansässigen Bewegung waren Jack Kerouac *(Unterwegs)*, Allen Ginsberg *(Das Geheul)* und Lawrence Ferlinghetti, Unterstützer und Autor der Beat Generation.

In *Stunde der Bestie* setzte sich Joan Didion mit zeitgenössischer kalifornischer Kultur auseinander; die Essay-Sammlung wirft einen sarkastischen Blick auf die Flower-Power-Bewegung der 1960er und den Stadtteil Haight Ashbury. Auch *Unter Strom. Die legendäre Reise von Ken Kesey und den Pranksters* von Tom Wolfe setzt das San Francisco der 1960er-Jahre in Szene.

In den 1970ern zeichnete Charles Bukowski in dem halb-autobiografischen Roman *Der Mann mit der Ledertasche* ein düsteres Bild von L.A.s Downtown, während Richard Vásquez in *Chicano* einen dramatischen Blick auf das Latino-Viertel warf.

Hunter S. Thompson, der Anfang 2005 Selbstmord beging, verfasste *Angst und Schrecken in Las Vegas*. Der ultimative Road-Trip-Roman spielt in der Wüstenhochburg der amerikanischen Exzesse.

Das National Cowboy Poetry Gathering (www.westernfolklife.org), das wichtigste Event der Cowboy-Dichtkunst, findet im Januar in Elko, Nevada, statt. Seit über 25 Jahren geben hier Lassoschwinger ihre Lyrik zum Besten.

Umweltaktivismus & Gesellschaftskritik

Edward Abbey, bekannt für seine radikalen Ansichten zu Umwelt und Politik, verfasste die anregenden und einflussreichen Werke *Desert Solitaire* und *The Journey Home: Some Words in Defense of the American West*. Sein Klassiker *Die Monkey-Wrench-Gang* erzählt auf witzige Art die Geschichte einer Gruppe von Menschen, die vor der Flutung des Glen Canyon den Glen Canyon Dam in die Luft sprengen will.

Wallace Stegners Roman *Angle of Repose* spielt vor einer Western-Kulisse und gewann 1972 den Pulitzer-Preis. Seine Essay-Sammlung *Where the Bluebird Sings to the Lemonade Springs* handelt von den schädlichen Folgen der Mythisierung des Westens. Barbara Kingsolver, die früher in Tucson wohnte, veröffentlichte zwei im Südwesten spielende Romane, *The Bean Trees* und *Animal Dreams*. In der Aufsatzsammlung *High Tide in Tucson* schreibt sie über das Leben im Südwesten.

Musik

Große Teile der US-Musikbranche sind in L.A. angesiedelt und die südkalifornische Film- und Fernsehindustrie erwies sich als Garant für Talente. So verdanken die heutigen Pop-Prinzessinnen und *American-Idol*-Gewinner ihre Karrieren den musikalischen Revolutionen der vergangenen Jahrzehnte, die von Country Folk bis zu Urban Rap innovative Genres hervorbrachten.

Wer die nächste große Indie-Band vor ihrem Durchbruch anhören möchte, schaltet die Show „Morning Becomes Eclectic" des südkalifornischen Radiosenders KCRW mit Live-Konzerten im Studio und Interviews mit Musikern ein. Entweder online mithören (www.kcrw.com), den kostenlosen Podcast herunterladen oder die Handy-App kaufen.

Let's rock

Das erste einheimische Rock'n'Roll-Talent war Richie Valens in den 1950ern, der dem mexikanischen Volkslied „La Bamba" eine rockige Note verlieh. Anfang der 1960er fanden Joan Baez und Bob Dylan in Nordkalifornien zueinander, wobei Dylan seine E-Gitarre anschloss und Folk Rock spielte. Als Janis Joplin und die Big Brother & the Holding Company ihren ganz eigenen Musikstil in San Francisco entwickelten, spaltete sich vom Folk Rock der Psychedelic Rock ab. Währenddessen rockten Jim Morrison, The Doors und die Byrds in L.A. den berühmten Sunset Strip. Das Epizentrum der Psychedelic-Rock-Szene war der Stadtteil Laurel Canyon über dem Sunset Strip und der legendäre Nachtclub Whisky a Go-Go.

Rap & Hip-Hop

Seit den 1980er-Jahren ist L.A. die Talentschmiede für Rapper und Hip-Hopper der Westküste. Eazy-E, Ice Cube und Dr. Dre veröffentlichten 1989 das N.W.A. (Niggaz With Attitude)-Album *Straight Outta Compton*.

Death Row Records, das von Dr. Dre mitbegründet wurde, nahm Rap-Talente erster Klasse unter Vertrag, darunter Snoop Dog, der Badboy aus Long Beach, und Tupac Shakur, der seine Karriere in Marin County startete und 1996 in Las Vegas, angeblich wegen einer Fehde zwischen den Raperszenen der Ost- und Westküste, erschossen wurde.

In den 1980er- und 1990er-Jahren blieb Kalifornien wichtiges Zentrum einer Hip-Hop-Szene, die von Los Angeles' Straßen und der Black-Power-Bewegung in Oakland geprägt war. Ende der 1990er brachte die Bay Area Underground-Künstler wie E-40 und die „Hyphy Movement", die sich gegen die zunehmende Kommerzialisierung des Hip-Hop richtete, hervor. 2010 verpackten Michael Franti & Spearhead, ebenfalls aus Oakland, in ihrem Album *The Sound of Sunshine* Botschaften für soziale Gerechtigkeit und Frieden in Hip-Hop-, Funk-, Reggae-, Folk-, Jazz- und Rock-Rhythmen, während Korn aus Bakersfield und Linkin Park aus L.A. County Hip-Hop, Rap und Metal zu „Nu Metal" vermischten.

Grunge & Indie-Rock

Die handgeschriebenen Texte von Kurt Cobain, dem in Aberdeen, WA, geborenen Sänger und Songschreiber von Nirvana, gibt's im Experience Music Project im Seattle Center zu sehen.

Grunge hat seinen Ursprung in der Mitte der 1980er und wurde stark von einer Kultband namens Melvins geprägt. Verzerrte Gitarrenklänge, starke Riffs, intensives Schlagzeug und ein düsterer Stil machten den ungeschliffenen Musikstil aus. Seinen Durchbruch hatte er erst, als das Plattenlabel Sub Pop 1991 Nirvanas Album *Nevermind* veröffentlichte, das den „Seattle Sound" zur Mainstream-Musik machte. Puristen kritisierten Nirvana dafür, sich der Kommerzialisierung hingegeben zu haben und ebenbürtige Bands wie Soundgarden und Alice in Chains zu verdrängen. Die Beliebtheit des Grunge hielt einige Jahre an, doch dann sorgte dessen ureigene Kultur für den Niedergang des Genres. Die Bands lebten ein schnelles, intensives Leben, ohne sich wirklich ernst zu nehmen. Viele lösten sich aufgrund von internen Streitigkeiten und Drogenproblemen auf. Der letzte Vorhang fiel schließlich 1994, als sich Kurt Cobain, die Seele Nirvanas, das Leben nahm.

In ein paar Städten im Westen nimmt Indie-Musik eine wichtige Rolle ein. Seattle gilt als Revier von Modest Mouse, Death Cab for Cutie und The Postal Service, während Olympia, WA, als Nährboden für Indie-Rock und die Riot Grrls diente. Aus British Columbia stammen namhafte Indie-Bands, wie The New Pornographers, Black Mountain und Hot Hot Heat. Portland, OR, wiederum brachte so vielfältige Gruppen wie die Folktronic-Hip-Hop-Band Talkdemonic, die alternativen Decemberists, die genreübergreifenden Pink Martini sowie The Shins, The Dandy Warhols, Blind Pilot und Elliot Smith hervor.

Film

Seit dem Siegeszug des Films – und später des Fernsehens – als Unterhaltungsmedium, nimmt Kalifornien in der Welt der Popkultur eine Vormachtstellung ein. Jedes Jahr werden hier rund 40 TV-Shows und zig Filme gedreht, hinzu kommen Studioproduktionen in Südkalifornien.

Die Filmindustrie

Die Filmindustrie entstand in den bescheidenen Obstgärten von Hollywoodland, einem Wohnbezirk von L.A., in dem geschäftstüchtige Filmemacher, viele davon europäische Einwanderer, Anfang des 20. Jhs. Studios gründeten. Der in Deutschland geborene Carl Laemmle baute 1915 die Universal Studios auf und verkaufte neugierigen Besuchern, die sich für die magische Welt der Filmproduktion interessierten, Mittagessen. Der polnische Einwanderer Samuel Goldwyn gründete gemeinsam mit Cecil B. DeMille die Paramount Studios, ein paar Jahre später folgte der aus Kanada eingewanderte, polnischstämmige Jack Warner mit seinen Brüdern ihrem Beispiel.

Im ganzjährig milden Klima von L.A. konnten die meisten Außenaufnahmen problemlos gedreht werden. Die frühen Stummfilmstars wie Charlie Chaplin und Harold Lloyd waren sehr beliebt und 1920 wurde die erste große Hollywood-Ehe zwischen Douglas Fairbanks und Mary Pickford geschlossen – das erste Hollywood-Traumpaar war geboren. 1927 wurde mit der Premiere von *Der Jazzsänger*, einem Musical von Warner Bros mit Al Jolson, in Downtown L.A. die Ära des Tonfilms und das glamouröse Golden Age Hollywoods eingeläutet.

Hollywood & Co.

In den 1920er-Jahren wurde Hollywood zum gesellschaftlichen und finanziellen Zentrum der Filmindustrie, obwohl sich nur ein großes Studio, Paramount Pictures, tatsächlich dort befand. Die meisten Filme wurden in der Gegend um L.A. gedreht, sei es in Culver City (MGM, heute Sony Pictures), Studio City (Universal Studios) oder in Burbank (Warner Bros. sowie später Disney).

Heute werden Filmset-Scouts aufgrund der hohen Drehkosten auf die Suche nach anderen Locations geschickt. Während seiner zwei Amtszeiten als Gouverneur von New Mexico (2002–2010) lockte Bill Richardson mit einem Steuererlass von 25 % auf Spesen Produktionsteams in seinen Staat. So flossen über 3 Mrd. US$ in die Staatskasse. Film- und Fernsehteams drehen außerdem weiter nördlich in Kanada, beispielweise in Vancouver, Toronto und Montréal.

Top Film-Festivals

- » AFI Fest (www.afi.com)
- » Outfest (www.outfest.org)
- » San Francisco International Film Festival (www.sffs.org)
- » Sundance Film Festival (www.sundance.org)
- » Telluride Film Festival (www.telluridefilmfestival.org)
- » Seattle International Film Festival (www.siff.net)

Western

Viele Westernfilme wurden zwar in Südkalifornien gedreht, doch einige Orte in Utah und Arizona kamen so oft als Film- und Fernsehkulisse zum Einsatz, dass sie zum Inbegriff des amerikanischen Westens wurden. Neben dem Monument Valley in Utah, das der Regisseur John Ford mit *Ringo* als erster in Szene setzte, gehören dazu Moab (S. 344), bekannt durch *Thelma & Louise* (1991), der Dead Horse Point State Park (S. 347), bekannt durch *Mission Impossible II* (2000), der Lake Powell (S. 322), bekannt durch *Planet der Affen* (1968) und Tombstone (S. 331), bekannt durch den gleichnamigen Film von 1993. Szenen aus *127 Hours*, der von den grauenvollen Stunden erzählt, in denen Aron Ralston im Blue John Canyon im Canyonlands National Park festsaß, wurden im und um den Canyon gedreht.

Fernsehen

1931 ging in Los Angeles die erste Fernsehstation auf Sendung. In den folgenden Jahrzehnten entwickelte sich L.A. zum Star der amerikanischen Wohnzimmer, beispielsweise durch Sendungen wie *Polizeibericht* (1950er), *The Beverly Hillbillies* (1960er), *Drei Mädchen und drei Jungen* (1970er), *L.A. Law* (1980er), *Baywatch*, *Melrose Place* und *Der Prinz von Bel-Air* (1990er) sowie durch die Teenie-Serien *Beverly Hills 90210* (1990er) und *O.C., California* (2000er), die in Newport Beach, Orange County, gedreht wurden. Zudem dient Südkalifornien als Drehort verschiedener Reality-Shows, von *Top Chef* bis zu den *Real Housewives of Orange County*.

Südkalifornien ist außerdem die facettenreiche Kulisse für erfolgreiche Kabelfernseh-Serien, von *Weeds – Kleine Deals unter Nachbarn*, ein Produktion des Senders Showtimes, über eine Marihuana anbauende südkalifornische Witwe über die Dokureihe *The Closer* von TNT, die von Mordkommissionen in L.A. handelt, bis hin zu *The Shield – Gesetz der Gewalt* von FX Network, einer fiktiven Serie über korrupte Polizisten in der Stadt der Engel. Doch nicht nur Südkalifornien ist ein beliebter Fernseh-Drehort. Albuquerque diente als Kulisse für *Breaking Bad*, eine Emmy-gekrönte Serie über einen Chemielehrer, der zum Meth-Dealer

Stephenie Meyers' erfolgreiche *Twilight*-Reihe über eine Highschool-Liebe zwischen einem Vampir und einer Sterblichen spielt in Forks, WA. Die dortige Handelskammer freut sich über die plötzliche Berühmtheit und präsentiert auf ihrer Website (www.forkswa.com/twilight) *Twilight*-Attraktionen.

wird. Einige Außenaufnahmen von David Lynchs verschrobener Serie *Das Geheimnis von Twin Peaks* stammen aus Snoqualmie und North Bend, WA. Wegen Steueranreizen gilt Vancouver, BC, schon lange als beliebter Drehort für Fernsehproduktionen. Viele davon, von *Akte X* über *Battlestar Galactica* bis hin zu *Fringe – Grenzfälle des FBI* spielen dabei eigentlich woanders.

Architektur

Jim Heimanns *California Crazy & Beyond: Roadside Vernacular Architecture* ist eine Reise durch die wunderliche Welt Kaliforniens, von Limonadenständen in Form riesiger Zitronen bis hin zu Tipi-ähnlichen Motels.

Den Westen prägen importierte Stilrichtungen, die dem Klima und den verfügbaren Materialien angepasst sind. Die Bandbreite reicht von kühlen, von Lehmziegeln inspirierten Häusern in Tucson bis zu nebelbeständigen, roten Schindelbauten in Mendocino.

Spanische Missionen & viktorianische Königinnen

Die ersten spanischen Missionen wurden rund um Wohnhöfe gebaut. Zum Einsatz kamen Materialien, die Ureinwohner und Kolonisten vor Ort vorfanden: Lehmstein, Kalkstein und Gras. Viele Missionen verfielen mit dem schwindenden Einfluss der Kirche, doch der für das Klima geeignete Stil hat sich erhalten. Frühe kalifornische Siedler entwickelten daraus später Lehmziegelhäuser im Rancho-Stil, die z. B. in El Pueblo de Los Angeles und in der Altstadt San Diegos zu sehen sind.

Während des Goldrauschs Mitte des 19. Jhs. importierten Kaliforniens neue Reiche Materialien, um prächtige Villen nach europäischem Vorbild zu bauen, die sich durch üppigen Dekor auszeichneten. Viele Millionäre zogen den königlichen Queen Anne Style vor. Herausragende Beispiele viktorianischer Architektur, darunter die „Painted Ladies" und „Gingerbread"-Häuser, sind in nordkalifornischen Städten wie San Francisco, Ferndale und Eureka zu finden.

Viele Architekten zogen dem glamourösen viktorianischen Stil klassische spanische Kolonialarchitektur vor. Der zurückhaltende, funktionelle Mission Revival Style zeichnet sich durch bogenförmige Türen und Fenster, lange überdachte Veranden, Springbrunnen, Innenhöfe, solide Wände und rote Ziegeldächer aus.

Arts & Crafts und Art déco

Typisch für den Arts and Crafts Style ist seine Schlichtheit. Er ist von japanischen Elementen und Englands Arts-and-Crafts-Bewegung geprägt, wobei Holzarbeiten und handgemachte Details eine bewusste Abkehr von der Industriellen Revolution darstellen. Die südkalifornischen Architekten Charles und Henry Greene sowie Bernard Maybeck in Nordkalifornien verhalfen dem vielseitigen einstöckigen Bungalow um die Jahrhundertwende zu Popularität. Sie zeichnen sich durch ausladende Dachvorsprünge, Terrassen und Schlafterrassen, die Außen- und Innenbereiche harmonisch miteinander verbinden, aus und sind heute in Pasadena und Berkeley zu finden.

In den 1920er-Jahren machte sich der internationale Art-déco-Stil Elemente aus der Antike wie Maya-Glyphen, ägyptische Säulen und babylonische Tempeltürme zu eigen und verarbeitete sie zu modernen Motiven, mit denen einfache Fassaden und moderne Wolkenkratzer, besonders in L.A. und in der Downtown von Oakland, geschmückt wurden. Die schlichte Moderne reduzierte Deko-Elemente auf ein Minimum und ahmte das aerodynamische Äußere von Ozeandampfern und Flugzeugen nach; ein gutes Beispiel ist die Union Station in L.A.

Ein paar Jahre später entwarf Meisterarchitekt Frank Lloyd Wright Häuser im Romanza-Stil. Das fließende Design, bei dem jeder Innen- einem Außenbereich entspricht, ist am besten am Beispiel des Hollyhock

House in L.A. zu bewundern, das für die Erbin Alice Barnsdale errichtet wurde. Taliesin West (S. 301), das Zweithaus und Atelier des Architekten in Scottsdale, Arizona, setzt wunderbar die umliegende Wüstenlandschaft in Szene.

Postmoderne Entwicklungen

Der Architekturstil entfernte sich von der strikten Moderne und neuartige postmoderne Elemente hielten Einzug. Richard Meier machte sich mit dem Getty Center, weißen Gebäuden auf einem ausgedörrten Berg mit geschwungener Fassade, in West L.A. einen Namen. Der in Kanada geborene Frank Gehry zog nach Santa Monica und entwarf die wogende, skulpturhafte Walt Disney Concert Hall in L.A., die mit den klaren Linien der kalifornischen Streamline-Moderne spielt. Renzo Pianos unverkennbarer naturnaher Industriestil spiegelt sich in dem Sheddach und den roten Stahlträgern des Erweiterungsbaus des Los Angeles County Museum of Art wider, dem Broad Contemporary Art Museum.

In San Francisco ist der postmoderner Stil von Architekten, die mit dem Pritzker-Preis ausgezeichnet wurden, auf dem Vormarsch. Dieser nimmt Kaliforniens wunderbare Natur zum Vorbild und ahmt sie nach; ein gutes Beispiel dafür ist der Golden Gate Park. Die Schweizer Architekten Herzog & de Meuron verkleideten das M.H. de Young Memorial Museum mit Kupfer, das sich mit der Zeit grün verfärben und in die Parklandschaft einfügen wird. Ganz in der Nähe ist Renzo Piano für die nachhaltige Architektur der mit dem LEED-Platin-Zertifikat ausgezeichneten California Academy of Sciences verantwortlich, die von einem grünen Garten bedeckt wird.

1915 beauftragte der Zeitungsmagnat William Randolph Hearst Kaliforniens erste studierte Architektin Julia Morgan mit dem Bau des Hearst Castle. Eine zweifelhafte Ehre: Morgan benötigte für den Balanceakt zwischen Hearsts Lieblingsstilen (spanisch, gotisch, griechisch) aufgrund der vielen Änderungen Jahrzehnte und diplomatisches Geschick.

HEARST CASTLE

Bildende Kunst

Zwar handelte es sich bei den europäischen Künstlern, die die frühen Entdecker des Westens begleiteten, um ausgebildete Kartografen, dennoch zeugen ihre Bilder von Kalifornien eher von Fantasie als von wissenschaftlicher Präzision. Dieser Hang zur Mythisierung hielt auch während der Zeit des Goldrauschs an, in der sich die künstlerische Tätigkeit auf Karikaturen des lasterhaften Lebens im Wilden Westen und auf Manifest-Destiny-Propaganda, die Pioniere in den goldenen Westen locken sollte, beschränkte. Nach Fertigstellung der Transcontinental Railroad 1869 hatten romantische Maler Hochkonjunktur, die Kalifornien als epische Wildnis darstellten.

Anfang des 20. Jhs. gab es in Kaliforniens Kolonien immer mehr impressionistische Künstler der Pleinairmalerei, insbesondere in Laguna Beach und Carmel-by-the-Sea. Im Südwesten malte Georgia O'Keeffe (1887–1986) eindrucksvolle Landschaften, die in Museen in der ganzen Welt zu sehen sind.

Der Fotograf Pirkle Jones entdeckte nach dem Zweiten Weltkrieg das ausdrucksstarke Potential der kalifornischen Landschaft. Zeitgleich fanden die erhabenen Fotografien des Yosemite National Park von Ansel Adams aus San Francisco Verbreitung. Adams gründete mit Edward Weston aus Carmel und Imogen Cunningham in San Francisco die Group f/64. Die in Berkeley lebende Dorothea Lange wiederum fing die Misere kalifornischer Wanderarbeiter während der Great Depression ebenso ein wie die der aus Japan stammenden Amerikaner, die im Zweiten Weltkrieg in Internierungslager eingewiesen wurden.

Nach dem Krieg wurde der Westen der USA mit Autobahnen durchzogen und in strukturierte Gemeinden unterteilt. Kalifornische Maler widmeten sich den abstrakten Formen der künstlich angelegten Landschaften. In San Francisco wurden Richard Diebenkorn und David Park zu führenden Vertretern der Bay Area Figurative Art, während der Bildhauer Richard Serra urbane Ästhetik mittels massiver, rostender Mono-

Kunst an ungewöhnlichen Orten

- Bisbee, AZ
- Jerome, AZ
- Aspen, CO
- Park City, UT
- Bellingham, WA

KUNST IN NEW MEXICO

In Taos (S. 370) und Santa Fe (S. 361) sind große, aktive Künstlergemeinden ansässig, die die Kunst des Südwestens entscheidend prägen. Wer Kunst und indigenes Kunsthandwerk bewundern oder kaufen möchte, ist in Santa Fe genau richtig. Rund 100 der dort ansässigen über 300 Galerien säumen die Canyon Rd, Stammesangehörige verkaufen hochwertigen Schmuck und Kunsthandwerk neben der Plaza, und freitags finden um 17 Uhr Kunstführungen statt. Kunstliebhaber können zudem eine Atelierführung unternehmen oder die High Rd, eine idyllische Seitenstraße zwischen Santa Fe und Taos, entlangfahren, die an Galerien, historischen Gebäuden und einem Kunstmarkt (S. 39) vorbeiführt.

Pflichtstopps für fotografieinteressierte Kalifornienbesucher sind das SFMOMA, dessen großartige Sammlung von frühen Daguerreotypie-Bildern des Westens bis zu experimentellen japanischen Nachkriegsfotos reicht, und das Getty Center in L.A., das sich mit über 31 000 Bildern zu Kaliforniens Louvre der Fotografie entwickelt hat.

lithe darstellte, die Schiffsbugs und industriellen Stonehenges ähneln. Pop-Art-Künstler fingen das Ethos des offenkundigen Materialismus ein, man denke an Wayne Thiebauds Kaugummiautomaten, die Pools in L.A. des britischen Einwanderers David Hockney und an Ed Ruschas Studien über südkalifornische Popkultur. In San Francisco entdeckten Künstler in den 1950ern ihre Liebe zu provisorischen Beat-Collagen, in den 1960ern zu psychedelischen Fillmore-Postern, in den 1970ern zu Funk und buntem Punk und in den 1980ern zur Graffiti- und Skate-Kultur.

Die heutige Kunstszene vereint all diese Einflüsse in gesellschaftskritischen Wandmalereien, einer leidenschaftlichen Hingabe zum Handwerk und einem von den neuen Medien geprägten Milieu, das sich für hochmoderne Technologie begeistert. Das Museum of Contemporary Art in L.A. zeigt Provokatives und Avantgarde-Shows, ebenso das Broad Contemporary Art Museum des LACMA und das Museum of Contemporary Art San Diego, das sich auf die Popkultur nach den 1950ern und Konzeptkunst spezialisiert hat. Kalifornische Kunst in ihrer experimentellsten Form gibt's in Südkaliforniens Galerien in der Innenstadt von L.A. und Culver City sowie in den alternativen Kunstszenen Nordkaliforniens in San Franciscos Mission District und den laborähnlichen Galerien im Yerba Buena Arts District des SOMA zu sehen.

Geografie, Tiere & Pflanzen

Kollidierende tektonische Platten, mächtige Überschwemmungen, Lava speiende Vulkane, frostige Eisfelder – über Millionen von Jahren war der amerikanische Westen ein ziemlich ungemütliches Pflaster. Aber aus Feuer und Eis entstand ein erstaunlicher Mix hinreißender Landschaften, die heute einen Wesenszug gemeinsam haben: Sie alle locken Entdecker, Naturforscher, Künstler und Outdoor-Fans an und inspirieren sie.

Geografie

Der aus dem Westen stammende Romancier und Essayist Wallace Stegner bemerkte in seinem Buch *Where the Bluebird Sings to the Lemonade Springs,* dass der Westen „eigentlich aus einem halben Dutzend Subregionen besteht, die sich voneinander so sehr unterscheiden wie der Regenwald der Olympic Peninsula von den Erosionsfelsen Utahs oder Seattle von Santa Fe". Das einzige Gemeinsame ist den Regionen Stegners Ansicht zufolge die Trockenheit. Trockenheit, so schrieb er, sorgt in den meisten Gebieten des Westens für helles Licht und eine klare Luft, aber auch für Kämpfe um Wasserrechte. Dieses Thema spielte in der Vergangenheit eine große Rolle und spielt sie auch heute noch.

Kalifornien

Mit 423 970 km² ist Kalifornien nach Alaska und Texas der drittgrößte Bundesstaat der USA und größer als die 85 kleinsten Staaten der Erde.

Geologie & Erdbeben

In geologischer Hinsicht ist Kalifornien eine sehr komplexe Landschaft, die sich aus Felsen und Erde bildete, als im Verlauf Hunderter Millionen Jahre der nordamerikanische Kontinent nach Westen driftete. Die verwitterten Küstengebirge, das tiefe Central Valley und die immer noch höher werdende Sierra Nevada sind Zeugnisse der gigantischen Kräfte beim Zusammenstoß der Kontinental- und ozeanischen Platten.

Vor rund 25 Mio. Jahren endete der Aufprall der Nordamerikanischen auf die Pazifische Platte; seither driften sie seitlich aneinander vorbei. So entstand die gewaltige San-Andreas-Verwerfung. Da sich die Platten in dieser Kontaktzone nicht mit gleichmäßiger Geschwindigkeit, sondern unregelmäßig und ruckweise verschieben, bebt in Kalifornien immer wieder die Erde.

Das berühmteste Erdbeben ereignete sich 1906; es hatte die Stärke 7,8 auf der Richter-Skala und zerstörte San Francisco, wobei mehr als 3000 Menschen starben. Die Bay Area machte 1989 wieder Schlagzeilen, als beim Loma-Prieta-Erdbeben (7,1) ein Abschnitt der Bay Bridge zusammenbrach. Das letzte größere Beben in Los Angeles war das

ERDBEBEN

Nach Angaben des US Geological Survey liegt die Wahrscheinlichkeit, dass ein Erdbeben der Stärke 6,7 oder höher in den nächsten 30 Jahren Kalifornien trifft, bei 99,7 %.

Northridge-Erdbeben (6,7), bei dem 1994 Teile des Santa Monica Fwy einstürzten, wodurch es das bislang kostspieligste Beben der US-amerikanischen Geschichte war.

Von der Küste zum Central Valley

In Kalifornien liegen sowohl der höchste Punkt der kontinentalen USA außerhalb Alaskas (der Mt. Whitney, 4421 m) als auch die tiefste Senke Nordamerikas (Badwater, Death Valley, 86 m u. d. M.). Beide Stellen sind in Luftlinie gerade einmal 145 km voneinander entfernt.

Großen Teilen der kalifornischen Küste sind zerklüftete Küstengebirge vorgelagert, die die feuchten winterlichen Stürme abfangen. San Francisco teilt die kalifornischen Küstengebirge etwa in der Mitte. Die nebelreiche Nordküste ist nach wie vor dünn besiedelt, im milderen Klima an den Küsten Zentral- und Südkaliforniens leben viel mehr Menschen.

In den nördlichsten Bereichen der Küstengebirge lassen nährstoffreiche Böden und das feuchte Klima Wälder hoher Bäume wachsen. An der Ostflanke gehen die Küstengebirge langsam in sanfte Hügel über, die zu dem 724 km langen Central Valley überleiten, dem Zentrum der Landwirtschaft, das rund die Hälfte der Obst-, Nuss- und Gemüseernte der USA mit einem Gesamtwert von mehr als 14 Mrd. US$ im Jahr hervorbringt.

Hochgebirge

An der Ostseite des Central Valley ragt die berühmte Sierra Nevada auf. Mit einer Länge von 644 km und einer Breite von 80 km ist sie einer der größten Gebirgszüge der Welt; zu ihr gehören 13 Berggipfel mit einer Höhe von mehr als 4200 m. Die ausgedehnte Wildnis der High Sierra (in einer Höhe von meist über 2700 m) besteht aus Gletschern, wie gemeißelt wirkenden Granitgipfeln und einsamen Canyons. Die hoch aufragende Sierra Nevada hält die Niederschlagsfronten auf und lässt sie abregnen, wobei die Niederschläge ab 900 m Höhe überwiegend als Schnee fallen. Die Niederschläge speisen ein halbes Dutzend größerer Flusssysteme, die den größten Anteil des in San Francisco und L.A. gebrauchten Wassers stellen und die Farmen im Central Valley bewässern.

Die Wüsten

Am Abend des 5. Juli 2011 hüllte ein kilometerhoher Staubsturm mit einer Ausdehnung von geschätzten 161 km Phoenix ein, nachdem er Geschwindigkeiten zwischen 80 und 97 km/h erreichte hatte. In dem betroffenen Gebiet lag die Sichtweite zwischen 0 und 400 m. Es gab Stromausfälle; zeitweise musste der Phoenix International Airport geschlossen werden.

Da der Westhang der Sierra Nevada den Löwenanteil der Niederschläge empfängt, sind alle Gebiete östlich des Gebirgskamms der Sierra trocken und wüstenartig; die Niederschlagsmenge liegt hier unter 250 mm pro Jahr. Einige Täler am östlichen Fuß der Sierra Nevada sind jedoch durch Bäche gut bewässert und dadurch bestens für Land- und Viehwirtschaft geeignet.

Die Gebiete in der Nordhälfte Kaliforniens und vor allem auf dem hoch gelegenen Modoc-Plateau im Nordosten bilden eine kalte Wüste am westlichen Rand des Great Basin, in der robuste Beifußsträucher und kleine Wacholderhaine wachsen. Die Temperaturen steigen, je weiter man nach Süden kommt, besonders auffällig beim Abstieg vom Mono Lake hinunter in das Owens Valley östlich der Sierra Nevada. Zu dieser südlichen heißen Wüste (einem Teil der Mohave-Wüste) gehört auch das Death Valley, einer der heißesten Orte auf Erden.

Der Südwesten

Extrem alte Felsen (die zu den ältesten des Planeten zählen), die in der Tiefe des Grand Canyon freiliegen, bezeugen, dass die Region vor 2 Mrd. Jahren unter Wasser lag. Jüngere Felsschichten im südlichen Utah verraten, dass diese Region einst ständig oder periodisch unter Wasser stand. Am Ende des Paläozoikums (vor rund 286 Mio. Jahren) stießen die Kontinente aufeinander und bildeten die Landmasse Pangaea; dabei wurde die Erdkruste verformt und unter dem Druck erhoben sich die sogenannten „Ancestral Rocky Mountains". Obwohl diese frühe Gebirgskette im Osten lag, formte sie Flüsse und Sedimentablagerungen, mit denen der Südwesten seine heutige Gestalt anzunehmen begann.

Der Vorgang endete vor rund 60 Mio. Jahren, als sich Nordamerika von Europa trennte, über den als Ostpazifische Platte bekannten Teil der Erdkruste nach Westen glitt und dabei einen immer breiter werdenden Golf hinterließ, der schließlich zum Atlantik wurde. Die Ostpazifische Platte kollidierte mit der Nordamerikanischen. Bei diesem Zusammenstoß, der sogenannten Laramischen Orogenese, entstanden die modernen Rocky Mountains und ein altes Becken wurde angehoben und zum heutigen Colorado-Plateau. Fragmente der Ostpazifischen Platte lagerten sich an die Nordamerikanische Platte an, sodass der Südwesten, einst eine Küstenregion, zu einem Binnenland in immer größerer Entfernung zum Ozean wurde.

Während bis zu diesem Zeitpunkt Kompression und Kollisionen die Entwicklung bestimmten, begann sich die Erdkruste vor rund 30 Mio. Jahren in Ost-West-Richtung zu strecken. Die dünnere, gestreckte Kruste in New Mexico und Texas riss in Schwächezonen sogenannte Verwerfungen auf, und es bildete sich ein Rifttal, wo heute der Rio Grande durch New Mexico fließt. Die gleichen Kräfte schufen die Stufenplateaus im nördlichen Arizona und südlichen Utah.

Edward Abbey gibt in seinem Klassiker *Desert Solitaire: A Season in the Wilderness* Einblick in seine Philosophie der Wüste: Pflichtlektüre für alle Wüstenfans und Umweltschützer!

Während der Eiszeiten im Pleistozän bildeten sich überall im Südwesten große Gewässer. Utahs Great Salt Lake ist das berühmteste Überbleibsel dieser einst mächtigen eiszeitlichen Seen. Vollständig ausgetrocknete ehemalige Seebecken mit Salzkruste fallen besonders zahlreich bei einer Fahrt durch Nevada ins Auge.

In den letzten Jahrmillionen war wohl die Erosion die vorherrschende Kraft. Starke Stürme und Regenfälle zersetzen das weiche Sedimentgestein, und gleichzeitig sorgte die Auffaltung der Rocky Mountains dafür, dass die Flüsse, die sich durch den Südwesten wanden, größer und reißender wurden und tiefe Canyons in die Landschaft gruben. Fast alle neueren geologischen Merkmale im Südwesten, von den Felstoren (im Arches National Park gibt es mehr als 2500 Sandsteinbögen) bis zu den Hoodoos, sind das Resultat von Verwitterung und Erosion.

Der geographische Aufbau der Region

Das Colorado-Plateau ist ein eindrucksvolles, fast undurchdringliches, 336 700 km² großes Tafelland in dem Gebiet, wo Colorado, Utah, Arizona und New Mexico aufeinandertreffen. Das Plateau entstand in einem uralten Becken als eine bemerkenswert kohärente Formation klar erkennbarer Sedimentschichten und blieb vergleichsweise unverändert, auch wenn drum herum das Land von mächtigen Kräften zusammengequetscht, gedehnt und verformt wurde.

Unter www.publiclands.org findet sich eine Übersicht über die Erholungsmöglichkeiten auf staatlichem Land im Südwesten der USA (ungeachtet dessen, welche Behörde für die Verwaltung zuständig ist). Auf der Website gibt es auch Karten, eine Bücherliste, Links zu den einschlägigen Behörden und Infos zu den aktuellen Bedingungen und Einschränkungen.

Das beste Zeugnis für die lang anhaltende Stabilität des Plateaus sind die deutlichen Sedimentschichten der Felsen, die sich über 2 Mrd. Jahre zurückverfolgen lassen. Tatsächlich entstand die Wissenschaft der Stratigrafie – die Entschlüsselung der Erdgeschichte mithilfe der Felsschichten – aus Arbeiten am Grand Canyon, wo sich der tief einschneidende Colorado eine erstaunliche Abfolge von Schichten freilegte. Überall im Südwesten, vor allem aber auf dem Colorado-Plateau, künden diese Schichten von einer vielfältigen Vorzeit mit uralten Ozeanen, Küstensümpfen und Sanddünen.

Die Merkmale der Landschaft

Der Südwesten bietet jede Menge bemerkenswerter Felsformationen. Ein Grund dafür ist, dass die vielen Sedimentschichten der Region so weich sind, dass Regen und Erosion sie leicht zu fantastischen Gestalten formen können. Das gilt allerdings nicht für jeden beliebigen Regen. Vielmehr muss es sich um starke, aber nur selten auftretende Regenfälle handeln, der die Formen hervorbringen kann, ohne sie gleich

Geologie des Grand Canyon

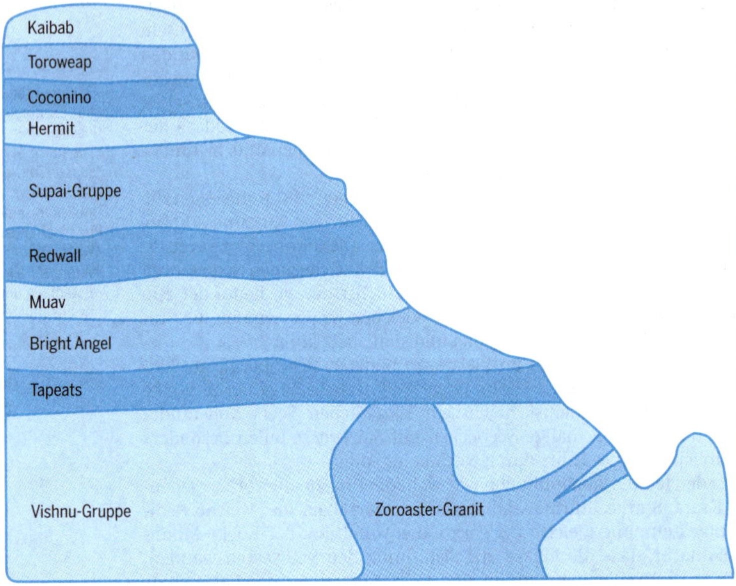

wieder zu zerstören. Zwischen den Regenfällen muss es also lange Trockenperioden geben, damit die erodierenden Wahrzeichen intakt bleiben. Welche Farben die Felsen zeigen, hängt von der jeweils einmaligen mineralischen Zusammensetzung der Felstypen ab.

Geologie des Grand Canyon

Arizonas Grand Canyon (S. 315) ist das bekannteste geologische Merkmal im Südwesten der USA, und das aus gutem Grund: Er ist so riesig, dass die menschliche Vorstellungskraft ihm gegenüber winzig wirkt, und zudem sind in ihm 2 Mrd. Jahre der Erdgeschichte aufgezeichnet – eine gewaltige Zeitspanne, wenn man bedenkt, dass das Alter der Erde gerade einmal 4,6 Mrd. Jahre beträgt. Die Schlucht selbst ist demgegenüber jung, nämlich lediglich 5 bis 6 Mio. Jahre alt. Die 446 km lange Schlucht wurde von dem mächtigen Colorado geformt, als sich das Land hob, und spiegelt die unterschiedliche Härte der mehr als zehn Gesteinsschichten wider, aus denen seine Wände bestehen. Schiefer zerbröselt beispielsweise leicht und bildet Schutthänge, während die robusteren Kalk- und Sandsteine auffällige Klippen ausbilden.

Pages of Stone: Geology of the Grand Canyon & Plateau Country National Parks & Monuments von Halka und Lucy Chronic ist eine ausgezeichnete Einführung in die vielfältige Landschaft des US-amerikanischen Südwestens.

Die Schichten, die den Großteil der Wände des Canyons bilden, lagerten sich während des Paläozoikums, zwischen 570 und 245 Mio. Jahre vor der heutigen Zeit, hier an. Diese Formationen ruhen auf einer Reihe 1 bis 2 Mrd. Jahre alter Gesteine auf dem Grund der inneren Schlucht des Canyons. Zwischen diesen beiden deutlich erkennbaren Gesteinssorten befindet sich die „Great Unconformity", eine mehrere Hundert Millionen Jahre umfassende Lücke in der geologischen Aufzeichnung, wo die Erosion über 3600 m Gestein abgetragen hat und damit ein großes Rätsel hinterließ.

Der Nordwesten

Zwischen 16 und 13 Mio. Jahren vor unserer Zeit erlebten das östliche Oregon und Washington eine der erdgeschichtlich frühesten Episoden vulkanischer Aktivität. Aufgrund sich verändernder Spannungen innerhalb der Erdkruste begannen große Teile des westlichen nordamerikanischen Binnenlands entlang Tausender Risse aufzubrechen, wobei riesige Mengen von Lava freigesetzt wurden und das Land überfluteten. Oft wurde so viel Lava frei, dass sie den Kanal des Columbia River ausfüllte und in Oregon die Küste erreichte, wo sie dann zu vorspringenden Landzungen wie dem Cape Lookout erstarrte. Heute sind die erstarrten Lavaströme im östlichen Oregon und Washington noch leicht an spektakulären, nackten Felskanten und abgeflachten Mesas erkennbar.

Außerdem bildete sich in den Eiszeiten der letzten 2 Mio. Jahre immer wieder ein zusammenhängender, massiver Eisschild, der von Washington bis nach British Columbia reichte – und praktisch jeder Gebirgszug im Rest der Region war von Gletschern bedeckt.

Marc Reisners Buch *Cadillac Desert: The American West and Its Disappearing Water* stellt ausführlich dar, wie die explosionsartig wachsende Bevölkerung im Westen Nordamerikas praktisch jeden verfügbaren Tropfen Wasser verbraucht.

Tiere & Pflanzen

Obwohl die überwältigenden Massen von Tieren, die es bei der Ankunft der ersten europäischen Siedler hier gab, längst der Vergangenheit angehören, kann man im Westen an den richtigen Stellen zur richtigen Jahreszeit immer noch eine ganze Menge wild lebender Tiere beobachten.

Tiere

Reptilien & Amphibien

An Frühlingsabenden kann man in den Canyons im Südwesten die lauten Rufe der Schluchtenbaumfrösche oder der Rotpunktkröten vernehmen. Nach dem Sonnenaufgang tummeln sich Eidechsen und Schlangen vieler verschiedener Arten zwischen den Felsen und Sträuchern. Westliche Zaunleguane sind in den Parks der Region besonders häufig, Besucher können aber immer darauf hoffen, auch seltenere Arten wie die merkwürdige giftige Gila-Krustenechse zu Gesicht zu bekommen. Ebenso faszinierend sind die vielen farbenfrohen Klapperschlangen, die im Südwesten leben. Aufgestört können sie zubeißen – ihr Biss ist wegen des Giftes gefährlich und auf alle Fälle schmerzhaft –, doch sind diese Tiere ruhig und scheu, solange man sie in Frieden lässt.

LANDSCHAFTLICHE MERKMALE IM SÜDWESTEN

» **Badlands** Zerfallende, mineralhaltige, weiche Felsen in der Painted Desert im Petrified Forest National Park (S. 324), im Capitol Reef National Park (S. 348) und in den Bisti Badlands (S. 373).

» **Hoodoos** Skulptural wirkende, zu hohen Pfeilern verwitterte Felsspitzen; zu bewundern im Bryce Canyon National Park (S. 350) und im Arches National Park (S. 346).

» **Felsentore** Sie entstanden, als sich Ströme ihren Weg durch Sandsteinschichten bahnten; drei eindrucksvolle Felsentore sind im Natural Bridges National Monument (S. 348) zu sehen.

» **Goosenecks** Die „Gänsehälse" entstanden, als sich Ströme in U-förmigen Kurven durch die Landschaft bewegten. Betrachten kann man diese Formationen vom Goosenecks Overlook im Capitol Reef National Park (S. 348).

» **Mesas** Diese massigen Formationen aus Sandstein blieben übrig, nachdem die umliegenden Gebiete abgetragen worden waren; typische Beispiele finden sich im Monument Valley (S. 323 & S. 348) an der Grenze zwischen Arizona und Utah.

Vögel

VOGELZÜGE

Im Südwesten der USA gibt es viele interessante Vögel – insgesamt 400 Spezies. Für viele Menschen sind sie der Hauptgrund, in diese Region zu reisen. Das Frühjahr ist für Vogelfreunde besonders toll, weil die Singvögel aus ihren Winterquartieren im Süden eintreffen und nun überall ihre Lieder zwitschern. Im Herbst ziehen Kanadakraniche und Schneegänse in langen Reihen das Rio Grande Valley hinunter, um im Bosque del Apache National Wildlife Refuge (S. 375) zu überwintern. Der Great Salt Lake in Utah ist eine der wichtigsten Stationen für die Zugvögel Nordamerikas; Millionen Enten und Lappentaucher machen hier in jedem Herbst Rast, bevor sie weiter nach Süden ziehen.

Viele der im Südwesten weit verbreiteten Blumen sind in dem Buch *Canyon Country Wildflowers* von Damian Fagan beschrieben.

Kalifornien liegt an der wichtigsten Wanderroute von mehr als 350 Vogelarten, die hier entweder durchziehen oder in dem Bundesstaat den Winter verbringen. Dementsprechend ist Kalifornien eines der wichtigsten Gebiete für Vogelbeobachter in Nordamerika. In jedem November kann man beispielsweise erleben, wie sich 1 Mio. Enten, Gänse und Schwäne in den Klamath Basin National Wildlife Refuges (S. 181) versammeln. Im Winter fliegen diese Wasservögel nach Süden in die Reservate im Central Valley, eine weitere Gegend, in der man große Scharen von Zug- und Standvögeln beobachten kann.

Schätzungen zufolge nisteten einst 9 Mio. Bulldoggfledermäuse in den Carlsbad Caverns (S. 381). Ihre Zahl ist zwar in der letzten Zeit zurückgegangen, aber der abendliche Ausflug aus der Höhle gehört immer noch zu den eindrucksvollsten Naturschauspielen in Nordamerika.

KALIFORNISCHER KONDOR & WEISSKOPFSEEADLER

Mit einer Flügelspannweite von 2,7 m wirkt der Kalifornische Kondor eher wie ein prähistorischer Pterodaktylus als wie ein neuzeitlicher Vogel. Nachdem diese Tiere, die sich in prähistorischer Zeit von den Kadavern von Mastodonten und Säbelzahntigern ernährten, schon fast ausgerottet waren, erleben sie jetzt im Grand Canyon ein Comeback. Mehrere Jahrzehnte lang lebten keine Kondore mehr in freier Wildbahn, doch jetzt nisten wieder einige Paare am Rand des Canyons. Die besten Chancen, sie zu erspähen, bieten die Vermilion Cliffs in Arizona. In Kalifornien sollte man auf der Fahrt entlang der Küste von Big Sur oder am Pinnacles National Monument am Himmel nach ihnen suchen.

Der Nordwesten ist eine Hochburg der Weißkopfseeadler, die sich ihren Anteil an den jährlichen wandernden Lachsen holen und in den Wäldern mit altem Baumbestand nisten. Die eindrucksvollen Vögel mit einer Flügelspannweite von 2,3 m sammeln sich in großer Zahl an Orten wie der Upper Skagit Bald Eagle Area in Washington oder den Klamath Basin National Wildlife Refuges (S. 181) in Oregon. In Kalifornien haben die Weißkopfseeadler wieder auf den Kalifornischen Kanalinseln Fuß gefasst und manchmal überwintern auch einige Tiere am Big Bear Lake in der Nähe von L.A. Am Tiefpunkt der Bestandsentwicklung nisteten in Colorado nur noch zwei oder drei Paare, aber inzwischen wächst diese Zahl jährlich um acht oder neun Paare. Bei der letzten Zählung wurden 51 Brutpaare und eine stabile Population von mehr als 800 Weißkopfseeadlern in dem Bundesstaat festgestellt.

In den Gebirgswäldern Kaliforniens leben etwa 25 000 bis 35 000 Schwarzbären, deren Fell aber nicht unbedingt schwarz sein muss, sondern auch ins Dunkelbraune, Zimtfarbene oder sogar Hellbraune spielen kann.

Säugetiere

Viele der eindrucksvollsten Säugetierarten des Westens – Grizzlys, Bisons, Präriehunde – wurden bis um 1900 fast ausgerottet. Glücklicherweise tummeln sich aber noch viele andere Säugetiere in den Wäldern und Wüsten im Westen der USA. Wer Augen und Ohren offen hält, entdeckt mit Sicherheit zumindest ein paar Maultierhirsche und Kojoten.

BÄREN

Der Schwarzbär ist das vielleicht bekannteste Säugetier in den Rocky Mountains. Erwachsene Männchen haben ein Gewicht von 125 bis

DIE FLORA DES WESTENS

Die vielen großen Gebirgszüge des Westens sorgen für eine bemerkenswerte Vielfalt ökologischer Nischen für die Flora. Um die Pflanzenwelt in der Region zu verstehen, muss man etwas über die Lebenszonen wissen und über die Art und Weise, in der die jeweiligen Pflanzen in der von ihnen bevorzugten Zone gedeihen.

In den am tiefsten liegenden Gebieten des Südwestens, d.h. unter 1200 m, schaffen hohe Temperaturen und Wassermangel eine Wüstenzone, in der dürrebeständige Pflanzen wie Kakteen, Beifußgewächse und Agaven leben. Viele dieser Pflanzen haben kleine Blätter, um den Wasserverlust zu reduzieren, oder sie können Wasser speichern, um lange Dürreperioden zu überstehen – wie die Kakteen.

Auf mittlerer Höhe, zwischen 1200 und 2100 m, ist es etwas kühler und feuchter, sodass hier verholzte Sträucher und kleine Bäume gedeihen können. In vielen Teilen von Nevada, Utah, im nördlichen Arizona und New Mexico bedecken Pinyon-Kiefern und Wacholder die unteren Berghänge und Hügel. Beide Baumarten sind klein und gedrungen, um Wasserverluste zu reduzieren.

An vielen Berghängen im Westen finden sich auf 2100 m Höhe fast unvermischte Bestände der stattlichen, duftenden Gelbkiefern. Dieser Baum bestimmt die Landschaft wie kein zweiter, und viele Tiere sind auf ihn angewiesen; doch auch für die Holzindustrie ist diese Kiefer der profitabelste Baum. Boreale Wälder des Hochgebirges, bestehend aus Fichten, Tannen, Amerikanischen Zitterpappeln und ein paar weiteren Koniferen, finden sich auf den höchsten Gipfeln im Südwesten. Das ist ein Terrain kühler, feuchter Wälder und üppiger Wiesen voller bunter Wildblumen.

Unglaublich vielfältige Blumen blühen alljährlich in den Wüsten und auf den Bergen im Südwesten. Die Blüte der Wüstenblumen beginnt im Februar, die Blumen der Bergwiesen blühen nach der Schneeschmelze, oder nachdem Sommergewitter für feuchten Boden gesorgt haben. Manche der größten und prächtigsten blühenden Pflanzen gehören zu den rund 100 Kakteenarten, die im Südwesten gedeihen.

Die Hauptblütezeit in den Wüstenregionen Südkaliforniens ist der März, während andere tief liegende Gebiete dieses Bundesstaats im April in voller Blüte stehen. Da der Schnee in den Hochlagen der Sierra Nevada später schmilzt, dauert die Spitzensaison zum Wandern in den Tuolumne Meadows des Yosemite National Park, während der man blühende Wildblumen bewundern und fotografieren kann, in der Regel von Ende Juni bis Mitte Juli.

Im Nordwesten fängt die feuchte, raue Westseite des Kaskadengebirges die meisten vom Ozean kommenden Regenwolken ab. Die Niederschläge sorgen dort für üppig grüne Wälder, in denen sich die Pflanzen den Platz gegenseitig streitig machen. Die Ostseite empfängt deswegen wenig Regen und ist trocken und wüstenartig. Überwiegend wachsen hier Beifuß und andere Savannenpflanzen, doch gibt es, vor allem in den Gebirgsausläufern, auch Inseln üppigeren Pflanzenwuchses.

In Sachen Bäume ist Kalifornien das Land der Superlative: Hier wachsen die höchsten (Küstenmammutbäume mit bis zu 115 m), die dicksten (die Riesenmammutbäume der Sierra Nevada mit einem Stammdurchmesser von mehr als 11 m an der Basis) und die ältesten (die Langlebigen Kiefern der White Mountains mit fast 5000 Jahren) Bäume der Erde. Der Riesenmammutbaum ist ausschließlich in Kalifornien zu finden; er gedeiht in isolierten Hainen an den Westhängen der Sierra Nevada, z.B. in den Nationalparks Yosemite, Sequoia und Kings Canyon.

204 kg, Weibchen erreichen nur 80 bis 113 kg. Auf allen Vieren sind sie bis zu 91 cm groß, auf die Hinterbeinen aufgerichtet aber mehr als 1,50 m.

Schwarzbären gibt es auch im Nordwesten, im Südwesten sowie in Kalifornien. Sie ernähren sich von Beeren, Nüssen, Wurzeln, Insekten, Eiern, kleinen Säugetieren und Fischen, können aber rund um Campingplätze und Berghütten lästig werden, wenn dort Nahrungsmittel unachtsam gelagert worden sind.

Das Erhaltungsprogramm für Lachse beinhaltet den Schutz der Populationen im gesamten Pazifikraum vom fernen Osten Russlands bis nach Nordkalifornien. Weitere Informationen gibt's unter www.wildsalmoncenter.org.

Der Grizzly schmückt Kaliforniens Staatsflagge und tummelte sich einst in großer Zahl an den Stränden und auf den Prärien dieses Bundesstaats, wo er sich von allem Möglichen, von Walkadavern bis zu Eicheln, ernährte. Besonders häufig waren die Grizzlys im Central Valley. Durch gnadenlose Verfolgung wurde der Grizzly dort zu Beginn des vorigen Jahrhunderts ausgerottet. In Colorado werden die Grizzlybären zwar als bedrohte Tierart geführt, sind aber mit an Sicherheit grenzender Wahrscheinlichkeit aus diesem Bundesstaat ebenfalls verschwunden. Der letzte dokumentierte Grizzlybär in Colorado wurde 1979 getötet.

WAPITIS

Rund 2000 Wapitis überwintern an den unteren Hängen im Rocky Mountain National Park, mehr als 3000 dieser Tiere suchen in den Sommermonaten die Hochlagen des Parks auf. Ausgewachsene Wapiti-Bullen können ein Gewicht von 500 kg erreichen, die Hirschkühe erreichen nur 270 kg. Wapitis haben einen dunkelbraunen Hals und einen hellbraunen Körper. Wie die Dickhornschafe waren auch die Wapitis gegen 1890 rund um Estes Park von Jägern praktisch ausgerottet worden. Noch vor der Gründung des Parks siedelten die Bewohner von Estes Park in den Jahren 1913 und 1914 insgesamt 49 Wapitis aus Yellowstone in der Gegend an. Das Wachstum dieser Population seit der Einrichtung des Rocky Mountain National Park gehört zu den großen Erfolgsgeschichten des National Park Service.

Zu den typischen Tieren des Nordwestens gehört der Olympic-Wapiti, dessen unheimliche Brunftschreie im September und Oktober überall in den Waldgebieten der Region zu hören sind. Ausgewachsene Bullen können bis zu 500 kg schwer sein und tragen ein 1,5 m ausladendes Geweih. Im Winter sammeln sich große Gruppen der Hirsche in den Tälern des Tieflands, wo man sie in der Jewell Meadows Wildlife Area (rund 65 Meilen – 105 km – nordwestlich von Portland), in der Dean Creek Elk Viewing Area und am Spirit Lake Memorial Highway im Mt. St. Helens National Volcanic Monument (S. 418) beobachten kann. Im Olympic National Park (S. 405) lebt die größte völlig frei lebende Herde der Olympic-Wapitis.

DICKHORNSCHAFE

Ein Riesen-Saguaro (Kaktus) kann bei voller Wasseraufnahme mehr als 900 l Flüssigkeit speichern.

Der Rocky Mountain National Park ist schon ein besonderer Ort: Das Verkehrszeichen „Dickhornschaf-Wildwechsel" wird man wohl nirgendwo sonst zu Gesicht bekommen. Vom Ende des Frühlings bis zum Ende des Sommers wechseln Gruppen von bis zu 60 Schafen – in der Regel nur Mutterschafe mit ihren Lämmern – vom Moränenkamm nördlich des Highways über die Straße zu den Sheep Lakes im Horseshoe Park. Während geschlechtsreife Widder große, eingerollte Hörner tragen, haben die Weibchen säbelförmig nach hinten gerichtete Hörner, die nur etwa 25 cm lang werden. Die Sheep Lakes sind Verdunstungsbecken, an deren Rändern sich Salz ablagert, das die Mutterschafe anlockt, nachdem sie im Mai oder Juni geworfen haben. So kann man sie am Morgen und am frühen Nachmittag an den Becken beobachten. Im August schließen sie sich dann wieder den Widdern in der Mummy Range an.

GABELBÖCKE

Die offenen Ebenen im östlichen Oregon und in Washington sind der Tummelplatz der Gabelböcke, seltsam anmutender, hirschähnlicher Kreaturen, die anstelle eines Geweihs zwei einzelne schwarze, oben gegabelte Hörner tragen. Sie sind die einzigen rezenten Vertreter der Familie der Gabelhornträger in der Unterordnung der Wiederkäuer (und trotz ihres englischen Namens *pronghorn antelope* mit Antilopen nicht näher verwandt). Man findet sie nur im amerikanischen Westen. Bekannt sind sie dafür, dass sie über längere Strecken mit einer Geschwindigkeit von bis 97 km rennen können – damit sind sie das zweitschnellste Landtier auf Erden.

Umweltprobleme

Das Wachstum im Westen der USA hat seinen Preis. Im Nordwesten haben die Gewinnung billiger Energie aus Wasserkraft und massive Bewässerungsprojekte das Ökosystem des Columbia River nahezu unumkehrbar zerstört. Staudämme haben die meisten Wanderwege der einheimischen Lachse fast vollständig unpassierbar gemacht und die Lebensmöglichkeiten der verbliebenen indianischen Völker, die auf den Fluss angewiesen sind, noch weiter verkleinert. Das Abholzen alter Wälder hat hässliche Narben hinterlassen. Das Gebiet um den Puget Sound in Washington und die weit ausgedehnten Vorstädte von Portland ächzen unter der Last einer schnell wachsenden Bevölkerung.

Zu den andauernden Streitfragen im Südwesten zählen die Standorte von Atomkraftwerken sowie der Transport und die Endlagerung radioaktiven Mülls vor allem im 145 km von Las Vegas entfernten Yucca Mountain. Auch die Frage der Verfügbarkeit und der Verteilung von Wasser ist nach wie vor in der gesamten Region ein heiß umstrittenes Thema.

Den Einwohnern vieler Gebiete im Westen – in Colorado, in Utah und im Nordwesten – gelingt es immer noch, eine vernünftige Balance zwischen den natürlichen Ressourcen und den Touristenströmen zu finden. Der Westen zählt darum immer noch zu den schönsten Reisezielen in den USA.

1990 wurde der Nördliche Fleckenkauz zur bedrohten Tierart erklärt. In der Folge wurde die Abholzung bestimmter alter Waldbestände verboten. Die Entscheidung löste im gesamten Nordwesten erbitterte Debatten zwischen Holzfällern und Umweltschützern aus.

WÄLDER

Praktische Informationen

Allgemeine Informationen

Botschaften & Konsulate

Ausländische Reisende, die in den USA die Botschaft ihres Heimatlandes kontaktieren möchten, finden unter **Embassy.org** (www.embassy.org) alle Infos zu den Botschaften in Washington, D.C. Die meisten Länder haben aber auch eine UN-Botschaft in New York City, manche auch Konsulate in anderen Großstädten. Für weitere Informationen in den gelben Seiten unter „Consulates" nachschlagen oder die lokale Telefonauskunft anrufen. Zuerst empfiehlt es sich jedoch, einen Blick auf die Website des eigenen Außenministeriums zu werfen (s. unten).

Ermäßigungen

America the Beautiful Interagency Annual Pass (http://store.usgs.gov/pass; 80 US$) Die Jahreskarte berechtigt ein Jahr lang vier Erwachsene und alle Kinder unter 16 Jahren in deren Begleitung zum freien Eintritt in alle Nationalparks und bundesstaatlich (z. B. von USFS, BLM) verwalteten Erholungsgebiete. Sie kann online und an allen Nationalpark-Eingängen erworben werden.

American Association of Retired Persons (AARP; ☎888-687-2277; www.aarp.org; Jahresmitgliedschaft Amerikaner/Ausländer 16/28 US$) Interessengemeinschaft für Traveller ab 50 Jahren. Mitglieder erhalten Rabatte (meistens von 10 %) in Hotels, Autovermietungen u. a.

American Automobile Association (AAA; ☎877-428-2277; www.aaa.com; Jahresmitgliedschaft ab 48 US$) Mitglieder der AAA und seiner ausländischen Partner (z. B. ADAC) erhalten eine kleine Ermäßigungen (normalerweise von 10 %) in Amtrak-Zügen, Autovermietungen, Motels und Hotels, Restaurantketten, bestimmten Geschäften, bei Touren und in Themenparks.

Senioren Personen ab 65 (teilweise 55, 60 oder 62) Jahren erhalten oft die gleichen Ermäßigungen wie Studenten. Zum Nachweis des Alters muss man einen Ausweis mit Geburtsdatum vorlegen.

International Student Identity Card (ISIC; www.isic.org; 22 US$) Mit dem internationalen Studentenausweis erhalten Vollzeitstudenten Ermäßigungen bei Fluglinien, Reiseversicherungen und lokalen Sehenswürdigkeiten. Nichtstudenten unter 26 Jahren profitieren in ähnlicher Weise von der **International Youth Travel Card** (IYTC; 22 US$). Die Ausweise werden von Studentenvereinen, Hostel-Organisationen und Reisebüros ausgestellt.

Student Advantage Card (☎877-256-4672; www.studentadvantage.com; 23 US$) US-amerikanische und ausländische Studenten sparen 15 % bei Amtrak und Greyhound und 10 bis 20 % bei einigen Fluglinien, Ladenketten, Hotels und Motels.

STAATLICHE REISEINFORMATIONEN

- » **Deutschland** (www.auswaertiges-amt.de/DE/Laenderinformationen/LaenderReiseinformationen_node.html)
- » **Österreich** (www.bmeia.gv.at/aussenministerium/buergerservice/reiseinformation.html)
- » **Schweiz** (www.eda.admin.ch/eda/de/home/travad.html)
- » **USA** (www.travel.state.gov)

Essen

Die Reihenfolge der Restaurants in diesem Führer richtet sich nach der Empfehlung des jeweiligen Autors, die besten sind mit dem Symbol LP gekennzeichnet.

Die hier aufgeführten Restaurantpreise beziehen sich in der Regel auf einen durchschnittlich teuren Hauptgang zum Abendessen. Dementsprechend sind die Restaurants in $ (bis 10 US$), $$ (10–20 US$) und $$$ (mehr als 20 US$) eingeteilt. Die Preise verstehen sich ohne Getränke, Vor- und Nachspeisen, Steuern und Trinkgeld. Mittags sind die gleichen Gerichte meistens billiger, wenn sie nicht sogar zum halben Preis angeboten werden. In Utah sind viele Restaurants sonntags geschlossen. Weitere Infos gibt's im Kapitel zur Küche im Westen der USA (S. 475).

Feiertage & Ferien

An folgenden öffentlichen Feiertagen sind landesweit alle Banken, Schulen und Behörden (auch die Post) geschlossen, und bei Verkehrsmitteln, Museen und anderen Einrichtungen gelten die Sonntagspläne. Feiertage, die aufs Wochenende fallen, werden normalerweise auf den folgenden Montag gelegt.

Neujahr 1. Januar

Martin Luther King Jr Day Dritter Montag im Januar

Presidents' Day Dritter Montag im Februar

Memorial Day letzter Montag im Mai

Independence Day 4. Juli

Labor Day Erster Montag im September

Columbus Day Zweiter Montag im Oktober

Veterans Day 11. November

Thanksgiving Vierter Donnerstag im November

Weihnachten 25. Dezember

Während der Spring Break haben High-School- und College-Schüler eine Woche frei, in der sie die Strand- und Ferienorte stürmen. Die Spring Break verteilt sich über den März und April. Sommerferien sind von Juni bis August.

Fotos & Video

Herkömmliche Filme sind in Drogerien und Fotofachgeschäften erhältlich. Speicherkarten für Digitalkameras gibt's überall in Ladenketten wie Best Buy und Target.

In einigen Reservaten amerikanischer Indianer ist das Fotografieren und Filmen verboten. Dort, wo es erlaubt ist, muss man sich eventuell eine Genehmigung kaufen. Wer Personen aus der Nähe knipsen will, sollte grundsätzlich zuvor um Erlaubnis fragen. Oft wird ein kleines Trinkgeld erwartet.

Weitere Hinweise zum Fotografieren auf Reisen gibt's im Lonely-Planet-Band *Travel Photography*.

Frauen unterwegs

Frauen – egal, ob sie allein reisen oder in Gruppen unterwegs sind – dürften in den USA eigentlich keine Probleme haben. In puncto Sicherheit sollten alleinreisende Frauen nur die üblichen Vorsichtsmaßnahmen berücksichtigen. Wenn man jemanden gerade erst kennengelernt hat, sollte man ihm nicht gleich sagen, wo man wohnt, und schon gar nicht, dass man alleine unterwegs ist. Amerikaner helfen Alleinreisenden manchmal bereitwillig oder nehmen sie sogar auf. Aber man sollte

TIPPS FÜR VIELKNIPSER

» Wer eine Digitalkamera hat, sollte auch zusätzliche Batterien und ein Ladegerät mitbringen.

» Wer einen normalen Fotoapparat hat, sollte sich für einen Film mit 100 ASA entscheiden, mit dem man selbst bei schwachen Lichtverhältnissen noch gute Fotos machen kann, weil es der langsamste Film ist und die Auflösung verstärkt.

» Sehr nützlich ist eine Zoom-Linse; die meisten Spiegelreflexkameras haben eine. Damit kann man Nahaufnahmen von Details machen. Viele machen den Fehler, zu viel Landschaft rund um die Person aufzunehmen und sich nicht auf ein Element zu konzentrieren.

» Morgens und abends ist die beste Zeit für ein Foto. Derselbe Sandsteinfelsen kann im Laufe des Tages in vier oder fünf Farbtönen erscheinen und die wärmsten Töne erwischt man bei Sonnenuntergang. Wenn das Foto leicht unterbelichtet ist, kommen Rottöne besser zur Geltung.

» Beim Fotografieren von roten Felsen sorgt ein Filter vor der Spiegelreflexlinse für wärmere Farben und reduziert das Blau an bewölkten oder dunkleren Tagen. Den gleichen Effekt erzielt man mit einer Digitalkamera, wenn man beim Weißabgleich die automatische Einstellung für „wolkig“ vornimmt (oder die Farbtemperatur reduziert).

» Niemals in Richtung Sonne fotografieren; sie muss immer im Rücken liegen. Wer an sehr hellen Tagen Porträts in Nahaufnahme machen will, sollte die Person(en) im Schatten positionieren.

PRAKTISCH & KONKRET

Maße & Gewichte

Gewichte Unze (*ounce*, Abk. oz, 28,35 gr), Pfund (*pound*, Abk. lb, 453 gr), Tonne (*ton*, Abk. t, 907,18 kg)

Flüssigkeitsmaße Unze (*ounce*, Abk. oz, 30 ml), US-Pint (*pint*, 473 ml), US-Quart (*quart*, 0,95 l), US-Gallone (*gallon*, Abk. gal, 3,79 l)

Längenmaße Fuß (*foot*, Abk. ft, 30,48 cm), Yard (Abk. yd, 91,44 cm), Meile (*mile*, Abk. mi, 1,609 km)

Radio- & Fernsehsender

Radio-Nachrichtensender National Public Radio (NPR, am unteren Ende der UKW-Skala)

Fernsehsender ABC, CBS, NBC, FOX, PBS (frei empfangbare Sender)

Wichtige Kabelkanäle CNN (Nachrichten), ESPN (Sport), HBO (Filme), Weather Channel (Wetter)

Video & DVD

» NTSC-Norm (inkompatibel mit PAL und SECAM)

» DVDs, Regionencode 1 (nur USA und Kanada)

Zeitungen & Zeitschriften

Landesweite Zeitungen *New York Times* (www.nytimes.com), *Wall Street Journal* (http://online.wsj.com/homepage), *USA Today* (www.usatoday.com)

Zeitungen im Westen der USA *Arizona Republic* (www.azcentral.com), *Denver Post* (www.denverpost.com), *Seattle Times* (www.seattletimes.com), *Los Angeles Times* (www.latimes.com), *San Francisco Chronicle* (www.sfgate.com)

Mainstream-Nachrichtenmagazine *Time*, *Newsweek*, *US News* und *World Report*

nicht jedes Angebot für bare Münze nehmen. Wenn man bei jemandem eingeladen ist, der einem vertrauenswürdig erscheint, sollte man trotzdem jemand anderem (z. B. dem Hostel- oder Hotelmanager) Bescheid geben, wohin man geht. Gleiches gilt auch, wenn man sich allein zu einer Wanderung aufmacht. So kann man sicher sein, dass, falls etwas passieren und man zur angesetzten Zeit nicht zurück sein sollte, das nicht unbemerkt bleibt und sich jemand auf die Suche nach einem begeben wird.

Einige Frauen haben immer eine Trillerpfeife, Reizgas oder Pfefferspray zur Selbstverteidigung dabei. Wer Pfefferspray kaufen will, sollte sich bei der örtlichen Polizei nach den entsprechenden Bestimmungen erkundigen. Die Gesetze sind diesbezüglich von Bundesstaat zu Bundesstaat verschieden. Allerdings verbieten die US-Bundesgesetze deren Mitnahme in Flugzeugen.

Opfer sexueller Übergriffe wenden sich am besten zuerst an die Hotline für Vergewaltigungsopfer und rufen danach die Polizei an – sofern man nicht in unmittelbarer Gefahr ist, denn dann sollte man die ☎911 anrufen. Achtung: Nicht alle Polizeibeamten besitzen genug Sensibilität oder Erfahrung im Umgang mit Opfern sexueller Gewalt. Die Angestellten der Krisenzentren hingegen setzen sich unermüdlich für solche Opfer ein und fungieren als Vermittler in Bezug auf andere Einrichtungen wie Krankenhäuser und Polizei. In Telefonbüchern sind örtliche Anlaufstellen für Vergewaltigungsopfer aufgeführt. Zudem steht die **National Sexual Assault Hotline** (☎800-656-4673; www.rainn.org) rund um die Uhr zur Verfügung. Andernfalls direkt die Notaufnahme eines Krankenhauses aufsuchen!

Geld

Infos zu US-Dollar-Wechselkursen und Reisekosten gibt's auf S. 18.

Bargeld

» Die meisten Leute haben im Alltag nicht viel Bargeld dabei, sondern verlassen sich auf Geldautomaten, Kredit- und Bankkarten. In manchen Geschäften werden keine Scheine größer als 20 US$ akzeptiert.

Geld umtauschen

» Geld wechseln kann man an den großen Flughäfen,

in einigen Banken und allen Wechselstuben wie **American Express** (www.americanexpress.com) oder **Travelex** (www.travelex.com). Immer zuerst nach den Wechselkursen und Gebühren fragen.

» Außerhalb der Großstädte könnte es schwierig sein, Geld umzutauschen. Deshalb immer eine Kreditkarte und ausreichend Bargeld dabeihaben.

Geldautomaten

» Geldautomaten gibt es in den meisten Banken, Einkaufszentren, Flughäfen, Lebensmittel- und Gemischtwarenläden.

» Pro Transaktion wird eine Gebühr von mindestens 2 bis 3 US$ fällig; hinzu kommen die Gebühren der eigenen Bank. Einige Geldautomaten in Las Vegas berechnen 5 US$ fürs Geldabheben.

» Die meisten Geldautomaten sind an internationale Netzwerke angeschlossen und haben ordentliche Wechselkurse.

» Wer mit der Kreditkarte Geld vom Automaten abhebt, muss mit heftigen Gebühren und Zinssätzen rechnen. Sich vom Kreditkartenunternehmen eine PIN-Nummer geben lassen.

Kreditkarten

Bekannte Kreditkarten (wie Visa, MasterCard und American Express) werden fast überall akzeptiert. Tatsächlich ist es fast unmöglich, ohne eine Kreditkarte vorzulegen ein Auto zu mieten, ein Zimmer zu buchen oder telefonisch Tickets zu kaufen. Im Notfall können sie sogar die Rettung sein.

Reiseschecks

» Reiseschecks werden nur noch selten genutzt.

» Größere Restaurants, Hotels und Kaufhäuser nehmen sie oft noch an (nur in US-Dollar), aber kleinere Geschäfte, Märkte und Fastfoodketten könnten sie ablehnen.

» Die Reiseschecks von Visa und American Express werden noch am ehesten akzeptiert.

Steuern

» Die Mehrwertsteuer ist je nach Bundesstaat und County verschieden.

» Auch die Hotelsteuer unterscheidet sich je nach Stadt.

Trinkgeld

Trinkgelder sind in den USA mehr oder weniger obligatorisch. Nur wenn der Service extrem schlecht ist, sollte man nichts geben.

Barkeeper 10–15 %/Runde, mind. 1 US$/Getränk

Concierge Für einfache Infos nichts, bis zu 20 US$ für schwierige Restaurantreservierungen, Karten für ausverkaufte Shows usw.

Gepäckträger am Flughafen und Hotelpagen 2 US$/Gepäckstück, mind. 5 US$/Gepäckwagen

Parkservice Mind. 2 US$ bei Rückgabe des Autoschlüssels

Restaurantkellner und Zimmerservice 15–20 % (sofern nicht bereits in der Rechnung enthalten)

Taxifahrer 10–15 % des Fahrpreises (auf den nächsten vollen Dollarbetrag aufrunden)

Zimmermädchen 2–4 US$/Tag, die man unter der Karte ablegt; mehr, wenn man große Unordnung hinterlässt

Gesundheit

Gesundheitsfürsorge & Versicherung

» Die medizinische Versorgung in den USA ist von bester Qualität, aber auch immens teuer. Viele Mediziner bestehen auf sofortiger Bezahlung, besonders bei der Behandlung von ausländischen Travellern und Leuten, die fremd in der Stadt sind.

» Bei medizinischen Notfällen die ☎911 anrufen oder zum nächsten Krankenhaus mit Notaufnahme rund um die Uhr gehen. Ansonsten telefonisch einen Arzt suchen, der die Versicherung akzeptiert.

» Alle Rezepte und Dokumente für Abrechnungs- und Versicherungszwecke zum Nachweis für Erstattungsansprüche aufheben.

» Manche Versicherungen verlangen, dass man vor der medizinischen Behandlung ihre Zustimmung einholt.

» Ausländische Besucher mit Reise-Krankenversicherung müssen vielleicht ein Callcenter zur telefonischen Einschätzung des Falls kontaktieren, bevor sie sich in medizinische Behandlung begeben.

» Alle benötigten Medikamente in deutlich beschrifteten Originalverpackungen transportieren. Auch den Arztbrief mitbringen, der detailliert Aufschluss über den ganzen Gesundheitszustand und alle verordneten Medikamente (inkl. internationaler Freinamen, d. h. Arzneimittelwirkstoffe) gibt.

Gesundheitsrisiken

DEHYDRATION, HITZEERSCHÖPFUNG & HITZSCHLAG

» Man sollte es leicht angehen lassen, während man sich akklimatisiert – besonders an heißen Sommertagen und in den Wüsten Südkaliforniens.

» Viel Wasser trinken. Bei körperlicher Anstrengung im Freien werden täglich 3,5 l pro Person empfohlen.

» Dehydration (Wassermangel) und Salzmangel können zu Hitzeerschöpfung führen, das sich oft durch starkes Schwitzen, Blässe, Müdigkeit, Kopfschmerzen, Übelkeit, Erbrechen, Schwindel, Muskelkrämpfe und Kurzatmigkeit auszeichnet.

» Wer sich über längere Zeit ununterbrochen hohen Temperaturen aussetzt, könnte einen schlimmstenfalls tödlichen Hitzschlag erleiden. Warnzeichen sind Bewusstseinstrübung,

Hyperventilation sowie rote, heiße und trockene Haut (durch das Ausbleiben der Schweißabsonderung).

» Der Weg ins Krankenhaus ist unerlässlich. Sofortmaßnahmen: Aus der Sonne gehen, alle wärmespeichernde Kleidung ablegen (Baumwolle ist o. k.) und den überhitzten Körper kontinuierlich mit Wasser und Ventilator abkühlen. Hilfreich sind Eispackungen im Nacken, unter den Achseln und in der Leistengegend.

HÖHENKRANKHEIT

» Besucher aus tiefer gelegenen Gebieten erleben starke physiologische Veränderungen, wenn sich der Körper an die Höhe anpasst.

» Zu den Symptomen, die am ersten Tag auftreten, zählen Kopfschmerzen, Müdigkeit, Appetitlosigkeit, Übelkeit, Schlaflosigkeit, verstärkter Harndrang und Hyperventilation wegen Überanstrengung.

» Die Symptome klingen normalerweise innerhalb von 24 bis 48 Stunden ab.

» Die Faustregel ist, dass man vor Abklingen der Symptome niemals noch weiter hinaufsteigen darf.

» In schweren Fällen können auch extreme Desorientierung, Ataxie (Störungen der Bewegungskoordination und des Gleichgewichts), Atemprobleme (vor allem hartnäckiger Husten) und Erbrechen auftreten. In so einem Fall sofort absteigen und ein Krankenhaus aufsuchen.

» Um die Beschwerden der zuvor genannten leichten Symptome abzumildern, sollte man viel Wasser trinken und es leicht angehen lassen – in 2100 m Höhe setzt einen ein kleiner Spaziergang in Santa Fe stärker zu als eine steile Wanderung in Höhe des Meeresspiegels.

HYPOTHERMIE (UNTERKÜHLUNG)

» Skifahrer und Wanderer werden feststellen, dass die Temperaturen in den Bergen und Wüsten sehr schnell unter den Gefrierpunkt fallen können, besonders im Winter. Selbst ein plötzlicher Frühlingsregen oder starke Winde können gefährlich schnell eine Absenkung der Körpertemperatur verursachen.

» Statt Baumwollsachen sollte man Kleidung aus Synthetik oder Wolle anziehen, weil diese auch bei Feuchtigkeit Wärme speichern. Auf jeden Fall auch wasserdichte Kleidung (z. B. Gore-Tex-Jacken, Regencapes und Regenhosen) und energiespendende, leicht verdauliche Snacks wie Schokolade, Nüsse und Dörrobst dabeihaben.

» Anzeichen einer Unterkühlung sind u. a. Erschöpfung, Benommenheit, Schüttelfrost, unsicherer Gang, Lallen, Schwindel, Muskelkrämpfe und Beeinträchtigung des Urteilsvermögens bis hin zu Gewalttätigkeit.

» Zur Behandlung von Hypothermie umgehend den Schlechtwetterbereich verlassen und trockene, warme Kleidung anziehen. Heiße Getränke (aber nichts koffein- oder alkoholhaltiges) und kalorienreiche Nahrung zu sich nehmen.

» Patienten in fortgeschrittenen Stadien der Hypothermie vorsichtig in einen warmen Schlafsack in einem wind- und wassergeschützten Bereich packen. Keinesfalls den Körper warmreiben – die Opfer müssen sacht behandelt werden.

Internetzugang

In diesem Reiseführer kennzeichnet das Symbol @ das Vorhandensein öffentlich zugänglicher Computer mit Internetzugang, das Symbol 📶 steht für WLAN (kostenlos oder gebührenpflichtig).

» Internetcafés nehmen in der Regel 6 bis 12 US$ pro Stunde.

» In den meisten Städten und Ortschaften gibt es Filialen von **Federal Express** (FedEx; ☎800-463-3339; www.fedex.com), die Computer mit Internetzugang (0,20–0,30 US$/Min.) bieten. Manchmal gibt's auch kostenloses WLAN, Drucker für digitale Fotos und CD-Brenner.

» WLAN-Hotspots (kostenlos oder gebührenpflichtig) findet man an großen Flughäfen, in vielen Hotels, Motels und Cafés (wie Starbucks) sowie in manchen Touristeninformationen, Wohnwagenparks (wie KOA), Museen, Bars, Restaurants (z. B. Ketten wie McDonalds und Panera Bread) und Geschäften (wie Apple).

» Es gibt immer mehr öffentliche WLAN-Hotspots, sogar schon in manchen State Parks.

» Öffentliche Bibliotheken haben Internetterminals, aber oft darf man sie nur für begrenzte Zeit nutzen. Besucher ohne Bibliotheksausweis müssen sich im Voraus anmelden und eine Gebühr entrichten. Immer mehr Bibliotheken bieten kostenloses WLAN an.

» Wer aus dem Ausland kommt, braucht einen Wechselstromadapter für seinen Laptop und einen passenden Adapter für US-amerikanische Steckdosen. Beides erhält man in größeren Elektronikläden wie **Best Buy** (☎888-237-8289; www.bestbuy.com).

Nationalparks & State Parks

Vor dem Besuch eines Nationalparks sollte man sich die Website anschauen (auf der NPS-Homepage www.nps.gov die Suchfunktion nutzen). Auf der Website des Grand Canyon (www.nps.gov/grca) kann man sich die saisonale Zeitung *The Guide* mit aktuellen Infos zu Preisen, Öffnungszeiten und Ranger-Gesprächen herunterladen. Es gibt unterschiedliche Ausgaben für den nördlichen und den südlichen Abschnitt.

Am Eingang des Nationalparks bzw. State Parks sollte man Bargeld bereithalten (Kreditkarten werden nicht immer akzeptiert). Die Kosten belaufen sich für einen 7-Tage-Ausweis von 0 bis 25 US$ pro Fahrzeug. Wer mehrere Parks im Südwesten besuchen will, kann mit dem Kauf der Jahreskarte America the Beautiful Interagency Annual Pass (s. S. 500) Geld sparen.

Wegen anhaltender Haushaltsprobleme kürzen viele Staaten im Westen und Südwesten ihre Ausgaben für die State Parks. Besonders stark betroffen sind die State Parks in Arizona, Kalifornien und Utah, und es ist noch unklar, welche überleben werden. In Kalifornien sollen 70 der 278 State Parks Mitte 2012 geschlossen werden. In Utah sank in den letzten Jahren die Förderung der Parks von 12,2 Mio. auf 6,8 Mio. US$. Einige State Parks in Arizona haben die Fünf-Tage-Woche eingeführt und sind dienstags und mittwochs geschlossen. Bevor man sich also auf den Weg zu einem State Park macht, sollte man sich unbedingt auf der Website über die aktuelle Situation informieren.

Öffnungszeiten

Sofern nicht anders angegeben, gelten in diesem Band folgende übliche Öffnungszeiten:

Banken	Mo–Do 8.30–16.30, Fr bis 17.30 Uhr (manchmal auch Sa 9–12 Uhr)
Bars	So–Do 17–24, Fr & Sa bis 2 Uhr
Einkaufszentren	9–21 Uhr
Geschäfte	Mo–Sa 10–18, So 12–17 Uhr
Nachtclubs	Do–Sa 22–2 Uhr
Postämter	Mo–Fr 9–17 Uhr
Supermärkte	8–20 Uhr, manche rund um die Uhr

Post

Die Post in den USA ist verlässlich und günstig. Alle nötwendigen Informationen, z. B. Adressen und Öffnungszeiten von Postämtern, bekommt man rund um die Uhr telefonisch oder auf der Website des **US Postal Service** (USPS; ☎800-275-8777; www.usps.com).

Für Eilsendungen, wichtige Briefe oder Pakete lohnen sich Kurierdienste wie **Federal Express** (FedEx; ☎800-463-3339; www.fedex.com) und **United Parcel Service** (UPS; ☎800-742-5877; www.ups.com), die zwar teurer sind, die Sendung aber im In- und Ausland direkt zustellen.

Posttarife

Derzeit kosten Briefe erster Klasse mit einem Gewicht bis zu 1 oz (28,35 gr) im Inland 0,44 US$ (zzgl. 0,20 US$ je weitere Unze) und Postkarten 0,29 US$. Das Maximalgewicht von Briefen erster Klasse beträgt 13 oz (368,6 gr); danach wird die Gebühr für einen Eilbrief fällig.

Luftpostbriefe ins Ausland (außer nach Kanada und Mexiko) mit einem Gewicht bis zu 1 oz (28,35 gr) und Postkarten kosten 0,98 US$, nach Kanada und Mexiko 0,80 US$.

Post senden & erhalten

Ausreichend frankierte Sendungen unter 13 oz (368,6 gr) können in jeden blauen Briefkasten eingeworfen werden. Alles andere gibt man im Postamt ab.

Man kann sich auch postlagernd Briefe schicken lassen: eigener Name mit dem Zusatz c/o General Delivery und Postleitzahl des jeweiligen Postamts. Der Absender sollte auf den Umschlag auch den Vermerk „Hold for Arrival" („Nach Ankunft des Empfängers aushändingen") schreiben. Eine Sendung, die nicht innerhalb von zehn (Inlandspost) bzw. 30 Tagen (Auslandspost) gegen Vorlage eines Lichtbildausweises abgeholt wird, geht an den Absender zurück. In manchen Großstädten ist für postlagernde Sendungen nicht die Hauptpost, sondern eine gesonderte Stelle außerhalb der Innenstadt zuständig.

Rechtsfragen

Bußgelder für alltägliche Ordnungswidrigkeiten (z. B. im Straßenverkehr) sind von ertappten Sündern keinesfalls an Ort und Stelle zu bezahlen: Wer Bußgelder direkt beim Polizisten begleichen möchte, wird bestenfalls schief angeguckt und schlimmstenfalls wegen Bestechungsversuch angeklagt. Bei Verkehrsverstößen erklärt der jeweilige Ordnungshüter die Optionen für die Zahlung. Normalerweise muss man die Strafe innerhalb von 30 Tagen bezahlen. Die meisten rechtlichen Angelegenheiten lassen sich postalisch regeln.

Wer festgenommen wird, hat das Recht zu schweigen und einen Anwalt zu verlangen. Es gibt also rechtlich gesehen keinen Grund, mit einem Polizisten zu sprechen, wenn man das nicht möchte. Aber man sollte sich nie ohne ausdrückliche Erlaubnis von ihm entfernen. Allen Verhafteten ist grundsätzlich ein Telefonat gestattet. Wer sich keinen Anwalt leisten kann, dem wird kostenlos ein Pflichtverteidiger gestellt. Traveller ohne anwaltliche, familiäre oder anderweitige Unterstützung sollten ihre Botschaft kontaktieren; die Nummer erhält man bei Bedarf von der Polizei.

Prinzipiell gilt im US-amerikanischen Rechtssystem jeder bis zum Beweis des Gegenteils als unschuldig. Alle Bundesstaaten haben eigene Zivil- und Strafgesetze, und was in dem einen Staat erlaubt ist, kann im anderen illegal sein.

Autofahren

In allen US-Staaten ist das Autofahren unter Alkohol- oder Drogeneinfluss strengstens verboten und wird mit heftigen Geldbußen oder sogar Haftstrafen geahndet. Weitere Infos zum Autofahren in den USA und zur Straßenverkehrsordnung gibt's auf S. 519.

Drogen

Nationale und bundesstaatliche Gesetze verbieten alle Formen von Drogen. In manchen Staaten wie Kalifornien und Alaska gilt der Besitz kleinerer Mengen von Marihuana als geringfügiges Vergehen, das aber dennoch Geld- und/oder Haftstrafen nach sich ziehen kann.

Der Besitz jeglicher illegaler Drogen (wie Kokain, Ecstasy, LSD, Heroin, Haschisch) ist eine schwere Straftat, die mit langen Haftstrafen geahndet wird. Dasselbe gilt auch für Marihuana-Mengen über 1 oz (28,35 gr). Bei Ausländern führt die Verurteilung wegen eines Drogenvergehens zur Ausweisung.

Reisen mit Behinderung

Für Reisende mit Körperbehinderung sind die USA ein verhältnismäßig gut zu bereisendes Ziel. Dank des Americans with Disabilities Act (ADA) müssen alle öffentliche Gebäude, alle nach 1993 entstandenen Privatimmobilien (auch Hotels, Restaurants, Theater und Museen) sowie öffentliche Verkehrsmittel behindertengerecht zugänglich sein. Sicherheitshalber sollte man sich telefonisch nach vorhandenen Einrichtungen erkundigen. Einige lokale Touristeninformationen veröffentlichen Führer, in denen die behindertengerechten Einrichtungen detailliert aufgeführt sind.

US-Telefongesellschaften offerieren über Fernschreibernummern (TTY) einen speziellen Service für Gehörlose. Die Geldautomaten der meisten Banken bieten Bedienungshinweise in Blindenschrift und Kopfhöreranschlüsse für gehörgeschädigte Nutzer. Alle großen Fluglinien, Greyhound-Busse und Amtrak-Züge sind auf Passagiere mit Behinderungen eingestellt: Mindestens 48 Stunden im Voraus reservieren und seine Bedürfnisse anmelden, damit alles Nötige veranlasst wird. Auch Hilfstiere wie Blindenhunde dürfen gegen offiziellen Nachweis mit an Bord.

Manche Autovermieter wie Budget und Hertz bieten handgesteuerte Fahrzeuge und Vans mit Rollstuhllift ohne Aufpreis an. Diese müssen aber lange im Voraus reserviert werden.

Wheelchair Getaways (☎800-642-2042; www.wheelchairgetaways.com) vermietet landesweit behindertengerechte Vans. Manche Städte und Ortschaften betreiben barrierefreie bzw. absenkbare Nahverkehrsbusse – einfach dem Fahrer mitteilen, dass der Lift oder die Rampe benötigt wird.

Viele Nationalparks, einige State Parks und Erholungsgebiete haben rollstuhlgerechte Pfade, stufenlose Wege oder Promenaden. Es gibt seit Kurzem auch eine Website für rollstuhlgerechte Trails in den USA: www.greatwheelchairaccessiblehikes.com. Dort können über weiterführende Links andere Websites erkundet werden.

Nützliche Informationsquellen für Traveller mit Behinderung:

Access-Able Travel Source (☎www.access-able.com) Allgemeine Reisewebsite mit nützlichen Tipps und Links.

Accessing Arizona (www.accessingarizona.com) Aktuelle Informationen über rollstuhlgerechte Aktivitäten in Arizona.

Access Northern California (www.accessnca.com) Umfangreiche Links zu Websites mit Infos für Reisende mit Behinderung, zu Publikationen, zu Touren und Verkehrsmitteln, darunter Outdoor-Aktivitäten und Autovermietungen. Es gibt auch eine durchsuchbare Datenbank für Unterkünfte und einen Veranstaltungskalender.

Access San Francisco (www.onlyinsanfrancisco.com/plan_your_trip/access_guide.asp) Kostenlose (etwas veraltete, aber trotzdem nützliche) Infos zum Herunterladen für Reisende mit Behinderung.

Disabled Sports USA (☎301-217-0960; www.dsusa.org) Bietet Sport- und Erholungsprogramme für Behinderte und veröffentlicht das Magazin *Challenge*.

Flying Wheels Travel (☎507-451-5005, 877-451-5006; www.flyingwheelstravel.com) Reisebüro mit vollem Programm.

Mobility International USA (☎541-343-1284; www.miusa.org) Berät Traveller mit Behinderung in Sachen Mobilität und veranstaltet auch internationale Austauschprogramme zur Weiterbildung.

Moss Rehabilitation Hospital (☎215-663-6000; www.mossresourcenet.org/travel.htm) Umfangreiche Links und Tipps zum Reisen mit Behinderung.

Society for Accessible Travel & Hospitality (SATH; ☎212-447-7284; www.sath.org) Interessenverband mit allgemeinen Infos für Traveller mit Behinderung.

Splore (☎801-484-4128; www.splore.org) Bietet behindertengerechte Outdoor-Abenteuertrips in Utah.

Schwule & Lesben

Schwule, lesbische, bi- und transsexuelle Traveller finden jede Menge Orte, an denen sie vollkommen sie selbst sein können. Natürlich zählen Strände und Großstädte zu den schwulenfreundlichsten Zielen.

Akzeptanz

Die meisten großen US-Städte haben eine sichtbare und offene schwul-lesbische Gemeinde. In diesem Führer gibt es in vielen Städtekapiteln Textkästen oder Abschnitte, in denen die besten Angebote für Schwule, Lesben, Bi- und Transsexuelle beschrieben werden.

Die Akzeptanz ist im Westen je nach Region sehr unterschiedlich. Mancherorts ist Toleranz ein absolutes Fremdwort, anderswo werden Schwule, Lesben, Bi- und Transsexuelle geduldet, solange sie ihre sexuellen Neigungen nicht öffentlich zur Schau stellen. In ländlichen und extrem konservativen Gegenden wäre es unklug, sich offen zu outen, zumal man manchmal mit Gewalt und Beschimpfungen konfrontiert wird. Im Zweifel sollte man sich lieber bedeckt halten. Gleichgeschlechtliche Ehen – ein stark umstrittenes Thema – sind inzwischen in ein paar Bundesstaaten legal.

Hotspots

Jeder hat schon von San Francisco gehört, der glücklichsten Schwulenstadt in Amerika. Aber auch in Los Angeles und Las Vegas ist für Schwule und Lesben fast alles möglich. Und wenn es einem in L.A. oder Vegas mal zu viel werden sollte, kann man in die Wüstenresorts von Palm Springs fliehen.

Infos im Internet

Advocate (www.advocate.com) Schwulenorientierte Website mit Neuigkeiten aus Business, Politik, Kunst, Unterhaltung und Tourismus.

Damron (www.damron.com) Gibt die klassischen Schwulen-Reiseführer heraus; die sind aber ziemlich werbelastig und manchmal auch noch veraltet.

Gay Travel (www.gaytravel.com) Bietet Online-Führer für Dutzende von Zielen in den USA.

Gay Yellow Network (www.gayyellow.com) Gelbe Seiten mit Verzeichnissen für über 30 US-Städte. Gibt's auch als Smartphone-App (GLYP).

GLBT National Help Center (☎888-843-4564; www.glbtnationalhelpcenter.org; ⏲Mo–Fr 13–21, Sa 9–14 Uhr nach Pacific Standard Time, also MEZ –9 Std.) Landesweite Hotline für Beratung, Informationen und Tipps.

National Gay & Lesbian Task Force (www.thetaskforce.org) Website der landesweiten Aktivistengruppe mit News und Infos zu Politik und Aktuellem.

OutTraveler (www.outtraveler.com) Hat nützliche Online-Stadtführer und Artikel zu diversen Zielen im In- und Ausland.

Purple Roofs (www.purpleroofs.com) Eine Liste mit schwulenfreundlichen und von Schwulen betriebenen B&Bs und Hotels im ganzen Land.

The Queerest Places: A Guide to Gay and Lesbian Historic Sites von Paula Martinac deckt die gesamte USA mit spannenden und historischen Details aus der Szene ab.

Strom

In den USA gibt es Wechselstrom 110/120 V; für die meisten nicht in den USA hergestellten elektronischen Geräte benötigt man einen Adapter.

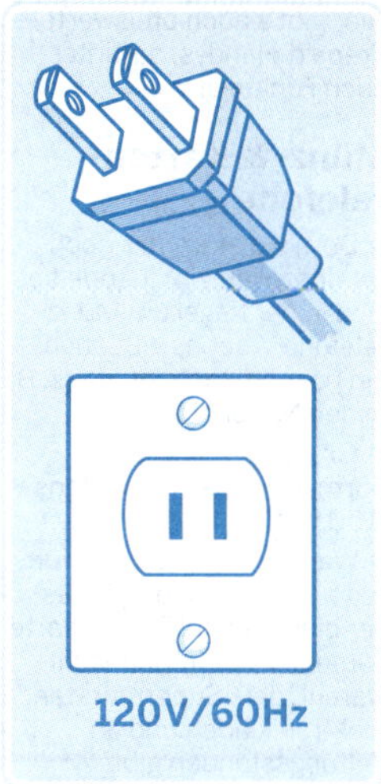

Telefon

Handys

» In den USA braucht man ein Multiband-GSM-Handy. In der Regel ist es günstiger, sein Handy mit einer in den USA aufladbaren Prepaid-SIM-Karte auszustatten als das eigene Handynetz zu benutzen.

» SIM-Karten bekommt man in Telekommunikations- und Elektronikfachgeschäften.

Hier gibt's auch preiswerte Prepaid-Handys, darunter auch Funktelefone.

Münz- & Kartentelefone

» Dort, wo es immer noch Telefonzellen gibt, handelt es sich in der Regel um Münztelefone. Aber es gibt auch ein paar Kartentelefone (z. B. in den Nationalparks).

» Ortsgespräche kosten normalerweise mindestens 0,50 US$.

» Wer ein Ferngespräch führen möchte, sollte sich besser eine Prepaid-Telefonkarte kaufen, die es in Gemischtwarenläden, Supermärkten, Elektronikläden und an Zeitungsständen gibt.

Vorwahlen

» In den USA bestehen die Telefonnummern aus einer dreistelligen Ortsvorwahl, gefolgt von einer siebenstelligen lokalen Telefonnummer.

» Bei einem Ortsgespräch wählt man in der Regel die siebenstellige Nummer; trotzdem muss man mancherorts selbst bei Ortsgesprächen die gesamte zehnstellige Nummer wählen.

» Für ein Ferngespräch muss man die ☎1 wählen, gefolgt von der Ortsvorwahl und der Telefonnummer.

» Gebührenfreie Nummern beginnen mit ☎800, ☎866, ☎877 oder ☎888, denen immer eine ☎1 vorangestellt wird.

» Wer ein Auslandsgespräch führen will, wählt zuerst die ☎011, dann die Ländervorwahl, darauf die Ortsvorwahl (dabei fällt die „0" normalerweise weg) und dann die lokale Telefonnummer.

» Die Vermittlung internationaler Gespräche erreicht man unter ☎00.

» Die internationale Vorwahl der USA ist ☎1 (die Vorwahl für Ferngespräche in die USA und nach Kanada ist gleich; dennoch handelt es sich zwischen beiden Ländern um Auslandsgespräche).

Touristeninformation

Dieser Band führt die Touristeninformationen der einzelnen US-Staaten jeweils unter „Praktische Informationen" am Anfang der entsprechenden Regionenkapitel auf, die in den Städten und Countys werden überall im Text erwähnt.

Alle empfehlenswerten Touristeninformationen haben eine Website, auf der man sich kostenlos e-Guides herunterladen kann. Sie geben auch telefonisch Auskunft. Manche aktualisieren täglich ihr Verzeichnis mit freien Hotelzimmern, aber nur wenige nehmen auch Reservierungen vor. Alle haben Regale mit kostenlosen Broschüren und Rabattgutscheinen; einige verkaufen auch Karten und Bücher.

Die Welcome Center der Bundesstaaten finden sich meistens an den Autobahnen. Sie bieten Infomaterial zu größeren Gebieten und haben in der Regel auch länger geöffnet – auch an Wochenenden und Feiertagen.

Viele Städte unterhalten offizielle Convention & Visitor Bureaus (CVB), die zum Teil auch als Touristeninformation fungieren. Da ihr Hauptinteresse aber vor allem Geschäftsreisenden gilt, sind sie für Individualreisende möglicherweise weniger interessant.

Achtung: In kleineren Städten wird die Touristeninformation häufig von der örtlichen Handelskammer betrieben. In aller Regel führen sie in ihren Hotel-, Restaurant- und Dienstleistungsverzeichnissen nur Mitglieder der Kammer auf und unterschlagen vielleicht die preisgünstigsten Adressen.

Auch versteckt sich in beliebten Touristenorten hinter einem privaten Touristenbüro manchmal eine Agentur, die gegen Provision Hotelzimmer und Touren bucht. Service und Angebote sind manchmal exzellent, aber man bekommt nur das, was sie verkaufen und darüber hinaus nichts anderes.

Unterkunft

Außergewöhnliche Unterkünfte sind in diesem Band mit dem Symbol (LP TIPP) gekennzeichnet, aber alle hier empfohlenen Optionen entsprechen den Qualitätsstandards ihrer jeweiligen Preisklasse. Die Reihenfolge der aufgelisteten Unterkünfte richtet sich nach der Empfehlung des jeweiligen Autors.

Preise

» Die Preisklassen der Unterkünfte sind mit den Symbolen **$** (bis 100 US$), **$$** (100–200 US$) und **$$$** (mehr als 200 US$) gekennzeichnet. Sofern nicht anders vermerkt, enthalten die Preise keine Steuern, für die man durchschnittlich mit mehr als 10 % rechnen muss.

» Prinzipiell sind die Preise werktags niedriger. Das gilt aber nicht für Hotels, die auf Geschäftsreisende ausgerichtet sind und deshalb am Wochenende Lockangebote für Touristen anbieten.

» Die in diesem Band aufgeführten Preise verstehen sich für die Hauptsaison, die überall von Juni bis August ist – außer in den Wüsten und in den Skigebieten im Gebirge, wo von Dezember bis April das meiste los ist.

» Nachfrage und Preise schnellen an wichtigen Feiertagen (S. 501) und Festivals (S. 24) in die Höhe. Manche Anlagen verlangen dann einen Mindestaufenthalt von mehreren Tagen.

Ermäßigungen

» Mit Rabattkarten (S. 500) oder einer Autoclub-Mitgliedschaft (S. 517) kann man bei teilnehmenden Hotels und Motels eine Ermäßigung von 10 % und mehr erhalten.

» An Tankstellen, in Reisebüros, Highway-Raststätten und Touristeninformationen findet man Zeitschriften mit Rabattgutscheinen für Hotels und Motels. Online lohnt ein Blick auf die Website **Roomsaver.com** (www.roomsaver.com).

» Höchstwahrscheinlich erwischt man ein besseres Angebot, wenn man über Discount-Travel-Websites wie **Priceline** (www.priceline.com), **Hotwire** (www.hotwire.com) oder **Hotels.com** (www.hotels.com) bucht.

» Wer keine Reservierung hat und einfach vorbeischaut, kann versuchen, den Preis herunterzuhandeln und hat vielleicht sogar Glück – vor allem außerhalb der Spitzenzeiten.

B&Bs

In den USA sind viele B&Bs erstklassige romantische Refugien in restaurierten historischen Häusern, die von sympathischen Gastgebern geführt werden und ein Frühstück vom Feinsten bieten. Diese B&Bs sind oft thematisch gestaltet (z.B. viktorianisch, rustikal oder im Stil der Cape-Cod-Häuser an der Ostküste) und die Einrichtung reicht von komfortabel bis opulent. Die Zimmerpreise beginnen in der Regel bei 100 US$, die besten kosten 200 bis 300 US$. Manche B&Bs verlangen einen Mindestaufenthalt, andere nehmen keine Kleinkinder auf und in vielen sind Haustiere verboten.

Es gibt aber auch noch B&Bs im Stil europäischer Frühstückspensionen: Das sind meistens private Wohnhäuser, die schlicht möblierte Zimmer mit einfachem Frühstück und Gemeinschaftsbad zu günstigeren Preisen anbieten – oft eine ideale Option für Familien.

Manche B&Bs sind außerhalb der Saison geschlossen. Reservierungen sind vor allem im Luxussegment ein Muss. Um unangenehme Überraschungen zu vermeiden, sollte man die Badezimmerfrage (privates oder Gemeinschaftsbad) vorab klären. In den Regionenkapiteln dieses Reiseführers sind lokale B&B-Vermittlungsagenturen aufgeführt. Ansonsten kann man sich auch online schlau machen:

Bed & Breakfast Inns Online (www.bbonline.com)

BedandBreakfast.com (www.bedandbreakfast.com)

BnB Finder (www.bnbfinder.com)

Camping

Campingmöglichkeiten gibt es in den meisten von Bundesbehörden verwalteten Gebieten und State Parks. Die „primitiven" Campingplätze (kostenlos–10 US$/pro Nacht), die man nicht reservieren kann, bieten keine Einrichtungen. Einfache Campingplätze (5–15 US$/Nacht) haben in der Regel Toiletten (WCs oder Plumpsklos), Trinkwasser, Feuerstellen und Picknicktische; bei manchen muss vorab reserviert werden. Gut ausgebaute, moderne Campingplätze (13–40 US$/Nacht), normalerweise in Nationalparks oder State Parks, sind mit besseren Einrichtungen und Annehmlichkeiten ausgestattet: Duschen, Grillstellen, Wohnmobilstellplätze mit Stromanschluss usw. Viele kann man vorab reservieren.

Über **Recreation.gov** (☎518-885-3639, 877-444-6777; www.recreation.gov) lassen sich Stellplätze in den meisten staatlich verwalteten Gebieten reservieren. Dazu gehören Nationalparks, National Forests, vom Bureau of Land Management (BLM; s. Kasten S. 511) verwaltete Gebiete usw. Campingaufenthalte sind in der Regel auf 14 Tage beschränkt und können bis zu sechs Monate im Voraus gebucht werden. Auch über **ReserveAmerica** (www.reserveamerica.com) können Campingplätze in manchen State Parks reserviert werden. Beide Websites ermöglichen eine gezielte Campingplatzsuche nach verschiedenen Kriterien wie Lage und angebotene Einrichtungen. Man kann online freie Stellplätze suchen, reservieren, Karten einsehen und Anfahrtsbeschreibungen abrufen. Private Campingplätze zielen meist auf Familien und Wohnmobilurlauber (Stellplätze für Zelte sind eher selten und kaum ansprechend). Ihr Angebot umfasst z.B. Spielplätze, Gemischtwarenläden, WLAN-Zugang, Swimmingpools und weitere Einrichtungen und Aktivitäten. Manchmal werden Campinghütten vermietet – von einfachen Konstruktionen mit Holzplattformen und Zeltwänden bis hin zu beheizten Blockhütten mit richtigen Betten und eigenem Bad.

Kampgrounds of America (KOA; http://koa.com) ist ein landesweites Netz privater Campingplätze mit Rundumservice. Auf der Website kann man den alljährlich erscheinenden, kostenlosen KOA-Führer bestellen (Porto zahlt der Empfänger), das umfangreiche Verzeichnis der Campingplätze durchforsten und Online-Buchungen vornehmen.

Ferienranches

Die meisten Gäste von Ferienranches sind Städter, die ein wenig Abstand von der schnelllebigen Hightech-Welt suchen. Dementsprechend reicht das Angebot von ganz normalen Arbeitsranches (in denen man um 5 Uhr früh aufstehen und auch geruchsintensive Aufgaben erledigen muss) bis hin zum Western Club Med. Der typische einwöchige Aufenthalt kostet ab 100 US$ pro Person und Tag inklusive Unterkunft, Verpflegung, Aktivitäten und Ausrüstung.

Bei einem Urlaub auf einer Ferienranch dreht sich natürlich erst einmal alles ums Reiten. Viele Ranches verfügen aber auch über einen Swimmingpool und haben ihr Aktivitätsangebot ausgebaut und bieten inzwischen auch Fliegenfischen, Wandern, Mountainbiken, Tennis, Golf,

Tontaubenschießen sowie Skilanglauf an. Die Unterkünfte reichen von rustikalen Blockhütten bis hin zu gemütlichen Suiten mit Whirlpool und Kabel-TV. Das Essen reicht von Spaghetti in der Familienrunde bis zum viergängigen Gourmetschmaus.

Arizona Dude Ranch Association (☎520-823-4277; www.azdra.com)

Colorado Dude & Guest Ranch Association (☎866-942-3472; www.coloradoranch.com)

Dude Ranchers' Association (☎307-587-2339, 866-399-2339; www.duderanch.org)

Hostels

Im Westen der USA findet man Hostels überwiegend in städtischen Gebieten im pazifischen Nordwesten, in Kalifornien und im Südwesten.

Hostelling International USA (HI-USA; ☎301-495-1240; www.hiusa.org; Jahresmitgliedschaft Erw./Kind/Senior 28 US$/frei/18 US$) betreibt 26 Hostels in den USA, 19 davon in Kalifornien. Die meisten bieten nach Geschlechtern getrennte Schlafsäle, ein paar private Zimmer, Gemeinschaftsbäder und Gemeinschaftsküche. Ein Bett im Schlafsaal kostet 21 bis 45 US$ pro Nacht, Mitglieder von HI-USA erhalten eine kleine Ermäßigung. Reservierungen sind möglich (man kann online buchen) und empfehlen sich für die Hauptsaison, in der teilweise eine Mindestbuchung für drei Übernachtungen verlangt wird.

In den USA gibt es auch viele private, nicht an HI-USA angeschlossene Hostels, vor allem im Südwesten. Online-Infos gibt's unter:

Hostels.com (www.hostels.com)

Hostelworld.com (www.hostelworld.com).

Hostelz.com (www.hostelz.com)

Hotels

Hotels aller Preisklassen bieten in aller Regel Zimmer mit Telefon, Kabel-TV, Wecker, eigenem Bad und einfachem kontinentalen Frühstück. In vielen Mittelklasseunterkünften gibt es Minibars, Mikrowellen, Föhne, Internetzugang, Klimaanlagen und/oder Heizung, Swimmingpools und Schreibtische, in Spitzenklassehotels zusätzlich noch Conciergedienste, Fitness- und Wellnesscenter, Geschäftsräume, Restaurants, Bars und schicke Möbel.

Auch wenn manche Hotels damit werben, dass Kinder „kostenlos" übernachten, können Extrakosten für Klapp- oder Beistellbetten anfallen. Man sollte sich auf jeden Fall vorab nach den Telefongebühren erkundigen, denn alle Hotels stellen exorbitante Summen für Fern- und Auslandsgespräche in Rechnung und manche verlangen auch Gebühren für Ortsgespräche und gebührenfreie Anrufe.

Lodges

Die normalerweise in Nationalparks gelegenen Lodges sehen oft rustikal aus, sind aber drinnen recht komfortabel. Die Zimmerpreise beginnen in der Regel bei 100 US$, können aber in der Hauptsaison schnell aufs Doppelte ansteigen. Da sie in Parks abgesehen vom Campen die einzige Übernachtungsmöglichkeit sind, sind viele von ihnen schon weit im Voraus ausgebucht. Wer trotzdem kurzfristig nach einem Zimmer sucht, sollte dennoch sein Glück versuchen und dort anrufen, denn vielleicht hat jemand abgesagt. Die Lodges bieten auch Restaurants sowie Touren auf ihrem Gelände an.

Motels

Motels unterscheiden sich von Hotels vor allem darin, dass die aneinandergereihten Zimmer direkt an einem Parkplatz liegen. Man findet sie in der Regel an Highwayausfahrten und den Hauptzubringern zur Stadt. Einige sind bis heute relativ kleine, günstige Familienbetriebe. Manchmal ist im Zimmerpreis auch ein kleines kontinentales Frühstück enthalten. Die Extras beschränken sich oft auf Telefon und Fernseher (manchmal mit Kabel-TV). Viele Motels haben auch ein paar Zimmer mit einfachen Kochnischen.

Zwar sind viele Motels eher schlicht, langweilig und durchschnittlich, lohnen sich aber trotzdem als preisgünstige Unterkunft oder wenn alle anderen Optionen wegfallen. Wer ein Schnäppchen abstauben will, sollte sich Rabattgutscheine besorgen, die kostenlos in Besucherzentren, Raststätten und Reisebüros ausliegen. Wenn der Parkplatz nicht voll ist und man zur Not auch weiterfahren könnte, kann man in unabhängigen Motels versuchen, den Preis herunterzuhandeln.

Bei der Auswahl des Motels sollte man nicht nur vom äußeren Erscheinungsbild ausgehen. Manchmal verstecken sich hinter verblassten, alten Fassaden blitzblanke Zimmer. Auch das Gegenteil kann natürlich der Fall sein. Daher sollte man sich die Zimmer anschauen, ehe man zusagt.

UNTERKÜNFTE ONLINE BUCHEN

Unter hotels.www.lonelyplanet.de/usa/ gibt's weitere Unterkunftsbewertungen und unabhängig recherchierte Infos von Lonely Planet Autoren – inklusive Empfehlungen zu den besten Adressen. Außerdem kann online gebucht werden.

Resorts

In Luxusresorts sollte man mehrere Tage verweilen, um sie wirklich würdigen zu können. Oft sind sie an sich schon ein Reiseziel: Da beginnt der Tag mit einer Runde Golf oder Tennis, danach genießt man den Luxus bei einer Massage, beim Schwimmen, Sonnenbaden und bei einem Drink. Viele Resorts sind inzwischen auch kinderfreundlich und bieten ein umfangreiches Programm für Kinder an.

Versicherung

Infos zur Krankenversicherung gibt's auf S. 503, zur Autoversicherung auf S. 519.

Bei einer Reise in die USA ist es se ratsam, eine Reiseversicherung abzuschließen, die Diebstahl, Verlust und medizinische Notfälle abdeckt. Manche Versicherungen schließen jedoch risikoreiche Aktivitäten wie Tauchen, Motorradfahren und Skifahren aus – daher auch das Kleingedruckte gut lesen. Auf jeden Fall sollte die Versicherungspolice zumindest Krankenhausaufenthalte und einen Notfallflug nach Hause abdecken.

Zahlt man mit Kreditkarte ein Flugticket oder einen Mietwagen, erhält man möglicherweise eine eingeschränkte Unfallversicherung. Wer bereits eine eigene Kranken- oder Hausratversicherung hat, sollte feststellen, was diese alles abdeckt und nur eine Zusatzversicherung abschließen. Auch eine Reiserücktrittsversicherung kann sich lohnen, wenn man den Großteil der Reise im Voraus bezahlt.

Weltweit geltende Reiseversicherungen gibt es unter www.www.lonelyplanet.de/travel_services. Hier kann man jederzeit online noch eine Versicherung abschließen, verlängern oder Ansprüche geltend machen – auch wenn man bereits in den USA unterwegs ist.

DAS BLM

Das Bureau of Land Management (www.blm.gov) ist eine Behörde des Energieministeriums und kümmert sich um die Verwaltung von öffentlichen Ländereien mit einer Größe von insgesamt etwa 1 Mio. km^2, die überwiegend im Westen der USA liegen. Die Ländereien dienen verschiedenen Zwecken – zur Energieerzeugung, als Viehweiden oder als Erholungsgebiete. Für Traveller bedeutet das: Outdoor-Spaß, gut ausgebaute Campingplätze und die Möglichkeit zum Campen im freier Natur. Prinzipiell gilt: Auf BLM-Land kann man überall campen, solange man sein Zelt mindestens 275 m entfernt von Wasserstellen aufstellt, die von wilden Tieren und Nutzvieh aufgesucht werden. An einem Ort darf man maximal 14 Tage zelten. Beim Aufbruch alles wieder einpacken und mitnehmen und Feuerstellen niemals unbeaufsichtigt lassen. In manchen Regionen gelten Sonderregelungen – deshalb auf der BLM-Website die Campingbestimmungen des Bundesstaats nachlesen und telefonisch im jeweiligen Distrikt-Büro die Einzelheiten erfragen. Infos für ausgebaute Campingplätze gibt's unter www.recreation.gov.

Visa

Achtung: Alle folgenden Infos sind unter Vorbehalt zu verstehen, denn die USA ändern immer wieder ihre Einreise- und Sicherheitsbestimmungen. Daher sollten Traveller vor Reiseanritt doppelt und dreifach die Visa- und Passbestimmungen der USA checken. Hierzu empfehlen sich die Onlineauskünfte der zuständigen Behörden in Deutschland (www.auswaertiges-amt.de), Österreich (www.bmeia.gv.at) und der Schweiz (www.eda.admin.ch). Die umfassendsten Informationen erteilt das **US-Außenministerium** (US State Department; www.travel.state.gov/visa) – auf der Website gibt's auch Formulare, Verzeichnisse mit US-Konsulaten im Ausland und nach Ländern sortierte Angaben zu voraussichtlichen Bearbeitungszeiten.

Infos zu Reisepässen gibt's auf S. 514

Visumsantrag

Besucher aus der EU und der Schweiz brauchen nur für einen Aufenthalt von mehr als 90 Tagen ein Visum von einem US-Konsulat oder einer Botschaft (zur obligatorischen Registrierung über das ESTA, s. S. 512). Sofern ein Visum erforderlich ist, benötigt man normalerweise einen Termin für ein persönliches Gespräch, zu dem alle erforderlichen Dokumente und die Quittungen für die gezahlten Gebühren mitzubringen sind. Die Wartezeiten für ein solches Gespräch sind unterschiedlich; im Anschluss daran wird das Visum innerhalb von wenigen Tagen bis höchstens einigen Wochen ausgestellt.

Der Reisepass muss noch mindestens sechs Monate nach dem geplanten Termin für die Abreise aus den USA gültig sein, außerdem ist ein neueres Passfoto mit dem Antrag vorzulegen (ca. 5 x 5 cm); die Bearbeitungsgebühr beträgt 140 US$ und ist nicht erstattungsfähig, in einigen Fällen kommt noch eine Visumempfangsgebühr hinzu. Außerdem muss man noch das Antragsformula DS-160 für Nicht-Immigranten ausfüllen.

In fast allen Fällen müssen Visumantragssteller folgende

Nachweise vorlegen: die Kreditwürdigkeit oder einen US-Bürgen, der im Bedarfsfall finanzielle Unterstützung leisten würde, ein Rück- bzw. Anschlussflugticket und „bindende Verpflichtungen" zur Heimkehr (Familienangehörige, fester Wohnsitz, feste Arbeit etc.).

Wer plant, über Drittstaaten in die USA einzureisen, sollte aufgrund dieser Anforderungen das US-Visum sinnvollerweise vor Reiseantritt in seinem Heimatland und nicht erst in dem Drittstaat beantragen.

Visa Waiver Program

Dank des Visa Waiver Program (VWP) können sich Bürger bestimmter Staaten maximal 90 Tage lang visumfrei in den USA aufhalten. Inklusive Deutschland, Österreich und der Schweiz gilt diese Regelung derzeit für 35 Länder.

Achtung: Bürger dieser Länder brauchen *nur dann* kein Visum, wenn ihr Reisepass allen aktuellen US-Bestimmungen (s. S. 514) entspricht *und* vorab eine Registrierungsbestätigung des Electronic System for Travel Authorization (ESTA) erfolgt ist. Die ESTA-Registrierung muss mindestens 72 Stunden vor der Einreise beim Department of Homeland Security online unter https://esta.cbp.dhs.gov erfolgen. Nach Erteilen der Einreisegenehmigung ist sie zwei Jahre lang gültig. Die Gebühr von 14 US$ kann man online begleichen.

Auch Besucher aus den VWP-Staaten müssen bei der Einreise alle Bedingungen wie Besucher mit einem herkömmlichen Besuchervisum erfüllen. Sie müssen beispielsweise nachweisen, dass ihr Aufenthalt nicht länger als 90 Tage dauern wird, ein Rück- bzw. Anschlussflugticket vorweisen, einen Nachweis über ausreichende finanzielle Mittel vorlegen und ihre bindenden Verpflichtungen im Heimatland glaubhaft machen.

Einreise in die USA

Aufgrund der neuen Online-Registrierung entfällt das Ausfüllen des Einreise-/Ausreise-Formulars I-94W im Flugzeug.

Gleichgültig, welche Art US-Visum man hat – die Grenzbeamten der US-Einwanderungsstelle sind in jeden Fall berechtigt, jemandem die Einreise in die USA zu verweigern oder bestimmte Einreisebedingungen festzusetzen. Die Beamten fragen nach den Reiseplänen und ob man dafür ausreichende Mittel zur Verfügung hat. Es empfiehlt sich, die geplante Reiseroute aufzulisten, ein Rück- oder Anschlussticket vorzuweisen und mindestens eine gebräuchliche Kreditkarte zu haben. Der Nachweis von mindestens 400 US$ pro Woche für die Zeit des Aufenthalts in den USA sollte genügen. Man trägt besser nicht zu dick auf, dass man viele Freunde, Verwandte oder Geschäftskontakte in den USA hätte, denn das könnte den Grenzbeamten auf die Idee bringen, dass man möglicherweise länger als angegeben bleiben will. Es hilft auch, wenn man sauber gekleidet und immer höflich ist.

Das Registrierungsprogramm des Department of Homeland Security – **US-VISIT** (www.dhs.gov/us-visit) genannt – erfasst sämtliche Einreisestellen und nahezu alle ausländischen USA-Besucher. Zu Registrierungszwecken werden von den meisten Besuchern Digitalfotos geschossen und elektronische Fingerabdrücke genommen. Das Ganze dauert nicht länger als eine Minute.

Das National Security Entry/Exit Registration System (NSEERS) kommt bei manchen Bürgern sogenannter Risikoländer (derzeit Iran, Irak, Libyen, Sudan und Syrien –aktuelle Infos unter www.ice.gov) zum Einsatz. Im Grunde können die US-Beamten aber von allen Reisenden eine NSEERS-Registrierung verlangen. Sie umfasst u. a. eine kurze Befragung in einem separaten Raum und die computergestützte Überprüfung aller personenbezogenen Daten in den Reisedokumenten.

Kurzfristige Aus- & Wiedereinreise

Es ist verlockend einfach, einen kurzen Trip über die Grenze nach Kanada oder Mexiko zu machen. Aber bei der Wiedereinreise in die USA werden Nicht-Amerikaner erneut der vollen Einreiseprozedur unterzogen. Deshalb beim Überqueren der Grenze unbedingt immer den Reisepass dabeihaben. Wenn die Einreisebescheinigung noch lange gültig ist, wird eine Einreise damit kein Problem darstellen. Ist sie aber fast abgelaufen, muss eine neue beantragt werden – die Grenzbeamten werden dann die gleichen Dokumente sehen wollen wie bei der ersten Einreise (Rück- oder Anschlussflugticket, Finanzierungsnachweis usw.).

Bürger der meisten westlichen Länder benötigen kein Visum für Kanada. Es ist also relativ unproblematisch hinüber zur kanadischen Seite der Niagarafälle zu gehen, einen Abstecher nach Québec zu machen oder weiter bis nach Alaska zu fahren. Wer per Bus aus Kanada in die USA einreist, könnte eingehend überprüft werden. Eine Rückfahrkarte nach Kanada dürfte die US-Beamten weniger misstrauisch machen. Mexiko hat eine visumsfreie Zone entlang seiner Grenze zu den USA, die auch die Baja Peninsula und die meisten mexikanischen Grenzstädte wie Tijuana und Ciudad Juárez mit einschließt. Wer aber über diese Zone hinaus nach Mexiko einreisen will, benötigt ein mexikanisches Visum oder eine Touristenkarte (s. Grenzübergänge, S. 517).

Zeit

» Weitere Infos über die Zeitzonen im Westen der USA und die Sommerzeit (Daylight Saving Time, DST) gibt's auf S. 19.

» Für die Datumsangabe in den USA gilt folgende Reihenfolge: Monat/Tag/Jahr. So wird aus dem 8. Juni 2012 die 6/8/12.

Zoll

Eine Liste aller US-amerikanischen Zollbestimmungen findet man im offiziellen Internetportal der **US Customs and Border Protection** (www.cbp.gov).

Pro Person ist die zollfreie Einfuhr wie folgt erlaubt:

» 1 l Alkohol (für Pers. ab 21 Jahren)

» 100 Zigarren und 200 Zigaretten (für Pers. ab 18 Jahren)

» Geschenkartikel und Waren im Wert von 100 US$ (bei US-Bürgern 800 US$)

» Die Einfuhr von Bargeld ab 10 000 US$ in US- oder ausländischer Währung muss deklariert werden.

Auf das Einschmuggeln illegaler Drogen stehen hohe Strafen. Verboten ist außerdem die Einfuhr von Gegenständen im Zusammenhang mit Drogen, Lotteriescheinen, gefälschten Markenartikeln und den meisten Waren aus Kuba, dem Iran, Nordkorea, Myanmar (Birma), Angola und dem Sudan. Obst, Gemüse sowie jegliche Lebensmittel und Pflanzen müssen beim Zoll angegeben (wo man möglicherweise gründlich durchsucht wird) oder vor der Einreise im Wartebereich entsorgt werden.

Verkehrsmittel & -wege

AN- & WEITERREISE

Flüge und geführte Touren können online unter www.www.lonelyplanet.de/bookings gebucht werden.

Einreise

Wer aus dem Ausland in die USA fliegt, muss sich beim US-Einreisesystem US-VISIT registrieren. Dabei werden beispielsweise Fingerabdrücke eingescannt und ein Digitalfoto geschossen. Weitere Infos zu Visumsbestimmungen für USA-Reisende stehen auf S. 511. Dort sind auch Details zum Electronic System for Travel Authorization (ESTA) zu finden, bei dem sich Bürger aus VWP-Ländern (Visa Waiver Program; gilt u. a. für Deutsche, Österreicher und Schweizer) bereits vor Ankunft anzumelden haben.

Reisepass

» Gemäß der Western Hemisphere Travel Initiative (WHTI) dürfen grundsätzlich nur Touristen mit maschinenlesbarem Reisepass (*machine-readable Passport*; MRP) auf dem Luft-, Land- oder Seeweg in die USA einreisen.

» Davon ausgenommen sind nur die meisten US-Bürger sowie manche Kanadier und Mexikaner, die auf dem Landweg einreisen und andere WHTI-konforme Dokumente wie den offiziellen US-Sonderausweis für „vertrauenswürdige Reisende" *(trusted travellers)* vorlegen können. Weitere Details finden sich unter www.getyouhome.gov.

» Ausländische Reisepässe haben grundsätzlich allen aktuellen US-amerikanischen Bestimmungen zu entsprechen und müssen nach dem geplanten Ausreisedatum noch mindestens sechs Monate lang gültig sein.

» Alle ab dem 26. Oktober 2006 ausgestellten oder erneuerten Reisepässe müssen maschinenlesbare, elektronische Varianten (e-Passports) mit Digitalfoto, Chip und biometrischen Daten sein. Wenn er vor dem 26. Oktober 2005 ausgestellt wurde, hat der Pass nur maschinenlesbar zu sein (zweizeiliger Zahlen- und Buchstabencode plus <<< am unteren Dokumentrand). Maschinenlesbarkeit und Digitalfoto sind Pflicht, wenn der Pass zwischen dem 26. Oktober 2005 und dem 25. Oktober 2006 ausgegeben wurde.

» Weitere Details hierzu gibt's unter www.cbp.gov/travel.

Flugzeug

Flughäfen

Die wichtigsten internationalen Flughäfen im Westen der USA sind:

Los Angeles International Airport (IATA-Code LAX; www.lawa.org/lax) Kaliforniens größter und geschäftigster Flughafen liegt 20 Meilen (32 km) südwestlich von Downtown L.A. in Küstennähe.

San Francisco International Airport (IATA-Code SFO; www.flysfo.com) Nordkaliforniens größtes Luftkreuz findet sich 14 Meilen (22,5 km) südlich von Downtown S.F. an der San Francisco Bay.

Seattle-Tacoma International Airport (IATA-Code SEA; www.portseattle.org/seatac) Vor Ort als „Sea-Tac" bekannt.

Große Regionalflughäfen mit einigen internationalen Verbindungen und zumeist auch WLAN (s. Websites) sind:

Albuquerque International Sunport (IATA-Code ABQ; ☎505-244-7700; www.cabq.gov/airport; 📶) Für Albuquerque und New Mexico.

Denver International Airport (IATA-Code DEN; ☎303-342-2000; www.flydenver.com) Bedient den Süden Colorados; wer in Denver ein Auto mietet, kann den Nordosten New Mexicos in vier Stunden erreichen.

LA/Ontario International Airport (IATA-Code ONT; www.lawa.org/ont) Im Riverside County östlich von L.A.

McCarran International Airport (IATA-Code LAS; ☎702-261-5211; www.mccarran.com) Bedient Las Vegas

REISEN & KLIMAWANDEL

Der Klimawandel stellt eine ernste Bedrohung für unsere Ökosysteme dar. Zu diesem Problem tragen Flugreisen immer stärker bei. Lonely Planet sieht im Reisen grundsätzlich einen Gewinn, ist sich aber der Tatsache bewusst, dass jeder seinen Teil dazu beitragen muss, die globale Erwärmung zu verringern.

Fast jede Art der motorisierten Fortbewegung erzeugt CO_2 (die Hauptursache für die globale Erwärmung), doch Flugzeuge sind mit Abstand die schlimmsten Klimakiller – nicht nur wegen der großen Entfernungen und der entsprechend großen CO_2-Mengen, sondern auch, weil sie diese Treibhausgase direkt in hohen Schichten der Atmosphäre freisetzen. Die Zahlen sind erschreckend: Zwei Personen, die von Europa in die USA und wieder zurück fliegen, erhöhen den Treibhauseffekt in demselben Maße wie ein durchschnittlicher Haushalt in einem ganzen Jahr.

Die englische Website www.climatecare.org und die deutsche Internetseite www.atmosfair.de bieten sogenannte CO_2-Rechner. Damit kann jeder ermitteln, wie viele Treibhausgase seine Reise produziert. Das Programm errechnet den zum Ausgleich erforderlichen Betrag, mit dem der Reisende nachhaltige Projekte zur Reduzierung der globalen Erwärmung unterstützen kann, beispielsweise Projekte in Indien, Honduras, Kasachstan und Uganda.

Lonely Planet unterstützt gemeinsam mit Rough Guides und anderen Partnern aus der Reisebranche das CO_2-Ausgleichs-Programm von climatecare.org. Alle Reisen von Mitarbeitern und Autoren von Lonely Planet werden ausgeglichen. Weitere Informationen gibt's auf www.lonelyplanet.com.

(NV) und den Süden Utahs; ab Las Vegas sind es 290 (467 km) bzw. 277 Meilen (446 km) bis zum South bzw. North Rim.

Mineta San José International Airport (IATA-Code SJC; www.flysanjose.com) In San Franciscos South-Bay-Region.

Oakland International Airport (IATA-Code OAK; www.flyoakland.com) In San Franciscos East-Bay-Ecke.

Palm Springs International Airport (IATA-Code PSP; www.palmspringsairport.com) In der Wüste östlich von L.A.

Portland International Airport (IATA-Code PDX; www.flypdx.com) Etwa 12 Meilen (19,3 km) von Downtown Portland (OR) entfernt.

Salt Lake City International Airport (IATA-Code SLC; ☎801-575-2400; www.slcairport.com) Bedient Salt Lake City und den Norden Utahs; prima für den North Rim und den Arizona Strip.

San Diego International Airport (IATA-Code SAN; www.san.org) Rund 4 Meilen (6,4 km) nordwestlich von San Diegos Zentrum.

Sky Harbor International Airport (IATA-Code PHX; ☎602-273-3300; www.skyharbor.com) Bedient Phoenix plus den Grand Canyon und zählt zu den zehn betriebsamsten US-Flughäfen. Phoenix liegt 220 (354 km) bzw. 335 Meilen (539 km) vom South bzw. North Rim des Grand Canyon National Park entfernt.

Tucson International Airport (IATA-Code TUS; ☎520-573-8100; www.tucsonairport.org) Bedient Tucson und den Süden Arizonas.

Vancouver International Airport (IATA-Code YVR; www.yvr.ca) Liegt 6 Meilen (9,6 km) südlich von Vancouver auf Sea Island (zw. Vancouver und der Gemeinde Richmond).

Sicherheitsbestimmungen

» Um durch die Sicherheitskontrollen am Flughafen zu kommen (durchschnittliche Wartezeit 30 Min.), sind eine Bordkarte und ein Lichtbildausweis erforderlich.

» Eventuell kommt es zu einer zweiten Kontrolle, bei der man u. a. abgetastet wird und sein Handgepäck durchsuchen lassen muss.

» Die Bestimmungen zur Flughafensicherheit verbieten derzeit das Mitführen vieler Alltagsgegenstände (z. B. Taschenmesser) in Flugzeugen. Der aktuelle Stand sollte rechtzeitig über die Website der **Transportation Security Administration** (TSA; ☎866-289-9673; www.tsa.gov) ermittelt werden.

» Gemäß der aktuellen TSA-Vorschriften müssen alle Flüssigkeiten und gelartigen Substanzen in Behältern mit maximal 3 oz (85 ml) Volumen abgefüllt sein, die wiederum in einen durchsichtigen, vollständig verschließbaren Kunststoffbeutel (max. 1 Quart bzw. 1 l) zu packen sind. Die wenigen Ausnahmen (z. B. Medikamente) hat man grundsätzlich unaufgefordert bei den Kontrolleuren anzugeben.

» Das ganze Bordgepäck wird auf Sprengstoffe untersucht. Die TSA unterzieht den Kofferinhalt eventuell einer Sichtprüfung und bricht nötigenfalls die Schlösser auf. Entweder schließt man sein Gepäck gar nicht erst ab oder man verwendet Schlösser mit offizieller TSA-Zulassung, die z.B. von **Travel Sentry** (www.travelsentry.org) hergestellt werden.

Auf dem Landweg

Auto & Motorrad

» Kraftfahrer, die ab Kanada oder Mexiko in die USA einreisen möchten, brauchen neben sämtlichen Zulassungs- und Versicherungspapieren auch einen gültigen nationalen Führerschein. Eine Internationale Fahrerlaubnis (International Driving Permit; IDP) ist eine sinnvolle Ergänzung, aber nicht offiziell vorgeschrieben.

» Nutzer von Mietwagen bzw. -motorrädern sollten unbedingt vorab ermitteln, ob die jeweilige Verleihfirma Trips nach Mexiko oder Kanada erlaubt – höchstwahrscheinlich tut sie's nicht!

NACH/AB KANADA

» Kanadische Autoversicherungen gelten normalerweise in den USA und umgekehrt.

» Mit allen erforderlichen Papieren lässt sich die amerikanisch-kanadische Grenze in der Regel recht zügig und problemlos überqueren.

» Vor allem im Sommer kann der starke Grenzverkehr an Wochenenden und Feiertagen lange Wartezeiten bedingen.

» Gelegentlich durchsuchen die Beamten auf beiden Seiten manche Fahrzeuge richtig gründlich. Dann unbedingt ruhig und höflich bleiben!

NACH/AB MEXIKO

» Nur ganz wenige US-Autovermieter gestatten Mexikotrips mit ihren Fahrzeugen.

» Amerikanische Kfz-Versicherungen gelten in Mexiko nicht. Selbst kurze Ausflüge ins mexikanische Grenzgebiet erfordern daher eine mexikanische Police, die an den meisten Grenzübergängen oder bei der **AAA** (☎800-874-7532; www.aaa.com) für ca. 25 US$ pro Tag erhältlich ist.

» Für längere Autofahrten durch Mexiko, die über das Grenzgebiet oder Baja California hinausführen, ist zudem ein mexikanischer *permiso de importación temporal de vehículos* (Genehmigung zur zeitweiligen Kfz-Einfuhr) vonnöten.

» Sofern kein längerer Aufenthalt in Tijuana geplant ist, bringt die Ausfuhr eines Fahrzeugs nach Mexiko mehr Ärger als Nutzen. Stattdessen lässt man das Auto besser auf US-Boden stehen und überquert die Grenze per pedes oder Shuttleservice ab San Diego.

» Wegen verschärfter Sicherheitsmaßnahmen sind die Wartezeiten seit ein paar Jahren ziemlich lang.

» Weitere Details liefern der Lonely Planet Band *Mexiko* oder Mexikos **Touristen-Infohotline** (☎800-446-3942) in den USA.

Bus

» Dank der Kooperation von **Greyhound USA** (☎in den USA 800-231-2222, internationaler Kundenservice 214-849-8100; www.greyhound.com) mit **Greyhound Mexico** (☎01-800-010-0600; www.greyhound.com.mx) verkehren Direktbusse zwischen amerikanischen und mexikanischen Großstädten.

» Der Grenzübertritt in Richtung Norden kann eine Weile dauern, da die US-Einwanderungsbeamten eventuell alle Buspassagiere einzeln kontrollieren.

» Wer mit **Greyhound Canada** (☎800-661-8747; www.greyhound.ca) zwischen Kanada und Amerika unterwegs ist, muss in der Regel an der Grenze umsteigen.

» Der Discovery Pass (S. 521) von Greyhound erlaubt unbegrenzte Trips in den USA und in Kanada.

GRENZÜBERGANG NACH/AB MEXIKO

Zum Recherchezeitpunkt sorgte Gewaltkriminalität in Mexiko weltweit für Schlagzeilen. Nogales (Arizona) ist z.B. immer noch sicher für Touristen, Nogales (Mexiko) war dagegen eine Hochburg des Drogenhandels und der damit verbundenen Gewalt. Auch in Tijuana sollten Touristen allergrößte Vorsicht walten lassen. Solange sich die Sicherheitslage nicht grundlegend ändert, ist daher stark von längerfristigen Aufenthalten dort abzuraten. Tagesausflüge nach Mexiko sind o.k., alles andere könnte gefährlich werden.

Vor Mexikotrips wird Travellern offiziell empfohlen, die Website des **US-Außenministeriums** (US State Department; http://travel.state.gov/travel/cis_pa_tw/cis/cis_970.html) zu besuchen. Dort gibt's aktuelle Reiseinfos und -warnungen sowie Details zu den neuesten Bestimmungen für die Aus- bzw. Einreise. Letztere ändern sich regelmäßig und sind auch unter www.cbp.gov ermittelbar. Zudem empfiehlt sich stets ein Blick auf die Mexiko-Reisewebsite des eigenen Außenministeriums.

Zur Ein- oder Ausreise in die/aus den USA bzw. nach/aus Mexiko benötigen EU-Bürger und Schweizer grundsätzlich einen gültigen Reisepass sowie gegebenenfalls ein entsprechendes Visum (s. S. 511).

Grenzübergänge

Von den USA aus kommt man relativ leicht nach Kanada oder Mexiko. In Gegenrichtung gibt's schon eher Probleme, wenn erforderliche Papiere fehlen. Es ist also sehr wichtig, die sich ständig verändernden Bestimmungen für Reisepass (S. 514) und Visum (S. 511) rechtzeitig anhand der Website des **US-Außenministeriums** (US State Department; http://travel.state.gov) zu überprüfen. Die **amerikanische Zoll- & Grenzschutzbehörde** (US Customs & Border Protection; http://apps.cbp.gov/bwt) informiert online über die momentanen Wartezeiten an allen Grenzübergängen nach Mexiko.

Die Grenzübergänge in die USA sind nur in den seltensten Fällen rund um die Uhr offen.

Bei jedem Grenzübertritt sollte man alle nötigen Papiere bereithalten und immer höflich zu den Beamten sein. Wichtig: Vor allem US-Grenzer mögen Witze, Smalltalk oder Ähnliches ganz und gar nicht!

Achtung: Zum Recherchezeitpunkt litt die ganze amerikanisch-mexikanische Grenzregion unter starker Gewaltkriminalität (u. a. durch Drogenkartelle; Details auf S. 516)!

Zug

» Zwischen Vancouver (BC, Kanada) und Seattle (WA, USA) verkehren täglich Cascades-Züge der **Amtrak** (☎800-872-7245; www.amtrakcascades.com), die durch Thruway-Busse des Unternehmens ergänzt werden.

» Auch die **VIA Rail** (☎888-842-7245; www.viarail.ca) bedient den Pazifischen Nordwesten und Kanada.

» Die amerikanische bzw. kanadische Zoll- und Einwanderungskontrolle findet nicht beim Einsteigen, sondern jeweils direkt an der Grenze statt.

» Auf dem Weg gen Süden hält der *Coast Starlight* (Seattle–L. A.; S. 523) von Amtrak in diversen kalifornischen Städten.

» Auf S. 523 gibt's weitere Details zu Amtrak-Zügen (inkl. Preise, Reservierungen und Pässe).

» Derzeit verkehren keinerlei Züge zwischen Arizona oder Kalifornien und Mexiko.

UNTERWEGS VOR ORT

Auto & Motorrad

Vor allem für Trips durch die Weiten der ländlichen USA gilt: Wer möglichst flexibel und komfortabel reisen möchte, braucht ein eigenes Fahrzeug.

Das Kapitel „Reiserouten" (S. 28) und die Kästen über Panoramastraßen (s. Regionenkapitel) stellen besonders tolle Routen vor.

Automobilclubs

Folgende Organisationen bieten neben Pannenhilfe rund um die Uhr u. a. auch kostenlose Karten und Rabatte bei Unterkünften, Sehenswürdigkeiten, Unterhaltungsoptionen oder Mietwagen:

American Automobile Association (AAA; ☎800-874-7532; www.aaa.com) Zusatzversicherungen für Motorräder oder Wohnmobile und wechselseitige Kooperation mit internationalen Partnerorganisationen (z. B. ADAC; Mitgliedsausweis mitbringen).

Better World Club (☎866-238-1137; www.betterworldclub.com) Alternative zur AAA; unterstützt Umweltschutzprojekte und leistet Pannenhilfe für Radfahrer (s. S. 521).

Führerschein

Ausländische Autofahrer können ihren nationalen Führerschein zwölf Monate lang legal in den USA verwenden. Zusätzlich empfiehlt sich eine Internationale Fahrerlaubnis (International Driving Permit; IDP): Diese erleichtert die Kommunikation mit Verkehrspolizisten – vor allem wenn der eigene Führerschein kein Foto aufweist oder keine Angaben auf Englisch enthält. Gegen geringe Gebühr sind internationale Führerscheine mit einjähriger Gültigkeit z. B. bei Automobilclubs in der Heimat erhältlich. Achtung: Sie gelten grundsätzlich nur in Verbindung mit der jeweiligen heimischen Fahrerlaubnis!

Biker benötigen einen gültigen US-Motorradführerschein oder ihre nationale Fahrerlaubnis plus eine spezielle IDP-Variante.

Mieten

AUTO

Mietwagenkunden müssen bei den meisten Leihfirmen mindestens 25 Jahre alt sein, einen gültigen Führerschein und eine bekannte Kreditkarte besitzen (Scheck- oder Lastschriftkarten reichen nicht!). Gegen einen Aufpreis von ca. 25 US$ pro Tag akzeptieren ein paar Autovermieter eventuell auch Fahrer zwischen 21 und 24 Jahren. Wer keine Kreditkarte hat, kann manchmal auch eine große Barsumme hinterlegen.

Bei Reservierung im Voraus gibt's Mittelklassemietwagen inklusive unbegrenzter Fahrtkilometer oft ab ca. 30 US$ pro Tag (zzgl. Versicherung, Steuern und Gebühren). Pauschalangebote für ganze Wochenenden oder Wochen sind normalerweise günstiger. An Flughäfen sind die Tarife manchmal niedriger, aber mit höheren Gebühren verbunden. Bei Pauschalangeboten mit Flug und Mietwagen sind mitunter separate örtliche Steuern beim Abholen des Fahrzeugs zu entrichten. Vermieterfilialen in Stadtzentren haben teilweise einen Gratisservice, der Autos beim Kunden vorbeibringt oder dort abholt.

Im Allgemeinen beinhaltet der Mietpreis unbegrenzte Fahrtkilometer. Wenn mehrere Leute fahren wollen oder das Auto an einem anderen Ort zurückgegeben werden soll, kostet das aber oft extra. Manche Verleiher lassen Kunden vorab die letzte Tankfüllung bezahlen. Dies rechnet sich aber praktisch nie: Man bezahlt mehr als an einer normalen Tankstelle und sollte das Auto dann sinnvollerweise auch mit fast leerem Tank zurückgeben.

Große internationale Autovermieter:

Alamo (☎877-222-9075; www.alamo.com)

Avis (☎800-331-1212; www.avis.com)

Budget (☎800-527-0700; www.budget.com)

Dollar (☎800-800-3665; www.dollar.com)

Enterprise (☎800-261-7331; www.enterprise.com)

Hertz (☎800-654-3131; www.hertz.com)

National (☎877-222-9058; www.nationalcar.com)

Thrifty (☎800-847-4389; www.thrifty.com)

Über Spar-Reisewebsites wie **Priceline** (www.priceline.com) oder **Hotwire** (www.hotwire.com) gibt's Mietwagen eventuell günstiger – ebenso über Online-Reisebüros wie **Expedia** (www.expedia.de), **Orbitz** (www.orbitz.com) oder **Travelocity** (www.travelocity.de).

Ein paar große Autovermieter (u. a. Avis, Budget, Enterprise, Hertz, Thrifty) verleihen auch umweltfreundliche Biosprit- oder Hybridautos. Diese sind jedoch deutlich teurer und zudem eher rar; darum unbedingt rechtzeitig reservieren!

Simply Hybrid (☎323-653-0011, 888-359-0055; www.simplyhybrid.com; Los Angeles) Manche Filialen offerieren kostenloses Abliefern bzw. -holen des Autos beim Kunden; dreitägige Mindestmietdauer.

Zipcar (☎866-494-7227; www.zipcar.com; Anmeldung/Jahresmitgliedschaft 25/50 US$) Dieser Carsharing-Club ist derzeit in 20 kalifornischen Städten vertreten, vor allem an der Küste. Die Nutzungsgebühr pro Stunde oder Tag beinhaltet begrenzte Fahrtkilometer, das Benzin und die Versicherung (evtl. mit Selbstbeteiligung bis zu 500 US$). Auch ausländische Fahrer können sich online anmelden. Das Ganze gibt's zudem in größeren Städten Colorados, New Mexicos, Oregons und Washingtons.

Über **Car Rental Express** (www.carrentalexpress.com) lassen sich eigenständige Autovermieter finden und vergleichen – besonders nützlich ist das bei der Suche nach günstigeren Langzeitmietwagen. Diese eigenständigen Firmen akzeptieren eventuell auch Fahrer unter 25 Jahren:

Rent-a-Wreck (☎877-877-0700; www.rentawreck.com) Kunden-Mindestalter und Zuschläge variieren je nach Filialstandort.

Super Cheap Car Rental (www.supercheapcar.com) Kunden zwischen 21 und 24 Jahren bezahlen meist einen pauschalen Zuschlag, zwischen 18 und 21 Jahren pro Tag eine Extragebühr.

Mehr zum Mieten von rollstuhlgerechten Vans steht auf S. 506.

MOTORRAD & WOHNMOBIL

Wer schon immer mal auf einer (gemieteten) Harley durch Amerika cruisen wollte, kann sich z. B. an **Eagle-Rider** (☎888-900-9901; www.eaglerider.com) wenden. Diese Firma mit Großstadtfilialen in den ganzen USA verleiht auch andere Abenteuergefährte. Achtung: Motorradausleihe und -versicherung sind teuer!

Spezialisten für den Verleih von Wohnmobilen (Recreational Vehicles; RVs) und Campervans:

Adventures on Wheels (☎866-787-3682; www.wheels9.com)

Cruise America (☎800-671-8042; www.cruiseamerica.com)

Happy Travel Campers (☎800-370-1262; www.camperusa.com)

Straßenzustand & Gefahren

Zu den Gefahren auf der Straße zählen u. a. Schlaglöcher, der großstädtische Pendlerverkehr, Wildwechsel und abgelenkte oder wütende Fahrer.

Wo Schnee fällt, haben viele Autos mit Spikes besetzte Winterreifen. In Bergregionen braucht man manchmal Schneeketten. Achtung: Fahren auf unbefestigten Pisten oder im Gelände wird von vielen Autovermietern untersagt und kann bei feuchtem Wetter sehr gefährlich sein!

In Wüsten- und Weidegebieten grast das Vieh manchmal uneingezäunt direkt am Straßenrand. Meist weisen Schilder mit der Aufschrift „Open Range" oder einem Rindersymbol auf diese Gefahr hin. An Strecken mit regelmäßigem Wildwechsel ist stattdessen die Silhouette eines springenden Hirschs abgebildet. Vor allem nachts sind solche Verkehrszeichen sehr ernst zu nehmen!

Landesweite Verkehrs- und Straßeninfos (inkl. Streckensperrungen) gibt's unter www.fhwa.dot.gov/trafficinfo/index.htm.

Im gerade bereisten Bundesstaat erfährt man unter ☎511 den aktuellen Straßenzustand. Um Letzteren von außerhalb zu ermitteln, gibt es folgende Telefonnummern bzw. Webadressen:

Arizona (☎888-411-7623; www.az511.com)

Colorado (☎303-639-1111; www.cotrip.org)

Idaho (☎888-432-7623; http://511.idaho.gov/)

STRECKENLÄNGEN (IN MEILEN)

	Denver	Grand Canyon National Park (South Rim)	Las Vegas	Los Angeles	Phoenix	Portland	San Francisco	Santa Fe	Seattle
Grand Canyon National Park (South Rim)	68								
Las Vegas	750	270							
Los Angeles	1020	485	270						
Phoenix	825	215	285	375					
Portland	1260	1330	1020	965	1335				
San Francisco	1270	790	570	380	750	635			
Santa Fe	395	455	635	850	530	1450	1145		
Seattle	1330	1365	1165	1135	1500	175	810	1545	
Yellowstone National Park	530	810	670	950	920	795	1000	820	875

Kalifornien (☎800-427-7623; www.dot.ca.gov)
Montana (☎800-226-7623; www.mdt.mt.gov/travinfo/)
Nevada (☎877-687-6237; www.safetravelusa.com/nv)
New Mexico (☎800-432-4269; http://m.nmroads.com)
Oregon (☎503-588-2941; www.tripcheck.com)
Utah (☎866-511-8824; www.commuterlink.utah.gov)
Washington (☎800-695-7623; www.wsdot.wa.gov/traffic/)
Wyoming (☎888-996-7623; www.wyoroad.info)

Verkehrsregeln

» In den ganzen USA herrschen Rechtsverkehr, Kindersitz- und Gurtpflicht.

» Kindersitze können bei den meisten Autovermietern ausgeliehen werden (ca. 12 US$/Tag), bedingen aber Reservierung beim Buchen.

» In manchen US-Bundesstaaten gilt Helmpflicht für Motorradfahrer.

» Auf Interstate Highways dürfen manchmal 75 mph (121 km/h) gefahren werden. Sofern nicht anderweitig durch Schilder angezeigt, beträgt das allgemeine Tempolimit 55 oder 65 mph (88 oder 105 km/h) auf Highways und 25 bis 35 mph (40–56 km/h) innerhalb geschlossener Ortschaften. Achtung: In der Nähe von Schulen sind teilweise nur 15 mph (24 km/h) erlaubt – während der Unterrichtszeit wird dies streng kontrolliert! Zudem ist es grundsätzlich verboten, Schulbusse mit blinkenden Warnlichtern zu passieren oder zu überholen.

» Wenn sich Notfall- oder Einsatzfahrzeuge (Polizei, Feuerwehr, Rettungsdienst) nähern, ist in Fahrt- und Gegenrichtung schnellstens, aber vorsichtig eine ausreichende Gasse zu bilden.

» Immer mehr US-Bundesstaaten verbieten Handygespräche am Steuer. Darum benutzt man am besten eine Freisprecheinrichtung oder stoppt bei Anrufen verkehrsgerecht am Straßenrand.

» Fahren unter Alkohol- und/oder Drogeneinfluss (*driving under the Influence*; DUI) wird sehr streng bestraft. Die Polizei kann Kraftfahrer jederzeit einer Alkohol- und Drogenkontrolle unterziehen. Bei Verdacht auf Drogenkonsum bzw. zu viel Promille (Grenze 0,8 ‰) hat man zur Feststellung des jeweiligen Wertes einen Atem-, Urin- oder Bluttest zu absolvieren. Wird dieser verweigert, gilt er automatisch als nicht bestanden.

» In einigen US-Bundesstaaten dürfen geöffnete Behälter mit alkoholischen Getränken (*open containers*) nicht im Fahrzeuginnenraum mitgeführt werden – selbst wenn sie bereits leer sind!

Versicherung

Mietwagenkunden sollten rechtzeitig ermitteln, ob ihre eigene KFZ- oder Reiseversicherung bereits einen ausreichenden Haftpflichtschutz für Kraftfahrzeuge (in den USA gesetzlich vorgeschrieben!) beinhaltet. Falls nicht, bezahlt man für eine extra abgeschlossene US-Haftpflichtversicherung ca. 20 US$ pro Tag.

Weitere 20 US$ pro Tag kostet der sogenannte Collision Damage Waiver (CDW) bzw. Loss Damage Waiver (LDW), der Schäden am eigenen Fahrzeug abdeckt. Die damit eventuell verbundene Selbstbeteiligung (100–500 US$) an jeglichen Reparaturen wird von manchen Kreditkartenfirmen übernommen – voraus-

REISEN NACH ALASKA UND HAWAII

Alaska

Als 49. und bei Weitem größter US-Bundesstaat liegt Alaska am Nordwestzipfel Nordamerikas. Dort sind z. B. gewaltige Berge wie der Mt. McKinley (höchster Gipfel des Kontinents), riesige Gletscher und eine tolle Tierwelt (u. a. viele Buckelwale, Weißkopf-Seeadler) zu Hause. Weitere Details enthält der englischsprachige Lonely Planet Band *Alaska*.

Alaska-Touristen landen meist auf dem **Ted Stevens Anchorage International Airport** (IATA-Code ANC; http://dot.alaska.gov/anc; 📶). Ab Seattle, Chicago, L. A. und Denver kommt man mit **Alaska Airlines** (☎800-252-7522; www.alaskaair.com) direkt nach Anchorage. Die Fluglinie ist auch zwischen vielen Ortschaften innerhalb Alaskas unterwegs; es gibt z. B. tägliche Flieger gen Norden bzw. Süden, die ganzjährig den Südosten Alaskas bedienen und alle Hauptsiedlungen (u. a. Ketchikan, Juneau) ansteuern. **Delta** (☎800-221-1212; www.delta.com) bietet Nonstopflüge ab Minneapolis, Phoenix und Salt Lake City, **Continental** (☎800-525-0280; www.continental.com) ab Houston, Chicago, Denver und San Francisco. Weitere Maschinen verbinden Seattle täglich mit Juneau.

Die fast einwöchige Fährpassage entlang des **Alaska Marine Highway** (☎800-642-0066; www.dot.state.ak.us/amhs/pubs) verbindet Bellingham (WA) mit 14 Ortschaften im Südosten Alaskas. Die komplette Reise (Bellingham–Haines; 353 US$, 3½ Tage) führt über mehrere Zwischenhäfen und sollte im Voraus geplant werden. Die Fähren auf dem Alaska Marine Highway können Autos mitnehmen (462 US$); Fahrzeugplätze müssen aber Monate im Voraus reserviert werden.

Der 1390 Meilen (2237 km) lange Alaska–Canada Military Hwy heißt heute Alcan (Alaska Hwy). Er beginnt in Dawson Creek (BC, Kanada) und endet in Delta Junction nordöstlich von Anchorage. Dazwischen windet er sich durch die wilden Weiten Nordwestkanadas und Alaskas. Die Strecke zwischen Seattle und Anchorage ist ca. 2250 Meilen (3621 km) lang.

Hawaii

Über 4023 km vor Kaliforniens Küste liegt Hawaii. Fernab vom US-Festland, erfreut es sich selbstbewusst seiner Einzigartigkeit. Besucher können über uralte Lavaströme hinwegwandern, das Surfen oder Stehpaddeln lernen, mit Suppenschildkröten schnorcheln und zu ihrem eigenen, einsamen Eiland paddeln. Die Hauptinseln heißen Oahu, Hawaii (Big Island), Maui, Lanai, Molokai und Kauai. Egal, was für ein Abenteuer man sucht oder welche Insel man ansteuert, immer ist das Eintauchen in die Natur von den hawaiianischen Werten *aloha 'aina* und *malama 'aina* (Liebe und Fürsorge für das Land) geprägt. Weitere Infos liefert der Lonely Planet Band *Hawaii*.

Rund 99 % aller Hawaii-Besucher reisen per Flieger an. Die meisten In- und Auslandsflüge landen auf Oahus **Honolulu International Airport** (IATA-Code HNL; http://hawaii.gov/hnl). Der **Kahului Airport** (IATA-Code OGG; http://hawaii.gov/ogg) auf Maui liegt ca. 25 Minuten von Kihei und 45 Minuten von Lahaina entfernt.

Die meisten Kreuzfahrten nach Hawaii (in der Regel 2 Wochen, ab ca. 100 US$ pro Pers. & Tag) beinhalten Zwischenstopps in bzw. auf Honolulu, Maui, Kauai und Big Island. Beliebte Anbieter sind u. a. **Holland America** (www.hollandamerica.com), **Princess** (www.princess.com) und **Royal Caribbean** (www.royalcaribbean.com).

gesetzt, man bezahlt den kompletten Mietpreis per Plastikgeld. Achtung: Einige Autovermieter verlangen, dass Unfallschäden direkt beglichen werden! Die jeweilige Kreditkartengesellschaft erstattet den ausgelegten Betrag in diesem Fall erst später zurück. Sämtliche Konditionen unbedingt rechtzeitig und sorgfältig überprüfen!

Bus

Als größte US-Fernbusfirma deckt **Greyhound** (☎800-231-2222; www.greyhound.com) ganz Amerika und Kanada ab. Um Effizienz und Profit zu steigern, steuert das Unternehmen viele Kleinstädte seit Kurzem nicht mehr an. Allgemein folgen die Busse den wichtigsten Highways und halten in größeren Ballungszentren. Um ländliche Städte über Nebenstrecken zu erreichen, muss man daher manchmal in Regional- oder Lokalbusse umsteigen. Greyhound hält normalerweise entsprechende Kontaktinfos bereit.

Das meiste Gepäck ist aufzugeben; eine deutlich erkennbare Beschriftung verringert das Verlustrisiko. Größere Gegenstände wie Ski, Surfbretter oder Fahrräder werden ebenfalls mitgenommen – allerdings eventuell nur gegen Zuschlag (vorher anrufen).

Die Verbindungshäufigkeit variiert gewaltig. Obwohl viele kleine Ziele vom Fahrplan gestrichen wurden, halten normale Greyhound-Busse immer noch alle 80 bis 160 km. Auf Fernstrecken gibt's Pausen zum Essen und zum Fahrerwechsel.

Greyhound-Busse sind allgemein sauber, komfortabel und zuverlässig. Am besten nimmt man einen der vorderen Sitze in ausreichendem Abstand zur Bordtoilette. Eine Klimaanlage (evtl. zu effektiv – Pulli mitbringen!) und ein wenig verstellbare Sitze sorgen für etwas Komfort. Vereinzelt sind auch Bordsteckdosen und WLAN vorhanden. An Bord herrscht grundsätzlich Rauchverbot.

US-Busbahnhöfe sind oft sicher und sauber, liegen aber teilweise in zwielichtigen Ecken. Manche Ortschaften haben nur simple Haltestellen ohne Schalter – dort den Fahrpreis genau passend bereithalten!

Buspässe

Der **Discovery Pass** (www.discoverypass.com) steht auch ausländischen Touristen zur Verfügung. Während einer bestimmten Anzahl von aufeinanderfolgenden Tagen (7/15/30/60 Tage 246/356/456/556 US$) erlaubt er unbegrenzte Fahrten durch die USA und Kanada. Auch diverse Regionalbusfirmen akzeptieren den Discovery Pass – Verzeichnisse gibt's bei Greyhound.

An bestimmten Greyhound-Terminals lassen sich Buspässe bis zu zwei Stunden vor Abfahrt kaufen. Alternativ kann man sie maximal 14 Tage vor dem Start per Kreditkarte übers Internet erwerben und dann spätestens eine Stunde vor dem Einsteigen am Schalter abholen (Vorlage derselben Kreditkarte plus Lichtbildausweis erforderl.).

NÜTZLICHE BUSROUTEN

STRECKE	PREIS (US$)	DAUER (STD.)
Las Vegas–Los Angeles	42–68	6
Los Angeles–San Francisco	45–71	8
Phoenix–Tucson	21–28	2
Seattle–Portland	30–44	4
Denver–Salt Lake City	76–106	10–12¼

Preise

Ticketkauf im Voraus (7–14 Tage) hilft sparen. Wer Hin- und Rückfahrt gleichzeitig bucht oder an Werktagen (Mo–Do) reist, schont den Geldbeutel ebenfalls.

Rabatte (Achtung: nur auf höherpreisige Tickets mit maximaler Flexibilität!) gibt's für Senioren ab 62 Jahren (5 %), Studenten mit Student Advantage Card (20 %; s. S. 500) und Kinder zwischen zwei und elf Jahren (25 %).

Auf der Greyhound-Website finden sich immer wieder Werbe- und Sonderangebote wie Mitfahrertarife mit 50 % Ermäßigung. Diese unterliegen aber eventuell gewissen Beschränkungen oder gelten nicht zu bestimmten Zeiten.

Reservierungen

Greyhound-Bustickets lassen sich online oder telefonisch kaufen. Anschließend kann man sie zu Hause ausdrucken oder persönlich bei Greyhound-Terminals mit „Will Call"-Service abholen (Lichtbildausweis erforderl.).

Die Sitzplätze können meist nicht reserviert werden. Greyhound empfiehlt, eine Stunde vor Abfahrt zu erscheinen, um einen freien Sitz zu ergattern. Reisende mit Behinderung sollten ihre speziellen Bedürfnisse spätestens 48 Stunden vor dem Start unter ☎800-752-4841 (Telex bzw. Schreibtelefon ☎800-345-3109) schildern. Rollstühle können als Gepäck aufgegeben werden; Behindertenbegleithunde sind an Bord erlaubt.

Fahrrad

Radtouren durch den Westen der USA erfreuen sich großer Beliebtheit. Viele Freeways sind für Drahtesel tabu. So müssen Biker meist kurvige Nebenstraßen nehmen und ihr Vorankommen in Tages- statt Stundenkilometern berechnen. Für Radler gelten dieselben Verkehrsregeln wie für Kraftfahrer, Erstere sollten aber nicht mit Rücksichtnahme rechnen. Für Radler unter 18 Jahren gilt Helmpflicht.

Nützliche Infoquellen:

Adventure Cycling Association (www.adventurecycling.org) Super Online-Anbieter von radlerfreundlichen Karten, Langstrecken-Routenführern und technischen Spielereien.

Better World Club (☎866-238-1137; www.betterworldclub.com) Die Jahresmitgliedschaft (40 US$ zzgl. Anmeldegebühr 12 US$) berechtigt zur zweimaligen Inanspruchnahme der Pannenhilfe (24 Std.). Diese beinhaltet auch den Transport zur nächstgelegenen Fahrradwerkstatt im Umkreis von 30 Meilen (48 km).

Fahrradtransport

» Manche Lokalbusse und -züge sind mit speziellen Fahrradständern ausgerüstet.

» Greyhound-Busse nehmen Drahtesel als aufgegebenes Gepäck mit (zzgl. 30–40 US$). Dafür müssen die Bikes zerlegt und in Transportboxen verstaut sein, die bei manchen Busbahnhöfen für 10 US$ ausgeliehen werden können.

» Die meisten *Cascades-*, *Pacific-Surfliner-*, *Capital-Corridor-* und *San-Joaquin-*Züge von Amtrak verfügen über bordinterne Radständer, an denen unverpackte Räder sicher angeschlossen werden können. Diese Option (zzgl. 5–10 US$) sollte man möglichst zusammen mit dem Zugticket reservieren.

» Bei Amtrak-Zügen ohne Radständer sind Bikes in Boxen (15 US$) zu verpacken und als Gepäck aufzugeben (5 US$). Diese Möglichkeit besteht aber nicht bei allen Bahnhöfen oder Zügen!

» Bei allen Flügen muss man Fahrräder demontiert in Transportboxen stecken und als Gepäck aufgeben. Vorab ist es sinnvoll, bei der jeweiligen Fluglinie nach allen Details und Zusatzgebühren (meist 50–100 US$ oder mehr) zu fragen.

Mieten & Kaufen

» In den meisten Großstädten und größeren Ortschaften kann man Fahrräder stunden-, tage- oder wochenweise ausleihen.

» Die Tagesmietpreise liegen zwischen 10 (Strandcruiser) und 45 US$ oder mehr (Mountainbikes). Wer das Rad mehrere Tage oder eine Woche braucht, kann nach Ermäßigungen fragen.

» Meist muss eine Kaution (ab 200 US$) per Kreditkarte hinterlegt werden.

» Neue Drahtesel gibt's bei Fahrradfachhändlern, Sportgeschäften und -discountern. Gute Quellen für Gebrauchtmodelle sind Schwarze Bretter von Hostels, Cafés und Universitäten.

» Auch über Kleinanzeigen-Websites wie **Craigslist** (www.craigslist.org) lassen sich Gebrauchtbikes prima (ver-)kaufen.

Flugzeug

Das amerikanische Inlandsflugnetz ist umfassend und zuverlässig. Hierfür sorgen etliche konkurrierende Airlines, Hunderte Flughäfen und Tausende täglicher Flugverbindungen. Fliegen ist meist teurer als Bus-, Zug- oder Autoreisen, aber die schnellste Option.

Inlandsfluglinien im Westen

Allgemein sind Inlandsflüge sehr sicher und weitaus weniger gefährlich als Fahrten auf amerikanischen Highways. **Airsafe.com** (www.airsafe.com) liefert umfassende Sicherheitsdetails zu einzelnen Gesellschaften.

Größte Inlandsfluglinien im Westen der USA:

Alaska Airlines/Horizon Air (☎800-252-7522/547-9308; www.alaskaair.com) Bedient Alaska, Hawaii, die Ostküste und den Westen der USA.

American Airlines (☎800-433-7300; www.aa.com) Landesweites Streckennetz.

Continental Airlines (☎800-523-3273; www.continental.com) Landesweites Streckennetz.

Delta Air Lines (☎800-221-1212; www.delta.com) Landesweites Streckennetz.

Frontier Airlines (☎800-432-1359; www.frontierairlines.com) Drehscheibe Denver; landesweites Streckennetz inklusive Alaska.

Hawaiian Airlines (☎800-367-5320; www.hawaiianair.com) Bedient Hawaii, die Westküste, Las Vegas und Phoenix.

JetBlue Airways (☎800-538-2583; www.jetblue.com) Direktverbindungen zwischen Städten im Westen und Osten der USA; auch Flüge nach Florida, New Orleans und Texas.

Southwest Airlines (☎800-435-9792; www.southwest.com) Landesweites Streckennetz ohne Alaska und Hawaii.

Spirit Airlines (☎800-772-7117; www.spiritair.com) Drehscheibe Florida; steuert viele große US-Verkehrsknotenpunkte an.

United Airlines (☎800-864-8331; www.united.com) Landesweites Streckennetz.

US Airways (☎800-428-4322; www.usairways.com) Landesweites Streckennetz.

Virgin America (☎877-359-8474; www.virginamerica.com) Flüge zwischen Las Vegas, Ost- und Westküste.

Nahverkehr

Außer in Großstädten kommt man mit öffentlichen Verkehrsmitteln allgemein nur sehr zäh voran: Der Nahverkehr bedient abgelegene Kleinstädte und Vororte oft nur spärlich. Dennoch sind öffentliche Verkehrsmittel in den USA normalerweise günstig, sicher und verlässlich. Die Regionenkapitel nennen jeweils Details zu lokalen Optionen.

Bus

Die meisten Metropolen und größeren Städte haben verlässliche Regionalbusnetze (evtl. gratis, ansonsten ca. 1–3 US$/Fahrt). Diese sind aber oft auf Pendler ausgelegt und verkehren abends bzw. am Wochenende nur eingeschränkt.

Fahrrad

Manche Großstädte sind radlerfreundlicher als andere. Meist gibt's aber zumindest ein paar ausgewiesene Fahrradspuren und -wege. Öffentliche Verkehrsmittel nehmen Drahtesel normalerweise mit. Auf S. 521 steht Näheres zum Radfahren in den USA.

Flughafenshuttles

In den meisten Großstädten gibt's günstige und praktische Shuttleservices zum bzw. ab dem Flughafen (ca. 15–30 US$/Pers.). Meist handelt es sich dabei um zwölfsitzige Vans, die teilweise feste Routen und Ziele (u. a. die größten Hotels) bedienen. Innerhalb ihres jeweiligen Zuständigkeitsbereichs bringen manche Shuttlebusse ihre Passagiere auch direkt vom Flughafen zur Unterkunft bzw. holen sie dort ab („Door-to-Door"-Service).

Taxi

» Taxifahrer benutzen Gebührenzähler (Startpreis 2,50–3,50 US$, zzgl. 2–3 US$/Meile) und akzeptieren eventuell Kreditkarten.

» Gepäcktransport und/oder Abholen am Flughafen kosten mitunter extra.

» Die Fahrer erwarten ein Trinkgeld von 10 bis 15 % des Fahrpreises, aufgerundet auf den nächsten vollen Dollarbetrag.

» Taxis lassen sich in den geschäftigsten Großstadtbezirken auf der Straße anhalten, müssen aber anderswo oft telefonisch bestellt werden.

U-Bahn & Zug

L. A. und die San Francisco Bay Area haben die größten Regionalzugnetze. Anderswo gibt's teilweise kleinere Varianten mit ein bis zwei Linien, die vor allem das jeweilige Stadtzentrum abdecken.

Schiff/Fähre

Im Westen der USA gibt's keinen öffentlichen Schiffsverkehr auf Flüssen oder Kanälen. Nichtsdestotrotz existieren viele kleinere, oft staatlich betriebene Küstenfähren. Die größeren davon nehmen meist Privatautos, -motorräder und -fahrräder mit. Die entsprechenden Regionenkapitel informieren über Details.

Fähren schippern z. B. zu den malerischen San Juan Islands (S. 412) vor der Küste Washingtons. Mehrere der kalifornischen Channel Islands (S. 121) und Catalina Island vor L. A. sind ebenfalls mit Booten erreichbar. Ab San Francisco geht's per Schiff regelmäßig über die gleichnamige Bucht nach Sausalito, Larkspur, Tiburon, Angel Island, Oakland, Alameda und Vallejo.

Zug

Die **Amtrak** (☎800-872-7245; www.amtrak.com) betreibt landesweit ein ziemlich umfangreiches Streckennetz. Die Preise variieren je nach Zugtyp und -klasse (z. B. Großraumwagen, Business- oder Schlafwagenklasse, mit oder ohne Reservierung usw.). Auf Fernstrecken verfügen die komfortablen, wenn auch etwas lahmen Züge über Lounge- und Speisewagen.

Amtrak-Routen im Westen der USA:

California Zephyr Tägliche Verbindung zwischen Chicago und Emeryville bei San Francisco (ab 149 US$, 52 Std.); über Denver, Salt Lake City, Reno, Sacramento.

Coast Starlight Folgt der Westküste jeden Tag von Seattle nach L. A. (ab 104 US$, 35 Std.) und hat eventuell WLAN an Bord; über Portland, Sacramento, Oakland, Santa Barbara.

Southwest Chief Bedient täglich die Route Chicago–L. A. (ab 149 US$, 44 Std.); über Kansas City, Albuquerque, Flagstaff und Barstow.

Sunset Limited Pendelt zwischen New Orleans und L. A. (ab 138 US$, 47 Std., 3-mal wöchentl.); über Houston, San Antonio, El Paso, Tucson und Palm Springs.

Panoramastrecken

» **Cumbres & Toltec Scenic Railroad** Rollt als lebendiges Museum ab Chama (NM) zu Colorados Rocky Mountains (S. 374).

» **Durango & Silverton Narrow Gauge Railroad** Endstation ist die historische Bergbaustadt Silverton in Colorados Rocky Mountains (S. 231).

» **Mount Hood Railroad** Kurvt außerhalb Portlands (OR; S. 437) durch die malerische Columbia River Gorge.

» **Skunk Train** Durchquert die Mammutbaumwälder (S. 172) zwischen Fort Bragg (CA) an der Küste und Willits im nahen Landesinneren.

» **Grand Canyon Railway** Historische Diesel- und Dampfzüge mit familienfreundlichem Unterhaltungsprogramm; zwischen Williams (AZ) und Grand Canyon National Park (S. 311).

Auch toll ist die 14,3 km lange Pikes Peak Cog Railway (S. 210) bei Colorado Springs, die von einer Schlucht aus bis über die

WICHTIGE ZUGSTRECKEN

STRECKE	PREIS (US$)	DAUER (STD.)
Los Angeles–Flagstaff	148	11
Los Angeles–Oakland/San Francisco	54	12
San Francisco/Emeryville–Salt Lake City	180	18
Seattle–Oakland/San Francisco	154	23

Baumgrenze hinaus bergauf fährt.

Preise

Zugtickets lassen sich telefonisch, online oder persönlich am Bahnhof kaufen. Der Preis hängt u. a. von Reisetag, Route und Zugklasse ab. Zu Spitzenzeiten (z. B. im Sommer) können die Tarife etwas höher sein. Tickets mit Hin- und Rückfahrt kosten so viel wie zwei separat gebuchte Einzelstrecken.

Senioren ab 62 Jahren und Studenten mit Internationalem Studentenausweis (ISIC) oder Student Advantage Card (S. 500) erhalten 15 % Rabatt. In Begleitung eines Erwachsenen dürfen maximal zwei Kinder (2–15 Jahre) zum halben Preis mitfahren. Mitglieder der AAA oder internationaler Partnerorganisationen (z. B. ADAC) sparen 10 %. Da Sonder- und Werbeangebote immer mal wieder zu haben sind, lohnt sich ein Besuch der Amtrak-Website oder entsprechende Nachfrage.

Reservierungen

Zugtickets können bis zu elf Monate vor dem jeweiligen Abfahrtstag reserviert werden. Da die Passagierzahl meist begrenzt ist und bestimmte Strecken vor allem im Sommer oder rund um Feiertage schwer gefragt sind, reserviert man Tickets idealerweise so früh wie möglich. Dann sind auch die Chancen auf Schnäppchen am größten.

Zugpässe

» Der **USA Rail Pass** (www.amtrak.com) der Amtrak gilt für Fahrten im Großraumwagen (Erw. 15/30/45 Reisetage 389/579/749 US$, Kind 2–15 Jahre jeweils 50 %).

» Dabei beschränkt sich die konkrete Reisestrecke je nach gebuchter Taganzahl auf acht, zwölf oder 18 einzelne „Abschnitte" *(segments)* in einfacher Fahrtrichtung. Achtung: Ein solcher Abschnitt entspricht nicht der einfachen Strecke im herkömmlichen Sinn! Wenn zum Erreichen des Ziels mehr als ein Zug vonnöten ist, verbraucht dies gleich mehrere *segments*.

» Zugpässe kauft man am besten online. Für jedes einzelne *segment* sollte man rechtzeitig reservieren.

» Der California Rail Pass (7 Reisetage, Erw./Kind 159/80 US$) ist interessant bei Zugtrips innerhalb Kaliforniens.

Sprache

NOCH MEHR ENGLISCH?

Weitere Informationen zum Englischen und praktische Redewendungen finden sich im *Reise-Sprachführer Englisch* von Lonely Planet.

Briten, Amerikaner und Neuseeländer, deutsche Geschäftsleute und norwegische Wissenschaftler, der indische Verwaltungsbeamte und die Hausfrau in Kapstadt – fast jeder scheint Englisch zu sprechen. Und wirklich: Englisch ist die am weitesten verbreitete Sprache der Welt (wenn's auch nur den zweiten Platz für die am meisten gesprochene Muttersprache gibt – Chinesisch ist die Nr. 1).

Und selbst die, die nie Englisch gelernt haben, kennen durch englische Musik oder Anglizismen in Technik und Werbung immer ein paar Wörter. Ein paar Brocken mehr zu lernen, um beim Smalltalk zu glänzen, ist nicht schwer. Hier sind die wichtigsten Wörter und Wendungen für die fast perfekte Konversation in fast allen Lebenslagen aufgelistet:

KONVERSATION & NÜTZLICHES

Wer einen Fremden nach etwas fragt, sollte die Frage oder Bitte auf jeden Fall mit einer höflichen Entschuldigung einleiten („Excuse me, ...").

Hallo.	*Hello.*
Guten ...	*Good ...*
Tag	*day*
Tag (nachmittags)	*afternoon*
Morgen	*morning*
Abend	*evening*
Auf Wiedersehen.	*Goodbye.*
Bis später.	*See you later.*
Tschüss.	*Bye.*
Wie geht es Ihnen/dir?	*How are you?*
Danke, gut.	*Fine. And you?*
Und Ihnen/dir?	*... and you?*
Wie ist Ihr Name?/ Wie heißt du?	*What's your name?*
Mein Name ist ...	*My name is ...*
Wo kommen Sie her?/ Wo kommst du her?	*Where do you come from?*
Ich komme aus ...	*I'm from ...*
Wie lange bleiben Sie/ bleibst du hier?	*How long do you stay here?*
Ja.	*Yes.*
Nein.	*No.*
Bitte.	*Please.*
Danke/Vielen Dank.	*Thank you (very much).*
Bitte (sehr).	*You're welcome.*
Entschuldigen Sie, ...	*Excuse me, ...*
Entschuldigung.	*Sorry.*
Es tut mir leid.	*I'm sorry.*
Verstehen Sie (mich)?	*Do you understand (me)?*
Ich verstehe (nicht).	*I (don't) understand.*
Könnten Sie ...?	*Could you please ...?*
bitte langsamer sprechen	*speak more slowly*
das bitte wiederholen	*repeat that*
das bitte aufschreiben	*write it down*

FRAGEWÖRTER

Wer?	*Who?*
Was?	*What?*
Wo?	*Where?*
Wann?	*When?*
Wie?	*How?*
Warum?	*Why?*
Welcher?	*Which?*
Wie viel/viele?	*How much/many?*

GESUNDHEIT

Wo ist der/die/das nächste ...?
Where's the nearest ...?

Apotheke	*chemist*
Zahnarzt	*dentist*
Arzt	*doctor*
Krankenhaus	*hospital*

Ich brauche einen Arzt.
I need a doctor.

Gibt es in der Nähe eine (Nacht-)Apotheke?
Is there a (night) chemist nearby?

Ich bin krank.	*I'm sick.*
Es tut hier weh.	*It hurts here.*
Ich habe mich übergeben.	*I've been vomiting.*
Ich habe ...	*I have ...*
Durchfall	*diarrhoea*
Fieber	*fever*
Kopfschmerzen	*headache*
(Ich glaube,)	*(I think)*
Ich bin schwanger.	*I'm pregnant.*
Ich bin allergisch gegen	*I'm allergic to ...*
Antibiotika	*antibiotics*
Aspirin	*aspirin*
Penizillin	*penicillin*

MIT KINDERN REISEN

Ich brauche ...	*I need a/an ...*
Gibt es ...?	*Is there a/an ...?*
einen Wickelraum	*baby change room*
einen Babysitter	*babysitter*
einen Kindersitz	*booster seat*
eine Kinderkarte	*children's menu*
einen Kinderstuhl	*highchair*
(Einweg-)Windeln	*(disposable) nappies*
ein Töpfchen	*potty*
einen Kinderwagen	*stroller*

Stört es Sie, wenn ich mein Baby hier stille?
Do you mind if I breastfeed here?

Sind Kinder zugelassen?
Are children allowed?

NOTFALL

Hilfe! *Help!*

Es ist ein Notfall!
It's an emergency!

Rufen Sie die Polizei!
Call the police!

Rufen Sie einen Arzt!
Call a doctor!

Rufen Sie einen Krankenwagen!
Call an ambulance!

Lassen Sie mich in Ruhe!
Leave me alone!

Gehen Sie weg!
Go away!

PAPIERKRAM

Name	*name*
Staatsangehörigkeit	*nationality*
Geburtsdatum	*date of birth*
Geburtsort	*place of birth*
Geschlecht	*sex/gender*
(Reise-)Pass	*passport*
Visum	*visa*

SHOPPEN & SERVICE

Ich suche ...
I'm looking for ...

Wo ist der/die/das (nächste) ...?
Where's the (nearest) ...?

Wo kann ich ... kaufen?
Where can I buy ...?

Ich möchte ... kaufen.
I'd like to buy ...

Wie viel (kostet das)?
How much (is this)?

Das ist zu viel/zu teuer.
That's too much/too expensive.

Können Sie mit dem Preis heruntergehen?
Can you lower the price?

Ich schaue mich nur um.
I'm just looking.

Haben Sie noch andere?
Do you have any others?

Können Sie ihn/sie/es mir zeigen?
Can I look at it?

mehr	*more*
weniger	*less*
kleiner	*smaller*
größer	*bigger*

Nehmen Sie ...?	*Do you accept ...?*
Kreditkarten	*credit cards*
Reiseschecks	*traveller's cheques*
Ich möchte ...	*I'd like to ...*
Geld umtauschen	*change money*
einen Scheck einlösen	*cash a cheque*
Reiseschecks einlösen	*change traveller's cheques*

Ich suche ...	*I'm looking for ...*
einen Arzt	*a doctor*
eine Bank	*a bank*
die ... Botschaft	*the ... embassy*
einen Geldautomaten	*an ATM*
das Krankenhaus	*the hospital*
den Markt	*the market*
ein öffentliches Telefon	*a public phone*
eine öffentliche Toilette	*a public toilet*
die Polizei	*the police*
das Postamt	*the post office*
die Touristen-information	*the tourist information*
eine Wechselstube	*an exchange office*

Wann macht er/sie/es auf/zu?
What time does it open/close?

Ich möchte eine Telefonkarte kaufen.
I want to buy a phone card.

Wo ist hier ein Internetcafé?
Where's the local Internet cafe?

Ich möchte ...	*I'd like to ...*
ins Internet	*get Internet access*
meine E-Mails checken	*check my email*

UHRZEIT & DATUM

Wie spät ist es?	*What time is it?*
Es ist (ein) Uhr.	*It's (one) o'clock.*
Zwanzig nach eins	*Twenty past one*
Halb zwei	*Half past one*
Viertel vor eins	*Quarter to one*

morgens/vormittags	*am*
nachmittags/abends	*pm*

jetzt	*now*
heute	*today*
heute Abend	*tonight*
morgen	*tomorrow*
gestern	*yesterday*
Morgen	*morning*
Nachmittag	*afternoon*
Abend	*evening*

Montag	*Monday*
Dienstag	*Tuesday*
Mittwoch	*Wednesday*
Donnerstag	*Thursday*
Freitag	*Friday*
Samstag	*Saturday*
Sonntag	*Sunday*

Januar	*January*
Februar	*February*
März	*March*
April	*April*
Mai	*May*
Juni	*June*
Juli	*July*
August	*August*
September	*September*
Oktober	*October*
November	*November*
Dezember	*December*

UNTERKUNFT

Wo ist ...?	*Where's a ...?*
eine Pension	*bed and breakfast guesthouse*
ein Campingplatz	*camping ground*
ein Hotel/Gasthof	*hotel*
ein Privatzimmer	*room in a private home*
eine Jugend-herberge	*youth hostel*

Wie ist die Adresse?
What's the address?

Ich möchte bitte ein Zimmer reservieren.
I'd like to book a room, please.

Für (drei) Nächte/Wochen.
For (three) nights/weeks.

Ein Zimmer reservieren

(per Brief, Fax oder E-Mail)

An ...	*To ...*
Vom ...	*From ...*
Datum	*Date*

Ich möchte reservieren ...
I'd like to book ...

auf den Namen ...	*in the name of ...*
vom ... bis zum ...	*from ... to ...*

(Bett-/Zimmeroptionen s. „Unterkunft")

Kreditkarte	*credit card*
Nummer	*number*
gültig bis	*expiry date*

Bitte bestätigen Sie Verfügbarkeit und Preis.	*Please confirm availability and price.*

Haben Sie ein ...?	*Do you have a ... room?*
Einzelzimmer	*single*
Doppelzimmer	*double*
Zweibettzimmer	*twin*

Wieviel kostet es pro Nacht/Person?
How much is it per night/person?

Kann ich es sehen?
May I see it?

Kann ich ein anderes Zimmer bekommen?
Can I get another room?

Es ist gut, ich nehme es.
It's fine. I'll take it.

Ich reise jetzt ab.
I'm leaving now.

VERKEHRSMITTEL & -WEGE

Öffentliche Verkehrsmittel

Wann fährt ... ab?
What time does the ... leave?

das Boot/Schiff	*boat/ship*
die Fähre	*ferry*
der Bus	*bus*
der Zug	*train*

Wann fährt der ... Bus?
What time's the ... bus?

erste	*first*
letzte	*last*
nächste	*next*

Wo ist der nächste U-Bahnhof?
Where's the nearest metro station?

Welcher Bus fährt nach ...?
Which bus goes to ...?

U-Bahn	*metro*
(U-)Bahnhof	*(metro) station*
Straßenbahn	*tram*
Straßenbahnhaltestelle	*tram stop*
S-Bahn	*suburban (train) line*

Eine ... nach (Miami).
A ... to (Miami).

einfache Fahrkarte	*one-way ticket*
Rückfahrkarte	*return ticket*
Fahrkarte 1. Klasse	*1st-class ticket*
Fahrkarte 2. Klasse	*2nd-class ticket*

Der Zug wurde gestrichen.
The train is cancelled.

Der Zug hat Verspätung.
The train is delayed.

Ist dieser Platz frei?
Is this seat free?

Muss ich umsteigen?
Do I need to change trains?

Sind Sie frei?
Are you free?

Was kostet es bis ...?
How much is it to ...?

Bitte bringen Sie mich zu (dieser Adresse).
Please take me to (this address).

Private Transportmittel

Wo kann ich ein ... mieten?
Where can I hire a/an ...?

Ich möchte ein ... mieten.
I'd like to hire a/an ...

Auto	*car*
Fahrzeug mit Automatik	*automatic*
Fahrzeug mit Schaltung	*manual*
Allradfahrzeug	*4WD*

Schilder

Danger	*Gefahr*
No Entry	*Einfahrt verboten*
One-way	*Einbahnstraße*
Entrance	*Einfahrt*
Exit	*Ausfahrt*
Keep Clear	*Ausfahrt freihalten*
No Parking	*Parkverbot*
No Stopping	*Halteverbot*
Toll	*Mautstelle*
Cycle Path	*Radweg*
Detour	*Umleitung*
No Overtaking	*Überholverbot*

Motorrad	*motorbike*
Fahrrad	*bicycle*

Wieviel kostet es pro Tag/Woche?
How much is it per day/week?

Wo ist eine Tankstelle?
Where's a petrol station?

Benzin	*petrol*
Diesel	*diesel*
Bleifreies Benzin	*unleaded*

Führt diese Straße nach ...?
Does this road go to ...?

Wo muss ich bezahlen?
Where do I pay?

Ich brauche einen Mechaniker.
I need a mechanic.

Das Auto hat eine Panne.
The car has broken down.

Ich habe einen Platten.
I have a flat tyre.

Das Auto/Motorrad springt nicht an.
The car/motorbike won't start.

Ich habe kein Benzin mehr.
I've run out of petrol.

WEGWEISER

Können Sie mir bitte helfen?
Could you help me, please?

Ich habe mich verirrt.
I'm lost.

Wo ist (eine Bank)?
Where's (a bank)?

In welcher Richtung ist (eine öffentliche Toilette)?
Which way's (a public toilet)?

Wie kann ich da hinkommen?
How can I get there?

Wie weit ist es?
How far is it?

Können Sie es mir (auf der Karte) zeigen?
Can you show me (on the map)?

links	*left*
rechts	*right*
nahe	*near*
weit weg	*far away*
hier	*here*
dort	*there*
an der Ecke	*on the corner*
geradeaus	*straight ahead*
gegenüber ...	*opposite ...*
neben ...	*next to ...*
hinter ...	*behind ...*
vor ...	*in front of ...*

Norden	*north*
Süden	*south*
Osten	*east*
Westen	*west*

Biegen Sie ... ab.	*Turn ...*
links/rechts	*left/right*
an der nächsten Ecke	*at the next corner*
bei der Ampel	*at the traffic lights*

Schilder

Police	*Polizei*
Police Station	*Polizeiwache*
Entrance	*Eingang*
Exit	*Ausgang*
Open	*Offen*
Closed	*Geschlossen*
No Entry	*Kein Zutritt*
No Smoking	*Rauchen verboten*
Prohibited	*Verboten*
Toilets	*Toiletten*
Men	*Herren*
Women	*Damen*

ZAHLEN

0	*zero*
1	*one*

2	*two*	**20**	*twenty*
3	*three*	**21**	*twentyone*
4	*four*	**22**	*twentytwo*
5	*five*	**23**	*twentythree*
6	*six*	**24**	*twentyfour*
7	*seven*	**25**	*twentyfive*
8	*eight*	**30**	*thirty*
9	*nine*	**40**	*fourty*
10	*ten*	**50**	*fifty*
11	*eleven*	**60**	*sixty*
12	*twelve*	**70**	*seventy*
13	*thirteen*	**80**	*eigthy*
14	*fourteen*	**90**	*ninety*
15	*fifteen*	**100**	*hundred*
16	*sixteen*	**1000**	*thousand*
17	*seventeen*	**2000**	*two thousand*
18	*eighteen*	**100 000**	*hundred thousand*
19	*nineteen*	**eine Million**	*one million*

Hinter den Kulissen

WIR FREUEN UNS ÜBER EIN FEEDBACK

Post von Travellern zu bekommen, ist für uns ungemein hilfreich – Kritik und Anregungen halten uns auf dem Laufenden und helfen, unsere Bücher zu verbessern. Unser reiseerfahrenes Team liest alle Zuschriften ganz genau, um zu erfahren, was an unseren Reiseführern gut und was schlecht ist. Wir können solche Post zwar nicht individuell beantworten, aber jedes Feedback wird garantiert schnurstracks an die jeweiligen Autoren weitergeleitet, rechtzeitig vor der nächsten Nachauflage.

Wer uns schreiben will, erreicht uns über **www.lonelyplanet.de/kontakt**.

Hinweis: Da wir Beiträge möglicherweise in Lonely Planet Produkten (Reiseführer, Websites, digitale Medien) veröffentlichen, ggf. auch in gekürzter Form, bitten wir um Mitteilung, falls ein Kommentar nicht veröffentlicht oder ein Name nicht genannt werden soll. Wer Näheres über unsere Datenschutzpolitik wissen will, erfährt das unter www.lonelyplanet.com/privacy.

DANK DER AUTOREN

Amy C. Balfour

Ein Dankeschön geht an Suki und das gesamte Westen-Team für die erstklassige Redaktion und Kartografie. Und ein dickes Danke gebührt meinen unermüdlichen Mitautorinnen und -autoren! Vielen Dank an Deb Corcoran, die tollste Dozentin Tucsons, und an Judy Hellmich-Bryan, die mich mit den aktuellsten Infos zum Grand Canyon National Park versorgte. Einen Sonderapplaus für Lucy, Michael, Madeline, Claire und Clay Gordon für die gewährte Gastfreundschaft und die Insiderinfos über Phoenix! Und nicht zuletzt sei auch Rob Hill, Mark Baker und all jenen gedankt, die ich unterwegs getroffen habe und die mich führten oder mir Tipps gaben.

Michael Benanav

Danke, Whitney George in Ruidoso, für die tolle Geschichte über einen gewissen Mike the Midget und das mysteriöse Dorf unter dem Bonita Lake. Meinen größten Dank verdienen Kelly und Luke, die mich ziehen lassen und stets wieder freundlich zu Hause begrüßen.

Andrew Bender

Vielen Dank an Suki Gear, Sam Benson, Regis St. Louis und Justin Flynn für die Möglichkeit zur Mitarbeit und für ihre Ermutigungen und Ratschläge.

Sara Benson

Ich danke Suki Gear, Regis St. Louis, meinen talentierten USA-Mitautoren und allen bei Lonely Planet, die halfen, diesen Band herauszubringen. Mein Dank gilt auch allen, die mir unterwegs mit ihrer Ortskenntnis und Tipps weiterhalfen – von Parkrangern bis hin zu den Typen in den Bars. Ein Dankeschön geht zudem an meine Freunde und Familienangehörigen, die im Golden State leben, vor allem an die Picketts für ihre Gastfreundschaft in Lake Tahoe. P.S. an MSC Jr.: Uff! Ich bin froh, dass uns diese Lawine nicht umgebracht hat!

Alison Bing

Vielen Dank und eine bärenstarke kalifornische Umarmung an die verantwortliche Redakteurin Suki Gear, an meinen San-Francisco-Cityguide-Mitautor John Vlahides, meine Mitautoren Regis St. Louis und Sam Benson, die Redakteurinnen Anna Metcalfe und Sasha Baskett sowie vor allem an Marco Flavio Marinucci, der das Warten auf den Muni-Bus zu einem großen Erlebnis gemacht hat.

Nate Cavalieri

Ein Dankeschön gebührt meiner Partnerin Florence Chien, weil sie sich meinen Recherchereisen durch Nordkalifornien anschloss (und sorry für die Strafzettel!). Ich danke auch den netten Leuten bei Lonely Planet, vor allem der enthusiastischen verantwortlichen Redakteurin und Mentorin Suki Gear.

Sarah Chandler

Suki Gear, danke für dein Vertrauen, dass es mir gelingen würde, mich (so sehr wie eben nötig) auf Sin City einzulassen. Meiner treuen Kopilotin, der unermüdlichen Jennifer Christensen, schulde ich ehrlichen Dank dafür, dass sie angesichts von Reifenpannen, Blizzards und einer Pechsträhne im verrauchten Black-Jack-Zimmer des Hotel Nevada die Ruhe bewahrte. Und schließlich geht noch ein Dank an Jack und alle aus dem Hard Rock, die mir furchtlos zeigten, wie die Einheimischen das Nachtleben von Vegas genießen.

Lisa Dunford

Auf den Straßen Utahs treffe ich immer viele Gleichgesinnte. Ganz besonders möchte ich Nan Johnson, Peggy Egan, Trista Rayner, Nicole Muraro, David Belz, Jessica Kunzer, Lisa Varga und Ty Markham danken. Die Gespräche mit euch haben mir viel gegeben! Ein Dank geht auch an die vielen, vielen stets hilfsbereiten Park-Ranger.

Bridget Gleeson

Ich danke meiner Schwester Molly, meinem Schwager Germán Parra und meiner lieben Freundin Starla Silver für ihre Gastfreundschaft in Südkalifornien – und allen ihren Freunden für die Restaurantempfehlungen (und die Bereitschaft, mit mir Disneyland zu besuchen). Und wie stets geht ein Dankeschön an meine Mutter, weil sie mich auf der Reise begleitete.

Beth Kohn

Allen üblichen Verdächtigen gilt wieder einmal mein Dank, ganz besonders dem sagenhaften Multitasking-Talent Suki Gear und dem unglaublich dynamischen Sam Benson. Zu den Begleitern und Experten in Kalifornien gehörten dieses Mal Agent „Pedal-to-the-metal" Moller, Felix „Hella Loves Oakland" Thomson, Jenny „Stink" G., Dillon „The Scientist" Dutton und Julia „Wawona" Brashares sowie all die geduldigen und hilfreichen Ranger im Yosemite National Park. Zum Schluss eine Verneigung vor Regis St. Louis, Alison Lyall und Anna Metcalfe für ihre wichtige Arbeit.

Bradley Mayhew

Danke an all die Ranger im Yellowstone Park, die sich die Zeit nahmen, meine vielen Fragen zu beantworten, und an meine Frau Kelli, die mir ihre Einschätzung gab, welche Muscheln die besten zwischen Billings und Bozeman waren.

Carolyn B. McCarthy

Ein tief empfundener Dank geht an alle, die mir halfen, insbesondere an die Park-Ranger, die sich so engagiert um die Erhaltung unserer großartigen Natur bemühen. Richard Carrier erwies sich als geschickter Begleiter beim Bewältigen der verschneiten Pässe im südlichen Colorado. Ein Dankeschön auch an Louise, Conan, Anne und die Cameron-Johns-Familie für ihre freundliche Gastfreundschaft. Und zuletzt ein virtuelles Bier für die tollen Autoren Bradley Mayhew, Brendan Sainsbury und Regis St. Louis für ihre Mitarbeit!

Brendan Sainsbury

Ich danke all den ungenannten Busfahrern, ehrenamtlichen Helfern in Touristeninformationen, Restaurantbetreibern, Nationalpark-Rangern, Metereologen, Weinkennern und Zufallsbekanntschaften, die mir bei meinen Recherchen halfen. Ein besonderes Dankeschön geht an Andy McKee, den Wandergefährten im Glacier National Park, sowie an Scott Davies für die spannenden Einblicke in den Pike Place Market von Seattle. Mein letzter Dank gilt meiner Frau Liz und unserem fünfjährigen Sohn Kieran, die mir unterwegs Gesellschaft leisteten.

Andrea Schulte-Peevers

Dankeschön an Suki Gear, dass ich es wieder einmal mit Kalifornien versuchen durfte. Einen herzlichen Dank schulde ich meinem

ÜBER DIESES BUCH

Dies ist die 2. deutschsprachige Auflage von *USA Westen*, basierend auf der 1. englischsprachigen Auflage von *Western USA*. Letztere wurde von Amy C. Balfour sowie von Michael Benanav, Andrew Bender, Sara Benson, Alison Bing, Nate Cavalieri, Sarah Chandler, Lisa Dunford, Bridget Gleeson, Beth Kohn, Bradley Mayhew, Carolyn B. McCarthy, Brendan Sainsbury, Andrea Schulte-Peevers und John A. Vlahides recherchiert und geschrieben. Der Band wurde vom Lonely Planet Büro in Oakland in Auftrag gegeben und von folgendem Team betreut:

Verantwortliche Redakteurin Suki Gear
Leitende Redakteure Pete Cruttenden, Gina Tsarouhas
Leitender Kartograf Mark Griffiths
Leitende Layoutdesignerin Lauren Egan
Redaktion Annelies Mertens, Anna Metcalfe, Angela Tinson
Kartografie Alison Lyall
Layout Chris Girdler
Redaktionsassistenz Anne Mulvaney, Saralinda Turner
Kartografieassistenz Andras Bogdanovits, Xavier Di Toro, Brendan Streager
Layoutassistenz Frank Deim, Carlos Solarte
Umschlagrecherche Naomi Parker
Bildrecherche Sabrina Dalbesio

Dank an Ryan Evans, Justin Flynn, Victoria Harrison, Yvonne Kirk, Alison Ridgway, Gerard Walker

Ehemann David, der mir in der Wüste ein so guter Gefährte war. Und vielen Dank all den netten Leuten, die mir mit ihrer Ortskenntnis weiterhalfen, mich in die richtige Richtung lenkten und mir hilfreiche Einführungen gaben: Hillary Angel, Mark Graves, Cheryl Chipman, Christopher Vonloudermilk und noch viele andere.

John A. Vlahides

Mein herzlicher Dank gilt der verantwortlichen Redakteurin Suki Gear und meinen Mitautoren Sam Benson und Regis St. Louis für stets gute Stimmung und tolle Unterstützung. Und meinen Lesern danke ich dafür, dass ich ihr Guide durch das California Wine Country sein darf: Habt Spaß – ich weiß, ihr werdet Spaß haben!

QUELLENNACHWEIS

Die Klimakartendaten stammen von M.C. Peel, B.L. Finlayson & T.A. McMahon, *Updated World Map of the Köppen-Geiger Climate Classification, Hydrology and Earth System Sciences*, 11 (2007), S. 1633–1644.

Titelfoto: Ansicht einer Scheune, Montana; Carol Polich, LPI. Viele der Fotos in diesem Reiseführer können bei Lonely Planet Images (www.lonelyplanetimages.com) lizensiert werden.

Register

ABKÜRZUNGEN

AZ Arizona
CA Kalifornien
CO Colorado
ID Idaho
MT Montana
NM New Mexico
NV Nevada
OR Oregon
UT Utah
WA Washington
WY Wyoming

Verweise auf Karten **000**
Verweise auf Fotos **000**

Verweise auf Karten **000**
Verweise auf Fotos **000**

Verweise auf Karten **000**
Verweise auf Fotos **000**

Verweise auf Karten **000**
Verweise auf Fotos 000

T

U

V

W

Y

Z

Auf einen Blick

Empfehlungen von Lonely Planet:

LP TIPP Das empfiehlt unser Autor

GRATIS Hier bezahlt man nichts

Nachhaltig und umweltverträglich

Unsere Autoren haben diese Einrichtungen gewählt, weil man dort großen Wert auf Nachhaltigkeit legt: etwa durch die Förderung einheimischer Gemeinschaften oder Hersteller, durch eine umweltverträgliche Bewirtschaftung oder durch ein Engagement im Naturschutz.

Mit diesen Symbolen sind wichtige Kategorien leicht zu finden:

- Sehenswertes
- Strände
- Aktivitäten
- Kurse
- Touren
- Feste & Events
- Schlafen
- Essen
- Ausgehen
- Unterhaltung
- Shoppen
- Praktisches/Transport

Diese Symbole bieten wertvolle Zusatzinformationen:

- Telefonnummer
- Öffnungszeiten
- Parkplatz
- Rauchen verboten
- Klimaanlage
- Internetzugang
- WLAN
- Schwimmbecken
- vegetarische Speisen
- Speisekarte auf Englisch
- familienfreundlich
- tiertreundlich
- Bus
- Fähre
- Metro
- Subway/Skyway
- Straßenbahn
- Zug

Diese Abkürzungen werden in den Kapiteln „Schlafen" verwendet:

B	Bett im Schlafraum	DZ	Doppelzimmer	4BZ	Vierbettzimmer
Zi.	Zimmer	2BZ	Zweibettzimmer	FZ	Familienzimmer
EZ	Einzelzimmer	3BZ	Dreibettzimmer	Apt.	Apartment

Die Reihenfolge spiegelt die Bewertung durch die Autoren wider.

Kartenlegende

Sehenswertes
- buddhistisch
- christlich
- Denkmal
- hinduistisch
- islamisch
- jüdisch
- Museum/Galerie
- Ruine
- Schloss
- Strand
- Weingut/Weinberg
- Zoo
- andere Sehenswürdigkeit

Aktivitäten, Kurse & Touren
- Kanu/Kajak fahren
- Schwimmbecken
- Ski fahren
- surfen
- tauchen/schnorcheln
- wandern
- windsurfen
- andere/r Aktivität/Kurs/Tour

Schlafen
- Camping
- Unterkunft

Essen
- Lokal

Ausgehen
- Bar/Kneipe
- Café

Unterhaltung
- Unterhaltung

Shoppen
- Shoppen

Praktisches
- Bank
- Botschaft/Konsulat
- Internetzugang
- Krankenhaus/Arzt
- Polizei
- Post
- Telefon
- Toilette
- Touristeninformation
- andere Einrichtung

Verkehrsmittel
- Bus
- Einschienenbahn
- Fähre
- Fahrrad
- Flughafen
- Grenzübergang
- Metro
- Parkplatz
- Seilbahn/Gondelbahn
- Straßenbahn
- Taxi
- Tankstelle
- Zug
- anderes Verkehrsmittel

Verkehrswege
- Mautstraße
- Autobahn
- Hauptstraße
- Landstraße
- Verbindungsstraße
- sonstige Straße
- unbefestigte Straße
- Platz/Promenade
- Treppe
- Tunnel
- Fußgängerüberführung
- Stadtspaziergang
- Abstecher vom Stadtspaziergang
- Pfad

Geografisches
- Aussichtspunkt
- Berg/Vulkan
- Hütte/Unterstand
- Leuchtturm
- Oase
- Park
- Pass
- Picknickplatz
- Wasserfall

Städte
- Hauptstadt (Staat)
- Hauptstadt (Bundesland/Provinz)
- Großstadt
- Kleinstadt/Ort

Grenzen
- Internationale Grenze
- Bundesstaat/Provinz
- umstrittene Grenze
- Region/Vorort
- Meerespark
- Klippen
- Mauer

Gewässer
- Fluss/Bach
- periodischer Fluss
- Sumpf/Mangrove
- Riff
- Kanal
- Wasser
- Trocken-/Salz-/periodischer See
- Gletscher

Gebietsformen
- Friedhof
- Friedhof (christlich)
- Highlight (Gebäude)
- Park/Wald
- Sehenswürdigkeit (Gebäude)
- Sportgelände
- Strand/Wüste

DIE LONELY PLANET STORY

Ein ziemlich mitgenommenes, altes Auto, ein paar Dollar in der Tasche und eine Vorliebe für Abenteuer – 1972 war das alles, was Tony und Maureen Wheeler für die Reise ihres Lebens brauchten, die sie durch Europa und Asien bis nach Australien führte. Die Tour dauerte einige Monate, und am Ende saßen die beiden – pleite, aber voller Inspiration – an ihrem Küchentisch und schrieben ihren ersten Reiseführer *Across Asia on the Cheap*. Innerhalb einer Woche hatten sie 1500 Exemplare verkauft. Lonely Planet war geboren.

Heute hat der Verlag Büros in Melbourne, London und Oakland und mehr als 600 Mitarbeiter und Autoren. Und alle teilen Tonys Überzeugung: „Ein guter Reiseführer sollte drei Dinge tun: informieren, bilden und unterhalten." Und an diesem Grundsatz änderte sich auch nichts, als 2011 BBC Worldwide alleiniger Inhaber von Lonely Planet wurde.

DIE AUTOREN

Amy C. Balfour

Leitende Autorin, Der Südwesten Amy hat sich zu Fuß, auf dem Fahrrad und auf Skiern den gesamten Südwesten erschlossen und kommt immer wieder gern nach Flagstaff, zum Monument Valley und besonders zum Grand Canyon zurück. Auf diesem Trip hat sie sich vor allem für Bisbee und das Chiricahua National Monument begeistert. Wenn Amy nicht gerade von roten Felsen oder Eintopf mit grünem Chili träumt, schreibt sie über Kulinarisches, Reisen und Outdoor-Abenteuer. Amy war als Autorin oder Mitautorin an elf Lonely Planet Reiseführern beteiligt, u.a. an *Los Angeles Encounter*, *Kalifornien*, *Hawaii* und *Arizona*.

Mehr über Amy gibt's hier:
lonelyplanet.com/members/amycbalfour

Michael Benanav

Der Südwesten Michael kam 1992 nach New Mexico und verfiel schnell dem Zauber dieses Landes: Wenig später zog er in ein ländliches Dorf in den Ausläufern der Sangre de Cristo Range, wo er auch heute noch lebt. Als erfahrener, alter Hase in Sachen Auslandsreisen kann er sich keinen besseren Ort zum Nachhausekommen vorstellen. Abgesehen von seiner Arbeit für Lonely Planet ist Michael Autor zweier Sachbücher und arbeitet zudem als Autor und Fotograf für verschiedene Zeitungen und Zeitschriften. Mehr über Michael erfährt man auf seiner Website www.michaelbenanav.com.

Andrew Bender

Kalifornien Andy ist ein echter Angeleno, der zwar nicht aus Los Angeles stammt, aber die Stadt zu seiner Heimat gemacht hat. Vor 20 Jahren packte der gebürtige Neuengländer seine Sachen ins Auto und fuhr quer durch die USA nach Westen, um beim Film zu arbeiten, entdeckte aber, dass der Spaß für ihn im Reisen (und dem Schreiben darüber) bestand. Seither veröffentlicht er in der *Los Angeles Times* und im *Forbes;* zudem war er an mehr als zwei Dutzend Lonely Planet Bänden beteiligt. Seine gegenwärtigen Leidenschaften: die nächste tolle ethnische Enklave von L.A. entdecken und die winterlichen Sonnenuntergänge über dem Fahrradweg in Santa Monica. Mehr über Andy findet sich unter www.wheres-andy-now.com.

Sara Benson

Kalifornien Nach dem College-Abschluss in Chicago nahm Sara den Flieger nach Kalifornien – nur mit einem Koffer und 100 US$. Seither hat sie sich im Golden State umgetan, in Asien und auf Hawaii gelebt und als Ranger gearbeitet. Bei den Recherchen für dieses Buch musste die Autorin von 50 Reise- und Sachbüchern in Lake Tahoe und an der Küste von Big Sur Bergrutschen ausweichen. Mehr über sie: www.indietraveler.blogspot.com oder www.twitter.com/indie_traveler.

Mehr über Sara gibt's hier:
lonelyplanet.com/members/Sara_Benson

Alison Bing

Kalifornien In 18 Jahren in San Francisco hat Alison so ziemlich alles getan, was man in dieser Stadt gemacht haben muss, und einiges, was man definitiv nicht tun sollte (z. B. sich im Bus auf der Haight St verlieben und einen Mission-Burrito auf einen Rutsch verdrücken). Von ihren Wohnsitzen in San Francisco und in Mittelitalien aus schrieb sie Beiträge für die Lonely Planet Führer *Venedig*, *USA*, *San Francisco* und *Marokko*. Alison hat Abschlüsse in Kunstgeschichte und Internationale Studien – und unterminiert diese akademischen Ehren gern mit Büchern und Artikeln für Zeitungen, Zeitschriften, Fernsehen und Radio, bei denen sie mit ihren Meinungen zur Kultur nicht hinter dem Berg hält. Für Lonely Planet schrieb sie zudem die Führer *USA Trips, Kalifornien, San Francisco* und *San Francisco Encounter*.

Nate Cavalieri

Kalifornien Der aus Zentralmichigan stammende Nate Cavalieri lebt in Nordkalifornien und hat sämtliche kleineren Straßen der Region kreuz und quer mit dem Fahrrad, mit dem Bus und mit dem Mietauto erkundet, immer auf der Suche nach den allergrößten Bäumen, den allerbesten Campingplätzen und dem aromatischsten Bier. Neben seiner Tätigkeit als Autor der Reiseführer von Lonely Planet über den Bundesstaat Kalifornien und Lateinamerika schreibt er über Jazz und Popmusik und ist Jazzredakteur bei Rhapsody Music Service. Online ist er unter www.natecavalieri.com zu finden.

Sarah Chandler

Der Südwesten Schon lange angezogen von den verruchten Versuchungen der Sin City, ließ sich Sarah die Chance nicht entgehen, ihre Black-Jack-Technik zu verfeinern und sich außerdem mit den Atom- und den UFO-Geheimnissen des ländlichen Nevadas zu beschäftigen. In Vegas lernte sie, wie man an Promi-Absperrungen vorbeikommt, besuchte Buffets und Poolpartys und erkundete den schäbig-altmodischen Glamour der Downtown. Sarah pendelt gegenwärtig zwischen den USA und Amsterdam, wo sie als Autorin, Schauspielerin und Dozentin am Amsterdam University College arbeitet. Wenn's hart auf hart kommt, verdoppelt sie sich einfach …

Lisa Dunford

Der Südwesten Weil sie eine der wahrscheinlich Tausenden Ururenkelinnen von Brigham Young ist, war die Forschung nach ihren Ahnen Lisas ursprünglicher Grund, nach Utah zu gehen. Doch dass sie immer wieder zurückkommt, liegt an den unglaublich roten Felsen. Auf abgelegenen Nebenstraßen in der Gegend um Bluff wird ihr immer wieder bewusst, wie urtümlich die Erde hier wirkt. Bevor sie vor zehn Jahren freiberufliche Lonely Planet-Autorin wurde, lebte sie als Zeitungsredakteurin und Autorin in Südtexas. Lisa war Mitautorin des Lonely Planet Bandes *Zion & Bryce Canyon National Parks*.

Bridget Gleeson

Kalifornien Als Journalistin, die zwischen Kalifornien und Argentinien pendelt, schreibt Bridget über Essen, Wein, Hotels und Abenteuerreisen für Budget Travel, Afar, Delta Sky, Jetsetter, Continental, Tablet Hotels und Mr. & Mrs. Smith. Mehr über ihre Reisen findet sich online unter www.bridgetgleeson.com.

Mehr über Bridget gibt's hier:
lonelyplanet.com/members/bridgetgleeson

Beth Kohn

Kalifornien Als glückliche, schon lange ansässige Einwohnerin von San Francisco verbringt Beth gern viel Zeit draußen beim Planschen im Wasser. Für diesen Reiseführer erkundete sie zu Fuß und per Fahrrad die Nebenstraßen der Bay Area, schleppte einen bärensicheren Kanister auf dem John Muir Trail mit sich herum und testete selbstlos – natürlich nur im Interesse der Leser – die Bademöglichkeiten in Thermalquellen. Für Lonely Planet war sie als Autorin an den Bänden *Yosemite, Sequoia & Kings Canyon National Parks* sowie *Kalifornien* beteiligt. Mehr über Beths Arbeit erfährt man unter www.bethkohn.com.

Bradley Mayhew

Rocky Mountains Der Brite Bradley nennt gegenwärtig das südöstliche Montana sein Zuhause. Nach langen Reisen durch Zentralasien, Tibet und die Mongolei fühlt er sich im Land des weiten Himmels richtig heimisch. Bradley war leitender Autor von einem Dutzend Lonely Planet Führern, darunter *Tibet, Bhutan, Nepal, Central Asia* und *Yellowstone & Grand Teton National Parks*. Wann immer sich die Gelegenheit ergibt, wandert er durch den Yellowstone Park oder die Beartooth Mountains praktisch vor seiner Haustür. Mehr über Bradley findet sich online unter www.bradleymayhew.blogspot.com.

Carolyn B. McCarthy

Rocky Mountains Als Studentin am Colorado College verliebte sich Carolyn in die Rockys. Sie erkundete die Region auf Skiern und zu Fuß und arbeitete sogar als Stiefelanpasserin. In den letzten sieben Jahren hat sie Beiträge zu mehr als einem Dutzend Lonely Planet-Bänden verfasst und darüber hinaus als Autorin für *National Geographic, Outside, Lonely Planet Magazine* u. a. geschrieben. Ihr Amerika-Blog hat die Adresse www.carolynswildblueyonder.blogspot.com.

Brendan Sainsbury

Rocky Mountains, Der Nordwesten Der gebürtige Brite Brendan lebt im kanadischen White Rock ganz in der Nähe der USA, genauer des pazifischen Nordwestens. Er erkundet diese Region seit 2007 für Lonely Planet; seine Vorstöße über die Grenze waren u. a. dem feinen Essen auf den San Juan Islands, dem Trampen im westlichen Montana und einem 100-Meilen-Ausdauerlauf ohne fremde Hilfe durch das Kaskadengebirge an der Westküste der USA geschuldet. Brendan ist außerdem Mitautor des aktuellen Lonely Planet Reiseführers *Washington, Oregon & the Pacific Northwest*.

Mehr über Brendan gibt's hier:
lonelyplanet.com/members/brendansainsbury

Andrea Schulte-Peevers

Kalifornien Andrea verliebte sich in Kalifornien – die Energie, die Leute, den Sonnenschein – fast unmittelbar, nachdem sie im Golden State gelandet war. Die gebürtige Deutsche lebte in London und reiste durch die Welt, ehe sie ihren Abschluss an der UCLA machte und Reiseautorin wurde. Als solche war sie Verfasserin oder Mitarbeiterin von rund 60 Lonely Planet Bänden, u. a. von mehreren Auflagen von *USA* sowie von *Kalifornien* und *Los Angeles & Southern California*.

John A. Vlahides

Kalifornien John A. Vlahides ist Ko-Moderator der Fernsehserie *Lonely Planet: Roads Less Travelled*, die im National Geographic Channels International gezeigt wird. John lernte in Paris bei den gleichen Chefköchen, bei denen auch Julia Child ausgebildet wurde, war Concierge in Luxushotels und ist Mitglied bei *Les Clefs d'Or*, der internationalen Vereinigung der Concierge-Elite. Er lebt in San Francisco, wo er als Tenor im Chor der San Francisco Symphony singt und seine Freizeit mit Skifahren in der Sierra Nevada verbringt. Mehr über John findet sich online unter www.John Vlahides.com bzw. bei Twitter.com/JohnVlahides.

Mehr über John gibt's hier:
lonelyplanet.com/members/johnvlahides

Lonely Planet Publications

Locked Bag 1, Footscray,
Melbourne, Victoria 3011,
Australia

Verlag der deutschen Ausgabe:
MAIRDUMONT, Marco-Polo-Str. 1, 73760 Ostfildern,
www.mairdumont.com,
lonelyplanet@mairdumont.com

Chefredakteurin deutsche Ausgabe: Birgit Borowski
Übersetzung: Julie Bacher, Berna Ercan, Tobias Ewert, Derek Frey, Marion Gref-Timm, Dr. Christian Rochow, Frauke Sonnabend, Katja Weber
Redaktion: Julia Berger, Annegret Hägele, Frank-J. Müller, Olaf Rappold, Katrin Sterba, Verena Stindl (red.sign, Stuttgart)
Redaktionsassistenz: Dr. Dirk Mende, Thomas Tilsner
Satz: Katrin Sterba, Neslihan Tatar-Akbiyik, (red.sign, Stuttgart)

USA Westen

2. deutsche Auflage Oktober 2012, übersetzt von *Western USA 1st edition*, April 2012 Lonely Planet Publications Pty

Printed in China

Titelfoto: Ansicht einer Scheune, Montana, Carol Polich, LPI